A LEI POR DETRÁS DO ORÇAMENTO

TIAGO DUARTE
Doutor em Direito
Professor na Faculdade de Direito
da Universidade Nova de Lisboa

A LEI POR DETRÁS DO ORÇAMENTO

A Questão Constitucional da Lei do Orçamento

Dissertação de Doutoramento em Direito Público na Faculdade de Direito da Universidade Nova de Lisboa

A LEI POR DETRÁS DO ORÇAMENTO

AUTOR
TIAGO DUARTE

EDITOR
EDIÇÕES ALMEDINA, SA
Avenida Fernão Magalhães, n.º 584, 5.º Andar
3000-174 Coimbra
Tel: 239 851 904
Fax: 239 851 901
www.almedina.net
editora@almedina.net

PRÉ-IMPRESSÃO • IMPRESSÃO • ACABAMENTO
G.C. GRÁFICA DE COIMBRA, LDA.
Palheira – Assafarge
3001-453 Coimbra
producao@graficadecoimbra.pt

Maio, 2007

DEPÓSITO LEGAL
258993/07

Os dados e as opiniões inseridos na presente publicação
são da exclusiva responsabilidade do(s) seu(s) autores.

Toda a reprodução desta obra, por fotocópia ou outro qualquer processo,
sem prévia autorização escrita do Editor,
é ilícita e passível de procedimento judicial contra o infractor.

Aos meus pais, a quem sempre volto.

Ao meu tio Zé, pelo exemplo que tem dado
de uma vida totalmente dedicada aos outros.

Para a Maria, que chegou à minha vida quando
a tese já cá andava, mas (felizmente) decidiu
permanecer depois de a tese partir.

NOTA PRÉVIA

A obra que agora se publica corresponde, salvo pequenas modificações e actualizações, à dissertação apresentada para Doutoramento em Direito Público na Faculdade de Direito da Universidade Nova de Lisboa, em Dezembro de 2004.

Essa mesma dissertação viria a ser aprovada com distinção e louvor, por unanimidade, no dia 17 de Novembro de 2005, por um júri constituído pelos Senhores Professores Doutores António M. Hespanha (presidente), Vital Moreira (orientador), Rui Medeiros (arguente), Eduardo Paz Ferreira, João Caupers, Maria Lúcia Amaral e Jorge Bacelar Gouveia (arguente).

Não posso nem quero deixar de aproveitar esta ocasião para agradecer a todos os membros do júri o encargo que aceitaram tomar, o que muito me honrou, deixando um agradecimento especial ao Senhor Professor Doutor Vital Moreira, por ter aceitado orientar a minha dissertação, o que não lhe era minimamente exigível, e pelo modo como soube alternar presença com liberdade em doses que se vieram a revelar proveitosas, nunca sucumbindo à tentação de me guiar a mão. Agradeço, igualmente, de maneira especial, aos dois arguentes, pelo modo como se empenharam na preparação da arguição, bem como pelo rigor, pelo entusiasmo e pela profundidade que emprestaram às referidas provas públicas.

Queria ainda agradecer ao Senhor Professor Doutor Freitas do Amaral e ao Senhor Professor Doutor Ferreira de Almeida o importante papel que desempenharam na minha decisão de tomar parte no 1.º programa de doutoramento e mestrado da Faculdade de Direito da Universidade Nova de Lisboa (FDUNL), bem como pela confiança e pelo entusiasmo que me transmitiram ao longo de todo o tempo dedicado à preparação do doutoramento. Devo notar, com efeito, que o interesse e o acompanhamento demonstrados pela comunidade académica da FDUNL durante o decorrer dos trabalhos, bem como o incentivo constante que de todos ia recebendo, fazem parte das memórias mais gratas que guardo desses tempos, e são bem uma marca desta "Casa" que me abriu as portas logo na primeira hora.

A elaboração de uma dissertação de doutoramento é verdadeiramente uma viagem pelo mundo do conhecimento e uma peregrinação aos locais onde esperamos encontrar as "ferramentas", as "chaves" e os "mapas" que nos permitam, finalmente, encontrar a resposta à pergunta que nos fez pôr a caminho. Acontece que esta viagem, para além do aspecto metafórico, é também uma viagem física por diversas instituições que quero aqui recordar e louvar, viagem que só se tornou possível devido à bolsa de doutoramento da Fundação para a Ciência e a Tecnologia de que fui beneficiário.

Neste contexto, queria lembrar o tempo que passei, o acolhimento que recebi e o saber que colhi nas bibliotecas da Faculdade de Direito da Universidade de Lisboa (Instituição onde fui aluno e docente e da qual guardo as melhores recordações), da Universidade Católica Portuguesa, da Faculdade de Direito da Universidade de Coimbra e do Tribunal Constitucional. No estrangeiro, estendo os mesmos agradecimentos à biblioteca da Faculdade de Direito da Universidade de Valência, à biblioteca CUJAS da Universidade de Paris *(Sorbonne),* à biblioteca do Conselho Constitucional Francês, à biblioteca da Assembleia Nacional Francesa, à biblioteca do Tribunal de Contas Italiano, à biblioteca da *London School of Economics,* à biblioteca do *Institute of Advanced Legal Studies (IALS),* à biblioteca do *Max-Planck-Institut für ausländisches und internationales privatrecht,* em Hamburgo, à biblioteca da *Rechthaus* da Universidade de Hamburgo, bem como às bibliotecas do *Max-Planck-Institut für ausländisches öffentliches recht und Völkerrecht* e da *Juristische Fakultät* da *Ruprecht-Karls-Universität,* ambas em Heidelberg.

De entre os vários professores e investigadores estrangeiros com quem fui contactando, queria destacar os sábios conselhos que recebi do Professor John McEldowney, da *Warwick University Law School,* do Professor Reinhard Mussgnug, da *Juristische Fakultät* da *Ruprecht-Karls-Universität Heidelberg,* bem como do Professor Rüdiger Wolfrum do *Max-Planck-Institut für ausländisches öffentliches recht und Völkerrecht,* em Heidelberg.

Queria ainda deixar um agradecimento muito especial a todos os meus colegas que iniciaram comigo o 1.º programa de doutoramento e mestrado na FDUNL no dia 5 de Dezembro de 1997 (dia em que fiz 25 anos), em especial àqueles de quem fui estando mais próximo e que hoje são meus bons amigos. São eles a Mariana Gouveia, a Assunção Cristas, o Paulo Rangel, a Andreia Sofia Pinto Oliveira, e *last but certainly not least,* o Vítor Neves.

Agradeço ainda, entre tantos, à Clara Almeida Santos, à Marta Soares Cardoso, à Paula Faustino, à Inês Lopes, à Maria Cunha Matos, à Margarida Sameiro, à Rita Antunes, à Viviane Müller Prado, à Rafaela Rocha, ao Gonçalo Adrião, ao Tiago Rego, ao Ricardo Simões Correia, à Isabel e ao Francisco Ferreira do Amaral, à Cecília e ao Filipe Anacoreta Correia e acima de todos à Maria Albuquerqe, por terem estado sempre por perto mesmo quando eu estava longe.

Finalmente, quero agradecer aos meus pais, à minha irmã, ao meu cunhado e aos meus sobrinhos para quem, durante tanto tempo, tive tão pouca disponibilidade, sendo que não podendo nomear todos os meus amigos, designadamente os da Faculdade de Direito de Lisboa, da PLMJ, do *Camtil* e da *Candeia,* que foram acompanhando com muito entusiasmo (no início), com alguma impaciência (mais tarde) e com verdadeiro interesse e proximidade (sempre) o decorrer dos trabalhos, lembro apenas a pergunta que mais ouvia nesses tempos e na qual certamente todos se revêem, por a terem dito várias vezes: *Então a tese, já está pronta?*

Aqui fica então a resposta e o meu muito obrigado.

Lisboa, 5 de Dezembro de 2006

Tiago Duarte

ITHACA

When you set on your journey to Ithaca,
pray that the road is long,
full of adventure, full of knowledge.
The Lestrygonians and the Cyclops,
the angry Poseidon – do not fear them:
You will never find such as these on your path,
if your thoughts remain lofty, if a fine
emotion touches your spirit and your body.
The Lestrygonians and the Cyclops,
the fierce Poseidon you will never encounter,
if you do not carry them within your soul,
if your soul does not set them up before you.
Pray that the road is long.
That the summer mornings are many, when,
with such pleasure, with such joy
you will enter ports seen for the first time;
stop at Phoenician markets,
and purchase fine merchandise,
mother-of-pearl and coral, amber and ebony,
and sensual perfumes of all kinds,
as many sensual perfumes as you can;
visit many Egyptian cities,
to learn and learn from scholars.
Always keep Ithaca in your mind.
To arrive there is your ultimate goal.
But do not hurry the voyage at all.
It is better to let it last for many years;
and to anchor at the island when you are old,
rich with all you have gained on the way,
not expecting that Ithaca will offer you riches.
Ithaca has given you the beautiful voyage.
Without her you would have never set out on the road.
She has nothing more to give you.
And if you find her poor, Ithaca has not deceived you.
Wise as you have become, with so much experience,
You must already have understood what Ithacas mean.

CONSTANTINE CAVAFY (1911)

Estudar o Orçamento é entrar, pois, no fundo dos problemas constitucionais e, particularmente nos regimes democráticos com separação de poderes, é colocar o estudo das relações entre o poder legislativo e o poder executivo em relação com o ciclo orçamental (elaboração, aprovação, execução e controlo)[1].

Não teria qualquer sentido uma averiguação que, em termos algo abstractos, procurasse captar a natureza do acto de aprovação do Orçamento, para aí deduzir a sua forma. Seria, na verdade, e por várias razões, uma tarefa necessariamente inconclusiva[2].

Na actualidade, parece assistir-se a uma acentuada indiferença entre os cultores da ciência das finanças e os cultores do direito constitucional no estudo das questões jurídico-financeiras tanto mais injustificada quanto é certo constituirem hoje os problemas da constituição financeira (e creditícia) e da sua articulação com as constituições económica e política do Estado, um dos temas fulcrais da teoria do direito público[3].

---

[1] Rodriguez Bereijo, *Laband y el derecho presupuestario del imperio alemán*, Estudo preliminar da obra de Laband, *Derecho Presupuestario*, 1979, pag. XI.

[2] Acórdão do Tribunal Constitucional n.º 206/87.

[3] Gomes Canotilho, *A Lei do Orçamento na Teoria da Lei*, 1979, pag. 543.

INTRODUÇÃO
O que fazer da Lei do Orçamento?

> *O Orçamento será uma instituição jurídica quando o seu conteúdo não puder ser arbitrariamente fixado pela Administração, quer dizer, quando exista um núcleo de normas fundamentais que determinem o como, o quando e o porquê das despesas e das receitas públicas. As dificuldades que o jurista terá de resolver para a elaboração do novo Direito orçamental serão, sem dúvida, imensas. Mas a dificuldade de uma tarefa não pode justificar nunca que se lhe vire as costas. A inibição do jurista perante os problemas do seu tempo traz consigo problemas muito mais graves do que aqueles que, por preguiça ou indiferença, se deixam de abordar no tempo oportuno*[1].

A dissertação que aqui se apresenta pretende repensar o papel que a lei do Orçamento desempenha no sistema de fontes de Direito e no equilíbrio de poderes oriundos da Constituição da República Portuguesa de 1976.

Julga-se oportuno, no momento em que se escreve a presente introdução (e que coincide com o final da redacção da dissertação), salientar que, não obstante se tenha partido para a investigação científica associada à presente dissertação com uma pré-compreensão positiva relativamente à importância da lei do Orçamento no equilíbrio normativo e orgânico do sistema de Governo, foi somente depois de se proceder à primeira análise dos textos constitucionais dos ordenamentos jurídicos mais representativos, bem como da doutrina, nacional e estrangeira, mais influente, que se tomou verdadeiramente

---

[1] Sainz de Bujanda, *Hacienda y Derecho, Introducción al Derecho Financiero de nuestro tiempo I*, 1962, pág. 449.

consciência da centralidade que a lei do Orçamento representa na compreensão do sistema de fontes de Direito e na concretização da separação de poderes entre o Parlamento e o Governo.

Na verdade, uma simples passagem pelos textos constitucionais vigentes nos vários ordenamentos jurídicos europeus de base parlamentar é suficiente para se verificar como a lei do Orçamento, apesar de se integrar na competência legislativa do Parlamento, tem com o Governo (beneficiário de uma reserva de iniciativa) uma relação de enorme proximidade, a ponto de serem maiores as preocupações constitucionais e legais em limitar os poderes orçamentais do Parlamento do que do próprio Governo.

Ainda na perspectiva orgânica, impressiona a resistência e a dificuldade com que a Doutrina, historicamente, tem vindo a aceitar a parlamentarização total do Orçamento, seja ao nível formal, seja, sobretudo, ao nível material, sendo marcantes as dificuldades desta em se coadunar com a realidade positiva que, desde o final do Absolutismo, entregou a aprovação do Orçamento ao Parlamento como um dos símbolos do domínio parlamentar sobre o executivo.

Finalmente, é muito interessante verificar como, também neste domínio, a História acaba por se repetir. Assim, tal como o controlo orgânico da lei do Orçamento foi, juntamente com a auto-tributação, uma das bandeiras do liberalismo político, tendo levado à união, no Parlamento, do órgão central do sistema de Governo liberal, com o órgão com o controlo efectivo sobre o Orçamento, também hoje, é, igualmente, a vontade de entregar o domínio orçamental ao órgão responsável pelo *indirizzo politico* que leva ao desenvolvimento de uma frente doutrinal em torno da necessidade de reforçar os poderes orçamentais do Governo.

Na verdade, também aqui, a crescente governamentalização dos sistemas de Governo de base parlamentar leva a que cada vez mais se veja a aprovação parlamentar da lei do Orçamento como um enclave, verdadeiro símbolo de um poderio parlamentar desfasado da realidade política, sobretudo num domínio em que, de um ponto de vista material, parece que apenas as decisões e as opções governativas contam verdadeiramente.

Esse movimento de resgate do Orçamento, embora atenuado pela unidade inter-orgânica entre o Governo e a maioria parlamentar, tem-se desenvolvido em torno de três variáveis, consoante as diversas latitudes geográficas. Assim, enquanto que em Itália se tem avançado mais no sentido do aumento da eficácia dos limites aos poderes de emenda do Parlamento sobre a proposta governativa de Orçamento, em França tem-se apostado no desenvolvimento da plurianualidade orçamental e da programação, enquanto que na Alemanha é o incremento de técnicas de descentralização, desorçamentação e de flexibilização dos moldes convencionais de elaboração e aprovação orçamental que começa a fazer o seu curso. O certo é que, por um caminho ou por outro, é a assunção de que a aprovação parlamentar da lei do Orçamento por acto legislativo parlamentar é causadora de perturbações no modo de articulação entre ambos os órgãos de soberania, o que, de modo mais ou menos assumido, está hoje em causa.

Neste contexto, independentemente da solução que se venha a defender, e que terá de se adequar ao sistema de Governo vigente em cada ordenamento jurídico, julga-se que o modelo de repartição orgânica dos poderes em torno do Orçamento se encontra definitivamente ultrapassado, sendo que Portugal pode, pela relativa originalidade do seu sistema de Governo, ter um papel precursor na idealização e promoção de uma nova ordem no modo de colocar a lei orçamental na delicada balança da separação de poderes[2].

Para além da análise da lei do Orçamento na dinâmica relacional entre o Parlamento e o Governo, onde se toma como referência a fase da elaboração e da aprovação orçamental face ao momento da execução e da fiscalização, dedica-se a dissertação ao estudo do lugar da lei do Orçamento no sistema das fontes de Direito, no contexto da Constituição Portuguesa.

Os resultados são, também aqui, surpreendentes e entusiasmantes[3]. Em primeiro lugar, pela exploração das potencialidades

---

[2] Sobre o modo como o sistema orçamental se deve articular com o sistema de governo vigente num dado ordenamento jurídico, Livia Mercati, *Le Procedure di Bilancio tra Sistemi Elettorali e Forme di Governo: un'Analisi Comparata*, 1997, pág. 376 e segs. Para a autora, *as Finanças Públicas representam, em todos os sistemas constitucionais contemporâneos, uma clara expressão das relações existentes entre o poder executivo e o poder legislativo (...), sendo uma das mais significativas expressões da forma de governo num determinado ordenamento.*

[3] Disso mesmo tomou consciência o deputado constituinte José Luís Nunes ao afirmar, no plenário, que, *embora árida e difícil a matéria do Orçamento é das matérias mais*

normativas e legislativas da lei do Orçamento que, mesmo sendo desenvolvidas na fronteira do que a boa técnica legislativa aconselha, levam a desconstruir algumas (aparentes) certezas em torno da especial função e valor da aprovação orçamental perante o conjunto do poder legislativo parlamentar. Por outro lado, pelo facto de a lei do Orçamento assumir um papel fundamental para a compreensão integral do complexo sistema normativo vigente, minado, na decorrência das várias revisões constitucionais, por uma certa dose de confusionismo que, deliciando o intérprete e alimentando o investigador, acaba por enfraquecer a racionalidade do sistema, sendo, a prazo, gerador de inevitáveis doses de insegurança jurídica.

A verdade é que se pode afirmar que o sistema constitucional português tem, ainda hoje, uma "questão orçamental". Numa altura em que a importância política e económica do Orçamento atinge níveis muito elevados, importa referir que, também do estrito ponto de vista jurídico-constitucional, Portugal ainda não resolveu essa sua "questão orçamental". Com efeito, basta ver como, desde o alvor do constitucionalismo liberal, o Orçamento já assumiu as vestes de uma lei parlamentar, mas também de um decreto governamental, já foi decreto com força e valor de lei e já voltou a ser lei.

Esta evolução errática é bem demonstrativa de como a Constituição orçamental não se encontra estabilizada e apenas o facto de (ainda) não se ter efectivado um cruzamento entre um governo minoritário e uma oposição agressiva e unida levou a que as potencialidades censórias da aprovação anual da lei do Orçamento não tivessem sido manifestadas, o que, apesar de tudo, já esteve para ocorrer por duas vezes consecutivas[4].

---

importantes que estamos a discutir nesta Constituição, Diário da Assembleia Constituinte, n.º 80, 13 de Novembro de 1975, pág. 2670.

[4] Relembrem-se os contornos políticos associados à aprovação da lei do Orçamento para os anos de 2001 e de 2002, onde o Governo não possuía uma maioria absoluta no Parlamento. Em ambos os casos o Orçamento acabou por ser aprovado com a (imprescindível) abstenção de um deputado da oposição agindo à revelia da orientação da bancada parlamentar e da direcção do partido (CDS-PP). Esta atitude esteve, mesmo, na origem de um processo disciplinar movido ao deputado, que viabilizaria o Orçamento do ano seguinte já como deputado independente. Num sentido muito próximo do que efectivamente veio a ocorrer em Portugal quase um século depois, Paul Leclere, *La Mesure et la Valeur de L'Intervenction Législative en Matière Budgétaire,* 1905, pág. 97.

A "questão orçamental" é ainda evidente ao nível da legislação de enquadramento orçamental. Com a Constituição de 1976 já foram aprovadas quatro leis de enquadramento orçamental, sendo que Lei n.º 91/2001, de 20 de Agosto, tem vindo a ser modificada todos os anos desde a sua aprovação inicial. Para adensar a volatilidade do tema, diga-se que a própria competência para a aprovação da lei de enquadramento orçamental já vagueou pela competência concorrencial, pela reserva relativa e pela reserva absoluta da competência do Parlamento, sendo que, apesar da flutuação, se nota uma necessidade imperiosa de afinar a sua relação paramétrica com a lei do Orçamento, evitando equívocos e situações de clara inversão de referentes entre a lei do Orçamento e a lei de enquadramento orçamental, que, como se verá, parecem ser possíveis e previsíveis.

A dissertação que se segue dedica-se, por isso mesmo, também, à "questão orçamental" da Constituição da República Portuguesa, pretendendo-se demonstrar como a lei do Orçamento detém um lugar único no conjunto da legislação reforçada, beneficiando da confluência de inúmeras variáveis que fazem dela um *case study* raro, por onde passam, virtualmente, todos os critérios que se têm avançado para explicar o fenómeno das leis reforçadas.

Para além disso, pode bem dizer-se que a análise normativa da lei do Orçamento é um óptimo pretexto para se entrar nos nebulosos domínios da relação entre o princípio da legalidade e a reserva da Administração ou do eterno reavivar da polémica em torno dos actos legislativos meramente formais.

Finalmente, é a propósito da lei do Orçamento que se encontra o caminho mais curto para a discussão em torno da relação dos actos legislativos com os actos contratuais, domínio por onde se atinge, naturalmente, o âmago da separação dos poderes legislativo e executivo, desta forma se enredando a discussão orgânica na discussão normativa, se fechando o ciclo e, assim, se justificando o objecto e o tema da dissertação.

A análise da lei do Orçamento, na perspectiva normativa e orgânica, não pode ser desligada do contexto histórico que, neste domínio, assume uma importância vital para a compreensão do modo como esta lei se encontra enquadrada no constitucionalismo europeu do pós-guerra, pelo que um estudo da lei do Orçamento que prescindisse do valioso elemento histórico e comparatístico sofreria de uma miopia jurídica indesculpável. A presente dissertação não pretende, no entanto, resumir-se a uma descrição de experiências estrangeiras, ou ser um mero relato histórico, pelo que se procurou que esses ensinamentos não fizessem perder o alvo do presente Estudo que se encontra, naturalmente, no modo como a Constituição de 1976 acolhe e enquadra, em termos normativos e orgânicos, a lei do Orçamento do Estado.

É, assim, oportuno, no momento em que se inicia esta dissertação, recordar Rubio Llorente, quando afirmava que *a história do nosso Direito Público (da nossa doutrina do Direito Público e, na medida em que esta doutrina inspira as soluções legislativas, também da nossa legislação) pode ser mais facilmente explicada como reflexo mimético de construções teóricas estrangeiras, do que como conjunto de respostas teóricas dadas a partir de posturas ideológicas determinadas aos problemas que a nossa prática vai colocando. Neste contexto, creio, firmemente, que só avançaremos realmente quando começarmos por colocar os nossos próprios problemas e esboçar as nossas próprias soluções que, naturalmente, não poderão ignorar nunca as que noutros lugares se vão dando*[5].

Foi esta lição que se procurou acolher nesta dissertação, contribuindo para dar um primeiro passo na discussão sobre se não terá chegado a hora de procurar uma solução nova para um problema novo como é, recorrentemente, a descoberta de um enquadramento satisfatório para a inclusão da lei do Orçamento no sistema normativo e orgânico do modelo jurídico-constitucional português.

Se todas as dissertações devem partir de uma pergunta ou de uma dúvida que inquieta e motiva o investigador, pode bem dizer-se que a primeira pergunta que suscitou a presente dissertação foi a de saber se o Direito orçamental, com todas as suas complicações e penumbras, ainda se encontra num domínio que o jurista possa alcançar, ou se deverá já considerar-se perdido o contacto e o controlo relativamente a este ramo do Direito.

Numa altura em que as novíssimas áreas de conhecimento despontam e em que parece já nada restar para o jurista tradicional analisar, chegou o tempo de nos questionarmos sobre se ainda sobra

---

[5] Rubio Llorente, *Rango de Ley, Fuerza de Ley, Valor de Ley (sobre el problema del concepto de Ley en la Constitución)*, 1983, pág. 418.

uma oportunidade para se estudar a lei do Orçamento utilizando as ferramentas do Direito Público em geral e do Direito Constitucional em especial. São, neste contexto, bem apropriadas as palavras de Andreas Auder, quando, iniciando um Estudo sobre o princípio da legalidade, afirmava: *partirei, portanto, do Direito e voltarei ao Direito. De passagem, tentarei observar as particularidades do seu funcionamento, num ponto preciso, na sociedade contemporânea. Este ponto preciso é, precisamente, o princípio da legalidade*[6].

Com efeito, quando da lei do Orçamento parecem somente interessar as engenharias financeiras, os cálculos e as curvas, os números e as previsões, é bem aplicável a profecia de quem considerava este domínio *como uma região obscura, misteriosa, cheia de surpresas para a grande maioria do público, para a imprensa, para a maior parte do Parlamento e, porque não, também para os estudiosos do Direito Financeiro, maioritariamente voltados para outra índole de considerações jurídico-tributárias com as quais logram maior eco e também maior êxito profissional*[7].

Por este motivo, e pela a amplitude de pontos de vista a partir dos quais se pode empreender o estudo da lei do Orçamento, convém, desde logo, prevenir o leitor sobre a perspectiva que se adoptou, de modo a tornar claro tudo aquilo que não se encontra aflorado nas páginas seguintes. Na verdade, a presente dissertação acaba por reflectir mais sobre a Lei, do que sobre o Orçamento, mais sobre aquilo que a lei do Orçamento implica, do que ao que esta se aplica, assu-

---

[6] Andreas Auer, *O princípio da legalidade como norma, como ficção e como ideologia*, 1993, pág. 122. O autor acrescenta, ainda, que, *enquanto jurista, estou, por um lado, persuadido de que não é preciso nem mesmo necessário deixar o domínio do Direito e das suas representações para lançar sobre aquele (Direito oficial) e sobre estas (relações sociais) um olhar crítico.*

[7] Martinez Lago, *Ley de Presupuestos y Constitución*, 1998, pág. 32. Como referia Fernando Emygdio da Silva, *A Reforma do Orçamento em Portugal: Política e Técnica*, 1938, pág. 11, *capricha o Orçamento em fornecer um quadro de conjunto da vida nacional? Mas é preciso sabê-lo discernir. Encerrra o Orçamento nas dobras, o segredo do dia seguinte? Mas é preciso sabê-lo abrir na folha própria. Leitura empolgante? Talvez. Mas, à primeira vista, nada de particularmente convidativo. O peso morto de um grosso volume, por toda a parte aproximadamente o mesmo, a abarrotar de algarismos, em dupla coluna e em formação cerrada.* Neste sentido, salientando a desproporção entre o (des)conhecimento do Orçamento e a sua importância prática, Hans-Wolfgang Arndt, *Staatshaushalt und Verfassungsrecht*, 1990, pág. 343.

mindo-se, desta forma, como uma dissertação dedicada a uma análise normativa e orgânica da lei do Orçamento do Estado, no contexto da Constituição Portuguesa.

Pretende-se na presente dissertação proporcionar um novo olhar para um tema central do Direito Constitucional que, como tantos outros, aparenta uma consolidação e uma estabilidade conceptual ilusória, podendo ser alvo de importantes disputas políticas e de acaloradas discussões teóricas logo que as circunstâncias mais ou menos inesperadas o venham a exigir. As linhas que se apresentam pretendem antecipar um futuro turbulento que se adivinha e, nesse contexto, podem ser um prenúncio de crise, mas, na medida em que procuram respostas para todas as interrogações levantadas, serão, também, nessa medida, uma proposta antecipada de resolução dessa mesma crise.

No momento em que se apresenta esta dissertação tem-se bem presente o desabafo de Valerio Onida, quando, depois de analisar os poderes que o Orçamento deixou de exercer e os que ainda deve continuar a conservar, conclui que o resultado do Orçamento tem de ser, *pelo menos, ainda, parcialmente, o fruto de uma política e não, já, somente, o resultado de simples cálculos aritméticos*[8]. De facto, sendo a lei do Orçamento um ponto de confluência entre Parlamento e Governo e, ao mesmo tempo, um acto normativo privilegiado pela sua anualidade e pelo seu valor reforçado, torna-se inevitável formular a questão que inquieta gente em todos os ordenamentos jurídicos europeus e que parece encerrar todas as outras: O que fazer com a lei que se esconde por detrás do Orçamento?

É esta a pergunta que, afinal, motiva a presente dissertação.

---

[8] Valerio Onida, *Le Leggi di Spesa nella Costituzione*, 1969, pág. 472. Inerente a esta questão surge uma outra, equacionada por Paul Einzig, *The Control of the Purse*, 1959, pág. 11, quando pergunta se o *dinheiro dos contribuintes deve ser controlado pelos representantes eleitos daqueles que o pagam ou pelo Governo que o gasta?*

I.ª PARTE
A Investigação Histórica

Uma análise, ainda que superficial, dos textos constitucionais europeus mais relevantes[9] demonstra que o modo como estes concebem e enquadram, dogmaticamente, as respectivas leis orçamentais é, a despeito da existência de algumas diferenças de regime, uniformemente limitador das potencialidades normativas daquela lei, o que, numa primeira análise, parece pouco consentâneo, quer com a sua aprovação parlamentar, quer com a natureza reforçada que a mesma assume na generalidade dos referidos ordenamentos, seja pelo procedimento agravado de iniciativa ou de aprovação, seja por se afirmar como parâmetro de outras leis[10].

---

[9] Na presente dissertação, como durante a investigação, escolheram-se os ordenamentos jurídico-constitucionais italiano, alemão, francês, espanhol e inglês, como sendo os mais representativos da temática que se queria analisar. A escolha destes ordenamentos ficou a dever-se a vários factores, entre os quais se destacam o facto serem sistemas de base parlamentar e, como tal, comparáveis com o sistema português e o facto de, atendendo aos respectivos idiomas, se poder estudar a legislação, a doutrina e a jurisprudência de cada um desses ordenamentos nas respectivas versões originais.

[10] Em Itália, de acordo com o art. 81.º da Constituição de 1947, estabelece-se que, com a lei de aprovação do Orçamento, não se podem estabelecer novos tributos ou novas despesas. Na Alemanha, de acordo com o art. 110.º da Lei Fundamental Alemã de 1949, prevê-se que a lei do Orçamento apenas pode incluir normas relacionadas com as receitas e as despesas da Federação e com o período de vigência da referida lei. Em França, a Constituição de 1958 apenas refere, no art. 47.º, que o Parlamento vota os projectos de leis de finanças nas condições previstas por uma lei orgânica, sendo que, nos termos da referida lei orgânica, se estabelece um conjunto taxativo das matérias que podem ser aprovadas juntamente com a referida lei. Em Espanha, a Constituição de 1978 estabelece, no art. 134.º, que a lei do Orçamento não pode criar tributos e que apenas os pode modificar quando uma lei tributária substantiva assim o preveja. Finalmente, no Reino Unido, não existe uma lei unificada de Orçamento, encontrando-se as matérias tipicamente orçamentais divididas entre vários actos legislativos, separados, até, temporalmente, prevendo-se, ainda assim, limites

Esta aparente contradição entre uma lei reforçada e, ao mesmo tempo, limitada, acaba, assim, por adensar as dúvidas sobre o papel que a lei do Orçamento desempenha, afinal, na sua relação com os restantes actos legislativos, bem como na repartição de poderes entre o Parlamento e o Governo enquanto órgãos constitucionais credores de competências relevantes nesse domínio. Com efeito, se, por um lado, o alinhamento pelo diapasão do parlamentarismo, mais ou menos racionalizado, explica a aprovação parlamentar da lei do Orçamento, já a existência de limites conteudísticos a essa mesma lei parece surgir ao arrepio do reforço legislativo que lhe é, genericamente, reconhecido.

Perante este cenário, parece ser adequada a realização de uma (breve) incursão histórica que incida sobre esta temática, não devendo esta, como tal, ser avaliada como uma mera vaidade de erudição mas antes como uma verdadeira exigência de compreensão. Com efeito, mais do que proceder a uma investigação das origens históricas da actual configuração dogmática da lei do Orçamento no constitucionalismo europeu, em geral, ou no português, em especial, importa proceder a uma viagem até ao momento que marcou, em termos dogmáticos, o início da teorização sobre a natureza e o estatuto jurídicos da lei de Orçamento nos vários sistemas constitucionais.

Ora, uma viagem com esse objectivo tem um momento histórico e um autor inarredáveis: o conflito orçamental prussiano que vigorou entre 1861 e 1866 e a obra de Paul Laband que o tentou justificar, juridicamente, em 1871[11]. A ambos ter-se-á de voltar[12].

---

conteudísticos para essas mesmas leis. Para uma visão de conjunto das características essenciais de cada sistema, veja-se, por exemplo, o relatório elaborado pelo Senado Francês, *L'Examen du Budget de l'Etat par le Parlement,* 1994.

[11] A obra de Paul Laband, *Das Budgetrecht nach den bestimmungen der Preussischen Verfassungs-Urkunde unter Berücksichtigung der Verfassung des Nordeutschen Bundes,* publicada em livro em 1871, foi antes publicada, em 1870, em Zeitschrift für Gesetzgebung und Rechtspflege in Preussen, 4, 1870, pág. 619 e segs. Esta obra encontra-se traduzida para castelhano com o título *El Derecho Presupuestario,* 1979. Saliente-se, igualmente, a sua outra obra relevante neste domínio: *Das Staatsrecht des Deutschen Reiches.* Esta obra encontra-se traduzida para Francês, com o título *Le Droit Public de l'Empire Allemande,* sendo aqui relevantes os tomos II e VI, de 1901 e de 1904. Aí Laband regressa ao tema orçamental, comentando, criticamente, de modo individualizado, os autores que mais se opuseram à teoria do dualismo legislativo por si elaborada, dedicando uma especial atenção aos defensores do conceito formal de lei, de que Hänel,

A – O CONSTITUCIONALISMO EUROPEU

1. A Monarquia Dualista e o papel de Paul Laband

A obra de Paul Laband tem vindo a ser, sobretudo na doutrina nacional, preferencialmente utilizada quanto à discussão em torno do dualismo legislativo em geral, mais do que em relação à aplicação desse conceito ao fenómeno que motivou a construção dogmática Labandiana e que se centrou na análise da natureza jurídica da lei do Orçamento.

É, pois, nesse contexto, que deve ser entendida a afirmação de Maria Lúcia Amaral quando considera que, *face à Constituição*

Das Gesetz im formellen und materiellen Sinne, 1888 é o autor paradigmático. Segundo Vitagliano, *Il Contenuto Giuridico della Legge del Bilancio*, 1910, pág. 236, logo em 1823, Karl August von Malchus, *Politik der inneren Staatsverwaltung oder Darstellung des Organismus der Behörden für dieselbe*, 1823, pág. 182 e *Handbuch der Finanzwissenschaft und Finanzverwaltung*, II, 1830, pág. 95, havia considerado que o Orçamento não era uma lei mas apenas uma norma e uma base, faltando-lhe a determinação e a permanência das verdadeiras leis. Em 1829, Robert von Mohl, em *Das Staatsrechts des konigreiches Württemberg*, *I*, 1829, pág. 182, definia as leis como as normas gerais que estabelecem a relação dos cidadãos com o Estado e com os seus concidadãos. Seis anos mais tarde, em 1835, Rotteck, em *Lehrbuch der Staatswissenschaft und des Vernunftrechts*, *IV*, 1835, pág. 444 e segs., defende que a lei do Orçamento não é uma lei, mas uma conta. Em 1836, Pfizer, *Das recht der steuerverwilligung nach den grundsätzen des württenbergischen verfassung mit rücksicht auf entgenstehende bestimmungen des deutschen bundes*, 1836, pág. 17, volta a incidir sobre o mesmo tema, em termos análogos, aderindo à defesa da generalidade como elemento essencial da lei. De qualquer das formas, o verdadeiro percursor da obra de Laband parece ter sido Christian von Stockmar, *Studien zum preussischen staatsrecht*, 1867, pag 179 e segs. Sobre o assunto, veja-se, ainda, Jesch, *Gesetz und Verwaltung,* 1961, pag. 9 e segs (existe tradução para castelhano, *Ley y Administración*, 1978); Jellinek, *Gesetz und Verordnung*, 1887, pág. 157 e segs. (existe tradução parcial para Italiano, *Legge e Decreto*, 1997) e Santamaria Pastor, *Fundamentos de Derecho Administrativo, I*, 1988, pág. 520 e segs.

[12] De acordo com Afonso Vaz, *Lei e Reserva de Lei*, 1996, pág. 114, a partir de Laband, com efeito, os juristas do Direito Público têm de trabalhar dentro da sua teoria ou explicar porque não o fazem. Para Angeles García Frías, *Limites Materiales y Temporales a la Ley de Presupuestos en el Derecho Alemán*, 1994, pág. 21 *a influência da história do Direito Orçamental Alemão é tanta que nos arrasta como um íman e sem nos darmos conta vemo-nos atados a ela.* A crise orçamental da Prússia é, mesmo, considerada por Ignacio de Otto, *Derecho Constitucional – Sistema de Fuentes*, 1995, pág. 169, como sendo o *momento fundador do moderno Direito Público*.

portuguesa, como face às outras que nos são contemporâneas, este conceito (conceito de lei só em sentido formal) *tornou-se num conceito caduco*[13]. De facto, se a distinção entre lei formal e lei material tende a ser afastada e, sobretudo, se revelou inservível para efeitos de promoção de uma clivagem relativamente à generalidade dos actos legislativos dentro de um modelo de tipo parlamentar, o certo é que se mantém, ao nível do Direito orçamental, precisamente o domínio por onde essa teoria haveria de germinar, um enclave, onde, ainda hoje, parecem continuar a acolher-se, de um modo resistente, alguns resquícios do que, em tempos, foi a teoria encandeadora de Paul Laband[14].

Por isso mesmo, e não obstante não ser já desconhecida entre nós[15], parece ser importante proceder a uma breve recensão dos motivos e do enquadramento histórico que rodearam a construção dogmática de Laband, focando-a, precisamente, embora sem a retirar do contexto político-constitucional em que se desenvolveu, na abordagem ao que foi o seu ponto de partida e o seu objectivo prioritário, ou seja, a sua aplicação à lei do Orçamento.

a) A teoria de Laband no seu tempo e na sua circunstância

Ao contrário do que se passou de modo mais paulatino em Inglaterra e de modo mais abrupto em França, a Prússia, tal como os demais Estados alemães, tentando encontrar um ponto de equilíbrio que permitisse o reconhecimento constitucional da representação

---

[13] Maria Lúcia Amaral, *Responsabilidade do Estado e Dever de Indemnizar do Legislador*, 1998, pág. 238.

[14] Ver-se-á, detalhadamente, como Portugal é, de resto, ainda assim, de entre os países de raiz parlamentar, e com excepção do Reino Unido, aquele onde a influência de Laband no Direito Orçamental menos se faz sentir. Apesar disso, veja-se Braz Teixeira, *Finanças Públicas e Direito Financeiro,* 1992, pág. 331, quando afirma que, *tal como vimos acontecer com a lei do Orçamento, a lei de autorização de um empréstimo público não é lei em sentido material pois carece de generalidade e de carácter inovador (...). Trata-se assim de lei meramente formal (...).* O autor refere-se, aliás (pág. 109), explicitamente, ao *facto de a lei do Orçamento só formalmente ser lei.*

[15] Gomes Canotilho, *A Lei do Orçamento na Teoria da Lei,* 1979, Afonso Vaz, *Lei e Reserva de Lei*, 1996 e Maria Lúcia Amaral, *Responsabilidade do Estado e Dever de Indemnizar do Legislador,* 1998.

nacional com danos mínimos para os poderes da Coroa, acabaria por se afastar do modelo da "Monarquia Parlamentar", criando, ela própria, um paradigma alternativo e que haveria de ficar registado na História com a denominação de "Monarquia Dualista" ou "Monarquia Limitada"[16].

Haveria de ser aqui, dentro dos constrangimentos inerentes à Monarquia Dualista e, sobretudo, por causa destes, que germinaria a célebre distinção entre lei formal e lei material, que, embora surgindo a propósito da natureza jurídica da lei do Orçamento, lograria, não só nesse domínio, como no da própria teoria da lei, ultrapassar barreiras de tempo e de espaço para, deixando marcas visíveis nos vários ordenamentos jurídicos europeus, chegar, ainda que sem a mesma pujança de outrora, até aos dias de hoje.

É, pois, apenas uma parte dessa verdadeira revolução na teoria da lei a que se quer e se propõe trazer para esta dissertação, recebendo-a e analisando-a, sempre, sob o prisma da construção do Direito orçamental, descrevendo-se, apenas, o enquadramento mínimo exigível para uma melhor compreensão do modo como a lei do Orçamento se veio a enredar, em grande parte pela força das circunstâncias históricas, num processo de qualificação de que nunca mais se libertaria totalmente.

A revolução prussiana de 1848 (*Märzrevolution*), ocorrida mais de meio século depois da revolução Francesa, levaria ao fim do absolutismo monárquico e, por isso, se diz que não foi estéril[17], mas o certo é que a Constituição outorgada por Guilherme IV, em 31 de Janeiro de 1850, ao contrário de ser tributária do espírito liberal e

---

[16] Rodríguez Bereijo, no prefácio à tradução para castelhano da obra de Laband, *Derecho Presupuestario,* 1979, avança com algumas razões para justificar o facto de a Prússia e os demais estados alemães não terem evoluído para uma Monarquia Parlamentar. A expressão "monarquia dualista" acentua o facto de existirem dois centros, ainda que não equilibrados, de poder (Monarca e Parlamento), o que se reflecte, por exemplo, na feitura das leis, onde ambos são convocados. Diferentemente, a expressão "monarquia limitada" salienta o facto de o Monarca ter uma origem e uma legitimidade anterior à própria Constituição, que, sendo por este outorgada, apenas lhe limita o poder sem que seja o fundamento desse mesmo poder. Como refere Ignacio de Otto, *Derecho Constitucional – Sistema de Fuentes,* 1995, pág. 134, *o carácter originário dos poderes do monarca significa também que este não tem os poderes que a Constituição lhe confere mas antes os poderes que a Constituição não lhe retira,* o que justifica a presunção de competência residual do monarca.

[17] Rodríguez Bereijo, prefácio a *El Derecho Presupuestario,* 1979, pág. XVIII.

28 · A Lei por detrás do Orçamento

parlamentarista da revolução francesa de 1789 e do constitucionalismo nascido em 1791, foi, antes, herdeira da Carta Constitucional
de 1814, outorgada por Luís XVIII, instalando-se desse modo na
Prússia uma monarquia limitada que passaria para o Império Alemão
com uma força que não chegou, sequer, a gozar em França[18].

Ao contrário da monarquia parlamentar, que constrói em torno
do Parlamento e da Lei a representação da soberania popular, no
sistema de monarquia limitada a representação da soberania acaba
por se unificar, fundamentalmente, em torno do monarca[19], que apenas

---

[18] Para um resumo sobre o enquadramento histórico e a natureza compromissória da
Carta Constitucional Francesa de 1814, Jacques Godechot, *Les Constitutions de la France
depuis 1789*, 1979, pág. 209 e segs., onde fica claro o modo como este texto constitucional
absorveu elementos conotados com o Antigo Regime, associados a elementos de raiz parlamentarista. A Constituição prussiana é, apesar da sua inspiração no parágrafo 48 da Carta
Constitucional Francesa de 1814, considerada por Afonso Vaz, *Lei e Reserva de Lei*, 1996,
pág. 126, como sendo possuidora de um *cariz liberal e parlamentar*, na medida em que não
contém uma clara divisão de competências entre Parlamento e Coroa, nem afirma, expressamente, a competência residual do monarca para resolver todos os casos constitucionalmente
omissos. Ver-se-á que foi, de resto, este pendor liberal, que levou a que se omitisse na
Constituição qualquer reserva material de lei, o responsável pela crise institucional de 1861.
Como exemplo da contradição interna da Constituição Prussiana, beneficiária de um pendor
liberal, sem, no entanto, afastar os pressupostos da monarquia limitada, veja-se o caso do
art. 109.º, no qual se sustenta a manutenção da legislação tributária de modo permanente
enquanto esta não fosse expressamente revogada, assim se afastando a regra da anualidade
das receitas. Esta norma foi fortemente criticada pelo partido liberal, tendo sido defendida
por Bismarck e por Stahl, não tendo, por isso, passado despercebido o seu alcance limitativo para os poderes parlamentares. A referida norma, embora tenha sido parlamentarmente
rejeitada, acabaria por se manter no texto constitucional, já que este foi outorgado pelo
monarca e não, livremente, aprovado pelos representantes da nação. O mesmo princípio da
continuidade não valia, porém, para as despesas, já que o art. 99.º, surgindo no seguimento
da Constituição Belga de 1831, estabelecia a regra da anualidade das despesas. Para
Vitagliano, *Il Contenuto Giuridico della Legge del Bilancio*, 1910, pág. 241, 356 e segs.,
não era possível, face ao texto constitucional prussiano, sustentar, em geral, que o Governo
poderia continuar a realizar as despesas julgadas necessárias, mesmo sem a aprovação
prévia da lei do Orçamento, sem, com essa atitude, se ser *mais realista do que o rei*.

[19] A doutrina da soberania de Estado foi sustentada por Jellinek, em *Gesetz und
Verordnung*, 1887. Para um resumo da referida doutrina, Jesch, *Ley e Administración*,
1978, pág. 106 e segs. e Afonso Vaz, *Lei e Reserva de Lei*, 1996, pág. 19 e segs. De
acordo com esta teoria, a soberania residia no Estado-Nação, que era representado por
órgãos. Neste contexto, o monarca era um órgão primário, enquanto que o Parlamento era
um órgão secundário, já que representava o povo (órgão primário) sendo, assim, de alguma
forma, inferior ao monarca, não obstante este não poder dar ordens ao Parlamento, nem este

vê os seus poderes limitados, em casos contados, pela aparição do Parlamento, que partilha, com o monarca, somente a competência para aprovar leis em determinadas matérias[20].

No paradigma da Monarquia Dualista, o Parlamento seria competente, para além de algumas excepções previstas na Constituição, em que se sujeitava uma decisão da Coroa ao seu consentimento, para participar na aprovação das leis, pelo que bem se compreendia que apenas através de uma correcta determinação de qual fosse o domínio da lei se chegaria à determinação das competências do Parlamento[21/22].

---

ser responsável perante aquele. O Estado autoritário constitucional alemão representa, deste modo, um equilíbrio e um compromisso entre o absolutismo monárquico e a democracia parlamentar, como refere Starck, *El concepto de ley en la constitución alemana*, 1979, pag. 118. No mesmo sentido, Joseph Barthélemy, *Les Théories Royalistes dans la Doctrine Allemande Contemporaine – Sur les Rapports du Roi et des Chambres dans les Monarchies Particulières de L'Empire*, 1905, pág. 13 e segs. Para um breve, mas consistente, resumo do significado jurídico-constitucional da reserva de lei nas monarquias limitadas, Escribano López, *Presupuesto y Constitución*, 1981, pág. 58 e segs., onde se verifica como a doutrina da soberania da nação acabava por ser eminentemente formal, servindo os propósitos de mascarar uma efectiva soberania do monarca.

[20] Bem ao contrário, nas monarquias parlamentares, as limitações constitucionalmente previstas dirigiam-se ao monarca, sendo paradigmática a norma do art. 78.º da Constituição da Bélgica, de 25 de Fevereiro de 1831, quando esclarecia que *o rei não tem outros poderes para além dos que lhe são atribuídos formalmente pela Constituição e pelas leis especiais ditadas em virtude da própria Constituição.* Sobre as diferenças entre o funcionamento do princípio monárquico e o funcionamento do sistema constitucional belga, que levava a que o monarca não fosse um soberano, mas apenas um órgão do Estado, desta forma dando sentido à afirmação de que o monarca era *o rei dos belgas e não o rei da Bélgica,* Ernst-Wolfgang Böckenförde, *Der Verfassungstyp der deutschen konstitutionellen Monarchie im 19. Jahrhundert,* 1981, pág. 149 e Paul Errara, *Das Staatsrecht des Königreichs Belgien,* 1909, pág. 36 e segs.

[21] Na verdade, segundo Jesch, *Ley e Administración*, 1978, pág. 142, as Constituições da monarquia constitucional podiam dividir-se em dois grupos, consoante esclareciam, ou não, o âmbito material da lei que era da competência dos Estamentos. O primeiro grupo, era integrado pelas Constituições de Nassau, de 1814, da Saxónia-Weimar, de 1816, de Baden, de 1818 e da Baviera, também de 1818, sendo que esta última, no título VII, parágrafo 2, esclarecia que, *sem o conselho e o consenso dos estamentos do reino não pode ser ditada qualquer nova lei geral que afecte a liberdade das pessoas ou a propriedade dos súbditos, nem modificada, interpretada autenticamente ou derrogada uma já existente.* O exemplo típico das Constituições do segundo grupo vem da Constituição de Württemberg, de 1818, do Grão-Ducado de Hesse, de 1820, do reino da Saxónia de 1831, da Prússia, de 1850 e, mais tarde, do império alemão, de 1871, nas quais não se definia o âmbito da lei ou,

30 A Lei por detrás do Orçamento

Esta era, de resto, uma tarefa que interessava, por motivos opostos, quer ao Parlamento, quer ao Monarca, já que, ao contrário do que se passava em França, a aprovação das leis não se afigurava como uma manifestação da soberania popular mas, paradoxalmente, como um caso em que, exigindo-se a participação do Parlamento, se estaria a aceitar, nesses precisos casos, uma limitação dos poderes do monarca.

Em conclusão, não sendo na Prússia, como, ao invés, em França ou em Inglaterra, a omnipotência da Lei uma decorrência da atribuição constitucional da soberania à Nação, representada no Parlamento[23],

---

o mesmo é dizer, o âmbito da intervenção parlamentar. A Constituição de Württenberg, de 1818, estabelecia que, *sem o consentimento dos estamentos nenhuma lei pode ser ditada, derrogada, modificada ou interpretada de forma autêntica.* A constituição da Prússia, de 31 de Janeiro de 1850, estabelecia, por sua vez, no art. 62.º, que, *o poder legislativo é exercido juntamente pelo rei e pelas duas Câmaras. O acordo do rei e das duas Câmaras é necessário para toda a lei.* O facto de as Constituições mais tardias não fazerem referência ao carácter material das leis, pode, igualmente, para lá de representar, de algum modo, um reforço do elemento liberal e da aproximação à natureza parlamentar, decorrer, apenas, do facto de o mesmo ter sido considerado como desnecessário ou supérfluo, por se encontrar já enraizado na doutrina geral, no seguimento das Constituições anteriores, e decorrer, de resto, do "princípio monárquico", gerador de naturais restrições ao poder legislativo. Neste sentido, Carré de Malberg, *Contribution à la Théorie Générale de l´Etat,* 1920, pág. 307.

[22] Mesmo no domínio da lei, não deixam de se notar as tentativas doutrinárias de fazer sobressair o papel do Monarca enquanto responsável único pela sanção régia e pela ordem de publicação dos actos legislativos. Nesse sentido, Jellinek, *Gesetz und Verordnung,* 1887 e Laband, *Le Droit Public de l'Empire Allemand, tome II,* 1901, pág. 271 e segs. Para este autor, *o Direito de fazer as leis pertence ao Rei mas este é assistido pelo Parlamento no exercício desse direito.* Para Ernst-Wolfgang Böckenförde, *Der Verfassungstyp der deutschen konstitutionellen Monarchie im 19. Jahrhundert,* 1981, pág. 150, o monarca participava no poder legislativo, sendo detentor de um *poder de veto absoluto.* Sobre o assunto, veja-se, ainda, no mesmo sentido, Joseph Barthélemy, *Les Théories Royalistes dans la Doctrine Allemande Contemporaine – Sur les Rapports du Roi et des Chambres dans les Monarchies Particulières de L'Empire,* 1905, pág.13 e segs. 33, quando afirma que, no contexto da monarquia dualista alemã, *não é o rei em união com as Câmaras que aprova a lei. É o rei sozinho* (através da sanção) *que exerce a actividade legislativa decisiva. É a sanção que faz a lei.* Na doutrina nacional, Afonso Vaz, *Lei e Reserva de Lei,* 1996, pág. 118 e Paulo Otero, *Legalidade e Administração Pública,* 2003, pág. 75 e segs.

[23] Maria Lúcia Amaral, *Responsabilidade do Estado e Dever de Indemnizar do Legislador,* 1998, pág. 234, refere, mesmo, que, *na doutrina francesa de direito público, a ausência de debate* (sobre lei material e lei formal) *é perfeitamente compreensível. Há muito, com efeito, que nela se deu por encerrada a discussão quanto à definição formal ou material do conceito de lei; e há muito que se estabeleceu que acto legislativo é todo e qualquer acto do poder político estadual que revestir a forma de lei.* A autora cita Carré de

A *Investigação Histórica* 31

bem se compreende que, naquele país, o papel da legislação (representando um *beschränkender faktor* do poder do monarca) houvesse de ser revisto em baixa, situação que teria inevitáveis reflexos no domínio orçamental[24].

(i) Os pressupostos da crise orçamental prussiana – As duas traves-mestras da monarquia dualista

§ O Princípio Monárquico

No seguimento do estabelecido na Acta de Viena, de 15 de Maio de 1820, que veio consagrar, juridicamente, o princípio monárquico[25], ficou claro que os Parlamentos dos Estados aí abrangidos

Malberg, *Contribution à la Theorie Générale de l'Etat, tome I*, 1920, pág. 326 e segs. Convém, no entanto, não olvidar a especificidade da lei orçamental, que foi, durante muito tempo, considerada, também em França, como mera lei formal e verdadeiro acto administrativo sob a forma de lei, por virtude da recepção francesa da doutrina de Laband de que foi grande entusiasta Gaston Jèze, através das suas obras emblemáticas, *Le véritable notion de la loi et la loi annuelle de finances*, 1897; *Le Budget au point de vue juridique. Essai d'une théorie générale*, 1907 e *Traité de Science des Finances, Le Budget*, 1910.

[24] Horst Dreier, *Der Kampf um das Budgetrecht als Kampf um die staatliche Steuerungsherrschaft – Zur Entwicklung des modernen Haushaltsrechts*, 1998, pág. 60 e segs.

[25] O princípio monárquico, tendo surgido pela primeira vez em 1816, no projecto de Constituição estamental de Württenberg, tem o seu momento alto através da consagração na acta final de Viena, de 15 de Maio de 1820, onde se podia ler que, *dado que na confederação germânica, com excepção das cidades livres, existem príncipes soberanos, a totalidade do poder estatal deve, em conformidade com o princípio fundamental aqui expresso, ficar incidindo no chefe de estado, podendo o soberano ser limitado por uma Constituição estamental somente na medida em que para o exercício de determinados direitos necessite da cooperação dos estamentos.* Doutrinariamente, foi Julius Stahl, *Das monarchische Prinzip*, 1845, que impôs e desenvolveu o conceito. As duas linhas estruturantes do referido princípio passavam pela rejeição da soberania do povo e o reconhecimento da soberania do príncipe, bem como pela recusa do princípio parlamentar e pela admissão do império e da forma monárquica de governo. Embora o princípio monárquico não viesse referido de modo expresso, nem na Constituição da Prússia, de 1850, nem na Constituição do Império Alemão, de 1871, a doutrina maioritária considerava que este princípio era um dos princípios estruturantes dos Estados Alemães. Sobre esta questão, veja-se, por exemplo, Georg Meyers e Gerhard Anschütz, *Lehrbuch des Deutschen Staatsrechts*, 1919, pág. 272 e segs. e Ernst-Wolfgang Böckenförde, *Der Verfassungstyp der deutschen konstitutionellen Monarchie im 19. Jahrhundert*, 1981, pág. 146 e segs. Sobre a evolução e o âmbito do princípio monárquico, entre nós, Afonso Vaz, *Lei e Reserva de Lei*, 1996, pag 114 e segs.

teriam uma (mera) acção limitadora do Monarca, sendo a sua contribuição solicitada (apenas) nas matérias carentes de intervenção legislativa. Acontece que, tal como já se referiu, esse princípio não transpirou para todas as Constituições dos Estados alemães de modo uniforme, sendo que a Constituição Prussiana não estabeleceu uma definição material de lei que indicasse, de modo claro, o âmbito de acção do Parlamento, deste modo acabando por permitir que, em vez de ser a matéria de lei a definir o poder legislativo, fosse o poder legislativo a definir a matéria de lei, numa *inversão de referentes*[26] que haveria de alicerçar a doutrina de Laband.

Com efeito, estando a participação do Parlamento condicionada pela necessidade de aprovação de actos legislativos, melhor se compreende que a descoberta dos domínios que deveriam ser objecto de lei se tivesse tornado quase numa obsessão para a doutrina germânica, ao contrário do que se passou noutros países em que a participação parlamentar era incondicionada, por não se justificar um critério material de lei num paradigma de parlamentarismo mais ou menos perfeito[27].

O primeiro autor a pronunciar-se, em termos consistentes, sobre esta temática e a perceber a importância jurídica, mas também política, de, dentro do contexto da monarquia dualista, se encontrar um conceito material de lei, que, no fundo, limitasse e circunscrevesse a actuação do Parlamento, foi Paul Laband[28].

Segundo este autor, existia um requisito conteudístico que permitia distinguir as leis materiais das leis formais e que passava pelo facto de aquelas conterem uma *regra de direito* que, nestas, era inexistente,

---

[26] A expressão é de Afonso Vaz, *Lei e Reserva de Lei,* 1996, pág. 42.

[27] Afonso Vaz, *Lei e Reserva de Lei,* 1996, pag 36. A busca de um conceito material de lei haveria, porém, de, como se verá, acabar por contagiar, igualmente, os ordenamentos jurídicos de base parlamentar, precisamente pela importação desadequada das doutrinas germânicas relativas à lei do Orçamento, sem curar de apurar a diferença de paradigmas.

[28] Referindo-se à incerteza que sempre rodeou a definição do conceito material de lei, mesmo contemporaneamente, Jesch, *Ley e Administración,* 1978, pág. 16 e Böckenförde, *Gesetz und gesetzgebende Gewalt – Von den Anfängen der deutschen Staatsrechtslehre bis zur Höhe des staatsrechtlichen Positivismus,* 1981. No mesmo sentido, considerando que a identificação de lei em sentido material com regra de direito ou com proposição jurídica é *fonte de confusões e discrepâncias,* Starck, *El concepto de ley en la constitución alemana,* 1979, pág. 40.

A Investigação Histórica 33

sobrando, apenas, o elemento formal-procedimental[29]. Na verdade, para que uma lei fosse, simultaneamente, formal e material, deveria beneficiar, não só da forma constitucionalmente adequada, no culminar de um procedimento legislativo, mas, também, conter uma regra de direito, ou seja, possuir um conteúdo que, nos termos do paradigma dualista, atribuísse essa competência, conjuntamente, ao Parlamento e ao Monarca e não só, como na generalidade dos casos, ao monarca, individualmente.

Sendo, porém, um elemento fundamental na sua teoria, já que por ele passava o crivo da separação entre meras leis formais e leis formais e materiais, o certo é que na sua obra sobre a natureza jurídica do Orçamento, Laband não consegue, de modo claro e eficaz, densificar os conceitos a que alude. Esse trabalho viria a ser efectuado, posteriormente, pelo próprio Laband[30] e, também, por outros autores que, raciocinando todos dentro do universo do dualismo legislativo, haveriam de construir três modelos diferentes que tinham por objectivo proceder à *correcção do elo mais frágil da construção Labandiana: o que se cifrava na sua concepção de regra de direito*[31].

---

[29] Laband, *El Derecho Presupuestario*, 1979, pág. 9 e segs. Aí, Laband refere que o critério essencial da lei estriba-se no seu conteúdo, sendo, por isso, um critério material. Para o autor, nos termos constitucionais, ao requisito material de que a lei tem de conter uma regra jurídica, juntou-se outro requisito externo e formal. O autor informa, ainda, que não depende do arbítrio do legislador converter em lei algo que, pelo seu conteúdo, não o é nem pode sê-lo, só porque este utilize essa denominação.

[30] Laband, *Le Droit Public de l'Empire Allemand, tome II*, 1901. O autor refere que *a lei em sentido material é aquela que marca as balizas e os limites que a vida do homem em sociedade impõe à liberdade natural de acção de um indivíduo. Pelo contrário, as leis em sentido meramente formal não tocam directamente o cidadão de um Estado e não se lhe aplicam, nem ao seu direito individual.* A doutrina de Laband relativamente ao conceito de norma jurídica tem, na sua base, a concepção do Estado como uma pessoa jurídica, o que leva a que apenas existissem normas jurídicas quando o Estado se relacionasse com outras pessoas jurídicas ou físicas. A origem desta concepção é de Albrecht, tendo sido desenvolvida por Gerber, *Grundzüge eines Systems des deutschen Staatsrecht*, 1880. Esta personalização do Estado, que tornava em não-direito tudo o que se passava no interior dos seus órgãos e não tinha relação directa com outras pessoas, acabaria por ser um dos pontos fracos da sua teoria, como refere D. Fröhling, *Labands Staatsbegriff. Die anorganische Staatsperson als Konstruktionsmittel der deutschen konstitutionellen Staatslehre*, 1967.

[31] Maria Lúcia Amaral, *Responsabilidade do Estado e Dever de Indemnizar do Legislador*, 1998, pág. 255. Sobre os referidos modelos, de modo bem sistematizado, Böckenförde, *Gesetz und gesetzgebende Gewalt – Von den Anfängen der deutschen Staatsrechtslehre bis zur Höhe des staatsrechtlichen Positivismus*, 1981, pág. 226 e segs. e Jesch, *Ley y Administración*, 1978, 17 e segs.

34 A Lei por detrás do Orçamento

Na verdade, a regra de direito haveria de ser, num primeiro momento, identificada com as normas munidas de eficácia externa que assumissem a sua bilateralidade para com os cidadãos em oposição às normas meramente internas porque associadas à organização do próprio Estado[32]. Este critério decorria da concepção segregacionista então defendida por parte da doutrina germânica que considerava que, apenas quando o Estado quisesse interagir com a sociedade necessitava de recorrer ao Direito, relevando do domínio do não-Direito a actuação do Estado que tivesse um âmbito de aplicação interno destinado unicamente à organização e ao funcionamento dos seus próprios órgãos[33].

Este conceito acabaria por evoluir para um outro que, mantendo a separação entre o que era do domínio interno do Estado face ao que afectava, também, os particulares, organizaria os actos do poder legislativo em sentido material em torno de um conceito, ele também, dualista. Neste contexto, necessitariam de intervenção parlamentar e seriam típicos actos legislativos em sentido material os que se relacio-

---

[32] Maria Lúcia Amaral, *Responsabilidade do Estado e Dever de Indemnizar do Legislador*, 1998, pág. 245, refere que a noção de regra de direito para Laband, *completada e enriquecida por Jellinek,* passava por considerar como fazendo parte do domínio da legislação os actos do Estado *que sejam dotados de "eficácia externa", isto é, que tenham repercussão imediata na esfera jurídica dos sujeitos de direito (sejam eles apenas particulares, sejam eles particulares e o próprio Estado) através da definição de novos direitos e deveres recíprocos.* A aprovação do Orçamento era o protótipo de um acto com mera eficácia interna ao próprio Estado. Esta separação, entre o que se passava dentro do próprio Estado e o que se passava entre o Estado e a Sociedade, acabou por se converter, nas palavras de Starck, *El concepto de ley en la constitución alemana,* 1979, pág. 126, num verdadeiro dogma do século XIX. As leis que em virtude de reservas especiais de legislação se situassem neste espaço de não-Direito, como era o caso da lei do Orçamento, eram consideradas leis meramente formais. Esta solução foi defendida por Laband, Jellinek e, ainda, numa fase inicial, por Gerhard Anschütz, em *Kritische Studien zur Lehre vom Rechtssatz und Formellen Gesetz,* 1891, (2.ª edição de 1913). Para uma crítica a este critério, considerando-o vago e incerto, Duguit, *L'Etat, le Droit Objectif et la Loi Positive,* 1901, pág. 454 e Carré de Malberg, *Contribution à la Theorie Générale de l'Ètat,* 1920, pág. 318 e segs.

[33] Reinhard Hoffmann, *Haushaltsvollzug und Parlament,* 1972, pág. 22 e segs. alude ao facto de se defender, naquele tempo, *uma separação entre o Estado e a Sociedade.* Criticando esta teoria, que, no limite, consideraria a própria Constituição como lei meramente formal, veja-se, na doutrina italiana, Ingrosso, *Sulla Distinzione fra Legge in Senso Materiale e Legge in Senso Formale,* 1933, pág. 709.

A *Investigação Histórica* 35

nassem, em termos agressivos, com a liberdade ou a propriedade (*freiheit und eigentum*) dos cidadãos[34]. Este conceito mantinha, no essencial, os propósitos do anterior, insistindo no critério da bilateralidade face aos particulares como fronteira entre os domínios que, implicando directamente os particulares, por estes, através dos seus representantes, haveriam de ser co-decididos, face aos restantes, que relevariam da exclusiva competência do Governo.

Finalmente, num terceiro momento, surgiu na doutrina uma nova tentativa de definir a regra de direito, associando-a a todos os actos que se rodeassem de generalidade e de abstracção[35]. A defesa destes dois conceitos prendia-se, sobretudo, com preocupações ligadas à promoção da igualdade e da estabilidade das leis, evitando tratamentos diferenciados ou dirigidos apenas a certas pessoas ou situações, podendo encontrar-se na doutrina de Rousseau a sua origem, embora se lhe desvirtue o significado por pretender transformar-se em regra o que, para Rousseau, era mera *voluntas*.

Analisando a evolução do conceito de regra de direito, não deixa de ser paradoxal que a dogmática jurídica, tentando, no fundo, dar um conteúdo mais perceptível à noção de regra de direito criada por

---

[34] Os autores que defenderam esta teoria foram, essencialmente, Gerhard Anschütz, que evoluiu para esta variante na sua obra *Die gegenwärtigen theorien über den Begriff der gesetzgebende Gewalt und den Anfang des Königlichen Verordnungsrechts nach preussischen staatsrecht*, 1901; Max von Seydel, *Bayerisches Staatsrecht, I*, 1896; Richard Thoma, *Grundbegriffe und Grundsätze*, pág. 108 e segs. e Forsthoff, *Lehrbuch des Verwaltungsrecht*, vol I, 1958, pág. 114. Para Maria Lúcia Amaral, *Responsabilidade do Estado e Dever de Indemnizar do Legislador*, 1998, pág. 251, estes autores pretenderam, com esta definição, restringir, ainda mais, o conceito de regra de Direito. Esta distinção teve a sua consagração positiva na Constituição da Baviera de 1818 que estabelecia que, *sem o conselho e o consenso dos estamentos do reino não pode ser ditada nenhuma nova lei geral que afecte a liberdade das pessoas ou a propriedade dos súbditos, nem modificada, interpretada autenticamente ou derrogada uma já existente*. A exigência de reserva de lei relativamente a actos incidentes sobre a liberdade e a propriedade dos cidadãos mantém-se prevista, ainda hoje, na Lei Fundamental Alemã de 1949, nos artigos 2.º e 14.º.

[35] Os defensores desta tese são Georg Meyers, *Der Begriff des Gesetzes und die rechtliche Natur des Staatshaushaltsetats*, 1881; Richard Thoma, *Die funktionnen der staatsgewalt: formellen sinne*, 1886 e *Grundbegriffe und Grundsätze*, pág. 108 e segs.; Ernst Seligmann, *Der Begriff des Gesetzes im materiellen und formellen Sinne*, 1886; Conrad Bornhak, *Allgemeine Staatslehre*, 1896, pág. 165 e segs.; Joseph Esser, *Einführung in die Grundbegriffe des Rechtes und des Staates*, 1949, pág. 125 e Otto Mayer, *Deutsches Verwaltungsrecht*, 1961, pág. 66.

Laband tenha acabado por encontrar na definição do critério da "generalidade e abstracção" a que maior Escola haveria de fazer. Na verdade, se se remontar ao texto original de Laband verifica-se que este é o primeiro a assumir que *para o conceito de lei não é necessário que se formulem normas jurídicas gerais*[36].

Em modo de conclusão, refira-se que, não obstante a falta de uma definição clara e precisa sobre os limites e os critérios que estariam na base da distinção entre leis materiais e leis formais tenha retirado força a esta teoria[37], ainda assim deve-se a Laband a doutrina que melhor compreendeu as diferenças que, ao nível da teoria da lei, importava manter presentes quando se comparava um sistema parlamentar monista com um sistema dualista de monarquia limitada.

Com efeito, a monarquia limitada tinha no princípio monárquico um dos seus mais fortes pilares que impedia a supremacia legislativa apenas a pretexto da forma e do procedimento adequados, implicando a manutenção de uma competência residual dos poderes do rei fora dos casos específicos em que este houvesse prescindido dessa competência a favor do Parlamento. Da mesma forma, a concepção orgânica do poder, no paradigma da monarquia dualista, baseava-se numa visão compartimentada da realidade, separando Estado e Sociedade tal como separava Direito e não-Direito[38].

Ora, nesta visão compartimentada do mundo jurídico, a lei do Orçamento parecia não ter um lugar claramente definido, já que, por um lado, era aprovada por lei mas, por outro, não parecia relacionar-se directamente com os particulares. Na verdade, a referência à sua aprovação por lei parlamentar havia sido importada da realidade parlamentar franco-belga em que não vigorava a concepção separatista de Estado e de sociedade e tinha, na sua origem, a aprovação de tributos da qual se havia já, no entanto, libertado.

---

[36] Laband, *El Derecho Presupuestario*, 1979, pág. 8.

[37] Santamaria Pastor, *Fundamentos de Derecho Administrativo I*, 1988, pág. 518, considera que a distinção entre lei material e formal se transformou num *tema muito complexo, mal conhecido e trivializado em muitas exposições que introduziram no mesmo um importante nível de confusão*.

[38] Christian Starck, *El Concepto de Ley en la Constitución Alemana*, 1979, pág. 125 e segs.

A *Investigação Histórica*

Na verdade, no universo constitucional criado pela monarquia dualista, o Orçamento, pertencendo ao domínio interno do Estado[39], não deveria, logicamente, ser aprovado por lei parlamentar, já que, em nada contendia com os interesses do Parlamento qualquer que fosse o critério adoptado para definir as regras de Direito. A sua imposição legal pelo texto constitucional redundava, deste modo, na inclusão do Orçamento numa reserva especial de lei, estando, assim, a sua aprovação associada a uma forma e a um procedimento que em nada lhe alteraria o conteúdo[40].

§ A inexistência de responsabilidade parlamentar do Governo

Uma outra característica fundamental do constitucionalismo dualista, e que também se pode considerar estruturante do diferente paradigma que representou a monarquia limitada face à monarquia parlamentar Francesa e Inglesa, prende-se com o facto de inexistir, naquele paradigma, uma responsabilidade parlamentar do Governo em geral e dos ministros em particular.

Esta situação fazia com que, de acordo com a Constituição da Prússia, e na medida em que não existia o tradicional eixo formado pela maioria parlamentar e pelo Governo, fosse configurável um conflito orgânico entre o Parlamento e o Governo, já que este não era escolhido de acordo com o resultado das eleições parlamentares mas antes de entre pessoas da confiança do monarca.

Na realidade, se o Governo não podia ser demitido por iniciativa do Parlamento por forma a ser substituído por outro da confiança parlamentar, o facto de o monarca poder dissolver, livremente, este órgão não lhe garantia, porém, que a nova composição parlamentar alterasse a relação de forças e os eventuais conflitos inter-orgânicos existentes.

---

[39] Para Laband, o que pertencia ao domínio interno do Estado e materialmente poderia ser qualificado como mero acto administrativo era o Orçamento, enquanto conjunto de mapas onde vinham descritas as previsões de receitas decorrentes das leis tributárias ou dos contratos de empréstimos e as previsões de despesas, no seguimento da legislação que impunha essa mesma despesa, ou de contratos já assinados. Na verdade, Laband não nega que, pelo facto de esses mapas serem aprovados por lei, se pudesse aproveitar o articulado da lei do Orçamento para aí incluir verdadeiras normas jurídicas.

[40] Jesch, *Ley e Administración*, 1978, pág. 26.

Ao contrário do que se passava nos sistemas de raiz parlamentar, as modificações ao nível do Parlamento ou do Governo nem sempre geravam o reencontro de uma homogeneidade entre a dupla formada pela maioria parlamentar/Governo, desiderato que, por vezes, nem sequer era promovido, escolhendo o monarca Governos manifestamente hostis à maioria parlamentar, que, por isso mesmo, governavam em clara sobranceria perante o Parlamento[41].

Daqui se conclui que os regimes de monarquia dualista, sendo mais propensos a conflitos de cariz inter-orgânico exigiam um maior cuidado na promoção de uma clara repartição de tarefas e de funções entre os vários órgãos constitucionais. Na verdade, enquanto que num sistema parlamentar a correia de transmissão e a sintonia entre Parlamento e Governo se desenvolvem por intermédio da maioria parlamentar, bem ao invés, no caso da monarquia dualista, um conflito sobre a repartição de competências orgânicas poderia ter consequências graves e duradouras para o funcionamento institucional.

Também por isso o estabelecimento de um enclave relativo à aprovação parlamentar do Orçamento, imposto pelo art. 99.º do texto constitucional da Prússia, tinha uma importância acrescida, já que, através da referida aprovação parlamentar do Orçamento, se abria a possibilidade de o Parlamento interferir sobre todas as leis já "consolidadas" no ordenamento jurídico e que tivessem repercussões financeiras no domínio orçamental, o que, se juridicamente poderia também ocorrer em sistemas parlamentares, apenas num sistema como o da Prússia era motivo de apreensão, precisamente por não haver uma inibidora responsabilidade parlamentar do Governo que fizesse coincidir, em cada momento, as opções estratégicas do Governo com as da maioria parlamentar.

Neste contexto, um potencial conflito entre Parlamento e Governo seria, pois, mais difícil de gerir na Prússia do que em França ou em Inglaterra, no dualismo do que no monismo legislativo. Na verdade,

---

[41] Esta situação não ocorria, por exemplo, em Itália, mesmo no tempo de vigência do Estatuto Albertino de 1848, que, embora não estabelecesse, na sua letra, uma monarquia parlamentar, e tenha alternado, na sua aplicação prática, entre um maior *indirizzo* do Governo ou do Parlamento, mantendo o monarca um papel de equilíbrio, nunca gerou Governos manifestamente contrários às maiorias parlamentares. Neste sentido, Colarullo, *L'Indirizzo della Spesa fra Governo e Parlamento*, 1986, pág. 82 e segs.

A Investigação Histórica 39

num sistema monista, de monarquia parlamentar, um Governo que se opusesse ao Parlamento opunha-se ao centro irradiador do poder soberano e seria, como tal, censurado e substituído por outro que estivesse em sintonia com a maioria parlamentar.

A situação de conflito latente no sistema prussiano era, apesar de tudo, moderada pelo Monarca, que podia, fora dos casos em que era necessário aprovar uma lei, prescindir do consentimento do Parlamento, governando, apenas, com as alargadas competências regulamentares que mantinha mercê do principio monárquico, podendo, no caso de não haver consenso em matérias para as quais se exigisse uma lei, adiar-se a aprovação desta até se conseguir, por algum motivo, encontrar o consenso que faltava. A excepção, paradigmática, em que se impunha a existência de um consenso anual sem possibilidade de adiamentos encontrava-se, precisamente, na aprovação parlamentar anual da lei do Orçamento.

Numa leitura política da Constituição era por isso previsível, pelo menos numa análise feita nos dias de hoje, que se algum dia viesse a haver um forte conflito entre o Parlamento e o Governo da Prússia, este, seguramente, haveria de se repercutir na aprovação da lei do Orçamento, sendo que aí atingiria o seu ponto mais agudo, já que a Constituição, impondo um consenso entre dois órgãos, não fornecia poderes para ultrapassar o dissenso possível[42].

---

[42] Hans Boldt, *Verfassungskonflikt und Verfassungshistorie*, 1975, pág. 75. Karl Heinrich Friauf, *Der Staatshaushaltsplan im Spannungsfeld zwischen Parlament und Regierung – Verfassungsgeschichtliche Untersuchungen über den Haushaltsplan im deutschen Frühkonstitutionalismus mit einer kritischen übersicht über die Entwicklung der budgetrechtlichen Dogmatik in Deutschland*, 1968, pág. 216, refere-se ao facto de a aplicação prática dos poderes do executivo não permitir prescindir da orçamentação das despesas, pelo que, no limite, por esse facto, mesmo os domínios estranhos ao poder legislativo do Parlamento estavam dependentes de algum tipo de colaboração deste órgão através da aprovação da lei orçamental. Acontece que na Prússia, tal como Bismarck haveria de defender politicamente e Jellinek, *Legge e Decreto*, 1997, pág. 256, de sustentar juridicamente, não vigorava qualquer solução para, transitoriamente, suprir a não aprovação do Orçamento enquanto não se atingisse o consenso necessário entre a Coroa e o Parlamento. A solução teria, por isso mesmo, de sair do campo do Direito e ir para o da política e do poder *stricto sensu*.

40 *A Lei por detrás do Orçamento*

(ii) A história da crise orçamental prussiana

Esse dia acabaria por chegar durante o ano de 1860 e o conflito haveria de durar 6 anos[43]. A origem da crise remonta a 10 de Fevereiro de 1860, altura em que foi apresentado ao Parlamento um projecto de lei que pretendia proceder a uma reforma do exército e do

---

[43] Hans-Joachim von Collani, *Die Finanzgebarung des preussischen Staates zur Zeit des Verfassungskonfliktes 1862-1866*, 1939; Karl Heinrich Friauf, *Der Staatshaushaltsplan im Spannungsfeld zwischen Parlament und Regierung – Verfassungsgeschichtliche Untersuchungen über den Haushaltsplan im deutschen Frühkonstitutionalismus mit einer kritischen übersicht über die Entwicklung der budgetrechtlichen Dogmatik in Deutschland*, 1968, pág. 235 e segs; K. Simon, *Beiträge zur Entstehung und Geschichte des Verfassungskonflikt in Preussen*, 1908; Bernd Hoppe, *Der preussische Verfassungskonflikt von 1962-1866*, 1993, pág. 146 e segs. e Ernst Rudolf Huber, *Deutsche Verfassungsgeschichte seit 1789, II e III*, 1960 e 1963, pág. 908 e segs. e 269 e segs. Para uma análise de cariz político, contemporânea dos acontecimentos, Ferdinand Lassalle, *Qué es una Constitución?*, 1862, (edição Castelhana, 2001). Na verdade, o conflito Prussiano é, também, um conflito político entre uma burguesia progressista que vai, aos poucos, dominando a Câmara Baixa e os sucessivos Governos aristocráticos que são nomeados pelo Monarca. Ferdinand Lassalle foi fundador e líder do primeiro partido socialista alemão, sendo relevantes, neste contexto, as duas conferências que pronunciou durante a crise orçamental e nas quais analisa os fundamentos desta e as soluções que se colocavam ao Parlamento para sair dela. A primeira conferência, denominada *O que é uma Constituição?*, foi proferida em Abril de 1862 e a segunda, denominada *E agora?*, foi proferida depois de nova dissolução do Parlamento, em Novembro de 1862. Nesta última conferência (pág. 155 e segs.), o autor propõe que a Câmara, uma vez eleita, suspenda indefinidamente as suas sessões, de modo a não ser cúmplice da atitude absolutista e inconstitucional do Governo, assim demonstrando ao mundo que na Prússia apenas vigorava um *pseudo-constitucionalismo*. O objectivo de Lassalle era, assim, o de *obrigar o absolutismo a tirar a máscara*. Para este autor (pág. 165), a Câmara deveria rejeitar qualquer tipo de pacto com o Governo enquanto não se retomasse o cumprimento da Constituição que impedia que se realizassem gastos não aprovados, previamente, por ambas as Câmaras. Em seu entender, uma transacção levaria *à bancarrota total do Direito Público. Se assim acontecesse ter-se-ia instalado com toda a felicidade a "prática constitucional" Bismarckiana.* Para um enquadramento histórico da obra de Lassalle, Eliseo Aja, *Introducción al Concepto de Constitución*, 2001, pág. 63 e segs., bem como Ernst Rudolf Huber, *Die Bismarcksche Reichsverfassung im Zuzammenhang der deutschen Verfassungsgeshichte*, 1981, pág. 171 e segs. Sobre o modo como a crise orçamental prussiana é, ainda hoje, recorrentemente analisada e o seu contexto resumido e comentado pelos autores alemães, estando muito presente em todas as obras que se debruçam sobre a temática orçamental, Horst Dreier, *Der Kampf um das Budgetrecht als Kampf um die staatliche Steuerungsherrschaft – Zur Entwicklung des modernen Haushaltsrecht*, 1998, pág. 61 e segs.

serviço militar de modo a adaptá-lo ao crescimento populacional e ao desenvolvimento económico e industrial da Prússia[44].

O objectivo da Coroa passava por criar um serviço militar de três anos com cerca de 220 000 homens que colocasse a Prússia como potência bélica a par do seu poderio económico. O projecto legislativo, apresentado pelo Governo e sujeito a aprovação parlamentar, foi recusado, tal como foi apresentado, desejando os parlamentares introduzir emendas, já que a reforma era muito dispendiosa e promovia o desaparecimento das milícias, típicas da concepção democrática do cidadão-soldado, e que eram emblemáticas para o Parlamento[45].

Perante a recusa de uma aprovação, sem alterações, o Governo opta por retirar o projecto, iniciando, no entanto, a sua execução, apesar de este não se encontrar aprovado legalmente pelo Parlamento. Esta medida levou a que o Parlamento, como medida de retaliação, se recusasse a aceitar a inclusão, no Orçamento de 1861, das rubricas necessárias para financiar a reforma que não havia sido sufragada pelo Parlamento[46].

---

[44] Ernst-Wolfgang Böckenförde, *Der Verfassungstyp der deutschen konstitutionellen Monarchie im 19. Jahrhundert*, 1981, pág. 157; Rudolf von Gneist, *Die Militärvorlage von 1892 und der preussische Verfassungskonflikt von 1862 bis 1866*, 1893 e Georges Flambard, *Le Refus du Budget*, 1905, pág. 13 e segs. Sobre os vários conflitos que se escondiam por detrás do conflito orçamental, veja-se, Carl Schmitt, *Staatsgefüge und Zusammenbruch des zweiten Reiches – Der Sieg des Bürgers über den Soldaten*, 1934, pág. 7 e segs. Para o autor, o conflito opunha não só as forças armadas ao poder orçamental, como o Governo ao Parlamento, o Estado à Sociedade, o exército à economia e os soldados aos cidadãos. De acordo com este autor estava em causa, neste conflito, a resolução de duas concepções de Estado e de Sociedade que se opunham e que o autor resume no compromisso irresolúvel entre um *deutschem soldatenstaat* e um *bürgerlichem Verfassungsstaat*.

[45] Bernd Hoppe, *Der preussische Verfassungskonflikt von 1962-1866*, 1993, pág. 146 e Rodríguez Bereijo, prefácio a Laband, *El Derecho Presupuestario*, 1979, pág. XXXI.

[46] Graziani, *Il Bilancio e le Spese Pubbliche*, 1902, pág. 381, afirma que a Câmara Prussiana, retirando do Orçamento os créditos solicitados pelo Ministério para promover a transformação do ordenamento militar não violava a lei, já que a despesa proposta pelo Ministério não tinha o seu fundamento em leis preexistentes. No mesmo sentido, deste autor, *Istituzioni di Scienza delle Finanza*, 1929, pág. 102. Referindo que o monarca executou a reforma utilizando o decreto real, previsto no art. 63.º da Constituição para situações urgentes em que o Parlamento não esteja convocado, não o submetendo à ratificação parlamentar posterior, Vitagliano, *Il Contenuto Giuridico della Legge del Bilancio*, 1910, pág. 243.

42 A Lei por detrás do Orçamento

O assunto não se haveria de resolver já que, entretanto, ocorrem novas eleições parlamentares, em Dezembro de 1861, nas quais o partido liberal, oponente à reforma do exército, obtém a maioria dos lugares no Parlamento insistindo na recusa de incluir as verbas em causa no Orçamento de 1862[47]. Sem antever a possibilidade da continuação do conflito, o monarca opta por dissolver o Parlamento mas as novas eleições (Abril de 1862) reforçam a maioria dos liberais, criando um clima de tensão (ainda) mais acentuado, desde logo porque, em nova tentativa de aprovar, por lei parlamentar, a reforma do exército, esta foi novamente rejeitada[48].

Depois de equacionar as várias alternativas, que passariam pela sua abdicação ou pela efectivação de um golpe de Estado, o monarca acaba por nomear, em Setembro de 1862, Otto von Bismarck para a chefia do Governo, com o duplo propósito de ultrapassar a crise parlamentar e proceder à execução da reforma militar que, entretanto, estava em curso. A posição de Bismarck é pouco flexível e avessa a negociações, tendo a sua estratégia para tentar demover os parlamentares, como ponto-chave, a transferência do conflito do mundo do Direito para o mundo dos factos políticos, invocando a necessidade de promover o funcionamento normal dos serviços públicos[49].

---

[47] A Câmara baixa aprovou o Orçamento, rejeitando, porém, a parte relativa aos aumentos de despesas com o exército. Diferentemente, a *Herrenhaus*, embora só tivesse competência para aceitar ou rejeitar o Orçamento na sua globalidade, tal como lhe era apresentado pela Câmara Baixa, decidiu aprová-lo com as verbas propostas pelo Governo, alterando, assim, o texto recebido pela Câmara Baixa, o que foi denunciado, na altura, como sendo uma atitude inconstitucional, como relata Angeles García Frías, *Limites Materiales y Temporales a la Ley de Presupuestos en el Derecho Alemán*, 1994, pág. 23.

[48] Vitagliano, *Il Contenuto Giuridico della Legge del Bilancio*, 1910, pág. 244.

[49] Bereijo, prefácio a *El Derecho Presupuestario*, 1979, pág. XXXIII. A atitude inflexível de Bismarck não deixou de ter, no entanto, adeptos fervorosos, mesmo em Portugal. Neste sentido, veja-se a defesa entusiasmada da sua política em Marianno de Carvalho, *Os Planos Financeiros*, 1893, pág. 326 e segs. Segundo o autor, *quem não se lembra da épica campanha de Bismarck contra as Câmaras Prussianas. Aquele máximo génio dos tempos modernos formulara o plano gigantesco da hegemonia e do poderio alemão e para isso carecia de organizar militarmente o seu país e de lhe dar, pelos exércitos e pela disciplina social, aquela força irresistível, que sucessivamente esmagou a Dinamarca, derrotou a Áustria, absorveu os pequenos estados circunvizinhos e, enfim, prostrou a França (...) constituindo o maior poderio militar e político do XIX século. Para realizar os seus projectos grandiosos carecia de homens, de dinheiro e de organização, mas as Câmaras da Prússia, a quem não podia revelar o seu pensamento sem perigo de tudo*

A sua argumentação não é, no entanto, convincente para o Parlamento que se recusa a aprovar o Orçamento de 1863, bem como a autorização para contrair empréstimos públicos para fazer face aos gastos que a reforma do exército, em execução, exigia. Em 1863, não obstante o célebre discurso de Bismarck ao Parlamento, onde apresenta a teoria do Direito de urgência (*notrecht der staatsregierung*) relativa ao facto de o funcionamento do Estado de Direito não se poder deter nem por um segundo e onde defende a teoria da lacuna constitucional (*lückentheorie*), o cenário repete-se[50/51].

---

perder, negavam-lhe, por espírito de economia, quanto era indispensável. Nesta luta se teria a pátria alemã perdido se Bismarck não gozasse da confiança inteira de um soberano leal e enérgico que (...) resolveu sustentá-lo através de todas as dificuldades. Às votações contrárias seguiam-se as dissoluções, às dissoluções as eleições perdidas pelo Governo e após novas derrotas parlamentares, novas dissoluções e outras eleições piores que as antecedentes. Enfim, perante a vontade e o génio de Bismarck, seguro e certo do apoio régio, tudo cedeu e o império alemão fez-se.

[50] A doutrina da *Lückentheorie*, desenvolvida por Bismarck e que considerava que o ordenamento jurídico não estava preparado para resolver uma situação como a que havia sucedido ficaria célebre por servir de ponte para levar a resolução do conflito para o mundo político, transformando-o numa questão de poder, como nota Gunter Kisker, *Handbuch des Staatsrechts*, 1990, pág. 239. Para Bismarck, em caso de urgência ou de necessidade, o rei, como titular do mais elevado poder decisório do Estado, tinha o poder e o dever de impedir que a vida do país se interrompesse um momento que fosse (*Das staatsleben auch nicht einen Augenblick stillstehen kann*). Para Bismarck, o impasse gerado pela não aprovação orçamental por parte do Parlamento transformava uma questão carente de um compromisso inter-orgânico numa questão de poder (*machtfrage*), já que, em seu entender, *quem tiver o poder nas mãos seguirá o seu caminho*. Para Bismarck, o monarca poderia, em caso de dissenso entre o Governo e o Parlamento, continuar a aprovar as despesas e as receitas como o fazia antes de ter outorgado a Constituição, o que foi considerado por Hans Boldt, *Verfassungskonflikt und Verfassungshistorie*, 1975, pág. 81, como uma *rude e cripto-absolutista interpretação da Constituição, que encontrou uma generalizada rejeição*. Em sentido semelhante, considerando que esta questão extravasava os limites do ordenamento jurídico, pronunciaram-se Jellinek, *Legge e Decreto*, 1997, pág. 256, e, de modo muito impressivo, Georg Meyers e Gerhard Anschütz, *Lehrbuch des deutschen Staatsrechts*, 1919, pág. 906. Para este último autor, o conflito tocava na fronteira do Estado de Direito, tendo ficado célebre a frase: *das Staatsrecht hört hier auf* (o Estado de Direito pára aqui). Para Anschütz, a Constituição não poderia querer uma situação que levasse à paralisia do Estado, pelo que o facto de não existir uma solução jurídica que evitasse o vazio provocado pela não aprovação do Orçamento não era, em seu entender, apenas *uma lacuna da lei constitucional, mas uma lacuna do Direito*. Sobre o conflito orçamental prussiano veja-se ainda Hoppe, *Der preussische Verfassungskonflikt von 1862-1866*, 1993, pág. 148.

[51] À teoria da lacuna opunha-se a *Appelltheorie* que considerava que, no caso de um dissenso entre o Parlamento e o Governo, o monarca deveria apelar ao povo para que este

Assim, o Parlamento volta a reduzir as verbas orçamentais propostas pelo Governo para o exército levando o Governo a retirar a proposta de Orçamento e a fazê-la aprovar, de modo inconstitucional, apenas através da Câmara alta, convocando novas eleições para a Câmara Baixa, em Outubro de 1863, onde voltaram a vencer os partidos da oposição ao Governo.

Neste contexto, a solução continua sem fim à vista, já que, segundo Bismarck, permitir que o Parlamento se imiscuísse nas questões governativas relativas ao modo como o monarca pretendia definir a organização do exército implicava que o Parlamento quisesse disputar a supremacia político-constitucional com a Coroa num sistema que não era de monarquia parlamentar mas de monarquia limitada. Assim, na sua intervenção parlamentar de 27 de Janeiro de 1863, refere que *os ministros na Prússia agem em nome e por ordem da Coroa, são os ministros do rei e não, como em Inglaterra, os ministros da maioria parlamentar*[52].

Enquadrado nestes termos o conflito haveria de se manter, renovando-se, anualmente, até 1866, ano em que o Parlamento é novamente dissolvido, sendo convocadas eleições gerais numa altura em que, pese embora a manutenção da crise institucional, a reforma do

---

decidisse, para isso demitindo o Governo e dissolvendo o Parlamento. A aplicação desta teoria pressupunha uma parlamentarização do regime, já que deixava implícito que, no seguimento das eleições, o monarca designasse um Governo afecto à maioria parlamentar, o que, como se viu, não costumava acontecer. Para um resumo das várias soluções jurídicas equacionáveis no contexto constitucional vigente, concluindo que a Constituição não estava preparada para resolver o conflito criado, Hans Boldt, *Verfassungskonflikt und Verfassungshistorie*, 1975, pág. 76.

[52] A aversão aos sistemas parlamentares é bem demonstrada por Joseph Barthélemy, *Les Théories Royalistes dans la Doctrine Allemande Contemporaine – Sur les Rapports du Roi et des Chambres dans les Monarchies Particulières de L'Empire*, 1905, pág. 5, quando afirma que *um dos traços que marcam com maior acuidade o conjunto das doutrinas políticas dos alemães é a aversão que professam ao sistema de Governo que, com uma nuance de desdém, qualificam de "Parlamentarismus"*. Sobre o modo como Bismarck pretendeu, sem sucesso, estabelecer na Constituição do *Nordeutschen Bundes*, de 16 de Abril de 1867, um sistema de aprovação orçamental que prescindisse da aprovação parlamentar, estabelecendo um período orçamental de três anos, Mussgnug, *Die rechtlichen und pragmatischen Beziehungen zwischen Regierung, Parlament und Verwaltung*, 1984, pág. 115 e segs. Melhor sucesso teve, ainda que apenas transitoriamente, a consagração, também idealizada por Bismarck, de um Orçamento militar plurianual.

A Investigação Histórica 45

exército continuava a executar-se, tendo permitido que a Prússia entrasse em guerra contra a Dinamarca e, mais tarde, contra a Áustria, de ambas saindo vitoriosa. Com a paz que a batalha de Sadowa (Königgrätz), em 3 de Julho de 1866, haveria de trazer na guerra contra a Áustria, viria, por acréscimo, a paz com o Parlamento. Tendo ficado provada no terreno a importância da reforma do exército que, não obstante os seus custos, tinha trazido um poderio militar à Prússia que lhe tinha permitido vencer as batalhas contra os seus inimigos tradicionais, mais difícil se tornava continuar a defender, politicamente, a redução de despesas no domínio da Defesa.

Beneficiando de uma opinião pública mobilizada para a causa militarista e, finalmente, com uma maioria parlamentar afecta ao Governo do rei, bastava somente encontrar uma fórmula elegante que conviesse a ambas as partes. Foi assim que Guilherme I, no início das sessões parlamentares depois das eleições de Agosto de 1866, considerou que as despesas aprovadas nos últimos anos sem o consentimento do Parlamento não tinham base legal, pelo que o seu Governo, querendo reconstituir a legalidade, iria propor uma *bill de indemnidade* para resolver a situação e encerrar o conflito. Com o conflito sanado de um ponto de vista político e institucional, o certo é que nada impedia que o mesmo se voltasse a desencadear, já que a solução encontrada não tinha sustentação jurídica que justificasse o passado ou prevenisse o futuro[53].

Ao assumir que a gestão financeira da Prússia havia sido desenvolvida de modo ilegal, apenas com a justificação de que tal havia sido interpretado como uma necessidade absoluta para a sobrevivência da monarquia, o rei não dava cobro à teoria de Bismarck que sempre defendera a ilegalidade e a ilegitimidade do comportamento do Parlamento ao pretender alterar, ou não aprovar, o Orçamento apresentado pelo Governo[54].

---

[53] Gröpl, *Bonner Kommentar zum Grundgesetz*, 2002, comentário ao art. 110.°, pág. 27.

[54] Esta teoria de Bismarck haveria de voltar a ser defendida, anos depois, por Santi Romano, *Saggio di una Teoria sulle Leggi di Approvazione*, 1898, ao considerar que o Orçamento é um acto administrativo do Governo, não só ao nível material, mas também formal, sendo que a intervenção parlamentar se reduz a aprovar, mediante uma simples lei de aprovação, esse Orçamento, não o podendo, por isso mesmo, alterar, apenas lhe sendo lícito sugerir ao Governo alterações, que este, no âmbito da sua competência exclusiva, aceitará, ou não.

No fundo, a argumentação do monarca deixa entrever a aceitação da razão jurídica do Parlamento neste domínio, já que, apesar de, por vezes, se recordar este episódio histórico como uma vitória da Coroa essa não parece ser a melhor leitura dos acontecimentos que culminaram com a aprovação de uma *bill de indemnidade* parlamentar. Na verdade, se o princípio monárquico pôde vencer, numa leitura de curto prazo e no domínio pragmático dos factos, o cumprimento da Constituição e a competência do Parlamento acabaram por ter de ser recuperados para restaurar a legalidade dos acontecimentos[55].

---

[55] Jesch, *Ley e Administración*, 1978, pág 27, ao contrário dos autores que se reportam ao final do conflito como representando uma vitória do monarca face ao Parlamento, refere, de modo pertinente, que, *uma vez que o conflito orçamental prussiano não foi concluído com o triunfo do executivo monárquico sobre o Parlamento, a teoria da lei formal e material constituiu a descrição adequada da situação política assim alcançada.* Não se subscreve, por isso, a afirmação de Afonso Vaz, *Lei e Reserva de Lei*, 1996, pág. 128, quando afirma que a disputa histórica se resolveu a favor do monarca, nem a de Karl Heinrich Friauf, *Parliamentary Control of the Budget in the Federal Republic of Germany*, 1976, pág. 68, quando considera que a crise terminou com uma clara vitória da Coroa. Maior razão parece ter, antes, René Stourm, *Le Budget*, 1909, pág. 23, quando considera *apreciável ver a modesta submissão com que o rei e o seu ministro solicitaram o perdão pela ilegalidade que haviam julgado necessário cometer.* Para o autor, a declaração do monarca, pedindo ao Parlamento ajuda para sanar a ilegalidade passada, demonstra *o poder do princípio do Direito orçamental perante o qual se inclinou o Governo vitorioso.* Horst Dreier, *Der Kampf um das Budgetrecht als Kampf um die staatliche Steuerungsherrschaft – Zur Entwicklung des modernen Haushaltsrechts*, 1998, pág. 82, refere-se, com pertinência, à dúvida sobre se a decisão parlamentar visou legitimar, *a posteriori*, as despesas realizadas e, assim, sanar a ilegalidade, ou, tão só reconhecer a legalidade da sua realização ao abrigo de um direito de emergência. Da opção por uma destas interpretações depende, naturalmente, a atribuição da vitória neste episódio. Neste sentido, salientando a diferença de pensamento entre Ernst Rudolf Huber (defensor da vitória do Governo) e Ernst-Wolfgang Böckenförde (defensor da vitória do Parlamento), Rainer Wahl, *Der preussische Verfassungskonflikt und das konstitutionelle System des Kaiserreichs*, 1981, pág. 209. Para ajudar a perceber a questão, importa citar os termos em que o monarca solicitou a referida aprovação retroactiva por parte do Parlamento. Assim, segundo Guilherme I, no discurso perante o Parlamento, em 5 de Agosto de 1866, *nestes últimos anos o Orçamento não tem podido ser estabelecido de acordo com a representação nacional. As despesas públicas realizadas durante esse período carecem da base legal necessária, base que, de acordo com o art. 99.º da Constituição, não pode existir sem uma lei anualmente estabelecida entre o meu governo e as duas Câmaras. Eu reconheço-o de novo. Se o meu Governo administrou sem essa base legal fê-lo com a convicção de tal era absolutamente necessário pois estava em causa a própria existência da monarquia. Confio em que os últimos acontecimentos contribuíram para facilitar um princípio de acordo com o qual é*

A Investigação Histórica 47

Disso mesmo se terá apercebido Laband que, cinco anos mais tarde, quando o conflito se encontrava já em fase de cicatrização, resolve voltar ao tema, desta vez numa revisitação jurídica, para tentar encerrar de uma vez por todas a questão e impedir que o assunto saísse do campo jurídico e fosse depender, uma vez mais, do aleatório poder das armas. Se na história do conflito a obra de Laband surge um pouco atrasada[56], na história da dogmática jurídico-constitucional haveria de ser precursora de toda uma Escola que acabaria por receber acolhimento noutras latitudes geográficas e temporais sem, muitas vezes, se ter em atenção o contexto político e, sobretudo, jurídico em que a obra de Laband natural e inevitavelmente surgiu e medrou.

(iii) A explicação de Laband para a crise orçamental prussiana

A obra de Laband tem como ponto de partida a verificação da incoerência dogmática em que incorria a Constituição da Prússia pelo facto de, embora admitindo os pressupostos de base da monarquia limitada, ter, simultaneamente, acolhido, através do incondicionado poder de aprovação parlamentar do Orçamento, um elemento liberal que, sendo natural numa Constituição tributária de uma monarquia parlamentar, funcionaria em contra-corrente numa Constituição dualista como, globalmente, se afirmava a Constituição da Prússia[57].

---

indispensável que o referendo que se solicita da representação do país para a administração levada a cabo sem lei do Orçamento seja concedido facilmente. Deste modo o conflito ficará eliminado para sempre. González García, *Introducción al Derecho Presupuestario*, 1973, pág. 127. Alguma razão poderá ter, no final de contas, Carl Schmitt, *Staatsgefüge und Zusammenbruch des zweiten Reiches – Der Sieg des Bürgers über den Soldaten*, 1934, pág. 11, quando afirma que o conflito terminou empatado (*der Verfassungskonflikte endete ohne Entscheidung*).

[56] Refira-se que segundo Bereijo, prefácio a Laband, *El Derecho Presupuestario*, 1979, pág. XLVII, Laband já havia escrito um resumo desta teoria, logo em 1862, mas fê-lo num jornal conservador de pouca tiragem por não ter sido aceite noutros jornais devido ao cariz conservador do escrito, o que lhe retirou, naturalmente, projecção e importância.

[57] Por isso mesmo Bereijo, prefácio a Laband, *El Derecho Presupuestario*, 1979, pág. LVII, refere que *a opinião de Laband era, pois, contrária à tese amplamente difundida na literatura sobre o tema pelos autores que se situam na linha ideológica do regime parlamentar e que defendiam que o Parlamento é tão soberano na discussão do Orçamento*

48 *A Lei por detrás do Orçamento*

Foi precisamente esta leitura jurídica do texto constitucional que lhe permitiu servir o seu intuito político. Na verdade, o objectivo da construção Labandiana passava por legitimar, juridicamente, o reforço dos poderes do Governo e da Coroa, desta forma circunscrevendo a acção do Parlamento e impedindo que uma maioria parlamentar avessa ao Governo pudesse, de algum modo, inviabilizar a condução política do Estado no exclusivo interesse do Monarca.

A teoria desenvolvida por Laband é, neste contexto, um autêntico "requiem" por um dos mais visíveis elementos liberais inseridos na Constituição da Prússia que, a ser aproveitado, levaria, a prazo, à transformação da Prússia numa monarquia parlamentar, impondo à Coroa a vontade parlamentar[58]. Efectivamente, tal como Laband certeiramente vislumbrou, esta competência orçamental, a ser exercida pela representação nacional com inteira liberdade implicaria uma forte limitação dos poderes governamentais que, se um sistema em que este órgão é responsável perante o Parlamento, pode eventualmente tolerar, um sistema baseado no princípio monárquico não podia, de modo algum, suportar.

Na verdade, o texto constitucional impunha, não só a aprovação do Orçamento por acto legislativo, como a necessidade da sua apro-

---

como na discussão de qualquer outra lei. Com efeito, num sistema dualista, tal como refere Karl Heinrich Friauf, *Der Staatshaushaltsplan im Spannungsfeld zwischen Parlament und Regierung – Verfassungsgeschichtliche Untersuchungen über den Haushaltsplan im deutschen Frühkonstitutionalismus mit einer kritischen übersicht über die Entwicklung der budgetrechtlichen Dogmatik in Deutschland*, 1968, pág. 224, a aprovação parlamentar do Orçamento permitia que este órgão controlasse, indirectamente, o programa do Governo, o que, no contexto prussiano em que o Governo era, apenas, responsável perante o monarca, fazia desta regra da aprovação parlamentar do Orçamento *um corpo estranho no sistema constitucional da monarquia constitucional alemã* que encontrava, precisamente, na independência do Governo face ao Parlamento, uma das suas traves-mestras.

[58] Como certeiramente refere Karl Heinrich Friauf, *Der Staatshaushaltsplan im Spannungsfeld zwischen Parlament und Regierung – Verfassungsgeschichtliche Untersuchungen über den Haushaltsplan im deutschen Frühkonstitutionalismus mit einer kritischen übersicht über die Entwicklung der budgetrechtlichen Dogmatik in Deutschland*, 1968, pág. 199, o estudo da crise orçamental prussiana tem, necessariamente, de passar pela análise de dois problemas que não escaparam a Laband e que se resumem na questão de saber se o Parlamento era ou não livre no momento da aprovação do Orçamento, bem como, consequentemente, na questão de saber se o Governo se encontrava verdadeiramente vinculado na sua acção pela aprovação do Orçamento e pelos limites que este, aparentemente, impunha.

vação anual. A aprovação por acto legislativo trazia o Parlamento para a discussão sobre a afectação dos recursos públicos às despesas, podendo concentrar-se, no momento da aprovação orçamental, na discussão sobre a generalidade das leis em vigor no ordenamento jurídico, quer ao nível das receitas, quer das despesas. Apesar disso, os perigos de uma modificação do ordenamento jurídico-legislativo estavam atenuados pelo facto de a aprovação do Orçamento estar, ela própria, sempre sujeita à sanção régia, que inviabilizaria a aprovação de um Orçamento ou a modificação de outros actos legislativos à revelia da Coroa.

Diferentemente, a imposição constitucional da anualidade orçamental era mais perigosa, já que escapava ao controlo régio, uma vez que a Coroa não podia forçar o Parlamento a aprovar a lei do Orçamento, nem, ao invés, prescindir dessa mesma aprovação, transformando-se a lei do Orçamento numa lei constitucionalmente necessária, cuja falta poderia bloquear o funcionamento da governação do país ainda que não vigorasse, nos mesmos termos que na Bélgica, a regra da anualidade de receitas e de despesas.

São por isso justificados, raciocinando dentro do universo dogmático do autor, os ataques que dirige na sua obra, primeiro à aprovação constitucional do Orçamento por acto legislativo e, seguidamente, à própria exigência de aprovação parlamentar do Orçamento, de modo periódico e prévio, independentemente da forma escolhida.

§ A crítica de Laband à aprovação do Orçamento através de lei

As primeiras críticas de Laband dirigem-se à falta de rigor do texto constitucional da Prússia que, em sua opinião, embora não contivesse uma reserva material de lei, também não autorizaria uma definição do conceito de lei em termos estritamente formais. Na verdade, as referências alternadas que surgiam no texto da Constituição, ora indicando que determinados actos deveriam ser aprovados pelas Câmaras Parlamentares, ora afirmando que deviam ser aprovados por lei, deveriam, em seu entender, ser objecto de uma leitura jurídica que evitasse o recurso exclusivo a elementos formais para definir o conceito constitucionalmente adequado de lei, identificando este acto legislativo com a obrigatoriedade da intervenção parlamentar[59].

Isso mesmo decorria de uma adequada leitura do preceituado no art. 62.º da Constituição da Prússia, onde se estabelecia que, *o poder legislativo exerce-se, conjuntamente, pelo rei e pelas duas Câmaras. Todas as leis requerem a conformidade do rei e das duas Câmaras.* Ora, daqui resultava, para Laband, que a inexistir uma definição material de lei, o texto não conseguisse evitar uma incompreensível redundância, já que o conceito de lei se identificaria com a conformidade entre o rei e as Câmaras que era, assim, duplamente exigida nesta norma constitucional[60].

Com efeito, para Laband, se a Constituição, por vezes, requeria o consentimento das Câmaras e se estas usavam, na generalidade dos casos, a forma da lei para fazer valer o seu consentimento, esse facto não podia ser suficiente para se considerar que todas as referências às Câmaras parlamentares implicassem uma referência à Lei, já que esta tinha subjacente, dentro do paradigma da monarquia dualista, um determinado conteúdo típico que passava pela existência de uma "regra de Direito" que tinha estado na origem da limitação dos poderes do monarca.

Parece hoje claro que a confusão de conceitos, remetendo, ora para a Lei, ora para o Parlamento teve a sua origem numa deficiente aplicação de elementos típicos do constitucionalismo de raiz parlamentar, sem se ter acautelado devidamente a diferença de paradigmas. Na verdade, se em França vigorava uma homogeneidade face à trindade formada pela Soberania-Lei-Parlamento, havendo,

---

[59] Sobre as origens históricas do conceito de lei em sentido meramente formal no Direito Romano, Alfred Pernice, *Formelle Gesetze im Römischen Rechte,* 1888, pág. 101 e segs.

[60] Para Laband, a primeira parte da norma explica como se exerce o poder legislativo, ou seja, sempre que se deva recorrer ao poder legislativo torna-se necessário convocar o rei e o Parlamento. A segunda parte da norma vem dizer quando é que se tem de convocar o poder legislativo. Ora o poder legislativo é necessário sempre que se queira aprovar uma lei. Para não se estar a repetir o que já se dissera, ou seja que a lei é o fruto da acção do poder legislativo, era imperioso encontrar um critério material de lei. Assim, sempre que se estivesse dentro desse critério material (matéria de lei), era preciso convocar o poder legislativo e juntar o consentimento do rei ao do Parlamento. Diga-se, no entanto, que, mesmo que se aceite esta interpretação, sempre será de criticar a formulação do artigo já que, num caso como noutro, existe uma repetição, fazendo-se uma dupla referência à conformidade do rei e das câmaras parlamentares.

por isso mesmo, uma indiferenciação dogmática de conceitos, o mesmo não se passava na Prússia, pelo que uma importação apressada dessas expressões, por intermédio da Constituição Belga, levou a que surgissem no texto constitucional da Prússia indiferenciadamente expressões como *consentimento das Câmaras* e *aprovação por Lei*, o que, se numa Constituição parlamentarista quase não representaria mais do que uma diferença de estilo, na Prússia, bem ao invés, haveria de gerar leituras bem mais relevantes[61].

A aprovação legislativa do Orçamento representava, para Laband, o caso paradigmático da imposição constitucional de uma forma e de um procedimento legal, quando o que se pretendia era apenas o estabelecimento de um controlo inter-orgânico de um acto governativo[62]. Esse equívoco não poderia, porém, modificar a natureza intrínseca do Orçamento que, pese embora a forma e o procedimento pelo qual era aprovado nunca seria, materialmente, uma verdadeira lei, já que, manifestamente, não continha qualquer regra de Direito que fosse inovadora e beneficiasse de eficácia externa (relacionando-se directamente com os particulares), antes sendo a previsão financeira da aplicação da legislação existente[63].

Refira-se que, dentro do intuito político subjacente à construção de Laband, não era, de resto, despiciendo o modo e a forma como o consentimento do Parlamento haveria de, nos termos constitucionais, ser prestado para a aprovação do Orçamento, já que uma aprovação das Câmaras fora do domínio da lei afastava a possibilidade de o

---

[61] Sobre as diferenças e as semelhanças entre a Constituição da Prússia, de 31 de Janeiro de 1851 e a Constituição da Bélgica, de 25 de Fevereiro de 1831, Rudolf Smend, *Die Prussische Verfassungsurkunde im Vergleich mit der Belgischen*, 1904.

[62] O art. 99.º da Constituição da Prússia estabelecia que *todas as receitas e despesas do Estado têm de ser previamente previstas para cada ano e têm que figurar no Orçamento Geral do Estado. Este último estabelece-se anualmente mediante lei*, enquanto que para Laband a redacção correcta deveria ter sido: *este último estabelece-se anualmente por consentimento das Câmaras*.

[63] Apesar de não o afirmar expressamente, Laband defendia que as regras de Direito seriam as que, pelo seu conteúdo, teriam uma relação de bilateralidade com a Comunidade, assumindo uma clara eficácia externa que extravasasse a mera regulação organizativa do Estado e dos órgãos administrativos. Com efeito, para Laband, *El Derecho Presupuestario*, 1979, pág. 22, *não pode dar-se o nome de lei a uma regra a não ser no caso de esta ter um conteúdo jurídico que afecte, em algum modo, a esfera jurídica do indivíduo ou da comunidade política*.

52   *A Lei por detrás do Orçamento*

Parlamento introduzir emendas ao projecto, tal qual apresentado pelo Governo, reduzindo a intervenção parlamentar a um controlo orgânico e não a uma participação na feitura do próprio conteúdo orçamental[64].

Reduzindo a intervenção do Parlamento a um mero poder de fiscalização de um acto governativo já terminado, impedia-se, não só a possibilidade de o Parlamento introduzir emendas ao projecto do Governo, como a própria rejeição em bloco do Orçamento, por não ser aceitável que o Parlamento, fora do exercício do poder legislativo, pudesse, pela sua intervenção unilateral de rejeitar o Orçamento, inviabilizar as várias leis que haviam sido aprovadas pelo consentimento entre o Monarca e o Parlamento e que, por isso mesmo, careceriam de novo encontro de vontades para serem colocadas em causa[65].

Considerando que o Orçamento era uma mera conta que *não fundamenta a obrigação jurídica para obter receitas ou realizar despesas mas que, ao invés a pressupõe e se limita a elencar os seus resultados financeiros*[66], Laband chega, deste modo, à conclusão de que este órgão não tem capacidade de, através do Orçamento, inovar no ordenamento jurídico, sendo o Orçamento, independentemente da sua forma, um resultado da legislação material em vigor, não interagindo, deste modo, directamente com terceiros e não reclamando, por isso mesmo, a condição material de lei.

§ A crítica de Laband à aprovação do Orçamento através do Parlamento

A aprovação do Orçamento através de acto legislativo significava que este, não tendo, no entender do autor, um conteúdo materialmente legislativo, também não poderia modificar o ordenamento jurídico por mera vontade do Parlamento, já que sempre seria necessária a sanção real para que as leis (incluindo a orçamental) entrassem em

---

[64] Essa possibilidade de mera apreciação em bloco da lei do Orçamento não era, sequer, desconhecida do legislador constituinte, já que era a solução prevista para a aprovação pela Câmara Alta. Não obstante tal facto, Laband evita retirar, dessa diferente atribuição de poderes orçamentais às duas Câmaras, qualquer ilacção política ou jurídica.

[65] Recorde-se, novamente, que a Constituição da Prússia desconhecia o instituto da responsabilidade parlamentar do Governo, pelo que o controlo parlamentar do Orçamento teria de ser, naturalmente, atenuado.

[66] Laband, *El Derecho Presupuestario*, 1979, pág. 23.

A Investigação Histórica 53

vigor. O grande perigo residia, assim, não tanto no facto de o Parlamento pretender introduzir emendas no projecto orçamental, quanto na eventualidade de rejeitar esse mesmo projecto, fosse imediatamente, fosse por não se chegar a um consenso entre o Monarca e o respectivo Governo quanto ao conteúdo orçamental.

Ora, Laband, não podendo iludir a existência de norma constitucional expressa impondo o consenso entre Parlamento e Monarca na aprovação do texto orçamental, opta por desenvolver uma argumentação dirigida no sentido de desvalorizar as consequências jurídicas da não aprovação atempada do Orçamento pelo Parlamento. Com efeito, não negando a necessidade do consenso inter-orgânico, Laband justifica o adiamento deste consenso, explicando como, em seu entender, o objectivo pretendido pela Constituição, quando impunha a aprovação parlamentar do Orçamento, se compaginava com a sua aprovação tardia e, mesmo, posterior à realização das despesas e à cobrança das receitas.

Nos termos constitucionais, a Lei tinha, segundo defendia, na origem, uma exigência de consentimento do Parlamento e da Coroa para se tornar eficaz, pelo que não poderia o Parlamento, com a sua recusa unilateral em aprovar o Orçamento, conseguir provocar a revogação de instituições criadas por Lei, assim gerando a paralisação do Estado e a não execução das leis ou de outros actos de natureza não legislativa e da competência residual do Governo, por falta de cabimentação orçamental[67].

Não surpreende, pois, que a eventualidade de o Parlamento conseguir inviabilizar, pela sua simples vontade, o que por consenso havia sido criado[68] seja um dos pontos mais vezes referido na argumentação de Laband. Para este autor, a generalidade das verbas previstas no Orçamento, ao nível das receitas como das despesas, basea-

---

[67] Nesse sentido, Laband, *Le Droit Public de l'Empire Allemand, tome VI*, 1904, pág. 281. Sobre as várias doutrinas em torno da recusa de aprovação parlamentar do Orçamento, de modo muito informado relativamente aos sistemas alemão, inglês e francês, bem como sobre as respectivas Escolas doutrinais, Georges Flambard, *Le Refus du Budget*, 1905. Ainda sobre a recusa do Orçamento, René Chonez, *Des Attributions du Pouvoir Législatif en Matière Budgétaire*, 1901, pág.101 e segs; Albert Jouve, *Le Vote du Budget en France et en Angleterre*, 1906, pág. 183 e segs. e Paul Leclere, *La Mesure et la Valeur de l'Intervention Législative en Matière Budgétaire*, 1905, 142 e segs.

[68] Podendo até inviabilizar a execução de actos da exclusiva competência do Governo.

va-se na legislação em vigor que havia criado as receitas a cobrar, bem como nas demais instituições que se constituíam como fontes de despesa, a exigir do Estado, ano após ano, verbas adequadas que não cabia ao Parlamento (individualmente) negar.

Com efeito, em seu entender, a aprovação do Orçamento não podia representar, no contexto de uma monarquia limitada, a aceitação de que a governação do país, com a multiplicidade de opções que implica, fosse partilhada entre o Parlamento e o Governo, levando a que a final fosse o Parlamento a decidir o modo de governar, alterando, com uma diferente distribuição das verbas, as opções governativas e a ordem de prioridades do Governo, ao mesmo tempo que condicionava este órgão com a ameaça da rejeição do Orçamento, assim se tornando, na prática, ao arrepio constitucional, no órgão superior do Estado.

Partindo da teoria que laboriosamente constrói e que nega a natureza material de lei ao Orçamento, Laband acaba por considerar que este não tem de ser integralmente cumprido, já que, por um lado, o Governo podia gastar menos (ou cobrar mais) do que estava orçamentado e, por outro lado, mesmo que gastasse mais do que o orçamentado não, haveria, igualmente, violação da lei do Orçamento, na medida em que a Constituição apenas impunha, nesse caso, uma aprovação parlamentar "a posteriori", através de um Orçamento rectificativo, que não consubstanciaria, no entanto, no seu ponto de vista, qualquer *bill de indemnidade*[69].

É nesta tentativa de equiparação entre o Orçamento rectificativo e o Orçamento previsional que Laband escora a teoria que vem minimizar a não aprovação atempada do Orçamento pelo Parlamento[70]. De acordo com essa teoria, a apreciação parlamentar do Orçamento rectificativo devia revestir-se de uma natureza técnica onde o Parla-

---

[69] Laband, *Le Droit Public de l'Empire Allemand, tome VI*, 1904, pág. 301. Para este autor, *deve rejeitar-se a opinião, muito difundida, que considera que o Governo, ao efectuar uma despesa extra-orçamental, comete uma ilegalidade, uma violação da lei do Orçamento, devendo, por isso, solicitar ao Reichstag uma bill de indemnidade, que este poderá conceder por acto gracioso, ou recusar.*

[70] Laband nunca se refere, expressamente, à hipótese de o Governo prescindir da aprovação parlamentar do Orçamento, apenas desvalorizando a necessidade da sua aprovação prévia.

mento apenas verificaria se os gastos realizados pelo Governo em excesso face ao previsto tinham, ou não, sido justificados.

Ora, para Laband, a mesma situação se passaria com o Orçamento previsional, pelo que a consequência da execução do Orçamento sem aprovação prévia ou da execução do Orçamento de modo diverso do aprovado parlamentarmente reconduzia-se, em ambos os casos, à necessidade de obter, "a posteriori", um *descargo de responsabilidade* cuja inexistência, nas suas próprias palavras, poderia ser *inoportuna para o Governo* mas *não acarreta consequências práticas de espécie alguma*, em virtude de entre estes dois órgãos inexistir uma relação de responsabilidade política no contexto da monarquia dualista[71].

Na verdade, se uma situação destas poderia ser equacionada num sistema parlamentar em que vigorasse um regime de responsabilidade do Governo, tal situação surge totalmente desenquadrada num sistema em que o Governo não responda politicamente perante o Parlamento, pelo que, em consequência, a recusa do Parlamento em atribuir o referido descargo de responsabilidade não tinha qualquer relevância na manutenção do Governo em funções, nem impedia a prossecução do ano financeiro seguinte[72].

Assim, e em conclusão, sempre que o Parlamento se recusasse a aprovar o Orçamento (nos termos propostos pelo Governo), essa actuação (apenas) significava que não havia um acordo do Parlamento relativamente à necessidade da realização daquelas receitas e despesas nos termos previstos pelo Governo, o que, longe de impedir o Governo de continuar a executar o Orçamento nos termos em que o tinha apresentado, apenas implicava que a responsabilidade por essa execução, nos casos em que não representasse apenas uma aplicação

---

[71] Laband refere-se, inclusivamente, ao facto de o Orçamento rectificativo ser aprovado por "resolução", o que deveria ter acontecido, também, com a aprovação do Orçamento previsional, já que, em ambos os casos, o que estava em causa era o juízo sobre a razoabilidade dos gastos previstos ou executados pelo Governo. Esta posição foi criticada por Otto Mayer, *Derecho Administrativo Alemán,* tomo II, 1982, pág. 194. Para este autor, Laband acaba por fornecer uma espécie de *guia da administração sem lei de Orçamento,* o que, em seu entender, era muito insuficiente.

[72] Karl Heinrich Friauf, *Der Staatshaushaltsplan im Spannungsfeld zwischen Parlament und Regierung – Verfassungsgeschichtliche Untersuchungen über den Haushaltsplan im deutschen Frühkonstitutionalismus mit einer kritischen übersicht über die Entwicklung der budgetrechtlichen Dogmatik in Deutschland,* 1968, pág. 257.

da legislação material em vigor, seria assumida, por inteiro, pelo Governo, sem que, à partida, estivesse assegurada a partilha da responsabilidade com o Parlamento.

A posição do Governo no caso da execução do Orçamento sem aprovação parlamentar prévia, era, assim, idêntica à deste órgão quando ultrapassava os valores orçamentados[73], pelo que um Orçamento previsional não aprovado se assemelharia, desta forma, a um Orçamento rectificativo integral, necessitando, mais tarde ou mais cedo, de ser aprovado pelo Parlamento, sendo que, nessa fase, a apreciação parlamentar se encontraria seguramente já depurada de considerandos políticos e, sobretudo, da capacidade deste órgão de alterar o que, entretanto, tinha sido executado[74].

(iv) As fragilidades do dualismo legislativo como explicação jurídico-constitucional

A clarividência do discurso e o modo sistemático de apresentação das ideias de Laband têm sido o seguro de vida de uma tese que hipnotizou a Europa durante dois séculos e que, ainda hoje, conserva raízes em alguns textos constitucionais, apoios numa parte da doutrina e acolhimento em certa jurisprudência[75].

Se uma primeira leitura da obra de Laband pode levar a aderir à tese de que o ordenamento jurídico não pode estar, anualmente, suspenso de uma decisão parlamentar, uma análise mais atenta dos textos em causa leva, no entanto, a defender outra opinião. Assim,

---

[73] O autor faz por esquecer que o Orçamento rectificativo apenas incide sobre uma parte do Orçamento que havia beneficiado do acordo parlamentar, pelo que a necessidade de um reajustamento do acordo é, em certa medida, imputável, também, ao Parlamento.

[74] Repare-se como a situação descrita por Laband e a solução que propõe se adaptam perfeitamente ao desenrolar da crise orçamental que havia ocorrido cinco anos antes. Também aí o que se passou foi a execução do Orçamento sem aprovação prévia do Parlamento e, depois, a concordância, "a posteriori", do Parlamento sobre o modo como as verbas haviam sido dispendidas.

[75] Não obstante a aceitação generalizada da obra de Laband pela doutrina europeia do início do século XX, não se pode deixar de assinalar a existência de importantes excepções. Em França, veja-se, por exemplo, a dissertação de doutoramento de Georges Flambard, *Le Refus du Budget,* 1905, onde o autor critica, de modo muito pertinente, a doutrina de Laband, seguindo, de perto, a posição de Hänel.

A Investigação Histórica 57

julga-se que a tese de Laband não podia vingar, mesmo no sistema de monarquia limitada, sendo, desta forma de rejeitar "in limine", por maioria de razão, num sistema de raiz parlamentar, já que constrói todo o seu edifício em cima de pilares imaginários.

Com efeito, o autor não se limita a interpretar o texto constitucional e a criticar as opções contraditórias que o mesmo havia assumido, pretendendo, antes, corrigir as soluções constitucionais vigentes, equiparando a não aprovação prévia da lei do Orçamento às (pontuais) necessidades de introdução de modificações à lei do Orçamento, por se verificarem afastamentos entre o orçamentado e o executado.

Do mesmo modo, a construção do conceito de lei em sentido formal e de lei em sentido material apenas tem como propósito desvalorizar a imposição constitucional de aprovação legislativa da lei do Orçamento, sem, no entanto, explicar como é que a utilização do mesmo procedimento parlamentar e da mesma forma gerariam actos jurídicos diferenciados, credores de forças e valores diversos.

A teoria de Laband vive enredada numa contradição que perpassa toda a sua obra, já que, tentando negar o valor do Orçamento no sistema jurídico prussiano, Laband é, porventura, o autor que melhor compreendeu o potencial que o domínio do Orçamento representa ao nível do equilíbrio de poderes em qualquer sistema político-constitucional, pelo que acaba por tentar desvalorizar juridicamente um acto, precisamente por o valorizar politicamente[76].

Ora, se num sistema parlamentar o domínio do Orçamento acaba por se encontrar na mesma órbita de poder do remanescente poder político, já num sistema dualista, como o que vigorava na altura em que Laband escreve, o mesmo não acontecia, o que leva a considerar que, em termos teóricos, não era viável que vigorasse na Prússia um sistema de aprovação partilhada do Orçamento entre o Parlamento e o Monarca.

---

[76] Considerando que o controlo do Orçamento representa, afinal, o controlo do sistema de Governo, pelo que acabará por ser entregue, de uma maneira ou de outra, ao órgão que detenha a função principal nesse mesmo sistema político, Karl Heinrich Friauf, *Der Staatshaushaltsplan im Spannungsfeld zwischen Parlament und Regierung – Verfassungsgeschichtliche Untersuchungen über den Haushaltsplan im deutschen Frühkonstitutionalismus mit einer kritischen übersicht über die Entwicklung der budgetrechtlichen Dogmatik in Deutschland,* 1968, pág. 269. Também por este facto se verifica como a aprovação parlamentar do Orçamento se encontrava deslocada no conjunto da Constituição Prussiana.

A situação criada, na qual o Parlamento podia modificar a proposta do Governo, enquanto que o Monarca se via na contingência de sancionar ou não a lei aprovada, correndo o risco de inviabilizar a aprovação global do Orçamento com os custos advenientes, era, pois, insustentável mas a correcção do sistema escapa, naturalmente, ao poder do intérprete[77].

Apesar de tudo, não se pode, no entanto, regatear o facto de a doutrina de Laband, pese embora todas as críticas a que possa ser sujeita, sobretudo vista à distância de um século e meio, ter sido objecto de um rotundo êxito doutrinário, o que não significou que não tivesse, também, merecido criticas de vários autores, podendo, mesmo, falar-se na existência de uma Escola de seguidores do dualismo legislativo[78] e de uma outra (minoritária) onde se incluíam os seus detractores[79/80/81].

---

[77] Neste sentido, Vitagliano, *Il Contenuto Giuridico della Legge del Bilancio*, 1910, pág. 353, considera, referindo-se a Laband e aos autores da sua Escola, que, *tais escritores tendem mais a querer corrigir do que a interpretar e classificar cientificamente o Direito existente.*

[78] Entre os apoiantes de Laband contavam-se Von Gneist, *Gesetz und Budget,* 1879, pág. 134 e segs. (existe tradução parcial para italiano, *Legge e bilancio,* 1997); Gerber, *Gründzuge eines Systems des deutschen Staatsrecht,* 1880, pág. 163 e segs, Georg Meyers, *Zeitschrift für das Privat und offentliche Recht,* vol. VIII, 1881, pág. 43 e segs.; Seligmann, *Der Begriff des Gesetzes im materiellen und formellen Sinne,*1886, pág. 83 e segs, Gareis, *Allgemeines Staatsrecht,* 1887, pág. 79; *Prazak, Beiträge zum Budgetrecht und zur Lehre von den formellen Gesetzen,* 1887 pág. 441 e segs.; Bornhak, *Preussisches Staatsrecht,* vol. III, 1890, pág. 573 e segs.; Zeller, *Stengel's Wörterbuch des Verwaltungsrechts,* vol. II, 1890, pág. 502 e segs.; Gerhard Anschütz, *Kritische Studien zur Lehre von Rechtssatz und Formellen Gesetz,* 1891 (2.ª ed em 1913), pág. 20 e segs. e, parcialmente, em *Lehrbuch des Deutschen Staatsrechts,* 1914, pág. 889 e segs., onde apresenta várias soluções possíveis para resolver a crise decorrente da não aprovação do Orçamento, acabando por concluir que a solução, no contexto da Constituição da Prússia e do Império, não era uma solução jurídica mas apenas política; Fricker, *Steuerbewilligung und Finanz Gesetz,* 1894, pág. 401 e segs. e Seydel, *Kommentar zur Reichverfassung,* 1897, pág. 387 e segs.. Próximos de Laband mas, ainda assim, com algumas especificidades, encontram-se Jellinek, *Gesetz und Verordnung,* 1887; Otto Mayer, *Deutsches Verwaltungsrecht, Bd. I,* 1961 e *Bd. II,* 1969; Arndt, *Kommentar zur Verfassung,* 1895, pág. 272 e segs.; Von Martitz, *Betrachtungen über die Verfassung des Nordeutschen Bundes,* 1868, pág. 69 e segs. e Myrbach-Rheinfeld, *Précis de Droit Financier,* 1910, pág. 31 e segs. A doutrina de Jellinek chegou mesmo a ser considerada como uma terceira via entre os extremismos de Laband e de Hänel, não obstante ter sido publicada antes da obra de Hänel. Neste sentido, Karl Heinrich Friauf, *Der Staatshaushaltsplan im Spannungsfeld zwischen Parlament und Regierung –*

A Investigação Histórica 59

Verfassungsgeschichtliche Untersuchungen über den Haushaltsplan im deutschen Frühkonstitutionalismus mit einer kritischen übersicht über die Entwicklung der budgetrechtlichen Dogmatik in Deutschland, 1968, pág. 265.

[79] Os principais críticos de Laband e da teoria do dualismo legislativo foram Von Martitz, *Über den Konstitutionellen Begriff des Gesetzes nach deutschen Staatsrecht,* 1880; Zorn, *Das Staatsrecht des deutschen Reichs, Bd. II,* 1895, parágrafo 33 e segs. e *Zu den Streitfragen über Gesetz und Verordnung nach deutschen Reichsstaatsrecht,* 1885, pág. 334 e segs.; Seidler, *Budget und Budgetrecht im Staatshaushalt der konstitutionellen Monarchie mit besonderer Rücksichtnahme auf das österreichische und deutsche Verfassungsrecht,* 1885, pág. 184 e segs. e, sobretudo, Hänel, na sua obra *Das Gesetz im formellen und materiellen Sinne,* 1888, que se afirmou e se tem mantido como contraponto à obra de Laband. Para Hänel, todas as leis, independentemente do seu conteúdo, continham um preceito jurídico e uma regra de direito. Em seu entender era, pois, a forma de lei que modificava o valor e a força do conteúdo do acto e não o inverso. Relativamente à lei do Orçamento, esta seria uma autorização parlamentar necessária (o autor nega a liberdade parlamentar de rejeitar a aprovação da lei orçamental) para que, anualmente, se pudessem realizar as despesas e cobrar as receitas previstas para o ano seguinte. Esta lei beneficiava, em seu entender, de um conteúdo material pelas obrigações que impunha ao Governo e à Administração. Em seu entender, *a lei do Orçamento constitui para a administração financeira a autorização suprema, constitucionalmente necessária, que resume, ordena e limita todas as disposições legislativas especiais no que respeita ao emprego de todas as receitas e à realização de todas as despesas que se prevêem para o ano financeiro.* A lei do Orçamento, em virtude da sua forma legal, tinha, como a generalidade dos actos formalmente legislativos, naturalmente, força para modificar o ordenamento jurídico vigente. Para um resumo da obra de Hänel, veja-se o comentário crítico do próprio Laband, *Le Droit Public de l'Empire Allemand, tome VI,* 1904, pág. 381 e segs.; Armindo Monteiro, *Do Orçamento Português,* 1921, pág. 94; Vitagliano, *Il Contenuto Giuridico della Legge del Bilancio,* 1910, pág. 299 segs; Rodríguez Bereijo, *El Presupuesto del Estado,* 1970, pág. 103; González García, *Introducción al Derecho Presupuestario,* 1973, pág. 212 e segs. e Karl Heinrich Friauf, *Der Staatshaushaltsplan im Spannungsfeld zwischen Parlament und Regierung – Verfassungsgeschichtliche Untersuchungen über den Haushaltsplan im deutschen Frühkonstitutionalismus mit einer kritischen übersicht über die Entwicklung der budgetrechtlichen Dogmatik in Deutschland,* 1968, pág. 260 e segs.

[80] Para um resumo dos autores contemporâneos de Laband que se pronunciaram sobre a questão do dualismo legislativo, veja-se, por todos, Laband, *Le Droit Public de L'Empire Allemand, tome VI,* 1904, pág. 357 e segs. Aí o autor procede a uma recensão crítica desses autores, apresentando as opiniões destes e rebatendo as críticas que lhe eram dirigidas. Interessante é, também, a identificação feita por Karl Heinrich Friauf, *Der Staatshaushaltsplan im Spannungsfeld zwischen Parlament und Regierung – Verfassungsgeschichtliche Untersuchungen über den Haushaltsplan im deutschen Frühkonstitutionalismus mit einer kritischen übersicht über die Entwicklung der budgetrechtlichen Dogmatik in Deutschland,* 1968, pág. 250 e segs., associando cada uma das soluções possíveis a dar ao conflito prussiano de um ponto de vista doutrinário, com os três autores mais representativos: Laband, Hänel e Jellinek. Para o primeiro, a prioridade

2. A importação do dualismo legislativo para os sistemas de base parlamentar

Como se acabou de verificar, a teoria de Laband parte do reconhecimento da existência de um elemento liberal, gerador de um efeito de trombose, num sistema constitucional globalmente baseado nos pressupostos fundamentais da monarquia dualista. Acontece, porém, que, ao contrário do que se poderia adivinhar, esse ponto de partida muito específico, associado aos condicionalismos políticos verificados, não impediu que a busca de um conceito material de lei se tornasse numa obsessão da doutrina europeia do século XIX e do início do século XX, mesmo em sistemas em que tal procura não se afigurava necessária ou, sequer, justificada.

Este fenómeno mimético teria o seu ponto alto precisamente com a análise da natureza jurídica, dos poderes e dos limites da lei do Orçamento, cuja qualificação como lei meramente formal e como verdadeiro acto de administração, depurada já de qualquer réstia de explicação no contexto político e no sistema jurídico em que tal qualificação primeiro havia sido gizada, se haveria de manter, quase como um ícone, até aos nossos dias.

---

devia ser dada ao monarca, desvalorizando o papel do Orçamento e do Parlamento. Para o segundo, pelo contrário, o Parlamento assumia um poder conformador do executivo, através da aprovação material da lei do Orçamento. Finalmente, para Jellinek, a questão extravasava o domínio jurídico, tornando-se numa questão de poder. Vejam-se, igualmente, os extensos comentários aos autores alemães elaborados por Vitagliano, *Il Contenuto Giuridico della Legge del Bilancio*, 1910, pág. 251 e segs.; por Rodríguez Bereijo, *El Presupuesto del Estado*, 1970, pág. 54 e segs. e por González García, *Introducción al Derecho Presupuestario*, 1973, pág. 138 e segs. Entre nós, continua fundamental o conhecimento da obra de Armindo Monteiro, *Do Orçamento Português*, 1921, onde o autor demonstra um conhecimento profundo da generalidade das obras publicadas sobre a matéria nos vários ordenamentos jurídicos estrangeiros, procedendo (pág. 93 e segs.) a um resumo crítico dos autores mais relevantes.

[81] Sobre os autores alemães não se pode deixar de citar, sem no entanto se subscrever, a passagem de Armindo Monteiro, *Do Orçamento Português*, 1921, pág. 100, quando, discordando de um texto de Von Martitz, generaliza a crítica insurgindo-se *contra este irritante tom de certeza, seco, rígido, de depositários da verdade eterna, que os homens de direito alemães, mesmo os mais ilustres, frequentemente adoptam. Como que têm a pretensão de que as suas teorias são diques que os acontecimentos não podem destruir. Pobres deles! A força da realidade tem mais força que as suas teorias de força....*

A Investigação Histórica 61

Na verdade, se em termos abstractos, se diria da doutrina Labandiana que não seria facilmente exportável para países em cujas Constituições não vigorassem os pressupostos que estiveram na base da elaboração do conceito de lei material e formal, o certo é que a verdade acabou por ser bem outra. Com efeito, acabariam os países de raiz parlamentar por cometer (ainda que de modo inverso) o mesmo erro que a Prússia cometeu e que levou à crise orçamental. É que se a Prússia introduziu um elemento liberal numa Constituição que o não era, os outros países viriam a introduzir um elemento não liberal em Constituições de matriz parlamentar, dando azo ao mesmo tipo de distorções e paradoxos já experimentados no sistema constitucional prussiano[82].

Tem, pois, razão Maria Lúcia Amaral, quando sustenta que *o conceito de lei material e de lei formal, nascido num contexto histórico único e com o objectivo de servir um propósito bem determinado, veio a sobreviver à sua época e à sua circunstância com uma energia e uma longevidade impressionantes: a ele regressam ainda hoje todos os debates que se tecem a respeito da natureza da função legislativa do Estado*[83].

Neste contexto, antes de se analisar a influência desta doutrina no constitucionalismo português, importa fazer uma breve incursão no modo como a mesma se espalhou pela doutrina Francesa e Italiana,

---

[82] Esse elemento não liberal pode ser resumido, como faz Rodríguez Bereijo, *El Presupuesto del Estado,* 1970, pág. 66, na consideração de que a lei do Orçamento (i) relevava do exercício da função de controlo jurídico-político do Parlamento sobre o Governo e não da função legislativa, (ii) da negação da natureza unitária da lei do Orçamento, que deveria ser separada do Orçamento propriamente dito, (iii) da consideração do Orçamento como acto materialmente administrativo, por não conter normas jurídicas, apesar da sua aprovação formal por acto legislativo, (iv) da consideração de que o Orçamento apenas tem eficácia jurídica na relação entre o Parlamento e o Governo, não se relacionando com os particulares e (v) na defesa da natureza vinculada da lei do Orçamento face ao ordenamento jurídico preexistente.

[83] Maria Lúcia Amaral, *Responsabilidade do Estado e Dever de Indemnizar do Legislador,* 1998, pág. 239. Considerando que a distinção entre lei em sentido formal e lei em sentido material tinha sido elaborada a partir de um contexto político-constitucional muito específico, e que a sua *notável e duradoura "dignidade canónica"* se devia apenas *à sua sucessiva aceitação acrítica,* veja-se, desde logo, Nuno Piçarra, *A Separação dos Poderes na Constituição de 76. Alguns Aspectos,* 1986, pág. 168.

62   *A Lei por detrás do Orçamento*

já que acabaria por ser sobretudo por intermédio da doutrina destes países que os seus reflexos chegariam ao nosso país[84].

[84] Os reflexos em Espanha não são tão intensos, pelo que se remete para Gallego Anabitarte *Ley e Reglamento en el Derecho Público Occidental*, 1971, pág. 154 e segs e 172 e segs., para Ricardo Garcia Macho *Reserva de Ley y Potestad Reglamentaria* 1988, para López Escobar, *Los orígenes del Derecho Presupuestario Español*, 1971, e para Juan Ignacio Marcuello Benedicto, *La Práctica Parlamentaria en el Reinado de Isabel II,* 1986, pág. 135 e segs., onde se analisa a relação entre o Parlamento e o Governo em matéria orçamental no séc. XIX; Veja-se, ainda, uma análise da evolução do princípio da reserva de lei e da legalidade orçamental na história constitucional espanhola em Escribano Lopez, *Presupuesto del Estado y Constitución,* 1981, 68 e segs. No Direito espanhol, os maiores defensores da teoria dualista da lei do Orçamento talvez tenham sido A. Guaita, *Derecho Admnistrativo Especial,* tomo I, 1965, pág. 186 e segs. e J.L.Villar Palasí, *Derecho Administrativo, I, Introducción y Teoria de las Normas*, 1968, pág. 282 e segs. Contra, considerando, ainda antes da Constituição de 1978, a lei do Orçamento como *uma lei em sentido material e formal, ou melhor, como uma lei pura e simples,* Rodríguez Bereijo, *El Presupuesto del Estado,* 1970, pág. 133. Relativamente à evolução histórica do Direito Financeiro no Reino Unido, numa apreciação detalhada e crítica sobre o modo como o Parlamento conquistou e foi perdendo os seus poderes de controlo sobre as Finanças do Reino Unido, Paul Einzig, *The Control of the Purse,* 1959. Finalmente, em relação ao modo como o Direito Orçamental se desenvolveu no império alemão e, posteriormente, na Constituição de Weimar, onde, pese embora a mudança de regime, se manteve maioritária a doutrina encabeçada por Anschütz, que considerava que a lei do Orçamento era uma lei em sentido meramente formal, Henry Bonjour, *Le Budget du Reich (vote-exécution-contrôle),* 1931 e Karl Heinrich Friauf, *Der Staatshaushaltsplan im Spannungsfeld zwischen Parlament und Regierung – Verfassungsgeschichtliche Untersuchungen über den Haushaltsplan im deutschen Frühkonstitutionalismus mit einer kritischen übersicht über die Entwicklung der budgetrechtlichen Dogmatik in Deutschland,* 1968, pág. 270 e segs., que apresenta, igualmente, um resumo das doutrinas minoritárias que surgiram ao abrigo da Constituição de Weimar e onde se destaca a obra de Johannes Heckel, *Einrichtung und rechtliche Bedeutung des Reichshaushaltsgesetzes,* 1932, pág. 374 e segs.. Como factos mais relevantes na historiografia alemã, refira-se a instauração, em 1874, do septanato militar, que implicou a fixação parlamentar do Orçamento da defesa com uma validade de sete anos. Já durante a Constituição de Weimar e na vigência do Regulamento Orçamental do Reich, de 31 de Dezembro de 1922, saliente-se a criação de uma regra-travão, segundo a qual qualquer aumento de despesas proposta pelo Parlamento deveria levar associada uma diminuição de outras despesas ou um aumento de receitas. Relativamente ao conteúdo do Orçamento, destaca-se a proibição dos cavaleiros orçamentais e de normas com validade superior a um ano nos termos do art. 85.º número 3 da Constituição de Weimar. O Orçamento, nos termos da Constituição de Weimar, embora aprovado por lei, continuava a não lograr alterar as leis preexistentes, não sendo, sequer, o local adequado para aprovar legislação fiscal. Para uma visão de conjunto da evolução do Direito Orçamental Europeu, Vitagliano, *Il Contenuto Giuridico della Legge del Bilancio,* 1910; Rodríguez Bereijo, *El Presupuesto del Estado,* 1970 e González García, *Introducción al Derecho Presupuestario,* 1973.

a) *A sua importação para França*

Não obstante o facto de em França não vigorar, no final do século XIX, uma monarquia limitada, nem valer o princípio monárquico, antes tendo sido implantado um sistema parlamentar baseado na soberania da lei aprovada pelo Parlamento, o certo é que a influência do dualismo legislativo alemão não deixou de contar com um conjunto muito apreciável de entusiastas seguidores, onde se incluíam, naturalmente, os estudiosos do Direito orçamental[85], à cabeça dos quais se torna inevitável referir, pela importância que assumiu, a figura de Gaston Jèze[86].

---

[85] Vitagliano, *Il Contenuto Giuridico della Legge del Bilancio*, 1910, pág. 302, considera, mesmo, que *a índole do povo* (francês) *e a tendência mais prática do que teórica da literatura francesa de Direito Público explicam porque é que somente nos últimos anos e por importação estrangeira, mais do que por geração espontânea é que poucos escritores começaram a discutir em França o valor e o conteúdo jurídico da lei do Orçamento.* Refira-se, porém, que, ainda que porventura em menor número do que a profusão de escritos dos autores italianos, o certo é que nos últimos anos do século XIX e nos primeiros anos do século XX é ainda assim impressionante a quantidade de dissertações de doutoramento apresentadas nas universidades francesas em torno da questão orçamental, demonstrando bem o interesse que o tema, então, suscitava. São disso exemplo as obras de René Guerrier de Dumast, *Historique et Théorie du Budget de L'Etat en Droit Français*, 1886; Emmanuel Besson, *Le Contrôle des Budgets en France et à l'Etranger*, 1901; René Chonez, *Des Attributions du Pouvoir Législatif en Matière Budgétaire*, 1901; Albert Jouve, *Le Vote du Budget en France et en Angleterre*, 1906; Paul Leclere, *La Mesure et la Valeur de l'Intervention Législative en Matière Budgátaire*, 1905; Maurice Michel, *De l'Habitude Contractée en France de Légiférer par Voie Budgétaire*, 1907; Gaston Forestier, *Les Douzièmes Provisoires*, 1908; Charles Leca, *Les Retards dans le Vote du Budget en France – Leurs Inconvénients, Leurs Remèdes*, 1913; Henry Bonjour, *Le Budget du Reich (vote-exécution-contrôle)*, 1931 e Brice Pons, *Le droit d'Amendement en Matière Budgétaire*, 1936. Este foi, sem dúvida, o momento de ouro da doutrina orçamental francesa, pese embora o seu genérico seguidismo prático do modelo alemão e o seu entusiasmo teórico pelo modelo Inglês. Perante este cenário, não se subscreve a opinião de Blanco de Morais, *As Leis Reforçadas*, 1998, pág. 51, quando afirma que em França o acolhimento das teses de Laband teve um acolhimento modesto. Na verdade, segundo Carré de Malberg, *Contribution à la Théorie Générale de l'Etat*, 1920, pág. 283, *a teoria dualista das funções é hoje em dia preponderante na literatura (...).*

[86] As obras essenciais de Jèze relativamente a este domínio são o Estudo publicado com Emile Bouvier, *La véritable notion de la loi et la loi annuelle de finances – rôle du pouvoir législatif en matière de budget*, 1897, e o *Traité de Science des Finances – Le Budget*, 1910, que incorpora um artigo anterior, de 1907, denominado *Le Budget au point de vue Juridique.*

Antes, porém, importa relembrar que, em termos doutrinários, é em França, por intermédio das ideias de Rousseau, que surge a definição da lei por referência a elementos materiais[87]. Na verdade, de acordo com este autor, a lei era, por natureza, geral, sendo essa mesma concepção que encontra acolhimento nas primeiras Constituições pós-revolucionárias[88]. São, ainda assim, os ventos vindos da Alemanha, mais do que qualquer leitura atenta da própria evolução constitucional, que inspiram a doutrina Francesa no sentido da defesa do dualismo legislativo.

A doutrina maioritária acolhe os pressupostos da construção Labandiana considerando que a natureza intrínseca de um determinado acto não pode variar consoante o órgão que o aprova[89]. A importação da doutrina alemã seria, no entanto, temperada em França com a aceitação da doutrina de Rousseau, encontrando no critério da "generalidade" o elemento material definidor e distintivo da lei material ao arrepio do que era, como já se viu, a teoria original de Laband[90].

---

[87] Rousseau, segundo Carré de Malberg, *Contribution à la Théorie Générale de l'Etat*, 1920, pág. 278, não é, no entanto, o precursor da teoria dualista, já que, para aquele autor, era imperativo que todas as leis tivessem um elemento formal e um elemento material.

[88] Carré de Malberg, *Contribution à la Théorie Générale de l'Etat*, 1920, pág. 269.

[89] Entre os apoiantes do dualismo alemão, defendendo a sua aplicação ao sistema Francês, veja-se, para além de Jèze e de Bouvier, Duguit, *L'Etat, le Droit Objectif et la Loi Positive*, 1901, pág. 435. Diferente é a posição de Hauriou, *Précis de Droit Administratif et de Droit Public*, 1927, pág. 458 e segs., que se aproxima mais de Rousseau e de Otto Mayer, na medida em que julga indispensável, no conceito de lei, a cumulação de um elemento material a um elemento formal. Não obstante tal facto, Hauriou entende que a verdadeira lei é aquela que tem o elemento material associado aos direitos dos indivíduos, o que o aproxima, igualmente, nesta medida, de Laband, tal como reconhece Carré de Malberg, *Contribution à la Théorie Générale de l'Etat*, 1920, pág. 338. Para Hauriou (pág. 458), a lei é *uma regra geral escrita exprimindo a vontade da nação tornada obrigatória por uma operação legislativa*. Relativamente à lei do Orçamento, Hauriou, *Précis de Droit Administratif et de Droit Public*, 1903, pág. 763, refere que *o voto do Orçamento não é senão um acto administrativo; o voto do Orçamento do Estado apresenta-se sob a forma de lei, mas não é uma lei ordinária*. Em *Précis de Droit Constitutionnel*, 1929, pág. 525, o autor volta a referir-se ao Orçamento mas apenas para considerar que *os poderes orçamentais do Parlamento são uns dos mais poderosos meios de controlo e sanção que este possui relativamente ao governo-executivo*.

[90] Associando a lei material ao critério da generalidade, Duguit, *L'Etat, le Droit Objectif et la Loi Positive*, 1901, pág. 502 e Bouvier e Jèze, *La véritable notion de la loi et la loi annuelle de finances*, 1897, pág. 428 e segs. Para um resumo da situação, Carré de Malberg, *Contribution à la Théorie Générale de l'Etat*, 1920, pág. 288 e segs. Este autor

Neste contexto, Duguit é, porventura, um dos autores mais representativos desta Escola que, trazendo a doutrina alemã para outras longitudes, vai patrocinar a defesa do dualismo legislativo. Para Duguit o legislador *constata uma regra de Direito objectivo*[91] pelo que só nessas ocasiões haveria verdadeira lei, que não era, deste modo, todo o produto criado por um procedimento e uma forma adequada.

O autor, embora reconheça que da Constituição de 1875[92] decorreria, provavelmente, uma noção meramente formal de lei, acaba por se juntar à maioria da doutrina na defesa de um dualismo legislativo de inspiração alemã. Na verdade, ao desenvolver a ideia de que a vontade popular, representada no Parlamento, não tem capacidade para criar o Direito objectivo, mesmo que o faça de acordo com o procedimento e as regras adequadas, já que a regra de Direito (*rechtsatz*) apenas decorre de um processo de constatação, Duguit abre a porta a que, mesmo num sistema de base parlamentar como era o sistema Francês, se admita o dualismo legislativo com base no pressuposto de que nem todas as leis aprovadas parlamentarmente são constatações de regras de Direito[93/94].

---

demonstra (pág. 296) que, nem a doutrina da generalidade, nem o dualismo legislativo tinham acolhimento positivo no Direito público francês, tal como decorria do ordenamento jurídico-constitucional criado pela Constituição de 1875.

[91] Duguit, *L'Etat, le Droit Objectif et la Loi Positive*, 1901, pág. 422 e segs. O autor acaba por (pág. 466) definir a lei positiva como sendo *o acto pelo qual os governantes constatam e formulam uma regra de direito objectivo preexistente*. Esta doutrina haverá de ser recebida em Itália sobretudo por Orlando. Para este autor, Orlando, *Principii di Diritto Costituzionale*, 1912, pág. 143, *o legislador descobre, não cria o Direito*.

[92] O art. 1.º da Constituição de 1875 estabelecia que *o poder legislativo exerce-se pelas duas assembleias, a Câmara dos Deputados e o Senado*, não fazendo qualquer referência a um conteúdo típico, nem exigindo qualquer elemento material.

[93] Duguit, *L'Etat, le Droit Objectif et la Loi Positive,* 1901, pág. 437, defende, assim, uma independência da natureza dos actos face aos órgãos que os aprovam, considerando que cada acto tem uma natureza intrínseca que não se transforma pelo facto de ter sido emitido por órgão diverso daquele que o deveria ter emitido.

[94] Duguit, *L'Etat, le Droit Objectif et la Loi Positive,* 1901, pág. 480 e segs. procede a uma análise histórica do conceito de lei, encontrando na generalidade da lei um dos seus pilares estruturantes. O autor considera mesmo (pág. 488) que o Direito Romano, definindo a lei apenas pelo seu elemento formal, consagrou uma *deformação da noção primária e racional de lei que teria uma influência negativa sobre o Direito positivo da França antiga e da revolução*. O autor descreve, depois, com pormenor, o modo como uma compreensão, por vezes deficiente ou truncada das opiniões dos mais ilustres pensadores, nomeadamente de Rousseau, levou a que o constitucionalismo Francês acabasse por adoptar um conceito meramente formal de lei.

66 A Lei por detrás do Orçamento

Relativamente à lei do Orçamento, Duguit reconhece que a intervenção dogmática da doutrina germânica se desenvolveu à sombra de um sistema que visava a protecção e o alargamento dos poderes do Governo e do Imperador, pelo que não deveria ser transposta e acolhida, sem reservas, para o ordenamento jurídico Francês[95] onde a lei do Orçamento, ao ser, também, utilizada para proceder à aprovação dos impostos (que gozavam, em França, de uma validade meramente anual) tinha, nessa medida e nessa parte, a natureza de lei material[96].

Duguit inicia, assim, a defesa de uma doutrina que entende ser necessário analisar, separadamente, o conteúdo da lei do Orçamento, devendo distinguir-se o Orçamento das receitas do Orçamento das despesas. Assim, enquanto que o Orçamento das receitas, em virtude da aprovação anual dos impostos, seria uma lei material, bem ao invés, o Orçamento das despesas, na medida em que apenas autorizava a Administração a proceder às despesas previstas na lei e quantificadas no Orçamento, seria um mero acto de administração[97]. Com efeito, embora tenha admitido a natureza soberana do Parlamento, Duguit acaba por afirmar que este órgão, enquanto actue como *autoridade administrativa,* se encontrava submetido às leis

---

[95] Duguit, *L'Etat, le Droit Objectif et la Loi Positive,* 1901, pág. 523 e segs. O autor cita um conjunto representativo dos autores alemães mais importantes neste domínio, como Gneist, Laband, Seidler, Jellinek, Fricker, Hänel, Seydel, von Martitz ou Otto Mayer. Um resumo crítico do modo como Duguit enquadrava, dogmaticamente, a lei do Orçamento pode encontrar-se em González García, *Introducción al Derecho Presupuestario,* 1973, pág. 181 e segs.

[96] Neste sentido, Maurice Michel, *De L'Habitude Contractée en France de Légiférer par Voie Budgétaire,* 1907, pág. 7. Para o autor*, ao votar o Orçamento das receitas, o Parlamento faz suas as leis orgânicas preexistentes, regenera-as e exerce, assim, o poder legislativo propriamente dito.* Contra, Bouvier e Jèze, *La Véritable Notion de la Loi Annuelle de Finances,* 1897, pág. 445, consideravam que o Orçamento, na medida em que autoriza a execução das leis fiscais, assume, ainda aí, a natureza material de acto administrativo. Sobre este assunto veja-se, também, Jèze, *Traité de Science des Finances – Le Budget,* 1910, pág. 37.

[97] Duguit, *L'Etat, le Droit Objectif et la Loi Positive,* 1901, pág. 527. Para Duguit, a inclusão de uma verba no Orçamento seria *uma decisão individual que faz nascer uma situação jurídica subjectiva para o ministro e por vezes para os credores do Estado.* No mesmo sentido, Maurice Michel, *De L'Habitude Contractée en France de Légiférer par Voie Budgétaire,* 1907, pág. 9 e Albert Jouve, *Le Vote du Budget en France et en Angleterre,* 1906, pág. 103. Contra, Jèze, *Traité de Science des Finances – Le Budget,* 1910, pág. 54 e segs.

existentes, pelo que não poderia, através da lei do Orçamento, recusar inscrever verbas suficientes para o adequado funcionamento dos serviços criados legalmente[98].

Finalmente, relativamente à capacidade do Parlamento rejeitar o Orçamento, Duguit considera que este apenas teria essa liberdade na parte relativamente às receitas, em que actuava como verdadeiro legislador ou, na parte das despesas que não decorressem de lei material preexistente. Diferentemente de uma recusa parcial de algumas verbas, para Duguit a recusa geral do Orçamento implicava uma outra leitura, de natureza global e de efeitos marcadamente políticos, representando uma desconfiança parlamentar perante o Governo, assim forçado a demitir-se no contexto da sua responsabilidade parlamentar[99].

A doutrina intermédia de Duguit haveria de ser criticada por Jèze. Este autor, não obstante partilhe com Duguit a defesa do dualismo legislativo, acaba por ir ainda mais além na colagem ao sistema alemão, tornando-se, assim, porventura, no mais acérrimo defensor da natureza administrativa da lei do Orçamento fora do território alemão

---

[98] Duguit, *L'Etat, le Droit Objectif et la Loi Positive*, 1901, pág. 528. A competência parlamentar não ficava totalmente cerceada, já que, na sua opinião, o Parlamento poderia, através de uma lei, revogar a lei anterior que tinha criado o serviço que exigia determinadas verbas. O que não poderia acontecer era que essa "revogação" ocorresse "indirectamente", pela não orçamentação das verbas adequadas. O Orçamento das despesas era, assim, considerado como o acto administrativo pelo qual o Parlamento autorizava, nos limites da lei, os ministros competentes a ordenarem a realização das despesas até aos montantes aí previstos. Esta intermediação do Orçamento, entre as leis que criam as despesas e a realização das próprias despesas, vem, aliás, no seguimento da doutrina mais geral de Duguit, *L'Etat, le Droit Objectif et la Loi Positive*, 1901, pág. 589, na qual o autor reconhece que *a norma legislativa não concede, em caso algum, directamente um verdadeiro direito subjectivo.* Para Duguit, o direito subjectivo apenas surge por intermédio de um acto de vontade individual e especial.

[99] Duguit, *Manuel de Droit Constitutionnel*, 1907, pág. 940 e segs. Em França, no início da III.ª República, em 1877, surgiu um episódio relacionado com a recusa parlamentar de aprovação do Orçamento, como censura pelo facto de o General Mac Mahon ter escolhido um Governo com um apoio minoritário no Parlamento. A questão não atingiu a dimensão da crise orçamental prussiana, tendo-se resolvido pela retoma de Governos com apoio parlamentar maioritário. De qualquer forma, ficou célebre, neste episódio, um discurso parlamentar em que se afirmava ser *preciso saber se em França é a nação que governa ou um homem que comanda?* Sobre o assunto, Albert Jouve, *Le Vote du Budget en France et en Angleterre*, 1906, pág. 187 e segs e René Stourm, *Le Budget,* 1909, pág. 391.

68 A Lei por detrás do Orçamento

e, mais do que isso, fora do sistema da monarquia dualista[100]. A abordagem de Jèze desenvolve-se, sobretudo, ao nível do Direito orçamental, transpondo, assim, para o Direito Francês, sem acautelar as evidentes diferenças ao nível da organização do poder político e das funções orgânicas, a doutrina Labandiana sobre os poderes, os limites e a natureza jurídica da lei do Orçamento[101].

---

[100] A importação das opiniões de Duguit e de Jèze é feita, para Portugal, por Armindo Monteiro, *Do Orçamento Português,* 1921. A subscrição da doutrina de Jèze é, desde logo, visível no modo como Armindo Monteiro critica os outros autores que escreveram sobre o tema e onde se destaca a crítica a Duguit (pág. 106 e segs.) Mesmo assim o autor refere, referindo-se a Jèze, não *concordar nem com o caminho que este autor seguiu na sua análise nem com as conclusões a que chegou,* o que não deixa de ser uma afirmação exagerada face às criticas que depois lhe aponta e onde sobressai uma enorme admiração pela sua obra que se resume quando afirma (pág. 109), que Jèze, *seguindo o caminho pisado por Duguit levou a teoria ao máximo de perfeição até agora atingido.*

[101] A colagem ao sistema alemão é mais visível na sua obra em co-autoria com Bouvier, *La véritable notion de la loi et la loi annuelle de finances – rôle du pouvoir législatif en matière de budget,* 1897. Com efeito, os autores aí defendem (pág. 382) uma visão minimalista da lei do Orçamento, chegando mesmo a afirmar que, se se eliminassem do Orçamento todos os elementos acessórios, este apenas teria dois artigos fundamentais correspondentes ao valor das receitas e das despesas previsíveis, não sendo, para isso, necessário, nem uma lei, nem a intervenção do Parlamento. Nessa obra, os autores tomam quase como pressuposto inicial o facto de a lei do Orçamento ser, materialmente, um acto de *alta administração.* Para demonstrarem que a lei do Orçamento não é uma verdadeira lei, em toda a sua plenitude, os autores partem em busca de uma verdadeira e adequada noção de lei, considerando (pág. 391) que a primeira característica fundamental da lei é que esta seja um *preceito jurídico,* uma regra de direito, assim aderindo, embora sem o fazerem de modo expresso, à doutrina de Laband. Em segundo lugar, defendem a ideia da *generalidade* como elemento caracterizador da Lei, aqui se afastando de Laband, que via na generalidade um elemento habitual, mas não essencial da lei. Finalmente, consideram que a Lei deve estabelecer *relações perpétuas.* Com estas características, os autores acabam por definir a Lei (pág. 440), como sendo *a regra primordial e fundamental que rege as relações sociais no interior do Estado de modo geral e permanente (ou perpétuo).* A aprovação orçamental seria, assim, uma das competências administrativas do Parlamento, defendendo que a votação do Orçamento é, *por natureza,* um acto administrativo. De entre inúmeras questões menos claras na argumentação dos autores, ressalte-se o facto de não se vislumbrar o motivo pelo qual, estando o Orçamento impedido, pela sua natureza meramente administrativa, de alterar as leis em vigor ou de não orçamentar as despesas preexistentes, este era, ainda assim (pág. 447), considerado como *uma arma política de primeira ordem* e *um acto importante para a liberdade,* sendo considerado que a sua aprovação pelo Parlamento era *um atentado, justificado, ao princípio da separação de poderes,* na medida em que permitia controlar a actuação do executivo.

A Investigação Histórica 69

Jèze aceita e adopta a teoria da separação dogmática entre a lei do Orçamento e o Orçamento propriamente dito, considerando que a lei do Orçamento, para além de aprovar o Orçamento, podia, em abstracto, conter outras matérias de índole legislativa fazendo com que esta fosse, afinal, a lei que aprova o Orçamento e, eventualmente, também, a lei que aprova as matérias que o Parlamento entendesse por bem associar-lhe[102].

Relativamente à natureza jurídica do Orçamento propriamente dito, Jèze afasta-se de Duguit porquanto considera que o Orçamento não é, nunca, na sua globalidade, uma lei em sentido material[103]. Para Jèze, o Orçamento, inclusivamente no tocante às receitas provenientes dos impostos, não tem natureza materialmente legislativa por não se revestir de generalidade[104], o que levava a que a inscrição

---

[102] Jèze, *Traité de Science des Finances – Le Budget*, 1910, pág. 48. O autor reporta-se, especificamente, a regras relativas à execução orçamental, à aprovação de impostos, à contracção de empréstimos ou à venda de imóveis. Esta ideia já havia, de resto, sido exposta por Laband, *Derecho Presupuestario*, 1979, pág. 27, quando afirmava que *não existe qualquer impedimento do ponto de vista do Direito Público para admitir, também na lei do Orçamento, disposições legais de carácter material*. Segundo este autor, *a lei orçamental consta de duas partes muito distintas entre si: por um lado o Orçamento propriamente dito e, por outro, a lei que o estabelece*. Diferentemente, Duguit, como se viu, sustentava a defesa da natureza material da lei do Orçamento mas, apenas, na parte relativa às receitas, precisamente por aí se proceder à aprovação dos impostos que necessitavam de ser reaprovados anualmente. Ora, Jèze e Bouvier, logo em *La véritable notion de la loi et la loi annuelle de finances – rôle du pouvoir législatif en matière de budget*, 1897, pág. 445, referiam que *importa distinguir bem o Orçamento das leis que estabelecem os impostos*. Para os autores, o Orçamento apenas *autorizava* a aplicação das leis fiscais, sendo, por isso mesmo, materialmente, um acto administrativo. Na doutrina jusfinancista, a questão não parecia ser problemática. Assim, para o ex-ministro das finanças, Léon Say, *Les Finances*, 1896, pág. 30, a questão de saber se determinadas matérias legislativas consagrando reformas fiscais ou administrativas deveriam constar da lei do Orçamento, ou ser *destacadas* do projecto orçamental e ser aprovadas em lei especial para o efeito, era um problema, não da natureza jurídica da lei do Orçamento, mas *uma questão de medida e de sagacidade política*. O autor considerava, assim, que, por vezes, era favorável incluir na lei do Orçamento algumas normas legislativas relativas a determinadas matérias, pese embora a vocação permanente destas.

[103] Jèze, *Traité de Science des Finances – Le Budget*, 1910, pág. 51, considera mesmo que esta decisão é independente do facto de vigorar num dado sistema jurídico a regra da anualidade dos impostos.

[104] Jèze, *Traité de Science des Finances – Le Budget*, 1910, pág. 52 e 53. Para este autor, *ao inscrever cada ano as receitas no Orçamento, o Parlamento não acrescenta*

70 A Lei por detrás do Orçamento

orçamental das receitas devesse ser antes qualificada, nos sistemas em que vigorasse a anualidade das leis dos impostos, como um *acto- -condição*[105] necessário para que as mesmas pudessem ser efectivamente realizadas e executadas[106].

Também relativamente ao Orçamento das despesas não há um total encontro de posições entre Duguit e Jèze, embora as diferenças não sejam, aí, tão acentuadas, já que ambos negam a natureza materialmente legislativa ao Orçamento nesta vertente. Segundo Jèze, a inscrição de uma verba no Orçamento não tem a virtualidade de, só por si, conferir um direito subjectivo a um particular relativamente à efectiva realização de uma despesa aí prevista, funcionando o Orçamento, também aqui, como uma *condição* para que a efectivação da despesa seja considerada regular e afaste, antecipadamente, qualquer responsabilidade do Governo perante o Parlamento relativamente a essa mesma despesa[107].

---

nada à força jurídica do título dessas receitas. Em *La véritable notion de la loi et la loi annuelle de finances – rôle du pouvoir législatif en matière de budget*, 1897, pag, 444, Jèze e Bouvier haviam referido que *uma lei de finanças que estabelecesse um sistema de impostos sem fixar a duração dos mesmos seria uma verdadeira lei, já que esta estabeleceria uma regra geral e permanente*. Os autores referiam, mesmo, que sempre que uma lei do Orçamento estabelecesse, igualmente, o modo como é cobrada ou repartida uma taxa estar-se-ia perante uma *disposição legislativa propriamente dita misturada com um acto administrativo,* o que não alteraria, em nada, o facto de o Orçamento propriamente dito ter uma natureza legislativa meramente formal.

[105] Aceitando, ainda nos dias de hoje, qualificar a lei do Orçamento como *acto-condição*, vejam-se, na doutrina francesa, Paul Marie Gaudemet e Joël Molinier, *Finances Publiques,* 1996, pág. 277. Para estes autores, minoritários na doutrina francesa, que deixou, hoje em dia, de se preocupar com a natureza jurídica da lei de finanças, *a lei de finanças não é uma lei como as outras. (...) Não é, como a maioria das outras leis, um acto que aprove regras gerais e impessoais. A lei de finanças não é, na sua essência, um "acto-regra", mas um "acto-condição". (...) Sem dúvida que a lei de finanças pode conter certas regras, como as regras fiscais ou as regras de controlo financeiro, mas somente para essas disposições é que a lei de finanças do ano é um acto regra.*

[106] Na verdade, a interpretação que Jèze e Duguit dão ao princípio da anualidade dos impostos é que é diferente. Com efeito, enquanto que para Duguit a lei do Orçamento era, em França, por natureza, também uma lei fiscal, deste modo conferindo natureza material ao Orçamento das receitas, ao invés, para Jèze, *Traité de Science des Finances – Le Budget,* 1910, pág. 53, a anualidade dos impostos apenas significa que para estes poderem continuar a produzir os seus efeitos jurídicos devem beneficiar de uma autorização anual conferida, precisamente, pela lei do Orçamento.

[107] Jèze, *Traité de Science des Finances – Le Budget,* 1910, pág. 54.

A Investigação Histórica   71

Relativamente à ligação entre o Orçamento e os direitos subjectivos dos particulares, Jèze entende que em face das despesas públicas anuais já existentes (dívida pública, pensões concedidas) *o Parlamento tem o dever jurídico de aprovar as verbas; a sua competência é absolutamente vinculada*[108] pelo que qualquer actuação que limitasse ou impedisse esse pagamento seria uma violação do princípio do respeito pelos direitos subjectivos adquiridos.

A análise de Jèze, sendo certeira relativamente à necessidade de proteger os direitos subjectivos, mesmo perante o Orçamento, volta, porém, a insistir na separação entre o valor jurídico da lei do Orçamento face ao Orçamento propriamente dito. Na verdade, para o autor, o Orçamento deveria ser, tendo em conta a sua natureza materialmente administrativa, o repositório das verbas necessárias para o cumprimento do ordenamento jurídico. Alternativamente, poderia o legislador *suprimir ou modificar, por uma lei propriamente dita (associada ou não ao Orçamento), ou suprimir ou modificar pelos agentes competentes, a função pública ou o poder legal de gerar créditos de reforma ou de pensão*[109].

Com esta afirmação fica bem clara a diferenciação que reconhece entre a natureza materialmente legislativa eventual da lei do Orçamento na medida em que contenha normas materiais e a natureza administrativa do Orçamento, ainda que (também) aprovado pela mesma lei[110/111].

---

[108] Jèze, *Traité de Science des Finances – Le Budget*, 1910, pág. 56.

[109] Jèze, *Traité de Science des Finances – Le Budget*, 1910, pág. 56.

[110] Jèze, *Traité de Science des Finances – Le Budget*, 1910, pág. 58 e 59. Relativamente às despesas discricionárias quanto ao seu montante, Jèze adopta a doutrina de Laband, considerando que o valor indicado no Orçamento representa o montante que *a priori* é considerado razoável pelo Parlamento, sendo que qualquer valor acima do proposto pelo Governo implicaria a necessidade de uma justificação da sua utilidade perante o Parlamento, como modo de afastar a responsabilidade ministerial relativamente aos valores em excesso.

[111] O autor não deixa, no entanto, de considerar que, com a importante excepção dos direitos adquiridos, vigorava em França a regra da anualidade das despesas, interpretada no sentido de que o Parlamento devia, anualmente, ponderar a decisão de orçamentar, ou não, as verbas necessárias para cumprir a legislação, na medida em que a orçamentação dessas verbas era a *condição* necessária para a sua regular disponibilização e utilização O autor afasta-se, aqui, de Laband, ao aceitar, apenas com a reserva dos direitos subjectivos adquiridos, a anualidade das despesas de natureza legal, ao contrário de Laband que considerava

72 A Lei por detrás do Orçamento

Para terminar a análise relativamente aos autores que, de modo mais directo, se inspiraram na doutrina Alemã do dualismo legislativo importa referir que, embora em alguns aspectos Jèze possa parecer mais radical do que Duguit na negação da natureza legislativa do Orçamento, considerando que este não é, nunca, uma lei em sentido material, ainda assim, Jèze, tendo evoluído desde a sua obra de 1897 até ao Tratado de 1910, é quem acaba por permitir fechar o ciclo de germanização do Direito Francês, reconhecendo à lei do Orçamento, apontada como o "ex libris" da lei meramente formal (quando se resumisse à aprovação do Orçamento), a virtualidade de, enquanto acto-condição, servir de travão à execução financeira de toda a legislação existente. O passo seguinte seria o de reconhecer à lei do Orçamento, seja no articulado, seja nos próprios mapas, a capacidade de realizar todas as tarefas legislativas que Jèze considerava poderem apenas ser realizadas pelas *leis propriamente ditas*[112].

O reconhecimento da natureza materialmente legislativa da função orçamental, da relevância do elemento formal e procedimental num sistema monista de base parlamentar e da possibilidade de utilizar a lei do Orçamento como instrumento formal e procedimentalmente adequado para ser fonte de normas jurídicas potencialmente alteradoras da legislação existente, com o respeito natural pelos direitos subjectivos que se impõe ao princípio da legalidade mais do que ao Orçamento propriamente dito, só viria, porém, a ser atingido, em toda a sua plenitude, já com Carré de Malberg, que representa, assim, claramente, uma viragem na doutrina Francesa de Direito Público[113/114].

---

que as instituições e os serviços públicos não podiam ser, anualmente, postos em causa. Para Jèze, *Traité de Science des Finances – Le Budget*, 1910, pág. 58, *tudo depende da vontade do legislador,* não havendo motivos para separar a anualidade dos impostos, da anualidade das despesas. Para o autor (pág. 74), referindo-se ao caso das despesas plurianuais, *ao votar uma lei contendo um programa de trabalhos destinados a ser escalonado em vários anos, o Parlamento não se encontra vinculado juridicamente a votar, todos os anos, e até ao cumprimento total do programa, os créditos necessários. Juridicamente a regra da anualidade das despesas permite-lhe suspender ou parar definitivamente a execução do programa, reduzindo ou recusando os créditos.*

[112] Jèze, *Traité de Science des Finances – Le Budget*, 1910, pág. 56, chegou mesmo a admitir que essas leis fossem juntas ao Orçamento.

[113] As obras mais relevantes de Carré de Malberg são: *Contribution à la Théorie Générale de l'Etat, tome I,* 1920 e *tome II,* 1922 e *La Loi, expression de la volonté générale. Étude sur le concept de la loi dans la Constitution de 1875,* 1931.

A Investigação Histórica 73

Com efeito, é apenas com Carré de Malberg, já no primeiro quartel do século XX, que se encontra uma análise cuidada e lúcida sobre o divórcio existente em França entre os textos constitucionais vigentes, enquadradores de um sistema de base parlamentar e a doutrina dominante, apologista do sistema alemão de cariz dualista baseado no princípio monárquico e na falta de responsabilidade parlamentar do Governo[115].

Na leitura pertinente de Carré de Malberg, o acervo do Direito Público Francês não autorizava a adopção doutrinária do dualismo alemão, já que num sistema de base parlamentar a força da lei sustenta-se no cumprimento de elementos formais e procedimentais e não (ou pelo menos, não primordialmente) de elementos materiais, dependendo o conteúdo da lei da vontade do órgão legislativo que, como representante do povo, é soberano na escolha do seu âmbito de actuação.

Não colhia, assim, raízes constitucionais uma doutrina que defendesse que a intervenção legislativa do Parlamento tinha um valor diferenciado consoante o conteúdo de cada um dos actos emanados, muito menos sendo admissível a defesa de uma relação de subordinação entre diversos actos legislativos todos eles provenientes do mesmo poder e exteriorizados pela mesma forma[116].

---

[114] Apesar de escrever uma importante monografia sobre o tema, René Stourm, *Le Budget*, 1909, não se dedica, especificamente, à natureza jurídica da lei do Orçamento, nem à análise que a doutrina francesa elabora a esse propósito. Para o autor (pág. 376), as despesas e as receitas têm a duração de um ano, já que sem a autorização orçamental as leis que criam as receitas e as despesas não se podem aplicar. Por isso mesmo considera que a não aprovação do Orçamento seria uma *revolução*, embora a admita em termos teóricos como decorrência da aprovação parlamentar do Orçamento. No mesmo sentido, Leroy-Beaulieu, *Traité de la Science des Finances,* vol. II, 1909, pág. 89.

[115] Carré de Malberg, *Contribution à la Théorie Générale de l'Etat*, 1920, pág. 283 e segs.

[116] Carré de Malberg, *Contribution à la Théorie Générale de l'Etat*, 1920, pág. 298 e segs. Contra, defendendo a ideia de que as leis formais deviam subordinar-se às outras leis, Duguit *L'Etat, le Droit Objective et la Loi Positive*, 1901, pág. 521. Este autor considerava que *uma decisão individual, mesmo votada pelo Parlamento, mesmo promulgada pelo Chefe de Estado, não tem valor a não ser que seja conforme com uma regra formulada por uma lei material anterior, com uma regra formulada por uma lei positiva preexistente. Caso contrário essa decisão individual do Parlamento é destituída de força, arbitrária e tirânica; e ninguém lhe deve obediência.* Esta teoria acaba por não ser, no entanto, sequer, totalmente, coerente. Na verdade, uma lei meramente formal não poderia alterar uma lei

Carré de Malberg traça, desta forma, uma crítica generalizada aos autores franceses que tentaram importar a doutrina dualista alemã, sem, por um lado, a conhecerem em detalhe nem, por outro, tomarem em devida nota as evidentes diferenças ao nível dos sistemas jurídicos em causa[117]. Na verdade, num sistema de base parlamentar em que o poder legislativo se encontra entregue ao Parlamento, sendo este órgão, ao mesmo tempo, o representante da soberania, o poder parlamentar deixa de ter limites conteudísticos fora dos limites da separação de poderes[118].

De facto, no constitucionalismo Francês do final do século XIX, toda intervenção parlamentar que cumprisse os requisitos formais e os procedimentos constitucionalmente estabelecidos teria força de lei e sobrepor-se-ia, por isso mesmo, aos outros poderes que não representavam a soberania parlamentar monista, antes lhe estando, em alguma medida, submetidos[119]. Com todo o seu carácter inovador, encetando uma interpretação do conceito de lei de acordo com o sistema constitucional Francês vigente e não de harmonia com a moda doutrinária de origem germânica, a doutrina de Carré de Malberg teria, naturalmente, também reflexos na interpretação a dar à lei do Orçamento na teoria dos actos legislativos.

---

material e formal, mas, ao ser meramente formal, tendo um conteúdo materialmente administrativo, também não podia ser, ela própria, alterada por um regulamento administrativo, apenas cedendo perante outra lei formal. Carré de Malberg, *Contribution à la Théorie Générale de l'Etat*, 1920, pág. 352.

[117] Carré de Malberg, *Contribution à la Théorie Générale de l'Etat*, 1920, pág. 300, chega mesmo a considerar que os autores alemães, defensores do dualismo, ao contrário dos autores franceses, tentaram sempre, na defesa desta doutrina, buscar pontos de apoio no constitucionalismo prussiano ou no constitucionalismo do império alemão, não se desligando, deste modo, inteiramente do Direito vigente na altura.

[118] Carré de Malberg, *Contribution à la Théorie Générale de l'Etat*, 1920, pág. 327, considera mesmo que estando o poder executivo, nos termos constitucionais, apenas autorizado a executar as leis, o domínio da lei torna-se ilimitado.

[119] Para Carré de Malberg, *Contribution à la Théorie Générale de l'Etat*, 1920, pág. 315, o erro dos autores franceses foi, precisamente, o de esquecerem que, em França, ao contrário da Prússia, não vigorava uma monarquia limitada, em que o poder legislativo apenas tinha condomínio sobre determinadas matérias. Para este autor (pág. 317), *os autores franceses que importaram à literatura alemã a noção de lei material para a introduzir no Direito francês cometeram um completo erro: eles não se deram conta de que essa noção procede de causas jurídicas que são especiais à Alemanha e que não se encontram, de modo algum, no sistema actual francês.*

A *Investigação Histórica* 75

Assim, contrariando a tendência que reduzia a lei do Orçamento à qualificação de lei em sentido meramente formal, sem capacidade de intervenção no ordenamento jurídico preexistente, Carré de Malberg defende, naturalmente, a natureza plenamente legislativa da lei do Orçamento, não só pela simples natureza formalmente legislativa de tal acto, como pelo facto de, durante o ano económico em que vigora, ser a lei do Orçamento a determinar, condicionando a administração, que receitas são afectas a que despesas, deste modo cristalizando as opções fundamentais da governação que, por esta via, se encontram sujeitas a um indisfarçável controlo parlamentar[120].

Com Carré de Malberg encerra-se o ciclo de teorização sobre a valia do conceito (formal) de lei num sistema de matriz parlamentar sendo que a sua lição não haveria porém de encontrar solo fértil no constitucionalismo francês do pós-guerra, que faria, assim, por razões políticas, mais do que por exigências dogmáticas, um corte profundo com o parlamentarismo mal sucedido da IV.ª República e da Constituição de 1946, iniciando um novo ciclo que, ainda hoje, se desenvolve à sombra da Constituição de 1958.

Para a história constitucional francesa fica, no entanto, para sempre gravado o acolhimento da teoria do dualismo legislativo alemão efectuado por uma doutrina que, mesmo sem realizar qualquer esforço de compatibilização dos pressupostos que sustentavam tal teoria com as regras constitucionais vigentes, a adoptou como se esta fosse a explicação que faltava para a melhor compreensão dogmática das fontes de Direito e da lei do Orçamento, em especial.

A aceitação do dualismo legislativo, sobretudo aplicado à qualificação da lei do Orçamento só haveria de ser questionada (com pertinência) com Carré de Malberg, sendo que a desconstrução efectuada por este autor não evitou que, ainda hoje, se possam encontrar, mesmo na doutrina mais moderna, por vezes, referências à natureza meramente formal da lei do Orçamento[121].

---

[120] Carré de Malberg, *Contribution à la Théorie Générale de l'Etat*, 1920, pág. 357.

[121] Não se pode deixar de referir o facto de a Constituição de 1958 ser, hoje em dia, aquela que mais se poderia aproximar de um sistema dualista, ao confinar o domínio da lei para um conjunto reservado de matérias, estabelecendo um domínio residual de competência dos regulamentos do Governo. Não obstante tal facto, é por demais evidente que o ponto alto da discussão sobre a natureza jurídica da lei do Orçamento e sobre o dualismo legislativo ocorreu antes da entrada em vigor da Constituição de 1958, estando essa

b) *A sua importação para Itália*

À semelhança do que se passou com a doutrina francesa dos finais do século XIX e início do século XX, também em Itália é muito intensa a influência que os autores alemães tiveram no trabalho doutrinal desenvolvido à sombra do Estatuto Albertino. Na verdade, um estudo das obras dos autores italianos mais representativos, contemporâneos do Estatuto Albertino, é bem elucidativa da importância doutrinal atribuída à discussão sobre a natureza jurídica e o papel da lei do Orçamento no sistema de fontes de Direito[122].

---

temática, actualmente, afastada das preocupações da doutrina constitucional e financeira. Ainda assim, qualificando a lei do Orçamento sob a perspectiva da dualidade entre lei formal-lei material, Trotabas, *Précis de Science et Législation Financières*, 1950, pág. 32 e, sobretudo, Trotabas e Cotteret, *Finances Publiques*, 1970, pág. 91, quando afirmam que *o voto do Orçamento pelo Parlamento comporta, assim, um duplo significado, incluído num acto único, uma lei, já que o Parlamento não pode exprimir de outra forma os seus poderes. Mas trata-se de uma lei formal: isto quer dizer que se o Orçamento é elaborado em forma de lei, segundo o procedimento legislativo, não tem por objecto estabelecer uma lei em sentido material, uma regra.* Os autores socorrem-se, depois, do teor do Decreto de 19 de Junho de 1956, quando, logo no art. 1.º, se esclarecia que *o Orçamento prevê e autoriza, em forma legislativa, as despesas e as receitas do Estado.* Os autores consideram, mesmo, que a Constituição de 1958 acolheu a distinção entre leis meramente formais e leis em sentido formal e material ao separar as leis financeiras, das leis ordinárias e das leis orgânicas. Também Pierre di Malta, *Finances Publiques,* 1999, pág. 14, refere que a lei do Orçamento é uma *lei no sentido orgânico desse termo. Não é, no entanto, na sua integralidade, uma lei no sentido material. Na verdade, a lei, nessa segunda acepção, é uma decisão geral e impessoal.* No mesmo sentido, qualificando a lei de finanças como um *acto-condição,* mas afirmando, igualmente, que *a lei de finanças não é uma lei como as outras,* e que, ao contrário das restantes leis, *não é, na sua essência, um "acto-regra",* Paul Marie Gaudemet e Joël Molinier, *Finances Publiques,* 1996, pág. 277, ou Guièze, *Le Partage des Compétences entre la Loi et le Règlement en Matière Financière*, 1974, pág. 20. Este autor recupera a doutrina de Jèze, considerando que a lei do Orçamento, materialmente, é um *acto de administração,* havendo uma nítida separação entre o poder normativo e o poder orçamental. Em seu entender, *a lei propriamente dita implica uma regra de Direito colocada pelo legislador,* assim trazendo para o universo da Constituição de 1958 uma doutrina que parecia ter tido o seu "requiem" definitivo com as convincentes explicações de Carré de Malberg. Para Guièze (pág. 110), desde 1958 que *a definição de lei no Direito positivo não é mais uma definição simplesmente formal mas também material, pelo que qualquer lei não deve conter outras normas que não incidam sobre uma matéria reservada à lei pela Constituição.* No mesmo sentido, Martinez e di Malta, *Droit Budgétaire,* 1999, pág. 125.

[122] Neste sentido, Colarullo, *L'Indirizzo della Spesa fra Governo e Parlamento*, 1986, pág. 49, referindo-se ao facto de todas as obras científicas da altura terem a preocupação

Importa, ainda, salientar o facto de a influência alemã nos autores Italianos, sobretudo ao nível da qualificação dogmática da lei do Orçamento, ser tanto mais impressiva quanto o facto de o Estatuto Albertino não fazer referências expressas à lei do Orçamento, nem, tão pouco, existir, no contexto político Italiano contemporâneo, uma premência prática que impusesse a discussão do tema com o nível de intensidade a que se veio a assistir[123].

Quanto à arrumação dos autores por Escolas de pensamento, torna-se claro o alinhamento da maioria da doutrina em torno das ideias do dualismo legislativo alemão, herdado, também aqui, sem os necessários cuidados na importação e no rigor da interpretação e, sobretudo, sem a ponderação do diferente paradigma que a prática do sistema constitucional Italiano, mais do que a própria letra do Estatuto, impunha[124].

---

de se reportarem à literatura alemã. Não deixa de ser relevante, como indício da importância dada pela doutrina Italiana às obras dos seus congéneres alemães, o facto de, logo em 1869, já uma das obras de Gneist se encontrar traduzida para Italiano (Gneist, *Il Bilancio e la legge secondo il diritto costituzionale inglese,* 1869) o que faz com que, naturalmente, este autor seja um dos mais citados, a par de Laband, que, desde 1901, se encontrava traduzido para Francês. Neste aspecto, a obra de Vitagliano, *Il Contenuto Giuridico della Legge del Bilancio,* 1910, é bem exemplificativa, pelo conhecimento e pela quantidade de autores estrangeiros que cita e cujas doutrinas expõe e comenta. No mesmo sentido, demonstrando, igualmente, um conhecimento aprofundado sobre a doutrina Italiana do final do século XIX e início do século XX que se pronunciou sobre a natureza jurídica da lei do Orçamento, González García, *Introducción al Derecho Presupuestario,* 1973, pág. 147 e segs. Quanto à influência que o funcionamento do sistema de Governo Inglês teve na doutrina contemporânea do Estatuto Albertino, Giulia Caravale, *Il Modelo di Governo Parlamentare Inglese e la Dottrina Italiana degli Ultimi Decenni dell'Ottocento,* 1998, pág. 1035 e segs., onde a autora se refere, inclusivamente, *ao mito da forma de governo inglesa.*

[123] É, de facto, impressionante a quantidade de autores e de obras que se debruçaram sobre a questão da natureza jurídica da lei do Orçamento no universo da doutrina publicista Italiana da transição para o século XX, fazendo desta questão um tema verdadeiramente "fetiche".

[124] No Estatuto Albertino, as referências ao Orçamento encontram-se no n.º 30, que estabelecia que *a proposta das leis pertencerá ao Rei e a cada uma das duas Câmaras. No entanto, cada lei de imposição de tributos ou de aprovação dos Orçamentos e das contas do Estado será apresentada em primeiro lugar à Câmara dos Deputados.* O n.º 30 referia, ainda, que *nenhum tributo pode ser imposto ou cobrado se não for consentido pelas Câmaras e sancionado pelo Rei.* Recorde-se que, ao contrário do exemplo Francês, em Itália houve uma enorme estabilidade do sistema constitucional, através da longa vigência do Estatuto Albertino, de 1848 até 1947. Na verdade, o Estatuto Albertino, embora baseado na

78   *A Lei por detrás do Orçamento*

O Estatuto Albertino mostrou-se, de resto, suficientemente flexível para permitir que o sistema político fosse evoluindo com o decorrer dos tempos, passando de uma fase inicial de aproximação ao dualismo entre a Coroa e o Parlamento, para uma fase posterior de pseudo--parlamentarismo pendular, intermediada por uma década de Governo de gabinete tendo em conta a forte personalidade de Cavour, primeiro como ministro das finanças e, depois, como primeiro-ministro[125].

É, pois, por clara influência doutrinal alemã, mais do que por necessidade hermenêutica, que se desenvolveu a "opinio comunis" sobre o Direito orçamental italiano que haveria de estar na base da tomada de posição do texto constitucional de 1947, que, mais do que qualquer outra Constituição, manifestou uma opção clara pela aceitação da natureza não materialmente legislativa da lei do Orçamento, limitando-lhe, sobremaneira, os poderes de intervenção no ordenamento jurídico[126].

Constituição Belga de 1831, que se reportava, expressamente, ao Direito orçamental, omite qualquer referência expressa a este tema, antes se aproximando, nesse particular, das Cartas constitucionais francesas de 1814 e de 1830, que apenas regulavam a competência parlamentar no domínio dos impostos. Neste sentido, Ingrosso, *Istituzioni di Diritto Finanziario*, 1935, pág. 60. No âmbito do Estatuto Albertino, a mais importante lei sobre a matéria orçamental foi a lei sobre a Contabilidade Geral do Estado n.º 2016, de 17 de Fevereiro de 1884, na qual se previa a existência de um Orçamento anual aprovado pelas duas Câmaras através de uma lei.

[125] Colarullo, *L'Indirizzo della Spesa fra Governo e Parlamento*, 1986, pág. 82 e segs. explica, no entanto, como a Coroa nunca impôs governos contrários à maioria parlamentar, como era hábito na monarquia limitada prussiana, antes assumindo uma função de equilíbrio, deixando que o *indirizzo político* pertencesse ao Parlamento e ao Governo num modo pendular. O sistema Italiano, não tendo sido dualista, também nunca se afirmou durante a vigência do Estatuto como uma típica monarquia parlamentar, antes evoluindo, de modo incerto, mais ao sabor da prática política do que das ténues regras estatutárias. À parlamentarização do Estatuto Albertino não terá sido, por certo, alheia a influência e o prestígio que a doutrina inglesa gozava em Itália, podendo mesmo falar-se de uma *anglomania* relativamente ao sistema parlamentar de gabinete vigente no Reino Unido. Sobre este assunto, Giulia Caravale, *Il Modelo di Governo Parlamentare Inglese e la Dottrina Italiana degli Ultimi Decenni dell'Ottocento,* 1998, pág. 1035 e segs., onde a autora se refere à *admiração que a forma de governo inglesa tinha em Itália,* e Graf, *L'Anglomania e l'influxo inglese in Italia nel secolo XVIII,* 1911, pág. 140 e segs.

[126] A polémica acerca da natureza jurídica da lei do Orçamento teve numa decisão jurisprudencial do Tribunal de Cassação de Roma, de 8 de Novembro de 1881, um importante aliado. Na verdade, nessa sentença julgava-se da legalidade de, através do cancelamento

A Investigação Histórica   79

De entre os defensores do dualismo legislativo aplicado à lei do Orçamento encontram-se os mais conhecidos autores italianos da época, que, com a sua opção pela apologia da ideia de que o Orçamento era uma lei (apenas) em sentido formal, provocariam um efeito de arrastamento relativamente à maioria da doutrina italiana. O tema da natureza jurídica do Orçamento tornou-se, tal como acontecia em França, o tema da moda na literatura jus-financista, podendo mesmo dizer-se que a profusão de obras dedicadas ao direito orçamental é desmesurada face à falta de diversidade de argumentos e de ideias novas, sendo que alguns dos mais conceituados autores acabam por se limitar a repetir os argumentos dos seus congéneres alemães num seguidismo acrítico, ao arrepio de qualquer tentativa de enquadrar esses mesmos argumentos com o sistema Italiano vigente.

Um dos primeiros autores a debruçar-se, especificamente, sobre esta questão é Santi Romano[127]. O autor parte de uma análise mais abrangente sobre a natureza da intervenção aprovatória do Parlamento

---

de uma verba na lei do Orçamento, se poder revogar a fonte geradora dessa mesma verba. A verba em causa era relativa a uma tradicional subvenção a favor do Hospital de Perusa, inscrita a cargo da Dívida Pública pontifícia. Com a unificação do reino, essa despesa discricionária passou para a Dívida Pública do Estado italiano até ao ano de 1875, no qual o ministro responsável pelo Orçamento decidiu cancelá-la, assim a eliminando materialmente, por considerar que esta não tinha uma fonte obrigatória que vinculasse a lei do Orçamento. O Tribunal de Roma viria a sancionar positivamente esta decisão, considerando que a despesa não tinha natureza contratual pelo que não havia impedimento a que a lei do Orçamento a eliminasse através da mera não orçamentação. Esta decisão motivou acesas críticas da doutrina, defensora da natureza meramente formal da lei do Orçamento, que considerava que esta lei, sendo materialmente um acto administrativo, não podia inovar sobre o ordenamento jurídico preexistente. O tema da possibilidade ou não de se revogar um direito constituído pela mera não orçamentação das verbas necessárias seria, de resto, um dos mais analisados e debatidos de então para cá, como refere Rodríguez Bereijo, *El Presupuesto del Estado,* 1970, pág. 82.

[127] Santi Romano, *Saggio di una Teoria sulle Leggi di Approvazione*, 1898. Este Estudo seria marcante para a doutrina Italiana que, embora não tenha seguido o autor em todo o seu radicalismo, trilhou, no entanto, no sentido da defesa de que a lei orçamental era uma lei de aprovação/autorização, bem como da noção de que o Orçamento tinha um conteúdo material administrativo. O autor voltaria ao tema, sem alterações substanciais no seu pensamento, em *Corso di Diritto Costituzionale,* 1940, pág. 345, e segs, e em *Principii di Diritto Costituzionale Generale*, 1947, pág. 296. Sobre a distinção entre lei de autorização e lei de aprovação, em termos desenvolvidos, Onida, *Le Leggi di Spesa nella Costituzione,* 1969, pág. 475 e segs. e Brancasi, *Legge finanziaria e Legge di bilancio*, 1985, pág. 170 e segs.

sobre actos do Governo, considerando que esta intervenção não era suficiente para modificar a natureza intrínseca dos actos que permaneceriam formal e materialmente governativos. A actividade parlamentar, nesses casos, de que a lei do Orçamento era um exemplo paradigmático, mesmo se exercida por lei, relevava do domínio inspectivo e não do domínio legislativo do Parlamento, pelo que estava excluída, à partida, qualquer capacidade modificativa deste órgão[128]. Relativamente ao caso da lei do Orçamento, Santi Romano considerava que se devia distinguir, não só material mas também formalmente, a lei que aprova o Orçamento, do Orçamento propriamente dito[129], concluindo que *o Orçamento, considerado em si mesmo, é um acto não só substancialmente, como, também, formalmente, administrativo*[130].

A teoria do autor, servindo para explicar o facto de o Orçamento, em seu entender, não poder alterar a legislação preexistente dada a sua natureza (formal e materialmente) administrativa, perdia, no entanto, o contacto com a realidade jurídico-constitucional vigente. Com efeito, ao considerar o Orçamento um acto formalmente administrativo, sujeito a aprovação do Parlamento, o autor nega, assim, ao contrário do que se passava na prática, a possibilidade de se introduzirem emendas parlamentares no Orçamento, considerando que essas emendas eram apenas sugestões que o Parlamento

---

[128] Santi Romano, *Saggio di una Teoria sulle Leggi di Approvazione*, 1898, pág. 69 e segs. O autor recorre a exemplos da doutrina alemã para considerar que essas leis são meramente formais, assim aceitando os pressupostos fundacionais da teoria dualista.

[129] Santi Romano, *Saggio di una Teoria sulle Leggi di Approvazione*, 1898 pág. 73. O autor invoca o texto do Estatuto Albertino, bem como a legislação financeira da época, citando, ainda, Filomusi Guelfi, que foi um dos primeiros autores Italianos a pronunciar-se sobre o Orçamento em *La legge di bilancio e gli effetti di una soppressione di spesa in rapporto al crediti dei privati*, 1890, pág. 1230. O tema deste artigo reflectia, de resto, no próprio título, uma das maiores preocupações do momento. Este autor considerava, no seguimento do dualismo alemão, que a lei que aprova o Orçamento apenas se dirige aos órgãos do Estado e não aos particulares, não tendo, deste modo, a supressão de uma despesa qualquer efeito na esfera jurídica dos particulares.

[130] Santi Romano, *Corso di Diritto Costituzionale*, 1940, pág. 344 e segs. e *Principii di Diritto Costituzionale Generale*, 1947, pág. 296 e segs. Adoptando, aparentemente, esta qualificação, considerando que o Orçamento é um *acto jurídico-administrativo*, Ettore Boncinelli, *Sul Bilancio dello Stato (Studio di Contabilità Pubblica)*, 1907, pág. 3.

A Investigação Histórica

dirigia ao Governo, assim condicionando a sua aprovação, que seria sempre exercida em bloco[131].

A Escola italiana defensora da natureza meramente formal da lei do Orçamento não seguiria, em todo o seu rigor, a teoria de Santi Romano mas a opção pela consagração da lei do Orçamento como mera lei autorizativa de conteúdo administrativo e, como tal, apenas formalmente legislativa e sem capacidade de inovação do ordenamento jurídico preexistente estava lançada, colhendo adeptos na maioria dos autores Italianos[132].

Pese embora as especificidades de cada autor, o certo é que existe um domínio claro dos defensores da natureza meramente formal da lei do Orçamento dentro do contexto da aceitação doutrinal da teoria do dualismo legislativo. Assim, para Masé-Dari, a lei do Orçamento é uma *lei especial para a administração*[133] que não tem a virtualidade de colocar em causa o ordenamento jurídico preexistente. Este autor, embora declare que a lei do Orçamento é uma *verdadeira lei material*[134] esclarece, depois, que apenas será lei material no sentido de se impor à Administração e aos funcionários e não aos particulares, face aos quais assumiria uma natureza meramente formal, desta

---

[131] Neste sentido, Zanobini, *Corso di Diritto Amministrativo*, 1955, pág. 441. Para este autor, o Parlamento não podia introduzir emendas no Orçamento, já que o poder de introduzir emendas ainda decorreria do poder de iniciativa legislativa, que se encontrava reservado ao Governo.

[132] Já no contexto da Constituição actual, Zanobini, *Corso di Diritto Amministrativo*, 1955, pág. 440 e segs., defende que a lei que aprova o Orçamento deve manter-se *intra legem*, não podendo apresentar qualquer verba de receita ou de despesa que não tenha a sua origem numa lei preexistente. O autor procura justificar a sua doutrina com o teor do artigo 81 n.º 3 da Constituição que estabelece que *com a lei de aprovação do Orçamento não se podem estabelecer novos tributos nem novas despesas.*

[133] Masè-Dari, *Sul Bilancio dello Stato*, 1899, pág. 163.

[134] Masè-Dari, *Sul Bilancio dello Stato*, 1899, pág. 194, tentando conferir alguma originalidade à sua teoria, não deixa de se enredar numa certa confusão na utilização dos conceitos. Para este autor, a desvalorização da importância do Orçamento é, também, um modo de negar a excessiva importância que o Parlamento, em seu entender, se arrogava no funcionamento do sistema. A sua obra é, de resto, marcada por um tom marcadamente antiparlamentarista, protestando contra o *modo febril com que o Parlamento, a cada mínima oportunidade, faz sentir ao Governo a sua suprema e caprichosa vontade relativamente às Finanças e à Administração; a subtil e ínfima minuciosidade com que indaga e discute a obra financeira do Governo (...).*

82 A Lei por detrás do Orçamento

forma concluindo, afinal, que a lei do Orçamento é *um acto de administração e não contém normas de direito*[135].

No mesmo sentido, Cammeo reporta-se ao conceito de lei material, considerando que será lei em sentido material apenas o *comando geral acompanhado de sanção*[136], deste modo catalogando de leis em sentido meramente formal todos os outros actos legislativos que não cumpram os critérios da obrigatoriedade, da generalidade e da sanção. Relativamente à lei do Orçamento, Cammeo defende uma terceira via entre a lei meramente formal e a lei material, considerando que esta tinha, relativamente às receitas, uma natureza materialmente legislativa, sendo prevalentemente administrativa no que concerne às despesas[137].

Em sentido parcialmente concordante, considerando que era imprescindível o recurso ao elemento material para definir os actos legislativos, defendendo que uma análise meramente formal da lei encerra uma petição de princípio por se definir o poder legislativo pela lei e a lei pelo poder legislativo, acabando por defender que *a lei é um preceito jurídico geral*, pronuncia-se Graziani[138].

Graziani assume a aceitação dos pressupostos e da doutrina de Bouvier e de Jèze[139], considerando, desta forma, que o Orçamento, na medida em que não constituiu uma *regra fundamental, geral e permanente*[140], deve ser, intrinsecamente, considerado como um acto de alta administração. Para o autor, a lei do Orçamento seria uma lei meramente formal que tinha de respeitar as leis materiais criadoras de despesas[141]. Neste contexto, para o legislador poder revogar as des-

---

[135] Masè-Dari, *Sul Bilancio dello Stato*, 1899, pág. 203.

[136] Cammeo, *Della manifestazione della volontá dello Stato nel campo del Diritto Amministrativo,* 1901, pág. 88. O autor identifica, mesmo, um domínio administrativa nas funções parlamentares, onde inclui a competência para aprovar a lei do Orçamento.

[137] Cammeo, *Della manifestazione della volontá dello Stato nel campo del Diritto Amministrativo,* 1901, pág. 102. O autor invoca Orlando, quando este autor, em *Studi giuridici sul governo parlamentare*, pág. 554, defendia que todas as leis financeiras eram leis meramente formais.

[138] Graziani, *Il Bilancio e le Spese Pubbliche*, 1902, pág. 374.

[139] Bouvier e Jèze, *Le veritable notion de la loi et la loi annuelle des finances*, 1897.

[140] Graziani, *Il Bilancio e le Spese Pubbliche*, 1902, pág. 376.

[141] Graziani, *Istituzioni di Scienza delle Finanza*, 1929, pág. 94 e segs. A primeira edição desta obra é, porém, de 1897.

A Investigação Histórica

pesas legais teria de aprovar uma lei material revogatória que necessitava de contar com o consenso do Parlamento e do rei[142].

Outro dos autores de referência a debruçar-se sobre esta matéria é Orlando[143]. Este autor preocupa-se com a distinção entre as leis que têm um conteúdo jurídico e os demais actos legislativos que apenas beneficiariam de uma forma de aprovação parlamentar[144]. Para Orlando, a lei do Orçamento não era uma lei própria pois não tinha um conteúdo jurídico[145], concluindo que, por isso mesmo, não obstante a sua aprovação por acto legislativo, *o Orçamento pressupõe todas as leis existentes e deve respeitá-las*[146].

Exceptuando Santi Romano, os defensores do dualismo legislativo[147] centram as suas análises na aceitação de que a lei do Orça-

---

[142] Graziani, *Istituzioni di Scienza delle Finanza*, 1929, pág. 100. No mesmo sentido de Graziani pronuncia-se Chimienti, *Manuale di Diritto Costituzionale,* 1920, pág. 190 e segs. O autor, depois de elaborar um breve resumo dos autores alemães, e de defender a natureza geral e abstracta das leis, conclui que a lei do Orçamento é, materialmente, um *regulamento de natureza administrativa* destinado a promover a execução das leis materiais que, naturalmente, deve respeitar.

[143] Orlando, *Principii di Diritto Costituzionale*, 1912, pág. 142 e segs. Este autor integra a análise da lei do Orçamento, dentro da estrutura da sua obra, no capítulo denominado: *função inspectiva financeira,* incluído dentro do poder legislativo, mas fora da função legislativa.

[144] Orlando, *Principii di Diritto Costituzionale*, 1912, pág. 143, chama *leis próprias* às leis materiais e *leis impróprias* às leis formais.

[145] Orlando, *Principii di Diritto Costituzionale*, 1912, pág. 165.

[146] Orlando, *Principii di Diritto Costituzionale*, 1912, pág. 166, defende que o Orçamento não passa de uma *conta patrimonial* na qual se determina, regularmente, a situação económica do Estado e o uso que se faz das contribuições dos particulares. Ao desvalorizar a natureza jurídica do Orçamento ao nível de uma conta patrimonial, o autor desvaloriza, naturalmente, o significado da sua rejeição parlamentar. Colhendo a doutrina de Laband sem, no entanto, o citar, Orlando conclui que a rejeição parlamentar do Orçamento tem o efeito de negar a regularidade do mesmo e não o de negar os meios económicos para manter os serviços públicos em funcionamento. O autor não nega, porém, que a recusa de aprovação do Orçamento representa um importante *modo de resistência colectiva.* No mesmo sentido, Zanghi, *Manuale di Contabilità Generale dello Stato*, 1914, pág. 204, considera que o Orçamento, sendo uma lei formal, é, materialmente, uma conta financeira. O autor (pág. 207) invoca a experiência inglesa, recordando o modelo do *consolidated fund*, considerando-o adequado face a despesas previsíveis. Este autor, ainda a propósito da questão de saber se a supressão orçamental de uma verba relativa a um direito de um particular poderia, ou não, ter reflexos na revogação desse mesmo direito, vem concluir que a lei do Orçamento não é uma lei material, pois não contém normas jurídicas, sendo assim indiferente o seu conteúdo face ao direito do particular.

[147] De entre os autores defensores do dualismo legislativo aplicado à lei do Orçamento, com argumentos mais ou menos coincidentes, Cammeo, *Della manifestazione della volontà*

84   *A Lei por detrás do Orçamento*

mento tem uma natureza unitária, não distinguindo, formalmente, a lei de aprovação do Orçamento, do Orçamento propriamente dito, assim se afastando da doutrina original alemã e da generalidade dos autores franceses que a importaram[148]. A lei do Orçamento é vista como lei meramente autorizativa, não tendo capacidade de intervenção sobre o ordenamento jurídico preexistente, beneficiando, apenas, de uma relevância meramente interna afastada do contacto com os particulares que viam os seus direitos e as suas obrigações sustentarem-se na legislação material que a lei do Orçamento não poderia colocar em causa.

---

dello Stato nel campo del Diritto Amministrativo, 1901, pág. 92; Graziani, *Il Bilancio e le Spese Pubbliche,* 1902, pág. 372, assume que a lei do Orçamento se distingue das outras, tendo uma *índole administrativa intrínseca.* Do mesmo autor veja-se, ainda, *Istituzioni di Scienza delle Finanza,* 1929, pág. 94 e segs; Orlando, *Principii di Diritto Costituzionale,* 1912, pág. 104, considera que a lei do Orçamento faz parte da função inspectiva financeira do Parlamento, tendo um carácter de *autorização,* defendendo, ainda (pág. 165), que o Orçamento não é uma *lei própria porque lhe falta o conteúdo jurídico;* Donati, *I caratteri della legge in senso materiale,* 1910, pág. 46; *Le Leggi di Autorizzazione e di Approvazione,* 1914 e, *I caratteri della legge in senso materiale,* 1909, pág. 72 e 79; Zanghi, *Manuale di Contabilità Generale dello Stato,* 1914, pág. 204; Chimienti, *Manuale di Diritto Costituzionale,* 1920, pág. 203, dedica uma parte do seu livro a proceder a uma análise dos autores alemães que escreveram sobre a natureza jurídica do Orçamento, sem, no entanto, proceder a qualquer adaptação do conteúdo destas obras ao sistema italiano, nem, muito menos, explicar o contexto em que tal discussão surgiu na Alemanha. O autor conclui que a lei do Orçamento serve para dar execução às leis em vigor, sendo, por isso, *um regulamento de carácter administrativo em forma legislativa;* Aricò, *Natura Giuridica della Legge del Bilancio dello Stato,* 1953, pág. 110. Para além destes autores, vejam-se, ainda, os autores citados por Onida, *Le Leggi di Spesa nella Costituzione,* 1969, pág. 476, por Buscema, *Il Bilancio,* 1971, pág. 132 e por Giuseppe Fazio e Matilde Fazio, *Il nuovo Bilancio Statale nel Sistema Finanziario Italiano,* 2001, pág. 89.

[148] É interessante verificar como a questão da distinção entre a lei do Orçamento e o Orçamento propriamente dito nunca foi totalmente pacificadora entre a doutrina que se tem dedicado ao tema, notando-se, na doutrina francesa e italiana, alguma confusão sobre esta distinção, nem sempre devidamente acautelada. Assim, Laband distinguia, claramente, entre as duas partes, apenas reconhecendo natureza materialmente administrativa ao Orçamento por julgar que a mera manipulação de verbas orçamentais à margem da modificação dos regimes legais ou contratuais subjacentes não poderia ter efeitos materialmente legislativos. Esta distinção haveria, no entanto, de se perder aos poucos, passando a ser a globalidade da lei do Orçamento considerada como acto administrativo, primeiro por se desvalorizar a autonomia da lei do Orçamento fora da sua vertente aprovatória do próprio Orçamento, depois por se passar a considerar a aprovação orçamental como sendo juridicamente diversa da aprovação legislativa e, finalmente, por se proibir a inclusão, nessa mesma lei, de outras matérias indiscutivelmente legislativas.

A *Investigação Histórica* 85

O primeiro autor a romper o consenso da doutrina italiana relativamente à natureza jurídica da lei do Orçamento foi Gaetano Vitagliano[149]. Este autor concluiu a sua obra dedicada ao estudo da lei do Orçamento afirmando que a lei do Orçamento era, afinal, uma lei não só formal mas, também, material, na medida em que se relacionava directamente com os particulares, intervindo no ordenamento jurídico de modo análogo aos restantes actos legislativos[150]. Vitagliano alerta para o facto de não se poder olvidar que, por vezes, dois acontecimentos semelhantes geram consequências muito diversas consoante o ambiente constitucional em que se desenvolvam, assim demonstrando a falibilidade de uma mera importação das doutrinas germânicas relativamente ao conceito de lei, em geral e à natureza jurídica da lei do Orçamento, em especial.

O autor dá, como exemplo, o episódio da recusa de aprovação do Orçamento do Ministério *di grazia e giustizia,* em 19 de Maio de 1893. Com efeito, essa recusa foi interpretada como uma desconfiança face ao titular da pasta que foi substituído, tendo-se mantido, relativamente a esse Ministério, o Orçamento do ano anterior. Nas palavras de Vitagliano, este acontecimento decorreu *sem que o país se comovesse mais ou menos do que o que acontece perante qualquer medíocre acontecimento político e sem que os publicistas e homens do governo se pusessem com grande ardor em busca da pedra filosofal de peregrinas soluções jurídicas fora da lógica ou dos terrenos do Direito*[151].

---

[149] Vitagliano, *Il Contenuto Giuridico della Legge del Bilancio,* 1910. A obra deste autor, embora date de 1910, demonstra um conhecimento de fontes estrangeiras fora do comum para a época. Não deixa de ser curioso notar como as duas obras sobre Direito Orçamental mais marcantes do início do século XX, em França e em Itália, são ambas publicadas no mesmo ano. A outra obra é, naturalmente, o *Traité de Science des Finances – Le Budget,* 1910, de Jèze.

[150] No mesmo sentido de Vitagliano, Mortara, *Commentario del Codice e delle Leggi di Procedura Civile,* vol. I, 1923, pág. 126 e segs. Para este autor, a lei do Orçamento era uma manifestação do poder legislativo, podendo, por isso mesmo, modificar, mesmo tacitamente, o ordenamento jurídico preexistente e relacionar-se, directamente, com os particulares. A exigibilidade dos direitos dos particulares estaria mesmo dependente da orçamentação das despesas necessárias, podendo ficar suspensa no caso de não se orçamentarem as verbas necessárias. A lei do Orçamento era, assim, neste contexto, uma *lei de integração do ordenamento jurídico vigente.*

[151] Vitagliano, *Il Contenuto Giuridico della Legge del Bilancio,* 1910, pág. 321.

Vitagliano considera que num sistema de base parlamentar deve ser considerado como lei todo o acto jurídico emitido com a forma e segundo o procedimento de uma lei, que, por isso mesmo, terá a virtualidade de modificar o Direito existente, independentemente de o fazer de um modo geral ou relativamente a um ou outro indivíduo[152]. Especificamente sobre a lei do Orçamento, considera que esta lei *atribui ao Governo a autorização ou a faculdade de cobrar as receitas e executar as despesas,* pelo que representa a *condição jurídica necessária para que o Governo seja qualificado, seja competente* para proceder a essa actividade financeira, concluindo, desta forma, que a lei do Orçamento é uma lei *atributiva de competência*[153/154].

Pese embora a importância de Vitagliano, pela dimensão da sua obra, pelo pioneirismo na defesa da natureza integralmente legislativa da lei do Orçamento e pelo modo como traz para o universo italiano o conhecimento das principais obras e autores dos mais importantes ordenamentos jurídicos mundiais, a verdade é que o autor mais relevante da doutrina italiana durante o período de vigência do Estatuto Albertino relativamente à discussão sobre a natureza jurídica da lei do Orçamento é Gustavo Ingrosso[155].

---

[152] Vitagliano, *Il Contenuto Giuridico della Legge del Bilancio*, 1910, pág. 350.

[153] Vitagliano, *Il Contenuto Giuridico della Legge del Bilancio*, 1910 pág. 398 e segs., aproxima-se, assim, de, Seidler, *Budget und Budgetrecht im Staatshaushalt der konstitutionellen Monarchie mit besonderer Rücksichtnahme auf das österreichische und deutsche Verfassungsrecht*, 1885.

[154] Juntamente com Vitagliano importa recordar Salvatore Majorana, *Il Bilancio dello Stato,* 1930, pág. 125 e segs., que haveria de lhe seguir as pisadas. Antes dele, Angelo Majorana, *Teoria Costituzionale delle entrate e delle spese dello Stato*, 1886, pág. 81, havia considerado que *o Orçamento é uma verdadeira e própria lei.* Salvatore Majorana vem defender a possibilidade de a lei do Orçamento poder conter, na sua parte dispositiva, outras matérias, beneficiando da forma e do procedimento legislativo. O Orçamento, enquanto conjunto de verbas, seria o repositório da legislação preexistente mas a própria lei do Orçamento poderia, no fundo, ser a base legal desse mesmo repositório. Este autor acaba por admitir, ao arrepio da doutrina da época, a possibilidade de a lei do Orçamento conter normas materiais criando impostos ou novas despesas que não decorressem de normas preexistentes. A lei do Orçamento seria, para essas novas receitas ou despesas, a própria lei preexistente. Ainda antes de Vitagliano, veja-se Brunialti, *Il Diritto costituzionale e la politica nella scienza e nelle istituzioni,* 1896, pág. 807, que qualifica a lei do Orçamento como lei *sui generis (...) formal ao mesmo tempo que substancial.*

[155] Ingrosso, *Sulla distinzione fra legge in senso materiale e legge in senso formale,* 1933 e *Istituzioni di Diritto Finanziario*, 1935.

Para este autor, qualquer *comando do Estado que seja susceptível de fornecer meios para a conservação da Constituição e para a actividade funcional do Estado é uma regra de Direito, quer seja geral ou individual, quer enuncie um preceito abstracto ou disponha em concreto*[156]. Com esta afirmação, Ingrosso aproxima-se da natureza jurídica formal da lei, vigente no Estatuto Albertino, assim rompendo com a herança dualista alemã numa época em que esta continuava a merecer os louvores da doutrina dominante, antes se aproximando do pensamento de Carré de Malberg pelo modo como se afasta da doutrina dominante em consideração da sua desadequação com o Direito Constitucional positivo.

O autor haveria de voltar ao tema em obra marcante, pela inovação e perspicácia com que entendeu, em 1935, ao arrepio do resto da doutrina, a relação do Direito orçamental com o restante ordenamento jurídico. Ingrosso é, de facto, o primeiro autor italiano a assumir, claramente, a natureza integralmente legislativa da lei do Orçamento enquanto acto legislativo credor de uma forma e de um procedimento que o não afastavam das outras leis.

Partindo deste pressuposto formal, o autor considera que, não obstante existir uma unidade orgânica e formal entre a parte dispositiva e os quadros relativos às verbas[157], ainda assim se poderia distinguir, ao nível dos efeitos jurídicos, o facto de uma despesa ser revogada pelo articulado da lei do Orçamento ou ser, meramente, suspensa pela não orçamentação[158].

Pelo modo como, embora conhecendo profundamente a doutrina alemã, conseguiu autonomizar-se de uma mera colagem acrítica aos

---

[156] Ingrosso, *Sulla distinzione fra legge in senso materiale e legge in senso formale*, 1933, pág. 709. Para Ingrosso, a lei do Orçamento servia para dar plena execução às leis criadoras de receita e de despesa, sendo, por isso mesmo, *um elemento integrante* destas, partilhando, assim, a natureza material da generalidade da legislação.

[157] Ingrosso, *Istituzioni di Diritto Finanziario*, 1935, pág. 56, considera que a lei do Orçamento *é um acto unitário e que a separação das duas partes é uma necessidade dependente da forma gráfica do Orçamento*.

[158] Relativamente à capacidade de intervenção da lei do Orçamento sobre os mais variados domínios legislativos, inclusivamente, sobre as receitas e as despesas do Estado, Ingrosso, *Istituzioni di Diritto Finanziario*, 1935, pág. 48 e 49, aponta o facto de o ordenamento jurídico Italiano, ao contrário da generalidade dos outros ordenamentos, não proibir a inclusão, na lei do Orçamento, de normas materiais sem natureza directamente financeira (cavaleiros orçamentais).

pressupostos do dualismo legislativo, Ingrosso é, sem dúvida, o autor que melhor compreendeu, em Itália, o fenómeno orçamental ao esclarecer que nem a Constituição, nem a restante legislação Italiana impunham qualquer limitação à capacidade normativa da lei do Orçamento de intervir sobre os domínios legislativos, não havendo, por isso, qualquer subordinação da lei do Orçamento ao Direito preexistente[159], assim se afastando da doutrina que sustentava que a lei do Orçamento não passava de um *negócio jurídico parlamentar* esgotando a sua eficácia entre o Parlamento e o Governo[160/161].

O autor assume, deste modo, a possibilidade de a lei do Orçamento criar novos impostos, tal como admite a situação, mais corrente, desses impostos serem criados por leis anteriores ao Orçamento, considerando que, em qualquer dos casos, era imprescindível a sua orçamentação como forma de conferir executoriedade à legislação fiscal[162], já que seria a conjunção entre a lei que cria os impostos (que podia ser a lei do Orçamento) e a lei do Orçamento, que inscreve as receitas previsíveis referentes a esses impostos e lhes autoriza a cobrança, que lhes permitiria tornarem-se efectivas e plenamente aplicáveis[163]. O mesmo se passaria, aliás, com as leis de despesa, já que estas poderiam, igualmente, constar da própria lei do Orçamento, devendo, no entanto, encontrarem-se, independentemente da sua criação, inscritas no Orçamento como forma de poderem ser executadas e realizadas[164].

---

[159] Ingrosso, *Istituzioni di Diritto Finanziario*, 1935, pág. 70, refere mesmo que, a haver alguma relação esta seria inversa, já que as leis de receitas ou de despesas só adquirem a sua plena executoriedade com a aprovação da lei do Orçamento.

[160] Ingrosso, *Istituzioni di Diritto Finanziario*, 1935, pág. 72.

[161] Ingrosso, *Istituzioni di Diritto Finanziario*, 1935, pág. 57 e segs., não deixa de reconhecer, porém, que a matéria sobre que incide o Orçamento, dividindo as receitas pelas despesas, é uma matéria administrativa, considerando, no entanto, que a intervenção do Parlamento em matérias administrativas era normal, permanente e continuada, sustentando, até, que a elaboração pelo Parlamento de normas gerais e abstractas é que acabaria por ser excepcional.

[162] Ingrosso, *Istituzioni di Diritto Finanziario*, 1935, pág. 63.

[163] Ingrosso, *Istituzioni di Diritto Finanziario*, 1935, pág. 64.

[164] Ingrosso, *Istituzioni di Diritto Finanziario*, 1935, pág. 66. Apenas a conjugação da lei que cria a despesa com a sua orçamentação seria suficiente para que a despesa se pudesse realizar. O autor analisa, igualmente, uma "vexata quaestio" daquele tempo, que passava por saber qual a relevância de uma omissão de uma verba no Orçamento relativa a

A Investigação Histórica 89

Em modo de conclusão, Ingrosso acaba por resumir o seu pensamento afirmando que a lei do Orçamento, sendo uma *lei de organização*, beneficia de uma natureza material e formal, sendo *um documento jurídico unitário e uma manifestação integral da legislação e não difere quanto ao seu conteúdo e à sua eficácia de qualquer outra lei*[165].

Aqui chegados, importa referir que, pese embora a pertinência da análise e o rigor da explicação, o legislador constituinte não se haveria de impressionar por estes argumentos, aprovando, em 1947, um texto constitucional em que se estabelecia que, *com a lei de aprovação do Orçamento não se podem estabelecer novos tributos nem novas despesas.* Com esta formulação, que nega as conclusões de Ingrosso, passaria a doutrina dominante a beneficiar, de uma vez por todas e até aos dias de hoje, de uma base constitucional de sustentação onde tem vindo a fundamentar a defesa de um dualismo legislativo e da natureza meramente formal da lei do Orçamento como acto formalmente legislativo mas sem capacidade de intervenção normativa inovadora face ao ordenamento legislativo preexistente.

B – O CONSTITUCIONALISMO PORTUGUÊS

1. O Constitucionalismo Liberal

Em Portugal, é nas Cortes de Leiria de 1254 que se pode encontrar o marco que haveria de estabelecer o ponto zero relativamente ao exercício do poder parlamentar de auto-imposição tributária. Tal

---

uma despesa legalmente criada. Assim, para Ingrosso, *Istituzioni di Diritto Finanziario*, 1935, pág. 67 e segs., as intervenções no Orçamento sobre a legislação anterior podem ser expressas ou tácitas. Se fossem expressas, a norma inscrita na lei do Orçamento revogaria ou alteraria a norma prévia, nos limites das regras gerais da revogação de normas e no respeito pelos direitos adquiridos. Se a revogação fosse tácita, apenas significava que naquele ano a despesa não poderia ser realizada, por falta de cabimentação, o que não equivalia a considerar que a despesa tivesse sido revogada, mantendo-se esta em vigor, mas sem executoriedade, o que não obviava a que o particular pudesse recorrer judicialmente, no caso de considerar que a não inscrição da verba era ilegítima, por inviabilizar o cumprimento de um direito subjectivo que julgasse possuir.

[165] Ingrosso, *Istituzioni di Diritto Finanziario*, 1935, pág. 75.

90 *A Lei por detrás do Orçamento*

poder exercer-se-ia, novamente, nas Cortes de Coimbra de 1261, nas quais haveria de ficar claro, nas palavras de Alexandre Herculano, que o *lançamento de um tributo geral sobre a propriedade era, não um direito do rei, mas uma concessão do país*[166].

Se as Cortes de Leiria e de Coimbra haveriam de culminar, relativamente ao reconhecimento e aceitação da limitação dos poderes tributários do rei, nas Cortes de Coimbra de 1387, consideradas por muitos como o verdadeiro ponto de consagração do poder tributário das Cortes Portuguesas, o certo é que se teria de esperar ainda pelo século XIX para se poder vislumbrar o primeiro Orçamento parlamentar português[167].

Na verdade, no seguimento do Constitucionalismo monárquico surgido em França no período pós-revolucionário, nasce em Portugal, com a Constituição de 1822, um sistema representativo, de raiz parlamentar, que, no domínio financeiro, atribui ao Parlamento a competência para aprovar o Orçamento do Estado. O Parlamento haveria de guardar essa competência durante 111 anos vindo a privar-se dela apenas num interregno de 49 anos, entre 1933 e 1982.

Com efeito, em Portugal, tendo como marco histórico o ano de 1820-21, data do primeiro Orçamento[168], todos os textos constitucionais, até 1933, consagraram a competência parlamentar de aprovação do Orçamento mediante proposta apresentada pelo Governo[169]. Surgida no seguimento da onda de parlamentarismo monárquico que varreu

---

[166] Marcello Caetano, *Estudos de História da Administração Pública*, 1994, pág. 105.

[167] Sobre a evolução do direito tributário, financeiro e orçamental português no período anterior ao constitucionalismo liberal, veja-se, por todos, Armindo Monteiro *Do Orçamento Português*, tomo I, 1921.

[168] Neste sentido, Sousa Franco, *Finanças Públicas e Direito Financeiro*, 1997, pág. 125. Contra, porém, Armindo Monteiro, *Do Orçamento Português*, 1921, pág. 275, considerando que apenas o Orçamento de 1823 é digno desse nome. No mesmo sentido, considerando que *foi na sessão de 7 de Janeiro de 1823 que, pela primeira vez, o Parlamento português discutiu um Orçamento, muito embora já em 1821 aparecessem vários projectos mais ou menos directamente ligados a esta matéria,* João Pereira Netto, *Lições de Finanças (conforme as prelecções do Exm.º Senhor Doutor Oliveira Salazar),* 1922, pág. 64. Sobre a polémica, ainda, Lobo Xavier *O Orçamento como Lei*, 1990, pág. 51, nota 119 e Alexandra Leitão, *Os poderes do executivo em matéria orçamental*, 1997, pág. 35 e segs.

[169] Para uma visão global sobre as normas relacionadas com o Orçamento nas diversas Constituições portuguesas, Eugénia Mata e Nuno Valério, *Normas de Direito Financeiro nas Constituições Portuguesas,* 1979.

A Europa do séc. XIX, a aprovação parlamentar do Orçamento afirmar-se-ia, entre nós, desde os primórdios do constitucionalismo liberal, em parceria estreita com o poder, também indiscutivelmente atribuído às Câmaras, de aprovar os tributos sobre a Nação[170].

Relativamente ao aprofundamento dogmático do Direito Orçamental, importa salientar, porém, que se o final do século XIX representa, ao nível da doutrina europeia, o melhor e mais intenso momento de debate e polémica sobre este ramo do Direito, nomeadamente em torno da natureza jurídica da lei do Orçamento e da distribuição orgânica de poderes que a aprovação do mesmo envolvia, entre nós a produção doutrinal nesta área é muito escassa, limitando-se a dar eco, com maior ou menor conhecimento de causa, das grandes correntes doutrinais que surgiam em França e em Itália, no seguimento da dogmática alemã relativa ao critério dualista de lei. É assim bem justificada a exclamação Manoel Duarte, quando, ao reparar na falta de obras nacionais dedicadas ao estudo do Orçamento, refere que *esta carência quase absoluta que se dá entre nós contrasta singular-*

---

[170] José António Veloso, *Natureza Jurídica da Lei de Meios,* 1968, pág. 181, encontra nessa relação íntima entre orçamentação e tributação, o fundamento para a dupla natureza jurídica do Orçamento enquanto acto administrativo e acto legislativo. Na verdade, para este autor, o Orçamento seria, a um tempo, um meio *de que os Parlamentos se servem para destinar o emprego dos dinheiros públicos e definir a competência financeira dos agentes administrativos,* sendo, igualmente, o modo pelo qual as assembleias representativas exercem *o poder de votar anualmente as contribuições do Estado.* Para o autor, *assim se confundem, num só momento de tempo e num só instrumento jurídico, dois actos que, em princípio, poderiam existir separados: a confirmação anual dos impostos e a votação do Orçamento.* Para Escribano López, *Presupuesto del Estado y Constitución,* 1981, pág. 54, *só se pode falar de princípio de legalidade financeira e, concretamente, de Orçamento quando, dadas as relações de poder, em função do dogma da separação de poderes e da consagração do princípio da soberania popular, se estabelecem relações de contraposição entre as Câmaras e o par Executivo/Coroa. (...) Só quando Parlamento e Executivo são órgãos que representam interesses claramente contrapostos são explicáveis a maioria das questões problemáticas relacionadas com a instituição orçamental.* De acordo com Escribano López, existiria uma diferença conceptual relativamente a Orçamentos aprovados em sistemas de separação de poderes, face a Orçamentos aprovados em outras circunstâncias governativas, já que, *se bem que de um ponto de vista administrativo ou contabilístico se possam assimilar as contas de um Estado totalitário às de um Estado Parlamentar, desde um ponto de vista político e jurídico apenas neste a aprovação orçamental é um elemento fundamental do sistema, enquanto que naquele não tem mais transcendência do que a procura de uma ordenada contabilidade pública.*

92 A Lei por detrás do Orçamento

mente com o brilhante movimento científico que se está dando lá fora[171].

É, pois, à análise do Direito orçamental na história constitucional portuguesa, tendo em conta, não só os textos constitucionais, mas também a mais relevante legislação financeira e a contribuição doutrinária disponível, que se dedicam as próximas páginas.

a) *O Direito Orçamental nas Constituições Liberais*

Um dos elementos que esteve na base do alvor do Constitucionalismo Liberal foi a vontade das Cortes serem convocadas com regularidade, podendo, assim, assumir um papel decisivo na autorização dos tributos e, também, ainda que posteriormente, no controlo das despesas públicas. Não é por isso de estranhar o facto de logo nas Bases da Constituição de 1821 se ter estabelecido que *a imposição de tributos, e a forma da sua repartição, será determinada exclusivamente pelas Cortes*[172].

Esta norma viria a merecer consagração na Constituição de 1822, na medida em que aí se consagrava a competência das Cortes para *fixar anualmente os impostos, e as despesas públicas*[173], tarefa que estas desempenhavam *sem dependência de sanção Real*, no seguimento do Constitucionalismo Francês e ao arrepio do constitucionalismo típico das monarquias dualistas alemãs[174].

---

[171] Manoel Duarte, *Questões de Finanças*, 1893, pág. 26. No mesmo sentido se manifesta, mais de meio século depois, José António Veloso, *Natureza Jurídica da Lei de Meios*, 1968, pág. 178, quando refere: *não será exagero afirmar que o nosso Direito orçamentário se encontra entre os campos mais abandonados do nosso Direito Público (...) faltam ao mesmo tempo os estudos de conjunto e as análises de pormenor: a carência é total.*

[172] Art. 34.º das Bases da Constituição de 1822, aprovadas em 9 de Março, de 1821.

[173] Art. 103/IX da Constituição de 1822. Nos termos do art. 224.º voltava a insistir-se na regra da anualidade, prevendo-se, especificamente, face às receitas, que *cumpre às Côrtes estabelecer, ou confirmar anualmente, as contribuições directas, à vista dos Orçamentos e saldos que lhes apresentar o secretário dos negócios da fazenda. Faltando o dito estabelecimento ou confirmação, cessa a obrigação de as pagar.*

[174] Ficava assim claro como na monarquia parlamentar portuguesa vigorava uma ligação entre os vários elementos da trilogia Parlamento-Lei-Soberania, que acabava por remeter o monarca para uma franja dos poderes do Estado, ao contrário da situação que se manteve na monarquia dualista, mesmo na vertente "liberal" Prussiana. A necessidade da

A *Investigação Histórica* 93

Aqui se podia encontrar um dos sinais mais evidentes da rotura efectuada pela Constituição de 1822 com o absolutismo monárquico, representando, igualmente, uma recusa determinada em procurar qualquer compromisso com o monarca na busca de consensos em matéria financeira[175]. A Constituição de 1822, justamente considerada como *um dos textos mais importantes do Constitucionalismo português*[176], representa, por isso mesmo, um marco, que não lhe haveria, de resto, de sobreviver, da total autonomia das Cortes, não só na fixação dos impostos, mas, mais do que isso, na determinação do modo como esses impostos haveriam de ser afectos às despesas públicas[177].

O texto constitucional de 1822 referia-se ainda, de modo específico, à orçamentação de receitas e de despesas, prevendo que fosse apresentado, *todos os anos às Cortes, logo que estiverem reunidas, um Orçamento geral de todas as despesas públicas do ano futuro; outro de importância de todas as contribuições e rendas publicas*[178]. Herdeira da matriz constitucional mais revolucionária de França, ficava assim, nos termos da Constituição, o Governo dependente da intervenção incondicionada do Parlamento que, anualmente, deveria aprovar os impostos e, cumulativamente, inscrever as verbas relativas às receitas e despesas num Orçamento que também seria da competência parlamentar aprovar.

---

sanção do rei será, mesmo, um dos elementos que, como se verá, mais variações vai sofrer no constitucionalismo português, à medida que as Constituições se sucedem, alternando entre uma versão mais liberal, representada pela Constituição de 1822, e outra mais conservadora, de que é expoente a Carta Constitucional, na sua versão originária.

[175] Por isso mesmo a expressão de Gomes Canotilho, *Direito Constitucional e Teoria da Constituição*, 2003, pág. 133, em que refere que *a Constituição de 1822 configura a monarquia como uma monarquia limitada* tem de ser lida noutro contexto que não o da dicotomia entre monarquia parlamentar monista de raiz francesa e monarquia limitada dualista de matriz germânica, dominada pelo princípio monárquico.

[176] Gomes Canotilho *Direito Constitucional e Teoria da* Constituição, 2003, pág. 128.

[177] Disso mesmo se dá conta Vitagliano, *Il contenuto giuridico della legge del bilancio*, 1910, pág. 141, quando refere que *entre os Estados continentais da Europa, Portugal é um dos quais onde a representação do povo (Côrtes) conservou durante mais tempo a sua ingerência na administração financeira do Estado e afirmou mais cedo o propósito de estabelecer e aprovar a despesa para além de consentir os impostos.*

[178] Art. 227.º da Constituição de 1822.

94   *A Lei por detrás do Orçamento*

Havendo uma preocupação em estabelecer a separação da competência parlamentar face à intervenção monárquica e, sobretudo, em assegurar a anualidade da intervenção parlamentar, verdadeira caução da sua regular convocação, não pode deixar de se notar a falta de qualquer previsão expressa relativamente à forma dos actos em causa. Na verdade, não se prevê que a intervenção do Parlamento, ao nível orçamental, houvesse de se processar sob a forma de lei, surgindo, pelo contrário, a norma relativamente ao Orçamento inserida a propósito da *fazenda nacional* e, como tal, desligada de preocupações de dogmática jurídica ao nível do sistema de fontes.

O mesmo se pode dizer, igualmente, da própria norma relativa à fixação dos impostos e das despesas que pode ser surpreendida, sistematicamente, antes do capítulo *do exercício do poder legislativo,* não implicando, assim, de modo inequívoco, e não fora a tradição inerente à legalidade tributária, que a intervenção parlamentar nesse domínio fosse, a par de uma reserva de Parlamento, uma reserva de lei[179].

Em termos breves pode concluir-se, assim, que a Constituição de 1822 era, claramente, credora das concepções mais liberais provenientes da Revolução Francesa reflectindo essas concepções, também, ao nível financeiro, ao limitar, enormemente, os poderes do monarca, seja ao nível da sanção real, seja dos seus poderes executivos, seja, ainda, na capacidade de exercício do poder, meramente suspensivo, de veto.

Diferentemente, a Carta Constitucional de 1826, surgida no contexto histórico da Santa Aliança[180], vem introduzir uma certa tentativa de *conjugar um regime liberal com a autoridade real e com o tradicional predomínio social das ordens privilegiadas*[181] sendo que, pela

---

[179] Afonso Vaz, *Lei e Reserva da Lei*, 1996, pág. 387 e segs. A Constituição de 1822 era, de resto, tributária de uma concepção formal de acto legislativo, já que, nos termos do art. 104.º, se considera que *lei é a vontade dos cidadãos declarada pela unanimidade ou pluralidade dos votos de seus representantes juntos com Côrtes, precedendo discussão pública* o que se afigura aliás perfeitamente ajustado a um sistema de raiz parlamentar no qual o Governo é responsável perante o Parlamento.

[180] Sobre este enquadramento e a herança do princípio monárquico, veja-se, embora em termos sucintos, Gomes Canotilho, *Direito Constitucional e Teoria da Constituição,* 2003, pág. 140 e segs..

[181] Nuno Valério, *As Finanças Públicas no Parlamento Português*, 2001, pág. 11.

sua natureza compromissória e pelo modo como surge através do monarca em vez de apesar do monarca, se poderia dizer que, em certo sentido, se a Constituição de 1822 era tributária da França revolucionária, a Carta de 1826 o era dos Estados Alemães[182].

Ao nível orçamental, a grande diferença que merece ser assinalada prende-se com a necessidade da contribuição monárquica para a fixação anual das despesas públicas e para a repartição da contribuição directa, estabelecendo-se que *o poder legislativo compete às Cortes com a sanção do Rei*[183]. Ainda assim, continua a autonomizar-se, dentro das atribuições das Cortes, o poder deste órgão para *fazer leis, interpretá-las, suspendê-las e revogá-las,* do poder que lhes permitia *fixar anualmente as despesas públicas e repartir a Contribuição Directa*[184]. É interessante, contudo, notar que não há uma norma que autonomize, ao invés do que sucedia com a Constituição de 1822, a competência para fixar os impostos[185] que serão, assim, crê-se, integrados na competência genérica de fazer as leis[186].

A referência aos impostos há-de vir, porém, prevista no art. 137.º, onde se estabelece que *todas as Contribuições directas, à excepção daquelas que estiverem aplicadas aos juros e amortizações da dívida pública, serão anualmente estabelecidas pelas Cortes*

---

[182] Saliente-se, porém, que os próprios Estados Alemães buscam a sua origem doutrinal em França, na Constituição de Luís XVIII. Gomes Canotilho, *Direito Constitucional e Teoria da* Constituição, 2003, pág. 146, considera, no entanto, que ao nível das fontes de Direito, *o dualismo constitucional português, de clara inspiração doutrinária, continua a basear-se numa teoria monista das fontes de direito (a lei discutida e votada pelo Parlamento) e não na ideia de legitimidade dual (do Parlamento e da Coroa) quanto à criação de Direito (...).*

[183] Art. 13.º da Carta Constitucional. Desta regra não se encontra isento o art. 15.º, quando prevê ser atribuição das Cortes *fixar anualmente as despesas públicas, e repartir a Contribuição Directa.*

[184] Art. 15.º, parágrafos 6.º e 8.º, respectivamente. Ao contrário do que se passava na Constituição de 1822, o actual art. 15.º vinha sistematicamente inserido dentro do capítulo referente ao poder legislativo.

[185] Na verdade, apenas se estabelece, como excepção, o facto de ser privativa da Câmara dos Deputados a iniciativa sobre impostos, nos termos do art. 35.º.

[186] Sobre o conceito de lei durante a vigência da Carta Constitucional, Blanco de Morais, *As Leis Reforçadas*, 1998, pag 61, considera que predominou uma visão material do acto legislativo. Refere mesmo que Marnoco e Souza, tendo chegado a defender o conceito formal de lei, cedo se rendeu à dicotomia dualista germânico-italiana, apelidando-o de *cristão-novo do substancialismo.*

96 A Lei por detrás do Orçamento

Gerais; mas continuarão até que se publique a sua derrogação, ou sejam substituídas por outras[187]. Esta regra (que, no fundo, atenua a anualidade das receitas) articula-se com a necessidade de encontrar um acordo entre as Cortes e o Rei para aprovar as receitas e as despesas[188], prevenindo as situações em que se pudesse gerar um conflito institucional no caso de não se lograr um entendimento que autorizasse a repartição, anual, das receitas[189].

Em conclusão, refira-se que também na Carta Constitucional a referência ao Orçamento do Estado se encontra apenas no capítulo dedicado à fazenda pública e de modo desligado da competência legislativa, prevendo-se a apresentação de *Orçamento geral de todas as despesas públicas do ano futuro e da importância de todas as Contribuições e rendas públicas*[190]. Parece ser assim evidente a tendência, seja da Constituição de 1822, seja, depois, da Carta Constitucional, no sentido da desvalorização normativa do Orçamento do Estado que se assume como uma compilação previsional, com reflexos meramente ao nível da fazenda pública, das despesas e receitas fixadas pelas Cortes com, ou sem, sanção do Rei. A anualidade orçamental aparece como um reflexo da anualidade da legislação relativa às receitas e às despesas, não vigorando, na Constituição de 1822, nem na Carta Constitucional, situação que, como se verá, se estenderá por todo o Constitucionalismo liberal, uma reserva de lei orçamental mas apenas uma reserva de Parlamento.

---

[187] Sobre esta norma pronunciou-se António José Veloso, *Natureza Jurídica da Lei de Meios*, 1968, pág. 186, nota 12, considerando que era muito limitativa das tradicionais competências parlamentares. Para o referido autor, tentou-se, com este dispositivo, criar uma espécie de *Consolidated Fund*, semelhante ao ainda hoje vigente no Reino Unido.

[188] Vejam-se os artigos 57 a 59 da Carta Constitucional, na sua versão original.

[189] Ficava, no entanto, por resolver a questão das despesas, que, devendo ser fixadas anualmente também careciam de acordo entre as Cortes e o Monarca, que podia não lograr ser reunido em tempo útil.

[190] Veja-se o art. 138.º da Carta, na versão original, onde se estabelecia que *o Ministro de Estado da Fazenda, havendo recebido dos outros ministérios os Orçamentos relativos às despesas das suas repartições, apresentará, na Câmara dos Deputados, anualmente, logo que as Cortes estiverem reunidas, um balanço geral da receita e despesa do tesouro no ano antecedente e igualmente o Orçamento Geral de todas as despesas públicas do ano futuro, e da importância de todas as contribuições, e rendas públicas.* Esta norma deve ser articulada com a prevista no art. 15.º parágrafo 8, onde se considerava ser atribuição das Cortes *fixar anualmente as despesas públicas e repartir a Contribuição Directa.*

A Investigação Histórica   97

No seguimento da evolução do Constitucionalismo liberal, a Constituição de 1838 representa, também ao nível financeiro, uma tentativa de conciliação entre os pressupostos que se encontravam subjacentes quer à Constituição de 1822, quer à Carta Constitucional de 1826. Tanto assim é que aí se continua a autonomizar a competência das Cortes para *fazer leis, interpretá-las, suspendê-las e revogá-las*[191] da competência para *votar anualmente os impostos e fixar a receita e despesa do Estado*[192], não obstante, em ambas as situações, se tornar necessário recolher a sanção real, numa aproximação ao espírito conservador e anti-liberal da Carta Constitucional[193].

No domínio das receitas, a vigência da legislação fiscal voltou a ser inequivocamente anual, já que se prevê que *os impostos são votados anualmente: as leis que os estabelecem somente obrigam por um ano, se não forem confirmadas*[194], sendo que a consagração constitucional do Orçamento do Estado surge, novamente, de modo desligado das competências normativas das Cortes, nomeadamente, da regra da anualidade dos impostos e das leis que os estabelecem, não sendo este acto qualificado no contexto do sistema de fontes[195].

Fruto da lógica compromissória que esteve na origem da sua aprovação desaparece na Constituição de 1838 a referência à possibilidade de manutenção da legislação fiscal no caso de não ter sido, entretanto, aprovada outra que se lhe substitua, assim se repondo em vigor, em termos materiais, a regra da anualidade, sem excepções, tal como havia sido criada pela Constituição Vintista.

Acontece que este retorno ao espírito de 1822 acabaria por não ser total, já que não deixou de vigorar a norma que exigia, mesmo para a legislação financeira, a intervenção sancionatória do rei, tal como introduzida na Carta Constitucional. Esta amálgama de normas provenientes de Constituições herdeiras de paradigmas diversos, dava,

---

[191] Art. 37/I da Constituição de 1838.

[192] Art. 37/XII da Constituição de 1838.

[193] Vejam-se os artigos 34, 69 e 81/I da Carta Constitucional.

[194] Art. 132.º. Esta é a única referência constitucional segura de que os impostos eram aprovados por lei.

[195] Na verdade, apenas se prevê que o Ministro e o Secretário de Estado dos negócios da fazenda apresentarão à Câmara dos Deputados, nos primeiros quinze dias de cada sessão anual, a conta geral da receita e despesa do ano económico findo e o Orçamento da receita e despesa do ano seguinte.

98   A Lei por detrás do Orçamento

desta forma, azo a que no seio da Constituição de 1838, mediante o seu articulado pretensamente conciliatório, se pudesse equacionar, potencialmente, uma crise financeira, sempre que as Cortes não conseguissem chegar, em tempo útil, a acordo com o monarca para renovar, anualmente, a legislação fiscal através da aprovação do Orçamento. Se a Constituição de 1838 já procurava a conciliação entre a Constituição vintista e a Carta Constitucional, o primeiro acto adicional à Carta reposta em vigor, pela terceira vez, em 1852, vai, também, buscar aproveitamentos ao texto da Constituição de 1838 que estão, assim, na base da cada vez mais visível desarticulação sistemática do texto constitucional português.

Na realidade, volta a adoptar-se a regra, herdada da Constituição de 1822 (e já prevista na Constituição de 1838), de que *os impostos são votados anualmente* e de que *as leis que os estabelecem obrigam somente por um ano* [196] desta forma fazendo cair por terra a regra cautelosa que previa a manutenção da legislação fiscal em vigor até novo acordo inter-orgânico sobre os termos das alterações.

A conclusão que se pode retirar desta nova versão da Carta Constitucional é que o seu normativo era, ao nível financeiro, potenciador de conflitos institucionais, com reflexos orçamentais, por se terem cumulado opções institucionais opostas. Esta situação encontrava-se, no entanto, minorada pelo facto de vigorar, institucionalmente, uma monarquia de raiz parlamentar, com dupla responsabilidade ministerial, face ao monarca e face ao Parlamento, que poderia atenuar, na prática política, o que o texto constitucional não soubera precaver na teoria jurídica[197].

---

[196] Art. 12.º, que modificou o art. 137.º da versão original da Carta. Procede-se, ainda, a uma inflexão na capacidade interventiva do monarca, ao nível da distribuição das despesas, estabelecendo-se que *as somas votadas para qualquer despesa pública não podem ser aplicadas para outros fins, senão por uma lei especial que autorize a transferência.* Refira-se, por fim, que se passa a prever, no art. 13.º, que altera o art. 138.º da Carta, que a apresentação do Orçamento deve ser feita nos primeiros 15 dias de cada sessão, tal como constava no art. 136.º da Constituição de 1838.

[197] Sobre o modo como se transitou, durante o decurso de aplicação da Carta, de uma monarquia limitada de responsabilidade do Governo (apenas) perante o monarca, para um regime parlamentar dualista ou Orleanista de dupla responsabilidade governamental, Marnoco e Sousa, *Direito Político*, 2003, pág. 281 e segs.; Jorge Miranda, *Manual de Direito Constitucional I*, 2003, pág. 281; Paulo Otero *O Poder de Substituição em Direito Administrativo*, 1995, pág. 338-339 e Gomes Canotilho, *Direito Constitucional e Teoria da Constituição*, 2003, pag 145.

A *Investigação Histórica*   99

Se a anualidade estrita das receitas, associada à necessidade de sanção real, não era a mais confortável de um ponto de vista constitucional, o certo é que, na prática, representava um seguro de vida para o Parlamento que, assim, via assegurada a sua convocação regular e periódica para proceder à aprovação da legislação fiscal, pelo que não se pode estranhar que o acto adicional de 1895, ditatorialmente aprovado num período de interregno das Cortes, tenha decidido voltar à redacção original da Carta, estabelecendo que, *quando até ao fim do ano económico as Cortes não hajam votado as respectivas leis* (leis que fixam a receita e a despesa), *continuarão em execução no ano imediato as últimas disposições legais sobre estes assuntos até nova resolução do poder legislativo*[198].

Esta alteração haveria de ser ratificada pelas Cortes, através da Carta de Lei, de 3 de Abril de 1896, com o aditamento, perfeitamente justificado de um ponto de vista parlamentar, de que, *se porém as Cortes não estiverem abertas, serão extraordinariamente convocadas e reunidas no prazo de três meses, a fim de deliberarem, exclusivamente, sobre os assuntos de que trata este artigo; se estiverem funcionando, não serão encerradas sem haverem deliberado sobre o mesmo objecto, excepto sendo dissolvidas; no caso de dissolução, serão convocadas e reunidas no prazo já indicado em sessão ordinária ou em sessão extraordinária para o mesmo exclusivo fim*[199].

Terminado o ciclo monárquico[200], com a Constituição Republicana haveria de regressar, na sua plenitude, o sistema parlamentar, no qual o poder legislativo é apenas exercido pelo Congresso da República, não estando consagrado o poder presidencial de veto

---

[198] Art. 7.º, que altera o art. 13.º do acto adicional de 1852, que, por sua vez, alterava o art. 137.º do texto original da Carta Constitucional. Esta norma era absolutamente necessária num momento em que haviam sido dissolvidas as Cortes sem terem sido convocadas novas eleições.

[199] Nos termos do art. 54.º, o Orçamento Geral do Estado deveria ser apresentado pelo Ministro das Finanças à Câmara dos Deputados, na primeira quinzena de Janeiro.

[200] Se a I.ª República está geralmente associada ao descontrolo das Finanças Públicas, também a gestão financeira da monarquia não pode ser apontada como exemplo de rigor orçamental, seja ao nível das despesas, seja das receitas. Para uma análise bastante minuciosa das Finanças Públicas no final do século XIX, M. A. d'Espregueira, *As Despesas Públicas e a Administração Financeira do Estado*, 1896, onde se dá conta das deficiências do sistema e da prática político-financeira. Sobre esta matéria bem como, em geral, sobre o conteúdo dos debates orçamentais durante a monarquia constitucional, veja-se com muito interesse, Nuno

100 A Lei por detrás do Orçamento

relativamente aos decretos aprovados pelo órgão legislativo[201]. Tendo em conta o sistema Parlamentar monista que se cria com a Constituição de 1911, as referências ao Orçamento encontram-se muito simplificadas, autonomizando-se, como já era tradição no Constitucionalismo anterior, a capacidade genérica para *fazer leis, interpretá-las, suspendê-las e revogá-las*[202], da competência específica de *orçar a receita e fixar a despesa da República, anualmente, tomar as contas da receita e despesa de cada exercício financeiro e votar anualmente os impostos*[203].

Vigorou, assim, durante o constitucionalismo republicano, um sistema, não só de anualidade da legislação fiscal, como de anualidade orçamental, sendo ambas as competências entregues ao órgão legislativo que actuava sem necessidade de obter o acordo do Presidente da República, o que não o isentava de dificuldades em aprovar a referida legislação financeira, tendo em conta a indisciplina parlamentar que haveria de caracterizar o funcionamento da primeira república[204].

Valério, Ana Bela Nunes, Carlos Bastien e Maria Eugénia Mota, *Os Orçamentos no Parlamento Português*, 2005, pág. 13 e segs. Aí se pode ler, pág. 33, um excerto da intervenção do deputado José Estevão quando, no debate orçamental de 1841, desabafa dizendo: *esta discussão do orçamento é o mesmo que o jogo da cabra cega, onde se tapam os olhos a um rapaz, dá-se-lhe uma pancada nas costas e diz-se-lhe vai procurar quem te deu. No fim de uma sessão de tanto tempo aparecerem duas folhas de papel com umas poucas de cifras, a que dão o nome de orçamento; vote-se depressa, porque daqui a três dias vamo-nos embora, e se alguém quer fazer alguma observação grita-se-lhe logo, votos, votos, votos; e está acabada a questão (DCD, Sessão de 8 de Novembro de 1841: 107).*

[201] Art. 31.º da Constituição de 1911. Para Blanco de Morais, *As Leis Reforçadas*, 1998, pág. 65, *a definição de lei na Constituição de 1911 revelou-se tão enigmática como aquela que preponderava nos textos de 1826 e 1838. Mesmo assim, o autor vislumbra um retorno pendular à concepção vintista da lei.*

[202] Art. 26.º da Constituição de 1911. Sobre este assunto, e sobre o modo como esta norma tem, na sua base, o disposto na Constituição do Brasil, Fezas Vital, *A Noção de Lei no Direito Constitucional Português*, 1923, pág. 385 e segs. Na verdade, o art. 26.º surge de uma junção perniciosa entre a Constituição do Brasil, onde se inspiram as várias alíneas, e a Carta Constitucional de 1826, de onde surge a cláusula geral inicial. Acontece que na Constituição do Brasil não havia cláusula geral porque o que o art. 34.º, homólogo do art. 26.º da Constituição de 1911, pretendia era, apenas, identificar os casos em que a competência era do Congresso Federal e não dos poderes estaduais.

[203] Nos termos do art. 54.º da Constituição de 1911, *nos primeiros quinze dias de Janeiro, o Ministro das Finanças apresentará à Câmara dos Deputados o Orçamento Geral do Estado.*

[204] A instabilidade parlamentar acarretaria, consequentemente, uma forte instabilidade governativa. Como refere Gomes Canotilho, *Direito Constitucional e Teoria da Constituição*, 2003, pág. 175, *o Gabinete tomava o hábito de se demitir quando era colocado em*

A Investigação Histórica   101

Aqui chegados, e antes de se dar por encerrada a incursão pela história constitucional do liberalismo Português, julga-se oportuno apresentar três conclusões:

(i) Em primeiro lugar, nota-se o facto de todos os textos constitucionais terem referências expressas à necessidade de ser aprovado, anualmente, pelas Cortes, um Orçamento das despesas e das receitas, sem, no entanto, haver qualquer referência à forma de aprovação desse Orçamento, pelo que não se confunde, no constitucionalismo português, reserva de Parlamento com reserva de lei, preferindo-se aquela a esta[205],

(ii) Em segundo lugar, verifica-se que a competência parlamentar de fixação das despesas e das receitas sempre foi autonomizada de uma genérica competência legislativa (embora se possam, por vezes, colher indícios sobre a natureza legislativa dessa actividade), estando a dependência de sanção real associada ao sistema de repartição de poderes, não se excluindo casos de compromisso credores de alguma racionalidade.

(iii) Finalmente, a necessidade de busca de consenso entre as Cortes e o Monarca, apenas dispensada na Constituição de 1822 e na Constituição de 1911, implicava a possibilidade de a anualidade das receitas ou despesas não ser atingida, o que apenas na versão original da Carta Constitucional e após o acto adicional de 1895 é salvaguardado.

Não obstante a análise efectuada, de onde não resulta uma preferência pela atribuição à lei do Orçamento de uma natureza jurídica meramente formal, julga-se ser imprescindível proceder a um estudo, ainda que necessariamente breve, à mais relevante legislação financeira aprovada durante o constitucionalismo liberal, para se colher uma impressão mais realista sobre o modo como foi evoluindo, de modo mais ou menos constante, o Direito orçamental nesta primeira fase do constitucionalismo português.

---

minoria por uma das Câmaras, em qualquer momento, não interessando que o motivo fosse o debate orçamental, a discussão de um projecto de lei, uma interpelação ou até a colocação de um assunto na ordem do dia.

[205] No sentido de que a Constituição de 1911 não exigia, expressamente, a forma de lei para a aprovação do Orçamento, Armindo Monteiro, *Do Orçamento Português,* 1921, pág. 124.

b) *O Direito Orçamental na Legislação financeira liberal*

Um dos documentos mais relevantes, em sede de direito orçamental, que surgiu no ordenamento jurídico português foi o Regulamento Geral da Contabilidade Pública, de 1870[206], que vem, no seguimento do seu antecessor, criar, de modo evidente, uma divisão entre as leis anuais de fazenda e o Orçamento geral do estado.

Assim, as receitas e despesas públicas de cada ano deveriam ser autorizadas por leis anuais de fazenda, sendo o Orçamento Geral do Estado *o documento onde são previstas e computadas as receitas e despesas anuais competentemente autorizadas*[207]. Começa assim a desenhar-se, de modo já bastante nítido, a divisão entre as leis de autorização das despesa e das receitas, por um lado, e o Orçamento Geral do Estado, por outro, com manifestas consequências ao nível da divisão de funções e de capacidade interventiva no ordenamento jurídico de cada um dos actos.

---

[206] Regulamento Geral da Contabilidade Pública, aprovado pelo Decreto do Ministro dos Negócios da Fazenda, de 4 de Janeiro de 1870, publicado no Diário do Governo, de 10 de Fevereiro de 1870. Vigorava, nessa altura, a Carta Constitucional, na versão do acto adicional de 1852, que havia restaurado a vigência anual das leis relativas a despesas e receitas. Antes deste Regulamento, importa, ainda, fazer uma menção ao Regulamento de 15 de Dezembro de 1863, que foi o primeiro da história portuguesa. De acordo com o art. 19.º deste Regulamento, *as receitas e as despesas públicas de cada ano económico são autorizadas por leis anuais de fazenda, compreendendo o Orçamento Geral do Estado.* Nos termos do art. 20.º, *o Orçamento Geral do Estado é o acto pelo qual são previstas e computadas as receitas e as despesas anuais, competentemente autorizadas.* Segundo o art. 28.º, *o Parlamento discute e vota anualmente o Orçamento Geral do Estado.* Finalmente, de acordo com o art. 29.º, *com o Orçamento Geral do Estado serão, igualmente, apresentadas às Cortes as propostas de lei para a repartição das contribuições directas e para a autorização das receitas e fixação das despesas do futuro ano económico.*

[207] Art. 18.º do Regulamento Geral da Contabilidade Pública, de 1870. Para uma análise das definições legais e doutrinais de Orçamento mais vulgares nos finais do séc. XIX, Manoel Duarte, *Questões de Finanças,* 1893, pág. 29 e segs. Para o autor (pág. 38), o Orçamento seria *um mapa estimativo e comparativo das receitas a realizar e das despesas a efectuar durante um período determinado.* A definição de João Pereira Netto, *Lições de Finanças (conforme as prelecções do Exm.º Senhor Doutor Oliveira Salazar)* 1922, pág. 52, não difere muito desta, ao apresentar o Orçamento como sendo o *mapa onde estão avaliadas, enumeradas e comparadas as receitas e as despesas públicas, previstas e aprovadas para um certo período financeiro.* No mesmo sentido, veja-se, ainda, António Pereira Jardim, *Princípios de Finanças,* 1893, pag, 37 e segs.

A Investigação Histórica   103

Na verdade, tal como ao nível constitucional, também ao nível legal não se impõe, especificamente, a natureza legislativa ao Orçamento Geral de Estado que, não fazendo parte das *leis anuais de fazenda*, é apenas visto como um acto compilativo da legislação anterior com incidência financeira. O modo como o Orçamento Geral do Estado e as respectivas leis de receita e de despesa se organizam, desvenda-se quando se refere que *o Orçamento Geral do Estado, acompanhado das respectivas propostas de lei para a autorização das receitas e fixação das despesas, será anualmente apresentado à Câmara dos senhores deputados pelo ministro e secretário de estado dos negócios da fazenda nos primeiros quinze dias depois de constituída a mesma Câmara*[208].

Pese embora esta nítida distinção entre as propostas de lei autorizativas das receitas e das despesas e o Orçamento Geral do Estado, o certo é que, nos termos do art. 25.º, as *Cortes discutem e votam anualmente o Orçamento Geral do Estado*, querendo, aqui, fazer-se referência ao documento global, contendo as propostas de leis de fazenda e os quadros orçamentais, sendo o conjunto, composto por ambos os documentos, beneficiário de aprovação efectuada por lei, por ser essa exigência formal necessária para se aprovarem as alterações à legislação relativa às receitas e às despesas.

Não obstante esta junção entre as leis de receitas e de despesas e o Orçamento Geral do Estado, fica bem claro, da leitura do artigo 50.º do Regulamento, a natureza meramente formal do Orçamento do Estado, onde se refere que *é proibido incluir no Orçamento do Estado toda e qualquer alteração nos quadros e vencimentos dos funcionários e empregados das diversas repartições e serviços públicos sem lei especial que a autorize. É igualmente proibida a inserção de qualquer despesa nova sem lei que previamente a tenha autorizado.*

Perante esta norma, importa, em primeiro lugar, atentar no facto de, por duas vezes, se fazer referência à *lei*, o que só pode ser entendido como uma referência à *lei em sentido material*, já que,

---

[208] Art. 24.º do Regulamento Geral da Contabilidade Pública, de 1870. Fica bem clara a concepção "governativa" que se atribuía ao Orçamento Geral do Estado, que, embora sendo apresentado às Câmaras para aprovação, não era apresentado como "projecto de Orçamento", mas como sendo um acto já elaborado de modo completo, carente (apenas) de uma aprovação parlamentar.

como se viu, o Orçamento era, ele próprio, aprovado por lei, juntamente com as leis anuais da fazenda. Na verdade, o que se pretende evitar é que uma mudança ao nível dos valores incluídos nos quadros e nos mapas orçamentais não tenha, na sua base, uma opção legislativa normativamente fundamentada.

Ao fazer referência à necessidade de uma *lei prévia* que autorize a despesa, concebe-se o Orçamento apenas como acto "pós-legislativo", sem, no entanto, ficar claro se a *lei prévia* podia, afinal, ser "contemporânea", ou seja, se a lei anual de fazenda que acompanha o Orçamento podia ser, precisamente, a lei fundamentadora e justificativa das despesas novas incluídas ou majoradas no Orçamento[209].

Outra das normas relevantes do Regulamento Geral de Contabilidade Pública é a que estabelece que *nenhuma proposta de lei será apresentada às Cortes, criando encargos para o tesouro, sem que, na mesma, se consignem quais são os novos recursos que devem fazer face a esses encargos*[210]. De facto, enquanto que no art. 50.º a preocupação legal se centrava na garantia de que fosse uma lei material a autorizar a despesa antes de esta ser orçamentada, aqui pretendia-se que essa lei material, além de criar a despesa, criasse, também, a receita financiadora, tendo esta norma, que ficaria conhecida como "lei-travão", ainda algumas deficiências técnicas que haveriam de ser supridas com as sucessivas leis reguladoras desta regra dirigida ao equilíbrio orçamental[211].

Foi pois com o Regulamento Geral de Contabilidade Pública de 1863, com o Regulamento de 1870 e, finalmente, com o Regulamento

---

[209] Esta parece, mesmo, ser a solução mais verosímil, tendo em conta a natureza materialmente legislativa da lei de receita e de despesa. O facto de, no art. 28.º do referido Regulamento, se prever que *a lei de autorização anual das receitas desenvolverá num mapa que a deve acompanhar, as diversas fontes de que procedem os rendimentos do Estado e a importância provável de cada um,* não parece ser um argumento decisivo para se julgar que a própria lei de autorização estivesse destituída de poder material normador.

[210] Art. 51.º do Regulamento.

[211] Na verdade, não se fazia aqui, ainda, qualquer referência limitativa à possibilidade de se apresentarem propostas legislativas, no sentido de diminuírem as receitas, sem se propor um corte correspondente ao nível das despesas. Fica, no entanto, clara a opção por uma lei-travão protectora do equilíbrio orçamental, já que se consagra, pela primeira vez, a regra da compensação entre receitas e despesas.

A *Investigação Histórica* 105

de 1881[212] que se procedeu a uma legalização, pelo menos em termos formais, do Orçamento Geral do Estado que, ao ser discutido e aprovado, em conjunto com as leis anuais de fazenda, embora destas se distinguisse, não só ao nível da consagração constitucional, como legal, haveria de beneficiar de uma forma e de um procedimento legislativo que a Constituição, de resto, não impunha.

Os Regulamentos de Contabilidade Pública são, nesta medida, os responsáveis pela introdução, entre nós, da divisão material que se haveria de tornar célebre, entre leis de autorização das receitas e das despesas e Orçamento Geral do Estado propriamente dito, distinção esta que terá a sua relevância jurídica dependente da aceitação do dualismo legislativo cuja construção doutrinal ainda não havia, à data, sido encetada[213].

Aprovada pela Carta de Lei de 20 de Março e destinada a alterar a legislação em vigor sobre Contabilidade Pública, a Lei de 2 de Abril de 1907 voltaria a dar indícios da natureza meramente compilativa que reservava para o Orçamento, apesar de aí já não constar, pelo menos de modo expresso, a diferença entre as leis autorizativas

---

[212] O Regulamento de Contabilidade Pública, de 31 de Agosto de 1881, tendo tido a sua origem na Lei de Contabilidade Pública, de 25 de Junho de 1881, é já um documento muito completo, contendo 377 artigos. De acordo com o art. 18.º do referido Regulamento, *as receitas e as despesas públicas de cada exercício são autorizadas por leis anuais de fazenda* e, nos termos do art. 19.º, *o Orçamento Geral do Estado é o documento onde são previstas e computadas as receitas e despesas anuais, competentemente autorizadas.* Relativamente à capacidade inovadora do Orçamento, é bem clara a determinação do art. 63.º, ao referir que *é proibido incluir no Orçamento do Estado toda e qualquer alteração nos quadros e vencimentos dos funcionários e empregados das diversas repartições e serviços públicos sem lei especial que a autorize. É, igualmente, proibida a inserção de qualquer despesa nova sem lei que previamente a tenha autorizado.* Frederico Furtado Morgado, *Legislação Orçamental e Contabilidade Pública*, 1936.

[213] Neste sentido, Lobo Xavier, *O Orçamento como Lei*, 1990, pág. 53 e 54, considerando que a legislação financeira da passagem do século XIX para o século XX revela *o Orçamento como plano contabilístico, ao qual as aludidas "leis de receita e despesa" emprestam força jurídica.* O referido autor manifesta a impressão de que essa diferenciação poderia ser *o reflexo do debate que agitou os publicistas do séc. XIX sobre a natureza jurídica do Orçamento.* Pese embora não proceda a uma análise da evolução deste conceito ao longo das várias leis financeiras, nomeadamente no que concerne à inflexão promovida pela lei de 1908, considera que *se a lei orçamental era encarada como uma lei meramente formal, compreendem-se bem os esforços tendentes a separar o Orçamento propriamente dito – com conteúdo "não legislativo" – do acto normativo que produz a sua aprovação.*

106   *A Lei por detrás do Orçamento*

da receita e da despesa e o Orçamento propriamente dito. Na verdade, na referida lei podia ler-se que *no Orçamento são descritas, sem excepção alguma, todas as receitas e despesas ordinárias e extraordinárias do Estado incluindo mesmo as das entidades públicas que tenham administração especial, podendo as despesas respectivas ser descritas em capítulos próprios*[214].

Quanto à norma relativa à lei-travão, previa-se, em termos mais rigorosos, mas também mais restritivos, que *não podem os membros das duas Câmaras, na discussão do Orçamento, apresentar quaisquer propostas que envolvam aumento de despesa ou diminuição de receita*. Esta nova formulação da lei-travão afasta-se da que era prevista no Regulamento Geral de Contabilidade Pública, tendo um âmbito material mais amplo, já que se proíbem, apenas durante a discussão da proposta de Orçamento, quer aumentos de despesa, quer diminuições de receita, sem se admitir, sequer, a existência de compensações entre umas e outras.

Se na passagem do Regulamento Geral de Contabilidade Pública para a Lei de 1907 se notam algumas evoluções e benfeitorias técnicas, haveria de ser com a entrada em vigor da Carta de Lei de 9 de Setembro de 1908[215] que se abriria uma nova etapa no tortuoso caminho relativo à atribuição de natureza normativa à Lei do Orçamento. Na verdade, com esta lei passava a prever-se que *a lei de receita e despesa, que aprova o Orçamento Geral do Estado, autoriza a arrecadação das receitas e descreve as despesas do Estado cons-*

---

[214] Art. 9.º da Carta de Lei de 20 de Março, alterando a legislação em vigor sobre a Contabilidade Pública, publicada no Diário do Governo, de 2 de Abril de 1907. A Lei de Contabilidade de 1907 foi considerada por Fernando Emygdio da Silva, *A Reforma do Orçamento em Portugal: Política e Técnica*, 1938, pág. 16, como sendo *o primeiro esforço para uma ordem nova* (...). Este autor critica, de resto, toda a evolução liberal em matéria de Finanças Públicas, considerando que *já se não podia falar, a bem dizer, de Orçamento: quando a sua preparação era atrabiliária, quando a votação nunca se fazia em consciência e a tempo, quando à execução presidia o mero arbítrio, quando a fiscalização era nula e quando os resultados nem mesmo se publicavam. Duodécimos provisórios e créditos suplementares vieram desfigurar, no seu tumulto, os Orçamentos mal estabelecidos. Deficits inconfessáveis foram dissimulados em operações de tesouraria. (...) Os diques, na verdade, transbordavam. E consolação inexistente: entre nós nem havia mesmo para nos embalar a toada de quaisquer fórmulas, ilusórias ou mentirosas. Tinham sido reduzidas a pó.*

[215] Carta de Lei de 9 de Setembro de 1908, publicada no Diário do Governo, de 12 de Setembro de 1908.

tantes das leis preexistentes[216], acrescentando-se, no parágrafo único, de forma mais ou menos esclarecedora, que *a lei de receita e despesa apenas pode abranger providencias de natureza secundária, que não tenham carácter permanente e sejam absolutamente necessárias para a gestão financeira do ano e execução do Orçamento. Essas providências, que devem constituir objecto de propostas especiais precedidas de relatório com parecer das comissões respectivas, são discutidas com o Orçamento e depois de aprovadas, inseridas na lei de receita e despesa*[217].

Com efeito, e para o que neste momento importa podem identificar-se três regras relevantes, na medida em que (i) as normas a incluir na lei de receita e despesa têm de assumir natureza secundária, (ii) tais normas não podem assumir carácter permanente e (iii) devem ser necessárias para a gestão anual e execução do Orçamento, adoptando-se, assim, uma receita minimalista em relação ao conteúdo possível da chamada *lei de receita e despesa*.

A referida lei tinha, pois, por fito a aprovação do Orçamento Geral do Estado, autorizando, por essa via, a cobrança das receitas e a efectivação das despesas nos termos exactos em que estas se encontrassem previstas em legislação avulsa, apenas se admitindo alguma criatividade ao nível das providências secundárias, temporárias e instrumentalmente necessárias. Se bem se atentar às expressões utilizadas, é aqui que, pela primeira vez, se faz uso de uma fórmula que haveria de fazer curso ao nível da legislação financeira e orçamental e que passa por remeter para as *leis preexistentes* (e como tal externas à própria lei da receita e da despesa/lei orçamental), a capacidade de intervenção normativa sobre receitas e despesas[218].

Cria-se, desta forma, com este dispositivo normativo de 1908, uma clivagem em face do conteúdo possível da lei, estabelecendo-se numa lei, (a que mais tarde se haveria de chamar reforçada), o conteúdo possível de uma outra lei, que não obstante gozar de forma e de procedimento adequado, estava impedida, pelo conteúdo e, sobre-

---

[216] Art. 11.º da Carta de Lei de 9 de Setembro de 1908.

[217] Esta norma era inspirada na legislação francesa da época, também esta muito afectada pela introdução de normas parasitárias juntamente com o Orçamento, como refere José Martinho Simões, *Finanças*, 1920, pág. 670.

[218] Neste sentido, Oliveira Martins, *Constituição Financeira*, 1984/85, pág. 320.

108 A Lei por detrás do Orçamento

tudo, pela função que lhe estava reservada no ordenamento jurídico, de inovar legislativamente[219/220].

Terminado o período monárquico voltar-se-iam a encontrar normas sobre a lei-travão na legislação emitida ao abrigo da Constituição republicana, sem que, no entanto, se assuma uma posição clara relativamente à concepção que se subscreve para a Lei do Orçamento. Na verdade, logo no art. 1.º da Lei de 1913[221] estabelece-se que *não*

---

[219] Armindo Monteiro, *Do Orçamento Português*, 1921, pág. 325, considerava, numa leitura ainda mais restritiva do que a que podia resultar do art. 11.º da referida lei, que, no caso de leis que, criando, por exemplo, serviços públicos, não previam, especificamente, no seu articulado, qual o montante da despesa a inscrever no Orçamento, tais verbas não podiam ser inscritas pois, nesse caso, a despesa não constava de *leis preexistentes*. Julga-se que não era essa a vontade legislativa, nem a interpretação correcta do enunciado normativo. Na verdade, o que se pretendia proibir era que a lei de receita e despesa fosse, ela própria, o único fundamento jurídico das verbas inscritas no Orçamento.

[220] Relativamente à lei-travão não se prevê nada de novo, pelo que se deve entender que permanecia em vigor o preceituado na lei de 1907. O objectivo da lei de 1908 era, de resto, desde logo, explicitado no seu título onde se referia que aquela era uma *lei estabelecendo e confirmando, com algumas modificações, dando-lhe carácter permanente, diversos preceitos sobre impostos, pessoal dos serviços públicos e outros que era de uso compreender na lei orçamental.*

[221] Lei de 15 de Março de 1913, *determinando várias providências sobre a promulgação ou execução de leis que envolvam aumento de despesa ou diminuição de receita,* publicada em 17 de Março de 1913. A referida lei tem a sua origem numa proposta do então ministro das Finanças, Afonso Costa, tendo Lobo Xavier, *O Orçamento como Lei,* 1990, pág. 64, considerado que esta *alterou o quadro constitucional da distribuição de funções, como justamente se fez notar durante os respectivos trabalhos preparatórios.* Na verdade, a generalidade da legislação financeira limitadora dos poderes do Parlamento assumia, à época, uma natureza inconstitucional, pese embora a inexistência, até 1911, de um sistema de apreciação da constitucionalidade dos actos legislativos. Sobre esta particularidade, veja-se, também, Alexandra Leitão, *Os Poderes do Executivo em Matéria Orçamental,* 1997, pág. 47. Defendendo a constitucionalidade da lei-travão face ao art. 26.º número 3 da Constituição de 1911 e ao imperativo de equilíbrio orçamental que deste artigo dimanaria, Armindo Monteiro, *Do Orçamento Português,* 1921, pág. 180 e segs. dá, no entanto conta das vivas divergências que este artigo suscitou no Congresso, onde foi considerado inconstitucional por vários parlamentares. Não se pode deixar de fazer uma referência à norma prevista no art. 6.º, que previa, se bem que igualmente ao arrepio das concepções da época, que, *quando o Orçamento apresentar deficit, não poderão os ministros ou deputados propor a revogação dos preceitos consignados nos artigos anteriores, e se ela tiver sido votada, considerar-se-á suspensa até que entre em vigor um Orçamento sem deficit.* Esta norma criava, assim, "avant la lettre", e sem base constitucional que a sustentasse, uma lei reforçada, que viria, justamente, a merecer reparos de Mesquita Carvalho, na sessão de 10 de Março de 1913, em que se discutiu o articulado, considerando-a *anticonstitucional e até uma inutilidade, porque o Parlamento pode revogá-la, por ser uma lei de carácter ordinário.*

podem os membros das duas Câmaras, durante o período da discussão do Orçamento Geral do Estado, apresentar quaisquer propostas que envolvam aumento de despesa ou diminuição de receita; e das que estiverem pendentes só poderão discutir-se e votar-se as que forem expressamente aceitas pela respectiva comissão de finanças, ouvido o Ministro das Finanças[222].

Esta norma, embora repita, parcialmente, a prevista no art. 13.º da Lei de 1907, vai, no entanto, mais longe no seu alcance potencial. Na verdade, tal como a inserção sistemática deixa adivinhar e dos debates parlamentares se pode deduzir[223], o que estava em causa era a impossibilidade de os deputados pretenderem, no momento em que se está a fixar orçamentalmente o conjunto das receitas e das despesas do ano seguinte, ainda incluir novas despesas ou diminuir as receitas através da aprovação de nova legislação, fazendo reflectir essas alterações de índole material e normativa no Orçamento Geral do Estado em discussão, alterando, para pior, o equilíbrio apresentado pelo Governo na proposta de Orçamento em discussão[224].

---

[222] Diga-se, desde logo, que não fica claro qual o padrão face ao qual se considera que há aumento de despesa ou diminuição de receita. Em abstracto, tal aumento ou diminuição poderia ser aferido face aos valores em vigor, ou face aos valores propostos pelo Governo na proposta apresentada. Esta norma teve, na sua génese, segundo Armindo Monteiro, *Do Orçamento Português*, 1921, pág. 173, o objectivo de *evitar a ressurreição de dúvidas sobre a interpretação a dar, na discussão do Orçamento, à apresentação de projectos que trouxessem aumento de despesa ou diminuição de receita.*

[223] Diário da Câmara dos Deputados, sessão de 7 de Março de 1913, pág. 16.

[224] Na verdade, parece ficar claro que o que se tinha em mente eram projectos de lei avulsos ao Orçamento e à respectiva lei orçamental, já que, na parte final do art. 1.º, se refere que, *das que estiverem pendentes* (propostas de alteração de receitas e despesas) *só poderão discutir-se e votar-se as que* (...). Também no parágrafo único se pode ler que, *se estas propostas já tiverem sido aprovadas na outra Câmara* (...). Isto não significa, porém, que os resultados dessas alterações não devessem ser objecto de orçamentação, daí surgindo o interesse em ver estas propostas aprovadas no momento em que se discutia o novo Orçamento para conseguir incluir os seus reflexos financeiros no Orçamento que se discutia. Era, no entanto, essa situação que a lei vinha, assim, expressamente proibir. Essa possibilidade era apenas permitida, tal como previsto no art. 8.º, no caso de as alterações legislativas terem como objectivo um aumento de receitas ou uma diminuição de despesas. Estas alterações não deveriam, no entanto, pelo menos ao nível das receitas, resultar de uma mera alteração dos valores orçamentalmente inscritos. Já quanto às despesas, admitia-se que a própria omissão ou redução de despesas orçamentalmente inscritas tivesse, depois, reflexos ao nível administrativo, sem necessidade de se alterarem as leis relativas a essa despesa, sobretudo quando as mesmas não fixavam, em termos estritos, o valor necessário para lhes fazer face, tal como decorre do art. 8.º da Lei de 15 de Março de 1913.

110   *A Lei por detrás do Orçamento*

Ainda relativamente aos limites dos poderes parlamentares em sede orçamental, a Lei de 15 de Março de 1913 previa, em termos inovadores, a dispensa do Governo de executar imediatamente as leis promulgadas posteriormente ao Orçamento que envolvessem aumento de despesa ou diminuição de receita, sempre que não tivessem sido criadas e realizadas receitas compensadoras, de forma a manter-se o equilíbrio orçamental fixado anualmente pelo Congresso[225].

Saliente-se, a terminar, que as limitações à lei do Orçamento estabelecidas a propósito da lei-travão no momento de discussão do Orçamento em nada afectam a capacidade normativa da respectiva lei, que surge, mesmo, como detentora de um valor reforçado face à legislação anterior. Na verdade, prevê-se, também, em termos inovadores, que, *durante a discussão do Orçamento, poderão aumentar-se as receitas e diminuir-se as despesas, mesmo com a supressão de cargos ou a redução de quaisquer vencimentos, mediante a aprovação de simples propostas pelo Congresso, ouvidas as comissões de Orçamento e Finanças, devendo a respectiva comissão de redacção inserir na lei do Orçamento Geral do Estado as disposições de execução permanente dessas resoluções*[226].

De acordo com esta norma, a lei do Orçamento Geral do Estado, aqui apelidada de *lei* pela única vez, era o local adequado para inserir as disposições de execução permanente que estivessem na base da vontade de alterar as receitas e as despesas, o que cauciona a natureza potencialmente normativa e materialmente densificada que se atribuía à lei do Orçamento do Estado, que, fora dos casos da lei-travão, podia mesmo ser a base legal justificativa da inserção no

---

[225] Art. 2.º da Lei de 15 de Março de 1913. Sobre o significado da expressão "criadas e realizadas", Armindo Monteiro, *Do Orçamento Português,* 1921, pág. 177.

[226] Esta norma foi objecto de vivas polémicas parlamentares. Para um resumo das posições em confronto, nomeadamente no que dizia respeito à possibilidade de se reduzirem os empregos públicos ou os vencimentos através da lei do Orçamento, Armindo Monteiro, *Do Orçamento Português*, 1921, pág. 169 e segs. Este autor cita, concordantemente, o ministro das Finanças, Afonso Costa, quando este defendia que era perfeitamente constitucional suprimir empregos públicos e reduzir vencimentos, não havendo qualquer inconveniente em que tal acção fosse efectivada através da lei do Orçamento, já que em parte alguma se exigia lei especial para promover tais reduções ao nível das despesas. Segundo José Martinho Simões, *Finanças,* 1920, pág. 670, com esta lei *permitem-se expressamente as disposições parasitárias.*

A *Investigação Histórica*   111

Orçamento de verbas relativas à receita e à despesa, afastando, assim, o critério da vinculação às leis preexistentes[227].

No mesmo contexto, a Lei n.º 954, de 22 de Março de 1920[228], embora não inovando em termos decisivos face ao que já estava consagrado na lei de 1913, não deixa, no entanto, de dar mais um passo no sentido da materialização da lei do Orçamento, explicitando que durante a discussão do Orçamento poderiam aumentar-se as receitas pela alteração das taxas respectivas, bem como diminuir-se as despesas, mesmo que, com essas alterações estritamente financeiras, se provocasse a supressão de cargos, ou a redução de quaisquer vencimentos[229].

Do mesmo modo se previa que, quando a redução das dotações de quaisquer serviços públicos impusesse a remodelação destes, o Governo adoptaria as providências necessárias para que os serviços se reorganizassem, adaptando-os às dotações orçamentais que lhes tivessem sido consignadas, desta forma impondo que fossem os serviços da administração a adaptarem-se ao Orçamento e não o Orçamento a espelhar as exigências da administração[230].

Fica, assim, claro que não só pode a lei do Orçamento incluir normas materiais que, depois, se venham a reflectir, em termos financeiros, no Orçamento, como podem, desde logo, as alterações legislativas resultarem como consequência das alterações orçamentais introduzidas. Na verdade, admite-se aqui, pela primeira vez no Direito orçamental português, o que havia sido negado, anos antes, de modo

---

[227] Neste caso, estar-se-ia perante aquilo a que se poderia chamar de "lei contemporânea". Veja-se, em sentido aparentemente concordante, Oliveira Martins, *Constituição Financeira*, 1984/85, pág. 320.

[228] Lei n.º 954, de 22 de Março de 1920, proibindo aos membros do Congresso a apresentação de quaisquer propostas de aumento de despesa ou diminuição de receita, desde a apresentação do Orçamento até à sua aprovação. Antes desta lei, refira-se, ainda, o Decreto n.º 5:519, de 8 de Maio de 1919 que reorganiza os serviços da Contabilidade Pública.

[229] Art. 2.º da Lei n.º 954, de 22 de Março de 1920.

[230] Art. 2.º, parágrafo 2.º, da Lei n.º 954, de 22 de Março de 1920. Refira-se que, nos termos do art. 2.º parágrafo 1.º, *as quantias correspondentes aos aumentos de receitas e às reduções de despesa* (únicas admitidas, nos termos do art. 1.º, desde a apresentação do Orçamento Geral do Estado até à sua aprovação final) *provenientes da discussão do Orçamento serão destinadas a diminuir a diferença prevista entre as receitas e as despesas gerais do Estado, não podendo, portanto, servir de compensação a quaisquer novos encargos orçamentais.*

112   A Lei por detrás do Orçamento

veemente, por Laband, aceitando-se que, pelo simples jogo da distribuição das verbas orçamentais, se consigam objectivos materiais
com influência decisiva nas leis, nas instituições e na administração
pública do país[231].

Antes de se terminar esta análise, impõem-se algumas conclusões que confiram unidade à profusão de normas enquadradoras da
legislação orçamental sucessivamente vigentes durante o constitucionalismo liberal. Com efeito, depois de uma breve abordagem das

---

[231] Importa ainda referir, pelo radicalismo das suas soluções, o regime previsto pela
Lei n.º 1648, de 11 de Agosto de 1924. Esta lei previa medidas de emergência, com uma
aplicação restrita até ao final do ano económico que estava em curso (1924/1925), permitindo ao poder executivo suspender a execução de qualquer diploma, emanado deste poder ou
do poder legislativo, do qual resultasse aumento de despesas, autorizando-se, ainda, o poder
executivo a *reduzir despesas, eliminando ou reduzindo qualquer dotação inscrita nos
Orçamentos do Estado quando a respectiva despesa possa, sem graves inconvenientes, ser
adiada ou suprimida, ainda que pela remodelação e simplificação dos serviços.* Com esta
lei impedia-se que os deputados ou os senadores pudessem apresentar projectos ou propostas de lei que, envolvendo aumento de despesa ou diminuição de receita, não contivessem
previsões de receitas compensadoras, podendo o executivo não dar execução às leis que,
eventualmente, viessem a ser aprovadas em contravenção a esta regra. Em termos excepcionais, e ao arrepio da tradição da legislação-travão, consagrava-se, igualmente, que, durante o
ano económico em curso, também os ministros não podiam apresentar propostas que envolvessem aumento de despesa, sem criação cumulativa de receita compensadora. O art. 6.º
desta Lei previa, por fim, a revogação de toda a legislação em contrário, devendo, julga-se,
dada a sua natureza transitória, entender-se que a legislação anterior apenas se considerava,
efectivamente, suspensa. Finalmente, importa ainda ter presente os decretos ditatoriais n.º
15:465, de 14 de Maio de 1928 e n.º 16:670, de 27 de Março de 1929. O primeiro diploma
promulgou a reforma orçamental e criou, relativamente ao triénio iniciado em 1928/29, o
período de reconstituição financeira e económica, determinando, no art. 22.º número 2, que,
durante esses anos, não poderiam ser criadas, sem o acordo do ministro das Finanças,
nenhumas novas despesas públicas, nem *nenhumas receitas novas que representem de
qualquer modo um recurso ao contribuinte.* O Decreto n.º 16:670, de 27 de Março de
1929, por sua vez, estabeleceu as bases a que deveria obedecer a elaboração dos Orçamentos de todos os ministérios, criando, igualmente, a Intendência Geral do Orçamento, por
cujo intermédio o Ministro das Finanças fiscalizaria a preparação e execução do Orçamento,
competindo-lhe, ainda, avaliar a correcção económica das despesas. Uma das notas curiosas
desta legislação prende-se com o parágrafo 2.º do artigo 2.º, onde se previa que *os quantitativos das verbas correspondentes às despesas com a dívida pública e a Presidência da
República serão os que resultarem da aplicação das leis preexistentes e em caso nenhum
poderão ser modificados.* Com esta norma acabava por se estabelecer, para dois casos
totalmente distintos, uma espécie de *consolidated fund* radical, por impedir qualquer intervenção parlamentar nesses domínios, assim reconduzindo a acção do Parlamento a uma
função de mera ratificação.

A *Investigação Histórica* 113

normas financeiras mais significativas fica clara a tendência (acentuada) de progressiva "legalização material" do Orçamento do Estado. Na verdade, ao promover-se a junção entre as propostas de lei de autorização da receita e da despesa e o Orçamento Geral do Estado acabou por se arrastar este último do seu lugar constitucional de mero acto compilador da legislação relativa a despesas e receitas (e que, por isso mesmo, não exigia forma legal), para o domínio da legalidade, com todas as potencialidades que tal opção sempre acarreta. A seu tempo se verá como a maior relevância da reserva de lei permitiu diminuir a relevância da reserva de Parlamento.

Desta junção entre a legislação de despesas e receitas e o Orçamento Geral do Estado haveria de resultar, paulatinamente, uma densificação da lei autorizadora que, aos poucos, passa a ser, ela própria, lei criadora de receitas e despesas ou, pelo menos, alteradora das disposições aprovadas pelo Parlamento, de modo avulso, ao longo do ano. Concomitantemente o Orçamento deixa de ser um mero repositório de cifras relativas à legislação preexistente, para reflectir as alterações que a lei do Orçamento estabelecia, chegando-se mesmo ao ponto de serem as verbas orçamentadas a determinar as necessárias reorganizações orgânicas e materiais que haveriam de ser legitimadas por posteriores alterações legislativas efectuadas com o objectivo de adaptarem os serviços da administração à nova distribuição orçamental das verbas.

Com estas alterações e com a introdução de normas parasitárias juntamente com a lei do Orçamento (beneficiando da forma e do procedimento legal) cria-se uma relação de imediatismo entre a lei do Orçamento e o Orçamento propriamente dito, deixando, em rigor, de se poder falar (com excepção da legislação de 1908) da vinculação do Orçamento às leis preexistente, para se passar a referir à vinculação face às leis preexistentes ou contemporâneas com o Orçamento[232].

---

[232] Veja-se o exemplo apresentado por Armindo Monteiro, *Do Orçamento Português*, 1921, pág. 120, quando refere o caso da venda de bens nacionais. Nos termos do art. 26.º número 3 da Constituição de 1911, a referida venda tinha de ser decretada pelo Parlamento, o que leva o autor a concluir que a autorização parlamentar de venda não se pode considerar efectuada pela mera inclusão da verba relativa na lista das receitas orçamentais. Aceita, no entanto, que a autorização de venda seja dada anteriormente ao Orçamento ou que possa, no limite, *fazer parte da própria lei de receita e despesa*.

114   *A Lei por detrás do Orçamento*

Atingia-se, por isso, com o final do Constitucionalismo liberal, o máximo de materialização do Orçamento, o que, em abstracto, não deveria ser motivo de reparo, tendo em conta o parlamentarismo de assembleia criado pela Constituição de 1911, mas, em concreto e face ao exemplo dado por outros países beneficiários de sistemas parlamentares, se explica, em grande parte, pela diminuta influência que a doutrina do dualismo legislativo e a polémica sobre a crise orçamental prussiana tiveram nos textos constitucionais e legais do liberalismo português.

Estritamente nacional parece ser, também, a origem e o desenvolvimento das sucessivas disposições-travão tendentes a refrear o prodigalismo e a desorganização financeira do liberalismo português acentuado pela experiência parlamentar da Iª República[233], o que resulta clarividente da obra de Armindo Monteiro, quando, referindo--se ao poder parlamentar de aprovação do Orçamento, esclarece, não sem réstia de ironia, que este, *em tese está bem – é lógico e é de uma elevação doutrinal que seduz.* O problema, refere-o mais adiante, é que *as instituições são uma coisa e os homens são outra – e bem diferente*[234].

Com efeito, é pela crítica à irresponsabilidade parlamentar ao nível financeiro[235] e pela premente lição da prática política que a doutrina começa, com as suas interpretações criativas da Constituição e da Lei[236], a abrir caminho para a ruptura constitucional que se

---

[233] Vejam-se as palavras duras de Armindo Monteiro, *Do Orçamento Português*, 1921, pág. 151 e segs., quando criticava a opção parlamentar de introduzir ao projecto de Orçamento apresentado pelo Governo *alterações profundas que lhe mudam a estrutura, lhe transtornam a economia e o equilíbrio.* Segundo o autor, *os Parlamentos são para legislar, não para administrar. O estabelecimento da receita e da despesa pertence ao executivo. O Legislativo sanciona e fiscaliza a obra feita. O mais é o caos.* (...) *Com que autoridade moral vão exigir ao Executivo contas severas da administração do património nacional, Câmaras que votaram despesas, cortaram receitas, intervieram activamente na direcção das coisas financeiras? A condenação do Executivo seria a condenação das próprias Câmaras.*

[234] Armindo Monteiro, *Do Orçamento Português,* 1921, pág. 151.

[235] Do mesmo modo, veja-se, igualmente, Marnoco e Souza, *Constituição Política da República Portuguesa – Commentario,* 1913, pág. 455, considerando que *as assembleias legislativas têm uma tendência acentuada para a dissipação e a prodigalidade* (...). Neste contexto, *deve dar-se iniciativa* (no caso orçamental) *a uma autoridade responsável, como é o Governo, e retirá-la a uma assembleia irresponsável, como é o Parlamento.*

[236] Armindo Monteiro, *Do Orçamento Português,* 1921, pág. 152, refere-se, elucidativamente, à necessidade de *harmonizar a lei com a lição dos factos.*

A Investigação Histórica

adivinhava, alertando para as vantagens de um minimalismo competencial do Parlamento ao nível financeiro justificado com o facto de a aprovação do Orçamento se destinar a *obter uma sanção de soberania e não à organização de um plano técnico*[237].

Na verdade, estão já, nesta altura, longe os tempos e as circunstâncias que justificaram a atribuição ao Parlamento da competência de aprovação do Orçamento e estando a luta pela convocação regular e periódica das Cortes definitivamente ultrapassada, o que resta é uma "esquizofrenia" entre o órgão que aprova o regime das receitas e das despesas e aquele que, depois, vai ser responsável pela execução desse mesmo regime. É, pois, esta dualidade que se pretende salientar quando se afirma que, *por um lado quem tem as responsabilidades da execução vê modificadas todas as suas intenções, por outro, quem as impõe sabe de antemão que as dificuldades da prática não cairão sobre os seus ombros*[238].

A aprovação parlamentar do Orçamento apenas pode funcionar no caso de não haver divergências políticas entre a maioria do Parlamento e o Governo, o que, mesmo num regime parlamentar como o da Iª República, estava longe de se poder garantir, não sendo suficiente o aumento da rigidez da lei-travão como forma de impedir os poderes parlamentares de interferirem na conformação material das receitas e despesas orçamentais[239].

A verdade é que os resultados práticos da atribuição de poderes orçamentais ao Parlamento são, na Iª República, bem visíveis pela desorganização das Finanças Públicas e pela crescente intervenção avulsa dos parlamentares no plano orçamental do Governo. O Orçamento, que tinha sido o "ex libris" dos poderes parlamentares e do liberalismo, seria, menos de cem anos depois, o seu "requiem".

---

[237] Armindo Monteiro, *Do Orçamento Português*, 1921, pág. 152.

[238] Armindo Monteiro, *Do Orçamento Português*, 1921, pág. 152. Sobre o conteúdo dos debates orçamentais durante a I.ª República veja-se, com muito interesse, Nuno Valério, Ana Bela Nunes, Carlos Bastien e Maria Eugénia Mota, *Os Orçamentos no Parlamento Português*, 2005, pág. 121 e segs,

[239] Por mais que a doutrina se esforçasse para conseguir o intento de diminuir o poder interventivo da lei do Orçamento e, assim, mediatamente, limitar a capacidade dominadora do Parlamento, o certo é que a atribuição ao Orçamento da forma de lei parlamentar era um factor determinante, que só a radical alteração introduzida pela Constituição de 1933 haveria de conseguir dominar.

116 *A Lei por detrás do Orçamento*

Ao afirmar que *os Parlamentos são para legislar, não são para administrar* [240], Armindo Monteiro resume todo um espírito de mudança que correria a Europa, deixando marcas, mais ou menos visíveis, em todas as Constituições e que teria, em Portugal, o seu momento de concretização com a Constituição de 1933, no seguimento, aliás, de um consenso doutrinal. Na verdade, sente-se da leitura da doutrina contemporânea um desfasamento face à realidade constitucional e legal do liberalismo, em prol de uma aproximação em torno do diapasão herdado da Alemanha, (chegado a Portugal por intermédio de Itália e de França), no sentido de defender, ao arrepio de todas as evidências, a natureza não legislativa e meramente formal da lei do Orçamento[241].

c) *O Direito Orçamental na Doutrina liberal*

Sempre que se queira analisar o conceito de lei vigente durante o constitucionalismo liberal importa reter os nomes de Marnoco e Souza, de Fezas Vital e de Armindo Monteiro. Assim, pela valia das suas obras e pela representatividade das opiniões incidentes sobre a natureza jurídica da lei, em geral, e da lei do Orçamento, em especial, torna-se fundamental trazer, para esta dissertação, o contributo destes três autores.

Marnoco e Souza, com efeito, dedica-se, em duas das suas obras, a uma análise do Direito orçamental português[242]. O referido autor, depois de proceder a um brevíssimo resumo da divergência doutrinal relativamente ao conceito formal e material de lei[243], considera

---

[240] Armindo Monteiro, *Do Orçamento Português,* 1921, pág. 153.

[241] Segundo Armindo Monteiro, *Do Orçamento Português,* 1921, pág. 156, *as Câmaras ou aprovam ou rejeitam o Orçamento. Mais nada. Neste campo o resto é com a administração – da sua iniciativa, da sua responsabilidade.* Para o autor, a especificação das despesas era uma competência governativa e a das receitas já havia sido feita pelo Parlamento em sede de legalidade tributária, não havendo razão para repetições.

[242] Marnoco e Souza, *Direito Político,* 1910 e *Constituição Política da República Portuguesa – Commentario,* 1913. Do mesmo autor, oferecendo uma visão global sobre as diversas facetas das Finanças Públicas, ainda que sem analisar, em especial, a lei do Orçamento, Marnoco e Souza, *Tratado de Sciência das Finanças,* 1916.

[243] Marnoco e Souza, *Direito Político,* 1910, pág. 394, considera que *a nossa Carta Constitucional parece inclinar-se para a admissão deste conceito* (conceito de lei formal). *É assim que o artigo 13º da Carta preceitua que o poder legislativo compete às Cortes com a sanção do rei.* O autor não põe, porém, de lado a hipótese de *que se possa dizer que tal artigo se limita a afirmar o princípio de que são dois os órgãos do poder legislativo, as Cortes e o rei.*

A *Investigação Histórica*   117

que o conceito material de lei, segundo o qual *devem-se considerar leis, unicamente, as providências emanadas do Estado contendo a declaração de direito (...) vai ganhando cada vez mais terreno*[244].

Marnoco e Souza adere a uma concepção que vê o poder executivo como o poder residual, devendo incluir-se na função executiva todos os actos que não possam ser atribuídos à função legislativa ou judicial, que gozariam, assim, de uma espécie de tipicidade[245], aca-

---

[244] Para o autor, em *Direito Político*, 1910, pág. 395, o conceito material de lei deve ser atribuído à *ciência moderna*, acrescentando, ainda, em manifesta colagem às doutrinas dualistas, que, *há sempre lei, e há somente lei, quando um acto praticado por um governante declara uma regra de direito*.

[245] Para Marnoco e Souza, *Direito Político*, 1910, pag *396 as leis impróprias são leis unicamente sob o ponto de vista formal. Não entram na função legislativa. Pertencem por exclusão de partes à função executiva, visto também não poderem ser compreendidas na função judicial.* Apesar disso, na rubrica dedicada aos *limites do poder legislativo*, o autor apenas refere o Direito Constitucional e *as condições de existência e de desenvolvimento da sociedade*, não autonomizando qualquer reserva judicial ou administrativa. Esta visão limitada do poder legislativo, a par de uma concepção residual do poder executivo, não colhe, porém, sustentação num sistema de parlamentarismo de Assembleia, com fortes limitações aos poderes executivos do Governo, como o consignado na Constituição de 1911, sendo mesmo duvidoso considerar a existência, como o autor defende, em *Constituição Política da República Portuguesa – Commentario*, 1913, pág. 468, de uma reserva de executivo fora do caso da execução estrita das leis. Marnoco e Souza não é, de resto, claro na separação entre a sua preferência doutrinal sobre a relação entre o Poder Legislativo e o Executivo e a explicação sobre qual a opção Constitucional relativamente a essa polémica. Assim é que, na mesma *Constituição Política da República Portuguesa – Commentario*, 1913, refere, na pág. 448, que *o n.º 3 do art. 47.º* (promulgar e fazer publicar as leis e resoluções do Congresso, expedindo os decretos, instruções e regulamentos adequados à boa execução dos mesmos) *também não admite regulamentos senão para a boa execução das leis.* Mais adiante, porém, na pág. 468, refere que *as leis são mais propriamente limites jurídicos dentro dos quais o poder executivo se pode mover livremente. O poder executivo é perfeitamente soberano no domínio que elas demarcam. (...) o primado político do poder legislativo não pode anular a iniciativa e a liberdade próprias da função que o poder executivo é chamado a desempenhar na vida do Estado.* Estas passagens são, de resto, aproveitadas por Paulo Otero, *O Poder de Substituição em Direito Administrativo*, 1995, pág. 333, como justificação para a defesa, por Marnoco e Souza, da natureza autónoma e não meramente executiva do poder do Governo no âmbito da Carta Constitucional de 1926. Acontece, porém, que, embora Paulo Otero cite as palavras de Marnoco e Souza, colhendo-as da sua obra *Direito Político*, 1910, pág. 691, escrita ao abrigo da referida Carta Constitucional, o certo é que Marnoco e Souza as repete, literalmente, na sua obra *Constituição Política da República Portuguesa – Commentario*, 1913, em que procede a um comentário à Constituição de 1911, sendo que, como é evidente, existem diferenças não negligenciáveis entre os dois textos constitucionais, também, relativamente aos poderes conferidos ao executivo.

bando por concluir *que o carácter de um acto não pode variar segundo o órgão ou agente que o pratica*[246].

Para Marnoco e Souza a atribuição ao Parlamento de competências que, em rigor, lhe deveriam escapar, se bem que compreendida dentro das contingências inerentes à evolução histórica e ao percurso autonómico dos Parlamentos face ao absolutismo monárquico, nomeadamente ao nível financeiro, não deixava de ser considerada, em termos dogmáticos, mais próximos da doutrina dualista de além fronteiras do que do constitucionalismo vigente, como uma intromissão parlamentar num domínio executivo[247].

Uma das características da obra de Marnoco e Souza resulta do facto de a distinção entre a mera interpretação do conceito de lei vigente no Constitucionalismo português e as suas preferências doutrinais, ainda que não reflectidas nos textos vigentes, não serem total-

---

Uma visão que parece mais consentânea com o preceituado na Constituição de 1911 encontra-se em Fezas Vital, *A Noção de Lei no Direito Constitucional Português*, 1923, pág. 17. O autor, pronunciando-se sobre os regulamentos executivos, considera que *estes serão sempre, sob pena de inconstitucionalidade, regulamentos secundum legem, isto é, regulamentos que numa lei a executar encontram o seu fundamento e os limites da sua validade constitucional, e cujo destino consistirá em desenvolver e completar, em vista da sua execução, os princípios estabelecidos na lei exequenda*. Fezas Vital nega, assim, a admissibilidade de matérias susceptíveis de disciplina regulamentar autónoma, ainda que os respectivos regulamentos respeitassem as leis existentes, considerando inconstitucionais todos os regulamentos *praeter legem*. Para o autor (pág. 35), *não há matérias cuja regulamentação seja, na ausência da lei, permitida aos regulamentos, assim como não há matérias nem medidas que, querendo-o a lei, deles não possam constar.*

[246] Marnoco e Souza, *Direito Político*, 1910, pág. 395, dá mesmo como exemplo o caso do Orçamento, considerando ter este acto um carácter próprio, qualquer que fosse o órgão que o emanasse, pelo que teria, sempre, natureza administrativa, mesmo se votado pelo Parlamento.

[247] Marnoco e Souza, *Constituição Política da República Portuguesa – Commentario*, 1913, pag 397, refere-se a uma ingerência do Parlamento no exercício de atribuições que são próprias da função executiva. O autor pronuncia-se ainda sobre a teoria de Laband e de Jellinek sobre as características da lei em sentido material, discordando do facto de, para estes autores, *uma disposição que modifica a esfera jurídica do Estado ou de um indivíduo, mesmo sob um ponto de vista particular, poder ser considerada lei em sentido material.* Para Marnoco e Souza, *Constituição Política da República Portuguesa – Commentario*, 1913, pag 399, pese embora a diferença entre leis jurídicas e leis naturais, *não se pode concluir que as leis jurídicas não devam ser regras gerais, visto serem normas reguladoras das relações sociais.* Em sua opinião, assim se aproximando de Duguit, *são dois os caracteres essenciais das leis: a lei é uma regra geral; a lei é uma regra obrigatória.*

mente claras, assim se justificando que considere decorrer do texto constitucional que, *toda a deliberação do Congresso, isto é, das duas Câmaras é uma lei, quaisquer que sejam os seus caracteres intrínsecos*[248] acrescentando, depois, que a *divisão formal dos poderes do Estado é de difícil compreensão,* defendendo, ao invés, uma divisão material dos poderes de acordo com a sua *natureza intrínseca.* Assim, ao mesmo tempo que afirma que *a lei não é produto arbitrário da vontade do legislador ou a expressão do seu capricho mas a reprodução dum principio jurídico* (...), conclui que, *como já notámos a Constituição adoptou a divisão formal dos poderes e não a material. Muitas providencias e entre elas a da aprovação do Orçamento não se poderiam considerar leis, visto não conterem regras de Direito. Seriam meras resoluções*[249/250].

Referindo-se, especificamente, ao Orçamento do Estado, Marnoco e Souza defende que *o Orçamento é um plano de política, um programa de governo para o período financeiro*[251], pelo que não se deve estranhar que, depois de uma breve exposição das três teses sobre a possível natureza jurídica do Orçamento, venha defender, no encalce da *teoria seguida pela maioria dos escritores alemães, franceses e italianos*[252], precisamente aquela que nega a natureza materialmente legislativa à lei do Orçamento e que considera que este acto é uma lei meramente formal[253].

---

[248] Marnoco e Souza , *Constituição Política da República Portuguesa – Commentario,* 1913, pág. 221.

[249] Marnoco e Souza, *Constituição Política da República Portuguesa – Commentario,* 1913, pág. 229 e pag. 404.

[250] Marnoco e Souza, *Constituição Política da República Portuguesa – Commentario,* 1913, pág. 231, considera que a definição do poder legislativo prevista no art. 7.º da Constituição é, exclusivamente, formal, mas, contraditoriamente, considera (pág. 396), que no art. 26.º *se toma a lei em sentido material, desde o momento em que se contrapõe a função de elaborar leis a outras funções que não constituem declaração de direito.* Apesar da importância do pensamento deste autor não se pode deixar de manifestar alguma perplexidade pelo facto de, por vezes, se entrechocarem, sem clareza evidente, as vontades de *iure condendo* do autor, com as verdades *de iure condito* da Constituição.

[251] Marnoco e Souza, *Constituição Política da República Portuguesa – Commentario,* 1913, pág. 414.

[252] Marnoco e Souza, *Constituição Política da República Portuguesa – Commentario,* 1913, pág. 418.

[253] De acordo com o autor, e no seguimento da obra de Jèze, haveria que distinguir na doutrina: (i) os que consideram que *o Orçamento é sempre uma lei,* (ii) os que consideram

Dez anos passados sobre a obra de Marnoco e Souza, surge, pela mão de Fezas Vital[254], um importante contributo para a compreensão do conceito de lei no Direito português relativo ao constitucionalismo liberal. O referido autor, depois de apresentar um resumo das várias teorias sobre a natureza da lei, procede a uma análise do conceito de lei tal qual previsto na Constituição de 1911, concluindo que esta consagra uma noção formal de lei. Segundo Fezas Vital, *a noção constitucional de lei assenta sobretudo em elementos de natureza formal*[255], pelo que o exercício da competência legislativa pelo Congresso mais não significava do que *competência para expedir os diplomas que não necessitam de outros em que se fundem para terem validade constitucional, diplomas que se imporão definitivamente ao órgão incumbido de os executar, órgão que, mediante regulamentos, poderá completá-los e desenvolvê-los*[256].

Não obstante referir que as leis se caracterizam e se diferenciam de todos os outros actos públicos pela sua eficácia e poder de iniciativa, e não pelo seu conteúdo, Fezas Vital não deixa, igualmente, de manifestar a sua preferência pelo conceito material de lei fundada no critério da generalidade, ao considerar que, em termos doutrinários, desta orientação exclusivamente formal do conceito de lei se afastava a generalidade dos autores[257].

---

que não se podendo apreciar o Orçamento na generalidade, para efeitos de atribuição de uma natureza jurídica unitária, importaria considerar que, relativamente às despesas, era uma simples operação administrativa de avaliação e no que respeita às receitas, apenas no caso de estas estarem sujeitas a aprovação anual, seria uma verdadeira lei e (iii) os defensores da tese, com a qual manifesta concordância, face à qual o Orçamento não era, nunca, no sentido material, uma lei. O autor manifesta-se, também, defensor de uma visão minimalista do Orçamento, bem ao sabor da legislação contemporânea (Lei de 9 de Setembro de 1908), considerando que a sua visão sobre a natureza jurídica do Orçamento pressupunha que *no Orçamento não entram disposições parasitárias, isto é, estranhas à sua função própria, que é simplesmente de estabelecer as receitas e fixar as despesas em harmonia com as leis preexistentes.* Considera, inclusivamente, citando Jèze e Duguit, que a aprovação anual dos impostos não passa de uma *condição do exercício desta competência dos agentes administrativos.*

[254] Fezas Vital, *A Noção de Lei no Direito Constitucional Português*, 1923, procede a uma análise do conceito de lei formal e de lei material, convocando alguns dos autores mais representativos de cada uma das Escolas e demonstrando conhecer as divergências doutrinárias europeias sobre qual o melhor critério de regra de Direito.

[255] Fezas Vital, *A Noção de Lei no Direito Constitucional Português*, 1923, pág. 33.

[256] Fezas Vital, *A Noção de Lei no Direito Constitucional Português*, 1923, pág. 19.

[257] Isso mesmo fica patente em Fezas Vital, *Do acto jurídico*, 1914, pág. 96, onde o autor manifesta uma preferência pelo conceito material de lei, ao afirmar que *alguns escritores*

A *Investigação Histórica* 121

Finalmente, também Armindo Monteiro, na primeira monografia portuguesa sobre o Orçamento Português, se pronuncia sobre a natureza jurídica da lei em geral, e da lei do Orçamento em particular. Para Armindo Monteiro, o Orçamento condensa um elemento jurídico, um elemento económico e um elemento político[258], sendo, juridicamente, um *acto condição*[259]. O Orçamento, intrinsecamente, não era, deste modo, uma verdadeira lei, beneficiando, porém, da forma legislativa, o que, na sua opinião, apesar de lhe conferir determinados efeitos jurídicos, não lhe alteraria a natureza jurídica[260].

---

só vêem actos legislativos nas manifestações de vontade do Parlamento. Só o Parlamento, órgão de soberania, pode fazer leis. Os actos criadores de situações jurídicas objectivas, mas emanados dum agente administrativo, são actos administrativos e não legislativos. É o critério formalista, por nós já condenado, em toda a sua pureza. Para o autor, pelo contrário, *o acto legislativo tem um conteúdo e uma natureza intrínseca que o caracterizam e que são independentes da natureza e qualidade do seu autor.* Fezas Vital assume-se, mesmo, mais "Labandiano" do que o próprio Laband ao referir: *será o regulamento um acto legislativo? Respondemos sem hesitar: é.*

[258] Armindo Monteiro, *Do Orçamento Português*, 1921, pág. 169. Para o autor, Orçamento *é a previsão das necessidades económicas do Estado e do seu modo de satisfação durante um certo período feita pelos órgãos e pela forma legalmente designada e representando um acto condição de regularização de competências financeiras e de regular dispêndio e arrecadação das quantias previstas.* Para uma análise das várias definições de Orçamento apresentadas pela doutrina europeia dos finais do século XIX, Manoel Duarte, *Questões de Finanças*, 1893, pág. 29 e segs.

[259] Armindo Monteiro, *Do Orçamento Português*, 1921, pág. 112. No mesmo sentido, Seidler, *Budget und Budgetrecht im Staatshaushalt der konstitutionellen Monarchie mit besonderer Rücksichtnahme auf das österreichische und deutsche Verfassungsrecht*, 1885; Jellinek, *Gesetz und Verordnung*, 1887; Matton, *Précis de Droit Budgétaire Belge*, 1908 e, sobretudo, Jèze, *Traité de Science des Finances, le Budget*, 1910. A preferência pela doutrina de Jèze é, de resto, notória na generalidade da doutrina portuguesa contemporânea do liberalismo e, mesmo, posteriormente. Assim, José Martinho Simões, *Finanças*, 1920, pág. 634 e segs.; João Pereira Netto, Lições de Finanças, (conforme as prelecções do Exm.º Senhor Doutor Oliveira Salazar), 1922, pág. 70 e segs.; Aragão Teixeira e Braz Rodrigues, *Ciência das Finanças e Direito Fiscal (em harmonia com as prelecções do sr. Prof. Doutor Fernando Emygdio da Silva)*, 1933, pág. 96 e Afonso Henriques, Consuelo Figueira e Teixeira Jardim, *Ciência das Finanças e Direito Fiscal (segundo as prelecções do sr. Prof. Doutor Fernando Emygdio da Silva)*, 1935, pág. 225.

[260] Para Armindo Monteiro, *Do Orçamento Português*, 1921, pág. 112, *o Orçamento é votado pelo Parlamento, reveste por vezes a forma de lei. Será uma lei? Intrinsecamente não o é, já o demonstrámos: tem em geral a forma de lei da qual derivam determinados efeitos. Estes é que nem ao de leve alteram a sua natureza jurídica.* Um dos efeitos jurídicos seria, para Armindo Monteiro (pág. 116), a atribuição de força jurídica legal, *já*

122 *A Lei por detrás do Orçamento*

Depois de se proceder a uma breve recensão da obra destes três autores, inequivocamente representativos do constitucionalismo liberal, pode concluir-se pela existência de um desnível acentuado entre a noção de lei efectivamente em vigor na Constituição de 1911, bem como em todo o Constitucionalismo liberal anterior, inclusivamente durante a vigência da Carta Constitucional, e o patrocínio, ao nível doutrinário, da teoria Labandiana do dualismo legislativo, aplicado, primacialmente, a propósito da natureza jurídica do Orçamento de Estado[261].

Se esta doutrina, bem como a vontade de diminuir os poderes orçamentais do Parlamento, já se encontrava enraizada nos nossos autores mais representativos, só faltava uma oportunidade para levar à prática tais anseios e, finalmente, trazer para o texto constitucional português um acervo normativo limitador dos poderes parlamentares sobre o Orçamento do Estado, empurrando para os domínios do Executivo e dos actos que este poder maneja, a competência para

---

que o Orçamento tem a mesma força obrigatória que as outras leis; só pode ser alterado ou revogado por via legislativa. O autor não atribui, ainda assim, ao Orçamento uma força de lei activa que permitisse que este acto pudesse criar normas legais ou alterar e revogar normais legais anteriores. De qualquer das formas, acaba por admitir tal possibilidade ao longo da sua obra. Assim, vejam-se os exemplos que dá (pág. 330) quando recorda que, de acordo com algumas leis fiscais, se prevê, desde logo, que a alteração das respectivas taxas se faça na lei do Orçamento. Do mesmo modo, fica clara a sua posição quando critica a doutrina de Von Martitz (pág. 99), considerando *que negar que o Orçamento, publicado sob a forma de lei, tenha o poder jurídico de revogar outras leis – e consequentemente de ser revogado por elas – é tomar uma posição insustentável.*

[261] Sobre esta matéria, veja-se, igualmente, Blanco de Morais, *As Leis Reforçadas,* 1998, pág. 65, quando afirma que a Constituição de 1911 contém uma noção formal de lei, mas que a doutrina, *dando continuidade à teorização elaborada durante o período monárquico, optou na sua esmagadora maioria, pela definição da lei dentro do enfoque dual de pendor materialistico ou mesmo de uma base puramente substancialista.* De facto, é notório um certo seguidismo da nossa doutrina face ao pensamento que chegava de outras latitudes jurídicas. Sobre o assunto, reportando-se ao período de vigência da Carta Constitucional, e considerando que a existência de uma teoria monista das fontes do Direito, um parlamentarismo de dupla confiança do Governo e a existência de um conceito constitucional de lei de natureza tendencialmente formal, não permitiam introduzir o conceito material de lei que viria a ser defendido pela doutrina de que Marnoco e Souza foi expoente, Gomes Canotilho, *Direito Constitucional e Teoria da Constituição,* 2003, pág. 146. Contra, Paulo Otero *O Poder de Substituição em Direito Administrativo,* 1995, pág. 330 e segs.

A *Investigação Histórica* 123

aprovar o Orçamento de Estado, assim o deslegalizando e desparlamentarizando[262].

Essa oportunidade haveria de chegar com os escombros do constitucionalismo parlamentar, que veria a sua ruína surgir precisamente através da inabilidade parlamentar em lidar com as finanças públicas, cujo fortalecimento e governamentalização estariam na base do alvor do Estado Novo e da Constituição de 1933[263].

2. O Constitucionalismo do Estado Novo

Aprovada de acordo com uma opção anti-parlamentar, anti-democrática e anti-liberal, do texto constitucional de 1933 se haveriam de retirar, também ao nível orçamental, todas as consequências de tais opções políticas[264].

Um verdadeiro giro coperniciano, ao nível do próprio regime político, foi o que a Constituição de 1933 proporcionou, pelo que foi com a naturalidade inerente ao facto de a crise financeira ter estado, inequivocamente, na base da mudança de regime que se aceitaram as consequentes repercussões, na concepção normativa e orgânica do Orçamento, que a nova Constituição viria consagrar[265].

---

[262] Eram, neste sentido, já proféticas as palavras de Armindo Monteiro, *Do Orçamento Português*, 1921, pág. 148, quando, logo em 1921, escrevia: *é o momento de perguntar se os poderes orçamentais devem continuar na esfera de competência de assembleias que não compreendem o seu alcance, não medem as responsabilidades que o seu exercício comporta, nem prevêem a que consequências pode arrastar a indiferença por eles. O Orçamento é uma sobra profética de que ninguém faz caso.*

[263] Sobre o modo como, durante a vigência da Constituição de 1911, se supriam os atrasos (ou a falta) do Orçamento, através da aprovação de leis de meios (para as receitas) e de leis de duodécimos (para as despesas), de modo a evitar a paralisação do aparelho do Estado, Nuno Valério, *As Finanças Públicas portuguesas entre as duas guerras mundiais*, 1994, pág. 38 a 42.

[264] A obra de Armindo Monteiro, *Do Orçamento Português,* 1921, é bem o exemplo do modo como a gestão financeira e orçamental era vista naquela época, representando o "ex-líbris" de todo o descontentamento em torno do funcionamento da I.ª República. Neste contexto, o autor, depois de recordar a profecia de Luzzatti, de que *as democracias morrerão pelas finanças,* afirma que, *degrau a degrau, fomos descendo a escada que leva à anarquia financeira. Estamos hoje em frente de uma situação que não permite optimismos.*

[265] Sobre a mudança de atitude do Estado perante as Finanças Públicas, descrevendo as principais modificações da política orçamental de Oliveira Salazar, enquanto ministro das

124 *A Lei por detrás do Orçamento*

Com efeito, previa-se, desde logo ao nível constitucional, uma modificação total relativamente à repartição de competências orçamentais entre o Parlamento e o Governo que, sendo reflexo da nova correlação de forças institucionais que o Estado Novo propunha, retirava do domínio parlamentar a tradicional competência de aprovação do Orçamento do Estado[266].

Efectivamente, o Estado Novo, corporizado na Constituição de 1933, nascia, doutrinária e politicamente, como forma de oposição reactiva ao Parlamentarismo da Iª República que havia levado ao desequilíbrio das finanças públicas e ao aumento do défice orçamental, pelo que esta foi uma das áreas em que as mudanças mais (e mais cedo) se fizeram notar[267/268]. Na verdade, mesmo as modificações

---

Finanças, Fernando Emygdio da Silva, *As Finanças Portuguesas de depois-da-guerra, (crise e resolução)*, 1934. Parecendo adivinhar o futuro político do país, Armindo Monteiro, *Do Orçamento Português*, 1921, pág. 299, afirmava que *um homem pode dizer como, porquê e para que fez ou não fez; uma assembleia não. O Orçamento deve por isso ser tanto quanto possível uma obra pessoal.*

[266] Para uma análise de conjunto do sistema orçamental português no contexto da Constituição de 1933, Afonso Henriques, Consuelo Figueira e Teixeira Jardim, *Ciência das Finanças e Direito Fiscal, (segundo as prelecções do sr. Prof. Doutor Fernando Emygdio da Silva)*, 1935 e, em termos mais desenvolvidos, com vastas referências de Direito Comparado, José Eugénio Dias Ferreira, *Tratado de Finanças Públicas, II volume*, 1950, pág. 357 e segs. e, *III volume*, 1950, pág. 5 e segs.

[267] Referindo-se à *desordem atribuída ao parlamentarismo e ao partidarismo*, e de como não era de estranhar, dentro da lógica do Estado Novo, que *a distribuição dos poderes financeiros seja* (naquele sistema) *completamente alheia à tradição liberal, tanto nacional como estrangeira*, Lobo Xavier, *O Orçamento como Lei*, 1990, pág. 67, e, sobretudo, o extracto que cita da conferência de Fernando Emygdio da Silva, *A crise financeira e a revisão das despesas públicas*, 1924, pág. 14, sobre a crise financeira das despesas públicas. Aí se pode ler, elucidativamente, que *as finanças de bancarrota levam ao abismo a nau que se afunda. A desordem que esvaziou o erário tornou-se na penúria que fomenta a desordem (...) até à guerra, pode dizer-se, o liberalismo constitucional é uma estirada crise de cem anos.*

[268] A legislação financeira aprovada nos finais da I.ª República e, sobretudo, a última lei de emergência, de 1924, são bem um sinal do modo com que se pretendeu criar limites de última hora aos poderes dos deputados, e até dos ministros, de criar despesa, tentando, assim, retirar, pela porta pequena da lei ordinária, o que havia sido proclamado pela porta grande da Constituição. A verdade é que a história da legislação financeira liberal, pode bem dizer-se, é uma história de sucessivas limitações legais dos poderes do Parlamento. De qualquer forma, mais do que criar a respectiva legislação restritiva era necessário promover o seu cumprimento efectivo, o que esteve muito longe de ser conseguido. Por isso mesmo

A Investigação Histórica 125

políticas tiveram inequívocas repercussões na organização do sistema orçamental, sendo de salientar o facto de se passar a prever que *o Governo é da exclusiva confiança do Presidente da República e a sua conservação no poder não depende do destino que tiverem as suas propostas de lei ou de quaisquer votações da Assembleia Nacional*[269].

Com a eliminação da responsabilidade parlamentar dos governos, fundamenta-se a negação do parlamentarismo e a não recondução dos governos às maiorias parlamentares, que representavam, de resto, de modo muito deficiente a população em virtude das enormes limitações à democracia dos partidos políticos e ao direito de sufrágio universal. Não havendo um sistema de responsabilidade política do Governo perante o Parlamento[270] não necessitava aquele órgão de prestar contas ou de solicitar a este a aprovação do programa político que se propunha desenvolver, o que se reflectia no modo de encarar o significado da aprovação parlamentar do Orçamento.

As opções governativas do executivo, desde que se desenvolvessem dentro do domínio da legalidade, não deveriam ser sujeitas a

---

não é de estranhar que, logo após o final da I.ª República, e antes da aprovação da Constituição de 1933, se tenha dado uma especial importância à reforma das Finanças Públicas, com a aprovação de legislação relevante nesses domínios. Desse acervo de legislação destacam-se, relativamente à reforma orçamental, o Decreto n.º 15:465, de 14 de Maio de 1928; o Decreto n.º 16:670, de 27 de Março de 1929; o Decreto n.º 15:661, de 1 de Julho de 1928; o Decreto n.º 15:798, de 31 de Julho de 1928; o Decreto n.º 17:047, de 29 de Junho de 1929 e o Decreto n.º 18:526, de 28 de Junho de 1930. No mesmo sentido, relativamente à reforma da Contabilidade Pública e do Tribunal de Contas destaca-se o Decreto n.º 18:381, de 24 de Maio de 1930; o Decreto n.º 18:527, de 28 de Junho de 1930; o Decreto n.º 19:056, de 21 de Novembro de 1930 e o Decreto n.º 18:962, de 25 de Outubro de 1930. Já depois da aprovação da Constituição de 1933, veja-se, também, o Decreto-Lei n.º 22.470, de 11 de Abril de 1933; o Decreto-Lei n.º 24.073, de 28 de Junho de 1934; o Decreto-Lei n.º 24.914, de 1935; o Decreto-Lei n.º 25.299, de 6 de Maio de 1935; o Decreto n.º 25.538, de 26 de Junho de 1935; o Decreto n.º 22.257, de 25 de Fevereiro de 1933; o Decreto-Lei n.º 26.340, de 7 de Fevereiro de 1936 e o Decreto n.º 26.341, de 7 de Fevereiro de 1936. Para uma análise global da legislação, com alguns comentários, Sousa Franco, *Legislação Financeira,* 1972 e Menezes Gouvêa e Gonzaga Tavares, *Contabilidade Pública – Diplomas Coordenados e Anotados,* 1968.

[269] Art. 111.º da Constituição de 1933.

[270] Recorde-se que, como se viu, mesmo na Carta Constitucional, pese embora não se previsse, constitucionalmente, uma responsabilidade parlamentar do Governo, o certo é que a evolução levou a que, na prática, essa responsabilidade existisse.

126   A Lei por detrás do Orçamento

escrutínio, e, muito menos, a uma intervenção modificadora do Parlamento. Com efeito, num sistema sem responsabilidade parlamentar evapora-se a actuação fiscalizadora do Parlamento, não lhe sendo lícito, sob o pretexto do inexistente controlo político ou da legitimidade representativa democrática, controlar as tarefas executivas, como seja a afectação das receitas às despesas, no limite da legalidade, e no seguimento das opções governativas.

Se ao nível político se fez cessar a responsabilidade parlamentar do Governo, também ao nível financeiro houve repercussões face ao novo paradigma constitucional criado, sendo bem patente o ajustamento, em benefício do Governo, do domínio sobre o Orçamento, representando o controlo pelo poder de aprovação orçamental quase um "ícone" do controlo dos destinos da nação[271].

Da dimensão histórica desta mudança, mas, também, da sua inevitabilidade face ao novo contexto político, se apercebeu Teixeira Ribeiro, quando refere (comentando a situação político-constitucional criada) que *o Orçamento não poderia ser objecto, entre nós, duma votação política*[272], desta forma resumindo, de modo cirúrgico, o sentido e a função que o Orçamento representa na dinâmica relacional entre o Parlamento e o Governo, e que não se poderia manter incólume no paradigma anti-parlamentar criado pela Constituição de 1933[273].

Colheu, assim, o legislador constituinte português a lição que havia sido dada, quase sessenta anos antes, pelo conflito orçamental prussiano, gerado precisamente pelas deficiências de adaptação do sistema orçamental ao sistema político, bem se podendo dizer que a

---

[271] Para um resumo das reformas orçamentais empreendidas durante do Estado Novo, em termos sempre apologéticos, Fernando Emygdio da Silva, *A Reforma do Orçamento em Portugal: Política e Técnica*, 1938.

[272] Teixeira Ribeiro, *Os Poderes Orçamentais da Assembleia Nacional*, 1971, pág.195. Em sentido semelhante, Fernando Emygdio da Silva, *A Reforma do Orçamento em Portugal: Política e Técnica*, 1938, pág. 30, havia afirmado que *o legislador retirou ao Orçamento o que unanimemente se acordou em chamar o seu valor político – ou, se quiserem, o seu valor político para o Parlamento.*

[273] Neste sentido, considerando que só há Orçamento em sentido político *quando haja uma tensão política entre os dois centros de poder. Só quando Parlamento e Executivo são órgãos que representam interesses claramente contrapostos são explicáveis a maioria das questões problemáticas relacionadas com a instituição orçamental*, Escribano Lopez, *Presupuesto del Estado y Constitución*, 1981, pág. 54.

A *Investigação Histórica* 127

Constituição de 1933 não caiu na tentação de incluir um elemento liberal numa Constituição que, assumidamente, o não era.

Na verdade, num sistema em que não vigora a responsabilidade parlamentar dos Governos tudo se distingue entre o estrito domínio da lei e o domínio administrativo de execução dos actos legislativos[274], pelo que o Orçamento Geral do Estado, na medida em que se limitava a executar as leis, escapava à apreciação do Parlamento, restando para este órgão um poder formal de autorização anual de receitas e despesas e a oportunidade para usar a lei do Orçamento para aprovar normas legais beneficiando de uma forma e de um procedimento adequados. Com efeito, tendo-lhe sido retirada, pela natureza do regime, a componente política, sobrava ao Parlamento a possibilidade de exercitar a componente legislativa, que acabou, no entanto, como se verá, por não ser totalmente aproveitada.

Não é, assim, em conclusão, surpreendente que a Constituição de 1933, arriscando-se a criar um sistema, porventura único no mundo, atribuísse à Assembleia Nacional o poder para *autorizar o Governo a cobrar as receitas do Estado e a pagar as despesas públicas na gerência futura, definindo na respectiva lei de autorização os princípios a que deve ser subordinado o Orçamento na parte das despesas cujo quantitativo não é determinado em harmonia com as leis preexistentes*[275/276].

Crê-se, mesmo, que terá sido a ideia de manter uma Constituição nominal aquilo que terá inibido o legislador constituinte de ser mais audacioso, e de prescindir, totalmente, de uma autorização parla-

---

[274] Tendo o Governo, no âmbito da Constituição de 1933, amplos poderes legislativos, não necessitava, por isso mesmo, de um poder de emissão de regulamentos muito generoso. Sobre os limites ao poder regulamentar independente do Governo, no âmbito da Constituição de 1933, Pereira Coutinho, *Regulamentos Independentes do Governo*, 1997, pág. 1007.

[275] Art. 91.º n.º 4 da Constituição de 1933, que viria a ser alterado pela lei de revisão constitucional n.º 1885, de 23 de Março de 1935, apenas para indicar que a autorização do Parlamento ao Governo deveria ocorrer até *15 de Dezembro de cada ano*. Nos termos do art. 64.º, previa-se, consequentemente, que o Governo organizaria e poria em execução o Orçamento do Estado, *em conformidade com as disposições legais em vigor e em especial com a lei de autorização prevista no n.º 4 do artigo 91.º*.

[276] Considerando, ainda assim, que em matéria financeira, o essencial foi deixado à Assembleia Nacional, Fernando Emygdio da Silva, *Conceptions classique et moderne des finances publiques: le cas portugais*, 1950, pág. 21.

128 *A Lei por detrás do Orçamento*

mentar que, a ocorrer, em nada alteraria, como se verá, a distribuição dos poderes tal como gizada constitucionalmente, da mesma forma que a manutenção do número 4 do art. 91.º nada acrescentou, de relevante, ao Parlamento, em sede orçamental. Com efeito, bem vistas as coisas, a referida previsão normativa não confere ao Parlamento mais do que este órgão já possuía por intermédio do acervo das restantes normas que lhe compunham o limitado poder de intervenção[277].

Efectivamente, ao atribuir ao Parlamento a competência para autorizar a cobrança, por parte da Administração, das receitas e a realização das despesas, conferia-se, no fundo, ao órgão legislativo o poder formal de repetir, de resto através de uma fórmula genérica e anualmente inserida em todas as leis de autorização orçamental, a tarefa que substancialmente já tinha sido realizada por este órgão no exercício da sua função legislativa[278].

Na verdade, a legislação de receita e de despesa havia sido aprovada pelo Parlamento, ou autorizada por este órgão[279], pelo que

---

[277] Pode sempre argumentar-se que assim se disponibilizava aos parlamentares um espaço próprio para o debate político sobre os domínios financeiros mas, dado o predomínio do Governo sobre o Parlamento e a falta de pluralidade política inerente à inexistência de partidos políticos, a validade desse debate encontrava-se, irremediavelmente, inquinada à partida.

[278] Ficava, assim, clara a duplicação entre a legalidade tributária e a legalidade orçamental que, se noutra época havia tido a sua razão de ser, e representava, sobretudo, uma caução da convocação regular das Cortes e da manutenção de uma lista actualizada dos tributos em vigor, deixou, nos dias de hoje, e já ao tempo da Constituição de 1933, de ser significativa. Sobre este assunto, José António Veloso, *Natureza Jurídica da Lei de Meios*, 1968, pág. 182, refere que *a melhor ocasião para confirmar as leis financeiras é a que oferece a votação anual do Orçamento(...). Assim se confundem, num só momento de tempo e num só instrumento jurídico, dois actos que, em princípio, poderiam existir separados: a confirmação anual dos impostos, e a votação do Orçamento*. Do mesmo modo, considerando a autorização anual da cobrança dos impostos por parte do Parlamento como *uma manifestação ainda do princípio da legalidade tributária (ou uma sua manifestação complementar)*, Cardoso da Costa, *Curso de Direito Fiscal*, 1972, pág. 76.

[279] Podendo ainda ter sido ratificada, no caso de ter sido emitida pelo Governo mediante a invocação de motivos de urgência. Independentemente da modalidade de intervenção, o que releva é que a intervenção parlamentar (constitucionalmente prevista) já tinha sido exercida, não se acrescentando nada no momento orçamental. Teixeira Ribeiro, *Os Poderes Orçamentais da Assembleia Nacional*, 1971, pág. 197 e segs. Esta situação veio a alterar-se com a revisão constitucional operada pela Lei de revisão constitucional, n.º 2009, de 17 de Setembro de 1945. De acordo com essa revisão, passou a permitir-se a intervenção

A Investigação Histórica

era natural que o mesmo órgão viesse, posteriormente, autorizar a sua cobrança, sendo que, bem vistas as coisas, mesmo que eventualmente o Parlamento quisesse arrepiar caminho e não pretendesse proceder desta forma, sempre poderia, dentro dos apertados limites da lei-travão[280], e beneficiando da sua competência legislativa genérica, revogar ou suspender os actos legislativos em causa[281].

A lei de meios[282] não representava, de resto, o único momento possível para o Parlamento exercer a sua competência confirmadora,

---

legislativa do Governo em termos alargados, mediante a figura do Decreto-Lei. Perante este novo cenário, gerou-se mesmo a dúvida sobre se o vocábulo *lei*, utilizado na Constituição, se deveria passar a entender como reportando-se à lei em sentido material, abrangendo, igualmente, o Decreto-Lei, o que ganhava uma acuidade especial no tocante à possibilidade de se criarem impostos por Decreto-Lei. Contra esta interpretação, Pessoa Jorge, *Poderão os Impostos ser Criados por Decreto-Lei?*, 1968, pág. 13, considerando que os impostos deveriam continuar a ser criados (apenas) por Lei da Assembleia Nacional. Para este autor, a necessária legalidade orçamental (exercida pela Assembleia Nacional através da chamada Lei de Meios) não era suficiente para proteger os cidadãos, já que esta orçamentação só era necessária (art. 70.º parágrafo 2 da Constituição) para os impostos *estabelecidos por tempo indeterminado ou por período certo que ultrapasse uma gerência*. Na verdade, nos restantes casos, segundo Cardoso da Costa, *Curso de Direito Fiscal,* 1972, pág. 77, a autorização de cobrança era dada na própria lei que cria o imposto.

[280] Limites esses que, como se terá oportunidade de verificar, também se aplicariam no momento de aprovação da lei de meios. Repare-se, por exemplo, como o Parlamento, sendo detentor da competência exclusiva para aprovar impostos (com a duvidosa excepção do período compreendido entre os anos de 1945 e 1971), não podia, por virtude da lei-travão, revogar um imposto que tivesse criado. Na verdade, enquanto que na Constituição de 1976 a lei-travão funciona somente durante o ano económico em curso, diferentemente, ao abrigo da Constituição de 1933, vigorava uma reserva legislativa negativa em benefício do Governo, que era, assim, instituído como guardião da manutenção em vigor das leis fiscais, criadoras de tributos, que não podiam ser revogadas pelo órgão que as aprovou.

[281] Isso mesmo é reconhecido por Fernando Emygdio da Silva, *A Reforma do Orçamento em Portugal: Política e Técnica,* 1938, pág. 33, quando, depois de afirmar que *a maior parte do Orçamento das despesas (...) resulta das leis e dos contratos preexistentes,* refere *que o legislador não pretendeu retirar quaisquer possibilidades de transformação às leis preexistentes, sobre as quais o Orçamento é estabelecido: não houve em mira uma imobilização legislativa. O que a reforma quis evitar foi a confusão resultante de uma discussão simultânea das leis anteriores e do Orçamento.*

[282] Durante a vigência da Constituição de 1933 vulgarizou-se a denominação "lei de meios" para se referir a lei do Orçamento. Esta expressão não nasce, no entanto, com o Estado Novo, sendo já utilizada durante o Constitucionalismo liberal. Neste sentido, Manoel Duarte, *Questões de Finanças,* 1893, pág. 83, quando se reporta ao *artigo 1.º da lei de meios de 30 de Junho de 1891 (...).*

130   *A Lei por detrás do Orçamento*

como se prova pelo facto de sempre se ter permitido que este órgão, tendo aprovado nova receita durante uma gerência, pudesse autorizar, desde logo, nesse acto legislativo, a sua cobrança, assim procedendo, no fundo, a um aditamento ao conteúdo material da lei de autorização da gerência em curso por forma a permitir ao Governo, desde logo, e sem esperar pela lei de meios do ano subsequente, alterar o Orçamento Geral do Estado para, orçamentando a receita previsível, começar imediatamente a cobrá-la[283].

Se a parte autorizativa do número 4 do art. 91.º (*autorizar o Governo a cobrar as receitas do Estado e a pagar as despesas públicas*

---

[283] Sobre este assunto se pronunciam, em termos concordantes, José António Veloso, *Natureza Jurídica da Lei de* Meios, 1968, pág. 215; Pessoa Jorge, *Poderão os Impostos ser criados por Decreto-Lei*, 1968, pág. 14 e Cardoso da Costa, *Curso de Direito Fiscal*, 1972, pág. 77. Para Cardoso da Costa, único a escrever depois da revisão constitucional de 1971, *claro é que a autorização para a cobrança de um imposto no único ano em que vai ser exigido ou, de qualquer modo, no ano em que ele é criado pela Assembleia (ou pelo Governo por delegação dela) será dada na própria lei que o estabelece (ou em que se autoriza o Governo a fazê-lo), e não tem, portanto, de ser repetida*. Esta explicação fundamenta-se no facto de, nos termos do parágrafo 2.º do art. 70.º, na redacção que lhe foi dada pela Lei n.º 3/71, de 16 de Agosto, se passar a estabelecer que *a cobrança de impostos estabelecidos por tempo indeterminado ou por período certo que ultrapasse uma gerência depende, nas gerências subsequentes àquela em que foram criados, de autorização da Assembleia Nacional*. Com esta alteração constitucional cria-se, a um tempo, uma excepção à regra de que a autorização de cobrança das receitas pertence à Assembleia Nacional (já que, podendo essa autorização ser conferida por Decreto-Lei do Governo – criador do imposto, – este órgão autoriza-se a si próprio) e excepciona-se, também, a regra da iniciativa reservada do Governo em matéria orçamental, que, assim, se mantém, apenas, na lei anual de Orçamento, mas não em relação a leis avulsas com uma idêntica componente autorizativa. Esta regra, limitativa dos poderes do Parlamento, surgiu na mesma revisão constitucional em que se passou a permitir, nos termos da nova redacção dada ao parágrafo 1.º do art. 93.º, que, *em caso de urgência e necessidade pública* pudesse o Governo, não estando a Assembleia Nacional em funcionamento, *legislar em matéria de impostos*. Ora, dada a urgência e a falta de funcionamento da Assembleia Nacional era lógico que se permitisse a cobrança imediata do referido imposto, sem necessidade de esperar pela nova lei de meios. Na verdade, escrevendo ainda antes da revisão de 1971, António José Veloso, reportando-se à criação de um imposto depois da aprovação da lei de meios, defendia que *não se há-de ter de esperar – e, na prática, nunca se esperou – pela autorização do ano seguinte, para cobrar as receitas que a lei proporciona no exercício presente!* Refira-se, a terminar, que não obstante se passar a admitir esta espécie de leis orçamentais avulsas, sempre seria necessário que o Governo alterasse, posteriormente, em conformidade, o Orçamento Geral do Estado, de modo a orçamentar, administrativamente, as novas verbas provenientes do imposto criado.

na gerência futura), nada acrescenta aos poderes do Parlamento, o mesmo se pode dizer da parte final (*definindo na respectiva lei de autorização os princípios a que deve ser subordinado o Orçamento na parte das despesas cujo quantitativo não é determinado em harmonia com as leis preexistentes*), onde se pretende atribuir um poder de *indirizzo político* parlamentar para definir princípios subordinantes do Governo no momento de proceder à afectação das receitas a novas despesas. De facto, o poder de condicionar o Governo, impondo-lhe princípios subordinantes, reduz-se, afinal, no contexto do sistema, a bem pouco, uma vez que esse mesmo poder já era detido pelo Parlamento sem ter de recorrer ao normativo do número 4 do art. 91.º da Constituição.

Com efeito, esta norma apenas se aplica às despesas cujo quantitativo não é determinado em harmonia com leis preexistentes, onde, nas palavras de Teixeira Ribeiro, competiria ao Parlamento *votar a lei (pois ainda não existe) em ordem à qual hão-de ser previstas tais despesas no Orçamento para o ano futuro. Com efeito, não significa outra coisa a definição dos princípios, ou enunciados das grandes linhas de orientação das despesas, já que corresponde ao estabelecimento das respectivas bases gerais*[284].

Acontece que essa tarefa de legislar pelos mínimos, porventura até em termos mais desenvolvidos do que os princípios a que se refere o número 4 do art. 91.º, usando apenas as bases gerais dos regimes jurídicos, era já a regra vigente na Constituição de 1933, mesmo fora do domínio das receitas e das despesas, pelo que sempre poderia o Parlamento, também durante o ano económico, aprovar, em diploma legislativo autónomo, legislação sobre despesas nos mesmos moldes em que lhe era lícito actuar através da lei de meios, ou seja, nos limites rigorosos que lhe eram impostos pela chamada lei-travão, tal como esta se foi actualizando ao longo das várias revisões constitucionais[285].

---

[284] Teixeira Ribeiro, *Os Poderes Orçamentais da Assembleia Nacional*, 1971, pág. 202.

[285] Tem, pois, em conclusão, razão, José António Veloso, *Natureza Jurídica da Lei de Meios*, 1968, pág. 188, quando considera que a Constituição de 1933 veio separar a parte legislativa da lei do Orçamento, da parte administrativa, entregando cada parte ao órgão detentor das competências em causa. A parte legislativa da lei do Orçamento (confirmação dos impostos e aprovação de princípios gerais) foi entregue à Assembleia Nacional, que

132 A Lei por detrás do Orçamento

Na verdade, era por intermédio do funcionamento da lei-travão que verdadeiramente passava a limitação dos poderes parlamentares em sede orçamental, o que talvez possa explicar as modificações a que foi sendo sujeita a norma constitucional que a consagrava. De facto, a versão original do art. 97.º da Constituição de 1933, que previa, em termos simples, que *a iniciativa da lei compete indistintamente ao Governo ou a qualquer dos membros da Assembleia Nacional,* apenas vigorou até à aprovação da primeira revisão do texto constitucional[286], onde passou a prever-se, em termos mais limitativos para os parlamentares, que *a iniciativa da lei compete indistintamente ao Governo ou a qualquer dos membros da Assembleia Nacional; não poderão, porém, estes apresentar projectos nem fazer propostas de alteração que envolvam aumento de despesa ou diminuição de receita do Estado.*

Esta mesma norma ainda haveria de vir a ser retocada, para salientar o seu carácter restritivo, em nova revisão constitucional[287], onde se estabeleceu, relativamente à capacidade legislativa dos deputados, que (...) *não poderão, porém, estes apresentar projectos de lei ou propostas de alteração que envolvam aumento de despesa ou diminuição de receita do Estado criada por leis anteriores.* Com efeito, se é certo que esta norma se aplicava durante o ano, abrangendo a competência legislativa ordinária do Parlamento e inviabilizando a criação parlamentar de despesas no ano económico em curso, já a sua aplicação no momento de aprovação da lei de meios não merecia um entendimento unânime da doutrina[288/289].

---

exercia através da lei de meios os mesmos poderes que a Constituição, genericamente, já lhe atribuía, tendo o remanescente, relevando da distribuição das receitas e das despesas, sido entregue ao Governo. A Assembleia Nacional passou, assim, a contar com a lei de meios para legislar sobre o que lhe aprouvesse, limitando essa intervenção às bases ou aos princípios e tendo em conta o funcionamento da lei-travão. Esta conclusão não era, de resto, negada por Marcello Caetano, *Manual de Ciência Política e Direito Constitucional*, 1967, pág. 557 e segs., que, embora considerasse que, na sua essência, a autorização de cobrança dos impostos não era um acto de natureza materialmente legislativa, não olvidava, porém, que a forma de lei sempre permitiria que a Assembleia Nacional aproveitasse a ocasião para legislar, verdadeiramente.

[286] Lei n.º 1885, de 23 de Março de 1935.

[287] Lei n.º 2009, de 17 de Setembro de 1945.

[288] A favor da aplicação da lei-travão durante a discussão da lei de meios, Cardoso da Costa, *Curso de Direito Fiscal,* 1972, pág. 80, considerando mesmo que esse é o momento

A Investigação Histórica 133

Visto à distância dos dias de hoje, parece claro que a lei-travão não interrompia a sua vigência durante a discussão e aprovação da lei de meios, antes se manifestando, aí, com a mesma intensidade com que se apresentava em qualquer caso em que o Parlamento pretendesse legislar, aumentando despesas ou diminuindo receitas. Na verdade, uma interpretação que considerasse que durante a lei de meios o Parlamento poderia aprovar novas ou maiores despesas vinha deitar irremediavelmente por terra o sistema anti-parlamentar que a Constituição de 1933 laboriosamente teceu, levando a que a determinação das finanças orçamentais deixasse de caber, em exclusivo,

---

em que a sua aplicação mais se justifica, e Lobo Xavier, *O Orçamento como Lei*, 1990, pág. 70. Contra, Pessoa Jorge, *Poderão os Impostos ser Criados por Decreto-Lei?*, 1968, pág. 14 e José António Veloso, *Natureza Jurídica da Lei de Meios*, 1968, pág. 207. Aludindo à divergência interpretativa do alcance do art. 97.º da Constituição, no que concerne ao seu âmbito de aplicação, veja-se, ainda, Brito Antunes, *Autorizações Orçamentais: a jurisprudência constitucional e o novo direito orçamental*, 1991, pág. 15.

[289] Esta alteração constitucional serviu para tentar tornar inequívoco que, no momento da discussão e aprovação da lei de meios também se aplicava a proibição de aprovar, parlamentarmente, maiores despesas ou menores receitas. O critério das leis preexistentes funcionava, assim, face à lei de meios, que, desta forma, representava a linha de fronteira. Relativamente ao alcance da lei-travão, Marcello Caetano, *Manual de Ciência Política e Direito Constitucional,* 1972, pág. 591 e segs., quando se refere à polémica sobre se a lei-travão se deveria aplicar apenas a aumentos directos de despesas ou, também, a aumentos indirectos. O autor reporta-se, ainda, a um episódio demonstrativo da inexistente autonomia política da Assembleia Nacional que, por vezes, era mais conservadora do que o próprio Governo. Isso mesmo ficou demonstrado quando a Assembleia Nacional rejeitou (no seguimento de parecer da Câmara Corporativa), na revisão constitucional de 1954, a proposta, da autoria do próprio Governo, de modificação da norma relativa à lei-travão, na qual se propunha que a proibição relativa ao aumento das despesas fosse de aplicar apenas *aos projectos e propostas de alteração que, convertidos em lei, importem por si mesmos um aumento de despesa* (...), que assim levaria a um aumento dos poderes parlamentares relativamente às despesas. Sobre o modo como funcionava, na prática, a lei-travão, José Eugénio Dias Ferreira, *Tratado de Finanças Públicas, II volume,* 1950, pág. 400. O Parlamento não podia propor a introdução de novas despesas no Orçamento, não podia modificar os fins a que se destinavam as despesas propostas, não podia suprimir as despesas intangíveis (dívida pública, por exemplo ou despesas derivadas de situações jurídicas subjectivas adquiridas). Eram, igualmente, vedadas propostas que, implicando aumento de despesas, estabelecessem uma compensação com um aumento de receitas ou uma diminuição de outras despesas, desta forma se concluindo que o mero equilíbrio orçamental não era o objectivo primordial na vigência da lei-travão. Neste sentido, Teixeira Ribeiro, *Os poderes orçamentais da Assembleia Nacional,* 1971, pág. 197.

desde logo na determinação dos termos de fixação do equilíbrio orçamental, apenas ao Governo[290].

Se em termos jurídicos estavam reunidos os pressupostos para que a Assembleia Nacional utilizasse a lei de meios para exercer as competências normativas, nos mesmos termos e com as mesmas limitações com que podia recorrer à (diminuída) competência legislativa, o certo é que a natureza do regime, associada à prática política avessa a uma intervenção acentuada do Parlamento, haveriam de levar a uma utilização parlamentar da lei de meios pelos seus níveis mínimos.

Essa utilização minimalista é acentuada, desde logo, na medida em que a lei do Orçamento é considerada pela doutrina dominante como estando excluída da competência legislativa do Parlamento. De facto, Marcello Caetano, em comentário à Constituição de 1933, considera a aprovação da lei de autorização das receitas e das despesas como relevando das *atribuições não legislativas* da Assembleia Nacional, sendo que tal autorização devia ser considerada como *um acto eminentemente político a que pode não corresponder matéria legislativa*[291].

Com esta afirmação, ficava bem evidente a preferência pela desnormativização da matéria orçamental e pelo afastamento das potencialidades legislativas da lei de meios, fazendo relevar a referida

---

[290] Refira-se, aliás, que a Assembleia Nacional nem sequer tinha um conhecimento mínimo da política de despesas que o Governo pretendia desenvolver no ano seguinte, como o demonstra, por exemplo, a moção aprovada, por iniciativa do deputado Mário de Figueiredo, no final dos debates relativos à aprovação da lei de meios para o ano de 1946. Nos termos dessa moção, *a Assembleia Nacional, ao afirmar a sua completa confiança no Governo pela aprovação da proposta da lei de meios, exprime o voto de que, para o futuro, esta proposta seja acompanhada dos elementos que lhe facilitem, por si mesmos e sem recorrer a outros, exercer a sua competência constitucional de determinar a política a adoptar na aplicação das receitas às despesas cujo quantitativo não é fixado por leis anteriores.* De resto, logo no início dos debates, o deputado Pacheco de Amorim (sessão da Assembleia Nacional de 11 de Dezembro de 1945) questionara as opções políticas governativas em sede financeira, afirmando: *far-se-á política de estabilização? De inflação? De deflação? Qualquer destas políticas pode ser boa ou má, conforme as circunstâncias e o modo de execução. O que é indispensável é escolher uma delas e a proposta da lei de meios nem sequer tem um relatório em que se faça referência ao que o Governo pensa a este respeito.*

[291] Marcello Caetano, *A Constituição de 1933*, 1957, pág.102. No mesmo sentido, *Manual de Ciência Política e Direito Constitucional*, 1967, pág. 556.

lei do domínio político e transferindo o conteúdo orçamental para o domínio administrativo, num reavivar, não explícito, das teses dualistas "Labandianas", que, neste contexto, encontravam um novo alento e compreensão, não só no texto constitucional, como na Doutrina mais representativa[292].

---

[292] Relativamente à lei de meios, Marcello Caetano enquadra-a, como se viu, nas atribuições não legislativas da Assembleia Nacional. Opinião diversa é a que sustenta José António Veloso, *Natureza Jurídica da Lei de Meios*, 1968, pág. 178, quando, referindo-se à lei de meios, traça como objectivo da obra que escreveu, *provar que se está em presença de uma verdadeira lei em sentido substancial, e não de um simples acto administrativo, ou até de um acto meramente político, praticado sob a forma legislativa*. Refira-se, no entanto, que o autor adopta (embora queira fazer crer que em certo sentido a noção de lei que perfilha é, ainda, *uma noção substancial ou material, visto que assenta num critério distinto do da mera forma do acto*) um conceito de lei meramente formal. Na verdade, é o próprio autor a afirmar, taxativamente, a sua rejeição a todas as *teorias que buscam definir a lei através de um seu pretenso conteúdo característico*. Tentando não sucumbir, inteiramente, às doutrinas formalistas, acaba por invocar a *força de lei* e a capacidade desta se relacionar, de igual para igual, com as restantes leis do ordenamento jurídico como elemento preponderante do conceito de lei que perfilha, o que não afasta, no entanto, a afirmação de que o modo de verificar, caso a caso, se um acto é, ou não, legislativo, deva recair sobre os *sinais externos*. Especificamente sobre a lei de meios, considera que esta assume a sua materialidade ao conferir executoriedade às leis tributárias. Ainda sobre as potencialidades da lei do Orçamento, Teixeira Ribeiro, *Os Poderes Orçamentais da Assembleia Nacional*, 1971, pág. 202. O autor não nega, em abstracto, a capacidade materialmente legislativa da lei de meios, já que considera que, no caso de despesas cujo quantitativo não fosse determinado em harmonia com as leis preexistentes, competiria à Assembleia Nacional, mediante proposta do Governo, *votar a lei (pois ainda não existe) em ordem à qual hão-de ser previstas tais despesas no Orçamento para o ano futuro*. Diferentemente, Miguel Galvão Telles, *Direito Constitucional*, 1970-71, pág. 51, integra a aprovação da lei de meios no elenco de *competências legislativas especiais* da Assembleia Nacional. Segundo o referido autor, a *"lei de meios" não é um acto exclusivamente legislativo; mas possui natureza legislativa enquanto define os princípios a que deve ser subordinado o Orçamento na parte das despesas cujo quantitativo não é determinado em harmonia com as leis preexistentes e, porventura, enquanto atribui executoriedade às leis de imposto*. Para Fernando Emygdio da Silva, *A Reforma do Orçamento em Portugal: Política e Técnica*, 1938, pág. 38, *o Orçamento é antes de tudo um plano de administração*. A Doutrina de Jèze relativamente à natureza jurídica do Orçamento encontra-se plasmada em Aragão Teixeira e Braz Rodrigues, *Ciência das Finanças e Direito Fiscal (em harmonia com as prelecções do sr. Prof. Doutor Fernando Emygdio da Silva)*, 1933, pág. 96, e em Afonso Henriques, Consuelo Figueira e Teixeira Jardim, *Ciência das Finanças e Direito Fiscal, (segundo as prelecções do sr. Prof. Doutor Fernando Emygdio da Silva)*, 1935, pág. 225 e segs.. Nesta última obra pode ler-se que o Orçamento, *no seu aspecto formal é uma lei, porque tem a sua forma; na sua natureza jurídica, no seu mínimo não tem qualquer valor, no seu máximo é um acto condição*.

136   A Lei por detrás do Orçamento

Em conclusão, pode afirmar-se que a lei orçamental, no contexto da Constituição de 1933, bem como na prática política, reflectia bem a relação existente entre o Parlamento e o Governo, associando a uma autorização vazia uma fiscalização nula, e assumindo-se, desta forma, como uma lei semântica onde o objectivo de separar um domínio legislativo, de autorização, e um outro administrativo, de concretização, falia perante a autorização em branco que era passada, anualmente, por um Parlamento sem capacidade fiscalizadora a um Governo sem responsabilidade parlamentar[293].

Se a competência parlamentar era avaliada e exercida em baixa, já a competência do Governo era, bem ao invés, efectivamente, aproveitada, transformando a aprovação do Orçamento no momento em

---

Sobre o assunto, veja-se, ainda, António Maria Pereira, *Lições de Finanças, (segundo as prelecções do Exm.º Sr. Dr. Prof. Fernando Emídio da Silva)*, 1946, pág. 30, quando refere que *se o Orçamento tem grande valor político, em compensação o seu valor jurídico é bastante minguado*. Em seu entender (pág. 31), mais uma vez na esteira de Jèze, *tanto do lado das receitas, como do das despesas, o máximo valor jurídico do Orçamento é o de um acto condição*. Para Sousa Franco, *Finanças, sumários desenvolvidos e aditamentos*, 1971, pág. 303, a concepção do Orçamento como lei meramente formal é, *em princípio, aplicável à lei de meios*. O autor já havia, porém, afirmado, em Sousa Franco e Soares Martinez, *Finanças – Teoria das Receitas e Orçamento*, 1970, pág. 200, que a lei de meios continha, por vezes, normas de diversa índole, entre as quais se incluíam disposições que alteravam leis anteriores e outras disposições que vigoravam para além do ano económico, sendo que, nessas disposições, *a lei de meios é uma lei ordinária sem especificidades*.

[293] Em termos dogmáticos assiste-se, igualmente, a um desinteresse doutrinário generalizado relativamente à densificação e ao estudo do conceito de lei em geral ou sobre a natureza jurídica da lei de meios em especial, havendo, no entanto, uma preferência doutrinal pelo conceito material de lei, que encontra a sua defesa em Marcello Ceatano, *Manual de Direito Administrativo*, 1968, pág. 80, onde este autor reconhece que o conceito de lei que perfilha *é elaborado segundo um critério material amplo, que só atende à generalidade da norma*. No mesmo sentido, Marcello Caetano, *Direito Constitucional*, 1977, pág. 200 e segs., refere (pág. 206) que *fazer leis no sentido formal é um poder: mas só criar Direito é uma função*. Em termos legais, a noção material de lei encontrava apoio na noção apresentada pelo art. 1.º n.º 2 do Código Civil, de 1966, onde se restringe o conceito de lei às disposições (genéricas) dos órgãos estaduais competentes, o que foi considerado por Marcello Caetano, *Manual de Direito Administrativo*, 1968, pág. 80, como sendo uma *disposição infeliz e imprópria*, precisamente por restringir a noção material de lei. Ainda em defesa do conceito material de lei, no contexto da Constituição de 1933, Jorge Miranda, *Decreto*, 1974, pág. 124 e segs., ao afirmar que, *perante uma lei em sentido formal, tem de se averiguar se realmente encerra uma lei em sentido material ou um acto doutra natureza, a fim de determinar o regime a que está submetida*. Para uma análise muito interessante das diversas leis orçamentais durante a vigência da Constituição de 1933, bem como dos

A Investigação Histórica 137

que este órgão expunha *as grandes linhas do seu plano económico e financeiro para a gerência seguinte (em certo sentido, e até certo ponto, o seu "plano de governo" para o ano imediato)*[294]. Fruto da sua competência administrativa, aprovado por Decreto[295], o Orçamento Geral do Estado estava sujeito a um princípio de legalidade tributária e orçamental que, na prática, o condicionava bem pouco, não se afastando a Assembleia Nacional, no exercício dos seus poderes orçamentais, da docilidade que assumia no exercício de outros poderes constitucionais[296].

Antes de terminar, parece ser importante salientar o facto de, não obstante a aprovação dualista do Orçamento ter surgido de modo, directamente associado à Constituição de 1933 e ao sistema que esta idealizara, podendo ser considerado como um verdadeiro "fato à medida" do sistema político anti-parlamentar decorrente daquela Constituição, o certo é que, como tantas outras inovações criadas por este texto constitucional, tal sistema de aprovação orçamental não haveria de soçobrar com o fim do Estado Novo.

A verdade é que, demonstrando virtualidades até então desconhecidas e sofrendo embora algumas alterações, seria dada à opção orçamental da Constituição de 1933 uma nova oportunidade de mostrar

---

debates parlamentares então ocorridos veja-se, Nuno Valério, Ana Bela Nunes, Carlos Bastien e Maria Eugénia Mota, *Os Orçamentos no Parlamento Português*, 2005, pág. 161 e segs.

[294] Cardoso da Costa, *Curso de Direito Fiscal*, 1972, pág. 79.

[295] O primeiro ano económico em que houve lei de autorização (lei 1923, de 17 de Dezembro de 1935) e Orçamento governamental (decreto 26177, de 31 de Dezembro de 1935) foi o ano económico de 1936. Nuno Valério, *As Finanças Públicas no Parlamento Português*, 2001, pág. 81, e Fernando Emygdio da Silva, *A Reforma do Orçamento em Portugal: Política e Técnica*, 1938, pág. 30.

[296] Não tinham, na verdade, cabimento, no contexto político do Estado Novo, as palavras de Armindo Monteiro, *Do Orçamento Português*, 1921, pág. 137, quando referia não existir outra *ocasião mais favorável para criticar o modo por que o poder executivo satisfaz as exigências da pública administração, quer de um modo geral, quer duma forma minuciosa, do que aquela que oferece a passagem do Orçamento pelas Câmaras. É que, como dissemos já, ele representa um programa de gerência do país durante um certo período.* Careciam, igualmente, de valor político as palavras de Frederico Furtado Morgado, Romeu Nobre Gomes e Mário Roseira, *Lições de Finanças, (em harmonia com as prelecções do Prof. Doutor José Teixeira Ribeiro),* 1936, pág. 29, quando afirmavam que *a segunda função do Orçamento é facilitar a fiscalização da actividade do Governo por parte da Assembleia Nacional ou da opinião pública.* Os autores não deixavam, de resto, de acrescentar que *o Orçamento é um programa de Governo.*

138   *A Lei por detrás do Orçamento*

os seus méritos, desta vez num contexto democrático de responsabilidade parlamentar do Governo[297].

É, pois, sobre o modo como o legislador da Constituição de 1976 acolheu e recriou o sistema orçamental da Constituição de 1933, moldando-o às exigências do constitucionalismo democrático português que se destina a II.ª parte desta dissertação.

---

[297] Neste sentido, considerando que *as normas mais especificamente ligadas às finanças públicas não foram profundamente alteradas e que se manteve a distinção entre lei de meios (de competência parlamentar) e Orçamento (de competência governamental), embora a lei do Orçamento que desempenha o papel da primeira, tenha passado a incluir disposições quantitativas que dela não faziam parte na vigência da Constituição de 1933*, Eugénia Mata e Nuno Valério, *Normas de Direito Financeiro nas Constituições Portuguesas*, 1979, pág. 9 e 10. Estes autores referem que a quantificação do conteúdo da lei do Orçamento já havia sido proposta, durante a revisão constitucional de 1971, por Sá Carneiro, Mota Amaral, Miller Guerra e outros deputados, tendo sido, no entanto, rejeitada pela Assembleia Nacional, que, assim, rejeitou um aumento dos seus próprios poderes. Sobre o modo como a Constituição de 1976 não rompeu, totalmente, com as normas financeiras vigentes no contexto da Constituição de 1933, Paz Ferreira, *Em torno das Constituições Financeira e Fiscal e dos novos desafios na área das Finanças Públicas*, 2001, pág. 303. Para este autor, *impressiona, ainda assim, que muito desse acervo (princípios tradicionais de Direito Financeiro incluídos na Constituição de 1933) tenha transitado para o novo texto constitucional (Constituição de 1976), com relevo, designadamente, para as regras orçamentais clássicas, tais como a anualidade, a plenitude e a não compensação, dentro de uma perspectiva escassamente inovadora. Mas, impressiona ainda mais que, onde a Constituição de 1933 quebrara com os princípios orçamentais tradicionais de raiz liberal, concentrando os poderes de decisão orçamental no Governo, não tenham os constituintes de 1976 marcado uma orientação radicalmente diversa, devolvendo a instituição orçamental à esfera parlamentar.*

II.ª PARTE
A Lei do Orçamento na Constituição de 1976

A – O SISTEMA DE APROVAÇÃO DUALISTA

No momento da elaboração da Constituição de 1976, e, em especial, no momento de aprovação da chamada "Constituição Orçamental", deparou-se a Assembleia Constituinte com o dilema de não haver em Portugal uma tradição uniforme, quer em matéria de atribuição da competência para a aprovação do Orçamento, quer em relação ao grau de limitação dos poderes dos deputados no que à iniciativa legislativa financeira diz respeito.

Isso mesmo já havia, de resto, ficado claro no momento de apresentação dos projectos de Constituição por parte dos partidos políticos com assento na Assembleia Constituinte, onde a problemática da lei do Orçamento e da iniciativa legislativa financeira aparecia, aliás, de modo disperso, fragmentado e sem grandes preocupações de rigor conceptual. Mesmo assim, e conforme se pode compulsar pela análise dos projectos, nestes se reflectia, de modo muito claro, a dualidade de opções políticas, representativas das duas heranças, provenientes das Constituições de 1911 e de 1933, face às quais a Constituição de 1976 haveria de ser, de certa forma, beneficiária directa, num âmbito que extravasaria, de resto, em muito, o mero domínio orçamental[298].

---

[298] Sobre esta questão, Alexandre Sousa Pinheiro, *O sistema de actos legislativos e o sistema de governo – a experiência portuguesa*, 2000, pág. 11 e segs. O autor considera, com razão, que na Constituição de 1976 *a distribuição da competência legislativa entre Parlamento e Governo insere-se, assim, na construção global do sistema de governo e, consequentemente, na definição dos equilíbrios institucionais entre centros de poder político, fitando-se, sempre, a diluição de hegemonias potenciais e a prossecução do modelo da*

1. Os Projectos de Constituição apresentados pelos Partidos Políticos

Sem se entrar no estudo aprofundado do período que antecedeu, imediatamente, a discussão da Constituição na Assembleia Constituinte[299], sempre se dirá, porém, que da análise das duas plataformas de acordo constitucional, celebradas sucessivamente pelo Movimento das Forças Armadas (MFA) e por vários partidos políticos se pode concluir que, em nenhuma delas, se manifesta uma atenção especial relativamente à problemática da referida Constituição Orçamental[300].

Não se encontrava, deste modo, a Assembleia Constituinte sujeita a qualquer constrangimento jurídico ou político quanto à solução a adoptar em matéria orçamental, tudo dependendo das posições dos partidos políticos, que não tinham, no entanto, como já se referiu, uma posição unânime sobre o assunto. Com efeito, a leitura dos projectos de Constituição apresentados pelos maiores partidos políticos é bem

---

maior divisão possível do poder. O desiderato é atingido consagrando, com novas vestes, princípios basilares da Constituição de 1933. Em sentido semelhante, acentuando, igualmente, a identificação política entre maioria parlamentar/governo/primeiro-ministro, Paulo Otero, *Legalidade e Administração Pública,* 2003, pág. 121 e segs.

[299] Sobre esse período, veja-se, de modo lúcido e bem documentado, Alexandre Sousa Pinheiro, *O sistema de actos legislativos e o sistema de governo: a experiência portuguesa,* 2000, pág. 118 e segs.

[300] Jorge Miranda, *Fontes e Trabalhos Preparatórios da Constituição,* 1978, pág. 195 e segs. Com efeito, na primeira plataforma de acordo constitucional, assinada em 13 de Abril de 1975, apenas se faz uma referência, aliás pouco clara, ao Orçamento, ao estabelecer-se que no âmbito das competências do Conselho da Revolução, este órgão poderia, nos termos do art. 3.2 g), *exercer a competência legislativa em matéria militar, devendo os respectivos diplomas, se envolverem aumento de despesas não comportáveis pelo Orçamento aprovado, ser referendados pelo Primeiro-Ministro.* Com efeito, dificilmente se entende como é que uma despesa incomportável para o Orçamento o deixaria de ser por virtude da referenda do Primeiro-Ministro. Também na segunda plataforma de acordo constitucional, que substituiu a primeira, e que foi assinada em 26 de Fevereiro de 1976, se fazia uma referência indirectamente ligada à matéria orçamental, quando se estabelecia, no art. 3.15.1, novamente a propósito das competências do conselho da revolução, que careceriam de *referenda ministerial os* (actos do conselho da revolução) *que envolverem aumento de despesa ou diminuição de receita.* Esta vinculação acabaria por ser incluída, em termos mais ou menos semelhantes, nos projectos de Constituição do PS, do CDS e do PCP. No projecto do PPD, diferentemente, propunha-se a sujeição a referenda dos Ministros das Finanças e do Planeamento Económico, dos actos do Presidente da República e do Governo que envolvessem diminuição de receitas ou aumento de despesas.

A Lei do Orçamento na Constituição de 1976   141

exemplificativa das duas opções que o constitucionalismo português já havia experimentado, e que iriam estar presentes nos debates parlamentares que culminariam com a aprovação da Constituição de 1976.

a) *O projecto do Partido Socialista*

O projecto apresentado pelo Partido Socialista (PS)[301] fazia uma referência ao Orçamento do Estado no título relativo à Organização Económica. Aí se podia ler que existiria um *plano anual, que deverá integrar o Orçamento do Estado para esse período. Este plano constituirá a base fundamental da actividade do governo*[302], sendo que, nos termos do mesmo artigo, o sistema de planeamento deveria ser aprovado pela Assembleia Legislativa.

A aprovação parlamentar do Orçamento volta a ser considerada no momento de se proceder à distribuição de competências, ao afirmar-se que *será da competência da Assembleia Legislativa Popular: a) Aprovar o Orçamento Geral do Estado*[303], pelo que, não obstante as terminologias não coincidirem integralmente, parece ser indiscutível que a opção do PS ia para um sistema de aprovação monista parlamentar do Orçamento do Estado, no seguimento do previsto na Constituição de 1911[304].

b) *O projecto do Partido Popular Democrático*

No projecto constitucional apresentado pelo Partido Popular Democrático (PPD)[305], a matéria orçamental surgia, igualmente, no título referente aos princípios gerais da organização e da política económica, estabelecendo-se que *compete à Câmara dos Deputados*

---

[301] Diário da Assembleia Constituinte, 1975, pag 358-(55).

[302] Art. 47.º n.º 1 c) do projecto constitucional do PS.

[303] Art. 91.º a) do projecto constitucional do PS.

[304] O art. 26.º da Constituição de 1911 estabelecia, como se viu, que competia privativamente ao Congresso da República: *Orçar a receita e fixar a despesa da República, anualmente, tomar as contas da receita e despesa de cada exercício financeiro e votar anualmente os impostos.*

[305] Diário da Assembleia Constituinte, 1975, pág. 358-(69).

142 A Lei por detrás do Orçamento

aprovar os planos a longo e médio prazos, e suas revisões, e o plano anual, que, com o Orçamento do Estado, constituirão a base fundamental da política económica e financeira do governo[306].

O referido projecto volta a reafirmar o propósito da aprovação parlamentar do Orçamento, ao esclarecer, relativamente ao sistema financeiro e fiscal, que *à Câmara dos Deputados compete, além da aprovação das leis fundamentais relativas à estrutura do sistema financeiro, aprovar anualmente o Orçamento do Estado incluindo o Orçamento da segurança social e o Orçamento anual do sector público, que agregará os Orçamentos das empresas públicas; estes poderão ser provisoriamente postos em execução se a demora na aprovação prejudicar a prossecução do interesse público ou a sua regular actividade*[307]. Nos termos do n.º 2 do artigo 80.º previa-se, também, que *à Câmara dos Deputados compete ainda votar as leis que regem o sistema tributário, autorizar anualmente a cobrança de impostos e a realização de despesas, tendo em conta as obrigações decorrentes da lei ou de contratos* (…).

Finalmente, podia ainda encontrar-se uma referência ao Orçamento quando se esclarecia que competia à Câmara dos Deputados *aprovar o Orçamento Geral do Estado, cujo projecto lhe será submetido até 1 de Novembro de cada ano, autorizando o Governo a cobrar receitas e a fazer as despesas da gerência futura*[308].

Relativamente à problemática da "lei-travão", estabelecia-se que *os actos do Presidente da República e do Governo que envolvam diminuição de receitas ou aumento de despesas são sempre referendados pelos ministros das Finanças e do Planeamento Económico*[309], não se estabelecendo, desta forma, à semelhança do que, de resto, se passava com os outros projectos, qualquer limitação aos poderes dos deputados em matéria financeira que implicassem aumento de despesas ou diminuição de receitas, o que não deixava de ser estranho, já que este era um assunto que foi alvo, como se viu, de grandes debates doutrinais e de importantes alterações legislativas ao longo da nossa história constitucional.

---

[306] Art. 73.º n.º 2 do projecto constitucional do PPD.
[307] Art. 80.º n.º 1 do projecto constitucional do PPD.
[308] Art. 108.º n.º 9 do projecto constitucional do PPD.
[309] Art. 125.º n.º 2 do projecto constitucional do PPD.

A Lei do Orçamento na Constituição de 1976　　143

c) *O projecto do Centro Democrático e Social*

O Partido do Centro Democrático Social (CDS)[310], diferentemente, propunha um sistema de aprovação dualista relativamente ao Orçamento do Estado, estabelecendo que competia à Assembleia Legislativa *aprovar as bases gerais do Orçamento Geral do Estado em cada ano e autorizar anualmente a cobrança das receitas e a realização das despesas públicas*[311].

A lei do Orçamento seria, deste modo, configurada como uma lei de bases que careceria de desenvolvimento por parte do Governo, não ficando, porém, claro se esse desenvolvimento haveria de ser legislativo ou regulamentar, já que não se previa, no projecto de Constituição deste partido, especificamente, a figura dos decretos-leis de desenvolvimento de leis de bases. De facto, estranhamente, não se atribuía ao Governo qualquer competência específica em matéria orçamental, nem, tão pouco, se fazia referência à capacidade de desenvolver as bases aprovadas pela Assembleia Legislativa.

Com efeito, apenas se consagrava a possibilidade de o Governo *fazer decretos-leis fora das matérias reservadas à competência exclusiva do Conselho da Revolução e da Assembleia da República*[312], competindo-lhe, igualmente, *elaborar regulamentos e instruções para a boa execução das leis e o eficiente funcionamento da Administração.*

Inovadora face aos restantes projectos constitucionais, apesar de directamente tributária da Constituição de 1933[313], era a norma que estabelecia que *os deputados não podem apresentar projectos de lei nem propostas de alteração que envolvam directamente aumento de despesas ou diminuição de receitas do Estado criadas por leis anteriores*[314]. Propunha-se, desta forma, a consagração de uma "lei-travão"

---

[310] Diário da Assembleia Constituinte, 1975, pág. 358-(1).

[311] Art. 88.º n.º 14 do projecto constitucional do CDS.

[312] Art. 113.º n.º 3 do projecto constitucional do CDS.

[313] Com efeito, o art. 97.º da Constituição de 1933 (na versão dada pela Lei n.º 1966, de 23 de Abril de 1938) estabelecia que *a iniciativa da lei compete indistintamente ao Governo ou a qualquer dos membros da Assembleia Nacional; não poderão, porém, estes apresentar projectos de lei ou propostas de alteração que envolvam aumento de despesa ou diminuição de receita do Estado criada por leis anteriores.*

[314] Art. 94.º n.º 2 do projecto constitucional do CDS.

144 *A Lei por detrás do Orçamento*

face às iniciativas dos deputados que provocassem aumento de despesas ou diminuição de receitas, estabelecendo-se, tal como na tradição herdada da Constituição de 1933, que o padrão de referência a seguir, para indagar da aplicação da referida "lei-travão", eram as leis anteriores e não a própria proposta de lei do Orçamento, não sendo, no entanto, claro se a referida "lei-travão" se deveria aplicar no momento da discussão da proposta orçamental.

d) *O projecto do Partido Comunista Português*

No projecto do Partido Comunista Português (PCP)[315] não se fazia qualquer referência específica à lei do Orçamento, estabelecendo-se, no entanto, que competia à Câmara dos Deputados *autorizar o Governo, até 15 de Dezembro de cada ano, a cobrar as receitas do Estado e a pagar as despesas públicas na gerência futura*[316], devendo o Governo, por seu lado, *apresentar à Câmara dos Deputados, até 15 de Outubro de cada ano, a proposta de lei de meios e elaborar e decretar com base nela o Orçamento Geral o Estado*[317]. Consagrava, desta forma, também o projecto do PCP, um sistema de aprovação dualista de aprovação do Orçamento, que se aproximava, bastante mais do que se poderia esperar, do sistema proveniente da Constituição de 1933, propondo-se, inclusivamente, a constitucionalização da expressão "lei de meios", que se havia tornado comum entre a doutrina para designar a lei de autorização orçamental que era aprovada pela Assembleia Nacional.

O projecto do PCP não era explícito quanto ao grau de densificação da lei de meios que propunha, mas o facto de se referir a esta como sendo uma lei que teria como função *autorizar o Governo* a cobrar as receitas e a realizar as despesas, indiciava a vontade de criar um sistema de aprovação dualista bastante semelhante ao previsto na Constituição de 1933, ainda que não resultasse claro qual a forma jurídica (legislativa ou administrativa) que o Orçamento Geral do Estado haveria de revestir. Em matéria de "lei-travão", apesar de

---

[315] Diário da Assembleia Constituinte, 1975, pág. 358-(35).
[316] Art. 86.º alínea c) do projecto constitucional do PCP.
[317] Art. 89.º alínea c) do projecto constitucional do PCP.

A Lei do Orçamento na Constituição de 1976   145

não se prever qualquer tipo de limitação aos poderes de iniciativa dos deputados, indicava-se que *os actos do Governo que envolvam aumento ou diminuição das receitas ou das despesas públicas terão de ser aprovados em Conselho de Ministros*, o que não tinha reflexos inter-orgânicos[318].

e) *O balanço dos projectos dos partidos políticos*

Sem se entrar numa análise exaustiva dos projectos apresentados pelos vários partidos políticos, apenas se dirá que, em termos gerais, a preocupação com a Constituição Orçamental não foi, certamente, uma das mais evidentes, a avaliar pelo modo fragmentário e pouco consistente com que, de uma forma geral, todos os projectos se referem às normas relativas ao Orçamento e aos tradicionais limites à iniciativa legislativa parlamentar com contornos financeiros. Crê-se mesmo que tal facto não deixa de poder ser considerado como um indício de que, ao contrário do ocorrido na génese do constitucionalismo liberal, e, de modo mais impressivo, na génese da Constituição de 1933, o controlo das Finanças Públicas não foi um dos temas inscritos na agenda das principais mudanças a operar.

Para além disso, a única conclusão que se pode retirar prende-se com o facto de os dois partidos com maior representação eleitoral terem defendido, nos respectivos projectos, um modelo de aprovação orçamental monista, da competência do Parlamento, enquanto que os outros dois partidos mantiveram, ainda que com algumas alterações, o modelo herdado da Constituição de 1933, pelo que, também aqui, como em tantos outros domínios, se manifestou a necessidade, muitas vezes não assumida, de optar entre recuperar a tradição liberal da Iª República ou de utilizar as instituições da Constituição de 1933, adaptando-as a uma democracia que se pretendia planificada.

A solução que acabaria por vigorar e ser aprovada em votação final global demonstra bem como os debates parlamentares ocorridos na Assembleia Constituinte foram determinantes na solução final, sendo o texto aprovado pela Assembleia Constituinte, pelo menos no

---

[318] Art. 90.º número 4 do projecto constitucional do PCP.

146 *A Lei por detrás do Orçamento*

domínio orçamental, ainda que não totalmente satisfatório, bem mais consistente e evoluído do que qualquer dos projectos que lhe estiveram na base.

2. Os debates na Assembleia Constituinte

Os debates na Assembleia Constituinte, em matéria orçamental, distribuíram-se entre a 4ª comissão, incumbida de congregar as várias propostas no sentido de apresentar um relatório relativo à parte económica, e a 5ª comissão que estava incumbida de semelhante tarefa, mas no que respeita à organização do poder político.

Como a matéria orçamental relevava das duas comissões (o que é bem um indício da sua centralidade) o plenário foi, por vezes, o local encontrado para se apresentarem propostas de substituição dos textos das comissões, de modo a tentar encontrar um equilíbrio entre a visão dualista, que resultaria da 5ª comissão (aprovação do Orçamento dividida entre Parlamento e Governo), e a visão monista, defendida na 4ª comissão (aprovação do Orçamento integralmente pelo Parlamento), bem como relativamente ao âmbito de aplicação da lei--travão.

a) *Em torno do monismo ou do dualismo orçamental*

Em relação ao modelo de aprovação do Orçamento do Estado é sem estranheza, no seguimento, aliás, da correlação de forças parlamentarmente representadas (que davam uma confortável maioria ao conjunto PS-PPD), que surge a proposta apresentada pela 4.ª Comissão[319] onde se estabelecia que *à Câmara dos Deputados compete, além da aprovação das leis fundamentais relativas à estrutura do sistema financeiro, aprovar anualmente o Orçamento do Estado, incluindo o Orçamento da segurança social e o Orçamento anual do sector público, que agregará os Orçamentos das empresas públicas*[320].

---

[319] O relatório com o articulado proposto pela 4.ª Comissão encontra-se publicado no Diário da Assembleia Constituinte, 1975, pág. 2022 e segs.

[320] Diário da Assembleia Constituinte, 1975, pág. 2025.

A Lei do Orçamento na Constituição de 1976

Esta proposta era, assim, plenamente tributária do monismo parlamentar defendido pelos projectos dos dois maiores partidos, desta forma rompendo com a opção governamentalista da Constituição de 1933 e recuperando a tradição parlamentar do constitucionalismo liberal.

Acontece que, não obstante os projectos apresentados pelos dois maiores partidos políticos irem no sentido da proposta da 4.ª Comissão, que chegou a subir ao plenário, foi apresentada pelos Deputados Jorge Miranda e Amândio de Azevedo, aparentemente no seguimento de acordo alcançado na 5.ª Comissão[321], uma proposta de substituição total do artigo em causa, por um outro que estabelecia a separação entre a aprovação parlamentar da lei do Orçamento e a aprovação posterior, pelo Governo, do Orçamento Geral do Estado, de harmonia com a lei do Orçamento e o Plano, e tendo em conta as obrigações decorrentes de lei ou de contrato[322].

A defesa do preceito em causa, que veio a merecer a aprovação unânime da Assembleia Constituinte, foi feita por Jorge Miranda, que, por nenhuma vez, se referiu aos projectos apresentados pelo seu próprio partido e pelo PS e que iam em sentido diverso do que,

---

[321] Na verdade, o relatório da 5.ª Comissão, Diário da Assembleia Constituinte, 1975, pág. 2806 e segs. manifestava a opção pela aprovação dualista do Orçamento. Com efeito, enquanto que na alínea f) do art. 50.º se consagrava a competência da Assembleia dos Deputados para *aprovar as leis do plano e do Orçamento*, no art. 87.º conferia-se ao Governo, *no exercício de funções administrativas,* a competência para *elaborar, com base na lei do Orçamento, e fazer executar o Orçamento Geral do Estado.*

[322] O texto completo era o seguinte: *1. A lei do Orçamento, a votar anualmente pela Assembleia dos Deputados, conterá: A discriminação das receitas e a das despesas na parte respeitante às dotações globais correspondentes às funções e aos ministérios e secretarias de estado; As linhas fundamentais de organização do Orçamento da segurança social e do Orçamento do sector público, que agregará os Orçamentos das empresas públicas 2. O Orçamento Geral do Estado será aprovado pelo Governo, de harmonia com a lei do Orçamento e o Plano e tendo em conta as obrigações decorrentes de lei ou de contrato.* Diário da Assembleia Constituinte, 1975, pág. 2667. A ideia de uma subordinação do Orçamento a leis anteriores, aqui representada pela afirmação de que este deveria ser elaborado de harmonia com a lei do Orçamento e o Plano, não era nova e já constava, noutros termos, do art. 91.º número 4 da Constituição de 1933, onde se estabelecia que cabia à lei de meios autorizar o Governo, definindo os princípios a que deveria obedecer o Orçamento, na parte das despesas cujo quantitativo não é determinado em harmonia com leis preexistentes. Quanto à referência às obrigações decorrentes de lei ou de contrato, esta tinha, também, como passado mais remoto, o art. 65.º da Constituição de 1933 e, como passado mais recente, o próprio art. 80.º número 2 do projecto de Constituição do PPD.

então, propunha em plenário[323]. Com efeito, para este deputado, pretendia-se *seguir uma linha intermédia entre a concepção clássica do Orçamento, todo ele aprovado pelo órgão do poder legislativo ou Parlamento, e a concepção Salazarista da lei de meios – que aliás não é apenas de Salazar porque mais tarde viria a ser adoptada por alguns países autoritários*[324].

Julga-se que com esta visão intermédia não se evitou uma certa miscelanização de conceitos e de doutrinas numa tentativa de conciliação (não isenta de perigos) buscando compromissos que não agradando inteiramente a ninguém, acabam por fraquejar ao nível da coerência global do texto constitucional, assim se iniciando uma tendência, que de resto se haveria de acentuar, ao nível da Constituição Orçamental, com a revisão constitucional de 1982, e cujos resultados só se podem lamentar.

Na verdade, com a aprovação da proposta apresentada criou-se um sistema híbrido de aprovação orçamental, original no constitucionalismo português e no Direito Comparado, que, não sendo totalmente subsumível a um só modelo doutrinal, não sobreviveria, de resto, à aprovação da primeira revisão constitucional. Com efeito, a lei do Orçamento não se assumia, com este articulado, verdadeiramente como uma lei de bases, já que esta terminologia não lhe era atribuída, apesar de não ser desconhecida do legislador constitucional[325],

---

[323] Refira-se, aliás, que em projecto de Constituição autónomo, por si elaborado com o intuito de servir de base ao projecto do PPD, Jorge Miranda, *Um Projecto de Constituição*, 1975, pág. 84, consagrava um modelo de aprovação monista do Orçamento de Estado, podendo ler-se no art. 167.º do seu projecto que *compete ao Parlamento: 1.º Aprovar o Orçamento Geral do Estado em cada ano* (...).

[324] Diário da Assembleia Constituinte, 1975, pág. 2668.

[325] Esta qualificação havia sido, de resto, proposta pelo CDS no seu projecto de Constituição. Contra, considerando que a lei do Orçamento era uma lei de bases face ao Orçamento Geral do Estado, Lobo Xavier, *O Orçamento como Lei,* 1990, pág. 76, e Blanco de Morais, *Vínculos ao Poder Orçamental do Governador de Macau,* 2000, pág. 335. No mesmo sentido, mas fazendo referência precisamente ao facto de a Constituição não consagrar a lei do Orçamento no elenco das leis de base constitucionalmente expressas, Gomes Canotilho e Vital Moreira, *Constituição da República Portuguesa Anotada,* 1978, pág. 390. Estes autores defendiam que, *ao considerar a elaboração do plano e do Orçamento como manifestação da competência administrativa do Governo, a Constituição parece apontar para o desenvolvimento das bases fundamentais das leis do plano e do Orçamento através de decreto regulamentar. Contudo, o desenvolvimento das leis-quadro ou leis de bases, como são as leis do plano e do Orçamento, devia rigorosamente fazer-se através de decreto-lei.*

A Lei do Orçamento na Constituição de 1976 149

não se estabelecendo, tão pouco, o desenvolvimento da lei do Orçamento através de Decreto-lei de desenvolvimento das bases, antes se remetendo a intervenção do Governo, neste domínio, para a sua competência administrativa[326].

Com esta proposta, acabava por se trilhar uma linha de separação entre o domínio legislativo e o administrativo, ao nível da especificação da distribuição das verbas, deste modo se criando duas reservas a favor de outros tantos órgãos constitucionais[327]. De facto, a potencial natureza expansiva da Lei era, aqui, expressamente travada em favor de uma reserva de acção do Governo, que beneficiaria, desta forma, de uma específica reserva de função administrativa para proceder à discriminação das receitas e das despesas a um nível inferior ao dos Ministérios e das Secretarias de Estado.

Verifica-se, desta forma, em conclusão, como, sem o recurso a um debate relevante sobre as vantagens e as desvantagens de tal opção, acabou a Constituição de 1976 por estabelecer, em matéria tão sensível como é a matéria orçamental no equilíbrio de poderes entre o Parlamento e o Governo, uma divisão de tarefas, não só orgânica, como também funcional[328], assim retirando ao Parlamento o poder de aprovação unitária do Orçamento e criando, bem ao invés, uma reserva administrativa do Governo relativa à aprovação do Orçamento Geral do Estado, naquela que foi mais uma das originalidades da Constituição de 1976, seja face à tradição constitucional portuguesa, seja face ao Direito Comparado.

---

[326] O art. 87.º do relatório da 5.ª Comissão haveria de estabelecer que *compete ao Governo, no exercício de funções administrativas: b) elaborar o Orçamento Geral do Estado, com base na respectiva lei, e fazê-lo executar.*

[327] Neste sentido, Gomes Canotilho e Vital Moreira, *Constituição da República Portuguesa Anotada*, 1978, pág. 244, referem que *a lei do Orçamento não poderá conter menos do que o indicado no n.º 1 (...) mas também não poderá conter mais: a lei do Orçamento não pode consumir o decreto orçamental.* De acordo com Guièze, *Le Partage des Compétences entre la Loi et le Règlement en Matière Financière*, 1974, pág. 63, no ordenamento jurídico-constitucional Francês existe, igualmente, no âmbito do art. 34.º da Constituição, *uma partilha horizontal do poder normativo entre a lei e o regulamento. Isto significa que no seio da mesma matéria a lei e o regulamento terão, cada um, uma competência reservada, devendo uma fixar os traços essenciais da regulamentação, e o outro os detalhes da aplicação.* O sistema criado ao nível orçamental em Portugal era, assim, embora inovador na sua concepção e aplicação à lei orçamental, credor do sistema francês de divisão orgânico-formal entre lei e regulamento.

[328] Jorge Miranda, Diário da Assembleia Constituinte, 1975, pág. 2669.

150 A Lei por detrás do Orçamento

b) *Em torno da "lei-travão"*

Paralelamente à opção pela aprovação dualista do Orçamento, acabou por se consagrar no texto constitucional uma norma "travão" que, sendo menos lesiva dos direitos dos deputados do que a prevista na Constituição de 1933, não deixa de surgir ao arrepio da tradição constitucional e legal portuguesa nesta matéria[329].

Nos projectos partidários de Constituição viu-se como apenas o projecto do CDS previa, em termos análogos aos consagrados na Constituição de 1933, a existência de limites à iniciativa legislativa dos deputados que tivesse por objecto o aumento das despesas ou a diminuição das receitas criadas por leis anteriores, sendo essa proposta acolhida pela 5ª Comissão quando estabeleceu que *os deputados não podem apresentar projectos de lei ou propostas de alteração que envolvam directamente aumento de despesas ou diminuição de receitas do Estado criadas por leis anteriores*[330].

---

[329] Neste sentido, Cardoso da Costa, *Sobre as Autorizações Legislativas da Lei do Orçamento*, 1983, pág. 419. No mesmo sentido já Barbosa de Melo, Cardoso da Costa e Vieira de Andrade, *Estudo e Projecto de revisão da Constituição da República Portuguesa de 1976*, 1981, pág. 208, haviam proposto a introdução, na revisão constitucional, de uma verdadeira lei-travão de acordo com a tradição portuguesa. Os referidos autores consideravam que a proposta *irá provocar uma grande controvérsia*, mas, para estes, *com base numa latíssima e muito discutível interpretação do actual preceito perdeu-se por completo o seu efeito travão*. Os autores propunham, em alternativa, que se admitisse um sistema, como o da I.ª República, em que, ao aprovar-se um aumento de despesa, se aprovasse, também, um aumento compensador de receita. Contra, considerando que a lei-travão consagrada no art. 170.º da Constituição (na sua versão original*) é diferente, mas que se situa na tradição do nosso Direito financeiro*, Oliveira Martins, *Constituição Financeira*, 1984, pag 321.

[330] Diário da Assembleia Constituinte, 1975, pág. 3871-72. Esta proposta mereceu comentários de Mota Pinto e de Jorge Miranda. Com efeito, Mota Pinto, Diário da Assembleia Constituinte, 1975, pág. 3870, protestou contra o projecto de lei-travão apresentado pela 5.ª Comissão, por esta consagrar *uma importantíssima restrição de capacidade de iniciativa dos deputados.Uma disposição precisamente igual a esta, se não estou em erro, existia na Constituição de 1933. E durante a I.ª República uma disposição que ficou conhecida como lei-travão sancionou uma orientação correspondente a este pensamento, não sei se em termos exactamente iguais ou com alguma diferença (…).* Opondo-se às críticas de Mota Pinto, Jorge Miranda considerava que *só quem desconheça a história portuguesa, a história política portuguesa deste século, poderá, de ânimo leve, pronunciar-se contra este artigo. Este artigo não tem origem na Constituição de 1933, tem origem na lei-travão de Afonso Costa.* Não é, no entanto, totalmente precisa esta afirmação de Jorge Miranda, já que a lei-travão a que se referia (Lei de 15 de Março de 1913), aprovada no

A Lei do Orçamento na Constituição de 1976   151

Segundo se crê, o objectivo da norma proposta não buscava tanto a manutenção do equilíbrio orçamental[331], já que este se poderia salvaguardar obrigando à apresentação de propostas compensadas, como acontecia na Iª República, como a criação de uma reserva a favor do executivo, que colocasse o domínio orçamental a salvo da intervenção parlamentar, em moldes em tudo semelhantes aos previstos na Constituição de 1933.

A análise da discussão efectuada na Assembleia Constituinte é, de resto, bem esclarecedora dos motivos que estiveram na base da norma proposta, e que visavam evitar que as leis que estabeleciam despesas e receitas, depois de serem "congeladas" através do Orçamento/plano, pudessem ser, durante o ano económico, alteradas pelos deputados, dificultando assim a referida execução orçamental.

Isso mesmo é afirmado pelo Deputado José Luís Nunes, ao afirmar que, *feita essa lei (lei do Orçamento), tomada em consideração essa lei, parece que se cairia ou que havia o risco de se cair em certo tipo de anarquia económica e financeira se se permitisse aos Srs. Deputados que pudessem tomar determinado tipo de iniciativas que fossem contra leis anteriores de receitas e despesas*[332].

Na verdade, na defesa do artigo apresentado pela 5ª Comissão adiantou-se que este viria no seguimento da tradição portuguesa desde a Iª República, teria antecedentes de Direito comparado, impediria a *demagogia parlamentar eleiçoeira*[333] e que seria de aplicação mais

---

tempo de Afonso Costa, aplicava-se (como já se viu), não só durante o ano económico, mas, igualmente, durante o debate orçamental, permitindo, no entanto, a existência de leis avulsas de despesas (fora do debate orçamental), desde que compensadas com receitas. Diferentemente, a lei-travão discutida e aprovada na Assembleia Constituinte não se aplicava durante a discussão da proposta orçamental nem admitia propostas de compensação entre receitas e despesas.

[331] Lobo Xavier, *O Orçamento como Lei*, 1990, pág. 120, refere, com razão, que o equilíbrio existiria, mesmo sem lei-travão, por manifesta imposição constitucional.

[332] Diário da Assembleia Constituinte, 1975, pág. 3872. Para este autor, *quando se fala em leis anteriores, pura e simplesmente está-se a consagrar o princípio anteriormente definido da prioridade da lei de planificação económica, que de certa maneira limita, e, na nossa maneira de ver, bem, a iniciativa dos srs. Deputados*. Das palavras do referido deputado parece resultar uma identidade entre as leis anteriores (leis de receita e de despesa) e a lei de Orçamento, que apenas compilaria, de um ponto de vista financeiro, os resultados dessas mesmas leis avulsas. Talvez por isso mesmo se acabou por modificar a redacção da norma, passando a fazer-se referência à *lei do Orçamento* em vez de *às leis anteriores*.

[333] Jorge Miranda, Diário da Assembleia Constituinte, 1975, pág. 3871.

152 *A Lei por detrás do Orçamento*

maleável do que o que se havia passado durante a Constituição de 1933, por apenas impedir iniciativas que, directamente, aumentassem despesas ou diminuíssem receitas[334].

Os opositores ao referido artigo consideravam, no entanto, que com a sua aprovação não ficariam acauteladas situações em que a proposta apenas devesse vigorar no ano seguinte[335], ou em que a um aumento de despesas se seguisse, também, um aumento de receitas[336], pelo que o artigo acabou por baixar à Comissão, de onde voltou, para ser aprovado por unanimidade, 15 dias depois, passando a prever-se que *os deputados não podem apresentar projectos de lei ou propostas de alteração que envolvam aumento das despesas ou diminuição das receitas do Estado previstas na lei do Orçamento*[337].

Se bem se atentar às mudanças efectuadas, verifica-se que estas se reduzem à eliminação do advérbio *directamente* e à substituição da expressão *leis anteriores* por *lei do Orçamento*, o que não resulta serem, apenas, mudanças de cosmética jurídica. Na verdade, ao indicar-se a lei do Orçamento como padrão de referência, a partir da qual deixam os deputados de poder apresentar propostas que impliquem aumento de despesas ou diminuição de receitas, torna-se evidente que a lei-travão não se aplica durante a discussão orçamental em que não existe ainda lei orçamental aprovada[338].

---

[334] Por aqui se nota como, indirectamente, se pretendia aprovar uma norma semelhante à que se encontrava em vigor durante a Constituição de 1933, dotando-a, porém, de uma aplicação mais flexível. Refira-se, no entanto, que a temática inerente à aplicação (ou não) da lei-travão durante o debate orçamental nunca foi, por estranho que possa parecer, discutida expressamente.

[335] Mota Pinto, Diário da Assembleia Constituinte, 1975, pág. 3873.

[336] Vital Moreira, Diário da Assembleia Constituinte, 1975, pág. 3873.

[337] Diário da Assembleia Constituinte, 1975, pág. 4216.

[338] Manifestando-se contra a aplicação da lei-travão durante a discussão da proposta de lei orçamental, Gomes Canotilho e Vital Moreira, *Constituição da República Portuguesa Anotada*, 1978, pág. 244, consideravam que, não obstante a proposta de Orçamento caber em exclusivo ao Governo, poderá a Assembleia da República *introduzir-lhe alterações sem qualquer limitação, já que a restrição do art. 170/2 não se aplica, evidentemente, à própria lei do Orçamento.* Os autores (pág. 341) voltam a referir-se ao assunto considerando que *os deputados não estão impedidos de apresentar e de fazer aprovar propostas que envolvam aumentos de despesas ou diminuição das receitas públicas, desde que se trate de propostas de alteração à proposta de lei de Orçamento. A limitação do n.º 2 não se aplica pois à própria lei do Orçamento (…).* No mesmo sentido, Jorge Miranda, *Manual de*

A Lei do Orçamento na Constituição de 1976   153

Com esta modificação criou-se, à revelia da nossa tradição constitucional, uma solução inovadora sem o necessário debate nem o devido esclarecimento da mudança que se aprovava, já que com a solução aprovada acaba por não se acautelar totalmente nem a *demagogia parlamentar eleiçoeira,* nem se responder a qualquer das críticas que haviam sido levantadas no plenário e que motivaram a reformulação da norma.

Na verdade, embora seja durante o debate orçamental que mais pertinentemente se justifica a existência de uma lei-travão, não foi esse, no entanto, o caminho trilhado pelos constituintes que, deste modo, permitiram que a aprovação do Orçamento recaia, com os limites que a reserva governamental de iniciativa sempre há-de impor, totalmente nas mãos dos parlamentares, que apresentarão e aprovarão as emendas que entenderem, sem terem qualquer limite padronizador[339].

c) *O balanço dos debates e o texto final da Constituição*

No momento de se ensaiar um balanço relativamente à fixação das regras estruturantes, no domínio orçamental, da dinâmica relacional entre o Parlamento e o Governo, julga-se que, embora o legislador constituinte não tenha rompido integralmente com a tradição proveniente da Constituição de 1933, ficou, ainda assim, consa-

---

Direito Constitucional, tomo V, 2004, pág. 259. O autor refere que durante a discussão da proposta de lei orçamental podem os deputados apresentar *propostas de alteração de lei orçamental sem limite (pois ainda não há Orçamento a que tenham de se conter).*

[339] Refira-se, ainda, o desaparecimento do advérbio *directamente,* que havia sido considerado, precisamente por Jorge Miranda e por José Luís Nunes, como a garantia de que a aplicação da lei-travão não iria ser tão rigorosa como na vigência da Constituição de 1933 (Diário da Assembleia Constituinte, 1975, pág. 3871/3872) e que acabou por ser suprimido, já que, estranhamente, nas lacónicas palavras de Carlos Candal, *deixa de ter sentido, passa a ser como que redundante.* Diário da Assembleia Constituinte, 1975, pág. 4216. Diferentemente, Gomes Canotilho e Vital Moreira, *Constituição da República Portuguesa Anotada,* 1993, pág. 688, considerando, relativamente ao âmbito de aplicação da lei-travão, que *não deixa, porém, de levantar problemas quanto à sua aplicação concreta sobretudo quanto a saber se a proibição abrange apenas as iniciativas legislativas que envolvam directamente aumento de despesas ou diminuição de receitas orçamentais, ou se atinge também as que apenas o façam por forma indirecta.*

154   *A Lei por detrás do Orçamento*

grado constitucionalmente um acervo normativo que colocava a lei do Orçamento, indiscutivelmente, na órbita da competência legislativa parlamentar[340].

De facto, apesar de se ter optado pela manutenção de um dualismo orçamental em sede de aprovação, nem por isso vingou o sistema governamentalista gizado na Constituição de 1933, em cujo contexto a lei de meios assumia uma vertente meramente autorizativa do Governo, não logrando, mais pela natureza do regime, por interpretação restritiva dos parlamentares e por influência limitadora da doutrina, do que propriamente por impedimentos constitucionais, revelar-se como lei materialmente conformadora e legislativamente densificada.

A generalidade desses escolhos não transitaram para o ambiente da Constituição de 1976 que, para além do mais, atribui directamente à lei parlamentar a competência para aprovar a afectação das receitas e das despesas até ao nível das Secretarias de Estado, deixando a lei do Orçamento, deste modo, de poder ser considerada como lei mera-

---

[340] Contra, apresentando um conjunto de razões que, em seu entender, eram suficientes para *recusar à lei do Orçamento a natureza de lei em sentido material e para lhe conferir o carácter de acto político que, sob a forma de lei e em articulação com a lei do Plano, condicionava o exercício dos poderes financeiros da Administração e definia o programa da sua actuação durante o ano económico*, Braz Teixeira, *Finanças Públicas e Direito Financeiro*, 1992, pág. 108. Para Braz Teixeira, o Decreto-lei de execução do Orçamento não era, igualmente, uma lei material por não ter *conteúdo ou natureza inovadora, sendo apenas executivo e complementar da lei do Orçamento*, pelo que deveria ser qualificado como acto administrativo. Em seu entender, a própria revisão constitucional de 1982 não foi suficiente para se concluir que o Orçamento constitui uma lei em sentido material e para afastar a qualificação de acto político ou acto-plano que se considerava ser a mais adequada à luz da versão original da actual Constituição. Para Afonso Queiró, *Lições de Direito Administrativo*, vol. I, 1976, pág. 343, a lei do Orçamento teria *um conteúdo misto – normativo e não normativo (político e - ou - administrativo)*. Considerando que a lei do Orçamento não era, no contexto da Constituição de 1976, uma lei em sentido material, qualificando-a, antes, como *acto político*, mas sem adiantar argumentos relevantes, José Amaral Henriques, *Visão do Orçamento*, 2000, pág. 17, e Matilde Lavouras, *Natureza Jurídica do Orçamento – Breves Reflexões*, 2002, pág. 449. Esta autora considera, sem que do seu trabalho decorra uma argumentação que sustente a afirmação que produz, que, *não é pelo facto de a competência neste domínio por parte da Assembleia ser exercida sob a forma de lei, que tal é suficiente para que a mesma possa ser qualificada como Lei em sentido material, até porque tal matéria não se encontra regulada no art. 176.º que contém as matérias da competência legislativa da AR, mas sim no art. 174.º que trata de actos eminentemente políticos.*

A Lei do Orçamento na Constituição de 1976   155

mente programática, como o foi durante a vigência da Constituição de 1933[341].

Importa, no entanto, salientar, em conclusão, que neste domínio, como noutros, as grandes questões de natureza dogmática em matéria orçamental não foram devidamente acauteladas na feitura da Constituição, tendo ficado por realizar qualquer debate específico sobre as vantagens da aprovação monista ou dualista da lei do Orçamento, bem como sobre os reflexos de qualquer uma dessas soluções no equilíbrio do sistema de governo.

Ainda sobre a distribuição de poderes entre o Parlamento e o Governo, ficou, também, por realizar o debate sobre a importância ou o inconveniente da extensão da lei-travão durante o debate orçamental, ou, até, a questão do seu âmbito de aplicação, proibindo ou aceitando a aprovação de propostas compensadas entre várias despesas ou entre várias receitas ou, mesmo, entre despesas e receitas.

Finalmente, ao nível do relacionamento da lei do Orçamento com o sistema de fontes desenhado na Constituição de 1976, tema que, como se viu, agitou a doutrina europeia desde os finais do século XIX, e não passou ao lado de nenhuma Constituição europeia, também aí só se pode estranhar a ausência de qualquer reflexão sobre a natureza jurídica da lei do Orçamento, ou sobre a capacidade de intervenção no ordenamento jurídico legislativo que se pretendia conferir à lei do Orçamento.

Na verdade, não deixa de ser meramente equívoca a inclusão da competência de aprovação do Orçamento no art. 164.º da Constituição, relativo à competência político-legislativa do Parlamento, em alínea diversa da relativa à competência para aprovar a generalidade dos actos legislativos, o que, no contexto global da Constituição, apenas parece significar uma aceitação de que a lei do Orçamento, sendo um acto legislativo, tem, igualmente, uma componente política e uma especificidade que merecem ser assinaladas.

---

[341] O sistema de aprovação orçamental consagrado na Constituição de 1976 aproximava-se, em parte, do sistema vigente durante a IV.ª República Francesa, mercê da Lei de 21 de Dezembro de 1948. De acordo com esta lei, o debate orçamental deveria enquadrar-se entre uma chamada *loi des maxima* que determinaria o equilíbrio geral do Orçamento e as *lois de développement* que aprovariam as despesas a um nível mais detalhado. Ambas as leis eram, no entanto, aprovadas pelo Parlamento.

Ainda assim, ao atribuir ao Parlamento a função política de fixação das grandes linhas orçamentais, bem como o poder de distribuição das verbas com algum detalhe, pode dizer-se que a Constituição de 1976, apesar da vertente dualista da sua aprovação, abre a porta para que a lei do Orçamento se assuma, com permissão constitucional, como uma lei densificada de um ponto de vista financeiro e potencialmente inovadora de um ponto de vista legislativo[342].

No que concerne à repartição de competências entre o Parlamento e o Governo, importa referir que, ao dualismo de aprovação orçamental se fez corresponder, igualmente, um dualismo de funções e de formas, já que, enquanto a lei do Orçamento era fruto da competência legislativa, sendo aprovada pela Assembleia da República sob a forma de lei, o Orçamento Geral do Estado era fruto da competência administrativa e deveria, consequentemente, ser aprovado pelo Governo sob a forma de Decreto.

Ao separar o Orçamento em duas partes, tendo em conta o grau de especificidade, haveria a Constituição de estabelecer, porventura sem consciência, uma reserva, não só de lei, como também de administração, criando, não obstante, uma ligação entre a lei do Orçamento e o Orçamento Geral do Estado, já que este último deveria ser elaborado *de harmonia com a lei do Orçamento e o Plano e tendo em conta as obrigações decorrentes de lei ou de contrato*[343].

---

[342] Neste sentido se manifesta a generalidade da doutrina nacional, que, ainda que sem grandes explicações, se pronuncia sobre esta questão. Assim, a título de exemplo, Cardoso da Costa, *Sobre as Autorizações Legislativas na Lei do Orçamento*, 1983, pág. 11 e segs.; Jorge Miranda, *Manual de Direito Constitucional, tomo V*, 2004, pág. 369; Cabral de Moncada, *Perspectivas do Novo Direito Orçamental*, 1984, pág. 58 e 59; Marcelo Rebelo de Sousa, *10 questões sobre a Constituição, o Orçamento e o Plano*, 1986, pág. 136; Sérvulo Correia, *Legalidade e Autonomia Contratual nos Contratos Administrativos*, 1987, pág. 299; Jorge Silva e Sousa, *Natureza Jurídica da Autorização Parlamentar dos Empréstimos*, 1990, pág. 315 e 316. Algo diferentemente, Sousa Franco, *Finanças Públicas e Direito Financeiro*, 1997, pág. 400, refere-se à natureza jurídica da lei do Orçamento como *Acto-Plano*. Manifestando (mais) dúvidas sobre a capacidade normativa da lei do Orçamento, José Casalta Nabais, *O Dever Fundamental de Pagar Impostos – Contributo para a Compreensão Constitucional do Estado Fiscal Contemporâneo*, 1998, pág. 350, considera que *a lei do Orçamento se afigura como um acto extremamente complexo, cuja recondução total ao conceito de lei ou de acto político está longe de expressar fielmente a realidade.*

[343] Art. 108.º número 2 da Constituição de 1976 (versão original).

A *Lei do Orçamento na Constituição de 1976* 157

É, pois, a uma análise mais detalhada de cada uma destas reservas, bem como das vinculações a que a Constituição pretendeu amarrar, quer a lei do Orçamento, quer o Orçamento Geral do Estado, que se dedica o próximo capítulo.

3. A Lei do Orçamento e as vinculações constitucionais

Tendo obtido vencimento no final dos debates na Assembleia Constituinte a opção pelo sistema de aprovação dualista do Orçamento, cabe, agora, verificar, com maior detalhe, qual o grau de liberdade e a margem de manobra que foi constitucionalmente concedida a cada um dos componentes normativos do Orçamento do Estado.

Relativamente à lei do Orçamento, verifica-se que esta tinha obrigatoriamente de conter, no contexto da versão original da Constituição de 1976, *a discriminação das receitas e das despesas na parte respeitante às dotações globais correspondentes às funções e aos ministérios e secretarias de estado,* bem como *as linhas fundamentais de organização do Orçamento da segurança social*[344].

Neste contexto, e embora se utilize a expressão "discriminação", que aparenta estar próxima de uma mera lista compilativa, tudo leva a crer que na lei do Orçamento há lugar para mais do que para uma simples *discriminação das receitas e das despesas.* Assim sendo, bem se pode dizer que se essa discriminação tem de constar, efectivamente dos mapas descritivos que acompanham a lei do Orçamento e que dele fazem, de resto, parte integrante, tal facto não invalida que essa "discriminação" tenha, na sua base, uma lei que cria essas mesmas receitas e despesas, sendo que, no limite, essa lei pode, efectivamente, ser a própria lei do Orçamento.

Com efeito, a partir do momento em que a lei do Orçamento se encontra integrada na função legislativa do Parlamento, e à míngua de qualquer indício da sua natureza meramente formal, sempre haveria necessidade de se retirar do texto constitucional qualquer proibição conteudística explícita que inviabilizasse que a lei do Orçamento

---

[344] Art. 108.º da Constituição de 1976 (versão original).

158   A Lei por detrás do Orçamento

pudesse conter normas materiais inovadoras relativamente a receitas e despesas, o que, de modo algum, acontece.

É que, se a existência de limitações constitucionais ao conteúdo da lei do Orçamento, em matéria de receitas e de despesas, não é meramente teórica, estando consagrada em outros ordenamentos constitucionais, contemporâneos da Constituição de 1976, de que as Constituições Alemãs e Italiana são, conforme se verá, os exemplos mais paradigmáticos, o certo é que qualquer limite ao conteúdo de uma lei tem, no ordenamento jurídico português, de encontrar na Constituição o seu fundamento último.

Dada a relevância da questão, importa, no entanto, proceder a uma análise mais detida das possíveis vinculações a que a Constituição (na sua versão original) pode ter submetido a lei do Orçamento.

a) *A Lei do Orçamento e a Lei das Grandes Opções do Plano*

Apesar de a lei do Orçamento, tal como a lei das Grandes Opções do Plano, pertencerem, na redacção original do texto constitucional, à reserva legislativa da Assembleia da República[345], não se estabelecia, no entanto, qualquer relação entre ambos os actos legislativos de um ponto de vista de condicionamentos mútuos ou de vinculações recíprocas.

Com efeito, a convivência entre ambos os actos legislativos levava a que competisse à Assembleia da República *aprovar as leis do Plano e do Orçamento,* sem que, com isso, se pudesse deduzir qualquer ligação normativa, inexistindo, igualmente, no número 2 do art. 108.º da Constituição[346], qualquer relação normativa entre ambas as leis, já que apenas se subordinava o Orçamento Geral do Estado ao Plano, sem qualquer referência à lei do Orçamento[347].

---

[345] Art. 164.º alínea g) da Constituição de 1976 (versão original).

[346] Art. 108.º número 2: *O Orçamento Geral do Estado será elaborado pelo Governo, de harmonia com a lei do Orçamento e o Plano e tendo em conta as obrigações decorrentes de lei ou de contrato.*

[347] Neste sentido, Marcelo Rebelo de Sousa *10 Questões sobre a Constituição, o Orçamento e o Plano,* 1986, pág. 126 e Blanco de Morais, *As Leis Reforçadas,* 1998, pág. 790. Gomes Canotilho, *A lei do Orçamento na teoria da lei,* 1979, pág. 560, considerava,

A *Lei do Orçamento na Constituição de 1976* 159

Importa, no entanto, dizer, que não obstante não se impor uma vinculação ou uma subordinação da lei do Orçamento à lei das Grandes Opções do Plano, era razoável e expectável que ambas as leis se coordenassem, devendo, até, na medida do possível, ser objecto de um procedimento legislativo contemporâneo, ainda que os prazos que vinculavam o momento de aprovação da lei do Orçamento não se dirigissem à lei das Grandes Opções do Plano.

De qualquer forma, sendo que a Assembleia da República devia aprovar a lei das Grandes Opções do Plano, e que o Plano anual, devia, nos termos da alínea c) do art. 93.º, *integrar o Orçamento do Estado para esse período,* o mais razoável é que a aprovação da Lei das Grandes Opções do Plano não fosse efectuada depois da aprovação da Lei do Orçamento, para que o Orçamento Geral do Estado (aprovado depois da lei do Orçamento), pudesse ser integrado (ainda que não instrumentalmente) no plano anual (aprovado depois da Lei das Grandes Opções do Plano).

b) *A Lei do Orçamento e a Lei de Enquadramento Orçamental*

Se a relação entre a lei do Orçamento e a lei das Grandes Opções do Plano se pautava, ao que se julga, por uma relativa independência, não se logrando vislumbrar, ao nível das injunções constitucio-

---

sem se referir especificamente ao ordenamento jurídico português, que *se sustenta, por vezes, que a lei do Orçamento é uma lei vinculada na medida em que deve estar em conformidade com uma lei de "valor normativo qualificado" como é a lei do plano.* O referido autor não aplicava tal teoria a Portugal, já que, entre nós, como justamente refere, apenas se impunha que *o Orçamento do Estado seja elaborado de acordo com o plano (cfr. Por exemplo artigos 92 e 108/2 da Constituição portuguesa de 1976).* No entanto, Gomes Canotilho e Vital Moreira, *Constituição da República Portuguesa Anotada,* 1978, pág. 245, consideram que *a lei do plano deve preceder a lei do Orçamento devendo esta ser conforme àquela. Não é clara contudo a solução no caso de discrepância entre as duas leis.* Julga-se que com esta afirmação se terá passado de uma solução doutrinária de *iure condendo,* para uma solução constitucional de *iure condito,* que a Constituição, à altura, não permitia. Considerando que a Lei das Grandes Opções do Plano deveria *preceder lógica e cronologicamente a lei do OE,* sustentando, porém, a sua afirmação, apenas na natureza imperativa da Lei das Grandes Opções do Plano para o sector público estadual, nos termos do art. 92.º número 1 da Constituição, Alexandra Leitão, *Os poderes do executivo em matéria orçamental,* 1997, pág. 57.

160 *A Lei por detrás do Orçamento*

nais, a existência de vínculos normativos entre ambos os actos, já o mesmo se não pode afirmar do modo como, constitucionalmente, foram arquitectadas as relações de convivência entre a lei de enquadramento orçamental e as sucessivas leis orçamentais.

Com efeito, ultrapassando a deficiente técnica legislativa, podia verificar-se como as várias normas do art. 108.º da Constituição, embora destinadas à matéria orçamental, não visavam todas o mesmo alvo, já que, enquanto umas se dirigiam, exclusivamente, à Lei do Orçamento, ou ao Orçamento Geral do Estado, outras, embora se reportassem, em termos literais, ao "Orçamento", se deveriam aplicar, de um ponto de vista sistemático, quer à Lei do Orçamento, quer ao Orçamento Geral do Estado.

Na realidade, o n.º 4 do artigo 108.º, ao referir que *o Orçamento deverá prever as receitas necessárias para cobrir as despesas, definindo a lei as regras de elaboração e execução e o período de vigência do Orçamento, bem como as condições de recurso ao crédito público*, faz uma menção à "lei", desta forma clarificando que estas matérias devem ser reguladas por acto legislativo, fosse ele a própria lei do Orçamento, ou outro acto legislativo de duração indefinida.

A Constituição estabelece, assim, que uma lei deverá definir as regras de elaboração e execução, bem como o período de vigência do Orçamento, que é, ele próprio, em parte, também uma lei. Ora, tendo em conta que logo em 1977 foi aprovada a primeira lei de enquadramento do Orçamento do Estado, importa indagar se se podia retirar desta norma constitucional, ou de qualquer outra, a existência, na Constituição, na sua versão original, de uma relação de subordinação jurídica, que colocasse a lei de enquadramento orçamental ao abrigo da regra geral *lex posteriori*, estando, por esse facto, em condições de se fazer respeitar pela lei do Orçamento, que não poderia, assim, conter disposições que a contrariassem, sem, com isso, cair numa situação de inconstitucionalidade (indirecta) ou de ilegalidade[348].

---

[348] Importa, também, verificar se a existência de uma lei de enquadramento orçamental era um factor *sine qua non* para a aprovação da lei do Orçamento, ou se, pelo contrário, podiam ser aprovadas leis do Orçamento sem prévia aprovação de uma lei de enquadramento, caso em que as regras previstas no texto constitucional e que deveriam constar na lei de enquadramento teriam de constar no texto da própria lei de Orçamento, que seria, assim, enquadradora de si própria.

A Lei do Orçamento na Constituição de 1976   161

Referindo-se, em abstracto, ao problema, mas não o centrando, especificamente, em termos de aplicabilidade à Constituição de 1976, Gomes Canotilho considerava, naquela que viria a ser a primeira abordagem doutrinal portuguesa à problemática das leis reforçadas, que *a contrariedade ou desconformidade da lei do Orçamento em relação às leis reforçadas, como é a lei de enquadramento do direito financeiro, colocar-nos-ia perante um fenómeno de leis ilegais ou, numa diversa perspectiva, de inconstitucionalidade indirecta*[349].

Sobre a construção de Gomes Canotilho, pronunciou-se, quase vinte anos volvidos, Blanco de Morais[350], justificando a não recondução da lei de enquadramento orçamental, no contexto da versão original da Constituição de 1976, ao estatuto de lei reforçada, por considerar que *o texto constitucional era omisso, tendo em conta que não continha qualquer regra explícita que impusesse, no âmbito jurídico-normativo, semelhante relação subordinante (...).*

Com efeito, não parece que perante o texto da versão original da Constituição de 1976, a lei de enquadramento orçamental, que de resto não era, sequer, nominalizada pela Constituição, pudesse subordinar, juridicamente, em termos imperativos, a lei do Orçamento. Pelo contrário, crê-se que a Constituição apenas pretendia garantir que as regras de elaboração e de execução do Orçamento, bem como a determinação do período de vigência deste, fossem, a par das condições de recurso ao crédito, obrigatoriamente previstas em acto normativo de cariz legislativo, o que, de resto, bem se compreendia, dada a natureza mista legislativa-administrativa com que o texto constitucional havia baptizado o aglomerado orçamental português[351].

Esta ordenação hierárquica da lei face ao decreto esteve, assim, na base da referência constitucional expressa à "lei", atribuindo-lhe determinadas competências reguladoras e uniformizadoras, que, sendo

---

[349] Gomes Canotilho, *A Lei do Orçamento na Teoria da Lei*, 1979, pág. 559. Para o autor, pág. 583, *enquanto o legislador não revogar ou alterar expressamente as "leis reforçadas", ou seja, se desvincule da sua autovinculação, parece que esta autovinculação terá, pelo menos, o efeito de explicar a existência de uma infracção ao princípio da legalidade através de um acto com valor legislativo.*

[350] Blanco de Morais, *As Leis Reforçadas*, 1998, pág. 555.

[351] Nos termos do art. 164.º alínea h) da Constituição era da competência da Assembleia da República autorizar o Governo a realizar empréstimos e outras operações de crédito, que não fossem de dívida flutuante, estabelecendo as respectivas condições gerais.

162   *A Lei por detrás do Orçamento*

materialmente conformadoras, asseguravam, igualmente, uma supremacia funcional e, em certa medida, orgânica[352]. Para além do mais, pode vislumbrar-se, na referência à lei, o objectivo de criar, desde logo, os rudimentos de uma futura lei organizadora dos elementos perenes do Orçamento, sem, no entanto, a impor nominalmente ao nível constitucional, situação que só se viria a alterar com a revisão constitucional de 1989, num momento em que já se tinham sucedido no tempo duas leis de enquadramento orçamental[353].

Finalmente, importa referir que não se incluindo a competência para a aprovação da lei de enquadramento orçamental em qualquer reserva legislativa parlamentar ou governativa, deveria considerar-se que esta fazia parte do domínio legislativo concorrencial[354], não beneficiando, assim, a inclusão na lei do Orçamento de normas relativas às *regras de elaboração e execução e o período de vigência do Orçamento*, do regime específico inerente a esta lei, devendo antes ser consideradas como "cavaleiros orçamentais", cuja aceitação, como se verá, desenvolvidamente, não se contesta[355].

Relativamente à lei de enquadramento orçamental, salienta-se que esta, quer fosse aprovada por Lei, quer fosse aprovada por Decreto-Lei,

---

[352] De qualquer modo, mais do que uma exigência de separação formal intra-legislativa, o que se queria afirmar era uma exigência de legalidade.

[353] A Lei n.º 64/77, de 26 de Agosto e a Lei n.º 48/83, de 13 de Dezembro.

[354] Sem prejuízo da aplicação do art. 164.º alínea h), que podia não ser convocado no caso de as condições gerais terem já sido aprovadas noutro diploma legislativo. Importa, ainda, realçar o facto de, à luz do texto constitucional de 1976, a lei de enquadramento não poder beneficiar de qualquer reforço legislativo, já que antes de uma permissão constitucional explícita sobre tal solução sempre se teria de aceitar como vigente a regra da igualdade de força e valor legislativos, fora da aplicação do critério da competência, da especialidade ou do procedimento.

[355] Considera-se, pois, deslocado e erróneo o recurso à norma habilitante do art. 164.º alínea g), que atribuía à Assembleia da República a competência para *aprovar as leis do Plano e do Orçamento,* invocada pela Lei n.º 64/77, de 26 de Agosto, ao aprovar a primeira lei de enquadramento orçamental. Na verdade, até à revisão constitucional de 1982, a competência para aprovação de uma eventual lei de enquadramento orçamental era do domínio concorrencial. A situação viria a alterar-se apenas com a revisão constitucional de 1982, na qual foi introduzida a alínea p) do art. 168.º, integrando na reserva relativa da Assembleia da República a competência para aprovar *o regime geral de elaboração e organização dos Orçamentos do Estado, das regiões autónomas e das autarquias locais.* Esta norma haveria de transitar para a reserva absoluta do Parlamento na revisão constitucional de 1997, estando, actualmente, prevista na alínea r) do art. 164.º da Constituição.

A Lei do Orçamento na Constituição de 1976   163

implicaria sempre, dada a sua natureza legal, uma hetero-vinculação imperativa, face ao Governo-administrador e ao decreto do Orçamento, e uma auto-vinculação não imperativa, face à Lei do Orçamento, ao Parlamento e ao Governo-legislador. Com efeito, a lei de enquadramento orçamental poderia ser alterada pelo Governo, através do Decreto-Lei, ou pela Assembleia da República, sem necessidade de qualquer procedimento especial, utilizando, para esse efeito, inclusivamente, como veículo, a lei do Orçamento, que é, desde o alvor da Constituição de 1976, uma lei com potencial materialmente inovador no ordenamento jurídico[356].

c) *A Lei do Orçamento e as obrigações legais ou contratuais*

Não obstante as *obrigações decorrentes de lei ou contrato* apenas assumirem, constitucionalmente, um alcance vinculativo perante o conteúdo do Orçamento Geral do Estado, uma leitura integrada do texto constitucional leva a defender a existência de situações em que essas obrigações podem atingir uma intensidade máxima que chegue para vincular a própria lei do Orçamento, ao arrepio do que uma interpretação meramente literal da Constituição podia fazer crer.

Com efeito, não obstante a discriminação das receitas e das despesas ser executada pela lei do Orçamento a um nível necessariamente genérico, tal facto não inviabiliza que, na determinação dos

---

[356] Da mesma forma que a lei do Orçamento podia incluir, no seu articulado, como cavaleiros orçamentais, alterações à lei de enquadramento orçamental, também não padeceria de qualquer vício uma lei de Orçamento que fosse aprovada sem ter sido, ainda, aprovada a lei de enquadramento orçamental ou depois de esta ter sido revogada, sem ter havido substituição por outra. Relevante era que os critérios impostos nos números 3 e 4 do art. 108.º da Constituição, que teriam de ser respeitados pelo Orçamento Geral do Estado, estivessem estabelecidos em acto legislativo. Neste sentido, mesmo na situação actual, em que se faz referência constitucional expressa à lei de enquadramento orçamental, Jorge Miranda, *Manual de Direito Constitucional, tomo V*, 2004, pag 369, e Blanco de Morais, *As Leis Reforçadas,* 1998, pág. 649-650. Para este último autor, a lei de enquadramento orçamental não é *um acto--condição*, obrigatoriamente prévio à aprovação da lei de Orçamento. Nestes termos, e embora o autor não o diga expressamente, parece não atribuir à lei de enquadramento orçamental a natureza de *pressuposto normativo necessário* face à lei do Orçamento. Contra, pelo menos reportando-se à situação constitucional em vigor em 1993, Gomes Canotilho, *Direito Constitucional*, 1993, pág. 987, considerando que a lei de enquadramento orçamental é, face à lei do Orçamento, um exemplo de *parametricidade pressuposta*.

montantes totais, e mesmo na sua distribuição pelos Ministérios e Secretarias de Estado, pudessem existir algumas vinculações que, apesar de a Constituição não as identificar, nem por isso deixassem de, em termos jurídicos, se impor à lei, mesmo à do Orçamento.

Cairiam nesta previsão hipotética as obrigações decorrentes de outras leis, ou de contratos, que não pudessem ser revogadas, em virtude de estarem constituídos direitos adquiridos por parte de terceiros, já que a lei do Orçamento, embora não estivesse sujeita a vinculações legais específicas, tão pouco se poderia eximir às limitações inerentes à legislação comum, não lhe sendo lícito, com a sua actuação, colocar em causa direitos constitucionais concretizados através de leis ou de contratos.

d) *O balanço das vinculações constitucionais da Lei do Orçamento*

Após uma breve análise da relação possível entre a lei do Orçamento e as leis que se movimentavam num círculo próximo desta, pode concluir-se que, não obstante a lei do Orçamento beneficiar de um conteúdo heterodefinido, não se encontrava, no entanto, no contexto da versão original da Constituição de 1976, constitucionalmente vinculada pelo ordenamento jurídico preexistente.

A esta conclusão não obsta o facto de a referida lei orçamental dever, por respeito pela Constituição, também respeito por leis ou contratos que fundamentassem situações de direitos constituídos que, por isso mesmo, gerassem situações de inalterabilidade de actos legislativos ou contratuais, impondo-se esse respeito, de resto, não só à lei do Orçamento, como ao legislador em geral.

À margem dessa situação, assumia-se a lei do Orçamento como uma lei integrada de pleno na função legislativa, sendo, pois, na versão original da Constituição de 1976, uma lei beneficiária do princípio da liberdade de conformação legislativa, uma vez que sobre esta não impendia qualquer vinculação jurídica que limitasse os poderes parlamentares na hora de aprovar o texto orçamental, com excepção da necessidade de se manter o equilíbrio orçamental, nos termos do número 4 do art. 108.º, e de respeitar as opções assumidas legal ou contratualmente, que tivessem criado direitos já adquiridos e

A Lei do Orçamento na Constituição de 1976   165

que, desta forma, beneficiassem de protecção constitucional que a lei do Orçamento, naturalmente, teria de respeitar.

4. O Orçamento Geral do Estado e as vinculações constitucionais

A partir do momento em que se estabelece que, no domínio da Constituição de 1976, *as grandes opções em matéria de política orçamental*[357] são aprovadas por lei, torna-se inevitável que esta ganhe, por esse facto, uma capacidade interventiva no ordenamento jurídico que, não só assume uma natureza incondicionada, como, ao invés, se afirma condicionadora. Diferentemente, o Orçamento Geral do Estado, sendo a outra faceta do Orçamento dualista, e relevando, na arquitectura constitucional, da função administrativa, estava sujeito, desde logo, aos condicionalismos decorrentes do princípio da legalidade.

Com efeito, é Jorge Miranda quem, logo na Assembleia Constituinte, refere que o Orçamento Geral do Estado seria aprovado pelo Governo, *por decreto*[358], podendo, igualmente, ler-se, na proposta apresentada pela 5ª Comissão, que *compete ao Governo, no exercício de funções administrativas (...) elaborar, com base na lei do Orçamento, e fazer executar o Orçamento Geral do Estado*[359].

Desta forma, foram, sem qualquer contestação por parte do plenário, aprovados por unanimidade os artigos 202.º e 203.º da Constituição, tal como propostos pela Comissão, e que consagravam, sem margem para dúvidas, a elaboração do Orçamento Geral do Estado no âmbito da competência administrativa do Governo a ser, pela sua importância política, exercida através do Conselho de Ministros.

O Orçamento Geral do Estado passava, porém, a estar, expressamente, sujeito a um conjunto de limitações, nos termos do art. 108.º[360], que, embora pareçam, em geral, redundantes, convirá analisar.

---

[357] Jorge Miranda, Diário da Assembleia Constituinte, 1975, pág. 2669.

[358] Diário da Assembleia Constituinte, 1975, pág. 2669.

[359] Proposta de art. 87.º, apresentada pela 5.ª Comissão da Assembleia Constituinte, pág. 2816.

[360] Essas limitações foram, igualmente, aprovadas, por unanimidade, sem debate relevante no plenário, Diário da Assembleia Constituinte, 1975, pág. 2673.

a) *O Orçamento Geral do Estado e a Lei*

Sendo, como se viu, o Orçamento Geral do Estado, na versão original da Constituição de 1976, um acto da função administrativa, forçoso se tornava que este se encontrasse sujeito ao princípio da legalidade, pelo que mal se percebia, em sede de técnica legislativa, o facto de se fazer uma referência à lei (no art. 108.º), como elemento de vinculação, condicionante da liberdade do Governo, aquando da feitura do referido Orçamento. Na verdade, decorrendo essa vinculação dos princípios gerais que regulam a hierarquia normativa, sem necessidade de explicitações avulsas, tornava-se quase bizarro que tal referência viesse a merecer três referências constitucionais.

De facto, o art. 108.º da Constituição referia, não só que o Orçamento Geral do Estado deveria ser elaborado *de harmonia com a lei do Orçamento e o Plano,* como afirmava que deveria ter em conta as *obrigações decorrentes da lei.* Finalmente, impunha-se que fosse a *lei* a definir *as regras de elaboração e execução e o período de vigência do Orçamento, bem como as condições de recurso ao crédito público*[361]. Recuperando a génese das expressões acima referidas, verifica-se que estas têm, na sua origem, o texto da Constituição de 1933, desvendando-se, mais uma vez, o facto de ter sido aquele o modelo seguido na versão original da Constituição de 1976, ao nível da densidade normativa da lei do Orçamento[362].

Desta forma, o Orçamento Geral do Estado deveria acolher, no seu conteúdo, todas as determinações que lhe fossem impostas, especificamente, pela Lei do Orçamento, orçamentando as verbas necessá-

---

[361] Refira-se, desde logo, que, tal como noutros domínios, também aqui não havia uma perfeita harmonia entre os vários preceitos constitucionais dedicados ao assunto, já que o art. 202.º alínea b), relativo às competências administrativas do Governo, apenas subordinava a feitura do Orçamento Geral do Estado à Lei do Orçamento, omitindo qualquer outra vinculação normativa.

[362] Na verdade, no art. 64.º da Constituição de 1933 podia ler-se que *o Orçamento Geral do Estado é anualmente organizado e posto em execução pelo Governo, em conformidade com as disposições legais em vigor e em especial com a lei de autorização prevista no n.º 4 do art. 91.º.* No art. 65.º estabelecia-se, por seu lado, que *as despesas correspondentes a obrigações legais ou contratuais do Estado ou permanentes por sua natureza ou fins, compreendidos os encargos de juros e amortização da dívida pública, devem ser tomadas como base da fixação dos impostos e outros rendimentos do Estado.*

A Lei do Orçamento na Constituição de 1976   167

rias para o cumprimento das obrigações decorrentes de lei, e cumprindo as regras de elaboração, de execução e o período de vigência determinados na lei. Na verdade, não obstante a natureza eventualmente despicienda das normas, não se aponta qualquer crítica de fundo à clarificação operada que apenas vinha densificar alguns domínios da reserva de lei, bem como explicitar a natureza administrativa e, como tal, vinculada ao princípio da legalidade, do Orçamento Geral do Estado.

b) *O Orçamento Geral do Estado e o Plano*

Se há domínio em que o legislador orçamental denotou, desde sempre, um certo mal-estar, pelo menos em relação à terminologia utilizada, é o respeitante aos planos e ao planeamento económico[363]. Assim é que, se se atentar à versão original da Constituição, o art. 108.º estabelecia que o Orçamento Geral do Estado seria elaborado *de harmonia com a lei do Orçamento e o Plano e tendo em conta as obrigações decorrentes de lei ou de contrato*, sendo que o art. 202.º, no entanto, apenas referia que o Orçamento era elaborado *com base na respectiva lei,* não se fazendo qualquer referência ao Plano, nem às restantes vinculações resultantes de lei ou de contrato.

Relativamente à vinculação do Orçamento Geral do Estado ao Plano, surge, desde logo, a questão de saber a que Plano se referia o art. 108.º. De facto, de acordo com o art. 94.º competia ao Parlamento *aprovar as grandes opções correspondentes a cada plano*[364], sendo estas grandes opções aprovadas por lei, no seguimento da alínea g) do art. 164.º, que atribuía ao Parlamento a competência para *aprovar as leis do Plano e do Orçamento.*

Surpreende-se aqui a primeira diferença de terminologia, já que, em bom rigor, as leis a que se refere a alínea g) do art. 164.º não são as *leis do Plano,* mas, de acordo com o art. 94.º, as *leis das grandes opções* (do plano, bem entendido). Com efeito, o Plano, aliás os

---

[363] Sousa Franco, *Revisão da Constituição Económica,* 1982, pág. 625, refere-se ao facto, criticando a *terminologia que, no mínimo, é excessivamente superabundante* (…).

[364] O art. 93.º da Constituição esclarecia que existiam três planos. O plano de longo prazo, o plano de médio prazo e o plano anual.

168   *A Lei por detrás do Orçamento*

Planos, eram elaborados pelo Governo, nos termos da alínea a) do art. 202.º e aprovados pelo Conselho de Ministros, com base na alínea a) do art. 203.º da Constituição.

Ora, o art. 108 da Constituição, ao referir que o Orçamento Geral do Estado era elaborado de acordo com a Lei do Orçamento e o Plano, deveria, pelo contrário, referir-se à Lei do Orçamento e à Lei do Plano (ou melhor, das grandes opções)[365], já que só esta lei poderia ser vinculativa para o Governo. Com efeito, sendo o Plano elaborado pelo próprio Governo, sempre redundaria qualquer tipo de autovinculação, desacompanhada de outro elemento de reforço, numa ausência de vinculação.

De facto, uma leitura atenta do teor do art. 202.º da Constituição leva a concluir que, aí, apenas se separava em duas alíneas a elaboração do Plano e do Orçamento Geral do Estado porque, enquanto este estava sujeito à lei das Grandes Opções do Plano e à Lei do Orçamento, o Plano, ao invés, só estava sujeito à concordância com a Lei das Grandes Opções do Plano[366].

Relativamente à ligação entre o Plano anual e o Orçamento Geral do Estado, parece que integrando o Plano, por determinação

---

[365] Como se verá, ao fim e ao cabo, torna-se pouco relevante, de um ponto de vista material, saber se o art. 108.º número 2, na versão original, se reportava ao Plano aprovado pelo Governo ou à Lei das Grandes Opções. Considerando que a vinculação em causa se reportava à Lei das Grandes Opções, Marcelo Rebelo de Sousa, *10 Questões sobre a Constituição, o Orçamento e o Plano,* 1986, pág.123. Contra, considerando que até 1982 a vinculação do Orçamento Geral do Estado era face ao Plano aprovado pelo Governo, Teixeira Ribeiro, *As alterações à Constituição no domínio das Finanças Publicas,* 1983, pág. 242, e Blanco de Morais, *As Leis Reforçadas,* 1998, pág. 790. Este último autor considera, mesmo (pág. 791), que, com a revisão de 1982, *o plano anual (…) acabou por ver invertida a sua anterior relação de proeminência em relação ao Orçamento.* Para Blanco de Morais (pág. 792), *o n.º 2 do art. 108 estabeleceu, inovatoriamente, a necessidade da elaboração da Lei do Orçamento ser feita "de acordo" com a Lei das GOP anual.* No mesmo sentido, Sousa Franco, *A Revisão da Constituição Económica,* 1982, pág. 624. O autor refere que, com a revisão de 1982, deixa de haver *qualquer subordinação jurídica do Orçamento ao Plano, que era defensável embora não praticada (…) Em primeiro lugar porque o Orçamento é praticamente simultâneo da lei das grandes opções do plano – mas será normalmente anterior ao decreto-lei do plano (…) mas vai-se mais longe: em vez de subordinar o Orçamento ao plano, desta forma, subordina-se de facto o decreto-lei do plano – posterior – ao Orçamento que, sendo-lhe anterior, é a "expressão financeira" do plano.*

[366] Apesar de separados no art. 202.º, o art. 93.º alínea c) é claro ao referir que *o plano anual deve integrar o Orçamento do Estado para esse período.*

A *Lei do Orçamento na Constituição de 1976*   169

constitucional, o Orçamento Geral do Estado e sendo, ambos, elaborados pelo mesmo órgão e na mesma altura, não parece que se devesse equacionar uma situação de desarmonia. Com efeito, mesmo que se afirme que a Lei das Grandes Opções do Plano vinculava o Plano anual, enquanto que a Lei do Orçamento vinculava o Orçamento Geral do Estado, como parece decorrer das alíneas a) e b) do art. 202.º, e mesmo que, formalmente, o art. 108.º se referisse ao Plano do Governo, o certo é que este apenas seria imperativo para o Governo precisamente na parte em que não fosse da sua lavra, ou seja, na parte imposta pela Lei das Grandes Opções do Plano, pelo que, no fundo, tal opção sempre redundaria no facto de ser a Lei das Grandes Opções do Plano, ainda que, eventualmente, através do Plano, a vincular materialmente o Orçamento Geral do Estado.

c) *O Orçamento Geral do Estado e os Contratos*

O art. 108.º da Constituição, depois de estabelecer a vinculação do Orçamento Geral do Estado às diversas obrigações legais, estabelece, também, que este deve ser elaborado, *tendo em conta as obrigações decorrentes (...) de contrato.* Esta expressão terá tido a sua origem no texto da Constituição de 1933, que estipulava que as despesas decorrentes deste tipo de obrigações deveriam ser tomadas em linha de consideração, atendendo à sua inevitabilidade, no momento de se proceder à fixação do valor das receitas do Estado.

Antes, porém, de se passar à análise da relevância dos contratos na sua relação com o Orçamento Geral do Estado, importa não olvidar o facto de, ao abrigo da Constituição de 1933, inexistir um sistema de responsabilidade parlamentar do Governo, que não necessitava, desta forma, de submeter à consideração parlamentar a vinculação do Estado, através do Governo, em matéria contratual, ainda que da celebração dos contratos decorressem obrigações financeiras para o Estado. Acrescente-se, ainda, que a regra relativa às obrigações contratuais prevista na Constituição de 1933 não passava de uma recomendação genérica, não dirigida, especificamente, à lei de meios ou ao Orçamento, até porque não era em qualquer

170 A Lei por detrás do Orçamento

destes dois instrumentos financeiros que se definiam os *impostos e outros rendimentos do Estado*[367].

É, pois, não só num contexto político de responsabilidade governamental totalmente distinto, bem como com um grau de vinculatividade muito direccionado, que as *obrigações contratuais* surgem, na versão original da Constituição de 1976, como vinculações, não para a lei do Orçamento ou para o legislador fiscal, mas, especificamente, para o Orçamento Geral do Estado e para o Governo-administrador, o que, podendo, numa primeira análise, parecer linear, acaba por desenvolver repercussões muito complexas quando compulsada a obrigação em causa com as tradicionais competências do Parlamento e do Governo no âmbito da Constituição de 1976.

Sucede assim que, dada a natureza bilateral dos contratos, que escapa à lógica da hierarquia normativa, a relação dos contratos geradores de obrigações financeiras (ao nível das despesas) com o Orçamento Geral do Estado, e, de modo indirecto, com a lei do Orçamento, não se afigura isenta de dúvidas. Diga-se, desde já, que ao referirem-se as obrigações contratuais se está (também) a remeter para as obrigações contratuais que criam despesas não orçamentadas, importando esclarecer qual a relevância destes contratos no momento da feitura e aprovação do Orçamento do ano seguinte

Antes de se ensaiar uma resposta a esta questão, convém, em primeiro lugar, esclarecer que, aparentemente, a Constituição, ao estabelecer que o Orçamento Geral do Estado devia tomar em linha de conta as despesas originadas (ou a originar) pelos contratos em vigor, afastou, porventura sem intenção, a lei do Orçamento dessa mesma obrigação. Assim, aparentemente, apenas a um nível de especificação inferior ao que era estabelecido pela lei (nível das Secretarias de Estado) é que, constitucionalmente, se reflectia a necessidade de garantir as verbas necessárias para fazer face às obrigações contratuais, situação que poderia, no limite, ser geradora de dúvidas e incertezas, não se afigurando, por isso, totalmente satisfatória[368].

---

[367] O art. 65.º da Constituição de 1933 previa que as despesas correspondentes a obrigações legais ou contratuais do Estado, ou permanentes por sua natureza ou fins, compreendidos os encargos de juro e amortização da Dívida Pública, deviam ser tomadas como base da fixação dos impostos e outros rendimentos do Estado.

[368] O mesmo é dizer, visto por um prisma orgânico, que o legislador constitucional vinculou o Governo-administrador a respeitar os contratos por ele mesmo celebrados, mas,

A Lei do Orçamento na Constituição de 1976 171

Relativamente ao fundo da questão, não deixa de se evidenciar o facto de a opção constitucional surgir invertida, já que a Constituição decidiu subordinar o Orçamento Geral do Estado aos contratos, quando deveria ter subordinado os contratos ao Orçamento Geral do Estado. Com efeito, julga-se que não deve o Governo poder contratualizar a realização de despesas com terceiros, sem saber, de antemão, se o Parlamento lhe vai proporcionar as verbas necessárias para proceder ao pagamento das despesas a que se vinculou, o que foi, aliás, desde sempre assumido na diversa legislação financeira concretizadora da Constituição Orçamental[369].

De qualquer modo, na medida em que se estabelece que, quer a aprovação do Orçamento Geral do Estado, quer o poder contratual, eram da competência exclusiva do Governo, sempre se poderia dizer que, no limite das verbas distribuídas pela lei do Orçamento, era o Governo quem, nos termos da Constituição, deveria gerir a relação entre as verbas contratualizadas e as verbas disponíveis no Orçamento Geral do Estado.

Com efeito, era natural que a Constituição impusesse (até no seguimento da boa fé contratual), que o Governo não olvidasse, na altura de orçamentar as verbas, as obrigações financeiras às quais se tinha previamente obrigado contratualmente. Na verdade, ao contrário do que acontecia com as obrigações legais que o Governo (pelo menos o Governo-administrador-orçamentista) não podia afastar, no domínio contratual tudo dependia do modo como o Governo quisesse gerir as suas próprias vinculações, sendo certo que, no caso de os contratos firmados representarem, pelo seu grau de finalização e exigibilidade, uma obrigação, então naturalmente se reclamava, e a Constituição o impunha, a sua orçamentação.

---

pelo contrário, isentou o Parlamento-legislador de os tomar em linha de conta na feitura da lei do Orçamento. Os contratos teriam, assim, a sua eficácia condicionada ao facto de não requererem a aceitação Parlamentar-orçamental.

[369] Sobre esta questão, no ordenamento jurídico-constitucional francês, veja-se a decisão do Conselho Constitucional, de 29 de Novembro de 1984 (n.º 84-184 DC), onde se refere que *nenhum contrato pode ser concluído fora dos limites dos créditos que constam na lei de finanças.*

d) *O balanço das vinculações constitucionais do Orçamento Geral do Estado*

Como se teve oportunidade de verificar, a lógica de aprovação dualista do Orçamento do Estado concebida pela Constituição de 1976 atribuía ao Governo, no exercício da função administrativa, a competência para aprovar o Orçamento Geral do Estado.

Essa competência não era, naturalmente, incondicionada, já que, do próprio facto de se enquadrar na função administrativa, decorria uma genérica necessidade de respeito pelo princípio da legalidade e uma especial imposição de observância dos ditames previstos na lei do Orçamento, que se assumia como acto-condição e parâmetro de validade do Orçamento Geral do Estado.

Se relativamente à legislação em vigor se impunha ao Orçamento Geral do Estado o respeito pelos princípios da precedência e da prevalência de lei, já em relação ao domínio contratual tudo se passava numa dinâmica intra-administrativa, sendo natural que o Governo--Administrador organizasse as suas obrigações de modo a poder cumprir os compromissos contratuais a que se vinculava.

5. A legificação orçamental promovida pela primeira lei de enquadramento orçamental

Não obstante o texto da versão original da Constituição ser muito claro, ao conferir natureza administrativa ao Orçamento Geral do Estado, tal imperativo constitucional acabou por, estranhamente, não merecer a devida consagração no momento da feitura da primeira lei de enquadramento orçamental. De facto, embora o teor do art. 202.º da Constituição, no seguimento dos debates parlamentares, conferis-se ao Governo competência para, *no exercício de funções adminis-trativas (…), elaborar o Orçamento Geral do Estado com base na respectiva lei,* o certo é que o Parlamento, ao aprovar aquela que viria a ser a Lei n.º 64/77, de 26 de Agosto, haveria de estabelecer

A Lei do Orçamento na Constituição de 1976   173

que *o Orçamento Geral do Estado será posto em execução pelo Governo através de Decreto-Lei* (...)[370].

Ora, de acordo com a lógica constitucional, julga-se que o Governo, quando no exercício vinculado das suas funções administrativas, não está autorizado a utilizar a forma de Decreto-Lei, muito menos podendo ser constrangido por lei parlamentar a adoptar tal forma. Na realidade, a forma legislativa apenas é conferida, em relação ao Governo, quando este se encontra no *exercício de funções legislativas,* e não no uso de funções administrativas[371].

Aqui chegados, importa, então, tomar posição sobre o modo de classificar os Decretos-Leis que (como os Decretos-leis orçamentais aprovados após a Lei n.º 64/77, de 26 de Agosto, até à revisão constitucional de 1982) aprovem matérias inequivocamente consideradas como relevando do domínio administrativo.

Perante esta situação, coloca-se a seguinte alternativa:

(i) aceitação de uma total transparência e irrelevância da forma, e, como tal, aceitação absoluta da primazia do conteúdo,

---

[370] Art. 14.º número 1 da Lei n.º 64/77, de 26 de Agosto. Refira-se, a propósito, que o artigo tinha por epígrafe, *Decreto Orçamental,* o que só adensa o mistério da imposição da forma de Decreto-Lei para a aprovação do Orçamento Geral do Estado.

[371] Art. 201.º da Constituição de 1976 (actual art. 198.º). Neste sentido, de modo claro, Esteves de Oliveira, *Direito Administrativo,* 1984, pág. 20 e segs. Para este autor, *o nosso legislador constituinte tomou a função estadual exercida como critério para a determinação da forma do acto e não esta como índice daquela (...). Quer dizer que, entre nós, os órgãos legislativos não gozam de liberdade para escolher a forma a dar aos seus actos: antes devem utilizá-las consoante a competência que exercem em cada manifestação da sua vontade.* No mesmo sentido, Gomes Canotilho, *Direito Constitucional e Teoria da Constituição,* 2003 pág. 851, para quem *a escolha de formas – legislativas ou regulamentares – é, no plano jurídico-constitucional, uma escolha juridicamente vinculada à ordenação funcional e material de competências constitucionalmente estabelecidas. Há formas para as funções e funções para as formas, mesmo quando seja difícil mostrar uma distinção material de funções reveladora de "abuso de forma".* Ora, ao contrário do que por vezes ocorre, no caso em apreço era muito claro e fácil de identificar a natureza administrativa do Orçamento Geral do Estado e a sua consequente vinculação à forma de Decreto. Relativamente ao conteúdo da função administrativa, numa perspectiva histórica, Afonso Queiró, *Lições de Direito Administrativo,* vol. I, 1976, pág. 5 e segs., e Rui Machete, *Contencioso Administrativo,* 1990, pág. 693 e segs. De um modo mais específico, Luís Pedro Pereira Coutinho, *Regulamentos Independentes do Governo,* 1997, pág. 979 e segs., e, do mesmo autor, *As duas subtracções. Esboço de uma reconstrução da separação entre as Funções de Legislar e de Administrar,* 2000, pág. 99 e segs.

174   *A Lei por detrás do Orçamento*

justificadora de que um acto com forma administrativa possa alterar ou revogar um acto com forma legislativa, atendendo à equiparação de conteúdos e de funções[372] ou,

(ii) aceitação (como se defende) de que o princípio da hierarquia normativa[373] impede que um acto hierarquicamente inferior (ou com uma forma inferior) altere ou revogue um acto hierarquicamente superior (ou com uma forma superior). Neste caso dever-se-á considerar inconstitucional um Decreto-Lei

---

[372] Blanco de Morais, *As Leis Reforçadas,* 1998, pag 129 e segs., considera que uma lei, mesmo se de carácter singular, nunca pode ser considerada, materialmente, como contendo um acto administrativo. Assim sendo, rejeita a existência de "cavaleiros administrativos" em actos legislativos, por não reconhecer a existência de uma reserva geral de Administração. Aceita, contudo, a existência de "nichos" da Administração que a lei não poderá usurpar. Aí, (como era, embora o autor não o diga, o caso do Orçamento Geral do Estado, no contexto da versão original da Constituição) ficaria vedado à lei, (pág. 134) *assumir um conteúdo excessivamente denso que destrua ou deprecie, desproporcionada e injustificadamente, o núcleo da autonomia administrativa que é constitucionalmente consagrada.* O autor não refere, porém, o que aconteceria a uma lei que entrasse, ilegitimamente, num desses *nichos, enclaves ou domínios* reservados à Administração, afirmando, apenas, que da leitura do art. 268.º número 4 da Constituição não se poderia retirar a possibilidade de essas leis serem alteradas ou revogadas por actos administrativos supervenientes sem a forma de lei. Aceitando, em termos mais gerais, a existência de leis com conteúdo administrativo, mas não se referindo, no entanto, à possibilidade destas leis serem alteradas por actos desprovidos da forma de lei, Freitas do Amaral, *Direito Administrativo,* vol. IV, 1988, pág. 155, considera que *uma decisão tomada pelo Governo num caso concreto, desde que pertença materialmente ao âmbito da função administrativa, é sempre um acto administrativo - como tal susceptível de recurso contencioso de anulação -, quer revista a forma normal dos actos administrativos (...) quer revista a forma de lei, decreto-lei ou decreto-regulamentar.* Considerando que *a forma não pode pura e simplesmente obnubilar o conteúdo,* e aceitando, por isso mesmo, que actos formalmente administrativos modifiquem actos materialmente administrativos, ainda que aprovados com forma de lei, Jorge Miranda, *Decreto,* 1974, pág. 124. Contra, Rui Medeiros, *Valores Jurídicos Negativos da Lei Inconstitucional,* 1989, pág. 530, considera que *a inconstitucionalidade por excesso de forma de um decreto-lei que contém um acto administrativo implica a sua irregularidade* e o próprio Jorge Miranda, *Manual de Direito Constitucional, tomo V,* 2004, pág. 212.

[373] Sobre o princípio do congelamento do grau hierárquico, Gomes Canotilho, *Direito Constitucional,* 1993, pág. 915. No ordenamento jurídico espanhol, Menéndez Moreno, *La Configuración Constitucional de las Leys de Presupuestos Generales del Estado,* 1988, pág. 63, refere, muito claramente, que *se uma lei regulou aspectos formais ou administrativos de um tributo, resulta que, no futuro, não poderão estes modificar-se, por regulamento, não já em virtude do princípio da reserva de lei mas do princípio da hierarquia.*

contendo matérias administrativas, por alargar, à revelia de permissão constitucional, o domínio da lei (manifestado pela forma legislativa), atribuindo a actos que não relevam dessa função uma rigidez legislativa, e, assim, petrificando, à luz do princípio da hierarquia, actos administrativos no universo dos actos legislativos[374].

A Constituição, ao permitir o recurso para os tribunais administrativos de actos administrativos, independentemente da sua forma, parece dar um passo no sentido da transparência da forma, mas, segundo se crê, não se deve retirar daí uma opção deliberada por essa solução, antes tendo o legislador constitucional pretendido, tão somente, abrir a possibilidade de os particulares verem sindicados os actos que directamente os afectem, apesar da sua forma legal[375].

Na verdade, esta possibilidade constitucional não escolhe entre as duas hipóteses que se acabaram de equacionar, já que, mesmo que se considere inconstitucional a aprovação de um Decreto-Lei em

---

[374] Considerando que a reiterada utilização de "leis concretas" pelas Assembleias Legislativas pode significar a prática de actos administrativos sob a forma de leis, daí retirando que, nesses casos, o princípio da separação de poderes pode funcionar como princípio normativo autónomo, conducente à declaração de inconstitucionalidade, Gomes Canotilho, *Direito Constitucional e Teoria da Constituição*, 2003, pág. 252. O autor não esclarece, porém, como é que o Tribunal Constitucional, no caso português, poderia, no âmbito das suas competências de cognição, apreciar se a utilização de uma lei concreta por parte do Parlamento se inseria, ou não, numa prática reiterada.

[375] Blanco de Morais, *As Leis Reforçadas*, 1998, pág. 131, chama a esta solução de *remendo garantístico que não se mostra convincente no plano lógico*. Mais adiante considera (pág. 135) que a interpretação literal da norma constitucional que permite o recurso administrativo aos actos formalmente legislativos mas materialmente administrativos, *não deixa de constituir um elemento perturbador da linearidade de uma lei política, formal e prelativa*. Julga-se, que no caso de Decretos-Leis com forma legislativa e conteúdo administrativo, o Tribunal Constitucional pode, também, apreciar o diploma, porque a forma é um indício de normatividade legislativa. Neste caso, julga-se admissível que o Tribunal, concluindo que o acto formalmente legislativo não releva da função legislativa possa declarar a sua inconstitucionalidade. Por isso não se julga inevitável a posição de Jorge Miranda, *Funções, Órgãos e Actos do Estado,* 1990, pág. 195, negando ao Tribunal Constitucional o poder de apreciar leis de conteúdo administrativo. Refira-se, a concluir, que a defesa da recorribilidade para os tribunais administrativos de actos (apenas) formalmente legislativos, já era defendida, antes até da Constituição de 1976, apesar de não colher vencimento, nem na doutrina maioritária, nem na jurisprudência. Sobre essa polémica, Marcello Caetano, *Manual de Direito Administrativo,* tomo II, 1983, pág. 1341 e segs. e tomo I, 1984, pág. 430.

176   *A Lei por detrás do Orçamento*

matéria administrativa, ou se admitia o recurso directo dos particulares para o Tribunal Constitucional, ou então ter-se-ia de admitir uma solução como a que acabou por ser adoptada constitucionalmente, de modo a não inviabilizar a protecção jurídica dos particulares.

Voltando ao ponto de partida, julga-se que, mesmo sem discutir a existência de uma reserva geral de Administração[376], ou a dificuldade em desvendar situações de fronteira entre legislação e administração, a aprovação de actos com a forma legislativa em matérias inequivocamente administrativas, como era a aprovação do Orçamento Geral do Estado[377], é inconstitucional, por alargar o domínio legislativo constitucionalmente definido, assim petrificando, no universo da lei, matérias constitucionalmente atribuídas ao universo administrativo[378].

---

[376] Nuno Piçarra, *A Reserva de Administração,* 1990, pag. 325 e segs. e 571 e segs.

[377] São casos inequívocos precisamente aqueles em que é a própria Constituição a indicar que determinada matéria releva do domínio administrativo, como acontecia com a aprovação do Orçamento Geral do Estado.

[378] A situação é tanto mais preocupante quanto o facto de haver uma relação hierárquica entre os actos legislativos e os actos administrativos, que impede a prevalência do conteúdo sobre a forma, pelo que, mesmo sendo inconstitucional a inclusão de matérias administrativas em actos formalmente legislativos, não é permitido à Administração fazer valer o conteúdo em detrimento do funcionamento da hierarquia. Isto significa que, fora de uma declaração de inconstitucionalidade, as matérias administrativas encontram-se, temporariamente, sequestradas no domínio da lei, não podendo ser resgatadas através da emissão de acto administrativo que as revogue ou modifique. A jurisprudência constitucional portuguesa tem-se pronunciado sobre esta questão em diversos acórdãos. Assim, veja-se o acórdão 26/85, relativo à extinção, por Decreto-Lei, da Companhia Portuguesa de Transportes Marítimos e da Companhia Nacional de Navegação. A questão da existência e sindicabilidade constitucional de actos materialmente administrativos, praticados sob a forma de lei, já havia sido abordada, mais ou menos lateralmente, nos pareceres da Comissão Constitucional 3/78, 6/78 e 13/82. O Tribunal Constitucional decidiu manter, no acórdão 26/85, a doutrina que já vinha da Comissão Constitucional (sobretudo do Parecer 13/82) no sentido de aceitar um conceito funcional (que acaba por se reduzir a um conceito formal) de norma, ainda que esta contenha, materialmente, um acto administrativo, como o Tribunal reconheceu no caso em discussão, em que se tratava de extinguir duas empresas públicas. Nesta decisão, o Tribunal, preocupando-se em demonstrar a sindicabilidade dos actos administrativos com forma de lei, acaba por não se pronunciar expressamente sobre a constitucionalidade desses mesmos actos. O Tribunal voltaria ao assunto nas decisões 11/84, 38/84, 80/86, 150/86, 405/87 e 157/88. Sem prejuízo de saber se o Governo tem alguma liberdade para usar a forma de lei para a prática de actos administrativos, refira-se que no caso que se está a analisar, referente à aprovação do Orçamento, a situação é de mais simples resolução, pois era a própria Constituição que impunha a forma administrativa, sendo, naturalmente, inconstitucional qualquer

A reposição de uma correcta associação entre formas, funções e conteúdos, tem, neste caso, de ser efectuada através da declaração judicial de inconstitucionalidade, precisamente por o princípio da hierarquia das formas não permitir uma irrelevância total destas de modo a autorizar o Governo-Administrador a intervir em actos formalmente legislativos, independentemente do seu conteúdo, assim resgatando para o domínio administrativo matérias que nunca de lá deveriam ter saído.

Com efeito, ao contrário do que sucede noutras situações, neste caso não há um mero reforço inter-legislativo mas uma situação de conflito entre dois tipos de actos que não se encontram no mesmo degrau hierárquico, pelo que, independentemente de um mau uso da forma legislativa, os actos que beneficiem de forma legal hão-de, mercê do princípio hierárquico, sobrepor-se aos actos administrativos, a não ser que o próprio legislador, ou o Tribunal Constitucional, eliminem essa situação[379].

---

recurso à forma legislativa por mera determinação da lei de enquadramento orçamental. A questão do conceito de norma voltou a ser objecto de apreciação, por parte do Tribunal Constitucional, no acórdão 529/2001, a propósito da lei das grandes opções em matéria de planeamento. Aí o Tribunal perdeu, segundo se julga, uma boa oportunidade para se libertar da defesa de um conceito formal de norma, que tem impedido uma melhor identidade entre forma e conteúdo, conferindo ordem e racionalidade ao sistema normativo. Para um bom resumo sobre o conceito constitucional de lei, associando esta questão à eventual existência de uma reserva de administração no ordenamento jurídico português, Bernardo Dinis de Ayala, *O (Défice de) Controlo Judicial da margem de Livre Decisão Administrativa,* 1995, pag. 39 e segs.

[379] Neste sentido, considerando, até, que *poucas dúvidas tem levantado a proibição de modificação, suspensão ou revogação de preceitos legais por preceitos regulamentares,* Jorge Miranda, *Manual de Direito Constitucional,* tomo V, 2004, pág. 212. No mesmo sentido, Gomes Canotilho e Vital Moreira, *Constituição da República Portuguesa Anotada,* 1993, pág. 510. Uma leitura como a que os autores fazem do texto constitucional, considerando que, *quando uma lei regula uma determinada matéria, estabelece ipso facto uma reserva de lei,* não deixa de ser perigosa, no caso de não vir associada à indicação da inconstitucionalidade dessa reserva de lei, sempre que incida sobre domínios obrigatoriamente administrativos, como era o caso da aprovação do Orçamento Geral do Estado. Na verdade, a aplicação do (actual) art. 112.º número 6 da Constituição não pode eliminar a aplicação do art. 110.º número 2 da mesma Constituição, impondo-se uma convivência salutar entre ambas as normas. Refira-se, ainda, que estando os poderes de cognição do órgão constitucional reservados a uma apreciação norma a norma, nunca poderá este órgão impedir que, aos poucos, o legislador vá criando, sucessivamente, "reservas de lei" em domínios materialmente administrativos, com manifesto prejuízo para o princípio da separação de poderes. Hugo J. Hahn, *Über die Gewaltenteilung in der Wertwelt des Grundgesetzes,* 1969, pag. 438 e segs. e Max Imboden, *Gewaltentrennung als Grundproblem unserer Zeit,* 1969, pag. 487 e segs.

178   *A Lei por detrás do Orçamento*

Considera-se, por isso, em conclusão, que o uso da forma de lei, quando aplicada a actos materialmente administrativos, como era o caso do Orçamento Geral do Estado, implica uma inconstitucionalidade formal e (no caso de aprovação por lei parlamentar) orgânica[380].

Ainda relativamente à articulação entre a Lei do Orçamento e o Orçamento Geral do Estado, convém salientar que, não obstante alguma doutrina[381] tenha estabelecido um paralelismo com a relação exis-

---

[380] Não parece ser assim, de aceitar, como defende Jorge Miranda, *Manual de Direito Constitucional, tomo V*, 2004, pág. 347, uma solução que admita *existir uma disponibilidade conferida ao Governo de escolher entre diferentes formas dos seus actos administrativos*, determinando que se o Governo escolheu usar a forma legislativa, quando podia ter optado pela forma administrativa, deve "carregar" com o regime jurídico que a referida escolha implicou. Embora se negue validade jurídica, em geral, a tal afirmação, estando a definição da competência dos órgãos de soberania sujeita ao princípio da tipicidade, e, como tal, alheia à vontade destes (art. 110.º número 2 da Constituição), sempre se dirá que tal solução menos se justifica ainda quando, tal como se passou com a lei de enquadramento orçamental, é uma lei que impõe ao Governo a forma legislativa, não havendo lugar a uma livre auto-escolha. Jorge Miranda, *Manual de Direito Constitucional, tomo V*, 2004, pág. 205 e 206 considera, aliás, algo contraditoriamente, que *a forma de lei não é para o exercício de competência não legislativa*. Ao contrário do que se defende para o sistema Português, no ordenamento jurídico-constitucional francês, o Conselho Constitucional, na sua decisão de 30 de Julho de 1982, considerou que a *Constituição não entendeu aplicar a inconstitucionalidade a uma disposição de natureza regulamentar contida numa lei*. Esta decisão tem, no entanto, de ser enquadrada com os poderes que a Constituição fornece ao Governo para evitar a aprovação de leis com conteúdo regulamentar. Na verdade, nos termos do texto constitucional francês, o Governo pode intervir, evitando a legalização de uma matéria regulamentar, antes da aprovação da lei (art. 41.º da Constituição Francesa), ou, mesmo, depois da sua aprovação (art. 37.º), assim se justificando, com a diferença de pressupostos, a diferença de conclusões. Com efeito, se, como afirma Paulo Otero, *Legalidade e Administração Pública*, 2003, pág. 455, a *Constituição revela uma fragilidade na definição da própria fronteira entre a competência legislativa e a competência regulamentar do Governo*, o certo é que daí não se pode retirar a aceitação, por parte do texto constitucional, de uma livre escolha do Governo relativamente à forma a dar aos actos regulamentares, sobretudo nos casos, como o que estava em causa, em que o texto constitucional, efectivamente, indica a natureza administrativa de determinado acto.

[381] Cardoso da Costa, *Sobre as Autorizações Legislativas da Lei do Orçamento*, 1983, pág. 418, e Lobo Xavier, *O Orçamento como Lei*, 1990, pág. 76. Em sentido próximo, Gomes Canotilho e Vital Moreira, *Constituição da República Portuguesa Anotada*, 1978, pág. 390, defendiam que, *ao considerar a elaboração do Plano e do Orçamento como manifestação da competência administrativa do Governo, a Constituição parece apontar para o desenvolvimento das bases fundamentais das leis do plano e do Orçamento através de decreto regulamentar. Contudo, o desenvolvimento das leis-quadro ou leis de bases, como são as leis do plano e do Orçamento, devia rigorosamente fazer-se através de decreto-lei.*

tente entre as leis de bases e os decretos-leis de desenvolvimento, a verdade é que a Constituição não traçou esse paralelismo, não se dando, igualmente, o caso de se estar perante uma lei de bases inominada, pois estas, sendo embora admissíveis, encontram-se em domínios concorrenciais, sempre que a Assembleia da República (ou o Governo) decidam limitar às bases a sua capacidade conformadora.

Refira-se, aliás, que, se para a generalidade da doutrina, da qual se discorda, como se verá, em matérias de reserva legislativa das bases de um determinado regime, a Assembleia da República não se encontra limitada à emissão dessas mesmas bases, podendo legislar com uma densidade superior, actuando, aí, já dentro do domínio concorrencial, então nunca poderia, para essa mesma doutrina, a lei de Orçamento ser considerada uma lei de bases, uma vez que, nos termos do número 2 do art. 108.º da Constituição, a Assembleia da República não podia legislar num nível de especificação que ultrapassasse as Secretarias de Estado, tendo de respeitar a esfera reservada do Governo para aprovar o Orçamento Geral do Estado.

O certo é que, tal como a solução constitucionalmente escolhida para a lei do Orçamento não foi a de a qualificar como lei de bases, o mesmo se passou com o Orçamento Geral do Estado, já que, podendo a Constituição ter optado por considerar o Orçamento Geral do Estado como Decreto-Lei de desenvolvimento das bases orçamentais, não foi essa a opção que fez vencimento. É-se, assim, levado a concluir que, não tendo a Constituição desejado que o relacionamento entre a Lei do Orçamento e o Orçamento Geral do Estado fosse um relacionamento intra-legislativo, não podia o legislador, mesmo parlamentar, ainda que ao abrigo de uma lei de enquadramento, corrigir a opção constitucional, já que essa margem de manobra não se encontrava nas tarefas que lhe haviam sido constitucionalmente atribuídas[382].

Discorda-se, assim, de Gomes Canotilho e de Vital Moreira, quando confessam, de modo, aparentemente, resignado, que *algumas leis da Assembleia da República obrigam o Governo a regulamentá- -las mediante decreto-lei ou mesmo a praticar actos administrativos*

---

[382] Jorge Miranda, *Manual de Direito Constitucional, tomo V*, 2004, pág. 197, reporta-se, em geral, à *rebeldia do legislador ordinário, arrogando-se a prerrogativa, exclusiva do legislador constitucional, de definir quais os órgãos legislativos, quais as formas de lei e qual a força jurídica que lhes corresponde.*

mediante decreto-lei[383]. Com efeito, não se aceita, porque a Constituição não o permite, que a Assembleia da República obrigue o Governo nestes termos[384], sendo que este órgão, de resto, perante eventual comando inconstitucional, não só não fica obrigado a aceitá-lo, como, fazendo-o, não logra transpor para o domínio legis-

---

[383] Gomes Canotilho e Vital Moreira, *Constituição da República Portuguesa Anotada,* 1978, pág. 388.

[384] O Tribunal Constitucional já entendeu, nos acórdãos n.º 48/84 e n.º 461/87, que determinadas "ordens" constantes de lei do Orçamento, e que, aparentemente, obrigavam o Governo a legislar, poderiam ser convertidas em autorizações legislativas atípicas. Para este órgão constitucional, no acórdão n.º 48/84, poderia a Assembleia da República aprovar autorizações legislativas não solicitadas, sobretudo no caso da autorização legislativa estar inserida na lei do Orçamento, tendo em conta a natureza especial dessas autorizações. Esta doutrina foi re-utilizada no acórdão n.º 461/87, onde se recordou que *tal figura se justifica quando, como no caso presente, não se encontrando a Assembleia em condições de legislar, ela própria, sobre determinada matéria, opta por conceder uma autorização legislativa ao Governo, responsabilizando-o politicamente pela emissão das medidas legislativas adequadas (...). É óbvio que em tais casos não fica o Governo juridicamente obrigado a aprovar a legislação em causa.* Esta solução foi criticada no voto de vencido que o Conselheiro Martins da Fonseca anexou a este acórdão. Para este conselheiro, embora o Governo não fique vinculado, em termos jurídicos, a cumprir a autorização legislativa não solicitada, tal não torna lícita a actuação da Assembleia da República. É que, em seu entender, *se o Parlamento excede os seus poderes, se invade indevidamente a esfera de acção de outro órgão de soberania, carece de competência para o fazer, quer no plano jurídico, quer no político.* Na verdade, julga-se que o Parlamento não pode emitir ordens de legislação esperando que estas se convolem em simples autorizações e menos ainda parece possível que o Tribunal Constitucional seja competente para servir de intérprete da vontade hipotética do Parlamento e se permita convolar em meros pedidos, normas aprovadas com cariz injuntivo. Com efeito, para além de não se vislumbrar que essa convolação decorresse da vontade presumida de ambos os órgãos, como refere Martins da Fonseca, *não existe preceito constitucional que autorize tal "conversão" e que atribua ao T. Const. competência para oficiosamente a fazer.* Considerando que a vinculação do Governo, ainda que só política, de apresentar uma proposta de lei a que não se encontrava constitucionalmente obrigado, envolve *uma intromissão abusiva, isto é, não autorizada pela CRP, do Parlamento na esfera da competência do Governo,* manifestou-se, igualmente em voto de vencido, Raul Mateus. Sobre a inadmissibilidade, no sistema Francês, da existência de convites, ordens ou meras sugestões ao Governo, feitos em textos legislativos, para que este órgão legisle no sentido de aumentar despesas ou diminuir receitas, Jacques Barrot, *Article 40 de la Constitution,* 1994, pág. 101, e Denys Béchillon, *Hiérarchie des Normes et Hiérarchie des Fonctions Normatives de l'Etat,* 1996, pág. 212 e segs., onde o autor se reporta à jurisprudência restritiva do Conselho Constitucional neste domínio, nomeadamente, através da decisão de 27 de Julho de 1978.

A Lei do Orçamento na Constituição de 1976 181

lativo matérias que aí não têm cabimento, não evitando, sequer, a prática de um acto inconstitucional[385].

Esta questão foi já, de resto, abordada pela jurisprudência constitucional, precisamente, num aresto incidente sobre a temática orçamental. Na verdade, no acórdão 461/87, o Tribunal Constitucional considerou que *decerto, é altamente questionável que a AR possa (ou possa sem limites) impor ao Governo o uso da forma legislativa (decreto-lei) na prática de actos que, de um ponto de vista material, integram a função executiva, sejam eles actos administrativos em sentido estrito ou regulamentos (...)*[386].

Deste modo, não obstante ter recordado a doutrina expressa no Parecer da Comissão Constitucional n.º 16/79, cujos fundamentos, de resto, não afastou, o Tribunal acabou por considerar que, nas situações em apreço, a matéria em causa relevava do domínio legislativo, pelo que a imposição da forma de Decreto-Lei era constitucionalmente adequada.

Regressando à questão da imposição da forma legislativa para a aprovação do Orçamento Geral do Estado, incluída na lei de enquadramento orçamental à revelia do texto constitucional, entende-se que, não obstante o art. 108.º da Constituição referir, na sua versão original, que seria a lei a definir as regras de elaboração e execução e o período de vigência do Orçamento, tal não permitia que a lei de enquadramento orçamental, aprovada no seguimento dessa mesma norma, estipulasse, de modo vinculativo, e em termos constringentes, que o Governo usasse uma forma legislativa prevista para o exercício da função legislativa[387], como forma de aprovar o Orçamento Geral

---

[385] Veja-se, de resto, em Jorge Miranda, *Manual de Direito Constitucional, tomo V*, 2004, pág. 206, a descrição da tentativa frustrada de incluir na Constituição uma norma que obrigasse a que a regulamentação das leis incluídas na reserva absoluta da Assembleia da República fosse efectuada por Decreto-Lei.

[386] Estavam em causa algumas normas da lei do Orçamento para 1987, cuja fiscalização sucessiva abstracta havia sido suscitada pelo Primeiro-Ministro invocando o facto de o Parlamento ter "obrigado" o Governo a utilizar a forma legislativa para regular situações que relevavam, na opinião do Governo, do domínio regulamentar. Sobre esta questão, Gomes Canotilho, *Direito Constitucional e Teoria da Constituição*, 2003, pág. 565, considera, com razão, que *as relações intercorrentes entre órgãos que exercem funções de soberania são relações de paridade e não relações de "infra-ordenação" ou de "subordinação"*.

[387] Esteves de Oliveira, *Direito Administrativo*, 1984, pág. 20 e segs., afirma, como se viu, que a Constituição atribui uma forma para o exercício de cada função, não havendo,

182 A Lei por detrás do Orçamento

do Estado, que, por imposição constitucional, relevava do exercício da função administrativa[388].

Na verdade, está-se perante uma situação mais grave, porque a violação é mais grosseira, do que a que foi considerada inconstitucional no seguimento do Parecer da Comissão Constitucional n.º 16/79, onde a Comissão Constitucional se pronunciou pela inconstitucionalidade de uma norma em que o Parlamento obrigava o Governo a dar forma de Decreto-Lei à decisão de cessar qualquer intervenção nas Empresas Públicas[389].

A Comissão Constitucional considerou, então, que, *ao obrigar o Governo a dar a forma de decreto-lei à decisão de cessar qualquer intervenção, o legislador ordinário vincula ilegitimamente à forma legislativa um acto materialmente administrativo, altera arbitraria-*

---

por isso, uma total fungibilidade de formas. Neste sentido, Jorge Miranda, *Manual de Direito Constitucional, tomo V*, 2004, pág. 207, defende que *cada forma deve servir para o exercício de certa competência*. No entanto, em *Manual de Direito Constitucional, tomo V*, 2004, pág. 347, não deixa de, algo contraditoriamente, afirmar que existe uma *disponibilidade conferida ao Governo de escolher entre diferentes formas dos seus actos administrativos*. Para Paulo Otero, *O Poder de Substituição em Direito Administrativo*, 1995, pág. 256, *os princípios da imodificabilidade e da intransmissibilidade da competência fixada na Constituição, por outro lado, o princípio da separação de poderes excluem liminarmente a possibilidade de intervenções substitutivas entre órgãos de soberania*. Sobre o assunto, referindo-se ao princípio da indisponibilidade de competências, e considerando que *as competências constitucionalmente fixadas não podem ser transferidas para órgãos diferentes daqueles a quem a Constituição as atribuiu*, Gomes Canotilho, *Direito Constitucional e Teoria da Constituição*, 2003, pág. 547.

[388] Se o objectivo da Lei n.º 64/77, de 26 de Agosto foi o de não inviabilizar o recurso à apreciação parlamentar do Orçamento Geral do Estado, julga-se que, nem por aí, a solução foi conseguida, já que se defende a inviabilidade de os Decretos-Leis em matérias não legislativas serem objecto de apreciação parlamentar. Discorda-se, aqui, da doutrina expressa no Parecer n.º 16/79 da Comissão Constitucional, a cujo conteúdo, na generalidade, se adere. Em termos aproximados, aplicados ao sistema orçamental vigente em Macau, antes da transição para a República Popular da China, Blanco de Morais, *Vínculos ao Poder Orçamental do Governador de Macau*, 2000, pág. 309 e 316. O autor considera que a imposição da forma legislativa pela Lei de Enquadramento do Orçamento Geral do Território, à margem de qualquer imposição por parte do Estatuto Orgânico de Macau, apenas poderia ser entendida como tendo um carácter declarativo, indicativo ou ordenador.

[389] O objectivo "encapotado", e considerado ilegítimo pela Comissão Constitucional, era o de permitir que a decisão de cessar a intervenção nas Empresas Públicas pudesse ser sindicada parlamentarmente, em sede de recusa de ratificação, não se afastando, assim, este órgão da decisão política subjacente.

A Lei do Orçamento na Constituição de 1976 183

mente a natureza do acto em causa e, nesta medida, subverte a repartição de competências constitucionalmente estabelecida. Por isso, a violação do número um do art. 114.º é inarredável[390].

Ora, no caso agora em análise, depois de a Constituição ter reclamado que a aprovação do Orçamento Geral do Estado decorria da função administrativa, não podia a lei, mesmo a lei de enquadramento, impor ao Governo o uso da forma legislativa, sem com isso se violar, também aqui, a separação de poderes constitucionalmente estabelecida[391]. Neste sentido, Jorge Miranda é, de resto, bem claro ao afirmar, certeiramente, que *nenhum órgão, mesmo legislativo, pode obrigar outro, mesmo se também legislativo, a conferir forma de lei a qualquer acto da competência deste (...) não pode, especificamente, quando a competência seja administrativa, porque a forma de lei não é para o exercício de competência não legislativa*[392].

Voltando ao caso em apreço, e embora se aceite que, em alguns domínios, não fica clara a distinção entre matérias da função legislativa e da função administrativa, o certo é que este não era, seguramente, um desses casos, já que a Constituição, expressamente, havia tomado uma opção definitiva e inultrapassável, fora de um contexto de revisão constitucional[393]. Neste contexto, conclui-se, pois, pela inconstitucionalidade da norma prevista no número um do art. 14.º da Lei n.º 64/77, de 26 de Agosto, na medida em que obrigava o Governo a dar uma forma legislativa a um acto constitucionalmente considerado como pertencente à função administrativa, apenas se estranhando o facto de essa inconstitucionalidade não ter

---

[390] Parecer n.º 16/79. Considerando que a aplicação que a Comissão Constitucional fez do princípio da separação de poderes ao caso em apreço foi *simplista e redutora e, por isso, constitucionalmente desadequada,* Nuno Piçarra, *A separação dos Poderes na Constituição de 76. Alguns Aspectos,* 1986, pág. 166 e *A Reserva de Administração,* 1990, pág. 584.

[391] Paulo Otero, *O Poder de Substituição em Direito Administrativo,* 1995, pág. 256, já havia considerado que para uma correcta diferenciação entre as competências dos órgãos de soberania importa atender a um conceito material. Para o autor, *nenhum órgão de soberania e, por maioria de razão, nenhum órgão de diferente natureza pode avocar decisões ou praticar actos sobre a área material de poderes constitucionalmente atribuída a outro órgão de soberania, sob pena de usurpação de poderes ou inconstitucionalidade do respectivo acto.*

[392] Jorge Miranda, *Manual de Direito Constitucional, tomo V,* 2004, pág. 205.

[393] Note-se que a epígrafe do art. 202.º alínea b) da Constituição era, esclarecedoramente, "Competência administrativa".

184   *A Lei por detrás do Orçamento*

sido suscitada pelo Governo, que, de resto, aceitou a "ordem legal" e aprovou o Orçamento Geral do Estado, sempre, por Decreto-Lei[394].

Defendendo-se a inconstitucionalidade da imposição da forma legislativa relativamente a actos materialmente administrativos, a mesma sanção se imporia à aplicação do instituto da recusa de ratificação, ou da ratificação com emendas, uma vez dirigido ao Decreto-Lei que aprovava o Orçamento Geral do Estado. Na verdade, tendo sido concebido na versão original da Constituição de 1976 como um instituto de aplicação tácita, pouco apropriado a um sistema de governo que não conferia ao órgão executivo competências legislativas meramente provisórias, logo na revisão de 1982 foi alvo de uma primeira reformulação, a fim de eliminar a ratificação tácita.

Neste contexto, se a revisão de 1982 adaptou a figura da ratificação ao sistema de governo, acabando com a desconfiança constitucional face aos poderes legislativos do Governo, a revisão constitucional de 1989 adaptou-a à realidade de um Executivo com cada vez maior capacidade de intervenção legislativa, aí procedendo a uma *reponderação, com diminuição do seu alcance possível, do instituto da ratificação de Decretos-leis*[395].

Relativamente à apreciação parlamentar dos actos legislativos do Governo, importa aqui analisar, apenas, um ponto que não colhe a unanimidade da doutrina, nem mereceu qualquer esclarecimento por parte do legislador constitucional. A questão prende-se com o facto de saber se é legítimo, de um ponto de vista constitucional, o uso da figura da apreciação parlamentar de actos legislativos do Governo, para fazer cessar, suspender ou alterar Decretos-Leis que, embora tenham a forma legislativa, relevem da função administrativa[396].

---

[394] Refira-se, aliás, que o Governo, mesmo antes da entrada em vigor da lei de enquadramento, aprovou por Decreto-Lei o Orçamento para o ano de 1977. Nuno Valério, *As Finanças Públicas no Parlamento Português,* 2001, pág. 85.

[395] Jorge Miranda, *Manual de Direito Constitucional, tomo V,* 1997, pág. 167 (ed. de 2004, pág. 171). A Revisão Constitucional de 1997 voltaria ainda ao tema, modificando inclusivamente a terminologia, o que denota bem a falta de solidificação constitucional que rodeia este instituto, já ao nível da sua função, já ao nível do seu alcance teórico e prático.

[396] Para o acórdão n.º 24/98, do Tribunal Constitucional, *a forma é aqui decisiva,* tendo, assim, considerado não haver *fundamento constitucional para restringir o âmbito do instituto da apreciação parlamentar dos decretos-leis, prevista no art. 169.º da lei fundamental, à parte desses diplomas que seja inquestionável e necessariamente de natureza legislativa, e para excluí-lo quanto às determinações de natureza tão-só pretendidamente "administrativa" que os mesmos incluam.*

A Lei do Orçamento na Constituição de 1976   185

Esta questão, plena de interesse teórico e de relevância prática, ganha, na questão em apreço, e no contexto da versão original da Constituição de 1976, uma actualidade óbvia, já que, devendo o Orçamento Geral do Estado ser aprovado por Decreto-lei de acordo com a lei de enquadramento orçamental, levantava-se a dúvida de saber se, seguindo o Governo a "ordem parlamentar", vinha, por este modo, colocar na alçada do Parlamento o conteúdo do Orçamento Geral do Estado, cuja competência lhe estava, nos termos constitucionais, reservada.

Como já se referiu, a Constituição de 1976 estabeleceu um sistema de divisão de competências entre Parlamento e Governo em sede de aprovação orçamental, que, de forma inovadora, criava uma dupla reserva normativa e orgânica, cabendo a cada órgão, em exclusivo, aprovar a sua parte do Orçamento[397]. Aliás, se em relação à Lei do Orçamento ainda se estabeleceu a intervenção do Governo ao nível da iniciativa legislativa, bem ao invés, no Orçamento Geral do Estado, não cabia, constitucionalmente, qualquer intervenção da Assembleia da República, o que bem se justificava, atendendo à natureza administrativa que havia sido atribuída a tal acto.

Com efeito, a questão da eventual intervenção parlamentar no domínio do Orçamento Geral do Estado só surge, como possibilidade real, a partir do momento em que a lei de enquadramento do Orçamento do Estado impõe a forma de Decreto-Lei para a sua aprovação. Disso mesmo se apercebem, de resto, Gomes Canotilho e Vital Moreira[398], que, embora aceitassem a sujeição do Orçamento Geral do Estado à forma legislativa, recusam a possibilidade deste ser objecto de recusa de ratificação, por se estar perante uma competência reservada do Governo que, por esse facto, o Parlamento não podia apreciar[399].

---

[397] Neste sentido, Gomes Canotilho e Vital Moreira, *Constituição da República Portuguesa Anotada*, 1978, pág. 245, consideravam que *o decreto orçamental é da competência reservada do Governo.*

[398] Gomes Canotilho e Vital Moreira, *Constituição da República Portuguesa Anotada,* 1978, pag 245.

[399] Refira-se que, no momento em que Gomes Canotilho e Vital Moreira escrevem, 1978, o art. 172.º do texto original da Constituição ainda nem sequer explicitava o facto de se afastarem da apreciação parlamentar os Decretos-Leis aprovados no exercício da competência exclusiva do Governo, precisão que apenas com a revisão constitucional de 1982

186   *A Lei por detrás do Orçamento*

Parecer diverso havia sido proferido pela Comissão Constitucional[400] que, em situação semelhante, não considerou inconstitucional a possibilidade de se submeter a recusa de ratificação os Decretos--Leis não materialmente legislativos, tendo sido, até, em parte, para evitar essa possibilidade que o Parecer n.º 16/79 decidiu no sentido da inconstitucionalidade do uso da forma legislativa para actos da função administrativa, já que, no entender da Comissão, *submeter actos administrativos à forma de lei levaria afinal a conferir ao Parlamento poderes de modificação do conteúdo de tais actos*[401].

Assim sendo, a imposição ao Governo, por parte do Parlamento, do uso de forma legislativa para a prática de actos que não relevavam dessa função, redundaria, no fim de contas, no entender da Comissão Constitucional, numa forma de fraude à Constituição, já que, nesse caso, *acabaria afinal o Parlamento por assumir poderes de alteração do conteúdo de actos materialmente administrativos*[402].

Posição diversa só haveria de ser sustentada, muito mais tarde, por Paulo Otero[403], ao afirmar que a própria recusa de ratificação se deverá entender limitada aos Decretos-Leis de conteúdo normativo, sendo insusceptível de permitir, através deste meio, a cessação ou suspensão de vigência, senão mesmo a alteração, de actos administrativos integrados em Decretos-Leis[404]. Aceitando-se a doutrina de

---

haveria de ser introduzida. Diga-se, no entanto, que, em geral, os autores defendem, na *Constituição da República Portuguesa Anotada*, 1993, pág. 696, que a apreciação parlamentar *não depende da natureza normativa do decreto-lei, bastando-se com a sua natureza legislativa formal,* opinião com a qual, naturalmente, se discorda.

[400] Parecer da Comissão Constitucional n.º 16/79.

[401] Parecer da Comissão Constitucional n.º 16/79.

[402] Parecer da Comissão Constitucional n.º 16/79.

[403] Paulo Otero, *O Poder de Substituição em Direito Administrativo*, 1995, pág. 628 e, do mesmo autor, *Vinculação e Liberdade de Conformação Jurídica do Sector Empresarial do Estado*, 1998, pág. 256-257. Em sentido concordante, Jaime Leitão do Valle, *A participação do Governo no exercício da função legislativa*, 2000, pág. 298 e segs.

[404] Contra, para além do acórdão n.º 24/98 já referido, veja-se o acórdão n.º 576/96. Nesta decisão do Tribunal Constitucional estava em causa a extinção de uma Empresa Pública (Companhia Nacional de Navegação), efectuada por Decreto-lei e não por mero Decreto como prescrevia o art. 38.º do Decreto-Lei n.º 260/76, de 8 de Abril. Para o Tribunal, *a utilização pelo Governo da forma legislativa para a prática de um acto administrativo – para além de representar um reforço de garantias, uma vez que os decretos-leis ficam sujeitos a ratificação, contrariamente ao que acontece com os decretos-regulamentares – não importa qualquer violação dos artigos 115/2, 168/1 v), 201 n.º 1 alíneas b) e c) e*

A Lei do Orçamento na Constituição de 1976

Paulo Otero, julga-se que se a Assembleia da República não tem competência para intervir, directamente, nos domínios administrativos, também não a terá para intervir, indirectamente, através da utilização da apreciação parlamentar (em qualquer uma das suas manifestações), como transparece pela exclusão explícita da utilização da apreciação parlamentar face a actos legislativos do Governo praticados ao abrigo da sua competência exclusiva, como era, à data, a aprovação do Orçamento Geral do Estado[405].

---

202 da Constituição, sendo certo que nenhum preceito constitucional impede que os decretos-leis incorporem actos administrativos ou proíbe que os actos administrativos possam revestir essa forma. Não se concorda com este modo de raciocinar que, em vez de analisar a questão de um ponto de vista das competências e das funções dos diversos órgãos de soberania, valoriza apenas a "forma mais solene" e o "reforço das garantias", presumindo que, quanto mais perto se estiver da competência de aprovação parlamentar, melhor será a solução. Julga-se que esta solução interpretativa falha, desde logo, por não ser óbvio que uma regulação legal reforce as garantias dos particulares, uma vez que acaba por eliminar alguns procedimentos administrativos, destinados, precisamente, a assegurar as garantias dos cidadãos, como seja, por exemplo, a audiência dos interessados e a notificação prévia antes da decisão. Sobre esta matéria, veja-se, por exemplo, Nuno Piçarra, *A Reserva de Administração*, 1990, pag. 345 e Sérvulo Correia, *O direito à informação e os direitos de participação dos particulares no procedimento e, em especial, na formação da decisão administrativa*, 1994, pág. 133 e segs. Neste sentido, veja-se, por exemplo, no ordenamento jurídico espanhol, J.R. Parada Vásquez, *Expropiaciones legislativas y garantias jurídicas (el caso RUMASA)*, 1983, pág. 1152 e segs.. Para este autor, referindo-se a um célebre caso de expropriação por acto legislativo, *o essencial da expropriação legislativa, desde o ponto de vista das garantias formais, é a eliminação de todo o procedimento ou trâmite de audiência administrativa* (...).

[405] Julga-se que, ainda antes da revisão constitucional de 1982, já estes Decretos-Leis se encontravam excluídos da apreciação parlamentar, por imposição do princípio da separação de poderes, embora tal restrição não viesse, ao tempo, expressamente consagrada no art. 172.º da Constituição. Considera-se, ainda, que a alteração introduzida pela revisão constitucional de 1982 há-de ser vista como estabelecendo uma tipologia delimitativa, sendo de aplicar o mesmo raciocínio limitativo dos poderes parlamentares para todos os casos em que se esteja perante actos reservados ao Governo e excluídos à intervenção parlamentar. Na verdade, o instituto da recusa de ratificação não pode ser uma espécie de janela por onde se esgueire o Parlamento sempre que lhe é fechada a porta principal da intervenção normativa directa. Não se concorda, assim, neste particular, com Bernardo Dinis de Ayala, *O (Défice de) Controlo Judicial da Margem de Livre Decisão Administrativa*, 1995, pág. 50, quando considera que *nada obsta à utilização dos instrumentos aí referidos para censurar (recusando a ratificação) a maneira como tais órgãos fazem (mau) uso dos seus poderes, recorrendo à forma de lei para camuflar condutas individuais e concretas (actos administrativos). Com esta ideia não se desvirtua o conceito material de lei, realça-se apenas que*

Pratica, pois, um acto inconstitucional, de um ponto de vista orgânico, o Parlamento, se utilizar a apreciação parlamentar dos actos legislativos do Governo para fazer cessar, alterar ou suspender um acto apenas formalmente legislativo. O Parlamento, perante um acto do Governo aprovado com forma legislativa (seja por opção própria, seja por imposição parlamentar) há-de fazer a avaliação que se impõe, correndo o risco, se optar por proceder à apreciação parlamentar, de

---

a utilização abusiva da forma de lei não pode ser premiada com a impunidade. Na verdade, o autor propõe uma espécie de "lei de talião" em que a um (mau) uso da forma legislativa por parte do Governo possa o Parlamento responder com uma (má) intromissão na esfera administrativa do Governo. Não obstante o princípio da hierarquia impedir que uma matéria administrativa, aprovada sob a forma legal, seja recuperada para o domínio administrativo sem uma prévia declaração de inconstitucionalidade por parte do Tribunal Constitucional, tal não significa que as intervenções do órgão legislativo sobre esse acto deixem de ser, também, inconstitucionais. Assim, se o Parlamento pratica um acto inconstitucional ao aprovar, por lei, uma matéria administrativa, ou ao impor essa forma para um acto que a não mereça, igualmente o pratica quando utiliza mecanismos destinados a actos legislativos dirigindo-os a actos que não são, na sua essência, legislativos. A apreciação parlamentar não tem, na sua base, uma "função justiceira", antes servindo para controlar a competência legislativa do Governo com rapidez e imediatismo. Por isso mesmo não se concorda, igualmente, com a posição de Jorge Miranda, *Manual de Direito Constitucional, tomo V*, 2004, pág. 346, quando refere que *é de admitir uma postura menos radical,* defendendo que a Assembleia da República possa fazer cessar a vigência ou suspender os Decretos-Leis meramente formais, impedindo, no entanto, a aprovação com emendas. Na verdade, julga-se que a Assembleia da República, ou entende, no seu juízo de apreciação, que está perante um acto de natureza materialmente legislativa, sobre o qual poderia ter legislado, e então usa, à vontade, os mecanismos constitucionais da apreciação parlamentar, ou então considera que aquele acto, pese embora a sua forma, não pertence aos domínios sobre os quais poderia intervir, pelo que também a intervenção por intermédio da apreciação parlamentar estará vedada, não se vislumbrando diferença entre a cessação de vigência e a aprovação com emendas. O próprio autor (pág. 200) é, de resto, o primeiro a considerar que *o poder legislativo abrange todas estas faculdades* (interpretar, modificar, suspender ou revogar)*, e não só a faculdade positiva originária.* Mesmo o argumento associado ao facto de existir um poder genérico de apreciação dos actos da administração, utilizado por Jorge Miranda em defesa da sua tese, parece fraquejar, já que no art. 162.º alínea a) parecem poder integrar-se muitos actos parlamentares, como sejam os descritos por Gomes Canotilho e Vital Moreira, *Constituição da República Portuguesa Anotada,* 1993, pág. 656, mas não o poder de apreciação parlamentar que se encontra autonomizado na alínea c) do actual art. 162.º. A posição de Jorge Miranda surge, de resto, ao arrepio das suas próprias palavras, quando, no *Manual de Direito Constitucional, tomo V,* 2004, pag 203 refere que decorre do princípio da fixação da competência legislativa pela Constituição a regra de que *as faculdades não atribuídas a certo órgão não podem por este ser arrogadas em caso nenhum.*

praticar um acto inconstitucional, no caso de o Tribunal Constitucional decidir que, com essa actuação, interveio em domínios administrativos que lhe estavam, naturalmente, vedados.

Transpondo o raciocínio para o domínio do Orçamento Geral do Estado, tal como este se configurava no contexto da versão original da Constituição, e no seguimento da aprovação da lei de enquadramento orçamental, verifica-se que aí a interpretação da natureza do acto em causa, embora aprovado por Decreto-Lei, havia sido efectuada pela própria Constituição, desta forma retirando, inequivocamente, competência ao Parlamento para, de alguma forma, apreciar o conteúdo do Orçamento Geral do Estado.

Conclui-se, assim, que a Lei n.º 64/77, de 26 de Agosto, intentou, ilegitimamente, um processo de legificação do Orçamento Geral do Estado, sem o necessário apoio constitucional, tendo, dessa forma, acabado por provocar um conjunto de contradições insanáveis no sistema de relacionamento de órgãos, que, ainda hoje, de certa forma, se mantêm. Tendo sido atribuída natureza e forma legislativa a um documento com cariz material marcadamente administrativo (por determinação constitucional), daí resultaria uma sobreposição da forma sobre o conteúdo, transportando para o desconhecido mundo das relações lei-lei, o que havia sido gizado para funcionar numa perspectiva lei-decreto.

Perante a incerteza criada, a revisão constitucional surgia como a hipótese de ouro para se clarificarem os domínios e os poderes de cada órgão e de cada acto. Outra foi, porém, a opção do legislador da revisão constitucional, que optou por constitucionalizar a prática política criada, nada resolvendo no domínio de fronteira entre a função legislativa e administrativa, nem relativamente às consequências do uso inadequado de formas jurídicas. Ainda assim, pela importância das alterações introduzidas na Constituição Orçamental, dedicam-se as próximas páginas aos resultados da revisão constitucional de 1982.

B – O SISTEMA DE APROVAÇÃO MONISTA

1. Os projectos dos partidos políticos e os debates parlamentares

O sistema de aprovação orçamental dualista, original de um ponto de vista do Direito comparado, e, em certa medida, também inédito face à tradição constitucional portuguesa, durou, somente, o tempo necessário até se atingir a primeira revisão constitucional. Na verdade, em 1982, voltou-se ao sistema de aprovação orçamental monista, da integral competência da Assembleia da República, podendo mesmo dizer-se que meia dúzia de anos foram suficientes para que um sistema aprovado por unanimidade pelo legislador constituinte não lograsse manter, no legislador da revisão constitucional, qualquer voz que o defendesse[406].

A proposta de alteração do texto constitucional, em sede orçamental, patrocinando a defesa da aprovação parlamentar monista da totalidade do Orçamento do Estado, partiu da FRS (PS-UEDS- -ASDI), tendo merecido o apoio imediato do PCP, e, até, do CDS, que fazia, no entanto, depender a sua posição final sobre o assunto da que viesse a ser assumida pelo PPD, já que ambos os partidos se encontravam, então, coligados na AD. O PPD foi o único partido a manifestar dúvidas sobre as vantagens da alteração constitucional, por considerar que a discussão e aprovação parlamentar de todo o Orçamento do Estado poderiam implicar atrasos e dificuldades que se reflectissem na execução deste.

No final dos debates, e tendo sido invocado o facto de o Governo ter o Orçamento Geral do Estado já totalmente elaborado no momento

---

[406] Importa recordar, porém, que o sistema de aprovação orçamental dualista, até ter sido apresentado no plenário da Assembleia Constituinte, não havia merecido qualquer defesa doutrinária e, mesmo após a sua consagração, apenas Sousa Franco, *Dez anos de evolução do Direito Financeiro português*, 1985, pág. 680, lhe escreveu o "epitáfio", afirmando: *continuamos a considerar mais democrático o sistema originá- rio da Constituição de 1976 e o controlo foi então, de facto, maior.* Referindo-se ao facto de o aumento dos poderes do Parlamento em matéria orçamental surgir em contra- corrente, já em 1982, com a tendência europeia, António Nadais, António Vitorino e Vitalino Canas, *Constituição da República Portuguesa – Texto e Comentários à Lei n.º 1/82*, 1983, pág. 109.

A Lei do Orçamento na Constituição de 1976   191

de apresentação da proposta de lei do Orçamento[407], a alteração constitucional acabou por ser aprovada, por unanimidade, com a ressalva de a votação do Orçamento do Estado dever ser feita *nos termos da lei,* assim se remetendo para a futura lei de enquadramento

---

[407] Na verdade, a lógica dos Orçamentos incrementalistas implica a feitura do Orçamento de baixo para cima, ou seja, começando nos aglomerados mais pequenos e subindo-se através de somas e ajustamentos em direcção aos grandes capítulos e às grandes verbas, distribuídas pelos ministérios. Neste sistema, as verbas orçamentadas em cada ano não têm, na sua origem, uma análise sobre a sua necessidade e importância, seja relativamente à sua existência, seja em relação ao seu valor, antes se baseando em meros aumentos (incrementos) face ao valor orçamentado no ano anterior, tendo em consideração, sobretudo, o aumento da inflação e do crescimento económico. Ao longo do tempo têm sido ensaiadas alternativas a este modo de orçamentação, de que se destacam o PPBS *(plan programming budget system),* a RCB *(Rationalisation des Choix Budgétaires)* e a técnica do chamado "Orçamento base-zero", que, como o próprio nome indica, leva a que se parta do zero para encontrar a racionalidade de cada verba ao nível da sua existência e do seu valor, independentemente da orçamentação do ano transacto. Sobre a técnica dos Orçamentos incrementalistas, António de Araújo, *Orçamento e Poder: o Debate Incrementalista,* 1990, pág. 111 e segs. Esta técnica foi adoptada no sistema italiano, com a reforma provocada pela lei de autorização legislativa n.º 94/1997 e pelo Decreto Legislativo n.º 279/1997, que alterou a Lei n.º 468/1978, através da introdução de um novo art. 4-*bis.* Sobre os contornos e os reflexos desta modificação, Petricone, *La Riforma del Bilancio dello Stato tra modifiche recenti e nuove applicazioni,* 2000, pág. 64 e segs. Em França, para um resumo da origem e dos principais motivos do fracasso da técnica orçamental conhecida por RCB *(Rationalisation des Choix Budgétaires),* Guy Vidal, *Une meilleure maîtrise des dépenses publiques et un renouvellement du débat budgétaire,* 2001, pág. 163 e segs. Para este autor, a RCB era fundada em quatro ideias: *(i) uma aproximação pluridisciplinar dos problemas, (ii) um horizonte plurianual, (iii) a quantificação dos objectivos a atingir organizados por programas, de modo a se poder comparar os resultados dos diversos objectivos e (iv) uma busca sistemática de soluções alternativas.* Para Guy Vidal, os motivos do insucesso desta técnica prenderam-se com o facto desta ser meramente tecnocrática e não política, e de não ter logrado ultrapassar os constrangimentos impostos pela lei orgânica relativa às finanças públicas, que não estava preparada para uma orçamentação por programas e por objectivos. Ainda sobre a técnica de RCB, Jean-Claude Ducros, *The Influence of the RCB on Parliaments Role in Budgetary Affairs,* 1976, pág. 148 e segs. Quanto ao modo de funcionamento do PPBS *(plan programming budget system),* veja-se, por exemplo, Werner Heun, *Saatshaushalt und Staatsleitung – Das Haushaltsrecht im parlamentarischen Regierungssystem des Grundgesetzes,* 1989, pág. 442 e segs., com referências ao modo como o sistema foi desenvolvido nos EUA e ampla cobertura bibliográfica, e Christoph Gröpl, *Haushaltsrecht und Reform - Dogmatik und Möglichkeiten der Fortentwicklung der Haushaltswirtschaft durch Flexibilisierung, Dezentralisierung, Budgetierung, Ökonomisierung und Fremdfinanzierung,* 2001, pág. 184 e segs, onde o autor propõe, alternativamente, um novo paradigma de orçamentação.

orçamental a discussão final sobre a amplitude da votação parlamentar do Orçamento, podendo, eventualmente, o Orçamento do Estado ser (integralmente) apresentado ao Parlamento mas só ser votado até um determinado nível de especificação[408].

O que mais se salienta dos debates realizados durante o processo de revisão constitucional de 1982 é o facto de os argumentos usados pelo legislador constituinte para afastar a proposta da, então, 4.ª Comissão, que propunha a integral aprovação parlamentar do Orçamento de Estado, terem sido completamente olvidados, chegando mesmo a comparar-se a lei do Orçamento de Estado, fruto da versão originária da Constituição, com a chamada "lei de meios" existente na Constituição de 1933.

Com efeito, Vital Moreira considerou que, com a alteração proposta na revisão constitucional, o que se pretendia era, *na verdade, romper definitivamente com a tradição deixada pela Constituição de 1933 nesta matéria; em 1976 não fomos capazes dessa ruptura e o que acontece agora é que, embora o sistema consagrado em 1976 não fosse o mesmo de 1933, na prática acabou por se vir a transformar nisso. Isto é a lei do Orçamento veio, na prática, a transformar-se numa simples "lei de Meios"*[409].

---

[408] A discussão em torno da aprovação parlamentar da lei do Orçamento foi muito demorada e objecto de mais do que uma proposta da FRS, no sentido de colher o apoio do PSD, que guardou, até ao final, a sua posição. Por isso mesmo, e porque este assunto se arrastou durante todo o processo de revisão constitucional, não admira que a aprovação, por unanimidade, da segunda proposta da FRS tenha sido muito saudada. Neste sentido, Magalhães Mota (ASDI) referiu mesmo (Diário da Assembleia da República de 30 de Julho de 1982, pág. 5486) que *esta é, talvez, uma das modificações mais profundas que no texto constitucional terá lugar. Foi, de facto, de extrema modéstia, em matéria financeira, a posição dos constituintes de 1976 que preferiram não inovar substancialmente em relação ao regime financeiro então vigente.*

[409] Vital Moreira, Diário da Assembleia da República, II série, suplemento ao n.º 106, pág. 1998(9). Se esta era a opinião, aparentemente, unânime entre os Deputados em 1982, outra parecia ser, no entanto, a opinião da doutrina jurídico-financeira. Assim, Teixeira Ribeiro, *Os poderes orçamentais da Assembleia da República*, 1987, pág. 171, afirma que, *em matéria orçamental, a Constituição de 1976, na sua redacção primitiva, e a Constituição de 1933 só tinham um ponto interessante de comum que era o de a elaboração do Orçamento pertencer ao Governo. Mas a similitude esgotava-se aí, pois, embora em ambos os casos o Orçamento devesse ser elaborado de acordo com uma lei, a lei da Assembleia Nacional consistia em simples lei de autorização de receitas e despesas (...) enquanto a lei da Assembleia da República constituía autêntica lei do Orçamento, já que*

A Lei do Orçamento na Constituição de 1976   193

O certo é que a passagem da generalidade do Orçamento para a órbita de aprovação parlamentar e para o domínio da reserva de lei, foi uma das mudanças mais significativas empreendidas pelo legislador da revisão constitucional, caminhando-se, com a revisão de 1982, claramente, num sentido parlamentarizante da lei do Orçamento, atribuindo-lhe uma natureza inequivocamente material no modo de relacionamento com o Direito preexistente. Esta tendência de acentuação da vertente parlamentar, operada pela revisão constitucional de 1982, teve, de resto, um âmbito de aplicação mais vasto do que o que se pode observar ao nível da lei do Orçamento, sendo que, porventura de modo paradoxal, será mesmo ao nível orçamental que irá manifestar as suas maiores fraquezas e deficiências.

Na verdade, a revisão constitucional de 1982 encetou uma tentativa de recuperação de alguma centralidade parlamentar relativamente ao poder legislativo, e, em termos mais gerais, relativamente ao domínio pelo sistema de poder constitucional que a Constituição de 1976 não tinha garantido em termos adequados, e que a prática política havia desviado para a rota pragmática e eficaz do domínio governativo[410].

---

continha, discriminados, os quantitativos das receitas e os das despesas, estes por funções e por Ministérios e Secretarias de Estado. Também Sousa Franco, como já se viu, Dez anos de evolução do Direito Financeiro português, 1985, pág. 680, manifestou uma preferência pelo sistema dualista originário da Constituição de 1976.

[410] Sobre a questão da centralidade parlamentar, da sua progressiva perda e da endémica crise dos Parlamentos, veja-se, no ordenamento jurídico espanhol, Luís Villacorta Mancebo, Centralidade Parlamentaria, Delegación Legislativa y Posibilidades de Control, 1999; Garcia Morillo, El Control Parlamentário del Gobierno en el Ordenamiento Español, 1985, pág. 2223 e segs.; Montero Gilbert e Garcia Morillo, El Control Parlamentário, 1984, pág. 45 e segs.; Isidre Molas e Ismael Pitarch, Las Cortes Generales en el Sistema Parlamentário de Gobierno, 1993, pág. 20 e segs.; Guillermo Oddone, Administración y División de Poderes, 1995, pág. 7 a 48. Para um debate sobre o estado do Parlamento e do Parlamentarismo, em Espanha, Garcia Morillo, Mitos e Realidades del Parlamentarismo, 1991, pág. 115 e segs., bem como a obra colectiva, organizada por Manuel Ramirez, El Parlamento a Debate, 1997, onde o autor refere (pág. 9), muito a propósito, que, de crises do Parlamento ou de crises do parlamentarismo estão as bibliotecas cheias. No ordenamento jurídico italiano, Cesare dell'Acqua, Sulla Crisi del Parlamento, 1997, pág. 207 e segs.; Alessandro Pizzorusso, La Costituzione ferita, 1999, pág. 105 e segs., e Giovanni Bognetti, La Divisione dei Poteri, 1994, pág. 91 e segs. O autor refere-se, inclusivamente, à existência, actualmente, de uma centralidade do "poder governante".

194   A Lei por detrás do Orçamento

A alegada recuperação dos poderes parlamentares tem ganhado, mesmo, ao longo das várias revisões constitucionais, contornos de alguma obsessão, sendo tal temática ciclicamente convocada, insistindo-se no caminho, porventura incorrecto, de atribuir ao Parlamento acrescidos poderes, de um ponto de vista quantitativo, sem que se note uma opção estratégica claramente definida[411].

Na verdade, na sua essência, e sem prejuízo de ter vindo a perder poder e competências, o Parlamento não mudou significativamente ao longo dos tempos, sendo o órgão constitucional que pior se tem adaptado às mudanças do sistema e da prática política. Sendo o órgão de soberania que, por excelência, representa e retrata o povo, tal situação torna-se tanto mais chocante pelo facto de não ter conseguido acompanhar a evolução social e o aprofundamento do Estado-providência, com tudo o que isso significou de administrativização do mundo e de novos modos de representação social. Tendo perdido a componente representativa e não tendo sabido ganhar um novo papel na organização do poder político, o Parlamento "envelheceu", havendo mesmo quem se refira, desde há muito, à existência de um verdadeiro *coma parlamentar*[412].

Bem representativa dessa realidade é a própria definição dada por Lucas Pires, quando refere que *o Parlamento não é um órgão "cripto-burocrático", mas de crítica, de liberdade, de invenção (...). O Parlamento não pode conhecer palmo a palmo todo o terreno das questões – como o Governo – mas apenas os altos-relevos da sua crosta*[413].

---

[411] Bacelar Gouveia, *A Revisão Constitucional de 1997 – Sistema de Actos Legislativos, Opinião*, 1997, pág. 48, refere que um dos pilares resultantes da revisão constitucional de 1997 foi o *reforço da democracia parlamentar*. Afonso Vaz, *A Revisão Constitucional de 1997 – Sistema de Actos Legislativos, Opinião*, 1997, pág. 103, reporta-se a *uma linha evolutiva* de alargamento do *elenco das matérias reservadas à competência da Assembleia da República* perpetrada pelas várias revisões constitucionais; Marcelo Rebelo de Sousa, prefácio a *Uma Constituição Moderna para Portugal*, comentada por Luís Marques Guedes, 1997, pág. 25, descreve as linhas mestras da estratégia que esteve por detrás da revisão constitucional de 1997, afirmando que, *sinal de que a redução do número de deputados não significa, necessariamente, apagamento do Parlamento, é o de que importava aumentar a competência legislativa e política daquele.*

[412] Emídio da Veiga Domingos, *Portugal Político, Análise das Instituições*, 1987, pág. 184.

[413] Lucas Pires, *Uma Constituição para Portugal*, 1975, pág. 133.

A Lei do Orçamento na Constituição de 1976   195

Enterrada a visão do Parlamento iluminado, que não se encaixa na sociedade executiva dos dias de hoje, soa a epitáfio a conclusão apresentada por António Barreto, quando afirma que, *a verdade é que o Parlamento tem pouca importância para a vida política do país*[414].

O conceito moderno de Parlamento, como órgão de fiscalização política do Governo[415], não pode passar pela visão desse órgão como uma *concha oca*[416], ou como uma *assembleia "carimbante"*[417], mas a verdade é que para alguns hoje o Parlamento *é quase só um sistema de rituais. Úteis porque legitimam. Fúteis, porque não são criativos, não cumprem as funções de fiscalização e debate, pouco contribuem para a visibilidade da vida pública perante o país e, finalmente, porque deles muito pouco resulta para o melhoramento da política e sistema de Governo*[418].

Derrotado nos meios que tem ao seu dispor por não dominar a máquina administrativa, esmagado pela produção legislativa apresentada por um Governo tecnicamente competente[419] e politicamente

---

[414] António Barreto, *A Assembleia da República: Uma Instituição Subalternizada*, 1990, pág. 99, faz uma descrição impressivamente real e desencantada do estado da Assembleia da República, avançando com várias ideias que permitiriam recuperar algum do poder do Parlamento. Sobre esta questão, no ordenamento jurídico italiano, Sílvio Traversa, *Crisi della legge e razionalizzazione e semplificazione della produzione normativa*, 1997, pág. 399 e segs.

[415] Para José Miguel Júdice, *O Pensamento Político de Sá Carneiro e outros Estudos*, 1982, pág. 157, *o Governo surge no nosso sistema constitucional como órgão tendencialmente orientado para uma espécie de gestão corrente a médio prazo (...). O Governo é pensado como um administrador e um gestor de um património alheio.* Sobre o desenvolvimento da acção governativa, García Fernandez, *El Gobierno en acción – Elementos para una configuración jurídica de la acción gubernamental*, 1995 e Pérez Francesch, *El Gobierno*, 1996. Na doutrina italiana, Piero Calandra, *Il Governo della Repubblica*, 1986.

[416] Walter C. Opello, *O Parlamento Português: análise organizacional da actividade legislativa*, 1998, pág. 147.

[417] Blanco de Morais, *As Metamorfoses do Semipresidencialismo Português*, 1998, pág. 22. Com efeito, a verdade é que o Parlamento português sempre foi mais um *Parlamento-arena* do que um *Parlamento-transformador*, de acordo com as expressões utilizadas por Manuel Braga da Cruz, *Sobre o Parlamento Português: partidarização parlamentar e parlamentarização partidária*, 1988, pág. 10.

[418] António Barreto, *A Assembleia da República: Uma Instituição Subalternizada*, 1990, pág. 100.

[419] António Barreto, *A Assembleia da República: Uma Instituição Subalternizada*, 1990, pág. 101, descreve a actuação do Governo, considerando que *este órgão, quando apresenta propostas de lei, por imperativo constitucional, fá-lo com toda a carga de*

legítimo, qualquer tentativa de contra-ataque parlamentar face ao poderio governamental, sempre poderia parecer semelhante ao de *um cavaleiro de elmo emplumado que galhardamente lançasse um repto a um carro de assalto*[420].

Regressando à temática orçamental, julga-se que a aprovação monista da lei do Orçamento deve, assim, ser lida no contexto da vontade de recuperação de algum protagonismo parlamentar, importando, no entanto, indagar se o legislador da revisão constitucional, ao ter optado por esta solução que se aproxima, indiscutivelmente, da solução vigente em sede de Direito comparado, foi consequente com a sua opção parlamentarista, ou se a alteração constitucional não terá contribuído, antes, para um enfraquecimento da lei orçamental no contexto do sistema de fontes, já que, como se viu, a lei do Orçamento, antes da revisão de 1982, não era, juridicamente, condicionada, para além dos genéricos constrangimentos legais, impostos por direitos constituídos e obrigações jurídicas a que não se pudesse furtar.

Como ponto de partida para a análise das vinculações constitucionais que passaram a pender sobre a lei do Orçamento, diga-se, desde logo, que da análise dos debates da revisão constitucional não resulta qualquer vontade expressa no sentido de limitar os poderes da

---

inveja e vaidade de que é capaz: o importante é não alterar uma vírgula aos textos! Eis um subterfúgio simbólico: pretende-se demonstrar que a "competência técnica e legislativa" está no Governo enquanto a "política", forçosamente prejudicial, está no Parlamento. Relativamente ao pretenso domínio do Parlamento no exercício da função legislativa, veja-se como Jorge Miranda, *Manual de Direito Constitucional, tomo V*, 2004, pág. 180 continua a afirmar que, *apesar da diversidade de órgãos e formas de lei, pode falar-se à luz da Constituição, em primado legislativo da Assembleia da República como assembleia representativa de todos os portugueses* (...). A esta visão teórica contrapõe-se o realismo de Paulo Otero, *O Desenvolvimento de Leis de Bases pelo Governo*, 1997, pág. 29, quando ao afirma que, *à luz da Constituição de 1976, tendo como fonte a experiência constitucional de 1933* (...) *o Governo é titular de uma competência legislativa tão ampla que faz sombra, pelo menos, ao dito primado parlamentar, devendo antes falar-se na existência de um concorrente primado normativo do Governo.* Tentando promover um equilíbrio entre ambos, mas aproximando-se mais de Jorge Miranda, Alexandre Sousa Pinheiro, *O sistema de actos legislativos e o sistema de governo – a experiência portuguesa*, 2000, pág. 318, afirma que *o facto, porém, de o Governo se assumir como legislador quotidiano não invalida a notória prevalência institucional parlamentar no exercício da função legislativa.*

[420] Rogério Soares, *Direito Público e Sociedade Técnica*, 1969, pág. 5.

A Lei do Orçamento na Constituição de 1976   197

lei do Orçamento. Bem ao invés, a nota saliente prendeu-se, sempre, com a promoção do reforço dos poderes parlamentares ao nível financeiro.

Se estes objectivos foram, ou não, conseguidos é o que procurará verificar nas páginas seguintes.

2. As novas vinculações constitucionais da Lei do Orçamento

Perante uma alteração tão significativa como a que resultou, ao nível orçamental, da Revisão Constitucional de 1982, poderia, justificadamente, esperar-se, até por necessidade de articulação do sistema, o redesenho das normas constitucionais que compunham a Constituição Orçamental. Na verdade, a opção dualista, aprovada na Constituição de 1976, transportava consigo, igualmente, um inevitável dualismo ao nível das vinculações a que se sujeitava a lei do Orçamento do Estado e o Orçamento Geral do Estado, já que, enquanto a lei do Orçamento se encontrava ao abrigo de vinculações normativas expressas, o Orçamento Geral do Estado, bem pelo contrário, estava submetido a um conjunto de vinculações a que, por virtude da sua natureza administrativa, não se podia eximir.

Ora, compulsando as alterações introduzidas pela revisão constitucional relativamente ao acervo de normas com reflexos orçamentais, a conclusão que se pode retirar é que estas se limitaram ao mínimo julgado (simplisticamente) indispensável para eliminar a anterior distinção entre Lei do Orçamento e Orçamento Geral do Estado, sem se acautelar a diferença de paradigmas que se criara face ao sistema anterior.

Na verdade, a tarefa adaptativa do legislador da revisão constitucional, implicou (apenas) a eliminação da distinção entre Lei do Orçamento e Orçamento Geral do Estado, substituindo, consequentemente, ambas as expressões, pela unitária e equívoca expressão "Orçamento"[421].

---

[421] Considera-se menos correcta a opção constitucional de fazer referências ao "Orçamento" e não à "lei do Orçamento", já que é de uma lei que se trata. No sentido de que, depois de 1982, o Parlamento teria deixado de aprovar a "Lei do Orçamento", passando a aprovar o "Orçamento", veja-se a intervenção de Vítor Constâncio, Diário da Assembleia da

Acontece que, com esta opção, acabou, pelo menos em termos literais, por se sujeitar a lei do Orçamento a vinculações que antes se dirigiam apenas ao Orçamento Geral do Estado, enquanto acto relevando da função administrativa[422]. Na verdade, embora a Constituição não tenha assumido expressamente esta mudança de colocação da lei do Orçamento na constelação normativa, o certo é que, com a revisão de 1982, a problemática das relações inter-legislativas passou a ser uma realidade constitucional indesmentível, não só em virtude do procedimento agravado, como devido à relação paramétrica estabelecida entre várias leis.

A lei do Orçamento assume-se, nesse contexto, como lei duplamente reforçada, não só por beneficiar de um procedimento agravado, tendo em conta a necessária iniciativa originária e derivada por parte do Governo, como, igualmente, pelo facto de ser uma lei parametrizadora de outros actos legislativos, que não podem, no ano económico a que esta lei se reporta, implicar aumentos das despesas ou diminuição das receitas orçamentais[423].

República, 1ª série, n.º 130, 30/07/82, pág. 5485, que, regozijando-se com a aprovação, por unanimidade, da alteração ao art. 108.º da Constituição refere que *a partir de agora, a Constituição fala em "Orçamento" e não em "Lei Orçamental"*.

[422] Neste sentido, considerando que *o OE, por seu lado, é em larga parte, lei vinculada, devendo respeitar – desde que expressamente as não revogue – as anteriores leis geradoras de despesa e de receita, incluindo a lei de enquadramento e as que, em sistemas de gerência, aprovem planos de despesa plurianual*, Sousa Franco, *Finanças Públicas e Direito Financeiro*, 1997, pág. 397.

[423] Ainda ao nível das relações inter-legislativas, refira-se que a revisão constitucional implicou, também, a consagração constitucional da lei de enquadramento orçamental, que passou a integrar o elenco da reserva relativa da Assembleia da República, sendo prevista no art. 168.º alínea p). Esta matéria transitou, com a revisão constitucional de 1997, para a reserva absoluta da Assembleia da República, constando, actualmente, do art. 164.º alínea r). Ao contrário da lei do Orçamento, que combina um procedimento agravado com uma função paramétrica, a lei de enquadramento orçamental assume, apenas, uma função paramétrica, não lhe estando associado qualquer reforço procedimental. Interpretando, erradamente, o teor do art. 168.º alínea p) da Constituição, na redacção dada pela revisão constitucional de 1982, e daí, consequentemente, concluindo, erradamente, que a lei do Orçamento podia ser aprovada por Decreto-Lei autorizado, Matilde Lavouras, *Natureza Jurídica do Orçamento – Breves Reflexões –*, 2002, pág. 451. Para a autora, *exigia-se que a aprovação do Orçamento seja feita através de Lei (art. 168º al.p) – versão dada pela Lei Constitucional n.º 1/82 de 30 de Setembro, inserindo-se nos casos de competência relativa da Assembleia da República, o que potenciava a "Governamentalização" de todo o processo*.

A revisão constitucional de 1982, teve, assim, uma intervenção conformadora que ultrapassou, em muito, o que havia sido problematizado pelo legislador da revisão, assumindo-se como um marco, pleno de significado, ao criar, em torno da lei do Orçamento, uma teia de relações inter-legislativas cuja compreensão e racionalidade não se apreendem imediatamente. Sobre a análise do modo como as várias leis se articulam, e, sobretudo, sobre a capacidade de estas estarem dotadas, efectivamente, de meios para cumprirem as funções para as quais foram gizadas, se cuida já de seguida[424].

a) *A Lei do Orçamento e a Lei das grandes opções em matéria de planeamento*

A lei das grandes opções em matéria de planeamento é a primeira das vinculações a que a lei do Orçamento se encontra, desde 1982, aparentemente, amarrada, já que, nos termos constitucionais, o Orçamento (lei do Orçamento) é elaborado *de harmonia com as grande opções em matéria de planeamento*[425].

---

[424] As referências aos artigos da Constituição reportam-se, de ora em diante, e salvo referência expressa, aos artigos decorrentes da revisão constitucional aprovada pela Lei constitucional n.º 1/2004, de 24 de Julho.

[425] Art. 105.º número 2 da Constituição. Esta terminologia surgiu com a revisão constitucional de 1997. Refira-se, aliás, que esta expressão, tal como a sua antecessora (*grandes opções do plano anual*), é dúbia, não se identificando totalmente com outra usada ao longo da Constituição para identificar o mesmo acto legislativo. Na verdade, continuou, com a revisão de 1982, a notar-se a dificuldade do legislador constitucional em lidar com a terminologia relativa ao planeamento. Assim é que o art. 108.º, da versão de 1982, reportava-se às *opções do plano*, o art. 94.º número 1 previa a aprovação parlamentar das *grandes opções correspondentes a cada plano*, enquanto que os artigos 94.º n.º 2 e 164.º g) continuavam a fazer referência à *lei do plano*. Algumas benfeitorias haveriam de ser introduzidas com a revisão constitucional de 1989, que passa a estabelecer, no art. 164.º alínea h), que compete à Assembleia da República aprovar as *leis das grandes opções dos planos,* sendo, por isso, os artigos 93.º n.º 2 e 202.º, alterados, em conformidade. O texto do art. 108.º, porém, não era, totalmente, coincidente, pois passava a referir que o Orçamento é elaborado *de harmonia com as grandes opções do plano anual.* A terminar, refira-se, ainda, que a revisão de 1997 voltou a alterar a denominação relativa aos planos, passando o art. 105.º a estabelecer que o *Orçamento é elaborado de harmonia com as grandes opções em matéria de planeamento.* No entanto, e apesar desta nova roupagem, o art. 161.º continua a determinar que é competência da Assembleia da República *aprovar as leis das grandes opções dos planos nacionais.*

200 A Lei por detrás do Orçamento

Na verdade, partir da revisão constitucional de 1982, o Orçamento, passando a ser aprovado por lei parlamentar, deixa de poder estar integrado no Plano anual, que continuou a ser aprovado pelo Governo, ao abrigo do exercício da função administrativa[426], pelo que passa a haver supremacia do Orçamento (lei) sobre o Plano (decreto administrativo, ainda que na prática aprovado por Decreto--lei)[427]. Por isso mesmo passou a ser inevitável esclarecer, no contexto da revisão constitucional de 1982, que era com a lei das grandes opções do plano que a lei do Orçamento deveria estar em harmonia, e não com o Plano, já que, caso contrário, resultaria ter-se uma lei parlamentar sujeita a uma harmonia com um diploma administrativo do Governo.

Fica assim claro que se até 1982 apenas o Orçamento Geral do Estado teria de ser elaborado de harmonia com a lei das grandes opções do plano, depois de 1982 é todo o Orçamento do Estado que deve essa harmonia, despontando, desta forma, apesar de a Constituição não lhes reservar, ainda, uma especial atenção, o domínio das relações inter-legislativas, de que a ligação prevista entre a lei das grandes opções do plano e a lei do Orçamento do Estado era (e é, ainda) um exemplo paradigmático.

De facto, a lei das grandes opções em matéria de planeamento beneficia de um procedimento agravado ao nível da iniciativa (reservada ao Governo), devendo, também, ser obtido o Parecer do Conselho Económico e Social[428]. Para além deste agravamento ao nível procedimental, que a distingue das demais leis, assume ainda, desta

---

[426] Refira-se, no entanto, que, para Gomes Canotilho e Vital Moreira, *Constituição da República Portuguesa Anotada*, 1978, pág. 223, a integração do Orçamento no Plano nunca foi jurídica. Assim, para estes autores, *trata-se não de ligação formal, orgânica ou jurídica (em termos do Orçamento ser consumido pelo plano, como parte integrante deste), mas sim de uma ligação económico-funcional*. Fazendo referência ao facto de que *é o Orçamento que deve integrar-se no plano económico do Estado e não o contrário*, Cristina Queiroz, *O Plano na Ordem Jurídica*, 1989, pág. 280.

[427] Na verdade, o art. 93.º da Constituição (versão de 1982), considerava que a estrutura do Plano compreendia *um plano anual, que constitui a base fundamental da actividade do governo e tem a sua expressão financeira no Orçamento do Estado*.

[428] Até à revisão constitucional de 1989 era o Conselho Nacional do Plano, por intermédio do art. 94.º número 4, tendo o Conselho Económico e Social surgido com o art. 95.º da revisão constitucional de 1989.

A Lei do Orçamento na Constituição de 1976   201

feita de modo específico face à lei do Orçamento, uma relação paramétrica, já que, nos termos da Constituição, a lei do Orçamento deve ser aprovada de harmonia com a lei das grandes opções em matéria de planeamento[429/430].

Acontece que, embora a Constituição estabeleça a obrigatoriedade de o Orçamento dever ser elaborado de harmonia com a lei das grandes opções do plano, o certo é que se tem notado, por uma parte da doutrina, sobretudo ultimamente, uma grande resistência em aceitar como jurídica essa subordinação constitucional. Na verdade, talvez influenciados pela crescente relevância jurídica e política assumida pela lei do Orçamento, a par de uma acelerada desvalorização normativa e, também, política do planeamento, certos sectores da doutrina tentaram ensaiar soluções que, segundo se crê, são, ainda hoje, destituídas de aceitação constitucional[431].

Na verdade, segundo este segmento doutrinal, a relação existente entre a lei das grandes opções do plano e a lei do Orçamento seria de *mera coordenação (harmonia biunívoca) das duas realidades* (lei das grandes opções do plano e lei do Orçamento), *sem prevalência*

---

[429] A lei das grandes opções do plano começou por reunir o consenso da doutrina relativamente ao seu carácter reforçado, já que a dupla caracterização da referida lei, seja como lei com procedimento agravado, seja como lei com função paramétrica, agradava tanto aos procedimentalistas como aos defensores das leis reforçadas com base numa ideia de proeminência funcional ou de parametricidade pressuposta. Assim, para Jorge Miranda, *Funções, Órgãos e Actos do Estado*, 1990, pág. 294 e segs., esta lei era um exemplo de lei com uma proeminência de carácter geral e especial. No *Manual de Direito Constitucional, tomo V*, 2004, pág. 362, o autor considera, porém, já *bastante duvidoso* que a lei das grandes opções em matéria de planeamento possa ser considerada reforçada, pois a sua relação com o Orçamento é de mera *coordenação ou harmonização*. Gomes Canotilho, *Direito Constitucional,* 1993, pág. 862, insere, sem desenvolvimentos, a referida lei no elenco de leis de valor reforçado. Em *Direito Constitucional e Teoria da Constituição*, 2003, pág. 785, volta a considerá-la como sendo reforçada, fazendo apelo ao critério residual do art. 112.º n.º 3, instituído pela revisão constitucional de 1997, a que chama de *critério da parametricidade geral.*

[430] Sobre o modo como se estabelecem as relações entre a lei do Orçamento e a lei do plano em Espanha, Martinez Lago, *Los límites a la iniciativa de las Cortes Generales en materia presupuestaria*, 1990, pág. 72 e segs. Em França, veja-se Paul Amselek, *Le Budget de l'État sous la Ve république*, 1966, pág. 399; Martinez e di Malta, *Droit Budgétaire,* 1999, pág. 20 e Loïc Philip, *Finances Publiques,* 1995, pag 118 e segs.

[431] Refira-se que as revisões constitucionais de 1989 e de 1997, embora tenham introduzido algumas alterações terminológicas, não trouxeram modificações relevantes a este tema, tal como o não trouxeram as profundas alterações introduzidas, por ambas as revisões constitucionais, ao nível das leis reforçadas.

jurídica de nenhuma[432]. Estes autores coincidem, ainda, parcialmente, ao considerarem que a referida vinculação, de mero cariz político, passível de juízo negativo pelo Parlamento, mas não pela justiça constitucional, repousa, não sobre a lei do Orçamento do Estado, mas, apenas, sobre a proposta de Orçamento apresentada pelo Governo.

Não fica, no entanto, claro o facto de se saber se da Lei das grandes opções em matéria de planeamento emanaria algum tipo de resistência passiva que impedisse esta de ser revogada, de modo não substitutivo, pela lei do Orçamento, ou, até, se a lei do Orçamento poderia alterar a lei das grandes opções em matéria de planeamento, de modo expresso ou tácito, consagrando soluções incompatíveis com esta.

Opinião diversa manifestaram outros autores, que defendem, numa leitura mais aproximada do texto constitucional, que o que se pretendeu consagrar foi uma subordinação jurídica e não meramente política da lei do Orçamento de Estado face à lei das grandes opções

---

[432] Sousa Franco, *Finanças Públicas e Direito Financeiro*, 1997, pág. 406. Em sentido semelhante já se tinha, de resto, pronunciado Lobo Xavier, *O Orçamento como Lei*, 1990, pág. 94 e 95, quando afirmou que, *para nós a Constituição limita-se a ordenar harmoniosamente os aludidos meios de formalização da política económica, sem pretender que se leia semelhante ordenação como implicando a subordinação hierárquica da lei orçamental à lei do Plano*. Para este autor, do texto constitucional não resultaria uma subordinação jurídica, *apetecendo antes falar de uma coordenação "natural" – ou política, se se quiser*. Ainda segundo Lobo Xavier (pág. 110), a harmonia com a lei das Grandes Opções do Plano deveria ser procurada apenas pelo Governo, no momento de elaboração da proposta de Orçamento. Estar-se-ia perante um *comando de natureza técnica, destinado a esclarecer o Governo sobre o modo de elaborar a proposta de Orçamento*. A esta visão restritiva do texto constitucional, na medida em que refere que o Orçamento é "elaborado" de harmonia com as grandes opções do Plano, em vez de prever que era "aprovado" de acordo com essas mesmas opções do Plano, adere, igualmente, Sousa Franco, *Finanças Públicas e Direito Financeiro*, 1997, pág. 406, quando refere que a vinculação do número 2 do art. 108.º parece *incidir sobre a iniciativa orçamental (conceito restrito de elaboração) mais do que sobre o conteúdo do acto orçamental*. No mesmo sentido do trilhado por Lobo Xavier e Sousa Franco, negando uma vinculação jurídica da lei das grandes opções do plano face à lei do Orçamento, caminhou, igualmente, Jorge Miranda. Na verdade, o referido autor, embora tenha começado por defender, em *Funções Órgãos e Actos do Estado*, 1990, pág. 298, a natureza reforçada da referida lei, sustentando, assim, uma subordinação jurídica, acaba por defender, no *Manual de Direito Constitucional*, tomo V, 2004, pág. 363, que é *difícil conceber, quanto à essência de ambas* (lei das grandes opções em matéria de planeamento e lei do Orçamento), *contradição jurídica*, pelo que, *mais do que subordinação, haverá aqui coordenação ou harmonização*.

A Lei do Orçamento na Constituição de 1976   203

do plano, incidindo essa mesma subordinação sobre a lei do Orçamento do Estado e não somente sobre a proposta governamental[433].

Para Blanco de Morais, embora a função paramétrica da lei das grandes opções do plano impeça que esta seja alterada ou revogada pela lei do Orçamento, o certo é que sempre poderá o legislador parlamentar, *no respeito da cronologia, alterar previamente a lei sujeito, de modo a torná-la compatível com uma lei objecto posterior. O que não poderá fazer será condensar na lei objecto, regras modificativas ou supressivas da lei sujeito dado que tal, além de desprezar uma precedência normativa cogente, ofenderia a essencialidade de uma relação constitucional de vinculação*[434].

---

[433] Gomes Canotilho e Vital Moreira, *Constituição da República Portuguesa Anotada*, 1993, pág. 466, defendem a superioridade da lei das grandes opções do plano face à lei do Orçamento. Na verdade, para estes autores, a necessidade de a lei do Orçamento ser elaborada de harmonia com a lei das grandes opções do plano implicava, *obviamente um limite à liberdade orçamental, que vincula a lei do Orçamento como tal, e não apenas uma simples norma de elaboração da proposta de Orçamento.* A lei das grandes opções do plano era, assim, um acto-condição da lei do Orçamento, já que a devia, necessariamente, preceder. No mesmo sentido, Blanco de Morais, *As Leis Reforçadas*, 1998, pág. 793, considerando que *harmonia* não pode ser *mera coordenação não prevalecente e de carácter biunívoco.* Para este autor, existe, assim, um *poder vinculante de intensidade mínima,* que o leva (pág. 795 e segs.) a considerar que a lei das grandes opções do plano seria um verdadeiro acto-condição face à lei do Orçamento, e que *seria, logicamente inaceitável que uma lei objecto pudesse derrogar uma lei sujeito com a qual se devesse conformar nos termos constitucionais mesmo em termos de aderência mínima.* Para este autor, as revisões constitucionais de 1989 e de 1997 teriam contribuído para uma cada vez maior desvalorização política da lei das grandes opções do plano, deixando esta, na prática, de assumir uma função parametrizadora dado o seu carácter de mera *lei-cartaz,* com carácter *normativamente inofensivo.* Mesmo assim, continua a defender que, juridicamente, se mantém uma parametricidade mínima da lei das grandes opções do plano face à lei do Orçamento, que impede que esta revogue ou altere aquela.

[434] Blanco de Morais, *As Leis Reforçadas,* 1998, pag 805. De qualquer forma, o autor, referindo-se à relação entre a lei de enquadramento orçamental e a lei do Orçamento (que apresenta a mesma relação paramétrica com a lei do Orçamento), afirma que *nada poderá impedir o legislador que é simultaneamente competente para a livre edição dos dois actos, de proceder à modificação prévia ou simultânea da lei de enquadramento, para efeitos de assegurar a sua compatibilização com uma lei orçamental sucessiva.* Não fica, assim, claro se a alteração pode, afinal, ser ou não simultânea. É que, a admitir-se uma alteração simultânea, não se vê porque não possa ser realizada na própria lei do Orçamento, aproveitando, até, o facto de esta lei ter, também, uma iniciativa reservada do Governo. Esta situação torna-se ainda mais desejável se a lei das grandes opções do plano deixar de ser anual, caso em que poderia ser, anualmente, modificada através da lei do Orçamento.

Perante esta situação, e face ao texto constitucional aprovado pela revisão de 1982, é-se de entendimento de que a Constituição pretendeu, efectivamente, subordinar, juridicamente, a lei do Orçamento à lei das grandes opções do plano, de modo a que a lei do Orçamento, no momento da aprovação, e não apenas no momento da elaboração, esteja em harmonia com a lei das grandes opções do plano[435], não tendo, de resto, as restantes revisões constitucionais alterado, substancialmente, esta relação vinculativa[436].

A alternativa seria modificar a lei das grandes opções do plano em termos simultâneos com a lei do Orçamento, mas em diploma legislativo autónomo, o que parece redundar num formalismo contra o qual o autor, de resto, se pronuncia, (pág. 690), considerando que não se deve cair num *servilismo redutor em relação às legendas formais.*

[435] Explicite-se que o número 2 do art. 108.º, na sua versão inicial, referia que o Orçamento Geral do Estado deveria ser "elaborado de harmonia com (...)", por sugestão de Vital Moreira. Com efeito, no projecto apresentado no plenário da Assembleia Constituinte por Jorge Miranda, referia-se que o Orçamento Geral do Estado é "aprovado de harmonia com (...)". A mudança de terminologia parecia inofensiva no contexto de 1976, já que o órgão que aprovava o Orçamento Geral do Estado era o mesmo (Governo) que o que o elaborava. Acontece que a revisão de 1982 alterou esse estado de coisas, pelo que a manutenção do verbo "elaborar" passou a ser fonte de problemas, como o demonstra a interpretação de Lobo Xavier *O Orçamento como Lei*, 1990, pags. 97 e 110, em que considera que as vinculações aí impostas apenas se dirigiriam à proposta de lei de Orçamento, "elaborada" pelo Governo mas "aprovada" pelo Parlamento. Não parece ter, porém, razão o referido autor, já que no art. 108.º da Constituição, na redacção que lhe foi dada pela lei de revisão de 1982, os casos em que apenas se estabeleciam obrigações incidentes sobre a proposta de Orçamento foram identificados constitucionalmente com a referência expressa à "proposta de Orçamento". A revisão de 1989 haveria, de resto, de juntar todas essas obrigações inerentes à proposta de Orçamento em artigo autónomo, epigrafado de "elaboração do Orçamento", onde não constaria a obrigatoriedade de a proposta de Orçamento ser elaborada de harmonia com a lei das grandes opções do plano.

[436] Sobre a normatividade e a vinculatividade da lei das grandes opções em matéria de planeamento, pronunciou-se o Tribunal Constitucional, em acórdão recente. Na verdade, no acórdão 529/2001 estava em causa a possível inconstitucionalidade da lei das grandes opções em matéria de planeamento para o ano 2001, por não ter havido audição prévia atempada das Regiões Autónomas. Aí, o Tribunal Constitucional suscitou, oficiosamente, a questão prévia de saber se as grandes opções em matéria de planeamento *constituem "normas" para efeitos de fiscalização de constitucionalidade por parte do Tribunal.* O órgão de Justiça Constitucional começou por reafirmar a jurisprudência constante, que tem considerado relevante um *conceito funcional de norma.* Apesar disso, depois de afastar do conceito de norma *as decisões judiciais e os actos da Administração sem carácter normativo ou actos administrativos propriamente ditos; e por outro lado os "actos políticos" ou "actos de governo" em sentido estrito,* refere que, *onde porém, um acto do poder público for mais do que isso e contiver uma regra de conduta para os particulares ou*

A Lei do Orçamento na Constituição de 1976

Acontece que, se este foi o objectivo pretendido, o certo é que o legislador da revisão constitucional não soube "blindar" a lei das

para a administração, ou um critério de decisão para esta última ou para o juiz, aí estaremos perante um acto "normativo", cujas injunções ficam sujeitas ao controlo da constitucionalidade. Não obstante esta definição material de norma, o certo é que o Tribunal acabou por considerar que *o critério funcional de norma (...) fica logo preenchido desde que verificada uma característica puramente "formal" num certo enunciado jurídico-dispositivo: o de integrar ele um acto de um poder público vocacionado para a conformação da ordem jurídica objectiva, e revestir-se da correspondente forma.* Perante esta jurisprudência, que merece sérias críticas, veio o Tribunal Constitucional, naturalmente, considerar que a lei das grandes opções em matéria de planeamento, por ser formalmente uma lei, continha normas passíveis de serem sindicadas judicialmente. Relativamente à vinculatividade da referida lei, também a doutrina constitucional peca pela falta de clareza que aduz ao caso em apreço. Assim, segundo o Tribunal, os propósitos e alcance da lei das grandes opções em matéria de planeamento, situavam-se, *não propriamente no estabelecimento de determinações estritamente vinculativas, mas antes na fixação de objectivos e no delineamento de programas e projectos de actuação estadual que, em boa verdade, podem vir a ser cumpridos e executados, ou não (e, no primeiro caso, em maior ou menor medida) – mas sempre sem que possa vir a tirar-se daí qualquer consequência "jurídica".* Com efeito, se esta é a percepção que o jurista comum retira da leitura da lei das grandes opções em matéria de planeamento, o certo é que do órgão de justiça constitucional se espera mais do que uma mera constatação empírica, sem consequências ao nível constitucional. Na verdade, não se vê como se possa considerar, a um tempo, que as previsões da lei são normativas e podem ser sindicadas judicialmente, mas depois se afirme que não são vinculativas e podem ser ignoradas. Contraditoriamente, o Tribunal refere que a lei das grandes opções em matéria de planeamento *condiciona* a lei do Orçamento, não assumindo, no entanto, de modo definitivo, a opção por considerá-la como lei reforçada, atendendo à abrangência da actual redacção do art. 112.º da Constituição. Finalmente, o Tribunal não deixa de referir, um pouco ao contrário de tudo o que escrevera, que *as Grandes Opções do Plano, pese embora a sua dimensão marcadamente "prospectiva", não deixam de revestir-se de uma certa, ainda que bastante limitada, "vinculatividade" jurídica imediata, enquanto condicionantes de outros actos do poder público (face a cujos autores – poderá pois dizer-se se perfilam, assim, como uma "regra de conduta").* Em resumo, pode dizer-se que a jurisprudência do acórdão 529/2001 perdeu uma boa oportunidade para clarificar uma questão que, embora, politicamente moribunda, continua, em termos dogmáticos, à espera de uma definição clarificadora relativamente ao papel desta lei no ordenamento jurídico-constitucional português. Sobre a evolução jurisprudencial relativa ao conceito de norma na Constituição Portuguesa, vejam-se os pareceres da Comissão Constitucional 3/78, 6/78 e 13/82, onde se defendeu a doutrina de que o conceito de norma abrange, também, normas que, materialmente, sejam puros actos administrativos incluídos em actos formalmente legislativos. Na vigência do Tribunal Constitucional, vejam-se os acórdãos 26/85, 80/86 e 157/88, onde o Tribunal se dedica a encontrar um *conceito funcionalmente adequado* de norma que, no fundo, se confunde com um simples conceito formal de norma. Contra este entendimento se manifestaram, em votos de vencido juntos ao acórdão 26/86, e repetidos nos restantes, Martins da Fonseca e Mário de Brito.

206 *A Lei por detrás do Orçamento*

grandes opções em matéria de planeamento com uma rigidez suficiente que a tornasse, efectivamente, inalterável pela lei do Orçamento, ainda que aquela assuma uma dupla rigidez, perante leis posteriores, em virtude do reforço procedimental e da natureza paramétrica[437].

Ora, é precisamente nesta última rigidez, específica perante a lei do Orçamento, que lhe permitiria condicionar sem ser condicionada, que o legislador constitucional falha os seus propósitos. Com efeito, julga-se que, embora a lei das grandes opções em matéria de planeamento assuma uma função paramétrica face à lei do Orçamento, e, como tal, a lei do Orçamento lhe deva respeito, o certo é que o critério da parametrização material, quando desacompanhado de um outro critério de rigidez, é incapaz de, só por si, salvaguardar a efectiva manutenção da função parametrizadora.

Na verdade, a Lei do Orçamento é, igualmente, aprovada pelo Parlamento, beneficiando, também, de uma iniciativa reservada do Governo. Assim sendo, como a lei das grandes opções em matéria de planeamento não é inalterável durante o ano económico, pode o Governo propor a sua modificação, fazendo aprovar, pelo Parlamento (mediante o parecer do Conselho Económico e Social), as alterações pretendidas. Neste contexto, verifica-se como, na prática, nada impede que esta modificação à lei das grandes opções em matéria de planeamento seja efectuada por iniciativa do Governo, introduzindo-se na proposta de lei de Orçamento alterações à lei das grandes opções em matéria de planeamento, invocando até, nesse caso, ambas as normas habilitantes, já que fora de uma rigidez procedimental ou formal, um

---

[437] Considerando que a relação entre a lei do plano e a lei do Orçamento, em Espanha, decorre apenas de uma auto-vinculação do legislador, sem que, efectivamente, a lei do Orçamento se encontre subordinada à lei do plano, sendo, por isso, possível que a lei do Orçamento a modifique, expressa ou tacitamente, Rodríguez Bereijo, *El Presupuesto del Estado*, 1970, pág. 265 e segs. Segundo o autor, *no nosso ordenamento positivo nada impede, juridicamente, que na lei do Orçamento se contenham normas ou se aprove um conjunto de despesas que esteja em franca contradição com os objectivos e directrizes do Plano de desenvolvimento (...)*. No mesmo sentido, Menendez Moreno, *La Configuración Constitucional de las Leyes de Presupuestos Generales del Estado*, 1988, pág. 36 e segs. afirma que (pág. 40) *a vinculação constitucional da lei do Orçamento às leis de planificação seria um inconveniente que, inclusivamente, teria efeitos negativos desde um ponto de vista da natural alternância de poder, própria do sistema democrático (...) para além do mais o cumprimento da lei do plano tão pouco estaria garantido já que, senão mediante a lei do Orçamento, pelo menos mediante uma lei ordinária, poderia ser modificada a lei do plano.*

A Lei do Orçamento na Constituição de 1976 207

mero poder parametrizador acaba por se diluir com uma alteração da lei paramétrica realizada, até, juntamente com a lei parametrizada, e utilizando esta como veículo normativo.

Ora, se Governo pode, desta forma, propor alterações à lei das grandes opções em matéria de planeamento, já o mesmo não se passa com o Parlamento. Bem ao invés, as propostas de alteração à lei do Orçamento introduzidas por este órgão não podem ir contra a lei das grandes opções em matéria de planeamento, nem podem os deputados propor alterações à referida lei, sem, com isso, violarem a reserva de iniciativa do Governo relativamente à lei das grandes opções em matéria de planeamento.

Também por este facto parece ser de rejeitar a teoria que defende que a lei das grandes opções em matéria de planeamento apenas vincula a proposta de lei de Orçamento, não vinculando a lei do Orçamento[438]. Na realidade, tudo se passa ao contrário, já que a proposta de lei de Orçamento, apresentada pelo Governo, não fica paralisada perante a lei das grandes opções em matéria de planeamento, podendo, efectivamente, conter alterações a essa lei, o que não acontece com as propostas apresentadas pelos deputados, que encontram na reserva de iniciativa do Governo relativamente à lei das grandes opções em matéria de planeamento um limite intransponível.

Em conclusão, julga-se que o mínimo imposto pela Constituição é que a lei do Orçamento, depois de aprovada, manifeste uma harmonia com a lei das grandes opções em matéria de planeamento, seja porque esta lei foi alterada em conformidade com a lei do Orçamento, seja porque os deputados não aprovaram as alterações àquela lei sugeridas pelo Governo, caso em que a lei do Orçamento foi re--arranjada para se conformar com a versão inicial da lei das grandes opções em matéria de planeamento, seja, ainda, porque o Governo nada propôs de incompatível com a lei das grandes opções em matéria de planeamento, e os deputados também nada puderam propor, mercê da reserva governativa de iniciativa legislativa neste domínio.

Desta forma, e sem discutir o facto de a lei das grandes opções em matéria de planeamento se ter tornado numa verdadeira lei materialmente não normativa, exemplo neoclássico de lei em sentido mera-

---

[438] Como defende Lobo Xavier, *O Orçamento como Lei,* 1990, pág. 97.

208   *A Lei por detrás do Orçamento*

mente formal, sendo, difícil imaginar, com mínimo grau de verosimilhança, a possibilidade de a lei do Orçamento entrar em contradição, juridicamente relevante, com a legislação do planeamento, o certo é que se pode conceber, de um ponto de vista simbólico, a possibilidade de um novo Governo, querendo dar um novo sinal político, promover uma alteração expressa à lei das grandes opções em matéria de planeamento, inserindo tal alteração na lei do Orçamento[439].

Neste caso, julga-se que não obstante a Constituição impor uma relação paramétrica, o facto de essa parametricidade resultar numa autovinculação, desacompanhada de elementos de reforço procedimental relevantes, não impede que a lei do Orçamento se assuma, simultaneamente, como lei alteradora da lei das grandes opções em matéria de planeamento.

Conclui-se, pois, que a lei do Orçamento poderá conter alterações à lei das grandes opções em matéria de planeamento, já que o critério da parametricidade material acaba por ser destituído de eficácia autónoma, no caso de não se encontrar protegido pelo critério de forma, de procedimento, de competência ou de especialidade[440], só

---

[439] Jean Pierre Lassale, *Le Parlement et l'autorisation des depenses publiques,* 1963, pág. 610, recorda, a propósito da vinculatividade do Plano no ordenamento Francês, as palavras do Primeiro-Ministro Georges Pompidou, que, em 1962, dirigindo-se a Assembleia Nacional aquando da discussão do IV plano, considerou que *o plano tem um valor que não se impõe juridicamente, porque ele é* (...) *um pouco como a moral kantiana: um texto sem obrigação nem sanção.* A propósito da tentativa de reabilitação da lei das grandes opções em matéria de planeamento, veja-se o teor do art.º 60.º da Lei de Enquadramento Orçamental, na redacção conferida pela Lei n.º 48/2004, de 24 de Agosto que fez antecipar a apresentação da referida Lei para o mês de Abril, assim promovendo uma autonomização cronológica face à proposta de Lei do Orçamento. Com esta alteração pretendeu-se dar uma maior autonomia à lei das grandes opções em matéria de planeamento que será discutida no Parlamento autonomamente e (teoricamente) poderá condicionar de modo mais efectivo a feitura da proposta orçamental. Por outro lado, esta separação temporal entre ambas as leis também aumentará as situações em que o legislador orçamental pretenda alterar (durante a aprovação do orçamento) a Lei das grandes opções do Plano.

[440] A matéria das leis paramétricas não é tratada de modo uniforme pelo texto constitucional, sendo, na generalidade dos casos, a parametricidade associada a outros factores de reforço, que, desta forma, acabam por proteger o simples reforço por intermédio de uma parametricidade pura. Assim, o respeito pelas leis de bases, pelas leis de autorização legislativa e pela lei-quadro das Finanças Regionais, está assegurado, desde logo, pelo facto de o órgão que emite os decretos-leis de desenvolvimento, os decretos-leis autorizados e a legislação regional ser diverso do que emite a legislação paramétrica, sendo, para além do mais, a legislação paramétrica um acto-condição da emissão da legislação parametrizada.

No caso da lei que cria, em geral, as regiões administrativas, sendo a Assembleia da República, exclusivamente, competente para aprovar a lei (orgânica) que cria, em geral, as regiões administrativas e as leis que criam, em concreto, as diversas regiões, ainda assim existe, (para as leis que criam em concreto cada região), uma clara dependência da aprovação prévia da lei que cria, em geral, as regiões que, desta forma, se assume, também, como acto-condição da aprovação, em concreto, das diversas regiões. De qualquer modo, no caso de se cumprirem os requisitos de aprovação inerentes às leis orgânicas, nada impede que se modifique a lei que cria, em geral, as regiões administrativas, no momento de aprovar uma lei que cria, em concreto, determinada região administrativa. No caso da lei-quadro das reprivatizações, estabelece-se uma reserva de órgão, no caso de as reprivatizações, em concreto, serem aprovadas por Decreto-Lei, sendo, no limite, a lei-quadro um acto-condição, mesmo no caso de as reprivatizações concretas serem efectuadas por lei parlamentar, caso em que, ainda assim, seria necessário cumprir o regime agravado de maioria para lograr modificar a lei-quadro no momento de aprovar uma determinada privatização em concreto. Resta o caso da lei das grandes opções em matéria de planeamento e da lei de Enquadramento Orçamental, que atingem o nível mínimo de parametricidade, precisamente pelo facto de não estarem acompanhadas de qualquer tipo de reforço suplementar, que lhes garanta efectividade. Com efeito, julga-se que a diferença de órgãos é a situação que melhor protege a efectividade da parametricidade, seguida da consagração de uma maioria agravada, ou de qualquer outro reforço procedimental, e, em último lugar, da consagração da lei paramétrica como acto-condição prévio à emissão de legislação parametrizada. Ora, nada disso sucede no caso da parametrização da lei do Orçamento pela lei de Enquadramento Orçamental, ou pela lei das grandes opções em matéria de planeamento. Com efeito, a lei do Orçamento é, também, aprovada pelo Parlamento, no seguimento de uma maioria simples, podendo, inclusivamente, ser aprovada sem que exista Lei de Enquadramento ou Lei de planeamento prévias. Perante este cenário, de clara supremacia política da lei do Orçamento face às leis a cujo conteúdo se deveria subordinar, aparece como irrisória a especificidade procedimental decorrente do facto de a Lei das grandes opções em matéria de planeamento ter de colher o parecer (não vinculativo) do Conselho Económico e Social. Em conclusão, julga-se que no estado actual da Constituição, nada impede que a lei do Orçamento acabe por modificar as leis que a deveriam condicionar, o que demonstra bem a falibilidade do sistema de parametrização delineado no texto constitucional, que, não sendo, como se viu, uniforme, guardou a vinculação mais lassa precisamente para a lei do Orçamento. Refira-se, a terminar, ainda, a relação entre a lei que fixa as condições de recurso ao crédito público (referida no art. 105.º número 4) e os actos legislativos parlamentares (previstos no antigo art. 161.º alínea h)), relativos à autorização ao Governo para contrair e conceder empréstimos, definindo as respectivas condições gerais. Aqui chegou-se ao nível zero da vinculação efectiva, já que nem sequer se pode colher, expressamente, da Constituição uma relação paramétrica, que apenas se deduz da articulação dos vários artigos apresentados, aliás, de forma muito deficiente, como mostra Jorge Silva e Sousa, *Natureza Jurídica da Autorização Parlamentar dos Empréstimos,* 1990, pág. 291 e segs., que, não obstante, considera reforçada a lei que fixa as condições gerais do recurso ao crédito público, não clarificando, no entanto, se deverá ser tida por acto-condição. Jorge Miranda, *Manual de Direito Constitucional, tomo V,* 2004, pág. 360, inclui, igualmente, a lei relativa às condições de recurso ao crédito público no elenco de leis reforçadas, *porque as leis de autorização de empréstimos (...) têm de a respeitar.*

210 *A Lei por detrás do Orçamento*

assim se evitando, aliás, prestar um tributo ao formalismo jurídico que não deve merecer acolhimento no nosso ordenamento jurídico, e que tem sido rejeitado, de resto, pela jurisprudência constitucional[441].

b) *A Lei do Orçamento e a Lei de Enquadramento Orçamental*

Com a revisão constitucional de 1982, *o regime geral de elaboração e organização dos Orçamentos do Estado*[442] passou a fazer parte do elenco subordinado à reserva relativa da Assembleia da República, prevendo-se, em termos mais amplos, que a proposta de Orçamento seria apresentada e votada nos termos e nos prazos fixados na lei, que deveria, ainda, prever os procedimentos a adoptar no caso daqueles não poderem ser cumpridos[443]. Começava, desta forma, com a primeira revisão constitucional, a ganhar contornos jurídico--constitucionais a figura da lei de enquadramento orçamental.

---

[441] Acórdão do Tribunal Constitucional n.º 358/92.

[442] Art. 168.º alínea p) da Constituição. Com a revisão constitucional de 1997, esta norma passaria para a alínea r) do art. 164.º, entrando na reserva absoluta da Assembleia da República. Na verdade, embora todas as leis de enquadramento orçamental tenham sido, efectivamente, aprovadas por lei parlamentar, o certo é que, até à revisão de 1997, era possível dar-se uma situação em que um Decreto-lei do Governo, apesar de autorizado, fosse parâmetro material específico de uma lei parlamentar, o que consubstanciava um caso único no ordenamento constitucional português.

[443] O art. 109.º da Constituição, na versão da revisão de 1982, apresentava, de modo disperso, os casos em que a Constituição remetia para a lei, sendo que, com a opção monista de aprovação da globalidade do Orçamento por lei, esta remissão constitucional apenas poderia passar a ser entendida como reportando-se à lei que criava o regime geral previsto no art. 168.º alínea p). Assim, nos termos do art. 109.º número 3 estabelecia-se que *a proposta de Orçamento é apresentada pelo Governo e votada na Assembleia da República, nos termos da lei.* No n.º 6 estabelecia-se que a lei deveria definir *as regras da sua execução, bem como as condições de recurso ao crédito público,* enquanto que o n.º 7 previa que *a proposta de Orçamento é apresentada e votada nos prazos fixados na lei, a qual prevê os procedimentos a adoptar quando aqueles não puderem ser cumpridos.* A revisão de 1989 haveria de uniformizar as referências à lei de enquadramento, passando, de resto, a fazer-lhe referência directa. Assim, passou a consagrar, no art. 109.º número 1, que *a lei do Orçamento é elaborada, organizada, votada e executada de acordo com a respectiva lei de enquadramento que incluirá o regime atinente à elaboração e execução dos Orçamentos dos fundos e serviços autónomos.* A revisão de 1997, para além da renumeração (passou a ser o número 1 do art. 106.º), voltou a constitucionalizar a referência à anualidade da lei do Orçamento, que havia desaparecido, apenas em termos constitucionais, com a revisão de 1982.

A verdade é que, logo na versão original da Constituição, havia sido aprovada uma primeira lei de enquadramento orçamental, que, como se viu, não beneficiava, ainda, nessa altura, de previsão constitucional expressa[444]. Diferentemente, com a revisão constitucional de 1982 e a opção pela aprovação parlamentar monista da globalidade do Orçamento, a referência para a lei, bem como a consagração da reserva parlamentar do regime geral de elaboração e organização do Orçamento, apontam, suficientemente, para a vontade de se estabelecer uma relação inter-legislativa entre a lei anual do Orçamento e a lei de enquadramento orçamental, que fixaria regras comuns de cariz organizatório com uma duração indefinida.

Essa mesma opção haveria de se tornar, de resto, inequívoca com a revisão constitucional de 1989, onde, pela primeira vez, se constitucionaliza a expressão *lei de enquadramento,* passando a lei do Orçamento, deste modo, a dever ser *elaborada, organizada, votada e executada de acordo com a respectiva lei de enquadramento*[445].

A lei de enquadramento orçamental, embora se aponte à doutrina alguma dificuldade inicial em qualificá-la dogmaticamente, não visa, ao contrário das leis de bases, ser desenvolvida por acto legislativo do Governo, antes estabelecendo regras organizativas sobre o modo como a lei do Orçamento deve ser elaborada, organizada, votada e executada[446], assumindo, assim, embora de modo

---

[444] Na verdade, a referência que o número 4 do art. 108.º (versão original) fazia à lei, quando referia que *o Orçamento deverá prever as receitas necessárias para cobrir as despesas, definindo a lei as regras de elaboração e execução e o período de vigência do Orçamento, bem como as condições de recurso ao crédito público,* era, na verdade, uma referência material à lei, que podia, no contexto dualista, ser desempenhada pela própria lei do Orçamento.

[445] Art. 109.º da Constituição, na versão da revisão constitucional de 1989. Nos termos do art. 106.º número 1 da versão actual da Constituição, *a lei do Orçamento é elaborada, organizada, votada e executada, anualmente, de acordo com a respectiva lei de enquadramento, que incluirá o regime atinente à elaboração e execução dos fundos e serviços autónomos.*

[446] Quanto à natureza jurídica da lei de enquadramento, Gomes Canotilho, *Direito Constitucional*, 1986, pág. 639, considerava que competia à Assembleia da República *elaborar uma lei de bases do Orçamento – a chamada lei de enquadramento orçamental,* assim associando a lei de enquadramento à figura da lei de bases. O autor haveria de abandonar tal posição, referindo, em *Direito Constitucional e Teoria da Constituição,* 2003, pág. 786, que *a lei de enquadramento do Orçamento estabelece as regras e princípios*

não absoluto, uma natureza paramétrica específica face às sucessivas leis orçamentais[447].

Pode, pois, afirmar-se que, com a sua vertente racionalizadora e ordenadora face ao legislador orçamental[448], a lei de enquadramento orçamental pretende, a um tempo, criar um padrão relativamente às sucessivas leis do Orçamento e evitar que algumas regras comuns tenham de vir repetidamente estabelecidas nas várias leis orçamentais.

A constitucionalização da lei de enquadramento orçamental não lhe permite, no entanto, tendo em atenção o modo como esta se apresenta perante o sistema de fontes, cristalizar o seu conteúdo e, assim, dificultar a sua alteração, já que não se consagrou qualquer tipo de reforço formal ou procedimental que evite uma modificação da lei de enquadramento orçamental, a todo o tempo, pelo legislador parlamentar da maioria, levando a concluir que esta não é, afinal, uma lei reforçada face à generalidade do ordenamento jurídico, apenas assumindo uma relação de parametricidade específica perante a lei do Orçamento, em termos que importa aprofundar[449].

(não as bases!) vinculativos de elaboração, organização, votação e execução da lei anual do Orçamento. Na verdade, a lei de enquadramento orçamental não tem um carácter incompleto que vise um desenvolvimento pelo Governo, não devendo, por isso mesmo, a relação entre a lei de enquadramento orçamental e a lei de Orçamento (que pertencem ambas à reserva parlamentar, o que nunca acontece com as leis de bases) ser aferida ao nível da densidade normativa, já que a lei de enquadramento é, em si própria, uma lei completa nos objectivos a que se propõe.

[447] Gomes Canotilho, *Direito Constitucional e Teoria da Constituição,* 1998, pág. 727. O autor, pág. 860, cataloga a lei de enquadramento orçamental como lei de *parametricidade pressuposta.*

[448] A referência ao legislador orçamental abrange o Governo, que deve elaborar a proposta de Orçamento de acordo com as regras previstas na lei de enquadramento, e o Parlamento, que há-de aprovar a referida lei do Orçamento, de acordo com as mesmas regras, sem prejuízo destas poderem ser, como se verá, alteradas durante o processo de aprovação orçamental, até pelo legislador orçamental.

[449] Os casos de parametricidade especifica não eram, no seguimento da doutrina de Blanco de Morais, *As Leis Reforçadas,* 1998, considerados exemplos de leis reforçadas, até 1997. Contra, manifestava-se Jorge Miranda, *Funções Órgãos e Actos do Estado,* 1990, pág. 287. Para o autor, o que verdadeiramente caracterizava as leis reforçadas era a *posição de proeminência-funcional, não hierárquica,* a qual se traduziria *na impossibilidade de serem afectadas por leis posteriores que não sejam dotadas da mesma função, com afastamento do princípio geral lex posterior.* O autor acaba por retocar esta opinião em *Manual de Direito Constitucional, tomo V,* 2004, pág. 369, trocando a expressão *proeminência*

A Lei do Orçamento na Constituição de 1976   213

A Constituição, ao referir que a lei do Orçamento é elaborada, organizada, votada e executada de acordo com a lei de enquadra-

---

por *consistência,* o que não atinge o essencial, já que continua a aderir a uma ideia de "função" de determinadas leis, não obstante dificilmente se vislumbrar uma específica função das leis orgânicas, únicas identificadas como reforçadas pela revisão Constitucional de 1989. Na verdade, Jorge Miranda não explica o modo como se haveria de desvendar se determinada lei posterior beneficiava, ou não, de uma "função" que lhe permitisse alterar ou revogar uma lei reforçada anterior, na ausência de critérios formais ou procedimentais inibidores. O referido autor, em *Manual de Direito Constitucional, tomo V,* 2004, pág. 359, reportando-se às leis orgânicas, resume a questão de saber se uma lei orgânica pode ser infringida por uma lei ordinária, à questão de saber se a lei ordinária *observa as normas procedimentais.* Assim, aparentemente, ou a lei que pretende alterar a lei orgânica preenche os requisitos procedimentais constitucionalmente estabelecidos e transforma-se numa lei orgânica (de alteração), ou não preenche os requisitos, e é inconstitucional, com isto se omitindo qualquer referência à função, antes reconduzindo a questão ao cumprimento dos termos procedimentais. Quanto à relevância do critério paramétrico puro, Jorge Miranda, *Manual de Direito Constitucional, tomo V,* 2004, pag 358, encontra, de entre o elenco das leis orgânicas, três casos em que seria possível descobrir um critério de relação paramétrica alheio ao critério do procedimento. Acontece que, de entre esses três casos, apenas um é, parcialmente, relevante, já que o primeiro se reconduz a uma relação entre uma lei de bases e respectivos decretos-leis de desenvolvimento, pelo que o critério paramétrico é consumido pelo critério da competência, enquanto que o segundo exemplo se reporta à desconformidade com a lei, da autorização parlamentar ou da declaração presidencial de estado de sítio ou de emergência, sendo que essa desconformidade redunda em violação de reserva de lei, pois nenhum dos actos em causa é aprovado sob forma legislativa (nos termos do art. 166.º número 5, o Parlamento pronuncia-se através de moção). O único exemplo relativo ao critério da parametricidade pura reporta-se à lei-quadro de criação das regiões administrativas, mas, ainda aí, a lei-quadro assume-se como acto-condição da lei que cria as regiões em concreto. Na verdade, também aqui, tal como no caso em apreço relativo às leis de enquadramento, a pergunta irrespondida é a de saber como detectar se uma lei é, ou não, lei de alteração de uma lei reforçada, fora dos casos em que se possam convocar elementos procedimentais. Com efeito, para Jorge Miranda, *a mais frisante diferença de funções entre actos legislativos* ocorre, precisamente, no caso das leis de autorização e das leis de bases relativamente aos correspondentes decretos-leis, mas, também aí se pode dizer que o critério da função não é autónomo. Com efeito, o critério da função é, nesse caso, consumido pela reserva orgânica do Parlamento relativamente às leis de bases e de autorização, que se afirmam, igualmente, como actos-condição da legislação do Governo nesses domínios, assim se explicando que os referidos decretos-leis não possam infringir as leis de bases ou de autorização. A única excepção reside no caso de leis de bases emitidas pela Assembleia da República fora da sua reserva de competência, mas, precisamente aí, onde o critério da função se autonomizaria, o Governo não se encontra, verdadeiramente, limitado pelas referidas bases, que pode alterar ou revogar. Relativamente à lei de enquadramento orçamental, não beneficiando esta de qualquer tipo de reforço procedimental ou formal face à lei do Orçamento, e sendo o critério da *função* (operando sozinho), desprovido de eficácia

214   *A Lei por detrás do Orçamento*

mento, prevê que esta última se assuma como lei-sujeito face à lei do Orçamento, que seria, deste modo, a sua lei-objecto. Acontece que, ao contrário da lei de enquadramento orçamental, a lei do Orçamento beneficia de uma situação de reforço procedimental e de uma acrescida rigidez perante alterações legislativas posteriores, já que não só a iniciativa legislativa, originária e derivada, se encontra reservada ao Governo, como, em termos materiais, não pode qualquer lei, que não preencha os requisitos formais de lei de alteração orçamental, durante o ano económico em curso, aprovar normas que impliquem maiores despesas ou menores receitas do que as previstas na lei do Orçamento.

---

autónoma, a única efectiva vinculação que poderia limitar o legislador (que também é legislador-orçamental) seria a caracterização efectiva da lei de enquadramento como acto-condição, prévio à lei do Orçamento. Acontece que é o próprio Jorge Miranda, *Manual de Direito Constitucional tomo V*, 2004, pág. 369, quem, desde logo, nega essa virtualidade, tendo em conta a *relevância política, jurídica e económico-financeira* da lei do Orçamento. De tudo o que fica dito, não se deve depreender que se opta por reconduzir as leis reforçadas aos casos de reforço procedimental. Na verdade, nesses casos não se detecta qualquer reforço específico, mas apenas um modo de aprovação específico, pelo que tais normas, naturalmente, apenas poderão ser modificadas no caso de se cumprirem os mesmo requisitos procedimentais que estiveram na base da sua aprovação inicial. Verdadeiramente operativo e inovador é o conceito de reforço legislativo decorrente de uma relação de parametricidade, em que uma lei vincula materialmente o conteúdo de outra lei. Acontece que, para que esse reforço parametrizante não seja esvaziado pela revogação ou modificação da norma paramétrica, importa que esta se proteja através de elementos formais que se afirmem como sendo dificilmente penetráveis (sobretudo) pelo legislador da norma parametrizada. Por isso mesmo, é aconselhável que a norma paramétrica seja aprovada por um procedimento reforçado, seja um acto-condição face à norma parametrizada, e seja aprovada por um órgão diverso daquele que aprovará a norma parametrizada. Fora destas circunstâncias, a vontade parametrizante sairá defraudada, sendo facilmente contornada. Sobre esta questão, Maria Lúcia Amaral, *A Revisão Constitucional de 1997 – Sistema de Actos Legislativos, Opinião*, 1997, pág. 143, e Paulo Otero, *A Revisão Constitucional de 1997 – Sistema de Actos Legislativos, Opinião*, 1997, pág. 130. Este autor pronuncia-se, ainda, sobre as leis reforçadas, em *Legalidade e Administração*, 2003, pág. 622. Aí, o autor, não obstante considerar que as leis reforçadas pelo procedimento representam *uma mera categoria formal, despida de qualquer relevância operativa,* acaba por considerar que o modo de relacionamento entre as leis reforçadas e as leis ordinárias é, *em tudo análogo ao que se processa entre a lei e o regulamento.* Discorda-se desta afirmação, precisamente por se considerar que a relação lei-regulamento é uma relação hierárquica de natureza formal que impede a modificação da lei por parte do regulamento, independentemente do conteúdo daquela, o que não sucede no relacionamento entre uma lei reforçada e uma lei ordinária, onde se estabelece um critério material de separação que não inviabiliza a intervenção modificativa da lei reforçada pela lei ordinária, sempre que aquela tenha incidido em domínios da lei ordinária.

A Lei do Orçamento na Constituição de 1976

Assim, numa primeira leitura, a imposição constitucional de a lei do Orçamento ser *elaborada, organizada, votada e executada de acordo com a respectiva lei de enquadramento,* parece implicar, tendo-se por jurídicos os vínculos constitucionais, que a lei do Orçamento não possa ir, naqueles domínios, contra as regras dispostas na lei de enquadramento, sendo que, se uma lei do Orçamento fosse elaborada, organizada, votada ou executada de modo diverso do que prescreve a lei de enquadramento, haveria, nessa eventualidade, lugar para um desvalor constitucional inarredável[450].

Acontece que a situação não se afigura tão linear, podendo mesmo afirmar-se que uma leitura que terminasse neste ponto sofreria, irremediavelmente, de "miopia jurídica". Com efeito, a situação adensa-se no caso de não existir lei de enquadramento orçamental no momento de elaborar a lei do Orçamento, por esta ter sido, por exemplo, alvo de revogação de modo não substitutivo[451]. Neste caso, e tendo em conta o facto, já assinalado, de a lei de enquadramento orçamental ter meros objectivos racionalizadores do sistema orçamental, acredita-se que, nem por isso, a lei do Orçamento deixa de poder ser aprovada, devendo, numa situação como a equacionada, servir de enquadramento de si própria[452], estabelecendo os critérios a

---

[450] Contra, Teixeira Ribeiro, *As últimas alterações à Constituição no domínio das Finanças Públicas,* 1990, pág. 201, considerando que, *portanto, não é inconstitucional a Lei do Orçamento que desacata a lei de enquadramento; é apenas uma lei ilegal. Mas como o Tribunal Constitucional não conhece da ilegalidade dessa lei (só podia conhecer se ela fosse uma lei reforçada, e não o é) e o Supremo Tribunal Administrativo não tem competência para apreciar a ilegalidade de qualquer lei, fica sem sanção a ilegalidade cometida pela Assembleia da República ao aprovar uma Lei do Orçamento que não foi elaborada, organizada ou votada de acordo com a respectiva lei de enquadramento.*

[451] Não parece que a revogação não substitutiva da lei de enquadramento orçamental seja inconstitucional, dada o seu cariz (meramente) organizativo e o facto de a lei do Orçamento ser, igualmente, aprovada por acto legislativo parlamentar, estando, dessa forma, rodeada das mesmas garantias e da mesma legitimidade. Parecendo admitir que a lei do Orçamento revogue expressamente a lei de enquadramento, Sousa Franco, *Finanças Públicas e Direito Financeiro,* 1997, pág. 397.

[452] Neste sentido, Jorge Miranda, *Manual de Direito Constitucional,* Tomo V, 2000, pág. 363. No mesmo sentido, Blanco de Morais, *As Leis Reforçadas,* 1997, pág. 280 e 649. Diferentemente, considerando que a lei de enquadramento orçamental é uma *norma interposta* (obrigatoriamente reclamada), Gomes Canotilho, *Direito Constitucional e Teoria da Constituição,* 2003, pág. 923.

216 *A Lei por detrás do Orçamento*

que se sujeitaria, assim levando a que, da sua leitura, se deduzissem as regras que seguiu e a que se autovinculava[453].

A questão da autovinculação do legislador (*selbstbindung des Gesetzgebers*)[454] tem vindo a ser muito utilizada na doutrina alemã, precisamente para qualificar a obrigação estabelecida pelo art. 109.º da Lei Fundamental, ao prever a aprovação de uma espécie de lei de enquadramento orçamental, de aplicação comum para a administração orçamental do *Bund* e dos *Länder*.

Na verdade, nos termos desse artigo, podem ser estabelecidos, por lei federal, que carece da aprovação pelo Conselho Federal, princípios de validade conjunta para o *Bund* e para os *Länder*, relativos ao direito orçamental, à administração orçamental adequada à conjuntura e a um planeamento financeiro de vários anos.

No seguimento desta determinação, foi aprovada a *Gesetz zur Forderung der Stabilität und des Wachstums der Wirtschaft*, de 8 de Junho de 1967 e a *Gesetz über die Grundsätze des Haushaltsrechts des Bundes und der Länder (Haushaltsgrundsätzegesetz – HGrG)*, de 19 de Agosto de 1969, tendo, nesta mesma data, sido aprovada, ainda, especificamente para o *Bund*, o *Bundeshaushaltsordnung – BHO*. Tendo estas leis o objectivo de estabelecer regras dirigidas à elaboração e ao conteúdo da lei do Orçamento (*Haushaltsgesetz*),

---

[453] A própria lei de enquadramento orçamental (Lei n.º 91/2001, de 20 de Agosto) prevê, no art. 28.º número 1 alínea a), que o articulado da Lei do Orçamento do Estado contém, designadamente (...) *normas necessárias para orientar a execução orçamental*.

[454] Sobre a questão genérica da auto-vinculação do legislador, Regine Rausch-Gast, *Selbstbindung des Gesetzgebers*, 1983 e Christian Degenhart, *Massstabsbildung und Selbstbindung des Gesetzgebers als Postulat der Finanzverfassung des Grundgesetzes*, 2000, pág. 79 e segs.. Sobre esta matéria, comparando os art. 109.º número 3 da Lei Fundamental alemã, relativo à vinculação do Bund e dos Länder a princípios comuns, com o art. 75.º, também da Lei Fundamental, relativo à aprovação de legislação básica vinculativa (apenas) para os Länder, Institüt "Finanzen und Steuern", *Die Gesetzenwürfe zur Haushaltsreform – Eine kritische Stellungnahme*, 1969, pág. 14 e segs., onde se levanta a questão de saber até que ponto é que o legislador do Bund se encontra vinculado aos princípios estabelecidos pela lei de enquadramento orçamental (*Gesetz über die Grundsätze des haushaltsrechts des Bundes und der Länder – HGrG*), que assume uma natureza igualmente, legislativa, podendo, por isso mesmo, ser modificada por outro acto legislativo. Ainda sobre a problemática do *selbstbindung*, aludindo aos vários tipos de legislação de princípios previstos na Lei Fundamental alemã, Burkhard Tiemann, *Die Grundsatzgesetzgebung im System der verfassungsrechtlichen Gesetzgebungskompetenzen*, 1974, pág. 229 e segs.

A Lei do Orçamento na Constituição de 1976   217

tem-se levantado a questão de saber qual a relação paramétrica que se deve estabelecer entre estes actos legislativos, nomeadamente, o seu grau de vinculatividade face à lei do Orçamento anual[455].

Ora, aqui chegados, verifica-se que, ao contrário do que se passa em Portugal no relacionamento da lei de enquadramento orçamental face à lei do Orçamento, no sistema constitucional alemão existe uma diferença procedimental que separa as leis enquadradoras emitidas ao abrigo do número 3 art. 109.º da lei Fundamental, da lei do Orçamento anual. Com efeito, no seguimento do preceito constitucional em causa, a legislação enquadradora, na medida em que estabelece regras comuns para o *Bund* e para os *Länder*, é aprovada (e modificada), através da necessária intervenção do *Bundesrat*, transformando-se numa *Zustimmungsgesetz*[456], ao contrário do que se passa com o processo aprovatório da lei do Orçamento, que, prescindindo de uma intervenção decisória do *Bundesrat*, se assume como uma simples *einsspruchgesetz*[457].

---

[455] Salientando a novidade, no âmbito do relacionamento das fontes de Direito no contexto constitucional alemão, da existência de um parâmetro de validade de uma lei, expresso num acto (também) legislativo e não constitucional, Vogel e Wiebel, *Bonner Kommentar zum Grundgesetz*, 2003, pág. 65, e Mahrenholz, *Kommentar zum Grundgesetz für die Bundesrepublik Deutschland*, 1989, pág. 1337. Para estes autores, estar-se-ia perante um caso excepcional de *selbstbindung* do legislador parlamentar, por obrigação constitucional prevista no art. 109.º número 3. Neste sentido, Klaus Stern, *Das Staatsrecht der Bundesrepublik Deutschland*, Bd I, parágrafo 20, IV 4b, 1984, pág. 802, refere-se ao facto de o art. 1.º da *HGrG* estabelecer, expressamente, a subordinação da lei do Orçamento às suas normas, pelo que qualquer modificação daquela lei teria de ser feita em processo autónomo, mediante o mesmo procedimento.

[456] A obrigação constitucional de que sejam aprovadas regras e princípios comuns para a administração financeira e orçamental do *Bund* e dos *Länder* prende-se com a necessidade de sujeitar ambos os Orçamentos às mesmas regras, para depois melhor se poderem comparar os resultados alcançados. A intervenção do *Bundesrat* é exigida pelo facto de a legislação enquadradora também se aplicar aos *Länder*.

[457] Fazendo referência ao facto de a legislação enquadradora do Orçamento ser uma *zustimmungsgesetz,* pelo que enquanto não for modificada pela forma correcta e pelo procedimento adequado, terá de ser cumprida pela lei do Orçamento, Werner Heun, *Staatshaushalt und Staatsleitung – Das Haushaltsrecht im parlamentarischen Regierungssystem des Grundgesetzes*, 1989, pág. 166, e, do mesmo autor, *Grundgesetz Kommentar*, 2000, pág. 855. No mesmo sentido, Klaus Grupp, *Besonderes Verwaltungsrecht, Ein Lehr- und Handbuch*, Band II, 2000, pág. 180 e segs.; Rüdiger Breuer, *Selbstbindung des Gesetzgebers durch Programm- und Plangesetze*, 1970, pág. 103; Gröpl, *Bonner Kommentar zum Grundgesetz*, 2002, pág. 80; Vogel e Wiebel, *Bonner Kommentar zum Grundgesetz*, 2003,

218   *A Lei por detrás do Orçamento*

Esta diferenciação procedimental, que impede a modificação pontual da legislação de princípios pela legislação orçamental, é, pois, quanto basta para que não sendo as leis de enquadramento orçamental (*HGrG* e *StWG*) consideradas como *super-leis*, ainda assim apenas possam ser modificadas pelo mesmo procedimento que presidiu à sua aprovação, o que inviabiliza a sua modificação pela lei do Orçamento[458].

A este facto acresce, ainda, a obrigação estabelecida pela Lei Fundamental de que a administração financeira e orçamental do *Bund* e dos *Länder* seja pautada por regras e princípios comuns, o que impede que a modificação da lei de enquadramento fosse efectuada através da lei do Orçamento, de modo a aplicar-se apenas ao Orçamento do *Bund*[459]. Com efeito, a obrigatoriedade de estabelecimento de princípios comuns e a necessidade de a modificação ser efectuada por intervenção conjunta do *Bundestag* e do *Bundesrat,* levam alguns

---

pág. 62, e Mahrenholz, *Kommentar zum Grundgesetz für die Bundesrepublik Deutschland*, 1989, pág. 1337. Algo diferentemente, Gunter Kisker, *Handbuch des Staatsrechts*, 1990, pág. 261. O autor começa por afirmar que a questão da vinculatividade da lei que estabelece os princípios orçamentais é uma questão pouco clara, acabando por aceitar que esta seja derrogada, excepcionalmente, pela lei orçamental.

[458] Werner Patzig, *Haushaltsrecht des Bundes und der Länder – Kommentar zu den Rechts- und Verwaltungsvorschriften, Band II*, 1982, pág. A/109/26. Segundo o autor, pela primeira vez encontra-se prevista no Direito Constitucional uma relação paramétrica entre leis aprovadas pelo mesmo legislador. Esta relação paramétrica é, no entanto, absorvida pela diversidade de procedimentos entre as leis de princípios aprovadas ao abrigo do art. 109.º número 3 e a lei do Orçamento. Com efeito, no caso da lei enquadradora do Orçamento do *Bund* (*Bundeshaushaltsordnung - BHO*), que também aprova um conjunto de princípios orçamentais dirigidos ao *Bund*, verifica-se que, pelo facto de este ser (tal como a lei do Orçamento), uma *einspruchgesetz* (a dispensa de intervenção do *Bundesrat* advém do facto de não se aplicar aos *Länder*), se admite que os seus preceitos sejam derrogados (por um ano, devido à vigência da proibição constitucional de que a lei do Orçamento contenha normas com duração superior a um ano - *bepackungsverbot*), pela própria lei do Orçamento, o que denota a inexistência de uma verdadeira relação paramétrica fora de uma situação de reforço procedimental, tal como se advoga para o sistema português.

[459] Hillgruber, *Das Bonner Grundgesetz*, 2001, pág. 1906 e segs. Para o autor, está-se, assim, perante uma excepção à regra da *lex posteriori,* não obstante a legislação orçamental ter *o mesmo grau hierárquico e provir do mesmo legislador*. Este autor admite, no entanto, que, *ao mesmo tempo* que se aprova a lei do Orçamento se altere (com aprovação do *Bundesrat*) a lei de enquadramento emitida ao abrigo do art. 109.º número 3 da Lei Fundamental, o que parece não inviabilizar que seja a própria lei do Orçamento a fazê-lo.

A *Lei do Orçamento na Constituição de 1976* 219

autores a qualificar esta lei como uma *lei quase contratual*[460], entre *Bund e Länder*, o mesmo é dizer entre *Bundestag e Bundesrat*.

Refira-se, a terminar, que a doutrina constitucional alemã se encontra ainda pouco familiarizada com a questão das leis reforçadas e com o efeito paramétrico de alguma legislação, o que justifica o recurso (apenas) aos conceitos de *lex posterior* e de *lex specialis,* bem como a uma visão eminentemente hierárquica do relacionamento inter-normativo[461], como modo de explicar o facto de a lei do Orçamento não poder modificar a *Gesetz über die Grundsätze des Haushaltsrechts des Bundes und der Länder (Haushaltsgrundsätzegesetz – HGrG)*, concluindo que, apesar de ambas se encontrarem no mesmo nível (*rang*) legislativo, existiria uma autovinculação (*selbstbindung*) do legislador, que não optando por revogar ou modificar (utilizando o mesmo procedimento da aprovação) a *HGrG*, deveria cumprir as suas determinações, na aprovação da legislação orçamental posterior[462/463].

---

[460] Vogel e Wiebel, *Bonner Kommentar zum Grundgesetz*, 2003, pág. 55, e Franz Klein, *Kommentar zum Grundgesetz,* 1990, pág. 1244. No mesmo sentido, Günter Püttner, *Unterschiedlicher Rang der Gesetze?,* 1970, pág. 322 e segs., e Burkhard Tiemann, *Die Grundsatzgesetzgebung im System der verfassungsrechtlichen Gesetzgebungskompetenzen,* 1974, pág. 234. Com a norma do art. 109.º número 3, e com a obrigação de manutenção de regras comuns para o *Bund* e para os *Länder* (fiscalizada pela necessidade de intervenção do *Bundesrat* para qualquer modificação efectuada), pretende-se impedir o *Bund* de modificar as regras orçamentais, apenas em relação ao seu próprio Orçamento, como nota Hillgruber, *Das Bonner Grundgesetz*, 2001, pág. 1908.

[461] Nesse sentido, Michael Noll, *Haushalt und Verfassung – Normen – Reformen – Trends (Eine Einführung das Haushalts – und Verfassungsrecht der Bundesrepublik Deutschland sowie der Europäischen Union)*, 2001, pág. 3 e segs. O autor, referindo-se à existência de uma *normenhierarchie oder Gesetzespyramide*, hierarquiza os diversos actos normativos com relevância orçamental, estabelecendo uma pirâmide hierárquica que teria na base a lei anual do Orçamento (*haushaltsgesetz*), seguida do *Bundeshaushaltsordnung – BHO*, da *Gesetz zur Förderung der Stabilität und des Wachtums der Wirstschaft – StWG,* da *Haushaltsgrundsätzegesetz – HGrG* e, finalmente, da *Grundgesetz – GG.*

[462] Refira-se, no entanto, que mesmo tendo em atenção a necessidade de promover uma modificação da legislação de princípios através da intervenção do *Bundesrat*, ainda assim não é unânime na doutrina a ideia de que o legislador orçamental não pode, ele próprio, modificar a legislação de enquadramento. Neste sentido, veja-se Eberhard Fricke, *Regierung und Parlament beim Haushaltsvollzug*, 1980, pág. 318, no seguimento, aliás, de Reinhard Hoffmann, *Haushaltsvollzug und Parlament*, 1972, pág. 12.

[463] Ao contrário da doutrina maioritária, encabeçada por Vogel e Wiebel, *Bonner Kommentar zum Grundgesetz*, 2003, pág. 62, que negam a existência de qualquer diferença de graus entre a legislação relativa aos princípios orçamentais e a legislação orçamental,

220 *A Lei por detrás do Orçamento*

Verifica-se, assim, a terminar, que o exemplo alemão não poderá ser transposto, sem as devidas cautelas, para interpretar o funcionamento do sistema constitucional português, no que à relação entre legislação de enquadramento orçamental e legislação orçamental diz respeito, por não serem idênticos os pressupostos. Na verdade, como se pôde observar, existe no ordenamento alemão, mercê da obrigação constitucional de aprovação de princípios comuns entre *Bund* e *Länder*, um procedimento aprovatório (e modificativo) da legislação de enquadramento orçamental que é mais exigente do que o previsto para a legislação orçamental. Neste contexto, a comparação poderá (apenas) funcionar no que respeita ao *Bundeshaushaltsordnung – BHO,* que sendo, tal como a lei do Orçamento, uma *einspruchgesetz,* pode ser derrogado por esta lei, assim demonstrando a falibilidade de uma *selbsbindung* pura[464].

Terminado este breve excurso sobre o modo de aprovação da legislação de enquadramento orçamental alemã, verifica-se que em Portugal, diferentemente, não existe um procedimento aprovatório diferenciado entre a lei de enquadramento orçamental e a lei do Orçamento, nem a obrigação constitucional de que os princípios orçamentais tenham uma validade comum para mais do que um tipo de Orçamento, que, dessa forma, impedissem a modificação de nor-

---

Fischer-Menshausen, *Grundgesetz-Kommentar*, 1983, pág. 890, defende que é precisamente a existência de um nível superior (*höhere Rang*) da legislação de princípios, reconhecido pela necessária convocação do *Bundesrat* para aprovar qualquer alteração à legislação de princípios, o motivo que impediria a sua alteração pelo legislador orçamental. Também Alexander von Portatius, *Das haushaltsrechtliche Bepackungsverbot – Ein Beitrag zur Interpretation des Art. 110 Abs. 4 GG,* 1975, pág. 99, defende a existência de uma diferença de grau (*Rangungsunterschieden*) entre o *BHO* e a lei do Orçamento anual, estando o legislador orçamental vinculado às normas previstas no *BHO*. Esta vinculação não impede, no entanto, segundo o autor, que a lei do Orçamento possa modificar as normas do *BHO*, o que relativiza, em muito, a vinculação. Assim, o legislador orçamental, enquanto não modificasse a *BHO*, estaria por esta vinculado, já que, sendo a lei orçamental uma lei especial (*spezialgesetz*), estaria vinculada pela lei geral, que seria o *BHO*.

[464] Referindo-se ao facto de, ao contrário da *HGrG* e da *StWG*, o *BHO* não ser uma *Zustimmungsgesetz,* podendo, por isso mesmo, ser derrogado pela própria lei do Orçamento, com uma eficácia limitada ao ano em curso, tendo em atenção a aplicação do *bepackungsverbot* constitucional, Günter Püttner, *Unterschiedlicher Rang der Gesetze?,* 1970, pág. 322.

A Lei do Orçamento na Constituição de 1976 221

mas da lei de enquadramento orçamental, utilizando como veículo normativo a própria lei do Orçamento[465].

Com efeito, a lei de enquadramento não é, sequer, um acto-condição da lei do Orçamento[466], embora a Constituição julgue aconselhável a sua aprovação e manutenção, por uma questão de divisão de tarefas, de melhor organização e de harmonia entre as várias leis orçamentais. De qualquer forma, nada obsta a que os critérios estabelecidos pela Constituição como devendo constar da lei de enquadramento, sejam previstos na lei do Orçamento, já que o órgão competente e os requisitos formais são idênticos relativamente à lei de enquadramento orçamental e à lei do Orçamento.

Por outro lado, o facto de a lei de enquadramento orçamental não assumir uma natureza reforçada, ao nível procedimental, face ao restante ordenamento jurídico, leva a que esta não se coloque a coberto de (eventual) revogação por acto legislativo subsequente, podendo ser alterada, a todo o tempo, por lei parlamentar aprovada

---

[465] Sobre esta problemática, vejam-se os debates surgidos na comissão parlamentar de revisão constitucional, a propósito da revisão constitucional de 1989, sobretudo relativamente à introdução das leis paraconstitucionais (propostas pelo PS), que deveriam ser aprovadas por maioria de dois terços dos votos, ou das leis orgânicas, (propostas pelo CDS), que deveriam ser aprovadas por maioria absoluta. Assim, Nogueira de Brito (CDS) invocava, Diário da Assembleia da República, de 14 de Outubro de 1988, pág. 1337, *a confusão que já se tem verificado e que resulta de a lei do Orçamento anual violar a Lei de Enquadramento do Orçamento do Estado, porque se trata claramente de fontes do mesmo grau hierárquico.* Em sentido ainda mais acutilante, António Vitorino, (PS), Diário da Assembleia da República de 22 de Julho de 1988, pág. 846, perguntava: *Acha que é coerente o sistema normativo em que existe uma ficção chamada Lei de Enquadramento do Orçamento do Estado? Que não é uma lei reforçada e que por isso mesmo não prevalece sobre cada lei do Orçamento em concreto, e que é uma pura hipocrisia legislativa, na medida em que cada lei do Orçamento, porque tem o mesmo valor legislativo, pode derrogar para passar a Lei do Enquadramento do Orçamento de Estado?*

[466] A imposição da lei de enquadramento orçamental como acto-condição da lei do Orçamento desequilibraria o sistema de repartição de competências entre o Parlamento e o Governo, já que o Governo nada poderia fazer para forçar o Parlamento a aprovar a lei de enquadramento a tempo de elaborar a lei do Orçamento dentro dos calendários previstos constitucionalmente. No caso de outras leis paramétricas, como sejam a lei de autorização legislativa e a lei de bases, estes actos configuram-se como verdadeiros actos-condição da emissão dos actos parametrizados, desde logo, pelo critério da competência, já que o Governo só se torna competente para actuar depois da emissão da lei de autorização legislativa ou da lei de bases.

por maioria simples. Nestes termos, a função organizativa-racionalizadora da lei de enquadramento orçamental sugerida pela Constituição, apenas subsiste enquanto o legislador da maioria quiser, já que se o legislador da revisão constitucional pretendesse conferir maior rigidez à lei de enquadramento, de molde a conferir-lhe maior estabilidade, poderia, naturalmente, tê-lo feito, no seguimento aliás do que já se passa com outros actos legislativos paramétricos e procedimentalmente reforçados.

Perante esta situação, conclui-se que o legislador orçamental não se encontra, afinal, totalmente vinculado às opções constantes na lei de enquadramento orçamental, já que, havendo uma parametricidade de actos, não existe uma "parametricidade de órgãos". A verdade é que a lei do Orçamento deve respeito à lei de enquadramento, mas o legislador orçamental, que é o mesmo que o legislador de enquadramento, não está vinculado pelas opções passadas, podendo, a todo o tempo, modificar a lei de enquadramento orçamental[467/468].

---

[467] Invocando apenas uma noção de mera relação normativa, que parece não abarcar as possibilidades que a Constituição oferece ao legislador parlamentar, Gomes Canotilho, *Direito Constitucional e Teoria da Constituição*, 2003, pág. 698 considera que haveria *regras de primariedade, parametricidade e de exclusividade* que, não implicando superioridade hierárquica, estariam na base da existência de leis reforçadas. Assim, seria por intermédio do princípio da primariedade (consagrado constitucionalmente no art. 112.º número 2 *in fine*) que certas leis vinculariam outras, como seria o caso paradigmático da lei de enquadramento orçamental. Não obstante, não deixa de considerar que o *princípio da primariedade anda associado também ao princípio das maiorias qualificadas,* o que não acontece, precisamente, com a lei de enquadramento orçamental. Julga-se, assim, embora o autor não o diga, que ficou por dar o passo seguinte, e que passa por concluir que, afinal, o princípio da primariedade, desacompanhado de outros princípios, perde capacidade de acção. Relativamente à lei de enquadramento orçamental, Gomes Canotilho (pág. 783), aplica-lhe o *critério da parametricidade específica* (que partilharia com as leis de bases e de autorização legislativa que, no entanto, como já se viu, beneficiam do critério da competência, que sustenta a sua não revogação pelos diplomas governamentais), considerando que *a lei de enquadramento do Orçamento estabelece princípios inderrogáveis pela lei anual dos Orçamentos do Estado e das Regiões Autónomas.* O fundamento deste critério, aplicado ao caso que agora importa, passava pelo facto de a lei reforçada (lei de enquadramento orçamental) ser dotada de uma *capacidade derrogatória (pode revogar mas não pode ser revogada).* Com efeito, o autor estriba neste critério o facto de a lei do Orçamento não poder derrogar a lei de enquadramento orçamental. Acontece que, como se disse, se se raciocinar numa lógica de legisladores, mais do que de leis, acaba por se concluir que o legislador orçamental pode alterar a lei de enquadramento, usando, para isso, como suporte normativo, a lei do Orçamento, que, assim, assumirá um conteúdo misto. Com efeito, também Gomes

A Lei do Orçamento na Constituição de 1976

Não subsistem, assim, escolhos constitucionais que impeçam que, no limite, a lei do Orçamento seja, ao mesmo tempo, uma lei de alteração da lei de enquadramento orçamental[469], entrando-se, deste modo, no universo das leis-mistas e das leis-veículo, que gozam de aceitação constitucional e evitam que, alternativamente, se revogasse, não substitutivamente, alguns segmentos da lei de enquadramento (ou a sua totalidade), assumindo a lei do Orçamento as regras a que se quisesse vincular, desta forma continuando a estar de acordo com o que restasse da lei de enquadramento ou acabando, mesmo, por supri-la[470].

Na verdade, até pode ser vantajosa a possibilidade de proceder a eventuais alterações à lei de enquadramento orçamental através da utilização do articulado da lei do Orçamento, já que, para além de se poupar o trabalho de fazer aprovar duas leis seguidas, tendo em

---

Canotilho deixa por responder a pergunta de saber como se pode identificar uma lei de alteração da lei de enquadramento orçamental, de entre as leis aprovadas pela Assembleia da República, sem ser pelo conteúdo alterador das normas previstas na lei de enquadramento. O autor não deixa de se aperceber que o critério que usa (pág. 728) acaba por ter efeitos perversos, já que a lei de enquadramento orçamental tem mais dificuldades em se assumir como alteradora da lei do Orçamento, do que o inverso. Na verdade, apesar de não o dizer, esta situação ocorre devido à natureza reforçada e rígida que a lei do Orçamento possui e que se consubstancia na aplicação da lei-travão e no estabelecimento de uma iniciativa reservada ao Governo.

[468] Para Blanco de Morais, *As Leis Reforçadas*, 1998, pag 633, nada poderá impedir o legislador, que é simultaneamente competente para a livre edição dos dois actos, de proceder à modificação prévia ou simultânea da lei de enquadramento, para efeitos de assegurar a sua compatibilização com uma lei orçamental sucessiva. Não fica, no entanto, clara a referência à possibilidade de modificação simultânea, já que o autor não deixa, mesmo nesse caso, de se referir à compatibilização com a lei orçamental *sucessiva*. Contra, mas sem desenvolvimentos, considerando que dada a natureza, o conteúdo e a origem da lei de enquadramento orçamental, e tendo em atenção o art. 106.º da Constituição, *é evidente que a LEOE deve ser anualmente respeitada*, Carlos Moreno, *Gestão e Controlo dos Dinheiros Públicos*, 1998, pág. 117.

[469] Contra, Gomes Canotilho, *Direito Constitucional e Teoria da Constituição,* 2003, pág. 783, e Blanco de Morais, *As Leis Reforçadas,* 1998, pág. 870.

[470] No caso de uma proposta de lei mista, apresentada pelo Governo, em que se propõe a alteração de algumas regras da lei de enquadramento e, cumulativamente, se apresenta a proposta de Orçamento já adaptada às novas regras, importa referir que, naturalmente, se o legislador parlamentar não aprovar as alterações à lei de enquadramento, terá a proposta de Orçamento de ser alterada, de forma a compatibilizar-se com a antiga lei de enquadramento, que, assim, se manterá em vigor.

224   A Lei por detrás do Orçamento

conta a demora do processo parlamentar e a rigidez dos prazos orçamentais, fica, deste modo, o legislador parlamentar com a hipótese de melhor verificar se as alterações propostas pelo Governo lhe merecem aprovação, podendo, imediatamente, verificar qual o efeito das novas regras através da sua aplicação na proposta de lei do Orçamento[471].

Com esta solução, prescinde-se de uma opção bem mais formalista que, ao fim e ao cabo, lograria os mesmos intentos, apenas com maior dose de engenho, já que, para evitar a alteração simultânea da lei de enquadramento orçamental, pela lei que (também) era do Orçamento, poder-se-ia prever que as novas normas de enquadramento,

---

[471] Esta situação ocorre, frequentemente, em Espanha, sendo que importa afirmar que o ordenamento jurídico-constitucional Espanhol não atribui qualquer tipo de reforço legislativo à *Ley General Presupuestaria,* que, de resto, não é referida no texto constitucional. Neste sentido, Hinojosa Torralvo, *La Ley de Presupuestos. Función, Contenido y Límites*, 1989, pág. 243. Especificamente sobre a importância e o valor da *Ley General Presupuestaria*, Purificación Gómez Matas e Juan López Martínez, *La necesaria reforma de la Ley General Presupuestaria,* 1989, pág. 203 e segs. Os autores referem-se à *igualdad de rango* entre a *Ley General Presupuestaria* e as leis orçamentais, o que permite que estas alterem aquela, ou, pelo menos, a derroguem num determinado exercício orçamental. No mesmo sentido, Palao Taboada, *Derecho Financiero y Tributário,* 1987, pág. 55, refere o facto de a referida *Ley General Presupuestaria* ter vindo a ser, sucessivamente, modificada pelas leis orçamentais, seja com carácter de permanência, seja, apenas, para um determinado ano económico. Salientando a contradição entre a natureza ordenadora da *Ley General Presupuestaria* e o facto desta não beneficiar de qualquer reforço face às leis orçamentais, que, por vezes, incluem normas relativas à própria elaboração do Orçamento ou derrogam normas contidas na *Ley General Presupuestaria,* González del Campo, *Las Leyes de Presupuestos en la Constitución Española de 1978: Configuración Constitucional y Limites Materiales*, 1995, pág. 388. O referido autor afirma, ainda, que uma parte da doutrina tem reclamado o fim desta situação em que a lei ordenada pode modificar a lei ordenadora, defendendo a aprovação da *Ley General Presupuestaria* como lei orgânica. Saliente-se que, nos termos do art. 81.º da Constituição Espanhola, as leis orgânicas carecem de aprovação por maioria absoluta do Congresso. A consagração da *Ley General Presupuestaria* como lei orgânica implicaria, no entanto, uma revisão constitucional, já que só são leis orgânicas as previstas na Constituição. A terminar, refira-se que a *Ley General Presupuestaria,* aprovada pelo Real Decreto Legislativo 1091/1988, de 23 de Setembro, foi, recentemente, revogada pela Lei n.º 47/2003, de 26 de Novembro, que, apenas entrará integralmente em vigor em 1 de Janeiro de 2005, sendo que não se encontram modificações a assinalar neste domínio, não tendo, de resto, a modificação da *Ley General Presupuestaria* suscitado na doutrina espanhola, até ao momento, qualquer impacto que se possa comparar com o que se desenvolveu em França no momento da substituição da Lei Orgânica 59-2, de 2 de Janeiro de 1959, relativa às Finanças Públicas, pela Lei Orgânica n.º 2001-692, de 1 de Agosto de 2001.

A Lei do Orçamento na Constituição de 1976

embora aprovadas simultaneamente e através do mesmo diploma legislativo que as normas orçamentais, entrassem em vigor de modo desfasado, por um dia que fosse, utilizando-se uma norma de entrada em vigor não uniforme para cada um dos lotes de normas[472/473].

Não obstante os esforços da doutrina, tentando autonomizar e defender a relevância jurídica de um critério baseado na "função", o certo é que o referido critério soçobra quando confrontado com a realidade de um sistema normativo que, de uma reserva de actos, evoluiu para uma reserva de órgãos. Com efeito, a admissibilidade constitucional de aprovação de leis-mistas, com conteúdos normativos diferenciados e não uniformes, leva a que, mais do que uma relação entre actos normativos, se tenha de falar numa relação entre legisladores[474].

---

[472] Esta hipótese é avançada, de resto, pelo Tribunal Constitucional, no acórdão 358/92, para considerar, precisamente, que uma solução dessas representaria o triunfo do formalismo, desnecessário num sistema como o nosso em que, apesar da existência de um "direito constitucional das formas", ainda haverá lugar para o princípio da primazia da materialidade subjacente.

[473] Uma outra explicação, que evite a inconstitucionalidade em caso de desacordo entre a lei do Orçamento e a lei de enquadramento orçamental, pode passar pelo recurso ao binómio lei geral-lei especial. Com efeito, a Constituição, pese embora os termos utilizados no art. 109.º, tentando vincular parametricamente a lei do Orçamento à lei de enquadramento, não consegue, pela falta de associação de um critério de reforço procedimental, criar uma verdadeira relação de vinculação constringente. Na verdade, podendo o legislador orçamental revogar, não substitutivamente, a lei de enquadramento, para depois aprovar a lei de Orçamento de acordo com as regras que entenda mais apropriadas, também se poderá admitir que, tendo em conta motivos conjunturais, se pretendam afastar, apenas num determinado ano, as regras que a lei de enquadramento impõe, sem, com isso, se querer revogar as regras gerais previstas na lei de enquadramento orçamental. Esta lei assumir-se-ia, desta feita, como lei geral e as normas enquadradoras inseridas na lei do Orçamento, como lei especial. A lei geral seria, assim, afastada (vendo a sua aplicação suspensa), apenas durante aquele ciclo orçamental. Também aqui se impunha, apenas, uma opção expressa do legislador orçamental neste sentido, como modo de clarificar a vontade de fazer uso do critério da especialidade. O legislador orçamental tem, assim, abertas várias hipóteses de relacionamento com a lei de enquadramento orçamental, já que a pode revogar, alterar ou até desaplicar num dado ano económico. Sobre o assunto, considerando que *o critério da função directiva constitui-se como um limite de validade à incidência do critério da "lex specialis", obstando, por exigências teleológicas presas à arquitectura do sistema normativo, à lógica da especialidade*, Blanco de Morais, *As Leis Reforçadas*, 1998, pág. 249.

[474] Sobre o modo como o critério da função fraqueja, também no ordenamento jurídico espanhol, como fundamento autónomo justificador da imposição de limites ao conteúdo

226 *A Lei por detrás do Orçamento*

Assim, não importa apenas verificar se uma lei tem capacidade para não se conformar com outra, já que o que adquire relevância, num quadro cada vez mais politizado, também ao nível da utilização do espectro normativo que a Constituição disponibiliza, é saber se um determinado legislador está em condições de não se conformar com as directivas que lhe são impostas por outro legislador, sendo que, neste contexto, apenas os critérios competenciais e procedimentais têm relevância autónoma.

De facto, o fim da relação contraposta entre Parlamento e Governo, e a sua consequente substituição por um dualismo opondo a maioria parlamentar governativa ao conjunto da oposição parlamentar, haveria de ter as suas consequências, também ao nível do sistema normativo, levando a que a aprovação dos actos normativos se divida entre os que podem ser aprovados pelo Governo e os que precisam de ser aprovados parlamentarmente, impondo, dentro destes, que a separação corra pela linha que divide os que necessitam de maiorias qualificadas, dos que as dispensam[475].

---

da lei do Orçamento, Toscano Ortega, *La Función y el Contenido de las Leyes de Presupuestos del Estado en la Jurisprudencia del Tribunal Constitucional,* 1997, pág. 205. Criticando, igualmente, a autonomia do critério da função, considerando que este critério não serve para resolver antinomias inter-normativas, sendo antes a explicação para o facto de determinadas normas estarem sujeitas a um procedimento específico, ou para o facto de se relacionarem com base no critério da hierarquia ou da competência, Santamaria Pastor, *Fundamentos del Derecho Administrativo I,* 1988, pág. 323. Sobre a relação entre o critério da hierarquia e o critério da competência, Gómez-Ferrer Morant, *Relaciones entre Leyes: competencia, jerarquia y función constitucional,* 1987; No ordenamento jurídico italiano, Antonio Ruggeri, *Gerarchia, Competenza e Qualitá nel Sistema Costituzionale delle Fonti Normative,* 1977. Do mesmo autor vejam-se, também, *Giurisprudenza Costituzionale e Valori,* 1998; *Fonti e Norme nell'Ordinamento e nell'a Esperienza Costituzionale,* 1993 e *Metodi e Dottrine dei Costituzionalisti ed Orientamenti della Giurisprudenza Costituzionale in Tema di Fonti e della loro Composizione in Sistema,* 2000. Sobre esta matéria são ainda indispensáveis, Vezio Crisafulli, *Gerarchia e Competenza nell Sistema delle Fonti,* 1965, pág. 185; Giuseppe Musacchia, *Gerarchia e Teoria delle Norme sulla Produzione Giuridica nel Sistema Costituzionale delle Fonti,* 1970, pág. 172 e seǧs., Livio Paladin, *Le Fonti del Diritto Italiano,* 1996, pág. 71 e segs e Giovanni Quadri, *La Forza di Legge,* 1979, pág. 45 e segs.

[475] Esta separação é fundamental em casos de Governos minoritários, sendo que em situações de agudo conflito entre maioria e oposição, mesmo as matérias sujeitas a aprovação parlamentar por maioria simples podem não ser aprovadas, no caso de uma coligação negativa de toda a oposição.

A *Lei do Orçamento na Constituição de 1976*   227

Com efeito, num tempo em que se hiperboliza a lei e a reserva de lei, tudo parece jogar-se já não no tabuleiro normativo mas no orgânico. Mais do que saber se se está perante uma lei-sujeito, torna-se pertinente perguntar se se está perante um legislador-sujeito, e, paralelamente, se existe um legislador-objecto que tenha de se conformar com opções normativas pretéritas. Ora, perante esta nova realidade constitucional, o critério da função paramétrica, quando desacompanhado de outros que lhe confiram um carácter blindado, perde eficácia e, com isso, perde, naturalmente, relevância[476].

Na verdade, de bem pouco aproveita, em termos práticos, uma vinculação constitucional em que uma lei deve servir de padrão de outra, quando, cumulativamente, se entrega ao mesmo legislador a tarefa de elaborar e alterar, a todo o tempo, ambas as leis, não se estabelecendo, sequer, uma proibição de inclusão de conteúdos diferenciados nos actos normativos em causa, daqui resultando uma parametrização meramente indicativa e, como tal, não constringente[477].

Chegados aos escombros da relação paramétrica entre a lei de enquadramento orçamental e a lei do Orçamento, importa, por último, verificar se não serão de equacionar relações inversas, que, a final, limitem a lei-sujeito, precisamente face à lei-objecto. Na verdade, se o legislador constitucional apenas parece ter previsto uma relação unidireccional entre a lei de enquadramento orçamental e a lei do Orçamento, o certo é que também se podem encontrar relações no sentido oposto, desde logo pelo facto de a lei-objecto ser procedimentalmente reforçada, ao contrário da lei-sujeito, que assume apenas uma parametricidade pura.

---

[476] Parecem, assim, redutoras, nesta nova forma de ver as coisas, as conclusões de Blanco de Morais, *As Leis Reforçadas*, 1998, pág. 312, quando afirma que o critério da função material é a *razão pela qual uma* (lei), *na qualidade de lei-sujeito, impõe directrizes materiais de carácter vinculante à outra que assumirá neste eixo comunicativo, o papel de lei-objecto.* Blanco de Morais, (pag 322), não deixa, ainda assim, de referir que a função se assume como *uma realidade excessivamente indeterminada, para poder constituir-se como um critério objectivo,* considerando, até, que o referido critério poderá ser convocado de modo acessório face ao princípio da hierarquia e da competência.

[477] Repare-se, aliás, que os exemplos que Blanco de Morais, *As Leis Reforçadas*, 1998, pág. 309, convoca como exemplos de aplicação do critério da função directiva são, com excepção da relação entre a lei de enquadramento orçamental e a lei do Orçamento, casos de relações inter-orgânicas, onde a prevalência material acaba por decorrer (também) do critério da competência.

228 *A Lei por detrás do Orçamento*

Ora, relativamente ao procedimento agravado ao nível da iniciativa, a lei de enquadramento orçamental apenas poderá acoplar normas que visem alterar a lei do Orçamento, no caso destas terem beneficiado de iniciativa governativa, sendo que, naturalmente, caso não se assuma, inequivocamente, também como lei de alteração orçamental, não poderá violar a lei-travão[478].

Isto significa que, partindo-se de uma previsão constitucional que estabelece a obrigatoriedade da lei do Orçamento ser elaborada, organizada, votada e executada de acordo com a respectiva lei de enquadramento, se chega à conclusão de que, tendo a Constituição atribuído à lei de enquadramento orçamental uma simples natureza paramétrica pura, e tendo, ao invés, dotado a lei do Orçamento de uma natureza procedimentalmente reforçada, acaba por, paradoxalmente, ter o legislador parlamentar maior liberdade para, neste binómio, não se conformar com a lei-sujeito do que com a lei-objecto, o que não pode deixar de se estranhar[479].

---

[478] Na verdade, também aqui se pode fazer recurso ao critério da especialidade. Com efeito, uma lei de enquadramento orçamental que surja no decorrer de um ano económico em curso não altera a lei de Orçamento em vigor, mesmo que esta não esteja de acordo com a nova lei de enquadramento, uma vez que lei geral posterior não altera lei especial, *excepto se outra for a vontade inequivoca do legislador*. Assim, se o legislador da lei de enquadramento orçamental pretender que esta entre imediatamente em vigor, provocando efeitos na própria lei do Orçamento em curso, terá de manifestar essa vontade e cumprir os requisitos formais necessários que lhe permitam alterar a lei-objecto, conformando-a com as novas directivas, o que, no caso em apreço, resulta no facto de ser necessário convocar a iniciativa governamental. Diferente seria o caso em que a lei de enquadramento orçamental determinasse uma entrada em vigor imediata, indicando que a lei do Orçamento em vigor deveria ser adaptada em conformidade, assim "impondo" ao Governo uma iniciativa de alteração da lei do Orçamento. Julga-se que, nesta situação, o Governo não teria de promover uma iniciativa modificativa, desde logo por, nos termos constitucionais, a lei do Orçamento dever ser elaborada de acordo com a lei de enquadramento em vigor (no momento da elaboração), não sendo obrigatório o dever de modificação de acordo com uma eventual nova lei de enquadramento que entretanto surja.

[479] Gomes Canotilho, *Direito Constitucional e Teoria da Constituição*, 2003, pág. 783. Também por isso, parecem ser de rejeitar as palavras de Blanco de Morais, *As Leis Reforçadas*, 1998, pag 320, quando considera que, no contexto do sistema de governo português, *a função directiva permite à Assembleia da República, como titular de uma competência primária, supra-ordenar em áreas concorrentes com o Governo, espaços positivos e negativos de regulação e traçar objectivos qualificados que guiem o legislador sub-primário na sua actividade legislativa*. Na verdade, o que se passa ao nível da relação entre a lei de enquadramento orçamental e a lei orçamental é que, embora sejam ambas do domínio reservado da Assembleia

c) *A Lei do Orçamento e as obrigações legais*

A expressão constitucional que leva a que o Orçamento seja elaborado tendo em conta as *obrigações legais e contratuais,* tem a sua origem próxima no art. 65.º da Constituição de 1933, onde se estabelecia que *as despesas correspondentes a obrigações legais ou contratuais do Estado ou permanentes por sua natureza ou fins, compreendidos os encargos de juro e amortização da dívida pública, devem ser tomadas como base da fixação dos impostos e outros rendimentos do Estado.*

Esta expressão haveria de entrar no léxico da Constituição de 1976, pela mão de Jorge Miranda e de Amândio de Azevedo, aplicando-se, porém, ao Orçamento Geral do Estado e não directamente à lei do Orçamento. As obrigações decorrentes de lei deveriam ser tomadas em consideração pelo Governo, no momento de elaborar e aprovar o Orçamento Geral do Estado, que, relevando da função administrativa, não as poderia revogar ou inviabilizar, através da não orçamentação de verbas, sem com isso ferir o princípio da legalidade.

Neste contexto dualista, oriundo da Constituição de 1976, em que a aprovação do Orçamento Geral do Estado resultava da função administrativa do Governo, tornava-se irrelevante analisar o grau de vinculatividade deste tipo de obrigações, já que o simples facto de possuírem uma origem legal era o bastante para que não pudessem ser questionadas, juridicamente, pelo Governo, na hora de aprovar o Orçamento Geral do Estado.

Acontece que, embora a vinculação das obrigações legais relevasse do princípio da legalidade, ou, o mesmo é dizer, do binómio lei-Orçamento Geral do Estado, o certo é que a expressão sobrevive-

---

da República, é a iniciativa reservada do Governo relativamente à lei do Orçamento que faz a diferença, limitando, desta forma, o legislador parlamentar na sua capacidade de introduzir alterações à lei-objecto por intermédio da lei-sujeito e obrigando, em regra, a lei-sujeito posterior a conformar-se com uma lei-objecto que lhe seja anterior, durante a vigência desta. Com efeito, também aqui, o critério da função directiva sucumbe às mãos do critério do procedimento ou da competência. Veja-se, aliás, no mesmo sentido, o caso das leis de bases fora da reserva, que, tendo uma aparente função directiva sobre os decretos-leis de desenvolvimento, podem ser livremente revogadas por acção legislativa concorrencial do Governo (competente para aprovar os decretos-leis de desenvolvimento), precisamente pelo predomínio do princípio da competência sobre o princípio da função directiva ou paramétrica pura.

230 A Lei por detrás do Orçamento

ria, sem quaisquer alterações, à revisão de 1982 e ao que esta significou relativamente à legificação do Orçamento do Estado, passando, desde então, a ser a lei do Orçamento a destinatária das obrigações decorrentes de lei, com isso se criando uma relação inter-legislativa, que, na sua aparente amplitude, e na sua literal vacuidade, carece de análise atenta.

Com efeito, a Constituição, ao estabelecer que *o Orçamento é elaborado de harmonia com as grandes opções em matéria de planeamento e tendo em conta as obrigações decorrentes de lei ou de contrato*[480], parece impor uma vinculação jurídica, que impenderá sobre a lei do Orçamento, levando-a a não ignorar, antes a aceitar, todas as obrigações, de todas as leis, assim se criando, aparentemente, mais uma relação paramétrica, que se estabeleceria, desta vez, entre todas as leis impositivas de obrigações com reflexos orçamentais e a lei do Orçamento, que, deste modo, não as poderia derrogar ou alterar, sem com isso cair nas malhas da inconstitucionalidade ou da ilegalidade.

Ora, a aceitar-se esta solução, as leis impositivas de obrigações, ainda que não beneficiando de qualquer tipo de reforço procedimental, nem se encontrando, sequer, constitucionalmente identificadas, afirmar-se-iam, sobretudo depois da revisão constitucional de 1997[481], como leis reforçadas, em termos paramétricos, devendo ser respeitadas pela lei do Orçamento[482].

---

[480] Art. 105.º da Constituição. Antes da revisão constitucional de 1982 a redacção era a seguinte: *O Orçamento Geral do Estado será elaborado pelo Governo, de harmonia com a lei do Orçamento e o Plano e tendo em conta as obrigações decorrentes de lei ou de contrato.*

[481] Nos termos do art. 112.º número 3 oriundo da revisão constitucional de 1997, *têm valor reforçado, além das leis orgânicas, as leis que carecem de aprovação por maioria de dois terços, bem como aquelas que, por força da Constituição, sejam pressuposto normativo necessário de outras leis ou que por outras devam ser respeitadas.*

[482] Jorge Miranda, *Manual de Direito Constitucional*, tomo V, 1997, pág. 351, considerava que *"valor reforçado" pode associar-se mais a elementos de conteúdo, de substância, de parametricidade, do que a elementos formais e procedimentais*, tendo aparentemente abandonado esta posição nas edições de 2000 (pág. 353) e de 2004 (pág. 359). Também Gomes Canotilho, *Direito Constitucional e Teoria da Constituição*, 2003, pág. 783, aceita que, de acordo com o critério da parametricidade específica, *uma lei é reforçada relativamente a outra quando apresenta um conteúdo de natureza paramétrica que deve servir de pressuposto material à disciplina normativa estabelecida por estes outros actos legislativos.* Para o autor, embora a regra da capacidade derrogatória (poder revogar mas não poder ser revogada) consubstanciasse um dos elementos caracterizadores da existência de um reforço legislativo, tal regra acabaria por contemplar excepções, como a que reconhece a propósito da lei de enquadramento orçamental que não pode revogar a lei do Orçamento.

A Lei do Orçamento na Constituição de 1976   231

Não parece, contudo, que semelhante tese deva ser patrocinada, já que, como se defende, a relação de parametricidade, quando afastada de um critério de reforço procedimental ou formal perde autonomia e eficácia vinculativa, pelo que as referidas leis não beneficiam, se não contiverem agravamentos procedimentais ou formais, de uma vinculatividade efectiva específica face à lei do Orçamento que impeça esta, "rectius", que impeça o legislador orçamental de as revogar ou alterar, utilizando, para isso, até, a própria lei do Orçamento como veículo normativo adequado, nos limites genéricos da possibilidade de se revogarem direitos já constituídos, e no respeito pelos demais princípios constitucionais, como sejam o princípio da tutela da confiança, que se dirigem, em geral, a todos os actos legislativos, e não, especificamente, à lei do Orçamento[483].

Com efeito, se se considerasse que a lei do Orçamento teria de se sujeitar a todas as leis que impõem despesas, então negar-se-ia a natureza materialmente legislativa da lei do Orçamento, que estaria, tal como previsto na Constituição de 1933, irremediavelmente subordinada ao Direito preexistente[484]. Na verdade, também aqui se julga

---

[483] Thomas Puhl, *Die Minderheitsregierung nach dem Grundgesetz*, 1986, pág. 121, faz referência à existência de direitos de terceiros (*Ansprüche Dritter*), como fundamento para o facto de a lei do Orçamento não ter um conteúdo livre. O autor invoca a existência de obrigações decorrentes de leis de despesa, de normas constitucionais, da execução de responsabilidade civil do Estado, do cumprimento de actos administrativos ou de contratos, acabando, no entanto, por congregar a vinculação do legislador orçamental ao princípio do *pacta sunt servanda*, ou à protecção do princípio da confiança (*Vertrauensschutzes*), desta forma demonstrando que as vinculações não se dirigem, especificamente, à lei do Orçamento, mas à generalidade do poder legislativo do Estado. No mesmo sentido, Klaus Lange, *Die Abhängigkeit der Ausgabenwirtschaft der Bundesregierung von der Parlamentarischen Budgetbewilligung*, 1972, pág. 318, aludindo, igualmente, ao princípio da confiança (*prinzip des Vertrauensschutzes*) e à segurança jurídica (*rechtssicherheit*) imanente ao Estado de Direito. Desta forma se conclui que não existe, afinal, uma vinculação de uma lei (do Orçamento) a actos legais ou da Administração, mas apenas a subordinação dos actos legislativos (em geral) aos princípios contitucionais. Numa outra perspectiva, considerando que a vinculação da lei do Orçamento à generalidade das leis anteriores releva de uma concepção (meramente) formal da lei do Orçamento, contrária à regra geral do critério *lex posterior*, bem como ao princípio da revisibilidade das decisões parlamentares, Werner Heun, *Staatshaushalt und Staatsleitung – Das Haushaltsrecht im parlamentarischen Regierungssystem des Grundgesetzes*, 1989, pág.165 e segs.

[484] A questão assume um contorno diverso no Direito alemão, já que a lei do Orçamento não é, como se viu, aprovada pelo *Bundesrat*, nos mesmos termos que a generalidade das leis. Deste modo, não pode o legislador orçamental modificar, através da mera eliminação

232   *A Lei por detrás do Orçamento*

que a lógica dos legisladores se sobrepõe à lógica das leis, pelo que se as referidas obrigações decorrentes da lei puderem ser alteradas ou revogadas pelo legislador comum, então também o poderão ser pelo legislador orçamental.

O ponto essencial relativamente a este domínio leva a que se procure densificar o sentido da expressão "obrigações legais", em vez de se acentuar a sua natureza paramétrica, já que a lei do Orçamento apenas as terá em conta na medida em que estas se imponham à generalidade das leis e, como tal, também à lei do Orçamento, em virtude da natureza constringente das referidas obrigações, e não em consequência de qualquer relação paramétrica dirigida, unidireccionalmente, à lei do Orçamento.

Na verdade, o legislador constitucional, ao introduzir a expressão "obrigações legais", não se afastou do objectivo previsto na Constituição de 1933 relativamente à importância das despesas permanentes, também apelidadas de obrigatórias, no equilíbrio financeiro entre receitas e despesas, já que é bem sabido como determinadas despesas, mesmo em sistemas que praticam a regra da anualidade orçamental, se assumem como permanentes, em virtude da fonte de que surgem ser, ela própria, permanente[485].

Destas despesas se diz que são obrigatórias para o legislador, já que não estando este em condições de prescindir da fonte criadora das despesas, terá, consequentemente, que encontrar fundos para as suportar. Os exemplos típicos deste tipo de despesas são, tal como referia a Constituição de 1933, *os encargos de juro e amortização da dívida pública,* a estes se podendo somar as despesas com remunera-

---

de verbas no Orçamento (*Haushaltsplan*), uma lei aprovada com a intervenção do *Bundesrat*, já que, nessa eventualidade, se estaria a violar o direito do *Bundesrat* de intervir no procedimento legal. Isto não significa que a lei do Orçamento (*Haushaltsgesetz*) não o possa fazer, no limite do permitido pelo *bepackungsverbot* (duração apenas anual das normas inseridas na lei do Orçamento), desde que solicitando, nesse particular, a intervenção do *Bundesrat*. Neste sentido, Thomas Puhl, *Die Minderheitsregierung nach dem Grundgesetz,* 1986, pág. 122.

[485] No ordenamento jurídico do Reino Unido, como se verá mais detalhadamente, a manutenção de determinadas despesas que se repetem, anualmente, encontra-se mesmo subtraída à obrigatoriedade de aprovação parlamentar. Sem prejuízo de o Parlamento poder voltar a recuperar o seu poder aprovatório, existe um conjunto de despesas que são, anualmente, pagas, directamente, a partir do *Consolidated Fund.*

A Lei do Orçamento na Constituição de 1976

ções de funcionários públicos, pensões de aposentação e, de um modo geral, todas as despesas cuja cessação não esteja, por uma razão ou por outra, na disponibilidade do legislador ordinário[486].

Na doutrina nacional, Gomes Canotilho e Vital Moreira são quem, apesar de não se pronunciarem sobre a natureza jurídica da referida obrigação legal, mais detidamente analisam a referida problemática, que não tem recebido, de resto, importantes contributos doutrinais. Os referidos autores consideram que as obrigações legais incluiriam, *não apenas os encargos com o pessoal ao serviço do Estado e com a dívida pública mas também as contribuições impostas ao Estado, por via de lei, de convenção internacional ou do direito comunitário, a favor de outros entes públicos ou organizações internacionais (...)*[487].

---

[486] Com efeito, este não é um problema específico do legislador orçamental e, por isso mesmo, a Constituição de 1933 o referia em norma relativa à necessidade de se preverem receitas suficientes para fazer face a estas despesas.

[487] Gomes Canotilho e Vital Moreira, *Constituição da República Portuguesa Anotada*, 1993, pág. 467. Em Parecer junto ao processo que esteve na base do acórdão do Tribunal Constitucional n.º 358/92, os autores consideram, numa visão muito ampla, que *o que aqui interessa não é tanto a relação de hierarquia ou de supraordenação entre as leis que criam obrigações para o Estado e a Lei do Orçamento, mas sim o vínculo obrigacional em si mesmo que essas leis criam para o Estado e que a Constituição põe no mesmo plano que o cumprimento das obrigações decorrentes de contrato. O não cumprimento destas obrigações equivale à infracção directa da imposição do art. 108 n.º 2, bem como de certas regras constitucionais ínsitas no próprio princípio do Estado de Direito, que tem a ver com o respeito das obrigações assumidas pelo Estado, a protecção da confiança e dos direitos ou expectativas legítimas geradas pelos actos de autoridade pública. Deste ponto de vista, uma Lei do Orçamento que não tenha em conta as obrigações previamente assumidas, por via de contrato ou de lei, será, pois, inconstitucional (inconstitucionalidade directa).* Esta ideia acabou por não ser, totalmente, reflectida na *Constituição da República Portuguesa Anotada*, 1993, onde se faz referência à *ilegalidade* da lei do Orçamento que não cumpra as obrigações a que está sujeita. Essa solução havia sido, curiosamente, criticada pelos próprios autores que, no Parecer em questão, consideravam não ser a solução adequada aos casos em que a lei do Orçamento não dê cumprimento a obrigações decorrentes de contrato. Apesar de no Parecer (estava em causa a relação da lei do Orçamento com as obrigações decorrentes da lei das finanças locais) os autores defenderem a inconstitucionalidade directa da lei do Orçamento, acabam por, segundo se julga, misturar argumentos, já que, invocando a violação do art. 108.º número 2, aduzem, igualmente, explicações associadas à protecção do princípio da confiança e da tutela de direitos e de expectativas, que sempre seriam de aplicar, mesmo na ausência de qualquer relação paramétrica entre a lei das finanças locais e a lei do Orçamento, ou na ausência de uma norma como a do art. 108.º número 2. Neste contexto, a busca de um sentido útil para este preceito, que os autores procuravam, acabou, deste modo, por ser, em grande parte, frustrada.

234 *A Lei por detrás do Orçamento*

Entendem, aliás, que se o Orçamento não previr as dotações necessárias para fazer face às obrigações legais incorrerá em *ilegalidade,* parecendo considerar que todas as leis constitutivas de obrigações seriam leis reforçadas, embora não se veja, com claridade, por intermédio de que critério, até 1997, tal pudesse acontecer[488].

Ainda relativamente a esta temática, Gomes Canotilho e Vital Moreira, ao mesmo tempo que referem a capacidade de o Orçamento criar novas receitas e despesas não previstas em legislação preexistente, referem, paradoxalmente, que, *quanto às despesas em particular, o Orçamento não pode deixar de proceder à cobertura das despesas resultantes de leis anteriores* (...)[489]. Ora, bem vistas as coisas, não parece que se possam defender ambas as possibilidades sem entrar em contradição quanto à natureza jurídica da lei do Orçamento, já que, ao defender-se a possibilidade de a lei do Orçamento criar novas receitas e novas despesas se adere à tese (que se acolhe), que defende a natureza materialmente legislativa e densificada da lei do Orçamento, apta, por ser acto normativo integrante da função legislativa do Parlamento, a aprovar novas disposições normativas de natureza legal.

Assim sendo, não se vê como impor a essa mesma lei orçamental a obrigação de (em geral) cabimentar as despesas constantes de leis anteriores, sem lhe dar a oportunidade de, fazendo uso do seu poder legislativo, alterar ou revogar as referidas despesas (nos casos em que estas possam ser revogadas por lei), deste modo evitando a sua cabimentação e a qualificação da lei do Orçamento como lei

---

[488] Gomes Canotilho e Vital Moreira, *Constituição da República Portuguesa Anotada,* 1993, pág. 503, consideram que as leis reforçadas seriam (i) *as leis que segundo a Constituição revestem uma forma específica, seguem um processo especial e estão sujeitas a um regime peculiar de aprovação* (ii) *as leis que regulam o modo de produção de certas outras leis e estabelecem os respectivos parâmetros materiais,* e (iii) *as leis especiais que de acordo com a Constituição devem ser respeitadas por outras leis específicas.* Ora, como se viu, não se pode dizer que as obrigações decorrentes da lei se imponham apenas ao legislador orçamental, pelo que dificilmente se integram nesta trilogia apresentada. A situação resolve-se com o novo elenco de leis reforçadas, apresentado pela revisão constitucional de 1997, que, de tão aberto, permitiria, naturalmente, a inclusão deste tipo de leis no seu critério residual.

[489] Gomes Canotilho e Vital Moreira, *Constituição da República Portuguesa Anotada,* 1993, pág. 467. No mesmo sentido, Oliveira Martins, *Constituição Financeira,* 1984, pág. 324.

A Lei do Orçamento na Constituição de 1976   235

meramente formal[490]. Gomes Canotilho e Vital Moreira integram, ainda, nas obrigações vinculativas decorrentes de lei, as disposições normativas que prevejam aumentos de despesas ou diminuição de receitas, mas que, por forma a evitar cair na alçada da lei-travão, apenas se devam aplicar no ano subsequente, considerando que, nesse caso, *o que sucederá é que os Orçamentos posteriores deverão tomar em conta essas leis (cfr. Art. 108º-2, 2ª parte)*[491].

Discorda-se desta solução, já que, também aqui, tudo depende de saber se essas leis beneficiam, ou não, de um reforço legislativo que, ao nível procedimental ou formal, esteja ao abrigo de intervenção revogadora ou alteradora do legislador orçamental. Na verdade, a lei do Orçamento só deve cabimentar as leis de despesa que não pretenda ou não possa alterar, sendo que as vinculações só se tornam verdadeiramente efectivas (de um ponto de vista jurídico) quando,

---

[490] A natureza material da lei do Orçamento foi reafirmada pela jurisprudência constitucional no acórdão 532/2000, onde o Tribunal afirmou: *para mais, a natureza jurídica do Orçamento, que não é a de uma lei só formal mas a de "uma decisão política-normativa verdadeiramente substancial" (na expressão de José Manuel Cardoso da Costa (...).*

[491] Gomes Canotilho e Vital Moreira, *Constituição da República Portuguesa Anotada*, 1993, pág. 688. Esta teoria já havia, de resto, sido defendida por Sousa Franco, *Sobre a Constituição Financeira de 1976-1982,* 1983, pág. 35, ao considerar que a lei-travão *não visa limitar a criação para o futuro de novas despesas, a executar como obrigações legais pelos Orçamentos posteriores à entrada em vigor da lei geradora de novo gasto.* No mesmo sentido, Oliveira Martins, *Constituição Financeira,* 1984, pág. 324. Em defesa desta tese ainda se poderia invocar a alteração constitucional de 1982, que veio estabelecer que os deputados não podem apresentar projectos de lei ou de referendo que envolvam, *no ano económico em curso,* aumento de despesas ou diminuição de receitas. De facto, tal norma parece passar a apenas suspender no tempo o início de validade das referidas normas que, assim, se apresentariam no Orçamento seguinte como inevitabilidades jurídicas. Não parece, porém, que tal tese deva ser patrocinada. Em primeiro lugar, porque a norma continua a afirmar que os deputados *não podem apresentar* os referidos projectos, pelo que não será legítimo apresentar, aprovar, e depois deixar a norma suspensa, para vigorar apenas a partir do ano seguinte. Em segundo lugar, e no caso de o próprio projecto se dirigir, apenas, ao ano seguinte, sendo aprovado com antecedência, ainda assim não é constitucionalmente lícito inferir que, por esse facto, pelo diferimento entre a data de aprovação e a data de entrada em vigor, o diploma tenha adquirido uma força jurídica reforçada, ao ponto de se superiorizar à regra da *lex posteriori,* a exercer, eventualmente, pela lei do Orçamento, que é uma lei material dotada de poder revogatório genérico. A alteração constitucional não passa, assim, de uma explicitação, aliás infeliz, da norma inicial, já que acaba por não esclarecer o único ponto que merecia um esclarecimento e que era o de saber o que significa, juridico-constitucionalmente, a indicação de que os deputados *não podem* apresentar os referidos projectos.

para além de se imporem à lei do Orçamento, se consigam impor ao legislador orçamental, impedindo que este, utilizando, no limite, a própria lei do Orçamento, altere ou revogue as leis que visavam vincular a lei do Orçamento, devendo a solução ser idêntica no caso de leis que visem aplicar-se apenas no ano subsequente, como modo de obviarem a aplicação da lei-travão[492].

O Tribunal Constitucional haveria de se pronunciar, especificamente, sobre a problemática inerente ao âmbito de aplicação das obrigações resultantes de lei através do acórdão n.º 303/90, fazendo-o em termos que parecem ser, genericamente, aceitáveis. No referido acórdão, estava em causa a arguição de inconstitucionalidade de uma norma da lei do Orçamento que suspendia uma lei que, por sua vez, tinha por objectivo equiparar, para efeitos remuneratórios, uma determinada categoria de professores, detentores de um curso especial, bem como os ex-regentes escolares, aos professores habilitados com o curso "normal".

A referida lei equiparativa, já publicada, e que implicaria um aumento dos vencimentos desse determinado grupo de cidadãos, deveria entrar em vigor no dia 1 de Janeiro de 1989. Acontece que a sua eficácia foi suspensa pela lei do Orçamento, que deveria ser publicada de modo a entrar em vigor (também) no dia 1 de Janeiro de 1989, levando a que os efeitos da referida lei equiparativa não se chegassem a produzir, não se prevendo, assim, na lei do Orçamento, as verbas necessárias para se cumprirem os referidos aumentos salariais.

Acontece que, tendo havido atraso na distribuição do Diário da República que publicava a lei do Orçamento, e não tendo o Tribunal Constitucional considerado a norma de suspensão da lei equiparativa beneficiária do regime de anualidade do Orçamento do Estado que implica, independentemente da data de publicação em Diário da República, uma entrada em vigor (mesmo se retroactiva) no dia 1 de Janeiro de cada ano, concluiu o referido Tribunal que a suspensão da lei em questão só operou com a publicação (tardia) do Diário da República, num momento em que a lei alteradora dos vencimentos já tinha entrado (há uns dias) em vigor.

---

[492] A doutrina de Gomes Canotilho e de Vital Moreira colheria, porém, como se verá, apoio jurisprudencial, através do acórdão do Tribunal Constitucional n.º 297/86.

A Lei do Orçamento na Constituição de 1976   237

O Tribunal Constitucional considerou, assim, que, nesta situação em que os efeitos da lei de despesa já se tinham iniciado, a suspensão promovida pela lei do Orçamento violava o princípio da confiança, ínsito no princípio do Estado de Direito democrático, tendo, por isso mesmo, declarado a inconstitucionalidade da suspensão promovida pela lei do Orçamento[493].

---

[493] Este acórdão transporta-nos para uma problemática não muito desenvolvida em Portugal, mas que tem tido um enorme debate doutrinal em Itália, e que se prende com a admissibilidade de sentenças judiciais que imponham maiores despesas do que as previstas na lei do Orçamento. Sobre este assunto, vejam-se, com muito interesse, relativamente aos efeitos financeiros das sentenças da Corte Constitucional Italiana, as comunicações efectuadas no Seminário subordinado a esta temática organizado pela própria Corte Constitucional, *Le Sentenze della Corte Costituzionale e l'art. 81, u.c., della Costituzione*, 1993. Veja-se, ainda, F. Donati, *Sentenze della Corte Costituzionale e vincolo della copertura finanziaria ex art. 81 della Costituzione*, 1989, pág. 1508 e segs.; Alessandro Pizzorusso, *Tutela dei diritti costituzionali e copertura delle leggi*, 1990, pág. 259; Carlo Colapietro, *Le pronuncie "erogatorie" della Corte Costituzionale ed il vincolo costituzionale della coperture finanziaria: le "aditive di prestazione" sono per loro natura esenti dai vincoli e limiti dell'art. 81*, 1989, pág. 1249; Carlo Colapietro, *La Giurisprudenza Costituzionale nella Crisi dello Stato Sociale*, 1996, pág. 75 e segs.; Giovanni Bognetti, *La Costituzione Economica Italiana*, 1995, pág. 143 e segs. e 263 e segs.; Enrico Grosso, *Sentenze Costituzionali di Spese "Che non Costino"*, 1991; Giustino d'Orazio, *Le sentenze costituzionali additive tra esaltazione e contestazione*, 1992, pág. 61 e segs.; Pietro Perlingieri e Pasquale Femia, *Commento alla Costituzione Italiana*, (art. 81.º), 1997, pág. 603 e segs.; Lorenza Carlassare, *Conversazioni sulla Costituzione*, 1996, pág. 167 e segs.; Leopoldo Elia, *Le sentenze additive e la più recente giurisprudenza della Corte Costituzionale (ottobre'81-luglio '85)*, 1985, pág. 311 e segs.; D. Sorace, *Note in tema di sentenze della Corte Costituzionale che importano nuove o maggiori spese e art. 81*, 1984, pág. 48; Cesare Pinelli, *Titano, l'eguaglianza e un nuovo tipo di "additiva di principio"*, 1993, pág. 1792, e Marilisa d'Amico, *Un nuovo modello di sentenza costituzionale?*, 1993, pág. 1756 e segs.. Na jurisprudência constitucional italiana, vejam-se as sentenças 184/1990, 116/1990, 260/1990, 455/1990, 295/1991, 232/1992, 356/1992, 495/1993, 240/1994, 264/1994, 288/1994 e 177/1995. Pode ainda ver-se o comentário à sentença 88/1992, por Enrico Grosso, *La sent. n. 88 del 1992: un'alternativa alle "additive di prestazione"?*, 1992, pág. 2374 e segs. e o comentário à sentença 243/1993, por Adele Anzon, *Un'additiva di principio com termine per il legislatore*, 1993, pág. 1785. O Tribunal parece estar a desenvolver, aos poucos, com alguma hesitação, uma jurisprudência em que considera que as suas sentenças não são *auto-aplicativas* sem prévia intervenção legislativa que incida sobre o assunto, tendo em atenção o sentido da decisão judicial. Sobre o assunto, Livia Mercati, *Le Procedure di Bilancio tra Sistemi Elettorali e Forme di Governo: un'Analisi Comparata*, 1997, pág. 405. Em Espanha o assunto é também conhecido, sendo analisado por Rodríguez Bereijo, *Jurisprudencia constitucional y derecho constitucional. Cuestiones resueltas y temas pendientes*, 1995, pág. 34, e Viver i Pi-Sunyer, *La función*

238   *A Lei por detrás do Orçamento*

Com esta decisão, os juízes do Tribunal Constitucional consideraram que, apesar do preceituado no número 2 do art. 108.º da

presupuestaria en la jurisprudencia constitucional, 1997, pág. 566, que faz referência à jurisprudência constitucional (sentença do Tribunal Constitucional 32/1982, verdadeiro *leading case,* a que seguiram as sentenças 26/1983, 61/1984 e 294/94), que considera que o não pagamento de verbas impostas por uma sentença judicial, invocando não orçamentação de verbas suficientes, coloca em conflito o princípio constitucional da tutela judicial dos direitos e a legalidade orçamental. Para o Tribunal, a separação entre a fonte das obrigações (lei) e a fonte da despesa (lei orçamental) acaba por constituir um novo privilégio da Administração face aos particulares, que não pode, contudo, servir para evitar cumprir pontualmente as obrigações do Estado. No primeiro caso em apreço, a sentença constitucional analisa uma situação em que tinham passado quatro anos sobre a sentença judicial, sem que o Governo orçamentasse as verbas necessárias para a cumprir e executar. O Tribunal considerou que *o principio da legalidade orçamental não pode justificar a dilação do cumprimento das obrigações pecuniárias validamente contraídas e, sobretudo, que a inactividade da administração pode ser controlada pelos tribunais administrativos.* Ainda em Espanha, veja-se, também, Albiñana García-Quinana, *Las sentencias judiciales engendran créditos presupuestarios?,* 1979 e García García, *Examen, Enmienda y Aprobación de los Presupuestos Generales del Estado,* 1985, pág. 316, que considera que a orçamentação de verbas para fazer face à execução de sentenças é uma necessidade de natureza política que vincula a lei do Orçamento. Na Alemanha, a questão não tem suscitado um debate tão relevante, podendo notar-se uma variação sobre o tema relativamente à discussão sobre a aplicabilidade do mecanismo da aceitação governativa, prevista no art. 113.º da Lei Fundamental Alemã, às decisões do Tribunal Constitucional que impliquem maiores despesas ou menores receitas. Sobre esta questão, veja-se, por exemplo, Kyrill-A Schwarz, *Zustimmungsvorbehalte der Exekutive für finanzwirksame Entscheidunggen der Verfassungsgerichte?,* 2000, pág. 181 e segs. Em Portugal, veja-se uma breve referência às *sentenças aditivas,* em Luís Nunes de Almeida, *O Tribunal Constitucional e o conteúdo, a vinculatividade e os efeitos das suas decisões,* 1989, pág. 959; Gomes Canotilho, *Direito Constitucional,* 1993, pág. 1077; Vitalino Canas, *Introdução às decisões de provimento do Tribunal Constitucional,* 1994, pág. 46 e segs.; Paulo Castro Rangel, *O Legislador e o Tribunal Constitucional: o risco da redução metodológica do problema político,* 1997, pág. 197, e Jorge Miranda, *Manual de Direito Constitucional, tomo VI,* 2001, pág. 60 e 79 e segs.. Esta matéria encontra-se analisada, com maior detalhe, aportando importantes desenvolvimentos, em Rui Medeiros, *A Decisão de Inconstitucionalidade,* 1999, pág. 456 e segs. e 727 e segs. Na jurisprudência constitucional portuguesa podem encontrar-se, ainda que sem se equacionar esta problemática, exemplos de sentenças com reflexos orçamentais nas decisões do Tribunal Constitucional números 143/85, 203/86, 181/87, 191/88, 231/94, 457/99 e 545/99, todas ligadas a um alargamento dos direitos pecuniários de particulares, em virtude do princípio da igualdade, face a outros particulares abrangidos na legislação sindicada constitucionalmente. A questão que aqui importa colocar é a de saber se o Tribunal Constitucional, no caso de recorrer a sentenças aditivas, em que se subroga a uma opção inconstitucional do legislador, substituindo-a por outra, não terá de se sujeitar aos escolhos a que o próprio legislador está sujeito, como seja a vinculação à lei-travão. Esta questão

Constituição[494], a referida lei, não fosse o caso de a distribuição do Diário da República se ter atrasado, não obrigaria o legislador orçamental a ter em conta as obrigações daí advenientes, já que, para o Tribunal, *é evidente que, devendo os Orçamentos de Estado terem em conta as obrigações decorrentes de lei, se se desejasse que o Orçamento para 1989 não incluísse a previsão de despesas acarretadas pela lei n.º 103/88, necessariamente que, ou em lei anterior à da aprovação desse Orçamento, ou na lei que o aprovava, teria de constar estatuição revogadora ou determinadora da suspensão das obrigações estaduais impostas por tal lei n.º 103/88.*

Na doutrina do acórdão, as leis que criam obrigações geradoras de despesa não se afiguram, desta forma, em abstracto, como leis que, pelo seu valor paramétrico, se imponham face à lei do Orçamento, podendo, pelo contrário, o legislador que preencha os requisitos competenciais e formais adequados, utilizando, no limite, o próprio articulado da lei do Orçamento, alterar ou revogar as referidas leis, assim eliminando as despesas aí contidas, dentro do limite aceitável pelas normas e princípios constitucionais[495].

---

torna-se ainda mais pertinente quando, por vezes, o Tribunal Constitucional, ao abrigo da invocação de pretensa violação do princípio da igualdade, substitui-se ao legislador na busca da solução que lhe pareceria mais adequada. Sobre esta problemática veja-se, de modo muito pertinente, o voto de vencido de Paulo Mota Pinto anexo ao acórdão n.º 457/99. Nesta decisão, estava em causa saber se haveria violação do princípio da igualdade pelo facto de a lei que determina a atribuição de uma subvenção vitalícia para os titulares de cargos públicos, não incluir, no seu elenco, o cargo de Governador de Macau. Perante a decisão do Tribunal de "acrescentar" esse cargo ao elenco taxativo da lei, Mota Pinto afirmou: *rejeito uma compreensão do princípio constitucional da igualdade eliminadora da liberdade de conformação legislativa na delimitação dos cargos cujo exercício conta para atribuição de subvenção mensal vitalícia, que leva a justiça constitucional a substituir-se ao legislador na ponderação da"melhor" solução jurídica* (...). Sobre a questão relativa ao facto de o Tribunal Constitucional se poder transformar num legislador alternativo (*Ersatzgesetzgeber*), Fritz Ossenbühl, *Bundesverfassungsgericht und Gesetzgebung,* 2001, pág. 45 e segs.

[494] O art. 108.º número 2 da Constituição, na versão saída da revisão constitucional de 1989, estabelecia que *o Orçamento é elaborado de harmonia com as grandes opções do plano anual e tendo em conta as obrigações decorrentes de lei ou de contrato.*

[495] Foi, de facto, o que aconteceu com o caso constitucionalmente sindicado. A suspensão da lei que continha uma obrigação legal foi considerada inconstitucional, não por ter sido incluída na lei do Orçamento, assim violando a previsão do art. 108.º número 2, mas por violar o princípio da tutela da confiança, pelo que se a referida suspensão tivesse sido aprovada por uma norma legal avulsa sofreria o mesmo desvalor jurídico.

Na verdade, o facto de se publicar uma lei que vem aumentar a remuneração de um determinado grupo de cidadãos não é, só por si, suficiente para impedir que uma nova manifestação legislativa, em sentido contrário, deva ser avaliada, em termos comparativos, de forma a indagar da existência e da relevância dos interesses em causa com a nova norma antitética e, sobretudo, para verificar se os referidos interesses são suficientemente fortes para sustentarem uma aplicação prevalente.

O Tribunal parece, ainda assim, hesitar relativamente à determinação do momento-limite face ao qual o legislador era (ainda) livre de actuar, já que se inclina, indecisamente, entre o momento da publicação e o da entrada em vigor da norma geradora de despesa, começando por afirmar que, *após a publicação da lei n.º 103/88, se teria criado no espírito dos agentes de ensino a quem ela se destinava a convicção, certeza ou, pelo menos a fundada expectativa segundo a qual, a partir de 1 de Janeiro de 1989 os mesmos assistiriam a uma melhoria dos seus vencimentos,* para, depois, acabar por traçar a fronteira decisiva, no facto de a norma orçamental suspensiva ter entrado em vigor quando a lei que aumentava os vencimentos já se encontrava em vigor.

Com efeito, para o Tribunal, *atingido um nível remuneratório que lhes conferia, na ocasião da entrada em vigor desta última lei um quantitativo então igual ao percebido pelos professores diplomados (...) é perfeitamente compreensível que os destinatários daquele diploma ficassem possuídos da convicção de que esse "direito" subjectivado a tal quantitativo, já concretizado objectivamente para o futuro (...) era algo de reconhecido pela ordem jurídica (...)*[496].

Aqui chegados, importa salientar que a doutrina do Tribunal Constitucional, embora trilhando um caminho que se aceita, demonstrando que a natureza normativa da lei do Orçamento lhe permite, em geral, alterar as leis com as quais não se pretenda conformar, não

---

[496] Que o *puntuns salis* da inconstitucionalidade passou, apenas, pelo facto de a suspensão operada pela lei do Orçamento ter chegado demasiado tarde, decorre, também, dos votos de vencido juntos ao acórdão. Assim, para Messias Bento, *não fora esse atraso* (na distribuição do Diário da República contendo a lei do Orçamento, onde constava a suspensão da lei de despesa) *e a norma sub iudicio, entrando em vigor a 1 de Janeiro de 1989 teria impedido que produzissem efeitos os artigos 1º e 2º da Lei n.º 103/88, de 27 de Agosto.*

logra ainda assim, clarificar, na totalidade, todas as dúvidas que se podem levantar a propósito desta problemática.

Na verdade, a opção jurisprudencial parece indicar que a mera aprovação de uma norma legal consagradora de um aumento de despesa orçamental, estabelecendo, nomeadamente, um aumento remuneratório de um determinado grupo profissional, é, por si só, impeditiva de uma diferente valoração legal, sem que se verifique uma ponderação de interesses em causa. O Tribunal defende, assim, que depois de uma determinada lei de despesa ter entrado em vigor, não pode uma outra opção legislativa, fora de um contexto de aplicação prevalente, movida por interesses superiores, vir revogar a referida lei de despesa, já que se constituíram direitos subjectivos ou expectativas que levam a crer que a situação se manterá no futuro.

Algo diferentemente, julga-se que a tutela da confiança, fundamentadora de um desvalor constitucional, não deve operar no caso de determinada lei ter sido aprovada sem que, ainda, se tenha verificado a sua aceitação orçamental. Na verdade, se o legislador não quiser dar cumprimento à lei que impõe uma nova despesa, pode revogá-la (como no caso relatado no acórdão em análise) antes da aprovação do Orçamento ou, no limite, usar a lei do Orçamento para realizar essa tarefa, assim se verificando como a norma do art. 108.º da Constituição não pode ter a leitura que a mera interpretação literal podia fazer supor.

Com efeito, neste domínio, a Constituição, mercê da regra da orçamentação das receitas e das despesas, exige uma dupla legalidade[497]. Assim, à legalidade inerente à criação da norma que procedeu à equiparação dos vencimentos, importa acrescentar uma nova legalidade, resultante da inscrição orçamental das verbas correspondentes, já que, mesmo se no caso em que a lei que cria a despesa e a lei que

---

[497] Sobre esta questão, Brancasi, *Legge Finanziaria e Legge di Bilancio,* 1985, pág. 296 e segs., onde o autor discorre em torno da *dimensão "real" e "financeira" da actividade da administração,* que justificava a diversa perspectiva com que as leis de despesa e a lei do Orçamento se relacionam com as despesas materiais, levando a que a lei do Orçamento apenas seja competente para o financiamento das despesas já criadas, não as podendo modificar nem revogar. Em sentido semelhante, aludindo a uma *dupla vinculação do Executivo* relativamente à sua capacidade de realizar despesas, seja face à generalidade da legislação, seja face à lei do Orçamento, Werner Heun, *Staatshaushalt und Staatsleitung – Das Haushaltsrecht im parlamentarischen Regierungssystem des Grundgesetzes,* 1989, pág. 408.

a orçamenta são, ambas, parlamentares, tal facto poder parecer uma mera repetição de vontades, ao invés, num caso em que a norma que cria a despesa tenha origem governativa, torna-se mais claro que a desvalorização da vontade do legislador orçamental levaria a permitir que, a final, não fosse a Assembleia da República o órgão competente para, materialmente, escolher quais as despesas que deseja consagrar na lei do Orçamento.

Por isso mesmo se julga que, embora a lei que alterava os vencimentos já estivesse em vigor, tal facto não implicava, só por si, a impossibilidade de a referida lei ser revogada ou suspensa, já que o legislador orçamental não tinha orçamentado as verbas necessárias para fazer face às novas e acrescidas despesas. Com efeito, ainda que se não negue a natureza anómala do procedimento, que, aliás, decorreu, apenas, por virtude de atraso na distribuição do Diário da República, o certo é que só depois de as despesas se encontrarem orçamentadas (o que sempre será de presumir, depois da aprovação do Orçamento sem ter havido uma revogação da lei de despesa[498]) se pode considerar que, perante uma revogação, desacompanhada de qualquer justificação constitucionalmente aceitável, se *obvia de forma intolerável, arbitrária ou demasiado opressiva, àqueles mínimos de certeza e segurança que as pessoas, a comunidade e o direito têm de respeitar, como dimensões essenciais do Estado de direito democrático (...)*[499].

---

[498] Julga-se que a necessidade de uma tomada de posição clara do legislador orçamental, que manifeste a sua não aceitação face às "obrigações" decorrentes de leis anteriores, é, desta forma, o que sobra da aplicação do art. 105.º número 2 da Constituição. Com efeito, não é possível, normalmente, de uma leitura das verbas orçamentadas, saber se se aceitou a obrigação legal, tendo sido orçamentadas as verbas necessárias, ou se, pelo contrário, se optou por não aceitar essas despesas. Crê-se, desta forma, que a revogação ou suspensão de uma qualquer despesa legal, criada anteriormente, deve ser inequívoca, manifestando-se através de norma legal inserida na lei do Orçamento que demonstre que o legislador orçamental decidiu eliminar ou suspender a lei anterior, assim se eximindo à obrigação legal de orçamentar as verbas necessárias para o seu cumprimento. Pode assim dizer-se que se a lei do Orçamento deve ser elaborada tendo em conta as obrigações decorrentes de lei, o certo é que o legislador orçamental pode, em muitas situações, eliminar essa mesma obrigação, desde que o faça de modo inequívoco.

[499] Acórdão n.º 303/90 do Tribunal Constitucional. Tem, pois, razão Assunção Esteves, quando, em voto de vencida, considerou que *a lei suspensa dependia do Orçamento de 1989 e, assim, da lei que o aprovasse.*

A teoria defendida pelo Tribunal Constitucional, relativamente ao número 2 do art. 108.º da Constituição[500], haveria de voltar a ser acolhida, com maiores desenvolvimentos, no acórdão 358/92[501]. A propósito desta decisão, o Tribunal procedeu a uma extensa resenha da doutrina nacional e estrangeira sobre a natureza jurídica da lei do Orçamento, concluindo que esta, no contexto do sistema constitucional português posterior à revisão de 1982, constitui *uma lei material especial, não confinada no seu conteúdo ao mero quadro contabilístico de receitas e despesas, aprovada ao abrigo da competência política e legislativa do Parlamento* (...).

No seguimento desta posição, e depois de recordar o trilho da jurisprudência constitucional nacional, alinhada no sentido da atribuição de uma natureza materialmente densificada à lei do Orçamento, o Tribunal considerou que as razões invocadas pelo Presidente da

---

[500] Actual art. 105.º número 2 da Constituição.

[501] Neste acórdão julgou-se a (in)constitucionalidade de algumas normas da lei do Orçamento para 1992, cuja apreciação fora suscitada pelo Presidente da República. A questão em apreço prendia-se com o facto de a lei do Orçamento ter alterado algumas normas da lei das finanças locais, nomeadamente em relação ao modo de calcular o valor do Fundo de Equilíbrio Financeiro e, assim, determinar as correspondentes transferências financeiras para as autarquias locais. Na visão do Presidente da República, a lei de finanças locais impunha uma obrigação que decorreria de lei de valor reforçado, pelo que a lei do Orçamento lhe devia obediência. A argumentação do Presidente da República não era, porém, totalmente clara, já que considerava que a lei do Orçamento devia obediência à lei das finanças locais em virtude desta contemplar uma obrigação decorrente da lei, nos termos do art. 108.º número 2, invocando, ao mesmo tempo, a natureza reforçada da referida lei das finanças locais, por a considerar uma *lei ordinária reforçada de vinculação específica*, assim invocando a ilegalidade da lei do Orçamento por lhe ter introduzido alterações. Ora, parece claro que ambas as situações equacionadas são diferenciadas, já que uma lei reforçada não pode ser alterada por uma lei que não reúna os requisitos formais e procedimentais necessários, independentemente de nela se consagrarem, ou não, obrigações legais. Pelo contrário, parece decorrer da argumentação presidencial que todas as leis que imponham obrigações deviam ser consideradas reforçadas, já que, em seu entender, *do entendimento da Lei das Finanças Locais como lei geradora de obrigações de natureza financeira impostas ao Estado e vinculativas do Orçamento (...) parece decorrer a possibilidade da sua qualificação como "lei ordinária reforçada de vinculação específica"*. O Tribunal Constitucional haveria de apreciar as questões separadamente, considerando que a lei do Orçamento não se encontrava vinculada pelas obrigações decorrentes da lei de Finanças Locais, não a considerando, igualmente, reforçada, por não encontrar nesta qualquer fundamento material de validade de outra lei, ou qualquer capacidade derrogatória especial que a colocasse a coberto de revogações por lei posterior, mesmo se efectuadas pela lei do Orçamento.

244 *A Lei por detrás do Orçamento*

República e que fundamentavam o pedido de inconstitucionalidade em apreço se fundavam *nas teorias atrás expostas quanto à natureza meramente formal da lei do Orçamento ou, no limite, quanto à natureza "vinculada" ou "não livre" da lei do Orçamento face ao ordenamento jurídico preexistente, tese essa que, como vimos não tem encontrado acolhimento na nossa doutrina nem na nossa jurisprudência constitucional.*

Não obstante o objectivo do Tribunal em conferir autonomia à lei do Orçamento, libertando-a de amarras incompatíveis com o seu lugar no sistema constitucional, julga-se que o Tribunal Constitucional acabou por trilhar, em termos dogmáticos, um caminho equívoco, ao considerar que *a regra do n.º 2 do art. 108 da Constituição se refere ao Orçamento propriamente dito e apenas a este, produzindo uma vinculação do seu conteúdo face ao ordenamento preexistente, mas em tal vinculação já não se podendo ter por compreendida a própria lei do Orçamento*[502].

Na verdade, a defesa de uma separação entre lei do Orçamento e Orçamento propriamente dito, repescada pelo Tribunal, encontra-se bem datada historicamente e tem a sua caracterização associada à natureza dualista do conceito de lei, cuja aplicação ao sistema português o Tribunal, de resto, porfiadamente, se esforçou por afastar[503]. O Tribunal, pretendendo salvar o teor do número 2 do art. 108.º da Constituição (actual número 2 do art. 105.º) e, ao mesmo tempo, defender a natureza materialmente legislativa da lei do Orçamento, acaba por considerar que esta lei seria normativa e poderia conter regras jurídicas inovadoras, sendo que, diferentemente, no Orçamento

---

[502] Para o Tribunal Constitucional, a lei do Orçamento seria *o acto normativo que, revestindo a natureza de lei em sentido material sui generis, participando da função de direcção política do Estado, encerrando o programa económico-financeiro estadual anual e livremente apreciado (e alterado) pelos deputados, é o acto que pode conter, conforme resulta expressamente do n.º 5 do art. 168.º da Constituição, regras jurídicas que produzam directamente alterações no ordenamento preexistente, alterações essas que se repercutirão no próprio Orçamento.*

[503] Sobre o assunto, na doutrina espanhola, Martinez Lago, *Ley de Presupuestos y Constitución*, 1998, pág. 25. O autor afirma peremptoriamente que *Orçamento e Lei do Orçamento configuram a mesma coisa. Era preciso ter muita vontade para perder, agora, tempo a procurar no baú das recordações todas as teorias que caminharam em sentido contrário (...).*

A Lei do Orçamento na Constituição de 1976   245

propriamente dito, não se lograria encontrar qualquer regra jurídica, impondo, por isso mesmo, uma *alteração expressa na própria lei do Orçamento* como condição para o Orçamento pudesse, efectivamente, afastar-se das obrigações decorrentes de legislação preexistente[504].

O Tribunal, acaba assim, porventura de modo inconsciente, e preocupado apenas em garantir um *sentido útil ao preceito do n.º 2 do artigo 108.º da Constituição,* por caucionar a defesa de uma natureza dualista de Orçamento, já que, considerando que o Orçamento propriamente dito devia obediência ao *Direito preexistente*[505], vem retirar natureza normativa aos mapas orçamentais, assim alterando a doutrina, até então sustentada, de que todo o conteúdo orçamental beneficiava de uma natureza formalmente normativa e hierarquicamente legislativa[506].

Isso mesmo resultava inequívoco, já desde o acórdão do Tribunal Constitucional n.º 317/86, no qual, estando em causa a alteração, por parte dos deputados, de verbas constantes de mapas orçamentais,

---

[504] O Tribunal Constitucional adere, deste modo, porventura de modo irreflectido, à doutrina celebrizada por Santi Romano, *Saggio di una Teoria sulle Leggi di Approvazione,* 1898, que, apesar de ter colhido um enorme sucesso na doutrina da época, está hoje completamente ultrapassada. Nesse sentido, descrevendo com muito rigor a doutrina de Santi Romano, em moldes exactamente idênticos aos utilizados pelo Tribunal Constitucional Português, Valerio Onida, *Le Leggi di Spesa nella Costituzione,* 1969, pág. 482 e 483. De acordo com esta doutrina, que qualifica a lei do Orçamento como (mera) "lei de aprovação", *o Orçamento, colocado em acção pelo Governo no exercício da sua competência, deve dar execução às leis preexistentes e manter-se dentro dos limites que estas fixam, não podendo dispor contra estas. Ao seu lado, a lei do Orçamento deve limitar-se a aprovar o Orçamento tal como formado pelo Governo e não pode, em regra, modificar a legislação preexistente salvo que assuma, para lá do conteúdo típico de aprovação, um conteúdo ulterior e eventual de natureza substancialmente legislativa.*

[505] O acórdão recorre mesmo a expressões directamente conotadas com a Constituição de 1933, em que, como se viu, se estabelecia que o Orçamento se encontrava, pelo menos parcialmente, *determinado em harmonia com leis preexistentes.* Nos termos do art. 91.º número 4 da Constituição de 1933, competia à Assembleia Nacional, *autorizar o Governo a cobrar as receitas do Estado e a pagar as despesas públicas na gerência futura, definindo na respectiva lei de autorização os princípios a que deve ser subordinado o Orçamento na parte das despesas cujo quantitativo não é determinado em harmonia com leis preexistentes.*

[506] Na verdade, como já se afirmou, julga-se que a intervenção do legislador orçamental que pretenda revogar ou suspender uma lei anterior que contenha uma determinada despesa há-de ser inequívoca, o que não significa, necessariamente, que não se possa depreender da leitura dos mapas orçamentais.

sem terem, no entanto, tais alterações sido objecto de proposta governamental, o Tribunal se pronunciou sobre a natureza normativa dos referidos mapas, deixando claro que *a declaração de inconstitucionalidade só é possível relativamente a normas jurídicas. Afigura-se-nos, porém, que os mapas anexos assumem eles próprios natureza normativa* (...)[507].

De qualquer modo, muito embora a infeliz construção dogmática, o que o acórdão n.º 358/92 procurou afirmar, a final, é que a lei do Orçamento, tendo em conta a sua natureza materialmente legislativa, não estaria, especificamente, vinculada à legislação anterior, podendo o legislador modificar, também pela lei do Orçamento, as normas decorrentes da legislação preexistente, no caso de estas terem sido estabelecidas por acto legislativo ordinário.

Diga-se, a terminar, que, bem vistas as coisas, para defender tal solução (que se afigura correcta), não precisava, sequer, o Tribunal Constitucional de enveredar por este caminho, já que, para obter tal desiderato, bastava indicar que as obrigações decorrentes de lei vincularão o legislador orçamental nos mesmos termos em que vincularão qualquer outro legislador, que as poderá, ou não, revogar, tendo em conta o conteúdo destas e a sua articulação com os princípios e as normas constitucionais[508].

---

[507] No mesmo sentido, pronunciou-se a jurisprudência constitucional espanhola, na decisão 63/1986, de 21 de Maio, ainda que, como se verá, não tenha daí retirado todas as consequências devidas.

[508] O Tribunal Constitucional acabou, de resto, por nem sequer estabelecer quaisquer limites ao poder de livre apreciação, pelo legislador orçamental, relativamente às obrigações decorrentes de lei ou de contrato, tendo encontrado um sentido útil para o art. 108.º número 2 no facto de aí se pretender *garantir a inscrição orçamental das verbas necessárias ao cumprimento das obrigações decorrentes de lei ou de contrato que não tenham sido objecto de alteração expressa na própria lei do Orçamento.* O acórdão esquece, desde logo, a existência de leis criadoras de despesas que o legislador orçamental não poderá alterar, por as respectivas leis terem um qualquer reforço procedimental ou formal. Esquece, ainda, o caso de leis que comportem despesas impostas constitucionalmente e que, por esse facto, se imponham ao legislador comum e, também, ao orçamental. O Tribunal preocupou-se, sobretudo, no acórdão, em demonstrar a desnecessidade de ser o legislador comum a proceder às alterações legislativas necessárias, defendendo a possibilidade de ser o próprio legislador orçamental a realizar tais tarefas, o que já é, só por si, e apesar de tudo, um avanço a assinalar.

A Lei do Orçamento na Constituição de 1976   247

O Tribunal, no entanto, tendo encontrado na obrigatoriedade de uma alteração expressa da legislação anterior, incluída no articulado da lei do Orçamento, o último reduto salvador da previsão normativa do número 2 do art. 108.° acabou por não explicitar se aceitaria que o legislador orçamental, embora não promovesse a revogação expressa de uma lei que impusesse determinadas despesas, não orçamentasse verbas para fazer face a essas obrigações, mantendo, deste modo, a lei em vigor, mas afectando-lhe a eficácia por falta ou insuficiente cabimentação orçamental. Com efeito, isso mesmo havia já sido defendido no acórdão n.° 82/86, no qual o Tribunal considerou que a lei do Orçamento não tinha de estar vinculada pelas "obrigações" da Lei das Finanças Locais podendo estabelecer regras que se afastassem das previstas nesta lei.

Na verdade, nesse aresto estava em causa o modo de fixar o valor a transferir para os municípios das Regiões Autónomas, já que a Lei das Finanças Locais impunha a transferência, para o Orçamento das Regiões Autónomas, de um montante global que, depois, estas redistribuiriam pelos seus municípios, de acordo com os critérios que fixassem. Perante a hipótese de a lei do Orçamento se afastar das regras previstas na Lei das Finanças Locais, estabelecendo um modo de distribuição diverso, o Tribunal entendeu que *é a Assembleia da República quem fixa essa verba* (verba global a transferir para as Regiões Autónomas), acrescentando que essa fixação pode ser realizada *justamente, na lei do Orçamento. E este – ao menos num certo modo de encarar as coisas – tanto pode manter-se vinculado à lei anterior – no caso, ao citado DL n.º 98/84 – como não. Ora, se a Assembleia da República fixasse na lei do Orçamento do Estado, com destino ao conjunto dos municípios de cada uma das Regiões Autónomas uma verba global diferente da que resultasse da aplicação dos critérios ou indicadores constantes do art. 7/1, poderia ainda sustentar-se que isso tão só significaria que tal lei havia revogado, nessa parte, e para aquele ano, o citado art. 7/1. Sendo assim, não haveria nisso qualquer inconstitucionalidade (...). Na verdade, ainda quando se entendesse que aquele DL n.º 98/84* (lei das Finanças Locais) *era, relativamente à lei do Orçamento do Estado, uma lei*

248 *A Lei por detrás do Orçamento*

reforçada, ainda então se poderia concluir que ele não tinha força ou valor hierárquico superior ao da lei do Orçamento do Estado[509].

Na verdade, a opção de cabimentação é uma opção legislativa, pelo que não merecerá censura constitucional, fora dos casos que impedem uma genérica intervenção legislativa posterior, a não cabimentação de verbas relativas a leis criadoras de despesas. Aceita-se que, naturalmente, exista, por vezes, uma certa dificuldade em saber, perante os agregados de verbas incluídos no Orçamento em determinadas rubricas, se, afinal, existe, ou não, cabimentação adequada para fazer face a determinadas despesas, pelo que a solução dependerá mais da interpretação das normas e da análise das verbas, do que de uma prévia proibição de utilizar os mapas orçamentais como forma de revogar ou suspender (para aquele ano económico) uma determinada lei geradora de despesas[510].

Em conclusão, julga-se que a lei do Orçamento é livre para tomar opções materiais de natureza legislativa, podendo, inclusivamente, revogar ou alterar a legislação preexistente, na medida em que esta não caia numa reserva do Governo, não beneficie de um reforço legislativo inultrapassável, não seja supra-legislativa ou não implique a violação de qualquer princípio constitucional, como seja a protecção de direitos adquiridos dos cidadãos ou da tutela da confiança, que, assim, a torne inconstitucional[511].

---

[509] Em sentido semelhante pronunciou-se o acórdão n.º 452/87 do Tribunal Constitucional. Em temática análoga, demonstrando o poder normativo da lei do Orçamento, mesmo perante leis que, numa primeira leitura, lhe imporiam uma obrigação legal, como seja o caso da lei das Finanças Locais, veja-se o acórdão n.º 361/91, no qual não se julgou inconstitucional que o legislador orçamental tenha previsto uma norma na qual se estabelecia uma retenção de 0.25% do Fundo de Equilíbrio Financeiro, afectando essa verba ao Orçamento das Comissões de Coordenação Regional. O Tribunal não considerou que a lei do Orçamento estivesse a alterar a Lei das Finanças Locais, mas, tão só, a incluir uma despesa obrigatória ao Orçamento das Autarquias Locais, que, não sendo desproporcionada ou intolerável, não violaria a autonomia financeira destas.

[510] Por se estar perante despesas obrigatórias, que não estavam na disponibilidade do legislador comum, mais do que do legislador orçamental, em especial, é que a Constituição de 1933 não associava, directamente, estas obrigações decorrentes de lei ao Orçamento, mas antes ao facto de estas deverem ser tomadas em conta no momento de fixar os montantes das receitas.

[511] A legalidade orçamental é, assim, o último momento da legalidade de uma determinada despesa. Neste contexto, uma obrigação legal apenas se torna exigível depois de ser

Isso mesmo decorre da jurisprudência do Tribunal Constitucional, onde se nota uma aceitação da possibilidade de a lei do Orçamento não se encontrar definitivamente amarrada ao conjunto da legislação anterior que aprove despesas, atendendo ao poder materialmente conformador do legislador orçamental. O ponto fulcral da questão em apreço encontra-se, afinal, não tanto na expressão *tendo*

---

orçamentada, ou seja, depois de se promover a legalidade orçamental. O que pode acontecer é que se a despesa for, directamente, prevista na lei do Orçamento, se associe, a um só tempo, a legalidade "material" e a legalidade orçamental. Sobre as características da legalidade orçamental, Mahmoud Atef Ali El Banna, *Le Particularisme du Pouvoir d'Autorisation Budgétaire,* 1968, e Paul Amselek, *Sur le particularisme de la légalité budgétaire,* 1970, pág. 653 e segs. Este autor analisa a questão de saber se a legalidade orçamental pode ser invocada pelos particulares, na falta de uma lei exterior ao Orçamento que se reporte à matéria em questão. Sobre esta matéria, entre nós, Sérvulo Correia, *Legalidade e Autonomia Contratual nos Contratos Administrativos,* 1987, pág. 298 e segs. Não parece que se deva patrocinar, em Portugal, a defesa de que as normas orçamentais não têm carácter material, pelo que será de rejeitar uma solução, como a vigente no ordenamento jurídico alemão, onde se afirma, expressamente, no parágrafo 3 da Lei de Enquadramento Orçamental (*Gesetz über die Grundsätze des haushaltsrechts des Bundes und der Länder – HGrG*) e no parágrafo 3 do Regulamento Orçamental do *Bund* (*Bundeshaushaltsordnung – BHO*), que o Orçamento (*haushaltsplan*) não cria nem elimina quaisquer direitos ou obrigações. Em Portugal, as normas do articulado da lei do Orçamento têm um valor idêntico às normas legais exteriores à lei do Orçamento, pelo que não é inteiramente precisa a afirmação de Freitas do Amaral, *Curso de Direito Administrativo vol. II,* 2001, pág. 59, quando afirma que *para que a Administração pública possa dar um passo, possa actuar fazendo despesas, ela tem de dispor previamente de uma lei administrativa que a tanto a autorise e de uma lei financeira que igualmente lhe permita fazê-lo.* Com efeito, crê-se que a lei do Orçamento pode cumulativamente realizar o cumprimento dessa legalidade administrativa e financeira. Não são, assim, de sufragar, no contexto actual, as conclusões do comissário do Governo francês, no famoso no *caso Jaurou,* de 28 de Março de 1924, onde considerou que *a lei do Orçamento não é uma lei como as outras e as autorizações de despesa que comporta (...) não são disposições legislativas propriamente ditas.* Também em sentido restritivo, ainda que com uma fundamentação diversa, Maurice Duverger, *Finances Publiques,* 1975, pág. 316, considera que *o Orçamento rege as relações internas da administração mas não se aplica directamente às relações entre a administração e os particulares.* Diferentemente, mesmo na doutrina alemã, Werner Heun, *Saatshaushalt und Staatsleitung – Das Haushaltsrecht im parlamentarischen Regierungssystem des Grundgesetzes,* 1989, pág. 324, onde o autor defende que aceitar uma vinculação geral da lei do Orçamento (e, como tal, do Parlamento) à generalidade das leis seria um regresso a uma concepção da lei do Orçamento que nem mesmo durante o dualismo legislativo monárquico reuniu uma aceitação consensual.

250   *A Lei por detrás do Orçamento*

em conta[512], como na expressão *obrigações*, podendo a vinculação orçamental às *obrigações decorrentes da lei* ser lida no sentido de apenas, impor que a lei do Orçamento tenha em conta as obrigações decorrentes da lei, que a lei do Orçamento não possa, ou não queira, revogar[513].

Antes de terminar, note-se que a questão relativa ao modo de articular a legalidade extra-orçamental com a legalidade orçamental,

---

[512] Julga-se, pois, que a expressão *tendo em conta* terá de merecer uma leitura diferenciada, quando interpretada à luz do texto constitucional anterior à revisão de 1982, e quando interpretada depois da referida revisão. Com efeito, após a revisão constitucional esta expressão desceu um degrau ao nível da vinculatividade, tal como o Orçamento do Estado subiu semelhante degrau na escala normativa, deixando de relevar do domínio administrativo e passando para o domínio legal. Cumpre-se, aqui, uma vez mais, a "profecia" de Rudolf Smend, *Staat und Kirche nach dem Bonner* Grundgesetz, 1951, pág. 411, citado por Horst Dreier, *Der Kampf um das Budgetrecht als Kampf um die staatliche Steuerungsherrschaft – Zur Entwicklung des modernen Haushaltsrechts*, 1998, pág. 88, quando afirmava que *quando duas Constituições dizem o mesmo, isso quer dizer que não significam o mesmo*.

[513] Oliveira Martins, *Constituição Financeira*, 1984, pág. 305 e *O Orçamento para 1987 em Juízo*, 1988, pág. 108. Considerando que *o Orçamento pode, pois, revogar expressamente disposições legais anteriores; ele dispõe de um poder derrogatório implícito, na medida em que é a execução da ordem jurídica que dele depende e não o contrário*, Lobo Xavier, *O Orçamento como Lei*, 1990, pág. 106. O autor confere, contudo, à afirmação uma natureza de cariz absoluto que não pode prevalecer incondicionadamente, em virtude da existência de obrigações às quais o legislador orçamental não se pode furtar. Lobo Xavier não deixa de considerar, porém, correctamente, que *negar à lei do Orçamento um poder derrogatório da legislação anterior implicaria estabelecer uma distinção entre poder normativo e poder orçamental que (...) os dados do nosso sistema constitucional não reclamam nem autorizam*. Esta ideia já havia, de resto, sido defendida por Gomes Canotilho, *A Lei do Orçamento na Teoria da Lei*, 1979, pág. 553 e segs., quando considerou que *a associação do carácter de legislação vinculada da lei de aprovação do Orçamento ao problema da recusa parlamentar não tem nada de necessário. Mesmo que não se conteste a existência de vínculos jurídicos preexistentes (vínculos derivados da Constituição, das leis gerais de contabilidade, das leis materiais de despesas e receitas), estes vínculos não podem traduzir-se num confisco da liberdade de apreciação do Parlamento*. Neste mesmo sentido, Sousa Franco, *Finanças Públicas e Direito Financeiro*, 1997, pág. 407, refere que *o decisor orçamental (...) deve respeitar estas obrigações (legais), mas isso não significa que esteja obrigado a dar inteira execução financeira a todas as leis: muitas prevêem fontes de despesa que podem ser discricionariamente implementadas, no todo ou em parte, pelo legislador orçamental. Todavia, o legislador pode estar vinculado – e está-o o legislador orçamental – a respeitar as obrigações (em sentido estrito e técnico: situações passivas de crédito) emergentes de lei ou contrato*. Diferentemente, enquadrando toda a questão numa aparente dicotomia entre lei do Orçamento e Orçamento propriamente

A Lei do Orçamento na Constituição de 1976

tem sido, ao longo do tempo, alvo de prolongadas discussões pela sua íntima relação com a natureza jurídica que se reconhece à lei do Orçamento. A esse facto associa-se, ainda, a natureza não articulada dos mapas orçamentais, que leva a que, apesar destes fazerem parte do bloco de legalidade, atendendo ao facto de beneficiarem de forma legal no seguimento de um procedimento constitucionalmente adequado, não seja claro o seu alcance sobre o conjunto da legislação preexistente.

Com efeito, não obstante o acervo da legislação relativa à contabilidade e à realização de despesas públicas evitar, genericamente, a ocorrência de conflitos entre a "legalidade material" e a legalidade orçamental[514], julga-se que, ao reconhecer-se a natureza legal e mate-

---

dito (dicotomia muito em voga nas correntes defensoras do dualismo legislativo e da defesa da natureza meramente formal do Orçamento), Lobo Xavier, em Parecer conjunto com Mário Esteves de Oliveira, anexo ao processo que esteve na base do acórdão do Tribunal Constitucional n.º 358/92. Para os autores, as obrigações decorrentes de lei e de contrato, previstas no art. 108.º número 2 da Constituição (na versão decorrente da revisão constitucional de 1989) vinculariam o Orçamento propriamente dito, mas já não a lei do Orçamento. Esta teoria haveria de ser, como se viu, acolhida pelo acórdão, mas sem que do Parecer ou do acórdão se logre descortinar a razão desta separação dogmática, visto que a lei do Orçamento e o Orçamento propriamente dito são ambos aprovados por acto legislativo parlamentar, de acordo com o mesmo procedimento, beneficiando, em conjunto, de forma, força e valor de lei.

[514] Vejam-se o art. 3.º da Lei de Bases da Contabilidade Pública (Lei n.º 8/90, de 20 de Fevereiro), os artigos 11.º, 19.º e 22.º do Regime da Administração Financeira do Estado, (Decreto-Lei n.º 155/92, de 28 e Julho), bem como a alínea c) do art. 5.º, o art. 44.º, 45.º e 46.º da Lei da Organização e Processo do Tribunal de Contas (Lei n.º 98/97, de 26 de Agosto). Dominique Thomas, *As Relações entre o Direito dos Concursos Públicos e o Direito Orçamental e Contabilístico*, 1998, pág. 173 e segs. Sobre a questão do visto do Tribunal de Contas, José Tavares, *O Tribunal de Contas. Do Visto, em especial – conceito, natureza e enquadramento na actividade da administração*, 1998. Relativamente à problemática inerente à cabimentação orçamental de despesas plurianuais, veja-se o Acórdão do Tribunal de Contas n.º 6/2000, onde o Tribunal lança a seguinte questão: *Se o cabimento orçamental tem que ser prévio à autorização da realização da despesa, como assegurar a sua cobertura orçamental em Orçamentos que ainda não existem?*. Esta situação encontra-se prevista no art. 22.º do Decreto-Lei n.º 197/99, de 8 de Junho, que impõe que o cabimento orçamental de despesas que devam ser efectivadas nos anos subsequentes seja autorizado por um plano plurianual legalmente aprovado (como seja o PIDDAC) ou por uma Portaria aprovada pelo ministro da tutela e pelo ministro das finanças, que indiquem o limite máximo a pagar em cada ano económico (portaria de repartição de encargos). De qualquer modo, importa verificar, como reconhece o acórdão 6/2000, que esta autorização, efectuada, ou pelo plano legal, ou pela Portaria, não vincula a lei do Orçamento, mas,

252   *A Lei por detrás do Orçamento*

rialmente conformadora à lei do Orçamento, nada impõe que se proceda a uma acepção entre a parte articulada da lei face ao conjunto dos mapas orçamentais. Assim sendo, os actos legislativos que possam ser realizados por um acto legislativo avulso poderão, igualmente, ser realizados pela lei do Orçamento e, dentro desta, pela sua parte articulada ou pelos mapas orçamentais[515].

Da mesma forma, se o legislador pretender criar uma nova despesa, deverá fazê-lo por acto legislativo onde constem os elementos necessários para se cumprirem as exigências decorrentes da reserva de lei. Também aqui, o legislador terá ao seu dispor todo o acervo de actos legislativos para efectivar a nova despesa, não sendo de afastar, à partida, que o faça através de lei avulsa, da inclusão em acto legislativo com outro conteúdo, ou que utilize para o efeito a própria lei do Orçamento. Nesse caso, apenas a insuficiente informação contida na classificação das verbas impedirá que os mapas orçamentais sejam utilizados, por não cumprirem, na prática, as exigências da reserva de lei.

---

apenas, no segundo caso, os ministros respectivos, que deverão providenciar para que na elaboração da proposta de Orçamento essas verbas sejam consideradas e sejam regularmente inscritas.

[515] Relativamente à natureza jurídica dos mapas orçamentais, o Tribunal Constitucional espanhol declarou, expressamente, na sentença 63/1986, de 21 de Maio, que *cada uma das secções orçamentais – que contêm os créditos destinados a fazer frente às correspondentes obrigações do Estado – adquirem força de lei através da norma de aprovação incluída no art. 1.º da respectiva lei do Orçamento. E não perdem tal carácter pelo facto de que para a sua compreensão, interpretação e inclusivamente para a sua integração seja preciso acudir a outros preceitos, tal como ocorre com muitas normas jurídicas (FJ 5.º).* O Tribunal não deixou, no entanto, de acolher a doutrina de Rodríguez Bereijo, *El Presupuesto del Estado,* 1970, pág. 207, sobre a separação entre a *fonte jurídica do gasto* e a *fonte jurídica das obrigações do Estado.* De acordo com esta doutrina, a *fonte jurídica do gasto* seria dada pela lei do Orçamento, enquanto que a *fonte jurídica da obrigação* decorreria, nos termos do art. 42.º, da *Ley General Presupuestaria,* (art. 20.º da nova *Ley General Presupuestaria,* aprovada pela lei 47/2003, de 26 de Novembro, que apenas entrará em vigor em 1 de Janeiro de 2005) *da lei, dos negócios jurídicos e dos actos ou factos que, segundo o Direito, as gerem.* Com o recurso a esta doutrina (que o Tribunal volta a recordar na decisão 146/1986, de 25 de Novembro e na decisão 13/1992, de 6 de Fevereiro) o órgão de justiça constitucional Espanhol acaba por assumir uma opção contraditória, já que ao aceitar que a fonte jurídica das obrigações decorra de lei, deveria aceitar, igualmente, que essa lei pudesse ser a própria lei do Orçamento, seja no articulado, seja nos mapas orçamentais. Neste caso se uniria no mesmo acto a fonte jurídica da obrigação e a fonte jurídica do gasto.

A Lei do Orçamento na Constituição de 1976   253

Na verdade, tal como a mera leitura dos agregados orçamentais (a especificação das verbas não é tão minuciosa que permita, normalmente, verificar se há verbas adequadas para todas as despesas constituídas) não é suficiente para indagar da existência de uma intenção objectivada de modificação da ordem jurídica preexistente, também a mera inscrição de verbas orçamentais não é suficiente, as mais das vezes, para cumprir a totalidade das exigências de legalidade que condicionem a actuação posterior da administração[516/517].

---

[516] Sérvulo Correia, *Legalidade e Autonomia Contratual nos Contratos Administrativos*, 1987, pág. 298 e segs. Este autor começa por indicar, correctamente, que *a Lei do Orçamento – contendo, como parte integrante, o Orçamento do Estado – possui as virtualidades normativas das restantes leis* (...), pelo que, *através de qualquer das suas leis pode o Parlamento produzir os efeitos habilitantes ou predeterminantes requeridos pela reserva de lei*. Para Sérvulo Correia, *a suficiência ou insuficiência da Lei do Orçamento para fornecer a base necessária da legalidade positiva de actos da administração de prestação não é uma questão de uma qualquer especial natureza desta lei, visto que, como qualquer outra, poderá desempenhar aquela função, mas sim do tipo de comandos que a lei do Orçamento terá de conter para que se estabeleça o necessário pólo da relação de conformidade*. O autor acaba, no entanto, por considerar que no caso da concretização dos direitos fundamentais não seria suficiente a mera orçamentação das verbas, por *deixar ao critério discricionário da Administração a escolha dos destinatários de prestações sociais objecto de direitos fundamentais*. Julga-se que a questão se há-de colocar de modo mais geral, afirmando, somente, que a lei do Orçamento (na sua globalidade, incluindo o articulado e os mapas orçamentais) será tão capaz como qualquer outra lei para cumprir a reserva de lei, desde que o faça com a especificação adequada que se exigiria a qualquer outro acto legislativo. Será sempre necessário, como Sérvulo Correia reconhece, que da classificação orgânica e funcional das verbas se possa retirar *a identificação do órgão competente, do fim de interesse público a satisfazer e ainda dos pressupostos indispensáveis à tipificação mínima das situações sobre as quais há-de o poder incidir*. A questão da suficiência da lei do Orçamento para servir de reserva de lei está directamente associada à questão de se reconhecer à lei do Orçamento, ou ao Orçamento propriamente dito, uma capacidade de intervenção normativa no ordenamento jurídico. Por isso mesmo, na Alemanha, a doutrina e a jurisprudência constitucionais têm-se manifestado muito restritivas, atendendo aos limites que nesse ordenamento jurídico continuam a ser reconhecidos à capacidade conformadora da lei do Orçamento (*haushaltsgesetz*) e, sobretudo, do Orçamento propriamente dito (*haushaltsplan*). Sobre o modo como a lei do Orçamento (*haushaltsgesetz*) e o Orçamento (*haushaltsplan*) se relacionam com a acção administrativa (*verwaltungshandeln*), Paul Kirchof, *Die Steuerung des Verwaltungshandelns durch Haushaltsrecht und Haushaltskontrolle*, 1983, pág. 505 e segs. e Albert von Mutius, *Die Steuerung des Verwaltungshandelns durch Haushaltsrecht und haushaltskontrolle*, 1984, pág. 147 e segs. O autor procura afastar, ainda que limitadamente, a ideia de que o Direito orçamental releva, ainda hoje, apenas de um pretenso Direito interno do Estado (*Innenrecht*), e que a lei do

254 A Lei por detrás do Orçamento

Finalmente, importa referir que, se para qualquer tipo de despesas é sempre necessário proceder à sua inscrição orçamental, antes que

---

Orçamento é, verdadeiramente, uma mera lei organizatória (*organgesetz*). Negando, igualmente, que a teoria da impermeabilidade (*Impermeabilitätstheorie*) entre as matérias de Direito e de não-Direito continue ainda hoje a vigorar, e considerando que o parágrafo 3.º do *Bundeshaushaltsordnung - BHO* não pode ser interpretado no sentido de atribuir um mero carácter interno (*Innenrechtscharakter*) à generalidade do Direito Orçamental, Christoph Gröpl, *Haushaltsrecht und Reform – Dogmatik und Möglichkeiten der Fortentwicklung der Haushaltswirtschaft durch Flexibilisierung, Dezentralisierung, Budgetierung, Ökonomisierung und Fremdfinanzierung*, 2001, pág. 42 e segs. Em termos mais limitados, Gunnar Folke Schuppert, *Die Steuerung des Verwaltungshandelns durch Haushaltsrecht und haushaltskontrolle*, 1984, pág. 216 e segs.

[517] Tal como refere Sérvulo Correia, *Legalidade e Autonomia Contratual nos Contratos Administrativos*, 1987, pág. 298 e segs., a legalidade dos mapas orçamentais não serve, normalmente, para cumprir as exigências de legalidade administrativa apenas por lhe faltarem os elementos essenciais que condicionam, efectivamente, o agir da administração, sendo a mera classificação das verbas muito pouco concretizadora dos parâmetros que importa serem estabelecidos por lei, de modo a cumprir a exigência de reserva de lei em matéria de subvenções. A questão não será, por isso, decorrente da natureza jurídica da lei do Orçamento, mas da falta de detalhe das normas orçamentais. Esta questão tem sido sobretudo analisada na doutrina alemã, onde a discussão, pautada significativamente pela decisão do Supremo Tribunal Administrativo alemão, de 21 de Março de 1958 (*BVerwGE 6/282*), e pelas decisões do Tribunal Constitucional 38, 121 (126); 80, 124 (131); 73, 1 (39) e 40, 296 (327), ainda não estabilizou no sentido de autorizar a fundamentação das subvenções financeiras apenas nas normas orçamentais. Neste contexto, pode afirmar-se que os termos da discussão doutrinária não evoluíram substancialmente face ao resumo apresentado por Sérvulo Correia, *Legalidade e Autonomia Contratual nos Contratos Administrativos*, 1987, pág. 298 e segs.. Ainda assim, vale a pena fazer uma referência a Hans Peter Ipsen, *Öffentliche Subventionierung Privater*, 1956; Klaus Stern, *Rechtsfragen der öffentlichen Subventionierung Privater*, 1960, pág. 518 e segs.; Volkmar Götz, *Recht der Wirtschaftssubventionen*, 1966, pág. 298 e segs; Werner Patzig, *Haushaltsrecht des Bundes und der Länder*, 1981, pág. 286 e segs.; Hans-Dieter Grosser, *Die Spannungslage zwischen Verfassungsrecht und Verfassungswirklichkeit bei Vergabe von staatlichen Wirtschaftssubventionen durch die öffentliche Hand*, 1983, pág. 127 e segs; Klaus Grupp, *Theaterschliessung und Haushalts(verfassungs)-recht*, 1994, pág. 238 e segs.; Ulrich Häde, *Einführung in das Haushaltsverfassungsrecht, (art. 109-115 GG)*, 1994, pág. 83; Matthias Pechstein, *Die Begründung von rechtsverbindlichen Ausgabeverpflichtungen der Executive durch den gesetzlich festgestellten Haushaltsplan als verfassungsrechtliches Problem*, 1995, pág. 359 e segs. e Hans-Jürgen Papier, *Zur Verfassungsmässigkeit der Fraktionsfinanzierung nach dem Bayerischen Fraktionsgesetz*, 1998, pág. 513 e segs. Para uma visão global do estado da questão no Direito Alemão, veja-se, Bleckmann, *Der Gesetzesbegriff des Grundgesetzes – Zur Funktion des Hausahltsplans im Subventionsrecht*, 2004, pag. 333 e segs. No ordenamento constitucional espanhol, mantém-se célebre a sentença do Tribunal Constitucional 20/1985, de 14 de Fevereiro. Aí estava

A *Lei do Orçamento na Constituição de 1976* 255

estas possam ser exigíveis perante a administração, essa necessidade de orçamentação não tem, porém, o mesmo valor no caso de uma despesa que não cria uma obrigação, e nos casos em que está em causa uma obrigação perante os particulares[518]. Com efeito, neste último caso, não sendo lícito ao legislador revogar, modificar ou suspender essa mesma obrigação, sem com isso violar direitos subjectivos já constituídos, tão pouco estará ao seu alcance inviabilizar o

---

em causa a atribuição de determinadas subvenções aos sindicatos, como modo de fomentar as suas actividades sociais. O Tribunal haveria de declarar a inconstitucionalidade parcial da verba orçamental, apenas na parte em que excluía alguns sindicatos do acesso a essa verba, por considerar que se violava o princípio da igualdade. Com esta decisão, o Tribunal considerou, assim, que a verba orçamental que indicava a função e o destinatário desta cumpria os requisitos da reserva de lei nessa matéria. Contra essa opinião manifestou-se, em voto de vencido, Rubio Llorente, que considerou que a lei do Orçamento não cumpria, pela mera indicação das verbas, os requisitos mínimos de reserva de lei, não sendo aquele o veículo legislativo adequado para levar a cabo tal tarefa. Para o autor, da mera indicação de uma verba na lei do Orçamento apenas se estabelecia uma autorização ao Governo para gastar aquela verba, mas daí não se retirava, nem *uma obrigação juridicamente exigível para o Governo, nem, em consequência, tão pouco, qualquer direito para os sindicatos.* Sobre esta questão, Rodríguez Bereijo, *Jurisprudência Constitucional y Derecho Presupuestario. Cuestiones Resueltas y Temas Pendientes,* 1995, pág. 42 e segs.

[518] A questão da *exigibilidade* das obrigações do Estado tem sido objecto de análise por parte da doutrina espanhola, tendo em atenção as normas previstas na *Ley General Presupuestaria,* aprovada pela Real Decreto Legislativo 1091/1988, de 23 de Setembro (revogada pela Lei n.º 47/2003, de 26 de Novembro, que apenas entrará integralmente em vigor em 1 de Janeiro de 2005). Com efeito, de acordo com o art. 43.º da lei, *as obrigações de pagamento apenas são exigíveis da Fazenda Pública quando resultem da execução do Orçamento de acordo com o disposto no art. 60.º desta lei, de sentença judicial firme ou de operações de tesouraria legalmente autorizadas.* Esta questão mantém-se, no essencial, na nova *Ley General Presupuestaria,* aprovada pela Lei 47/2003, de 26 de Novembro. Nos termos do art. 21.º da nova *Ley General Presupuestaria, as obrigações da Fazenda Pública estatal só são exigíveis quando resultem da execução do Orçamento, de conformidade com o disposto nesta lei, de sentença judicial firma ou de operações orçamentais legalmente autorizadas.* Assim sendo, verifica-se que no caso de existir uma lei que crie uma nova despesa, esta não é exigível enquanto não estiver orçamentada. No caso dessa despesa ter, na sua origem, uma sentença, ainda assim não pode ser paga enquanto não estiver orçamentada, mas, nos termos do art. 44.º número 2 e 3 da referida *Ley General Presupuestaria* (art. 23.º número 2 e 3 da nova lei), a Administração deve solicitar às Cortes, no prazo de 3 meses, o reforço orçamental necessário para cumprir o teor da sentença, prazo, findo o qual, nos termos do art. 45.º (art. 24.º da nova lei), começam a vencer-se juros sobre a dívida em causa. Sobre esta questão, Palao Taboada, *Derecho Financiero y Tributário,* 1987, pág. 69 e segs., e Rodríguez Bereijo, *Jurisprudência Constitucional y Derecho Presupuestario. Cuestiones Resueltas y Temas Pendientes,* 1995, pág. 34 e segs.

cumprimento dessa obrigação através da não orçamentação das verbas necessárias ao seu cumprimento.

Neste caso, para lá da responsabilidade a que haja lugar pelo facto de se terem constituído direitos dos particulares sem prévia cabimentação das verbas necessárias à sua realização, abre-se o caminho para o recurso do particular à jurisdição administrativa, de modo a condenar a administração ao pagamento da verba em causa através da execução da sentença que reconheça o direito em questão, desta forma se verificando que a vinculação do Orçamento às sentenças, apesar de omitida no texto constitucional, surge como bastante mais efectiva do que a vinculação à lei e aos contratos, nos termos amplos em que são referidos na Constituição[519/520/521].

---

[519] Essa situação encontra-se, de algum modo, demonstrada no art. 13.º da lei de enquadramento orçamental, que refere, como sendo despesas obrigatórias, *as dotações destinadas ao pagamento de encargos resultantes de sentenças de quaisquer tribunais.*

[520] Na jurisprudência espanhola o *leading case* jurisprudencial relativamente à recorribilidade da ilegítima falta de orçamentação de verbas é a decisão 294/1994, de 7 de Novembro, onde o Tribunal Constitucional reconhece aos particulares o direito a aceder à jurisdição contenciosa-administrativa, de modo a que um Tribunal controle a actividade da Administração e a recusa desta em cumprir a lei e os seus próprios actos, invocando a falta de créditos orçamentais. De acordo com o Tribunal, *a posição privilegiada face aos demais devedores de que goza a Administração, como consequência da sujeição ao princípio da legalidade orçamental (...) não lhe permite em qualquer caso o desconhecimento ou incumprimento das suas obrigações pecuniárias sempre que se tenham constituído de acordo com as leis.* Para o Tribunal Constitucional, no caso de se recusar ao particular o recurso para a jurisdição administrativa, estava encontrada a solução para evitar, indefinidamente, o pagamento e o cumprimento de obrigações legais e, assim, deixar sem efeito os direitos subjectivos dos particulares, válida e legitimamente contraídos. O Tribunal considerou, desta forma, ilegal o comportamento inactivo da Administração, por afectar os direitos dos particulares, concluindo que *a tensão entre o princípio da legalidade orçamental e da legalidade administrativa não pode dar lugar a que o princípio da legalidade orçamental deixe, de facto, sem conteúdo um direito que a Constituição reconhece e garante.* O acesso à jurisdição administrativa conferirá, assim, aos particulares, um título que atribua exigibilidade, nos termos do art. 43.º da *Ley General Presupuestaria,* (art. 21.º da nova *Ley General Presupuestaria*), evitando, deste modo, que o direito do particular se convertesse, nas palavras do Tribunal, *numa mera declaração de intenções.*

[521] A própria inexecução de sentenças por falta de verbas orçamentais levou, igualmente, à intervenção da jurisprudência constitucional espanhola. Nesta matéria, o *leading case* continua a ser a decisão 32/1982, de 7 de Junho, onde o Tribunal considerou que a efectiva execução das sentenças, decorrente do princípio da segurança jurídica, ainda que não lograsse superiorizar-se ao princípio da legalidade orçamental, impunha que a Administração não se colocasse a si própria num impasse. Para o Tribunal, num caso em que haviam

A Lei do Orçamento na Constituição de 1976

d) A Lei do Orçamento e as obrigações contratuais

O actual número 2 do art. 105.º da Constituição estabelece, não só que o Orçamento deve ser elaborado de acordo com as obrigações decorrentes de lei, mas, igualmente, que este deve ser elaborado de acordo com as obrigações decorrentes de contrato, naquela que é uma das vinculações com implicações mais densas e, porventura, uma das mais imperfeitas. Com efeito, a relação entre a lei do Orçamento e a generalidade dos contratos celebrados pelo Governo escapa a uma lógica inter-normativa ou inter-legislativa, com isso transportando a problemática relacional para o domínio da diversidade de funções e da harmonização inter-orgânica.

Na verdade, a celebração de contratos com terceiros insere-se, constitucionalmente, no domínio da função administrativa, a qual se encontra atribuída ao Governo, que é qualificado, no contexto da separação de funções, como *órgão superior da administração pública*[522], estando ao seu alcance a possibilidade de, directamente ou através dos órgãos da administração, recorrer à contratação pública ou privada para prosseguir os fins que lhe foram constitucionalmente atribuídos.

---

já decorrido quatro anos desde a sentença cuja execução se solicitava, *em nenhum caso o princípio da legalidade orçamental pode servir de pretexto para obstaculizar ou prorrogar ad libitum por parte da Administração, a execução das sentenças judiciais firmes para lá do tempo necessário para obter, actuando com a devida diligência, a orçamentação das verbas, no caso destas não terem sido previstas.* Sobre esta matéria, Rodríguez Bereijo, *Jurisprudência Constitucional y Derecho Presupuestario. Cuestiones Resueltas y Temas Pendientes,* 1995, pág. 34 e segs. Este autor não deixa de notar a existência de uma matização na jurisprudência constitucional, já que, na decisão 61/1984, o Tribunal considerou que não haveria violação do princípio da tutela judicial efectiva, prevista no art. 24.º número 1 da Constituição, sempre que a Administração tenha levado a cabo as actividades necessárias para que a orçamentação fosse efectuada e não tenha obstaculizado os trâmites necessários para proceder ao pagamento da verba em causa. Em Portugal, como se viu, no seguimento do n.º 2 do art. 205.º da Constituição e nos termos do art. 13.º da Lei de Enquadramento do Orçamento do Estado (Lei n.º 91/2001, de 20 de Agosto), *no Orçamento do Estado serão inscritas obrigatoriamente: b) as dotações destinadas ao pagamento de encargos resultantes de sentenças de quaisquer tribunais.*

[522] Art. 182.º da Constituição. Do mesmo modo, nos termos do art. 199.º alínea g), compete ao Governo, no exercício de funções administrativas, *praticar todos os actos e tomar as providências necessárias à promoção do desenvolvimento económico-social e à satisfação das necessidades colectivas.*

258   *A Lei por detrás do Orçamento*

Ainda no contexto da divisão de poderes, que não atribuiu à Assembleia da República qualquer quota na função administrativa, julga-se que este órgão, no exercício dos seus poderes legislativos ou fiscalizadores, não poderá intervir na celebração, pela Administração Pública, de qualquer tipo de contratos, não o podendo fazer, nem antes destes estarem assinados, evitando a sua celebração, nem, por maioria de razão, depois de estarem assinados, alterando-os ou revogando-os[523]. Defende-se ainda que o Parlamento não pode recorrer, legitimamente, ao mecanismo da apreciação parlamentar dos actos legislativos, relativamente a Decretos-leis sem conteúdo materialmente legislativo, já que não beneficiando o Parlamento de competência primária em domínios administrativos, também não deverá beneficiar de uma competência secundária nesses mesmos domínios[524].

---

[523] De igual modo, também não parece que, através do exercício da função de fiscalização, possa a Assembleia da República intervir, pontualmente, relativamente a contratos que vão ser ou tenham já sido assinados pelo Governo. Na verdade, embora a alínea a) do art. 162.º estabeleça a competência parlamentar de apreciar os actos do Governo e da Administração, daí não se pode retirar a defesa da ideia de que a Assembleia da República ficaria, por este meio, mandatada para, caso a caso, apreciar os actos praticados pelo Governo ou pela Administração, revogando-os, alterando-os, ou, de algum modo, condicionando a liberdade da Administração para exercer as suas funções, tendo o Parlamento, e não o Governo, como órgão superior. Sobre esta questão, na jurisprudência alemã, veja-se, de resto, a decisão 67, 100 (139) e 66, 39, onde o Tribunal Constitucional (*Bundesverfassungsgericht*) reconheceu que na relação entre o Parlamento e o Governo existe um *núcleo essencial da responsabilidade própria e exclusiva do Governo*. O Tribunal Constitucional Alemão haveria de insistir nesta ideia de um núcleo (*kernbereich*) governativo em outras decisões jurisdicionais, como sejam as decisões 68, 1 (87 a 89); 7, 183 (188); 9, 268 (279); 12, 180 (186); 22, 106 (111); 3, 225 (247); 9, 268 (279) e 34, 52 (59). Sobre a existência de um domínio da exclusiva responsabilidade do Governo (*kernbereich exekutivischer eigenverantwortung*), precisamente em relação ao conteúdo do Orçamento, Gröpl, *Bonner Kommentar zum Grundgesetz*, 2002, pág. 34, referindo-se à decisão 67, 100 (139) do Tribunal Constitucional Alemão. No mesmo sentido, Böckenförde, *Organisationsgewalt im Bereich der Regierung*, 1964 (2.ª ed. 1998) pág. 103 e segs., e, em sentido mais acutilante, Thomas Puhl, *Die Minderheitsregierung nach dem Grundgesetz*, 1986, pág. 126 e segs. Contra, Maunz, Dürig e Herzog, *Grundgesetz Kommentar*, 1980, comentário ao art. 20.º, pág. 167 e segs. Sobre os malefícios da intromissão parlamentar nos domínios da Administração veja-se, em geral, na doutrina do Reino Unido, de modo pertinente, J. A. G. Griffith, *The Place of Parliament in the Legislative Process*, 1951, pág. 279 e segs. Entre nós, de modo global, José Fontes, *Do Controlo Parlamentar da Administração Pública, – Teoria Geral e Instrumentos de Fiscalização*, 1999 e Luís Sá, *O Lugar da Assembleia da República no Sistema Político*, 1994, pág. 240 e segs.

[524] Por isso mesmo é de criticar a técnica utilizada pela Lei 91/2001, de 20 de Agosto, (Lei de Enquadramento Orçamental), que estabelece que o Governo deve aprovar, por

A Lei do Orçamento na Constituição de 1976

Não terão, assim, substrato constitucional, no sistema de governo português, tentativas de implantar um sistema convencional que transforme o Governo num órgão sem autonomia que, sendo substituído, no exercício das suas funções, por opções pontuais alteradoras da Assembleia da República, esteja, desse modo, impedido de ser correctamente responsabilizado, politicamente, pelo órgão parlamentar[525].

Decreto-Lei, um conjunto de alterações que pretenda efectuar à lei do Orçamento (artigos 51, 52 e 53). Nestes casos, para além de situações que configuram claras inconstitucionalidades, por extravasarem as situações em que a Constituição autoriza que a lei do Orçamento seja modificada pelo Governo, ainda importa notar o facto de a lei de enquadramento orçamental impor a forma de Decreto-Lei. Na verdade, aceitando-se que as situações autorizadas pela Constituição e identificadas pela lei de enquadramento orçamental relevam do domínio da execução do Orçamento, então deveriam ser (no seguimento do previsto na alínea b) do art. 199.º) aprovadas por acto regulamentar, já que a execução orçamental se integra no exercício da função administrativa e não na função legislativa do Governo. Neste sentido, Nuno Piçarra, *A Reserva de Administração,* 1990, pág. 589 e pág. 600, considerando, mesmo, que a execução do Orçamento é um caso em que *a reserva de Regulamento terá carácter tendencialmente absoluto.* Assim, julga-se que se o Governo aceitar aprovar as referidas modificações (executivas/administrativas) por acto legislativo praticará um acto inconstitucional, mas que estará imune à apreciação parlamentar, seja para efeitos de cessação da vigência, seja para efeitos de modificação. Referindo-se, apenas, ao caso do Decreto-Lei de execução orçamental, considerando, *muito duvidoso que a Assembleia da República o possa alterar,* veja-se o *Relatório sobre as Perspectivas da Reforma da Lei de Enquadramento do Orçamento do Estado,* publicado pelo Ministério das Finanças, *Reforma da Lei do Enquadramento Orçamental – Trabalhos Preparatórios e Anteprojecto,* 1998, pág. 295.

[525] Sobre o relacionamento entre o poder legislativo e o poder executivo, salientando a necessidade de salvaguarda de uma área de protecção (*kernbereich*) do executivo, ainda quando não se defenda uma reserva geral de administração, veja-se, de modo muito consistente, Jorge Reis Novais, *Separação de Poderes e Limites da Competência Legislativa da Assembleia da República,* 1997; Também sobre esta problemática, aplicada a um caso concreto, Ministério do Ambiente e do Ordenamento do Território, *O Caso Co-Incineração, (Pareceres Jurídicos),* 2001, onde se encontram pareceres de Freitas do Amaral e de Maria da Glória Garcia, de Jorge Miranda, de Paulo Otero e de Assunção Esteves. Esta autora, que publicou o seu Parecer, também, em Assunção Esteves, *Os limites do poder do Parlamento e o procedimento decisório da co-incineração,* 2001, pág. 7 e segs., reporta-se às *reservas especiais de administração, reservas especiais de função política* e, numa apreciação casuística, reservas *atendendo à matéria, à máxima da proporcionalidade e à racionalidade do procedimento.* A autora admite, porém, que fora dos casos que identifica, *a competência do Governo é uma competência aberta à eventualidade de ocupação pelo legislador.* Sobre o princípio da separação de poderes e a busca de um conteúdo essencial de cada poder, veja-se, também, valorizando o conceito *político* inerente aos actos

260   *A Lei por detrás do Orçamento*

Atingido este patamar, é-se levado a concluir que o Governo, no exercício das suas funções governativas e administrativas, é livre de

legislativos, Nuno Piçarra, *A Separação dos Poderes na Constituição de 76. Alguns Aspectos,* 1986, pág. 145 e segs e, de modo mais geral, do mesmo autor, *A Separação dos Poderes como Doutrina e Princípio Constitucional,* 1989. Especificamente sobre a questão da reserva de administração, negando em geral a admissibilidade de uma tal reserva, Nuno Piçarra, *A Reserva de Administração,* 1990, pág. 600. Contra, defendendo a existência de uma reserva de administração, Marcelo Rebelo de Sousa e André Salgado de Matos, *Direito Administrativo Geral,* 2004, pag. 134. Na doutrina italiana, veja-se, por exemplo, Mario Nigro, *Studi sulla Funzione Organizzatrice della Pubblica Amministrazione,* 1966, pág. 185, que, depois de se reportar ao âmbito potencialmente ilimitado da lei parlamentar, refere que a intervenção do Parlamento não pode implicar *uma degradação do âmbito directivo do Governo.* Para o autor, *jamais, apesar da justa consideração da elevada dignidade política do Parlamento e da elasticidade das relações parlamento–governo, típicas do sistema parlamentar, poderá configurar-se o Governo sujeito a um insistente e ilimitado poder de direcção do Parlamento.* Para Mario Nigro, em conclusão, *o Governo não é um comité executivo do parlamento ou o seu apático destinatário de ordens (stumpfer Befehlempfänger).* O autor chega mesmo a defender (apesar de reconhecer que as fronteiras teriam de ser aproximativas) uma *reserva de indirizzo* do Governo, que o Parlamento (mesmo o Parlamento-legislador) teria de respeitar. Assim, a reserva de executivo seria enquadrada por *um sistema de círculos concêntricos: o círculo mais pequeno e central constitui o caroço do poder do executivo ("Kernbereich") no qual qualquer interferência do Parlamento deve considerar-se proibida* (...). Diferentemente, considerando que o regime italiano não conhece limites para o conteúdo da lei em face da Administração, Constantino Mortati, *Istituzioni di Diritto Pubblico I,* 1991, pág. 345 e segs A questão da existência de uma eventual "reserva de administração" tem sido muito discutida na doutrina alemã, estando associada à teoria do núcleo de reserva (*Kernbereich*) do Executivo. Sobre este domínio, vejam-se os contributos que têm sido dados pelas conferências realizadas nas reuniões da Associação de Professores de Direito Público (*Veröffentlichungen der Vereinigung der Deutschen Staatsrechtslehrer - VVDStRL*), cujas actas são, depois, publicadas. Neste contexto, salientam-se as intervenções de Klaus Vogel e de Roman Herzog, em 1965 (*VVDStRL,* 24, 1966), subordinadas ao tema *Gesetzgeber und Verwaltung,* as de Scholz e de Schmidt-Assman, em 1975 (*VVDStRL,* 34, 1976), subordinadas ao tema *Verwaltungsverantwortung und Verwaltungsgerichtsbarkeit,* e, finalmente, as intervenções de Hartmut Maurer e de Friedrich E. Schnapp, em 1984, (*VVDStRL,* 43, 1985), subordinadas ao tema *Der Verwaltungsvorbehalt.* Sobre esta questão, importa apenas fazer uma referência breve ao facto de, numa primeira fase, ter vingado a doutrina da essencialidade (*wesentlichkeitstheorie*) no seguimento da obra de Thomas Oppermann, *Nach welchen rechtlichen Grundsätzen sind das öffentliche Schulwesen und die Stellung der an ihm Beteiligten zu ordnen?,* 1976, pág. 108 e segs. Sobre o assunto, veja-se, ainda, Häberle, *Gesetzvorbehalt und Parlamentsvorbehalt,* 1984, pág. 485 e segs. De acordo com esta doutrina, as questões essenciais para os cidadãos deveriam ser decididas por acto legislativo parlamentar, o que, naturalmente, levava a uma diminuição da autonomia administrativa na tomada de decisões. Esta doutrina foi acolhida jurisprudencialmente, através das decisões do

A Lei do Orçamento na Constituição de 1976

escolher (dentro do princípio da legalidade) os contratos que deseja celebrar, não estando, nesses domínios, limitado ou condicionado

---

Tribunal Constitucional alemão 33, 303; 34, 165 (192); 41, 251 (259); 45, 400 (417) e 47, 46 (78-80), mas acabaria por ser afastada pela emblemática decisão 49, 89, (124), de 8 de Agosto de 1978, conhecida como *Kalkar-beschluss*. Nesta decisão, estava em causa o facto de se saber se a decisão sobre o local de instalação de uma central nuclear poderia ser tomada pela Administração (no seguimento do que previa a lei), ou se teria de ser decidida pelo próprio Parlamento (por acto legislativo), tendo em conta a *wesentlichkeitstheorie*. O Tribunal Constitucional negou a validade da *wesentlichkeitstheorie*, considerando que se a lei remeteu para a Administração a decisão concreta sobre a localização das centrais nucleares, então não deveria o Tribunal substituir-se à apreciação do legislador, sobretudo tendo em conta a legitimidade democrática de que (também) o executivo goza. Sobre a importância desta decisão, Erichsen, *Zum Verhältnis von Gesetzgebung und Verwaltung nach dem Grundgesetz*, 1979, pág. 249 e segs. Hoje em dia, embora não vigore no Direito Alemão uma reserva geral de administração, ainda assim se reconhecem domínios de reserva para a Administração, como sejam o domínio da execução das leis ou da organização do Governo. Para além disso, importa não esquecer a necessidade imposta pelo art. 20.º da Lei Fundamental, que reconhece a cada poder um domínio irredutível, ainda que, como salienta Maurer, *Der Verwaltungsvorbehalt*, 1985, pág. 148, a doutrina do *kernbereich* esteja *assente sobre pés de barro*, sendo a sua sustentação doutrinal e jurisprudencial *vaga*. Sobre esta matéria, Stettner, *der Verwaltungsvorbehalt*, 1984, pág. 611 e segs.; Hans-Jürgen Papier, *Der Vorbehalt des Gesetzes und seine Grenzen*, 1985, pág. 36 e segs.; Norbert Achterberg, *Kriterien des Gesetzesbegriffs unter dem Grundgesetz*, 1973, pág. 289 e segs.; Böckenförde, *Die Organisationsgewalt im Bereich der Regierung – Eine Untersuchung zum Staatsrecht der Bundesrepublik Deutschland*, 1964 (2ª ed. 1998), pág. 107 e segs.; Ernst Friesenhahn, *Parlament und Regierung im modernen Staat*, 1958, pág. 37 e segs.; Horst Goltz, *Mitwirkung parlamentarischer Ausschüsse beim Haushaltsvollzug*, 1965, pág. 605 e segs. Este autor (pág. 611), lembra que, mesmo no contexto alemão, o Governo *não é uma simples comissão executiva do Parlamento. É um dever da Constituição de um Estado de Direito Democrático que o Executivo possa desempenhar, por si só, a sua função, sob a sua própria responsabilidade*. Sobre esta matéria veja-se, ainda, Walter Schmidt, *Der "Verwaltungsvorgehalt" – ein neuer Rechtsbegriff?*, 1984, pág. 545 e segs.; Christoph Degenhart, *Der Verwaltungsvorbehalt*, 1984, pág. 2184 e segs.; Steffen Detterbeck, *Vorrang und Vorbehalt des Gesetzes*, 2002, pág. 235 e segs.; Philip Kunig, *Einzelfallentscheidungen durch Gesetz*, 1993, pág. 308 e segs.; Böckenförde, *Organisationsgewalt und Gesetzvorbehalt*, 1999, pág. 1235, ou, de modo global, Thomas Kuhl, *Kernbereich der Executive*, 1993. Uma explicação sobre o modo como a questão da reserva de administração se coloca no contexto do ordenamento jurídico alemão pode ver-se em, António Embid Irujo, *La Relación entre los poderes del Estado en la Reciente Dogmática Alemana*, 1988, pág. 403 e segs.; José Baño Leon, *Los Limites Constitucionales de la Potestad Reglamentaria*, 1991, pág. 19 e segs.; António Jimenez-Blanco Carrillo de Albornoz, *La Función Legislativa y la "Reserva de Administración": Notas sobre un nuevo Concepto*, 1987, pág. 1445 e segs.; Nuno Piçarra, *A Reserva de Administração*, 1990, pág. 333 e segs. e Luís Cabral de Moncada, *A Reserva de Lei no actual Direito*

262 A Lei por detrás do Orçamento

pelos poderes legislativos ou fiscalizadores do Parlamento, que, embora possam, em termos gerais, ter reflexos condicionadores da actividade contratual do Executivo, não poderão incidir, especificamente, sobre a sua autonomia em celebrar contratos[526].

Esta não tem sido, porém, a doutrina do Tribunal Constitucional, já que este órgão de justiça tem aceitado a possibilidade de a Assembleia da República utilizar um acto legislativo para, especificamente, alterar cláusulas de um contrato validamente assinado pelo Governo, defendendo que *a circunstância de tal norma* (norma legal que altera uma cláusula de um contrato) *se traduzir na derrogação de um contrato administrativo não lhe retira a "generalidade" no sentido de susceptibilidade de justificação racional em conformidade com a Constituição nem a exclui da competência legislativa da Assembleia da República*[527].

Para uma melhor compreensão do caso em apreço, impõe-se proceder a uma breve recensão da situação fáctica que foi colocada perante o órgão de justiça constitucional, sendo que, tendo em conta apenas o aspecto que presentemente importa analisar, qual seja o da relação entre actos legislativos parlamentares e contratos celebrados pelo Governo no exercício da sua função administrativa, a história se conta em poucas palavras.

Assim, o Governo, nos termos do Decreto-Lei n.º 9/97, de 10 de Janeiro, pretendendo aumentar a oferta de infra-estruturas rodoviárias, deliberou proceder à concessão de alguns troços de auto-estradas já construídas, em construção ou a construir, a duas novas empresas concessionárias, a constituir, que ficariam responsáveis pela constru-

---

Público Alemão, 1992. Regressando ao ordenamento jurídico nacional, note-se que, como referiu Freitas do Amaral, *Apreciação da Dissertação de Doutoramento do Mestre Luís Cabral de Moncada – Lei e Regulamento*, 2004, pag. 428, não é desejável que se decalquem para o nosso sistema os resultados obtidos pela doutrina alemã no âmbito daquele sistema constitucional. Para Freitas do Amaral, no ordenamento constitucional português, *o princípio da separação dos poderes e as exigências da governabilidade impõem, sem hesitações, a necessidade de uma clara reserva de administração, à luz da prática constitucional de frequentes e longos períodos de governos minoritários.*

[526] Neste sentido, veja-se a emblemática frase de Bullinger, *Vertrag und Verwaltungsakt*, 1962, pág. 95, quando afirma que seria inconstitucional *uma degradação da Administração em mera cumpridora de ordens do Parlamento.*

[527] Acórdão do Tribunal Constitucional n.º 24/98 do Tribunal Constitucional.

A *Lei do Orçamento na Constituição de 1976*   263

ção e exploração das novas auto-estradas, e pela exploração das já construídas[528].

Relativamente ao lanço de auto-estrada Torres Vedras-Bombarral, o Governo deliberou, através do Decreto-Lei n.º 208/97, de 13 de Agosto, incluí-lo, transitoriamente, enquanto a sua conservação e exploração não passasse para uma das novas empresas concessionárias, na concessão da empresa "Brisa", para o que era necessário alterar o contrato de concessão existente entre o Estado e a referida empresa. A minuta com as cláusulas relativas a tal alteração, bem como a autorização aos ministros para assinarem o referido contrato, foram aprovadas pelo Decreto-Lei n.º 294/97, de 24 de Outubro. A 27 de Outubro o contrato foi assinado, tendo, apenas a 29 de Outubro, sido solicitada a apreciação parlamentar do Decreto-lei n.º 294/97, de 24 de Outubro.

Independentemente deste pedido de apreciação parlamentar, o Parlamento decidiu, ainda, através de uma súbita união de todos os partidos da oposição, já depois de o contrato ter sido assinado, aprovar um projecto de lei no qual se alteravam algumas das cláusulas desse mesmo contrato, sendo o referido decreto enviado, pelo Presidente da República, para apreciação constitucional. No seguimento da sindicância constitucional, o Tribunal decidiu que não havia inconstitucionalidade na actuação legislativa, já que o Decreto-Lei n.º 294/97, de 24 de Outubro, que aprovou as cláusulas contratuais (e que esteve na base da celebração do novo contrato), poderia ter sido objecto de apreciação parlamentar, assim se demonstrando que nada impedia, afinal, que o Parlamento fizesse, por lei avulsa, o que poderia ter feito através de apreciação parlamentar.

Esta doutrina falha, porém, duplamente, na sua argumentação. Na verdade, em primeiro lugar, julga-se que a apreciação parlamentar é um instituto constitucionalmente dirigido aos actos da função legislativa do Governo e não aos actos da sua função administrativa,

---

[528] Refira-se que no referido Decreto-Lei se previa, desde logo, que as auto-estradas a ser construídas pela empresa concessionária vencedora do concurso seriam exploradas em regime de portagens, diferindo-se para as bases dos referidos contratos as condições concretas de exploração e manutenção dos troços já construídos. Neste sentido, o Decreto-Lei n.º 294/97, de 24 de Outubro, que aprovou as referidas bases, assumia, de modo claro, que a exploração dos troços era feita no sistema de portagens.

264   *A Lei por detrás do Orçamento*

ainda que estes sejam aprovados sob a forma de Decreto-Lei[529]. Uma opção diversa, que autorize a Assembleia da República a intervir, normativamente, em sede de apreciação parlamentar sobre matérias face às quais não teria competência fora de uma ilegítima utilização da forma legal por parte do Governo, levava a que a competência dos órgãos deixasse de ser fixada constitucionalmente e dependesse da escolha dos órgãos constituídos, em contravenção flagrante face ao número 2 do art. 110.º da Constituição.

Acontece que, mesmo para quem não perfilhe este entendimento, a doutrina do Tribunal Constitucional não pode ser satisfatória, já que, mesmo que se entendesse que o facto de o Governo aprovar, por acto legislativo, a minuta do contrato permitia que a Assembleia da República alterasse os termos dessa minuta, sempre se teria de concordar com o facto de tal actuação parlamentar dever, necessariamente, ocorrer antes da assinatura do referido contrato, assim se integrando no processo negocial.

Com efeito, antes da assinatura do contrato sempre se poderia afirmar que a Assembleia da República se comportaria como órgão superior ao Conselho de Ministros, deliberando se os resultados da negociação entre o Governo e a "Brisa" tinham, ou não, sido satisfatórios, mas parece consensual que a partir do momento em que o contrato foi assinado se estabeleceu uma "lei" entre as partes, que a lei, mesmo a parlamentar, não poderia, legitimamente, alterar[530].

---

[529] A apreciação parlamentar dirige-se a actos legislativos relativamente aos quais o Parlamento tenha competências primárias, estando, desta forma, dela excluída, não só a competência de auto-organização do Governo, como o desenvolvimento de leis de bases em situações de reserva parlamentar de aprovação de legislação de bases, como, também, os actos da função administrativa e jurisdicional.

[530] É certo que existe a possibilidade de o legislador (mediante compensação) impor a modificação de um contrato administrativo, através da aplicação da doutrina do *ius variandi*, do *fait du prince* ou da teoria da imprevisão, mas nenhuma das situações se aplica directamente ao caso concreto. Sobre esta matéria veja-se, na doutrina francesa onde o caso mais se tem estudado, Laurent Richer, *Droit des Contrats Administratifs*, 1995, pág. 184 e segs e pág. 227 e segs. André Laubadère, Jean-Claude Venezia, Yves Gaudemet, *Traité de Droit Administratif, tome I*, 1990, pág. 655 e segs., e André de Laubadère, Franck Moderne, Pierre Devolvé, *Traité des Contrats Administratifs, tome I*, 1983, pág. 762 e segs e *tome II*, 1984, pág. 515 e segs e 545 e segs.; Jean Badaoui, *Le fait du prince dans les contrats administratifs*, 1954; René Chapus, *Droit administratif général, tome I*, 2001, pág. 1209 e segs. No ordenamento jurídico espanhol, Eduardo García de Enterria e Tomás-Ramón

Discorda-se, desta forma, frontalmente, da doutrina expendida pelo acórdão, que, olvidando o facto (essencial) de o contrato já ter sido celebrado, se fixa, exclusivamente, na ideia de que o uso da forma legislativa para aprovar a minuta do contrato permitiu que o Parlamento sobre ela se pronunciasse, independentemente do momento em que o fez, e desvalorizando o facto de o Parlamento não ter competência administrativa, nem esta lhe poder ser outorgada pelo mau uso da forma efectuado por parte do Governo[531].

Fernández, *Curso de Derecho Administrativo, I*, 2002, pág. 692 e segs. e 742 e segs.; Ramón Parada, *Derecho Administrativo I*, 2002, pág. 329 e segs. e Concepción Horgué Baena, *La modificación del Contrato Administrativo de Obra – El ius variandi*, 1997. Entre nós, Marcello Caetano, *Manual de Direito Administrativo*, 2001, pág. 618 e segs.; Maria João Estorninho, *Requiem pelo Contrato Administrativo*, 2003, pág. 130 e segs.; Alexandra Leitão, *O Enriquecimento sem causa da Administração Pública*, 1998, pag. 96 e segs., Pedro Gonçalves, *A Concessão de Serviços Públicos (uma aplicação da técnica concessória)*, 1999, pág. 260 e *O Contrato Administrativo (Uma Instituição do Direito Administrativo do nosso tempo)*, 2003, pág. 136. Voltando ao caso em apreço, refira-se que a situação das portagens do Oeste, apreciada pelo Tribunal Constitucional, era muito particular, já que nem foi a Administração a ter a iniciativa de modificar o contrato, nem a modificação foi imposta pela ocorrência de um facto geral ou imprevisto. Na verdade, a modificação do contrato foi efectuada pelo Parlamento, por acto legislativo individual, desligado de qualquer modificação geral do regime jurídico a que a Brisa viesse a estar sujeita, o que leva a duvidar seriamente da legalidade da actuação, desde logo por violação do art. 180.º do Código do Procedimento Administrativo. De qualquer modo, a actuação legislativa do Parlamento, modificando o contrato em questão, geraria, de qualquer das formas, um direito de indemnização da Brisa, o que acarretaria maiores custos para o Estado, pelo que a lei parlamentar violava, nesse caso, a lei-travão, sendo, por essa via, (também) inconstitucional. Considerando que a Assembleia da República não tem competências administrativas, e, como tal, *se encontra impossibilitada de proceder à aprovação de contratos envolvendo a Administração Pública*, Paulo Otero, *Legalidade e Administração Pública*, 2003, pág. 754. Neste sentido (pág. 950), o autor refere que *os princípios da separação de poderes e da tutela da confiança impedem que a lei revogue ou modifique cláusulas ou efeitos de um ou de vários contratos determinados: sob pena de o legislador exercer um poder administrativo de modificação unilateral dos contratos envolvendo a Administração Pública, registando-se uma usurpação da função administrativa e um paralelo desvio de poder legislativo, a lei não pode, por si só, extinguir ou alterar os termos de uma concreta vinculação contratual.*

[531] Denunciando esta situação, veja-se o voto de vencido de Armindo Ribeiro Mendes, com cujo teor se concorda. Refira-se que o referido juiz-conselheiro, enquanto primitivo relator do acórdão, solicitou informação ao Governo sobre se o contrato já tinha sido assinado e em que data, tendo esta informação, determinante para o caso em apreço, sido ignorada pelos juízes-conselheiros que compuseram a maioria que aprovou o acórdão.

A Lei por detrás do Orçamento

Para o Tribunal Constitucional, o facto de o Parlamento ter alterado, unilateralmente, um contrato, no qual não foi parte subscritora, já depois de este estar assinado e em vigor, não consubstanciou *uma intromissão intolerável da Assembleia da República na esfera puramente administrativa do Governo, em domínios que são próprios da sua actividade executiva (como sejam a adjudicação de contratos de concessão da construção, conservação e exploração de auto-estradas em regime de portagem, no âmbito de um concurso público internacional, ou a outorga de contratos administrativos), e, por consequência, não se detecta um desrespeito dos "limites constitucionais de natureza funcional à liberdade e extensão de conformação do legislador"*[532].

Importa referir, neste contexto, que a doutrina do acórdão se aproxima, bastante, das opiniões que têm feito vencimento na doutrina nacional, como reconhece Gomes Canotilho[533] que, embora manifeste dúvidas *quanto ao acerto metódico e dogmático da posição defendida pelo Tribunal Constitucional*[534], não deixa, no entanto, de considerar que a posição do acórdão não anda longe da que o próprio tem vindo a defender doutrinalmente[535]. O mesmo autor, colocado perante a

---

[532] A doutrina que fez vencimento no acórdão haveria de ser duramente criticada por diversos votos de vencido, nos quais se considerou que a actuação da Assembleia da República, ao modificar, através de lei, uma cláusula de um contrato que o Governo tinha, no exercício das suas competências administrativas, validamente celebrado, implicava inconstitucionalidade por violação do princípio da separação de poderes. Assim, segundo Armindo Ribeiro Mendes, *o decreto n.º 196/VII* (projecto de lei parlamentar) *torna-se um instrumento jurídico de natureza executiva, revogando actos administrativos e cláusulas contratuais da responsabilidade do governo, invertendo uma ideia de "conjugação harmoniosa das relações (de paridade) entre dois órgãos de soberania" em termos de ser razoável colocar a questão de saber como poderá o Governo ser parlamentarmente responsabilizado pelas consequências futuras (...).*

[533] Gomes Canotilho, *Anotação ao acórdão 24/98*, 1998, pag. 89 e segs. O autor considerou que *o tribunal anda a furtar-se, na sua mais recente jurisprudência, a dois problemas jurídico-dogmáticos básicos. O primeiro diz respeito ao sentido e alcance da judicial self restraint perante political questions. O segundo conexiona-se com o recorte de uma eventual reserva de executivo no sistema constitucional português.*

[534] Gomes Canotilho, *Anotação ao acórdão 24/98*, 1998, pág. 91.

[535] Gomes Canotilho defende, *Direito Constitucional e Teoria da Constituição*, 2003, pág. 553, reportando-se à função legislativa, que *não existe porém, qualquer critério constitucional-material caracterizador dessa função. A lei seria assim um acto normativo intrinsecamente aberto (...).a lei não é consequência de um "conteúdo" nem de qualquer intenção*

A Lei do Orçamento na Constituição de 1976

situação concreta do acórdão, e embora defenda a natureza aberta do acto legislativo, acaba, ainda assim, por considerar que *a radicalização deste discurso* (da natureza eminentemente formal do conceito de lei) *acabará, como é óbvio, na própria dissolução de princípios estruturantes, na perda dos lugares constitucionais dos órgãos de soberania, no abuso da forma como modo de expansão de competências*[536].

Apesar de se apreciar a inflexão do autor, discorda-se, ainda assim, desta ideia de que apenas com a radicalização do discurso surgiria uma situação de inconstitucionalidade. Na verdade, esta solução acaba por andar próxima, como o autor reconheceu, da que, depois de ter sido aflorada pelo Tribunal Constitucional no acórdão 1/97[537], voltaria a ser defendida no acórdão em análise.

Aí, o Tribunal considerou que só haveria essa radicalização, e, como tal, inconstitucionalidade, quando houvesse *uma pura substituição funcional do executivo, no preciso espaço da sua actividade*

---

jurídica específica. (...) o conteúdo não procura a forma; é uma certa competência exercida mediante certa forma e de acordo com determinado procedimento que procura um conteúdo constitucionalmente adequado. Para Gomes Canotilho (pág. 554), a referida abertura do acto legislativo relativamente ao conteúdo *não significa, porém, uma completa insensibilidade da Constituição ao conteúdo intrínseco dos actos legislativos a ponto de se afirmar que a lei pode transportar qualquer conteúdo.*

[536] Gomes Canotilho, *Anotação ao acórdão 24/98*, 1998, pág. 91.

[537] No acórdão 1/97 estava em causa a criação, por lei parlamentar, de vagas adicionais nas universidades portuguesas, de modo a que os alunos que nos exames de Setembro de 1996 tivessem obtido classificações que lhes permitissem obter uma nota de candidatura superior à do último estudante colocado (na sequência da época normal de exames desse ano) no mesmo par curso/estabelecimento pudessem ser, igualmente, colocados na universidade. Esta lei surgiu já depois da realização dos exames de Setembro, assim se discriminando os alunos que não se tinham candidatado a estes exames por não haver vagas sobrantes (as únicas que estão, normalmente, em discussão na época de Setembro) ou, em qualquer caso, por não conhecerem o regime excepcional, inexistente à data. O referido decreto da Assembleia da República foi sujeito a fiscalização preventiva, tendo o Tribunal Constitucional declarado a sua inconstitucionalidade, por violação do princípio da segurança jurídica e da igualdade, mas não por violação da separação de poderes, que, também, tinha sido arguida. Sobre este assunto, Jorge Reis Novais, *Separação de Poderes e Limites da Competência Legislativa da Assembleia da República*, 1997; Jorge Miranda, *O Tribunal Constitucional em 1997*, 1997, pág. 334, e Gomes Canotilho, *Anotação ao acórdão n.° 1/97*, 1997, pág. 80 e segs. Este autor inicia mesmo o seu comentário, afirmando: *trata-se de uma sentença estranha.*

268 *A Lei por detrás do Orçamento*

normal. Na verdade, repetindo a argumentação lavrada no acórdão n.º 1/97, o Tribunal desenvolve uma doutrina que, em boa verdade, levará a que, embora não assuma a sua vontade de escapar a estas problemáticas, acabe por estabelecer um critério aferidor da inconstitucionalidade que, na prática, não poderá utilizar[538].

Com efeito, a apreciação da inconstitucionalidade incide sobre normas, estando, naturalmente, o Tribunal sujeito a uma apreciação casuística das várias normas que lhe são apresentadas para apreciação, pelo que, neste contexto, tem o órgão de justiça constitucional, necessariamente, de confrontar cada norma, individualmente considerada, com a Constituição, verificando se esta é, ou não, merecedora de sanção constitucional, sendo, assim, de rejeitar uma análise constitucional que não encerre no confronto das normas em questão com a Constituição a fundamentação para a decisão.

Outra tem sido, porém, no domínio da separação de poderes entre o Parlamento e o Governo, a doutrina constitucional que, não só no acórdão n.º 1/97, como no acórdão n.º 24/98, faz apelo ao conceito indensificável de *intromissão intolerável,* levando, desta forma, a supor a admissibilidade de uma intromissão do Parlamento na esfera de competências do Governo, desde que esta não haja de se considerar intolerável. Isso mesmo decorre, aliás, do facto de o Tribunal ter considerado que a existência de um núcleo essencial de função administrativa *não significa que matéria susceptível de ser objecto de actividade administrativa, como a regulamentação de*

---

[538] Gomes Canotilho, *Anotação ao acórdão 24/98*, 1998, pág. 89, considera que *o Tribunal Constitucional parece insinuar – embora não o diga explicitamente – que o problema central de casos como o da sentença em análise é o de estarmos perante uma questão política que não pode ser resolvida através dos instrumentos de controlo da constitucionalidade.* O autor considera, igualmente (pág. 93), que *não podemos ser de grande severidade perante as posições assumidas pelo Tribunal Constitucional, pois a teoria, a doutrina e a dogmática constitucionais também não avançam critérios muito mais operativos do que as aproximações ad hoc do nosso Tribunal.* Mais severo com a decisão do Tribunal Constitucional foi, com razão, Jorge Miranda, *O Tribunal Constitucional em 1998*, 1998, pág. 373, ao defender, *sem hesitar*, a inconstitucionalidade do Decreto, por violação do princípio da separação de poderes e da tutela da confiança. No mesmo sentido, considerando infelizes, quer a sentença 1/97, quer a sentença 24/98, Freitas do Amaral, *Apreciação da Dissertação de Doutoramento do Mestre Luís Cabral de Moncada – Lei e Regulamento*, 2004, pag. 428.

leis, não possa, igualmente, ser objecto de lei da Assembleia da República[539].

Para o Tribunal Constitucional, a intromissão só seria intolerável no caso de *implicar uma pura substituição funcional do executivo no preciso espaço da sua actividade normal*, e, ainda assim, desde que fosse perpetrada *sem qualquer justificação especial*[540], o que deixa bem claro que, para a jurisprudência constitucional, a intolerabilidade surge, somente, com a intromissão ao nível da função e não, logo, ao nível do acto[541]. Ora, uma solução deste tipo acaba, inevitavelmente, por caucionar uma actuação parlamentar que vá desenvolvendo intromissões em áreas da esfera do Governo, desde que estas, no seu conjunto, não inviabilizem a manutenção da função governativa--executiva-administrativa, uma vez que, de acordo com o acórdão n.º 1/97, *o carácter excepcional da regulação legal proposta e a falta de intenção de esvaziamento continuado do espaço de actuação governamental pela Assembleia da República não permitem divisar com clareza (...) qualquer violação do art. 202ª, alínea g), da Constituição.*

Acontece que é, precisamente, uma sindicância desse calibre que o Tribunal Constitucional está impedido de realizar, já que a apreciação da (in)constitucionalidade se resume ao confronto de cada norma com a Constituição, não sendo lícito ao Tribunal, para verificar se *o Parlamento não retirou integralmente ao Governo a*

---

[539] Acórdão n.º 24/98 do Tribunal Constitucional.

[540] Acórdão n.º 24/98 do Tribunal Constitucional.

[541] Refira-se que, discordando-se da doutrina do acórdão, discorda-se também de Assunção Esteves, *Os limites do poder do Parlamento e o procedimento decisório da co--incineração*, 2001, pág. 25, quando a autora refere que *o princípio* (da separação de poderes) *não dirige apenas cada acto, de cada órgão, de cada vez: dirige os processos globais de decisão (...)*. Assunção Esteves considera que o Tribunal Constitucional fez uso do *critério da justa medida na avaliação dos limites funcionais do Parlamento*. A autora apela a uma *lógica de justo equilíbrio, de racionalidade da interacção no processo de decisão, de responsabilidade determinável e eficiência sistémica*, para concluir que *uma intervenção de um órgão perturbadora da actividade normal de outro não é, seguramente, constitucional.* A doutrina que prefere merece-nos as maiores reservas precisamente por apelar a um critério que não se esgota na análise de um acto normativo, antes se reportando a uma tendência que escapa ao controlo jurisdicional orientado para a análise de normas isoladas e em confronto directo com a Constituição. Refira-se, a propósito, que a autora votou vencida o acórdão n.º 1/97, tendo votado a favor no acórdão n.º 24/98.

270 *A Lei por detrás do Orçamento*

gestão administrativa da política rodoviária em matéria de auto estradas[542], cumular decisões decorrentes de vários acórdãos, para concluir se, numa apreciação de conjunto, não terá havido, afinal, uma substituição funcional do executivo[543].

O Tribunal criou, assim, um critério que não lhe é lícito utilizar, já que não é crível que um só diploma normativo parlamentar seja capaz de proceder a *uma pura substituição funcional do executivo*, ainda que numa determinada área de actuação, tornando-se impossível proceder a uma jurisprudência cumulativa de modo a ir verificando se, aos poucos, o Parlamento não está, na verdade, a retirar integralmente a gestão administrativa e política[544] de um qualquer segmento da actuação governativa[545].

Não se vê, em conclusão, como aceitar a teoria que defende que uma lei possa ser inconstitucional, não *entropicamente*, mas tendo em conta uma *endémica irregularidade de todo o procedimento de decisão em que se inscreve e que, de certo modo, culmina*[546], defen-

---

[542] Acórdão n.º 24/98 do Tribunal Constitucional.

[543] Este tipo de argumentação já surgia, de resto, no acórdão n.º 1/97, quando se referia que a actuação parlamentar, embora tenha estabelecido novos critérios relativos à avaliação dos resultados de um concurso público, diversos dos estabelecidos por portaria governamental, *não impede o prosseguimento, pelo Governo, da sua "actividade de providência".*

[544] Referindo que, mais do que a gestão administrativa, estava em causa uma gestão política da política rodoviária, Gomes Canotilho, *Anotação ao acórdão 24/98*, 1998, pág. 92.

[545] No sentido contrário ao que se defende, veja-se o teor do acórdão n.º 1/97, onde se pode ler que *não será uma esporádica e excepcional limitação do espaço de manobra do Governo, sem qualquer deliberada e reiterada substituição funcional pela Assembleia da República, que poderá violar o art. 185.º da Constituição*. No mesmo sentido, Assunção Esteves, *Os limites do poder do Parlamento e o procedimento decisório da co-incineração*, 2001, pág. 25, considera que *perante o jogo concertado do princípio da separação de poderes e do princípio do Estado de direito, um acto do Parlamento é inconstitucional se ele culmina uma intromissão reiterada na actividade normal do Governo, diluíndo os nexos de imputação e responsabilidade das decisões e induzindo irracionalidade no procedimento político.*

[546] Assunção Esteves, *Os limites do poder do Parlamento e o procedimento decisório da co-incineração*, 2001, pág. 39. Estava em causa a apreciação (em Parecer solicitado pelo Governo), da Lei n.º 22/2000, de 10 de Agosto, que suspendia o procedimento de co-incineração pela segunda vez, depois de o Governo ter dado seguimento às injunções a que a Assembleia da República tinha condicionado o fim da primeira suspensão. A autora insiste na doutrina da "prática reiterada", aí encontrando *o desmesuramento e o arbítrio* que, em seu entender, fundamentam a inconstitucionalidade. Sobre a sucessão de legislação parlamentar e

A *Lei do Orçamento na Constituição de 1976*   271

dendo-se, bem pelo contrário, que a apreciação constitucional se efectue pela apreciação avulsa de normas inseridas em actos normativos, restringindo-se essa apreciação ao confronto dessas mesmas normas com a Constituição.

Aqui chegados, e depois de se concluir que a competência legislativa parlamentar não permite a este órgão intervir em actos da competência administrativa do Governo, mesmo se aprovados através de forma legislativa, importa verificar o modo como a lei orçamental se relaciona com esta conclusão. Na verdade, no caso de a celebração de contratos por parte do Governo ou da Administração implicar a realização de despesas, impõe-se, naturalmente, que estas sejam orçamentadas, pelo que, por virtude dos reflexos financeiros dos contratos celebrados, ou a celebrar, pelo Governo, poderá o Parlamento vir a ganhar, enquanto legislador orçamental, poderes que lhe permitam, de alguma forma, vir a condicionar a actuação contratual do Governo.

A orçamentação das despesas contratuais insere-se no processo de formação e de aprovação dos referidos contratos, levando a uma interligação de competências reservadas do Governo e do Parlamento. Por esse facto, torna-se forçoso apelar a uma concertação de posições

---

governamental incidindo sobre o processo de co-incineração, onde fica claro o elevado e inconstitucional grau de interferência parlamentar na opção governativa subjacente à escolha do processo de co-incineração, veja-se, para além de Assunção Esteves, *Os limites do poder do Parlamento e o procedimento decisório da co-incineração*, 2001, pág. 47, os pareceres de Freitas do Amaral e Maria da Glória Garcia, de Jorge Miranda e de Paulo Otero, em, Ministério do Ambiente e do Ordenamento do Território, *O Caso Co-Incineração (pareceres jurídicos)*, 2001. Assim, para Freitas do Amaral e Maria da Glória Garcia (pág. 64) *resulta, em síntese, constituir a Lei n.º 22/2000, de 10 de Agosto, uma intromissão da Assembleia da República na área de actuação do Governo, sem que para tal se encontre minimamente legitimada no processo argumentativo de realização do Direito imposto pelo princípio da separação de poderes enquanto princípio jurídico-político e de legitimação do poder.* Para Jorge Miranda (pág. 87), o Parlamento, ao aprovar a lei em questão, acabou por *praticar, sob a forma de lei, um acto que não pode senão reconduzir-se à categoria dos actos administrativos (...). Para além da incompetência manifesta do Parlamento para a produção deste acto, perpassa aqui a preterição de um princípio de cooperação institucional e, sobretudo, de um princípio de segurança jurídica.* Finalmente, para Paulo Otero (pág. 135), *a Assembleia da República, além de subordinada ao princípio da separação de poderes, encontra-se vinculada à proibição de venire contra factum proprium, ao nível das relações inter-orgânicas com o Governo, designadamente pelos princípios da responsabilidade de actuação, da boa fé e da confiança (...).*

272   *A Lei por detrás do Orçamento*

entre ambos os órgãos que, naturalmente, apenas podem ser responsabilizados até ao limite das suas competências. Uma situação destas justifica que o Governo não se possa obrigar contratualmente, em termos definitivos, sempre que da celebração do contrato decorram despesas orçamentais, de modo a não condicionar a liberdade de conformação orçamental do Parlamento.

A orçamentação parlamentar das despesas tem, desta forma, e sem prejuízo da competência reservada do Governo em decidir quais os contratos em que se quer comprometer, um reflexo directo na contratualização das despesas, levando a que os contratos não possam ser definitivos enquanto não existir uma aceitação parlamentar-orçamental, que se manifesta através da cabimentação das verbas que virão a ser exigíveis por parte dos particulares[547].

Com efeito, na relação entre a autonomia contratual e a lei do Orçamento é fundamental distinguir entre a *fonte jurídica das despesas* e a *causa ou o título das despesas*[548], já que, enquanto as despesas, para serem realizadas, necessitam de encontrar no Orçamento a sua fonte jurídica, através de adequada cabimentação, diferentemente a causa dessas mesmas despesas há-de encontrar-se no contrato e nas prestações daí decorrentes.

Em conclusão, verifica-se que a liberdade governativa de celebração de contratos para a prossecução dos objectivos político-administrativos a que se propôs, tem como limite a existência de verbas orçamentais atribuídas (livremente) pelo Parlamento no âmbito do seu poder de aprovação da lei orçamental. Com efeito, não seria aceitável que o Governo pretendesse, no exercício dos seus poderes administrativos, condicionar a liberdade de actuação do legislador orçamental no momento de aprovar a lei do Orçamento, apresentan-do-lhe despesas "obrigatórias" decorrentes da celebração de contratos face aos quais se negou ao Parlamento capacidade de intervenção,

---

[547] Esta solução é, em teoria, independente do valor das verbas envolvidas. Acontece que no caso de as verbas não serem muito elevadas, a discriminação orçamental não é tão minuciosa que permita verificar se houve uma previsão orçamental específica para cada contrato que seja celebrado, havendo, nesse caso, uma aparência de maior autonomia governativa na celebração dos referidos contratos, no limite das verbas orçamentadas para cada departamento da administração e para cada rubrica orçamental.

[548] Rodríguez Bereijo, *El Presupuesto del Estado,* 1970, pág. 207.

A Lei do Orçamento na Constituição de 1976   273

não podendo, enfim, a contratualização crescente da Administração Pública ser factor desestabilizador da correcta ordenação normativa, seja ao nível dos actos, seja ao nível das funções[549].

A solução que se acaba de defender, e que logra promover uma articulação entre as competências contratuais do Governo e as competências orçamentais do Parlamento, parece, no entanto, brigar com o texto do número 2 do art. 105.º da Constituição, uma vez que aí, ao estabelecer-se que o Orçamento é elaborado de acordo com as obrigações decorrentes de contrato, parece estar a vincular-se a lei do Orçamento aos contratos, quando, como se viu, são, afinal, os contratos que têm de subordinar-se à lei do Orçamento, não podendo tornar-se definitivos, no sentido da sua exigibilidade por parte dos particulares, enquanto não tiver sido assumida, através de decisão livre do Parlamento, no exercício da sua função legislativa-orçamental, a sua cabimentação orçamental, onde o Parlamento, de alguma forma, adere aos termos contratuais estabelecidos pelo Governo.

---

[549] Contra, Paulo Otero, *Legalidade e Administração Pública*, 2003, pág. 946 e segs., onde o autor se questiona, precisamente a propósito da vinculação da lei do Orçamento aos contratos administrativos, sobre se *o exercício da função legislativa nunca se encontra adstrito a respeitar vinculações administrativas assumidas sob a forma contratual, verificando-se uma inversão do sentido vinculativo da lei?*. O autor conclui que, nos termos do art. 105.º número 2 da Constituição, a obrigação de o Orçamento ter em conta as obrigações decorrentes de contrato, *representa, simultaneamente,* (para além da obrigação de o Governo inscrever essas verbas na proposta orçamental), *uma área limitativa da liberdade dispositiva da Assembleia da República em matéria orçamental: sob pena de inconstitucionalidade da lei do Orçamento* (...). Refira-se, no entanto, uma certa incoerência na posição do autor, já que em, *A Intervenção do Ministro das Finanças sobre os Actos do Governo de Aumento de Despesas ou Diminuição de Receitas,* 2000, pág. 187, a posição do autor fora outra. Com efeito, estava em causa a indagação da natureza jurídica do acto do Ministro das Finanças que, no seguimento da lei orgânica do Governo, "aprovava" os actos do Governo que aumentassem despesas ou diminuíssem receitas. Aí, Paulo Otero considerou que *não se pode admitir que a competência do Ministro das Finanças para "aprovar" os actos do Governo que envolvem aumento de despesas ou diminuição de receitas se integre na função administrativa, isto por uma principal razão: mostra-se totalmente inadmissível em termos conceptuais, qualquer ideia de subordinação da eficácia de decretos-leis já aprovados em Conselho de Ministros, enquanto expressão do exercício da função legislativa, a um acto administrativo, precisamente inserido no âmbito da função administrativa.* Por nossa parte continua-se a concordar com esta posição de Paulo Otero e, por isso mesmo, se julga que a interpretação da Constituição tem de ser outra, que preserve, precisamente, como afirmava Paulo Otero, a não *inversão metodológica do relacionamento típico entre a função legislativa e a função administrativa.*

274   *A Lei por detrás do Orçamento*

Refira-se que esta disfunção do texto constitucional decorre, directamente, da revisão constitucional de 1982 e do modo como esta não acautelou, devidamente, o facto de a lei do Orçamento passar a ser, integralmente, uma lei parlamentar, no momento em que se abandonou o modelo dualista de aprovação orçamental. Ora, esta modificação implica, naturalmente, que a lei do Orçamento não possa, simplesmente, herdar as sujeições que o texto constitucional reservava ao Orçamento Geral do Estado, enquanto acto da função administrativa do Governo. Com efeito, como se viu, a consagração de um conjunto elevado de vinculações ao Orçamento Geral do Estado decorria, desde logo, da circunstância de este acto relevar da competência administrativa do Governo, estando, por esse facto, vinculado ao princípio da legalidade.

Era, assim, nesse contexto, que se explicavam as vinculações do Orçamento Geral do Estado a um conjunto de actos legislativos e era, também, tendo em conta a colocação do Orçamento Geral do Estado no seio da função administrativa do Governo que se justificava o facto de se impor que, na sua elaboração e aprovação, o Governo não deixasse de orçamentar os reflexos financeiros do acervo contratual a que, no seguimento das suas funções administrativas, se havia vinculado. Na verdade, pode mesmo dizer-se que, até à revisão constitucional de 1982, a relação da autonomia contratual com o Orçamento Geral do Estado era uma relação intra-orgânica e intra-funcional.

Acontece que esta situação se inverteu, completamente, a partir do momento em que a lei do Orçamento assumiu, plenamente, uma natureza legislativa, o que leva a que, independentemente das críticas que se possam apontar ao facto de a Constituição não se ter adaptado, na sua literalidade, às modificações dogmáticas que acolheu, não se possa continuar a sustentar uma interpretação que omita, nas suas conclusões, as modificações operadas.

Com efeito, a partir do momento em que a lei do Orçamento passa a ser aprovada por lei, o seu relacionamento com os contratos desloca-se do domínio interno do Governo, para se fixar no campo das relações inter-orgânicas e inter-funcionais, onde, embora se reconheça um domínio próprio (*kernbereich*) do executivo, imune a intervenções legislativas, tem, igualmente, de reconhecer-se o facto de não ser lícito ao poder executivo impor ao poder legislativo a inscrição

A Lei do Orçamento na Constituição de 1976 275

de verbas orçamentais para o cumprimento de contratos face aos quais o Parlamento não foi parte.

Assim sendo, e por mais que a certa doutrina apeteça encontrar no teor do actual número 2 do art. 105.º da Constituição um sinal do domínio do poder executivo sobre o poder legislativo, a verdade é que a interpretação da norma que estabelece que *o Orçamento é elaborado (...) tendo em conta as obrigações decorrentes de lei ou de contrato* tem de ser diferente no caso de o Orçamento ser aprovado, no exercício da função administrativa, ou no exercício da função legislativa[550/551].

---

[550] A expressão prevista no art. 105.º número 2 da Constituição pode ter um âmbito de aplicação no caso das despesas plurianuais mas, mesmo aí, não funcionará de modo autónomo. De facto, o Orçamento deve ter em conta as obrigações decorrentes de contratos plurianuais, não por um capricho ou por uma abstracta vontade constitucional, mas porque essas obrigações, tendo sido assumidas por legislador orçamental anterior, conhecedor do montante global da despesa envolvida, levaram a que este tenha assumido, perante si próprio e perante a Comunidade, a obrigação do Estado de assegurar o cumprimento pontual do contrato até ao seu final, concedendo-lhe as correspondentes verbas. A ser assim, a inconstitucionalidade de uma lei orçamental que não consagre verbas para uma despesa contratual de cariz plurianual não redundaria, apenas, numa violação do art. 105.º número 2, mas na violação das normas e princípios de protecção da confiança e da segurança jurídica ínsitos num Estado de Direito democrático e que, no fundo, o art. 105.º número 2 acaba por congregar. Isto significa, porém, que, mesmo num caso que, em abstracto, se pudesse configurar como uma violação do art. 105.º número 2, pelo facto de uma lei do Orçamento não ter concedido as verbas necessárias para a execução de uma despesa contratual de cariz plurianual, ainda assim a inconstitucionalidade possa ser afastada, no caso de estarem em causa outros princípios constitucionais que, em concreto, fundamentem uma aplicação prevalente face aos princípios que o art. 105.º número 2 tutela e prevê.

[551] Sobre esta matéria, na doutrina alemã, Michael Noll, *Haushalt und Verfassung – Normen – Reformen – Trends (Eine Einführung das Haushalts- und Verfassungsrecht der Bundesrepublik Deutschland sowie der Europäischen Union)*, 2001, pág. 9, onde o autor, de modo muito pragmático, tendo em conta, igualmente, as limitações de conteúdo e de âmbito de aplicação da lei do Orçamento no contexto do sistema constitucional alemão, considera que a lei do Orçamento se encontra vinculada pelas verbas já comprometidas através de leis ou de contratos. Para este autor, essas verbas têm (*müssen*) de ser inseridas na lei do Orçamento, sem se questionar sobre a autonomia da lei do Orçamento na sua aceitação, o que apenas se compreende atendendo ao modo limitado como a lei do Orçamento é vista no sistema constitucional alemão. Na doutrina italiana, Vitagliano, *Il Contenuto Giuridico della Legge del Bilancio*, 1910, pág. 432; Onida, *Le Leggi di Spesa nella Costituzione*, 1969, pág. 580 e segs. e pág. 731; Giuseppe Fazio e Matilde Fazio, *Il Nuovo Bilancio Statale nel Sistema Finanziario Italiano*, 2001, pág.114 e 115, e Zingali, *Rigidità del Bilancio e Spese Pluriennali: Fattori di Limitazione della Potestà del Parlamento Futuro*,

276   *A Lei por detrás do Orçamento*

Tal como já se afirmou, a matéria inerente ao relacionamento entre a legalidade orçamental e a autonomia contratual é das matérias que, encontrando-se na linha divisória entre as competências do Parlamento e do Governo, mais facilmente pode dar azo à existência de conflitos políticos inter-orgânicos que, naturalmente, se agudizam sempre que estejam em causa despesas plurianuais que venham a atravessar diferentes governos e maiorias parlamentares[552].

Foi, precisamente, uma questão como essa a que motivou em Espanha um enorme e interessante debate doutrinal e jurisprudencial em torno da orçamentação de uma despesa plurianual, assumida contratualmente pelo Governo, que pelo seu carácter paradigmático e pelos ensinamentos que pode trazer ao Direito nacional, importa, aqui, recordar e analisar.

1967, pág. 976 e segs. Este autor analisa a questão, não só do ponto de vista da relação entre o Governo e o Parlamento, mas, igualmente, na perspectiva do relacionamento do Parlamento actual com os Parlamentos futuros, tendo em atenção o estabelecimento de despesas plurianuais; No ordenamento jurídico francês, Loïc Philip, *Finances Publiques*, 1995, pág. 115. Com a aprovação da nova lei orgânica relativa às Finanças Públicas, n.º 2001-692, de 1 de Agosto de 2001, passou a consagrar-se (art. 8.º) a distinção entre *autorisations d'engagement* e *crédits de paiement*. Neste contexto, a autorização do programa plurianual não significa que a concessão das tranches anuais correspondentes aos vários anos tenha ficado, automaticamente, concedida e se assuma como uma obrigação orçamental para os próximos anos e para os próximos legisladores orçamentais. Em cada ano, o legislador orçamental tem de (livremente) conceder o crédito de pagamento, assim se podendo conciliar a regra da anualidade do Orçamento com o carácter plurianual de certas despesas. No mesmo sentido, Jean Pierre Lassale, *Le Parlement et l'autorisation des depenses publiques*, 1963, pág. 608 e segs. considera que, *ao votar as autorizações de programa, as assembleias comprometem-se implicitamente a inscrever nos Orçamentos seguintes os créditos de pagamento necessários à execução dos trabalhos em curso. Claro que teoricamente a lei orçamental pode sempre desfazer o que uma lei orçamental anterior instituiu.* O autor acaba por reconhecer que o Parlamento, na prática, se vê forçado a aprovar os créditos necessários para cumprir os programas aceites pela primeira vez, o que o leva a concluir que a liberdade de acção parlamentar *é largamente ilusória.* Com efeito, também Paul Amselek, *Le Budget de l'Ètat sous la Ve République*, 1966, pág. 394, não se esquece de afirmar que, na prática, é difícil ao Parlamento justificar a não recondução dos créditos de pagamento necessários, seja pela informação que tinha no momento de tomar a decisão sobre a autorização de programa, seja pelo desperdício que representaria o não cumprimento integral de uma despesa plurianual.

[552] Entre nós, recorde-se, por exemplo, sem entrar, porém, na discussão dessa problemática, os casos das concessões de Auto-Estradas em regime SCUT (sem custos para o utilizador) que geraram a necessidade de orçamentação, nos orçamentos sucessivos, de avultadas somas para pagar às concessionárias as portagens "virtuais" que os utilizadores não pagam.

A *Lei do Orçamento na Constituição de 1976*   277

Na verdade, muito embora a Constituição Espanhola não consagre, no seu articulado constitucional, qualquer tipo de vinculação da lei do Orçamento às obrigações decorrentes de contrato, tal facto não impediu que tenha sido aí que surgiu, recentemente, um caso jurisdicional que, apesar de ainda não ter tido uma solução definitiva, não deixa de configurar um bom exemplo das difíceis relações que se estabelecem entre o poder contratual, atribuído ao Governo, e o poder orçamental de consagrar verbas, incluindo verbas que permitam o cumprimento das obrigações contratuais, que se mantém na esfera reservada do Parlamento.

Para melhor se compreender o alcance das dificuldades de relacionamento entre os dois poderes, justifica-se o conhecimento deste "case study", que teve repercussões amplíssimas, não só ao nível jurídico, como político e social, procedendo-se a um excurso sobre o modo como a doutrina e a jurisprudência têm configurado, naquele país, nos termos constitucionais, a lei do Orçamento na respectiva encruzilhada normativa e orgânica.

Com efeito, o Governo de Espanha decidiu, em 1994, no seguimento de norma legal que lhe impunha a obrigação de negociar os aumentos salariais da função pública com as entidades representativas dos trabalhadores, celebrar um acordo com os respectivos sindicatos, reportando-se ao modo como se calculariam os aumentos salariais dos anos subsequentes, até ao final da legislatura[553].

Neste contexto, o Governo, comprometia-se a que, nos três anos seguintes, previsivelmente até ao final da legislatura, os aumentos salariais da função pública tivessem como valor de aumento mínimo, uma percentagem equivalente à taxa de inflação relativa ao índice de preços do consumidor, tendo o Governo, no seguimento do referido acordo, feito incluir e aprovar, no primeiro Orçamento aprovado depois da celebração do acordo, as verbas necessárias ao cumprimento do acordado.

Acontece que, por vicissitudes políticas várias, o Governo apresentou a sua demissão, tendo sido substituído, em eleições parlamentares intercalares, por um Governo secundado por maioria parlamentar

---

[553] Immaculada Marín Alonso, *La congelación salarial de los funcionarios públicos mediante determinación unilateral del correspondiente ministro para las Administraciones Públicas – A propósito de la SAN de 7 de noviembre 2000*, 2000, pág. 1045 e segs.

278 *A Lei por detrás do Orçamento*

diversa da anterior. O novo Governo, que não havia subscrito o referido acordo, manifestou, então, unilateralmente, a sua vontade de não cumprir as disposições acordadas, invocando compromissos comunitários inerentes às obrigações decorrentes da integração da Espanha na União Económica e Monetária, e consequente necessidade de cumprir os critérios de convergência nominal impostos pelo tratado de Maastricht.

No recurso jurisdicional interposto por um dos sindicatos, foi invocado o não cumprimento pelo Governo, em 1996, do acordo celebrado com os sindicatos, em 15 de Setembro de 1994, que havia sido aprovado pelo Conselho de Ministros e teria uma validade que se estendia de 1994 a 1997. Este acordo foi considerado pelo Tribunal[554] como sendo vinculativo para a Administração Pública, não podendo, por isso mesmo, o Governo desvincular-se, unilateralmente, dessa obrigação contratual que tinha sido, aliás, negociada no seguimento de imposição legal que obrigava à busca de um entendimento[555].

O Tribunal começou por reconhecer que a vinculação ao acordo celebrado apenas se dirigia ao Governo que o havia aprovado em Conselho de Ministros, já que *ninguém pode comprometer-se a cumprir o que excede as suas faculdades, ou neste caso, as suas atribuições jurídicas*[556]. No entanto, a sentença, numa argumentação contraditória, haveria de acolher, também, a doutrina que defende que *se acei-*

---

[554] Sentença de 7 de Novembro de 2000, emitida pela secção sexta da sala de Contencioso Administrativo da Audiência Nacional Espanhola, relativa ao recurso interposto pela "federacción de enseñanzas de comisiones obreras" contra a resolução do Ministro das Administrações Públicas, de 19 de Setembro de 1996. Estava em causa a decisão do Ministro, comunicada aos sindicatos, de não aumentar as retribuições dos funcionários para o ano de 1997, não aplicando o acordo de 15 de Setembro de 1994 firmado entre o Governo e os sindicatos, no seguimento de imposição legal que previa a obrigatoriedade de negociação dos aumentos de retribuições dos funcionários com os sindicatos representativos destes. Esta decisão foi revogada pela Sentença do Tribunal Supremo, da 7.ª secção, da 3.ª sala, de 21 de Março de 2002, estando pendente um recurso interposto para o Tribunal Constitucional.

[555] Lei 7/1990, de 19 de Julho.

[556] Isso mesmo foi reafirmado no voto de vencido junto à Sentença, onde um dos Juízes salientou o facto de a Lei 7/1990, de 19 de Julho referir, expressamente, que seriam objecto de negociação as matérias relativas ao aumento salarial que o Governo pretendesse *incluir no projecto de Orçamento de cada ano*. Para este magistrado, o âmbito máximo do acordo celebrado decorria do facto de obrigar o Governo a fazer incluir na proposta de Orçamento os resultados negociais acordados com os sindicatos.

A Lei do Orçamento na Constituição de 1976 279

tarmos que os acordos e pactos apenas vinculam se tiverem sido assinados directamente pelas entidades com competência para elaborar e aprovar a despesa pública através do Orçamento, chegamos ao absurdo de considerar que os mesmos nunca seriam vinculantes, quando o próprio artigo 35 (da Lei n.º 7/1990) declara, expressamente, a sua força e eficácia vinculante, porque os órgãos que segundo a própria Lei n.º 7/1990 têm competência para a negociação colectiva, não são as Cortes Gerais.

No entender da sentença, o acordo alcançado entre o Governo e as entidades representativas dos trabalhadores beneficiava, desta forma, de força de lei, na medida em que a Lei n.º 7/1990, de 19 de Julho impunha a obrigação de o Governo negociar de boa fé com as referidas entidades, no sentido de procurar encontrar um acordo relativamente aos aumentos retributivos.

Relativamente ao facto de as Cortes Gerais serem, nos termos da Constituição, o órgão competente para aprovar a lei do Orçamento, não tendo participado na celebração do referido acordo, a sentença resolve o dilema considerando que as Cortes Gerais, no momento de aprovar a lei do Orçamento, não se encontram no exercício de uma competência legislativa, já que o número 2 do art. 66.º da Constituição separa a competência legislativa, da competência orçamental, pelo que estas, quando no exercício da função orçamental, estariam vinculadas ao cumprimento das leis em vigor, cujo conteúdo não poderiam alterar[557].

Haveria, deste modo, uma submissão do poder orçamental ao poder legislativo, que levaria a que o Parlamento não pudesse pôr em causa, no momento de aprovar a lei do Orçamento, as leis que havia aprovado no exercício do poder legislativo. O Parlamento encontrava-se, deste modo, no entender do Tribunal, sujeito ao referido acordo, devendo, por isso mesmo, consagrar as verbas que este exigia, não pelo facto de ter sido parte co-celebrante, mas porque este decorria de obrigação legal, beneficiando, assim, indirectamente, de força de lei que se superiorizava ao poder orçamental e à referida lei orçamental.

---

[557] De modo contrário, veja-se o voto de vencido de um dos magistrados, no qual se defende que *o incremento de retribuições aos funcionários públicos está sujeito, em último termo, à vontade do titular do poder legislativo, as Cortes Gerais, que não estão obviamente vinculadas a aceitar o pacto celebrado por terceiros (...).*

280 *A Lei por detrás do Orçamento*

De acordo com esta sentença, a lei do Orçamento deveria conformar-se com o ordenamento jurídico preexistente, não lhe sendo lícito, pela não inclusão de verbas, evitar o cumprimento de leis parlamentares, ou de contratos com força de lei. A sentença nega, assim, a possibilidade de o Parlamento revogar a lei em causa, utilizando, para isso, a sua competência orçamental-legislativa[558], na medida em que condiciona a submissão da lei do Orçamento *à Constituição e ao resto do ordenamento* (...) enquanto a lei se encontre vigente[559].

Ora, ainda segundo o Tribunal a modificação da lei em causa (Lei 7/1990) não poderia ser efectuada pelas Cortes no momento da aprovação da lei do Orçamento, já que, embora a função legislativa e a função orçamental façam, ambas, parte da competência das Cortes Gerais, estas, quando no *exercício de poderes não legislativos, encontram um limite legal no poder de ordenação das despesas públicas e por isso na elaboração e aprovação do Orçamento, quando o ordenamento determina de forma vinculante um determinado gasto público*[560].

A doutrina do acórdão acaba, assim, por se resumir ao facto de o Tribunal considerar que, não sendo a competência orçamental subsumível à competência legislativa, não pode o Parlamento, quando no uso da competência orçamental, inovar no ordenamento jurídico aprovado legislativamente, antes implicando que a lei do Orçamento devesse ser elaborada tendo em conta o respeito pela legalidade e pelos compromissos validamente assumidos.

Para o Tribunal, não seria possível que, *sob pretexto da elaboração da lei do Orçamento se eliminassem compromissos de despesas*

---

[558] Refira-se, no entanto, que o Tribunal não refere se o Parlamento poderia utilizar a sua competência legislativa para revogar ou alterar o referido acordo, ou se apenas poderia actuar em termos genéricos sobre a Lei n.º 7/1990.

[559] O Tribunal invoca a norma do art. 9.º número 1 da Constituição Espanhola, que afirma que *os cidadãos e os poderes públicos estão sujeitos à Constituição e ao resto do ordenamento jurídico*, para justificar a subordinação do legislador orçamental ao ordenamento jurídico.

[560] A sentença dá como exemplos de outras vinculações relativas a compromissos prévios legalmente assumidos, os pagamentos em consequência da contratação de obras e serviços administrativos, as rendas que devam ser pagas por utilização de imóveis, as devoluções de imposto, quando devam ocorrer, ou os subsídios atribuídos.

A Lei do Orçamento na Constituição de 1976　　　281

validamente assumidas pela administração e cuja exigibilidade viesse estabelecida na lei, já que, no seu entender, a Lei do Orçamento *não inova no Direito, nem altera as obrigações jurídicas da Administração, somente estabelecendo o destino das verbas orçamentais atendendo ao Direito e às obrigações jurídicas exigíveis à administração.*

Com esta sentença, o Tribunal da Audiência Nacional esquece a longuíssima jurisprudência constitucional, bem como as conclusões da doutrina claramente maioritária em Espanha, que, ao longo dos anos, se tem esforçado por demonstrar que a lei do Orçamento, embora contenha algumas especificidades ao nível do conteúdo, é fruto do poder legislativo, beneficiando da força de lei que lhe permite intervir no ordenamento jurídico-legislativo, modificando a legislação preexistente.

Por todo este acervo de razões, e sobretudo pelo modo retrógrado com que o Tribunal qualificou a lei do Orçamento, no contexto da Constituição de Espanha, não surpreende que o Tribunal Supremo tenha revogado a sentença da Audiência Nacional[561]. Na decisão revogatória, os juízes do Supremo consideraram que o acordo estabelecia, desde logo, uma situação diferenciada entre a obrigação prevista para o ano orçamental imediatamente a seguir à celebração do acordo e para os anos subsequentes, uma vez que, tendo em atenção a regra da anualidade do Orçamento, a negociação também deveria ser anual, pelo que, naquele acordo, apenas se haviam estabelecido os critérios orientadores para a negociação dos anos subsequentes[562].

O Tribunal Supremo veio ainda considerar que, nos termos do número 3 do art. 9.º da Constituição[563], existe uma *sujeição hierárquica do convénio à lei,* que levaria a que não fosse exigível o

---

[561] Sentença do Tribunal Supremo, da 7.ª secção, 3.ª sala, de 21 de Março de 2002.

[562] O Tribunal Supremo considerou, igualmente, que o Governo não havia rompido, unilateralmente, a negociação, mas que, tendo em conta os objectivos que havia traçado, no sentido de cumprir as obrigações decorrentes do processo de adesão ao Euro, não havia logrado chegar a um entendimento com os sindicatos, entendimento que não era, de resto, imposto por lei.

[563] Art. 9.º número 3 da Constituição Espanhola: *A Constituição garante o princípio da legalidade, a hierarquia normativa, a publicidade das normas, a irretroactividade das disposições sancionadoras não favoráveis ou restritivas de direitos individuais, a segurança jurídica, a responsabilidade e a interdição da arbitrariedade dos poderes públicos.*

282 A Lei por detrás do Orçamento

cumprimento do acordo se estivesse em desacordo com a lei. De acordo com o entendimento do Tribunal Supremo, a Constituição consagra *a subordinação à lei do Orçamento de todo o incremento de despesas, pois o Parlamento, ao aprovar o Orçamento do Estado, elaborado pelo Governo, nos termos do art. 134/1 da Constituição, actua no exercício de uma função ou competência específica, desdobrada da genérica competência legislativa, amparada no art. 66/2 da Constituição, pelo que o articulado da lei que aprova o Orçamento integra um todo cujo conteúdo adquire força de lei.*

O Tribunal considerou, assim, em conclusão, que, mesmo que o Governo estivesse obrigado a incluir na proposta de Orçamento para os anos seguintes o aumento salarial decorrente do acordo celebrado, o certo é que *a lei do Orçamento é uma verdadeira lei*, sendo *a quantia das retribuições dos funcionários uma matéria reservada à lei do Orçamento*, pelo que, em consequência, o referido acordo *não teria efeito vinculativo para o poder legislativo.*

Terminado este excurso, importa verificar como, no final deste caso, que suscitou enormes reservas doutrinais perante a decisão do Tribunal da Audiência Nacional, acabou por se reafirmar, não só a aceitação da subordinação dos contratos à lei do Orçamento, como o reconhecimento da plenitude legal dos mapas orçamentais e das verbas que aí se encontram estabelecidas, sendo que, também face ao Direito Português[564], e apesar do que uma primeira leitura do teor do artigo

---

[564] Em Portugal, a Lei n.º 23/98, de 26 de Maio estabelece o regime de negociação colectiva e a participação dos trabalhadores da Administração Pública em regime de Direito Público. Uma análise do teor da referida lei deixa bem claro o facto de, no conteúdo desta, se descurar o facto de o Governo não ser, formal e juridicamente, o responsável pela aprovação da Lei do Orçamento, pelo que, não só não lhe poderão ser assacadas responsabilidades nesse domínio, como não pode o Governo, validamente, obrigar-se a um resultado que implique uma determinada inscrição orçamental. Assim, nos termos do art. 5.º número 1 da referida lei *é garantido aos trabalhadores da Administração Pública em regime de Direito Público o direito de negociação colectiva do seu estatuto.* De acordo com o n.º 3, *o acordo, total ou parcial, que for obtido consta de documento autónomo subscrito pelas partes e obriga o Governo a adoptar as medidas legislativas ou administrativas adequadas ao seu integral e exacto cumprimento, no prazo máximo de 180 dias, sem prejuízo de outros prazos que sejam acordados, salvo nas matérias que careçam de autorização legislativa, caso em que os respectivos pedidos devem ser submetidos à Assembleia da República, no prazo máximo de 45 dias.* Ora, da leitura deste artigo resultam várias questões. Em primeiro lugar, não fica claro qual a sanção inerente ao não cumprimento do referido acordo por parte do Governo. Por outro lado, não se estabelece, de modo inequívoco, que

A Lei do Orçamento na Constituição de 1976   283

105 n.º 2 da Constituição poderia levar a concluir, são as obrigações contratuais do Governo que devem ter em conta a lei do Orçamento e não o inverso, pelo que aquelas obrigações, ou são assumidas de modo condicional e sujeitas à livre inscrição orçamental por parte do Parlamento, ou então a sua vinculatividade e exigibilidade só podem ocorrer depois de o Governo ter conseguido ver aprovadas as verbas necessárias para fazer face ao cumprimento pontual dos acordos a que decidiu comprometer-se[565].

e) *A Lei do Orçamento e as obrigações constitucionais*

Antes de terminar a análise das vinculações expressas no texto constitucional relativamente à lei do Orçamento, julga-se oportuno introduzir uma questão cuja importância não foi, até ao momento, salientada pela doutrina, mas que se reveste de um interesse teórico e

---

as obrigações a que o Governo fica vinculado são, apenas, aquelas às quais este possa, juridicamente, dar resposta. Ainda assim, o artigo refere-se à adopção de medidas administrativas que são da competência do Governo e, dentro das medidas legislativas, distingue as que careçam de autorização legislativa, pelo que se presume que as outras serão medidas legislativas concorrenciais. Nas medidas legislativas em que careça de autorização legislativa o acordo apenas vincula o Governo (como não podia deixar de ser) aos actos da sua competência, como seja a apresentação de uma proposta de autorização legislativa em tempo útil. Acontece que, estranhamente, o art. 6.º, relativo ao objecto da negociação colectiva, vem estabelecer que *são objecto de negociação colectiva as matérias relativas à fixação ou alteração: a) dos vencimentos e das demais prestações de carácter remuneratório, b) das pensões de aposentação ou de reforma; c) das prestações de acção social e da acção social complementar*, o que, como é evidente, tem reflexos orçamentais directos, sendo que as modificações legais a que o Governo se obrigue, apenas terão efectividade prática no caso de serem orçamentadas as verbas condizentes com as modificações legais acordadas. Acontece que se o Governo se pode obrigar, na negociação, a modificar a lei e (consequentemente) a solicitar a orçamentação das verbas necessárias (proposta de lei de Orçamento), já não se pode considerar responsável (juridicamente) pelos valores que venham a ser incluídos na lei do Orçamento, que é da competência do Parlamento. Sobre o modo como o Governo logra (politicamente) condicionar a actividade do Parlamento, levando-o a vincular-se aos resultados alcançados na concertação social, Paulo Otero, *Legalidade e Administração Pública*, 2003, pag. 517 e 518.

[565] A lei de enquadramento orçamental refere (art. 39.º número 6) que, *nenhuma despesa pode ser autorizada ou paga sem que, cumulativamente, a) o facto gerador da obrigação de despesa respeite as normas legais aplicáveis; b) a despesa em causa disponha de inscrição orçamental, tenha cabimento na correspondente dotação (...).*

284 *A Lei por detrás do Orçamento*

prático imenso, por se prestar a conflitos de difícil superação entre órgãos de soberania e respectivas reservas de competência.

O problema pode equacionar-se em poucas palavras e passa por saber até que ponto pode a livre determinação das verbas orçamentais por parte do Parlamento interferir no funcionamento dos diversos órgãos de soberania, bem como na sua reserva de auto-organização e funcionamento[566].

Como se pode verificar, está-se ainda neste domínio dentro da matéria inerente às vinculações a que a lei do Orçamento deve estar sujeita, sendo que, neste caso, as vinculações decorrerão directamente da Constituição, pelo que, numa primeira análise, a lei do Orçamento, como qualquer acto legislativo, deve cumprimento às normas constitucionais, sendo mesmo um dos mais privilegiados instrumentos legislativos para o cumprimento e a integral realização do texto constitucional[567].

Na verdade, o cumprimento efectivo da Constituição passa, em muitos casos, pela necessidade de se consagrarem verbas orçamentais que permitam a execução das determinações constitucionais. Ora, da obrigação de respeito pela Constituição não se exime, naturalmente, a lei do Orçamento, pelo que o seu conteúdo não há-de ser totalmente livre sempre que da orçamentação de determinadas verbas dependa o cumprimento das normas constitucionais.

---

[566] Fazendo referência ao facto de o poder parlamentar de orçamentação ter uma influência decisiva nos outros poderes do Estado, nomeadamente na organização administrativa e no cumprimento de compromissos internacionais, mas apenas em termos vagos, Konrad Hesse, *Grundzüge des Verfassungsrechts der Bundesrepublik Deutschland,* 1999, pág. 252. Sobre a problemática inerente ao efectivo controlo parlamentar sobre as obrigações financeiras dos Estados, no seguimento de compromissos internacionais, Gerhard Herbst, *Die parlamentarische Ausgabenkontrolle über die internationalen Finanzverpflichtungen der Bundesrepublik,* 1964.

[567] Neste sentido, Klaus Lange, *Die Abhängigkeit der Ausgabenwirtschaft der Bundesregierung von der Parlamentarischen Budgetbewilligung,* 1972, pág. 317, onde o autor considerou inconstitucional o facto de, em 1972, o Parlamento alemão ter rejeitado o Orçamento relativo ao *BundesKanzler* e ao seu Gabinete. Para este autor, *o Parlamento não deve sabotar as instituições constitucionais através da rejeição das verbas necessárias ao respectivo funcionamento.* Especificamente sobre a rejeição do Orçamento alemão em 1972, Christoph Sasse, *Haushaltsvollzug ohne Haushalt? – Der Etatkonflikt des Jahres 1972,* 1973, pág. 189 e segs. e Eberhard Fricke, *Über die Pflicht zur Haushaltsgesetzgebung – Welche Folgen ergeben sich für eine ganzjährige Haushaltswirtschaft ohne Haushaltsplan?,* 1975, pág. 604 e segs.

A lei do Orçamento encontra-se, deste modo, vinculada ao cumprimento constitucional, pelo que deve ser elaborada e aprovada "de harmonia com" a Constituição e "tendo em conta" os diversos órgãos constitucionais que, para um efectivo funcionamento, necessitam do contributo da lei do Orçamento na consagração de verbas adequadas aos fins para que foram previstos e às competências que lhes foram atribuídas.

A questão relativa à articulação entre os vários órgãos constitucionais complica-se, naturalmente, sempre que estejam em causa órgãos de soberania, onde a problemática em torno da necessidade de orçamentar verbas para o seu funcionamento adequado se adensa pelo facto de ser necessário entrar em linha de consideração com a intervenção do princípio da separação de poderes, que impede o Parlamento de, por intermédio da lei do Orçamento, interferir na autonomia de cada um dos restantes órgãos de soberania.

E, no caso específico do Governo, não pode sequer o legislador parlamentar modificar, utilizando, ou não, o articulado da lei do Orçamento, as normas legais relativas à organização e funcionamento do Governo, por estas fazerem parte da reserva exclusiva de competência legislativa do Governo, pelo que, apesar de se poder equacionar alguma liberdade no momento da orçamentação das verbas, o Parlamento encontra-se limitado pela manutenção da legislação em vigor que, não podendo modificar, não pode igualmente inviabilizar pela deficiente orçamentação de verbas, devendo, antes, assegurar que a organização do Governo se mantenha nos termos em que este a deseje.

Com efeito, relativamente aos órgãos constitucionais que não sejam órgãos de soberania, a intervenção do Parlamento, enquanto legislador orçamental, condiciona, de certa forma, a intervenção e a força de cada um desses órgãos, podendo dizer-se que, em certa medida, o Parlamento é chamado, pela decisão orçamental, a, em cada momento, definir a amplitude da intervenção de cada um desses órgãos, com o limite do cumprimento razoável das funções constitucionais para que foram criados. Para além do mais, o Parlamento pode, utilizando a sua faceta de legislador, prévia ou juntamente com a aprovação do Orçamento, modificar a legislação orgânica de cada um dos órgãos em causa, revendo-a em baixa de modo a que esta, no limite do cumprimento das exigências constitucionais, não reclame verbas tão elevadas.

Diferentemente, no caso dos órgãos de soberania, a separação de poderes, agravada pela reserva legislativa do Governo relativamente à sua organização e funcionamento, levam a que a margem de manobra do Parlamento seja bastante mais reduzida, não podendo este órgão usar a sua função orçamental para condicionar a intervenção e o modo de organização e funcionamento de cada um desses órgãos, sem, com essa actuação, colocar em causa o princípio da separação de poderes.

Assim, e reportando-nos ao caso do Governo, onde a situação é mais clara, crê-se ser inconstitucional uma lei do Orçamento que não orçamente (ou orçamente deficientemente) verbas que permitam que um determinado departamento governativo, criado pela lei orgânica do Governo, possa funcionar, cumprindo a sua função constitucional e exercendo convenientemente as competências legalmente estabelecidas, com isso violando a reserva exclusiva do Governo de prover à sua organização e funcionamento.

A questão não deixa, porém, de ser juridicamente complexa e politicamente melindrosa, já que tão pouco parece admissível que cada um dos órgãos de soberania exija a orçamentação da totalidade das verbas que solicite, uma vez que a Constituição não lhes atribuiu uma independência orçamental, estando, por isso mesmo, os Orçamentos desses órgãos integrados no Orçamento do Estado que é aprovado, na globalidade, por acto legislativo do Parlamento. Neste contexto, é natural que esses Orçamentos estejam, também, sujeitos aos limites e constrangimentos orçamentais que, em dados momentos, atingem todas as despesas públicas, de modo mais ou menos intenso, segundo, em última análise, a vontade do Parlamento.

A resolução de um conflito que venha a surgir terá, assim, de passar por um recurso às regras da proporcionalidade, analisada nas suas diversas vertentes, podendo, desta forma, uma disputa em torno da adequação das verbas aprovadas orçamentalmente para o funcionamento de determinado órgão constitucional ser resolvida judicialmente através da intervenção do Tribunal Constitucional, que será chamado a pronunciar-se sobre a constitucionalidade da lei do Orçamento em confronto com o princípio da separação de poderes, bem

A Lei do Orçamento na Constituição de 1976   287

como com a reserva de organização e funcionamento do Governo ou dos restantes órgãos de soberania[568].

3. A "esquizofrenia" constitucional da Lei do Orçamento no sistema de fontes de Direito

Terminado o confronto da lei do Orçamento com os vários actos normativos ou contratuais a que a Constituição faz uma referência relacional, importa afirmar, em modo de balanço, que a unificação do Orçamento em torno da lei, operada pela revisão constitucional de 1982 e mantida nas revisões constitucionais subsequentes, ao trazer a aprovação orçamental, não só para o domínio integral da lei, mas, também, para o domínio parlamentar, gerou, igualmente, por arrastamento, uma deficiente articulação entre a novidade e a tradição, o mesmo é dizer, entre as normas que se modificaram e as que se mantiveram, gerando uma contradição danosa no modo como a lei

---

[568] Mussgnug, *Der Haushaltsgesetz als Gesetz*, 1976, pág. 326 e segs. e Böckenförde, *Die Organisationsgewalt im Bereich der Regierung – Eine Untersuchung zum Staatsrecht der Bundesrepublik Deutschland*, 1964, (2ª ed. 1998), pág. 111. Mussgnug reconhece um papel bastante alargado ao Parlamento na determinação da organização do Governo, sustentando que, enquanto que o art. 64.º da Constituição reconhece ao Chefe do Governo a liberdade de escolher os membros do Governo, a amplitude da composição do seu Gabinete, em contrapartida, acabará por ser condicionada pelo Parlamento, através da aprovação do Orçamento atribuído ao Governo. Para Mussgnug, o Parlamento estará constitucionalmente vinculado a aprovar verbas que permitam a existência e o funcionamento de todos os órgãos constitucionais, sendo que, tendo em conta este limite, existe uma margem de apreciação considerável para o Parlamento, que, limitando as verbas aprovadas, condicionará a amplitude e a efectividade do funcionamento dos órgãos constitucionais. Considerando inconstitucional a intervenção do Parlamento que, através da sua competência orçamental, colocasse em causa a autonomia de composição do Governo e a determinação do número dos ministros, Thomas Puhl, *Die Minderheitsregierung nach dem Grundgesetz*, 1986, pág. 120. Sobre esta matéria, veja-se, entre nós, o *Relatório sobre as Perspectivas da Reforma da Lei de Enquadramento do Orçamento do Estado*, incluído na publicação do Ministério das Finanças, *Reforma da Lei de Enquadramento Orçamental – Trabalhos Preparatórios e Ante--projecto*, 1998, pág. 161, onde se sugeria que os anteprojectos de Orçamento dos vários órgãos de soberania fossem elaborados pelos respectivos órgãos, não podendo ser modificados unilateralmente pelo Parlamento. No referido Relatório nada se diz, no entanto, sobre o modo como se haveria de aferir, na prática, nesse caso, *o princípio da solidariedade dos órgãos do Estado na disciplina das Finanças Públicas*.

288 *A Lei por detrás do Orçamento*

do Orçamento é actualmente enquadrada no sistema de fontes de Direito[569].

Antes de se prosseguir, importa, porém, reafirmar que se assume, como pressuposto, que a lei do Orçamento não é hoje um émulo do que o Orçamento Geral do Estado em tempos foi. A lei do Orçamento é, no presente contexto constitucional, bem ao invés, uma lei reforçada pelo procedimento e pelo modo como impede a sua alteração material por actos legislativos parlamentares que impliquem, no ano económico em curso, um aumento das despesas ou uma diminuição das receitas orçamentadas, deste modo obstando à sua alteração formal por actos legislativos que não cumpram os mesmos procedimentos de aprovação e dificultando a sua modificação material, atendendo ao âmbito dessa mesma alteração[570].

Neste paradigma, pode dizer-se que a lei do Orçamento tem, hoje em dia, uma legítima pretensão de se impor ao remanescente ordenamento jurídico, pelo que seria natural que do texto constitucional transparecesse, de modo mais ou menos visível, a prevalência relacional da lei orçamental sobre os restantes actos legislativos e contratuais, ainda que não se negue, naturalmente, que a lei do Orçamento deve cumprir integralmente as normas e os princípios constitucionais, sendo que estes, por vezes, são afectados pela intervenção modificadora ou revogadora de actos legislativos, em relação aos quais, a lei do Orçamento não estaria, em abstracto e formalmente, impedida de intervir.

Acontece, porém, que uma interpretação não integrada, nem historicamente explicada do texto constitucional pode acabar por

---

[569] Refira-se que o PRD chegou a propor, no projecto de revisão constitucional de 1989, a eliminação do n.º 2 do art. 108.º (actual art. 105.º número 2), onde se prevê que *o Orçamento é elaborado de harmonia com as grandes opções em matéria de planeamento e tendo em conta as obrigações decorrentes de lei ou de contrato*. Ainda assim, o Deputado Miguel Galvão Teles, Diário da Assembleia da República, de 28 de Junho de 1988, pág. 1135, acabaria por afirmar que *a supressão proposta pelo PRD, da referência às obrigações decorrentes de lei ou de contrato, constante do n.º 2 do artigo 108.º, não tem nenhuma intenção. Tratou-se apenas de uma questão de simplificação, porque se pressupôs que estava subentendida a necessidade de respeito dessas obrigações.*

[570] Para um bom resumo sobre as origens históricas, no âmbito do ordenamento jurídico italiano, do conceito de leis de valor reforçado, Giovanni Quadri, *La Forza di Legge,* 1979, pág. 45 e segs.

A *Lei do Orçamento na Constituição de 1976* 289

pretender negar estas conclusões, colhendo, aliás, evidentes apoios na (mera) literalidade do texto constitucional[571]. Na verdade, o número 2 do art. 105.º da Constituição, quando estabelece que *o Orçamento é elaborado de harmonia com as grandes opções em matéria de planeamento e tendo em conta as obrigações decorrentes de lei ou de contrato* não deixa de ser perturbante pelas recordações de um certo modo de entender a natureza jurídica da lei do Orçamento que não pode, no entanto, ter acolhimento num sistema de governo de base parlamentar como o vigente entre nós.

---

[571] Nesse sentido, Paulo Otero, *Legalidade de Administração Pública*, 2003, pág. 947. O autor considera, referindo-se à Constituição Orçamental, que se está perante *uma área limitatitva da liberdade dispositiva da Assembleia da República em matéria orçamental*, pelo que, relativamente às obrigações contratuais decorrentes do art. 105.º número 2, *nunca pode o legislador desrespeitar essas vinculações*. Ainda de acordo com Paulo Otero, *são as obrigações resultantes de tais contratos que condicionam e vinculam a lei orçamental e não esta que serve de padrão de conformidade de tais contratos*. Discorda-se, como já se aludiu, do modo como o autor absolutiza esta questão, omitindo o facto de que apenas serão vinculativos para a lei do Orçamento (como para qualquer lei), os contratos que tenham sido legitimamente celebrados, sendo que estes, para serem vinculativos para o legislador, têm de ter sido, ainda que em momento prévio, autorizados através da inscrição das verbas orçamentais necessárias ao seu cumprimento. Com efeito, os contratos com reflexos financeiros orçamentais, ou são celebrados sob condição da sua orçamentação, ou carecem de uma orçamentação prévia, o que significa que a lei do Orçamento apenas se encontra vinculada a si própria, pelo que não parece correcto afirmar, sem mais explicações (pág. 948), que existe uma *subordinação da função legislativa a compromissos assumidos no exercício da função administrativa*. Refira-se, aliás, que Paulo Otero parece acabar por apenas se querer reportar a uma "vinculação" política, que resulta ser juridicamente não constringente. Na verdade, o autor invoca, igualmente, como exemplo de vinculações do *exercício da função legislativa a compromissos contratuais assumidos no exercício da função administrativa*, o caso da concertação social. Com efeito, como se viu a propósito da disputa ocorrida em Espanha relativamente à negociação com os sindicatos dos aumentos salariais da função pública, não se pode afirmar, como faz Paulo Otero, que, juridicamente, *os compromissos emergentes da concertação social criam condições que envolvem encargos financeiros, exigindo uma expressão orçamental, reconduzindo-se a modalidades de vinculação contratual da elaboração da lei do Orçamento*. Na verdade, se tais obrigações podem vincular o Governo na elaboração da proposta de lei do Orçamento, não logram vincular o Parlamento no momento de aprovar essa proposta, pelo que não se pode dizer que se *assiste à criação de vinculações legislativas por efeito de tais acordos de concertação social, nem que exista uma heterovinculação dos órgãos legislativos por efeito de compromissos bilaterais assumidos pelo Governo no exercício de funções administrativas* (...). Refira-se, aliás, que o autor, mais adiante (pág. 949), acaba por reconhecer a natureza meramente política de tais vinculações, ao afirmar não querer discutir *o exacto grau de imperatividade de tais acordos de concertação social junto do poder legislativo* (...).

290 *A Lei por detrás do Orçamento*

De facto, a clausura do Orçamento num conjunto de vinculações oriundas do ordenamento jurídico preexistente tem a sua origem histórica na defesa de uma natureza jurídica do Orçamento como acto da administração, envolto numa roupagem de lei meramente formal, sendo, por isso mesmo natural que essas vinculações tenham surgido no léxico original da Constituição de 1976, precisamente para qualificar e densificar o grau de liberdade e de vinculação do Orçamento Geral do Estado enquanto acto de administração da responsabilidade do Governo.

Ora, a mudança operada pela revisão constitucional de 1982 foi muito para além de uma mera cosmética jurídica, pelo que se tornou, a partir dessa data, dificilmente explicável a imunidade sofrida pelas restantes normas constitucionais que não foram chamadas a acompanhar devidamente o "up grade" normativo de que beneficiou o Orçamento Geral do Estado, agora alcandorado em Lei do Orçamento.

Na verdade, o simples facto de o Orçamento Geral do Estado ter deixado o domínio administrativo, para se ter fixado no hemisfério legislativo, é quanto basta para que, na sua órbita, deixem de poder gravitar, sem alterações substanciais, todo um manancial de vinculações que não acompanharam a revolução coperniciana empreendida.

O resultado alcançado no seguimento da revisão constitucional de 1982, e que se vem perpetuando desde então, é, assim, para além de anómalo, original. Na verdade, de acordo com a generalidade dos ordenamentos jurídicos compulsados, verifica-se que, mesmo nos ordenamentos em que a lei do Orçamento ainda não se libertou totalmente, de algumas amarras que a prendem à tradicional qualificação como lei meramente formal, ainda assim inexistem vinculações constitucionais do tipo das que se encontram na Constituição Portuguesa.

Assim é que em Espanha, não obstante se estabelecer constitucionalmente que a lei do Orçamento não pode criar tributos, estando apta a modificá-los apenas quando uma lei tributária substantiva assim o preveja, não se faz referência ao facto de a lei orçamental dever ser aprovada de acordo com qualquer tipo de outros actos normativos ou contratuais. Da mesma forma, em Itália, ainda que se estabeleça, de modo muito restritivo, que, com a lei de aprovação do Orçamento não se podem estabelecer novos tributos, nem novas despesas, não se indica qualquer padrão normativo legal ou contratual aferidor do conteúdo possível da lei do Orçamento. Finalmente, na Alemanha, onde a lei do Orçamento apenas pode incluir normas relacionadas com as receitas e as despesas do *Bund,* sendo estas limitadas, ainda assim, na sua vigência, pela duração da lei do Orçamento, não se estabelece a obrigatoriedade desta dever tomar em especial consideração qualquer lei ou contrato. O mesmo se passa, de resto, e em conclusão, com a Constituição Francesa e as normas constitucionais Inglesas, que não estabelecem qualquer vinculação directa da lei do Orçamento face a outros actos normativos legais ou contratuais.

Regressando ao sistema constitucional português, verifica-se que a anomalia vigente decorre do facto de se querer subordinar uma lei reforçada às mesmas vinculações que impendiam sobre um acto administrativo, o que gera, inevitavelmente, como consequência, ou uma desvalorização da lei vinculada, o que a Constituição não permite, ou uma desvalorização do efeito vinculativo das normas vinculantes.

Com efeito, a aceitação da natureza materialmente legislativa da lei do Orçamento decorre do facto desta beneficiar da forma e da força de lei, pelo que terá, no contexto do art. 112.º da Constituição, uma natureza reforçada, incompatível com a sua subordinação à generalidade dos actos contratuais ou legais.

É, pois, o efeito vinculativo inerente às obrigações legais e contratuais que tem de ser (re)visto em articulação com o facto de o Orçamento ser actualmente uma lei reforçada, o que, ainda assim, não significa, como se viu, que esta se encontre, por esse facto, totalmente incondicionada no modo de operar face ao remanescente ordenamento jurídico-legal. A lei do Orçamento está, desta forma, sujeita aos condicionalismos típicos de uma lei reforçada, devendo, assim, cumprir a Constituição e as suas normas e princípios, o que a inibirá de modificar ou revogar qualquer acto normativo ou contratual, sempre que, com essa actuação, se viole o texto constitucional.

A lei do Orçamento encontra-se, desta forma, tão vinculada quanto estiver o legislador orçamental que é, também, pleonasticamente, "legislador legal", não lhe devendo ser assacadas vinculações específicas apenas pela sua natureza orçamental, já que, com a passagem do Orçamento para o domínio da lei perde-se a vinculatividade típica do princípio da legalidade, inerente à diferenciação entre as funções do Estado, tudo se passando a decidir, já não numa lógica de hierarquia de fontes, mas numa óptica intra-legislativa e numa lógica de reforço legislativo.

O universo das leis reforçadas assume-se, com efeito, porventura, como o último reduto da concepção material de lei. De facto, enquanto subsistia a aprovação dualista do Orçamento e a Constituição estabelecia um conjunto de vinculações ao Orçamento Geral do Estado, tudo se decidia, de um ponto de vista formal, pelo triunfo da legalidade normativa, dentro do universo da hierarquia das normas. Acontece que, com a unificação da aprovação orçamental, o relacionamento dos actos normativos a que a Constituição vincula a lei do Orçamento tem de passar a ser encarado numa perspectiva intra--legislativa, onde o facto de uma lei ser reforçada não lhe confere uma posição hierárquica superior, importando, essencialmente, atender à matéria em causa, sendo esta a verdadeira beneficiária do reforço legislativo, e à capacidade de cumprimento dos elementos formais e procedimentais que sustentam a atribuição da natureza reforçada.

A lei do Orçamento estará assim apenas verdadeiramente vinculada às obrigações face às quais não lhe seja lícito, por qualquer modo, desvincular-se, levando a que essas normas e respectivas obrigações se imponham materialmente à lei do Orçamento, apresentando uma rigidez que esta não possa ultrapassar fazendo uso da sua condição de lei parlamentar e, mais do que isso, de lei parlamentar reforçada. Por isso mesmo, a lei das grandes opções em matéria de planeamento não conterá (no caso de a lei do Orçamento suprir o reforço formal previsto no art. 92.º da Constituição) qualquer norma que, em termos materiais, não possa ser ultrapassada pelo legislador que aprova a lei do Orçamento, sendo a mesma conclusão extensível ao legislador que aprova a lei de enquadramento orçamental e à generalidade das ditas obrigações decorrentes de lei, na medida em que estas apenas sejam criadoras de novas despesas cuja revogação ou suspensão pelo legislador posterior (mesmo se orçamental) não viole qualquer norma ou princípio constitucional.

E, também, relativamente à relação da lei do Orçamento com os contratos se terá necessariamente de buscar uma solução diversa da que valia para o contexto em que esse relacionamento se processava de modo intra-administrativo. Aqui passa-se precisamente a situação oposta, já que o facto de a lei do Orçamento relevar do domínio legislativo é suficiente para vincular, formalmente, todos os actos do

A Lei do Orçamento na Constituição de 1976 293

poder administrativo, incluindo os actos de natureza contratual. Assim sendo, não se pode afirmar que um contrato celebrado pelo Governo, à revelia de qualquer intervenção do legislador, possa representar, perante este, uma obrigação constringente, já que o legislador orçamental apenas deve ter em conta os contratos que tenha anteriormente, aceitado cumprir, e que assim se apresentem, perante o legislador, como credores de uma obrigação de cumprimento.

A revisão constitucional de 1982 representou, em conclusão, uma alteração mais profunda do que aquela que veio a ser assumida constitucionalmente, ficando as alterações constitucionais aprovadas aquém do que seria exigível, com isso se gerando uma Constituição Orçamental equívoca, "esquizofrénica" e tributária de uma concepção contraditória de Orçamento, por ainda consagrar regras que, tendo sido aprovadas numa lógica dualista, apenas nesse contexto se justificavam[572].

Não tendo sabido adequar a totalidade das normas com incidência orçamental à nova opção monista sufragada, deixou o legislador da revisão constitucional uma herança que redunda num texto de difícil interpretação, na medida em que, não obstante consagre regras em que dá mostras de considerar a lei do Orçamento como verdadeira lei material, onde o Parlamento manifesta e toma (ou pode tomar) opções de política económico-financeira inovadoras e não vincula-

---

[572] Isso mesmo se reflecte nas abordagens doutrinais, que, mesmo depois de 1982, ainda se referem por vezes à lei do Orçamento em termos que já não encontram no texto revisto qualquer apoio, se é que o podiam ter no texto original. Assim, Oliveira Martins, *A Constituição Financeira,* 1984/85, pag 311, escrevia, referindo-se ao Orçamento, que, *substancialmente, não estamos perante uma medida legislativa propriu sensu; todavia, já vimos que formalmente se trata de uma lei – além de que, quanto à sua natureza, há conexões evidentes com a função legislativa do Parlamento.* De modo titubeante se manifestou, também, Esteves de Oliveira, *Direito Administrativo,* 1984, pag 21, ao afirmar que, *da função legislativa devem excluir-se também, em nossa opinião, aqueles actos dos órgãos legislativos que, não obstante serem praticados sob a forma de "lei" não têm conteúdo normativo, não constituem regras de conduta. Incluiremos neste género espécies diversas: em primeiro lugar temos, por exemplo, a aprovação do Orçamento.* O referido autor acrescenta, porém, que, *quanto a este não repugna classificá-lo como verdadeiro acto legislativo, posição que aliás parece ser a adoptada pelo nosso legislador constituinte.* No mesmo sentido, Braz Teixeira, *Conceito e Natureza Jurídica do Orçamento,* 1993, pág. 117 e segs., quando afirma que, mesmo após a revisão constitucional de 1982, não se impõe *a conclusão de que o Orçamento constitui uma lei em sentido material.*

das ao Direito preexistente, consagra, também, normas que impõem, aparentemente, uma vinculação do legislador orçamental a esse mesmo Direito preexistente, numa mescla normativa indesejável e incoerente[573].

---

[573] No sentido de que a revisão constitucional de 1982 se traduziu, ao nível orçamental, num aumento dos poderes do Parlamento, mas sem analisar as deficiências do texto constitucional, no seguimento da referida revisão, manifesta-se a generalidade da doutrina. Neste sentido, veja-se, por exemplo, Sousa Franco, *A Revisão da Constituição Económica*, 1982, pág. 621, quando refere que *as transformações mais significativas decorrem, antes, de uma alteração jurídico-constitucional no domínio orçamental, que se traduz em reforço substancial da componente parlamentar da Constituição financeira.*

III.ª PARTE
O Conteúdo da Lei do Orçamento

A – A NATUREZA JURÍDICA DA LEI DO ORÇAMENTO E A LIBERDADE DO CONTEÚDO ORÇAMENTAL

Um dos corolários mais evidentes da célebre discussão em torno da natureza jurídica da lei do Orçamento é o que leva, ainda hoje, a que esta lei veja, ao contrário do que sucede com a generalidade dos actos legislativos em sistemas de base parlamentar, o seu conteúdo ser constitucionalmente densificado, através da consagração de limites expressos à capacidade de aprovação de determinadas matérias legais.

Acontece que a tentativa, mais ou menos explícita, de enclausuramento da lei do Orçamento dentro de um certo conteúdo material não decorre, sequer, da facilidade em proceder à identificação desse mesmo conteúdo orçamental, já que, como em tantas outras matérias, também aqui existe um domínio de maior ou menor aproximação ao domínio estritamente orçamental, pelo que natural seria que se atribuísse à lei do Orçamento a liberdade para, em cada momento, decidir, no limite das suas competências formais, sobre a associação de determinados domínios legais ao seu núcleo-duro (*kernbereich*) material.

Não é isso que sucede, porém, na generalidade dos ordenamentos jurídicos mais representativos, sendo que a explicação para o facto destes continuarem a fazer os possíveis por manter o conteúdo da lei do Orçamento purificado de intromissões de outras matérias, ainda que credoras, igualmente, de tratamento legislativo, tem de se procurar na subsistência, nos textos constitucionais, de um resquício histórico tributário de uma concepção segregacionista entre a função orçamental e a função legislativa.

A justificação para a separação entre a lei do Orçamento e os restantes actos legislativos tem de ser procurada na doutrina do dualismo legislativo, herdada de Laband e dos seus seguidores, ainda que esta se tenha vindo a deturpar no seu rigor dogmático e a adaptar a outros modelos normativos, bem diversos daqueles em que germinou. Com efeito, Laband ao traçar a sua teoria jurídica pelo esquadro dos seus objectivos políticos, pretendeu desvalorizar a não aprovação atempada do Orçamento do Estado e, com isso, menorizar a importância legislativa da orçamentação, ou da não orçamentação, parlamentar de verbas relativamente a despesas que tivessem a sua base em leis materiais anteriores à lei do Orçamento.

Com esta doutrina, não se negava a natureza plenamente legislativa da lei do Orçamento, no caso de esta conter, no seu articulado, normas materiais, reconhecendo-se, inclusivamente, essa possibilidade, justamente pelo facto de a forma e o procedimento exigíveis para a lei do Orçamento serem idênticos aos que se exigiam para a generalidade dos restantes actos legislativos de conteúdo material.

A História não registaria, porém, com grande rigor, esta distinção, tendo-se propagado a ideia de que a lei do Orçamento (na sua concepção mais abrangente), uma vez relevando do domínio materialmente administrativo, não era apta para aprovar normas materiais, nem para revogar a legislação preexistente, já que era emitida no exercício de uma função que não era legislativa mas meramente orçamental.

Esta atribuição à lei do Orçamento de uma "capitis diminutio" que, na sua concepção inicial, apenas se dirigia aos mapas orçamentais, é, assim, mais um dos equívocos históricos em que esta temática tem vindo a ser pródiga, levando a que, paradoxalmente, tenha sido nos sistemas de base parlamentar que foram reconhecidas à lei do Orçamento, no seu conjunto, maiores limitações na capacidade de intervir (inovadoramente) no ordenamento jurídico-legislativo, através da modificação do Direito preexistente.

A verdade é que a relação entre a forma e o conteúdo nunca foi pacífica no que concerne ao Orçamento, não se podendo desligar a situação actual da génese da legalidade orçamental. Com efeito, parece ser hoje em dia já um pouco ocioso recordar que a intervenção parlamentar nos assuntos do Estado se iniciou através da participação dos representantes da nação nos domínios tributários, terreno por onde evoluiu (mantendo embora a sua forma legal), para a aprovação do Orçamento, que, numa primeira fase, mais não era do que a compilação periódica dos tributos em vigor e a justificação apresentada pela Coroa para solicitar a sua renovação, atendendo aos gastos entretanto efectuados[574].

Com o passar do tempo, o domínio tributário autonomizou-se da lei do Orçamento, através da bifurcação do princípio da legalidade financeira, separando a legalidade tributária (permanente), da legalidade orçamental (periódica)[575], mas a forma já estava, então, colada à matéria, e terá sido assim que o Orçamento se fez definitivamente lei, beneficiando de uma forma que, porventura, não lhe seria atribuída se a História fosse outra[576]. O certo é que, estabelecendo-se, por estas e outras contingências, que o Orçamento deveria ser aprovado por acto legislativo parlamentar, a lei do Orçamento rapidamente se tornou num acto jurídico muito sedutor como veículo de transporte de qualquer matéria que careça de ser aprovada através da forma de lei, desta forma se iniciando o movimento de atracção sobre as mais variadas matérias[577].

Esta associação do conteúdo legislativo à forma legal, levando a que tenha força e valor de lei tudo o que beneficie e seja aprovado por essa forma e por esse procedimento, acaba por ser uma espécie

---

[574] Segundo Jesch, *Ley e Administración*, 1978, pág. 135, *a legislação tributária e a aprovação do Orçamento constituem, tanto com respeito à sua origem histórica, como em relação à sua moderna relevância jurídica e da sua íntima relação com o conteúdo, duas faces do poder financeiro do Parlamento. Ambas representam, para além do mais, os fundamentos históricos do parlamentarismo moderno e com ele da moderna actividade legiferante. Por isso, é errado historicamente – ao menos no moderno Estado parlamentar – e do mesmo modo juridicamente qualificar a lei do Orçamento de lei "meramente formal".* Em sentido próximo, Gomes Canotilho, *A Lei do Orçamento na Teoria da Lei*, 1979.

[575] Otto Mayer, *Derecho Administrativo Alemán, II*, 1982, pág. 192. No Direito espanhol, Sainz de Bujanda, *Hacienda y Derecho, Introducción al Derecho Financiero de nuestro tiempo I*, 1962, pág. 328 e Martinez Lago, *Ley de Presupuestos y Constitución*, 1998, pág. 45.

[576] Para Onida, *Il Quadro Normativo in Tema di Bilancio Pubblici*, 1989, pág. 3, *os institutos e regras constitucionais relativas ao Orçamento remontam, no seu núcleo originário, ao poder já antigamente reconhecido às Assembleias Representativas de deliberarem sobre a autorização para a cobrança de tributos por parte do Soberano.*

[577] Na jurisprudência nacional, veja-se o disposto no acórdão 206/87 do Tribunal Constitucional, quando refere que *não teria qualquer sentido uma averiguação que, em termos abstractos, procurasse captar a natureza do acto de aprovação do Orçamento, para aí deduzir a sua forma. Seria, na verdade, e por várias razões, uma tarefa necessariamente inconclusiva.*

de "ex-libris" dos sistemas de raiz parlamentar, em que o "Parlamento-
-Midas" transforma em lei tudo aquilo em que toca. Neste contexto,
não é de estranhar que o conceito formal de lei vá ganhando adeptos,
associando a facilidade desse sistema qualificativo ao facto de se
associar a forma mais solene ao órgão mais legitimado, numa parceria vitoriosa entre Parlamento e lei que se julgava não vir a ter ocaso.

Acontece que, embora a distinção dogmática entre lei em sentido
formal e lei em sentido material tenha, depois de uma fase de maior
euforia, mesmo em sistemas parlamentares, perdido a sua preponderância na actualidade legislativa e doutrinária, o certo é que desse
tempo parece ter sobrado, precisamente ao nível orçamental, onde
toda a polémica se iniciou, um enclave mal resolvido, onde ainda
permanecem importantes vestígios de uma realidade que se julgava
ultrapassada, mas que encontra, nos textos constitucionais, na doutrina, e na jurisprudência importantes apoios.

Esse mal-estar latente, essa dúvida metódica sobre aquilo que é,
e o que pode, afinal, também ser a lei do Orçamento, reflecte-se hoje
precisamente na discussão acerca do conteúdo possível da referida
lei. Sendo aprovada de acordo com um procedimento inequivocamente legislativo, a discussão em torno da admissibilidade de associação de um conteúdo multiforme ao conteúdo estritamente orçamental
recentrou-se, no constitucionalismo do pós-guerra, em torno, já não
da natureza meramente formal da lei do Orçamento, mas da
densificação do novo critério da "função" que, sendo específico no
caso da lei do Orçamento, provocaria um efeito centrífugo face às
restantes matérias legais que não estivessem imbuídas da "função"
orçamental[578].

Na órbita desta especificidade da lei do Orçamento, giram ainda
um conjunto de elementos mais voláteis, invocando-se o facto de
não se poderem cumular conteúdos heterogéneos com a aprovação
orçamental, tendo em atenção a especial ponderação exigida para a
aprovação dessas mesmas normas e a necessidade de não dar asas à

---

[578] Na doutrina italiana, veja-se, por exemplo, o modo como a invocação da específica
função orçamental e da necessidade acrescida de ponderação dos decisores orçamentais têm
sido utilizados para justificar os limites constitucionais expressos ao conteúdo da lei do
Orçamento. Neste sentido, Talice, *La Legge di Bilancio,* 1969, pág. 52 e segs. e Onida, *Le
Leggi di Spesa nella Costituzione,* 1969, pág. 620 e segs.

insegurança jurídica que decorreria da existência de leis mistas com forças jurídicas diferenciadas.

Neste contexto, e apesar de a problemática inerente à admissibilidade de leis reforçadas conterem normas sobre matérias não reforçadas não ser um problema exclusivo da lei orçamental, como não o era a questão das leis em sentido meramente formal, é, porém, mais uma vez nesse domínio que tudo se complica, discute e decide. Não surpreende, por isso, que, pese embora a opção tendencial, vigente no constitucionalismo de base parlamentar, de adesão a um conceito formal de lei, subsistam, hoje em dia, com uma expressão, de resto até mais vincada do que no passado, normas constitucionais limitadoras do conteúdo possível da lei do Orçamento.

O recorte do domínio material da lei do Orçamento representa, aliás, porventura o terreno onde a noção material de lei mais se encontra acentuada, já que toda a polémica se centra, afinal, em torno da admissibilidade de uma determinada forma (legal) poder, ou não, conter um determinado conteúdo (também legal), assim se verificando como, tantas vezes, com roupagens novas, são ainda os problemas do final do século passado aqueles que, dogmaticamente, continuam a marcar a agenda jurídico-constitucional.

Aqui chegados, e antes de se iniciar uma análise mais detida sobre o modo como o ordenamento jurídico-constitucional português entende e lida com o conteúdo possível da lei do Orçamento, importa conhecer o modo como os outros ordenamentos jurídicos de base parlamentar o fazem.

1. O exemplo da Itália

Surgida no seguimento do longo reinado do Estatuto Albertino[579], a Constituição Italiana de 1947 foi a primeira das Constituições do pós-guerra e a mais antiga dos vários ordenamentos jurídico-constitucionais de referência que ainda se mantêm em vigor.

Ao contrário do Estatuto Albertino, que não tomava, na sua letra, qualquer opção dogmática relativamente ao domínio orça-

---

[579] O Estatuto Albertino vigorou de 1848 até 1947.

mental[580], a Constituição Italiana haveria de, relativamente ao modo de conformar a lei do Orçamento no sistema de fontes gizado constitucionalmente, tomar um partido claro, num domínio que, há quase cem anos, dividia e entusiasmava a doutrina europeia em geral, e a italiana, em especial.

Com efeito, o texto da Constituição Italiana[581] vem alimentar essa discussão, estabelecendo, de uma forma expressa, um conjunto de limites conteudísticos às matérias que podem ser incluídas na lei de aprovação do Orçamento, ainda para mais num sistema que define o poder legislativo de modo exclusivamente formal[582], trazendo, deste modo, para o debate constitucional uma discussão que, no âmbito do Estatuto Albertino, se encontrava confinada ao universo da doutrina jus-publicista.

De acordo com o texto constitucional, *com a lei de aprovação do Orçamento não se podem estabelecer novos tributos e novas despesas*[583], prevendo-se, desta forma, uma proibição expressa,

---

[580] O n.º 10 do Estatuto Albertino apenas se referia à lei de aprovação dos Orçamentos. Buscema, *Il Bilancio*, 1971, pág. 152, refere, contudo, que, *já sob o império do Estatuto Albertino era predominante a teoria que atribuía valor somente formal à lei do Orçamento.*

[581] Sobre os debates parlamentares que estiveram na base da aprovação do art. 81.º da Constituição Italiana, Fagiolo, *La Costituzione della Repubblica Italiana*, 1992, pág. 1034 e segs.

[582] O art. 70.º da Constituição Italiana estabelece que *a função legislativa é exercida colectivamente pelas duas Câmaras.* Refira-se, aliás, que, sistematicamente, a lei do Orçamento se encontra regulada no art. 81.º, mesmo ao lado da regulação de outras leis consideradas, pela doutrina, como destituídas de conteúdo materialmente normativo, como sejam a declaração do estado de guerra (art. 78.º), a aprovação de leis de amnistia e indulto (art. 79.º), e as leis de ratificação de tratados internacionais (art. 80.º). Sobre a inexistência, em Itália, de uma reserva de administração, considerando que *a lei é, em certo sentido, omnipotente, pois que, na falta de uma "reserva de regulamento, ou "de administração", esta pode ocupar-se de qualquer território que não esteja reservado ao legislador constitucional (ou que, segundo a recente orientação da Corte Constitucional, não esteja ocupado por normas comunitárias),* Gaetano d'Auria, *La "Funzione Legislativa" dell'Amministrazione,* 1995, pág. 701. Giacinto della Cananea, *Indirizzo e Controllo della Finanza Pubblica,* 1996, pág. 117 considera que a Constituição Italiana estabeleceu, neste domínio, um *contexto elástico* entre o Parlamento e o Governo. Em termos aproximados, Zangani, *I recenti sviluppi delle procedure parlamentari di bilancio: la terza fase dell'evoluzione in atto,* 1998, pág. 137, refere-se a um sistema *fundamentalmente codecisional e paritário.*

[583] Art. 81.º número 3 da Constituição Italiana. O facto de a Constituição ter utilizado a expressão *lei de aprovação do Orçamento* tem sido motivo de longas análises doutrinais relativamente às diferenças conceptuais entre uma *lei de aprovação* e uma *lei de autorização.*

O Conteúdo da Lei do Orçamento — 301

dirigida ao legislador, impedindo-o de, no âmbito da sua liberdade de conformação material, aprovar, juntamente com a lei de aprovação do Orçamento, para além do Orçamento propriamente dito[584],

---

Esta discussão teve o seu expoente máximo, a propósito da lei do Orçamento, em Santi Romano, *Saggio di una Teoria sulle Leggi di Approvazione*, 1898, sendo Zanobini, *Corso di Diritto Amministrativo*, 1955, já no âmbito da Constituição de 1947, um dos seus seguidores. A análise doutrinal relativamente à qualificação da lei do Orçamento como lei de aprovação ou de autorização encontra-se, de modo muito detalhado, em Onida, *Le Leggi di Spesa nella Costituzione*, 1969, pág. 475 e segs e 494. Aí, o autor demonstra, de modo claro, a inadequação formal, mas também histórica, da tese que configura a lei do Orçamento como lei de aprovação, segundo a qual se deveria separar a lei do Orçamento, com conteúdo legislativo, do Orçamento propriamente dito, que seria acto material e formalmente administrativo. Já a teoria que configura a lei do Orçamento como lei de autorização ao Governo, para a cobrança das receitas e a execução das despesas, não diferenciando, formalmente, a lei do Orçamento, do Orçamento propriamente dito, acabou por ter mais apoiantes na doutrina. Neste sentido, veja-se, por exemplo, Graziani, *Il Bilancio e le Spese Pubbliche*, 1902, pág. 352 e Donatti, *Le leggi di Autorizzazione e di Approvazione*, 1914. Esta doutrina colhe, inclusivamente, a aprovação da Corte Constitucional, através da sentença n.º 7, de 2 de Março de 1959, mas mostra-se pouco esclarecedora na defesa de limitações materiais ao conteúdo da lei do Orçamento, não logrando explicar os motivos da opção constitucional plasmada no art. 81.º número 3. Neste sentido crítico, Onida, *Le Leggi di Spesa nella Costituzione*, 1969, pág. 529 e segs. Diferentemente, para Talice, *La Legge di Bilancio*, 1969, pág. 326, a expressão *lei de aprovação*, utilizada no art. 81.º número 3 da Constituição remete para o facto de o Parlamento, ao aprovar o Orçamento, tomar uma opção de aprovação relativamente ao *indirizzo politico* plasmado no Orçamento, deste modo representando *a aprovação do indirizzo político-financeiro do Governo com eficácia autorizativa no confronto com a administração pública*. Neste mesmo sentido, Amatucci, *L'Ordinamento Giuridico Finanziario*, 1999, pág. 50, considera que a aprovação do Orçamento representa uma verificação anual da confiança parlamentar e da homogeneidade de *indirizzo* entre o Parlamento e o Governo. Em termos aproximados, também, Ristuccia, *Il Parlamento nel Processo di Bilancio dopo la Legge n.º 468 del 1978*, 1979, pág. 878, e Nacci, *Limiti e Forme della Partecipazione del Governo e del Parlamento nella Formazione ed Aprovazione del Bilancio*, 1967, pág. 470. Este autor refere que *o sistema parlamentar comporta, de facto, o controlo do legislativo sobre o executivo mas não o Governo do Parlamento. (...) A aprovação do Orçamento é, substancialmente, uma verificação sobre a actuação do programa governativo sobre o qual se determinou uma relação de confiança.*

[584] A Constituição Italiana utiliza o singular quando se refere à lei de aprovação do Orçamento, mas utiliza o plural quando se reporta ao Orçamento propriamente dito, referindo que *le Camere approvano ogni anno i bilanci e il rediconto consuntivo presentati dal Governo*. A utilização do plural serve para salientar que o Orçamento do Estado deve ser constituído pelos vários Orçamentos relativos aos diversos Ministérios, como nota Amatucci, *Funzioni e Disciplina del Bilancio dello Stato*, 1972, pág. 138 e segs. Em sentido semelhante, utilizando igualmente o plural, veja-se o art. 134.º da Constituição Espanhola. Feito o esclarecimento, e por uma questão de harmonização, utilizar-se-á, na tradução, sempre o singular.

outras matérias, com maior ou menor proximidade material com os domínios orçamentais[585]. Perante o teor da referida norma constitucional, e por mais que alguma doutrina pretenda esquecer o turbulento passado doutrinal relativo à natureza jurídica da lei do Orçamento, não parece ser possível analisar o conteúdo do número 3 do art. 81.º da Constituição sem ser à luz dessa interminável discussão relativamente à natureza meramente formal da lei do Orçamento[586].

Na verdade, ainda que a letra da norma constitucional pudesse, em termos literais, permitir outra leitura, o certo é que a generalidade da doutrina a tem vindo a interpretar de modo muito abrangente, considerando que o legislador constitucional quis, expressamente, afastar do Orçamento propriamente dito, da lei que o aprova e, até, da vizinhança formal com essa mesma lei, qualquer réstia de exercício de um poder legislativo material, proibindo a promiscuidade normativa entre a fixação de receitas e despesas orçamentais e a criação, simultânea, de normas com incidência, mais ou menos próxima, sobre essas mesmas receitas e despesas[587].

---

[585] Esta proibição é tanto mais extravagante por não se repetir com qualquer outra lei constitucionalmente definida, embora existam outras situações de leis com um conteúdo (obrigatório) predeterminado.

[586] De Ioanna, *Parlamento e Spesa Pubblica*, 1993, pág. 51, refere-se ao *carácter obsoleto de todas as concepções teóricas que tendem a reproduzir traslacticiamente reconstruções formalistas da lei do Orçamento*. Não obstante, julga-se que o recurso à questão da natureza jurídica meramente formal da lei do Orçamento é inarredável e encontra-se, de resto, totalmente presente em todas as análises incidentes sobre o art. 81.º da Constituição. Aliás, o próprio autor, ao justificar os limites materiais da lei do Orçamento, com o reconhecimento de uma função orçamental diferenciada da função legislativa, recorre a uma das mais clássicas justificações dualistas. Refira-se que, hoje em dia, com o avolumar de compromissos plurianuais, como sejam, desde logo, os impostos pela União Europeia, a rigidez do Orçamento tem vindo a agravar-se, o que justifica que se volte a utilizar um conjunto de expressões típicas do dualismo legislativo contemporâneo de Laband, como refere Onida, *The Historical and Constitutional Foundations of the Budgetary System in Italy*, 1976, pág. 228. Na verdade, o autor refere que *esta tendência* (relativa aos compromissos plurianuais e às obrigações financeiras constringentes) *contribuiu enormemente para tornar o Orçamento mais rígido. Este tem vindo crescentemente a tornar-se – e hoje é-o quase completamente – um simples sumário numérico das decisões de despesa já tomadas fora do próprio Orçamento.*

[587] Sobre o modo como o Orçamento se relaciona com as receitas e as despesas de um modo *financeiro*, ao passo que as leis materiais de receita e de despesa as conformam de um modo *real*, sendo que, por isso mesmo, ambos os domínios não se tocam, mas, antes,

O Conteúdo da Lei do Orçamento 303

Neste contexto, o facto de se indicar, no número 3 do art. 81.º, que, *com a lei de aprovação do Orçamento não se podem estabelecer novos tributos ou novas despesas,* apenas releva como um esclarecimento da opção constitucional de atribuir a esta lei uma natureza e uma função meramente orçamental e não legislativa, o mesmo é dizer, um carácter meramente receptício e não inovador relativamente ao ordenamento jurídico preexistente[588].

O legislador constituinte terá optado por fazer uma referência explícita ao domínio dos tributos e das despesas, não por serem estas, apenas, as normas materiais proibidas, mas por serem as categorias de normas que mais facilmente se poderia prever que viessem a ser reguladas através da lei do Orçamento, tendo em conta o efeito atractivo que as matérias orçamentais, tributárias e de despesa naturalmente exercem umas sobre as outras.

Consagrando, ao arrepio da tradição constitucional europeia, uma regra de limitação do conteúdo da lei do Orçamento, e dando,

---

se completam, numa dupla legalidade, necessária e constitucionalmente imposta, Brancasi, *Legge Finanziaria e Legge di Bilancio*, 1985, pág. 309 e segs. Para o autor, também pelo facto de a lei do Orçamento se relacionar com as receitas e as despesas apenas de modo financeiro, se justifica que esta lei não possa aprovar (de modo *real*) novas receitas e novas despesas. Considerando que a expressão *novas despesas* proíbe, igualmente, um aumento do montante destas, fora de casos especiais que remetam para a lei do Orçamento a fixação do montante das despesas, Giuseppe Fazio e Matilde Fazio, *Il Nuovo Bilancio Statale nel Sistema Finanziario Italiano*, 2001, pág. 110. Em sentido semelhante, Buscema, *Il Bilancio*, 1971, pág. 180, e a sentença da Corte Constitucional n.º 66, de 16 de Dezembro de 1959, quando afirma que *uma lei introdutiva de novas ou maiores despesas não pode encontrar nos artigos do Orçamento o título jurídico* (...).

[588] Neste sentido, Onida, *Le Leggi di Spesa nella Costituzione,* 1969, pág. 622 e segs. e 699, bem como os autores aí citados. Este autor (pág. 698), considera mesmo que os casos previstos na Constituição eram até os menos graves na escala de intromissão legislativa na lei do Orçamento, e, talvez por isso, tenham sido os escolhidos como exemplo. De modo semelhante, Scoca, *Leggi di Bilancio e Leggi Finanziarie nell'articolo 81 della Costituzione*, 1965, pág. 654, e Buscema, *Il Bilancio,* 1971, pág. 154. Este autor considera mesmo que teria havido vantagem em estabelecer, de modo claro, uma proibição de utilização da lei do Orçamento para introduzir qualquer modificação às leis tributárias. Diferentemente, considerando que apenas as matérias referidas no art. 81.º número 3 estão excluídas do conteúdo eventual da lei do Orçamento, vejam-se os autores, minoritários, referidos por Onida (pág. 699). Considerando que a lei do Orçamento poderia conter normas materiais sem relevância financeira, assim defendendo que o disposto no art. 81.º número 3 não é, só por si, suficiente para aferir a natureza jurídica da lei do Orçamento, Talice, *La Legge di Bilancio,* 1969, pág. 55 e 57.

304 *A Lei por detrás do Orçamento*

assim, pela primeira vez, guarida constitucional a uma doutrina jurídica que, desde 1871, se espalhava pelo mundo jurídico, numa espécie de diáspora doutrinal, não surpreende que o terceiro parágrafo do art. 81.º da Constituição Italiana se tenha transformado num ponto de passagem obrigatório para a doutrina publicista apostada em deslindar os objectivos, os limites e as consequências de tal opção constitucional.

Imbuído do espírito dualista que, desde há décadas, impregnava os escritos da doutrina maioritária[589], com o texto constitucional Italiano dá-se, claramente, a ruptura entre a legalidade tributária e a legalidade orçamental, passando a lei do Orçamento a assumir-se como o repositório das verbas resultantes das normas tributárias, aplicando-as às despesas oriundas da legislação que as criou, sem que, simultaneamente tenha, ou possa ter, uma função conformadora dessas mesmas normas, o que permite afirmar que, neste contexto, *o controlo parlamentar* (exercido pela aprovação da lei do Orçamento) *se encontra esvaziado de qualquer significado*[590].

Num sistema constitucional que define o poder legislativo de modo exclusivamente formal, a lei do Orçamento, embora preencha, formalmente, os requisitos da lei, assume-se como um instrumento do poder orçamental, por isso mesmo lhe sendo negada a capacidade de veícular normas materiais de natureza legislativa. A lei do Orçamento é, neste contexto, uma lei com uma capacidade de intervenção no ordenamento jurídico muito diminuta[591], o que tem levado a maio-

---

[589] Sobre os antecedentes históricos do Direito orçamental europeu em geral e do italiano em especial, Onida, *Le Leggi di Spesa nella Costituzione*, 1969, pág. 165 e segs.

[590] Onida, *The Historical and Constitutional Foundations of the Budgetary System in Italy*, 1976, pág. 220. O autor refere-se à existência de uma contradição entre o tipo de intervenção que o sistema esperaria do Parlamento (associada ao controlo das despesas e à defesa dos contribuintes, face a uma angariação excessiva de receitas e a um gasto desmesurado de despesas por parte do Governo) e aquele para o qual o Parlamento se sente naturalmente mais vocacionado (aumento de despesas). No mesmo sentido, considerando que *a opinião prevalente em Itália é a de que o exame e a aprovação do Orçamento pelo Parlamento é um ritual sem significado,* Sabino Cassese, *Special Problems of Budgetary Decision-Making in Italy,* 1976, pág. 255. O autor chega mesmo a afirmar (pág. 256), que *cada ano o Parlamento italiano é forçado a aprovar um Orçamento que não é mais do que um documento formal.*

[591] Tem-se aceitado que a lei do Orçamento fixe os valores das despesas que não tenham o seu quantitativo determinado na lei material que as cria. Como refere Talice, *La*

O Conteúdo da Lei do Orçamento

ria da doutrina jus-publicista e jus-financista a concordar, note-se embora a diferenciação de fórmulas e de definições usadas, no facto desta representar, ainda hoje, um exemplo de lei meramente formal, ou, pelo menos, de lei com conteúdo vinculado e diminuído[592/593].

Legge di Bilancio, 1969, pág. 75, *o exame do Orçamento* (por parte do Parlamento) *é de natureza essencialmente política*. Na verdade, para o autor, tendo em conta a natureza jurídica da lei do Orçamento, *o exame e aprovação do Orçamento, por parte do Parlamento, não implica a determinação da política financeira, que vem estabelecida em momento anterior*.

[592] O teor do art. 81.º número 3 do texto constitucional italiano não permite que a discussão relativamente à natureza jurídica da lei do Orçamento seja ultrapassada, apesar de se poder dizer que é tema *decididamente retro,* como afirmava Caianiello, *Potenzialità della Legge di Bilancio,* 1989, pág. 645. Na verdade, não há autor que não se pronuncie sobre esta questão, que, em Itália, surge como mera exigência de interpretação do próprio texto constitucional, ao apresentar a lei do Orçamento rodeada de uma força activa diminuída e de uma força passiva reforçada. Nas análises da doutrina nota-se, com o passar do tempo e o afastamento cada vez maior das doutrinas dualistas oriundas do positivismo alemão, que começam a perder-se as referências originais que estiveram na base do dualismo legislativo, tudo se resumindo a saber quais os poderes da lei do Orçamento e a sua capacidade de aprovação e revogação de normas jurídicas legais. Neste contexto, a doutrina italiana tem vindo a dividir-se entre os autores que aceitam a natureza meramente formal da lei do Orçamento, recorrendo, directamente, a essa formulação *engagée,* e os que evitam o recurso a essa expressão, assim tentando evitar um posicionamento global perante essa polémica. De resto, Amatucci, *Funzioni e Disciplina del Bilancio dello Stato,* 1972, pág. 234, parece tocar no ponto essencial, ao demonstrar que a utilização dos conceitos de lei formal e de lei material não representam já, para a diversidade dos autores, sequer, o recurso uniforme às mesmas definições, pelo que as conclusões deixam de ser também totalmente unívocas, ou comparáveis. Na verdade, a atribuição à lei do Orçamento de natureza (também) material tem sido defendida, entre outras razões, por esta poder conter normas jurídicas substanciais, por inovar no ordenamento jurídico preexistente, por lhe conferir operatividade, por ser condição atributiva de competência à Administração ou por interferir no *status* dos cidadãos. Diferentemente, existe um conjunto muito significativo de autores que não assumem, expressamente, a aceitação de que a lei do Orçamento é meramente formal, refugiando-se noutro tipo de invocações que permitam explicar a sua incapacidade de intervenção no ordenamento jurídico. Finalmente, recorde-se ainda a crescente ala doutrinal que tem vindo a procurar um equilíbrio entre ambas as soluções, qualificando a lei do Orçamento como uma lei-mista, ou como lei com conteúdo diminuído. Apesar de tudo, como referem Giuseppe Fazio e Matilde Fazio, *Il Nuovo Bilancio Statale nel Sistema Finanziario Italiano,* 2001, pág. 89, *ainda hoje a maior parte dos estudiosos concorda sobre o carácter formal da lei do Orçamento, não aceitando que esta possa conter ou contenha qualquer conteúdo normativo substancial.* Nesse sentido, aceitando a natureza (meramente) formal da lei do Orçamento, verdadeira *fotografia das entradas e das despesas públicas (...) sem poder modificar o conteúdo substancial de um acto legislativo preexistente,* Da Empoli, De Ioanna, Vegas, *Il Bilancio dello Stato,* 2000, pág. 6 e 109; Vezio Crisafulli, *Lezioni di*

306 A Lei por detrás do Orçamento

Diritto Costituzionale, II, 1993, pág. 75, considera a lei do Orçamento como *um exemplo muito provável* de lei meramente formal; Zanobini, *Corso di Diritto Amministrativo,* 1955, pág. 441, considera que *a lei de Orçamento pertence, por consenso unânime, à categoria da legislação vinculada,* sendo que, *substancialmente não é mais do que um acto administrativo*; Scoca, *Leggi di Bilancio e Leggi Finanziarie nell'articolo 81 della Costituzione,* 1965, pág. 650, refere, sem grandes explicações, que a lei do Orçamento releva de *uma actividade administrativa que envolve uma lei formal* (...); Nacci, *Limiti e Forme della Partecipazione del Governo e del Parlamento nella Formazione ed Aprovazione del Bilancio,* 1967, pág. 487, afirma, *ser de toda a evidência que o acto de aprovação do Orçamento, como tal, é só formalmente um acto legislativo*; Virga, *Diritto Costituzionale,* 1979, pág. 167, inclui a aprovação do Orçamento nas *funções não legislativas das Câmaras.* Para este autor, a lei do Orçamento *é uma lei em sentido somente formal, porque não cria direito novo, não faz surgir novos direitos ou novas obrigações para os cidadãos*; Biscaretti di Ruffia, *Diritto Costituzionale,* 1989, pág. 416 e segs. inclui a lei do Orçamento no capítulo das *funções não legislativas das Câmaras.* A lei do Orçamento faria parte das *funções de controlo continuado do Governo,* sendo um exemplo do cumprimento de uma função *materialmente executiva das Câmaras.* A lei do Orçamento teria um conteúdo meramente autorizativo, não se destinando a *regular as relações entre o Estado e os cidadãos, ou a modificar o Direito existente, estabelecendo normas jurídicas novas, assim se apresentando como uma lei não já material, mas simplesmente formal*; Zagrebelsky, *Manuale di Diritto Costituzionale,* 1990, pág. 160, considera que não é possível à lei do Orçamento *abrogar leis substanciais tributárias ou de despesa.* O autor refere-se, expressamente, à lei do Orçamento como lei formal, em contraposição à lei financeira que seria uma lei substancial; Ristuccia, *Il Parlamento nel Processo di Bilancio dopo la Legge n.º 468 del 1978,* 1979, pág. 891, usa a expressão *lei meramente formal* para se referir à lei do Orçamento, nunca aderindo, no entanto, inequivocamente à expressão. Aderindo ao conceito de lei meramente formal, vejam-se, ainda, Artoni, *Il Bilancio dello Stato,* 1989, pág. 56; Petricone, *La Riforma del Bilancio dello Stato tra modifiche recenti e nuove applicazioni,* 2000, pág. 21 e Forte, *Il Principio di Governo della Finanza Pubblica,* 1987, pág. 159.

Entre os autores que evitam a utilização da expressão *lei meramente formal,* ou que negam, mesmo, essa qualificação, por esta se encontrar muito comprometida com a escola positivista alemã, não deixando no entanto de salientar as suas limitações materiais, sem as qualificarem em termos dogmáticos, ou qualificando a lei do Orçamento como lei-mista, Amatucci, *L'Ordinamento Giuridico Finanziario,* 1999, pág. 52 e 53. O autor, em *Il ruolo político della legge finanziaria,* 1987, pág. 51, considerava, porém, que o Orçamento constitui *um acto rigorosamente típico, que não pode conter disposições diversas daquelas que directamente consintam* (...) *a cobrança das receitas e a execução das despesas segundo as leis vigentes*(...). O mesmo autor, em *L'Ordinamento Giuridico Finanziario,* 1999, pág. 74, refere, no entanto, com um sentido aparentemente diverso, que a lei do Orçamento, na medida em que *condiciona a eficácia de toda a legislação financeira* (...) *inova no ordenamento,* dando-lhe operatividade anual, pertencendo, assim, *ao género da lei de aprovação e à espécie da lei de autorização*; Giuseppe Fazio e Matilde Fazio, *Il Nuovo Bilancio Statale nel Sistema Finanziario Italiano,* 2001, pág. 97, consideram que a lei do Orçamento contém *normas que constituem fontes primárias de Direito, bem como normas substanciais de organização administrativa,* sendo-lhes difícil aceitar uma definição que considere a lei orçamental apenas como lei formal. Os autores defendem, assim, que esta lei se encontra *numa posição intermédia entre as leis formais em sentido estrito e as leis substanciais em sentido próprio;* Talice, *La Legge di Bilancio,* 1969, pág. 327 e segs., depois de análise bem ponderada das várias hipóteses equacionáveis relativamente à natureza jurídica da lei do Orçamento, considera que esta, pese embora algumas proibições de conteúdo material constitucionalmente expressas, tem margem de manobra para conter outras normas materiais, pelo que julga que é *prevalentemente lei formal contendo algumas disposições substanciais que não diferem das aprovadas pela restante legislação ordinária;* Buscema, *Il Bilancio,* 1971, pág. 100, considera que a lei do Orçamento é um *acto particular* e que não pode ser a fonte de receitas e de despesas, acabando por (pág. 136) concordar com Onida ao classificar a lei do Orçamento como lei vinculada de conteúdo típico e limitado; Onida, *Le Leggi di Spesa nella Costituzione,* 1969, pág. 597, é, de facto, o autor que mais sucesso continua a fazer com a sua definição da lei do Orçamento como *lei de competência limitada e de conteúdo típico.* A esta definição aderem, para além de Buscema, também Brancasi, *Legge Finanziaria e Legge di Bilancio,* 1985, pág. 305 e Colarullo, *L'indirizzo della Spesa fra Governo e Parlamento,* 1986, pág. 106. Em sentido próximo, Modugno, *Appunti dalle lezioni sulle Fonti del Diritto,* 1999, pág. 39, considera a lei do Orçamento como fazendo parte das *leis atípicas,* que define como sendo leis vinculadas e com competência limitada; Aricò, *Natura Giuridica della legge del Bilancio dello Stato,* 1953, pág. 110, defende uma natureza mista para a lei do Orçamento, mas com argumentos que a aproximam de uma lei meramente formal, ao limitar os seus efeitos às relações entre Parlamento e Governo; Gaboardi, *Il Bilancio e la Contabilità dello Stato,* 1976, pág., defende que a lei do Orçamento é uma *lei sui generis,* com elementos de lei formal, mas, também, material.

Finalmente, considerando que a lei do Orçamento não é lei somente formal, Labriola, *Lezioni di Diritto Costituzionale,* 1997, pág. 265; Temistocle Martinez, *Diritto Costituzionale,* 1997, pág. 388 e segs. considera a lei do Orçamento como lei de *indirizzo politico* com um conteúdo normativo; Sandulli, *Legge. Forza di legge. Valore di Legge,* (1.ª ed. 1957), 1990, pág. 60 e segs., reconhece que a lei do Orçamento, na medida em que autoriza o Governo a cobrar receitas e a executar despesas, tem um carácter inovativo; Livio Paladin, *Ció che rimane del concetto di legge meramente formale,* 1975, pág. 1739 e segs, considera que, embora seja uma lei despotenciada e atípica, o facto de tornar operativa a legislação preexistente é um sinal da sua materialidade. Este autor afirmaria, porém, em *Diritto Costituzionale,* 1995, pág. 354 e em *Le fonti del diritto italiano,* 1996, pág. 199, que a lei do Orçamento se inclui nas *funções de "controlo" exercitadas em forma legislativa.* Sobre o modo como, em seu entender, o sistema constitucional italiano não acolheu, na sua plenitude, a concepção material de norma, reduzida às suas características de generalidade, abstracção e novidade, Livio Paladin, *La Legge come norma e como provvedimento,* 1969, pág. 871 e segs.

[593] Na jurisprudencia constitucional a opção tem passado, desde a primeira hora, por considerar a lei do Orçamento como lei meramente formal. Assim, de acordo com a sentença n.º 7, de 2 de Março de 1959, *a lei do Orçamento (...) é uma lei formal que não pode*

308 *A Lei por detrás do Orçamento*

Com efeito, independentemente das qualificações dogmáticas, o certo é que a doutrina e a jurisprudência constitucional têm aceitado o facto de a lei do Orçamento se encontrar *numa relação de subordinação no confronto com a legislação preexistente, no sentido de que não lhe pode introduzir modificações, antes devendo assegurar a eficácia a todas as actividades ou despesas que tal legislação estabeleça como um dever e não considere, apenas, como uma possibilidade*[594].

Com a aprovação do n.º 3 do art. 81.º, a Constituição Italiana pretendeu, assim, no seguimento das doutrinas dualistas, evitar transformar o momento de discussão e de aprovação da lei do Orçamento (carente de um consenso parlamentar ritmado pela anualidade orçamental), no momento chave ao nível jurídico-político, afastando a luta pelo *indirizzo político,* da aprovação do Orçamento, manifestando, ao invés, uma preferência em diluir o confronto entre o Parlamento e o Governo no decurso do ano legislativo, sempre que se fossem aprovando normas legais com reflexos sobre a receita e sobre a despesa públicas, tentando, desta forma, desvalorizar a natureza política do Orçamento, reduzindo-o à sua (mera) função contabilística[595].

No sistema italiano, como noutros, com a invocação de argumentos ligados à diferenciação entre a função legislativa e a orçamental[596], ou com justificações de ortodoxia legística[597], o que se

---

trazer qualquer inovação ao ordenamento legislativo, não podendo desta lei derivar nem obrigações nem direitos (...) diversos dos preexistentes a essa mesma lei. A defesa da natureza meramente formal da lei do Orçamento é, igualmente, patrocinada na sentença n.º 66, de 19 de Dezembro de 1959 (comentada por Buscema, 1959, pág. 1172), sentença n.º 31, de 9 de Junho de 1961, sentenças n.º 36 e 37, de 24 de Junho de 1961 e sentença n.º 1, de 10 de Janeiro de 1966.

[594] Onida, *Le Leggi di Spesa nella Costituzione*, 1969, pág. 569.

[595] Vittorio Mortara, *The Italian Parliament's Role in Expenditure Decisions*, 1976, pág. 237 e segs.

[596] Onida, *Le Leggi di Spesa nella Costituzione,* 1969, pág. 567 e Paolo de Ioanna, *Parlamento e Spesa Pubblica,* 1993, pág. 51. Para Brancasi, *Legge Finanziaria e Legge di Bilancio,* 1985, pág. 253 e segs., a lei do Orçamento seria um caso de lei com força activa diminuída, por não poder alterar o ordenamento legislativo preexistente, mas com uma força passiva reforçada, tendo em conta o seu procedimento de aprovação. A justificação para esta situação anormal encontrava-se, precisamente, na função especial da lei do Orçamento, que seria constitucionalmente protegida, impedindo-se quer a lei do Orçamento de sair da sua função, quer as demais leis de aí penetrarem.

[597] Onida, *Le Leggi di Spesa nella Costituzione*, 1969, pág. 229 e segs e 567 e segs.; Buscema, Il Bilancio, 1971, pág. 153; Amatucci, *Funzioni e Disciplina del Bilancio dello*

visa ainda hoje evitar é que a lei do Orçamento venha a condensar todas as opções financeiras do Estado, aí se decidindo a primazia e o domínio pelo *indirizzo político,* sendo este, afinal, o contexto em que deve ser entendida a definição de Valerio Onida ao qualificar a lei do Orçamento como *lei de competência limitada e conteúdo típico*[598].

A ortodoxia constitucional não haveria, porém, de se manter imune à criatividade do legislador parlamentar italiano. Na verdade, a vontade de afastar da lei do Orçamento qualquer conteúdo materialmente inovador face ao ordenamento jurídico anterior haveria de ser ultrapassada pelo engenho do próprio legislador que, na fronteira da *fraudem constitutionis*[599], lograria aproximar o que a Constituição pretendera manter separado.

Com efeito, a proibição constitucional de aprovar normas materiais contemporaneamente com a aprovação da lei do Orçamento seria ultrapassada pela criação, em 1978, ao abrigo da Lei n.º 468, de 5 de Agosto de 1978, de uma lei anual de coordenação das Finanças Públicas, apelidada de "lei financeira". Esta lei, munida de uma função de acompanhamento da lei orçamental, teria, como um dos seus objectivos, precisamente pelo facto de estar liberta dos constrangi-

---

Stato, 1972, pág. 175; Amatucci, *Il Ruolo Politico della Legge Finanziaria,* 1987, pag 49 e segs.; Amatucci, *L'Ordinamento Giuridico Finanziario,* 1999, pág. 52; Talice, *La Legge di Bilancio,* 1969, pág. 52 e segs. e Musumeci, *La Legge Finanziaria,* 2000, pág. 26.

[598] Onida, *Le Leggi di Spesa nella Costituzione,* 1969, pág. 597. O autor afasta-se, desta forma, como se viu, da qualificação tradicional que leva a maioria dos autores italianos a considerar a lei do Orçamento como lei meramente formal. Para Onida (pág. 471 e segs.), entre reconhecer os limites materiais impostos constitucionalmente à lei do Orçamento e *excluir qualquer discricionariedade na formação do Orçamento, considerando-o como um mero prospecto contabilístico que reflecte e deve apenas reflectir sempre e só a mecânica aplicação da legislação preexistente, vai um passo longo que não parece possa ser dado sem alterar a fisionomia que, ainda hoje, conserva o sistema jurídico relativo à despesa pública.* Concordando com a definição de Onida, considerando-a *bem ponderada e substancialmente aceitável* e *conforme com o nosso sistema constitucional,* Buscema, *Il Bilancio,* 1971, pág. 135; No mesmo sentido, Brancasi, *Legge Finanziaria e Legge di Bilancio,* 1985, pág. 305 e Colarullo, *L'indirizzo della Spesa fra Governo e Parlamento,* 1986, pág. 106. Para Amatucci, *Funzioni e Disciplina del Bilancio dello Stato,* 1972, pág. 177, a lei do Orçamento *constitui um acto rigorosamente típico que não pode conter disposições diversas das destinadas a consentir (...) a recolha das receitas e a autorização das despesas segundo as leis vigentes e em função de um certo equilíbrio político, económico e contabilístico.*

[599] Bognetti, *La Costituzione Economica Italiana,* 1995, pág. 118.

310   *A Lei por detrás do Orçamento*

mentos impostos pelo art. 81.º da Constituição[600], legislar nos domínios em que a lei do Orçamento não podia actuar.

A lei financeira era aprovada na sessão parlamentar dedicada ao Orçamento, beneficiando de um procedimento de aprovação paralelo ao da lei do Orçamento, sendo as opções materiais que tomasse, reflectidas na lei do Orçamento, da qual apenas formalmente se apartava, de modo a, assim, se cumprirem (ainda que em termos meramente nominais) as restrições constitucionais[601].

Sendo aprovada imediatamente antes da aprovação da lei do Orçamento, era possível que as alterações introduzidas, em sede de receitas e de despesas (e nas restantes matérias que lhe estavam destinadas), fossem, desde logo, aproveitadas pela lei do Orçamento, devendo, ambas as leis, ser analisadas e entendidas em termos de conexão material[602].

---

[600] Os primeiros autores a pronunciarem-se sobre a possibilidade de se aprovarem leis associadas materialmente à lei do Orçamento, apesar de separadas formalmente desta, assim se eximindo aos limites constitucionais previstos no art. 81.º da Constituição, foram Buscema, *Sui Sistemi di Redazione del Bilancio dello Stato*, 1967, pág. 579 e Amatucci, *Funzioni e Disciplina del Bilancio dello Stato*, 1972, pág. 178. Para Amatucci, *estas leis são associadas a ratio da lei de aprovação do Orçamento porque são emanadas em função da actuação de um certo indirizzo do Orçamento. Trata-se assim de uma relação de interdependência que se estabelece entre a ratio de tais leis e a ratio de aprovação do Orçamento.* Amatucci, volta a defender esta solução de emissão de legislação *collegati* com a lei do Orçamento em *L'ordinamento giuridico finanziario*, 1999, pág. 56.

[601] A lei financeira (*legge finanziaria*) vem prevista no número 11 da Lei n.º 468, de 5 de Agosto de 1978 e tinha como objectivo adequar as despesas e as receitas do Orçamento às finanças do Estado e aos objectivos de política económica estabelecidos no Orçamento plurianual. Para lá deste conteúdo genérico, a lei financeira devia, igualmente, indicar o nível máximo do recurso ao mercado financeiro por parte do Estado. Em termos sucintos, Musumeci, *La Legge Finanziaria*, 2000, pág. 32, resume o papel e a esperança dada pela lei financeira, ao referir que esta *devia consentir que o Parlamento e o Governo modificassem toda a legislação de despesa aprovada ao longo do ano e que, já não estando em sintonia com a actividade de indirizzo politico daqueles órgãos, não podia ser modificada com a lei do Orçamento.* Em sentido semelhante, Torrigiani, *La Legge Finanziaria nel Sistema di Bilancio: Evoluzione e Prospettive*, 1997, pág. 241 e segs. O Tribunal Constitucional pronunciou-se, através da sentença n.º 431, de 1987, sobre a lei financeira, considerando que esta estava isenta dos constrangimentos limitativos estabelecidos no art. 81.º número 3 da Constituição.

[602] O Tribunal Constitucional considerou, na sentença n.º 16, de 1978, que se aplicava a ambas as leis o critério das leis *estritamente conexas* que beneficiavam de *estreito nexo de instrumentalidade ou complementaridade.* Sobre o relacionamento entre ambas as leis,

O *Conteúdo da Lei do Orçamento*

Acontece que a pretensa instrumentalidade da lei financeira face à lei do Orçamento acabou por não chegar nunca a reflectir-se, já que, desde logo, se começaram a canalizar para a lei financeira as alterações legislativas mais importantes, sendo o legislador atraído, precisamente pela possibilidade de obter as vantagens da aprovação normativa cumulativamente com a aprovação orçamental, assim logrando, afinal, subverter completamente a lógica constitucional expressa no número 3 do art. 81.º.

Com as suas potencialidades normativas aproveitadas ao máximo, a lei financeira passou a ser vulgarmente denominada de lei *omnibus*[603], atendendo à sua aptidão para transportar qualquer conteúdo que procurasse um procedimento de aprovação, ao mesmo tempo célere (por ter de acompanhar os prazos de aprovação da lei do Orçamento) e, eventualmente, menos ponderado, por serem tão díspares os temas aí aflorados e estarem as atenções dos parlamentares focadas na discussão especificamente orçamental e na discussão política subjacente[604].

Dez anos de intensas críticas por parte da doutrina, foi o tempo que a *legge finanziaria* resistiu, até o legislador italiano ter voltado a intervir, remodelando o sistema de aprovação de actos com relevância orçamental, através da aprovação da Lei n.º 362, de 23 de Agosto de 1988[605]. Com esta reforma, acabou por se conseguir reduzir o

---

considerando que fazem parte do mesmo processo decisional, vejam-se, ainda, as sentenças constitucionais n.º 35, de 1985, n.º 64, de 1987, n.º 2, de 1994 e n.º 12, de 1995, bem como Musumeci, *La Legge Finanziaria*, 2000, pág. 39.

[603] Esta expressão, utilizada pela primeira vez pela *Corte dei Conti* relativamente à primeira lei financeira, tornou-se vulgar na doutrina italiana. Ristuccia, *Il Parlamento nel Processo di Bilancio dopo la Legge n.º 468 del 1978*, 1979, pág. 892, refere, mesmo, que as potencialidades da lei financeira faziam dela uma *verdadeira e própria tentação*.

[604] Giuseppe Fazio e Matilde Fazio, *Il Nuovo Bilancio Statale nel Sistema Finanziario Italiano*, 2001, pág. 64, referem que da análise das várias leis financeiras aprovadas resulta clara a tentativa de fazer entrar pela janela da lei financeira o que tinha sido impedido de entrar pela porta da Constituição.

[605] Musumeci, *La Legge Finanziaria*, 2000, pág. 44, chega mesmo a considerar que a lei financeira, nos primeiros dez anos de vigência, *demonstrou ser um remédio bem pior do que o mal*. Com efeito, a maior consequência da referida lei foi o crescimento desmesurado da despesa, através de normas inseridas na lei financeira, e que, por sua vez, eram financiadas pelo aumento do recurso ao deficit, que era, paradoxalmente, fixado por intermédio da mesma lei financeira que estabelecia o limite máximo de recurso ao mercado financeiro, adequando-o, naturalmente, às crescentes despesas que autorizava. Refira-se, desde logo, a aversão dos parlamentares a aprovarem, em primeiro lugar, a norma da lei financeira que

312   A Lei por detrás do Orçamento

âmbito do conteúdo possível da lei financeira, limitando-lhe o domínio de intervenção, precisamente ao nível da criação de receitas e de despesas, ou seja, num dos domínios que tinha gerado a intervenção legislativa inicial, levando a doutrina a questionar, no novo contexto, a pertinência da manutenção da separação entre a lei financeira e a lei do Orçamento[606].

Na verdade, para além de desfasar temporalmente a aprovação da lei do Orçamento (31 de Julho), face à lei financeira (30 de Setembro)[607], o legislador introduziu, igualmente, limites materiais ao conteúdo desta lei, proibindo a sua utilização como veículo de aprovação de novos tributos ou de novas despesas e elencando, restritivamente e com maior rigor, as matérias que aí poderiam encontrar consagração[608].

---

fixava o nível máximo de recurso ao mercado financeiro para este valor servir, depois, de padrão às iniciativas de despesa. Neste sentido, Lotito, *Legge Finanziaria, Bilancio e Provvedimenti "collegati". Riflessioni sugli Atti Normativi e di Indirizzo in Matéria di Finanza Pubblica*, 1996, pág. 20. Com a reforma efectuada pela Lei n.º 362, de 23 de Agosto de 1988, as regras quantitativas, relativamente aos indicadores macroeconómicos, permaneceram na lei financeira, enquanto as correcções inovativas dirigidas à legislação de receita, de despesa ou de qualquer outro tema, deslizaram para os chamados *provvedimenti collegati*, constituindo estes, para Petricone, *La Riforma del Bilancio dello Stato tra modifiche recenti e nuove applicazioni*, 2000, pág. 91, o *refugium peccatorum da manobra financeira do Governo*. Sobre o contexto inerente à aprovação da Lei n.º 362, de 23 de Agosto de 1988, Alessandro Palanza, *A informação técnica nos procedimentos parlamentares: A experiência dos Serviços do Orçamento da Câmara dos Deputados e do Senado*, 1998, pág. 5 e segs.

[606] Musumeci, *La Legge Finanziaria*, 2000, pág. 46. A função modificadora do ordenamento jurídico preexistente, ao nível da receita e da despesa, passou, como se verá, para os *provvedimenti legislativi collegati*, que seriam aprovados separadamente. Sobre os aspectos mais salientes introduzidos pela reforma de 1988, Colarullo, *La Legislazione di Spesa fuori della Sessione di Bilancio*, 1991, pág. 25 e segs.

[607] Este desfasamento temporal levava a que o Governo aprovasse em Setembro, juntamente com a proposta de lei financeira, uma *nota di variazioni* à proposta de lei do Orçamento (em discussão), adaptando-o à proposta de lei financeira, como explica De Ioanna, *Parlamento e Spesa Pubblica*, 1993, pág. 124.

[608] Giuseppe Fazio e Matilde Fazio, *Il Nuovo Bilancio Statale nel Sistema Finanziario Italiano*, 2001, pág. 52 e segs. Para estes autores, com estas alterações pretendia-se promover o *abandono da precedente configuração da lei financeira como instrumento propedêutico para a formação do projecto de Orçamento*. Com o deslizamento da data de apresentação da lei financeira de Junho (data de apresentação da proposta de Orçamento anual), para Setembro (data da apresentação da proposta de Orçamento plurianual), evidenciava-se a vontade de a lei financeira servir de suporte ao Orçamento plurianual programático, mais do que ao Orçamento anual.

O *Conteúdo da Lei do Orçamento* 313

Esta tentativa de evitar transformar a sessão do Orçamento virtualmente no único momento legislativo relevante de todo o ano não seria totalmente bem sucedida. Na verdade, mais uma vez, o legislador ordinário logrou ultrapassar os constrangimentos conteudísticos da lei do Orçamento e da nova lei financeira, ao transferir para uma inominada e nova lei de acompanhamento da lei financeira (*Legge Collegata*)[609], as alterações legislativas substanciais que pretendia introduzir junto com a aprovação da lei do Orçamento, pelo que, em conclusão, a sessão orçamental passou a ser ocupada com a aprovação de três actos legislativos, tudo com manifestas dificuldades de articulação e de racionalidade[610].

---

[609] Até 1995 não existia apenas uma, mas várias leis de acompanhamento orçamental, que eram conhecidas como as *leggi collegati*. A década de 1988-1999 representou, de resto, o período de maior dispersão legislativa durante a sessão parlamentar de aprovação do Orçamento, que, não raro, ultrapassava os prazos estabelecidos, tendo em atenção a desmesurada quantidade de normas e de matérias alvo de intervenção legislativa, como notam Da Empoli, De Ioanna, Vegas, *Il Bilancio dello Stato,* 2000, pág. 66. A amplíssima intervenção legislativa que a *legge collegata* representava no ordenamento italiano fica bem evidenciada com o exemplo dado pela Lei n.º 662, de 23 de Dezembro de 1996, sobre *medidas de racionalização das Finanças Públicas,* que embora tivesse apenas três artigos, tinha 267 números no art. 1.º, 224 números no art. 2.º e 217 números no art. 3.º. Recorde-se que esta situação acontece depois de o Documento de Programação Económico-Financeira (espécie de plano plurianual) para o triénio de 1994-1996 ter determinado, não só a unificação das *leggi collegati,* como estabelecido que esta deveria conter, exclusivamente, *medidas tendentes a obter a redução do deficit.*

[610] Uma das medidas mais relevantes no sentido de aumentar a legibilidade do Orçamento, facilitar a sua aprovação parlamentar e responsabilizar os verdadeiros "gestores orçamentais", num sistema com a instabilidade governativa como o que o sistema italiano tem proporcionado, foi a da organização do Orçamento em torno das *unidades previsionais de base.* No seguimento da Lei n.º 94, de 3 de Abril de 1997, o Governo aprovou o Decreto-Legislativo n.º 279, de 7 de Agosto de 1997, no qual se determina (nova redacção do número 2 do art. 2.º da Lei n.º 468, de 5 de Agosto de 1978) que as verbas orçamentais se devem dividir em unidades previsionais de base (organizadas relativamente a áreas homogéneas de actividade), sendo que cada unidade corresponde a um único centro de responsabilidade administrativa a quem é entregue a gestão da respectiva unidade, assim se pretendendo promover uma maior responsabilização sobre a execução orçamental, aumentando os índices de eficiência administrativa. Esta reforma representou o consenso possível, não se tendo logrado enveredar (como sugeria a *Corte dei Conti*) por uma organização orçamental em torno das funções desempenhadas, que permitisse verificar, com clareza, os montantes orçamentais atribuídos a cada função do Estado. Da Empoli, De Ioanna, Vegas, *Il Bilancio dello Stato,* 2000, pág. 24 e segs. Sobre o sistema orçamental em torno das *unidades previsionais de base,* Petricone, *La Riforma del Bilancio dello Stato tra modifiche recenti e nuove applicazioni,* 2000, pág. 35 e segs, onde o autor se refere a *um budget entregue aos dirigentes.*

A Lei por detrás do Orçamento

Esta situação de máxima dispersão legislativa voltou a ser corrigida através da Lei n.º 208, de 1999, em que se retoma a opção pelo alargamento do conteúdo possível da lei financeira para tentar eliminar a lei de acompanhamento à lei financeira (*legge collegata*) e assim diminuir o número de actos com relevância orçamental[611]. Com esta nova reforma, bem exemplificativa da volatilidade das opções políticas e normativas do legislador italiano, voltou a fazer-se coincidir a aprovação de ambas as leis (orçamental e financeira), permitindo que esta última introduza alterações no ordenamento jurídico ao nível das receitas e das despesas[612], tendo-se remetido para diplomas legislativos avulsos (*provedimmenti collegati*[613]), a aprovar fora de sessão orçamental, as normas com efeitos financeiros indirectos, e que impliquem alterações legislativas sectoriais, a exercer, as mais das vezes, através de autorizações legislativas concedidas ao Governo[614].

Perante este cenário de emaranhado legislativo associado a experimentalismos reformistas, em que a preocupação predominante parece ser, sempre, a ultrapassagem das regras, mais do que o seu respeito e integral cumprimento, chega-se à situação, pouco compreensível, e alvo de numerosas críticas da generalidade da doutrina, de o

---

[611] Esta alteração, assemelhando-se a um regresso ao sistema em vigor entre 1978 e 1988, já foi merecedora de críticas da doutrina, que considerou, referindo-se à lei financeira para o ano 2000, estar-se de volta ao *assalto ao autocarro como nos anos passados* (...) onde, *de um collegato de sessão omnibus se passou para uma lei financeira omnibus.* Petricone, *La Riforma del Bilancio dello Stato tra modifiche recenti e nuove applicazioni*, 2000, pág. 100.

[612] Para além das alterações legislativas ao nível da receita e da despesa, a lei financeira continua a ser o local escolhido para se promoverem as mais diversas alterações legislativas, muitas vezes com mínimas ligações com a matéria orçamental. Assim, na lei financeira para 2001 encontravam-se, nos seus 158 artigos, normas relativas aos domínios fiscais, sanitários, laborais, agrícolas, de transportes e de funcionalismo público. Do mesmo modo, a lei financeira para 2002, apesar de apenas contar com 79 artigos, modifica dezenas de leis sobre as mais variadas matérias, Giuseppe Vinci, *Legge Finanziaria 2002*, 2002.

[613] A lei financeira não pode legislar sobre matérias organizativas relativas a reformas de sectores, normas de carácter local ou micro-sectorial, bem como autorizações legislativas ao Governo, sendo este o âmbito de acção privilegiado dos *provedimmenti collegati*, que, por não terem uma relação directa com a matéria orçamental, devem ser aprovados fora da sessão orçamental.

[614] O conteúdo eventual da lei financeira vem previsto no número 3 do art. 11.º da Lei n.º 468, de 5 de Agosto de 1978 tal como alterada pelas Leis n.º 362/1988, n.º 94/1997 e 208/1999, bem como pelo Regulamento n.º 492/1999.

O Conteúdo da Lei do Orçamento

sistema orçamental italiano ter de ser encontrado algures no meio de um documento de programação económico-financeira, um Orçamento plurianual da legislação existente e outro programático, uma lei do Orçamento, uma lei financeira e um conjunto de *provvedimenti collegati* associados à lei financeira.

Neste contexto, o Governo apresenta ao Parlamento, até 30 de Junho, o Documento de Programação Económico-Financeiro (Dpef), onde constam as linhas gerais da política orçamental[615]. Posteriormente, até 30 de Setembro, apresenta a proposta de lei de Orçamento anual, as propostas de lei de Orçamento plurianual (um com a legislação em vigor e outro programático), e a proposta de lei financeira, devendo apresentar, até 15 de Novembro, as propostas de *provvedimenti collegati* relativamente à lei financeira, com as alterações indirectas e laterais ao domínio financeiro[616].

Contemporaneamente à apresentação da proposta de Orçamento (com base na legislação em vigor e sem capacidade de a modificar), o Governo apresenta a proposta de lei financeira onde constam as modificações ao sistema legislativo preexistente que se pretendem efectuar e fazer repercutir no Orçamento para o ano seguinte. Acontece que a proposta de Orçamento não pode, no entanto, dada a sua

---

[615] Este documento foi introduzido no ordenamento jurídico italiano através da Lei n.º 362/1988, que alterou o art. 3.º da Lei n.º 468, de 5 de Agosto de 1978 e que já foi, posteriormente, alterada pela Lei n.º 94/1997, pela Lei n.º 208/1999, bem como pelo Regulamento n.º 492/1999. Considerado como o primeiro passo do processo orçamental, aqui vêm definidas as grandes linhas orçamentais, bem como os indicadores e objectivos de política macroeconómica. Estes valores servem de padrão no momento da aprovação da lei do Orçamento e da lei financeira. Segundo Dickmann, *Procedimento Legislativo e Coordinamento delle Fonti,* 1997, pág. 265, a aprovação do Dpef *condiciona as sucessivas decisões de mérito, sobretudo no que se refere à fixação do tecto da despesa, que os actos legislativos subsequentes não poderão superar.* Este documento, com um âmbito de acção entre 3 a 5 anos, não é aprovado por acto legislativo, sendo considerado um acto de *indirizzo politico* do Governo, dando lugar a uma resolução de cada uma das Câmaras parlamentares a cujo conteúdo estas se autovinculam. Sobre este assunto, Da Empoli, De Ioanna, Vegas, *Il Bilancio dello Stato,* 2000, pág. 87 e 88 e Marco Olivetti, *Le Sessioni di Bilancio,* 1999, pág. 580 e segs..

[616] Maria Luisa Honorati, *Lezioni di Diritto Parlamentare,* 1999, pág. 288; Tosi e Mannino, *Diritto Parlamentare,* 1999, pág. 358 e segs. e Cicconetti, *Le Fonti del Diritto,* 1997, pág. 257 e segs. O calendário dos vários actos relativos ao processo orçamental e financeiro consta do art. 1-bis da Lei n.º 468, de 5 de Agosto de 1978, tal como alterada pelas leis n.º 362/1988, n.º 94/1997 e 208/1999, bem como pelo Regulamento n.º 492/1999.

natureza formal e o facto de a lei financeira ainda não se encontrar aprovada, tomar em linha de conta as alterações incluídas na lei financeira, no momento em que é apresentada ao Parlamento, pelo que é preciso ir adaptando a proposta de lei orçamental à medida que a lei financeira seja aprovada, num ritual de difícil compreensão e de falta de lógica[617].

Assim, logo que a lei financeira seja aprovada numa das Câmaras (com as alterações que eventualmente lhe tenham sido introduzidas), o Governo apresenta uma *note di variazione* relativa à proposta de lei do Orçamento, de modo a que esta passe a tomar em linha de conta as alterações legislativas entretanto aprovadas pelo Parlamento na lei financeira. Esta solução não isenta o Governo de voltar a apresentar uma nova *note di variazione* se a outra Câmara apresentar também alterações à proposta de lei financeira, com as manifestas dificuldades de articulação e de compreensão do conjunto da legislação orçamental italiana[618].

Aqui chegados, não parece exagero afirmar que o sistema Italiano de aprovação orçamental se encontra numa encruzilhada acentuada pelo avolumar de experiências legislativas que apenas serviram para complicar o sistema, tornando-o virtualmente inoperativo enquanto acto de controlo parlamentar sobre o Governo. Disso mesmo é bem exemplificativo o facto de se ter optado por proceder a uma divisão das verbas orçamentais em unidades previsionais de base, distribuídas pelos dirigentes administrativos e não pelos dirigentes políticos, o que demonstra bem o modo como a responsabilidade pela gestão orçamental escapa, hoje em dia, em grande parte, aos titulares do poder político.

De qualquer forma, por mais que se ensaiem novas modificações legislativas, o certo é que, tal como a generalidade da doutrina já entendeu, o centro de todas as dificuldades encontra-se na norma

---

[617] A lei financeira não pode conter normas de autorização legislativa ou de carácter organizativo, devendo conter, exclusivamente, normas destinadas a realizar efeitos financeiros com aplicação no primeiro ano do Orçamento plurianual.

[618] Da Empoli, De Ioanna, Vegas, *Il Bilancio dello Stato,* 2000, pág. 51, consideram que estas *note di variazione* são os *canais* que fazem dialogar a lei do Orçamento e a lei financeira no momento em que ambas se encontram simultaneamente em processo de aprovação. Sobre os vários actos normativos apresentados durante a sessão orçamental, Marco Olivetti, *Le Sessioni di Bilancio,* 1999, pág. 575 e segs.

O *Conteúdo da Lei do Orçamento*   317

constitucional que, prestando um tributo à teoria dualista herdada do positivismo alemão dos finais do século XIX, acaba por ultrapassar, na sua pretensa ortodoxia, a própria doutrina de Laband, assumindo-se como um corpo estranho num sistema constitucional de base parlamentar.

Na verdade, num momento em que o Orçamento se assume como um dos mais importantes instrumentos de política financeira, e em que o controlo das Finanças Públicas exige políticas integradas de receitas e de despesas, torna-se absolutamente anacrónico que o texto constitucional italiano continue a proibir a lei do Orçamento de exercer, plenamente, a sua capacidade legislativa, impedindo-a de estabelecer novos tributos, novas despesas e (consequentemente) qualquer norma cuja aprovação conjunta fosse considerada necessária, útil ou conveniente[619].

Este diagnóstico tem vindo a ser, de resto, sucessivamente traçado pela doutrina, sendo que a premência de uma mudança estrutural se agudiza de cada vez que o legislador ordinário cria uma nova forma de rodear a limitação constitucional, assim contribuindo para agravar o sistema, através de uma plêiade de actos, mais ou menos normativos, que, não resolvendo a questão essencial, apenas lhe prolongam a agonia.

Na verdade, o sistema constitucional italiano, sendo aquele que estabelece maiores e mais explícitas restrições à capacidade de intervenção normativa da lei do Orçamento sobre a legislação preexistente, é, também, o que maiores tentativas de ultrapassar essas mesmas limitações tem desenvolvido, ainda que sem assumir, até ao presente, uma verdadeira intenção de reforma da Constituição Orçamental.

Pródigo em intermináveis discussões, amigo de reformas globais e da construção de *catedrais no deserto*[620], impaciente com o amadu-

---

[619] Note-se que o Regulamento da Câmara dos Deputados Italiana prevê, nos artigos 120.º n.º 2 e 121.º n.º 5, que o presidente da Comissão incumbida de analisar as propostas de lei do Orçamento e de lei financeira verifique se estas leis não contêm normas *estranhas ao objecto próprio* de cada uma delas, sendo declaradas inadmissíveis emendas parlamentares nesse sentido. No caso de ser detectada qualquer norma estranha ao objecto próprio de cada uma das leis, esta deve ser expurgada do projecto de diploma.

[620] Comella e Letizia, *La Decisione di Bilancio in Italia: Formazione, Contenuti e Procedure*, 1995, pág. 540. A expressão é utilizada para descrever a aprovação da Lei n.º 468/1978, que surgiu num ordenamento jurídico que não se encontrava preparado para receber tamanha alteração legislativa.

318 A Lei por detrás do Orçamento

recimento de novas regras jurídicas, ávido de encontrar modos de ultrapassar as regras até então reclamadas como essenciais, do ordenamento jurídico italiano pode esperar-se tudo, inclusivamente ideias para uma verdadeira reforma do sistema orçamental[621].

Com efeito, no rescaldo das sucessivas alterações legislativas realizadas, no que concerne ao complexo de actos normativos associados ao processo orçamental, começa a notar-se, com bastante intensidade e insistência, um movimento doutrinal unido em torno da ideia de que o Orçamento e a política orçamental devem centrar-se nas mãos do Governo, que, no fundo, é o órgão responsável pelo *indirizzo politico* onde o Orçamento tem, indiscutivelmente, um papel fundamental, como um dos últimos instrumentos de política financeira ainda colocado sob a alçada dos governos nacionais[622].

As propostas doutrinais apresentadas, sendo credoras do desconforto que o sistema tem gerado, ao ponto de considerarem que *as duas mudanças fundamentais para a racionalização do nosso sistema*

---

[621] As propostas de reforma do art. 81.º número 3 da Constituição vão-se sucedendo, como se pode ver em Rita Perez, *Il nuovo articolo 81 della Costituzione*, 1993, pág. 118 e segs., onde a autora defende que *o Orçamento deve voltar a ser a sede das decisões sobre as receitas e as despesas, tornando-se uma lei substancial*; Brancasi, *Sulla proposta di modifica dell'articolo 81 della Costituzione*, 1993, pág. 121 e segs.; Carbone, *Sul nuovo articolo 81 della Costituzione*, 1993, pág. 145 e segs.; Paola Bilancia, *Osservazioni sulla Disciplina Costituzionale del Bilancio a Cinquant'anni dalla sua Scrittura*, 1997, pág. 191; Bognetti, *la Costituzione Economica Italiana*, 1995, pág. 138 e segs e 201 e segs. Este autor apresenta, de resto, um conjunto desenvolvido de sugestões de reforma para a generalidade do art. 81.º da Constituição Italiana. No mesmo sentido, Livia Mercati, *Le Procedure di Bilancio tra Sistemi Elettorali e Forme di Governo: un'Analisi Comparata*, 1997, pág. 403, segundo a qual, *tem sido já evidenciada a necessidade de modificar o art. 81.º da Constituição, introduzindo, substancialmente, a não emendabilidade por parte do Parlamento da lei do Orçamento e de todas as propostas governativas com efeitos financeiros*. Finalmente, veja-se, ainda, Masciandaro, *La non emendabilità delle leggi di spesa e di bilancio: analisi teorica e profili istituzionali*, 1996, pág. 399.

[622] Zangani, *I Recenti Sviluppi delle Procedure Parlamentari di Bilancio: La Terza Fase dell'Evoluzione in Atto*, 1998, pág. 173. Para este autor, é necessário promover a inemendabilidade da proposta orçamental, ou, pelo menos, submeter à aceitação do Governo as iniciativas parlamentares que impliquem maiores despesas ou menores receitas, para que o Governo se possa assumir, verdadeiramente, como responsável pelo equilíbrio financeiro e titular das decisões fundamentais ao nível da despesa. Do mesmo modo se havia já pronunciado Buscema, *Il Bilancio*, 1971, pág. 104, elencando uma série de motivos que levariam a que se impedisse a iniciativa orçamental dos deputados, como forma de se limitar o crescimento desmesurado da despesa pública.

parlamentar são a lei eleitoral e o controlo do Governo sobre o procedimento financeiro[623], oscilam entre a defesa da consagração de maiores limites ao poder de emenda parlamentar, até à defesa da total inemendabilidade da proposta orçamental[624], sendo que, em qualquer caso, as modificações exigidas pela doutrina implicam uma reforma do teor do número 3 do art. 81.º da Constituição, por forma a que a lei do Orçamento possa consumir o conteúdo do emaranhado de leis que gravitam na sua órbita e assumir-se como lei substancial, com capacidade de intervir, inovadoramente, sobre todo o ordenamento legislativo[625].

Do mesmo modo, também as várias tentativas de modificação da Constituição Italiana têm transmitido a inquietude doutrinal e política subjacente ao modo como o número 3 do art. 81.º da Constituição reconduz, restritivamente, a lei do Orçamento à sua simples faceta contabilística, afastando-a do centro das decisões político-fi-

---

[623] Paolo de Ioanna, *Parlamento e Spesa Pubblica,* 1993, pág. 84.

[624] Dickmann, *Procedimento Legislativo e Coordinamento delle Fonti,* 1997, pág. 272 e segs. apresenta um resumo das várias possibilidades de emenda parlamentar admitidas no Regulamento da Câmara dos Deputados. Considerando que, com a introdução de emendas, o poder legislativo pode invadir a reserva de iniciativa orçamental do executivo, mas sem adiantar soluções, Talice *La Legge di Bilancio,* 1969, pág. 95. Sobre os efeitos perversos da atribuição aos parlamentares do poder de emenda à proposta de Orçamento apresentada pelo Governo, salientando o facto de a generalidade das emendas parlamentares terem uma visível componente eleitoral e propagandística, associada, normalmente, ao aumento das despesas, Onida, *Le Leggi di Spesa nella Costituzione,* 1969, pág. 228 e segs. Um dos autores mais críticos relativamente à possibilidade de os deputados modificarem a proposta orçamental do Governo é Nacci, *Limiti e Forme della Partecipazione del Governo e del Parlamento nella Formazione ed Aprovazione del Bilancio,* 1967, pág. 472. Para este autor, as emendas parlamentares representam uma *evidente invasão da esfera de competência do Governo, ao qual foi atribuída constitucionalmente a formação do Orçamento,* defendendo, mesmo, de *iure condito,* a total inemendabilidade da proposta de Orçamento.

[625] Paola Bilancia, *Osservazioni sulla Disciplina Costituzionale del Bilancio a Cinquant'anni dalla sua Scrittura,* 1997, pág.191. Esta autora propõe a transformação da lei do Orçamento numa lei substancial que, dessa forma, se pudesse fundir com a lei financeira. Segundo Paola Bilancia (pág. 193), esta modificação, associada à introdução da inemendabilidade da proposta orçamental do Governo, de forma a impedir o aumento desmesurado da despesa, levaria a um *aumento necessário da responsabilidade política governativa, também ao nível da despesa.* Associando, igualmente, a questão da inemendabilidade da proposta orçamental do Governo com o aumento da sua responsabilização política perante o Parlamento, Zangani, *I Recenti Sviluppi delle Procedure Parlamentari di Bilancio: La Terza Fase dell'Evoluzione in Atto,* 1998, pág. 168.

320 *A Lei por detrás do Orçamento*

nanceiras e do debate em torno da fixação do *indirizzo politico*. Assim, a alteração ao art. 81.º da Constituição foi equacionada no âmbito da "Comissão Bozzi", de 1984, na proposta de revisão constitucional do "Governo Andreotti", de 1991, na "Comissão De Mitta-Iotti", de 1993 e no projecto da "Comissão Bicameral", de 1997.

Nestas várias propostas de modificação constitucional podem encontrar-se normas de cariz orçamental, onde se sugeria a inscrição de regras constitucionais relativas ao controlo do desequilíbrio orçamental e à limitação dos poderes parlamentares de emenda, assim ficando claro que ambas as questões têm sido consideradas como fazendo parte dos temas mais prementes no domínio da Constituição Orçamental, e em torno dos quais mais se tem escrito e debatido.

Neste sentido, a proposta do Governo de Andreotti, que motivou uma ampla discussão doutrinal, era bastante ampla, e introduzia modificações, verdadeiramente substanciais, no sistema orçamental italiano, prevendo a possibilidade de a lei do Orçamento aprovar novas receitas e despesas, o reforço da maioria necessária para aprovar modificações parlamentares à proposta de Orçamento, bem como o reconhecimento ao Governo de um veto suspensivo (por dois meses), de todas as deliberações financeiras desconformes com o *indirizzo* governativo, apenas ultrapassável mediante aprovação por maioria absoluta dos deputados[626].

O objectivo desta reforma, que incluía, igualmente, a eliminação dos limites materiais da lei do Orçamento, previstos no número 3 do art. 81.º, tornando esta lei numa lei material, com capacidade de legislar sobre receitas e despesas, era o de reforçar a responsabilidade política do Governo que, passando a controlar o Orçamento, inte-

---

[626] Esta proposta tinha na sua base, de alguma forma, o art. 113.º da actual Lei Fundamental Alemã, onde se estabelece que *carecem da aprovação do Governo Federal, as leis que aumentem as despesas do Orçamento propostas pelo Governo Federal ou que impliquem novas ou futuras despesas. O mesmo se aplica às leis que impliquem ou possam implicar, no futuro, diminuição de receitas. O Governo Federal pode exigir que o Parlamento Federal suspenda a votação de tais leis. Neste caso, o Governo Federal deverá, dentro do prazo de seis semanas, enviar uma opinião ao Parlamento Federal.* Para um resumo das modificações ao art. 81.º apresentadas pela proposta de revisão constitucional do "Governo Andreotti", bem como da proposta apresentada, contemporaneamente, pelos Deputados Altissimo, Battistuzzi e pelo Senador Fiocchi, veja-se Comella e Letizia, *La Decisione di Bilancio in Italia: Formazione, Contenuti e Procedure*, 1995, pág. 551.

O Conteúdo da Lei do Orçamento

grando-o de pleno na condução da sua política económico-financeira, mais facilmente poderia ser sujeito ao controlo parlamentar[627].

Finalmente, a "Comissão Bicameral", criada em 1997, e presidida por Massimo D'Alema, mesmo se marcada por outras prioridades na sua agenda de trabalhos, propunha, ainda assim, alterações ao art. 81.º da Constituição Italiana, mas, desta vez, mantendo, no essencial, as restrições materiais da lei do Orçamento, naquilo que seria um enorme retrocesso face à proposta do Governo Andreotti. Com efeito, de acordo com o projecto da referida Comissão, o actual art. 81.º seria substituído pelo art. 103.º que, mantendo na sua essência os dois primeiros números do art. 81.º, estabelecia, depois, que, *com a lei de aprovação do Orçamento não se podem estabelecer novos tributos e novas despesas nem modificar outras leis. A lei do Orçamento estabelece o equilíbrio anual e plurianual das contas do Estado e do conjunto da Administração Pública. O recurso ao endividamento é admitido somente para despesas de investimento ou em caso de eventos extraordinários com consequências financeiras excepcionais. As propostas de modificação do Orçamento e de alteração de outras leis que constituem a decisão anual das Finanças Públicas são admitidas com respeito pelo equilíbrio do Orçamento. As leis em matéria de contabilidade pública não podem ser modificadas por leis de despesa ou de receita. As leis que comportem novas ou maiores despesas devem indicar os meios para lhes fazer face para o inteiro período de aplicação, na observância dos limites estabelecidos para o recurso ao endividamento pela lei de aprovação do Orçamento. Em caso de oposição do Governo, as Câmaras podem aprovar disposições que comportem maiores despesas com maioria absoluta dos seus membros*[628].

---

[627] Previa-se, ainda, a constitucionalização da obrigação de equilíbrio do Orçamento corrente, numa tentativa de se promover a consolidação das Finanças Públicas e limitar o *deficit* orçamental.

[628] De Ioanna, *Parlamento e Spesa Pubblica*, 1993, pág. 84 e 158 e Da Empoli, De Ioanna, Vegas, *Il Bilancio dello Stato*, 2000, pág. 114 e segs. Sobre os trabalhos da Comissão Bicameral, veja-se a obra colectiva denominada *Il Primo Commento Organico al Progetto di Riforma della Costituzione*, 1997; a obra organizada por Caretti, *La Riforma della Costituzione nel Progetto della Bicamerale*, 1998 e a obra colectiva de Costanzo, Ferrari, Floridia, Romboli e Sicardi, *La Commissione Bicameral per le Riforme Costituzionali*, 1998. Apesar de o projecto de revisão constitucional, apresentado pela Comissão Bicameral

Até ao presente, porém, nem as várias tentativas de modificação constitucional, nem a crescente pressão doutrinal, nem tão pouco o descontentamento dos cidadãos em torno do emaranhado legislativo em que se tornou o processo orçamental italiano foram suficientes para levar a bom porto uma reforma do sistema constitucional que, assim, se mantém como um dos últimos exemplos, em sistemas de base parlamentar, da manutenção de um conceito de lei do Orçamento em sentido meramente formal.

2. O exemplo da Alemanha

O modo como a Lei Fundamental Alemã de 1949 consagrou o regime de aprovação e estabeleceu os limites do conteúdo da lei do Orçamento, representa, ao mesmo tempo, um tributo à sua herança histórica e uma solução que visa evitar o surgimento de novas crises orçamentais com a amplitude e as repercussões da crise orçamental prussiana, ocorrida no final do século XIX.

Na verdade, o sistema orçamental alemão veio aproximar-se do sistema constitucional italiano (a Lei Fundamental Alemã é um ano posterior à sua congénere italiana) no modo como retira à lei do Orçamento o protagonismo nas opções políticas fundamentais, que

---

em 30 de Junho de 1997, ter sofrido um conjunto de alterações, introduzidas por uma "Comissão de emendas", no seguimento da intervenção dos parlamentares, dando origem ao projecto de 4 de Novembro de 1997, não se notam modificações muito relevantes relativas ao domínio orçamental, cujas normas se encontravam previstas nos artigos 112.º e segs. (no primeiro projecto), e nos artigos 103.º e segs. (no projecto final). Para uma crítica da proposta de art. 103.º da Comissão Bicameral, considerando que, *também neste campo será preferível aplicar melhor a Carta de 1947, interpretando-a correctamente, fugindo ao perigo de modificações improvisadas e diletantes*, Caianiello, *Bilancio, Legge Finanziaria, "Copertura" e Mitologie Costituzionali (per una sola legge di bilancio, a costituzione invariata)*, 2000, pág. 3487 e segs. Apontando dificuldades práticas a um sistema de total inemendabilidade da lei do Orçamento, veja-se, também, Da Empoli, De Ioanna, Vegas, *Il Bilancio dello Stato*, 2000, pág. 117. Estes autores, comentando a proposta da Comissão Bicameral referem que *a proibição generalizada de emendas* (parlamentares) *seria de mais fácil aplicação, mas modificaria o actual papel constitucional das Assembleias Parlamentares, ou constrangeria o Governo a infatigáveis acordos antes da apresentação da proposta de Orçamento no Parlamento, já que este apenas poderia ser aprovado se sobre o texto houvesse acordo sobre todos os detalhes, pelo menos entre o Governo e os representantes da sua maioria.*

O Conteúdo da Lei do Orçamento 323

acabam por ser descentradas nos vários actos legislativos geradores de receita e de despesa ocorridos ao longo do ano, e que são, depois, compilados no Orçamento do *Bund* (*Bundeshaushaltsplan*), que é aprovado por acto legislativo parlamentar (*Bundeshaushaltsgesetz*)[629].

Tendo directamente por base o art. 85.º da Constituição de Weimar de 1919[630], para se compreender o sistema orçamental alemão[631]

---

[629] Neste sentido, Pier Francesco Lotito, *Il Processo di Bilancio nella R.F.T*, 1995, pág. 315, e Joachim Hirsch, *Parlament und Verwaltung – Haushaltsplanung und Haushaltskontrolle in der Bundesrepublik Deutschland*, 1968, pág. 104 e segs. Para Werner Heun, *Saatshaushalt und Staatsleitung – Das Haushaltsrecht im parlamentarischen Regierungssystem des Grundgesetzes*, 1989, pág.16, a queixa generalizada relativamente ao apertado âmbito de liberdade do legislador orçamental face ao conjunto das despesas atesta o domínio da legislação genérica no contexto da economia orçamental. Considerando que o enquadramento geral regulador do sistema orçamental alemão ainda reflecte uma tradição que remonta ao tempo da monarquia constitucional, na qual o Orçamento reflectia, em termos financeiros, as leis e as instituições existentes, e não se assumia, assim, com centro de decisões relativamente à criação de novos projectos, Alfred Schmidt, *Financial Legislation in the Bundestag: The Case of Compulsory Pensions Insurance*, 1976, pág. 85.

[630] O art. 85.º da Constituição de Weimar de 1919 vinha incluído no capítulo VI, relativo ao Poder Executivo. Nos termos desse artigo, *todas as receitas e despesas do Reich devem ser avaliadas em cada ano financeiro e incluídas na lei do Orçamento. O Orçamento deve ser aprovado, no princípio de cada ano financeiro, por intermédio de uma lei. As despesas são, em regra, autorizadas anualmente. Em casos particulares podem ser autorizadas por um período mais longo. Não são admissíveis na lei do Orçamento normas que estendam a sua eficácia para lá do ano financeiro, ou que não tenham relação com as receitas ou despesas do Reich, ou com a administração das mesmas. O Reichstag não pode, sem o consenso do Reichrat, aumentar as despesas previstas no projecto de Orçamento ou introduzir novas despesas. O consenso do Reichrat pode ser substituído na forma prevista no art. 74.º*. Sobre a Constituição de Weimar, em geral, Constantino Mortati, *La Costituzione di Weimar*, 1946, pág. 7 a 83; Neumark, *Der Reichshaushaltplan – Ein Beitrag zur Lehre vom öffentlichen Haushalt*, 1929 e Johannes Heckel, *Einrichtung und rechtliche Bedeutung des Reichshaushaltsgesetzes*, 1932, pág. 389 e segs. Mais recentemente, veja-se o desenvolvido comentário de Gröpl, *Bonner Kommentar zum Grundgesetz*, 2002, pág. 29 e segs. Durante a vigência da Constituição de Weimar manteve-se a doutrina maioritária defensora da natureza meramente formal da Lei do Orçamento, sendo bem significativa a opinião de Gerhard Anschütz, *Die Verfassung des Deutschen Reiches*, 1933, ao afirmar, referindo-se ao art. 85.º número 5 da Constituição, que *o significado desta lei* (do Orçamento) *mantém-se igual ao que já era* (com a anterior Constituição). Diferentemente, no sentido da doutrina de Hänel, Hermann Heller, *Der Begriff des Gesetzes in der Reichsverfassung*, 1928, pág. 98 e segs. e 121 e segs.

[631] A aprovação parlamentar da lei do Orçamento tem sido entendida, no sistema constitucional alemão, como relevando da efectivação do princípio democrático, sendo um

324　A Lei por detrás do Orçamento

importa aceitar a divisão entre a lei do Orçamento (*haushaltsgesetz*) e o Orçamento propriamente dito (*haushaltsplan*). Desta dualidade, que já foi, não obstante, qualificada pelo Tribunal Constitucional como sendo uma unidade (*Einheit*[632]), vive um sistema que confere à *haushaltsgesetz* uma natureza legislativa limitada no conteúdo e no âmbito temporal de aplicação, mas que, ainda assim, reconhece haver uma subordinação do Orçamento (*Haushaltsplan*) ao Direito (*subordination des Haushaltsplans unter das Recht*)[633].

Com a Constituição de Weimar termina o ciclo do dualismo monárquico e abre-se o ciclo pautado pelos sistemas de base parlamentar, passando, assim, a Alemanha a alinhar pelo diapasão europeu da atribuição da soberania ao povo representado no Parlamento, desta forma resolvendo a pergunta histórica (*machtfrage*)[634], sobre cuja

---

instrumento do controlo parlamentar do executivo, conforme afirmou o Tribunal Constitucional Alemão, na decisão 70, 324 (356). O texto constitucional relativo à Lei do Orçamento (art. 110.º) foi objecto de uma alteração constitucional em 1969, podendo encontrar-se o texto original em Siekmann, *Grundgesetz Kommentar*, 1999, pág. 2000. As alterações prenderam-se, sobretudo, com a flexibilização do princípio da anualidade e com a criação de um procedimento legislativo específico, separado do previsto no art. 76.º número 2, permitindo, deste modo, a apresentação do projecto de Orçamento, simultaneamente, ao *Bundestag* e ao *Bundesrat*. Mahrenholz, *Kommentar zum Grundgesetz für die Bundesrepublik Deutschland*, 1989, pág. 1343.

[632] Decisão do Tribunal Constitucional Alemão 20, 56 (91).

[633] Mussgnug, *Der Haushaltsplan als Gesetz*, 1976, pág. 309. Este autor, cuja obra permanece, ainda hoje, como uma referência, fundamenta mesmo (pág. 349) esse princípio, não só no parágrafo 3.º da *Haushaltsgrundgesetz – HGrG* e do *Bundeshaushaltordnung – BHO*, como, também, na própria Constituição, identificando-o, assim, como princípio constitucional. Para Mussgnug, a previsão do parágrafo 3.º da *HGrG* e do *BHO*, ao estabelecerem que o *Haushaltsplan* não poderia fundamentar quaisquer direitos ou obrigações para os particulares, eram um indício da incapacidade deste acto para inovar no ordenamento jurídico. Neste sentido, considerando que no caso de o Orçamento (*haushaltsplan*) não conter verbas suficientes para cumprir uma determinação vigente através de uma lei ordinária (*fachgesetz*), a obrigação de providenciar as verbas necessárias se mantém, Christoph Gröpl, *Haushaltsrecht und Reform – Dogmatik und Möglichkeiten der Fortentwicklung der Haushaltswirtschaft durch Flexibilisierung, Dezentralisierung, Budgetierung, Ökonomisierung und Fremdfinanzierung*, 2001, pág. 81. O autor não deixa, de resto, de salientar que se chegaria à mesma solução se se defendesse a doutrina da natureza meramente formal do Orçamento. Algo diferentemente, Werner Heun, *Staatshaushalt und Staatsleitung – Das Haushaltsrecht im parlamentarischen Regierungssystem des Grundgesetzes*, 1989, pág. 259. O autor afirma que, *sem o Haushaltsplan, a Haushaltsgesetz é um acto vazio, enquanto que sem a Haushaltsgesetz, o Haushaltsplan é um acto não vinculativo.*

[634] Bernd Hoppe, *Der preussische Verfassungskonflikt von 1962-1866*, 1993, pág. 148.

O Conteúdo da Lei do Orçamento

325

dúvida se sustentou grande parte do conflito orçamental prussiano, e que se resumia a saber quem era, afinal, o detentor do poder do Estado[635].

O número 4 do art. 110.º da Lei Fundamental, podendo ser interpretado no mesmo sentido do número 3 do art. 81.º da Constituição Italiana, vai ainda mais longe do que este, ao afirmar, expressamente, que *a lei orçamental apenas pode incluir normas relacionadas com as receitas e as despesas do Bund e com o período para o qual a lei orçamental é votada*[636]. Desta forma, ao estabelecer esta *bepackungsverbot*[637], seja ao nível do conteúdo das normas, seja relativamente ao prazo de validade destas, o texto constitucional limita, de modo expresso, e à revelia de um poder mais ou menos genérico da lei na escolha do seu próprio conteúdo, a possibilidade de o legislador orçamental utilizar a lei do Orçamento como veículo para aprovar outras matérias legais sem uma componente orçamental directa, e, mais ainda, o poder da lei do Orçamento intervir no ordenamento jurídico-legal, alterando ou revogando (de modo definitivo[638]) outras normas legais[639].

---

[635] Horst Dreier, *Der Kampf um das Budgetrecht als Kampf um die staatliche Steuerungsherrschaft – Zur Entwicklung des modernen Haushaltsrechts*, 1998, pág. 87; Cristoph Gröpl, *Bonner Kommentar zum Grundgesetz*, 2002, pág. 29, e Mussgnug, *Die rechtlichen und pragmatischen Beziehungen zwischen Regierung, Parlament und Verwaltung*, 1984, pág. 109 e segs.

[636] Esta norma repete, em termos quase similares, uma parte da norma prevista no art. 85.º da Constituição de Weimar de 1919.

[637] Sobre a origem histórica e o âmbito de aplicação deste princípio constitucional, veja-se, por todos, Alexander von Portatius, *Das haushaltsrechtliche Bepackungsverbot*, 1975. Laband, *Le Droit Public de l'Empire Allemand, tome VI*, 1904, pág. 277, refere que, embora a lei do Orçamento preencha os requisitos formais de uma lei, *o Reichstag não pode, de modo nenhum, introduzir, pela sua própria autoridade, na lei do Orçamento, modificações às leis existentes, nem fazer depender a autorização do Orçamento da aceitação dessas modificações pelo Governo. O Governo tem o costume de não admitir um tal empacotamento (bepackung) da lei do Orçamento com semelhantes disposições contrárias à finalidade do Orçamento.*

[638] Com efeito, nos termos da *bepackungsverbot,* as alterações efectuadas na legislação existente por intermédio da lei do Orçamento têm de se enquadrar no âmbito material orçamental e apenas poderão ter uma natureza suspensiva durante aquele ano económico. Werner Heun, *Staatshaushalt und Staatsleitung – Das Haushaltsrecht im parlamentarischen Regierungssystem des Grundsgesetzes,* 1989, pág. 268.

[639] A Constituição permite, e até impõe, por vezes, expressamente, que na lei do Orçamento se associem outras regras legais, mas de um modo muito limitado. Neste sentido,

A Lei Fundamental Alemã, tal como, de resto, já acontecia com a Constituição de Weimar, não pode ser interpretada sem se tomar em consideração o seu passado histórico, que colhe raízes muito profundas na Constituição da Prússia e nos seus equívocos, bem como nos acontecimentos políticos que levaram à crise orçamental de 1862 e motivaram a fértil doutrina jurídica daí emergente, que, sem perder o seu objectivo político, não deixou de, irremediavelmente, contaminar o constitucionalismo europeu, até aos dias de hoje[640].

Pode mesmo afirmar-se que as normas constitucionais relativas ao Orçamento mudaram pouco ao longo dos tempos[641], devendo, no entanto, ser lidas à luz de um diferente sistema jurídico-constitucional, em que importa contextualizá-las, dando, com isso, sentido à afirmação de Rudolf Smend, quando referia que *quando duas Constituições dizem o mesmo, então não significam o mesmo (wenn zwei Grundgesetze dasselbe sagen, so ist es nicht dasselbe)*[642].

---

veja-se o previsto no art. 87.º e no art. 115.º da Lei Fundamental, bem como no parágrafo 18 número 2 do *Bundeshaushaltsordnung – BHO*. Como excepção ao limite temporal da lei do Orçamento *(zeitliche bepackungsverbot)*, veja-se, ainda, o previsto no art. 110.º n.º 4-2 da Constituição. Sobre o conteúdo essencial e o conteúdo admissível da lei do Orçamento, Wolfgang Krüger-Spitta e Horst Bronk, *Einführung in das Haushaltsrecht und die Haushaltspolitik*, 1973, pág. 130, e Werner Heun, *Staatshaushalt und Staatsleitung – Das Haushaltsrecht im parlamentarischen Regierungssystem des Grundsgesetzes*, 1989, pág. 167. Para este autor é necessário estabelecer uma diferenciação entre a lei do Orçamento *(haushaltsgesetz)* e o Orçamento *(haushaltsplan)*, já que, enquanto que a lei do Orçamento pode conter normas jurídicas, dentro dos limites impostos pela *bepackungsverbot*, o Orçamento, por sua vez, está ainda mais limitado, já que, em seu entender (pág. 167), *o destinatário do Haushaltsplan não são os cidadãos, mas apenas os órgãos internos do Estado.*

[640] Werner Heun, *Grundgesetz Kommentar*, 2000, pág. 861.

[641] Não deixa de ser relevante acentuar o facto de, em termos literais, a lei do Orçamento beneficiar, no texto da Constituição Prussiana, de maior liberdade de conteúdo do que na Constituição de Weimar, onde surgiu, pela primeira vez, a *bepackungsverbot*, ou no texto da Lei Fundamental, onde este princípio se manteve.

[642] Rudolf Smend, *Staat und Kirche nach dem Bonner Grundgesetz* (1951), citado por Horst Dreier, *Der Kampf um das Budgetrecht als Kampf um die staatliche Steuerungsherrschaft – Zur Entwicklung des modernen Haushaltsrechts*, 1998, pág.88. Para um resumo do conteúdo da Constituição Orçamental alemã, Hartmut Maurer, *Staatsrecht*, 1999, pág. 746 e segs; Ulrich Häde, *Einführung in das Haushaltsverfassungsrecht (Art. 109-115 GG)*, 1994, pág. 80 e segs.; Dieter Birk, *Das Haushaltsrecht in der bundesstaatlichen Finanzverfassung (Art. 109-115 GG)*, 1983, pág. 563 e segs. e Ruthardt Siekmann, *Staatliches Haushaltsrecht – Grundriss für die Ausbildung und Fortbildung*, 1983.

O Conteúdo da Lei do Orçamento

Com efeito, como se viu, num paradigma de Estado em que a soberania não se encontrava atribuída ao povo representado no Parlamento, a importância do Orçamento transcendia a sua natureza legislativa, para se assumir, politicamente, como uma arma colocada nas mãos do Parlamento, quando, paradoxalmente, o sistema havia sido gizado para que todas as armas estivessem, afinal, do lado da Coroa e do Governo.

Ora, diferentemente, com o surgimento da Constituição de Weimar e com o triunfo do parlamentarismo na Alemanha, o Orçamento perde esse poder acrescido, diluindo a sua importância no seio dos reforçados poderes parlamentares, bem como na responsabilidade política do Governo face ao Parlamento[643].

Mesmo assim, o novo contexto jurídico-constitucional de raiz parlamentarista, não permite, ainda, afastar totalmente a herança histórica, o que leva a que, primeiro na Constituição de Weimar e depois na Lei Fundamental se mantenha uma forte restrição conteudística à lei do Orçamento, diminuindo a sua capacidade de intervenção legislativa, em termos até literalmente mais gravosos do que os que se encontravam expressos na Constituição da Prússia e do Império, pese embora o desenvolvimento geral de uma concepção cada vez mais formal do conceito de lei, que, não obstante, tarda a chegar ao caso específico da lei do Orçamento[644].

---

[643] Horst Dreier, *Der Kampf um das Budgetrecht als Kampf um die staatliche Steuerungsherrschaft – Zur Entwicklung des modernen Haushaltsrechts*, 1998, pág. 89. Para o autor, de modo muito impressivo, *a luta sobre o Orçamento é, agora, somente uma luta dentro do sistema e já não uma luta sobre o sistema (der kampf um das Budgetrecht ist nur noch Kampf im System, nicht mehr Kampf um das System)*. Kurt Heinig, *Das Budget – Die Budgetkontrolle*, 1949.

[644] Sobre a evolução de uma concepção material de lei para uma progressiva formalização e procedimentalização do conceito de lei (*Formalisierung des Gesetzesbegriffs*), Werner Heun, *Staatshaushalt und Staatsleitung – Das Haushaltsrecht im parlamentarischen Regierungssystem des Grundsgesetzes,* 1989, pág. 151 e segs. Para este autor, *lei pode ser qualquer acto aprovado por um dos órgãos legislativos, de acordo com um processo legislativo e que possua uma forma de lei.* Este processo tem, na sua base, um domínio formal do Parlamento no contexto dos sistemas de Governo de raiz parlamentar, levando a uma hipertrofia do conceito de reserva de lei e de precedência de lei que apenas cede perante os casos residuais de reservas (*kernbereich*) de outros órgãos. Sobre a situação específica do Orçamento, apesar da sua inequívoca aprovação por acto legislativo, veja-se como o próprio Werner Heun, *Staatshaushalt und Staatsleitung – Das*

À lei do Orçamento caberá, não obstante a sua forma e o seu procedimento, exercer uma função orçamental, mais próxima do controlo político do que do poder legislativo, tal como foi já, de resto, reconhecido pelo Tribunal Constitucional, que a considerou como um instrumento de controlo parlamentar do Governo, definindo-a como um programa de Governo em forma de lei[645].

Não se omite, no entanto, a evidência que leva a que a lei do Orçamento se mantenha enclausurada, no contexto do sistema político-constitucional alemão, já que, por um lado lhe é recusada uma intervenção legislativa conformadora e, por outro lado, lhe é negado um efectivo papel controlador do Governo, seja pela existência habitual de maiorias parlamentares afectas ao órgão executivo, seja pela consagração de apertados limites de intervenção parlamentar na modificação da proposta apresentada pelo Executivo (art. 113.º da Lei Fundamental) e que, assim, limitam sobremaneira uma definição autónoma da política de despesas da autoria do Parlamento[646].

Desta forma, e tendo em consideração o contexto de forte emancipação do executivo, também ao nível orçamental, onde a aprovação parlamentar não representa mais do que um momento de verificação da manutenção da confiança politica deste órgão sobre o Governo, parece manter-se actual a interpretação de Laband quando reconhecia à aprovação do Orçamento uma mera co-responsabilização do

---

Haushaltsrecht im parlamentarischen Regierungssystem des Grundsgesetzes, 1989, pág. 167, assume que, *ainda hoje continua a ser discutido o facto de o Orçamento* (haushaltsplan) *estar (ou não) vinculado à generalidade dos actos legislativos.*

[645] Vejam-se as decisões do Tribunal Constitucional Alemão 55, 274 (303) e 70, 324 (356), bem como Hillgruber, *Das Bonner Grundgesetz*, 2001, pág. 1947, quando reconhece à aprovação parlamentar do Orçamento uma função de legitimação democrática e de liderança política (*steuerungsfunktion*). Este autor não deixa, no entanto, de qualificar a lei do Orçamento (pág. 1948), com sendo, materialmente, *um programa de Governo em forma de lei*, o que foi, de resto, também reconhecido pelo Tribunal Constitucional, na decisão 79, 311 (329 e 340). Mussgnug, *Der Haushaltsplan als Geszetz*, 1976, pág. 263 e segs.

[646] Nos termos do art. 113.º da Lei Fundamental, *carecem da aprovação do Governo federal as leis que aumentem as despesas do Orçamento propostas pelo Governo federal ou que impliquem novas ou futuras despesas. O mesmo se aplica às leis que impliquem ou possam implicar, no futuro, diminuição de receitas.*

O Conteúdo da Lei do Orçamento

Parlamento pela execução das despesas programadas, no limite dos valores orçamentados[647].

Com efeito, enquanto que no paradigma dualista era a natureza do próprio sistema que levava a que se justificasse a aceitação de limites ao poder parlamentar de aprovação da lei do Orçamento, no paradigma da Lei Fundamental, inexistindo essas mesmas justificações dogmáticas, é o próprio texto da Constituição a estabelecer limites materiais ao conteúdo possível da lei orçamental, conferindo-lhe um papel secundário no sistema de fontes legislativas e no relacionamento inter-orgânico.

O certo é que, mais de um século passado, a herança conflitual associada ao controlo do Orçamento e à sua natureza jurídica se encontra ainda muito presente no texto constitucional, na legislação enquadradora, na jurisprudência constitucional e na doutrina[648].

Na verdade, iniciando-se a análise pelo art. 110.º da Constituição alemã, verifica-se como com nesta norma se isola o momento da aprovação do Orçamento e o conteúdo possível desta lei, do genérico poder legislativo, igualmente atribuído ao Parlamento, assim se logrando separar, literal e dogmaticamente, o momento do exercício do poder legislativo, do momento "esterilizado" do exercício do poder orçamental, numa demonstração inequívoca de que a lei do Orçamento não é, afinal, ao contrário do que a doutrina pretende fazer

---

[647] Mussgnug, *Der Haushaltsplan als Gesetz*, 1976, pág. 290 e segs. O autor analisa, precisamente, essa passagem do poder de aprovação das despesas (*ausgabebewilligung*) para um mero poder de controlo das despesas (*blossen ausgabekontrolle*). Mussgnug, ainda assim, considera que o Parlamento tem, hoje em dia, muitas outras formas de influenciar a política de despesas do Governo, seja através da aprovação de leis sobre todo o tipo de matérias, seja em termos estritamente políticos.

[648] Quase se pode afirmar que, quanto mais a doutrina tenta afastar a associação entre o Direito orçamental alemão actual e o vigente durante o sistema da Constituição da Prússia ou do Império, mais se encontram semelhanças nos limites e nas cautelas com que a autonomia normativa da lei do Orçamento é encarada. Contra, considerando que *a antiga ideia da natureza exclusivamente formal da lei do Orçamento, que era caracterizada como acto administrativo substancial revestido da forma de lei não pode conservar a sua validade à luz das novas concepções em torno da natureza da lei parlamentar,* Christian Tomuschat, *Il Controllo Finanziario e di Bilancio del Parlamento nella Repubblica Federale Tedesca*, 1979, pág. 854. O autor não deixa, no entanto, de notar que uma atribuição excessiva de poder normativo à lei do Orçamento, criando direitos e obrigações através de meras verbas orçamentais, levaria a *degradar o Governo num robôt da despesa.*

330   A Lei por detrás do Orçamento

crer, de modo a apartar a reminiscência da manutenção do conceito de lei meramente formal, uma lei como as outras[649].

Assim, a existência de um limite constitucional ao conteúdo possível da lei do Orçamento demonstra, de modo muito visível, que a lei do Orçamento não é, afinal, uma lei como as outras, já que não pode, como as outras, definir o seu próprio conteúdo, nem o prazo da sua validade. Assumindo-se como um dos aspectos mais clássicos do sistema constitucional alemão, relativamente ao modo como configura a lei do Orçamento, a *bepackungsverbot* não é uma criação da Lei Fundamental Alemã, importando verificar se esta regra pode, ainda hoje, ser associada a uma desconfiança sobre a efectiva natureza legislativa da lei do Orçamento, ou se a sua manutenção numa Constituição de raiz parlamentar é, antes, credora de outro tipo de explicação.

Com efeito, a imposição de limites materiais e temporais à lei do Orçamento tem uma explicação histórica prévia à discussão sobre a natureza jurídica da lei do Orçamento e que se encontra associada à proibição de se pretender condicionar a aprovação parlamentar dos impostos à satisfação, pelo Governo e pela Coroa, de exigências Parlamentares (*bedingungsverbot*)[650].

Esta proibição haveria de assumir um âmbito mais genérico, assim impedindo que se associassem outras normas ao conteúdo obrigatório da lei do Orçamento (*bepackungsverbot*), tendo em conta a existência de um procedimento legislativo especial para a aprovação desta lei, como acontecia com a Constituição da Prússia, onde, embora não se previsse expressamente a *bepackungsverbot*[651], o facto

---

[649] A expressão de que a *lei do Orçamento é uma lei como as outras* surge, pela primeira vez, com Mussgnug, *Der Haushaltsplan als Gesetz*, 1976, pág. 350 e segs., tendo-se transformado, praticamente, num *ícon* da doutrina alemã, sem prejuízo de, depois, sempre serem acrescentadas justificações e especificidades que desvirtuam e relativizam o absolutismo da declaração. Para um resumo da evolução doutrinal em torno do conceito de lei orçamental, Norbert Achterberg, *Parlamentsrecht*, 1984, pág. 388 e segs.

[650] No Reino Unido, a tentativa de condicionar a aprovação dos impostos, e mais tarde a aprovação do Orçamento, à aprovação de outras matérias ficou conhecida como *tacking*, fenómeno, ainda hoje, proibido pelo facto de a aprovação orçamental e fiscal não implicar a intervenção da Câmara dos Lordes, ao contrário do que se passa com a aprovação das restantes matérias legais.

[651] Na Constituição da Prússia não se previa, expressamente, nem a *bedingungsverbot*, nem a *bepackungsverbot*, já que, nos termos dessa Constituição, não havia aprovação anual dos impostos, o que diminuia a oportunidade do Parlamento para promover qualquer pressão

O Conteúdo da Lei do Orçamento   331

de se excluir, tal como acontecia no Reino Unido, uma das Câmaras do processo aprovatório da lei do Orçamento só era compatível, na opinião da doutrina maioritária, com a não inclusão de outras matérias juntamente com as matérias orçamentais[652].

Em termos mais gerais importa ainda referir que a aceitação da *bepackungsverbot* se inseria plenamente dentro da lógica dominante no dualismo alemão que considerava a aprovação do Orçamento, tal como a generalidade dos actos materialmente orgânicos (*organgesetz*), independentemente da sua aprovação formal por acto legislativo, como relevando de um domínio de não-Direito, por não assumirem uma relação directa com os particulares, antes esgotando a sua esfera de actuação no domínio interno do Estado (*teoria da impermeabilidade*)[653].

Verifica-se, deste modo, que a doutrina da *Bepackungsverbot,* não obstante a sua não consagração expressa nos textos constitucionais representativos do dualismo monárquico encontrava, nesse paradigma, e nesse contexto, um campo de aplicação privilegiado. Diferentemente, o novo contexto político-constitucional surgido com a Constituição de Weimar, em vez de ter cortado com essa doutrina, e libertado a lei do Orçamento desses escolhos, como se poderia reclamar de uma Constituição de raiz parlamentar, decidiu, bem ao invés, assumir expressamente e pela primeira vez, a existência de uma *bepackungsverbot*, herança que a Lei Fundamental não haveria, de resto, de renegar[654/655].

---

sobre o monarca. Neste sentido, Angeles García Frías, *Limites Materiales y Temporales a la Ley de Presupuestos en el Derecho Alemán*, 1994, pág. 28.

[652] Alexander von Portatius, *Das haushaltsrechtliche Bepackungsverbot*, 1975, pág. 21 e segs. A Constituição Prussiana, de 31 de Janeiro de 1850, estabelecia que a lei do Orçamento era apenas aprovada ou rejeitada, na globalidade, pela *Herrenhaus*, nos termos do art. 62.º número 3. A *bepackungsverbot* era ainda justificada pelo facto de o monarca não poder utilizar o seu poder de sancionar as leis para separar entre os vários conteúdos que as mesmas podiam em abstracto conter, pelo que a inclusão de outras matérias junto com a lei do Orçamento poderia representar uma tentativa de pressão sobre o poder de sanção do monarca (*erpressungsversuchen*). Hillgruber, *Das Bonner Grundgesetz*, 2001, pág. 1991 e segs.

[653] Alexander von Portatius, *Das haushaltsrechtliche Bepackungsverbot*, 1975, pág. 33.

[654] Alexander von Portatius, *Das haushaltsrechtliche Bepackungsverbot*, 1975, pág. 55. Considerando que esta regra estava, historicamente, conotada com a qualificação da lei do Orçamento como lei em sentido meramente formal, defendendo que a mesma deixou de

332 *A Lei por detrás do Orçamento*

Hoje em dia, a justificação para a existência de um limite constitucional dirigido ao legislador parlamentar, impedindo-o de utilizar a lei do Orçamento como veículo para a aprovação de outras normas legais com um conteúdo diversificado não pode continuar a ser encontrada num eventual conflito de legitimidades entre Parlamento e Governo, nem servir para evitar potenciais pressões inter-orgânicas, atendendo ao monismo existente entre a maioria parlamentar e o Governo[656].

De qualquer modo, a manutenção de uma *bepackungsverbot* mantém, ainda hoje, um sentido constitucional nos ordenamentos jurídicos, como o da Alemanha e o do Reino Unido, nos quais a lei do Orçamento continua a beneficiar de um procedimento aprovatório diferenciado face ao que é regra para a generalidade dos restantes actos legislativos. Com efeito, no sistema alemão, a inexistência de uma *bepackungsverbot* poderia levar a uma desprotecção dos poderes constitucionais do *Bundesrat*[657], já que o procedimento legislativo

---

ter justificação no contexto constitucional actual, Hillgruber, *Das Bonner Grundgesetz*, 2001, pág. 1991 e segs. De modo semelhante, Heun, *Grundgestetz Kommentar,* 2000, pág. 861 e 878, considera que o sentido inicial da regra (evitar que o monarca tivesse de, ao aprovar ou rejeitar o Orçamento, tomar, indirectamente, a mesma decisão sobre as outras matérias que se encontrassem acopladas) se perdeu, invocando como justificações alternativas, a *normenklarheit* (clareza normativa) e a *verfahrensbeschleunigung* (aceleração do procedimento).

[655] Refira-se, de resto, que não existe *bepackungsverbot* na generalidade das Constituições dos vários *Länder,* onde se utiliza, por vezes, a lei do Orçamento para alterar outras normas de leis avulsas, como referem Gröpl, *Bonner Kommentar zum Grundgesetz,* 2002, pág. 129 e Alexander von Portatius, *Das haushaltsrechtliche Bepackungsverbot,* 1975, pág. 51.

[656] Alexander von Portatius, *Das haushaltsrechtliche Bepackungsverbot,* 1975, pág. 58 e segs. A tentativa de o Governo querer pressionar o Parlamento a aprovar matérias legislativas "disfarçadas" no meio da lei orçamental seria, de resto, para este autor, contrária ao princípio de *Organstreue* (lealdade orgânica) que deve pautar as relações inter-orgânicas, sobretudo num sistema parlamentar em que o Governo e a maioria parlamentar têm uma *harmonia de direcção política (harmonie der politischen richtung),* na expressão de Carl Schmitt. Referindo-se ao facto de, com a *bepackungsverbot,* se evitar a possibilidade de uma ilegítima *erpressbarkeit* (chantagem) por parte do legislador, que levasse a que, com a entrada em vigor do Orçamento, fossem, também, aprovadas outras normas, Gunter Kisker, *Handbuch des Staatsrechts,* 1990, pág. 248.

[657] Alexander von Portatius, *Das haushaltsrechtliche Bepackungsverbot,* 1975, pág. 63 e segs. Contra, mas sem avançar justificações, Hillgruber, *Das Bonner Grundgesetz,* 2001, pág. 1993 e Heun, *Grundgesetz Kommentar,* 2000, pág. 878.

O Conteúdo da Lei do Orçamento

referente à lei do Orçamento é diverso do procedimento ordinário previsto no art. 76.º da Lei Fundamental.

De facto, sendo a Lei do Orçamento uma *einspruchsgesetz* e não uma *zustimmungsgesetz*[658], a intervenção do *Bundesrat* encontra--se diminuída por não ser necessária, nem possível, a aprovação ou modificação, por este órgão, da proposta de lei de Orçamento, que apenas se pode pronunciar em bloco sobre o texto do Governo e sobre as emendas efectuadas pelo *Bundestag*[659], assim justificando, hoje em dia, e embora a generalidade das críticas da doutrina à manutenção de uma norma com este teor[660], a razão de ser da existência de uma *bepackungsverbot* constitucional[661].

Para além do argumento de natureza orgânico-procedimental, são ainda aduzidas genericamente pela doutrina justificações associadas à simplificação e à rapidez do procedimento aprovatório, à clareza

---

[658] Apenas no segundo caso é necessária a aprovação do projecto de lei por parte do *Bundesrat.*

[659] Sobre os diminuídos poderes de intervenção do *Bundesrat* no processo aprovatório da lei do Orçamento, vejam-se, a título de exemplo, Hillgruber, *Das Bonner Grundgesetz*, 2001, pág. 1985 e segs. e Gröpl, *Bonner Kommentar zum Grundgesetz*, 2002, pág. 159 e segs.

[660] Alexander von Portatius, *Das haushaltsrechtliche Bepackungsverbot*, 1975, pág. 35 e 49 e Hillgruber, *Das Bonner Grundgesetz*, 2001, pág. 1992. Werner Heun, *Grundgesetz Kommentar,* 2000, pág. 861, considerava anacrónica a inclusão da *bepackungsverbot,* logo na Constituição de Weimar, tendo mantido a sua opinião face à Lei Fundamental. Este autor, em *Staatshaushalt und Staatsleitung – Das Haushaltsrecht im parlamentarischen Regierungssystem des Grundsgesetzes,* 1989, pág. 265, considera que a *bepackungsverbot* é uma *relíquia histórica do tempo do Constitucionalismo* (monárquico) *onde representava a protecção dos poderes legislativos do monarca.* Apesar de tudo, o autor não deixa de reconhecer que este instituto representa, ainda hoje, duas importantes funções, quais sejam a da protecção do carácter temporal (anual) da lei do Orçamento, assim protegendo a clareza do procedimento (*verfahrensklarheit*), bem como a da protecção do *Bundesrat,* atendendo ao facto de a lei do Orçamento não se aprovada por este órgão de acordo com o procediemento legislativo ordinário.

[661] Alexander von Portatius, *Das haushaltsrechtliche Bepackungsverbot*, 1975, pág. 63 e segs. e Herbert Fischer-Menshausen, *Grundgesetz-Kommentar*, 1996, pág. 1148. Refira-se no entanto que, se em termos imediatos a *bepackungsverbot* se pode justificar com o argumento da protecção dos poderes do *Bundesrat,* com isso não se resolve a questão relativa ao modo como o texto constitucional alemão ainda considera o facto de o *Bundesrat* não participar na aprovação da lei do Orçamento, o que ainda é um tributo ao modo diferenciado como a lei do Orçamento é considerada no universo legislativo e no sistema de fontes do sistema constitucional alemão.

334   *A Lei por detrás do Orçamento*

no procedimento (*verfahrensklarheit*), bem como à diminuição de pontos de discussão e de atrito na aprovação de uma lei pautada por um período limitado de tempo para a sua discussão e aprovação, assim se permitindo efectivar a concretização das exigências do Estado de Direito, através da clareza normativa (*normenklarheit*)[662] e da clareza formal (*formenklarheit*)[663].

As limitações estabelecidas pelo ordenamento jurídico alemão relativamente ao Orçamento ultrapassam, de resto, o sentido e o alcance dogmático da *bepackungsverbot*. Na verdade, também o teor da legislação enquadradora da lei do Orçamento, prevista no número 3 do art. 109.º da Lei Fundamental e aprovada pela *Gesetz über die Grundsätze des haushaltsrechts des Bundes und der Länder (HGrG)*[664] e pelo *Bundeshaushaltsordnung (BHO)*[665] é elucidativa do modo

---

[662] Alexander von Portatius, *Das haushaltsrechtliche Bepackungsverbot*, 1975, pág. 86 e segs. O autor não deixa de notar (pag 89) que a *bepackungsverbot* acaba por ser, igualmente, uma técnica legislativa (*gesetzgebungstechnik*) e uma regra de bom senso.

[663] Hillgruber, *Das Bonner Grundgesetz*, 2001, pág. 1993. Siekmann, *Grundgesetz Kommentar*, 1999, pág. 2018, considera que tal instituto não perdeu o seu sentido no contexto do parlamentarismo. O autor associa o facto de *não deverem ser incluídas normas materiais na lei do Orçamento,* com o facto desta lei ser uma *organgesetz,* não afastando, assim, totalmente, a suspeição de que, afinal, a lei do Orçamento não é, totalmente, uma lei como as outras. Contra, considerando que não há motivos, fora dos limites da *bepackungsverbot,* para impedir a inclusão na lei do Orçamento (*haushaltsgesetz*) de normas materialmente legislativas, Hillgruber, *Das Bonner Grundgesetz*, 2001, pág. 1994.

[664] *Gesetz über die Grundsätze des Haushaltsrechts des Bundes und der Länder (Haushaltsgrundsätzgesetz),* de 19 de Agosto de 1969. Esta lei surge no seguimento do art. 109.º número 3 da Constituição Alemã.

[665] O *Bundeshaushaltsordnung,* de 19 de Agosto de 1969, aprovado no seguimento da *Haushaltsgrundsätzgesetz,* dirige-se, exclusivamente, ao *Bund* e as suas normas são, por vezes, derrogadas pelas leis orçamentais anuais. Sobre a *HGrG* e o *BHO* veja-se, Institüt "Finanzen und Steuern" e. V., *Die Gesetzenwürfe zur Haushaltsreform – Eine kritische Stellungnahme,* 1969 e Wilhelm Henle, *Haushaltsordnung nach der Haushaltsreform,* 1970, pág. 289 e segs. Para Werner Heun, *Staatshaushalt und Staatsleitung – Das Haushaltsrecht im parlamentarischen Regierungssystem des Grundsgesetzes,* 1989, pág.175, não existe fundamento para se sustentar uma superioridade do *BHO* face à posterior legislação orçamental. De qualquer modo, qualquer alteração efectuada pela lei do Orçamento sobre o *BHO* deverá ser entendida como uma mera suspensão, para aquele ano e para aquela lei do Orçamento, já que o poder derrogatório da lei do Orçamento no ordenamento jurídico-constitucional alemão se encontra limitado à vigência anual da referida lei. Neste sentido, o *BHO* mantém, no entender de Werner Heun, uma *função de estabilização e de racionalização do processo legislativo orçamental.*

O Conteúdo da Lei do Orçamento

como o conjunto *Haushaltsgesetz-Haushaltsplan* é (des)valorizado no sistema constitucional alemão, levando a que a lei orçamental, contendo o respectivo Orçamento, seja (ainda hoje) vulgarmente qualificada como mera lei organizatória (*organgesetz*), pertencendo ao domínio interno do Estado (*innenbereich des States*)[666], numa óbvia reminiscência histórica do dualismo monárquico.

Assim, enquanto que a *bepackungsverbot* se dirige à *Haushaltsgesetz*, limitando-lhe o alcance material e temporal[667], o parágrafo 3.º da *HGrG* e do *BHO* dirige-se ao *Haushaltsplan*, esclarecendo que *o Orçamento (haushaltsplan) não é fonte de direitos nem de obrigações face aos particulares*. Com esta declaração, sempre citada pela doutrina, torna-se patente que a mera legalidade orçamental se esgota numa eficácia interna, sem relevância autónoma que justifique a exigibilidade de direitos ou fundamente quaisquer obrigações por parte dos particulares, desta forma dando corpo a uma das mais assíduas referências da doutrina dualista, ao defender que a não inscrição de verbas no Orçamento, ou a sua inscrição insuficiente, não podia ser um factor determinante para colocar em causa as instituições legalmente criadas, nem as obrigações, legal ou contratualmente, assumidas[668].

---

[666] Hillgruber, *Das Bonner Grundgesetz*, 2001, pág. 1974 e Siekmann, *Grundgesetz Kommentar*, 1999, pág. 2006. Neste sentido, veja-se, ainda, a decisão do Tribunal Constitucional 20, 56 (91).

[667] De acordo com a previsão do art. 110.º da Constituição Alemã, mesmo as matérias que tenham uma relação directa com as receitas ou com as despesas apenas podem ser alteradas pela lei do Orçamento durante o ano de vigência dessa mesma lei, assim redundando qualquer intervenção no ordenamento jurídico existente por parte da lei do Orçamento, numa mera suspensão anual. Refira-se, a terminar, que, ao contrário do que sucede em Espanha ou em Itália, a *bepackungsverbot* é, na Alemanha, apesar das críticas, escrupulosamente cumprida, em termos considerados surpreendentes por Angeles García Frías, *Limites Materiales y Temporales a la Ley de Presupuestos en el Derecho Alemán*, 1994, pág. 30, que considerou *paradoxal* o facto de, ao mesmo tempo que se critica a norma, esta ser, efectivamente, cumprida.

[668] Isso não invalida, no entanto, como se viu, que tenha sido aceite pela jurisprudência alemã, desde a decisão do *Bundesverwaltungsgericht* de 1958, a possibilidade de a atribuição de subvenções ter (apenas) na legalidade orçamental a sua fonte jurídica. Com efeito, sobre esta matéria o Tribunal Constitucional considerou que, relativamente à "administração de prestação" (*leistungsverwaltung*) não é necessária a intervenção prévia de uma lei material, bastando qualquer manifestação de vontade por parte do Parlamento, sendo por isso mesmo aceitável a mera inscrição das verbas na lei do Orçamento. Neste sentido, veja-se

336 *A Lei por detrás do Orçamento*

Para a generalidade da doutrina alemã actual, o facto de o *haushaltsplan* não poder ser fonte de direitos nem de obrigações revela a incapacidade de relacionamento da lei do Orçamento com o ordenamento jurídico, no mesmo plano com que se relaciona com a generalidade das demais fontes de despesa, sejam actos legislativos, sejam contratos vinculativos para o Estado. Daqui resultaria que a inscrição orçamental, pese embora fosse necessária para autorizar a Administração a realizar as despesas[669], não poderia ser, ao mesmo tempo, a sua fonte legal legitimadora, pelo menos nos casos em que fosse exigida a precedência de uma fonte legal material (*vorrang des gesetzes*)[670].

Esta situação leva mesmo a que parte da doutrina considere que o sistema orçamental alemão comporta o princípio da subordinação do Orçamento face ao Direito (*subordination des Haushaltsplans unter das Recht*)[671]. De acordo com este princípio, a orçamentação

---

a decisão do Tribunal Constitucional 6, 282 (287) e a decisão do Supremo Tribunal Administrativo 58, 45 (48), onde a lei do Orçamento é qualificada como base jurídica suficiente para as subvenções que estavam em causa. Esta solução da jurisprudência não é, no entanto, como se viu, pacífica na doutrina. O problema prende-se, sobretudo, com o grau de especificação (*zweckbestimmung*) do Orçamento, ao manifestar a vontade parlamentar de autorizar as subvenções a determinado grupo ou actividade. Manifestando-se bastante céptico relativamente à possibilidade de a lei do Orçamento, por si só, ser suficiente para garantir a reserva de lei, considerando que, nesse caso, muitos dos elementos essenciais ficariam nas mãos da Administração, Hartmut Maurer, *Droit Administratif Allemand*, 1992, pág. 115. Para este autor, a reserva de lei não pode voltar para os reduzidos pressupostos em que se gerou, já que a protecção da liberdade e da propriedade não são, hoje em dia, os factores que mais podem prejudicar os particulares, que podem ser tão prejudicados pela não atribuição de uma subvenção como por um ataque à sua propriedade, tal como, de resto, o Tribunal Constitucional também já reconheceu na decisão 40, 237 (249).

[669] Christoph Gröpl, *Bonner Kommentar zum Grundgesetz*, 2002, pág. 134; Jarass, *Grundgesetz für die Bundesrepublik Deutschland*, 2002, pág. 1153. Vejam-se, ainda, as decisões do Tribunal Constitucional 1, 299 (307) e 38, 121 (125).

[670] Hillgruber, *Das Bonner Grundgesetz*, 2001, pág. 1971 e Herbert Fischer-Menshausen, *Grundgesetz-Kommentar*, 1996, pág. 1126.

[671] Mussgnug, *Der Haushaltsplan als Gesetz*, 1976, pág. 309. O autor (pag 349) chega mesmo a fundamentar esse princípio, não só no parágrafo 3.º da *HGrG* e do *BHO*, como, também, na própria Constituição, identificando-o, assim, como princípio constitucional. Daqui não decorre a total irrelevância do *Haushaltsplan,* já que se torna necessária a orçamentação das despesas antes da sua execução, desta forma dando corpo ao princípio da previsão das receitas e das despesas, tendo o *Haushaltsplan,* tal como a *Haushaltsgesetz* um papel de autorização (*ermächtigung*) da Administração para a realização de despesas.

O Conteúdo da Lei do Orçamento 337

de verbas no *Haushaltsplan* deve subordinar-se às obrigações jurídicas vigentes, não sendo o Direito que deve estar de acordo com o Orçamento, mas o Orçamento que deve estar de acordo com o Direito (*das recht nach massgabe des Haushaltsplan sondern umgekehrt der Haushaltsplan nach massgabe des Rechts*)[672], o que leva a considerar que, dada a falta de relevância externa do Orçamento (*keine Aussenwirkung*) face aos particulares, as obrigações e direitos destes não se deixam condicionar pela inscrição deficiente de verbas, não servindo como justificação para o não cumprimento das obrigações legal ou contratualmente assumidas, o facto de não haver verbas orçamentadas, devendo o Governo, em última análise, recorrer à possibilidade que lhe é oferecida pelo art. 112.º da Constituição de modo a cumprir atempadamente e sem desculpas orçamentais as obrigações inarredáveis[673].

Na opinião de Mussgnug (pag 311), o *Haushaltsplan* legitima a execução das despesas de um ponto de vista financeiro, sem, no entanto, proceder a uma legitimação jurídico-legal das verbas autorizadas, devendo essa justificação ser encontrada fora do *Haushaltsplan*. Neste sentido, pronunciou-se, igualmente, o Tribunal Constitucional, na decisão 38, 121. No entender de Mussgnug (pág. 311), onde o *Haushaltsplan* assume uma importância mais elevada é, precisamente, nos casos em que a execução das despesas não necessita de uma fonte legal (*ermessensverwaltung*), estando apenas dependente da correcta orçamentação. Diferentemente, Siekmann, *Grundgesetz Kommentar,* 1999, pág. 1750 e Klaus Stern, *Das Staatsrecht der Bundesrepublik Deutschland, Bd. II,* 1980, pág. 1209. Sobre esta questão, sem tomar uma posição definitiva, mas ainda assim mais próximo de Mussgnug, Klaus Grupp, *Besonderes Verwaltungsrecht, Bd. II,* 2000, pág. 177.

[672] Mussgnug, *Der Haushaltsplan als Gesetz,* 1976, pág. 313.

[673] Siekmann, *Grundgesetz Kommentar,* 1999, pág. 2009; Gröpl, *Bonner Kommentar zum Grundgesetz,* 2002, pág. 58; Mussgnug, *Der Haushaltsplan als Gesetz,* 1976, pág. 309 e 314. Nos termos do art. 112.º da Constituição, *as despesas excedentes e extra-orçamentais carecem da aprovação do Ministro Federal das Finanças. Essa aprovação apenas pode ser dada no caso de uma necessidade imprevista e impreterível. A regulação poderá ser feita por lei federal.* Refira-se que a simples inscrição de verbas no Orçamento não obriga o Governo a executá-las, tendo a inscrição orçamental apenas uma natureza autorizativa. Acontece que a existência de despesas obrigatórias, por intermédio de fontes legais ou contratuais que o Orçamento não pode ignorar, faz com que determinadas despesas devam, irremediavelmente, ser orçamentadas e executadas. Hillgruber, *Das Bonner Grundgesetz,* 2001, pág. 1973. Contra, em termos minoritários, Ekkehard Moeser, *Die Beteiligung des Bundestages an der staatlichen Haushaltsgewalt – Eine Untersuchung zur rechtlichen und tätsachlichen Stellung des Bundestages in haushaltswirtschaftlichen Entscheidungsprozessen,* 1978, pág. 120-124.

338 *A Lei por detrás do Orçamento*

A alternativa à inscrição das verbas necessárias para o cumprimento das obrigações cuja fonte se encontre fora do *Haushaltsplan* é a de se promover a alteração, ou pelo menos a suspensão, dessas obrigações, o que pode ocorrer, dentro dos limites da *bepackungsverbot*, e, como tal, com um prazo de validade de apenas um ano, através da inclusão de uma norma expressa no articulado da *Haushaltsgesetz* que promova a alteração ou suspensão da eficácia de uma determinada fonte de despesa, assim eximindo o *Haushaltsplan* de orçamentar verbas que a permitam realizar[674].

Em termos mais amplos, sucede que, também na Alemanha, tal como na generalidade dos países que, de uma forma ou de outra, adoptam limites expressos ao conteúdo da lei do Orçamento, ocorreu o aparecimento de leis de acompanhamento da lei do Orçamento, com o intuito de alterarem o ordenamento jurídico-legal no sentido propugnado pelo legislador orçamental, que acaba, assim, por utilizar o espectro legislativo ao seu dispor para, formalmente, modificar a legislação em vigor no sentido que orçamentalmente mais lhe convém.

Com efeito, devido às dificuldades e às limitações operacionais da *bepackungsverbot,* o legislador tem optado por ultrapassar, ainda que temporariamente e nos limites do constitucionalmente admissível, algumas leis de despesa que se afirmem como escolhos à liberdade orçamental, recorrendo a normas legais especialmente elaboradas para esse efeito[675], assim criando um novo modo de modificação legislativo global (*global ändernden gesetztyp*)[676], aprovado sob pressão

---

[674] Mussgnug, *Der Haushaltsplan als Gesetz*, 1976, pág. 348. Nesse caso é de exigir a aprovação da lei do Orçamento pelo *Bundesrat*, como notam Herbert Fischer-Menshausen, *Grundgesetz-Kommentar*, 1996, pág. 1148 e Hillgruber, *Das Bonner Grundgesetz*, 2001, pág. 1988.

[675] Siekmann, *Grundgesetz Kommentar,* 1999, pág. 2005 refere-se, de modo crítico, a *ad-hoc gesetzgebung unter phantasievollen*. Veja-se, igualmente, Hillgruber, *Das Bonner Grundgesetz*, 2001, pág. 1971, ao referir como o legislador, através das *Haushaltsbegleitgesetz* (leis de acompanhamento orçamental) tenta diminuir as obrigações legalmente estabelecidas, de modo a diminuir o grau de vinculatividade do legislador no momento da orçamentação das despesas.

[676] Sobre a importância destas leis no reequilíbrio económico e financeiro, atendendo às variações conjunturais ao nível da receita e da despesa, Michael Noll, *Haushalt und Verfassung – Normen – Reformen – Trends (Eine Einführung das Haushalts – und Verfassungsrecht der Bundesrepublik Deutschland sowie der Europäischen Union),* 2001, pág. 28. Para este autor, a existência deste tipo de legislação surge para obviar às limitações

O Conteúdo da Lei do Orçamento 339

e alvo de variadas críticas[677], deste modo se aproximando da prática político-legislativa de outros países como a Itália, a Espanha ou a França.

conteudísticas do Orçamento, que se encontra impedido (pela natureza jurídica meramente formal do *Haushaltsplan*), ou pelo menos limitado (pelo funcionamento da *bepackungsverbot*) de proceder à revogação ou modificação da legislação criadora de despesas. Ainda sobre a importância deste (novo) tipo de legislação, Bettina C. Elles, *Die Grundrechtsbindung des Haushaltsgesetzgebers – Haushaltsbegleitgesetzgebung und Haushaltsgesetze,* 1996; Peter Badura, *Staatsrecht – Systematische Erläuterung des Grundgesetzes für Bundesrepublik Deutschland,* 1996, pág. 645 e 684, e Siekmann, *Grundgesetz Kommentar,* 1999, pág. 2006. A propósito, refira-se que a terminologia destas leis de acompanhamento orçamental (surgidas pela primeira vez em 1965) não se tem mantido uniforme, variando entre *haushaltssicherungsgesetz, finanzplanungsgesetz, finanzänderungsgesetz, haushaltsstrukturgesetz, subventionsabbaugesetz, haushaltsbegleitgesetz, steueränderungsgesetz, missbrauchsbekämpfungs – und steuerbereinigungsgesetz.* Mussgnug, *Der Haushaltsplan als Gesetz,* 1976, pág. 296, considera, mesmo, que, em casos extremos, a aprovação dessas leis chega a ser constitucionalmente devida, sempre que sem o aligeiramento de despesas com base legal se tornasse impossível ao Governo apresentar uma proposta de Orçamento equilibrada. O Parlamento pode, nesses casos mais difíceis, combinar uma descida das obrigações legais criadoras de despesa com um aumento de impostos. Especificamente usada para modificações na legislação tributária, sendo, no entanto, por vezes utilizada para modificar outros regimes jurídicos legais, veja-se, ainda, a *Jahressteuerergestetz.* Sobre esta matéria, comparando as leis de acompanhamento alemãs, com a lei financeira italiana e com a lei de acompanhamento da lei do Orçamento espanhola, Cazorla Prieto, *Las Llamadas Leyes de Acompañamiento Presupuestario,* 1998, pág. 30. Qualificando estas leis como provindas de um *Haushaltsstrukturgesetzgebung,* Albert von Mutius, *Die Steuerung des Verwaltungshandelns durch Haushaltsrecht und haushaltskontrolle,* 1984, pág. 188. O autor faz referência ao facto de, através desta legislação, se conseguir *ultrapassar as fronteiras do Direito Orçamental.* Em sentido próximo, Ekkehard Moeser, *Die Beteiligung des Bundestages an der staatlichen Haushaltsgewalt – Eine Untersuchung zur rechtlichen und tätsachlichen Stellung des Bundestages in haushaltswirtschaftlichen Entscheidungsprozessen,* 1978, pág. 95, considera, mesmo, que se estaria perante um novo tipo de acto legislativo (*Gesetzestypus*), destinado, especificamente, a diminuir as despesas em tempos de crise, evitando, deste modo, a sua orçamentação integral. Para Werner Heun, *Staatshaushalt und Staatsleitung – Das Haushaltsrecht im parlamentarischen Regierungssystem des Grundsgesetzes,* 1989, pág. 213, este tipo de legislação torna evidente a vinculação do Orçamento à legislação vigente, que apenas pode ser modificada por intermédio da intervenção do poder legislativo ordinário (*allgemeinen Gesetzgebung*) e não do poder legislativo orçamental. Em termos diversos, mas ainda assim reflectindo sobre os limites da chamada *orçamentação paralela* ou da *desorçamentação,* veja-se, por todos, Thomas Puhl, *Budgetflucht und Haushaltsverfassung,* 1997.

[677] Mussgnug, *Der Haushaltsplan als Gesetz,* 1976, pág. 249 e Werner Heun, *Staatshaushalt und Staatsleitung – Das Haushaltsrecht im parlamentarischen Regierungssystem des Grundgesetzes,* 1989, pág. 216.

340 *A Lei por detrás do Orçamento*

Em modo de conclusão importa afirmar, terminado este excurso pelo ordenamento constitucional alemão, que, depois de compulsada a doutrina e a jurisprudência mais representativas, sobra a clara sensação de que a Lei Fundamental Alemã não soube, ainda, exorcizar completamente o "fantasma" relativo à perigosidade da lei do Orçamento, enquanto acto potencialmente conflituante com a generalidade do ordenamento jurídico-legal. Assim se explica, em grande medida, a preocupação do ordenamento constitucional em, por todos os modos, eliminar qualquer possibilidade desta lei se assumir, no contexto do sistema de fontes ou do sistema de órgãos, como causadora de algum tipo de réplica da crise orçamental que abalou a Prússia entre 1860 e 1865.

A discussão sobre a natureza jurídica da lei do Orçamento e do Orçamento por esta aprovado é, ainda hoje, um tema muito vivo na doutrina e na jurisprudência constitucionais, sendo abordado pela generalidade dos autores que se pronunciam sobre a matéria, sem olvidar o seu turbulento passado histórico-dogmático[678]. Assim é que, embora exista uma ampla maioria de autores a negarem validade à qualificação da lei do Orçamento como lei meramente formal, considerando que a *doutrina que qualifica a lei do Orçamento como lei em sentido meramente formal está ultrapassada*[679], o certo é que a

---

[678] Veja-se, apenas a título de exemplo, Hillgruber, *Das Bonner Grundgesetz*, 2001, pág. 1975.

[679] Gröpl, *Bonner Kommentar zum Grundgesetz*, 2002, pág. 54. O modo como Jarass, *Grundgesetz für die Bundesrepublik Deutschland*, 2002, pág.1152, coloca a questão é bem representativo das especificidades que são atribuídas à lei do Orçamento. Para este autor, *o Parlamento tem, não somente de um ponto de vista formal, como de um ponto da ordenação material das funções, o domínio sobre o Orçamento (...) desde logo porque a lei do Orçamento não tem apenas a forma de uma lei (...) De qualquer modo beneficia a lei do Orçamento de uma diferença face às restantes leis, já que, de acordo com as restantes leis orgânicas, possui uma eficácia primacialmente interna.* Não existe, na verdade, uma assunção clara da natureza jurídica e das possibilidades materiais da lei do Orçamento, precisamente pelo facto desta lei estar, afinal, dividida em *haushaltsgesetz* e em *haushaltsplan*. Assim, enquanto que a primeira tem os limites da *bepackungsverbot*, estando, deste modo, vocacionada primariamente para proceder apenas à aprovação do *haushaltsplan*, este, por sua vez, beneficia dos limites materiais previstos no parágrafo 3.º da *HGrG* e do *BHO* que remetem para uma concepção meramente formalista do Orçamento. Gröpl, *Bonner Kommentar zum Grundgesetz*, 2002, pág. 53 e segs., não deixa de se referir à *perda do valor dogmático-classificatório* da distinção entre leis formais e leis materiais no contexto da democracia de raiz parlamentar, considerando que a separação está hoje ultrapassada, devendo, desta forma, a lei do Orçamento ser considerada, no seguimento de Mussgnug, uma *lei como as outras.*

O Conteúdo da Lei do Orçamento 341

questão não é, ainda hoje, pacífica, não só pelo facto de a doutrina maioritária não ser totalmente convincente nos seus argumentos, misturando muitas vezes a lei do Orçamento (*haushaltsgesetz*), com o Orçamento (*haushaltsplan*)[680], como pelo facto de no meio da doutrina minoritária se encontrarem autores de referência no Direito Público alemão[681], acompanhados, de resto, pela jurisprudência constitucio-

---

[680] A essa confusão não é alheio o facto de, apesar de o *haushaltsplan* não ser, sequer, integralmente publicado juntamente com a *haushaltsgesetz,* e de a Constituição e a legislação enquadradora se referirem nuns casos ao *haushaltsplan* e noutros à *haushaltsgesetz,* o Tribunal Constitucional alemão ter declarado (decisões 20, 93 e 38, 126) que ambos constituem uma unidade (*einheit*), o que leva a que leva Maunz, Dürig e Herzog, *Grundgesetz Kommentar,* comentário ao art. 110.º, 1980, afirmem que, entre ambos, *nenhuma diferença de natureza jurídica existe.*

[681] Maunz, Dürig e Herzog, *Grundgesetz Kommentar,* comentário ao art. 110.º, 1980, afirmam que a totalidade do *haushaltsplan,* bem como a *haushaltsgesetz,* com a qual forma uma unidade, são uma lei em sentido formal. Estes autores acabam, depois, algo contraditoriamente, por restringir ao *haushaltsplan* a generalidade das limitações conteudísticas. Assim, para estes autores, o *haushaltsplan,* não sendo uma lei em sentido material, por não conter normas jurídicas, não pode beneficiar da regra *lex posterior* para derrogar outros actos legislativos. Maunz, *Haushaltsplan und Verfassungsgericht,* 1966, pág. 194, chega mesmo a afirmar que apenas a lei do Orçamento (*haushaltsgesetz*) é uma lei em sentido meramente formal, já que o Orçamento (*haushaltsplan*) não é lei, nem em sentido formal, nem em sentido material, sendo qualificado como um acto de direcção política (*staatsleitender Akt*). Em sentido próximo, Herbert Wiesner, *Haushaltswesen,* 1978, pág. 35 e 86, que, depois de afirmar peremptoriamente que a lei do Orçamento (*haushaltsgesetz*) é apenas uma lei em sentido formal, não tendo qualquer eficácia externa relativa aos cidadãos, conclui que esta é uma *lex sui generis,* já que admite (pág. 87) que nesta sejam incluídas, atendendo ao seu procedimento legal, normas que modifiquem ou revoguem outras normas legais; Michael Noll, *Haushalt und Verfassung – Normen – Reformen – Trends (Eine Einführung das Haushalts – und Verfassungsrecht der Bundesrepublik Deutschland sowie der Europäischen Union,* 2001, pág. 21, invoca em favor da tese de que a lei do Orçamento (*haushaltsgesetz*) é apenas uma lei formal, que não atribui direitos nem obrigações as cidadãos, a decisão do Tribunal Constitucional alemão 79, 327. O autor refere mesmo (pág. 21) que, *através da lei do Orçamento (haushaltsgesetz) não pode qualquer outra lei ser revogada ou modificada;* Hans-Wolfgang Arndt, *Staatshaushalt und Verfassungsrecht,* 1990, pág. 344, considera que a lei do Orçamento (*haushaltsgesetz*) é uma lei meramente formal, o que, segundo crê, apenas pode ter uma explicação histórica. Gunter Kisker, *Handbuch des Staatsrechts,* 1990, pág. 246, qualifica o *Haushaltsplan* como lei em sentido meramente formal, ao contrário da *haushaltsgesetz,* que, no limite da *bepackungsverbot,* pode conter verdadeiras normas jurídicas; Klaus Stern, *Das Staatsrecht der Bundesrepublik Deutschland, Bd. II,* 1980, pág. 1206, considera que o *haushaltsplan,* apesar de estar vestido com forma de lei não se dirige ao público, apenas tendo uma relevância orgânica interna; Horst Goltz, *Mitwirkung parlamentarischer*

342 — A Lei por detrás do Orçamento

nal, que, depois de uma fase em que parecia propender para a defesa de uma concepção materializante da lei do Orçamento, regressou à

Ausschüsse beim Haushaltsvollzug, 1965, pág. 612, afirma que a aprovação do Orçamento é *uma função governativa em termos materiais, um acto de governo com forma de lei*. Para este autor, haveria mesmo uma *incoerência entre a forma e conteúdo*, concluindo que, *pelo menos a aprovação orçamental através de acto legislativo* (do Parlamento) *é uma violação (durchbrechung) do princípio da separação de poderes*. Volkmar Götz, *Recht der Wirtschaftssubventionen*, 1966, pág. 298, afirma, referindo-se à concepção do Orçamento como lei meramente formal, que, *a ainda maioritária doutrina do significado constitucional do Orçamento é anacrónica*. Gunnar Folke Schuppert, *Die Steuerung ds Verwaltungshandelns durch Haushaltsrecht und Haushaltskontrolle*, 1984, pág. 230, ainda que dubitativamente, acaba por afirmar que a lei do Orçamento é, *"pelo menos", um lei com uma eficácia organizatória*. O autor acaba, depois, por considerar que o facto de o parágrafo 3.º, quer da *HGrG*, quer do *BHO* referirem, que por intermédio do Orçamento (*haushaltsplan*) não se podem fundamentar nem direitos nem obrigações para os particulares, é uma consequência dessa mesma natureza organizatória da lei do Orçamento (*haushaltsgesetz*). Ainda no sentido da defesa de uma natureza meramente formal para o Orçamento, Gerhard Wacke, *Das Bundesgestez über unmittelbaren Zwang*, 1962, pág. 142, e Gerhard Herbst, *Die parlamentarische Ausgabenkontrolle über die internationalen Finanzverpflichtungen der Bundesrepublik*, 1964, pág. 8, que afirma mesmo ser essa a opinião maioritária na doutrina alemã. Para Brockmeyer, *Kommentar zum Grundgesetz*, 1999, pág. 1670 e segs., apesar de a decisão do Tribunal Constitucional, 20, 56, de 3 de Março de 1966 contrariar a doutrina de que a lei do Orçamento era lei apenas em sentido formal, o certo é que o Tribunal haveria de clarificar a sua posição na decisão 38, 121, (127), ao considerar que o *haushaltsplan* não era lei em sentido material. Para o autor, a *lei do Orçamento é um acto de organização do Estado em forma de lei*. Neste sentido, Siekmann, *Grundgesetz Kommentar*, 1999, pág. 1748, corroborando as decisões do Tribunal Constitucional Alemão 45, 1 (32), 70, 324 (355) e 79, 311 (328). Esforçando-se por afastar a ideia de que a lei do Orçamento é uma lei meramente formal, em termos não totalmente convincentes, Konrad Hesse, *Grundzüge des Verfassungsrechts der Bundesrepublik Deutschland*, 1999, pág. 217 e 219. O autor começa por descrever a lei do Orçamento como exemplo típico de lei meramente formal, por não conter qualquer *rechtsnormen*, indicando, depois, que a Lei Fundamental alemã não aceita esta classificação, por se basear num critério formal-procedimental na determinação dos actos legislativos. De qualquer modo, o autor não deixa de referir o facto de o Orçamento não se relacionar directamente com os cidadãos, que, deste acto, não podem invocar qualquer *norma juridicamente vinculante*. Em termos mais coerentes, considerando que as regras de Direito (*rechtsatz*) não se encontram, hoje em dia, apenas nos casos em que se estabelecem relações entre o Estado e os cidadãos, ou em que se regulam as relações entre cidadãos, mas, também, nos casos em que se estabelecem relações entre diversos órgãos do Estado, como acontece no caso das normas orçamentais, reconhecendo, desta forma, a existência de um *significado jurídico-material do Orçamento*, baseado na aprovação legal e na legitimidade democrática do órgão competente, Reinhard Hoffmann, *Haushaltsvollzug und Parlament*, 1972, pág. 45.

O Conteúdo da Lei do Orçamento 343

defesa da natureza meramente formal do conjunto formado pela *haushaltsgestez-haushaltsplan*[682].

Para além do mais, diga-se que, mesmo na doutrina maioritária, onde tem feito curso a expressão de Reinhard Mussgnug de que a lei do Orçamento é uma lei como as outras (*gesetz wie jedes andere*)[683],

---

[682] A primeira das emblemáticas decisões da jurisprudência alemã relativamente à natureza jurídica da lei do Orçamento, é a decisão 20, 56 (89 a 93), conhecida como *parteifinanzierungurteil,* onde o Tribunal deixa em aberto a questão de saber se as normas orçamentais tinham uma eficácia externa ou se apenas eram relevantes no relacionamento entre o Parlamento e o Governo. Com esta decisão, o Tribunal evitou caucionar, expressamente, a defesa de uma natureza legislativa meramente formal relativamente ao Orçamento. Esta situação manteve-se até às decisões 38, 121 (128) e 45, 1 (29 a 34), que são consideradas, ainda hoje, como os *leading cases* relativos à aceitação, por parte do Tribunal, de uma natureza jurídica meramente formal do Orçamento. Na primeira destas decisões, o Tribunal afirmou que *o objectivo e o conteúdo da haushaltsgesetz é, somente, a aprovação do haushaltsplan. Este actua, apenas, num âmbito intra-orgânico.* Na última decisão, o Tribunal veio defender que o *Haushaltsplan* é um plano económico e, igualmente, *um staatsleitender Hoheitsakt in Gesetzform.* A jurisprudência do Tribunal Constitucional manter-se-ia, de resto, na decisão 67, 256 (281), na decisão 70, 324 (355 a 358) e na decisão 79, 311 (327 a 330). Sobre a decisão 38, 121, Reiner Klenke, *Zur Vorlagefähigkeit von Haushaltsgesetzen nach Art. 100-I GG – BverfGE 38, 121,* 1976, pág. 369 e segs. Sobre a decisão 45, 1, Ingo Richter-Gunnar Folke Schuppert e Christian Bumke, *Casebook Verfassungsrecht,* 2001, pág. 481 e segs. Relativamente a esta temática, Karl Heinrich Friauf, *Die Finanzverfassung in der Rechtsprechung des Bundesverfassungsgerichts,* 1976, pág. 328 e segs.; Hans Heinrich Rupp, *Verfassungsgerichtliche Überprüfung des Haushaltsgesetzes im Wege der "abstrakten Normenkontrolle",* 1966, pág. 1097 e segs. e Walter Schick, *Haushaltsplan und Haushaltsgesetz vor Gericht,* 1967, pág. 270 e segs. Para uma análise sobre o estado actual da doutrina e da jurisprudência sobre esta questão, veja-se, Bleckmann, *Der Gesetzesbegriff des Grundgesetzes – Zur Funktion des Hausahltsplans im Subventionsrecht,* 2004, pag. 333 e segs.

[683] Mussgnug, *Der Haushaltsplan als Gesetz,* 1976, pág. 350 e segs. Em seu entender, a tentativa de justificar a existência de uma separação entre as várias leis, procurando diferenciá-las ao nível do seu conteúdo, de modo a atribuir-lhes um *rang* superior ou inferior, esbarra na previsão do art. 20.º da Constituição alemã. Isso não significa que Mussgnug não considere que a *haushaltsgesetz,* embora seja uma lei como qualquer outra (relativamente à sua força e capacidade de vinculação), tenha um conteúdo que a diferencia da generalidade das outras leis. Neste sentido, Heun, *Grundgesetz Kommentar,* 2000, pág. 864. O autor nega, assim, validade a qualquer patrocínio de um duplo conceito de lei, no contexto do parlamentarismo, já que, em seu entender, qualquer lei serve para vincular a Administração. No mesmo sentido, Heun, *Staatshaushalt und Staatsleitung,* 1989, pág. 161 e segs. Também Jarass, *Grundgesetz für die Bundesrepublik Deutschland,* 2002, pág. 1152, considera ultrapassada a questão relativa ao duplo conceito de lei, afirmando que o

sempre se vai acrescentando que esta lei tem, no contexto constitucional vigente, algumas *particularidades (Besonderheiten)*[684]. De facto, embora a generalidade da doutrina se esforce por afastar a questão da natureza jurídica da lei do Orçamento, afirmando que a questão se tornou obsoleta no contexto parlamentar alemão[685], o certo é que não deixam de considerar que o Orçamento não atribui, só por si, direitos aos particulares, antes se dirigindo exclusivamente à Administração na sua tarefa meramente autorizativa e não fundamentadora ou modificativa[686].

Na verdade, a incomodidade da doutrina em analisar o tema só é, aliás, comparável à que a Lei Fundamental e a legislação enquadradora sentiram no momento de aprovarem as normas em apreço, sendo o resultado alcançado credor de alguma compreensão no modo como leva a que se misture a natureza jurídica e os poderes da *Haushaltsgesetz* (acto legislativo limitado pela *bepackungsverbot*), com os do *Haushaltsplan* (acto apenas formalmente legislativo), num aglomerado de justificações subliminarmente pautadas pela herança da qualificação histórica da lei do Orçamento como lei meramente

---

Parlamento é, não só formal, mas também materialmente, o *Herr des Budgets*. Não obstante tal afirmação, o autor cataloga a lei do Orçamento como *organgesetz*, assim justificando o facto de ter uma eficácia interna (*innenwirkung*), desta forma caucionando a posição do Tribunal Constitucional manifestada na decisão 20, 56 (89). Para este autor, as leis relativas às diversas matérias geradoras de despesas (*fachgesetzen*) devem estar na base das autorizações orçamentais, precedendo, naturalmente, a lei do Orçamento.

[684] Siekmann, *Grundgesetz Kommentar,* 1999, pág. 2006.

[685] Siekmann, *Grundgesetz Kommentar,* 1999, pág. 2006.

[686] Pier Francesco Lotito, *Il Processo di Bilancio nella R.F.T,* 1995, pág. 316. Segundo Gröpl, *Bonner Kommentar zum Grundgesetz,* 2002, pág. 56, a limitação do parágrafo 3.º da *HGrG* e do *BHO* apenas se dirige ao *Haushaltsplan* e não à *Haushaltsgesetz,* o que levava a que esta lei pudesse conter verdadeiras normas jurídicas, dentro dos apertados limites da *Bepackungsverbot.* Neste sentido, Heun, *Grundgesetz Kommentar,* 2000, pág. 874, afirma que a *haushaltsgesetz* beneficia de eficácia externa (*aussenwirksam*) podendo aprovar normas materiais (*materiellrechtliche regelungen*) nos limites da *bepackungsverbot.* Em sentido contrário, Siekmann, *Grundgesetz Kommentar,* 1999, pág.1750, considerando (pág. 2018) que a *haushaltsgesetz* não deve conter qualquer *norma material* (*materiellrechtlichen Vorschriften*), não tanto por causa da proibição decorrente da *bepackungsverbot,* mas devido à *natureza jurídica da lei do Orçamento como lei organizatória (Rechtsnatur des Haushaltsgesetzes als Organgesetz).*

O Conteúdo da Lei do Orçamento

formal e com a distinção jurídica entre a natureza jurídica do articulado e dos mapas orçamentais[687].

3. O exemplo da França

O ordenamento jurídico-constitucional que maior caminho percorreu no modo de conceber e enquadrar o domínio orçamental, foi, provavelmente, o ordenamento Francês[688], sendo bem longa, neste, como em tantos outros domínios, a distância que separa a Constituição de 1958 da tradição revolucionária francesa dos finais do século XVIII[689].

---

[687] Para Gunter Kisker, *Handbuch des Staatsrechts*, 1990, pág. 246 e segs., o *haushaltsplan* diferencia-se, ao nível do efeito jurídico (*rechtswirkungen*), da generalidade das leis, já que não contém normas gerais e abstractas, mas, apenas, um conjunto de autorizações dirigidas à Administração, não produzindo qualquer efeito externo relativamente aos particulares (*aussenwirkungen*) e não obrigando, sequer, o Governo a cumprir integralmente as autorizações que lhe concede. Diferentemente, a *haushaltsgesetz* poderia, nos limites da *bepackungsverbot,* conter normas jurídicas com directa aplicação face aos particulares. Considerando que o *haushaltsplan* é uma lei em sentido meramente formal, por não ser fonte de direitos nem de obrigações para os particulares, mas que, relativamente à Administração, é tão vinculante como se fosse uma lei (também) em sentido material, Wolfgang Krüger-Spitta e Horst Bronk, *Einführung in das Haushaltsrecht und die Haushaltspolitik*, 1973, pág. 37 e 129. Os autores, embora se reportem ao *haushaltsplan*, não deixam de recordar (pág. 129) que este tem o mesmo efeito legal que o *haushaltsgesetz* (*gleichen Rechtswirkung*). Contra, Mahrenholz, *Kommentar zum Grundgesetz für die Bundesrepublik Deutschland*, 1989, pág. 1357, considerando que *a lei do Orçamento e o Orçamento (haushaltsgesetz und der haushaltsplan), não contêm regras jurídicas relativas a terceiros, nem contêm normas em sentido material.*

[688] Para uma análise histórica da evolução do Direito orçamental francês, Guerrier de Dumast, *Historique et Théorie du Budget de l'Etat en Droit Français*, 1886. O autor analisa, demoradamente, a história financeira francesa anterior a 1789, descrevendo seguidamente as várias etapas posteriores aos Estados Gerais de 1789; René Stourm, *Le Budget,* 1909, pág. 25 e segs; Michel Bottin, *Introduction Historique au Droit Budgétaire et a la Comptabilité Publique de la Période Classique*, 1986, e Cartelier e Charles, *A la Rencontre du Droit et de L'Économie: La Fondation du Droit Budgétaire*, 1986.

[689] Na Declaração dos Direitos do Homem e do Cidadão, de 1789, pode, desde logo, ler-se, no art. 14.º, que *todos os cidadãos têm o direito de constatar, por si próprios ou pelos seus representantes, a necessidade da contribuição pública, de a consentir livremente, de lhe seguir a utilização e de lhe determinar os elementos essenciais.* Para uma análise do significado desta norma, Sylvie Caudal, *La Déclaration des Droits de l'Homme et du Citoyen de 1789*, 1993, pág. 299 e segs. A autora assinala o facto de, logo nos Estados Gerais de 1314,

346 *A Lei por detrás do Orçamento*

Com efeito, o sistema parlamentar francês, depois de se ter afirmado como contraponto ao dualismo alemão, da monarquia limitada, acabaria por herdar, como tantos outros ordenamentos europeus, bem para além do que o seu sistema jurídico-constitucional impunha, a doutrina do conceito material de lei, aplicando-a, preferencialmente, à lei do Orçamento. Assim, tal como ao nível doutrinal iam triunfando as ideias restritivas da capacidade de intervenção normativa da lei do Orçamento, também ao nível legislativo e regimental se iam notando cada vez maiores limitações aos poderes parlamentares em matéria orçamental, embora estes nem sempre lograssem impor a sua efectividade ao nível da desordenada prática parlamentar e política vigente[690].

Na verdade, a plena aplicação destes limites surgiria, apenas, com a Vª República que, beneficiando de um clima social e político favorável a fortes limitações da actividade parlamentar, como reacção ao funcionamento desregrado da IVª República, consagraria, na Constituição que lhe serviu de suporte[691], acentuadas limitações à

---

ter sido estabelecido o princípio de que *o imposto deve ser consentido pelos representantes dos contribuintes*. Esta determinação não sobreviveria, porém, ao absolutismo monárquico, sendo apenas recuperada no séc. XVIII, através das obras de Montesquieu e de Rousseau, tendo a sua aparição, em termos políticos, sido marcada pelos *cahiers de doléances* de 1789, que estiveram na base da Declaração de Direitos. Sobre o modo diferenciado como a França e o Reino Unido evoluíram historicamente, no sentido da conquista parlamentar do poder sobre o Direito orçamental, Albert Jouve, *Le Vote du Budget en France et en Angleterre*, 1906, pág. 3 e segs. Para o autor francês, *a evolução do Direito orçamental em Inglaterra foi muito mais rápida do que em França e bem menos marcada; os nossos vizinhos não conheceram os períodos de paragem, durante os quais a nação, como que esgotada pelos esforços já efectuados, curvava de novo a cabeça perante os seus opressores.*

[690] A verdade é que, não obstante as rupturas criadas pela V.ª República em matéria de restrições aos poderes parlamentares no domínio orçamental, pode dizer-se que a Constituição de 1958 manteve uma linha de continuidade face às normas que já vinham da III.ª e IV.ª Repúblicas. A grande diferença, para além do facto de as normas orçamentais mais relevantes passarem a fazer parte do bloco de constitucionalidade (Constituição de 1958 e *Ordonnance* 59-2, de 2 de Janeiro de 1959), passa pelo seu efectivo cumprimento, apenas tornado realidade no contexto da V.ª República.

[691] Para uma análise lúcida da essência da Constituição de 1958, logo após a sua entrada em vigor, demonstrando enorme perspicácia, Maurice Duverger, *Les Institutions de la Cinquième République*, 1959, pág. 101 e segs. Especificamente sobre os poderes financeiros do Parlamento, P. Carcelle e G. Mas, *Les Pouvoirs du Parlement en Matière Financière*, 1959, pág. 122 e segs., e Mabileau, *la Compétence Financère du Parlement de la Cinquième République*, 1961, pág. 45 e segs.

intervenção dos deputados, que relevavam, naturalmente, também ao nível dos poderes financeiros e orçamentais do Parlamento, aí encontrando, porventura, um dos seus campos de acção privilegiados[692].

A atribuição ao Governo de um domínio sobre o Orçamento assume-se, desta feita, como perfeitamente natural no contexto da Vª República, sendo que o ordenamento constitucional Francês é hoje aquele que maiores restrições aos poderes parlamentares consagra, o que se reflecte, como não podia deixar de ser, no modo como a lei do Orçamento é encarada, na fronteira de competências entre o Parlamento e o Governo[693].

A Constituição francesa de 1958, ao organizar o sistema de fontes de Direito em torno da regra das três reservas[694], e ao enclausurar a lei ordinária numa dessas mesmas reservas, dava o mote para

---

[692] Pierre Devolvé e Henry Lesguillons, *Le Contrôle Parlementaire sur la Politique Économique et Budgétaire*, 1964, pág. 241, chegam mesmo a afirmar que, *em matéria económica, social e financeira o Parlamento está fora do circuito*. Para uma defesa do sistema orçamental francês, em comparação com o sistema italiano, Pier Francesco Lotito, *Forma di Governo e Processo di Bilancio, Analisi dell'Ordinamento Francese e Riflessioni sull'Ordinamento Italiano*, 1997, pág. 406 e segs. Diferentemente, considerando que ao Parlamento, no sistema francês, apenas está destinado, em sede orçamental, *o papel, indispensável mas limitado, de intermediário político entre o Governo e o País*, Livia Mercati, *Le Procedure di Bilancio tra Sistemi Elettorali e Forme di Governo: un'Analisi Comparata*, 1997, pág. 387. Sobre esta questão veja-se, ainda, J. Caritey, *La Crise des Procédures Parlementaires en Matière Budgétaire*, 1974, pág. 501 e segs.

[693] O ordenamento jurídico Francês, no seguimento da definição de Orçamento oriunda do Decreto de 19 de Junho de 1956, mantém, ainda hoje, a distinção entre o Orçamento (*budget*) e a lei de finanças (*loi de finances*) que o contém. Assim, de acordo com o referido Decreto, *o Orçamento do Estado prevê e autoriza, em forma legislativa, as despesas e os recursos do Estado. Este é deliberado pelo Parlamento através de uma lei de finanças que traduz os objectivos económicos e financeiros do Governo*. Pese embora esta distinção, ainda se utiliza vulgarmente o termo Orçamento (*budget*), para se referir a lei de finanças anual (*loi de finances de l'année*), tendo a doutrina considerado que a mudança de designação não passou de uma *simples mudança de etiqueta*, conforme nota Paul Amselek, *Le Budget de l'Etat sous la Ve République,* 1966, pág. 9. Em sentido semelhante, Francis Quérol, *Le concept de loi de finances dans l'ordonnance 59-2 du 2 janvier 1959 portant loi organique relative aux lois de finances*, 2000, pág. 93. Para este autor, *o Orçamento* (budget) *não é outra coisa senão a fotografia daquilo que se encontra juridicamente previsto e autorizado na lei de finanças.*

[694] Reserva de lei orgânica, reserva de lei ordinária e reserva de regulamento. Pierre le Mire, *La Loi et le Règlement : articles 34, 37 e 38 de la Constitution de 1958,* 1994; Jérôme Tremeau, *La Réserve de Loi,* 1997, pág. 338 e segs. e Jean Boulois, *L'Influence des Articles 34 e 37 sur l'Équilibre Politique entre les Pouvoirs*, 1981, pág. 202.

348   *A Lei por detrás do Orçamento*

um sistema que coloca o Parlamento sob o controlo do Governo e este sob o controlo do Presidente da República. Não surpreende, por isso, que no ordenamento jurídico Francês se encontre um vasto leque de possibilidades tendentes a limitar os poderes parlamentares no momento da iniciativa, da apreciação e da emenda da proposta orçamental, estabelecendo-se igualmente uma limitação ao conteúdo admissível desta lei[695].

Relativamente à organização do sistema orçamental, e ao contrário das suas congéneres, a Constituição Francesa assume uma natureza quase totalmente remissiva, ao estabelecer que *o Parlamento vota os projectos de lei de finanças nas condições previstas por uma lei orgânica*[696]. Na verdade, o sistema orçamental Francês encontra-se, até hoje, intimamente ligado à *Ordonnance* 59-2, de 2 de Janeiro de 1959[697/698], que tem sido considerada pelo Conselho

---

[695] O modo de funcionamento do sistema orçamental francês tem sido objecto de explicações exaustivas por parte da literatura jurídica francesa, seja em monografias, seja em obras dedicadas ao Direito Financeiro. Assim, Maurice Duverger, *Finances Publiques,* 1975; Michel Paul, *Les Finances de l'Etat,* 1981; Pierre Lalumière, *Les Finances Publiques,* 1986; Loïc Philip, *Finances Publiques,* 1995; Christian Bigaut, *Finances Publiques – Droit Budgétaire,* 1995; Paul Marie Gaudemet e Joël Molinier, *Finances Publiques,* 1996; André Paysant, *Finances Publiques,* 1997; Pierre di Malta, *Finances Publiques,* 1999; Martinez e di Malta, *Droit Budgétaire,* 1999; Michel Bouvier, Marie-Christine Esclassan e Jean-Pierre Lassalle, *Finances Publiques*, 2000; Cyrille Chatail, *Finances Publiques,* 2000; Raymond Muzellec, *Finances Publiques,* 2000 e Laurent Rabaté, Marianne Levy-Rosenwald, Christian Join-Lambert, *Le Budget, quelles procédures pour la confiance?,* 1997, pág. 19 e segs. A generalidade destes autores reconhece na lei do Orçamento uma componente económica, política e jurídica, salientando a forte limitação dos poderes de emenda parlamentar ao nível da conformação efectiva do conteúdo desta lei. De modo impressivo, Martinez e di Malta, *Droit Budgétaire,* 1999, pág. 132, consideram que *a noção política da lei de finanças varia segundo o ponto de vista do Governo, do Parlamento ou da opinião pública. O primeiro afirma aí* (na lei de finanças) *um programa, o segundo joga nela um psicodrama e a terceira não retém dela mais do que uns miligramas.*

[696] Art. 47.º da Constituição Francesa.

[697] Veja-se um bom resumo desta *Ordonnance,* na anotação efectuada por Loïc Philip, *L'ordonnance organique du 2 janvier 1959 relative aux lois de finances,* 2000. A *ordonnance* (também denominada, muitas vezes, simplesmente, de lei orgânica) relativa às leis de finanças foi aprovada pelo Governo, no seguimento dos poderes conferidos pelo art. 92.º da Constituição. Por esse facto não foi objecto de debate parlamentar, nem sujeita ao controlo do Conselho Constitucional, o que justifica muitas das suas soluções anti-parlamentares e de duvidosa constitucionalidade.

[698] Após quarenta anos de vigência, a lei orgânica aprovada pela *Ordonnance* 59-2, de 2 de Janeiro de 1959, vai deixar de vigorar, completamente, no dia 1 de Janeiro de 2005,

no seguimento da aprovação da Lei Orgânica n.º 2001-692, de 1 de Agosto de 2001, relativa às leis de finanças, cuja entrada em vigor, faseada, já se iniciou em parte a partir de 1 de Janeiro de 2002, entrando definitivamente em vigor em 1 de Janeiro de 2005. A referida lei, considerada por Florence Parly, *La loi organique du 1er août 2001: un levier essenctiel de la réforme de l'Etat,* 2001, pág. 21, como *uma chance para a democracia, (...) para o Estado e (...) para os funcionários,* foi objecto de Parecer do Conselho de Estado, de 21 de Dezembro de 2000 e de Decisão do Conselho Constitucional, de 25 de Julho de 2001, e veio introduzir uma verdadeira reforma orçamental, há muito esperada em França, mas que parecia estar condenada a soçobrar. Na verdade, ao longo destes quarenta anos foram apresentados, sem sucesso, segundo Lucille Tallineau, *Quarente ans de propositions de réforme de l'ordonnance du 2 janvier 1959,* 2001, pág. 19 e segs., vinte e quatro propostas de revisão na Assembleia Nacional e onze no Senado. Esta situação levou mesmo Robert Hertzog, *Une grande première: la réforme du droit budgétaire de l'Etat par le Parlement,* 2001, pág. 9 a considerar que este imobilismo, que atravessava não só o Parlamento como o Governo, se assemelhava ao comportamento de *dois pistoleiros do Oeste, imobilizados pela incerteza que os movimentos do outro inspiram a cada um.* Com efeito, os Parlamentares estavam conscientes de que nenhuma reforma da lei orgânica se poderia fazer, efectivamente, contra a vontade do Governo e do Ministério das Finanças, enquanto que o Governo tinha medo de abrir a "caixa de pandora" e depois não ser mais capaz de controlar o evoluir dos acontecimentos e as exigências parlamentares. A aprovação e promulgação da nova lei orgânica, de iniciativa parlamentar, tem vindo a ser saudada pelos mais diversos quadrantes, havendo uma enorme esperança em torno do seu funcionamento. Neste sentido, salientando a oportunidade mas também o desafio que representa a plena aplicação da nova lei orgânica, veja-se o número especial da *Revue Française de Finances Publiques,* de 2003 subordinado ao tema *Mettre en oeuvre la loi organique relative aux lois de finances,* de que se destacam os artigos de Yves Cannac, *La loi organique relative aux lois de finances: une chance et un défi,* 2003, pag. 9 e segs.; Alain Lambert, *La mise en oeuvre de la LOLF: un chantier de conduite de changements,* 2003, pag. 13 e segs. e de Jean-Louis Debré, *Une reforme capitale à mettre en oeuvre,* pag. 19 e segs. Não obstante um conjunto muito significativo de modificações, porventura a maior alteração empreendida passa pela organização das despesas em torno de "missões", assim agrupando, potencialmente, verbas de diversos serviços e ministérios, desta forma abandonando, de uma só vez, o modo de organização das despesas e o sistema de votação segregador entre *services votés* e *measure nouvelles,* que levava a que cerca de 90% da despesa fosse aprovada por um único voto parlamentar. Com a nova reforma, cada uma das "missões" (cerca de 100 a 150) será objecto de aprovação por um voto parlamentar e conterá um conjunto de programas relativos a uma determinada política pública. Assim, nos termos do art. 7.º da referida lei orgânica, *os créditos abertos pelas leis de finanças para cobrir cada uma das despesas orçamentais do Estado são reagrupados por missão relativa a um ou mais do que um serviço, de um ou mais do que um ministério. Uma missão compreende um conjunto de programas concorrendo a uma política pública definida. Somente uma disposição de uma lei de finanças de iniciativa governamental pode criar uma missão.* Já no relatório apresentado, em 1999, à Assembleia Nacional, Didier Migaud, *Rapport du Groupe de Travail sur l'efficacité de la dépense publique et le contrôle parlementaire*, 1999, pág. 188, havia proposto a apresentação das despesas organizadas por programas, em vez de organizadas por destino ou por natureza, sugerindo-se, igualmente, a distinção entre despesas de funcionamento e despesas de investimento. Com esta reforma avança-se decididamente no sentido da orçamentação por objectivos, pretendendo-se promover uma responsabilização dos dirigentes incumbidos de levar por diante cada uma das missões ou programas, bem como no desenvolvimento de uma política de controlo da *performance* (art. 51.º número 5 e art. 54.º) e do desempenho dos dirigentes políticos e administrativos, numa mais clara relação entre meios disponíveis e objectivos desenvolvidos. Com a organização das verbas em torno de missões e de programas, permite-se, igualmente, uma maior e quase total movimentação de verbas dentro de cada programa, assim se flexibilizando a gestão orçamental, partilhando a responsabilidade entre o Governo (que propõe as missões) e o Parlamento (que pode modificar as verbas no interior de cada missão). Segundo Michel Sapin, (ex-ministro da reforma do Estado), citado por Raymond Forni, *Démocratie et technique budgétaire,* 2001, pág. 177, visa-se transformar a Administração, de *uma lógica de meios – "gasto o que recebo" – para uma lógica de funcionamento por objectivos e resultados – " negoceio os objectivos para os quais recebo uma dotação pela qual sou responsável e responsabilizado".* Esta nova política orçamental pretende, igualmente, envolver o Parlamento, desde logo no momento da apresentação do debate de orientação orçamental (art. 48.º da Lei Orgânica n.º 2001-692, de 1 de Agosto de 2001), que terá lugar no último trimestre da sessão parlamentar, e onde o Governo deverá apresentar, para além das *grandes orientações da sua política económica e orçamental* para o ano seguinte, também a *lista de missões, de programas e de indicadores de performance associados a cada um dos programas* que tenciona propor para o ano seguinte. De acordo com o autor do projecto inicial da nova lei orgânica, Didier Migaud, *Moderniser la gestion publique et renforcer le pouvoir budgétaire du Parlement,* 2001, pág. 39, *a proposta de reforma da Ordonnance articula-se em torno de dois eixos: permitir uma modernização da gestão pública e reforçar o poder orçamental do Parlamento.* Do mesmo autor, veja-se, ainda, *Un double objectif: modernisation de l'Etat, approfondissement de la démocratie,* 2001, pág. 9 e segs. Sobre as modificações introduzidas pela nova lei orgânica, Loïc Philip, *L'ordonnance organique du 2 janvier 1959 relative aux lois de finances (modifiée par la loi organique du 1er août 2001,* 2001; Blanchard-Dignac, *La révision de l'ordonnance de 1959: le point de vue de la direction du budget,* 2001, pág. 71; Sophie Mahieux, *La Loi organique relative aux lois de finances du 1er août 2001,* 2001, pág. 33, onde a autora resume os dois objectivos principais da reforma, organizando-os em torno da procura de maior eficácia orçamental e do reforço da transparência dos procedimentos e dos valores orçamentados; Lucille Tallineau, *La loi organique du 1er août 2001 relative aux lois de finances,* 2001, pág. 1205 e segs., onde se traça um resumo das várias vicissitudes ocorridas durante a elaboração e a aprovação da referida lei, bem como das suas características essenciais; Michel Bouvier, *La loi organique du 1er août 2001 relative aux lois de finances,* 2001, pág. 876 e segs., que considera que a aprovação da referida lei representa *uma verdadeira revolução das lógicas políticas e administrativas (...),* concluindo, mesmo, que se está na presença de *um novo contrato social para as finanças públicas.* A terminar, veja-se, ainda, o excelente e extenso relatório

O Conteúdo da Lei do Orçamento

Constitucional[699] como fazendo parte do bloco de constitucionalidade francês[700].

do Senado Francês, elaborado pelo presidente da Comissão de Finanças, Alain Lambert, *Doter la France de sa Nouvelle Constitution Financière*, 2000. Do mesmo autor, *La réforme de l'Etat: une imperieuse nécessité*, 2001, pág. 15 e segs., Sobre a génese e os condicionalismos que estiveram na base do surgimento e do sucesso da nova lei orgânica, com muito interesse, Daniel Hochedez, *La genèse de la loi organique du 1er août 2001 relative aux lois de finances: un processus parlementaire exemplaire*, 2001, pág. 51 e segs., bem como um resumo da apreciação efectuada pelo Conselho Constitucional durante a fiscalização preventiva a que a lei orgânica foi submetida, em Jaques Lauze, *La loi organique devant le Conseil Constitutionnel: une conformité sous réserves*, 2001, pág. 167 e segs.

[699] A inclusão da lei orgânica no bloco de constitucionalidade foi realizada, jurisprudencialmente, pela primeira vez, na decisão do Conselho Constitucional de 11 de Agosto de 1960, tendo, posteriormente, sido várias vezes confirmada, como foi o caso da decisão de 30 de Dezembro de 1974. As normas sobre o Direito orçamental francês encontram-se, assim, dispersas, no bloco de constitucionalidade, entre a Declaração Universal dos Direitos do Homem e do Cidadão (artigos 13.º, 14.º e 15.º), a Constituição (artigos 3.º, 39.º, 40.º, 47.º, 47.º-I e 88.º n.º 4) e a globalidade da lei orgânica.

[700] Sobre o lugar da lei orgânica no sistema de fontes do ordenamento jurídico-constitucional francês, veja-se, por todos, Pierre Esplugas, *La place de l'ordonnace de 1959 dans la hiérarchie des normes*, 2000, pag 13 e segs. Segundo o autor, esta lei orgânica deve ser considerada como fazendo parte da *ordem constitucional*, pese embora o facto de não ter natureza constitucional, mas, apenas, supra-legislativa. Refira-se que o Conselho Constitucional, por vezes, refere-se à lei orgânica, directamente, para sustentar declarações de inconstitucionalidade de leis de finanças, como ocorreu na decisão de 10 de Janeiro de 1995, quando declarou inconstitucional uma lei orgânica relativa ao estatuto dos magistrados, por aí se prever o recrutamento de magistrados sem se fazer referência ao facto de que esses empregos necessitariam de ser autorizados por uma lei de finanças, tal como se encontra previsto no art. 1.º da *Ordonnance* de 1959. O autor conclui, mesmo assim, que a lei orgânica não pode ser considerada como fazendo parte da Constituição, por não ter sido aprovada de acordo com os formalismos necessários, mas, também, porque o Conselho Constitucional tem apreciado as alterações a esta, compulsando-as com a própria Constituição. Por isso mesmo, prefere substituir a referência ao bloco de constitucionalidade pelo conceito de *ordem constitucional*. Em sentido próximo, considerando que a lei orgânica não deveria ser incluída no bloco de constitucionalidade, precisamente por a Constituição ter um valor paramétrico na sua apreciação, Dmitri Georges Lavroff, *Le Droit Constitutionnel de la Ve République*, 1997, pág. 200. Diferentemente, reconhecendo valor supra-legislativo à lei orgânica Francesa, em comparação com a *Ley General Presupuestaria* vigente em Espanha, que beneficia (apenas) de valor legislativo, Julien Valls, *Procédure Budgétaire Française et Espagnole*, 2000, pág. 179. Este autor recorda a possibilidade, utilizada na prática, que leva a que as leis orçamentais espanholas derroguem as regras previstas na *Ley General Presupuestaria* ou inclusivamente a alterem, afirmando que aquelas leis *dispensam-se frequentemente de respeitar o direito orçamental tal como este se encontra estabelecido na LGP(...)*.

352 *A Lei por detrás do Orçamento*

A lei orgânica relativa às Finanças Públicas, embora assuma, materialmente, contornos de lei de enquadramento orçamental, consagra um conjunto de normas mais gravosas do que as que a previsão constitucional parece autorizar, com isso se gerando dificuldades interpretativas e divergências aplicativas que, compreensivelmente, entusiasmam a doutrina, dividem os parlamentares e dificultam o trabalho jurisprudencial[701].

Relativamente ao modo como concebe o processo de aprovação da lei do Orçamento, a lei orgânica afasta-se da generalidade dos outros sistemas constitucionais, já que impõe, em termos totalmente rígidos, que a lei de finanças, tendo na base um projecto apresentado pelo Governo, seja discutida e aprovada, obrigatoriamente, em duas fases distintas, separando, assim, o texto orçamental em duas partes impermeáveis[702]. Com efeito, nos termos da lei orgânica, em primeiro lugar, discutem-se as grandes verbas relativamente às receitas e às despesas, fixando-se o equilíbrio orçamental adequado e autorizando-se a percepção dos recursos públicos, de acordo com o princípio da anualidade do imposto[703]. Ainda na primeira parte, prevêem-se os quantitativos relativos às receitas e às grandes categorias de despesas, incluindo-se a adopção das normas fiscais, ou outras, que visem alterar esses quantitativos, bem como a avaliação e autorização dos empréstimos necessários.

---

[701] A referida lei orgânica tem sido objecto de variadas críticas, tendo Loïc Philip, *Une décision un peu hâtive*, Le Monde, 3 de Janeiro de 1980, considerado que *a lei orgânica de 2 de Janeiro de 1959 é, sem dúvida, a lei orgânica mais mal redigida de todas as leis orgânicas*. O autor considerou, ainda, que algumas das suas disposições são inaplicáveis ou inaplicadas, imprecisas ou manifestamente inconstitucionais.

[702] Jean-Claude Ducros, *La Structure Bipartite de la Loi de Finances de l'Année*, 1992, pág. 143 e segs. e Louis Favoureau e Loïc Philip, *Les Grandes Décisions du Conseil Constitutionnel*, 1999, pág. 413. Estes autores comentam a decisão (histórica) do Conselho Constitucional, de 24 de Dezembro de 1979, que declarou a lei de finanças (globalmente) inconstitucional, por se ter iniciado a discussão da segunda parte da lei, sem se ter aprovado, previamente, a primeira parte. Perante essa decisão do Conselho Constitucional, os autores consideraram que *a decisão do Conselho leva a consagrar a cisão da lei de finanças em duas partes, a tal ponto que se pode perguntar se não se estará sequer na presença de dois textos distintos*.

[703] Xavier Cabanes, *L'Etat, le Parlement et le consentement annuel à l'impôt*, 2002, pág. 227 e segs. O autor preocupa-se em traçar uma evolução histórica do princípio da anualidade tributária, concluindo que, mesmo nos dias de hoje, esta regra, mais do que um mito, continua a ser *um pilar da democracia representativa*. No mesmo sentido, Pierre Beltrame, *Le consentiment de l'impôt. Devenir d'un grand principe*, 1995, pág. 82 e segs.

O *Conteúdo da Lei do Orçamento* 353

De acordo com o sistema vigente, só depois da primeira parte estar votada e aprovada é que se pode iniciar a discussão da segunda parte, desta forma se pretendendo *resolver os problemas gerais da política financeira antes de abordar os problemas particulares das despesas,* de modo a que *o estudo detalhado dos elementos da vida do Estado seja dominado pela situação do conjunto das finanças públicas e pela conjuntura económica do país*[704/705]. Com esta regra,

---

[704] Esta questão levou à célebre decisão do Conselho Constitucional n.º 79-110, de 24 de Dezembro de 1979, que gerou a inconstitucionalidade da totalidade do Orçamento para 1980. A história começa com a exigência do grupo parlamentar RPR de que o Governo promovesse uma poupança orçamental de dois milhões de Francos. Perante esta solicitação, o primeiro-ministro Raymond Barre sugere ao referido grupo parlamentar que apresente emendas tendentes a promover essa mesma economia, sendo que, para este grupo parlamentar, essa era uma tarefa governativa. Foi assim que, no momento de votar a primeira parte da lei de finanças, e como não tivesse sido efectuada a compressão de despesas exigida, o referido grupo parlamentar se absteve, com isso provocando a não aprovação da primeira parte da lei, onde, designadamente, consta a norma relativa ao equilíbrio proposto entre o total de receitas e de despesas. Perante a impossibilidade de suspender a sessão ou de promover uma segunda votação, e tendo em conta o facto de o Governo não ter retirado o projecto, o presidente da Assembleia Nacional decide autorizar o início da discussão da segunda parte da lei de Finanças. A referida lei acabaria por não chegar a ser expressamente votada, sendo aprovada tacitamente pelo facto de o Governo ter, nos termos do art.º 49.º número 3 da Constituição, colocado a sua responsabilidade em causa, assim evitando a votação da lei e conseguindo a sua aprovação. A referida lei foi submetida ao Conselho Constitucional que, surpreendentemente, a declarou inconstitucional, por ter sido discutida a segunda parte sem ter sido aprovada a primeira parte, em violação do previsto no art. 40.º da Lei Orgânica de 1959, que determina que, *a segunda parte da lei de finanças do ano não pode ser colocada em discussão perante o Parlamento antes do voto da primeira parte.* O Conselho Constitucional considerou, assim, que o vocábulo "voto" equivalia a "aprovação" e não apenas a "votação" (independente do resultado dessa votação). Com esta decisão, o Conselho Constitucional provocou uma enorme crise política e institucional, já que nem a Constituição, nem a lei orgânica tinham previsto a hipótese de a lei de finanças ser declarada inconstitucional, na sua totalidade. Esta situação levou a que o Governo fizesse aprovar, de urgência, uma lei permitindo a cobrança de todos os impostos e outras receitas em vigor, até à aprovação de nova lei de Finanças, o que só ocorreu já depois de terminar o ano civil. Esta lei foi, por sua vez, alvo, também, de apreciação constitucional, por permitir a cobrança das taxas parafiscais que, nos termos do art. 4.º da lei orgânica, devem ser aprovadas por uma lei de finanças anual. Ora, para os deputados do partido comunista, a lei que o Parlamento fizera aprovar para permitir a cobrança dos impostos em vigor para lá do final do ano não era uma lei de finanças anual, pelo que não poderia aprovar a cobrança das taxas parafiscais. Perante esta questão, o Conselho Constitucional, na decisão 79-111, de 30 de Dezembro de 1979, considerou que a referida lei *deve ser considerada uma lei de finanças, no sentido do art. 47.º da Constituição, já que as disposições que contém são as que, normalmente,*

354   *A Lei por detrás do Orçamento*

pretende-se impedir a discussão parlamentar da generalidade das despesas antes de ter sido votada, favoravelmente[706], a norma que estabelece o equilíbrio orçamental, onde se determina o montante máximo admissível das receitas (fiscais e creditícias) e das despesas, que serão depois objecto da repartição pelos vários capítulos[707].

---

figuram numa lei de finanças, sendo que, deste modo, esta constitui um elemento destacado e temporário da lei de finanças para 1980 (que ainda não tinha sido aprovada). Esta declaração foi objecto de diversas críticas por parte da doutrina, sendo, desde logo, criticado o facto de, assim, não se respeitar o art. 2.º da Lei Orgânica que, taxativamente, refere que são leis de finanças apenas a lei de finanças anual, as leis de finanças rectificativas e a *loi de réglement* (Conta Geral do Estado). Por outro lado, dificilmente se poderia aceitar uma lei destacada de uma outra ainda inexistente, como era a lei de finanças para o ano seguinte. Neste sentido, Louis Favoureau e Loïc Philip, *Les Grandes Décisions du Conseil Constitutionnel*, 1999, pág. 397 e segs. e Pierre Lalumière, *Les Finances Publiques,* 1986, pág. 279.

[705] Gilbert Devaux, *Les institutions et la procedure budgétaire. L' accusée est-elle coupable ?,* Le Monde, 28 de Fevereiro de 1980. Este autor foi um dos redactores da lei orgânica, tendo escrito este artigo no seguimento da decisão do Conselho Constitucional relativamente à lei de Finanças para 1980 tentando isentar a lei orgânica de qualquer responsabilidade no conflito institucional criado. No mesmo sentido, em tom muito crítico, Loïc Philip, *Une décision un peu hâtive*, Le Monde, 3 de Janeiro de 1980; Louis Favoreau e Loïc Philip, *Les Grandes Décisions du Conseil Constitutionnel*, 1999, pág. 411 e segs. Para estes autores, a decisão do órgão de justiça constitucional acabou por levantar mais dúvidas e problemas do que os que veio resolver. Na verdade, a decisão teve um cunho totalmente formalista, já que a lei de Finanças acabou por ser aprovada (sem ser votada, pois o Governo apresentou, novamente, uma questão de confiança) sem quaisquer alterações. A decisão veio, no entanto, abrir uma brecha na unidade da lei de Finanças, afastando a ideia de que, até à votação final de todo o diploma, tudo pode ser modificado por quem tem a competência da aprovação. Para estes autores, *a decisão* (do Conselho Constitucional) *veio introduzir uma hierarquia entre disposições contidas no mesmo texto,* o que é um factor gerador de perplexidades, levando à questão de saber se, materialmente, não se estará perante dois textos legislativos autónomos, tendo a primeira parte uma natureza paramétrica face à segunda. Tagourdeau, *Réformer le Droit d'Initiative en Matière de Loi de Finances*, 1982, pág. 89.

[706] Para evitar a repetição de uma situação como a sucedida em 1979, a nova lei orgânica (lei orgânica n.º 2001-692, de 1 de Agosto de 2001, relativa às leis de finanças) introduz duas inovações. Em primeiro lugar, esclarece, no novo art. 42.º, que a segunda parte do projecto de lei de finanças não pode ser discutido *antes da adopção da primeira parte.* Por outro lado, soluciona a lacuna existente que não previa o caso de uma lei de finanças ser declarada inconstitucional. Agora, nos termos do novo art. 45.º, o Governo pode solicitar um voto separado sobre o conjunto da primeira parte da lei de finanças, ou então apresentar um *projecto de lei especial* autorizando-o a continuar a cobrar os impostos existentes até à aprovação de nova lei de finanças.

[707] Hervé Message, *L'article d'équilibre des lois de finances,* 1995, pág. 31 e segs. Se em relação às receitas, o valor aprovado nesta fase já não pode ser alterado, nem pelo

O Conteúdo da Lei do Orçamento

Outra das originalidades do sistema orçamental francês decorre da distinção entre os *services votés* e as *measures nouvelles*[708]. Na

Parlamento, nem pelo Governo, diferentemente, no que concerne às despesas, admitem-se algumas variações aos valores globais, no momento da discussão e votação da segunda parte do Orçamento (desde que não se ponham em causa as grandes linhas de equilíbrio orçamental, fixadas na primeira parte), que levarão a uma nova votação da norma relativa ao equilíbrio, no final da discussão da lei, de modo a adaptá-la aos novos valores. Assembleia Nacional, *L´Assemblée Nationale et les Lois de Finances*, 2000, pág. 106. Na verdade, os Deputados podem, em certos casos, modificar as regras estabelecidas na primeira parte através de votações ocorridas na segunda parte, sempre que rejeitem um título que contenha medidas negativas, por exemplo, assim aumentando as despesas totais. Paul Amselek, *Le Budget de l'Etat sous la Ve République*, 1966, pág. 393. Para este autor, *a adopção da primeira parte pelo Parlamento não lhe cria mais do que simples obrigações morais: nada impede, juridicamente, as assembleias de aprovarem, no momento do exame da segunda parte, votos alterando o equilíbrio financeiro antes aprovado.*

[708] Nos termos do art. 33.º da lei orgânica, *os services votés representam o mínimo de dotações que o Governo considera indispensável para prosseguir a execução dos serviços públicos nas condições que foram aprovadas no ano anterior pelo Parlamento*. A aprovação das *measures nouvelles* vem prevista no art. 31.º número 2, devendo incidir sobre os títulos e os ministérios e prende-se com as modificações (positivas ou negativas) que se pretendem efectuar relativamente às verbas aprovadas no ano anterior. Jacques Lauze, *Le Problème des Services Votés*, 1996, pág. 72. Ao nível da organização dos aglomerados de verbas, o capítulo continua, ainda hoje (e até à sua substituição pelas missões e programas, no âmbito da nova Lei Orgânica n.º 2001-692, de 1 de Agosto de 2001 relativa às leis de finanças, que eliminará esta distinção entre os *services votés* e as *measures nouvelles*) a ser a unidade base, de um ponto de vista orçamental. Sobre o modo de funcionamento das missões, no âmbito da nova lei orgânica francesa, veja-se, por exemplo, Sophie Mahieux, *La Loi organique relative aux lois de finances du 1er août 2001*, 2001, pág. 35 e segs. Hoje em dia, a divisão das verbas por capítulos, embora não seja votada parlamentarmente, consta dos anexos fornecidos ao Parlamento, a título informativo, sendo, depois, efectuada pelo Governo através dos decretos de repartição (*decrets de repartition*), conforme refere Tagourdeau, *La Crise du Chapitre Budgétaire*, 1975. Sobre o modo como se decompõe o projecto de Orçamento em França, separando entre o *bleu général* (lei de finanças propriamente dita), *les bleus* (repartição das despesas por ministérios e por capítulos) e *les jaunes, les blancs e les verts*, num conjunto de documentos que tem mais de 5000 páginas, Alain Dupas, *Parliamentary Control of the Budget in France: A View from Inside the National Assembly*, 1976, pág. 105 e segs.; Assembleia Nacional, *L´Assemblée Nationale et les Lois de Finances*, 2000, pág. 40 segs.; François Deruel e Jacques Buisson, *Finances Publiques, Budget et Pouvoir Financier*, 2001, pág. 92 e segs., e Ministère de l'Economie, des Finances et de l'Industrie, *Le Budget de l'Etat*, 1999, pág. 40 e 41. Também o relatório elaborado pela comissão de finanças, sobre a generalidade do projecto de lei de finanças, é de dimensão apreciável, tendo o referido relatório para o ano 2000, 1850 páginas. O relator geral da comissão de finanças é, ainda, auxiliado pelos relatores especiais que se encarregam de estudar os vários fascículos orçamentais. Em 1997

356 A Lei por detrás do Orçamento

verdade, o Governo começa por apresentar uma proposta com as verbas que considera necessárias para a manutenção dos serviços, tal como funcionaram no exercício anterior, corrigidas pelas *measures acquises,* que são constituídas pelas alterações decorrentes da supressão de despesas que não se repetem, da sua actualização tendo em conta as previsões relativas à inflação, ou de variáveis introduzidas, como sejam os aumentos salariais da função pública acordados[709]. Não obstante representar mais de 90% do valor total da despesa orçamental[710], esta proposta não chega a ser discutida no Parlamento[711], sendo

---

foram nomeados 45 relatores especiais. Perante esta parafernália de informação, torna-se, no entanto, pertinente recordar Jean-Pierre Lassale, *La Loi Organique et l'Équilibre Constitutionnel des Pouvoirs,* 1989, pág. 237, quando afirmava que *a verdadeira questão relaciona-se com a utilidade real desses documentos: são estes exploráveis e explorados ou constituem um álibi cómodo para o executivo, seguro de poder, afinal, impor as suas escolhas?*

[709] Art. 33.º número 3 da Lei Orgânica 59-2, de 2 Janeiro de 1959.

[710] Em relação às receitas, prevê-se um voto para o Orçamento em geral, um voto por cada Orçamento anexo e um voto por cada categoria de contas especiais. Em relação às despesas, prevê-se, para além do voto global para os *services votés,* um voto por título e por ministério relativamente às *measures nouvelles,* e um voto por cada Orçamento anexo ou por cada categoria de conta especial. Em geral, a aprovação orçamental compreende cerca de 200 votos, sendo que na IV.ª República o número se situava na ordem dos 5000. François Deruel e Jacques Buisson, *Finances Publiques, Budget et Pouvoir Financier,* 2001, pág. 95, e Ministère de l'Economie, des Finances et de l'Industrie, *Le Budget de l'Etat,* 1999, pág. 68. Refira-se, no entanto, a propósito dos *services votés,* que se os parlamentares quiserem alterar os valores aí fixados, sempre o poderão fazer, propondo medidas negativas ao nível das *measures nouvelles* que, assim, se reflectirão no valor dos *serviçes votés.* Assemblée Nationale/Didier Migaud, *Rapport du Groupe de Travail sur l'efficacité de la dépense publique et le contrôle parlementaire,* 1999, pág. 72. Apesar disso, o relatório não deixa de reconhecer que o sistema francês actual (que desaparecerá, como se viu, no início de 2005) favorece e incita o imobilismo e o incrementalismo. Na verdade, o facto de a votação de mais de 90% das despesas se efectuar tradicionalmente em bloco, sem discussão prévia, leva Jacques Lauze, *Le Problème des Services Votés,* 1996, pág. 72, a comparar o Orçamento francês a uma *espécie de iceberg. Debaixo do mar, os services votés, à superfície as autorisations nouvelles.*

[711] Martinez, di Malta, *Droit Budgétaire,* 1999, pág. 274. Esta proposta, tendo em conta o facto de se reportar ao mínimo que o Governo julga ser indispensável para, no fundo, administrar o país, não é susceptível de emenda parlamentar, a não ser no caso de incidir sobre a correcção de um erro de cálculo ou para contestar a qualificação de uma *measure acquise,* Assembleia Nacional, *L'assemblée nationale et les lois de finances,* 2000, pág. 109. No mesmo sentido se pronunciou a decisão do Conselho Constitucional, de 29 de Dezembro de 1982.

O Conteúdo da Lei do Orçamento   357

votada em bloco, num acto que, justamente, já foi denominado de verdadeiro *referendo aplicável às finanças públicas*[712].

A estes valores o Governo acrescenta as *measures nouvelles*[713], em que propõe aumentos ou diminuições de certas verbas, aí se concentrando a discussão parlamentar e a análise das opções políticas subjacentes, não obstante a votação parlamentar se realizar, apenas, por títulos e por ministérios[714]. Este sistema leva a que a atenção parlamentar se concentre, somente, nas variações propostas pelo Governo face às verbas já consagradas no Orçamento anterior, assim se ganhando em racionalização do tempo parlamentar o que se perde com o incentivo de uma perspectiva incremental do Orçamento e da estrutura do sector administrativo, desligada de qualquer ideia de

---

[712] Alain Dupas, *Parliamentary Control of the Budget in France: A View from Inside the National Assembly*, 1976, pág. 115.

[713] Estas medidas podem ser positivas, no caso de implicarem aumento de verbas, ou negativas, no caso de, no seu conjunto, implicarem uma diminuição de verbas face ao ano anterior.

[714] Contra esta distinção entre *services votés* e *measures nouvelles,* que leva a perpetuar determinadas verbas sem lhes questionar a eficácia, afastando-as do debate sobre a sua razoabilidade, veja-se a intervenção de Loïc Philip, em Assemblée Nationale/Didier Migaud, *Rapport du groupe de travail sur l' efficacité de la dépense publique et le contrôle parlementaire*, 1999, pág. 92. O autor propunha a supressão desta distinção, bem como a supressão da regra da anualidade orçamental que, na sua opinião, já se encontra ultrapassada pela renovação automática dos impostos e pela plurianualidade dos grandes investimentos. Paul Amselek, *Le Budget de l'État sous la Ve République*, 1966, pág. 481, pelo contrário, considera que este sistema de votação tem sido incompreendido, quer por académicos, quer por parlamentares, já que acaba por não limitar, de modo algum, os poderes parlamentares relativamente ao sistema de aprovação por capítulos, que sempre foi tradicional em França. O referido autor, um dos maiores defensores doutrinais do sistema actual, não deixa, no entanto, de notar que, embora juridicamente os direitos dos parlamentares se mantenham, na prática corre-se o risco de haver a tentação de se cair numa certa *cristalização das decisões orçamentais.* Paul Amselek, *Le Budget de l'Etat et le Parlement sous a Ve République,* 1998, pág. 1450 e segs., voltaria ao assunto, em nova revisitação da temática orçamental na Vª República, para denunciar alguns dos equívocos e mal entendidos que, em seu entender, se têm criado em redor da lei de finanças francesa. Para Paul Amselek, a divisão entre *services votés* e *measures nouvelles* foi, mesmo, uma das inovações *topo de gama* das instituições orçamentais da Vª República, sendo, devido à sua sofisticação, uma das menos compreendidas. Para o autor, não se deve esperar que o Parlamento seja o local onde, à política orçamental do Governo, vai ser contraposta uma política alternativa de origem parlamentar, mas, antes, o lugar onde aquela será explicada, debatida e, em algumas situações, inflectida, devido à pressão da oposição ou à inquietude da maioria.

358   A Lei por detrás do Orçamento

reformulação da distribuição de verbas, tendo em conta novos objectivos ou missões da administração pública[715/716].

Também em relação ao conteúdo possível da lei do Orçamento se notam alguns particularismos no sistema francês que importa tomar em linha de consideração. Com efeito, o ordenamento jurídico francês é, porventura, aquele que tem manifestado maior preocupação com a existência de cavaleiros orçamentais[717], sendo, igualmente, um dos que maior dificuldade tem encontrado, ao longo da sua história constitucional, em lidar com esse fenómeno[718].

---

[715] Na prática o Parlamento recorre sempre à *reserva de artigo único,* que lhe permite adiar a votação dos *services votés* para depois da aprovação das *measures nouvelles,* o que não deixa de ser paradoxal. O objectivo é manter maior margem de manobra durante a discussão das *measures nouvelles,* sem ter já concedido ao Governo a aprovação dos *services votés.* Assembleia Nacional, *L´Assemblée Nationale et les Lois de Finances,* 2000, pág. 110.

[716] Refira-se, ainda, que o Governo reserva sempre uma determinada percentagem do conjunto das receitas previsíveis para "atribuir" ao presidente da comissão de finanças, de modo a que este possa premiar as iniciativas parlamentares mais meritórias. Não podendo estas iniciativas ser propostas directamente pelo Parlamento, em virtude da aplicação da lei- -travão, serão as mesmas formalmente introduzidas pelo Governo, no momento da segunda leitura parlamentar. A este balão de oxigénio atribuído aos parlamentares chama-se, vulgarmente, *reserva parlamentar.* Raymond Muzellec, *Finances Publiques*, 2000, pág. 217 e Christian Bigaut, *Finances Publiques – Droit Budgétaire,* 1995, pág. 138.

[717] São denominados "cavaleiros orçamentais", conforme se verá, as normas que se encontram inseridas na lei do Orçamento sem que possuam materialmente um conteúdo especificamente orçamental.

[718] Como dizia Jean Petot, *De La Discussion Budgétaire Classique a L'Essai de Nouvelles Procédures,* 1958, pág. 302, referindo-se à prática constitucional anterior à Constituição de 1958, *o Orçamento cheio com emendas parlamentares (...) e com aditamentos governamentais tornava-se uma monstruosa amálgama legislativa contendo de tudo, até mesmo finanças.* Para evitar essa situação, o art. 102.º do Regimento da Câmara dos Deputados, na III.ª República, estabelecia a inadmissibilidade de apresentação de artigos adicionais ao projecto orçamental, bem como a apresentação de emendas que não se reportassem directamente a artigos do referido projecto, ou que não tivessem por objectivo controlar ou diminuir as despesas públicas. A pouca efectividade desta norma levou a que a proibição dos cavaleiros orçamentais fosse, na IV.ª República, alvo de previsão constitucional. Assim, de acordo com o art. 16.º da Constituição de 1946, *essa lei* (lei do Orçamento) *não pode conter mais do que as disposições estritamente financeiras.* Esta previsão, dirigida indistintamente ao Governo e ao Parlamento, não dispensou, ainda assim, o seu desenvolvimento e precisão pelo art. 68.º do Regimento Parlamentar, na vigência da Constituição de 1946. Assim, estabelecia-se que, *nenhum artigo adicional pode aí* (na lei do Orçamento) *ser apresentado, salvo se tiver como objectivo suprimir ou reduzir uma despesa,*

O Conteúdo da Lei do Orçamento 359

Assim, a previsão de um procedimento parlamentar especial para a aprovação das leis de finanças, bem como a tradição constitucional, legal e regimental francesa, tão antiga quanto ineficaz, de evitar a inclusão, na lei de finanças, de matérias estranhas ao seu conteúdo orçamental, levaram a que a lei orgânica de enquadramento orçamental se preocupasse em tentar criar um rigoroso quadro de admissibilidade das normas que podem ter assento numa lei de Finanças. Neste contexto, procedeu-se a uma definição de lei de Finanças em termos materiais, de molde a identificar quais as matérias que deviam, ou podiam, ser aprovadas através dessa lei, assim se facilitando o expurgo dos cavaleiros orçamentais proibidos, seja ao nível da admissibilidade parlamentar[719], seja, mais tarde, pela sindicância constitucional[720].

---

criar ou aumentar uma receita ou assegurar o controlo das despesas públicas. Louis Trotabas, *Précis de Science et Législation Financières*, 1950, pág. 41. A partir de 1955, passou a prever-se a possibilidade de separação (*disjonction*) das normas sem incidência orçamental, de modo a permitir que estas fossem apreciadas pela comissão parlamentar competente, em função da matéria. Finalmente, o art. 51.º do Decreto de 19 de Junho de 1956 previa que, *a lei de finanças não pode conter outras disposições a não ser as que sejam de natureza estritamente económica e financeira, relativas, unicamente, às receitas e às despesas do ano orçamental ou tendentes a melhorar o controlo da utilização dos fundos públicos.* Pese embora a sucessão de normas tendentes à proibição dos cavaleiros orçamentais, a sua efectividade prática foi sempre muito reduzida, como nota Paul Amselek, *Le Budget de l'Etat sous la Ve République*, 1966, pág. 243 e segs. O maior trabalho da lei orgânica de 1959 não estava, assim, na criação normativa, mas na sua efectivação, o que, de resto, passou a acontecer com regularidade apenas com a revisão constitucional de 1974, que permitiu aos deputados e aos senadores a impugnação constitucional das leis parlamentares, desta forma autorizando o Conselho Constitucional a sindicar, mesmo oficiosamente, a inclusão de cavaleiros orçamentais nas leis de Finanças, invocando, primeiro, o art. 42.º e, ultimamente, apenas o art. 1.º da lei orgânica. Na verdade, o art. 42.º da lei orgânica deixou de ser utilizado pelo Conselho Constitucional, tendo, de resto, o seu conteúdo desaparecido no articulado nova lei orgânica. Com efeito, já em 1986, Joël Molinier, *L'ordonnance du 2 janvier 1959 portant loi organique relative aux lois de finances*, 1986, pág. 325, referia que *o art. 42.º poderia bem desaparecer da Ordonnance sem que tal supressão provocasse uma modificação sensível no Direito positivo.* No mesmo sentido, Loïc Philip, *Les Fondements Constitutionnels des Finances Publiques*, 1995, pág. 18.

[719] Não obstante a lei orgânica prever, no art. 42.º, a separação dos cavaleiros (*disjonction)* face às restantes normas orçamentais, a prática tem seguido a previsão do Regimento da Assembleia Nacional que impõe (art. 121.º) a sua inadmissibilidade, nos mesmos termos das normas que violem a lei-travão. Relativamente aos cavaleiros de natureza governamental, tem sido seguido o procedimento previsto no art. 119.º do Regimento que

360 *A Lei por detrás do Orçamento*

Acontece que, tal como sucedeu noutros sistemas de raiz parlamentar, também em França, ao definirem-se materialmente os vários domínios da lei de finanças se abriu, no domínio orçamental, uma brecha na tradicional qualificação formal dos actos legislativos dos sistemas de base parlamentar, assim demonstrando, mais uma vez, o quanto a pretensa racionalização do parlamentarismo operada pela Vª República afastou a França da matriz europeia, herdada, precisamente, da Revolução de 1789.

Na verdade, recortando o sistema de fontes de Direito em termos materiais e criando, constitucionalmente, uma reserva de lei e uma reserva de regulamento, não será de estranhar que, também ao nível

---

leva a que essas normas possam ser apreciadas pela comissão competente em razão da matéria, assim se aproximando do sistema de *disjonction*. De acordo com essa regra, *todo o artigo ou emenda que contenha outras normas para além das admitidas na lei orgânica relativa à lei de finanças deve ser retirada da lei de finanças e ser objecto de um debate distinto, se a comissão permanente que seria competente para apreciar essa norma em razão da matéria (no caso de esta fazer parte de um projecto ou proposta de lei) assim o requerer e se o presidente ou o relator principal ou um membro da comissão de finanças da economia e do plano designado para esse efeito aceitar esse pedido. Esse debate é inscrito na ordem do dia da assembleia, depois da discussão da lei de finanças, no caso de se tratar de um artigo do projecto da lei de finanças.* Note-se que esta possibilidade só se aplicará aos cavaleiros parlamentares se os mesmos lograrem ultrapassar a fase da admissibilidade e desde que a comissão competente assim o requeira. Paul Amselek, *Le Budget de L'Etat sous la Ve République*, 1966, pág. 253 e Jacques Barrot, *Article 40 de la Constitution*, 1994, pág.121. O Conselho Constitucional, nas duas decisões de 28 de Dezembro de 1976, considerou que a norma do art. 42.º da lei orgânica também se aplica a cavaleiros de origem governamental, tendo declarado a inconstitucionalidade de muitos cavaleiros orçamentais. P. Carcelle e G. Mas, *les "cavaliers Budgétaires" ont-ils disparu definitivement?*, 1968, pág. 343, reportam-se às circunstâncias que levaram, pela primeira vez (em 22 de Dezembro de 1967), a comissão de finanças a juntar todos os cavaleiros que o Governo havia incluído num Orçamento rectificativo e a destacá-los da referida lei. O Governo acabou por apresentá-los sob a forma de projecto de lei especial, assim se iniciando uma tendência de aprovar as chamadas "leis *fourre-tout*", paralelas à lei de finanças, à semelhança do que se haveria de passar, anos mais tarde, em Itália, em Espanha e na Alemanha, conforme dá conta Paul Marie Gaudemet e Joël Molinier, *Finances Publiques,* 1996, pág. 261.

[720] A declaração de inconstitucionalidade de cavaleiros orçamentais, sendo hoje em dia vulgar, era considerada, em 1966, por Paul Amselek, *Le Budget de l'Etat sous la Ve République*, 1966, pág. 254, como uma solução com *um carácter muito teórico* e uma aplicação prática muito improvável, por levar à declaração de inconstitucionalidade de uma norma legal, apenas pelo facto desta, apesar de parlamentarmente aprovada, tê-lo sido através de uma lei de finanças e não de uma lei avulsa.

O *Conteúdo da Lei do Orçamento* 361

orçamental, a identificação do conteúdo da lei se processe tendo em conta a matéria e não com base na forma de lei. Assim sendo, pode hoje identificar-se, no contexto da Constituição e da lei orgânica, a existência de cavaleiros orçamentais ordinários, de cavaleiros orçamentais eventuais e de cavaleiros orçamentais proibidos, transferindo, necessariamente, a discussão do conteúdo da lei do Orçamento para um domínio material, em que a forma e o procedimento específicos da lei de finanças, obrigam, toleram ou proíbem a inclusão, nessa mesma lei, de determinadas normas, consoante a sua aproximação maior ou menor a um pretenso "core business" orçamental[721].

Na verdade, de acordo com a lei orgânica relativa às finanças públicas, existe um conjunto de matérias (cavaleiros ordinários), que têm de figurar na lei de finanças, sendo inconstitucional a sua presença numa lei que não se assuma como sendo a lei de finanças anual[722]. A tipicidade das leis de finanças e a necessidade de as matérias orçamentais se encontrarem, necessariamente, numa das leis de finanças admitidas nominalmente pela lei orgânica[723], tem levado a uma intensa actividade jurisprudencial relativamente à conformidade das diversas leis de finanças com o bloco de constitucionalidade[724].

---

[721] Paul Amselek, *Le Budget de L'Etat sous la Ve République*, 1966, pag 247. Para um resumo sobre os vários conteúdos da lei do Orçamento, separando entre um domínio exclusivo, um domínio partilhado e um domínio interdito da referida lei, Christian Goux, *Rapport d'Information sur la Recevabilité Financière des Amendements*, 1982, pág. 103; De modo semelhante, mas dividindo entre um domínio obrigatório, um domínio exclusivo, um domínio partilhado e um domínio totalmente estranho, Jacques Barrot, *Article 40 de la Constitution*, 1994, pág. 123 e segs.

[722] Martinez e di Malta, *Droit Budgétaire*, 1999, pág. 122. As matérias que devem obrigatoriamente constar de uma lei de Finanças encontram-se previstas no art. 1.º da Lei Orgânica 59-2 de 2 de Janeiro de 1959. Na nova Lei Orgânica 2001-692 de 1 de Agosto de 2001, o conteúdo da lei de Finanças vem previsto no art. 34.º, onde se separam, de modo claro, as matérias que a lei deve conter, daquelas que a lei pode conter.

[723] De acordo com o art. 2.º da Lei Orgânica têm o carácter de leis de finanças, as leis de finanças do ano, as leis de finanças rectificativas e a lei de liquidação de contas (*loi de règlement*). Na nova Lei Orgânica, essa previsão vem incluída no art. 1.º, sendo acrescentadas as leis especiais, previstas no art. 45.º, que permitem que o Governo solicite ao Parlamento autorização para continuar a cobrar os impostos, no caso de a lei de Finanças não poder entrar em vigor antes do início do ano económico.

[724] Para um resumo da actividade do Conselho Constitucional Francês relativamente às leis de finanças, Carole Enfert, *Conseil Constitutionnel et Lois de Finances, un Bilan*, 2000, pág. pág. 9 e segs., onde a autora nota uma evolução da posição do Conselho Constitucional, de defensor do Governo, para regulador dos poderes públicos e protector das liberdades.

362 *A Lei por detrás do Orçamento*

No acervo da jurisprudência constitucional, ficou célebre a decisão do Conselho Constitucional, de 30 de Dezembro de 1979, na qual este órgão, pressionado pelo facto de ter declarado inconstitucional a lei de finanças para o ano seguinte[725], se viu na contingência de encontrar uma permissão constitucional para que se pudessem continuar a cobrar os impostos a partir do início do ano, até à aprovação de nova lei orçamental, justificando a sua opção pela aceitação de uma definição de lei de finanças meramente material. Assim, o Conselho Constitucional considerou, em termos surpreendentes, que a referida lei *deve ser considerada uma lei de finanças no sentido do art. 47.º da Constituição já que as disposições que contém são as que, normalmente, figuram numa lei de finanças, sendo que, deste modo, esta constitui um elemento destacado, prévio e temporário da lei de finanças para 1980*[726].

Diferentemente, o Conselho Constitucional, na decisão de 29 de Dezembro de 1994, voltou à sua ortodoxia formal[727] demonstrando um rigor centrípeto em redor do conteúdo obrigatório da lei de finanças, tendo declarado, em conformidade, a inconstitucionalidade de um conjunto de normas contidas numa lei avulsa, onde se previa um conjunto de desorçamentações de despesas permanentes, transferindo

---

[725] Um resumo desta situação encontra-se em Michel Paul, *Les Finances de l'Etat*, 1981, pág. 304. O Conselho Constitucional, na sua decisão 79-110, de 24 de Dezembro, declarou que a lei do Orçamento era inconstitucional, na sua totalidade, por ter sido discutida e votada a segunda parte da lei apesar de a primeira parte sido rejeitada anteriormente, o que violava a obrigação de votação (no sentido de aprovação) da primeira parte, nomeadamente do artigo que fixa o equilíbrio da lei do Orçamento, tal como imposto no art. 40.º da Lei Orgânica. Perante esta decisão, o Parlamento aprovou, em sessão extraordinária, um *projecto de lei especial autorizando o Governo à percepção dos impostos em vigor e das taxas parafiscais*. Tendo sido chamado novamente a pronunciar-se, o Conselho Constitucional considerou, na decisão 79-111, de 30 de Dezembro de 1979, que esta lei não era inconstitucional (por incluir a autorização para a cobrança das taxas parafiscais, que devem ser aprovadas por uma lei de finanças), já que deveria ser vista como se fosse, ela própria, uma lei de finanças, por aí se encontrarem matérias que, normalmente, se encontram nas leis de finanças anuais.

[726] Martinez, di Malta, *Droit Budgétaire*, 1999, pág. 133, consideram que, com esta decisão, o Conselho Constitucional acabou por criar um conceito, até aí inexistente, de lei de finanças exploradora (*loi de finances eclaireur*).

[727] Não deixa de ser interessante verificar como o sistema francês cumula uma definição material do domínio orçamental, com uma definição formal das leis orçamentais admissíveis.

O Conteúdo da Lei do Orçamento

363

determinadas despesas (relativas à majoração de pensões em função do número de filhos), da lei de finanças, para um *fund solidarité vieillesse*[728].

Para além das matérias que devem constar necessariamente da lei de finanças, existe um outro conjunto, encabeçado pelas matérias do domínio da legislação fiscal, que, segundo a lei orgânica[729], podem, alternativamente, ser incluídas em leis de finanças ou em legislação avulsa, sem que essa permissividade implique a atribuição a essas mesmas matérias de um estatuto jurídico diferenciado. Na verdade, estes cavaleiros eventuais, pelo facto de serem aprovados em leis de finanças, não passam por isso a estar sujeitos à aplicação da lei orgânica, que apenas incide sobre os cavaleiros ordinários das leis de finanças.

Com efeito, a presença dos cavaleiros eventuais no articulado de uma lei de Finanças pode ser desfeita pela mera vontade do legislador ordinário, que tem legitimidade para, mesmo fora do contexto e do formalismo de uma lei de finanças rectificativa, alterar ou revogar a legislação fiscal anteriormente aprovada, prescindindo-se mesmo da necessidade de se promover um *déclassement* jurisdicional prévio,

---

[728] Sobre esta matéria, referindo que algumas das decisões da jurisprudência constitucional valem, menos *pelo objecto censurado ou pelas somas envolvidas, do que pela amplitude dos princípios em jogo,* veja-se a anotação ao acórdão, de Jean-Pierre Camby, 1995, pág. 337 e segs. O Conselho Constitucional, na decisão de 8 de Janeiro de 1991, havia considerado também inconstitucionais algumas disposições de uma lei ordinária que se reportavam ao modo de organizar a informação que o Governo deve remeter ao Parlamento, relativamente às despesas públicas. Para o Conselho, uma norma *obrigando o Governo a dar conta ao Parlamento de operações relativas à gestão de um fundo financiado por uma receita pública* devia constar numa lei de finanças e não na lei relativa à luta contra o tabagismo e o alcoolismo. No mesmo sentido, o Conselho Constitucional considerou, na decisão de 9 de Maio de 1991, que a lei contendo o Estatuto da Córsega não era adequada para conter disposições que determinavam o agrupamento, num capítulo orçamental único, todas as dotações do Estado à Córsega, nem prever a obrigação de o Governo anexar ao projecto de lei de finanças um relatório anual sobre a evolução dos recursos da Córsega. Sobre estas questões, Jacques Barrot, *Article 40 de la Constitution,* 1994, pág.135 e Martinez, di Malta, *Droit Budgétaire,* 1999, pág. 421.

[729] A admissão, facultativa, da inclusão de matérias fiscais na lei de Finanças vem prevista no art. 1.º da Lei Orgânica 59-2 de 2 de Janeiro de 1959 e no art. 34.º da nova Lei Orgânica 2001-692 de 1 de Agosto de 2001.

364 *A Lei por detrás do Orçamento*

como o que se exige para a identificação de matérias regulamentares incluídas em actos legislativos[730].

Este reconhecimento da liberdade de inclusão de cavaleiros eventuais na lei de finanças, sem implicar a petrificação do regime jurídico dessas mesmas matérias, tendo tido a sua origem na jurisprudência constitucional a propósito da aplicação do art. 42.º da lei orgânica à legislação fiscal[731], passou, agora, a fazer parte do bloco de constitucionalidade, mediante a sua consagração expressa na nova lei orgânica[732].

Julga-se mesmo que a possibilidade de incluir a legislação fiscal juntamente com o articulado da lei de Finanças[733] é, de resto, em França, como em Portugal, responsável pela inexistência de um fenómeno gigante de legislação associada à lei do Orçamento, num circuito paralelo desenvolvido através das leis de acompanhamento orçamental, tal como existem em Itália, em Espanha ou na Alemanha, e que, sendo desconhecidas entre nós[734], são ainda um fenómeno não demasiadamente acentuado em França[735].

---

[730] Sobre o *déclassement* de normas regulamentares inseridas em normas legais, vejam-se as decisões do Conselho Constitucional de 29 de Janeiro de 1960, de 22 de Dezembro de 1961, de 7 de Julho de 1963 e de 30 de Julho de 1963. A admissibilidade de *déclassement* de matérias legais ordinárias incluídas em leis orgânicas surgiu, jurisprudencialmente, com a decisão do Conselho Constitucional n.º 75-62 de 28 de Janeiro de 1976.

[731] Vejam-se as decisões do Conselho Constitucional de 30 de Dezembro de 1980, de 29 de Dezembro de 1983 e de 29 de Dezembro de 1984.

[732] Art. 35.º da Lei Orgânica 2001-692, de 1 de Agosto de 2001.

[733] A inclusão da totalidade das normas fiscais na *loi de finances* tem mesmo sido reclamada por uma parte da doutrina como fazendo parte da coerência e da importância da referida lei e da directa associação entre a legislação fiscal e o Orçamento. Neste sentido, Philippe Auberger, *Promouvoir une véritable réforme de l'ordonnance du 2 janvier 1959*, 2001, pág. 63.

[734] Por isso mesmo se vê com alguma desconfiança o número 2 do art. 28.º da Lei n.º 91/2001, de 20 de Agosto (Lei de enquadramento da lei do Orçamento), que estabelece que *as disposições constantes do articulado da Lei do Orçamento do Estado devem limitar-se ao estritamente necessário para a execução da política orçamental e financeira.* Esta norma, tentando restringir a existência de cavaleiros orçamentais, pode vir a fundamentar uma jurisprudência constitucional mais restritiva, gerando eventuais efeitos perversos, pela possibilidade de introdução no nosso ordenamento jurídico da figura das leis de acompanhamento orçamental, que tão maus resultados tem dado nos países em que se instalou. Em Portugal, o mais próximo das leis de acompanhamento que se esteve foi com as famosas "leis orçamentais", que foram apelidadas por Armindo Monteiro, *Do Orçamento Português*, 1921, pág. 287, de *verdadeiros bricabraques jurídicos. Nelas se acumula tudo. Cada*

O Conteúdo da Lei do Orçamento

Fora das matérias expressamente impostas como fazendo parte do conteúdo obrigatório das leis de finanças e das matérias eventuais, cuja inclusão na lei de finanças é tolerada, existe todo um universo de normas que, embora relevem do domínio legislativo, não podem aproveitar a forma e o procedimento associados à lei de Finanças para aí encontrarem um veículo de aprovação e de inclusão[736].

De acordo com o Conselho Constitucional, a proibição de associar à lei de Finanças outras matérias que não sejam impostas ou toleradas pela lei orgânica é aplicável independentemente da sua origem, sendo frequente a declaração, mesmo oficiosa, da natureza não conforme de determinadas normas com o conteúdo admissível de uma lei de finanças[737].

Ministério tem a sua: e nela faz o ministro inserir, a coberto da presumível rapidez do voto do Orçamento, todas as medidas de urgência e todas aquelas que lhe convém fazer passar sem grande exame. Estas "leis orçamentais" eram, no entanto, formalmente incluídas na lei de receita e despesa que aprovava o Orçamento.

[735] Não obstante o fenómeno não se tenha vulgarizado, como em Itália e em Espanha, tendo em conta a permissão de inclusão de matérias fiscais na lei de finanças, foi em França que surgiu, pela primeira vez, o fenómeno das leis com conteúdo heterogéneo. Sobre este assunto, Maurice-Christian Bergerès, *Les Cavaliers Budgétaires,* 1978, pág. 1393 e segs. Raymond Muzellec, *Finances Publiques,* 2000, pág. 217, refere-se a essas leis considerando que, *hoje, os cavaleiros orçamentais encontram-se em leis contendo diversas disposições de ordem económica e financeira. Essas leis fourre-tout não são leis de finanças mas contêm disposições que deveriam ter sido inseridas em leis especiais ou em leis de finanças. Essa prática permite ao Governo libertar-se dos constrangimentos do art. 42.º e dos procedimentos aplicáveis em matéria orçamental.* Sobre a equivalência das leis contendo *diversas disposições de ordem económico-financeira,* com as leis de acompanhamento orçamental espanholas, Julien Valls, *Procédure budgétaire française et espagnole,* 2000, pág. 169. Sobre esta questão, veja-se, ainda, Paul Marie Gaudemet e Joël Molinier, *Finances Publiques,* 1996, pág. 261

[736] Sobre os cavaleiros orçamentais no Direito Francês, em geral, Maurice-Christian Bergerès, *Les Cavaliers Budgétaires,* 1978, pág. 1373 e segs. A França foi, de todos os ordenamentos jurídicos, o que, historicamente, mais teve de lutar contra a progressão dos cavaleiros orçamentais. Com efeito, apesar da sucessão de normas destinadas a eliminar esse costume, tal desiderato apenas foi conseguido (parcialmente) na vigência da Constituição de 1958, onde se estabeleceu a possibilidade de o Conselho Constitucional eliminar, *ex officio,* as normas consideradas sem relevância orçamental. Armindo Monteiro, *Do Orçamento Português,* 1921, referia-se, mesmo, ao facto de a França ser *quase a pátria das disposições parasitárias.*

[737] Sobre a inconstitucionalidade de cavaleiros orçamentais, vejam-se as decisões do Conselho Constitucional de 27 de Dezembro de 1973, de 28 de Dezembro de 1976, de 29 de Dezembro de 1978, de 31 de Dezembro de 1981, de 29 de Dezembro de 1982, de 30 de

366 A Lei por detrás do Orçamento

Acontece que, não obstante a tradição francesa de oposição aos cavaleiros orçamentais, apenas ultimamente se tem notado um maior rigor e um efectivo combate aos cavaleiros orçamentais por parte do Conselho Constitucional, que tem declarado, muitas vezes, a inconstitucionalidade de normas, apenas com a invocação de que não pertencem ao conjunto de normas que devam ter lugar numa lei de Finanças.

Note-se que a solução encontrada para os cavaleiros de lei orçamental (declaração da sua inconstitucionalidade) é diferente da que vigora para os cavaleiros de lei orgânica (declaração por parte do Conselho Constitucional de que não beneficiam do valor reforçado de lei orgânica – *déclassement*). A divergência de regimes justifica-se, não só pelo facto destas últimas leis estarem sujeitas a fiscalização prévia obrigatória do Conselho Constitucional, que assim indica qual o regime aplicável a cada norma, como pelo facto de se manter, ainda, relativamente aos cavaleiros orçamentais, alguma reminiscência da velha doutrina da separação entre a competência legislativa e a competência orçamental, que explicaria a proibição de se utilizar esta última competência (e o seu acto típico), para aprovar actos legislativos.

Isso mesmo se reflecte na própria expressão utilizada pelo Conselho Constitucional para expurgar os cavaleiros orçamentais, quando considera que as referidas normas *não se encontram no conjunto das que podem figurar numa lei de finanças e que, por isso mesmo, foram adoptadas de acordo com um procedimento não conforme à Constituição*[738].

Dezembro de 1982, de 29 de Dezembro de 1983, de 29 de Novembro de 1984, de 28 Dezembro de 1985, de 3 de Julho de 1986, de 29 de Dezembro de 1986, de 29 de Dezembro de 1988, de 29 de Dezembro de 1989, de 29 de Dezembro de 1990, de 30 de Dezembro de 1991, de Junho de 1993, de 29 de Dezembro de 1994, de 29 de Dezembro de 1995, de 30 de Dezembro de 1995, de 30 de Dezembro de 1996, de 30 de Dezembro de 1997, de 29 de Dezembro de 1999, de 28 de Dezembro de 2000, de 27 de Dezembro de 2001 e de 27 de Dezembro de 2002. Sobre o assunto, fornecendo alguns exemplos de cavaleiros orçamentais, Xavier Roques, *Les irrecevabilités financières (en dehors de l'article 40 de la Constitution)*, 1993, pág. 747 e segs.; Loïc Philip, *Les Normes Juridiques dans l'Elaboration de la Loi de Finances et le Rôle du Conseil Constitutionnel*, 1988, pág. 91 e segs.

[738] As expressões utilizadas pelo Conselho Constitucional são muito semelhantes nos diversos acórdãos, sendo um bom exemplo a decisão n.º 99-424, DC de 29 de Dezembro de 1999.

O sistema constitucional francês, em conclusão, com a sua divisão tríptica entre as matérias orçamentais obrigatórias, facultativas e proibidas afasta-se, assim, dos sistemas alemão e italiano, pelo facto de a doutrina qualificativa da lei do Orçamento como lei meramente formal não encontrar, na Constituição de 1958, o mesmo acolhimento que, ainda hoje, se nota nos textos constitucionais da Alemanha e de Itália no que ao modo de qualificar a lei do Orçamento diz respeito.

Com efeito, depois de um período de aproximação doutrinal das teses típicas do dualismo alemão, o sistema francês, sendo embora o que maior importância dá, no modo como organiza o sistema de fontes de um ponto de vista constitucional, ao conceito material de lei, haveria de, paradoxalmente, gizar, dogmaticamente, a lei do Orçamento como uma lei com um conteúdo normativo, beneficiando de uma forma e de um procedimento adequados ao transporte de outras matérias, fora do espartilho imposto pela anualidade e pelos domínios estritamente orçamentais.

Essa abertura da lei do Orçamento não implicou, no entanto, que esta fosse considerada como acto legislativo apto a transportar qualquer conteúdo, o que se fica a dever a uma longa tradição constitucional e regimental de tentar impor alguma disciplina na utilização da lei do Orçamento como depósito dos mais variados temas legislativos, como acontecia, sobretudo, durante o desordenado período de excessos parlamentares típico da IVª República.

4. O exemplo da Espanha

A Constituição Espanhola de 1978 é a mais recente de entre as que são objecto de análise nesta dissertação mas nem por isso deixa de se notar, aí, no meio de heranças históricas próprias e alheias, a dificuldade que o legislador constitucional teve em qualificar, num sistema constitucional parlamentar, a lei do Orçamento, sem a reconduzir à sua simples natureza formalmente legislativa[739].

---

[739] Não são, de resto, de estranhar as dificuldades sentidas pela Constituição Espanhola em lidar com a lei do Orçamento, nem os limites que lhe foram introduzidos, seja ao nível do conteúdo possível, seja ao nível da sua inclusão na função legislativa, tendo em consideração que as Constituições inspiradoras da Constituição Espanhola de 1978 foram a Constituição

368 *A Lei por detrás do Orçamento*

Na verdade, o enquadramento constitucional da lei do Orçamento na Constituição Espanhola acaba mesmo por se afirmar como um dos mais interessantes, pela solução, não totalmente subsumível a qualquer modelo puro, que foi estabelecida, o que gerou, naturalmente, uma rica produção doutrinal e jurisprudencial sobre a natureza jurídica, a função, o conteúdo e os limites da lei do Orçamento.

Com efeito, é bem visível o modo como a Constituição de Espanha de 1978 reflecte a encruzilhada em que, de uma forma ou de outra, as Constituições europeias do pós-guerra se envolveram no momento de inserir, no sistema de fontes e na repartição orgânica típicas de um sistema de raiz parlamentar, uma lei com as características da lei do Orçamento, cuja configuração dogmática foi importada de um sistema não parlamentar, sem que, previamente, se tenham acautelado devidamente, as diferenças de paradigmas existentes[740].

---

da II.ª República Espanhola, de 9 de Dezembro de 1931, a Lei Fundamental de Bona de 1947 e a Constituição Italiana de 1947, todas elas consagrando fortes limitações à capacidade normativa da lei do Orçamento. Viver i Pi-Sunyer, *La función presupuestaria en la jurisprudencia constitucional*, 1997, pág. 560.

[740] Historicamente, também em Espanha, a doutrina defensora do dualismo legislativo encontrou ambiente acolhedor para se instalar. De acordo com González del Campo, *Las Leyes de Presupuestos en la Constitución Española de 1978: Configuración Constitucional y Límites Materiales*, 1995, pág. 381, a doutrina de Laband *exerceu uma influência decisiva na configuração da disciplina orçamental em grande parte do continente europeu, incluindo no nosso próprio sistema: as sucessivas leis de administração e de contabilidade pública promulgadas no nosso país desde a metade do século passado foram um fiel reflexo dessa influência, ao limitar nomeadamente o conteúdo da parte dispositiva das leis orçamentais, privando-as de qualquer outro conteúdo material que não fosse estritamente orçamental.* Com efeito, na história constitucional Espanhola, a lei do Orçamento foi sempre considerada como lei meramente formal, não sendo assim de estranhar os termos dúbios em que se encontra consagrada na Constituição de 1978. Jiménez Díaz, *La Ley de Presupuestos: Seguridad Jurídica y Principios de relación entre Normas*, 1994, pág. 296. Na verdade, nas sucessivas Leis de Administração e Contabilidade da Fazenda Pública, de 1850, 1870 e 1911, não se atribuía uma natureza materialmente legislativa à lei do Orçamento, sendo que, de acordo com o art. 37.º da Lei de 1 de Julho de 1911, *os preceitos que contenha o articulado da lei do Orçamento só estarão em vigor durante o exercício de cada Orçamento (...) e compreenderão unicamente as disposições que determinem as quantidades a que devam ascender as receitas e as despesas (...) e em nenhum caso se poderão ditar leis novas, nem modificar as vigentes por meio de preceitos contidos no referido articulado.* Esta norma foi, no entanto sucessivamente ignorada na prática (dado o seu carácter não constitucional e, por isso, incapaz de vincular a legislação posterior), chegando-se ao extremo de se aprovar um Decreto-Lei, de 8 de Novembro de 1957, para suspender a legislação de

Por isso mesmo, também na Constituição de Espanha, se pode notar a tensão entre a tentativa de afastamento da doutrina defensora do conceito dualista de lei, datada historicamente e, como tal, inservível num sistema de natureza monista de base parlamentar, e a aceitação de um conjunto de especificidades atribuídas à lei do Orçamento, em virtude da (alegada) função especial que esta desempenharia. Era, pois, em nome da especial função orçamental que se justificava a aceitação de um acervo de singularidades, ao nível da definição

---

1911 e, assim, permitir a aprovação de uma completa reforma tributária na lei do Orçamento. Eva Aliaga Agulló, *Ley de Presupuestos y reforma tributaria: análisis de una larga experiencia (1979-1994)*, 1994, pág. 120, e Martinez Lago, *Ley de Presupuestos y Constitución*, 1998, pág. 109. No mesmo sentido restritivo das potencialidades da lei do Orçamento, veja-se, ainda, o teor do art. 116.º da Constituição Republicana de 1931, onde se previa que *a lei do Orçamento, quando se considere necessária, conterá somente as normas aplicáveis à execução do Orçamento a que se refira. Os seus preceitos apenas vigorarão durante a vigência do Orçamento.* O facto de se equacionar a hipótese de a lei do Orçamento não ser, sequer, necessária queria significar que, por vezes, não seria necessária a existência de um articulado, bastando a aprovação dos mapas orçamentais. Na verdade, o Orçamento não era considerado como sendo um exemplo de uma verdadeira lei, já que, nos termos do art. 110.º da Constituição de 1931, não requeria, sequer, a promulgação do Chefe de Estado. Posteriormente, a Ordem de 18 de Agosto de 1949 estabelecia que, *os anteprojectos de Orçamento poderão ser acompanhados por propostas de articulados a incluir na aprovação dos mesmos, sempre que o seu texto compreenda, exclusivamente, as normas que se estimem indispensáveis para a administração dos créditos a que se refiram, sem que, de algum modo, contenham modificações de outras leis ou de preceitos de carácter geral em vigor.* Fixava-se, ainda, que, *no Orçamento não se poderão criar tributos (...) ampliar a base dos já existentes nem aumentar as suas tarifas, o que só poderá impor-se mediante lei especial aprovada pelas Cortes.* A afinação pelo diapasão do conceito de lei meramente formal apenas se rompeu com a aprovação da *Ley General Presupuestaria*, em 1977, não tendo, no entanto, a afirmação da natureza plenamente legislativa da lei do Orçamento sido totalmente aproveitada no texto da Constituição, aprovada um ano depois. Com efeito, na exposição de motivos da *Ley General Presupuestaria* assume-se *a consideração de lei material e formal que se atribui à lei do Orçamento do Estado que, em cada ano, votem as Cortes Gerais.* Na doutrina, considerando a lei do Orçamento como lei material e formal, ainda antes da Constituição de 1978, Rodríguez Bereijo, *El Presupuesto del Estado*, 1970, pág. 163 e González García, *Introducción al Derecho Presupuestario*, 1973, pág. 241. Este último autor conclui o seu Estudo (pág. 251) considerando que, *a lei do Orçamento pode e deve ter a força jurídica suficiente para inovar ou modificar o Direito vigente e neste sentido afirmamos que a lei do Orçamento pode ser fonte de direitos e de obrigações para a Administração e produtora de efeitos jurídicos para os particulares.*

370 *A Lei por detrás do Orçamento*

do conteúdo e dos limites, numa revisitação do tema relativo à natureza jurídica da lei do Orçamento[741].

No contexto constitucional espanhol, as especificidades reconhecidas à lei do Orçamento[742] começam logo pelo facto de a Constituição não incluir o poder de aprovar esta lei na genérica competência legislativa das Cortes Gerais, antes se estabelecendo, cumulativamente, a competência das Cortes para *exercerem o poder legislativo do Estado e aprovarem o Orçamento*[743], o que tem gerado, naturalmente, opiniões divergentes quanto ao efectivo significado desta separação sistemática e literal[744].

Do mesmo modo, não obstante se estabeleça, em termos gerais, que, *corresponde ao Governo a elaboração do Orçamento Geral do*

---

[741] É interessante verificar como Rodríguez Bereijo, *El Presupuesto del Estado,* 1970, pág. 163, premonitoriamente, depois de considerar, ainda antes da Constituição de 1978, que a lei do Orçamento era uma lei em sentido formal e material, sugeria, para evitar que a lei do Orçamento fosse invadida por normas de diversas matérias e com uma duração que ultrapassasse o âmbito anual, que se criasse uma norma constitucional que estabelecesse limites conteudísticos à lei do Orçamento, sobretudo impedindo a tentação mais usual de aí incluir a criação ou a modificação de tributos.

[742] A Constituição Espanhola refere-se à lei do Orçamento, tal como o art. 81.º da Constituição Italiana, utilizando o plural e separando os *Presupuestos* da *Ley de Presupuestos Generales del Estado.* Feita a advertência, utilizar-se-á, no texto traduzido, o singular, por uma questão de harmonização com a terminologia portuguesa.

[743] Art. 66.º da Constituição Espanhola. Na Constituição Portuguesa existe, igualmente, uma separação, no art. 161.º, entre a alínea c), conferindo competência para *fazer leis sobre todas as matérias, salvo as reservadas pela Constituição ao Governo,* e a alínea g), atribuindo competência para *aprovar as leis das grandes opções dos planos nacionais e o Orçamento do Estado, sob proposta do Governo.* Não obstante tal facto, a doutrina e a jurisprudência nacionais nunca invocaram esta discrepância para daí retirarem qualquer indício fundamentador de uma natureza não legislativa da lei do Orçamento, ou de uma autonomização do poder orçamental, face ao poder legislativo. Gomes Canotilho, *A lei do Orçamento na teoria da lei,* 1979, pág. 576 e Lobo Xavier, *O Orçamento como Lei,* 1990, pág. 90.

[744] O autor que maior importância tem dado a esta separação do poder legislativo face ao poder orçamental é Escribano López, *Presupuesto del Estado y Constitución*, 1981, pág. 265, que considera que o poder orçamental é distinto do poder legislativo, assim se justificando as restrições da lei do Orçamento para ser veículo de alterações legislativas. Com efeito, para este autor, *a função de aprovar o Orçamento é uma função diversa da legislativa e, portanto, não lhe é aplicável o seu regime jurídico, a não ser subsidiariamente* (...). No mesmo sentido, considerando que o *art. 134/7 é a consequência lógica de um entendimento da função orçamental como função diversa da função legislativa,* Francisco Escribano, *La Disciplina Constitucional de la Prorroga de Presupuestos,* 1997, pág. 107.

Estado e às Cortes Gerais o seu exame, emenda e aprovação[745]*, o* certo é que resulta do texto constitucional uma obscura limitação ao conteúdo possível da lei orçamental, ao estabelecer-se, fora de uma genérica tomada de posição sobre a capacidade normativa da lei do Orçamento, e sem prejuízo da sua aprovação parlamentar, que *a lei do Orçamento não pode criar tributos. Poderá modificá-los quando uma lei tributária substantiva assim o preveja*[746]. Esta norma, não sendo, na sua génese, tão gravosa como a prevista na Constituição Italiana[747], de onde colhe inspiração, acaba por ser de maior dificuldade interpretativa, dando azo a inúmeras dúvidas e perplexidades sobre o seu efectivo alcance, mesmo que se note na doutrina e na jurisprudência espanholas uma resistência, ao contrário do que suce-

---

[745] Art. 134.º número 1 da Constituição. Sobre as origens históricas da norma constitucional relativamente à lei do Orçamento, veja-se Recoder de Casso, *Los Presupuestos del Estado en el Anteproyecto de Constitución Española*, 1978, pág. 365 e segs.; Escribano López, *Presupuesto del Estado y Constitución*, 1981, pág. 302 e segs. e Martinez Lago, *Los Límites a la iniciativa de las Cortes Generales en materia presupuestaria*, 1990, pág. 147 e segs. Para uma visão global da história constitucional espanhola, com a inclusão de todos os projectos e textos constitucionais, José Agustín González-Ares, *Leyes costitucionales españolas – (1808-1978)*, 1999.

[746] Art. 134.º número 7 da Constituição. Esta norma tem, na sua origem, o art. 124.º número 5 do anteprojecto constitucional, onde se podia ler, na linha do previsto na Constituição Italiana, que *a lei de Orçamento não pode criar novos impostos.* Posteriormente, foi aprovada uma emenda que modificou o projecto de norma, que passou a prever que *a lei do Orçamento não pode criar nem modificar tributos.* Finalmente, acabou por se chegar à solução em vigor, que tem sido objecto de amplas críticas por parte da Doutrina. Para González Garcia, *Comentario a la sentencia del Tribunal Constitucional sobre la Ley de Presupuestos del Estado para 1981*, 1981, pag 37, *o referido artigo é absurdo na sua concepção, contraditório na sua formulação e, adicionalmente, de muito difícil cumprimento.* Para o referido autor, deste *desafortunado preceito* poder-se-ia deduzir que a lei do Orçamento não era uma verdadeira lei em matéria de receitas, já que não podia criar novos impostos. Para uma compreensão histórica da referida norma, Martinez Lago, *Ley de Presupuestos y Constitución*, 1998, pág. 77 e segs. e Menendez Moreno, *La Configuración Constitucional de las Leyes de Presupuestos Generales del Estado*, 1988, pág. 49 e segs. Na prática, a autorização para que as leis tributárias sejam alteradas pelas leis orçamentais passou a incluir-se, como uma mera formalidade, em todas as leis tributárias, como relatam Eva Aliaga Agulló, *Ley de Presupuestos y reforma tributária: análisis de una larga experiencia (1979-1994)*, 1994, pág. 129 e Martínez Lafuente, *Ley de Presupuestos e Inconstitucionalidad*, 1980, pág. 66 e segs.

[747] A Constituição Italiana de 1947, como se viu, estabelece, no art. 81.º número 3, que, *com a lei de aprovação do Orçamento não se podem estabelecer novos tributos ou novas despesas.*

372 A Lei por detrás do Orçamento

deu em Itália, em considerar a lei do Orçamento como lei meramente formal[748].

Neste contexto, o conteúdo do número 7 do art. 134.º da Constituição orçamental quase se transformou num *ícone*, por tudo o que deixa supor, ao nível dogmático, e pelo modo como dificulta uma leitura integrada do sistema de fontes no ordenamento constitucional de Espanha. Na verdade, com esta norma não fica, desde logo, claro, se a proibição estabelecida é apenas exemplificativa, tendo em conta, sobretudo, o facto de a legislação tributária ser a que à partida mais se poderia agregar à aprovação da lei do Orçamento, ou se, pelo contrário, a proibição expressa (ainda que apenas parcial) de inclusão de legislação tributária juntamente com a lei do Orçamento permite a inclusão de outro tipo de matérias, porventura menos coladas, de um ponto de vista material, ao domínio orçamental[749].

A não qualificação dos limites conteudísticos da lei do Orçamento, de um ponto de vista geral, é, aliás, sintomática da dificuldade em qualificar dogmaticamente esses limites, sendo que a individualização de matérias que não podem coexistir com a lei do Orçamento (submetendo-as, além do mais, à autorização de outros actos legislativos qualificados de "substantivos") origina, forçosamente, dificuldades de enquadramento da referida lei na hierarquia normativa,

---

[748] Ainda assim, considerando que a utilização da palavra "substantiva" no art. 134.º número 7 da Constituição Espanhola *só se explica como uma reminiscência da velha polémica sobre a natureza formal ou material da lei do Orçamento,* García García, *Examen, Enmienda y Aprobación de los Presupuestos Generales del Estado,* 1985, pág. 312.

[749] Martinez Lago, *Ley de Presupuestos y Constitución,* 1998, pág. 77, questiona-se, mesmo, sobre se a aprovação do Orçamento não é, porventura, um dos momentos mais adequados para se proceder à alteração ou criação de novos tributos, o que, em seu entender, apenas poderia ser recusado se se julgasse, ao contrário do que entende ser adequado, que a lei do Orçamento não era, ela própria, uma lei substancial. Considerando que a *lei do Orçamento não é uma verdadeira lei em matéria de receitas, já que através desta não se podem criar tributos,* González García, *Relaciones entre Norma Tributaria y Norma Presupuestaria,* 1987, pág. 1304. Para este autor, *tudo parece indicar que se quer enclausurar a lei do Orçamento, no que se refere às receitas, na arqui-superada categoria das leis formais.* Para Rodríguez Bereijo, *La Ley de Presupuestos en la Constitución Española de 1978,* 1979, pag 240, o objectivo desta norma prende-se com a tentativa de eliminar os chamados "cavaleiros orçamentais" que poderiam beneficiar de um procedimento de aprovação mais rápido que o normal. O autor não explica, no entanto, a razão dos limites conteudísticos não se estenderem, expressamente, a todos os cavaleiros orçamentais, independentemente do seu conteúdo.

O teor do número 7 do art. 134.° da Constituição consegue,

levando, deste modo, Gonzalez Garcia a afirmar que *não tem qualquer sentido, num ordenamento jurídico onde a força e valor de lei residem na forma de lei, que a eficácia de uma segunda disposição, com "rango" formal de lei, fique subordinada à previsão realizada numa disposição anterior de idêntico "rango" formal*[750].

O teor do número 7 do art. 134.° da Constituição consegue, assim, a proeza de congregar as críticas de toda a doutrina, juntando os que defendem que nenhuma alteração legislativa deve coexistir com a lei do Orçamento e os que consideram que esta lei não deve ter limites de conteúdo, podendo servir de veículo formal e procedimental para outras normas legais. A referida norma constitucional consegue, igualmente, reavivar a polémica sobre a natureza jurídica meramente formal da lei do Orçamento, ao qualificar como *lei substantiva* as leis que a poderiam autorizar a intervir, normativamente, sobre o Direito Fiscal, o que, como se referiu, apenas pode ser compreendido *como uma reminiscência da velha polémica sobre a natureza formal ou material da lei do Orçamento*[751].

A descoberta da boa interpretação a dar ao número 7 do art. 134.° complica-se, ainda mais, quando o Tribunal Constitucional quis adoptar uma solução de compromisso na interpretação da norma constitucional, considerando que esta, *enquanto proíbe, indiscriminadamente, a criação de tributos na lei do Orçamento, permite a sua modificação, ainda que se trate de alterações substanciais e profundas do imposto, sempre que exista uma norma adequada que o*

---

[750] González García, *Relaciones entre Norma Tributaria y Norma Presupuestaria*, 1987, pág. 1314. Também de modo crítico, Menéndez Moreno, *La Configuración Constitucional de las Leys de Presupuestos Generales del Estado*, 1988, pág. 75 e segs., que, embora considere não ser conveniente que a lei do Orçamento seja utilizada para introduzir modificações ao sistema tributário, tendo em consideração as exigências da segurança jurídica, ainda assim julga que se poderia ter encontrado outra solução que não viesse colocar em causa o idêntico valor de lei que se deve reconhecer à lei do Orçamento em comparação com as restantes leis ordinárias.

[751] García García, *Examen, enmienda y aprobación de los Presupuestos Generales del Estado*, 1985, pág. 312. Menéndez Moreno, *La Configuración Constitucional de las Leys de Presupuestos Generales del Estado*, 1988, pág. 63, também levanta a hipótese desta norma dever ser analisada à luz dessa velha polémica, acabando, no entanto, por aderir à opinião de Palao Taboada, *Derecho Financiero y Tributario*, 1987, pág. 66, quando afirma que a distinção entre lei formal e lei material *carece de sentido fora do contexto constitucional em que foi elaborada, desaparecendo deste modo a própria raiz do problema.*

374   *A Lei por detrás do Orçamento*

preveja e, em todo o caso, não obsta a que na lei do Orçamento se proceda a uma mera adaptação do tributo à realidade[752].

Na verdade, pode bem dizer-se que o Tribunal Constitucional não tem ajudado muito à boa interpretação das normas da Constituição orçamental, antes tendo contribuído para adensar, ainda mais, a dúvida sobre a efectiva força jurídica da lei do Orçamento. Disso mesmo é exemplo a declaração de que a lei tributária substantiva, a que se reporta o número 7 do art. 134.º da Constituição, pode ser *qualquer lei (própria do imposto ou modificativa deste) que, exceptuando a lei do Orçamento, regule elementos concretos da relação tributária*[753], acrescentando-se mesmo que qualquer outra solução, que alargasse o conceito de norma substantiva a outra norma legal externa à lei do Orçamento, deveria ser afastada, *ainda que apareça fundamentada no sentido expresso em algum momento dos debates constitucionais, porque corresponde à equivalência da lei do Orçamento como lei em sentido formal o que não traduz a realidade deste momento*[754].

---

[752] Sentença do Tribunal Constitucional Espanhol n.º 27/1981, de 20 de Julho, fundamento jurídico 2.º. Esta inovação constitucional, criadora, de forma apócrifa, do conceito de *adaptação do tributo à realidade* foi unanimemente criticada pela doutrina, como se pode observar em Martinez Lago, *Ley de Presupuestos e Constitución*, 1998, pág. 88 e segs.; Escribano López, *Presupuesto del Estado e Constitución,* 1981, pág. 276; Menéndez Moreno, *La configuración Constitucional de las leys de presupuestos generales del estado*, 1988, pág. 60 e Falcón y Tella, *Limites Materiales y Temporales de la Parte Dispositiva de la Ley de Presupuestos*, 1987, pág. 966. Como pertinentemente assinala Falcón y Tella, *La ejecución de las Directivas de armonización fiscal a través de la ley anual de presupuestos: fundamento y límites de esta técnica*, 1988, pág. 11, *a adaptação de um tributo à realidade não é mais do que a finalidade que, normalmente, persegue toda a modificação tributária. Não constitui, portanto, um tertium genus entre a criação e a modificação.*

[753] Sentença do Tribunal Constitucional n.º 27/1981 fundamento jurídico 3.º. Martínez Lafuente, *Ley de Presupuestos e Inconstitucionalidad,* 1980, pág. 80, já se tinha pronunciado pela interpretação mais ampla, considerando que a defesa de uma interpretação restritiva, que considerasse lei tributária substantiva apenas a *lei própria de cada tributo,* significava desconhecer *a faculdade inovadora do ordenamento tributário que tem normas que, sem serem, especificamente, fiscais, contêm preceitos com esse carácter.* Para Martinez Lafuente, *não haveria obstáculo para que uma lei tendente a regular uma matéria não tributária contivesse preceitos fiscais e autorizasse a lei do Orçamento a modificar anualmente as normas por si definidas.* O autor defende, ainda, que, nos termos constitucionais, a lei do Orçamento se encontra subordinada hierarquicamente face às leis tributárias.

[754] Sentença do Tribunal Constitucional n.º 27/1981, fundamento 3.º.

O *Conteúdo da Lei do Orçamento* 375

Com uma Constituição equívoca e muito pouco esclarecedora, cumpre referir que, pese embora a sua natureza ziguezagueante[755], tem sido a jurisprudência constitucional[756] quem tem pautado o ritmo e o conteúdo das intervenções doutrinais subsequentes, sempre em torno da densificação do poder de intervenção da lei do Orçamento no ordenamento jurídico, nomeadamente na sua capacidade para ser veículo de aprovação de outras normas, mais ou menos afastadas, de um ponto de vista material, do conteúdo estritamente orçamental.

Da análise das mais relevantes sentenças constitucionais neste domínio ressalta a ideia de que a jurisprudência do Tribunal Constitucional, ainda que este órgão nunca tenha assumido uma ruptura entre as várias decisões que foi emitindo em matéria orçamental, se pode reconduzir a uma evolução com duas fases distintas. Assim, identifica-se uma primeira fase, liberal, pautada pela não concretização das vagas referências a eventuais limites ao conteúdo possível da lei do Orçamento, a que se seguiu uma segunda fase, restritiva, durante a qual o Tribunal Constitucional, confrontado com a cada vez maior e mais intensa utilização da lei do Orçamento como veículo preferencial para a aprovação e alteração de normas cujo conteúdo se distanciava, em larga escala, de qualquer reflexo orçamental, procedeu a uma re-densificação e (efectiva) aplicação dos critérios que, em seu entender, justificam a declaração de inconstitucionalidade dos cavaleiros orçamentais[757/758]. Finalmente, importa ainda referir o início, a

---

[755] Martinez Lago, *Ley de Presupuestos e Constitución*, 1998, pág. 29, reporta-se a uma errática doctrina constitucional.

[756] Em Espanha, mais do que nos restantes ordenamentos jurídicos, a conflitualidade jurídico-constitucional das sucessivas leis do Orçamento tem sido enorme, o que é propiciado pelas dificuldades de interpretação do texto constitucional e pelas variações da jurisprudência constitucional. Assim, refira-se que desde a lei de Orçamento para 1981, até à lei do Orçamento para 1994, apenas a lei de Orçamento para 1991 e para 1993 não foram objecto de sindicância constitucional, tendo-se atingido o recorde de a lei do Orçamento para 1984 ter sido objecto de nove sentenças do Tribunal Constitucional, conforme relatam Toscano Ortega, *Balance de la Jurisprudencia Constitucional sobre el contenido de la Ley de Presupuestos Generales del Estado: a propósito de la STC 61/1997 (Ley del Suelo)*, 1998, pág. 288 e Gil Cremades, *Ley de Presupuestos y Seguridad Jurídica (Sobre la Sentencia 76/1992 del Tribunal Constitucional)* 1992, pág. 72 e segs.

[757] Para Maria de Jesús Gallardo Castillo, *El ámbito extrapresupuestario de la Ley de Presupuestos. Comienza su reducción?*, 1993, pág. 712, o Tribunal Constitucional poderia ter interpretado a proibição prevista no art. 134.º número 7 da Constituição como sendo um

376 *A Lei por detrás do Orçamento*

partir de 1997, de uma terceira via de interpretação jurisprudencial da capacidade normativa da lei do Orçamento, que se tem pautado por um conjunto de decisões jurisprudenciais mais equilibradas, ainda que com um pendor liberal.

Antes de se iniciar a análise do teor das várias sentenças constitucionais, convém salientar o facto de o Tribunal Constitucional, independentemente do ciclo liberal ou restritivo, não ter, desde a primeira sentença elaborada sobre a problemática da natureza jurídica da lei do Orçamento, posto em causa, de modo explícito, a qualificação desta lei (também) como lei material, com capacidade normativa de intervenção no ordenamento jurídico, ainda que essa opção pareça resultar mais da vontade de não entrar nesse domínio, do que da

---

exemplo de outras proibições, ou como sendo uma excepção face à genérica permissão de aprovar outras matérias juntamente com a lei do Orçamento. Para esta autora, o Tribunal optou pela visão permissiva até à sentença 76/1992, tendo, a partir daí, optado pela interpretação restritiva. Torres Muro, *Las Peculiaridades de la Ley de Presupuestos en la Reciente Jurisprudencia Constitucional*, 1997, pág. 319, levanta a questão de saber se o início da jurisprudência restritiva do Tribunal Constitucional não terá sido motivado *pela necessidade de pôr cobro ao que, cremos que sem qualquer tipo de dúvidas, pode considerar-se como uma prática incorrecta e perturbadora do ponto de vista da técnica jurídica,* mais do que por exigências constitucionais. No sentido de que a sentença 76/ 1992, que inicia a fase restritiva do Tribunal Constitucional, *põe travão a uma prática abusiva* do Parlamento e do Governo, veja-se, também, Herrera Molina e Prada García, *Los preceptos de la L.G.T. modificados por leyes de presupuestos: una bomba de relojeria juridica?*, 1993, pág. 830.

[758] Maria de Jesús Gallardo Castillo, *El ámbito extrapresupuestario de la Ley de Presupuestos. Comienza su reducción?*, 1993, pág. 726, considera que a novidade da sentença n.º 76/1992 não se encontra tanto nos argumentos invocados, nem nos requisitos expostos, quanto no facto de os aplicar efectivamente, ao contrário do que se passava nas restantes sentenças, em que apenas se enunciavam os critérios sem deles se fazer uso efectivo. Para esta autora (pág. 729), as justificações dadas pelo Tribunal Constitucional na sentença de 1992 teriam servido, igualmente, para declarar a não inconstitucionalidade da norma, o que, só por si, mostra bem a fluidez dos argumentos convocados. No mesmo sentido, considerando que o mais relevante da sentença 76/1992 é o facto de o Tribunal ter feito uso da doutrina que vinha construindo em sentenças anteriores, Ana Maria Juan Lozano, *Inviolabilidad del Domicilio y Límites Materiales de la Ley de Presupuestos. Un pronunciamiento Capital del Tribunal Constitucional*, 1992, pág. 675. Para Ferrero Lapatza, *Derecho Presupuestario e Técnica Legislativa*, 1995, pág. 489, essa nova posição do Tribunal Constitucional representa a tomada de consciência do *erro cometido com uma interpretação baseada em boa parte num conceito: o de "veículo de direcção e orientação da política económica", tão brilhante como vazio de conteúdo.*

O Conteúdo da Lei do Orçamento 377

certeza de que essa discussão seria deslocada face ao texto constitucional em vigor[759].

Isso mesmo fica claro quando o Tribunal, na primeira sentença dedicada à matéria orçamental, se refere à *especificidade da função parlamentar de aprovação do Orçamento, conexionada com a peculiaridade da lei do Orçamento em referência a qualquer outra lei. Singularidade que excede a questão, entre nós superada, do carácter formal ou material desta lei*[760].

---

[759] De facto, é bem visível, através da leitura das intervenções jurisprudenciais, a vontade do Tribunal Constitucional de não abrir a "caixa de pandora" que uma discussão deste teor poderia ter no ordenamento jurídico-constitucional Espanhol, tendo em conta o texto constitucional vigente.

[760] Sentença 27/1981, de 20 de Julho, fundamento jurídico 2.º. O Tribunal voltou a recordar, no fundamento 3.º da sentença 27/1981, que equiparar a lei do Orçamento a uma lei em sentido formal *não traduz a realidade deste momento*. Estas manifestações de princípio não são, no entanto, suficientemente fortes para afastar a restritiva tradição constitucional espanhola relativamente à natureza jurídica da lei do Orçamento e que não foi, totalmente, eliminada no texto da Constituição. Com efeito, como se viu, apenas a *Ley General Presupuestaria* de 1977, refundida pelo Real Decreto Legislativo 1091/1988, de 23 de Setembro, assume, no seu preâmbulo, a aceitação de uma natureza material e formal da lei do Orçamento, pelo que esta afirmação do Tribunal serve mais para evitar acender a polémica, do que para interpretar o texto constitucional. Na doutrina, apesar da posição maioritária defender a natureza materialmente legislativa da lei do Orçamento, embora reconheça, igualmente, a existência de algumas especificidades conteudísticas, como refere Martinez Lago, *Ley de Presupuestos y Constitución*, 1998, pág. 80, encontram-se, ainda, defensores da natureza meramente formal da lei do Orçamento. Assim, Sainz de Bujanda, *Hacienda y Derecho, Introducción al Derecho Financiero de nuestro tiempo I*, 1962, pág. 327, quando afirma que *o Orçamento não foi nunca uma lei em sentido material, porque nem o estado das receitas nem o das despesas contêm normas jurídicas*. Para este autor, *o Orçamento constitui, desde o seu nascimento, uma decisão política, adoptada pelo órgão ao qual compete, dentro do Estado, a supremacia – no século XIX, o Parlamento (...). Ora bem, essa decisão política, que constitui a essência do Orçamento necessita de se plasmar num documento, para poder ser executada. Necessita, em suma, adoptar a estrutura técnica e formal de qualquer acordo ou decisão que há-de ser cumprido por uma pluralidade de pessoas ou órgãos*. Do mesmo modo, comentando a sentença 76/1992, Maria de Jesús Gallardo Castillo, *El ámbito extrapresupuestario de la Ley de Presupuestos. Comienza su reducción?*, 1993, pág. 722, pronuncia-se, igualmente, pela natureza meramente formal da lei do Orçamento, considerando que o Tribunal Constitucional teria caído em profunda contradição, ao afirmar a natureza plena da lei do Orçamento, ao mesmo tempo que defendia limites ao seu conteúdo possível. Assim, em seu entender, *se a lei do Orçamento tivesse natureza de lei material, com toda a segurança não se teria posto em dúvida a sua legitimidade para regular matérias distintas das orçamentais*. A autora

378 A Lei por detrás do Orçamento

Aqui chegados, importa notar como, na análise do acervo jurisprudencial sobre a matéria orçamental, a jurisprudência constitucional ficou marcada, indelevelmente, pela sentença 27/1981, de 20 de Julho[761], não só pelo seu pioneirismo, como pelo facto de a ela recorrer, ainda hoje, qualquer análise doutrinal ou jurisprudencial sobre o tema. Aí, o Tribunal decidiu qualificar a lei do Orçamento como *veículo de direcção e orientação da política económica que corresponde ao Governo* (...), *na qual participa o Parlamento em função peculiar – relativa à sua aprovação – que o art. 66/2 da Constituição enuncia como uma competência específica desdobrada do genérico "poder legislativo do Estado"*[762].

---

critica a jurisprudência do Tribunal Constitucional por *suprimir radicalmente esta ampla polémica relativa à distinção lei formal-lei material, sem justificar satisfatoriamente a solução proposta.* A autora cita, ainda, em defesa da sua tese, não só alguns autores espanhóis, como a generalidade da doutrina italiana. Finalmente, Escribano López, *Reforma tributaria e aprobación de presupuestos. Análisis de una experiencia (1978-1981),* 1985, pág. 169 e *Presupuesto del Estado y Constitución,* 1981, considera que existe uma diferença entre a função legislativa e a função orçamental, pelo que a perplexidade deixa de ser o que o número 7 do art. 134.º da Constituição limita, mas aquilo que permite. Em seu entender, a possibilidade de modificar um tributo através da lei do Orçamento seria, no entanto, sempre temporal, atendendo à vigência anual do Orçamento, pelo que qualquer alteração duradoura da legislação fiscal deveria ser realizada em legislação própria. Em sentido semelhante, considerando que o *art. 134/7 é a consequência lógica de um entendimento da função orçamental como função diversa da função legislativa,* Francisco Escribano, *La Disciplina Constitucional de la Prorroga de Presupuestos,* 1997, pág. 107. Só assim se evitaria interpretar o referido preceito como contendo uma *norma caprichosa ou arbitrária e, em todo o caso, injustificada.* Para este autor, o número 7 do art. 134.º não significa uma restrição ao poder legislativo, mas uma ampliação do poder orçamental que, em princípio, não permitiria aprovar matérias de natureza legislativa. Considerando que, com a *Lei Geral Presupuestaria* se rompeu com a tradição histórica limitadora dos poderes materialmente legislativos da lei do Orçamento, mas, ainda assim, considerando que esta lei é uma *lei ordinária com algumas especialidades,* Albiñana Garcia-Quintana, *La Constitución Española y el Presupuesto del Estado,* 1980, pág. 27.

[761] Estava em causa a inclusão, na lei do Orçamento, de uma norma que procedia à reforma do mutualismo administrativo. Questionado sobre se a inclusão da referida norma na lei do Orçamento não violava o princípio da segurança jurídica, o Tribunal Constitucional afirmou a plena constitucionalidade desta, por ser uma *norma certa, precisa e formalmente publicada.* Esta sentença tem merecido críticas generalizadas na doutrina, pelo modo incerto como define os vários critérios com que lida. Para González García, *Relaciones entre Norma Tributaria y Norma Presupuestaria,* 1987, pág. 1306, esta sentença é *uma excelente mostra do confusionismo gerado pelo art. 134/7 da Constituição.*

[762] Esta expressão haveria de ser qualificada por Ana Maria Juan Lozano, *Inviolabilidad del Domicilio y Límites Materiales de la Ley de Presupuestos. Un pronunciamiento*

O Conteúdo da Lei do Orçamento   379

Não obstante configurar a lei do Orçamento como decorrendo de um poder orçamental e não, directamente, de um poder legislativo, logo na referida sentença o Tribunal afirmou, como se viu, que a *singularidade* atribuída à lei do Orçamento excedia a questão, considerada superada, do carácter formal ou material da lei do Orçamento, desta forma pretendendo encerrar qualquer discussão dogmática em torno da natureza jurídica desta lei.

Com esta sentença, o Tribunal iniciou uma jurisprudência que considera que a lei do Orçamento decorre de uma função específica, não totalmente subsumível à função legislativa, solução que haveria de desenvolver, e à luz da qual justificar muitas das especificidades e limites que aportará à lei do Orçamento. Acontece que, como já se afirmou, a defesa do critério da função, quando desligado de qualquer outro tipo de justificação dogmática, acaba, na prática, por produzir efeitos muito semelhantes aos produzidos pela defesa de um conceito dualista de lei, conduzindo a uma limitação do conteúdo possível de uma determinada lei, apenas por se considerar que esta, pese embora a sua aptidão formal para transportar uma plêiade de conteúdos, desempenha uma função específica que a impede, na prática, de conter determinadas matérias, desta forma funcionalizando a forma e o procedimento legal, à função desempenhada[763].

Capital del Tribunal Constitucional, 1992, pág. 691, como sendo elíptica e algo ambígua; Falcón y Tella, *La Habilitación a las Leyes de Presupuestos para Modificar Tributos*, 1982, considera, no seguimento desta decisão, que a lei do Orçamento é uma lei ordinária com eficácia plena, que pode inovar no ordenamento jurídico. Diferentemente, considerando que o art. 66.º número 2 contém três competências distintas (legislativa, orçamental e de controlo do Governo), que dariam lugar a outras tantas funções parlamentares, Hinosa Torralvo, *La Ley de Presupuestos. Función, Contenido y Limites*, 1989, pág. 239. O autor nega, porém (pág. 247), a existência de qualquer peculiaridade à lei do Orçamento de um ponto de vista da eficácia das suas normas.

[763] Alertando para esse perigo, Jiménez Díaz, *La Ley de Presupuestos: Seguridad Jurídica y Principios de Relación entre Normas*, 1994, pág. 300. Este autor refere-se, ainda (pág. 302 e segs), de modo pertinente, ao facto de o Tribunal Constitucional, na sentença 72/1984, de 14 de Junho, relativa ao conteúdo necessário da lei eleitoral, ter considerado que esta tinha de ter um conteúdo mínimo, para ser considerada lei eleitoral para os efeitos do art. 70.º número 1 da Constituição, não tendo, no entanto, estabelecido qualquer proibição de cumulação com outros conteúdos. Javier Ballarin, *Circulo de Impaciencias: la sentencia 72/1984, de 14 de Junio, en el Recurso Previo de Inconstitucionalidad contra el Texto Definitivo del Proyecto de Ley Orgánica de Incompatibilidades de Diputados y Senadores*, 1985, pág. 233 e segs. Contra, defendendo o critério da função, que, assim,

380 A Lei por detrás do Orçamento

O Tribunal erigia, assim, nesta primeira decisão jurisdicional, o critério da função peculiar da lei do Orçamento como fundamento para a existência de determinados limites ao seu conteúdo possível, ainda que tenha, igualmente, considerado que essa mesma função permitia que a lei do Orçamento fosse o *veículo de direcção e orientação da política económica que corresponde ao Governo,* assim se justificando a não inconstitucionalidade da inclusão das normas sindicadas[764].

A doutrina do Tribunal Constitucional relativamente à função e ao conteúdo admissível da lei do Orçamento haveria de ser desenvolvida através da sentença 63/1986, de 21 de Maio[765], onde o Tribunal, avançando ligeiramente relativamente aos fundamentos da decisão anterior, considerou que *a obrigação de incluir no Orçamento Geral*

---

justificaria os limites ao conteúdo da lei do Orçamento, Torres Muro, *Las Peculiaridades de la Ley de Presupuestos en la Reciente Jurisprudencia Constitucional,* 1997, pág. 316 e segs. Para Toscano Ortega, *La función y el contenido de las Leyes de Presupuestos del Estado en la Jurisprudencia del Tribunal Constitucional,* 1997, pág. 205, o critério da função, aplicado isoladamente, é insuficiente para justificar a restrição ao conteúdo da lei do Orçamento, razão pela qual o Tribunal Constitucional reforçou posteriormente a sua argumentação, invocando também, em sentenças posteriores, a existência de restrições ao procedimento parlamentar e a violação do princípio da segurança jurídica como forma de fundamentar a inconstitucionalidade dos cavaleiros orçamentais.

[764] O Tribunal Constitucional inicia, também, com esta sentença, uma doutrina que considera que o facto de existirem limitações ao direito de emenda dos parlamentares durante a discussão da proposta de Orçamento justifica que não se possam aprovar modificações legais juntamente com a lei do Orçamento, nomeadamente, em matéria tributária. Contra este entendimento, Martinez Lago, *Ley de Presupuestos y Constitución,* 1998, pág. 67, considera que *a tramitação parlamentar da lei do Orçamento não aparece configurada constitucionalmente com limitações ao direito de emenda dos parlamentares, pelo que as afirmações que nesse sentido realizou o Tribunal Constitucional nesta sentença, como em outras, não parecem ser convincentes.* Diferentemente, Cazorla Prieto, *Las Cortes Generales ante los Proyectos de Ley de Presupuestos Generales del Estado,* 1984, pág. 75.

[765] Antes desta sentença, o Tribunal ainda se pronunciou, relativamente à natureza jurídica e ao conteúdo da lei do Orçamento, através das sentenças 32/1982, de 7 de Junho, 84/1982, de 23 de Dezembro e 61/1984, de 16 de Maio, mas sem inovações que justifiquem uma apreciação detalhada dessas decisões. Na decisão 63/1986, onde se resolvem cinco recursos acumulados interpostos pelo Governo Basco contra as leis orçamentais de 1982, 1983 e 1984, o Tribunal nega a existência de diferenças, ao nível da força de lei, entre o articulado da lei do Orçamento e o Orçamento propriamente dito, considerando indiferente que para a *compreensão, interpretação e integração* (dos mapas orçamentais) *seja preciso acudir a outros preceitos, tal como ocorre com muitas outras normas jurídicas.*

do Estado a totalidade das despesas e receitas do sector publico estatal não impede que, juntamente com a consagração das correspondentes verbas, a lei que aprova o referido Orçamento estabeleça outras disposições de carácter geral, em matérias próprias de lei ordinária estatal (com excepção do disposto no n.º 7 do art. 134.º), que tenham relação directa com as previsões de receitas e as autorizações de despesas do Orçamento ou com critérios de política económica geral em que se sustentam[766].

Com esta afirmação, não obstante se inclua, pela primeira vez, o conceito de "relação directa", o Tribunal Constitucional dá um enorme passo no sentido de permitir a utilização da lei do Orçamento como veículo de transporte das mais variadas matérias, já que, não obstante tenha estabelecido critérios limitativos ao conteúdo da lei do Orçamento, elaborou-os de forma alternativa, de um modo de tal forma alargado que dificilmente se poderia sustentar uma inconstitucionalidade com base na violação desse mesmos limites.

Nesta decisão dá-se, igualmente, porventura sem se ter totalmente consciência de tal facto, um passo no sentido de considerar que a lei do Orçamento, "stricto sensu", não gozaria de natureza materialmente legislativa. Na verdade, não obstante não se negue a natureza material à lei do Orçamento, o certo é que não se deixa, igualmente, de referir que este pode conter, como conteúdo eventual, normas em matérias próprias de lei, deixando subentender que as normas orçamentais, por si só, não revestiriam essa natureza própria de lei[767].

---

[766] Fundamento 12.º da sentença 63/1986, de 21 de Maio. Considerando que os critérios de admissibilidade de normas não orçamentais na lei do Orçamento são exclusivamente da lavra do Tribunal, não consubstanciando, *de modo nenhum, uma limitação constitucional,* Hinosa Torralvo, *La Ley de Presupuestos. Función, Contenido y Limites,* 1989, pág. 244. No mesmo sentido, pronunciando-se contra a posição do Tribunal, por este usar um *critério excessivamente generoso com respeito ao conteúdo da lei do Orçamento,* Menéndez Moreno, *La Configuración Constitucional de las Leys de Presupuestos Generales del Estado,* 1988, pág. 84. Diferentemente, fazendo uma leitura muito ampla das potencialidades reconhecidas pelo Tribunal Constitucional à lei do Orçamento, em termos que parecem extravasar o admitido por este órgão, Gil Cremades, *Ley de Presupuestos y Seguridad Jurídica (Sobre la Sentencia 76/1992 del Tribunal Constitucional),* 1992, pág. 83, considera que na lei do Orçamento *podem regular-se, com carácter geral "as matérias próprias de lei ordinária", o que equivale a dizer que tudo pode ser tratado na lei do Orçamento.*

[767] O Tribunal parece, igualmente, dar aqui acolhimento à ideia dualista que separa a lei do Orçamento, do Orçamento propriamente dito. Como se viu, esta teoria encontra-se

382　　　　　*A Lei por detrás do Orçamento*

Acontece que, ao aceitar a inclusão de normas não exclusivamente orçamentais na lei do Orçamento, o Tribunal Constitucional acaba, todavia, por elaborar um critério limitativo ao conteúdo eventual da referida lei, ao considerar que estas normas hão-de ter *uma relação directa,* seja com as previsões de receitas e as autorizações de despesa, seja com critérios de política económica geral em que se sustentam[768], o que levou Rodriguez Bereijo a considerar, pertinentemente, que a decisão do Tribunal não permitia sufragar, nem a doutrina mais restritiva, que pretendia negar à lei do Orçamento *capacidade normativa criadora (inovadora ou modificadora)* capaz de penetrar no ordenamento jurídico preexistente, nem a doutrina mais liberal, que considerava que *na lei do Orçamento cabe tudo já que, por ser uma lei ordinária pode legislar urbi et orbi sobre o ordenamento jurídico*[769].

Com esta decisão, o tribunal constitucional mantém, ainda assim, uma posição muito aberta relativamente à aceitação da inclusão de cavaleiros orçamentais na lei do Orçamento, já que, por mais que a exigência de uma relação *directa* com as receitas e as despesas pareça apertar o cerco ao domínio possível, o facto de essa relação, ainda que directa, poder ser estabelecida, não com as receitas e as despesas mas *com critérios de política económica geral,* tal como definidos pelo Governo, é quanto basta para manter a porta suficientemente

---

bem datada historicamente beneficiando de um claro comprometimento com a visão dualista de Orçamento. Sobre essa teoria, Martinez Lago, *Ley de Presupuestos y Constitución,* 1998, pág. 25, afirma que, *Orçamento e lei do Orçamento configuram a mesma coisa. Havia que ter muita vontade para se gastar tempo a buscar no baú das recordações todas as teorías que colaboraram no sentido contrário.* Contra, considerando que a Constituição distingue entre lei do Orçamento e Orçamento propriamente dito, através dos artigos 66 n.º 2 e 134.º, referindo, para além do mais, que essa mesma distinção transparece na doutrina, Albiñana García-Quintana, *Principios Constitucionales del Sistema Presupuestario,* 1991, pág. 4208.

[768] Considerando os critérios utilizados pelo Tribunal como sendo demasiado vagos e de difícil interpretação, Martinez Lago, *Ley de Presupuestos e Constitución,* 1998, pág. 101.

[769] Rodríguez Bereijo, *La eficacia temporal y el carácter normativo de la Ley de Presupuestos Generales del Estado,* 1989, pág. 34 e 35. Para Rodríguez Bereijo, o legislador constitucional espanhol decidiu não ir tão longe como o seu congénere italiano, não considerando a lei do Orçamento como lei formal, incapaz de intervir, inovadoramente, no ordenamento jurídico, antes matizando os limites de conteúdo da referida lei, ao estabelecer uma proibição conteudística explícita e algumas implícitas.

O Conteúdo da Lei do Orçamento 383

flanqueada e ter permitido, mais uma vez, não considerar inconstitucionais as normas sindicadas.

A doutrina liberal do órgão de justiça constitucional espanhol haveria de se consolidar com a sentença 65/1987, de 21 Maio[770], tendo, nesta decisão, o Tribunal Constitucional considerado que, embora a Constituição imponha à lei de Orçamento um conteúdo mínimo, *não é possível considerar que* (as normas constitucionais) *confiram a tal conteúdo também um carácter exclusivo e excludente, impedindo que a lei de Orçamento contenha disposições que não coincidam exactamente com esse conteúdo*[771].

A possibilidade de a lei do Orçamento conter outras normas para além das meramente orçamentais decorria, na opinião do Tribunal, do facto de a referida lei ser um importante *veículo de direcção e orientação da política económica que corresponde ao Governo,* tendo, assim, igualmente, cabimento na lei do Orçamento, *as disposições não assimiláveis, directamente, ao estado das despesas e à previsão das receitas orçamentais mas, ainda assim, de conveniente regulação conjunta com esse núcleo, pela sua relação técnica e instrumental com o mesmo, tendo em conta a orientação da política económica*[772].

Com esta sentença, atinge-se o ponto máximo da admissibilidade de inclusão de matérias com uma conexão extremamente lassa com o domínio das receitas e das despesas, fazendo-se referência a conceitos muito vagos cuja competência para a sua interpretação haveria de caber ao Governo, já que só este órgão poderia saber da conveniente regulação conjunta de normas que tivessem com a lei do Orçamento

---

[770] Esta sentença foi considerada por Rodríguez Bereijo, *Jurisprudencia Constitucional y Derecho Presupuestario. Cuestiones Resueltas y Temas Pendientes*, 1995, pág. 18, como representando o *leading case* da jurisprudência constitucional espanhola. Comentando, especificamente, a referida sentença, Martin-Retortillo Baquer, *La eficacia temporal y el carácter normativo de la Ley de Presupuestos Generales del Estado*, 1989, pág. 10 e segs., e Martinez Lago, *Ley de Presupuestos e Constitución*, 1998, 102 e segs. Nesta decisão, estava em causa a introdução, na lei do Orçamento para 1984, de normas relativas a um domínio não especificamente orçamental.

[771] Fundamento 3.º da sentença 65/1987.

[772] Fundamento 4.º da sentença 65/1987 que recorda a doutrina, já exposta, da sentença de 27/1981, de 20 de Julho. Com esta nova fronteira, alarga-se, porém, o critério estabelecido pela sentença 63/1986, de 21 de Maio, já que à *relação directa* se adiciona a mera *conveniência de regulação conjunta*.

384 A Lei por detrás do Orçamento

uma mera e conveniente relação técnica e instrumental, tendo em conta o vago critério da orientação da política económica.

Esta abertura conteudística que o Tribunal aceitou, sem ao mesmo tempo renegar a existência de limites materiais ao âmbito possível da lei do Orçamento, atendendo, nomeadamente, à sua específica função desdobrada da função legislativa[773], foi responsável por, mais

---

[773] Na verdade, logo na sentença 27/1981, o Tribunal considerou que o debate parlamentar relativamente à lei do Orçamento se encontrava limitado, não só nos termos definidos regimentalmente, como, também, pelo facto de se necessitar do consentimento governamental para aprovar normas que aumentem despesas ou diminuam receitas. Este era, aliás, na opinião do acórdão, o fundamento para justificar a proibição constitucional de se promoverem *reformas tributárias* na lei do Orçamento. Igualmente, mas de modo mais explícito, o Tribunal advertiu, no fundamento 5.º da sentença 65/1987 (naquele que poderia ser já um indício da futura viragem jurisprudencial), que *não pode descartar-se, assim, que a possibilidade da inclusão injustificada de matérias não relacionadas com a disciplina orçamental implique uma restrição ilegítima das competências do poder legislativo, ao diminuir as suas faculdades de exame e emenda sem base constitucional.* Esta ideia sibilina de que existem limitações constitucionais e regimentais ao modo de tramitação da lei do Orçamento, responsáveis pelas restrições ao pleno exercício dos poderes legislativos dos deputados, foi objecto de críticas, aliás, justificadas, de segmentos mais atentos da doutrina. Estas restrições, na opinião do Tribunal, decorriam do facto de, nos termos do art. 134.º número 5, a iniciativa legislativa orçamental ser da competência governativa, a que se juntava o art. 134.º número 6 que impunha a concordância governativa no momento de aprovar normas legislativas (posteriores à aprovação do Orçamento) que implicassem aumento de despesas ou diminuição de receitas orçamentadas. Acontece que o Tribunal faz, igualmente, referência às restrições regimentais. Na verdade, o art. 133.º número 3 e 4 do Regulamento do Congresso faz uma aplicação da "lei-travão" que parece extravasar o previsto no texto constitucional, já que, de acordo com o referido Regulamento, alarga-se a necessidade de conformidade governamental, no caso de se propor uma diminuição de receitas, (também) durante a discussão da proposta de lei de Orçamento e, no caso das despesas, impõe-se que qualquer projecto de aumento das despesas constantes da proposta de lei de Orçamento seja acompanhado de um idêntico projecto de diminuição de despesas, na mesma secção. Importa referir que a doutrina tem divergido sobre a constitucionalidade da referida norma regimental que, no entanto, se continua a aplicar. Sobre o assunto, com um resumo dos vários argumentos e manifestando-se pela aplicação da "lei-travão" apenas a projectos de lei não orçamentais, Hinosa Torralvo, *La Ley de Presupuestos. Función, contenido y limites*, 1989, pag 252. O referido autor aduz (pág. 256), com razão, que, mesmo que se considerasse aplicável ao debate orçamental o dispositivo travão, dificilmente essa restrição se aplicaria às restantes normas decorrentes do conteúdo eventual do Orçamento, de modo a poder invocar-se a existência dessa norma-travão para justificar os limites à inclusão, na lei do Orçamento, de outras matérias de natureza legislativa. Finalmente, parece incoerente que se considere que a lei do Orçamento contém restrições ao processo normal e à liberdade normal do processo legislativo, mas, depois, se considere que esses limites apenas prejudicam uma parte (e não a totalidade) do conteúdo possível.

O Conteúdo da Lei do Orçamento 385

uma vez, não terem sido consideradas inconstitucionais as normas em causa, o que levou a que se tenha criado a convicção de que a tendência liberal da jurisprudência se manteria indefinidamente.

Assim sendo, foi-se notando uma gradual aproximação entre a lei do Orçamento e a generalidade da legislação, aceitando-se a coexistência formal, na lei do Orçamento, de normas com um conteúdo aberto, fora do domínio mínimo obrigatório e do domínio expressamente proibido pela Constituição, fazendo-se do conteúdo eventual da lei do Orçamento uma espécie de terra de ninguém[774].

Pode mesmo dizer-se que, enquanto essa convicção se estabelecia na doutrina[775], o mesmo ia sucedendo com a prática política governativa que, não só foi mantendo e reforçando a introdução de cavaleiros na lei do Orçamento, transformando-a numa verdadeira lei *omnibus*[776], como chegou mesmo ao ponto de incluir, no preâmbulo

---

[774] O domínio expressamente proibido decorre do art. 134.º número 7 da Constituição, onde se estabelece que, *a lei do Orçamento não pode criar tributos. Poderá modificá-los quando uma lei tributária substantiva assim o preveja.* Esta norma tem sido, como se viu, alvo de demoradas análises doutrinais sobre o referido âmbito de aplicação. A jurisprudência constitucional tem, de resto, ajudado à polémica, na medida em que aceitou, no fundamento 2.º da sentença 27/1981, de 20 de Julho, a possibilidade de a lei do Orçamento proceder a uma *mera adaptação do tributo à realidade.* Para o Tribunal, essa adaptação *não afecta a natureza do imposto, e também não desvirtua qualquer um dos seus caracteres essenciais.* Fora esta excepção, não suficientemente densificada, a jurisprudência constitucional (sentença 27/1981) tem considerado que, por *lei tributária substantiva* (expressão usada no art. 134.º número 7) se deve entender *qualquer lei ("própria" do imposto ou modificadora deste) que, exceptuando a lei do Orçamento, regule elementos concretos da relação tributária.* Criticando a referida doutrina constitucional, Hinosa Torralvo, *La Ley de Presupuestos. Función, Contenido y Limites*, 1989, pag 258. No mesmo sentido, considerando que a interpretação jurisprudencial, em matéria de inserção de normas fiscais na lei do Orçamento, tem sido extremamente favorável ao executivo, tendo, parcialmente, *neutralizado* o efeito do art. 134.º número 7, Julien Valls, *Procédure budgétaire, française et espagnole*, 2000, pág. 181.

[775] No sentido de que, com as sentenças 84/1982, de 23 de Dezembro, 63/1986, de 21 de Maio e 65/1987, de 21 de Maio, o Tribunal adoptou uma posição *muito tolerante em relação aos cavaleiros orçamentais,* comparando-a, designadamente, com a jurisprudência constitucional Francesa sobre o mesmo tema, Julien Valls, *Procedure Budgétaire française et espagnole*, 2000, pág. 178.

[776] A doutrina espanhola não se tem furtado a encontrar expressões, cada vez mais arrevesadas, para adjectivar as normas incluídas na lei do Orçamento que não tenham natureza estritamente orçamental e, indirectamente, a própria lei do Orçamento, por dar guarida a tais normas. Para um resumo das várias expressões utilizadas, que vão desde *legislação-escova* a *furgão dos resíduos legislativos do ano,* Toscano Ortega, *Balance de la Jurisprudencia Constitucional sobre el contenido de la Ley de Presupuestos Generales del Estado: a proposito de la STC 61/1997 (Ley del Suelo)*, 1998, pág. 294.

386   *A Lei por detrás do Orçamento*

da lei do Orçamento para 1988, uma referência, que haveria de ser criticada pela jurisprudência constitucional subsequente, na qual se estabelecia que, *todos os artigos da lei* (do Orçamento) *em que não se inclua, por razão da sua natureza, uma menção expressa acerca do carácter anual da sua vigência estão dotados de vigência indefinida*[777], o que levava quase a considerar as normas orçamentais (anuais) como sendo uma excepção dentro da lei Orçamental[778].

Essa afirmação marcou, de resto, o momento de viragem na jurisprudência liberal do Tribunal Constitucional Espanhol, que haveria de terminar, de modo surpreendente, com a aprovação da sentença 76/1992, de 14 de Maio[779], que, assim, iniciaria um novo ciclo de cariz restritivo[780].

---

[777] Criticando a decisão do legislador orçamental, considerando que esta não tem apoio em qualquer decisão do Tribunal Constitucional, Rodríguez Bereijo, *La eficacia temporal y el carácter normativo de la Ley de Presupuestos Generales del Estado*, 1989, pág. 32. O autor defende que tendo a lei do Orçamento sido considerada pelo Tribunal Constitucional como decorrendo da função legislativa, poderia conter normas que não estivessem presas à anualidade orçamental, devendo, no entanto, a duração de cada norma decorrer da sua própria natureza, finalidade e matéria. Considerando estar-se perante uma *mudança de rumo* do legislador orçamental, Martin-Retortillo Baquer, *La eficacia temporal y el carácter normativo de la Ley de Presupuestos Generales del Estado*, 1989, pág. 17. Este autor critica a permissão para se incluírem na lei do Orçamento normas com vocação de permanência, julgando muito ampla a autorização conferida pelo Tribunal Constitucional nesse sentido, pelo facto de o momento de aprovação da lei do Orçamento estar rodeado de uma urgência que não se compadeceria com a ponderação necessária para aprovar a generalidade da legislação ordinária.

[778] Com esta afirmação, pretendia evitar-se a repetição, em sucessivas leis do Orçamento, de normas com vocação de permanência, assumindo-se, desta forma, claramente, a adequação da utilização desta lei como veículo de aprovação de legislação sem natureza orçamental e, como tal, desprendida da aplicação do princípio da anualidade orçamental.

[779] Antes desta sentença, o Tribunal Constitucional ainda se pronunciou sobre a natureza e o conteúdo da lei do Orçamento, através das sentenças 126/1987 e 134/1987. Na sentença 76/1992, por seu lado, estava em causa a introdução na lei do Orçamento de uma norma relativa à autorização judicial para entrada no domicílio dos devedores tributários. Pretendia-se, deste modo, alterar o art. 130.º da Lei Geral Tributária, o que foi considerado inconstitucional pelo Tribunal, pelo facto de se pretender introduzir essa modificação através do uso do articulado da lei do Orçamento, sem que essa matéria beneficiasse da *necessária conexão directa* com a matéria orçamental.

[780] Não fazendo referência a qualquer evolução em dois ciclos da jurisprudência constitucional, antes considerando que esta foi evoluindo num sentido restritivo, Rodríguez Bereijo, *La eficacia temporal y el carácter normativo de la Ley de Presupuestos Generales del Estado*, 1989, pág. 35. O autor, depois de identificar as duas posições teóricas extremas

O Conteúdo da Lei do Orçamento 387

A referida sentença surge, assim, no seguimento da lei do Orçamento para 1988, onde, como se viu, o Governo tinha, expressamente, assumido que a lei do Orçamento era uma lei que (também) continha o Orçamento, pelo que, relativamente a essas normas orçamentais, estaria indicada a sua natureza anual, mantendo-se uma vigência indefinida para as restantes[781]. O Tribunal Constitucional, não obstante reaja contra a interpretação que o Governo fez da sua jurisprudência anterior, não deixa de, na decisão 76/1992, tentar demonstrar que

---

sobre a (in)capacidade normativa da lei do Orçamento, veio considerar que o ordenamento jurídico espanhol não autoriza qualquer solução radical, estando a doutrina do Tribunal sustentada por uma *evolução clara, firme, cautelosa se se quiser, tímida inclusivamente, mas firme da jurisprudência do Tribunal Constitucional, em sentido de que a lei do Orçamento é uma lei de conteúdo limitado.* Criticando a sentença, pela falta de um critério geral que garantisse a manutenção de uma jurisprudência restritiva, e considerando que os argumentos do Tribunal teriam, igualmente, servido para sustentar uma posição oposta à decidida, Maria Jesús Gallardo Castillo, *El ámbito extrapresupuestario de la ley de Presupuestos. Cominenza su reducción?* 1993, pág. 727 e segs. Considerando que esta sentença era *uma sentença anunciada,* pelo modo como o Tribunal, nas sentenças anteriores, foi desfiando os limites a que a lei do Orçamento haveria de estar sujeita, Gil Cremades, *Ley de Presupuestos y Seguridad Jurídica (Sobre la Sentencia 76/1992 del Tribunal Constitucional),* 1992, pág. 95. Para este autor, *a sentença (76/1992) rompe com hábitos de produção normativa profundamente arreigados, e por isso choca.*

[781] De acordo com o referido preâmbulo, a lei do Orçamento serviria, *tal como tem sido interpretado pelo Tribunal Constitucional (...) como instrumento de política económica, o que tem permitido ao legislador orçamental regular, com vigência indefinida, todas as questões conexas em que se baseia o desenvolvimento económico do Governo.* Para Rodríguez Bereijo, *Jurisprudencia Constitucional e Derecho Presupuestario. Cuestiones Resueltas y Temas Pendientes,* 1995, pág. 31 e segs., a interpretação do Governo era manifestamente abusiva. Em termos absolutos, defendendo a anualidade de todas as normas incluídas na lei do Orçamento e considerando a afirmação do preâmbulo da lei orçamental para 1988, na medida em que quis interpretar a jurisprudência constitucional, como falsa e absolutamente sem fundamento, Francisco Escribano, *La Disciplina Constitucional de la Prorroga de Presupuestos,* 1997, pág. 114. Pronunciando-se antes desta polémica, Falcón y Tella, *La Habilitación a las Leyes de Presupuestos para Modificar Tributos,* 1982, pág. 255 e segs., considerou que a anualidade da lei do Orçamento não impediria que as normas tributárias aí inseridas tivessem um âmbito de vigência indefinido. Mais tarde, Falcón y Tella, *Limites Materiales y Temporales de la Parte Dispositiva de la Ley de Presupuestos,* 1987, pág. 973, considerou que *a anualidade se refere às receitas previstas e às despesas autorizadas na lei do Orçamento mas não, pelo menos como regra geral, aos preceitos incluídos no articulado da referida lei.* Esta é, de resto, em seu entender, uma das consequências de a Constituição Espanhola não ter adoptado uma *bepackungsverbot* temporal, como o que vigora, como se viu, no art. 110.º da Lei Fundamental Alemã.

388   *A Lei por detrás do Orçamento*

esta sentença é uma mera decorrência da doutrina que vinha sendo expendida, desde 1981, recordando que, desde a sentença 27/1981, havia considerado ser a lei do Orçamento *uma verdadeira lei*[782], apesar de não negar, porém, que, também desde 1981, havia defendido a função específica exercida por esta lei, o que justificava o conjunto de *peculiaridades* e *singularidades* inerentes à lei do Orçamento, responsáveis pela limitação do seu conteúdo possível[783/784].

O Tribunal sintetiza a sua doutrina considerando que, *para que a regulação por uma lei orçamental de uma matéria distinta da constante do núcleo mínimo, necessário e indisponível (previsão de receitas e autorização de despesas) seja constitucionalmente legítima é necessário que essa matéria tenha relação directa com as despesas ou receitas que integram o Orçamento ou com os critérios de política económica de que esse Orçamento seja instrumento e que, para além disso, a sua inclusão na referida lei esteja justificada, no sentido de que constitua um complemento necessário para a maior inteligibilidade e para a melhor e mais eficaz execução do Orçamento e, em geral, da política económica do Governo.*

O cumprimento destas duas condições resulta, pois, necessário para justificar a restrição das competências do poder legislativo, própria da lei do Orçamento, e para salvaguardar a segurança jurídica garantida pelo número 3 do art. 9.º, ou seja, a certeza do Direito que exige que uma lei de conteúdo constitucionalmente definido, como é a lei do Orçamento, não contenha mais disposições do que as que correspondem à sua função constitucional[785].

---

[782] Fundamento 4.º da sentença 76/1992, de 14 de Maio.

[783] O Tribunal refere, igualmente, que o articulado da lei do Orçamento e o referido Orçamento formam uma unidade jurídica dotada de força de lei e, como tal, sujeitas ao controlo constitucional, com isso se afastando da consideração de que entre a lei do Orçamento e Orçamento propriamente dito existiriam diferenças dogmáticas, algo que, de algum modo, resultava da jurisprudência anterior.

[784] Referindo-se aos vários conteúdos da lei do Orçamento, veja-se a sentença 76/1992, de 14 de Maio, quando refere que *as leis anuais de Orçamento têm um conteúdo mínimo, necessário e indisponível, constituído pela expressão numérica da previsão de receitas e pela autorização das despesas e um conteúdo possível, não necessário e eventual, que pode afectar matérias distintas desse conteúdo essencial, constituído pela previsão de receitas e autorização de despesas.*

[785] Fundamento 4.º da sentença 76/1992, de 14 de Maio. O Tribunal elabora, aqui, duas condições cumulativas, mas que acabam por, elas próprias, ser formadas por um

O Conteúdo da Lei do Orçamento

A sentença 76/1992 acaba assim por considerar que o cumprimento dos (vagos) critérios que enuncia seria suficiente para justificar (i) a restrição das competências do poder legislativo[786], (ii) a

conjunto de limites avulsos, de preenchimento não cumulativo, que, nem por isso, se clarificam, e que parecem ser de difícil densificação. Ana Maria Juan Lozano, *Inviolabilidad del Domicilio y Limites Materiales de la Ley de Presupuestos. Un Pronunciamiento Capital del Tribunal Constitucional*, 1992, pág. 692.

[786] Estavam em causa, no entender do Tribunal, alegadas restrições ao debate parlamentar, à iniciativa reservada do Governo e aos limites aos poderes parlamentares de emenda. Nenhum desses argumentos é, porém, segundo se crê, adequado. Com efeito, nas matérias não orçamentais não há iniciativa reservada, o debate não está condicionado e não se aplicam quaisquer limites aos poderes de emenda, já que nas matérias que não têm relação com receitas e despesas não se aplicam, naturalmente, as restrições ao poder de emenda, que se dirigem, apenas, às normas relacionadas com diminuição de receitas ou aumento de despesas. Depois, importa dizer que essas restrições, nos casos em que tenham de se aplicar, se aplicam, mesmo fora da lei do Orçamento, em termos, de resto, mais gravosos, por não admitirem compensações e propostas construtivas. Sobre esta materia, Miguel Canuto, *Qué es lo que puede regular la Ley de Presupuestos?*, 1994, pág. 632, e Jiménez Díaz, *La Ley de Presupuestos: Seguridad Jurídica y Principios de Relación entre Normas*, 1994, pág. 309 e segs. Este último autor é defensor de uma análise jurisprudencial, em concreto, verificando se os vícios que em abstracto se invocam, se passaram efectivamente nos casos sindicados. Caso contrário, *corre-se o risco de afirmar que houve restrições* (ao procedimento ou aos direitos de emenda) *onde não as houve*. Esta questão é, por exemplo, relevante quando se invoca a diminuição do prazo de duração dos debates parlamentares, daí retirando a fundamentação para a existência de constrangimentos, ao nível da ponderação e do debate, que levem à aprovação apressada de matérias que, noutras circunstâncias, não seriam aprovadas. Diferentemente, considerando que o Tribunal não deve entrar, nos processos de inconstitucionalidade, em considerações fácticas que exijam a produção de prova, Gil Cremades, *Ley de Presupuestos y Seguridad Jurídica (Sobre la Sentencia 76/1992 del Tribunal Constitucional)*, 1992, pág. 97. O autor recorda a sentença 88/1989, de 11 de Maio, na qual o Tribunal considerou que não lhe cabia *efectuar ponderações e apreciações puramente fácticas*. Sobre esta matéria, veja-se, ainda, Toscano Ortega, *La función y el contenido de las Leyes de Presupuestos del Estado en la jurisprudencia del Tribunal Constitucional*, 1997, pág. 217 e segs., considerando que, de uma questão fáctica (estudo e ponderação acelerados pelas contingências temporais de aprovação do Orçamento), que pode ou não acontecer, não se pode inferir *iuris et de iure* que houve restrições aos poderes dos deputados, nem tão pouco ter a certeza de que noutras circunstâncias não se teria passado o mesmo. Este ponto foi, de resto, também abordado no voto de vencido de López Guerra à sentença 76/1992, quando o magistrado afirmou que, *não há dados que permitam supor, de modo algum, que o legislador viu reduzida a sua capacidade de exame da norma em questão, de formulação de emendas, de discussão e votação, seja no plenário ou em comissões.* Julga-se que, mais do que uma apreciação em abstracto, ou em concreto, das eventuais limitações ao procedimento legislativo, o que parece decorrer da doutrina, aparentemente maioritária, sendo também sufragado pelo Tribunal Constitucional é a opção

390   A Lei por detrás do Orçamento

derrogação do princípio da segurança jurídica[787] e (iii) o entorse à específica função orçamental[788] que a inclusão na lei do Orçamento de cavaleiros orçamentais sempre representaria[789].

---

por aplicar às normas não orçamentais um regime jurídico que apenas deveria ser aplicado às normas orçamentais. Neste sentido parecem caminhar certeiramente Hinojosa Torralvo, *La Ley de Presupuestos. Función, Contenido y Límites*, 1989, pág. 256, e Toscano Ortega, *Balance de la Jurisprudencia Constitucional sobre el Contenido de la Ley de Presupuestos Generales del Estado: a propósito de la STC 61/1997 (Ley del Suelo)* 1998, pág. 301.

[787] Miguel Canuto, *Qué es lo que puede regular la Ley de Presupuestos?*, 1994, pág. 625, e Jiménez Díaz, *La Ley de Presupuestos: Seguridad Jurídica y Principios de Relación entre Normas*, 1994, pág. 315. O Tribunal já se havia pronunciado sobre esta questão a propósito de outras sentenças mas sempre de um ponto de vista subsidiário. A primeira referência à questão da segurança jurídica foi efectuada na sentença 65/1990, de 5 de Abril, em que o Tribunal considerou que, *não cabe descartar que a regulação injustificada de uma matéria não estritamente orçamental mediante leis anuais de Orçamento possa, pela incerteza que origina, afectar o princípio da segurança jurídica*. Gil Cremades, *Ley de Presupuestos y Seguridad Jurídica (Sobre la Sentencia 76/1992 del Tribunal Constitucional)*, 1992, pág. 93, e Gaspar de la Peña Velasco, *La délimitación del contenido constitucional de la parte dispositiva de las leyes de presupuestos en materia tributaria*, 1998, pág. 392. Sobre esta matéria, julga-se que a violação da segurança jurídica em resultado da aprovação de uma legislação deficiente, sendo um problema pertinente, não parece ser específico da junção de matérias avulsas em leis orçamentais, mas reflexo de um preocupante, mas geral, problema de Legística. Sobre esse assunto, de modo global, David Duarte, Alexandre Sousa Pinheiro, Miguel Lopes Romão e Tiago Duarte, *Legística - Perspectivas sobre a Concepção e Redacção de Actos Normativos*, 2002.

[788] Sobre a importância da função específica da lei do Orçamento, Jiménez Díaz, *La Ley de Presupuestos: Seguridad Jurídica y Principios de relación entre Normas*, 1994, pág. 299. Sobre a importância do critério da função no relacionamento inter-normativo, Gómez-Ferrer Morant, *Relaciones entre Leyes: competencia, jerarquia y función constitucional,* 1987. Tal como se afirmou, o recurso ao critério da função acaba por ter resultados perniciosos, por impedir que um acto formalmente legislativo, aprovado através de procedimento adequado, possa escolher (ou ser-lhe imposto) o seu próprio conteúdo, de entre a plêiade de conteúdos legislativos possíveis, assim se impondo restrições materiais no interior de actos legislativos definidos precisamente pela sua forma e pelo seu procedimento.

[789] A sentença acrescenta, ainda, no final, mais um critério limitativo da inclusão de normas legais na lei orçamental, considerando que o conteúdo e a função da lei do Orçamento resultariam desvirtuados se nele se incluíssem *normas típicas do Direito Codificado.* Sobre as consequências decorrentes desta nova doutrina constitucional, criticamente, Herrera Molina e Prada García, *Los preceptos de la L.G.T. modificados por leyes de presupuestos: una bomba de relojeria jurídica?*, 1993, pág. 823 e segs. Estes autores lembram que esta não foi a primeira vez que o legislador orçamental incluiu na lei do Orçamento alterações à Lei Geral Tributária, ficando, a partir desta sentença, essas normas fragilizadas na sua validade. No mesmo sentido, Ana Maria Juan Lozano, *Inviolabilidad del*

O Conteúdo da Lei do Orçamento

De qualquer modo, o certo é que a sentença 76/1992[790], que se firmou como um marco na jurisprudência constitucional espanhola, acabou por ganhar um protagonismo acrescido, não tanto pelos novos elementos que aduz, mas pelo facto de efectivamente fazer uso deles, levando a, pela primeira vez, pender a balança para o lado dos limites conteudísticos da lei do Orçamento e não para a defesa da natureza legislativa do poder orçamental, assim se justificando, também pela primeira vez, a inconstitucionalidade, das normas sindicadas.

Domicilio y Limites Materiales de la Ley de Presupuestos. Un Pronunciamiento Capital del Tribunal Constitucional, 1992, pág. 698. Ambos os autores apresentam, de resto, uma lista de outras normas codificadas que foram alteradas por leis orçamentais. Para uma defesa da posição do Tribunal Constitucional, considerando que com esta decisão o Tribunal trouxe para o domínio jurídico-constitucional um problema que, até então, era meramente considerado como uma *incorrecção técnica,* Gil Cremades, *Ley de Presupuestos y Seguridad Jurídica (Sobre la Sentencia 76/1992 del Tribunal Constitucional),* 1992, pág. 99. Para uma análise crítica dos vários argumentos apresentados pelo Tribunal Constitucional, Toscano Ortega, *La función y el contenido de las Leyes de Presupuestos del Estado en la jurisprudencia del Tribunal Constitucional,* 1997, pág. 205 e segs.

[790] A referida sentença teve um voto de vencido, no qual Lopez Guerra considerou que, com a declaração de inconstitucionalidade, se produziu *uma restrição injustificada e sem base constitucional suficiente do poder legislativo, que o art. 66/2 reconhece às Cortes Gerais.* Para o referido magistrado, o Tribunal Constitucional não deveria adicionar à Constituição outras limitações ao conteúdo da lei do Orçamento, para além das expressamente previstas na Constituição. Lopez Guerra acaba, porém, por, em aparente contradição, referir que, fora do limite mínimo e do limite constitucionalmente proibido, pode o legislador fazer incluir na lei do Orçamento todas as matérias que considere convenientes, *pela sua relação com a matéria orçamental ou com a orientação da política económica,* acabando, como se vê, por, desta forma, também estabelecer um limite à capacidade conteudística da lei do Orçamento. O citado magistrado negou, igualmente, em sentido contrário ao que fez vencimento na sentença, a possibilidade de quaisquer restrições à capacidade de exame ou de emenda por parte dos parlamentares incidirem sobre a norma em causa, não encontrando quaisquer indícios de incerteza ou de falta de segurança jurídica, já que, como qualquer lei, a lei de Orçamento fora normalmente promulgada e publicada, de forma clara e determinada. A declaração de voto haveria de ser, por sua vez, duramente criticada por Ramallo Massanet, *Modificación de la ley general tributaria por la ley anual de presupuestos generales del estado (STC 76/1992, de 14 de mayo),* 1994, pág. 137, tendo o autor considerado que esta era *contraditória, se baseia numa interpretação formalista e desconhece a realidade.* Sobre a referida sentença e correspondente voto de vencido, Torres Muro, *Las Peculiaridades de la Ley de Presupuestos en la Reciente Jurisprudencia Constitucional,* 1997, pág. 325, que defende que a lei do Orçamento seria um tipo de lei diverso dos restantes, atendendo, precisamente, à sua função constitucional.

Não se deixa de notar, porém, no modo como os argumentos invocados não são confrontados com a realidade dos factos, uma certa funcionalização da explicação oferecida ao objectivo político em vista, ou seja, à tentativa de pôr termo à crescente introdução de cavaleiros orçamentais, que, pela sua constância e elevado número, exorbitavam, de forma cada vez mais visível, a função orçamental da lei do Orçamento, em moldes que pareciam esquecer a autonomia desta lei face aos remanescentes actos legislativos.

A tendência jurisprudencial restritiva, iniciada pela decisão n.º 76/1992, haveria de prosseguir com a sentença 178/1994, de 16 de Junho[791] e com a sentença n.º 195/1994 de 28 de Junho[792], onde se pode ler que, *qualquer norma tributária tem algum grau de conexão com a previsão das receitas do Estado,* defendendo-se, porém, que apenas as que *tenham uma relação directa com a referida lei podem incluir-se nas leis do Orçamento*, já que *a solução contrária acabaria por confundir "lei orçamental" e "lei tributária", ultrapassando a função que àquela reserva o art. 134/2*[793].

O Tribunal negou-se, ainda, a coonestar uma interpretação maximalista do conceito de política económica do Governo, tendo considerado que, no caso em apreço, inexistia uma relação directa

---

[791] Nesta sentença o Tribunal declarou a inconstitucionalidade de uma norma relativa à supressão das Câmaras de Propriedade Urbana, enquanto corporações públicas. A sentença mereceu não só o voto de vencido de Lopez Guerra e de Cruz Villalón, mas, também, de Gimeno Sendra e de Rodríguez-Piñero, que consideraram que o Tribunal estava a proceder a uma interpretação excessivamente, rigorosa da jurisprudência decorrente da sentença 76/1992, conforme relata Viver i Pi-Sunyer, *La función presupuestaria en la jurisprudencia constitucional*, 1997, pág. 562.

[792] Nesta sentença estavam em causa várias normas da Lei Geral Tributária que atribuíam à administração tributária a competência para controlar os movimentos das contas bancárias. Para além de Lopez Guerra e de Cruz Villalón, votou também vencido Gimeno Sendra.

[793] Para o fundamento 2.º da referida sentença, a matéria em causa era *alheia às funções constitucionais que o art. 134.º número 2 da Constituição atribui a este tipo de leis e vulnera o princípio da segurança consagrado no art. 9.º número 3 da Constituição, na interpretação que destes preceitos deu a sentença 76/1992*. Nesta sentença, o Tribunal voltou a identificar os motivos que, em seu entender, levavam a que o conteúdo eventual devesse ser estritamente delimitado. Para uma crítica dos referidos critérios, Toscano Ortega, *Balance de la Jurisprudencia Constitucional sobre el Contenido de la Ley de Presupuestos Generales del Estado: a propósito de la STC 61/1997 (Ley del Suelo)* 1998, pág. 299.

O Conteúdo da Lei do Orçamento 393

com a previsão das receitas do Estado, declarando que, *não se pode considerar que os incisos questionados tenham uma relação directa com os critérios que definem a política económica do Governo. Salvo se se adoptar um conceito desmesurado e portanto inoperante dos instrumentos directamente relacionados com os critérios que definem a política económica do Governo*[794].

Nesta última sentença, volta a reafirmar-se o facto de a função constitucional desempenhada pela lei orçamental[795], as restrições à competência legislativa que o poder orçamental implica[796], bem como a insegurança jurídica criada com a inclusão, na referida lei, de normas sem relação directa com o domínio orçamental ou com os critérios de política económica do Governo[797], serem fundamentos bastantes para justificar a aceitação da existência de alguns limites ao conteúdo da lei do Orçamento.

Estas referências são, no entanto, mais uma vez desacompanhadas de uma análise concreta do modo como poderiam, na prática, operar, o que acaba por consubstanciar a maior fragilidade da sentença. Com efeito, em primeiro lugar, o critério funcional é muito volátil[798], não só na identificação das leis funcionais, como no modo como proibiria a cumulação, na mesma lei, de normas que cumprissem a função determinada, com outras que, embora não a cumprindo,

---

[794] Fundamento 3.º. Martinez Lago, *Ley de Presupuestos y Constitución* 1998, pág. 132, retira, da explicação aduzida neste fundamento, a ideia de que, com esta sentença, terá o Tribunal procurado *dar um passo mais na descrição da lei do Orçamento como norma com limites materiais*. Para o referido autor, o Tribunal deixa aqui pela primeira vez um aviso claro de que *não vale – ou cabe – na lei do Orçamento – tudo quanto se refere aos critérios de política económica governamental* (...).

[795] O critério da função decorria do art. 134.º número 2 da Constituição.

[796] As restrições procedimentais decorreriam dos artigos 66.º número 2 e 134.º números 1, 6 e 7 da Constituição.

[797] A insegurança jurídica decorreria do art. 9.º número 3. A primeira referência ao critério da segurança jurídica pode encontrar-se na sentença 65/1990, de 5 de Abril. Aí, o Tribunal considerou que a *regulação injustificada de uma matéria não estritamente orçamental mediante a lei anual do Orçamento pode, pela incerteza que origina, afectar o princípio da segurança jurídica.*

[798] Toscano Ortega, *Balance de la Jurisprudencia Constitucional sobre el Contenido de la Ley de Presupuestos Generales del Estado: a propósito de la STC 61/1997 (Ley del Suelo)*, 1998, pág. 299, considera que se está perante un criterio impreciso.

394   *A Lei por detrás do Orçamento*

não beneficiassem, também, do referido regime jurídico especial, atribuído apenas às normas imbuídas da função orçamental[799].

Em segundo lugar, o critério da segurança jurídica, tal qual apresentado pelo Tribunal, também se afigura pouco convincente, pelo facto de apenas ser utilizado relativamente à cumulação de outras matérias com a lei do Orçamento, já que esta tentação não parece ser específica do Direito orçamental[800], que, para além do mais, goza de uma publicidade e de um mediatismo acima da média. O Tribunal

---

[799] Este é, aliás, um dos pontos a que a jurisprudência e a doutrina espanholas não têm prestado a devida atenção. Na verdade, mesmo Toscano Ortega, *La función y el contenido de las Leyes de Presupuestos del Estado en la jurisprudencia del Tribunal Constitucional*, 1997, pág. 198, embora analise o critério da função, não faz qualquer referência ao facto de as leis funcionais poderem deter um conteúdo próprio, que, justificando, igualmente, um regime próprio, não invalidasse o transporte de outras normas sem o mesmo conteúdo, desde que não se alargasse a estas o regime especial. Refira-se, no entanto, que na sentença 72/1984, de 14 de Junho, o Tribunal, ao pronunciar-se sobre a lei eleitoral, concluiu que deveria ser considerada lei eleitoral a lei que contenha, *pelo menos o núcleo central das normas atinentes ao processo eleitoral.* Aí se estabeleceu, desta forma, um conteúdo mínimo, mas já não um conteúdo máximo. Neste sentido, Toscano Ortega, *La función y el contenido de las Leyes de Presupuestos del Estado en la jurisprudencia del Tribunal Constitucional*, 1997, pág. 202 e Linde Paniagua, *Leyes Orgánicas*, 1990, pág. 103. O autor não deixa, no entanto, de salientar que, diferentemente, na sentença 5/1981, o Tribunal havia considerado que as leis orgânicas não poderiam invadir domínios atribuídos às leis ordinárias. O motivo desta proibição, repetida na sentença 76/1983, de 5 de Agosto, decorre do facto de considerar que uma tal situação implicaria *uma petrificação abusiva do ordenamento jurídico.* Como se verá mais detalhadamente adiante, julga-se que a existência de normas não reforçadas incluídas em leis reforçadas não implica a transmissão do regime reforçado às matérias que o não mereçam constitucionalmente, pelo que essa petrificação acaba por não ocorrer, assim se afastando o motivo alegadamente gerador da inconstitucionalidade.

[800] Refira-se, aliás, que na sentença 99/1987, o Tribunal havia considerado que o facto de uma norma constar de uma lei determinada, em vez de constar de outra, onde a sua colocação teria sido mais adequada, era um assunto alheio à sua jurisdição, por não relevar do domínio constitucional, mas do domínio da técnica legislativa. Igualmente, na sentença 76/1990, o Tribunal considerou que as deficiências técnicas não têm repercussões constitucionais. Contra, louvando a nova doutrina do Tribunal relativa à sindicância da segurança jurídica a propósito dos cavaleiros orçamentais, Gil Cremades, *Ley de presupuestos y seguridad jurídica (sobre la sentencia 76/1992 del tribunal constitucional)* 1992, pág. 99. Para o referido autor, esta doutrina seria um *excelente contrapeso à máxima "nemo legem ignorare censetur".* Gil Cremades não refere, no entanto, se considera que essa doutrina se deveria apenas aplicar quando uma norma típica do Direito codificado surge incluída na lei do Orçamento, ou se se deverá convocar o mesmo critério sempre que surja um cavaleiro orçamental.

O Conteúdo da Lei do Orçamento 395

acaba, de resto, por cair na sua própria armadilha, já que a referência que faz às matérias típicas do Direito codificado acabará, paradoxalmente, por ser, ela própria, um factor de insegurança, tendo sido objecto de inúmeras críticas por parte dos mais representativos sectores da doutrina[801].

Finalmente, parece estar o Tribunal Constitucional a voltar a uma análise mais liberal da capacidade da lei do Orçamento transportar, atendendo ao seu conteúdo eventual, normas legais com uma relação pouco evidente com a matéria orçamental, ainda que se possa sempre encontrar algum ponto de contacto com as receitas e as despesas, com a política económica do Governo ou com a própria execução orçamental. Disso mesmo é testemunha a sequência de sentenças aprovadas depois da decisão 61/1997, de 21 de Março[802], que, muito

---

[801] Neste sentido, veja-se, por exemplo, Toscano Ortega, *Balance de la Jurisprudencia Constitucional sobre el Contenido de la Ley de Presupuestos Generales del Estado: a propósito de la STC 61/1997 (Ley del Suelo)*, 1998, pág. 301.

[802] Nesta sentença o Tribunal manifesta-se, novamente, sobre a questão do conteúdo e limites da lei do Orçamento. As conclusões a que o Tribunal chega foram consideradas como representando uma clara mudança de posição (de acordo com o voto de vencido de Jiménez de Parga y Cabrera), ou, pelo menos, como uma matização da doutrina que este órgão havia decidido trilhar com a sentença 76/1992 (de acordo com Toscano Ortega, *Balance de la Jurisprudencia Constitucional sobre el Contenido de la Ley de Presupuestos Generales del Estado: a proposito de la STC 61/1997 (Ley del Suelo)* 1998, pág. 306). Na referida sentença estava em causa a apreciação da inconstitucionalidade de uma norma da lei do Orçamento para 1992, na qual constava uma autorização legislativa conferida ao Governo para proceder à refundição das disposições legais vigentes em matéria de solo e de ordenamento urbano. Acontece que esta autorização se reportava, *per relationem,* a uma outra, conferida por lei autónoma, um ano e meio antes. Na verdade, o Parlamento tinha, através da Lei 8/1990, de 25 de Julho, autorizado o Governo a proceder à referida refundição legislativa, no prazo de um ano, o que não veio a suceder, tendo decorrido o prazo e caducado a autorização. Ora, na lei do Orçamento o Parlamento limita-se a autorizar o Governo a proceder à aprovação do referido decreto legislativo, conferindo-lhe um novo prazo de seis meses, e remetendo as condições materiais da referida autorização para a lei 8/1990, de 25 de Julho, que já havia caducado. Assim, na lei do Orçamento, podia ler-se, simplesmente, que *o Governo poderá fazer uso da autorização estabelecida na disposição final segunda da lei 8/1990, de 25 de Julho, para aprovar o texto refundido das disposições estatais vigentes sobre o solo e o ordenamento urbanos, durante os primeiros seis meses de 1992.* O Tribunal Constitucional, mais uma vez, voltou a recordar os três critérios relativos à delimitação do conteúdo eventual da lei do Orçamento (critério da função especial da lei do Orçamento, critério procedimental relativo à existência de restrições ao debate e ao âmbito das emendas admissíveis, e critério da segurança jurídica), tendo, no entanto, considerado que a norma em causa não tinha *um conteúdo próprio regulador e por conseguinte*

não tem a virtualidade para incidir nos limites materiais do artigo 134 da Constituição Espanhola (...), limitando-se a reiterar a autorização que havia sido outorgada em devido tempo (...). A decisão jurisprudencial em apreço denota uma mudança na apreciação dos critérios fixados pelo Tribunal que não pode passar despercebida. Em primeiro lugar, transparece uma desvalorização do critério da função, que era convocado, tradicionalmente, para considerar que matérias sem relação directa com domínios orçamentais ou com critérios de política económica do Governo não poderiam ter lugar na lei do Orçamento. Neste caso, o Tribunal, afirmando que esta norma *não incorpora disposições de carácter geral em matérias próprias da lei ordinária*, considera que se trata de *um simples acto de autorização legislativa dirigido somente ao Governo*, parecendo dar acolhimento à doutrina, que fez curso durante a monarquia dualista, que considerava que as relações internas entre Parlamento e Governo se reconduziam a espaços de não-Direito. Na verdade, o Tribunal, em vez de verificar se a matéria dos solos e do ordenamento urbano tinha alguma relação com os domínios orçamentais, limita-se a desvalorizar a norma em causa, abrindo a porta a que na lei do Orçamento se contenham autorizações legislativas nos mais variados domínios. Na verdade, o caso apreciado pelo Tribunal consubstanciou um exemplo demonstrativo de como os critérios apresentados por este órgão, sendo cumulativos (relação directa com a função orçamental e limites aos poderes de emenda do Parlamento), podem levar a dificuldades de aplicação. Na verdade, a norma em questão não tinha qualquer relação com a função orçamental, pelo que por esse critério deveria ter sido considerada inconstitucional. Acontece que, pela sua natureza meramente autorizativa, não tinha, igualmente, repercussões ao nível da aplicação do dispositivo travão, ou de outras eventuais limitações à competência parlamentar, nem punha, de modo evidente, em causa o princípio da segurança jurídica, pelo que, por estes critérios, não havia objecção a que se incluísse na lei do Orçamento. A segunda grande mudança de opção do Tribunal passa pelo facto de, pela primeira vez, a apreciação do critério procedimental não ser elaborada em abstracto. Desta vez, o Tribunal decidiu analisar a situação em concreto, concluindo que naquele caso específico não existiram quaisquer restrições em termos procedimentais. O Tribunal analisa, no entanto, de modo surpreendente, não a lei do Orçamento, na qual se inclui a norma que estava a ser sindicada, mas a Lei 8/1990, de 25 de Julho (onde se aprovara inicialmente a autorização legislativa cujo prazo de execução agora se renovava), considerando que, aí, não existiram quaisquer *restrições ilegítimas ao debate parlamentar*. Não deixa, ainda assim, o Tribunal de considerar que, *também o debate orçamental e o conteúdo primordial que caracteriza a lei do Orçamento não resultaram desvirtuados pela introdução de uma peculiar delegação legislativa como a aqui contemplada*. Finalmente, considerou que a inclusão da referida autorização na lei do Orçamento não era factor de insegurança jurídica mas, também aqui, em vez de apreciar se a inclusão da referida norma numa lei do Orçamento provocava insegurança jurídica, considerou que esta (pelo facto de ser uma autorização legislativa para refundir legislação dispersa) era, pelo contrário, um factor de reforço da segurança jurídica dos cidadãos. Para uma análise global desta surpreendente sentença, Toscano Ortega, *Balance de la Jurisprudencia Constitucional sobre el Contenido de la Ley de Presupuestos Generales del Estado: a propósito de la STC 61/1997 (ley del Suelo)* 1998, pág. 307, e Vírgala Foruria, *La sentencia del Tribunal Constitucional 61/1997, y el ejercicio de la delegación legislativa*, 1997, pág. 4.

O Conteúdo da Lei do Orçamento

provavelmente, representará o início de uma terceira fase jurisprudencial, intermédia, entre o liberalismo herdado da primeira fase, e o rigor restritivo da segunda[803].

Antes de terminar este excurso, relativo ao modo como a doutrina e a jurisprudência têm reflectido sobre a natureza jurídica e o conteúdo da lei do Orçamento no sistema constitucional de Espanha, importa notar o modo como, no país vizinho, tem sido, efectivamente, a jurisprudência constitucional a marcar, com o elevado número de intervenções judiciais, o ritmo e a direcção da interpretação constitucional relativamente a este domínio. Assim, não obstante as críticas da doutrina e a quantidade de escritos sobre a matéria, o certo é que esta tem sido incapaz de criar uma verdadeira teoria geral que venha a condicionar a interpretação (naturalmente) casuística efectuada pelo Tribunal Constitucional[804].

---

[803] Relativamente a esta terceira fase, vejam-se, quase sempre declarando a não inconstitucionalidade das normas impugnadas, as sentenças 174/1998, de 23 de Julho, 203/ 1998, 15 de Outubro, 130 e 131/1999, de 1 Julho, 234/99, de 16 de Dezembro, 32/2000, de 3 de Fevereiro, 180/2000, de 29 de Junho, 274/2000, de 15 de Novembro (declarou inconstitucionais alguns cavaleiros orçamentais por relevarem exclusivamente do domínio da função pública), 109/2001, de 26 de Abril, 67/2002, de 21 de Março (mereceu um voto de vencido criticando, precisamente, algum liberalismo do Tribunal na aceitação de cavaleiros orçamentais), 3/2003, de 16 de Janeiro e 202/2003, de 17 de Novembro (mereceu dois votos de vencido, criticando, novamente, o liberalismo do Tribunal na aceitação de cavaleiros orçamentais. Para Vicente Martín, subscritor do primeiro dos votos de vencido, *esta sentença, uma vez mais enuncia directamente a doutrina dos limites materiais das leis do Orçamento, mas depois desentende-se dela ao aplicá-la ao caso; isto é, vem a dizer uma coisa e a fazer outra.* A doutrina mais recente do Tribunal Constitucional encontra-se apresentada, nas suas diversas vertentes, na sentença 67/2002, de 23 de Março, quando afirma, em modo de conclusão, que se aceita *a utilização do veículo "lei do Orçamento", como instrumento para a mera adaptação circunstancial das distintas normas. De qualquer modo, a realização de uma modificação substantiva ou a inclusão de disposições de carácter geral está necessitada, para salvaguardar a sua legitimação constitucional conforme ao exposto, de uma conexão económica (relação directa com os ingressos ou gastos do Estado ou veículo directo da política económica do Governo) ou orçamental (para uma maior inteligência ou melhor execução do Orçamento), sob pena de ficar órfã de justificação (STC 274/2000, de 15 de Novembro (F.J. 4) e sentença 109/2001, de 26 de Abril (F.J. 5)).*

[804] Maria de Jesús Gallardo Castillo, *El ámbito extrapresupuestario de la Ley de Presupuestos. Comienza su reducción?*, 1993, pág. 727 é muito crítica para a jurisprudencia do Tribunal Constitucional, que considera estar, neste domínio, eivada de um *decisionismo* herdado de Carl Schmitt.

398 *A Lei por detrás do Orçamento*

Por outro lado, e perante a incerta jurisprudência constitucional[805], não surpreende que o Governo e a sua maioria parlamentar tenham reagido perante a mudança jurisprudencial ocorrida com a sentença 76/1992, alterando a estratégia de inclusão de normas de conteúdo avulso juntamente com a lei do Orçamento[806]. De facto, interpretando a nova doutrina restritiva do Tribunal Constitucional, o Governo passou a transferir essas normas para uma nova lei de acompanhamento da lei orçamental, com este artifício logrando, até ao presente, iludir o controlo jurisdicional, mantendo, na prática, a associação entre a aprovação orçamental e a modificação de um conjunto alargado de actos legislativos[807].

---

[805] Sobre o modo como a jurisprudência constitucional tem entendido a lei do Orçamento no sistema de fontes, tal como o mesmo se encontra recortado na Constituição Espanhola, Torres Muro, *Las Peculiaridades de la Ley de Presupuestos en la Reciente Jurisprudencia Constitucional*, 1997, pág. 312. Este autor pergunta, de modo pertinente, se o Tribunal não terá *introduzido uma complicação desnecessária no nosso sistema de fontes, criando uma nova categoria de lei, complicação que, para além do mais, se duvida que tenha base no nosso texto constitucional.* Para Torres Muro (pág. 317), a lei do Orçamento configuraria, ainda assim, *um tipo especial* de lei. Diferentemente, referindo-se à lei do Orçamento como lei *especial e especializada*, Caamaño Dominguez, *Sobre la Ley de Presupuestos y sus limites constitucionales. Un comentario a la S.T.C. 76/1992, de 14 de Mayo*, 1993, pág. 337. O referido autor (pág. 336) louva a sentença do Tribunal Constitucional, considerando que esta *quis recuperar a "racionalidade perdida" da lei*. Para Caamaño Dominguez, a lei do Orçamento é a *maior "tentação legislativa" para qualquer Governo*, pelo que se justificaria uma intervenção restritiva do órgão de justiça constitucional, já que, através da lei do Orçamento, se *"sequestra" parcialmente o poder legislativo do Parlamento*. Caamaño Dominguez conclui (pág. 349) que *o poder orçamental e legislativo não se confundem, ainda que os produtos resultantes do seu exercício tenham valor de lei*.

[806] Refira-se que, durante os anos oitenta, a tendência para incluir na lei do Orçamento matérias quase sem qualquer relação com os domínios orçamentais aumentou desmesuradamente, criando-se a sensação de que todas as matérias (com excepção das tributárias que, paradoxalmente, são das que maior relação têm com os domínios orçamentais) podiam ser reguladas através da lei do Orçamento. Neste sentido, Menendez Moreno, *La Configuración Constitucional de las Leyes de Presupuestos Generales del Estado*, 1988, pág. 81 e segs.

[807] No sentido de que as leis de acompanhamento da lei do Orçamento surgem como reacção à doutrina restritiva da sentença 76/1992, Gaspar de la Peña Velasco, *La delimitación del contenido constitucional de la parte dispositiva de las leyes de presupuestos en materia tributaria*, 1998, pág. 394. Estas leis acompanham, efectivamente, a lei do Orçamento no momento da iniciativa, da discussão e da aprovação parlamentar, bem como na publicação oficial. Refira-se, inclusivamente, que a rejeição da proposta de Orçamento para o ano de 1996 levou o Governo a prescindir, igualmente, da aprovação da respectiva lei de acompanhamento.

O Conteúdo da Lei do Orçamento

A figura das leis de acompanhamento da lei do Orçamento não é, de resto, uma novidade do Direito espanhol, encontrando-se igualmente presente, como se viu, no Direito italiano e, ainda que com menor intensidade, no Direito alemão e francês[808]. Esta opção governativa (aceite pela maioria parlamentar) tem sido objecto de inúmeras críticas, sendo inclusivamente considerada por segmentos representativos da doutrina como inconstitucional, por manifesta fraude à Constituição[809]. Apesar das críticas, o Tribunal Constitucional ainda não se

---

[808] Na opinião de Ferreiro Lapatza, *Derecho Presupuestario e Técnica Legislativa,* 1995, pág. 499, a situação piorou em resultado da sentença 76/1992 e da respectiva reacção governamental. Na verdade, segundo o referido autor, *agora, formalmente, a lei de acompanhamento não tem nenhum dos limites que a Constituição assinala à lei do Orçamento. Os vícios e defeitos técnicos assinalados as leis de Orçamento anteriores a 1993 romperam todos os diques. A avalanche anual de normas heterogéneas não tem agora muro de contenção de qualquer classe.* Para Torres Muro, *Las Peculiaridades de la Ley de Presupuestos en la Reciente Jurisprudencia Constitucional,* 1997, pág. 327, estaríamos perante *algo muito parecido com uma burla. Acata-se a decisão embora sem a cumprir.* No mesmo sentido, referindo-se à *burla da Constituição e da Jurisprudência,* Martinez Lago, *Ley de Presupuestos y Constitución,* 1998, pág. 133.

[809] Martinez Lago, *Ley de Presupuestos y Constitución,* 1998, pág. 148, considera que se trata de uma forma de *burlar* o conteúdo constitucionalmente predeterminado das leis do Orçamento. Para este autor, os argumentos de defesa da segurança jurídica já aduzidos pelo tribunal constitucional para justificar os limites ao conteúdo da lei do Orçamento terão, também, de servir para limitar o conteúdo da lei de acompanhamento. Para este autor, a lei de acompanhamento apenas poderia acompanhar as matérias que coubessem numa lei de Orçamento, não podendo a lei de acompanhamento ter, assim, um conteúdo mais vasto do que a lei do Orçamento. O primeiro autor a referir-se à lei de acompanhamento como representando uma *fraude* à Constituição foi Falcón y Tella, *Leyes de Presupuestos y Leyes de "Acompañamiento": un posible fraude a la Constitución,* 1994. Sobre o assunto, veja-se, igualmente, T. Olalde Martín, *Ley de Presupuestos versus Ley de Acompañamiento,* 1995; Rodríguez Bereijo, *Jurisprudencia Constitucional y Derecho Presupuestario. Cuestiones Resueltas y Temas Pendientes,* 1995, pág. 53, considerando que esse é, precisamente, um dos temas pendentes em matéria orçamental, nomeadamente a questão de saber *onde acabam, neste caso, os problemas e limites de técnica jurídica e legislativa e começam os problemas estritamente de constitucionalidade das leis e da criação normativa* (...); Santamaria Pastor, *El Sistema de Fuentes del Derecho en los Primeros Cincuenta Años de Vida de la "Revista de Administracion Publica" (1950-1999),* 1999, pág. 555 e segs. Este autor sustenta, igualmente, a inconstitucionalidade das referidas leis, considerando que se trata de uma fraude, *das de manual.* O autor que mais se tem debruçado sobre esta questão, de modo muito crítico, é, no entanto, Cazorla Prieto, nomeadamente em *Características de las llamadas leyes de acompañamiento presupuestario desde el punto de vista del ejercicio de la función legislativa de las cortes generales,* 1997, pág. 107 e segs. e em, *Las llamadas leyes de acompañamiento presupuestario,* 1998.

400   *A Lei por detrás do Orçamento*

manifestou sobre este assunto, que é, hoje em dia, um dos mais polémicos e mais debatidos, sendo alvo de um manancial de objecções doutrinárias e parlamentares[810]. Na verdade, as referidas leis de acompanhamento orçamental, tendo, na sua origem, uma reacção ao endurecimento da jurisprudência constitucional relativa à aceitação de cavaleiros orçamentais, acabaram por se desligar da sua "função" de acompanhamento da lei do Orçamento, para se tornarem em leis congregadoras das mais diversas matérias legislativas, sem, muitas vezes, se poder lobrigar já qualquer réstia de possível relação conteudística com a matéria orçamental[811].

Esta situação leva a que, paradoxalmente, a tentativa jurisdicional de "purificar" a lei do Orçamento, filtrando-a dos cavaleiros orçamentais mais grosseiros, tenha acabado por criar um emaranhado legislativo bem mais gravoso do que o que resultava da situação anterior, já que, no contexto actual, deixou de existir qualquer tipo de constrangimento conteudístico relativo à lei de acompanhamento que, desta forma, deixou de ser *o omnibus a que antes todos se referiam e se transformou num comboio articulado*[812].

Acontece que o aparecimento de leis de acompanhamento orçamental é, segundo se crê, o resultado natural de uma solução que passe por estabelecer limites a determinadas leis, mais do que a determinados legisladores. Com efeito, a insistência na defesa da autonomia de conceitos tão vagos como os da "função", da "ponderação" ou, até, da "segurança jurídica", levam a que, mesmo correndo o risco de se respeitar apenas a letra e não o espírito da Consti-

---

[810] Para um resumo das críticas doutrinárias, parlamentares e provenientes de organismos extraparlamentares, como sejam o Conselho Económico e Social, o Conselho de Estado ou o Conselho Geral do Poder Judicial, veja-se, por todos, Cazorla Prieto, *Las llamadas leyes de acompañamiento presupuestario,* 1998, pág. 72 e segs.

[811] Cazorla Prieto, *Las llamadas leyes de acompañamiento presupuestario,* 1998, pág. 55, refere-se à carência absoluta de objecto preciso das chamadas leis de acompanhamento orçamental.

[812] Ferreiro Lapatza, *Derecho Presupuestario e Técnica Legislativa,* 1995, pág. 499. Sobre as desvantagens deste tipo de legislação pronuncia-se, igualmente, González del Campo, *Nuevos problemas en torno al ejercicio de la potestad presupuestaria por el parlamento,* 1997, pág. 584 e segs. O referido autor levanta (pág. 592) a pertinente questão de saber *onde se encontra a fronteira entre os problemas de uma adequada ou incorrecta técnica legislativa, para passar para o campo da infracção constitucional?*

O *Conteúdo da Lei do Orçamento*   401

tuição[813], se logrem manter, na prática os intentos proibidos, com dificuldades e imaginação mínimas.

Não admira, por isso, que seja nos países onde se têm imposto maiores limitações ao conteúdo da lei do Orçamento que tenham surgido e vingado (com maior incidência nos países tradicionalmente mais criativos, como Espanha e Itália) leis de acompanhamento da lei do Orçamento, já que o legislador (e a maioria exigida) para aprovar esta lei não é diverso (nem é diversa a maioria requerida) do que aprova a generalidade das leis ordinárias.

Perante este cenário, não deixa de ser interessante verificar a reacção da doutrina[814] que, em vez de procurar as causas desta actuação conluiada entre o Governo e a maioria parlamentar, vem reclamar para a lei de acompanhamento os mesmo vícios que geraram as próprias leis de acompanhamento, recorrendo, novamente, ao conceito da especial função das leis de acompanhamento e da violação da *segurança jurídica,* para as tentar inviabilizar, considerando-as inconstitucionais.

Com efeito, embora não se negue razão ao facto de que *o princípio da segurança jurídica há-de ser respeitado por todo o tipo de leis e não só pela lei do Orçamento*[815], ainda assim julga-se que a insistência neste tipo de argumentação, sem atacar as causas do surgimento deste tipo de legislação, acaba por provocar uma "fuga em frente" do legislador, tal como tem sucedido em Itália, onde o preocupante fenómeno da lei financeira de acompanhamento à lei orçamental tem sido objecto de sucessivas reformas legislativas orientadas no sentido de pôr cobro ao confusionismo jurídico criado pela associação de várias leis em torno da lei Orçamental[816].

---

[813] Neste sentido, Víctor Manuel Sánchez Blázquez, *La Ley de Presupuestos y las Leyes de Acompañamiento*, 1996, pág. 881.

[814] Cazorla Prieto, *Las llamadas leyes de acompañamiento presupuestario,* 1998, pág. 82 e segs., centra precisamente os fundamentos da defesa da inconstitucionalidade das leis de acompanhamento orçamental na violação da segurança jurídica e da função que estas leis teriam de mero acompanhamento e complemento da lei orçamental.

[815] Víctor Manuel Sánchez Blázquez, *La Ley de Presupuestos y las Leyes de Acompañamiento*, 1996, pág. 884.

[816] Recorde-se o facto de, em Itália, a lei financeira de acompanhamento à lei do Orçamento ter visto o seu conteúdo ser regulado, em sentido restritivo, anos depois de ter surgido, acabando, depois, por voltar a recuperar praticamente a amplitude inicial, assim se

402 A Lei por detrás do Orçamento

Perante uma situação como a descrita, julga-se que o problema das leis de acompanhamento orçamental, que cumulam, no seu seio, um elevado número de modificações a diversas leis, deve ser encarado, ou como uma questão que releva do domínio da legística, e, como tal, ser resolvido nesse enquadramento[817], ou, então, ser regulado constitucionalmente, em termos inequívocos, que não permitam ao legislador utilizar o espectro normativo ao seu dispor para escapar às injunções constitucionais.

Neste contexto, parece ser dispensável, por inoperância, o recurso a conceitos vagos, como sejam os da violação da segurança jurídica[818], da ponderação[819] ou da função, pelo que parecem ser deslocadas as

---

tentando pôr cobro ao surgimento de leis de acompanhamento da lei financeira (que já era uma lei de acompanhamento da lei do Orçamento), numa verdadeira cascata de actos legislativos anexos à *legge di bilancio*.

[817] David Duarte, Alexandre Sousa Pinheiro, Miguel Lopes Romão e Tiago Duarte, *Legística, Perspectivas sobre a Concepção e Redacção de Actos Normativos,* 2002. Na verdade, não parece que se possa encontrar na doutrina quem considere aceitável a utilização de uma lei, qualquer que seja, para alterar largas dezenas de leis vigentes, como sucede frequentemente com as leis de acompanhamento orçamental espanholas, onde se misturam modificações a leis orgânicas, leis ordinárias, decretos legislativos, decretos-leis, decretos e até ordens ministeriais. Martínez Lago, *Leyes de Presupuestos y Leyes "de Acompañamiento" (aspectos constitucionales de los Presupuestos Generales del Estado y abuso de las formas jurídicas por el Gobierno),* 1999, pág. 777.

[818] Na verdade, a utilização do conceito de segurança jurídica, quando vulgarizado, pode ser gerador de insegurança, por ser aplicado apenas em algumas ocasiões. Veja-se, por exemplo, a fundamentação da sentença do Tribunal Constitucional Espanhol 46/1990, quando, em termos gerais (e, por isso mesmo, potencialmente aplicáveis a um universo enorme de normas e de actos legislativos), refere que *o legislador deve perseguir a claridade e não a confusão normativa, deve procurar que acerca da matéria sobre que legisle saibam os operadores jurídicos a que fixar-se e deve fugir de provocar situações objectivamente confusas.* Invocando o referido princípio, Martínez Lago, *Leyes de Presupuestos y Leyes "de Acompañamiento" (aspectos constitucionales de los Presupuestos Generales del Estado y abuso de las formas jurídicas por el Gobierno),* 1999, pág. 791.

[819] A invocação de que a lei de acompanhamento da lei do Orçamento também está sujeita à mesma urgência aprovatória, precisamente por acompanhar o procedimento da lei do Orçamento, ainda parece ser mais demonstrativa de como a doutrina se tem vindo a enredar em conceitos de difícil aplicação prática. Na verdade, este é um dos critérios mais falaciosos e escorregadios, já que não se pode equacionar um tempo médio considerado adequado para uma lei ser (bem) aprovada, não se podendo, igualmente, afirmar que são mais ponderadas as leis aprovadas ao fim de muitos meses, discutidas em sessões no limite do quórum e aprovadas de modo "ensandwichado" em dia genérico de votações. Fazendo referência a um novo e surpreendente conceito jurídico de *discussão sossegada*, Víctor Manuel Sánchez Blázquez, *La Ley de Presupuestos y las Leyes de Acompañamiento,* 1996, pág. 890.

O Conteúdo da Lei do Orçamento 403

abordagens efectuadas pela doutrina que mais se tem dedicado a esta temática[820], sempre que aponta as suas críticas ao facto de as leis de acompanhamento orçamental cumprirem uma *função específica reconhecida no nosso ordenamento jurídico e complementar das leis de Orçamento,* sendo essa mesma função que *reclama que o seu conteúdo responda ao complemento necessário da própria lei do Orçamento*[821/822].

---

[820] Cazorla Prieto, *Características de las llamadas leyes de acompañamiento presupuestario desde el punto de vista del ejercicio de la función legislativa de las cortes generales,* 1997, pág. 107 e segs. e também em *Las llamadas leyes de acompañamiento presupuestario,* 1998.

[821] Cazorla Prieto, *Las llamadas leyes de acompañamiento presupuestario,* 1998, pág. 93. No mesmo sentido, considerando que *a função das leis de acompanhamento deve limitar-se a complementar a lei principal a que se associa e que, o que não pode fazer a lei do Orçamento não pode consentir-se agora ao seu complemento,* Martínez Lago, *Leyes de Presupuestos y Leyes "de Acompañamiento" (aspectos constitucionales de los Presupuestos Generales del Estado y abuso de las formas jurídicas por el Gobierno),* 1999, pág. 791. Refira-se, ainda, sem querer proteger as leis de acompanhamento das críticas a que, justamente, estão sujeitas, que a doutrina parece estar a falhar o alvo, ao querer atingir a lei de acompanhamento com as mesmas armas com que atingiu a lei do Orçamento, invocando a sua especial função e a sua incapacidade para ser veículo de normas legais. Na verdade, face à ausência de limites constitucionais semelhantes aos que se estabelecem para a lei do Orçamento, e tendo em consideração o facto de o sistema constitucional espanhol não adoptar, em regra, uma concepção material de actos legislativos, parece injustificado defender (fora do domínio da legística), como faz Martínez Lago (pág. 791), que *a sua natureza instrumental* (das leis de acompanhamento) *para com os objectivos que contenha uma norma orçamental impede que aquelas* (leis de acompanhamento) *possam utilizar-se como um veículo de legislação ordinária.*

[822] Esta tentativa de limitar o conteúdo possível da lei de acompanhamento, por contraposição à lei do Orçamento, considerando apenas admissível um conteúdo que se recorte como complemento necessário da lei do Orçamento parece ser estéril, já que, nesse caso, não haveria necessidade de aprovar a lei de acompanhamento, pois essas normas poderiam fazer parte do conteúdo possível da própria lei do Orçamento, tal como tem sido constitucionalmente admitido. Quanto aos dispositivos constitucionais violados pelas leis de acompanhamento, não tem havido uma opção clara por parte da doutrina. Assim, Cazorla Prieto, *Las llamadas leyes de acompañamiento presupuestario,* 1998, pág. 99, considera que o facto destas leis serem elaboradas com deficiente técnica legislativa não é, só por si, gerador de inconstitucionalidade, não considerando, igualmente (pág. 102), que a falta de claridade seja, automaticamente, geradora de uma insegurança constitucionalmente sindicável. O autor acaba por considerar (pág. 125) que as referidas leis representariam uma fraude à Constituição, não avançando, no entanto, com argumentos jurídicos totalmente convincentes, desde logo por a referida lei contar com a manifesta conivência da maioria parlamentar, que apenas aprova o projecto de lei de acompanhamento nos termos propostos

404   *A Lei por detrás do Orçamento*

A finalizar, refira-se que, não obstante o facto de as leis de acompanhamento já se terem enraizado na prática político-constitucional espanhola, desde há dez anos[823], congregando a crítica de toda a doutrina[824], o Tribunal Constitucional ainda não se pronunciou sobre esta questão, o que não deixa de ser surpreendente, tendo em conta o facto de ter sido precisamente em resposta a um endurecimento da jurisprudência constitucional sobre os limites ao conteúdo da lei do Orçamento que surgiu a primeira lei de acompanhamento orçamental[825].

Termina-se, assim, este excurso, concluindo que o sistema constitucional espanhol, pelas ambiguidades do seu texto, situado algures entre a confirmação da natureza plenamente legislativa, normativa e materialmente conformadora da lei do Orçamento e a aceitação da relevância jurídica de uma especial função orçamental, justificativa da existência de um conjunto, mais ou menos alargado, de limites ao poder parlamentar de escolher o próprio conteúdo material das normas que aprova, beneficia, naturalmente, dos ingredientes adequados para aí fermentar o caldo propício para demoradas análises doutrinais e polémicas jurisprudenciais.

Não se estranha, assim, o rico debate que, ainda hoje, se mantém na doutrina juspublicista, alimentada pela surpreendente evolução jurisprudencial e pela criatividade normativa gerada pelo binómio constituído pelo Governo e pela respectiva maioria parlamentar, sujeitos a críticas da generalidade dos autores e dos cidadãos, em geral,

---

pelo Governo porque não tem condições políticas para afirmar a autonomia parlamentar face ao domínio político-partidário do Governo. Cazorla Prieto, *Características de las Llamadas Leyes de Acompañamiento Presupuestario desde el Punto de vista del Ejercicio de la Función Legislativa de las Cortes Generales,* 1997, pág. 125.

[823] A primeira lei de acompanhamento aprovada foi a Lei 22/1993, de 29 de Dezembro, surgida, como se viu, no rescaldo da sentença 76/1992 do Tribunal Constitucional.

[824] Para um resumo das tomadas de posição dos vários autores, Cazorla Prieto, *Características de las llamadas Leyes de Acompañamiento Presupuestario desde el Punto de vista del Ejercicio de la Función Legislativa de las Cortes Generales*, 1997, pág. 108 e 109. A crítica mais inspirada vem, certamente, de Ferreiro Lapatza, *Estatuto del Contribuyente o estatuto de la Administración Tributaria*, 1997, pág. 14, que se refere à lei de acompanhamento como, *essa grande fraude constitucional, herdada com grande alegria pelo actual Governo da anterior etapa política, esses "saldos jurídicos de outono", esse mercado ambulante inconstitucional e inapresentável que recebe o nome de lei de acompanhamento.*

[825] Rodríguez Bereijo, *Jurisprudencia Constitucional y Derecho Presupuestario. Cuestiones resueltas y temas pendientes*, 1995, pág. 53.

O Conteúdo da Lei do Orçamento 405

pelo confusionismo instalado em torno do eixo composto pela lei do Orçamento e pela lei de acompanhamento orçamental[826], que se afirma, paradoxalmente, face à tentativa de limitar o conteúdo normativo da lei do Orçamento, como o momento legislativo mais relevante de todo o ano parlamentar.

5. O exemplo do Reino Unido

Qualquer análise jurídico-constitucional que incida sobre o ordenamento jurídico do Reino Unido tem sempre de se basear no pressuposto da não recondução daquele sistema ao modo de organização jurídica típica dos países beneficiários do sistema jurídico continental[827]. Essa situação agrava-se, de resto, se o estudo a efectuar incidir, como o presente, sobre o sistema orçamental, pelo facto de inexistir, aí, não só uma Constituição orçamental, em sentido instrumental[828], como uma lei do Orçamento unificada, estando a aprovação

---

[826] Neste momento continua pendente no Tribunal Constitucional o recurso interposto pelo Grupo Parlamentar do PSOE relativo à lei 50/1998, de 30 de Dezembro que serviu de lei de acompanhamento à lei do Orçamento para 1999. O PSOE apresentou, também, uma emenda de devolução total da proposta de lei de acompanhamento do Orçamento para 2000, invocando que a referida lei de acompanhamento produz *uma patente vulneração do princípio da segurança jurídica, assim como uma grave lesão dos direitos das minorias como consequência da sua limitadora tramitação, com infracção, por fim, dos princípios da especialidade parlamentar, do direito de emenda e dos prazos de tramitação parlamentar. Por outro lado, resulta claro que uma grande parte do conteúdo do projecto não guarda relação directa com o Orçamento ao qual se afirma complementar, nem constitui um conteúdo necessário ou eventual do mesmo, nem da política económica geral do Governo.*

[827] Para uma visão de conjunto sobre o sistema jurídico-constitucional Británico, Anthony H. Birch, *The British System of Government,* 1998. Numa perspectiva diferente, numa análise mais do âmbito da Ciência Política, Hanson e Malcolm Walles, *Governing Britain, a Guide Book to Political Institutions,* 1990. As obras clássicas relativamente ao Direito Constitucional do Reino Unido continuam no entanto a ser, ainda, as de Erskine May, *Parliamentary Practice,* 1997 (1ª ed. em 1839) e de Dicey, *Introduction to the Study of the Law of the Constituction,* 1982 (1ª ed. em 1885). Para um outro tipo de análise, sobre a vida, os usos e os costumes parlamentares, numa visão menos jurídica, Christopher Silvester, *The Pimlico Companion to Parliament – A Literary Anthology,* 1997.

[828] Tem havido várias propostas para dotar o Reino Unido de uma Constituição escrita, sendo o *Institute for Public Policy Research (IPPR)* um dos organismos mais activos. Neste sentido, vejam-se, por exemplo, *The Constitution of the United Kingdom,* 1991 e *A Written Constitution for the United Kingdom,* 1995.

do Orçamento, no Reino Unido, dividida entre vários actos parlamentares, formal e temporalmente, diferenciados[829].

Da mesma forma, também a "vexata quaestio" relativa à natureza jurídica da lei do Orçamento, sendo um dos temas jurídicos que mais apaixonaram a doutrina juspublicista nos últimos dois séculos, levando a um autêntico fenómeno de globalização de obras e de pensamentos, não obteve, no Reino Unido, qualquer eco digno de registo entre os autores que se dedicam ao estudo do Direito Público em geral e do Direito Financeiro em particular[830]. Na verdade, não se encontra no

---

[829] Na verdade, como refere Joel Molinier, *Aspects juridiques et signification politique de la procédure budgétaire britannique*, 1970, pág. 973, *para compreender o significado político do procedimento orçamental britânico é preciso ir para além de uma certa incoerência, de uma terminologia hermética e de uma falta de lógica que derrotam o observador estrangeiro.* Isso mesmo fica claro no modo grosseiro como Armindo Monteiro, *Do Orçamento Português*, 1921, pág. 138, qualifica o sistema orçamental do Reino Unido, considerando-o *um processo complicado, sem lógica, sem harmonia, abstruso e sem elasticidade. Não tem vantagens práticas, nem tem a clareza e a lucidez que da aplicação de um grande princípio resultam sempre.* Para uma boa compreensão do sistema orçamental do Reino Unido, de modo informado e completo, Giuseppe Rao, *Il Bilancio dello Stato nel Regno Unito*, 1995, pág. 153 e segs.

[830] Ao invés, o modo de aprovação das despesas do Reino Unido foi desde muito cedo conhecido da doutrina continental, havendo um número muito elevado de obras, sobretudo nos finais do século XIX, dedicadas ao estudo do sistema orçamental do Reino Unido. O conhecimento da solução orçamental do Reino Unido na Europa continental deve-se, sobretudo, ao sucesso das obras de Gneist, *Das Englische Verwaltungsrecht, I vol.*, 1857 e *II vol.* 1867; *Budget und Gesetz nach dem konstitutionellen Staatsrecht Englands mit rücksicht auf die deutsche Reichsverfassung*, 1867; *Gesetz und Budget*, 1879 e *Englische Verfassungsgeschichte*, 1882. Para uma crítica, muito forte, à veracidade histórica das descrições de Gneist sobre o ordenamento jurídico orçamental Inglês, veja-se, no entanto, Vitagliano, *Il Contenuto Giuridico della Legge del Bilancio*, 1910, pág. 368 e segs. O autor considera que Gneist "corrigiu" o sistema do Reino Unido como forma de justificar as opções que defendia para o sistema da Prússia, no seguimento do conflito orçamental, nomeadamente no que concerne à possibilidade de uma despesa não contemplada no Orçamento poder ser, mesmo assim, realizada. Vitagliano chega mesmo a dizer (pág. 370), que *todos os autores ingleses mais reputados afirmam perfeitamente o contrário* do que era sustentado por Gneist. Sobre o sistema financeiro e orçamental britânico, em termos sempre elogiosos, Emmanuel Besson, *Le Contrôle des Budgets en France et à l'Etranger*, 1901, pág. 402 e segs. Para este autor, *o traço original e também um dos méritos do sistema britânico consiste em sacrificar o prestígio vão da teoria à preocupação com a realidade. O Orçamento de Inglaterra é típico de uma nação de comerciantes e de colonizadores no qual o génio pelos negócios é a aptidão predominante. Para os homens de acção o essencial não é construir um Orçamento no qual a magistral lei esteja de acordo com os princípios da unidade, da claridade e do justo equilíbrio que, entre nós, se transformaram*

O Conteúdo da Lei do Orçamento

acervo de obras jus-financeiras do Reino Unido qualquer referência expressa à discussão sobre a natureza jurídica da lei do Orçamento, não sendo a crise orçamental prussiana referida, sequer, como "fait divers" histórico.

Com efeito, ao contrário do que se passa com a generalidade dos restantes ordenamentos jurídicos, o estudo jurídico e a análise dogmática da lei do Orçamento não é um dos temas que mais páginas tem feito escrever à doutrina Britânica[831], situação a que não será alheio o facto de não existir, no Reino Unido, uma lei do Orçamento em sentido instrumental, o que talvez explique, igualmente, a inexistência de uma única obra jurídica, nas últimas décadas, especificamente dedicada ao estudo do Orçamento e dos problemas normativos e orgânicos que vulgarmente lhe são associados[832].

---

em princípios e axiomas científicos. O que importa aos seus olhos é assegurar da maneira mais certa e mais directa o equilíbrio do Orçamento e a estabilidade das previsões efectuadas. Esse objectivo é, lá, conseguido, plenamente, e podemos mesmo dizer que a falta de elegância dos procedimentos se apaga perante a grandeza dos resultados; Albert Jouve, *Le Vote du Budget en France et en Angleterre*, 1906; Gaston Forestier, *Les Douziémes Provisoires*, 1908, pags. 1 a 26 ; Charles Leca, *Les Retards dans le Vote du Budget en France, Leurs Inconvénients, Leurs Remèdes*, 1913, pags. 84 a 136. Mais recentemente, Joel Molinier, *La procédure budgétaire en Grande-Bretagne*, 1969 e, do mesmo autor, *Parliament's Financial Powers: A Comparison between France and Britain*, 1976.

[831] Griffith e Michael Ryle, *Parliament – Functions, Practice and Procedures*, 1989, pág. 247, esclarecem mesmo, de modo directo, que, depois da importância que as questões financeiras tiveram na origem histórica dos Parlamentos, *neste século, contudo, os procedimentos para escrutinar e autorizar as propostas governamentais relativas às despesas públicas têm, cada vez mais, sido reduzidas ao mínimo essencial.* Por isso mesmo, para os autores, *não existe necessidade, numa obra que se preocupa principalmente com o que acontece no Parlamento nos dias de hoje, de descrever, até ao nível dos detalhes, os procedimentos financeiros que foram de uma considerável importância em tempos passados. Aqui apenas os princípios essenciais e a prática financeira sobrevivente serão discutidos.* Do mesmo modo, Colin Turpin, *British Government and the Constitution*, 1999, pág. 459, afirmando que *o processo de "receber e gastar" foi, até há bem pouco tempo, negligenciado pelos reformadores parlamentares.* Refira-se, por exemplo, que a reforma orçamental não fez parte da agenda de reformas propostas pelo Governo Trabalhista e apresentadas no momento da vitória eleitoral, em 1997.

[832] As mais recentes monografias dedicadas ao estudo do Orçamento no Reino Unido são a obra de Gordon Reid, *The Politics of Financial Control*, 1966, bem como as obras de Herbert Brittain, *The British Budgetary System,* e de Paul Einzig, *The Control of the Purse,* ambas de 1959. Anterior a estas, veja-se, ainda, Henry Higgs, *The Financial System of the United Kingdom,* 1914. Apenas dedicada à despesa pública, veja-se o Estudo de Likierman, *Public Expenditure,* 1988 e a obra de Hicks, *Public Finance,* 1968.

408 A Lei por detrás do Orçamento

Apesar do actual desinteresse doutrinal relativamente ao estudo do Orçamento, o certo é que a evolução histórica do parlamentarismo, no Reino Unido, confunde-se, mais do que em qualquer outro país, com a vontade dos representantes do povo de controlarem as Finanças do Estado e, em especial, de tornarem real a máxima da auto--imposição tributária, que haveria de ganhar força de lei através da consagração, na Magna Carta, do princípio do *no taxation without representation*[833].

Neste contexto, importa, para se promover uma análise do sistema orçamental do Reino Unido, acautelar bem a diferença de paradigmas que leva a que, neste ordenamento jurídico, inexista, também, como se disse, uma Constituição em sentido instrumental onde, desde logo, se previssem as regras orçamentais essenciais, o que não deixa de ser igualmente um reflexo da pesada herança histórica de que os Britânicos têm muita dificuldade e pouca vontade em libertar-se[834].

Assim é que, ainda hoje, o sistema orçamental do Reino Unido se baseia no facto de historicamente o papel dos Comuns se reduzir a

---

[833] Sobre a evolução histórica do Parlamentarismo no Reino Unido e sobre o modo como *a Câmara dos Comuns deve a sua origem e desenvolvimento inicial, quase inteiramente às suas "sórdidas" funções financeiras,* veja-se, na língua inglesa, por todos, Paul Einzig, *The Control of the Purse,* 1959. Na língua francesa, veja-se, de modo desenvolvido, Albert Jouve, *le Vote du Budget en France et en Angleterre,* 1906. Este autor, depois de analisar, de modo bem documentado, o sistema orçamental britânico, acaba por concluir que as diferenças entre o sistema britânico e o francês reflectiam bem as diferenças existentes entre ambos os povos. Para Albert Jouve, *é bem verdade que cada raça deixa em todas as suas obras o reflexo do seu génio.* Por isso mesmo, em seu entender, *não foi com teorias que os britânicos edificaram o seu direito orçamental; este Direito é, como a Constituição britânica, ela própria, o produto da sua história; as regras nascem no dia a dia à medida que a necessidade as vai exigindo e adaptam-se maravilhosamente à prática, porque foi a prática que provocou a sua aparição. Estas adaptam-se umas às outras sem que qualquer directriz as venha agrupar ou coordenar; (...) para além disso, deixaram subsistir as formalidades bizarras e envelhecidas.* Sobre o assunto, veja-se, ainda, René Stourm, *Le Budget,* 1909, pág. 9 a 19 e David Millar, *Parliamentary Control of Taxation in Britain,* 1976, pág. 1988, onde se explica o modo como os procedimentos financeiros da Câmara dos Comuns passaram, a partir dos finais do sec. XIV, a ser efectuados através de acto legislativo, desta forma aumentando os poderes parlamentares e condicionando a autonomia da Coroa.

[834] David Millar, *Parliamentary Control of Taxation in Britain,* 1976, pág. 205, refere, com alguma ironia, que um membro do Parlamento em 1921 ainda se sentiria totalmente em casa, em 1971, no momento da discussão do *Budget* e do *Finance Bill.*

O Conteúdo da Lei do Orçamento 409

consentir as receitas estritamente necessárias para cobrir os excessos de despesa que a Coroa não conseguia suportar, o que justifica a manutenção da regra, original em Direito comparado, que impede os parlamentares de proporem aumentos de receita ou de despesa, face aos valores propostos pelo Governo[835].

Num sistema avesso a codificações e a actos legislativos com valor reforçado, não surpreende que, também ao nível orçamental, o intérprete se tenha de confrontar com uma multiplicidade de momentos e de actos, de regras e de tradições, que, na sua globalidade, formam aquilo a que se poderá chamar de *conjunto orçamental*[836]. Na verdade, enquanto que no resto dos países europeus de matriz parlamentar, a unificação formal do Orçamento das receitas e das despesas impede uma análise desarticulada das duas partes de um mesmo todo, estando as receitas dependentes do volume das despesas e as despesas condicionadas pelo nível das receitas, tudo se jogando, ao nível das opções políticas, entre mais despesa e mais receita ou menos receita e, consequentemente, menos despesa, no Reino Unido as coisas não se passam totalmente assim[837].

Com efeito, baseando-se nas tradições históricas que levavam a que os Comuns apenas autorizassem a cobrança de impostos[838] na

---

[835] Joel Molinier, *Parliament's Financial Powers: A Comparison between France and Britain*, 1976, pág. 167, refere que *o procedimento orçamental britânico não se encontra baseado em qualquer concepção racional e as suas características essenciais são o empirismo e o pragmatismo (...). Neste sentido, o Direito orçamental britânico reflecte, fielmente, a mentalidade britânica: a ideia de sistema é-lhe, completamente, alheia.*

[836] Bagehot, *The English Constitution*, 1872, pág. 1, refere-se à essência da Constituição Inglesa com um comentário que, igualmente, se afigura oportuno face ao Direito Orçamental Britânico. Para o referido autor, *a literatura acumulada sobre o tema* (Constituição Inglesa) *é vasta. Mas um observador que analise a realidade viva haverá de descobrir o contraste com a descrição dos textos. Verá na vida real muito que não está nos livros e não encontrará na rude prática muitas das refinadas teorias literárias.*

[837] Westlake, *The Need for Budgetary Reform*, 1979, pág. 51, explica esta situação pelo facto de as opções governamentais em matéria de despesa terem um horizonte plurianual, enquanto que uma grande parte da legislação financeira carece de aprovação parlamentar anual. Para este autor (pág. 53), membro do *Armstrong Committtee*, comissão incumbida de apresentar propostas de reforma do sistema orçamental, *o sistema orçamental britânico difere em aspectos cruciais do existente em muitos países comparáveis. Na verdade, para alguns observadores estrangeiros não é óbvio que nós tenhamos sequer um "sistema".*

[838] A necessidade do consentimento dos Comuns para a cobrança de impostos vem prevista no art. 4.º da *Bill of Rights*, de 1969.

410 A Lei por detrás do Orçamento

estrita medida em que isso fosse necessário para financiar as despesas indispensáveis (com a guerra, por exemplo), ainda hoje a Câmara dos Comuns autoriza, em primeiro lugar, a despesa proposta pelo Governo e apenas, posteriormente, fornece os *ways and means* para financiar essa mesma despesa, num processo até temporalmente desfasado.

No sistema Britânico, ao contrário da experiência continental, que teve o seu ponto máximo com a proclamação, por parte do positivismo alemão, de que a lei do Orçamento apenas se reconduzia a um quadro unificado das receitas e das despesas aprovadas durante um ano, a "fotografia" do conjunto legislativo de natureza financeira nunca chega a ser efectuada, sucedendo-se, ao longo do ano, normalmente, três conjuntos de leis orçamentais de despesa (*Consolidated Fund Bills*) e uma lei orçamental de receita (*Finance Bill*), podendo bem dizer-se que a "fotografia orçamental" é substituída, no Reino Unido, pelo "filme orçamental", composto de quatro cenas anuais[839].

---

[839] Para Edward Fellowes, *Parliament and the Executive – Financial Control of the House of Commons*, 1962, pág. 228, *a maior parte do procedimento financeiro da Câmara dos Comuns tem à sua volta um certo ar de mistério*. Na verdade, a terminologia Britânica relativa ao universo orçamental não é de fácil apreensão. Assim, as leis que aprovam as despesas são apelidadas de *Consolidated Fund Bills* e têm, na sua base, uma *Supply Resolution* apresentada pelo Governo no Parlamento. Estas *Consolidated Fund Bills* são autorizações parlamentares de despesa efectuadas ao *Treasury*, existindo, normalmente, duas *Consolidated Fund Bills* por ano, acrescidas da *Appropriation Act*. As *Consolidated Fund Bills* são leis extremamente sucintas, normalmente com um artigo, no qual se indica o valor da despesa que o Parlamento autoriza, sem, no entanto, se fazer qualquer indicação sobre o destino dessa mesma despesa. Essa associação das verbas autorizadas pelas *Consolidated Fund Bills* às despesas em que foram utilizadas apenas é feita pela *Appropriation Bill*. O *Appropriation Act* (Orçamento das despesas, que é, também, uma *consolidated fund bill*) tem, por sua vez, na base os *Estimates* (proposta de Orçamento de despesas) apresentados pelo Governo. Diferentemente, as leis materiais que geram despesas (*expenditure*) são aprovadas, parlamentarmente, com base numa *money resolution*, sendo denominadas de *money bills*. Relativamente às receitas, as várias leis que as aprovam são as *Finance Bills*, que têm, na sua base, uma proposta governativa denominada *Ways and Means resolution*. Sobre este procedimento, veja-se, ainda, em termos estritamente técnicos, o documento elaborado pelo Governo e distribuído (anualmente) pelos vários departamentos governativos e administrativos como forma de auxílio na gestão orçamental e financeira desses mesmos departamentos, denominado *Government Accounting – A Guide on Accounting and Financial Procedures for the Use of Government Departments*, 2000. Sobre os procedimentos parlamentares, Lord Campion, *An Introduction to the Procedure of the House of Commons*, 1958, pág. 257 e segs., e Erskine May, *Parliamentary Practice*, 1997.

O Conteúdo da Lei do Orçamento

Outra das características que importa conhecer, prende-se com os apertados limites em que o poder parlamentar de iniciativa e de aprovação das leis financeiras se move, o que tem sido considerado como sendo umas das traves-mestras que levaram a sedimentar a supremacia do Governo sobre o Parlamento[840]. De facto, embora vigore no Reino Unido um sistema de base parlamentar, a sua racionalização extrema leva a que a intervenção dos deputados seja, também de um ponto de vista financeiro, muito limitada, quer ao nível da fixação da despesa, quer ao nível da determinação da receita[841], resistindo, aí, não obstante o passar dos anos, o princípio constitucional, quase indiscutido, que determina que *a Coroa solicita as verbas, os Comuns aprovam as verbas e os Lordes consentem nessa aprovação*[842].

O acervo de originalidades oriundas do sistema Britânico leva a que, tal como a configuração formal da legislação orçamental, também o calendário de aprovação do "conjunto orçamental" Britânico se afaste, substancialmente, do modelo em vigor nos restantes ordenamentos jurídicos europeus[843]. Assim, iniciando-se o ano financeiro em 1 de Abril[844], os *Estimates*[845] são apresentados em Fevereiro ou

---

[840] Colin Turpin, *British Government and the Constitution*, 1999, pág. 460. Na verdade, como afirma Edward Fellowes, *Parliament and the Executive – Financial Control of the House of Commons*, 1962, pág. 223, *a Câmara dos Comuns não controla o Executivo no mesmo sentido em que o condutor de um automóvel controla o seu veículo. Isso seria uma substituição da Câmara dos Comuns ao Executivo e tiraria a este toda a iniciativa, criaria confusão e demora e acabaria por levar, provavelmente, a democracia parlamentar ao seu termo.*

[841] Vitagliano, *Il Contenuto Giuridico della Legge di Bilancio*, 1910, pág. 51, faz referência a esta regra que previne os parlamentares de aprovarem qualquer aumento de despesas ou aumento de receitas sem uma solicitação prévia da Coroa (representada pelo Governo). Esta regra advém da aplicação de uma *Standing Order,* de 1706, que foi renovada em 20 de Março de 1866 e que prescreve que *a Câmara não admitirá qualquer proposta tendente à obtenção de um crédito e não dará seguimento a qualquer moção implicando uma despesa que deva ficar a cargo das receitas do Estado, sem que esta tenha sido solicitada pela Coroa.*

[842] Erskine May, *Parliamentary Practice,* 1997, pág. 732.

[843] Aaron Wildavsky, *Budgeting. A Comparative Theory of Budgetary Processes*, 1975.

[844] O ano financeiro vai de 1 de Abril a 31 de Março, enquanto que o ano fiscal vai de 6 de Abril até 5 de Abril do ano seguinte, pelo que nenhum deles coincide, assim, com o ano civil. Para uma explicação histórica da adopção deste calendário anual, Lord Bridges, *The Treasury,* 1964, pág. 188 e segs. onde se explica como o ano financeiro se encontrava dividido em quatro períodos correspondentes ao *Michaelmas day (29 de Setembro),*

412   *A Lei por detrás do Orçamento*

em Março, mas a sua aprovação parlamentar nunca ocorre antes de Julho ou Agosto, já depois do início do ano financeiro, o que leva a que a aprovação de *votes on account*[846] seja uma regra enraizada na prática política do Reino Unido, devendo estes *votes* estar aprovados até 6 de Fevereiro, para se poderem começar a aplicar logo a partir de 1 de Abril.

Christmas day (25 de Dezembro), Lady day (25 de Março) e St John the Baptist's day, (24 de Junho). Acontece que a reforma do calendário civil operada em 1752 encurtou em 11 os dias do ano, pelo que os quatro períodos passaram a ser celebrados (para efeitos financeiros) 11 dias depois, levando a que o final do ano financeiro (antes coincidente com o *Lady day*) deixasse de ser em 25 de Março para ser em 5 de Abril. Posteriormente procedeu-se a um desfasamento entre os períodos do ano relativos à receita (quatro períodos) e os períodos relativos à despesa (cinco períodos), o que levou a que o ano orçamental acabasse por se iniciar, desde 1854, em 1 de Abril e o ano fiscal se tenha mantido em 6 de Abril (antigo *Lady day* actualizado pela reforma do calendário de 1752).

[845] Os *Estimates* são a proposta de Orçamento das despesas, apresentada anualmente pelo Governo ao Parlamento. Os *Estimates* representam cerca de 2/3 da generalidade das despesas, sendo a outra parte suportada, directamente, pelo *Consolidated Fund,* sem necessidade de intervenção anual do Parlamento, uma vez que essas despesas são consideradas obrigatórias, tendo em conta os objectivos a que se dirigem. As verbas pagas directamente pelo *Consolidated Fund* foram autorizadas, inicialmente, pelo Parlamento, mantendo-se a autorização até esta ser expressamente revogada. Os casos mais significativos de verbas pagas pelo *Consolidated Fund* são referidos em Erskine May, *Parliamentary Practice,* 1997, pág. 737 e prendem-se com o pagamento dos juros da dívida pública, *the Queen's civil list,* os salários dos juízes dos tribunais superiores, o salário do *speaker* da Câmara dos Comuns, do *Comptroller and Auditor General,* bem como as despesas relativas ao cumprimento das obrigações comunitárias. Os *Estimates* são divididos em vinte *classes,* que se subdividem em *units of appropriation* (v.g. *votes*) e, posteriormente, em *Heads* e *Subheads,* existindo, actualmente, cerca de uma centena de *votes,* com tendência para decrescer. A especificação da autorização parlamentar não desce ao nível inferior ao dos *votes,* pelo que durante a execução orçamental é permitido aos membros do Governo proceder ao *virement,* ou seja, à transferência de verbas de uma rubrica para outra, sem necessidade de nova autorização parlamentar (o que apenas poderia ocorrer através da apresentação de *Supplementary Estimates*).

[846] Os *votes on account* são, no fundo, antecipações de autorização de despesas, até à aprovação dos *main estimates,* para acorrer às necessidades financeiras do Estado nos primeiros meses, antes da aprovação legislativa do Orçamento das despesas. Deste modo se aprovam, anualmente, 45% das despesas, sem haver, sequer, lugar a debate parlamentar, o que não deixa de ser paradoxal, como reconhece Likierman, *Public Expenditure,* 1988, pág. 147, num sistema que se orgulha da sua origem parlamentar. Na verdade, o sistema constitucional do Reino Unido costuma ser, como refere Onida, *Le leggi di Spesa nella Costituzione,* 1969, pág. 240, considerado *quase como um símbolo do Governo parlamentar na história do constitucionalismo europeu,* o que por vezes não corresponde totalmente à realidade.

O Conteúdo da Lei do Orçamento 413

O calendário de aprovação do "conjunto orçamental" das despesas inicia-se, assim, em termos lógicos, com a *Consolidated fund appropriation bill* (vulgarmente conhecida como *Appropriation Act*) que é, normalmente, aprovada em Julho, mas nunca depois de 5 de Agosto[847]. Com esta lei aprovam-se os *main estimates* para o ano que se inicia (ou que, na verdade, já se iniciou em 1 de Abril). Conjuntamente, são ainda aprovados os *supplementary estimates* de Verão do ano que acabou em 1 de Abril, desta forma se regularizando a situação do ano anterior (terminado em 31 de Março)[848].

Seguidamente, dá-se a aprovação de nova *Consolidated fund bill,* normalmente em Dezembro, mas nunca depois de 6 de Fevereiro. Esta lei incorpora os *votes on account* para o ano seguinte, permitindo que o Estado se mantenha a funcionar antes da aprovação definitiva da *Appropriation Act* (que pode ocorrer até 5 de Agosto), evitando um intervalo potencial entre 1 de Abril e 5 de Agosto. Conjuntamente são ainda aprovados os *Supplementary Estimates* de Inverno para o ano em curso.

Finalmente, é aprovada a última *Consolidated fund bill*, vulgarmente em Março, mas nunca depois de 18 de Março, e na qual se aprovam os *Supplementary Estimates* da Primavera para o ano em curso, procedendo-se igualmente à aprovação dos *excess votes*[849] do

---

[847] Sobre o modo de aprovação dos actos legislativos no sistema Britânico, Gifford e John Salter, *How to understand an Act of Parliament,* 1996. Diferentemente, para a compreensão do poder normativo do Governo, Robert Baldwin, *Rules and Government*, 1996. Para uma visão de conjunto sobre a generalidade dos actos normativos do Reino Unido, David R. Miers e Alan C. Page, *Legislation,* 1990.

[848] Ao contrário do que ocorre na generalidade dos ordenamentos jurídicos, a aprovação de Orçamentos de despesa suplementares não está, no Reino Unido, associada a erros na previsão das despesas ou a derrapagens financeiras resultantes de má administração financeira. A existência regular dos *supplementary estimates* faz parte do ritual orçamental britânico, como relata Likierman, *Public Expenditure*, 1988, pág. 153, que indica os vários casos que (anualmente) implicam a aprovação destes *supplementary estimates*. De modo muito sugestivo, Martinez, di Malta, *Droit Budgétaire,* 1999, pág. 134, referem-se à prática Britânica dos Orçamentos suplementares ou rectificativos, considerando que estes se sucedem de acordo com as estações, *numa espécie de Vivaldi Jurídico.*

[849] Os *excess votes* decorrem de situações em que a Administração Financeira ultrapassou os limites orçamentados, sem se ter recorrido a um *Supplementary Estimate*. Essa irregularidade é detectada na análise *a posteriori* que o *Comptroller and Auditor General* efectua da execução orçamental, sendo regularizada no ano seguinte através de um pedido de verbas apresentado pelo Governo e que será integrado nos *Estimates* do ano seguinte, de

414 A Lei por detrás do Orçamento

ano anterior, no seguimento do relatório do *Public Accounts Committee*[850]. Nessa mesma data, procede-se à apresentação governamental dos *main estimates* para o próximo ano (a começar dia 1 de

modo a obter consagração (sem lugar a debate parlamentar) no *Appropriation Act*. Griffith e Michael Ryle, *Parliament – Functions, Practice and Procedures*, 1989, pág. 249 e Erskine May, *Parliamentary Practice*, 1997, pág. 751. Esta solução é relativamente frequente, tendo inclusivamente levado os Comuns a aprovar uma *resolution* em que consideravam ser de grande importância que os departamentos não ultrapassassem os limites de despesa autorizada. Paradoxalmente, o *Public Accounts Committee* (comissão parlamentar criada em 1861 pela *Standing Order* n.º 122, com um limite de 15 membros e chefiada, tradicionalmente, por um deputado da oposição) veio defender a posição do Governo, chamando a atenção para o facto de não ser desejável que, para evitar essas situações, se propusessem Orçamentos previamente inflacionados. Neste sentido, veja-se, com muito interesse, o documento da Câmara dos Comuns, HC 362 (1968-69), parágrafo 29.

[850] O controlo orçamental no Reino Unido é feito pelo *Comptroller and Auditor General* que é o presidente do *National Audit Office* (organismo que desempenha, de alguma forma, as funções de um Tribunal de Contas). Este órgão assiste a Câmara dos Comuns através do controlo das despesas, função que exerce em nome do Parlamento (apesar de ser independente) e onde verifica se estas foram realizadas de acordo com a legalidade, analisando, igualmente, a sua economia, eficácia e eficiência. Dicey, *Introduction to the Study of the Law of the Constitution*, 1982 (1ª ed. em 1885), pág. 205 e segs.; Stuart Walkland, *Parliamentary Control of Public Expenditure in Britain,* 1976, pág. 179 e segs; Erskine May, *Parliamentary Practice,* 1997, pág. 209; John McEldowney, *The Control of Public Expenditure*, 2000, pág. 216 e segs. e Rita Perez, *Il Bilancio e il suo Controllo in Gran* Bretagna, 1990, pág. 911 e segs. Ainda relativamente ao controlo da execução orçamental importa referir que cada departamento governamental tem um *Accounting Officer* indicado pelo *Treasury* (funcionário do Ministério das Finanças, mas que exerce as suas funções em nome do Parlamento, autorizando e controlando as despesas e a execução orçamental, sendo, muitas vezes, o próprio chefe do departamento administrativo). As funções destes *Accounting Officers*, cujo estatuto não tem paralelo noutros ordenamentos jurídicos, vêm descritas em John McEldowney, *The Control of Public Expenditure*, 2000, pág. 192, 209 e 210, e passam por evitar o desperdício e os gastos supérfluos, assegurando a boa gestão financeira e procurando obter ganhos ao nível da economia, eficiência e eficácia nas decisões financeiras. Os *Accounting Officers* devem ainda informar o *Comptroller and Auditor General* sempre que os membros do Governo não aceitem os seus pareceres, o que é raro acontecer. Ainda sobre a função dos *Accounting Officers* e sobre o modo como se relacionam com o *Treasury* que os nomeia, com a Câmara dos Comuns em nome de quem actuam e com o membro do Governo responsável pelo departamento onde estão inseridos e que os tutela, Bradley e Ewing, *Constitutional and Administrative Law,* 1999, pág. 401 e segs. O próprio *Treasury,* embora seja um departamento do Governo, tem uma relação muito específica com a Câmara dos Comuns e com o resto dos departamentos governamentais, estando imbuído de uma espécie de dever objectivo de zelar por uma *prudente e sábia administração financeira*. Neste sentido, Lord Bridges, *The Treasury,* 1964, pág. 27, e John McEldowney, *Public Law,* 1998, pág. 340.

O Conteúdo da Lei do Orçamento 415

Abril) que iniciam assim a sua regular tramitação parlamentar, coincidindo com a apresentação do *Budget*, efectuada no Parlamento através do *Financial Statement and Budget Report*[851].

Diferentemente do modo de aprovação do Orçamento das despesas, onde a intervenção parlamentar é materialmente muito diminuta, em relação ao Orçamento das receitas a intervenção parlamentar parece ser um pouco maior, coincidindo com a ideia de que uma das tarefas clássicas dos parlamentares se reconduz à protecção dos contribuintes e não à organização das despesas do Estado[852].

O ciclo parlamentar relativo à aprovação das propostas governamentais incidentes sobre as receitas inicia-se com o *Financial Statement and Budget Report,* que é apresentado ao Parlamento, num dos momentos políticos de maior importância e tradição, e onde o Ministro das Finanças profere o famoso discurso parlamentar (*Budget speech*)[853], aí elaborando um resumo das propostas do Governo, em matéria de receita e de despesa, para o ano seguinte.

Antes de prosseguir, importa salientar que, até 1993, o *Budget* era apresentado no início de Abril, referindo-se apenas às propostas de receita centradas nas alterações fiscais, tendo-se procedido, a partir dessa data, a uma junção da apresentação da política governativa, em matéria financeira, passando o *unified budget* a ser apresentado em Novembro/Dezembro, contendo informações conjuntas sobre receita e despesa, sem prejuízo da execução legislativa das opções políticas apresentadas continuar a ser realizada separadamente[854].

---

[851] Conhecido como *red book,* em homenagem à pasta dessa cor em que o ministro das Finanças transporta os documentos para a Câmara dos Comuns. Erskine May, *Parliamentary Practice,* 1997, pág. 760. Sobre o ritual que o *budget speech day* ainda hoje envolve, Lord Bridges, *The Treasury,* 1964, pág. 194, que descreve esse dia como um dos mais importantes, solenes e de maior afluência de todo o ano parlamentar.

[852] Neste sentido, Griffith e Michael Ryle, *Parliament – Functions, Practice and Procedures,* 1989, pág. 252, referem que o Parlamento tem um papel muito mais significativo quando se trata de autorizar os impostos. Do mesmo modo, considerando que o reduzido papel dos Comuns em matéria de despesa, contrasta, inclusivamente, com o papel que estes desempenham na *Finance Bill,* Ann Robinson, *The House of Commons and Public Expenditure,* 1981, pág. 155.

[853] Paul Silk e Rhodri Walters, *How Parliament Works,* 1998, pág. 171 e Lord Bridges, *The Treasury,* 1964, pág. 194.

[854] Smith e Brazier, *Constitutional and Administrative Law,* 1998, pág. 284. Durante esse período abandonou-se a regra, da autoria de Gladstone (Ministro das Finanças em 1860 e posterior primeiro-ministro), da coexistência de um Orçamento das despesas no Inverno do ano anterior, com um Orçamento das receitas na Primavera do ano seguinte.

Com efeito, no seguimento das recomendações efectuadas pelo *Relatório Armstrong*[855] e pelo *6th Report of the Treasury and Civil Service Committee,* de 1982, dedicado à reforma orçamental[856], o Governo anunciou, no *Budget Speech* de 10 de Março de 1992, (tendo posteriormente publicado um *white paper* intitulado *budgetary reform*) a vontade de alterar algumas regras em matéria orçamental[857], tendo apresentado, pela primeira vez, o *Financial Statement and Budget Report,* onde se conferiam, não só os planos de despesa (para os próximos três anos), assim integrando o *Autumn Statement on Public Expenditure,* como as previsões de receita e as respectivas propostas de alteração ao nível das taxas e dos impostos, desta forma aglutinando o tradicional *March Budget*[858].

---

[855] *Budgetary Reform in the UK, Report of a Committee chaired by Lord Armstrong of Sanderstead,* 1980. Este relatório, elaborado por uma comissão criada pelo *Institute of Fiscal Studies,* apresentou um conjunto de propostas congregadas em 13 recomendações que mereceram uma detalhada análise parlamentar, tendo o *Treasury and Civil Service Committee* elaborado um relatório sobre o mesmo. Os resultados deste trabalho haveriam de ganhar, em parte, aplicação, apenas 13 anos depois, em 1993. As recomendações mais prementes do relatório *Armstrong* prendiam-se com a apresentação, em Dezembro, de um Orçamento provisório de receita e de despesa, seguido de uma segunda edição desse mesmo Orçamento pouco antes do início do ano financeiro, de forma a acolher as observações, comentários e sugestões gerados durante o tempo intermédio. Sobre o conteúdo do referido relatório, veja-se, ainda, Ricardo Calle Saiz, *Reforma Presupuestaria en Inglaterra: Informe Armstrong,* 1981, pág. 247 e segs.

[856] Neste relatório, o *Treasury and Civil Service Committee* referia (pág. vii), de modo claro e muito crítico, que, *estamos cada vez mais insatisfeitos (...) com o processo orçamental no seu conjunto.* O relatório demora-se a analisar as conclusões e recomendações do *Armstrong Committee,* apresentando um conjunto elevado de críticas ao modo como o Governo se relaciona com o Parlamento, em matéria orçamental.

[857] A reforma de 1993 surge no seguimento do documento (*White Paper*) apresentado pelo *Chancellor of the Exchequer* ao Parlamento, em Março de 1992, denominado *Budgetary Reform.* Nesse documento, (CM 1867 (1992)) reafirma-se a vontade do Governo, manifestada no discurso orçamental, de que, a partir de 1993, as propostas governativas relativas às despesas e às receitas passassem a ser apresentadas ao mesmo tempo, assim favorecendo a sua compreensão integrada. Este sistema permitia justificar mais claramente a necessidade dos aumentos de impostos face às crescentes despesas. Neste sentido, Stephen Dorrell, *Budgetary Reform,* 1993, pág. 89 e segs.; Malcolm Gammie, *Budgetary Reform: The Impact of a December Budget on the Finance Bill and the Development of Tax Legislation,* 1993, pág. 95 e segs. e Dilnot e Robson, *The UK moves from March to December Budgets,* 1993, pág. 79.

[858] John McEldowney, *The Control of Public Expenditure,* 2000, pág. 195.

O Conteúdo da Lei do Orçamento

Este sistema funcionaria até 1997, altura em que a vitória do partido trabalhista, no seguimento das eleições legislativas gerais de 1 de Maio, levou a que, nesse ano, o *budget speech* do *Chancellor of the Exchequer* tivesse lugar somente em Julho, sendo o *budget speech*[859] seguinte apresentado apenas na Primavera subsequente, desta forma se iniciando uma nova prática de apresentação do Orçamento em Março, onde, não obstante se faça uma referência à política de despesas, é a política fiscal que domina as atenções da Câmara e dos cidadãos[860].

Relativamente ao conteúdo possível dos vários actos legislativos com incidência orçamental, uma análise da legislação financeira britânica leva a considerar que existe um *general principle of constitutional propriety* que implica que as despesas decorrentes de funções que devam ser exercidas numa base permanente e que devam ser financiadas por meios a conceder pelo Parlamento, através da *Appropriation Act* anual, devem ser autorizados por uma lei específica, suportada por uma *financial resolution* e não somente pela *Appropriation Act*[861].

---

[859] O *budget speech* contém uma análise financeira do ano anterior, uma previsão das despesas a realizar no ano seguinte, um resumo das alterações necessárias ao nível da receita e uma declaração genérica sobre política económica e financeira. As alterações propostas no plano tributário são, no entanto, a parte mais relevante e que dá origem às primeiras *budget resolutions,* que são, muitas delas, apresentadas no Parlamento imediatamente a seguir ao discurso orçamental do ministro.

[860] O *Budget Statement*, apresentado na Primavera, é precedido do chamado *Pre-Budget Statement* ou *Green Budget,* apresentado no Outono anterior e onde se faz uma previsão do que possa vir a ser o *Budget Statement,* como esclarecem Paul Silk e Rhodri Walters, *How Parliament Works,* 1998, pág. 171. Esta medida foi, de resto, logo saudada no *Fourth Report of the Treasury Committee*, de 1997-1998, pág. xi.

[861] Erskine May, *Parliamentary Practice,* 1997, pág. 736. Os casos em que não se cumpre essa regra são criticados pelo *Public Accounts Committee* da Câmara dos Comuns, não sendo, no entanto, os actos considerados nulos. No mesmo sentido, considerando que as actividades governativas que impliquem despesas devem ser aprovadas por lei, sem prejuízo de, posteriormente, a execução da despesa ter de ser objecto de autorização parlamentar através da sua inscrição nos *Estimates*, Lord Bridges, *The Treasury,* 1964, pág. 35 e Bradley e Ewing, *Constitutional and Administrative Law,* 1999, pág. 399. Esta regra é, no entanto, de mera legística, baseada em normas de correcção formal e de tradição, já que são desconhecidas no Reino Unido quaisquer limitações conteudísticas para os actos legislativos, nomeadamente para a *Appropriattion Act*. Jennings, *Parliament*, 1957, pág. 286, fornece, mesmo, exemplos de despesas que encontram na *Appropriation Act* a sua única fundamentação legal, não deixando, porém, de afirmar que o *Public Accounts Committee* e o *Comptroller and Auditor General desaprovam este método de autorização de despesa, havendo, mesmo, algumas dúvidas acerca da sua legalidade, apesar desta nunca ter sido sindicada judicialmente.*

418   *A Lei por detrás do Orçamento*

Isso mesmo tem sido recordado ao Governo pelo *Public Accounts Committee*, desaconselhando a utilização da *Appropriation Act*, por parte do Governo, para derrogar ou revogar outros diplomas legais de cariz financeiro[862].

Diferentemente do que se passa com os sistemas jurídico-constitucionais que se analisaram, a tendência restritiva relativamente à utilização de leis de cariz orçamental como veículos de aprovação ou de derrogação de normas de natureza materialmente legislativa, é assumida, no ordenamento jurídico do Reino Unido, no plano da correcção legislativa e do aperfeiçoamento da técnica jurídica, o que demonstra a capacidade formal da *Appropriation Bill* para conformar positiva ou negativamente o ordenamento jurídico, afirmando-se, à luz de um padrão dualista, (aliás, inexistente no sistema de fontes do Reino Unido), como lei em sentido formal e material, tal como o *Comptroller and Auditor General* de resto reconheceu, ao declarar que *uma Appropriation Act possui, em si mesma, suficiente força de lei para a despesa que autoriza*[863].

No Orçamento das receitas, a *Finance Bill,* embora seja aprovada anualmente pelo Parlamento, hospeda vulgarmente regras (permanentes) relativas aos procedimentos da administração fiscal, ou sobre outras matérias de incidência tributária[864], assim demonstrando a sua

---

[862] Erskine May, *Parliamentary Practice*, 1997, pág. 736. Também aqui a comissão parlamentar tem considerado que *esse procedimento deveria ser usado tão raramente quanto possível e apenas para resolver uma emergência temporária*, não declarando, desta forma, a nulidade dos actos em causa.

[863] *Resource Accounting and Budgeting in Government: The White Paper Proposals,* 1996, pág. 16. No entanto, de acordo com um entendimento entre o Governo e o *Committee of Public Accounts,* de 1932, (*First and Second Report from the Select Committee of Public Accounts*, 1932, pág. vii), reconheceu-se ser desejável que a legislação de despesa, sobretudo de natureza permanente, fosse aprovada em legislação específica. Neste sentido, *Government Accounting, 2000 – A Guide on Accounting and Financial Procedures for the Use of Government Departments*, 2000, 2.1.4 e 2.2.2. e segs., onde se explica a incomodidade que estes cavaleiros da *Appropriation Act* causam e os limites da sua aceitabilidade.

[864] Erskine May, *Parliamentary Practice,* 1997, pág. 792, e O'Hood Phillips e Paul Jackson, *Constitutional and Administrative Law*, 1987, pág. 223. O facto de a *Finance Bill* ter uma natureza de verdadeira lei fiscal, podendo alterar (e alterando efectivamente) a legislação material tributária, é, desde logo, comprovada pela apresentação ao Parlamento, por parte do Governo, anualmente, de uma *resolution,* permitindo a introdução de alterações a toda a legislação fiscal em vigor.

O *Conteúdo da Lei do Orçamento* 419

abertura conteudística relativamente a matérias mais ou menos conexas. Na verdade, *o Finance Act não está limitado a impor ou modificar impostos com o objectivo de ajustar as receitas de um particular ano. Não tenciona ser uma lei anual no mesmo sentido do Appropriation Act e, normalmente, inclui muitas normas de carácter permanente para a regulação do sector fiscal ou para a prossecução de outros objectivos*[865].

De qualquer modo, a abertura de conteúdo e a liberdade de conformação material da *Finance Bill* não é total, tendo em consideração, tal como ocorre na Alemanha, o facto de o procedimento parlamentar entre as duas Câmaras ser, em matérias financeiras, diferenciado, numa clara preponderância da Câmara dos Comuns. Com efeito, ao qualificar uma lei como *Money Bill* evita-se a sua apreciação pela Câmara dos Lordes[866], órgão sem competência para apreciar a legislação tributária, pelo que esta Câmara está, naturalmente, muito atenta às tentativas que, por vezes, existiam de inserir numa *Money Bill* outras matérias que, desse modo, escapavam ilegitimamente à apreciação e aprovação dos Lordes, numa acção vulgarmente denominada de *Tacking*[867]. Por isso mesmo, a *Finance Bill*, embora se dedique (quase exclusivamente) aos domínios financeiros relacionados com as receitas do Estado, nem sempre pode ser considerada, formalmente, como *Money Bill*, na medida em que, por vezes, contém

---

[865] Erskine May, *Parliamentary Practice,* 1997, pág. 792.

[866] Sobre esta matéria, vigoram as *Resolutions* de 1671 e de 1688, bem como a *Parliament Act* de 1911, que retiraram à Câmara dos Lordes o poder de decisão sobre matérias financeiras. Sobre o (reduzido) papel da Câmara dos Lordes no procedimento parlamentar, em matéria financeira, Erskine May, *Parliamentary Practice,* 1997, pág. 796 e segs.

[867] As origens do *Tacking* são já bastante remotas, como refere Paul Einzig, *The Control of the Purse,* 1959, pág. 196 e segs. Na verdade, os Lordes, profundamente indignados com essa prática que se estava a generalizar, aprovaram a *Standing order* n.º 50, de 9 de Dezembro de 1702, na qual estabeleceram que, *the annexing of any clause or clauses to a bill of aid or supply, the matter of which is foreign to and different from the matter of the said bill of aid or supply, is unparliamentarily, and tends to the destruction of constitutional government.* Erskine May, *Parliamentary Practice,* 1997, pág. 802. Esta *Standing Order*, que ainda hoje se mantém, nunca mais foi invocada desde 1807, apesar de, por vezes, haver queixas dos Lordes de que certas matérias, incluídas em *money bills*, não são do domínio financeiro. Para uma análise da evolução histórica relativa ao relacionamento, nem sempre pacífico, entre os Comuns e os Lordes em matéria financeira, Paul Einzig, *The Control of the Purse*, 1959, pág. 107 e segs., 194 e segs. e 303 e segs.

420 A Lei por detrás do Orçamento

outras matérias que não são de cariz estritamente financeiro, deste modo não se eximindo à passagem pelo crivo da Câmara dos Lordes[868].

B – O CONTEÚDO POSSÍVEL DA LEI DO ORÇAMENTO NA CONSTITUIÇÃO DE 1976

A análise dos diversos ordenamentos jurídico-constitucionais permitiu verificar como, não obstante cada um deles ser, de modo mais ou menos racionalizado, herdeiro da matriz parlamentar, estando presente, em todos, a regra da aprovação parlamentar do Orçamento por acto legislativo, ainda assim não se reconhece, de um ponto de vista do bloco de constitucionalidade de cada um desses países (com a excepção parcial do Reino Unido), a liberdade de o legislador escolher o conteúdo eventual que, em cada momento, pretenda associar à lei de aprovação do Orçamento.

Na verdade, a existência de limites ao conteúdo da lei orçamental assume-se, assim, como sendo uma característica comum à generalidade das várias Constituições Orçamentais, não sendo, de resto, alheio o facto de a manutenção desse tipo de limites nos textos constitucionais contemporâneos ser tanto mais visível quanto maior tenha sido a influência que a herança proveniente do dualismo legislativo de origem alemã tenha representado na doutrina e na história constitucional desses países.

Refira-se, ainda, o facto de ser bastante claro o modo como a doutrina geradora do dualismo legislativo e da qualificação do Orçamento como lei em sentido meramente formal foi sendo depurada e desviada dos seus pressupostos iniciais, tendo, com o passar do tempo, transitado para a lei do Orçamento e para as normas legais que se

---

[868] O'Hood Phillips e Paul Jackson, *Constitutional and Administrative Law*, 1987, pág. 223. Na verdade, a *Parliament Act,* de 1911 (n.º 1 section 1 (2)) descreve os requisitos para uma lei ser considerada *Money Bill,* para efeitos de restringir a participação e apreciação da Câmara dos Lordes, que não participa na definição da legislação financeira. Na origem do *Parliamentary Act* de 1911 esteve precisamente o facto de, em 1909, a Câmara dos Lordes ter rejeitado, na globalidade, a *Finance Bill* desse ano, conforme relata Jennings, *Parliament*, 1957, pág. 291. Para uma análise muito detalhada deste conflito parlamentar, elencando os argumentos de cada uma das partes envolvidas, Armindo Monteiro, *Do Orçamento Português,* 1921, pág. 103 e segs.

O Conteúdo da Lei do Orçamento

possam aprovar no articulado da referida lei, o conjunto de limites que, no seu conceptualismo inicial, apenas se dirigiam ao Orçamento propriamente dito e ao valor jurídico das verbas orçamentadas nos diversos mapas que acompanhavam a lei do Orçamento.

Finalmente, importa ainda notar o facto de as proibições à liberdade de conteúdo da lei orçamental terem sido, na generalidade dos sistemas em que vigoram, ultrapassadas, de modo mais ou menos evidente, mas quase sempre com efeitos julgados muito perniciosos, pela introdução nesses ordenamentos jurídicos de leis de acompanhamento da lei do Orçamento, para onde se canalizaram as matérias que estão excluídas de uma convivência formal e instrumental com a lei do Orçamento, gerando actos legislativos de conteúdo multiforme, que têm sido objecto de compreensíveis críticas da doutrina, pela sua associação material ao procedimento de aprovação parlamentar do Orçamento, pela insegurança jurídica que trazem ao ordenamento jurídico e pela evidente deficiência legislativa de que se tornaram paladinos.

Terminado este percurso pelos vários sistemas jurídico-constitucionais europeus, importa verificar o modo como, em Portugal, estas conclusões podem, ou não, encontrar algum tipo de acolhimento constitucional, legal, jurisprudencial ou doutrinal. Numa primeira leitura, que sempre valoriza o elemento literal da interpretação, pode afirmar-se que em Portugal, ao contrário do que acontece com os textos constitucionais dos ordenamentos jurídicos que se procurou analisar, não se encontra qualquer referência expressa no texto constitucional que possa fundamentar a imposição de limites ao conteúdo possível da lei do Orçamento.

Na verdade, o número um do art. 105.º da Constituição, ao estabelecer as matérias que se devem encontrar na lei do Orçamento, parece prever apenas um conteúdo mínimo obrigatório, não se devendo daí extrair, como conclusão, que esse conteúdo é excludente de qualquer outro, desde logo pelo facto de, no n.º 4 do mesmo artigo, se acrescentarem novos conteúdos obrigatórios para a lei do Orçamento. De facto, relativamente a leis com conteúdo constitucionalmente predeterminado, o texto constitucional apenas indica, naturalmente, os limites desse mesmo conteúdo, não indicando a restante míriade de combinações que se podem estabelecer com as diversas normas legais que a imaginação do legislador pode, no limite das regras relativas à competência, à forma e ao procedimento, conceber. Por isso mesmo, a existência de um (eventual) conteúdo não obrigatório da lei do Orçamento deverá ser autorizada, tendo em atenção o princípio da força formal de lei, a menos que se encontre no texto constitucional alguma proibição, como as que se encontram, de modo aliás bastante explícito, nos textos constitucionais dos sistemas analisados. Aqui chegados, impõe-se, naturalmente, intensificar a análise interpretativa do texto constitucional português, concedendo, neste momento, uma especial atenção ao teor do número 5 do art. 165.°, introduzido na revisão constitucional de 1989[869], analisando

---

[869] Nos termos do art. 165.° número 5 da Constituição, *as autorizações concedidas ao Governo na lei do Orçamento observam o disposto no presente artigo e, quando incidam sobre matéria fiscal, só caducam no termo do ano económico a que respeitam.* A atribuição de um regime especial às autorizações legislativas inseridas na lei do Orçamento vinha contemplada em mais do que um dos projectos de revisão constitucional que estiveram na base da revisão constitucional de 1989. Assim, no projecto apresentado pelo CDS previa-se que, *as autorizações caducam com a demissão do Governo a que tiverem sido concedidas, com o termo da legislatura ou com a dissolução da Assembleia da República, salvo as autorizações contidas no Orçamento, que caducam no fim do ano económico respectivo.* No projecto apresentado pelo PS estabelecia-se que, *na lei de aprovação do Orçamento podem ser concedidas autorizações ao Governo nos termos do presente artigo, as quais, quando sobre matéria fiscal, só caducam no termo do ano económico a que respeitam.* Diferentemente, no projecto apresentado pelo PRD propunha-se uma restrição ao conteúdo da lei do Orçamento, ao afirmar-se que, *da lei que aprova o Orçamento apenas podem constar autorizações legislativas que, directamente, respeitem à obtenção de receitas e à realização de despesas públicas.* Como se pode verificar, o projecto do CDS era o mais amplo, por atribuir um regime especial às autorizações legislativas orçamentais, independentemente do seu conteúdo, enquanto que o projecto do PRD, pelo contrário, era o mais restritivo, reduzindo a admissibilidade de autorizações legislativas orçamentais expressamente às que se destinassem, directamente, à obtenção de receitas e à realização de despesas. O sentido restritivo do projecto do PRD era ainda acentuado pelo facto de se utilizar a expressão *apenas*, num sentido claramente limitador do conteúdo da lei. Sobre esta questão, vejam-se os debates ocorridos na comissão parlamentar de revisão constitucional a propósito da revisão constitucional de 1989, onde António Vitorino (PS), *Diário da Assembleia da República*, de 14 de Outubro de 1988, pág. 1372, salienta que, *fora o caso da caducidade, as autorizações contidas na lei do Orçamento devem em tudo o mais ser autorizações como as outras, que respeitem o disposto no artigo 168.° da Constituição.* Diferentemente, Miguel Galvão Teles, (PRD), *Diário da Assembleia da República*, de 7 de Julho de 1988, pág. 1376, defendia que a Constituição deve *proibir que as autorizações legislativas contidas na lei do Orçamento excedam o que é próprio de matéria orçamental (...), no sentido de impedir a autorização legislativa "à boleia", conforme a denominação que lhe deram.*

O Conteúdo da Lei do Orçamento 423

as suas potencialidades e verificando nomeadamente se do seu sentido se pode retirar, de alguma forma, uma limitação, ainda que parcial, ao conteúdo possível da lei do Orçamento.

Com efeito, esta norma constitucional autoriza a inclusão, na lei do Orçamento, não só de autorizações legislativas em matéria fiscal, como, igualmente, de autorizações legislativas noutros domínios[870], pelo que, seja pela sua natureza inovadora na história constitucional portuguesa, seja pela sua originalidade no Direito comparado[871] e pelo modo como acaba por representar um marco fundamental na delimitação do conteúdo possível da lei do Orçamento, carece de uma atenção especial, que se prestará nas próximas páginas.

1. As autorizações legislativas inseridas na Lei do Orçamento

Até à revisão constitucional de 1989 não existia qualquer especificidade constitucional que se reportasse às autorizações legislativas tradicionalmente incluídas na lei do Orçamento, pelo que se podia apenas discutir se o texto constitucional admitia, em geral, a existência de autorizações legislativas em leis que, cumulativamente, contivessem normas sobre outras matérias, não se resumindo a ser meras leis de autorização legislativa.

Neste contexto, julga-se que, mesmo antes de 1989, não decorria do texto constitucional qualquer proibição relativa ao facto de o mesmo acto formalmente legislativo poder conter uma ou várias autorizações legislativas e, cumulativamente, outras normas legais, num condomínio normativo mais ou menos justificado em sede de legística, de congruência material ou de vontade política[872].

---

[870] Admitindo-se a inclusão de autorizações legislativas na lei do Orçamento, admite-se, igualmente, normas contendo os regimes jurídicos materiais. Neste sentido, Isabel Morais Cardoso, *Autorizações Legislativas na Lei do Orçamento*, 1995, pág. 125 e Gomes Canotilho e Vital Moreira, *Constituição da República Portuguesa Anotada,* 1993, pág. 470. Contra, Paulo Otero, *Desparlamentarização, Conteúdo do Orçamento e Problemas de Controlo Constitucional,* 1992, pág. 42.

[871] Em Itália as autorizações legislativas estão, inclusivamente, como se viu, excluídas da *legge finanziaria* e dos demais actos legislativos aprovados na sessão orçamental.

[872] Neste sentido, Gomes Canotilho e Vital Moreira, *Constituição da República Portuguesa Anotada*, 1985, pág. 204, considerando que, *salvo o teor literal do n.º 2 que fala*

424   *A Lei por detrás do Orçamento*

Na verdade, não parece que, pelo facto de a Constituição utilizar a expressão *leis de autorização legislativa*[873], se tenha criado formalmente uma categoria especial e autónoma de lei, que impedisse que estas se pudessem associar a outras leis uma vez cumpridos os requisitos constitucionais aplicáveis. Esta aceitação não pressupõe, no entanto, nem a possibilidade de se evitar o cumprimento estrito das regras constitucionais aplicáveis às autorizações legislativas, nem, como se verá a propósito do estudo dos cavaleiros orçamentais, a atribuição às autorizações legislativas do eventual regime jurídico reforçado que, em razão do conteúdo, seja de aplicar às restantes normas constantes do "condomínio" legislativo em que as autorizações legislativas se encontrem.

---

em "leis de autorização legislativa" nada parece impedi-lo (a existência de autorizações legislativas incluídas em lei não autónoma), *desde que tenham sido solicitadas pelo Governo e preencham os requisitos constitucionais da autorização.* Os autores mantiveram o entendimento em *Constituição da República Portuguesa Anotada*, 1993, pág. 678. A jurisprudência constitucional admitiu, também, nos acórdãos n.º 48/84, n.º 461/87 e n.º 180/88, a existência de autorizações legislativas incluídas em leis não autónomas. Diferentemente, Vital Moreira, em voto de vencido ao acórdão n.º 48/84, parecia propender, ao invés do que viria a constar da *Constituição da República Portuguesa Anotada*, 1985, pág. 204, para a inadmissibilidade das autorizações legislativas, sem ser em lei autónoma, já que refere, reportando-se a um Decreto-Lei emitido ao abrigo de autorização legislativa constante de lei do Orçamento, que, *omitindo, também, o problema de saber se tais autorizações são constitucionalmente lícitas (sobretudo à face do art. 168.º, números 2 e 3, que parece exigir uma lei própria para as autorizações legislativas) (...)*. Contra, manifestou-se Paulo Otero, *Autorizações Legislativas e Orçamento do Estado*, 1992, pág. 274, já que, para o referido autor, *o art. 168.º número 2 falava, especificamente, em leis de autorização legislativa como categoria especial e autónoma de leis da Assembleia da República, sem fazer referência a outro tipo de autorizações legislativas*. Paulo Otero refere ainda que o facto de na revisão constitucional de 1989, se ter introduzido o n.º 5 do art. 168.º (actual número 5 do art. 165.º), assim criando um regime especial para as autorizações legislativas em matéria orçamental, provava que até esse momento a possibilidade de inclusão de autorizações legislativas na lei do Orçamento era vedada pelo texto constitucional. Este autor (pág. 275), embora defenda a não conformidade destas autorizações legislativas com o texto constitucional anterior a 1989, considera que estas (apenas se pronuncia sobre as autorizações incluídas na lei do Orçamento) eram, ainda assim, de admitir, em razão de costume *contra constitutionem*. Invocando igualmente o costume, mas *praeter constitutionem*, como razão da admissibilidade de introdução de autorizações legislativas na lei do Orçamento, Jorge Miranda, *Autorizações Legislativas*, 1986, pág. 20 e 22.

[873] Referência que é, de resto, claramente minoritária no texto constitucional, já que, na maioria das vezes, a Constituição refere-se apenas a *autorizações legislativas*.

O Conteúdo da Lei do Orçamento 425

Acontece que, apesar da inexistência de norma constitucional expressa, a defesa de que as autorizações legislativas em matéria fiscal, quando inseridas na lei do Orçamento, poderiam beneficiar de um regime específico, surge, no entanto, pela primeira vez, ainda antes da revisão constitucional de 1989, aflorada por via jurisprudencial. Na verdade, no Parecer n.º 5/80, da Comissão Constitucional, deixa-se antever a hipótese de as autorizações legislativas em matéria fiscal, quando inseridas na lei do Orçamento, poderem beneficiar de algumas especificidades de regime que, no entanto, não se fundamentam, nem tão pouco se defendem em termos inequívocos.

Assim, a Comissão Constitucional levantou *o problema de saber se as autorizações conferidas pela lei do Orçamento, em matéria fiscal, são verdadeiras e próprias autorizações legislativas ou se, pelo contrário, revestem diferente natureza. E, em todo o caso, sempre seria necessário determinar se a tais autorizações, dada a sua inserção e alcance, deverá ser automática e integralmente aplicado o regime estabelecido no número 3 do art. 168.º da Constituição (...)*[874].

Esta questão, aflorada lateralmente no Parecer da Comissão Constitucional, seria objecto de Estudo, "ex professo", de Cardoso da Costa[875], cujas conclusões marcariam, em termos fundamentais, a doutrina[876], a jurisprudência[877] e, anos mais tarde, o próprio legisla-

---

[874] Parecer da Comissão Constitucional n.º 5/80.

[875] Cardoso da Costa, *Sobre as Autorizações Legislativas da lei do Orçamento*, 1983.

[876] A ideia de que as autorizações legislativas em matéria tributária, quando inseridas na lei do Orçamento, beneficiariam de um regime específico, ganhou, desde logo, adeptos na doutrina nacional. Assim, para lá de Cardoso da Costa, *Sobre as Autorizações Legislativas da lei do Orçamento*, 1983, pág. 427 e segs., veja-se Jorge Miranda, *Autorizações Legislativas*, 1986, pág. 24. Para este autor, as autorizações legislativas inseridas na lei do Orçamento *sobre matérias tributárias ou com directa ou indirecta repercussão orçamental* (as restantes seriam *inválidas ou, no mínimo ineficazes para lá do período de vigência do Orçamento*), teriam um conjunto muito vasto de especificidades face ao regime-regra das demais autorizações legislativas, para além de beneficiarem do regime aplicável à lei do Orçamento em que se inseriam. O autor modificaria parcialmente a sua opinião em *Funções, Órgãos e Actos do Estado*, 1990, pág. 489 e, novamente, em *Manual de Direito Constitucional, tomo V*, 1997, pág. 324 (edição de 2004, pág. 332), sempre no sentido da aproximação do regime jurídico das autorizações legislativas inseridas na lei do Orçamento, ao regime geral das autorizações legislativas, não sendo ainda claro sobre se admite autorizações legislativas sem repercussão financeira na lei do Orçamento. No mesmo sentido, aceitando aparentemente as especificidades apontadas por Jorge Miranda e por Cardoso da Costa, Lobo Xavier, *"Enquadramento orçamental" em Portugal: alguns problemas,*

426   *A Lei por detrás do Orçamento*

dor Constitucional[878]. Para este autor, as autorizações legislativas em matéria fiscal que se encontrassem inseridas na lei do Orçamento não

---

1983, pág. 243 e segs. Também Paulo Otero, *Autorizações Legislativas e Orçamento de Estado*, 1992, pág. 278, defende que, entre 1976 e 1989, estas autorizações legislativas, pelo facto de *constarem de uma lei orçamental, devem considerar-se, também, sujeitas ao regime próprio desta última lei.* Oliveira Martins, *Constituição Financeira*, 1984, pág. 302, defendia, na linha de Cardoso da Costa, a necessidade de distinguir entre as autorizações legislativas fiscais e não fiscais, apenas atribuindo às primeiras o regime jurídico da lei do Orçamento, nomeadamente em relação ao regime da caducidade. Contra, não reconhecendo qualquer especificidade às autorizações legislativas incluídas na lei do Orçamento, Gomes Canotilho e Vital Moreira, *Constituição da República Portuguesa Anotada*, 1985, pág. 204.

[877] A Jurisprudência Constitucional, não só aceitou a inclusão de autorizações legislativas na lei do Orçamento, como passou a aceitar, depois do texto de Cardoso da Costa, *Sobre as Autorizações Legislativas da Lei do Orçamento*, 1983, a interpretação defendida por este autor relativa às autorizações legislativas fiscais, quando incluídas na lei do Orçamento. Na verdade, no acórdão n.º 173/85, estando em causa o problema de saber se uma autorização legislativa inserida na lei do Orçamento havia caducado com a dissolução da Assembleia da República, o Tribunal Constitucional veio a considerar que, não estando a referida autorização, directa ou indirectamente, relacionada com a *política financeira ou económico-financeira* do Governo (o que foi contestado, em voto de vencido, pelo próprio Cardoso da Costa), não havia razão para se lhe aplicar o regime especial defendido por Cardoso da Costa que, segundo o Tribunal, se aceitava *sem contradita.* Assim, relativamente ao regime jurídico a aplicar a esta autorização legislativa de natureza não fiscal (estava em causa uma matéria do contencioso aduaneiro), o Tribunal considerou inexistir *qualquer razão substancial que justifique a adopção de um regime específico para as autorizações legislativas conferidas em tal matéria, ainda que integradas na lei do Orçamento.* O Tribunal voltou ainda a pronunciar-se em termos semelhantes, aceitando a doutrina de Cardoso da Costa, anteriormente à revisão constitucional de 1989, nos acórdãos números 254/86, 356/86, 357/86, 427/86, 218/87, 187/87 e 180/88. Neste último, o Tribunal, em sede de fiscalização concreta, pronunciou-se sobre a admissibilidade de um cavaleiro orçamental, considerando, perante uma autorização legislativa em matéria processual penal, que, *embora seja uma norma sem imediata incidência financeira (norma "não orçamental"), a sua inserção na lei do Orçamento tem sido aceite como constitucionalmente admissível (...).* O Tribunal aceitou, igualmente, que as autorizações legislativas orçamentais possam ter um prazo fixo (naquele caso eram 90 dias), findo o qual caducam, independentemente da vigência da lei do Orçamento. O Tribunal não acolheu, assim, a doutrina exposta pelo Ministério Público e aceita pelo voto de vencido de José Magalhães Godinho, que considerava que o prazo de 90 dias era uma mera injunção política, sendo a validade jurídica da autorização legislativa coincidente com a vigência (anual) do Orçamento.

[878] A interpretação que Cardoso da Costa fazia das autorizações legislativas inseridas na lei do Orçamento haveria de ter consagração constitucional expressa com a revisão constitucional de 1989, que acrescentaria o número 5 ao então art. 168.º da Constituição. Na revisão constitucional de 1989 surgiram, como se viu, vários projectos de revisão, apresentados pelos diversos partidos políticos, com propostas relativas às autorizações

deveriam caducar com a mudança do Governo que se encontrasse em funções no momento em que foram parlamentarmente concedidas, ao contrário do que era regra geral, constitucionalmente imposta, para a generalidade das (restantes) autorizações legislativas.

Em seu entender, estas autorizações legislativas integrar-se-iam de tal modo na lei do Orçamento, com esta formando uma amálgama indiferenciada, que deveriam, por esse facto, beneficiar do mesmo destino desta lei, mantendo a sua vigência anual, independentemente das vicissitudes políticas entretanto ocorridas. Segundo Cardoso da Costa, as autorizações legislativas fiscais, quando inseridas na lei do Orçamento, inscrevem-se *na definição legal duma política financeira estabelecida para o ano económico, independentemente dos Governos que estiverem em funções; não faz sentido* (que caduquem com a demissão do Governo), *porque no fundo, não se trata de autorizações concedidas a "um certo governo", naturalmente para a "execução do seu programa"* (...), *mas de autorizações destinadas a dar execução a um programa político (um programa de política financeira), como uma duração previamente fixada, estabelecido, em último termo, pela própria Assembleia da República*[879].

Não obstante o sucesso e a inovação da proposta, crê-se que esta, sem diminuir a validade da argumentação apresentada[880], esbarrava, antes da revisão de 1989, contra o previsto no texto constitucional, que não autorizava, "de iure condito", uma solução de tamanha envergadura criativa, não aduzindo, de resto, o autor elementos normativos que pudessem escorar, em termos de interpretação constitucional, a sua teoria, de modo a afastar o regime unitário que a Constituição previa para os vários tipos de autorizações legislativas[881].

---

legislativas orçamentais, não tendo feito vencimento o sentido restritivo do projecto do PRD ao prever que, *da lei que aprova o Orçamento apenas podem constar autorizações legislativas que directamente respeitem à obtenção de receitas e à realização de despesas públicas.*

[879] Cardoso da Costa, *Sobre as Autorizações Legislativas da lei do Orçamento*, 1983, pág. 432.

[880] Os argumentos apresentados pelo autor relevavam do domínio da lógica e da defesa de uma coerência material interna do conteúdo do Orçamento, onde as autorizações legislativas fiscais representam um elemento fundamental para a execução do Orçamento que venha a ser efectuada por parte do Governo que esteja em funções no momento dessa mesma execução.

[881] Com efeito, o facto de o Parlamento ser chamado a aprovar a lei do Orçamento, não invalida que o possa fazer sem, cumulativamente, aprovar autorizações legislativas em

428   A Lei por detrás do Orçamento

Por outro lado, julga-se que a teoria de Cardoso da Costa, vista em sede "de iure condendo", bem como a norma constitucional que a veio a acolher na revisão constitucional de 1989, ficaram aquém do que a argumentação do autor poderia exigir, já que o relacionamento íntimo entre as autorizações legislativas em matéria fiscal e a lei do Orçamento, motivador de uma certa unidade de destino entre os dois universos normativos, se deverá procurar ao nível material e não apenas no caso de essas normas partilharem o mesmo acto formal, como seja a lei do Orçamento.

Assim, embora as referidas autorizações possam não ser executadas pelo Governo[882], os seus resultados já se encontram previstos nos mapas orçamentais, desta forma contribuindo para a definição do equilíbrio orçamental[883], pelo que se pode dizer que a autorização legislativa acompanha o Orçamento e as vicissitudes deste, mais do que o Governo e o destino político que o mesmo possa experimentar durante o ano económico em curso. Esta argumentação vale, igualmente, para todas as autorizações legislativas em matéria fiscal aprovadas antes da aprovação da lei do Orçamento e que se mantenham ainda em vigor, tendo reflexos no conteúdo do Orçamento do Estado, e que, assim, não precisarão de ser repetidas no texto orçamental[884].

---

matérias fiscais. Como se viu, em alguns países, como em Itália, Espanha e Alemanha proíbe-se, ou pelo menos condiciona-se, em termos restritivos, a inclusão de normas fiscais na lei do Orçamento.

[882] Parece ser hoje pacífico na doutrina que o Governo não é obrigado a legislar no seguimento de uma autorização legislativa. Com efeito, e reportando-se ao caso específico das autorizações legislativas conexionadas com a lei do Orçamento, Cardoso da Costa, *Sobre as Autorizações Legislativas da Lei do Orçamento*, 1983, pág. 433 e Lobo Xavier, *"Enquadramento Orçamental" em Portugal: alguns problemas,* 1983, pág. 246. Jorge Miranda, depois de em *Autorizações Legislativas*, 1986, pág. 24 ter considerado que as autorizações legislativas orçamentais eram de utilização obrigatória para o Governo, sendo o não uso, no entanto, apenas sindicável politicamente, mudou de posição, passando a alinhar com o resto da doutrina, defendendo, em *Funções, Órgãos e Actos do Estado*, 1990, pág. 489, o uso facultativo das autorizações legislativas, mesmo das orçamentais, posição que manteve em *Manual de Direito Constitucional, tomo V,* 1997, pág. 323 (edição de 2004, pág.331).

[883] Lobo Xavier, *"Enquadramento Orçamental" em Portugal: Alguns Problemas,* 1983, pág. 245, chama, no seguimento da doutrina italiana, *regra da veracidade,* à regra que leva a que o Orçamento reflicta as receitas prováveis decorrentes da utilização (eventual) das autorizações legislativas. Neste sentido, Braz Teixeira, *Finanças Públicas e Direito Financeiro,* 1992, pág. 163.

[884] Referindo-se à questão, mas em sentido contrário, Paulo Otero, *Autorizações Legislativas e Orçamento do Estado*, 1992, pág. 283.

O Conteúdo da Lei do Orçamento 429

Em conclusão, e sem prejuízo das premonitórias referências da Comissão Constitucional e da maioria da doutrina que seguiu Cardoso da Costa, julga-se que até à revisão constitucional de 1989 tinha razão quem afirmava que não existia *nenhum fundamento constitucional para a admissão de autorizações legislativas com regime especial, diferente do aqui consignado (como se tem pretendido a propósito da lei do Orçamento)*[885].

Com efeito, não se vislumbra qualquer fundamento para que as autorizações legislativas, qualquer que fosse o seu conteúdo, deixassem de cumprir as exigências constitucionalmente impostas para essas mesmas autorizações, não havendo igualmente fundamento para as fazer beneficiar do regime jurídico aplicável às leis em que se incluíssem, no caso destas beneficiarem de um qualquer regime reforçado, como era o caso da lei do Orçamento.

Esta situação haveria de se alterar parcialmente com a revisão constitucional de 1989, na qual se passou a prever, não só a admissão de autorizações legislativas em lei não autónoma, como, igualmente, se consagrou um regime especial para algumas dessas mesmas autorizações legislativas, com esta mudança se abrindo nova frente de debate, desta vez em torno da amplitude desse mesmo regime jurídico[886].

Neste contexto, e para melhor se sistematizar a problemática inerente ao regime jurídico das autorizações legislativas inseridas na lei do Orçamento, parece útil procurar saber:

(i) Se as autorizações legislativas, em matéria fiscal, incluídas na lei do Orçamento, para além de não caducarem com a demissão do governo, beneficiam de mais alguma especificidade de regime jurídico que as afaste das regras gerais aplicáveis às demais autorizações legislativas,

(ii) Se é constitucionalmente admitida a inclusão, na lei do Orçamento, de autorizações legislativas sem conteúdo fiscal e, finalmente,

---

[885] Gomes Canotilho e Vital Moreira, *Constituição da República Portuguesa Anotada*, 1985, pág. 204. Neste sentido, igualmente, António Vitorino, *As Autorizações Legislativas na Constituição Portuguesa,* 1985, pág. 274 e Braz Teixeira, *Finanças Públicas e Direito Financeiro,* 1992, pág. 160 e segs.

[886] O número 5 do art. 165.º da Constituição, ao permitir a inclusão de autorizações legislativas na lei do Orçamento, elimina a dúvida sobre a admissibilidade de autorizações legislativas noutras leis sem conteúdo meramente autorizativo.

430   *A Lei por detrás do Orçamento*

(iii) Se essas autorizações legislativas beneficiam de um regime jurídico especial, pelo facto de estarem incluídas numa lei reforçada, como é a lei do Orçamento.

Nestes termos, pode já adiantar-se que, enquanto a primeira questão se prende, exclusivamente, com a densificação do completo regime jurídico a aplicar às autorizações legislativas em matéria fiscal que sejam incluídas na lei do Orçamento, as outras duas, diferentemente, representam a ponta de um "iceberg" que extravasa, em muito, o domínio das autorizações legislativas e mesmo da Constituição Orçamental, sendo, por isso mesmo, analisadas no próximo capítulo, dedicado à admissibilidade e ao regime jurídico aplicável aos cavaleiros orçamentais, como subtipo dos cavaleiros de lei reforçada.

Relativamente à aplicação do regime jurídico previsto no art. 165.º da Constituição às autorizações legislativas em matéria fiscal, quando incluídas na lei do Orçamento, importa começar por prestar a devida importância ao facto de o número 5 do referido art. 165.º iniciar o seu normativo afirmando, em tom recordatório, que *as autorizações concedidas ao Governo na lei do Orçamento observam o disposto no presente artigo* (...), pelo que este, e não outro, deve ser, assim, o ponto de partida para qualquer interpretação da referida norma, o que parece ter sido, de alguma forma, esquecido pela doutrina maioritária.

Com efeito, o texto constitucional, depois de nos números 2, 3 e 4 do art. 165.º ter definido as regras gerais a que hão-de subordinar-se as autorizações legislativas, refere, a propósito das autorizações legislativas incluídas na lei do Orçamento, e antes de definir as eventuais especificidades admissíveis, que estas não estão imunes à aplicação do regime geral, que deverá ser aplicável em tudo o que não for expressamente afastado.

Assumida a aplicabilidade residual e supletiva do regime-regra, verifica-se que o regime-especial se resume à aceitação constitucional da doutrina de Cardoso da Costa, determinando-se que as autorizações incluídas na lei do Orçamento, *quando incidam sobre matéria fiscal, só caducam no termo do ano económico a que respeitam,* pelo que estas, tirando o facto de não caducarem com a demissão do Governo a que tenham sido concedidas, com o termo da legislatura ou com a dissolução da Assembleia da República, seguem, no rema-

O Conteúdo da Lei do Orçamento   431

nescente, o regime jurídico aplicável a todas as autorizações legislativas aprovadas parlamentarmente, por solicitação do Governo[887/888].

Na verdade, ainda que se possa ponderar a aceitação, "de iure condendo", das soluções propostas pela doutrina maioritária, julga-se que o texto constitucional não permite sustentar a tese de que as autorizações legislativas orçamentais tenham, depois da revisão de 1989, passado a ser uma categoria totalmente autónoma, já que, segundo se crê, só uma interpretação correctiva do texto constitucional poderá levar a afirmar que, nas autorizações legislativas fiscais (e mesmo nas não estritamente fiscais[889]), inseridas na lei do Orçamento, *a definição do objecto e da extensão (...) poderá ser menos exigente do que a do objecto e da extensão de uma autorização legislativa autónoma*[890].

Neste contexto, discorda-se, também, necessariamente, de quem encontra especificidades na determinação do prazo de duração das

---

[887] O que se acaba de afirmar decorre, com clareza, do acórdão n.º 358/92, do Tribunal Constitucional. Aqui, o Tribunal, pronunciando-se precisamente sobre uma autorização legislativa de natureza fiscal inserida na lei do Orçamento, considerou que, *em ambos os casos* (autorizações em matéria fiscal e em matéria não fiscal) *o respeito pelos limites constantes do art. 168.º deverá ser integral com a excepção das autorizações em matéria fiscal e, apenas, quanto à duração, as quais só caducam no termo do ano económico a que respeitam.* Pronunciando-se sobre a intensidade exigível para que o cumprimento dos requisitos constitucionais se encontre preenchido, o Tribunal refere que *as autorizações que integrem a lei do Orçamento estão sujeitas às regras e aos limites do art. 168.º da nossa lei fundamental, não podendo hoje, pois, proceder uma visão menos rigorosa e exigente que assentasse no argumento de ordem sistemática da inserção dessas autorizações na lei do Orçamento.*

[888] O ponto de partida que se perfilha não é assumido pela doutrina maioritária. Assim, contra a posição manifestada no texto, Jorge Miranda, *Autorizações Legislativas*, 1986, pág. 23 e segs.; *Funções, Órgãos e Actos do Estado*, 1990, pág. 487 e segs. e *Manual de Direito Constitucional, tomo V*, 2004, pág. 330 e segs; Paulo Otero, *Autorizações Legislativas e Orçamento do Estado*, 1992, pág. 278 e segs. e Gomes Canotilho, *Direito Constitucional e Teoria da Constituição*, 2003, pág. 773.

[889] Na verdade, Jorge Miranda, *Manual de Direito Constitucional, tomo V*, 2004, pág. 330, apenas reserva para as autorizações legislativas tributárias o regime especial de caducidade, alargando às autorizações legislativas não tributárias, mas com *directa ou indirecta repercussão económico-financeira*, as restantes especificidades, pelo facto de estarem inseridas na lei do Orçamento.

[890] Jorge Miranda, *Manual de Direito Constitucional, tomo V*, 2004, pág. 330. No mesmo sentido, para as autorizações legislativas em matéria fiscal posteriores à revisão de 1989, também Paulo Otero, *Autorizações Legislativas e Orçamento do Estado*, 1992, pág. 282.

432 A Lei por detrás do Orçamento

referidas autorizações legislativas (que teria de ser, obrigatoriamente, anual[891]), ou de quem defende que a iniciativa não é exclusiva do

[891] Jorge Miranda, *Manual de Direito Constitucional, tomo V,* 2004, pág. 332. O autor reporta-se, apenas, às autorizações legislativas tributárias. Relativamente a qualquer tipo de autorizações legislativas, desde que inseridas na lei do Orçamento, Paulo Otero, *Autorizações Legislativas e Orçamento do Estado,* 1992, pág. 280, considera que, não podendo o Parlamento estabelecer prazo superior a um ano, ainda assim poderá fixar prazo inferior. Contra, admitindo autorizações legislativas orçamentais, ainda que em matéria fiscal, com prazo de vigência superior a um ano, Cardoso da Costa, *Sobre as Autorizações Legislativas da Lei do Orçamento,* 1983, pág. 434 e Isabel Morais Cardoso, *Autorizações Legislativas na Lei do Orçamento,* 1995, pág. 132. Referindo-se aos cavaleiros orçamentais em geral, Lobo Xavier, *O Orçamento como Lei,* 1990, pág. 143 e segs. considera que estes terão de ter uma duração anual. Diferentemente, Oliveira Martins, *Constituição Financeira,* 1984, pág. 303. Este autor, embora considere tratar-se de técnica *extremamente desaconselhável,* admite, em termos jurídico-constitucionais, que os cavaleiros orçamentais *terão uma vigência que se prolongará para além do termos do ano orçamental.* Sobre esta matéria pronunciou-se o Tribunal Constitucional no acórdão n.º 281/86, considerando que a fórmula: *"são aprovadas as linhas gerais do Orçamento Geral do Estado para 1979" acaba por exprimir a dimensão temporal de todos os dispositivos da lei* (...). Não se esclarece, porém, se a duração anual deve ser considerada residual, podendo ser afastada por norma expressa constante na lei do Orçamento, ou se, pelo contrário, se julga inadmissível a inclusão, na lei do Orçamento, de normas com vigência superior ou inferior a um ano. O mesmo Tribunal haveria de, porém, no acórdão n.º 358/92, considerar que na lei do Orçamento se poderiam incluir normas que, pela sua natureza, *têm uma vocação superior ao período de vigência do Orçamento que tal lei contém.* Na verdade, não sendo lícito obrigar o Governo a legislar sobre as referidas autorizações, não se vê porque seria de admitir que este órgão pudesse não legislar sobre as autorizações, mas já não pudesse legislar depois de o ano económico ter terminado (sem prejuízo de as autorizações deverem ter um prazo e poderem ser revogadas, eventualmente, por outras autorizações constantes da lei do Orçamento do ano seguinte). A primeira legislação de enquadramento orçamental pronunciava-se, igualmente, sobre o assunto, podendo ler-se, no n.º 3 do art. 9.º, da Lei 64/77, de 26 de Agosto, que, *a proposta de lei referida no n.º 1* (proposta de lei do Orçamento) *não poderá conter normas cuja vigência ultrapasse o ano económico a que se refere.* Esta norma não era totalmente clara, já que sempre se podia considerar que a limitação temporal se aplicava, apenas, à proposta do Governo, não vinculando o Parlamento, sendo que a referida norma acabaria por, provavelmente pelo seu teor restritivo, desaparecer nas leis de enquadramento subsequentes. Ainda relativamente ao prazo de duração das autorizações legislativas orçamentais em matéria fiscal, importa referir que, no caso de prorrogação do Orçamento do ano anterior para lá do ano em curso, e até aprovação do novo Orçamento, julga-se (até à aprovação do art. 41.º da nova lei de enquadramento orçamental) que as autorizações legislativas em matéria fiscal se manterão igualmente em vigor, por ser esse o espírito do número 5 do art. 165.º da Constituição ao pretender que estas acompanhem o Orçamento durante a vigência (normal ou prorrogada) deste. Contra, Paulo Otero, *Autorizações Legislativas e Orçamento de Estado,* 1992, pág. 283 e segs. Diferentemente, crê-se

O *Conteúdo da Lei do Orçamento* 433

que as autorizações não fiscais terão o prazo que lhes for especificamente atribuído, ou, não o tendo, terão uma duração anual, por ser essa a duração da lei em que se inserem, sendo duvidoso que se mantenham em vigor durante a eventual prorrogação do Orçamento. Sobre esta questão, veja-se o Acórdão do Supremo Tribunal Administrativo, de 20 de Fevereiro de 1991, comentado por Paulo Otero, *Autorizações Legislativas e Orçamento de Estado*, 1992, pág. 265 e segs. Um dos problemas discutidos no referido acórdão prendia-se, precisamente, com a questão de saber se as autorizações legislativas se deveriam manter no caso de a vigência do Orçamento se prorrogar para o ano seguinte, por ter havido um atraso na aprovação do novo Orçamento. Paulo Otero (pág. 283 e 284) discordou da orientação do acórdão, considerando que as autorizações legislativas (mesmo fiscais) deveriam caducar no final do ano económico a que respeitam. Sobre esta questão pronunciou-se, igualmente, Teixeira Ribeiro, *anotação ao acórdão de 21 de Fevereiro de 1990, anotação ao acórdão de 7 de Março de 1990* e *anotação ao acórdão de 28 de Março de 1990*. O autor, ao longo dos comentários a estes três acórdãos do Supremo Tribunal Administrativo, foi evoluindo na sua posição, ainda que continuasse a considerar duvidoso que se pudesse admitir que a lei de enquadramento orçamental atenuasse a regra da anualidade orçamental, desta forma permitindo que as autorizações legislativas vissem a sua vigência prorrogada com a prorrogação da vigência da lei do Orçamento. Esta questão encontra-se, actualmente, regulada no art. 41.º da Lei de Enquadramento do Orçamento do Estado. Nos termos da alínea a) do n.º 3, a prorrogação da vigência da lei do Orçamento do Estado não abrange *as autorizações legislativas contidas no seu articulado que, de acordo com a Constituição ou os termos em que foram concedidas, devam caducar no final do ano económico a que respeitava a lei*, o que representa uma inovação no regime jurídico das autorizações legislativas orçamentais e não uma mera interpretação do regime vigente anteriormente. Assim, de acordo com este normativo, não se prorrogarão as autorizações fiscais e as que, de acordo com os termos em que tenham sido concedidas, não se devam prorrogar. Não sendo clara, a norma parece admitir um terceiro tipo de autorizações que se prorrogariam juntamente com a prorrogação do Orçamento. Com efeito, se se pretendesse que nenhuma autorização se prorrogasse, o legislador te-lo-ia dito de modo mais claro. De qualquer modo, não se prorrogando as autorizações orçamentais fiscais, não parece que se devam prorrogar as não fiscais que não tenham um prazo expresso. É que uma coisa é terem um prazo anual implícito, outra coisa é terem um prazo incerto, sem se ver qual a vantagem da prorrogação. No Direito comparado, esta questão tem sido muito discutida em Espanha, considerando a doutrina maioritária que a prorrogação apenas abrange os *presupuestos* e não a *ley de presupuestos*, dessa forma afastando da prorrogação as normas legais que sejam aprovadas juntamente com os mapas orçamentais. De qualquer forma, e mesmo que essas normas legais não sejam objecto de prorrogação automática, isso não significa que tenham uma vigência obrigatoriamente anual, devendo o âmbito temporal da sua vigência ser objecto de interpretação, atendendo a elementos como sejam a sua natureza, finalidade e objecto, para daí concluir pela sua vigência permanente ou pela sua vigência anual. Neste sentido, Rodríguez Bereijo, *La eficacia temporal y el carácter normativo de la Ley de Presupuestos Generales del Estado*, 1989, pág. 32 e *Jurisprudencia Constitucional e Derecho Presupuestario. Cuestiones Resueltas y Temas Pendientes*, 1995, pág. 31 e segs. No mesmo sentido, Francisco Escribano, *La Disciplina*

434 *A Lei por detrás do Orçamento*

Governo[892] e que a sua utilização repetida é, constitucionalmente, admitida[893/894].

Finalmente, no que toca à possibilidade de o Parlamento alterar ou revogar as autorizações legislativas em matéria fiscal, quando incluídas na lei do Orçamento, também a generalidade dos autores adopta uma posição que parece ser credora de reconhecimento constitucional, prendendo-se essa questão, aliás, directamente, com uma

---

Constitucional de la Prorroga de Presupuestos, 1997, pág. 114; González del Campo, *Las Leyes de Presupuestos en la Constitución Española de 1978: Configuración Constitucional e Limites Materiales*, 1995, pág. 400; Falcón y Tella, *La Habilitación a las Leyes de Presupuestos para Modificar Tributos*, 1982, pág. 255 e segs. e *Limites Materiales y Temporales de la Parte Dispositiva de la Ley de Presupuestos*, 1987, pág. 973.

[892] Sobre esta questão, em geral, Jaime Leitão do Valle, *A Participação do Governo no Exercício da Função Legislativa*, 2000, pág. 141 e segs. O autor considera que as relações entre o Parlamento e o Governo são relações de cooperação, pelo que a concessão de autorizações legislativas não solicitadas violaria o art. 165.º número 1 da Constituição. No mesmo sentido, Alexandre Sousa Pinheiro, *O sistema de actos legislativos e o sistema de governo – a experiência portuguesa*, 2000, pág. 311. Contra, admitindo autorizações legislativas não solicitadas, inseridas em leis orçamentais, Jorge Miranda, *Manual de Direito Constitucional tomo V*, 2004, pág. 331. Esta posição é igualmente defendida na jurisprudência constitucional, através dos acórdãos 48/84 e 461/87. Este Tribunal pronuncia-se, ainda, sobre o regime das autorizações legislativas orçamentais nos acórdãos 173/85, 274/86 e 267/88.

[893] Jorge Miranda, *Manual de Direito Constitucional tomo V*, 2004, pág. 331. Considerando que as autorizações legislativas podem ser usadas mais de uma vez, Paulo Otero, *Autorizações Legislativas e Orçamento de Estado*, 1992, pág. 281 e Gomes Canotilho, *Direito Constitucional e Teoria da Constituição*, 2003, pág. 773. O primeiro autor a considerar que as referidas autorizações poderiam ser utilizadas mais do que uma vez foi, no entanto, Cardoso da Costa, *Sobre as Autorizações Legislativas da Lei do* Orçamento, 1983, pág. 432. Em termos jurisprudenciais, veja-se o acórdão n.º 358/92, do Tribunal Constitucional, que apresenta um bom resumo sobre os vários projectos de revisão constitucional apresentados neste domínio, bem como sobre os debates parlamentares mais significativos, onde fica claro que, com a norma aprovada, apenas se quis estabelecer um regime especial de caducidade. O Tribunal, nesse acórdão, julgou inconstitucional uma autorização legislativa incluída na lei do Orçamento, por esta não especificar, em termos considerados razoáveis, o sentido da respectiva autorização.

[894] Neste domínio, parece ter razão Paz Ferreira, *Da Dívida Pública e das Garantias dos Credores do Estado*, 1995, pág. 193 e 194, quando considera que o Governo é obrigado a executar a autorização legislativa parlamentar (incluída na lei do Orçamento) relativa à emissão de empréstimos públicos, sempre que essa autorização constitua *um elemento relevante no âmbito da decisão global político-financeira consubstanciada no Orçamento* (...). Caso contrário, estaria o Governo *a utilizar os seus poderes no plano da execução, para desvirtuar a decisão parlamentar,* sendo que o Parlamento não é competente para contrair os empréstimos que julgue necessários.

outra, de âmbito mais geral, que passa por determinar se as referidas autorizações, como quaisquer outras normas que se incluam na lei do Orçamento, podem beneficiar do regime reforçado associado a esta lei e que se manifesta, em termos procedimentais, na reserva de iniciativa governamental.

A doutrina maioritária defende que as referidas autorizações legislativas gozam do regime aplicável à lei do Orçamento, considerando, assim, que estas não podem ser alteradas ou revogadas por intermédio de lei oriunda de iniciativa parlamentar[895], aceitando, ao mesmo tempo, que esse facto não impede o legislador parlamentar de actuar sobre o seu conteúdo material[896].

Diferentemente, por nossa parte, como se verá, não se aceita como constitucional uma solução pela qual se impeça o legislador parlamentar de alterar ou revogar as autorizações legislativas orçamentais que constitucionalmente relevam da sua competência reservada (salvo autorização ao Governo), convocando como argumento, a existência de uma iniciativa reservada deste órgão, não relativamente a essas matérias autorizadas, mas relativamente a outras (matérias orçamentais) que, não sendo alteradas pelo Parlamento, fazem

---

[895] Lobo Xavier, *"Enquadramento orçamental" em Portugal: alguns problemas*, 1983, pág. 246; Jorge Miranda, *Manual de Direito Constitucional, tomo V, 2004*, pág. 331, considera que, *a Assembleia não pode interpretar, modificar, suspender ou revogar uma autorização legislativa orçamental – pelo menos em matéria tributária – a não ser por ocasião e no âmbito de uma lei de alteração do Orçamento (cuja iniciativa originária pertence também ao Governo)*. No mesmo sentido, Paulo Otero, *Autorizações Legislativas e Orçamento do Estado*, 1992, pág. 281, considera que o Parlamento, tendo optado por inserir as autorizações legislativas em matéria fiscal na lei do Orçamento, deixa de as poder alterar ou revogar, pois, com essa opção, *abdica de tal prerrogativa face à natureza formal do acto que integra as autorizações*.

[896] Jorge Miranda, *Autorizações Legislativas*, 1986, pág. 24, considerava mesmo que, tendo a Assembleia da República optado por incluir as autorizações legislativas na lei do Orçamento, deixava, por esse facto, de poder *fazer lei sobre a matéria objecto da autorização; fica aqui excepcionalmente precludida a sua competência*. O autor viria a abandonar esta posição em *Manual de Direito Constitucional tomo V*, 1997, pág. 324, por considerar que tal posição traduzia *entendimento restritivo da competência parlamentar*. Para Paulo Otero, *Autorizações Legislativas e Orçamento do Estado*, 1992, pág. 281, o facto de o Parlamento não poder alterar a lei do Orçamento não o impede de *continuar a legislar sobre a matéria objecto de autorização*.

436 A Lei por detrás do Orçamento

todavia parte da lei-veículo onde a autorização legislativa se encontra (bem ou mal) aninhada[897].

Neste domínio, critica-se igualmente a aceitação, por parte da doutrina, de que o Parlamento legisle directamente sobre as referidas matérias, esquecendo que o seu tratamento normativo se encontra autorizado ao Governo. A questão não se prende, de resto, com uma pretensa (mas inexistente) exclusividade da autorização legislativa, que retirasse ao Parlamento a competência normativa durante o prazo da autorização, mas com o facto de se omitir a consequência que uma intervenção parlamentar em matéria autorizada, durante o período da autorização, representa, e que redunda na revogação tácita da autorização[898].

Com efeito, julga-se que, independentemente da aprovação de uma autorização legislativa juntamente com a lei do Orçamento, o facto desta matéria relevar da reserva relativa do Parlamento leva a que se mantenha na esfera de livre disponibilidade parlamentar, mesmo durante a sua autorização ao Governo, sem estar sujeita a quaisquer restrições ao nível da iniciativa legislativa, devendo, pelo contrário, qualquer solução que considere que o Parlamento, ao incluir uma autorização legislativa na lei do Orçamento, abdica do seu poder de alteração ou de revogação, ser considerada inconstitucional, por brigar

---

[897] Esta questão encontra-se actualmente resolvida no Direito Francês, onde, depois da aceitação jurisprudencial, se passou a consagrar, expressamente, na nova Lei Orgânica n.º 2001-692, de 1 de Agosto de 2001, relativa às leis de finanças, a não aplicação às normas fiscais, quando inseridas na lei do Orçamento, do cumprimento do regime jurídico associado à lei orçamental, desta forma permitindo a modificação da legislação fiscal (mesmo se inserida na lei do Orçamento) por iniciativa do Parlamento.

[898] Esta teoria é, de resto, defendida por Jorge Miranda, *Manual de Direito Constitucional tomo V, 2004*, pág. 325. O autor considera, em termos claros, que, *não está mesmo o Parlamento inibido de legislar, na vigência da autorização, sobre matérias do seu objecto, sem necessidade de qualquer avocação de competência (...) Será de entender que ficará, então, tacitamente, revogada a autorização legislativa (...)*. Pressentindo a crítica, Paulo Otero refere que a Assembleia da República, ao legislar sobre a matéria alvo da autorização, não está a revogar tacitamente a autorização, podendo, por isso mesmo, o Governo legislar sobre a matéria, assim revogando a lei parlamentar entretanto aprovada. O autor considera, ainda, que, uma vez emitido o Decreto-Lei, o Parlamento poderia sempre revogá-lo, ou fazer cessar a sua vigência, mediante apreciação parlamentar, solução com a qual se discorda, não sendo sequer líquida a possibilidade de o Parlamento estar autorizado a revogar, ou fazer cessar a vigência, do Decreto-Lei emitido, já que tudo dependerá da aplicação, ou não, da lei-travão.

O *Conteúdo da Lei do Orçamento*

com o art. 110.º da Constituição, que impede que os órgãos constituídos disponham da sua própria competência[899].

Conclui-se, assim, que, apesar da aparente unidade da doutrina, não se mostram cativantes os argumentos por esta oferecidos, que não logram obter qualquer acolhimento constitucional, já que o número 5 do art. 165.º da Constituição, pelo seu elemento literal, pela reacção à doutrina de Cardoso da Costa, e, até, pela sua colocação sistemática em contraposição ao n.º 4, traduz, inequivocamente, a vontade do legislador da revisão constitucional de fazer com que as autorizações legislativas em matéria fiscal cumpram o regime geral, com a única excepção relativa ao particular regime de caducidade consagrado, tendo isso mesmo sido, de resto, reafirmado pela jurisprudência constitucional, em termos bem elucidativos[900].

É que, bem vistas as coisas, a defender-se a posição da doutrina maioritária, não necessitando, nem podendo, as autorizações legislativas orçamentais estabelecer um prazo de duração, podendo ser menos rigorosa a necessidade de estabelecer o seu sentido e extensão, permitindo-se ao Governo fazer da autorização um uso repetido e não, meramente, parcelar e, finalmente, não caducando a autorização legislativa com a demissão do Governo, a dissolução da Assembleia da República ou com o termo da legislatura, não restava rigorosamente qualquer característica do regime geral das autorizações legislativas que se aplicasse "tal quale" às autorizações legislativas fiscais inseridas na lei do Orçamento, pelo que mal se compreenderia a obrigação, prevista no início do número 5 do art. 165 da Constituição,

---

[899] Guièze, *Le Partage des Compétences entre la Loi et le Règlement en Matière Financière*, 1974, pág. 103, considera que, *as competências em Direito Público não pertencem aos órgãos que são titulares destas. As competências não são uma propriedade sujeita a uso e abuso.*

[900] Acórdão n.º 358/92 do Tribunal Constitucional. Neste sentido, veja-se a posição implícita de Teixeira Ribeiro, *Anotação ao acórdão n.º 358/92 do Tribunal Constitucional*, 1993, pág. 348. Estava em causa uma autorização legislativa em matéria fiscal inserida numa lei do Orçamento. O autor acabaria por considerar que esta era desnecessária, tendo em atenção o seu conteúdo, mas fez, ainda assim, questão de afirmar que a mesma, a ser necessária, seria inconstitucional (como foi julgado pelo Tribunal Constitucional), por não preencher devidamente os critérios constitucionais relativos às autorizações legislativas, omitindo, assim, qualquer referência ao facto de os referidos critérios deverem ser analisados com menor rigor ou com tolerância de eventuais especificidades na apreciação do seu regime, pelo facto de se estar perante uma autorização legislativa orçamental.

438 A Lei por detrás do Orçamento

que impõe que as autorizações legislativas orçamentais observem o presente no referido artigo.

Diferentemente, julga-se que a inclusão de autorizações legislativas, em matéria fiscal na lei do Orçamento pode, efectivamente, implicar uma limitação aos poderes conformadores do Parlamento, não por intermédio de inexistente reserva de iniciativa governamental de modificação face a essas mesmas autorizações legislativas, mas pelo facto de a sua revogação ou alteração parlamentar poder ser limitada pela aplicação da lei-travão, sempre que a inclusão na lei do Orçamento das referidas autorizações implique a orçamentação das receitas previsíveis (o que acontecerá no caso de a autorização legislativa as prever), assim se inviabilizando qualquer intervenção parlamentar posterior que seja geradora de menores receitas ou de maiores despesas[901].

Terminada a análise da primeira interrogação que se havia levantado, importa procurar responder à segunda questão, que se deixou pendente. Na verdade, sendo clara a admissibilidade constitucional, depois de 1989, da inclusão de autorizações legislativas, em matéria fiscal, na lei do Orçamento, importa verificar se se podem aí incluir outro tipo de autorizações legislativas, de conteúdo não exclusivamente fiscal, o que uma leitura medianamente atenta do número 5 do art. 165.º parece permitir responder afirmativamente, uma vez que a referida norma, ao reduzir o regime especial de caducidade (apenas) às autorizações de natureza fiscal, abre a porta à existência de outras autorizações que, não tendo natureza fiscal, não beneficiarão, pelo facto de estarem incluídas na lei do Orçamento, de qualquer especificidade face às restantes autorizações legislativas.

O que não se retira do texto constitucional é qualquer indicação limitativa sobre qual seja o domínio material que estas autorizações legislativas não fiscais poderão comportar[902], pelo que se discorda

---

[901] A situação afigura-se semelhante nos casos de autorizações legislativas aprovadas em lei avulsa anterior à lei do Orçamento, mas que tenham os seus efeitos reflectidos na lei do Orçamento. A intervenção parlamentar encontrar-se-á aí igualmente limitada pela lei-travão, mas apenas depois de a lei do Orçamento ter sido aprovada e as receitas previsíveis decorrentes da execução da autorização legislativa estarem orçamentadas.

[902] O Tribunal Constitucional considerou, no acórdão n.º 358/92, sem adiantar porém justificações que secundassem a opção tomada, que as autorizações legislativas em matéria não fiscal *deverão ser conexas à matéria orçamental* (...). Na verdade, não se vislumbra

O Conteúdo da Lei do Orçamento 439

das classificações doutrinais que tentam encontrar âmbitos materiais mais ou menos conexos com a matéria orçamental, estabelecendo, na maior ou menor proximidade com o domínio orçamental, ou na *directa ou indirecta repercussão económico-financeira*[903], a razão da admissibilidade dessas autorizações legislativas inseridas na lei do Orçamento.

Com efeito, julga-se que o texto constitucional apenas confere permissão para que as autorizações legislativas incluídas na lei do Orçamento sejam divididas em dois grupos, cabendo às autorizações de natureza fiscal um regime especial de caducidade e tolerando-se a inclusão na lei do Orçamento de outras autorizações legislativas, independentemente do seu conteúdo, como se permite a sua inclusão

---

qualquer necessidade constitucional de defender entendimento tão restritivo que, desde logo, não se coaduna com a posição, também defendida pelo Tribunal Constitucional, de que a lei do Orçamento pode conter *cavaleiros orçamentais*. Aceitando o facto de não existir na ordem jurídico-constitucional portuguesa norma expressa que proíba a inclusão na lei do Orçamento de normas sem qualquer relevância com a matéria orçamental, Isabel Morais Cardoso, *Autorizações Legislativas na Lei do Orçamento*, 1995, pág. 123.

[903] Jorge Miranda, *Manual de Direito Constitucional, tomo V, 2004*, pág. 330. O autor considera, igualmente, que estas autorizações legislativas, com *directa ou indirecta repercussão económico-financeira*, ao contrário das autorizações legislativas em matéria tributária, não beneficiavam, nem do *regime especial de duração*, nem do regime reforçado da lei do Orçamento em que se integram, já que admite que o Parlamento possa, por sua iniciativa, revogá-las ou alterá-las. Ainda assim, parece que, em seu entender, todas as autorizações legislativas inseridas na lei do Orçamento devem ter uma duração anual. Não fica, no entanto, claro se o autor aceita a inclusão de quaisquer autorizações legislativas, mesmo que sem directa ou indirecta repercussão económico-financeira. Na verdade, Jorge Miranda, em *Autorizações Legislativas*, 1986, pág. 24, admitia *autorizações em matérias tributárias ou com directa ou indirecta repercussão orçamental,* considerando, enigmaticamente, que, quaisquer outras autorizações seriam *inválidas (ou no mínimo ineficazes para lá do período de vigência do Orçamento)*. O autor abandonou esta expressão em *Manual de Direito Constitucional, tomo V*, 1997, pág. 323, sem, no entanto, clarificar a mudança de posição empreendida. Com efeito, logo em *Funções, Órgãos e Actos do Estado,* 1990, passou a considerar que, do n.º 5 do art. 168.º da Constituição, introduzido na revisão de 1989, se depreendia que *a nova norma constitucional consente autorizações legislativas na lei de aprovação do Orçamento não só sobre matérias tributárias mas também sobre outras, com directa ou indirecta repercussão económico-financeira.* Acontece que não se encontra na norma constitucional qualquer indicação que leve a considerar que as autorizações legislativas não fiscais tenham de ter uma qualquer repercussão económico-financeira, nem Jorge Miranda esclarece qual o vício inerente à inclusão, na lei do Orçamento, de uma autorização legislativa sobre um domínio totalmente alheio às questões económico-financeiras.

440   *A Lei por detrás do Orçamento*

em qualquer outra lei de natureza parlamentar, sem com isso se lhes atribuir, como se verá, qualquer especificidade de regime jurídico[904].

Assim, embora o texto constitucional apenas faça referência às autorizações legislativas, julga-se que a discussão sobre este tema extravasa, em muito, como já se disse, o âmbito destas, pelo que se justifica uma abordagem mais alargada que problematize sobre a admissibilidade, no ordenamento jurídico-constitucional português, de cavaleiros orçamentais, e mais do que isso, de cavaleiros de lei reforçada, indagando, cumulativamente, sobre o respectivo regime jurídico aplicável.

---

[904] Sobre esta matéria, veja-se o *Relatório sobre as Perspectivas da Reforma da Lei de Enquadramento do Orçamento do Estado*, incluído na publicação do Ministério das Finanças, *Reforma da Lei de Enquadramento Orçamental – Trabalhos Preparatórios e Anteprojecto*, 1998, pág. 105, onde se defendeu a inclusão de restrições à possibilidade de inclusão de cavaleiros orçamentais. De acordo com os autores do referido Relatório, a consagração de restrições desse nível implicaria a necessidade de se promover uma alteração constitucional. Nesse sentido, foi apresentada ao Ministério das Finanças, através da Nota Informativa n.º 3/97, de 12 de Junho, uma sugestão (de inspiração italiana e germânica) de modificação do (então) art. 108.º da Constituição, onde se propunha que no número 5 do art. 108.º passasse a constar que, a *lei do Orçamento não poderá criar impostos nem conter normas cuja vigência ultrapasse o ano económico a que se refere*. No mesmo sentido, propunha-se uma modificação ao (então) art. 168.º da Constituição, de modo a que no n.º 5 passasse a constar que, *as autorizações concedidas ao Governo na lei do Orçamento observam o disposto no presente artigo, apenas podem incidir sobre a matéria fiscal e só caducam no termo do ano económico a que respeitam*. Refira-se que a articulação de ambas as normas não era fácil, já que limitaria de modo mais intenso as autorizações legislativas orçamentais (somente sobre matéria fiscal), do que os restantes cavaleiros (permitidos, desde que não criassem impostos, nem tivessem vigência superior a um ano). De qualquer dos modos, fica claro que, no entender dos autores, se justificava a prévia modificação constitucional, para legitimar a inclusão de uma norma legal que proibisse a existência de cavaleiros orçamentais, o que vem enfraquecer, ainda mais, a presunção de constitucionalidade do art. 28.º número 2 da actual lei de enquadramento orçamental, na medida em que (sem ter sido realizada a modificação constitucional proposta) refere que, *as disposições constantes do articulado da lei do Orçamento do Estado devem limitar-se ao estritamente necessário para a execução da política orçamental e financeira*. Na verdade, julga-se que a lei de enquadramento orçamental não pode, atendendo às normas constitucionais vigentes, restringir o âmbito material ou temporal da lei do Orçamento sendo, assim, inconstitucionais as normas legais que impeçam a lei do Orçamento de criar ou de modificar impostos, ou de legislar com permanência.

O Conteúdo da Lei do Orçamento

2. Os "cavaleiros orçamentais" inseridos na Lei do Orçamento

A natureza calendarizada da lei do Orçamento explica, em grande parte, a sua utilização para fazer aprovar normas sem directa, nem por vezes indirecta, incidência materialmente orçamental. Ao fazer-se incluir uma determinada matéria na lei do Orçamento pretende-se, normalmente, beneficiar da certeza de que essa lei será aprovada num prazo reduzido, que entrará em vigor numa data certa e que, no momento da sua discussão e aprovação, as atenções andarão, previsivelmente, arredadas das normas que aí, mais ou menos subtilmente, se infiltraram[905].

Se estes podem ser, hoje em dia, os motivos mais ou menos inconfessáveis que levam a que, anualmente, se encontrem no articulado da lei do Orçamento disposições sobre os mais variados temas, o certo é que na origem desta justaposição de matérias normativas

---

[905] No ordenamento jurídico português, durante a I.ª República, veja-se João Pereira Netto, *Lições de Finanças (conforme as prelecções do Exm.º Senhor Doutor Oliveira Salazar)*, 1922, pág. 122, referindo-se às disposições parasitárias inseridas na lei do Orçamento. Para o autor, *consideram-se, portanto, parasitárias, todas as disposições não financeiras, e todas as financeiras de carácter permanente*. O autor invoca, de resto, a "proposta Berthelot", apresentada em França, em 1900, segundo a qual, *não se podiam aumentar na lei de receita e despesa os vencimentos dos funcionários; não se podiam reorganizar serviços públicos; e tinha de se proceder em harmonia com as leis preexistentes*. Esta proposta, rejeitada em França, acabaria por ser acolhida em Portugal, como se viu, pela Lei de 9 de Setembro de 1908, na qual se previa (art. 11.º) que, *a lei de receita e despesa que aprova o Orçamento Geral do Estado, autoriza a arrecadação das receitas e descreve as despesas do Estado constantes das leis preexistentes* acrescentando, no seu parágrafo único, que, *a lei de receita e despesa pode abranger providências de natureza secundária que não tenham carácter permanente e sejam absolutamente necessárias para a gestão financeira do ano e execução do Orçamento*. Sobre esta questão, José Eugénio Dias Ferreira, *Tratado de Finanças Públicas, II volume*, 1950, pág. 414. O autor apresenta um conjunto de soluções para evitar a inclusão de normas parasitárias na lei do Orçamento, concluindo que todas apresentam algumas desvantagens, pelo que julga que a melhor solução passaria por incluir uma norma na Constituição que obstasse à possibilidade de associar à lei do Orçamento as referidas disposições parasitárias; Armindo Monteiro, *Do Orçamento Português*, 1921, pág. 282, considerava que a inclusão no Orçamento de *disposições parasitárias* era fonte de muitos males por implicar a demora na discussão do Orçamento, o recurso aos duodécimos provisórios, o caos na legislação e a diminuição dos poderes financeiros das Câmaras altas. O autor (pág. 285) invoca a importação deste costume de França, esclarecendo que, *entre nós, como tudo quanto é francês e é mau, acharam as disposições parasitárias uma atmosfera propícia. E instalaram-se.*

numa só fonte de Direito, estiveram também historicamente outro tipo de motivações, tendo-se criado uma espécie de tradição jurídica, não só de incluir, como de criticar e de tentar prevenir a introdução e a subsistência dos vulgarmente denominados cavaleiros orçamentais.

A verdade é que, na sua origem, a introdução de cavaleiros orçamentais tinha, para além dos motivos já apontados, outros objectivos, servindo como motivo de guerrilha política e inter-orgânica. Assim, em Inglaterra, a técnica do *Tacking* tinha, na sua base, a possibilidade de fazer aprovar matérias legislativas evitando, ou fintando, a intervenção da Câmara dos Lordes. Com efeito, as matérias financeiras não são sujeitas a aprovação dos Lordes, pelo que, com a inclusão junto com essa legislação de outras matérias de cariz não financeiro, permitia-se, ilegitimamente, ultrapassar os poderes legislativos da Câmara dos Lordes. Esta situação encontra-se hoje em dia controlada, no seguimento de um compromisso parlamentar assumido pelo Governo e que tem, em regra, sido cumprido.

A mesma situação se passa na Alemanha, onde existe constitucionalmente, um *bepackungsverbot*[906], precisamente para evitar que, através da lei do Orçamento, se aprovem matérias não orçamentais, desta forma evitando a aprovação dessas mesmas matérias pelo *Bundesrat,* que não é chamado a aprovar a lei do Orçamento nos mesmos termos em que aprova os restantes actos legislativos parlamentares[907].

Actualmente, a crítica doutrinal à existência de cavaleiros orçamentais concentra-se em torno de três pontos fundamentais. Em primeiro lugar são geralmente invocadas razões que se prendem com a especial função desempenhada pela lei do Orçamento, o que traz evidentes reminiscências da doutrina mais geral que defende, no

---

[906] Proibição de empacotamento (de matérias avulsas com a lei do Orçamento).

[907] Por outro lado, nos Estados Unidos da América, a introdução de matérias não orçamentais na lei do Orçamento tinha (e tem) como objectivo prioritário do Congresso, forçar o Presidente a aceitar essas matérias, não lhes aplicando o seu poder de veto. Como o Presidente não pode vetar cirurgicamente essas matérias, antes se dirigindo o veto à totalidade do diploma, desta forma se logra iniciar, entre o Presidente e o Congresso, uma espécie de negociação, já que o Presidente, para ter aprovado o Orçamento que lhe permita governar, tem de, por vezes, aceitar que juntamente com este venham associados alguns *riders.*

O Conteúdo da Lei do Orçamento 443

seguimento do dualismo legislativo, a aceitação de uma função orçamental desligada da função legislativa[908].

Em segundo lugar, são igualmente, convocados argumentos aparentemente fácticos relativos à menor ponderação de que essas matérias beneficiariam, por estarem dissimuladas na lei orçamental, assim gozando, indevidamente, de alguma distracção parlamentar, acentuada pela dificuldade da discussão parlamentar sobre essas matérias se impor no meio da contingência temporal que tal debate e aprovação sempre implicam.

Ainda que, em parte, associado a este argumento, mas dele autonomizável, surge o terceiro tipo de argumentos, que se prende com a referência à eventual violação do princípio da segurança jurídica que a aprovação de normas dissimuladas em leis de conteúdo aparentemente uniforme poderia provocar, por não ser razoável prever que na lei do Orçamento possam constar normas sem relevância orçamental e que, para além do mais, não seguem o regime jurídico dessa lei, nem beneficiam de uma inequívoca duração anual.

Perante estes argumentos, que, como se viu, têm feito o seu curso sobretudo em Espanha, onde a polémica relativa à possibilidade de incluir cavaleiros orçamentais na lei do Orçamento se encontra mais viva, importa dizer, desde já, que estes não parecem, só por si, ser tão fortes a ponto de poderem fundamentar a defesa da inconstitucionalidade da utilização da lei do Orçamento, como acto legislativo, para aí fazer aprovar normas legais de conteúdo avulso e não, especificamente, orçamental.

Com efeito, a qualificação dos actos legislativos é, no sistema constitucional português, eminentemente formal, pelo que qualquer acto que beneficie da forma e do procedimento adequado pode conter normas legais, não sendo a lei do Orçamento alheia a esta regra, antes se assumindo como acto legislativo parlamentar apto a transportar, por isso mesmo, normas legislativas que não careçam de exigências aprovatórias especiais, não contidas no modo de aprovação da lei do Orçamento. Não existe, assim, no nosso ordenamento jurídico, razão para defender a relevância jurídica de uma específica

---

[908] Estas críticas são mais visíveis em Itália e em Espanha onde, de resto, gozam de aceitação do Tribunal Constitucional.

função orçamental que, permitindo ao Parlamento aprovar a lei do Orçamento, não lhe permitisse aprovar, juntamente, outras normas legais[909].

Também o argumento associado à menor ponderação dispensada pelos parlamentares, no momento da discussão e aprovação da lei do Orçamento, levando a que se promovesse, segundo os autores que o invocam, quase que uma aprovação clandestina das normas não orçamentais, que, por vezes, escapariam até à apreciação pela comissão parlamentar competente em razão da matéria, não parece ter razão para triunfar. Na verdade, este é um argumento que, não tendo um substrato dogmático, mas antes casuístico, não pode servir para sustentar uma teoria geral sobre a aceitação ou rejeição da possibilidade de a lei do Orçamento conter outros conteúdos, não especificamente orçamentais[910].

Finalmente, o argumento da violação do princípio da segurança jurídica, sendo relevante de um ponto de vista geral, não é específico da problemática inerente à inserção de cavaleiros orçamentais, podendo mesmo dizer-se que, dada a tradicional inclusão de normas avulsas na lei do Orçamento é paradoxalmente aí que essa questão assume contornos mais diluídos face à genérica possibilidade, criticável de um ponto de vista de legística, de cumular diversas matérias num mesmo acto legislativo.

---

[909] Nem mesmo o facto de, no art. 161.º da Constituição, se separar a competência parlamentar para fazer leis, da competência para aprovar o Orçamento, pode levar a inflectir tal posição, já que essa separação não tem, depois, qualquer consequência ao nível do regime jurídico da lei do Orçamento que leve a considerar que, ao aprovar esta lei, o Parlamento não esteja a exercer a sua competência legislativa. Pode, porventura, afirmar-se que, ao aprovar a lei do Orçamento, o Parlamento faz mais do que aprovar uma lei, relevando tal acto, igualmente, da função de fiscalização e de controlo do Governo, mas não se pode dizer que faz menos do que aprovar uma lei. Na verdade, ao contrário do que sucede no Reino Unido e na Alemanha, a aprovação da lei do Orçamento segue o mesmo procedimento das outras leis.

[910] Não existe, de resto, uma escala relativa à ponderação parlamentar mínima exigível, que permita verificar (e é muito duvidoso que o Tribunal Constitucional pudesse, sequer, fazer essa apreciação) se uma determinada matéria, sendo aprovada, ou não, conjuntamente com a lei do Orçamento, foi, ou não, devidamente analisada, ponderada e discutida por quem tem a competência para o fazer. De resto, nada impede que os Deputados destaquem as normas não orçamentais, fazendo-as aprovar em diploma avulso, sendo que todas as comissões parlamentares participam na discussão da proposta de lei do Orçamento.

O Conteúdo da Lei do Orçamento 445

Crê-se mesmo que a efectivação, por via jurisdicional, do princípio da ortodoxia das matérias tratadas em cada acto legislativo, adequando-as ao objecto principal de cada acto legislativo, para além de atentar contra a liberdade de o legislador escolher os conteúdos dos actos legislativos, fomentaria, necessariamente, a própria insegurança jurídica no ordenamento jurídico relativamente à constitucionalidade das diversas normas legais, pelo grau de incerteza que implicaria sobre os limites da conexão admissível entre as matérias principais e as acessórias[911].

Antes de se prosseguir, importa afirmar que são duas as preocupações que se procurará manter em mente na análise que se empreende neste capítulo. Em primeiro lugar, deve averiguar-se se a Constituição aceita que a lei do Orçamento tenha um conteúdo eventual, e, em caso afirmativo, qual a amplitude admitida para esse conteúdo tolerado. Em segundo lugar, importa verificar qual o regime jurídico que deve ser aplicável a esse mesmo conteúdo eventual, de modo a indagar se as normas não especificamente orçamentais que se insiram na lei do Orçamento passam, por esse facto, a beneficiar do regime jurídico orçamental[912].

Fixados estes pressupostos, importa alertar para o facto de a questão relativa à aceitabilidade dos cavaleiros orçamentais, tendo surgido na jurisprudência constitucional, e sendo referida pela doutrina, ainda não ter encontrado, até ao momento, na jurisprudência nacional, uma posição clara e inequívoca sobre os termos e razões da sua aceitação, não obstante se note uma tendência para a sua admissibilidade crescente[913].

---

[911] A aceitação (tolerância) constitucional da cumulação de matérias legais num mesmo acto legislativo, não invalida, de forma alguma - antes acentua - a crítica que se lança a essa (má) técnica, em sede de legística. Sobre essa questão, de um modo global, David Duarte, Alexandre Sousa Pinheiro, Miguel Lopes Romão e Tiago Duarte, *Legística – Perspectivas sobre a Concepção e Redacção de Actos Normativos,* 2002.

[912] O regime em causa decorrerá, sempre, de um reforço procedimental ou formal. Na verdade, não discutindo, agora, novamente, se as leis reforçadas pelo procedimento são verdadeiras leis reforçadas, o certo é que, no caso de leis paramétricas que não sejam acompanhadas de qualquer reforço procedimental ou formal, torna-se óbvio que a existência de outras normas sem conexão material com as normas paramétricas é irrelevante, já que estas, incidindo sobre outras matérias, nunca beneficiariam de natureza paramétrica.

[913] Deixa-se desde já claro, que a análise dos cavaleiros orçamentais, como da generalidade dos cavaleiros de lei reforçada, abrange todo o domínio que extravase dos

446   *A Lei por detrás do Orçamento*

Na verdade, embora se possa dizer que a referida jurisprudência poderia ter optado por uma abordagem mais directa desta questão, tomando uma posição inequívoca que colmatasse a falta de um solução constitucional expressa, também não parece totalmente correcto considerar que esta se tem vindo a furtar a uma tomada de posição[914], já que, ao longo dos vários acórdãos que emitiu sobre esta matéria, se pode retirar uma aceitação genérica da existência de cavaleiros orçamentais, independentemente da matéria versada, sem, no entanto, lhes fazer atribuir o regime jurídico reforçado que a Constituição apenas atribui às normas materialmente orçamentais.

Por isso mesmo, não obstante o modo, por vezes não totalmente claro, nem sempre inequívoco, e, sobretudo, apesar dos avanços e regressões, está-se, no essencial, com a doutrina que tem vindo a ser expedida pelo órgão de justiça constitucional, cuja evolução mais significativa importa dilucidar, para melhor poder compreender e avaliar.

---

chamados "cavaleiros ordinários", onde se podem ainda incluir, para efeitos de aplicação do regime, e por isso mesmo, de forma restritiva, as normas que tenham uma *conexão objectiva* com as matérias reforçadas, sendo estas, por isso, como afirma Blanco de Morais, *As Leis Reforçadas,* 1998, pág. 908, consideradas um *segmento da reserva ordinária comum, tida como indispensável ou necessária para a integração racional do núcleo reforçado.* Não se desenvolverá, porém, esta questão, que depende de interpretação casuísta. Sobre o assunto, Blanco de Morais, *As Leis Reforçadas,* 1998, pág. 890 e segs. Sobre o modo como a jurisprudência constitucional alemã tem enquadrado, apesar de muitas críticas da doutrina, os critérios de conexão material entre determinadas matérias, de modo a proceder à repartição de competências entre a Federação (*Bund*) e os Estados (*Länder*), Mercè Barceló i Serramalera, *Criterios Hermeneuticos de la Jurisprudencia del Tribunal Federal Alemán para la Interpretación delas Normas de Reparto Competencial entre el "Bund" y los "Länder",* 1989, pág.123 e segs. Segundo a autora, a definição, por parte do Tribunal Constitucional, de critérios de resolução de conflitos competenciais entre o *Bund* e os *Länder* tem-se pautado por uma elevada dose de casuísmo, sendo que, *o problema básico do método hermenêutico do BverfG na interpretação das normas competenciais é justamente o seu pragmatismo. O BverfG não seguiu sempre o seu ponto de partida teórico antes fazendo oscilar o valor de cada elemento sem ter elaborado, ao mesmo tempo, um esquema interpretativo que justifique a tomada de determinada decisão. Deste modo o Tribunal Constitucional Federal incrementa a sua liberdade como intérprete mas reduz, consequentemente, o carácter jurídico das suas decisões.*

[914] Neste sentido, Blanco de Morais, *Algumas reflexões sobre o valor jurídico de normas parasitárias presentes em leis reforçadas pelo procedimento,* 2001, pág. 35. Note-se, porém, que o autor omite qualquer referência, precisamente, ao *leading case* jurisprudencial nesta matéria, que foi o acórdão 461/87 do Tribunal Constitucional.

Em Portugal, o tema dos cavaleiros orçamentais foi trazido para o interior da jurisprudência constitucional[915] por Vital Moreira, que é quem, pela primeira vez, em voto de vencido anexo ao acórdão 144/85, se refere às limitações de conteúdo que a lei do Orçamento deveria sofrer, por virtude do seu especial regime jurídico[916], assim inaugurando a discussão desta temática no ordenamento jurídico português[917].

[915] No acórdão 48/84, o Tribunal Constitucional não considerou inconstitucional a existência de uma autorização legislativa em matéria fiscal incluída na lei do Orçamento por iniciativa dos deputados. Para o Tribunal, o Regimento da Assembleia da República, ao referir-se apenas à iniciativa do Governo em sede de autorizações legislativas, dirigia-se, somente, às autorizações legislativas autónomas, não se aplicando a iniciativas legislativas não autónomas, que teriam um regime diferenciado. Vital Moreira pronunciou-se, em voto de vencido, de modo mais reticente, considerando que, *deixando aqui de lado a questão de saber se a lei que aprova o Orçamento, estando, como está, sujeita a um regime constitucional especial, art. 108.º, pode englobar outras matérias além do próprio Orçamento, e omitindo, também, o problema de saber se tais autorizações são constitucionalmente lícitas (sobretudo à face do art. 168, n.º 2 e 3, que parece exigir uma lei própria)* (...).

[916] O autor haveria de se pronunciar sobre a temática do conteúdo possível da lei do Orçamento, em termos não inteiramente coincidentes, como se verá, em voto de vencido ao acórdão 461/87 do Tribunal Constitucional.

[917] A questão da admissibilidade de cavaleiros orçamentais, não tendo sido dirimida no texto constitucional, também o não foi, de modo expresso, na Lei n.º 64/77, de 26 de Agosto, que aprovou a primeira lei de Enquadramento do Orçamento do Estado. Na verdade, aí, não só não se estabelecia um conteúdo obrigatório excludente de qualquer outro, como se previa, no art. 9.º número 3, que, *a proposta de lei referida no n.º 1 não poderá conter normas cuja vigência ultrapasse o ano económico a que se refere*, o que parecia indiciar a admissibilidade de cavaleiros orçamentais, desde que com o limite temporal aí indicado. Na verdade, a não se considerar que esta norma se dirigia aos cavaleiros orçamentais, ter-se-ia que considerar supérflua, já que a anualidade das normas orçamentais se encontrava prevista no art. 2.º da referida lei de Enquadramento do Orçamento do Estado. Neste sentido, Teresa Kol de Alvarenga, *Do Conteúdo da Lei do Orçamento*, 1989, pág. 62 e 63. Refira-se, no entanto, que a norma incluída no art. 9.º número 3 desapareceria nas subsequentes leis de enquadramento orçamental, tendo a Lei n.º 91/2001, de 20 de Agosto, actual lei de enquadramento orçamental, bem ao invés, incluído, no seu articulado, o art. 28.º número 2, onde se afirma que, *as disposições constantes do articulado da Lei do Orçamento do Estado devem limitar-se ao estritamente necessário para a execução da política orçamental e financeira*. Esta norma vem, paradoxalmente, no seguimento do n.º 1 do mesmo artigo, que estabelece um elenco (não taxativo) vastíssimo de matérias que podem ser incluídas no articulado da lei do Orçamento. Com esta norma, parece querer limitar-se a inclusão de cavaleiros orçamentais na lei do Orçamento, o que poderá vir a despoletar a importação para o ordenamento jurídico-constitucional português do fenómeno das leis de acompanhamento orçamental, sendo ainda cedo para se verificar o seu efectivo alcance prático.

448 A Lei por detrás do Orçamento

No acórdão em apreço estava em causa saber se o Parlamento poderia autorizar o Governo a alterar o mapa VII da lei do Orçamento, relativo às despesas plurianuais. O Tribunal considerou que só haveria inconstitucionalidade na parte em que as alterações introduzidas pelo Governo pudessem contender com a classificação orgânica ou funcional das despesas, já que só essa classificação era imposta e protegida constitucionalmente, desta forma se começando a delinear a opção jurisdicional pela não exclusividade do conteúdo orçamental, bem como pela liberalização das intervenções normativas incidentes sobre o conteúdo (possível) da lei do Orçamento.

Perante esta posição do Tribunal Constitucional, que, contudo, não assumiu estar a tratar da questão dos cavaleiros orçamentais e do seu consequente regime jurídico, Vital Moreira considerou, bem ao invés, que, *é indiferente saber se o mapa VII, tal como consta do Orçamento para 1985, constitui elemento absolutamente necessário do Orçamento; o que importa é que, fazendo parte integrante dele e tendo sido aprovado pela AR, não pode ser, por isso mesmo, alterado senão pela mesma AR (embora apenas sob proposta do Governo)*[918].

Para o referido autor, então juiz do Tribunal Constitucional, todas as matérias constantes na lei do Orçamento gozariam do regime jurídico atribuído constitucionalmente a essa lei, não havendo que traçar delimitações materiais do conteúdo orçamental por forma a descobrir *um conceito constitucionalmente adequado de Orçamento*[919]. Vital

---

Não se deixa, no entanto, de se notar que o Parecer do Conselho Consultivo da Procuradoria-geral da República n.º 2050, de 27 de Junho de 2002, aprovado por unanimidade e homologa-do pelo Secretário de Estado do Tesouro e das Finanças, não obstante ter efectuado uma referência ao teor do art. 28.º número 2 da lei de enquadramento orçamental, não lhe conferiu qualquer relevância jurídica relativamente à aceitação dos cavaleiros orçamentais identificados no caso, tendo considerado que *a inclusão de tais normas – alargando o âmbito tradicional, contabilístico e financeiro, juridicamente neutro do Orçamento – é hoje um procedimento corrente, determinado as mais das vezes pela consideração de imperiosas necessidades práticas, cuja constitucionalidade tem sido afirmada pelo Tribunal Constitucional.*

[918] Voto de vencido anexo ao acórdão 144/85 do Tribunal Constitucional.

[919] Vital Moreira considerou que, *o Orçamento, com o âmbito com que é proposto pelo Governo à AR e é por ela aprovado, não pode ser alterado pelo Governo, nem pode a AR autorizá-lo a fazê-lo*, acrescentando, depois, em termos absolutos, que, *no Orçamento só a AR pode mexer (embora apenas sob proposta do Governo).* Com esta afirmação, fica clara a defesa de um regime jurídico orçamental unitário, aplicável a todas as normas incluídas na lei do Orçamento, independentemente da sua origem e do seu conteúdo. O autor não

O Conteúdo da Lei do Orçamento

Moreira tentava, com esta argumentação, defender a supremacia do órgão representativo, face ao Governo, em domínio orçamental, considerando mesmo que, *por menos precisos que sejam os contornos da reserva parlamentar de Orçamento, a verdade é que não existe nenhuma reserva governamental de Orçamento.*

Ora, bem vistas as coisas, parece claro que a questão que estava em causa não passava tanto por saber se era legítimo tentar atribuir ao Governo maiores poderes orçamentais mas, ao invés, por tentar evitar atribuir ao Parlamento (enquanto legislador orçamental), poderes fora do domínio orçamental, pelo que a solução apresentada acaba por falhar o alvo das suas críticas.

Na verdade, sobre as matérias do mapa VII poderia, também, o Parlamento continuar a legislar, mas já não com a capa reforçada que a Constituição atribui (apenas) às matérias (materialmente) orçamentais[920], pelo que, o que importava discutir era se a Constituição permitia que o regime reforçado atribuído à lei do Orçamento se alargasse a todas as matérias aí incluídas[921], independentemente do seu conteúdo, ou se tal facto não acabaria por redundar numa (inconstitucional) compressão dos poderes governativos (por ver as matérias caírem na alçada parlamentar), mas também parlamentares (por ver a iniciativa cair na reserva governativa)[922].

Uma discussão como essa, que ultrapassa em muito o que se discutiu no acórdão 144/85, só haveria de ser equacionada, embora sem resultados totalmente satisfatórios, em jurisprudência posterior, ficando o acórdão 144/85, e o respectivo voto de vencido de Vital

---

defende, com isto, no entanto, a liberdade para a lei do Orçamento transportar qualquer conteúdo mas, pelo menos, admite que este extravase o domínio estritamente orçamental, imposto pela Constituição, pois, tal como o Tribunal considerou e o autor não negou, a aprovação do mapa VII não era uma obrigação constitucionalmente imposta, fazendo, assim, parte do conteúdo possível da referida lei.

[920] Neste sentido, Teixeira Ribeiro, *Anotação ao acórdão 144/85*, pág. 245. Para o referido autor, a Assembleia da República, ao aprovar outros mapas para além dos impostos na Constituição, estaria *no uso da sua função legislativa normal.*

[921] Vital Moreira refere que, *o acórdão parece partir do pressuposto de que o mapa VII, apesar de formalmente integrado no Orçamento, só em parte é que constitui elemento da reserva parlamentar do Orçamento.*

[922] Nem Vital Moreira, nem o acórdão, analisam a questão em apreço à luz do art. 110.º da Constituição, que parece ser a norma fundamental nesta questão, impedindo que os órgãos constituídos modifiquem a distribuição de competências constitucionalmente atribuída.

450   A Lei por detrás do Orçamento

Moreira, no entanto, com o mérito de terem iniciado o debate de saber se, a final, *no Orçamento só a AR pode mexer* [923].

O Tribunal Constitucional haveria de se pronunciar, no acórdão 173/85, sobre o regime jurídico aplicável a autorizações legislativas inseridas na lei do Orçamento, quando estas não contenham um conteúdo fiscal ou, pelo menos, uma conexão directa ou indirecta com a política financeira ou económico-financeira[924], tendo a questão da sua admissibilidade sido dada como adquirida.

Com efeito, a única diferença que o Tribunal assinalou face às autorizações legislativas em matéria fiscal passou pela consideração de que, face àquelas, inexistia *qualquer razão substancial que justifique a adopção de um regime específico para as autorizações legislativas conferidas em tal matéria* (que, no fundo parece, poder ser qualquer uma), *ainda que integradas na lei do Orçamento*[925].

Com esta decisão, o Tribunal, desta vez relativamente à admissibilidade de inserção de autorizações legislativas (sem relevância orçamental) na lei do Orçamento, acentuava a doutrina do acórdão 144/85, no duplo sentido da admissibilidade de matérias estranhas à lei do Orçamento, e da não atribuição a esses cavaleiros orçamentais do regime jurídico orçamental que a Constituição estabelecera em virtude do conteúdo obrigatório da lei do Orçamento, e não, naturalmente, em função dos voláteis e eventuais conteúdos apendiculares.

A jurisprudência constitucional abriria a primeira fresta com o acórdão 281/86. No referido acórdão estava em causa uma autorização legislativa inserida na lei do Orçamento, na qual se estabelecia que ficava *o Governo autorizado a rever a base de incidência e regime de cobrança das receitas dos organismos de coordenação económica*[926]. Perante tal autorização legislativa, e em vez de questionar a inclusão de normas não estritamente orçamentais na lei do Orçamento, ou de verificar qual o regime jurídico que a estas deveria

---

[923] A expressão é de Vital Moreira, no voto de vencido anexo ao acórdão 144/85 do Tribunal Constitucional.

[924] Estava em causa, no caso sindicado, uma autorização legislativa inserida na lei do Orçamento, relativa ao contencioso aduaneiro.

[925] Acórdão 173/85 do Tribunal Constitucional. O Tribunal haveria de se pronunciar no mesmo sentido, nos acórdãos 254/86, 356/86, 357/86, 427/86, 218/87 e 187/87.

[926] A referida norma foi sindicada judicialmente por não estabelecer a duração da autorização.

O Conteúdo da Lei do Orçamento   451

ser aplicável, o Tribunal recorda, apenas, a doutrina de Cardoso da Costa, assim considerando que a falta de indicação da duração da autorização legislativa é irrelevante, por se lhe aplicar a duração anual da lei do Orçamento.

A solução do Tribunal deixa muitas questões em aberto, ao considerar que, *sendo a lei do Orçamento constituída por múltiplos preceitos, todos eles visando a definição pelo período de um ano da política económico-financeira do Estado, e formando, por isso, um corpo normativo unitário, é evidente que o horizonte temporal de tal lei, delineado no art. 108, n.º 1, da CRP, caracteriza, à partida, todas e cada uma das suas normas*[927]. Na verdade, o acórdão parece começar por limitar o conteúdo possível da lei do Orçamento, ao referir-se ao facto de todos os preceitos se dirigirem à definição da política económico-financeira do Estado[928], acabando por aplicar a todas as normas aí inseridas, o prazo anual das normas orçamentais[929].

Mesmo assim, julga-se que o Tribunal não terá tido a intenção de fixar qualquer posição definitiva nesta matéria, antes estabelecendo a duração anual das normas orçamentais como prazo residual, aplicável aos cavaleiros orçamentais no caso de não ser fixado expressamente outro prazo, não se devendo, dessa atribuição de uma parcela do regime jurídico tradicional da lei do Orçamento, partir para a defesa de que o Tribunal pretendeu arrastar para o conteúdo eventual a totalidade do regime do conteúdo obrigatório.

O conteúdo da lei do Orçamento voltou, novamente, a ser analisado, a propósito da nova lei de enquadramento orçamental, no acórdão n.º 205/87, onde o Tribunal apreciou uma norma que estabelecia que a proposta de lei do Orçamento deveria fixar *os critérios que devem presidir à autorização e concessão de avales e operações de crédito (...)*, impondo, desta forma, a necessidade de o Orçamento regular a autorização e concessão de avales e operações de crédito,

---

[927] Acórdão n.º 281/86 do Tribunal Constitucional. Em termos semelhantes, veja-se o teor do acórdão n.º 280/86.

[928] Esta jurisprudência surge, assim, ao arrepio do disposto no acórdão n.º 173/85, que admitiu a existência de autorizações legislativas fora do domínio económico-financeiro, não lhe aplicando, no entanto, relativamente à caducidade, o regime das autorizações legislativas fiscais.

[929] Não fica, por exemplo, claro se a aplicação do prazo anual da lei do Orçamento significa, também, a aplicação da reserva de iniciativa governamental.

452 A Lei por detrás do Orçamento

em termos mais densificados do que os exigidos na alínea h) do art. 164.º da Constituição[930].

Perante tal discrepância de amplitudes, que o Tribunal, de resto, não negou, veio este órgão considerar que, pelo facto de a Constituição não impor o estabelecimento dos referidos critérios por lei parlamentar, não significava que o tivesse proibido, desta forma decidindo que, *não se pode extrair que não seja legítimo que a Assembleia da República fixe tais critérios, por via legislativa*[931].

O Tribunal considerou, assim, que o Parlamento podia estabelecer os referidos critérios, ao abrigo da sua competência legislativa própria, sendo-lhe lícito utilizar a lei do Orçamento como veículo adequado para aprovar o acto normativo daí resultante, desta forma aceitando a inclusão de um conteúdo não obrigatório na referida lei orçamental[932]. De qualquer modo, o acórdão omite qualquer referência ao regime jurídico que julga ser aplicável a tal norma, nomeadamente no que concerne à possibilidade desta ser modificada, no âmbito da competência concorrencial, seja pelo Governo, seja pelo Parlamento, mesmo sem respeitar a iniciativa reservada do Governo, aplicável em sede de modificações à lei do Orçamento.

A jurisprudência do Tribunal Constitucional haveria de conhecer novos desenvolvimentos com o acórdão n.º 461/87[933], onde o Tribunal Constitucional se colocou perante a questão de saber como qualificar, juridicamente, tendo em consideração a separação de poderes entre o Parlamento e o Governo e o regime jurídico das autoriza-

---

[930] Com efeito, de acordo com a referida norma, competia à Assembleia República, *autorizar o Governo a contrair e a conceder empréstimos e a realizar outras operações de crédito que não sejam de dívida flutuante, definindo as respectivas condições gerais, e estabelecer o limite máximo dos avales a conceder em cada ano pelo Governo.* Ora, enquanto que o texto constitucional não impunha que, para os avales, fosse necessário que o Parlamento estabelecesse as condições gerais a que estes se encontrariam sujeitos, tal obrigação era imposta pelo art. 11.º do projecto de lei de enquadramento orçamental, ao impor a fixação parlamentar dos critérios que deveriam presidir à autorização dos referidos avales.

[931] Acórdão n.º 205/87 do Tribunal Constitucional.

[932] Sobre o acórdão em apreço, Oliveira Martins, *Uma nova Lei de Enquadramento Orçamental no Tribunal Constitucional. O acórdão n.º 205/87*, 1987. O autor não aborda, no entanto, esta questão que, para o caso, se afigurava essencial.

[933] Estava em causa a apreciação da constitucionalidade de um conjunto de normas incluídas, por iniciativa parlamentar, durante o processo de aprovação da lei do Orçamento para 1987. Sobre este acórdão, Oliveira Martins, *O Orçamento para 1987 em Juízo*, 1988.

ções legislativas orçamentais, um conjunto de normas inseridas na lei do Orçamento, nas quais o Parlamento emitia algumas "ordens legislativas", de natureza aparentemente imperativa para Governo[934].

O Tribunal Constitucional, depois de considerar (à margem dos seus poderes constitucionais), que as suas funções lhe permitiam convolar as referidas ordens vinculativas em meras autorizações legislativas, sem carácter juridicamente constringente pronunciou-se sobre o problema inerente ao facto destas estarem incluídas na lei do Orçamento, acabando por tomar uma posição cautelosa.

Assim, o Tribunal, referindo-se à admissibilidade de as autorizações serem incluídas na lei do Orçamento considerou que, *uma expressão de tal exigência, quando o referido procedimento siga a via legislativa, estaria, v.g. na necessidade de os correspondentes preceitos terem uma qualquer ligação com a economia global do diploma em que se inscrevem (no caso, por consequência, com a matéria, a índole e os objectivos da lei do Orçamento). De outro modo dir-se-ia que se estava perante um abuso de utilização da forma legislativa pela AR*[935].

Diferentemente, e relativamente a um conjunto de normas sem uma relação evidente com a matéria orçamental (e indiferentes, de resto, à anualidade orçamental), o Tribunal, referindo-se pela primeira vez, expressamente, aos *cavaliers budgetaires ou riders,* discordou da visão exposta pelo Governo (os cavaleiros tinham origem parlamentar) que considerava que, a não se limitar a inclusão de

---

[934] As referidas normas tinham a seguinte formulação: *o Governo aprovará legislação tendente a* (...) *o Governo adoptará as providências necessárias à elaboração* (...) *procederá por decreto-lei à revisão dos critérios* (...) *a cuja revisão o Governo procederá, até ao termo do prazo previsto no número anterior* (...) *o Governo proporá à Assembleia da República, com carácter de urgência, um conjunto articulado de* (...) *o regime de alienação de participações do Estado* (...) *será estabelecido por decreto-lei* (...).

[935] Na verdade, para o órgão de justiça constitucional, a lei do Orçamento, desde há muito que tinha passado a constituir um instrumento fundamental e determinante da definição integrada de toda a política económico-financeira para certo ano económico, pelo que era de aceitar que aí se incluíssem as normas em causa, embora algumas se referissem ao estatuto do pessoal aposentado e à gestão de recursos humanos da Administração Pública, o que levou o Tribunal a concluir que, *se o Orçamento é, antes de tudo, um mapa de previsão de receitas e despesas e a exposição de um programa financeiro, na respectiva lei não deixam de surgir, com frequência, disposições que vão para além da estrita expressão dessa previsão e desse programa. As disposições em causa são dessa natureza.*

454 A Lei por detrás do Orçamento

normas de conteúdo avulso na lei do Orçamento, *toda e qualquer disposição reguladora da actividade do Estado poderia, na prática, constar da "lei do Orçamento do Estado", o que seria manifestamente inconstitucional.*

Com efeito, perante esta argumentação do Governo, o Tribunal invocou o facto de em Portugal não vigorar regra semelhante à prevista no art. 110.º da Constituição Alemã ou ao número 3 do art. 81.º da Constituição Italiana, não estabelecendo, assim, qualquer regra distintiva entre os cavaleiros admissíveis e aqueles que, pelo grau de afastamento com qualquer temática orçamental, já não teriam cabimento na referida lei. Verifica-se, assim, como neste importante aresto se toma, pela primeira vez, uma posição inequívoca sobre a admissibilidade de cavaleiros orçamentais incluídos na lei do Orçamento, considerando que estes não beneficiariam, por esse facto, do regime jurídico orçamental, podendo, por isso mesmo, ser modificados por iniciativa parlamentar[936].

A decisão em apreço, verdadeiro *leading case* nesta matéria é duplamente importante ao nível do Direito Orçamental, por permitir clarificar duas questões face às quais não havia consenso doutrinário. Em primeiro lugar, acaba por admitir, sem estabelecer qualquer tipo de restrições, a inclusão na lei do Orçamento de outras normas, independentemente do seu conteúdo material ou da sua duração temporal[937]. Em segundo lugar, esclarece que a essas normas não será de aplicar o regime jurídico aplicável à lei do Orçamento, como seja a necessidade de alteração através de iniciativa governativa, já que,

---

[936] O acórdão cita a doutrina de Gomes Canotilho e de Vital Moreira, *Constituição da República Portuguesa Anotada*, 1985, pág. 472. Para os referidos autores, apenas não haveria limitação aos poderes parlamentares se *pudesse entender-se, o que não é fácil, que nessas matérias a lei poderia ser alterada nos termos gerais.* Nesse mesmo sentido, considerando que a distinção entre as matérias orçamentais e os respectivos cavaleiros relevava do domínio da interpretação, sendo, por isso, uma questão prática e não dogmática, Teixeira Ribeiro, *Os Poderes Orçamentais da Assembleia da República*, 1987, pág. 6.

[937] Relativamente à existência de cavaleiros orçamentais, o Tribunal Constitucional considerou que, *não obstante possa a prática ser discutível, e até censurável, seja do ponto de vista doutrinário, seja do da técnica da legislação, o certo é que não o é, de um estrito ponto de vista jurídico-constitucional.*

O Conteúdo da Lei do Orçamento

pelo facto de se encontrarem incluídas em lei reforçada, não beneficiam do regime jurídico da lei em que se incluem[938].

Com esta tomada de posição[939], o Tribunal afirma a natureza materialmente legislativa da lei do Orçamento e aceita a teoria da convivência normativa, com separação de regimes jurídicos, ficando assim aparentemente encerrada, pelo menos ao nível jurisprudencial, e ainda antes da revisão de 1989, que clarificaria em termos positivos tal problema[940], a questão de saber até onde se poderia alargar o conteúdo possível da lei do Orçamento[941].

---

[938] O Tribunal, depois de ter afastado a questão de saber se se deveria aplicar aos cavaleiros orçamentais o regime jurídico da lei do Orçamento, considera que, *não sendo por essa razão* (por limitar a iniciativa dos deputados) *por outra realmente não se vê que a Constituição obste ao procedimento referido* (inclusão dos referidos cavaleiros orçamentais).

[939] A votação do acórdão teve a particularidade bizarra de todos os juízes terem votado parcialmente vencidos, tendo este beneficiado de uma muito peculiar e variável geometria aprovatória. Assim, tendo votado o acórdão 9 juízes, houve seis declarações de voto e três juízes que se louvaram nas declarações de outros magistrados.

[940] O teor do actual número 5 do art. 165.º da Constituição, introduzido pela revisão constitucional de 1989, ao aceitar a existência de autorizações legislativas orçamentais em matérias não fiscais, não lhes conferindo (porém) qualquer especificidade de regime, é, inequivocamente, um forte ponto de apoio para a aceitação de cavaleiros orçamentais no sistema constitucional português.

[941] A doutrina do acórdão foi duramente criticada em diversos votos de vencido. Assim, Martins da Fonseca considerou que a inclusão na lei do Orçamento de normas não orçamentais deveria ter um limite, que decorreria, em seu entender, do facto de essas normas deverem ter *algum relacionamento com a matéria orçamental, com a função do Orçamento, ou com a finalidade da respectiva lei.* A explicação para esta limitação do conteúdo possível da lei do Orçamento encontra-se, para o autor, no facto desta lei ser *uma lei especial que só pode ser alterada por proposta do Governo.* Este argumento, que leva a considerar que a inclusão de cavaleiros orçamentais implicava que a sua alteração estivesse dependente de iniciativa do Governo, é, também, utilizado por Lobo Xavier, *Enquadramento Orçamental em Portugal: Alguns Problemas,* 1983, pág. 232, mas fora já convincentemente afastado pelo Tribunal, ao considerar que os referidos cavaleiros não beneficiariam de iniciativa legislativa reservada, pese embora a sua inclusão na lei do Orçamento. O voto de vencido de Martins da Fonseca é, ainda assim, importante, desde logo por permitir, "a contrario", considerar que o Tribunal, no acórdão, não exigiu que os cavaleiros orçamentais tivessem relacionamento com a matéria orçamental, com a função do Orçamento ou com a finalidade da referida lei, só assim se justificando o teor do voto de vencido, que acaba por considerar que, *a abertura consentida pela orientação vencedora retira ao Orçamento a sua própria natureza.* Vital Moreira pronunciou-se, igualmente, em voto de vencido sobre a admissibilidade da lei do Orçamento conter cavaleiros orçamentais (o referido autor

456 A Lei por detrás do Orçamento

haveria de repetir esta argumentação "per relationem" no voto de vencido aposto ao acórdão 267/88). Para Vital Moreira, *a lei do Orçamento não é uma lei como as outras,* defendendo que, atendendo à sua função, *a lei do Orçamento não pode conter mais do que o Orçamento nas componentes que decorrem do art. 108.º da CRP.* Quanto ao regime jurídico a aplicar aos cavaleiros orçamentais, Vital Moreira considera que, ou os mesmos limitariam a iniciativa posterior do Parlamento e seriam, por isso, inconstitucionais, ou então continuariam sujeitos ao regime da lei comum (posição defendida no acórdão) sendo que, nesse caso, descaracterizariam, em seu entender, a lei do Orçamento, que passaria a ser, *a lei do Orçamento e lei de tudo o mais que, por motivos de conveniência e oportunidade política, a maioria de cada momento resolvesse introduzir na lei do Orçamento.* Não deixa de se notar aqui uma inflexão na posição deste autor, já que, enquanto que neste voto de vencido considera que, *o conteúdo do Orçamento está definido no art. 108.º,* em anterior voto de vencido, aposto ao acórdão 144/85, havia tomado, como se viu, posição diversa e mais abrangente. Estava então em causa, como já se referiu, a natureza jurídica do mapa VII, relativo às despesas plurianuais, discutindo-se, nesse contexto, se o referido mapa, não sendo exigido pelo art. 108.º, deveria ser considerado parte da lei do Orçamento para efeitos de se lhe aplicar o regime jurídico reforçado desta lei. Nessa ocasião, Vital Moreira não questionou a inclusão desse mapa na lei do Orçamento, tendo mesmo considerado que, *é indiferente saber se o mapa VII, tal como consta do Orçamento para 1985, constitui elemento absolutamente necessário do Orçamento; o que importa é que, fazendo parte integrante dele e tendo sido aprovado pela AR, não pode ser, por isso mesmo, alterado senão pela mesma AR (embora apenas sob proposta do Governo).* Bem diversa é, agora, a posição de Vital Moreira quando considera que, *não é preciso grande esforço de interpretação do art. 108.º da CRP para concluir que a lei do Orçamento é a que aprova o Orçamento de Estado e que o Orçamento está constitucionalmente definido no mesmo preceito constitucional.* Pese embora o modo impressivo como descreve a situação, não parece que este autor subscreva, de um ponto de vista jurídico-constitucional, a melhor doutrina. Para Vital Moreira, a aprovação de cavaleiros orçamentais far-se-ia *à revelia das regras comuns da legiferação que passam pela iniciativa legislativa originária, pela sua publicação e conhecimento público, pela discussão e votação na generalidade, pela apreciação na comissão especializada competente, pela discussão e votação na especialidade, pela votação final global, tudo num processo que dá garantias de publicidade, ponderação e votação autónoma.* Apesar da quantidade, não parece que os argumentos invocados procedam. Na verdade, embora incluídas na lei do Orçamento, também estas normas, independentemente do seu conteúdo, são aprovadas de acordo com um processo legislativo constitucionalmente adequado, não se vislumbrando, em termos jurídico-constitucionais, a existência do "*golpismo legislativo*" a que o autor alude. Para além do mais, não se lhes aplicando o regime reforçado da lei do Orçamento, poderão estas ser objecto de iniciativa parlamentar, devendo ser aprovadas de acordo com as regras constitucionais e regimentais. Nem se refira que, por serem incluídas na lei do Orçamento, merecem menor atenção ou menor maturação parlamentar, pois esse é um argumento de facto que poderá, ou não, ocorrer, sendo aliás de difícil demonstração e de impossível mensurabilidade face à (inexistente) escala de ponderação legislativa. Também o argumento de que as normas não seriam aprovadas na comissão parlamentar competente não procede, já que todas as comissões

O *Conteúdo da Lei do Orçamento*

Aqui chegados, importa referir que a questão inerente ao facto de saber se se podem incluir, em normas reforçadas pelo procedimento, matérias que não comunguem da temática que implicou a opção constitucional pela atribuição de uma natureza reforçada a essas leis, embora incida sobre a lei do Orçamento, e a propósito desta tenha sido, maioritariamente, discutida, não é uma questão exclusiva da lei do Orçamento, podendo, com razão, falar-se, antes, e em termos mais amplos, em cavaleiros de lei reforçada[942].

se pronunciam sobre a proposta de lei de Orçamento, podendo inclusivamente algumas normas ser destacadas da proposta de Orçamento por sugestão da própria comissão. Por tudo isto não se vê como pudesse o Tribunal acolher a doutrina de Vital Moreira e considerar inconstitucional uma norma apenas por se presumir, em abstracto, que, pelo facto de estar incluída na lei do Orçamento, teria sido aprovada *de forma expedita,* assim se aprovando propostas *não amadurecidas.* Também o argumento do veto presidencial é invocado por Vital Moreira, mas, mais uma vez, sem que aí se possa encontrar razão. Para o referido autor, a inclusão de cavaleiros orçamentais na lei do Orçamento teria efeitos perniciosos, *limitando ou vedando o exercício do veto presidencial e o controle preventivo da constitucionalidade em relação a elas (pois isso atrasaria ou poria em cheque a entrada em vigor do Orçamento).* Mais uma vez, está-se perante argumentos de facto que poderão, inclusivamente, ocorrer com outro tipo de legislação. Em termos jurídicos, o poder de veto ou de fiscalização preventiva não fica afectado, podendo o Parlamento, se considerar oportuno, expurgar as normas em causa de modo a não pôr em causa a entrada atempada da lei do Orçamento. Alternativamente, poderá o Presidente, como de resto sucedeu na lei do Orçamento para 2003, promulgar a lei do Orçamento e suscitar imediatamente após a publicação desta a fiscalização sucessiva abstracta dos cavaleiros orçamentais que lhe pareçam inconstitucionais. De qualquer modo, sempre se poderá dizer que a existir qualquer atraso provocado pela inclusão de cavaleiros orçamentais na lei do Orçamento, então a maioria governamental só se poderia queixar de si própria e da sua opção política. Não se nega que, com a admissão ilimitada de inclusão de cavaleiros na lei do Orçamento, esta se poderia transformar, no limite, como refere Vital Moreira, em *lei de revisão geral anual da ordem jurídica com possibilidade de intromissões em todas as áreas,* mas essa é uma possibilidade que não é exclusiva da lei do Orçamento, não se vendo como impedir, no quadro constitucional actual, que uma lei avulsa possa conter normação sobre vários e diversos motivos. A terminar, não se pode deixar de manifestar, igualmente, uma forte crítica a estas situações em que se cumulam normas materialmente diversas no mesmo diploma legislativo, situando embora a crítica no domínio da Legística. É que, como reconhece Vital Moreira, *seguramente que não basta que uma solução seja doutrinalmente censurável e politicamente intolerável para ser inconstitucional.* Sobre o domínio da Legística, conforme já se referiu, David Duarte, Alexandre Pinheiro, Miguel Romão, Tiago Duarte, *Legística – Perspectivas sobre a concepção e redacção de actos normativos,* 2002.

[942] António Vitorino refere-se, em voto de vencido ao acórdão 1/91, a *cavalier estatutário,* enquanto que Blanco de Morais, *As Leis Reforçadas,* 1998, prefere falar, genericamente, de *cavaleiros de lei reforçada.*

458   *A Lei por detrás do Orçamento*

Neste contexto, torna-se imprescindível recordar, igualmente, a doutrina do acórdão n.º 1/91, do Tribunal Constitucional, onde estava em causa a constitucionalidade de um conjunto de normas de natureza eleitoral incluídas no Estatuto Político-Administrativo da Região Autónoma da Madeira. Chamado a decidir, o Tribunal considerou que tais normas teriam aí cabimento possível, não obstante o regime particular de iniciativa e de aprovação dos Estatutos Político-Administrativos, já que, no entender do Tribunal, *a afirmação da possibilidade de os Estatutos integrarem normas versando matéria eleitoral não implica, necessariamente, uma identidade de força jurídica e de regime de aprovação e alteração*[943/944].

O Tribunal voltou a pronunciar-se sobre os cavaleiros orçamentais no acórdão n.º 358/92, onde, depois de elaborar extensa recensão pela história constitucional, pelo Direito comparado e pela doutrina nacional, sempre no sentido de demonstrar a natureza material, normativa e conformadora da lei do Orçamento, acaba por não se pronunciar, embora recorde os argumentos do acórdão n.º 461/87, sobre a questão de *saber se a particular natureza da lei do Orçamento como lei especial de programação económico-financeira poderá chegar ao ponto de legitimar a inclusão, no seu articulado, de pre-*

---

[943] Acórdão n.º 1/91, do Tribunal Constitucional. O Tribunal desvalorizou, no entanto, esta questão, já que considerou que as matérias em causa apresentavam *uma vertente organizatória que afirma a sua conexão funcional com a matéria do Estatuto.*

[944] A questão do não mimetismo, necessário, entre a inclusão de uma norma numa lei reforçada e a atribuição do regime jurídico reforçado da lei em que se inclui, haveria de ser igualmente abordada em voto de vencido de António Vitorino. O referido autor recorda, de resto, anterior acórdão do mesmo Tribunal (acórdão n.º 183/88), em que este órgão equaciona, embora sem dar resposta, a possibilidade de a matéria eleitoral, da competência exclusiva da Assembleia da República, poder ser regulada em Estatutos Político-Administrativos das Regiões Autónomas. António Vitorino considera que o tratamento de normas eleitorais no Estatuto de uma Região Autónoma só pode ser entendido como *cavalier estatutário,* sendo que a admissibilidade desta norma fica condicionada ao facto de não *beneficiar, por natureza, do especial regime jurídico daqueles estatutos, podendo ser alterada por lei avulsa da Assembleia da República, sob iniciativa dos Deputados, dos grupos parlamentares ou do Governo da República* (...). No mesmo sentido, António Vitorino, *Os poderes legislativos das Regiões Autónomas na segunda Revisão Constitucional,* 1992, pág. 28, afirma que, *as leis estatutárias, por isso, têm uma especial qualificação hierárquico-normativa, são leis (ordinárias) de valor reforçado. Mas esse valor paramétrico, em nosso entender, só deve ser reconhecido às normas estatutárias por natureza* (...).

ceitos sem qualquer projecção financeira (questão que se deixa em aberto por desnecessária à resolução do caso em apreço)[945].

O acórdão deixa, no entanto, bem clara a opção que toma relativamente ao regime a atribuir aos *cavaleiros orçamentais* no contexto de uma lei reforçada pelo procedimento, como é a lei do Orçamento, ao indicar que, a *admissibilidade na lei do Orçamento de matérias "não orçamentais" não se pode entender como traduzindo uma limitação, para o futuro, da liberdade de iniciativa parlamentar.* Por isso mesmo, embora se possa notar algum retrocesso face à amplitude admitida pelo acórdão n.º 461/87, o certo é que se renovou a doutrina constitucional de que a inclusão de matérias de conteúdo não estritamente orçamental na referida lei, não lhes associa, por esse facto, o regime reforçado da lei em que se incluem[946].

---

[945] Note-se que o relator do acórdão 358/92 foi o próprio António Vitorino. Estavam em causa algumas alterações efectuadas ao regime das finanças locais, pelo que o Tribunal considerou que a matéria tinha *uma tal conexão* com os domínios orçamentais que legitimava a sua inclusão na lei do Orçamento, beneficiando, inclusivamente, do regime reforçado desta lei. Antes deste acórdão, refira-se, ainda, sem grandes desenvolvimentos, o acórdão n.º 303/90, onde o Tribunal faz uma referência, não conclusiva, aos cavaleiros orçamentais. Sobre a matéria subjacente ao referido acórdão, vejam-se os pareceres de Gomes Canotilho e Vital Moreira, Esteves de Oliveira e Lobo Xavier, e Fausto de Quadros, que se encontram juntos ao processo judicial.

[946] O Tribunal, neste aresto, negou-se a coonestar uma doutrina que tem feito o seu caminho em Espanha e que passa por considerar relevantes, para a defesa da inconstitucionalidade dos cavaleiros orçamentais, o facto de estes terem sido (alegadamente) aprovados sem a necessária ponderação e debate por parte dos parlamentares, não lhe sendo dedicado um tempo razoável de discussão. Na verdade, esta questão presta-se a dois tipos de abordagem. Assim, o Tribunal pode actuar em abstracto, considerando que essa eventualidade é desde logo suficiente para sustentar a inconstitucionalidade, ou verificar, em concreto, se esses limites efectivamente ocorreram. A primeira solução é a que resulta da argumentação de Vital Moreira, no voto de vencido que juntou ao acórdão 461/87 e tem sido a aceita pela jurisprudência espanhola mais recente. A solução contrária, que tem sido utilizada em vários votos de vencidos de juízes do Tribunal Constitucional espanhol parece ser a que mereceu acolhimento no acórdão em apreço. Com efeito, aí, o Tribunal, referindo-se a essas limitações ao debate, considerou que, *o caso em apreço parece ser um bom exemplo de como tais inconvenientes – que em tese geral se não negam – não obstam às garantias de publicidade, ponderação e votação autónoma, como resulta da projecção de que esta temática da alteração da lei das Finanças Locais se revestiu nos debates parlamentares da lei do Orçamento para 1992 (...).* Como já se referiu, julga-se que esses limites (presumidos em abstracto ou apurados em concreto) não devem servir para sustentar juízos de inconstitucionalidade, por inexistir um padrão de debate aceitável ou de ponderação exigível ou, ainda, de atenção mínima necessária que permita ser confrontado com os casos concretos.

460 *A Lei por detrás do Orçamento*

Essa foi, de resto, também a conclusão a que se chegou no acórdão n.º 291/99, onde o Tribunal recorda que, *não basta, porém, que uma determinada norma conste de um Estatuto Regional para que a sua alteração por um Decreto-Lei importe violação da reserva de Estatuto: desde logo, porque a norma estatutária pode ela própria ser inconstitucional. Essa violação só existirá, se essa norma constante do Estatuto pertencer ao âmbito material estatutário – ou seja: se ela regular questão materialmente estatutária*[947].

A matéria dos cavaleiros orçamentais haveria de voltar, mais recentemente, a ser objecto de desenvolvida análise jurisprudencial, no acórdão 141/2002[948], no qual o Tribunal Constitucional recordou que, *não existe no nosso ordenamento jurídico-constitucional qualquer proibição expressa de inclusão destas normas, por alguns denominadas de extravagantes, na lei do Orçamento*, desta forma reafirmando expressamente a doutrina do acórdão n.º 461/87, referindo, no entanto, que, *não pode considerar-se como absolutamente estranha*

---

[947] Neste acórdão estava em causa a revogação de uma norma sobre o destino das custas, que acabou por ser considerada como fazendo parte da reserva material do Estatuto da Região Autónoma dos Açores. Sobre esta matéria, veja-se, ainda, de modo absolutamente claro, o acórdão do Tribunal Constitucional n.º 460/99. Neste acórdão estava em causa uma norma estatutária relativa à competência dos tribunais. Para o Tribunal Constitucional, *ao incluir essa norma, sem mais, em diploma que teve o tratamento procedimental de Estatuto de Região Autónoma, o legislador qualificou-a, erradamente, como norma estatutária. A esse título, ter-lhe-á conferido valor ou força, formalmente, superior ao de norma incluída em acto legislativo comum, que seria, efectivamente, o apropriado, atendendo à matéria tratada (...). O Tribunal afasta, porém, a ilegalidade da lei comum que venha a legislar sobre essa matéria, ao considerar que, bem vistas as coisas, o legislador não estatutário, sucessivo, não pode considerar-se vinculado a normas estatutárias materialmente alheias aos Estatutos: a estas normas não pode reconhecer-se um valor formal agravado. Não incorrerá em ilegalidade se dispuser em contrário. Nesta conformidade, a validade da norma editada pelo legislador sucessivo, bem como a sua aplicabilidade, atendendo à matéria sobre que versa, podem e devem aferir-se em confronto directo com a Constituição.*

[948] Estava em causa a apreciação da (in)constitucionalidade de uma norma inserida na lei do Orçamento para 1992 e de outra norma inserida na lei do Orçamento para 1993, ambas relativas aos limites a estabelecer às remunerações do pessoal que exerce funções em órgãos de soberania, em gabinetes dos referidos órgãos ou em grupos parlamentares, de modo a não beneficiarem de remuneração superior à do Primeiro-Ministro. O Tribunal, para além de analisar as hipotéticas violações ao princípio da igualdade e ao princípio da confiança, analisou, também, o facto destas normas se incluírem na lei do Orçamento. A doutrina deste acórdão, relativamente à admissibilidade dos cavaleiros orçamentais, foi expressamente reafirmada no acórdão n.º 360/2003, que não trouxe, assim, dados novos a este tema.

à lei do Orçamento a matéria atinente ao regime salarial da função pública (...) que, pelo menos indirectamente, se conexiona com a matéria orçamental[949].

Uma vez terminada esta incursão pela evolução da jurisprudência constitucional, importa concluir que, de acordo com o referido Tribunal, não se encontra no texto constitucional português, ao contrário do que se colhe na lição dada pelo Direito comparado, qualquer limitação à capacidade de a lei Orçamental incluir, no seu articulado, outras matérias, para além das previstas nos artigos 105.º e 106.º da Constituição, embora não tenha ainda surgido um caso inequívoco de aceitação de um "cavaleiro" sem qualquer ligação com a lei reforçada em que se inclua.

Segundo o Tribunal, embora a lei do Orçamento possa incluir no seu articulado outras normas para além das estritamente orçamentais, esse facto não permite a "osmose" do regime jurídico que a Constituição delineou e atribuiu (apenas) às normas orçamentais, estando, de resto, a sua admissibilidade dependente da admissibilidade da autonomia de regimes jurídicos, considerados de um ponto de vista material e não meramente formal-instrumental.

De um modo geral, sobretudo pelas conclusões que permite tirar, considera-se que a jurisprudência portuguesa tem vindo, neste domínio, a interpretar correctamente o texto constitucional português, devendo-se-lhe, parcialmente, o facto de Portugal ter, em regra, uma lei do Orçamento com um conjunto não muito elevado de normas extravagantes (excepcionando as matérias fiscais), não tendo, desta forma, evoluído para situações patológicas como as que se encontram noutros países.

Na verdade, como já se verificou, foi a pressão dos textos constitucionais e a restritiva jurisprudência constitucional, que acabaram por levar os ordenamentos jurídicos a reagir politicamente, aprovando anualmente leis de acompanhamento orçamental que, sendo apresen-

---

[949] O Tribunal faz, ainda, uma referência a uma *prática habitual ou reiterada,* bem como a uma *ampla tradição, remontando ao constitucionalismo monárquico,* aí fundando, de algum modo, a admissibilidade da inserção dos referidos cavaleiros no ordenamento jurídico-constitucional português, em termos que parecem ser de rejeitar, por sustentarem (ainda que parcialmente), uma decisão de não inconstitucionalidade fora do contexto (único admissível) do texto constitucional em vigor.

462 *A Lei por detrás do Orçamento*

tadas, discutidas, aprovadas e publicadas de modo paralelo com a lei do Orçamento, acabam por conter todos os vícios que se apontavam à inclusão de cavaleiros na lei do Orçamento, elevados pelo facto de conterem um número substancialmente superior de alterações legislativas avulsas, naquilo a que se pode apelidar de "leis de cavaleiros"[950].

Em Portugal, pode retirar-se da jurisprudência constitucional, ainda que o Tribunal não tenha assumido totalmente esta justificação, que a aceitação de cavaleiros de lei reforçada depende da aceitação (cumulativa) de que o mesmo acto legislativo comporte, no limite dos requisitos formais e procedimentais, mais do que um conteúdo, atribuindo a cada um o regime jurídico adequado, atendendo à materialidade das normas.

Ora, no texto constitucional, encontram-se indícios suficientes que permitem considerar que essa cumulação de dois regimes jurídicos no mesmo acto legislativo é possível e, mais do que isso, é obrigatória. Na verdade, o número 5 do art. 165.º da Constituição, ao permitir a inclusão na lei do Orçamento de autorizações legislativas em matérias não fiscais sem, no entanto, lhes atribuir a especificidade de regime que reserva às autorizações legislativas fiscais é um exemplo claro dessa permissão, a que se junta a previsão do número 6 do art. 168.º quando obriga *as disposições das leis que regulam as matérias referidas nos artigos 148.º e 149.º, na alínea o) do artigo 164.º, bem como as relativas ao sistema e método de eleição dos órgãos previstos no n.º 3 do artigo 239.º*, a serem aprovadas por maioria de dois terços dos deputados presentes, desde que superior à maioria absoluta dos Deputados em efectividade de funções[951].

---

[950] Neste sentido, parece ser negativo o teor do art. 28.º número 2 da Lei de Enquadramento Orçamental (Lei n.º 91/2001, de 20 de Agosto), ao prever que, *as disposições constantes do articulado da Lei do Orçamento do Estado devem limitar-se ao estritamente necessário para a execução da política orçamental e financeira.* Na verdade, como já se afirmou, o referido artigo parece querer caminhar no sentido da proibição da inclusão de cavaleiros orçamentais na lei do Orçamento, em termos que podem criar maiores dificuldades do que as que visam resolver.

[951] Em sentido semelhante, veja-se, igualmente, a segunda parte do número 5 do art. 168.º da Constituição, quando refere que, *as leis orgânicas carecem de aprovação, na votação final global, por maioria absoluta dos Deputados em efectividade de funções, devendo as disposições relativas à delimitação territorial das regiões, previstas no artigo 255º, ser aprovadas, na especialidade, em Plenário, por idêntica maioria.*

O Conteúdo da Lei do Orçamento

Com efeito, ao contrário da relação hierárquica entre actos legislativos e actos regulamentares, em que o critério formal se superioriza ao critério material, na atribuição de regimes reforçados, intra-legislativos, a diferenciação tem de fazer-se, necessariamente, pela análise do conteúdo material de cada norma, de modo a não atribuir um regime reforçado a uma matéria que, constitucionalmente, deveria beneficiar de um regime ordinário, apenas pela decisão do legislador de a fazer incluir (formalmente) em acto legislativo reforçado.

Uma actuação desse tipo, juntando no mesmo acto formalmente legislativo matérias legislativas ordinárias com matérias legislativas reforçadas, fazendo aplicar a todas o procedimento agravado seria, na medida em que com isso conseguisse petrificar o regime jurídico das matérias ordinárias, inevitavelmente inconstitucional, não só por violar a regra geral do art. 112.º da Constituição, como, igualmente, porque, na medida em que limitava a livre intervenção dos vários órgãos de soberania, bulia com a distribuição constitucionalmente efectuada das competências destes, em clara violação do art. 110.º.

Aqui chegados, importa verificar como alguns segmentos da doutrina mais representativa se afastam da jurisprudência que tem vindo a ser cautelosamente trilhada pelo Tribunal Constitucional, não lhe fazendo sequer uma referência muito detalhada. A possibilidade de manuseamento, por parte do legislador, do espectro global das fontes de Direito, de modo por vezes alheio à correcta e previsível utilização desse mesmo emaranhado de actos, assume-se, de resto, segundo se crê, como um novo desafio para o intérprete, que não mereceu até hoje uma resposta cabal e unitária por parte doutrina, seja no domínio dos cavaleiros orçamentais, seja no domínio dos cavaleiros estatutários, que representam, hoje em dia, os universos onde as questões mais se têm colocado.

Assim, na Escola de Lisboa, Sousa Franco foi o autor que, de modo mais claro, defendeu a não inconstitucionalidade dos cavaleiros orçamentais, sem, no entanto, se debruçar sobre a questão de saber qual o regime jurídico que deve ser aplicado a esses mesmos cavaleiros. Na verdade, ao afirmar que, *toda a lei pode rever potencialmente as leis anteriores de idêntica natureza formal*, o autor parece esquecer a natureza reforçada da lei do Orçamento que, por esse facto, beneficia de um regime específico, passando assim ao

464 *A Lei por detrás do Orçamento*

lado do problema de saber se esse mesmo regime se há-de aplicar, ou não, aos cavaleiros orçamentais[952].

De modo mais desenvolvido, Jorge Miranda envereda também por estes domínios, podendo afirmar-se que, depois de numa primeira fase ter adoptado um entendimento mais restritivo sobre a admissibilidade constitucional de cavaleiros de lei reforçada, tem-se aproximado da solução que se afigura ser correcta, ainda que a sua doutrina continue a carecer de alguns esclarecimentos adicionais.

Com efeito, o autor começou por afirmar que, perante a questão de saber se os Estatutos Político Administrativos das Regiões Autónomas poderiam conter, legitimamente, outras matérias, para além das tipicamente estatutárias[953], *a resposta tem de ser negativa – negativa tanto em relação a matérias eleitorais como em relação a quaisquer outras (...) se o Estatuto pudesse incluir qualquer matéria, ficaria, por esse modo, limitado o poder de iniciativa dos deputados, dos grupos parlamentares ou do Governo da República relativamente a essa matéria (art. 170.º)*[954].

---

[952] Sousa Franco, *Finanças Públicas e Direito Financeiro*, vol. I, 1997, pág. 401.

[953] Estas normas seriam, para Jorge Miranda, *Funções, Órgãos e Actos do Estado*, 1990, pág. 304, as *atinentes às atribuições e ao sistema de órgãos regionais (e a zonas conexas)*. Não deixa de ser de difícil densificação esta referência a zonas conexas, precisamente quando se está a tentar recortar, com exclusividade, o conteúdo possível de uma lei. Sobre esta matéria, veja-se, igualmente, em termos idênticos, Jorge Miranda, *Anotação ao Acórdão do Tribunal Constitucional n.º 183/88*, 1989, pág. 364 e segs. No referido acórdão estava em causa a modificação de normas eleitorais incluídas no Estatuto Provisório da Região Autónoma da Madeira.

[954] Jorge Miranda, *Funções, Órgãos e Actos do Estado*, 1990, pág. 302. Embora o autor se refira à *função de cada estatuto político-administrativo*, parece que o elemento fundamental que levaria à proibição de inclusão de outras matérias seria, em termos de constitucionalidade, o de evitar restringir a iniciativa dos deputados, dos grupos parlamentares e do Governo. Em termos semelhantes, Moreira da Silva, *Da Lei Orgânica na Constituição da República Portuguesa*, 1991, pág. 63, refere-se à situação de uma lei orgânica que contenha normas comuns, considerando que estas serão formalmente inconstitucionais, tendo em atenção a *especificidade funcional*. Referindo-se aos cavaleiros de Estatuto, mas advogando igualmente a sua inconstitucionalidade, Pedro Machete, *Elementos para o estudo das relações entre os actos legislativos do Estado e das Regiões Autónomas no quadro da Constituição vigente*, 1997, pág. 97. Assim, para o autor, os Estatutos, *enquanto lei ordinária reforçada, não podem invadir o âmbito de competência legislativa comum da Assembleia da República, nem o âmbito de competência legislativa regional*. No mesmo sentido, considerando que as leis que contrariem o Estatuto são inválidas, mas que o Estatuto será, também, inválido, *na parte em que nele se dispuser sobre matéria que caiba regular a essas mesmas leis*, Pereira Coutinho, *A Lei Regional e o Sistema das Fontes*, 1988, pág. 211.

O autor defendia, assim, a inconstitucionalidade formal[955] dos cavaleiros de Estatuto, no seguimento de doutrina mais geral que seria de aplicar a todas as leis reforçadas, já que, em seu entender, esta questão *pode colocar-se outrossim a respeito de outras leis de valor reforçado, definidas em razão da matéria, como as leis orgânicas e as leis orçamentais, e a conclusão tem de ser, por coerência, semelhante: tais leis não podem invadir domínios que lhes não sejam constitucionalmente concedidos, salvo irrelevância (as normas que então contenham não desfrutam de superioridade sobre quaisquer outras normas posteriores)*[956].

Ora, era precisamente a parte final deste inciso que introduzia um factor de perturbação na linearidade do discurso apresentado. Conforme se verificou, Jorge Miranda defendia a inconstitucionalidade dos cavaleiros de lei reforçada por se lhes dever aplicar (inconstitucionalmente) o estatuto reforçado das leis em que se incluíam, assim se petrificando essas matérias. Por isso mesmo, a invocação da *irrelevância* surgia, neste contexto, como uma hipótese alternativa extravagante.

Com efeito, a opção pela inconstitucionalidade ou pela irrelevância não é uma alternativa oferecida ao legislador, pelo que não se

---

[955] Jorge Miranda, *Funções, Órgãos e Actos do Estado*, 1990, pág. 304, considerou que, *se, por conseguinte, o Estatuto de qualquer das regiões autónomas contiver normas sobre outras matérias que não as atinentes às atribuições e ao sistema de órgãos regionais (e a zonas conexas), elas deverão ter-se por inconstitucionais – formalmente inconstitucionais, por excesso de forma ou, mais rigorosamente, por violação das regras de iniciativa legislativa dos artigos 170.° e 228.°, coadjuvadas com as dos artigos 229.° e 233.°.* Como se pode notar, a referência à específica função do Estatuto não é autonomizada para efeitos de aplicação de sanção constitucional, o que demonstra a inconsistência desse critério. Ainda no sentido da inconstitucionalidade dos cavaleiros de Estatuto, Rui Medeiros e Jorge Pereira da Silva, *Estatuto Político-Administrativo da Região Autónoma dos Açores Anotado*, 1997, pág. 20. Para os referidos autores, *admitindo a existência de uma inconstitucionalidade, não nos parece admissível que certas normas constantes dos Estatutos, mas que "por natureza" não estão abrangidas na reserva de lei estatutária, tenham um valor idêntico ao das restantes leis ordinárias. Assim, a ideia da conversão dos preceitos estatutários que extravasem a reserva de Estatuto conduziria, a ser aceite, à possibilidade de introduzir nos diplomas em causa todas e quaisquer matérias, sem que isso fosse susceptível de censura constitucional.* Julga-se que a posição dos autores acaba por, como aliás acontece frequentemente na doutrina nacional e estrangeira neste domínio, invocar a inconstitucionalidade para obviar a uma questão de legística e de boa técnica legislativa.

[956] Jorge Miranda, *Funções, Órgãos e Actos do* Estado, 1990, pág. 307.

466   *A Lei por detrás do Orçamento*

via como defender a inconstitucionalidade dos cavaleiros de Estatuto, pela limitação ao poder de iniciativa que implicavam e, depois, afirmar que a invasão dos domínios estatutários por legislação avulsa podia ser irrelevante, assim se afastando essa inconstitucionalidade[957/958].

Foi precisamente no sentido de considerar a inclusão de cavaleiros de lei reforçada como sendo irrelevante, por não se lhes aplicar o regime especial que a Constituição (apenas reserva) para as matérias reforçadas por natureza, que o pensamento de Jorge Miranda evoluiu, afirmando que essas normas, não materialmente reforçadas, *poderão ser modificados ou revogadas, observadas as pertinentes regras gerais da Constituição*[959]. A inconstitucionalidade permanece, agora, naturalmente, reservada para os casos em que essas matérias sejam aprovadas sem cumprirem os requisitos formais ou procedimentais constitucionalmente impostos em razão da matéria sobre que incidam, o que nada tem a ver com a discussão sobre a admissibilidade de inclusão de normas legais ordinárias em legislação reforçada[960/961].

---

[957] Na verdade, para Jorge Miranda, *Funções, Órgãos e Actos do* Estado, 1990, pág. 305, no caso de a Assembleia da República intervir sobre uma matéria (não estatutária por natureza) inserida num Estatuto, *a norma estatutária é inconstitucional; simplesmente, a norma legislativa é, por seu turno, ilegal (por violação de Estatuto)*. Em sentido, parcialmente concordante pronunciam-se, aliás, como se verá, Gomes Canotilho e Vital Moreira, *Constituição da República Portuguesa Anotada*, 1993, pág. 848. Na verdade, os referidos autores defendem, também, a propósito dos Estatutos, que *a inserção no Estatuto de matérias alheias ao âmbito material estatutário (...) implica inconstitucionalidade formal – excesso de Estatuto (...)*. Para Jorge Miranda, esta presunção de reforço legislativo, cobrindo todas as normas integradas no Estatuto, apenas poderia ser afastada pelo Tribunal Constitucional, que, ao declarar a inconstitucionalidade dos cavaleiros de Estatuto, evitava que estas pudessem servir de parâmetro de legalidade face à legislação parlamentar. Note-se que Blanco de Morais, *As Leis Reforçadas*, 1998, pág. 922, critica esta posição de Jorge Miranda, por considerar que *o ordenamento não admite "saltos na hierarquia"*.

[958] Jorge Miranda, *Autorizações Legislativas,* 1986, pág. 24, já havia considerado, referindo-se às autorizações legislativas orçamentais em matérias não tributárias e sem directa ou indirecta repercussão orçamental, que estas seriam *inválidas (ou, no mínimo, ineficazes, para lá do período de vigência do Orçamento)*. O autor abandonaria esta distinção no *Manual de Direito Constitucional, tomo V*, 1997, pág. 322-323, admitindo autorizações orçamentais em matéria tributária e em matérias com *directa ou indirecta repercussão económico-financeira*, sem se referir à admissibilidade ou ao regime de outras autorizações legislativas orçamentais.

[959] Jorge Miranda, *Manual de Direito Constitucional, tomo V*, 2004, pág. 373.

[960] Isso mesmo fica claro nos exemplos oferecidos por Jorge Miranda, *Manual de Direito Constitucional, tomo V*, 2004, pág. 374, mais até do que pela pouco clara formulação

O Conteúdo da Lei do Orçamento

A mudança de posição do autor não parece estar ainda completa, devendo ainda ser homogeneizada em todas as referências que aduz sobre o tema, não sendo agora mais possível continuar a afirmar que a reserva de Estatuto *define, concomitantemente, o objecto possível de cada Estatuto em concreto*[962], nem insistir que, *se o Estatuto pudesse abarcar qualquer matéria, ficaria, por esse modo, limitado o poder de iniciativa dos deputados, dos grupos parlamentares, de grupos de cidadãos ou do governo da república relativamente a essa matéria (art. 167.º)*[963].

geral apresentada em *Manual de Direito Constitucional, tomo III*, 1998, pág. 312, onde parece apresentar, novamente, uma alternativa ao legislador. Na verdade, não se deve afirmar que os cavaleiros podem ser modificados ou revogados, observadas as pertinentes regras gerais (e não as regras especiais da lei reforçada), afirmando, alternativamente, que *poderão, desde logo, ser inconstitucionais por invadirem domínios próprios de outras leis*, já que essa é uma questão que se prende com as normas em causa e não com a sua inserção em leis reforçadas, sendo, por isso mesmo, a sua invocação, em alternativa, factor de escusáveis dificuldades interpretativas. Com efeito, foram essas dificuldades interpretativas que levaram Blanco de Morais, *Algumas reflexões sobre o valor reforçado de normas parasitárias presentes em leis reforçadas pelo procedimento*, 2001, pag 37, a criticar a opção de Jorge Miranda, ao afirmar que, *os actos legislativos, independentemente de casos duvidosos que se possam colocar, ou são conformes à Constituição ou são inconstitucionais: – não existe um valor qualificável como irrelevância, na qualidade de "tertium genus" entre a conformidade com a Constituição e a inconstitucionalidade*. Na verdade, embora Jorge Miranda se reporte à irrelevância da intromissão de leis reforçadas em domínios da lei comum, assim afastando a inconstitucionalidade dessa actuação, Blanco de Morais (pág. 58), conclui, diferentemente, mas julga-se que sem razão, afirmando que, *Jorge Miranda, (...) defende, como nós, a inconstitucionalidade de normas parasitárias*.

[961] No mesmo sentido, Rui Medeiros, *A Decisão de Inconstitucionalidade*, 1999, pág. 281 e 529. O autor considera que, *se não existirem requisitos especiais de qualificação e a noção de lei reforçada assentar apenas em critérios materiais, nem sequer chega a surgir uma questão de inconstitucionalidade por excesso ou desvio de forma. As normas de uma lei estatutária que versem sobre matérias não atinentes às atribuições e órgãos das regiões autónomas valerão, então, como normas ordinárias comuns*. Rui Medeiros refere mesmo (pág. 529), que, ainda que se considere que a lei reforçada contendo cavaleiros é inconstitucional, *a lei reforçada inconstitucional não vincula os tribunais, as autoridades administrativas e o próprio legislador ordinário comum*. O autor inverteu assim a posição manifestada em *Valores Jurídicos Negativos da Lei Inconstitucional*, 1989, pág. 502, considerando, agora (pág. 283), que *os órgãos legislativos são competentes para realizar um juízo autónomo sobre a validade de normas jurídicas. Esta solução jurídica, que o espantalho da insegurança jurídica não consegue afugentar, constitui a conclusão mais coerente com a consagração do princípio da constitucionalidade*.

[962] Jorge Miranda, *Manual de Direito Constitucional, tomo V, 2004*, pág. 372.

[963] Jorge Miranda, *Manual de Direito Constitucional, tomo V, 2004*, pág. 373. Da mesma forma, parece não ter sustentação constitucional, na nova doutrina de Jorge Miranda,

468   A Lei por detrás do Orçamento

Diferentemente, Paulo Otero assume, neste domínio, o pensamento mais restritivo face ao conteúdo possível dos cavaleiros de lei reforçada[964]. Em seu entender a existência de cavaleiros orçamentais, não sendo expressamente permitida pela Constituição, fora da aplicação das leis de autorização legislativa, apenas pode ser considerada constitucional pela invocação de costume "contra-constitutionem"[965].

a defesa de que as autorizações legislativas orçamentais apenas podem incidir (como continua a defender no *Manual de Direito Constitucional, tomo V, 2004*, pág. 330) sobre matérias *com directa ou indirecta repercussão económico-financeira*, já que, em coerência, deveriam poder conter qualquer matéria (desde que cumprissem os requisitos constitucionais), sendo considerada, essa sua inclusão, como *irrelevante*, não lhes sendo aplicável o regime jurídico orçamental. Só assim se poderá afirmar (pág. 366), com propriedade, que o *art. 165.º n.º 5, ao estender o regime da lei orçamental apenas a matérias tributárias, encerra um princípio geral.*

[964] O autor apenas se pronuncia sobre a admissibilidade de cavaleiros orçamentais. Sobre essa questão, Paulo Otero, *Autorizações Legislativas e Orçamento do Estado*, 1992 e *Desparlamentarização, Conteúdo do Orçamento e Problemas de Controlo Constitucional*, 1992. Seguindo genericamente a doutrina de Paulo Otero, veja-se Alexandra Leitão, *Os poderes do executivo em matéria orçamental*, 1997, pág. 86 e segs. Para esta autora, *permitir o alargamento do âmbito e matérias integradas na Lei do Orçamento implica retirar poderes à Assembleia da República, interferindo com a repartição de competências estabelecida na Constituição.* Alexandra Leitão teria razão se a consequência que apresenta fosse inevitável, mas, não o sendo, como se viu, deixa de se poder aceitar a posição a que adere. Com efeito, ao contrário do que defende, os cavaleiros orçamentais não são inconstitucionais, precisamente, por não beneficiarem do regime jurídico orçamental e, consequentemente, não interferirem com a repartição de competências estabelecida na Constituição, desta forma perdendo igualmente relevância o outro fundamento apresentado pela autora, onde considera que a Constituição define, em termos restritos, o conteúdo orçamental. Na verdade, o conteúdo a que se refere será meramente o conteúdo obrigatório, único a beneficiar do regime orçamental e, por isso mesmo, não modificável por simples vontade do legislador. Alexandra Leitão invoca ainda o argumento de que a separação entre normas orçamentais por natureza e cavaleiros orçamentais seria muito difícil de efectuar, mas parece esquecer que essa mesma separação teria de ser sempre efectuada pelo Tribunal Constitucional para poder identificar os cavaleiros orçamentais e os declarar inconstitucionais. Finalmente, considera que a *dualidade de regimes descaracterizaria a lei do Orçamento*, omitindo, no entanto, o facto de que essa dualidade de regimes, sendo aceite pela Constituição em termos gerais, é especificamente aceite relativamente à lei do Orçamento, pelo art. 165.º número 5 da Constituição.

[965] O autor acolhe, assim, materialmente, o sentido do voto de vencido de Vital Moreira relativo ao acórdão n.º 461/87, considerando que a aceitação dos cavaleiros orçamentais não seria admissível apenas por não ser expressamente proibida. Em seu entender, *o Orçamento não pode conter o tratamento normativo de matérias sem qualquer relação (directa ou indirecta) com o exercício da actividade financeira, sob pena de inconstitucionalidade. As especificidades de regime da lei do Orçamento determinam que se deva procurar na Constituição a definição das matérias integrantes de tal acto legislativo especial.*

O Conteúdo da Lei do Orçamento 469

Ainda assim, entende que o regime jurídico da lei do Orçamento se deve aplicar, na sua plenitude, a todas as normas que aí se incluam, independentemente do seu conteúdo[966], criticando a hipótese de o regime material do Orçamento apenas se aplicar às normas orçamentais por natureza[967].

Julga-se, pelo que já se afirmou, que a opinião de Paulo Otero não é conforme com o texto constitucional, podendo a não inconstitucionalidade dos cavaleiros de lei reforçada ser procurada nas próprias normas da Constituição e não em costume "contra constitutionem". Com efeito, ainda que "de iure condendo" se possa pretender uma outra solução e, de um ponto de vista da boa técnica legislativa, se quisesse aspirar a uma maior ordem e coerência na legislação, o certo é que, no contexto constitucional actual, não é a simples inclusão de uma determinada matéria legal numa lei reforçada que permite ao legislador fazer dessa matéria uma matéria reforçada, ao arrepio do pretendido pela Constituição, tal como a aprovação de uma matéria por maioria qualificada não permite, só por si, considerar que essa mesma matéria só poderá vir a ser modificada por maioria idêntica.

---

[966] Para Paulo Otero, *Desparlamentarização, Conteúdo do Orçamento e Problemas de Controlo Constitucional*, 1992, pág. 42, *todas as referidas normas, independentemente de assumirem relevância financeira, devem estar sujeitas a um regime unitário.* Para o autor (pág. 43), aplicando-se a regra da anualidade a todas as disposições inseridas na lei do Orçamento, as normas que eventualmente pretendam revogar outras normas anteriores, apenas lograrão um efeito suspensivo e não, verdadeiramente, revogatório, havendo lugar a um renascimento das normas originárias no final do período anual de suspensão. Discorda-se, naturalmente, deste entendimento, mais uma vez por implicar uma visão redutora da capacidade da lei do Orçamento conter outras normas não orçamentais que, por isso mesmo, não beneficiarão das características que a Constituição (apenas) impõe às normas materialmente orçamentais.

[967] Paulo Otero, *Desparlamentarização, Conteúdo do Orçamento e Problemas de Controlo Constitucional*, 1992, pág. 41 a 43. Para o autor, *a subordinação de todas as disposições da lei do Orçamento a um regime unitário tem ainda a inegável vantagem de evitar a resolução de conflitos interpretativos entre o que é matéria com e sem relevância financeira* (...). Note-se que esta é, como referiu Teixeira Ribeiro, *Os poderes orçamentais da Assembleia da República*, 1987, pág. 174, uma questão de ordem prática e, como tal, alheia a uma argumentação jurídica. Paulo Otero, *Autorizações Legislativas e Orçamento do Estado*, 1992, pág. 278, volta a defender a mesma solução, relativamente às autorizações legislativas inseridas na lei do Orçamento, independentemente do seu conteúdo, já que considera que, *estas devem considerar-se também sujeitas ao regime próprio desta última lei* (lei do Orçamento), não tendo a Assembleia da República iniciativa revogatória sobre tais autorizações, *uma vez que todas as alterações ao Orçamento partem exclusivamente de proposta legislativa do Governo.*

470   *A Lei por detrás do Orçamento*

Na verdade, por mais que com a solução vigente se criem embaraços interpretativos e dificuldades na hora da sindicância constitucional, julga-se que a distinção entre o regime legal ordinário e o regime legal reforçado se há-de fazer, inarredavelmente, através da análise material das normas, só assim se evitando a solução, porventura mais simples e cómoda, mas nem por isso menos inconstitucional, de permitir ao legislador constituído reforçar, e com isso petrificar, as matérias que lhe aprouvesse, ao arrepio do texto constitucional.

Importa, ainda, afirmar o facto de ser precisamente a possibilidade de se deslindar, no meio de um mesmo acto legislativo, quais as normas materialmente reforçadas e quais as normas materialmente ordinárias que permite salvaguardar a possibilidade dessa cumulação, no mesmo acto, de normas materiais com diversos valores jurídicos, pelo que, inexistindo os indícios oferecidos pelo número 5 do art. 165.º e pelos números 5 e 6 do art. 168.º da Constituição, e fora de um contexto interpretativo que permita atribuir valor reforçado a normas, em função do seu conteúdo, e não a leis, em função da sua forma, a opção teria de ser outra, crendo-se que, nesse caso, não se teria sequer formado qualquer continuidade de decisões jurisprudenciais onde Paulo Otero pudesse fundar a sua invocação de um costume "contra constitutionem".

Na Escola de Coimbra não existe, igualmente, uma opinião unânime sobre a questão da admissibilidade de cavaleiros de lei reforçada, nem sobre o regime jurídico que lhe deva ser aplicado. Ainda assim, Teixeira Ribeiro é o autor que assume a posição mais clara neste domínio ao defender a possibilidade de a lei do Orçamento poder conter normas que regulem *matérias estranhas às receitas e despesas do Estado*[968]. Para o referido autor essas matérias poderiam ser alteradas por iniciativa dos parlamentares, visto não beneficiarem do regime reforçado da lei do Orçamento, que estaria reservado somente para as disposições orçamentais[969].

---

[968] Teixeira Ribeiro, *Os poderes orçamentais da Assembleia da República*, 1987, pág. 173 e 174. Para este autor, *embora a inserção de normas não orçamentais seja radicalmente condenável sob o ponto de vista da técnica legislativa, a verdade é que não é princípio legal que a técnica legislativa deva ser correcta.*

[969] Para Teixeira Ribeiro, *Os poderes orçamentais da Assembleia da República*, 1987, pág. 174, a necessidade de separar as normas orçamentais por natureza das *disposições estranhas à administração orçamental* era, em seu entender, uma *simples dificuldade de ordem prática*.

O Conteúdo da Lei do Orçamento 471

Diferentemente, Gomes Canotilho e Vital Moreira[970] defendem, a propósito dos Estatutos das Regiões Autónomas, que, *a inserção de matérias alheias ao âmbito material estatutário (...) implica inconstitucionalidade formal – excesso de estatuto –, de modo que nessas áreas as normas estatutárias não compartilham da natureza de lei reforçada, podendo ser livremente substituídas por lei comum da República, ou por lei regional, conforme os casos*[971]. Assim, estes autores, embora defendam a inconstitucionalidade dos cavaleiros de estatuto, defendem, igualmente, que o facto de essas normas se encontrarem incluídas no Estatuto não lhes confere a presunção de serem estatutárias, até à declaração de inconstitucionalidade, podendo, assim, ser livremente alteradas pelo legislador comum.

Esta solução afigura-se contraditória, por aceitar cumular duas opções que, segundo parece, devem ser equacionadas em alternativa. Na verdade, aceitando a irrelevância da inclusão de cavaleiros estatutários, para efeitos de aplicação do regime reforçado do Estatuto a normas não estatutárias por natureza, deixa de se justificar a opção pela inconstitucionalidade, já que o motivo dessa mesma inconstitucionalidade seria, precisamente, a petrificação das normas comuns, por lhes fazer aplicar o regime reforçado a que não teriam direito.

A opinião dos referidos autores não é, de resto, unitária, já que, embora tenham considerado inconstitucionais os cavaleiros de Estatuto, tomam posição diversa relativamente aos cavaleiros orçamentais. Na verdade, invocando jurisprudência constitucional favorável, não se pronunciam pela inconstitucionalidade dos cavaleiros orçamentais, apenas referindo que, a admitir-se a sua constitucionalidade, *então não poderá deixar de se entender que nessas matérias a*

---

[970] Vital Moreira pronuncia-se, como se viu, igualmente, sobre a problemática dos cavaleiros orçamentais nos votos de vencido associados aos acórdãos do Tribunal Constitucional números 144/85, 461/87 e 267/88.

[971] Gomes Canotilho e Vital Moreira, *Constituição da República Portuguesa Anotada*, 1993, pág. 848. Esta indicação vem apenas expressa na 3.ª edição da *Constituição da República Portuguesa Anotada*, já que nas edições anteriores os autores somente se referiam ao facto de o Estatuto dever abranger (apenas) as matérias directamente definidas pela sua condição de lei organizatória, sem, no entanto, indicarem o que sucederia se essa intenção não fosse cumprida.

472   *A Lei por detrás do Orçamento*

lei do Orçamento tem de ser considerada como uma lei comum de modo a poder ser alterada nos termos gerais[972].

Gomes Canotilho pronuncia-se, ainda, sobre a inclusão nos Estatutos das Regiões Autónomas de normas eleitorais, considerando tal inclusão inconstitucional de um ponto de vista formal e material[973]. Acontece que, cumulativamente, o autor reporta-se à posição de António Vitorino[974], que defende a não inconstitucionalidade dos *cavaliers estatutários,* na medida em que estes não beneficiem do especial regime dos Estatutos, nomeadamente, no que concerne às restrições à iniciativa de modificação ou de revogação, considerando que essa solução é *correcta em via de princípio*[975].

---

[972] Gomes Canotilho e Vital Moreira, *Constituição da República Portuguesa Anotada,* 1993, pág. 470. Os autores evoluíram, face à 2.ª edição da *Constituição da República Portuguesa Anotada,* 1984, pág. 472, onde, mais cautelosamente, afirmavam, relativamente à possibilidade de o legislador incluir cavaleiros orçamentais, que, *é muito duvidoso que o possa fazer, já que, tratando-se de uma lei especial, que só pode ser alterada por proposta do Governo, o alargamento do seu âmbito para além das matérias que preenchem a sua função vem a traduzir-se, em relação às matérias excrescentes, numa limitação da competência da AR e da liberdade de iniciativa legislativa parlamentar (a não ser que pudesse entender-se – o que não é fácil – que nessas matérias a lei poderia ser alterada nos termos gerais).*

[973] Gomes Canotilho, *Direito* Constitucional, 1993, pág. 860 e 861. O autor apenas se pronuncia sobre esta questão a partir da 5.ª edição do *Direito Constitucional,* 1992, pág. 872. Refira-se que a questão relativa às matérias eleitorais não é um bom exemplo, já que a inserção de normas eleitorais nos Estatutos é desde logo inconstitucional, como o autor indica, pelo facto destas deverem ser aprovadas por lei orgânica sujeita a especificidades procedimentais que não são cumpridas pelos Estatutos. A opção pela inconstitucionalidade, neste contexto, nada adianta, neste caso, relativamente à admissibilidade de cavaleiros de lei reforçada.

[974] Voto de vencido de António Vitorino anexo ao acórdão 1/91, do Tribunal Constitucional.

[975] Gomes Canotilho, *Direito Constitucional,* 1993, pág. 861. Em Parecer junto ao processo que esteve na origem do acórdão n.º 358/92, do Tribunal Constitucional, Gomes Canotilho e Vital Moreira denominam os cavaleiros orçamentais de *"pacotes legislativos orçamentais",* mantendo *as mais sérias dúvidas quanto à bondade da doutrina que vem admitindo, em termos tão "laxistas", a legitimidade constitucional dos "apêndices normativos orçamentais". Nada existe na Constituição que favoreça tal leitura, parecendo-nos mais correcto o entendimento de que a lei do Orçamento é uma lei especial (...) devendo, portanto, limitar-se às matérias que justificam essa especialidade, ou seja, à previsão das receitas e despesas públicas e às normas de carácter fiscal, financeiro ou orçamental necessárias para a sua execução.* Os autores, embora reconhecendo a não vigência de um *bepackungsverbot,* julgam que o texto constitucional português também não autoriza uma permissão para que a lei do Orçamento detenha *poderes omninormativos,* considerando mesmo que a aprovação da lei do Orçamento se realiza *à margem do poder legislativo comum.*

O Conteúdo da Lei do Orçamento 473

Na verdade, é bem claro o balanceamento de Gomes Canotilho entre o *não reconhecimento de carácter reforçado, próprio das leis estatutárias, às normas de carácter não estatutário* (por natureza) *e a consideração destas como inconstitucionais, mas só elimináveis por declaração de inconstitucionalidade ou por nova lei estatutária que as exclua do âmbito normativo dos estatutos*[976].

Com esta solução pendular acaba por evitar assumir uma posição definitiva sobre esta questão, opção que se acentuaria, de resto, na sua obra mais recente, onde o autor deixa de tomar posição sobre a questão dos cavaleiros de lei reforçada, referindo apenas, a propósito dos Estatutos das regiões autónomas, que *a dilatação do conteúdo estatutário a matérias não estatutárias (ex.: leis eleitorais) pode suscitar a controversa questão de vício por excesso de estatuto*[977].

Não se pode dizer, deste modo, que seja inequívoca a solução acolhida por Gomes Canotilho, já que o autor, depois de equacionar a alternativa entre a irrelevância e a inconstitucionalidade[978], parece propender para a defesa da inconstitucionalidade, não deixando de referir, porém, que, *pelo menos, parece ser de afastar o valor reforçado de normas que, embora inscritas no Estatuto, não se enquadram*

No referido Parecer (onde os autores radicalizam as suas posições face aos textos que publicaram), emitido a propósito de uma alteração da lei das finanças locais efectuada pela lei do Orçamento, fica patente uma intensa desvalorização da autonomia legislativa da lei do Orçamento que é vista como uma lei sujeita a vinculações legislativas externas, cujos reflexos tem de acolher. Para os autores, *a lei das Finanças Locais não pode ser livremente alterada pela Lei do Orçamento pois, então, as finanças locais seriam apenas aquilo que em cada ano, de forma imprevisível e conjuntural, o Governo e a Assembleia da República determinassem no momento da aprovação do Orçamento.*

[976] Para Gomes Canotilho, *Direito Constitucional*, 1993, pág. 861, qualquer das soluções apresentava inconvenientes, já que, enquanto que a primeira opção levaria à aceitação de normas estatutárias meramente formais, a segunda permitia a petrificação do regime até à declaração da inconstitucionalidade ou a aprovação de nova norma estatutária revogadora da anterior.

[977] Gomes Canotilho, *Direito Constitucional e Teoria da Constituição*, 1998, pág. 723, considera que, *suscita, porém, muitos problemas o acrescentamento de outros conteúdos para além dos permitidos por uma interpretação não restritiva do art. 227.º*, sem, no entanto, avançar com pistas sobre o melhor modo de solucionar esses mesmos problemas. O autor deixou, mesmo, de se referir a esta questão em *Direito Constitucional e Teoria da Constituição*, 2003.

[978] Gomes Canotilho, *Direito Constitucional*, 1993, pág. 861.

no núcleo de normas "estatutárias por natureza"[979]. Ora, deste modo, acaba por juntar, precisamente, as duas opções alternativas, tornando a sua doutrina opaca e contraditória, uma vez que a defesa da irrelevância jurídica supre a opção pela inconstitucionalidade.

Finalmente, também Lobo Xavier, em obra especificamente dedicada à problemática orçamental, se pronuncia sobre a admissibilidade e o regime dos cavaleiros orçamentais no sistema constitucional português[980]. Para Lobo Xavier, os cavaleiros orçamentais *não deviam figurar na lei orçamental, em nome da clareza e especialidade dos actos normativos – o que é, no entanto, bem diferente de afirmar que não podem dela constar*[981].

Não obstante este pressuposto inicial, com o qual se concorda, o autor acaba, posteriormente, por analisar o regime jurídico aplicável aos referidos cavaleiros, defendendo uma solução mista pouco coerente, uma vez que, apesar de não aceitar que o regime jurídico da lei do Orçamento (no que respeita ao especial modo de alteração) se aplique aos cavaleiros orçamentais, que poderão, assim, ser modificados por iniciativa parlamentar, defende, cumulativamente, que o regime anual do Orçamento se aplique, obrigatoriamente, a todas as normas incluídas nesta lei, independentemente do seu conteúdo[982].

---

[979] Gomes Canotilho, Direito Constitucional, 1993, pág. 861. De modo diverso, em *Direito Constitucional e Teoria da Constituição*, 2003, pág. 779, afirma que, *a atracção de uma matéria para o âmbito estatutário (...) restringe a possibilidade do legislador republicano através de leis gerais. Com efeito, perante a rigidez estatutária atrás referida, e não obstante os estatutos serem leis da Assembleia da República, é indiscutível, como se viu, que a simples "vontade estadual" não basta para flexibilizar as normas estatutárias.*

[980] Lobo Xavier, *O Orçamento como Lei,* 1990, pág. 139 e segs.

[981] Lobo Xavier, *O Orçamento como Lei*, 1990, pág. 145. O autor, já em *"Enquadramento orçamental" em Portugal: alguns problemas*, 1983, pág. 243, havia declarado que, *entre nós não há qualquer disposição constitucional ou legal que proíba a inclusão no Orçamento destes "cavaliers budgétaires".*

[982] Lobo Xavier, *O Orçamento como Lei*, 1990, pág. 146 e segs. O autor, tomando consciência dessa mesma incoerência, afirma (pág. 150): *notar-se-á, por certo, que não fizemos esta destrinça quando discorremos a propósito da vigência dos preceitos que se incluem no documento orçamental. (...) Não julgamos justo, no entanto, que se aponte uma certa incoerência a este propósito.* Acontece que os argumentos que invoca para defender a obrigatoriedade dos cavaleiros orçamentais terem vigência anual não são probantes. Com efeito, a invocação que faz da jurisprudência constitucional não é correcta, já que nos acórdãos n.º 280/86 e n.º 281/86 estava, apenas, em causa a atribuição da regra da anualidade de modo residual e não imperativo. Em segundo lugar, a invocação dos princípios

O Conteúdo da Lei do Orçamento 475

Terminada esta análise crítica da doutrina nacional, importa afirmar que, embora tenha sido com Vital Moreira que a "vexata quaestio" do conteúdo possível da lei orçamental entrou na doutrina e na jurisprudência portuguesa, foi Blanco de Morais quem, em termos autónomos e com um âmbito mais vasto, se pronunciou desenvolvidamente sobre a relevância jurídica dos cavaleiros de lei reforçada, o que justifica uma atenção mais pormenorizada à solução que apresenta[983].

Blanco de Morais começa por considerar que o texto constitucional não proíbe, de modo expresso, a existência de *enclaves de Direito comum em legislação reforçada*[984]. Pese embora esta afirmação de princípio, que se aproxima da solução jurisprudencial que tem feito vencimento, em seu entender a lei reforçada que incorpore normas não materialmente reforçadas (de direito comum), deve, para que essa inclusão seja constitucionalmente admissível, identificar as referidas normas, dando assim um sinal claro de que estas não devem partilhar o regime reforçado aplicável às restantes[985].

Esta necessidade de identificação das normas de Direito comum face às normas materialmente reforçadas, que são a razão justificativa do reforço procedimental, torna-se imprescindível, em seu entender, para evitar que, na falta de uma separação de conteúdos, se aplique também às normas de Direito comum o regime que a Constituição apenas pretendeu estender às normas materialmente reforçadas.

---

da *clareza dos actos, protecção da confiança e segurança jurídica* tão pouco é relevante, já que estes princípios hão-de aplicar-se, autónoma e casuisticamente, não parecendo que tenham, neste particular, uma vigência especial. Na verdade, a Constituição não proíbe, em abstracto, que uma lei avulsa contenha normas sobre vários conteúdos, até com uma entrada em vigor ou uma vigência eventualmente diferenciadas. Considerando que os cavaleiros orçamentais *terão uma vigência que se prolongará para além do termo do ano orçamental*, não os considerando inconstitucionais, apesar da sua utilização ser *extremamente desaconselhável, até por causa da segurança jurídica dos cidadãos* (...), Oliveira Martins, *Constituição Financeira*, 1984, pág. 303.

[983] Blanco de Morais pronuncia-se em *As Leis Reforçadas*, 1998, pág. 908 e segs. e, posteriormente, de modo específico, mas sem, no geral, modificar o sentido da argumentação, em *Algumas reflexões sobre o valor jurídico de normas parasitárias presentes em leis reforçadas pelo procedimento*, 2001.

[984] Blanco de Morais, *Algumas reflexões sobre o valor jurídico de normas parasitárias presentes em leis reforçadas pelo procedimento*, 2001, pág. 33.

[985] Blanco de Morais, *As Leis Reforçadas,* 1998, pág. 912.

476   *A Lei por detrás do Orçamento*

Ora, um alargamento do manto reforçado a normas incidentes sobre matérias não reforçadas provocaria a petrificação destas normas, retirando-as do poder normativo do legislador comum, tudo em manifesta violação constitucional. A identificação dos *enclaves* de *Direito comum* inseridas em leis reforçadas tinha, assim, na opinião do autor, o intuito de afastar a presunção que, caso contrário, sempre se estabeleceria em favor de todas as normas incluídas numa lei reforçada, independentemente do seu conteúdo material[986].

Diferentemente, no caso de o legislador reforçado não identificar as normas de Direito comum inseridas na lei reforçada, promoveria e daria guarida a *um "cavaleiro de Direito comum" dissimulado silentemente numa lei reforçada pelo procedimento*[987], actuação inconstitucional, na medida em que, deste modo se violaria:

(i)   a tipicidade relativa à forma e força de lei, atribuindo valor reforçado a normas que o não deveriam ter;

(ii)   o princípio da segurança jurídica, por induzir em erro o destinatário, o legislador e o operador administrativo, que, para além de ficarem confundidos pela existência de normas de conteúdo diverso do que a identificação e o genérico conteúdo da lei em que se inserem aparentavam, seriam colocados na incerteza de saber qual o regime jurídico aplicável a estas, e;

(iii) o princípio democrático, por se criar uma rigidificação aparente e indevida de matérias que, devendo estar ao alcance das maiorias simples, se encontravam abusivamente protegidas por agravamentos procedimentais que a Constituição quis reservar apenas para algumas normas[988].

---

[986] Para Blanco de Morais, a não inconstitucionalidade dos enclaves de Direito comum está, assim, dependente, não da maior ou menor proximidade com a matéria objecto de regime reforçado, mas, apenas, da sua identificação por parte do legislador reforçado, afastando a presunção da natureza reforçada e evitando a inconstitucionalidade por abuso ou excesso de forma.

[987] Blanco de Morais, *Algumas reflexões sobre o valor jurídico de normas parasitárias presentes em leis reforçadas pelo procedimento*, 2001, pág. 47 e segs.

[988] Blanco de Morais, *As Leis Reforçadas*, 1998, pág. 915, já havia apresentado argumentação semelhante para fundamentar a inconstitucionalidade dos cavaleiros silentes. Note-se, porém, que, aí, autonomizava, ainda, uma quarta razão justificativa da referida inconstitucionalidade e que se reportava a uma alegada inconstitucionalidade por excesso de forma.

O *Conteúdo da Lei do Orçamento* 477

Aqui chegados, importa assentar no facto de se aceitar a consideração de que uma lei reforçada não pode, por sua vontade e ao arrepio da determinação constitucional, alargar a outras normas o regime reforçado, determinado constitucionalmente em razão de determinada matéria, sem, com essa actuação, incorrer em inconstitucionalidade, pelo que, nesse particular, não se discorda de Blanco de Morais.

Com efeito, a regra geral da aprovação legislativa por maioria simples só é afastada tendo em conta determinadas matérias, pelo que a aceitação de um conceito material de lei reforçada é inarredável se não se quiser bulir, ilegitimamente, com o previsto no art. 110.º da Constituição. Na verdade, ao legislador constituído, mesmo ao reforçado, não lhe é permitido alargar, por sua exclusiva responsabilidade, o elenco material de normas reforçadas, nem o regime jurídico reforçado, aos domínios sobre os quais decida legislar, sendo-lhe interdito expandir o seu domínio à custa da cristalização de matérias de Direito comum.

Assente este pressuposto, importa verificar se a doutrina de Blanco de Morais é a única que permite salvaguardar a referida

---

Esta situação decorreria do facto de se utilizar um procedimento não adequado para regular uma matéria que não exigia esse mesmo procedimento. O autor referia-se, mesmo, a uma *manipulação de uma forma qualificada,* da qual derivaria a força indevida. Este argumento levaria, segundo se julga, à declaração da inconstitucionalidade de todos os cavaleiros, mesmo daqueles que fossem identificados, já que, também em relação a estes, haveria excesso de forma. Tal como se disse, o autor abandonou esta argumentação em *Algumas reflexões sobre o valor jurídico de normas parasitárias presentes em leis reforçadas pelo procedimento,* 2001, valorizando, mais do que o excesso de forma, a utilização indevida do valor reforçado por parte de matérias que o não merecem, tendo, nesse ponto, melhorado a sua argumentação. Não deixa, no entanto, de se notar que algumas das críticas apresentadas relevam do domínio da boa técnica legislativa e não do domínio da inconstitucionalidade, como, de resto, o demonstram as referências bibliográficas citadas pelo autor, quer em *As Leis Reforçadas,* 1998, quer em *Algumas reflexões sobre o valor jurídico de normas parasitárias presentes em leis reforçadas pelo procedimento,* 2001, onde se encontram obras como a de Sainz Moreno, *Tecnica Legislativa: Vision Unitária de una Matéria Plural,* 1994. Blanco de Morais, *Algumas reflexões sobre o valor jurídico de normas parasitárias presentes em leis reforçadas pelo procedimento,* 2001, pág. 16, inicia, de resto, o seu Estudo como se de uma obra de legística se tratasse, já que refere que, *de entre os defeitos típicos relativos à criação normativa que são assinalados como casos de escola, nas obras de referência sobre o drafting legislativo, emergem as normas intrusas, parasitárias ou fugitivas.*

478 *A Lei por detrás do Orçamento*

inconstitucionalidade, ou até se é sequer adequada para promover tal desiderato. Na verdade, segundo se crê, o autor, embora tente importar para o Direito nacional uma solução vigente noutros ordenamentos jurídicos, falha na argumentação utilizada, não acautela a diferença de paradigmas, gera acrescidos problemas interpretativos, e acaba por escolher o mais tortuoso dos caminhos, evitando a solução mais clara que é, também, a única com acolhimento constitucional.

Assim é que, Blanco de Morais, colocado perante a questão de saber como evitar que os enclaves de Direito comum sejam considerados inconstitucionais, por se lhes aplicar o regime jurídico das normas materialmente reforçadas, traz para a doutrina nacional a teoria da separação conceitual entre cavaleiros silentes e cavaleiros identificados pelo próprio legislador, considerando que, *no caso da lei reforçada pelo procedimento proceder à identificação do seu campo normativo potenciado e do seu hemisfério apendicular, a lei comum se encontra habilitada a proceder, sem quaisquer problemas, à revogação das disposições que integram este último hemisfério*[989].

Antes de se analisar a questão de saber se existe uma presunção de que todas as normas incluídas numa lei reforçada gozam desse mesmo regime, importa desde já referir que a solução apresentada, que passa por permitir ao legislador reforçado a identificação das normas que lhe pareçam comuns, com isso as afastando do estatuto reforçado, não só se afigura desconforme com o texto constitucional, como, a ser aplicável, seria geradora de mais problemas do que aqueles que visa resolver[990].

---

[989] Blanco de Morais, *As Leis Reforçadas,* 1998, pág. 919.

[990] Uma situação semelhante à proposta por Blanco de Morais foi, de resto, afastada pela jurisprudência constitucional italiana, tendo gerado inúmeros problemas, como se verá adiante, no ordenamento jurídico-constitucional espanhol a propósito do relacionamento das leis orgânicas com as leis ordinárias. Relativamente ao sistema italiano, importa recordar a decisão n.º 195/1986, onde o Tribunal Constitucional considerou irrelevante a qualificação efectuada pelo Estado relativamente às normas das *leggi-cornice* (leis-quadro) que continham princípios fundamentais e que, como tal, não poderiam ser derrogadas pelas Regiões. Com efeito, de acordo com o art. 117.º da Constituição Italiana, *a Região emana para as seguintes matérias normas legislativas nos limites dos princípios fundamentais estabelecidos pelas leis do Estado, sempre que essas normas não estejam em contraste com o interesse nacional e com o interesse das outras Regiões* (...). No seguimento desta norma, o Estado iniciou uma prática de identificação, no interior das leis-quadro, das normas que poderiam ser desenvolvidas pelas Regiões e das normas que, contendo os princípios fundamentais,

O *Conteúdo da Lei do Orçamento*   479

Assim, em primeiro lugar, não se encontra no texto constitucional qualquer indício que insinue a obrigatoriedade da indicação da existência de cavaleiros de Direito comum integrados em legislação reforçada procedimentalmente. Bem pelo contrário, inexiste na Constituição qualquer regra que se possa assemelhar à que fora prevista no número 5 do art. 112.º (norma entretanto revogada pela revisão constitucional de 2004) que, para além de ter sido fonte de enormes problemas, era seguramente excepcional no nosso ordenamento jurídico-constitucional[991].

---

não o poderiam ser, a qual foi considerada irrelevante para o Tribunal Constitucional. Este órgão, na decisão n.º 192/1987, recordou que, *a ausência de indicação expressa (...) das normas de princípio não produz qualquer lesão das competências regionais.* Para o Tribunal, *a qualidade das normas de princípio ou de detalhe deriva da natureza objectiva das próprias normas e não de uma mera definição formal (...).* O Tribunal voltaria ao tema na decisão n.º 85/1990, onde afirma, taxativamente, que, *a qualificação de uma lei ou de algumas das suas disposições como (...) normas fundamentais não pode decorrer somente da apodíctica afirmação do próprio legislador mas deve ter uma correspondência na natureza das disposições em causa que se depreende do seu conteúdo normativo, do seu objecto, da sua finalidade e da sua incidência no confronto com outras normas do ordenamento ou das relações sociais disciplinadas.* O Tribunal Constitucional haveria de endurecer a sua doutrina relativamente à irrelevância das normas autoqualificativas na sentença 349/1991, ao anular uma dessas normas, por considerá-la ilegítima na parte em que pretendia evitar o desenvolvimento das normas de detalhe (por natureza) por parte das Regiões. Sobre esta polémica, na doutrina italiana, Beniamino Caravita e Massimo Luciani, *La Ridefinizione del Sistema delle Fonti: Noti e Materiali,* 1986, pág. 356 e segs. e Andrea Paoletti, *Leggi-Cornice e Regione – Crisi di un Modello,* 2001, pág. 21 e segs.

[991] Sobre o teor do art. 112.º número 5 da Constituição, tal como foi modificado pela revisão constitucional de 1997 e vigorou à revisão de 2004, em termos certeiramente críticos, Jorge Miranda, *Manual de Direito Constitucional, tomo V, 2000,* pág. 395, afirmava que, *raramente uma fórmula constitucional terá sido tão infeliz (...),* já que, *bem pode uma lei destinar-se a todo o país, captar-se isso de maneira transparente de acordo como os cânones hermenêuticos e, não obstante, faltar (por erro ou esquecimento) a menção da sua vigência nacional. Tal como, ao invés, pode encontrar-se esta menção (por excesso de zelo) e nada a fundamentar ou explicar.* No mesmo sentido, apontando críticas pertinentes à solução constitucional de subordinar as Leis Gerais da República a uma expressa referência pelo legislador, Manuel Afonso Vaz, *A Revisão Constitucional de 1997 – Sistema de Actos Legislativos, Opinião,* 1997, pág. 94 e 95. Refira-se, aliás, que, surpreendentemente, Blanco de Morais, *A Revisão Constitucional de 1997 – Sistema de Actos Legislativos, Opinião,* 1997, pág. 16, considerou, a propósito da configuração das Leis Gerais da República, no seguimento da revisão constitucional de 1997, que, *quanto às normas meramente instrumentais da Lei Geral da República, deve entender-se que constituem direito passível de desaplicação nas regiões, por legislação autonómica contrária, no giro do interesse específico regional.* Desta forma, não pareceu necessário ao autor que a própria Lei Geral da República identificasse quais os seus princípios gerais e quais as normas instrumentais, assim delimitando a interpretação do legislador regional sobre quais as normas que teria de

480 *A Lei por detrás do Orçamento*

Maior semelhança com o caso em apreço têm as normas dos números 5 e 6 do art. 168.º, que demonstram como a Constituição aceita a existência de leis contendo normas com diversos regimes jurídicos, sem, no entanto, impor a identificação de umas e de outras, ou a norma contida no número 5 do art. 165.º que, possibilitando a existência de autorizações legislativas orçamentais de natureza fiscal e não fiscal, não obriga o legislador a identificá-las de forma a proceder-se à atribuição dos diversos regimes jurídicos.

Com efeito, a cumulação, no mesmo acto normativo, de matérias objecto de reforço ou de reserva e de matérias legais ordinárias e concorrenciais tem sido admitida, no sistema constitucional português, sem necessidade de se identificarem os referidos conteúdos materiais, como se pode verificar, por exemplo, no caso das leis de autorização legislativa e dos respectivos decretos-leis autorizados, das leis de bases e dos respectivos decretos-leis de desenvolvimento, ou, ainda, de cumulação no mesmo acto legislativo de matérias de reserva com matérias concorrenciais.

Como já se verificou, o texto constitucional aceita que uma lei de autorização legislativa partilhe, na mesma "lei-veículo", matérias da reserva relativa com matérias concorrenciais, sem necessidade de identificação formal de umas e de outras, permitindo-se que o Governo possa, por decreto-lei simples, alterar anterior decreto-lei autorizado, se apenas incidir sobre matérias que sejam do domínio concorrencial, embora constassem, até, eventualmente, da lei de autorização legislativa[992].

---

respeitar e quais as que poderia modificar. O autor defendeu, mesmo, que, *na esfera de actuação do operador administrativo* (...) *deve o mesmo, como regra, conferir aplicação preferente ao decreto legislativo regional e desaplicar a Lei Geral da República*, invocando um *quadro de tensão entre lei geral e lei especial*. Tal como se defende para a relação entre as normas ordinárias incluídas em leis reforçadas, o autor acaba por concluir que cabe *ao Tribunal Constitucional a última palavra sobre a dilucidação da antinomia, na esfera da validade*. Sobre esta matéria, veja-se, ainda, Maria Lúcia Amaral, *A Revisão Constitucional de 1997 – Sistema de Actos Legislativos, Opinião,* 1997, pág. 107 e 108. Relativamente ao facto de apenas os princípios gerais das Leis Gerais da República vincularem o legislador regional, a autora "aconselha" o legislador estadual a identificar *o que relevará da "fundamentalidade" – e que será portanto vinculativo para o poder legislativo regional – e aquilo que relevará do "detalhe".* Ainda assim reconhece que *o legislador da Região poderá sempre disciplinar em sentido contrário* (...).

[992] Neste sentido, Alexandre Sousa Pinheiro, *O sistema de actos legislativos e o sistema de governo – a experiência portuguesa,* 2000, pág. 312 e 313. O referido autor

Não obstante no número 2 do art. 112.º não se dizer, expressamente que o Governo se encontra vinculado pelo conteúdo das autorizações legislativas "no âmbito das matérias da reserva relativa", é essa, naturalmente, a única interpretação possível, pelo que o Parlamento, "autorizando" o Governo a legislar sobre matéria concorrencial, não logra vincular esse órgão de soberania às suas directrizes, nem, tão pouco, pratica acto inconstitucional devido à (inexistente) presunção de que essa matéria conste, efectivamente, do domínio da reserva relativa[993].

A mesma situação se passa, de resto, no que concerne às leis de bases, já que, fora dos domínios da reserva parlamentar de aprovação de bases, não logra o Parlamento, verdadeiramente, vincular o Governo, sem com isso se exigir uma identificação de quais são as matérias que pertencem a um ou a outro domínio. Com efeito, as leis de bases apenas subordinam o Governo ao seu desenvolvimento no caso de incidirem sobre uma das matérias da reserva parlamentar de lei de bases[994]. Assim, se a referida lei de bases contiver normas

---

considera que não se verifica qualquer tipo de inconstitucionalidade ou ilegalidade em eventuais *desvios registados entre lei de autorização "dispensável" e decreto-lei com ela desconforme*; Neste sentido, já se haviam pronunciado Alexandre Sousa Pinheiro e Mário João de Brito Fernandes, *Comentário à IV revisão constitucional*, 1999, pág. 288.

[993] Sobre esta questão pronunciou-se, de resto, o Tribunal Constitucional no acórdão 461/87, ao considerar que as autorizações legislativas fora do domínio material da reserva relativa (em matérias concorrenciais) deverão ser consideradas *irrelevantes – e, por consequência, (...) não haverão de ser julgadas inconstitucionais.* O Tribunal considerou, igualmente, que *não poderá, certamente, recusar-se à Assembleia a faculdade de, ela mesma, proceder, em primeira linha, à interpretação das normas constitucionais que delimitam o âmbito da sua reserva legislativa, justamente para ajuizar sobre a necessidade (e a conveniência), ou não, da concessão de uma autorização legislativa ao Governo. O entendimento da Assembleia, porém, não é, enquanto tal, vinculante, nem dos tribunais, nem do Governo, o qual, obviamente, dispõe de uma idêntica faculdade interpretativa da Constituição e, em especial, das normas desta atinentes à sua competência legislativa. (...).*

[994] Relativamente à "vexata quaestio" sobre o sentido do art. 198.º número 1 alínea c) da Constituição, importa deixar, aqui, de modo breve, e sem cuidar de resumir o estado da discussão na doutrina (para um resumo desta e da oscilante jurisprudência constitucional, Tiago Fidalgo de Freitas, *O desenvolvimento das leis de bases pela Assembleia da República,* 2001), a posição que se julga ser mais adequada e que não se afasta, em muito, da defendida por Blanco de Morais, *As Leis Reforçadas,* 1998, pág. 280, 303 a 306 e 651. Na verdade, defende-se que o conceito de leis de bases só se encontra densificado, com autonomia conceitual, precisamente para as matérias expressamente indicadas no texto constitucional,

482 — A Lei por detrás do Orçamento

sobre outras matérias (concorrenciais), não conseguirá fazer-se respeitar pelo Governo, sendo, nesse particular, irrelevante (sem ser

---

pelo que só aí há verdadeiras leis de bases, como figura constitucional autónoma. No sentido que se considera decorrer do texto constitucional, mas inequivocamente em termos mais claros, surgia o projecto de revisão constitucional apresentado por Freitas do Amaral, *A Revisão Constitucional de 1982 - Texto e Projectos*, 1982, onde se previa (art. 167.º número 2 e art. 201.º alínea c)), a existência de uma competência exclusiva da Assembleia da República para a elaboração de leis de bases sobre determinadas matérias e uma reserva governamental de desenvolvimento dessas mesmas matérias, nada se prevendo sobre a existência de leis de bases em matérias concorrenciais, domínio onde não podem subsistir verdadeiras relações de subordinação. É certo que, mesmo na matéria concorrencial, se o Parlamento decidir legislar sobre uma certa matéria sem proceder a uma densificação total desta, tender-se-á a considerar que também aí existe, materialmente, uma lei de bases, sendo que a denominação servirá apenas por empréstimo e à falta de melhor, sem possibilidade de arrastamento do regime material constitucionalmente tipificado. Com efeito, na matéria concorrencial, o facto de os deputados terem pretendido legislar apenas sobre as "bases" não lhes retira competência para voltarem ao assunto, legislando sobre o resto, já que a opção de fraccionar no tempo a legislação sobre uma dada matéria não pode ter efeitos preclusivos e limitativos, sempre que a autolimitação possa ser desfeita por simples vontade do órgão que se autolimitou. Entendimento inverso levaria, de resto, a aceitar que a Assembleia da República, não podendo desenvolver a "sua" própria lei, fosse forçada a revogá-la, substituindo-a por outra que não fosse meramente de bases. Também do ponto de vista do Governo não parece ser de aceitar que um órgão se encontre vinculado ao desenvolvimento de uma lei de bases parametrizante, mas que possa, igualmente, em virtude de a matéria pertencer ao domínio concorrencial, eliminar a norma parametrizante, revogando-a. Conclui-se assim que, ao incluir no âmbito da reserva parlamentar as bases de um determinado regime, a Constituição atribui em exclusivo (absoluto ou relativo) ao Parlamento a determinação dessas bases, reservando para o Governo o desenvolvimento (exclusivo) dessas mesmas bases. A Constituição confere assim duas reservas materiais, sendo que, no entanto, a emissão da lei de bases se afigura como um acto-condição da emissão do Decreto-Lei, tal como se depreende desde logo pela obrigação decorrente do art. 198.º número 3. Assim, no art. 112.º afirma-se que o Decreto-Lei de desenvolvimento das bases se encontra subordinado à correspondente Lei de bases, enquanto que no art. 198.º alínea c) identifica-se a competência do Governo em desenvolver as referidas bases, já que tal competência não se apresenta como uma pura competência concorrencial, por ser exclusiva e não concorrente, e por ter um padrão (lei de bases) que não pode ser desrespeitado e que lhe condiciona a actuação. Em modo de conclusão, importa afirmar que se crê ser esta a única solução que procede a uma leitura adequada do texto constitucional, sem colocar em causa o número 2 do art. 110.º da Constituição. Com esta interpretação, evita-se, ainda, que existam Decretos-leis parametrizadores de leis parlamentares, como ocorreria no caso de um Decreto-lei de bases (em matéria da reserva relativa) ser desenvolvido por uma lei parlamentar. A terminar, importa ainda dizer que os decretos-leis de desenvolvimento de leis de bases (em matérias de reserva), enquadrando-se na competência exclusiva do Governo estão imunes à apreciação parlamentar, podendo, naturalmente, ser sindicados perante a justiça constitucional.

inconstitucional) o seu desenvolvimento, que dependerá da vontade do Governo[995].

A obrigatoriedade de identificação dos alegados cavaleiros de lei reforçada, para lá de não encontrar acolhimento no texto constitucional, sendo, de resto, a solução contrária a que colhe a sua justificação em vários exemplos constitucionais, deparar-se-ia, igualmente, com outra ordem de argumentos críticos, já que não se vê como poderia, ao arrepio da Constituição, erigir-se o legislador reforçado em intérprete privilegiado das normas que aprovava, quedando ainda por apurar o grau de vinculatividade da referida interpretação.

Na verdade, para além de a qualificação e a interpretação das normas não ser tarefa do legislador, não se aceita que, pelo facto de uma lei ter um procedimento agravado, possa, por essa razão, beneficiar de maior fiabilidade interpretativa em confronto com os demais actos legislativos, o que sempre redundaria na admissão do princípio (inconstitucional) de que quanto mais agravada tivesse sido a aprovação de uma norma, maior respeito mereceria a interpretação que esta efectuasse sobre o seu próprio valor[996].

---

[995] Note-se que, neste caso, como no caso das autorizações legislativas, cada órgão interveniente (Parlamento e Governo) interpreta livremente a Constituição, sendo que, em caso de discordância, poderá o Tribunal Constitucional ser chamado a pronunciar-se.

[996] Esta é uma decorrência da teoria do autor, que este não consegue afastar. Na verdade, depois de referir que o facto de uma lei comum ser aprovada por maioria qualificada não impede que esta seja alterada por maioria simples, Blanco de Morais, *As Leis Reforçadas*, 1998, pág. 920, acaba por considerar que, *no silêncio da lei reforçada toda a normação que for aprovada segundo uma tramitação à mesma referente deve ser presumida como detendo o correspondente valor, por parte do legislador comum, e do aplicador administrativo no tocante ao exercício das suas competências.* Ora, na teoria do autor, uma lei não será reforçada apenas por conter normas incidentes sobre domínios reforçados, já que admite que aí se encontrem outras matérias. A ser assim, conclui-se que (no entender do autor), até diferente interpretação do Tribunal Constitucional, uma lei deverá ser considerada reforçada sempre que beneficie de um procedimento reforçado, o que, no fundo, vem infirmar a sua teoria de que se uma lei comum for aprovada por maioria qualificada não passa, por isso, a ser reforçada. De facto (ainda utilizando os pressupostos aceites pelo autor), até ser desfeito o equívoco pelo Tribunal Constitucional, qualquer lei aprovada por um procedimento reforçado deveria presumir-se reforçada, independentemente do seu conteúdo material, que não poderia ser apreciado ou questionado pelo legislador comum. Na verdade (quase) nada distingue a situação de uma lei comum aprovada (com uma norma habilitante truncada e um título equívoco) por maioria qualificada, de uma lei (supostamente) reforçada mas sem normas de matéria reforçada, ou só com algumas, aprovada pela maioria qualificada.

484 A Lei por detrás do Orçamento

Finalmente, a aceitação de uma qualificação interpretativa efectuada pelo legislador reforçado que servisse como critério aferidor da existência, ou não, de uma inconstitucionalidade, seria, só por si, um factor de elevada conflitualidade, provocando paradoxalmente um nível de incerteza e de insegurança bem superiores aos que pretenderia alegadamente evitar. Com efeito, não parece que a declaração do legislador se pudesse sobrepor à verdadeira essência das normas, ficando por esclarecer qual a solução a adoptar no caso de normas que, embora não tivessem sido identificadas pelo legislador como sendo comuns, mostrassem, numa leitura mais atenta, pertencer ao domínio comum ou, no caso inverso, em que normas expressamente identificadas como comuns não o fossem materialmente, após mais detalhado confronto com o texto constitucional.

A aplicação de uma doutrina como a proposta acabaria por confundir a essência com a declaração desta mesma essência, levando a que, a final, fosse reforçado, não o que a Constituição determinasse, mas aquilo que o legislador declarasse. Perante uma declaração interpretativa do legislador reforçado com a qual não concordasse, o legislador comum deveria recorrer para o Tribunal Constitucional que, no entanto, não declararia qualquer inconstitucionalidade, devendo, apenas, segundo se crê, invocar a errada qualificação interpretativa, assim qualificando o não qualificado, ou desqualificando o erradamente qualificado[997/998].

---

[997] Contra, referindo-se às Leis Gerais da República, Paulo Otero, *A Revisão Constitucional de 1997 – Sistema de Actos Legislativos, Opinião,* 1997, pág. 124. Para este autor, o Tribunal Constitucional não poderia considerar como sendo Lei Geral da República uma lei (independentemente do seu conteúdo) que não fosse como tal qualificada pelo legislador, nem poderia desqualificar uma lei que tivesse sido qualificada pelo legislador como sendo Lei Geral da República.

[998] Note-se que os poderes cognitivos do Tribunal Constitucional não permitem este tipo de sentenças interpretativas e qualificativas. Aliás, Blanco de Morais, *As Leis Reforçadas,* 1998, pág. 916, referia que o Tribunal Constitucional não está apto a realizar *operações qualificativas que não entronquem na pronúncia pela inconstitucionalidade ou não inconstitucionalidade das leis submetidas à sua apreciação.* O referido autor parece ter alterado, parcialmente, a sua posição em *Algumas reflexões sobre o valor jurídico de normas parasitárias presentes em leis reforçadas pelo procedimento,* 2001, pág. 68. Na verdade, aí, o autor, criticando a opção pouco definida da jurisprudência constitucional portuguesa sobre a questão dos cavaleiros de lei reforçada, refere a possibilidade de, *dentro da linha da jurisprudência espanhola e francesa, estimar os cavaleiros de lei reforçada*

O Conteúdo da Lei do Orçamento

Para Blanco de Morais, em conclusão, a inclusão silenciosa de normas de Direito comum em leis de valor reforçado era suficiente para, com essa actuação (inconstitucional), evitar que o legislador comum pudesse legislar sobre essas mesmas matérias, sendo-lhe negado o poder de interpretar livremente a Constituição e de actuar no limite do que julgue serem as suas competências. A interpretação efectuada pelo legislador reforçado, perante um conjunto de normas incluídas numa lei reforçada, assim transmitindo a aparência de que todas seriam materialmente reforçadas, deveria vincular o legislador comum que não a poderia questionar, mas apenas sindicar junto do órgão de justiça constitucional[999].

A inclusão, deliberada ou fortuita, de modo doloso ou na decorrência de uma sincera interpretação do texto constitucional, de enclaves de Direito comum em leis de natureza reforçada, teria, assim, a virtualidade de, apesar de inconstitucional lograr, pelo menos provisoriamente e até à intervenção do Tribunal, petrificar o ordenamento jurídico, atribuindo uma presunção de que todas as matérias incluídas formalmente numa lei reforçada são efectivamente materialmente reforçadas.

Para Blanco de Morais, a opção alternativa, relativa à possibilidade de o legislador ordinário revogar ou modificar normas que julgue serem da sua competência, apesar de estarem incluídas em leis

---

como não inconstitucionais, mas, em nome da segurança jurídica, declarar a sua indisponibilidade ao legislador ordinário por força de um "congelamento de grau" ou de "valor" até que o tribunal, auto-investido numa função de desacoplamento de normas legais de valores distintos, fosse chamado a pronunciar-se sobre a matéria. Sobre esta hipótese, que, em *As Leis Reforçadas*, 1998, pág. 916, havia considerado ser de *rejeitar "in limine"* por (pág. 924) *defraudar o princípio do pedido* que tem na base a invocação de uma inconstitucionalidade, o autor apenas refere, agora, que, *seria uma opção talvez excessivamente activista (...) mas teria a vantagem de assegurar correctivamente a certeza e a clareza do sistema normativo e os limites lógicos e teleológicos aos diversos poderes.*

[999] Contraditoriamente, Blanco de Morais, *Vínculos ao Poder Orçamental do Governador de Macau*, 2000, pág. 337, referindo-se ao sistema orçamental vigente em Macau durante a administração portuguesa, que se assemelhava bastante ao sistema orçamental oriundo da Constituição Portuguesa de 1933. Na verdade, aí, o autor, apesar de considerar a lei de meios (lei orçamental) como uma lei reforçada pelo procedimento, considera que esta poderia *comportar na sua normação "cavaliers budgétaires" que se concretizassem em autorizações legislativas em sentido estrito ao Governador, as quais se deveriam considerar normas legais anódinas à mesma lei, e que, como tal, seguiriam o regime do art. 14* (autorizações legislativas) *e não da al. g) do n.1 do art. 30 do E.O.M.,* onde constava a reserva de iniciativa do Governador.

486   *A Lei por detrás do Orçamento*

reforçadas sem qualquer identificação sobre a sua natureza comum, embateria em quatro objecções[1000]:

(i)   Objecções de ordem processual. O autor, considerando que os referidos cavaleiros são inconstitucionais, defende que a revogação de uma norma nula transformaria o legislador em órgão de fiscalização da constitucionalidade, função reservada ao Tribunal Constitucional. Considera ainda que, assim, se conseguiria evitar a intervenção do Tribunal, por deixar de haver interesse em apreciar uma norma já revogada.

(ii)   Objecções de ordem textual e lógico-sistemática. O autor invoca o facto de na alínea b) do art. 281.º da Constituição se fazer reportar a ilegalidade de "normas constantes de acto legislativo" à violação de "lei com valor reforçado", considerando que, assim, ficaria claro que o reforço constitucional não se dirigia a normas individualmente consideradas tendo em conta a sua natureza, mas se reportava a toda a lei, que seria considerada reforçada no seu conjunto, independentemente do conteúdo. Igualmente, de um ponto de vista lógico, a aceitação da livre revogação dos cavaleiros de Direito comum pelo legislador comum levaria à possibilidade de, a pretexto de se estarem a revogar cavaleiros, se revogarem efectivamente normas reforçadas por natureza, invertendo-se a regra que impõe a não derrogação das leis reforçadas por leis não reforçadas. O autor considera ainda que a lei comum, sendo mais ágil no procedimento, teria vantagem em revogar parcelas da lei reforçada, não podendo esta *responder com "igualdade de armas"*[1001].

[1000] Blanco de Morais, *Algumas reflexões sobre o valor jurídico de normas parasitárias presentes em leis reforçadas pelo procedimento*, 2001, pág. 58 e segs. Refira-se que a hipótese de o legislador reforçado identificar os referidos cavaleiros apenas se poderia equacionar no caso deste estar ciente da sua existência, não os querendo ainda assim dissimular. Refira-se que esta situação, sendo possível, não deixa de ser a hipótese menos verosímil. Com efeito, na generalidade dos casos, ou o legislador reforçado quer efectivamente tentar fazer passar por reforçadas determinadas matérias que o não devem ser, ou então, alternativamente, julga que todas as matérias incluídas na lei reforçada são verdadeiramente reforçadas, no seguimento da interpretação que faz do texto constitucional.

[1001] Blanco de Morais, *Algumas reflexões sobre o valor jurídico de normas parasitárias presentes em leis reforçadas pelo procedimento*, 2001, pág. 62.

O Conteúdo da Lei do Orçamento

(iii) Objecções de ordem teleológica. De acordo com o autor, o fim inerente às leis reforçadas, que passa por estas se furtarem ao princípio da revogação cronológica, seria irremediavelmente posto em causa, se se aceitasse que o legislador comum se viesse a arvorar em intérprete da natureza reforçada das normas presentes numa lei reforçada, em vez de confiar na presunção de que todas seriam reforçadas.

(iv) Objecções de ordem axiológica. O autor volta a convocar o princípio da segurança jurídica, e, colocando-se perante o facto de ter considerado que a existência de enclaves de Direito comum em leis reforçadas (também) era violadora da segurança jurídica, gradua ambas as inseguranças (a da existência dos enclaves e a da tentativa de os revogar) concluindo que a segunda é a mais grave. O autor critica, ainda, a jurisprudência constitucional por esta, alegadamente, adoptar medidas diferentes ao permitir a não subordinação do legislador comum à interpretação efectuada pelo legislador reforçado, tendo, por outro lado, considerado que a Administração não pode desaplicar leis que julgue inconstitucionais, por estar subordinada à interpretação legal da Constituição.

Pese embora a quantidade e a qualidade dos argumentos esgrimidos por Blanco de Morais, julga-se que estes, não sendo certeiros no objectivo, falecem, por isso, na defesa do texto constitucional, assim se prestando, inevitavelmente, a uma apreciação critica. Analisar-se-á, deste modo, cada um dos argumentos invocados de molde a deixar bem claros os termos da divergência que se assume face à doutrina concebida pelo autor e que colheu a sua inspiração, inequivocamente, no modelo francês e espanhol.

Assim, relativamente à objecção de ordem processual, não parece, verdadeiramente, que se possa impedir o legislador de revogar ou modificar normas jurídicas por estas serem, potencialmente, inconstitucionais, nem se vê como, com essa acção, o legislador pudesse usurpar funções jurisdicionais[1002]. O legislador actua dentro do que

---

[1002] Relativamente à fiscalização da inconstitucionalidade pelo legislador, Rui Medeiros, *Valores Jurídicos Negativos da Lei Inconstitucional*, 1989, pág. 502-504 e

488   *A Lei por detrás do Orçamento*

julga serem os seus limites constitucionais, utilizando os procedimentos que a Constituição lhe exige, tendo em conta as matérias sobre

A Decisão de Inconstitucionalidade, 1999, pág. 279-283, bem como, Jorge Miranda, *Manual de Direito Constitucional, tomo VI*, 2001, pág. 153 e André Salgado de Matos, *A Fiscalização Administrativa da Constitucionalidade*, 2000, pág. 147 e segs. Este autor, referindo-se à possibilidade de um órgão legislativo revogar uma norma legal por considerar que esta é inconstitucional, considera que, *a natureza primária da função legislativa postula (...) que cada órgão legislativo disponha de um poder de retractação. Este permite-lhe, dentro dos limites da sua competência legislativa, revogar, com fundamento em inconstitucionalidade, qualquer acto legislativo por si aprovado.* A opinião do autor não é, no entanto, inteiramente clara. Na verdade, julga-se que uma revogação que tivesse efeitos "ex tunc" seria inconstitucional, sendo que uma revogação com meros efeitos "ex nunc" não precisa, sequer, de ser fundamentada, não se vendo razões para a limitar ao órgão que produziu o acto. Ora, segundo André Salgado de Matos (pág. 150), *o Governo nem sequer poderá apagar os efeitos entretanto provocados pela aplicação da lei inconstitucional através da atribuição de eficácia retroactiva à sua revogação, possibilidade que está absolutamente excluída,* o que aumenta a perplexidade relativamente aos limites colocados ao legislador para revogar actos legislativos, dentro do limite da sua competência e independentemente de fundamentação. Na verdade, não se vislumbra como fundamentar a revogação, com base em inconstitucionalidade, ao abrigo do poder de retractação, e considerar que, *muito duvidoso, por poder configurar um poder de supervisão intrafuncional e interorgânico, aparentemente, estranho ao sistema constitucional, é que possa revogar, com fundamento em inconstitucionalidade e ainda que dentro dos limites das suas competências, actos legislativos aprovados por outro órgão legislativo.* É que a Constituição não autoriza uma leitura que promova uma separação entre os actos praticados pelo próprio órgão, dos praticados por outro órgão, apenas permitindo distinguir entre actos para os quais se é, ou não, competente. Não se aceita, assim, a conclusão de André Salgado de Matos quando considera que, *as normas inconstitucionais constantes de leis de valor reforçado só podem ser revogadas com fundamento em inconstitucionalidade pelo órgão que emitiu a lei de valor reforçado de que indevidamente constam.* E também não satisfaz a conclusão de que, se o legislador ordinário legislar sobre a matéria ordinária incluída em lei reforçada, *a emissão de nova normação tem como causa a inconstitucionalidade e contém, assim, implicitamente, a sua declaração,* desde logo por a emissão de nova normação ter na base, apenas, o facto de o legislador comum continuar a ser materialmente competente, apesar da inclusão formal da norma comum em lei reforçada. Paulo Otero, *Legalidade e Administração Pública*, 2003, pág. 688, pronuncia-se, igualmente, sobre a questão de saber como deve agir a Administração, no caso de se deparar com uma antinomia entre uma lei reforçada e uma lei não reforçada. Para este autor, apesar de reconhecer uma superioridade hierárquica das leis reforçadas face às leis ordinárias, a Administração não pode optar pela lei superior (reforçada), face à lei ordinária, por julgar que, nessa situação, a Administração usurparia funções judiciais, controlando a legalidade das leis. O autor acaba por concluir que, perante antinomias intralegislativas, a Administração deve optar por aplicar o critério cronológico e da especialidade em detrimento do critério hierárquico. Discorda-se da opção de Paulo Otero na medida em que se entende que, ao defender-se a superioridade hierárquica

O Conteúdo da Lei do Orçamento

que visa incidir, sendo que esta actuação não o exime, naturalmente, no caso de fazer um errado juízo das suas competências, de ver a sua conduta ser, através dos actos normativos aprovados, sindicada judicialmente[1003/1004].

---

das leis reforçadas (opinião que não se sufraga) então dever-se-ia fazer superiorizar o critério hierárquico face aos restantes. Na verdade, não se concorda que a Administração possa ter autonomia para fazer uso do critério da especialidade e não possa fazer uso do critério da hierarquia, sendo que, numa situação análoga, se verifica que, em caso algum, a Administração pode preferir um regulamento a uma lei ou fazer uso do critério da especialidade para "salvar" um regulamento contrário a uma lei. Por nossa parte, negando-se um valor hierarquicamente superior às leis reforçadas, julga-se que a Administração deve, em regra, fazer uso do critério cronológico e da especialidade no caso de estarem em causa antinomias intralegislativas respeitantes às relações entre leis reforçadas e leis ordinárias.

[1003] Na doutrina, manifestam-se a favor da possibilidade de o legislador comum poder revogar cavaleiros estatutários, Jorge Miranda, *Anotação ao acórdão do Tribunal Constitucional n.º 183/88, 1989*, pág. 364-365; *Funções, Órgãos e Actos do Estado, 1990*, pág. 302-307; *Manual de Direito Constitucional, V, 2004*, pág. 373; Gomes Canotilho e Vital Moreira, *Constituição da República Portuguesa Anotada*, 1993, pág. 848; Rui Medeiros *A Decisão de Inconstitucionalidade*, 1999, pág. 280-283; António Vitorino, *Os poderes legislativos das regiões autónomas na segunda revisão constitucional*, 1992, pág. 28; Pedro Machete, *Elementos para o estudo das relações entre os actos legislativos do estado e das regiões no quadro da constituição vigente*, 1997, pág. 98. Contra, Rui Medeiros, *Valores Jurídicos Negativos da Lei Inconstitucional*, 1989, pág. 502-503; Blanco de Morais, *A autonomia legislativa regional. Fundamentos das relações de prevalência entre actos legislativos estaduais e regionais*, 1993, pág. 233-234; *As Leis Reforçadas*, 1998, pág. 917 e Gomes Canotilho, *Direito Constitucional e Teoria da Constituição*, 2003, pág. 779.

[1004] Sobre o *argumento ad terrorem da anarquia administrativa*, no caso de a Administração poder desaplicar leis inconstitucionais, com argumentos que se podem aplicar, por maioria de razão, no caso de ser o legislador a actuar, Rui Medeiros, *A Decisão de Inconstitucionalidade*, 1999, pág. 265 e segs. e André Salgado de Matos, *A Fiscalização Administrativa da Constitucionalidade*, 2000, pág. 159 e segs. Aqui, o autor, reportando-se à competência de desaplicação de normas inconstitucionais por parte da Administração, conclui, citando doutrina alemã, que (pág. 162), *existirá sempre insegurança jurídica com ou sem competência de desaplicação (...)*, pelo que, *não é possível afirmar, em termos puramente abstractos, que o grau de insegurança jurídica gerado pelo exercício da competência administrativa de desaplicação de normas inconstitucionais seja intolerável*. Na verdade, a matéria da *fiscalização não jurisdicional da constitucionalidade* por parte da Administração presta-se a algumas semelhanças com a questão da intervenção do legislador ordinário que legisla sobre matéria ordinária inserida em legislação aprovada com procedimento reforçado, sendo que a admissão da intervenção do legislador, no limite do que julga ser a interpretação correcta da Constituição, é bastante mais óbvia do que a admissão de idêntico poder à Administração, por não vigorar um princípio de legalidade reforçada que vincule o legislador ordinário às decisões do legislador reforçado nos mesmos termos em que se vincula a Administração à lei de acordo com o princípio da legalidade. Sobre a

490 A Lei por detrás do Orçamento

E, igualmente, não se vislumbram os motivos de necessária e forçosa perda de oportunidade da fiscalização da constitucionalidade de normas entretanto revogadas ou modificadas, atento o diverso alcance temporal que a revogação e a inconstitucionalidade implicam, ou, sobretudo, tendo em conta a (eventual) nova configuração normativa surgida de uma modificação substitutiva[1005].

Refira-se, até, que a argumentação do autor parece provar demais, dirigindo-se mesmo contra si próprio. Com efeito, noutro dos seus escritos[1006], reportando-se ao funcionamento do sistema orçamental vigente no território de Macau durante a administração portuguesa, Blanco de Morais considerou que a Lei de Enquadramento do Orçamento Geral do Território era uma lei paramétrica do Orçamento Geral do Território, tendo, não obstante, defendido que esta poderia, numa parcela que considerou ser inconstitucional, por extravasar o

---

fiscalização não jurisdicional da constitucionalidade vejam-se, para além de Rui Medeiros, *A Decisão de Inconstitucionalidade,* 1999, pág. 149 e segs. e de André Salgado de Matos, *A Fiscalização Administrativa da Constitucionalidade,* 2000, também, Jorge Miranda, *Manual de Direito Constitucional, tomo VI,* 2001, pág. 176 e segs.; Vieira de Andrade, *Os Direitos Fundamentais na Constituição Portuguesa de 1976,* 2001, pág. 206 e segs. e, mais recentemente, Paulo Otero, *Legalidade e Administração Pública,* 2003, pág. 658 e segs. Sobre esta questão mantém-se uma divisão na doutrina, entre os que defendem o primado da obediência da Administração à lei sobre a obediência directa à Constituição, e os que consideram que a Constituição deve superiorizar-se, em caso de conflito, à lei, devendo a Administração seguir a Constituição e não a lei (inconstitucional). Finalmente, surgem, ainda, autores defensores de uma posição intermédia, que leva a qualificar o tipo de inconstitucionalidade, para efeitos de verificar qual o padrão a seguir por parte dos órgãos administrativos. Neste sentido, sobretudo, Vieira de Andrade, *Os Direitos Fundamentais na Constituição Portuguesa de 1976,* 2001, pág. 206 e segs., onde o autor apela a uma ideia de proporcionalidade para graduar as possibilidades de intervenção da Administração perante a existência de leis que repute de inconstitucionais. Refira-se, a terminar, que a generalidade das dificuldades que se apontam à possibilidade de a Administração interpretar directamente a Constituição não se aplicam à situação em apreço, já que o legislador comum é, também, antes de tudo, legislador.

[1005] Não se vê, de resto, como poderia a inacção do Tribunal Constitucional provocar uma sanação do vício. Na verdade, o Tribunal Constitucional só deixaria de actuar se com a revogação não restasse qualquer reflexo do vício, o que, desde logo, nunca aconteceria no caso de uma modificação não exclusivamente revogatória. Sobre o diferente alcance entre a revogação e a declaração de inconstitucionalidade, mesmo perante normas já revogadas, veja-se o acórdão do Tribunal Constitucional n.º 361/91 e a abundante jurisprudência aí citada. De acordo com o Tribunal, *a jurisprudência do Tribunal Constitucional está há muito assente nesta matéria, considerando que a revogação (ou a caducidade) de uma norma não impede, por si só, a possibilidade de apreciação útil da sua eventual inconstitucionalidade (...).*

[1006] Blanco de Morais, *Vínculos ao Poder Orçamental do Governador de Macau,* 2000.

O Conteúdo da Lei do Orçamento

âmbito admissível da referida lei de enquadramento, tal como previsto no Estatuto Orgânico de Macau, ser revogada por parte do Governador, que era quem aprovava, por acto legislativo, o Orçamento Geral do Território[1007].

Com esta solução, o autor já fragilizava, duplamente, a sua argumentação sobre as normas parasitárias inseridas em leis reforçadas, uma vez que, mesmo não se tratando aqui de uma lei reforçada pelo procedimento, mas de uma lei paramétrica, admitia a revogação de uma norma considerada inconstitucional, aceitando igualmente que uma lei parametrizada pudesse revogar uma lei parametrizante, desde que o fizesse numa parcela material que, no entender da lei parametrizada, não era materialmente parametrizante[1008].

O autor vai, no entanto, ainda mais longe, ao aceitar expressamente que, no caso de a lei de meios (lei procedimentalmente reforçada) conter disposições inconstitucionais (fixação de quantitativos de despesas a seguir pelo Orçamento), *poderia o Governador aprovar, subsequentemente, um decreto-lei orçamental que ignorasse as directrizes onde figurasse o quantitativo específico ou máximo das verbas a inscrever nas despesas do OGT*[1009], desta forma causando irremediáveis estragos na articulação e na coerência da sua posição doutrinal.

No que concerne às objecções de ordem textual e lógico-sistemática, importa recordar que a construção jurídico-constitucional

---

[1007] Blanco de Morais, *Vínculos ao Poder Orçamental do Governador de Macau*, 2000, pág. 332, afirma que, *inserindo-se a matéria de "enquadramento orçamental" no domínio concorrencial de competência entre órgãos de governo do território, o Governador poderia a todo o tempo revogar uma lei parlamentar que acolhesse o conteúdo do anteprojecto* (considerado inconstitucional pelo autor) *de modificação da LEOGT.*

[1008] Blanco de Morais, *Vínculos ao Poder Orçamental do Governador de Macau*, 2000, pág. 308 e segs. Refira-se que o autor não exclui, expressamente, o Decreto-Lei que aprovava o Orçamento Geral do Território, do conjunto de actos legislativos ao dispor do Governador para revogar a parte considerada inconstitucional da Lei de Enquadramento do Orçamento Geral do Território.

[1009] Blanco de Morais, *Vínculos ao Poder Orçamental do Governador de Macau*, 2000, pág. 351. O autor acaba, no entanto, por referir que *o ordenamento não permite saltos nas relações de prevalência e hierarquia entre normas, pelo que seria muito pouco recomendável a aprovação de um decreto-lei orçamental em manifesto desrespeito por directrizes, mesmo virtualmente ilegítimas da Lei de Meios*, o que, ainda assim, é diferente da defesa da inconstitucionalidade dessa mesma actuação.

492   *A Lei por detrás do Orçamento*

portuguesa se baseia em normas, cuja apreciação material se acentua naturalmente no caso de atribuição a algumas de um valor reforçado, seja pela função paramétrica, seja pelo reforço procedimental[1010]. A referência constitucional às "leis" deve, assim, ser entendida como uma referência que se produz por remissão para o objecto destas. Com efeito, se na relação lei-regulamento a qualificação material acabou por ceder face à apreciação formal, diferentemente, dentro do universo legal, a convocação do elemento material permanece inarredável por não se poder convocar o princípio da legalidade e da hierarquia[1011].

Ao considerar que o confronto entre a legislação comum e a legislação reforçada se realiza no eixo norma-lei e não no eixo norma--norma, Blanco de Morais julga que o padrão de referência relevante são *as leis que em razão do seu objecto principal e forma produtiva sejam reforçadas*[1012]. Ora, este argumento parece apontar para um elemento quantitativo na abordagem do problema e na identificação de quais seriam afinal as leis reforçadas, solução geradora de insuportáveis dúvidas. Com efeito, considerar reforçada uma lei pelo seu objecto principal leva, precisamente, a uma análise das normas em função da sua matéria, com isso se abandonando o propugnado eixo norma-lei. Pelo contrário, valorizar apenas a forma produtiva equivale a aceitar que uma lei reforçada possa, ao fim e ao cabo, ser uma lei comum aprovada por uma maioria qualificada[1013].

Por outro lado, o argumento apresentado por Blanco de Morais, mesmo a ser considerado, sempre provaria demais. Na verdade, no caso de se entender que o reforço constitucional se dirigia à lei, no

---

[1010] Veja-se, desde logo, o sistema de fiscalização da constitucionalidade, que se baseia na fiscalização constitucional de normas e não de leis.

[1011] Na verdade, enquanto que o princípio da legalidade e da hierarquia permitiram prescindir do critério material da lei em favor do critério formal, mais simples e fácil de identificar, o mesmo não se pode passar com a distinção entre leis reforçadas e leis ordinárias, sendo a questão dos cavaleiros de lei reforçada e dos respectivos regimes jurídicos diferenciados um problema eminentemente de cariz material.

[1012] Blanco de Morais, *Algumas reflexões sobre o valor jurídico de normas parasitárias presentes em leis reforçadas pelo procedimento*, 2001, pág. 61.

[1013] Seria reforçada uma lei que, com um sumário equívoco e contendo apenas duas normas, tivesse uma norma de natureza reforçada e outra de natureza comum? Ou, invertendo a situação, seria considerada reforçada uma lei que contendo uma generalidade de normas comuns, tivesse, não obstante, uma ou duas normas reforçadas? Julga-se que o reforço acompanhará as normas que exigem esse mesmo reforço onde quer que estas se encontrem.

seu conjunto, e não às normas, em razão da sua natureza, então não era pelo facto de o legislador identificar os *enclaves de Direito comum* que estes, deixando de ser silentes, mas mantendo-se cavaleiros, deixavam de beneficiar do regime reforçado, já que a lei continuava a ser vista (em bloco) como lei de valor reforçado[1014].

Também o argumento lógico enferma de algumas debilidades. Com efeito, é certo que o legislador comum, revogando ou modificando uma matéria que julga estar indevidamente inserida em legislação reforçada, pode interpretar deficientemente a Constituição e, tendo actuado na realidade sobre matéria reforçada, ver a sua intervenção normativa ser sindicada judicialmente.

Acontece que esta situação não é, no entanto, típica dos denominados cavaleiros de lei reforçada, podendo ocorrer em todos os casos em que as matérias legislativas não se encontrem no domínio legislativo concorrencial. Em qualquer dessas situações pode o legislador comum (concorrencial) julgar-se competente e, pretendendo legislar sobre uma matéria que considere estar à sua disposição (embora se encontre, em seu entender, indevidamente numa lei de reserva), acabar por legislar fora da sua competência.

A regra constitucional é a de que para cada matéria existe um procedimento adequado, pelo que a utilização desse procedimento não pode deixar de ser aceite como válido e suficiente para promover os efeitos pretendidos, apenas pelo facto de, anteriormente, ter sido produzido um procedimento desadequado sobre essa matéria. Não se vislumbra, desta forma, onde sustentar uma hierarquia interpretativa que possa impedir a aprovação de actos normativos, mesmo utilizando os procedimentos constitucionalmente adequados, e muito menos parece razoável defender que tal hierarquia se possa estribar em torno da maioria, mais ou menos qualificada, que envolveu o processo aprovatório[1015].

[1014] Com efeito, paradoxalmente, a teoria de Blanco de Morais, defendendo que o legislador reforçado pode identificar as normas não reforçadas só faz sentido na pressuposição de que o reforço incide sobre normas e não sobre a lei, no seu conjunto.

[1015] Refira-se, de resto, que esta ideia é, até, apenas potencial. Na verdade, pode bem equacionar-se a hipótese de uma actuação do legislador comum que revoga um cavaleiro de lei reforçada ter sido aprovada por maioria mais qualificada do que a que aprovou a lei reforçada.

Por outro lado, sempre se terá de afirmar que o legislador reforçado, no caso de ter incluído cavaleiros na lei reforçada, apenas se pode queixar de si próprio, sendo que, ao contrário de Blanco de Morais, se defende que, em caso de dúvida, se deve presumir, de acordo com o texto constitucional, que a matéria em causa pertence à legislação comum, podendo, assim, ser livremente modificável pela regra da maioria, que é, de resto, um corolário do princípio democrático[1016].

Finalmente, quanto à pretensa desigualdade de armas a que alude o citado constitucionalista, importa dizer que o argumento não é totalmente procedente, podendo mesmo ser revertido, já que, no caso de a intromissão do legislador comum ser grosseira, sempre se poderá contar com a intervenção do Presidente da República que, em sede de fiscalização preventiva, levará a uma expedita intervenção do Tribunal Constitucional[1017].

A desigualdade de armas existe, pelo contrário, e de modo evidente, se se aceitar que o legislador reforçado pode incidir sobre domínios do legislador comum, com isso petrificando as referidas normas, enquanto que, ao invés, o legislador comum nunca pode incidir sobre matérias incluídas em lei reforçada, mesmo relativamente às que considere serem materialmente comuns. Na verdade, nada

---

[1016] Noutro contexto, isso mesmo foi defendido por Blanco de Morais, *As Leis Reforçadas*, 1998, pág. 899, no seguimento da doutrina e da jurisprudência espanhola que refere. Essa consideração da excepcionalidade da aprovação qualificada, levou-o, de resto, a defender que as normas beneficiárias de conexão objectiva com as normas reforçadas, e, como tal, sujeitas ao regime reforçado deveriam ser encontradas, apenas, por recurso aos critérios da *necessidade* e da *essencialidade*. Sobre o principio democrático, em geral, ver, Maria Lúcia Amaral, *A Forma da República – uma introdução ao estudo do direito constitucional*, 2005, pág. 191 e segs.

[1017] Por isso mesmo e porque não é indiferente afirmar que o legislador comum pode legislar em matérias reforçadas ou afirmar que pode legislar sobre matérias ilegitimamente petrificadas por lei reforçada, discorda-se de Blanco de Morais, *As Leis Reforçadas*, 1998, pág. 920, quando afirma que, *se a demais legislação ordinária fosse autorizada a derrogar leis reforçadas em segmentos estimados livremente pelo respectivo decisor como de direito comum, depreciar-se-ia a rigidez reconhecida às segundas*. Com efeito, se o legislador comum incidir sobre normas reforçadas por natureza, a sua acção será, naturalmente, inconstitucional, pelo que parece manifestamente exagerado afirmar que, *deixaria por outro lado* (aceitação de que o legislador comum possa modificar normas apenas formalmente reforçadas) *de se poder falar em limitação da liberdade conformadora do legislador, através do procedimento*.

O Conteúdo da Lei do Orçamento 495

impede que o legislador reforçado volte a incidir sobre o domínio material em disputa, o que mostra bem como o domínio comum é, em qualquer caso, independentemente da matéria, sempre mais vulnerável do que o reforçado.

No que respeita às objecções de ordem teleológica, julga-se que estas, para além de não terem total autonomia, enfermam de alguma contradição nos termos em que são apresentadas. Na verdade, mal se compreende que o autor defenda a inconstitucionalidade dos cavaleiros silentes, julgue que estes são atentatórios da *tipicidade específica da forma e da força de lei,* atingem os *caboucos do princípio da segurança jurídica,* e, até, põem em causa o *princípio democrático*[1018], e depois não permita que o legislador comum possa repôr as coisas no seu devido lugar, fazendo uso de uma competência que lhe foi usurpada.

Colocado perante uma actuação inconstitucional e outra dentro dos limites da sua competência, Blanco de Morais opta pela manutenção daquela que considera (inequivocamente) inconstitucional, atribuindo uma presunção formal num domínio onde apenas pode vingar uma apreciação material. Esta opção é ainda mais desrazoável, já que a possibilidade de o legislador comum actuar não inviabiliza que o legislador reforçado igualmente o faça (descendo ao nível do legislador comum), enquanto que a manutenção do cavaleiro inconstitucional cristaliza (até o Tribunal Constitucional se pronunciar) a matéria, retirando-a ao livre jogo das maiorias políticas.

Ao não aceitar que o legislador comum possa intervir sobre as matérias formalmente incluídas em legislação reforçada, não lhe sendo lícito indagar sobre o conteúdo dessas mesmas leis reforçadas, esta doutrina troca a visão finalística, que, não obstante, invoca, por um formalismo atentatório da livre interpretação das competências legislativas de cada órgão, acabando por propiciar a manutenção de uma solução inconstitucional em vez de facilitar a reposição de uma situação constitucional.

Ainda sobre uma certa ordem que se deve promover no ordenamento jurídico, parecem deslocadas as palavras de Blanco de Morais, quando refere que, *uma orientação clara a favor da inconstituciona-*

[1018] Blanco de Morais, *Algumas reflexões sobre o valor jurídico de normas parasitárias presentes em leis reforçadas pelo procedimento,* 2001, pág. 47 e segs.

496   *A Lei por detrás do Orçamento*

lidade da norma revogatória inibiria condutas dessa natureza (revogação de enclaves comuns pelo legislador comum) *que comportam riscos evidentes para a ordem constitucional democrática* (...)[1019].

Com efeito, julga-se que, bem ao invés, ao permitir-se que o legislador reforçado continue a incluir cavaleiros de lei reforçada, defendendo que estes, embora inconstitucionais, se mantêm em vigor (resistindo até à intervenção do legítimo detentor das referidas competências), promove-se uma orientação permissiva e não inibidora de futuras petrificações do ordenamento jurídico, através da admissão de um uso expansivo do reforço procedimental.

Maior contributo para a disciplina e manutenção da ordem constitucional democrática nas relações entre os vários legisladores resultaria de uma interpretação que desse um sinal ao legislador reforçado de que a divisão de competências escapa aos órgãos constituídos e que, assim sendo, de nada lhe servia tentar congelar matérias que, por natureza, não eram congeláveis, deixando claro que tal intervenção não lograva retirar essas matérias do domínio comum no qual a Constituição as tinha colocado, assim se reduzindo em muito o interesse do legislador reforçado em aprovar os referidos cavaleiros.

Finalmente, impõe-se uma palavra sobre a original graduação do conceito da "insegurança jurídica" que o autor desenvolve e que não se pode deixar de estranhar. Na verdade, tal como já se referiu, Blanco de Morais considera que a inclusão de enclaves de Direito comum em leis de valor reforçado viola a segurança jurídica, acabando, no entanto, por desvalorizar esse facto por o reputar menos grave do que a insegurança que se produziria com a intervenção do legislador comum ao revogar os referidos enclaves.

Ora, não deixa de parecer fazer-se uso de uma lógica invertida para se chegar a este resultado, já que parece menos grave, para Blanco de Morais, a intervenção (que julga inconstitucional) do legislador reforçado de incluir cavaleiros, ao arrepio das suas competências, do que a intervenção do legislador comum ao fazer uso das suas competências, legislando de acordo com o que julga ser a melhor

---

[1019] Blanco de Morais, *Algumas reflexões sobre o valor jurídico de normas parasitárias presentes em leis reforçadas pelo procedimento*, 2001, pág. 64.

interpretação da Constituição e, assim, conseguindo, até, no limite, eliminar a situação inconstitucional[1020].

Ao contrário do que parece ser a opinião de Blanco de Morais, julga-se que *a lógica e o finalismo* da rigidez apenas se justifica, se dirigido às matérias que exigem essa mesma rigidez nos termos constitucionais[1021]. Na verdade, do facto de uma determinada matéria ser aprovada por uma maioria qualificada apenas redunda, em termos constitucionais, a atribuição de um reforço legislativo pelo procedimento, no caso de (cumulativamente) incidir sobre uma das matérias constitucionalmente tipificadas, sendo irrelevante nos casos remanescentes.

De facto, no ordenamento constitucional português não é o procedimento que confere a rigidez à matéria, mas a matéria que exige um determinado procedimento e consequente rigidez[1022]. Ora, se o legislador não consegue atribuir rigidez a uma matéria que a não exija (nos termos definidos na Constituição) no caso de aprovar normas com esse conteúdo material em lei autónoma, não se vê como o possa fazer apenas porque essas normas se encontram associadas a outras, às quais a Constituição predica um reforço e uma rigidez especiais.

Finalmente, não se encontra razão no argumento de Blanco de Morais quando invoca jurisprudência constitucional que defende a subordinação da Administração à interpretação que o legislador faz do texto constitucional[1023]. Na verdade, a importação desta doutrina

---

[1020] Por tudo isto não se vê, nem Blanco de Morais explica, porque que é que considera, *As Leis Reforçadas*, 1998, pág. 923, que, *menos grave será sempre a prevalência transitória de uma lei reforçada ulteriormente julgada inconstitucional, do que a hipótese inversa da prevalência arbitrária de leis comuns de carácter sucessivo, que sejam posteriormente julgadas ilegais, pelo facto de se estimar que a lei de valor mais forte era, afinal, conforme à Constituição.*

[1021] Blanco de Morais, *Algumas reflexões sobre o valor jurídico de normas parasitárias presentes em leis reforçadas pelo procedimento*, 2001, pág. 66.

[1022] Isso mesmo é reconhecido por Blanco de Morais, *As Leis Reforçadas*, 1998, pág. 897 ao afirmar que, *o "status" inequivocamente mais forte que emana da legislação com valor reforçado deriva da relevância constitucional das respectivas matérias.*

[1023] Acórdão n.º 24/85, do Tribunal Constitucional. Para o Tribunal, o princípio da legalidade impede a Administração de não aplicar uma lei por considerá-la inconstitucional. O referido órgão de justiça constitucional considerou que, *esta mesma interpretação é destilável do art. 266/2 da lei básica, que, ao estipular que os órgãos e agentes administrativos*

498 *A Lei por detrás do Orçamento*

para uma suposta obrigatoriedade do legislador comum seguir a interpretação constitucional efectuada pelo legislador reforçado é, segundo

---

estão sujeitos à Constituição e à lei, significativamente impõe a adstrição da administração à lei fundamental, quando esta se lhe refere imediatamente, e à lei, quando esta se lhe coloca como parâmetro de referência entre a própria Constituição e a sua actividade. Neste sentido, manifestava-se Rui Medeiros, *Valores Jurídicos Negativos da Lei Inconstitucional,* 1989, pág. 505. O autor mudaria de posição em *A Decisão de Inconstitucionalidade,* 1999, pág. 167, ao afirmar que, *o princípio da subordinação da Administração à Constituição aponta, pelo contrário, para o reconhecimento de uma competência administrativa de fiscalização da constitucionalidade das leis e, mais concretamente, para a admissibilidade de um poder administrativo de rejeição de leis inconstitucionais.* Na verdade, discorda-se da doutrina do Tribunal Constitucional, mesmo se aplicada na relação lei-administração, não se devendo esta aplicar, como já se referiu, por maioria de razão, na relação lei comum-lei reforçada. Com efeito, o Tribunal cita, em abono da sua tese, a doutrina de Esteves de Oliveira, *Direito Administrativo, I,* 1980, pág. 85, fazendo referência ao *princípio da hierarquia das fontes de Direito – que, em termos rigorosos, reclama que cada acto de criação de Direito se conforme com aquele que na respectiva hierarquia o precede.* Ora, não sendo a relação entre a lei comum e a lei reforçada pautada por critérios de hierarquia, resulta, desde logo, a inaplicabilidade desta solução ao caso em apreço, que terá, assim, de ser resolvido por recurso directo à Constituição, sem utilização de mediadores. Sobre a possibilidade de a Administração desaplicar normas legais que considere serem inconstitucionais, André Salgado de Matos, *A Fiscalização Administrativa da Constitucionalidade,* 2000, pág. 192 e segs., onde o autor critica, com justeza, as decisões do Tribunal Constitucional n.º 24/85 e n.º 304/85, na medida em que consideram que a Administração só está vinculada à Constituição se não houver intermediação da lei, devendo, pelo contrário, estar apenas vinculada à lei sempre que esta se *coloca como parâmetro de referência entre a própria Constituição e a sua actividade.* O Tribunal refere, mesmo, que, *à Administração é proibido desobedecer à lei por inconstitucionalidade,* assim permitindo desobedecer à Constituição por ilegalidade, o que não deixa de ser paradoxal. Neste contexto, André Salgado de Matos detecta, com perspicácia (pág. 192), o *verdadeiro paradoxo que constitui a resolução de um conflito de normas através da prevalência absoluta da norma de posição hierárquica inferior,* acusando o Tribunal de esquecer a *integração da Constituição no bloco de legalidade administrativa,* em prol do axioma de que *a lei mantém a Administração afastada da Constituição.* Refira-se que tendo André Salgado de Matos considerado que a ponderação relativa à admissibilidade da Administração desaplicar normas legais inconstitucionais haveria de ter como pressupostos o (i) principio da legalidade, (ii) o princípio da hierarquia normativa e (iii) o princípio da separação de poderes, torna-se fácil de verificar como as conclusões que se retirem desta questão não valem directamente para a relação entre a lei ordinária e a lei reforçada onde inexistem, como princípios a ter em consideração, qualquer dos princípios acima indicados, tudo se passando dentro da mesma legalidade, da mesma hierarquia e da mesma função legislativa. Sobre a questão relativa à possibilidade de a Administração poder desaplicar leis que julgue inconstitucionais, veja-se um resumo do estado da doutrina no Processo n.º 2218/2002, da Comissão Nacional de Protecção de Dados, publicado em Alexandre Sousa Pinheiro, *Direito Constitucional –*

O Conteúdo da Lei do Orçamento 499

se crê, desajustada, precisamente pela diversidade de paradigmas em causa. Com efeito, é o próprio autor a referir que o fundamento usado pelo Tribunal Constitucional passa por considerar que *cada acto jurídico se deve mostrar conforme com aquele que o precede em hierarquia*[1024], o que elimina a sua aplicação perante a relação não hierárquica existente entre leis reforçadas e não reforçadas[1025].

Em conclusão, julga-se que a autonomização no Direito nacional do novo conceito de *cavaleiro de lei reforçada silente*[1026], considerado inconstitucional, mas beneficiando ao mesmo tempo do regime jurídico reforçado da lei em que se inclui, não encontra sustentação no texto constitucional português, por permitir uma petrificação, ainda que provisória, do ordenamento jurídico, ao arrepio do previsto nos artigos 110.º e 112.º da Constituição.

Não existe, assim, no ordenamento jurídico português, necessidade de se importar o sistema francês de desclassificação (*déclassement*) de matérias de Direito comum, incluídas em leis reforçadas, por não vigorarem, entre nós, os pressupostos que estiveram na base da cria-

---

Elementos de Estudo para Aulas Práticas, vol. II, 2003, pág. 747 e segs. No referido processo, a Comissão de Protecção de Dados acolheu a doutrina mais conservadora que vincula a Administração à lei, independentemente da relação desta com a Constituição, mas não se podem deixar de notar os três votos de vencido (em seis) que julgaram que a Comissão de Protecção de Dados (ainda para mais) sendo uma entidade administrativa independente, poderia (e deveria) desaplicar normas legais que julgasse inconstitucionais. Considerando que, *a Administração não pode, por princípio geral, recusar a aplicação de normas com fundamento na sua inconstitucionalidade,* Paulo Otero, *Legalidade e Administração Pública,* 2003, pág. 668. O autor avança, no entanto, seguidamente, com um conjunto de excepções à regra da vinculação da Administração à lei (inconstitucional). Nos mesmos termos, mas mais radicalmente, Jorge Miranda, *Manual de Direito Constitucional, tomo VI,* 2001, pág. 181, e Marcelo Rebelo de Sousa, *O Valor Jurídico do Acto Inconstitucional,* 1988, pág. 251.

[1024] Blanco de Morais, *Algumas reflexões sobre o valor jurídico de normas parasitárias presentes em leis reforçadas pelo procedimento,* 2001, pág. 67, referindo-se a uma passagem do acórdão n.º 24/85 do Tribunal Constitucional.

[1025] Ainda assim, julga-se que se a Administração se vir confrontada com uma lei reforçada e uma lei comum incidentes sobre a mesma matéria, deve seguir, à falta de melhor critério, a regra da *lex posterior.* Em sentido próximo, Paulo Otero, *Legalidade e Administração Publica,* 2003, pág. 688. Diferentemente, Blanco de Morais, *As Leis Reforçadas,* 1998, pág. 923, considera que, *existe, neste contexto, uma regra constitucional de prevalência implícita da lei reforçada sobre a ordinária, para efeitos aplicativos.*

[1026] Blanco de Morais, *As Leis Reforçadas,* 1998, pág. 913.

500 *A Lei por detrás do Orçamento*

ção daquele regime jurídico. Na verdade, a doutrina que Blanco de Morais importa para o nosso ordenamento jurídico não é nova e tem antecedentes directos em França e em Espanha, sendo que, na medida em que a analogia das situações não é total, importa proceder a um breve excurso sobre o modo como tal teoria se desenvolveu nesses ordenamentos jurídicos, de modo a mais facilmente se compulsarem as diferenças que impedem a sua aplicação no sistema jurídico-constitucional português.

A problemática da existência de normas de Direito comum inseridas em leis reforçadas pelo procedimento não é desconhecida no sistema constitucional Francês, onde se tem desenvolvido à sombra das leis orgânicas. Tal como se julgou correcto, também em França se tem considerado que o facto de se incluírem normas de Direito comum em legislação orgânica não pode ter por efeito o arrastamento, para essas normas, do regime jurídico orgânico, o que, a acontecer, seria inconstitucional por levar a um alargamento da reserva de legislação orgânica, ao arrepio da vontade do legislador constitucional.

Pese embora tal facto, e porque o procedimento de aprovação de uma lei orgânica cumpre (por excesso) os trâmites exigidos para a generalidade da legislação comum, a jurisprudência constitucional francesa não tem encontrado motivos para declarar inconstitucionais as normas de Direito comum aprovadas juntamente com as normas orgânicas por natureza, aceitando, desta forma, a possibilidade de as leis orgânicas conterem, formalmente, normas de Direito comum.

Precisamente com o intuito de clarificar que essas normas são, apenas, formalmente orgânicas, não beneficiando, por isso mesmo, do regime jurídico associado às normas orgânicas, o Conselho Constitucional passou a indicar, expressamente, quais as normas materialmente comuns, desta forma permitindo ao legislador ordinário continuar a legislar sobre estas, no limite da sua competência, independentemente, de, com isso, estar a modificar normas ordinárias incluídas numa lei orgânica[1027].

[1027] A inclusão de matérias orgânicas em leis ordinárias é, naturalmente, inconstitucional em função do procedimento de aprovação, intervindo o Conselho Constitucional, mesmo para além do pedido, desde a sentença de 30 de Dezembro de 1996. Jean-Pierre Camby, *Quarante ans de lois organiques,* 1998, pág. 1692 e segs.; Dominique Turpin e Jean-Pierre Massias, *Droit Constitutionnel,* 1999, pág. 501 e segs. e Pierre Avril e Jean Gicquel, *Droit Parlementaire,* 1996, pág. 193 e segs.

O Conteúdo da Lei do Orçamento 501

Esta intervenção jurisprudencial, qualificativa das normas comuns inseridas em leis orgânicas, é efectuada antes da entrada em vigor das leis orgânicas, já que estas, ao contrário do que se passa em Portugal com as leis reforçadas, estão sujeitas, em França, a fiscalização preventiva obrigatória do Conselho Constitucional que, deste modo, beneficia de uma boa oportunidade para, desde logo, clarificar, junto do legislador comum, quais os domínios em que este poderá continuar a actuar[1028].

Este fenómeno, vulgarmente conhecido por *déclassement,* permite, desde a sentença n.º 75-62, de 28 de Janeiro de 1976[1029], a um tempo, salvar a constitucionalidade das normas comuns inseridas em leis orgânicas, não aplicar o regime orgânico a normas que materialmente o não mereçam, e evitar uma discussão doutrinária sobre as fronteiras entre o domínio comum e o domínio orgânico, assim promovendo uma interpretação definitiva do texto constitucional.

[1028] Neste sentido, François Luchaire, *Les Lois Organiques devant le Conseil Constitutionnel,* 1992, pág. 389 e segs.. Não terá por isso razão Blanco de Morais, *Algumas reflexões sobre o valor jurídico de normas parasitárias presentes em leis reforçadas pelo procedimento,* 2001, pág. 22, quando afirma, referindo-se ao ordenamento jurídico francês, que, *se a norma parasitária em projecto não for identificada atempadamente pelo próprio legislador ou pela Justiça Constitucional, ela beneficiará do estatuto jurídico análogo ao das normas reforçadas da lei orgânica e só poderá ser revogada por uma lei com esta forma.* Com efeito, sendo as leis orgânicas objecto de fiscalização constitucional obrigatória e estando o Conselho Constitucional apto e preparado para proceder ao *déclassement* dos cavaleiros de lei orgânica, isso significa que as normas que não sejam objecto de *déclassement* por parte do órgão constitucional são, efectivamente, normas orgânicas que, naturalmente, beneficiam desse regime e apenas podem ser modificadas por outras normas orgânicas, não sendo correcto continuar a falar em cavaleiros *que beneficiam do estatuto análogo ao das normas reforçadas da lei orgânica.* Não há, assim, ao contrário do que sustenta Blanco de Morais (pág. 23), *qualquer efeito perverso da rigidificação abusiva* dos cavaleiros não desclassificados, mas, apenas, uma interpretação constitucional, efectuada pelo órgão de justiça constitucional, considerando que as normas constantes de determinada lei orgânica são (todas) orgânicas.

[1029] No mesmo sentido, veja-se, por exemplo, a decisão do Conselho Constitucional de 10 de Março de 1988. Para além do facto de o Conselho Constitucional proceder ao *déclassement,* o Regulamento da Assembleia Nacional, no art. 127.º, declara mesmo inadmissível a inclusão de cavaleiros em leis orgânicas ou em alterações a leis orgânicas. Neste sentido, Jean-Christophe Car, *Les Lois Organiques de l'Article 46 de la Constitution du 4 Octobre 1958,* 1999, pág. 159 e segs. que salienta, no entanto, que este dispositivo apenas foi utilizado, até ao momento, uma vez.

502 *A Lei por detrás do Orçamento*

Refira-se, a propósito, que, pese embora a prática do *déclassement* relativo às leis orgânicas, o sistema francês aproxima-se bastante da solução que se defende como sendo a vigente em Portugal. Na verdade, se mal se compreenderia que o Conselho Constitucional não aproveitasse a oportunidade que lhe é oferecida pela fiscalização preventiva obrigatória das leis orgânicas para esclarecer o domínio material das normas aí incluídas, o certo é que noutras situações em que essa intervenção jurisdicional prévia não é obrigatória, a solução do ordenamento francês inclina-se decididamente para a permissão de uma livre interpretação do texto constitucional, nomeadamente ao nível da distribuição das competências, por parte do legislador comum.

O caso paradigmático encontra-se, precisamente, no domínio orçamental, onde a lei orgânica relativa às leis de Finanças[1030], que desenvolve o texto constitucional nesse domínio, permite que a lei do Orçamento transporte um domínio eventual que, tendo alguma conexão com o domínio orçamental, não se afigura, no entanto, como relevando do estrito domínio orçamental que deva obrigatoriamente constar na lei anual de finanças. Nesse caso, de que a legislação fiscal é o melhor exemplo, permite-se que o legislador comum intervenha sobre essas normas sem que estas se encontrem identificadas como sendo normas comuns, não lhes sendo aplicável o regime especificamente orçamental.

Na verdade, para a doutrina Francesa seria anormal que o Governo pudesse, com a sua liberdade de optar por incluir matérias fiscais dentro ou fora da lei do Orçamento, fazer variar as regras aplicáveis a essas matérias, não devendo, por isso, o regime jurídico aplicável variar em função de uma mera opção política do eixo Governo/ maioria parlamentar, mas antes ser fixada em razão da natureza de cada uma das normas, que, independentemente de constarem (ainda que sem identificação expressa) da lei do Orçamento, poderão, deste modo, ser livremente modificadas por iniciativa parlamentar[1031].

[1030] Art. 1.º da *Ordonnance* 59-2 de 2 de Janeiro de 1959. No mesmo sentido, veja-se a nova Lei Orgânica n.º 2001-692, de 1 de Agosto de 2001 relativa às leis de finanças que entrará completamente em vigor no dia 1 de Janeiro de 2005.

[1031] Jean Charbonnel, *Rapport d'Information sur la recevabilité des amendements*, 1971, pág. 41.

O *Conteúdo da Lei do Orçamento*

Neste contexto, *não seria aceitável que, pela escolha do terreno legislativo sobre o qual o Governo se encontre, este beneficie, na elaboração dessas normas, da protecção de um regime de admissibilidade mais restritivo da iniciativa parlamentar, sobretudo, na discussão de legislação relativa ao que é o fundamento do próprio parlamentarismo: o consentimento do imposto*[1032].

Esta solução, que tinha uma fundamentação meramente doutrinal e jurisprudencial, passou, com a aprovação da nova lei orgânica relativa às leis de Finanças[1033], a ser expressamente consagrada no art. 35.º da referida lei, onde se estabelece que nem todas as matérias que, nos termos do art. 34.º, podem constar numa lei de Finanças, beneficiam do regime jurídico específico dessas mesmas leis de Finanças, podendo, por isso mesmo, ser modificadas fora das especificidades de uma lei de finanças rectificativa.

Refira-se ainda que o modo como o sistema constitucional francês resolve os casos de intromissão de matérias ordinárias em legislação orgânica não difere muito do modo como, num âmbito diferente, mas ainda assim com conexões relevantes, se resolve a questão relativa aos casos de intromissão de matérias regulamentares em actos legislativos[1034]. Acontece que, também aí, existem em França particularismos que importa conhecer antes de se perspectivar uma transposição da doutrina constitucional francesa para o ordenamento jurídico português.

Na verdade, até à célebre decisão de 30 de Julho de 1982, o Conselho Constitucional, embora procedesse (mediante solicitação do primeiro-ministro) a deslegalizações de matérias regulamentares incluídas em actos legislativos, ao abrigo do número 2 do art. 37.º da Constituição[1035], não se tinha pronunciado, em termos dogmáticos, sobre o modo como concebia a inclusão de matérias regulamentares

---

[1032] Christian Goux, *Rapport d'information sur la recevabilité financière des amendements*, 1982, pág. 70.

[1033] Lei Orgânica n.º 2001-692, de 1 de Agosto de 2001, relativa às Finanças Públicas.

[1034] Jean-Christophe Car, *Les Lois Organiques de l'Article 46 de la Constitution du 4 Octobre 1958*, 1999, pág. 168.

[1035] Decisões do Conselho Constitucional de 27 de Novembro de 1959, de 18 de Julho de 1961, de 16 de Janeiro de 1962 e de 26 de Junho de 1969. Sobre a aplicação do art. 37.º número 2 da Constituição, vejam-se as decisões do Conselho Constitucional de 29 de Janeiro de 1960, de 22 de Dezembro de 1961 e de 30 de Julho de 1963.

504 — A Lei por detrás do Orçamento

em actos legislativos, podendo antever-se, não obstante, uma opção pela inconstitucionalidade, tendo em conta a separação constitucional das reservas legislativa e regulamentar.

A jurisprudência ficou clarificada a partir da citada decisão jurisdicional de 30 de Julho de 1982, onde o Conselho Constitucional, no considerando onze, afirma inovatoriamente que a separação entre o domínio da lei e o do regulamento (efectuada pelos artigos 34.º e 37.º da Constituição) deve ser vista à luz da aplicação potencial dos artigos 37.º n.º 2 e 41.º da mesma Constituição[1036], que permitem ao Governo salvaguardar a reserva de regulamento face a incursões legislativas, afastando-se assim a opção pela inconstitucionalidade[1037].

Com efeito, o art. 41.º da Constituição permite ao Governo invocar a reserva de regulamento para impedir a admissibilidade parlamentar de projectos legislativos sobre matérias regulamentares, enquanto que o número 2 do art. 37.º, actuando após a aprovação da lei, permite o recurso para o Conselho Constitucional de molde a obter uma deslegalização das matérias regulamentares incluídas em legislação parlamentar. O órgão de justiça constitucional considerou que, pelo facto de ambos os procedimentos terem um carácter facultativo, resultaria que a Constituição não impunha a inconstitucionalidade de intromissões legislativas em domínios regulamentares, tendo

---

[1036] Nos termos do art. 37.º número 2 da Constituição Francesa, as normas regulamentares, inseridas em actos legislativos, *não podem ser modificados por decreto* (do Governo) *sem que o Conselho Constitucional tenha declarado que essas normas têm um carácter regulamentar* (...). O art. 41.º da Constituição, por sua vez, esclarece que, *se durante um procedimento legislativo, o Governo considerar que uma proposta ou emenda não pertence ao domínio da lei* (...) *pode opor a ilegitimidade (irrecevabilité). Em caso de desacordo entre o Governo e o Presidente da Assembleia em causa, o Conselho Constitucional, por solicitação de qualquer um dos interessados, decide, num prazo de oito dias.*

[1037] Com esta decisão, o Conselho Constitucional demonstrou que o art. 61.º número 2 da Constituição, que permite a um conjunto alargado de intervenientes suscitarem a constitucionalidade das leis, não é idóneo para apreciar a intromissão de uma lei no domínio regulamentar, cabendo a iniciativa, nesse particular, apenas ao Governo, através do art. 37.º número 2. Com esta solução, que apenas deslegaliza as matérias regulamentares incluídas em acto legislativo mediante a vontade discricionária do Governo, permite-se que este órgão, pela mera inércia, prescinda de uma parte da sua competência, renunciando a actuar naqueles domínios, por regulamento. Jérôme Tremeau, *La Réserve de Loi,* 1997, pág. 338. Recorde-se que esta opção governativa é, sempre, precária, pois a invocação do art. 37.º número 2 da Constituição pode ocorrer a qualquer momento, assim, permitindo ao Governo recuperar a sua competência regulamentar.

O Conteúdo da Lei do Orçamento

apenas fornecido ao Governo os meios suficientes para este evitar ou corrigir essa intromissão.

Para Louis Favoreau e Loïc Philip, ao ter afirmado, pela primeira vez, que a inclusão de matérias regulamentares em actos legislativos não era, só por si, inconstitucional, o Conselho Constitucional *arruinou, definitivamente, a tese da definição material da lei*[1038], mas, bem vistas as coisas, não parece que a profecia seja inarredável, já que, na verdade, é pela invocação do domínio material da lei e do regulamento que os artigos 41.º e 37.º n.º 2, embora pouco utilizados, podem operar[1039].

Em França, a incursão legal no domínio regulamentar, embora prejudique, em abstracto, o Governo, tem, paradoxalmente, neste órgão um dos seus agentes activos e passivos[1040], devendo ser-lhe assacada a maioria das iniciativas legislativas com um domínio misto lei/regulamento, pelo que bem se compreende o diminuto uso dos mecanismos previstos nos artigos 41.º e 37.º n.º 2[1041] que a Constituição disponibiliza para resguardar o domínio regulamentar de investidas legislativas provisoriamente petrificantes[1042].

[1038] Louis Favoreau e Loïc Philip, *Les Grandes Décisions du Conseil Constitutionnel*, 1999, pág. 540. O Conselho Constitucional voltaria ao assunto nas decisões de 19 de Julho de 1983 e de 19 de Janeiro de 1984.

[1039] Éric Oliva, *L' article 41 de la Constitution du 4 Octobre 1958*, 1997, pág. 22, 23 e 391 e segs. Para este autor, o domínio regulamentar pode ser *alugado* pelo Governo ao legislador, sem prejuízo dessa relação precária poder terminar a qualquer momento pela invocação governamental do art. 37.º número 2, assim permitindo ao Governo recuperar as suas competências provisoriamente alienadas. No mesmo sentido, reportando-se a uma *precariedade da reserva regulamentar* e à possibilidade do Governo *renunciar* à sua reserva em favor do órgão legislativo, Jérôme Tremeau, *La Réserve de Loi*, 1997, pág. 338 e segs. Jean Boulois, *L'Influence des Articles 34 e 37 sur l'Équilibre Politique entre les Pouvoirs*, 1981, pág. 202, considera que, enquanto que o domínio da lei se encontra protegido pelo princípio da legalidade e do contencioso administrativo, a protecção do domínio regulamentar foi entregue ao próprio Governo, tendo-lhe sido facultado o uso do art. 41.º e do art. 37.º número 2 da Constituição. Sobre a distinção entre ambos os domínios, veja-se o colóquio organizado sob a direcção de Louis Favoreau, *Le Domaine de la Loi et du Règlement*, 1981.

[1040] Denys Béchillon, *Hiérarchie des Normes et Hiérarchie des Fonctions Normatives de l'Etat*, 1996, pág. 62.

[1041] Dmitri Georges Lavroff, *Le Droit Constitutionnel de la Ve République*, 1997, pág. 674 e 675.

[1042] Esta petrificação dá-se, efectivamente, já que, até haver deslegalização jurisdicional, as matérias aprovadas sob forma legislativa só podem ser alteradas pela mesma forma.

506   *A Lei por detrás do Orçamento*

De qualquer modo, não obstante a decisão do Conselho Constitucional (conhecida pelo tema sobre que versou – *blocage des prix*) ter negado a possibilidade de os parlamentares suscitarem a inconstitucionalidade de uma lei contendo matérias regulamentares, tal não significa que o Conselho Constitucional admita que o legislador alargue indefinidamente as suas competências legislativas, como o prova a decisão de 27 de Julho de 1982, tomada três dias antes da decisão *blocage des prix*.

Na verdade, na decisão de 27 de Julho de 1982, o Conselho Constitucional analisou a questão de saber se a matéria da planificação pertencia ao domínio da lei. O que estava aí em questão não era, em bom rigor, saber se a lei tinha entrado em domínios regulamentares, mas, bem pelo contrário, saber se a lei podia tratar dessa matéria por essa matéria ser do domínio legal. Se o Conselho Constitucional considerasse, como veio a considerar, que a matéria da planificação, embora não conste do art. 34.º da Constituição, pertence, *pelo seu objecto próprio*, ao domínio legal então ficava excluída a hipótese de, mais tarde, o Governo recorrer ao número 2 do art. 37.º para recuperar os seus poderes[1043].

Esta petrificação é, no entanto, provisória, pois o Governo pode, como se disse, utilizar o art. 37.º número 2 da Constituição e beneficiar da deslegalização. Após a decisão constitucional de 1982 ficou, de resto, claro que apenas o Governo pode beneficiar dessa deslegalização e que as investidas legais em domínios regulamentares não são, sequer, inconstitucionais, nem podem ser deslegalizadas "ex officio" pelo Tribunal ou a solicitação parlamentar. Na verdade, na base dessa decisão esteve, pela primeira vez, um conjunto de parlamentares que, mediante a utilização do art. 61.º da Constituição, solicitavam a inconstitucionalidade das disposições legais, invocando a natureza regulamentar das matérias. O Conselho Constitucional não deu razão aos parlamentares, por não considerar que a intromissão fosse inconstitucional, nos termos já analisados. O facto de o art. 61.º (relativo à legitimidade para suscitar a fiscalização da constitucionalidade) se ter tornado, desde a sua abertura aos parlamentares, na revisão constitucional de 1974, um meio de obstrução política, utilizado demasiadas vezes como arma política, também terá pesado porventura na decisão do Conselho Constitucional de não permitir que a natureza legal ou regulamentar das matérias legalmente aprovadas fosse sindicada constitucionalmente pelos parlamentares. Neste sentido, considerando que a decisão, sob esse ponto de vista, foi uma solução de *sagesse*, Denys Béchillon, *Hiérarchie des Normes et Hiérarchie des Fonctions Normatives de l'Etat*, 1996, pág. 70.

[1043] A alternativa passava por considerar que a matéria não era do domínio da lei, caso em que se permitia que o Governo a recuperasse, quando quisesse. Denys Béchillon, *Hiérarchie des Normes et Hiérarchie des Fonctions Normatives de Etat*, 1996, pág. 74.

O Conteúdo da Lei do Orçamento 507

Terminada esta breve explicação da doutrina constitucional relativamente ao *déclassement* entre a lei e o regulamento, importa manter sempre presente o facto de o sistema francês de *déclassement*[1042], quer na vertente lei-regulamento, quer na vertente lei orgânica-lei ordinária, prever, em ambas as situações, um modo de evitar a petrificação do ordenamento jurídico pelo meio mais poderoso (a lei, no primeiro caso, evitada pela aplicação do número 2 do art. 37.º ou pelo art. 41.º, e a lei orgânica, no segundo caso, evitada pela intervenção prévia obrigatória do Conselho Constitucional), sendo que é essa diferença substancial que afasta a possibilidade de se querer invocar a doutrina francesa para sustentar, entre nós, uma solução apenas parcialmente análoga.

Na verdade, bem vistas as coisas, no caso de se verificar que a lei inclui, num dos seus actos normativos, domínios materiais regulamentares, o Governo tem ao seu dispor duas hipóteses, sendo que o recurso atempado ao número 2 do art. 37.º evita, desde logo, a consumação dessa intromissão legislativa. Do mesmo modo, no caso de a lei orgânica pretender legislar sobre matérias da lei ordinária, a intervenção atempada e prévia do Conselho Constitucional é suficiente para evitar a entrada em vigor da lei orgânica contendo um domínio normativo indiferenciado.

Note-se, porém, que se a doutrina do Conselho Constitucional é semelhante nos efeitos jurídicos que desencadeia, seja no caso de intromissões da lei orgânica no domínio da lei ordinária, seja no caso de incursões da lei no domínio regulamentar, já o mesmo não acontece com a intromissão de cavaleiros orçamentais na lei de Finanças anual. Na verdade, o Conselho Constitucional, nessa circunstância, tem, mesmo oficiosamente, declarado a inconstitucionalidade desses cavaleiros, por considerar que estes não se incluem nas matérias que, nos termos do bloco de constitucionalidade, são passíveis de ser incorporadas numa lei de finanças.

Em relação aos cavaleiros orçamentais, o Conselho Constitucional não tem aplicado, deste modo, a doutrina do *déclassement*, não havendo igualmente qualquer tradição por parte do legislador orçamental

---

[1042] Sobre esta matéria, Denys Béchillon, *Hiérarchie des Normes et Hiérarchie des Fonctions Normatives de Etat*, 1996, pág. 61 e segs.

508 A Lei por detrás do Orçamento

de identificar os cavaleiros orçamentais. Os referidos cavaleiros orçamentais são considerados, em qualquer circunstância, inconstitucionais, sendo que, como na prática a esmagadora maioria das leis de
finanças são fiscalizadas pelo Conselho Constitucional, não surgiu,
ainda, a hipótese de saber se, embora os cavaleiros sejam considerados inconstitucionais, ainda assim lhes deve ser aplicado o regime
jurídico da lei do Orçamento até à declaração da sua inconstitucionalidade. Julga-se, no entanto, que essa não será a solução mais provável, já que, como se viu, esse regime orçamental não é aplicado às
normas que legitimamente partilham a lei do Orçamento recortando o
seu conteúdo possível admitido.

Aqui chegados importa dizer que neste, como noutros domínios,
o trânsito das ideias é, desde há muito, intenso entre os vários sistemas jurídicos europeus e, assim, o modelo Francês acabou por ser
importado para o ordenamento jurídico-constitucional espanhol, aí se
colocando, até com uma intensidade superior, a questão de saber
como lidar com a existência de normas ordinárias integradas em
legislação orgânica, procedimentalmente agravada. Neste contexto,
importa não esquecer que o sistema constitucional Espanhol, tendo
num primeiro momento procurado herdar o modo de organização das
fontes de Direito tal como este se configurava em França, acabou,
por vicissitudes várias, por não lograr importar o chamado modelo
das três reservas[1045], do qual apenas restou, no texto constitucional
espanhol, a reserva de lei orgânica.

[1045] Reserva de lei orgânica, reserva de lei ordinária e reserva de regulamento. Sobre
os antecedentes do art. 81.º da Constituição de Espanha, Santamaria Pastor, *Fundamentos
de Derecho Administrativo I,* 1988, pag 563 e segs. e García de Enterria e Tomás-Ramon
Fernández, *Curso de Derecho Administrativo I,* 2002, pág. 128 e segs. Criticando o facto
de a reserva de lei orgânica ser a única reserva material, num sistema que, ao contrário do
francês, se orienta pela aceitação do carácter formal das fontes de direito, veja-se, com razão,
Garrorena Morales, *Acerca de las Leyes Orgánicas y de su Espúria Naturaleza Juridica,*
1980, pág. 172, que apelida esta reserva material de lei orgânica de *autêntico "galicismo
jurídico",* e Chofre Sirvent, *Significado y Función de las Leyes Orgánicas,* 1994, pág. 63,
que considera, de modo bem fundamentado, que a categoria de lei orgânica surgiu como
categoria material num sistema que, na sua origem (anteprojectos constitucionais), era para
ser material, como o sistema francês, associando à reserva de lei orgânica, a reserva de lei
ordinária e a reserva de regulamento. O autor critica, assim (pág. 65 e segs.), o facto de o
conceito de lei orgânica ser agora *um ilhote* completamente incoerente face ao remanescente
sistema de fontes.

Esta reserva, prevista no art. 81.º da Constituição Espanhola, reduz-se a um conjunto de matérias elencadas no referido artigo, a que se somam outras, indicadas de modo disperso ao longo do texto constitucional, correspondendo-lhes um procedimento agravado que passa pela aprovação final, incidente sobre o conjunto do diploma, por maioria absoluta dos deputados do Congresso[1046]. Mercê deste procedimento agravado, e não obstante as críticas de parte representativa da doutrina, as referidas leis orgânicas são incluídas no "bloco de constitucionalidade"[1047], já que, nos termos do número 2 do art. 28.º da Lei Orgânica do Tribunal Constitucional Espanhol (LOTC)[1048], se

---

[1046] Para uma análise dos trabalhos preparatórios que estiveram na origem do actual art. 81.º da Constituição, Chofre Sirvent, *Significado y Función de las Leyes Orgánicas,* 1994, pág. 17 a 62, que apresenta, igualmente, uma interessante análise histórica e comparada; Linde Paniagua, *Leyes Orgánicas,* 1990, pág. 16 a 24 e Fernández Rodríguez, *Las Leyes Orgánicas: Concepto, Ambito y Rango Normativo,* 1981, pág. 16 e segs.. Para este autor, a figura das leis orgânicas *cria mais problemas do que os que resolve, se é que é possível acreditar que resolve algum.* No mesmo sentido crítico relativamente ao conteúdo do artigo 81.º da Constituição Espanhola, distinguindo as leis ordinárias das leis orgânicas, Garrorena Morales, *Acerca de las Leyes Orgánicas y de su Espúria Naturaleza Juridica,* 1980, pág. 169 e segs. e Santamaria Pastor, *El Sistema de Fuentes del Derecho en los Primeros Cincuenta Años de Vida de la "Revista de Administración Publica" (1950-1999),* 1999, pág. 558, que, ao referir-se à possibilidade de derrogação do art. 81.º, considera que *as instituições inúteis não só nada acrescentam, como ainda prejudicam.*

[1047] García de Enterria e Tomás-Ramon Fernández, *Curso de Derecho Administrativo I,* 2002, pág. 130 e segs.

[1048] De acordo com o art. 28.º número 2 da Lei Orgânica do Tribunal Constitucional (LOTC): *Do mesmo modo, o Tribunal poderá declarar inconstitucionais, por infracção do art. 81.º da Constituição, os preceitos de um decreto-lei, decreto legislativo, lei que não tenha sido aprovada com carácter orgânico e norma legislativa de uma comunidade autónoma, caso as ditas disposições regulem matérias reservadas à lei orgânica ou impliquem modificação ou revogação da lei aprovada com esse carácter, qualquer que seja o seu conteúdo.* Para uma análise dos trabalhos preparatórios que estiveram na base do referido artigo, Fernández Rodríguez, *Las Leyes Orgánicas: Concepto, Ambito y Rango Normativo,* 1981, pág. 69 e 70. A parte final do artigo foi incluída através de uma emenda do Senado, com a justificação de que *a lei orgânica tem um grau superior ao da lei ordinária. Por isso, se uma lei ordinária invade as matérias reservadas à lei orgânica, a modifica ou derroga, essa lei ordinária é inconstitucional.* Como se pode verificar, a explicação apresentada não cobre a totalidade do potencial da emenda incluída. Por isso, para este autor, a parte final do artigo 28.º n.º 2 da LOTC *é, claramente, inconstitucional.* Para Fernández Rodríguez, *o artigo 28 n.º 2 da LOTC "venezuelizou" o conceito de leis orgânicas,* conferindo-lhe uma componente exclusivamente formal incompatível com o texto constitucional. Na verdade, o art. 163.º da Constituição Venezuelana de 1961 estabelece que

510 A Lei por detrás do Orçamento

prevê a possibilidade destas serem padrão aferidor de eventuais desconformidades por parte de outros actos legislativos que as violem[1049].

O conteúdo deste artigo tem, no entanto, suscitado as maiores dúvidas tendo em conta o seu dispositivo final. Na verdade, de acordo com a sua previsão, não só seriam inconstitucionais as disposições legais que regulassem matérias reservadas à lei orgânica sem cumprirem os referidos requisitos procedimentais, como seriam igualmente inconstitucionais as disposições, aprovadas de acordo com procedimento ordinário, que implicassem, em abstracto, uma modificação ou revogação de lei aprovada com carácter orgânico, *qualquer que seja o seu conteúdo*[1050].

---

são leis orgânicas as que são assim denominadas pela Constituição e as que sejam investidas com tal carácter por maioria absoluta dos membros de cada Câmara no momento da apresentação do respectivo projecto de lei. Sobre este assunto, J.M. Delgado-Ocando, *Contribución al Análisis Teórico de las Leyes Orgánicas y de su Interpretación*, 1988.

[1049] Tendo em conta o facto de as leis ordinárias não poderem modificar ou revogar as leis orgânicas (no domínio material destas), a doutrina começou por considerar, mais uma vez por herança francesa, que tais leis seriam hierarquicamente superiores às leis ordinárias, tendo, posteriormente, conquistado avanço a doutrina defensora do critério da competência. Sobre o assunto, Santamaria Pastor, *Fundamentos de Derecho Administrativo I*, 1988, pág. 575, que procede a um resumo das posições dos vários autores, separando-os consoante os princípios jurídicos que convocam para explicar a relação das leis orgânicas com as leis ordinárias. O autor não deixa de referir, no entanto, que a explicação por intermédio do princípio da hierarquia ou da competência acaba por deixar de fora a resposta às questões práticas mais prementes. No mesmo sentido, considerando que também o critério da competência não logra explicar todas as questões que podem surgir no relacionamento entre a lei orgânica e a lei ordinária, Ricardo García Macho, *Reserva de Ley y Potestad Reglamentaria*, 1988, pág. 118. Diferentemente, defendendo o princípio da competência como modo de explicar a relação entre as leis orgânicas e as leis ordinárias, Fernández Rodríguez, *Las Leyes Orgánicas: Concepto, Ambito y Rango Normativo,* 1981, pág. 61, e García de Enterria e Tomás-Ramon Fernández, *Curso de Derecho Administrativo I,* 2002, pág. 132. Os autores encontram neste critério a chave da explicação para o facto de as leis ordinárias não poderem modificar ou revogar as leis orgânicas, defendendo a impossibilidade de o legislador orgânico penetrar na esfera de competência do legislador ordinário. Esta solução foi, ainda antes da sentença 5/1981, do Tribunal Constitucional, criticada por alguns autores, sendo, ainda hoje, objecto de reparos. Com efeito, entre o legislador orgânico e o legislador ordinário apenas há a considerar uma diferença de procedimentos, pelo que não se vislumbra explicação plausível para impedir que quem pode o mais não possa o menos.

[1050] Para García de Enterria e Tomás-Ramon Fernández, *Curso de Derecho Administrativo I*, 2002, pág. 132, este inciso final decorre de um *erro (...) com o qual o legislador, obsessionado com as dificuldades inerentes à utilização de um critério material, (...) quis eliminar "a radice" aquelas dificuldades, impondo "à ultrance" um conceito formal de lei orgânica.*

O Conteúdo da Lei do Orçamento

Com este inciso final pretendeu-se, aparentemente, estabelecer uma espécie de presunção geral de que todas as matérias incluídas numa lei orgânica (qualquer que fosse o seu conteúdo) deviam ser consideradas, para efeitos de modificação ou de revogação, como sendo orgânicas, pelo que apenas mediante nova lei orgânica poderiam ser alteradas ou revogadas. Com esta "blindagem" das leis (formalmente) orgânicas permitia-se que o legislador orgânico arrastasse esse regime para todas as matérias que decidisse incluir e fazer aprovar como lei orgânica, assim petrificando, abusivamente, o ordenamento jurídico em detrimento da livre capacidade do legislador ordinário de actuar sobre a generalidade das matérias não (materialmente) orgânicas[1051].

Ora, foi esta situação que o Tribunal Constitucional, embora não tenha considerado inconstitucional o número 2 do art. 28.º da sua Lei Orgânica, tentou precisamente evitar, dando origem a uma jurisprudência que, apesar de pertinente na motivação, se afigura detentora de uma razoabilidade e de uma coerência dificilmente descortináveis. Na verdade, na sentença constitucional 5/1981, verdadeiro "leading case" jurisprudencial sobre este assunto, o Tribunal reconhece que *a reserva de lei orgânica não pode interpretar-se de forma tal que*

[1051] Considerando, contrariamente, que a noção constitucional de lei orgânica no ordenamento espanhol é, *basicamente, material,* Martinez Lago, *Ley de Presupuestos y Constitución,* 1998, pág. 54 e Villacorta Mancebo, *Reserva de Ley y Constitución,* 1994, pág. 82. Considerando que, *no nosso Direito, a lei orgânica define-se única e exclusivamente em relação a umas determinadas matérias,* Fernández Rodríguez, *Las Leyes Orgánicas: Concepto, Ambito y Rango Normativo,* 1981, pág. 42. Neste sentido, Perez Royo, *Las Fuentes del Derecho,* 1988, pág. 73 e segs. Para este último autor, *o elemento material prevalece, de maneira clara, sobre o formal (...).Dito por outras palavras: as matérias reservadas à lei orgânica hão-de ser reguladas por lei aprovada por maioria absoluta no Congresso dos Deputados numa votação final sobre a totalidade do Projecto, mas nem toda a lei aprovada com estas características converte a matéria que regula em matéria de lei orgânica.* Para Perez Royo, o teor da parte final do art. 28.º número 2 da LOTC é incompatível com o art. 81.º da Constituição, apenas se justificando pela tentativa efectuada de integrar as leis orgânicas no bloco de constitucionalidade, caso em que a sua hierarquia superior lhes permitiria congelar as matérias sobre que incidissem. Diferentemente, encontrando uma solução para a articulação do art. 28.º número 2 da LOTC, com o art. 81.º da Constituição, Rubio Llorente e Aragón Reyes, *La Jurisdicción Constitucional,* 1978, pág. 846. Para estes autores, o inciso final do art. 28.º número 2, quando se refere *a qualquer que seja o seu conteúdo,* referir-se-ia a qualquer que seja o conteúdo, de entre os vários conteúdos possíveis das diversas leis orgânicas.

512   *A Lei por detrás do Orçamento*

qualquer matéria alheia à dita reserva, pelo facto de estar incluída numa lei orgânica, deva gozar, definitivamente, do efeito de congelação de grau e da necessidade de uma maioria qualificada para a sua ulterior modificação (art. 81.2 da C.E.), pois tal efeito pode e deve ser excluído pela mesma lei orgânica ou por sentença do Tribunal Constitucional que declare quais os preceitos daquela que não participam de tal natureza. Levada ao extremo, a concepção formal da lei orgânica poderia produzir no ordenamento jurídico uma petrificação abusiva em benefício de quem, num dado momento, gozasse da maioria parlamentar suficiente e em detrimento do carácter democrático do Estado, já que a nossa Constituição instaurou uma democracia baseada no jogo das maiorias, prevendo somente para situações definidas e excepcionais uma democracia de acordo baseada em maiorias qualificadas e reforçadas[1052].

Não obstante este diagnóstico, que, no fundo, representa o "requiem" pela regra estabelecida no número 2 do art. 28.º da Lei Orgânica do Tribunal Constitucional[1053], o Tribunal não assumiu, inequivocamente, a possibilidade de o legislador comum legislar, no limite do que julga serem as suas competências, permitindo-lhe incidir sobre domínios incluídos em leis orgânicas, no caso de julgar que essas matérias relevam materialmente do domínio comum. Diferentemente, e como forma de tentar ordenar a relação forma-conteúdo, sem, no entanto, acautelar as diferenças ao nível do procedimento, acaba por afirmar que, *se é certo que existem matérias reservadas a*

[1052] Sentença 5/1981, de 13 de Fevereiro, do Tribunal Constitucional Espanhol, fundamento jurídico 21, pág. 83. Para Perez Royo, *Las Fuentes del Derecho*, 1988, pág. 79 o Tribunal adoptou o princípio da competência temperado pelo princípio da hierarquia como modo de evitar conflitos no relacionamento entre a lei orgânica e a lei ordinária. Assim, para o Tribunal, se, em regra, cada tipo de lei se deve manter dentro dos seus domínios materiais (princípio da competência), no caso de conflito deve prevalecer, ao nível dos operadores jurídicos, ainda que provisoriamente, a lei orgânica (princípio da hierarquia). Não parece, assim, ter razão, Gomez-Ferrer Morant, *Relaciones entre Leyes: Competencia, Jerarquia y Función Constitucional*, 1987, pág. 37, quando afirma, simplesmente, que, segundo o Tribunal Constitucional, *a parte da lei* (orgânica) *que não pode incluir-se na reserva de lei orgânica vale como lei ordinária.*

[1053] García de Enterria e Tomás-Ramon Fernández, *Curso de Derecho Administrativo I*, 2002, pág. 133, consideram que o Tribunal Constitucional, na sentença 5/81, de 13 de Fevereiro de 1981, *desqualificou rotundamente* a tentativa do art. 28.º número 2 da LOTC de qualificar as leis orgânicas de um ponto de vista formal.

leis orgânicas (art. 81), também é certo que as leis orgânicas estão reservadas a essas matérias e que, portanto, seria desconforme com a Constituição uma lei orgânica que invadisse matérias reservadas à lei ordinária[1054].

Ora, com esta solução o Tribunal Constitucional, pretendendo impedir a petrificação das normas ordinárias inseridas em leis orgânicas, opta drasticamente pela defesa da existência de duas reservas paralelas (lei orgânica e lei ordinária), relacionadas através da aplicação do princípio da competência, acabando assim, apesar das boas intenções, por criar mais problemas do que os que procurou evitar[1055].

[1054] Sentença 5/1981, de 13 de Fevereiro, fundamento 21, pág. 83. Esta sentença foi confirmada pelas sentenças 6/1982, de 22 de Fevereiro, 76/1983, de 5 de Agosto, 137/1986, de 6 de Novembro e 26/1987, de 27 de Fevereiro. Sobre esta matéria, Linde Paniagua, *Leyes Orgánicas,* 1990, pág. 70 e segs. e, de modo semelhante, *Leyes orgánicas parciales en la doctrina del Tribunal Constitucional (un ejemplo práctico en el Anteproyecto de Ley de Contrabando),* 1981. É com base nesta posição do Tribunal Constitucional que Rubio Llorente, *El Procedimiento Legislativo en España. El Lugar de la Ley entre las Fuentes del Derecho,* 1986, pág. 96, afirma que, *segundo a interpretação do TC também a inclusão de preceitos não orgânicos em leis orgânicas é, em princípio, ilícita.*

[1055] Considerando que a relação entre a lei orgânica e a lei ordinária não se move pelo princípio da hierarquia, mas pelo princípio da competência, García de Enterria e Tomás-Ramon Fernández, *Curso de Derecho Administrativo I,* 2002, pág. 132; Mendonza Oliván, *Tipologia de las Leyes en la Constitución,* 1979, pág. 94; Linde Paniagua, *Leyes Orgánicas,* 1990, pág. 12 e segs. e Santamaria Pastor, *Fundamentos de Derecho Administrativo I,* 1988, pag 567 e segs. Para este último autor (pág. 577), *uma lei orgânica não pode conter outras matérias que não sejam as próprias de lei orgânica ou matérias conexas.* O autor refere mesmo que na relação entre leis orgânicas e leis ordinárias existiria um *carácter fechado e bidireccional da reserva.* Ao admitir a existência de matérias conexas, não lhes fazendo, contudo, aplicar o regime jurídico das matérias orgânicas, Santamaria Pastor acaba, no entanto, por fazer uma ligeira concessão ao princípio do procedimento, desta forma atenuando o princípio da competência. O próprio autor considera que os dois princípios devem caminhar juntos e (pág. 320), quando se refere ao princípio do procedimento, inclui uma referência à distinção entre leis orgânicas e leis ordinárias, não deixando, no entanto, de referir que cada tipo de lei se deve apenas reportar às matérias que lhe foram atribuídas e não a outras. Para Santamaria Pastor (pág. 320 e segs.), do critério do procedimento decorre que cada matéria deve ser aprovada pelo seu procedimento próprio, o que acaba por tornar tão incorrecta a intromissão de uma lei orgânica no domínio ordinário, como uma intromissão de uma lei ordinária no domínio orgânico, opção da qual se discorda. Diferentemente, de modo correcto, Gomez-Ferrer Morant, *Relaciones entre Leyes: Competencia, jerarquia y función constitucional,* 1987, pág. 21, e Ignacio de Otto, *Derecho Constitucional,* 1995, pag. 88 e segs. Este último autor apelida (pag 90) de *técnica das reservas* à técnica constitucional que estabelece que *certas matérias só podem ser reguladas por certa classe de normas e não por outras sem que isso exclua que essas normas possam ocupar-se também de matérias distintas.*

514 *A Lei por detrás do Orçamento*

Na verdade, uma opção clara pelo princípio da competência teria inevitavelmente como corolário a declaração de inconstitucionalidade da intervenção do legislador ordinário em domínios do legislador orgânico, mas, também, a declaração de inconstitucionalidade da intervenção do legislador orgânico em domínios do legislador ordinário[1056], criando-se, assim, uma relação de mera lateralidade que justificaria a mesma censura à intervenção do legislador comum em domínios orgânicos, como à do legislador orgânico em domínios comuns, independentemente de apenas uma das incursões não cumprir os requisitos procedimentais exigidos pela Constituição[1057].

Dir-se-á que, no fundo, o Tribunal acabou por ficar preso na sua própria contradição, já que, se por um lado não quis permitir que a lei orgânica petrificasse domínios da lei ordinária, como parecia impor o número 2 do art. 28.º da Lei Orgânica do Tribunal Constitucional, por outro lado não quis impedir (expressamente) a lei orgânica de legislar sobre domínios da lei ordinária, por não encontrar motivos formais que a impeçam de o fazer, não obstante considerar que as leis orgânicas estão reservadas para as matérias orgânicas e não para as matérias ordinárias, que apenas devem ser incluídas em leis orgânicas em virtude de laços de conexão material.

Perante a encruzilhada em que se enredou, o Tribunal acaba por encontrar uma saída, ao permitir ao legislador orgânico ou ao próprio Tribunal Constitucional a identificação das normas ordinárias que se encontrem presentes numa lei orgânica, com essa acção afastando a presunção contida no número 2 do art. 28.º da Lei Orgânica do Tribunal Constitucional[1058] e permitindo que as normas comuns possam

---

[1056] Neste sentido, apesar de considerar negativa a solução constitucional, Garrido Fala, *Comentário ao art. 81.º, Comentários a la Constitución*, 1985, pág. 1221.

[1057] Com efeito, se o procedimento agravado se justifica em razão das matérias em causa, assim se criando uma reserva na qual se impõe um consenso agravado no momento da aprovação, não existe qualquer justificação para se criar uma reserva de lei ordinária que actue, não face ao poder regulamentar, mas, precisamente, face ao poder legislativo procedimentalmente agravado, como é o que decorre da aprovação de leis orgânicas.

[1062] Na verdade, o Tribunal acaba por admitir a congelação provisória do grau das matérias ordinárias inseridas em leis orgânicas (desta forma admitindo a prevalência provisória do princípio da hierarquia), já que aceita que, em caso de conflito, *a lei orgânica deve prevalecer sobre a ordinária, já que não pode ser modificada por esta (art. 81 n.º 2 da CE)*. Esta prevalência só seria afastada pela inclusão, na lei orgânica, de norma qualificativa, ou através de intervenção do Tribunal Constitucional. Chofre Sirvent, *Significado y Función de*

O *Conteúdo da Lei do Orçamento* 515

ser modificadas ou revogadas por leis ordinárias, salvando a inconstitucionalidade dos referidos domínios ordinários enxertados em leis orgânicas[1059].

Com esta solução, e embora não o afirme directamente, o Tribunal acaba por afastar a aplicação da regra prevista no número 2 do art. 28.º da Lei Orgânica do Tribunal Constitucional[1060], já que a congelação de grau para todas as matérias incluídas numa lei orgânica, decorrente da aplicação do número 2 do art. 28.º da LOTC, passa a ser apenas virtual. Na verdade, para além da possibilidade de o legislador orgânico identificar as normas comuns inseridas na lei orgânica, parece que no caso de o legislador ordinário não se conformar com a classificação (ou com a falta dela) realizada pelo legislador orgânico, sempre poderia legislar sobre as matérias que, em seu entender, per-

---

las Leyes Orgánicas, 1994, pág. 316, considera, algo diferentemente, que, *quando a decisão de fundo se deva basear no critério da competência, o critério da prevalência serve como regra de decisão imediata ou transitória até que recaia a decisão de fundo. Neste sentido o critério da prevalência acompanha, geralmente, o critério da competência.* Para este autor, seguindo Gómez-Ferrer, *Relaciones entre leyes: competencia, jerarquia y función constitucional*, 1987, a prevalência da lei orgânica sobre a lei ordinária (ainda que provisória) fundamenta-se *na ideia de função constitucional que cumpre a lei orgânica no sistema de fontes, de actualizar o compromisso constitucional em matérias de especial transcendência política.*

[1059] No fundamento 4 C) da sentença 5/1981, de 13 de Fevereiro, de 1981, pode ler-se que, *quando na mesma lei orgânica concorram matérias estritas e matérias conexas, há que afirmar que em princípio estas também estariam sujeitas ao regime de congelação de grau assinalado no art. 81.º número 2 da Constituição e que assim deve ser em defesa da segurança jurídica (art. 9.3 da C.E.). Mas esse regime pode ser excluído pela própria lei orgânica em relação a algum dos seus preceitos, indicando quais contêm somente matérias conexas e podem ser alterados por uma lei ordinária das Cortes Gerais ou, nalguns casos, por leis das Comunidades Autónomas. De qualquer forma, se tal declaração não for incluída na lei orgânica, ou se o seu conteúdo não for ajustado ao Direito, de acordo com o Tribunal Constitucional, será a sentença correspondente deste órgão a que, dentro do âmbito próprio de cada recurso por inconstitucionalidade, deve indicar que preceitos, dos contidos na lei orgânica, podem ser modificados por leis ordinárias do Estado ou das Comunidades Autónomas, contribuindo, deste modo, tanto para a depuração do ordenamento como para a segurança jurídica, que pode ficar gravemente afectada pela inexistência ou pela imperfeição das citadas normas de articulação.*

[1060] Neste sentido, Santamaria Pastor, *Fundamentos de Derecho Administrativo I*, 1988, pág. 573, afirma que, *com esta jurisprudência o Tribunal Constitucional desqualificou, tacitamente, inaplicando-a, a norma contida no art. 28.º número 2 da LOTC, (...).* Em termos idênticos, García de Enterria e Tomás-Ramon Fernández, *Curso de Derecho Administrativo I*, 2002, pág. 133, consideram que *a sentença constitucional de 13 de Fevereiro de 1981 foi absolutamente categórica na sua rejeição da concepção formal das leis orgânicas (...).*

516   *A Lei por detrás do Orçamento*

tencem ao Direito comum, confiando que o Tribunal Constitucional, se for caso disso, venha a corroborar a sua interpretação e corrija (ou supra) a interpretação do legislador orgânico.

Nesse caso, não haveria lugar a inconstitucionalidade (não obstante o legislador ordinário ter legislado sobre norma incluída em lei orgânica não desclassificada pelo legislador orgânico), já que o Tribunal Constitucional poderia, no momento da apreciação da alegada inconstitucionalidade, declarar a natureza ordinária dessa norma, assim ratificando a intervenção do legislador ordinário.

Na verdade, segundo o Tribunal Constitucional, *quando numa mesma lei orgânica concorram matérias estritas e matérias conexas, há que afirmar que, em princípio, estas também estariam sujeitas ao regime da congelação de grau previsto no número 2 do art. 81.º da Constituição e que assim deve ser em defesa da segurança jurídica (art. 9/3 da C.E). Mas este regime pode ser excluído pela própria lei orgânica em relação a algum dos seus preceitos, indicando quais deles contêm somente matérias conexas e podem ser alterados por uma lei ordinária das Cortes Gerais ou das Comunidades Autónomas. Se tal declaração não se incluir na lei orgânica, ou se o seu conteúdo não for ajustado ao Direito no entender do Tribunal Constitucional, será a sentença correspondente que, dentro do âmbito próprio de cada recurso de inconstitucionalidade, deverá indicar que preceitos contidos na lei orgânica podem ser modificados por leis ordinárias (...)*[1061].

[1061] Sentença 5/1981, de 13 de Fevereiro, do Tribunal Constitucional, fundamento jurídico 21, pág. 83. Apesar de o Tribunal se referir aos domínios conexos, aí estribando, aparentemente, a fronteira admissível para a inclusão de matérias ordinárias em leis reforçadas, o domínio das matérias conexas não foi suficientemente definido na fugaz referência feita pelo Tribunal à admissibilidade de inclusão de matérias com natureza ordinária por *razões de conexão temática ou de sistemática ou ainda de boa técnica legislativa*. Esta amplitude de conteúdos parece ter sido, no entanto, invertida na sentença 76/1983, de 5 de Agosto de 1983. Na verdade, no fundamento 51, estabeleceu-se que, *a lei orgânica só pode incluir preceitos que excedam o âmbito estrito da reserva quando o seu conteúdo desenvolva o núcleo orgânico e sempre que constituam um complemento necessário para a sua melhor inteligência, devendo, em todo o caso, o legislador concretizar os preceitos que têm tal carácter*. A posição do Tribunal Constitucional não é, no entanto, isenta de dúvidas, como se pode observar na diversa interpretação que do seu conteúdo tem sido feita. Assim, Ricardo García Macho, *Reserva de Ley y Potestad Reglamentaria*, 1988, pág. 122, interpreta a sentença 5/1981, na parte em que esta refere que *as leis orgânicas estão reservadas a estas*

A solução jurisprudencial Espanhola presta-se, naturalmente, a um manancial de dúvidas que, ainda que de modo breve, se elencarão, por serem demonstrativas dos problemas que a aceitação, em Portugal, de uma solução semelhante à Espanhola seguramente implicaria. Assim, em primeiro lugar, o Tribunal não declara, de modo claro, se os cavaleiros de lei orgânica, pelo menos os silentes, são, ou não, inconstitucionais, parecendo, no entanto, propender para uma solução de não inconstitucionalidade, na medida em que admite que a identificação de uma norma como tendo um conteúdo ordinário, apesar de incluída numa lei orgânica, possa ser efectuada pelo Tribunal Constitucional[1062], que, desta forma, afastaria, com a sua inter-

---

matérias (orgânicas) *e que, portanto, seria desconforme com a Constituição uma lei orgânica que invadisse matérias reservadas a uma lei ordinária,* de modo "sui generis", já que considera que desta afirmação decorre que o legislador ordinário pode modificar as partes da lei orgânica que não se encontrem debaixo da reserva de lei orgânica. O autor considera, igualmente, que na sentença 76/1983, de 5 de Agosto, se operou uma clarificação no sentido de que os *preceitos não orgânicos, sendo conexos, podem conservar a congelação de grau, sempre que esses preceitos desenvolvam o núcleo orgânico e constituam um complemento necessário para a sua melhor interpretação, devendo, em todo o caso, o legislador identificar os preceitos que têm esse carácter.* Diferentemente, Santamaria Pastor, *Fundamentos de Derecho Administrativo I,* 1988, pág. 567, defende, com base no mesmo inciso da sentença 5/1981, do Tribunal Constitucional, que *as leis orgânicas não podem regular outras matérias para além das que a Constituição lhes atribui.* Considerando que a jurisprudência constitucional sofreu uma evolução, entre a sentença 5/1981 e a sentença 76/1983, em matéria de admissibilidade de matérias conexas, o autor (pág. 572) defende que a sentença 76/1983 veio endurecer as exigências relativamente à admissibilidade de associar matérias conexas às leis orgânicas, já que estas teriam de possuir uma ligação mais estreita com a matéria orgânica, sendo obrigatória (e não já facultativa) a sua identificação para que possam ser modificadas como leis ordinárias. Para Santamaria Pastor (pág. 573), *com esta jurisprudência o Tribunal Constitucional desqualificou, tacitamente, inaplicando-a, a norma contida no art. 28 n.º 2 da LOTC,* na medida em que esta declarava inconstitucionais as normas ordinárias que modificassem leis orgânicas, independentemente do conteúdo destas, omitindo qualquer referência à possibilidade da natureza materialmente ordinária de uma norma incluída em lei orgânica poder ser declarada pela própria lei orgânica ou pelo Tribunal Constitucional. Contra, considerando que o Tribunal usa os mesmos argumentos nas sentenças 5/1981 e 76/1983, Jiménez Díaz, *La Ley de Presupuestos: Seguridad Jurídica y Principios de Relación entre Normas,* 1994, pág. 317. Para este autor, o Tribunal faz uso do critério da competência para considerar que uma intromissão da lei orgânica em domínios próprios da lei ordinária seria inconstitucional, por *produzir uma petrificação abusiva do ordenamento.*

[1062] Para Santamaria Pastor, *Fundamentos de Derecho Administrativo I,* 1988, pág. 572, no seguimento do fundamento jurídico 21 da sentença 5/1981, *se a lei orgânica não*

518 *A Lei por detrás do Orçamento*

venção qualificativa, a alegada inconstitucionalidade. Esta situação não deixa de ser paradoxal, por permitir um recurso por inconstitucionalidade que termina com um mero *déclassement* jurisdicional, o que parece ser uma solução não prevista no sistema constitucional português (nem espanhol).

A possibilidade de o legislador orgânico identificar as normas que julga serem apenas formalmente orgânicas é, de resto, um dos domínios mais escorregadios da solução jurisprudencial, por não se lhe encontrar base constitucional e se prestar, naturalmente, às maiores incertezas e inseguranças derivadas do facto de a qualificação do legislador orgânico não ser, naturalmente, constitutiva[1063]. Assim sendo,

---

precisar quais, de entre os seus preceitos, se referem somente a matérias conexas (ou se esta precisão não for correcta, assinalando como normas conexas as que são, na realidade, centrais) o Tribunal Constitucional pode, não obstante, fazer esse "desglose" (...). O autor salienta, porém, que a sentença 76/1983 endureceu as exigências, não só restringindo o domínio aceitável das matérias conexas, como obrigando o legislador a identificar essas matérias em vez de apenas lhe reconhecer uma mera possibilidade.

[1063] Isso mesmo foi salientado no voto particular, apresentado junto à sentença 137/1986, de 6 de Novembro, pelos juízes Arozamena Sierra e Rubio Llorente. No caso em apreço estava em causa uma norma de uma lei orgânica que previa a possibilidade de algumas normas dessa mesma lei serem alteradas por leis das Comunidades Autónomas. O Tribunal considerou que a identificação feita pelo legislador orgânico era adequada a permitir a intervenção do legislador das Comunidades, transformando as normas da lei orgânica em mero Direito supletivo e residual. Diferentemente, para os dois magistrados que votaram vencidos, a indicação, por parte do legislador orgânico, dos limites de competência do legislador autonómico não tem cabimento constitucional, já que a competência das Comunidades vem determinada nos respectivos Estatutos que, de resto, são objecto de procedimento aprovatório complexo e reforçado, não podendo uma lei orgânica alterar essas mesmas competências. Neste contexto, para os referidos autores (pág. 108), *carecem de toda a eficácia as normas atributivas ou limitativas* (de competência) *que as próprias leis orgânicas incorporem no seu seio, seja directamente, seja mediante o procedimento de estabelecer uma distinção entre os seus preceitos que são propriamente orgânicos e os que, pese embora formando parte da mesma lei, não o são. Uma norma deste género só é eficaz na medida em que as suas previsões coincidam com o que já foi estabelecido* (pela Constituição) *e nesta mesma medida as suas previsões são supérfluas. Trata-se de uma mera declaração interpretativa que não vincula os diversos poderes envolvidos, nem, naturalmente, o Tribunal Constitucional.* Arozamena Sierra e Rubio Llorente levantam mesmo a hipótese de tais declarações, inseridas no texto da lei, poderem ser inconstitucionais pela insegurança e falta de clareza jurídica que transportam, considerando que (no caso em apreço) as Comunidades Autónomas, pelo facto de a lei orgânica ter disposto sobre matérias conexas (fora do domínio orgânico), *não tinham fechado a porta para legislar sobre matérias reguladas na lei orgânica (...).*

O *Conteúdo da Lei do Orçamento* 519

sempre se terá de admitir que o legislador orgânico falhe na sua tarefa interpretativa, para a qual não está, de resto, particularmente talhado, atribuindo valor orgânico a normas que o não merecem ou que se esqueça de identificar outras que, materialmente, sejam ordinárias, pelo que, na medida em que tudo se resolverá a final mediante apreciação jurisdicional, melhor seria permitir uma livre interpretação por parte de ambos os legisladores (ordinário e orgânico) das suas competências, guardando para o Tribunal Constitucional a solução definitiva da questão.

Finalmente, o Tribunal, ao considerar que a qualificação do legislador (mesmo sendo obrigatória) pode ser corrigida pelo órgão de justiça constitucional em processo de recurso por inconstitucionalidade, acaba por se enredar em sérias dificuldades ao nível dos poderes de cognição, já que, ao contrário do que se passa em França, a intervenção do Tribunal Constitucional relativamente às leis orgânicas é, em Espanha, meramente facultativa, pelo que o Tribunal apenas se poderá pronunciar sobre a natureza jurídica das normas incluídas na lei orgânica se para tal for solicitado, seja num pedido que se dirija a uma lei ordinária, por ter, alegadamente, violado disposições contidas em lei orgânica, seja num pedido que se dirija directamente, contra a lei orgânica, solicitando a apreciação da norma qualificativa da natureza dos vários preceitos incluídos na lei orgânica (ou da sua falta).

Ora, não é claro que num pedido de inconstitucionalidade dirigido contra uma lei ordinária, por violação de lei orgânica, possa o Tribunal não declarar a inconstitucionalidade (no caso de a norma objecto da lei ordinária não constar de norma orgânica desqualificadora, nem ter sido aditada pelo Tribunal em eventual sentença dirigida contra tal norma desqualificadora) da lei ordinária por considerar (fora do pedido) que a lei ordinária incidiu, afinal, sobre uma matéria que, por natureza, não é orgânica, assim criando, "ex-novo", ou alterando, "ultra vires", a norma desqualificadora, aumentando-lhe o âmbito das normas ordinárias[1064].

[1064] Esta situação foi equacionada por Ignacio de Otto, *Derecho Constitucional*, 1995, pág. 120 e segs., onde o autor demonstra as enormes dificuldades que a solução jurisprudencial acarreta no domínio da sua aplicação prática, seja na identificação das normas sujeitas a controlo jurisdicional, seja na eficácia desse mesmo controlo, seja, ainda, nos limites dos poderes de cognição do Tribunal Constitucional.

520 A Lei por detrás do Orçamento

O Tribunal Constitucional Espanhol haveria de se voltar a pronunciar sobre estas questões na sentença 137/1986, a que já se fez referência[1065]. Nessa decisão estava em causa a divisão de competências entre o Estado e as Comunidades Autónomas, questionando-se a possibilidade de uma lei orgânica que legislasse sobre matérias conexas com o desenvolvimento de um direito fundamental privar as Comunidades Autónomas de actuarem, normativamente, sobre essas matérias, algo que não sucederia se apenas o núcleo central do desenvolvimento do direito fundamental fosse incluído na lei orgânica, remetendo-se o remanescente para legislação ordinária, assim permitindo a intervenção complementar das referidas Comunidades Autónomas.

Perante tal situação, o Tribunal considerou que, *a opção do legislador orgânico em favor da remissão ao ordinário pode ser – confirmando-se, assim, também, que a separação de círculos competenciais não pode ser absoluta – uma técnica substitutiva de outra, igualmente, constitucional, consistente na inclusão, na própria lei orgânica, de normas alheias ao âmbito reservado ("matérias conexas") (...). A lei orgânica pode, certamente, dispor uma regulação plena dos modos e órgãos de participação da comunidade escolar no governo do Centro* (Escolar)*, mas, em tal caso, uma parte de essas normas terão de ter carácter meramente supletivo com respeito às Comunidades Autónomas (...)*[1066].

Segundo o Tribunal Constitucional, *para alcançar o deslinde competencial é necessária uma indagação material que permita identificar quais, de entre as disposições contidas na lei orgânica, encerram "normas básicas para o desenvolvimento do art. 27", porque só estas, em relação às comunidades, marcam o limite infranquiavel para as Comunidades Autónomas. Não é toda a divergência pois, entre uma lei orgânica e uma territorial, que será causa de vicio de inconstitucionalidade desta última, mas só o seu eventual afastamento do conteúdo das "normas básicas", cuja identificação cabe, em última instância, a este Tribunal Constitucional*[1067].

[1065] Sentença 137/1986, de 6 de Novembro, pág. 236 e segs.
[1066] Sentença 137/1986, de 6 de Novembro, pág. 256.
[1067] Sentença 137/1986, de 6 de Novembro, fundamento jurídico 3, pág. 257.

O Conteúdo da Lei do Orçamento

Com esta decisão parece notar-se alguma evolução na jurisprudência constitucional, já que se abandona a referência à identificação por parte do legislador[1068], bem como à prévia identificação por parte do Tribunal Constitucional[1069] dos domínios conexos que escapavam à consagração imperativa na lei orgânica. Na verdade, o Tribunal Constitucional parece caminhar, assim, tal como se defende, no sentido da tese da irrelevância jurídica da inclusão de normas não (materialmente) reforçadas em actos normativos (formalmente) reforçados, desta forma se evitando a petrificação das referidas matérias ordinárias, permitindo que a análise dos domínios ordinários e orgânicos se faça, em termos materiais, sem prevalência de qualquer dos legisladores sobre o modo de interpretar a Constituição.

Terminado este excurso pelo Direito Francês e Espanhol, verifica-se como as soluções vigentes naqueles ordenamentos jurídicos relativamente à questão em apreço, não sendo consensuais, nem entusiasmantes, nos respectivos países, são, para além do mais, desnecessárias, e, até, inconstitucionais, no contexto jurídico-constitucional português, razão pela qual se julga que a sua importação deve ser dispensada. Na verdade, como já se viu, em França, a fiscalização constitucional preventiva das leis orgânicas, assumindo uma natureza obrigatória, acaba por limitar em muito o efeito pernicioso da necessidade de identificar os cavaleiros de lei orgânica, resolvendo o Tri-

---

[1068] O Tribunal não deixa, noutra passagem, de se referir à possibilidade de o legislador identificar as normas ordinárias, mas considera, aparentemente, tal possibilidade como sendo facultativa.

[1069] Na verdade, não obstante se faça referência à sentença 5/1981, considerando que esta representou uma primeira aproximação ao tema, o certo é que depois, na prática, o Tribunal parece afastar-se das exigências que essa sentença impunha, nomeadamente da declaração qualificativa efectuada pelo legislador ou pelo Tribunal Constitucional. O Tribunal refere, no fundamento jurídico 3, pág. 255, igualmente, que *as leis orgânicas e ordinárias não se situam propriamente em distintos planos hierárquicos, estando as primeiras informadas pelo princípio da especialidade, de tal modo que não poderão estender a sua normação para lá do âmbito que em cada caso lhes tenha sido reservado, sem prejuízo da eventual incorporação de normas ordenadoras de matérias "conexas" (STC 5/1981 fundamento jurídico 21).* Parece, assim, ao Tribunal, legítima a partilha de domínios entre a lei orgânica e a lei ordinária em relação às matérias conexas, considerando que não é inconstitucional (mesmo na ausência de prévia identificação do conteúdo material de cada uma das normas) a possibilidade de a legislação ordinária alterar as normas ordinárias inseridas da lei orgânica em virtude da conexão ser débil ou nenhuma.

522   *A Lei por detrás do Orçamento*

bunal atempadamente quaisquer dúvidas de aplicação de regime jurídico, ainda antes da entrada em vigor das normas.

Por outro lado, em Espanha, foi a exigência de uma norma incluída no bloco de constitucionalidade (número 2 do art. 28.º da LOTC) que, arrastando uma presunção de natureza orgânica para todas as matérias que se incluíssem em leis aprovadas por essa forma, levou a uma jurisprudência contraditória e pouco clara. Refira-se, no entanto, que esta jurisprudência parece, de resto, estar a aproximar-se de uma solução que, fazendo relevar a substância sobre a forma, evite a petrificação do sistema normativo e cumulativamente o domínio do legislador orgânico sobre o legislador comum, afastando na prática a aplicação do número 2 do art. 28.º da LOTC e evitando a declaração de inconstitucionalidade de normas aprovadas (ainda que por excesso) com os requisitos procedimentais constitucionalmente exigidos[1070].

Em conclusão, vale assim, para o Direito Português, a lição de Ignacio de Otto, quando afirma, de modo claro, que a lei orgânica pode regular qualquer matéria e não só a que lhe está reservada, sem que isso signifique que, no futuro, o preceito não orgânico fique dotado de força passiva perante a lei ordinária, isto é, sem que fique subtraído à disponibilidade do legislador ordinário, que poderá modificá-lo ou derrogá-lo[1071].

[1070] Veja-se, por todos, Ignacio de Otto, *Derecho Constitucional*, 1995, pág. 112 e segs. A posição do autor continua, no entanto, a ser minoritária na doutrina (defensora da relevância do princípio da competência como critério justificativo da relação entre leis orgânicas e leis ordinárias) e a não ter acolhimento na jurisprudência constitucional. Em sentido semelhante ao de Ignacio de Otto, Gomez-Ferrer Morant, *Relaciones entre Leyes: Competencia, jerarquia y función constitucional,* 1987, pág. 21, considera que o princípio da competência apenas serve para explicar a inconstitucionalidade de uma lei ordinária que regule matérias de lei orgânica, mas já não a situação inversa, admitindo, assim, que uma lei ordinária modifique uma lei orgânica sempre que esta regule matérias próprias de lei ordinária.

[1071] Ignacio de Otto, *Derecho Constitucional*, 1995, pág. 113. O autor acrescenta, elucidativamente, que, *dado que é a Constituição, e não o legislador, quem estabelece para que matérias é precisa a maioria absoluta, o facto de que a lei orgânica inclua uma matéria ou outra é juridicamente irrelevante, isto é, não significa que essa matéria fique submetida a uma exigência que só existe para aquilo que foi constitucionalmente previsto. A lei orgânica não é uma forma capaz de produzir por si mesma um efeito; é simplesmente uma lei reforçada dotada de maior rigidez que a ordinária, sempre que regule matérias reservadas à lei orgânica.* No mesmo sentido, em termos inequívocos, ainda antes da

O Conteúdo da Lei do Orçamento

sentença 5/1981, Mendonza Oliván, *Tipologia de las Leyes en la Constitución*, 1979, pág. 95, ao afirmar que, *não me oferece dúvida nenhuma, no caso de uma lei orgânica que regule, por extralimitação, matérias que não são objecto de expressa reserva constitucional, que a lei orgânica pode ser validamente modificada ou derrogada por uma lei ordinária sem cumprir os requisitos especiais estabelecidos no art. 81/2.* Também Javier Gálvez Montes, *El ambito material y formal de las leyes orgánicas*, 1979, pág. 928, equaciona a hipótese de uma lei aprovada de acordo com o procedimento de uma lei orgânica, mas com conteúdo misto. Neste caso nem as normas orgânicas eram inconstitucionais, nem as normas ordinárias o deveriam ser, pois em relação a estas tinham sido cumpridos (ainda que por excesso) os procedimentos constitucionais adequados, acabando por concluir pela atribuição de uma *rigidez ordinária* aos preceitos ordinários, mesmo quando incluídos numa lei orgânica. Ainda neste sentido, veja-se, por último, Garrorena Morales, *Acerca de las Leyes Orgânicas y de su Espúria Naturaleza Jurídica*, 1980, pág.183, ao considerar que *uma lei ordinária que invadisse uma matéria reservada a uma lei orgânica incorreria em nulidade, mas também uma lei orgânica que pretendesse regular matérias que não lhe estivessem reservadas e que fossem da competência da lei ordinária deveria ceder perante a intervenção desta.*

IV.ª PARTE
O Procedimento de Iniciativa
e de Aprovação da Lei do Orçamento

A – OS LIMITES AO PODER DE EMENDA PARLAMENTAR NO DEBATE ORÇAMENTAL E DURANTE A VIGÊNCIA DA LEI DO ORÇAMENTO

Não obstante o facto de o Orçamento ser aprovado, em todos os ordenamentos jurídicos analisados, através de lei parlamentar, a proposta de lei de Orçamento encontra-se, também em todos os ordenamentos, reservada à iniciativa do Governo, no que representa um caso original, apesar de tradicional em termos históricos e comparados, de uma dupla reserva, a favor de dois órgãos diferentes, incidindo sobre o mesmo acto normativo[1072]. A reserva de iniciativa orçamental colhe a sua explicação histórica no facto de o monarca, através do Governo, juntar, no mesmo momento e no mesmo acto, a justificação perante os representantes da nação dos destinos que tencionava atribuir às verbas que, simultaneamente, solicitava, através da aprovação de novos ou renovados tributos.

Hoje em dia, a lei do Orçamento ganhou acrescidos domínios de intervenção e uma outra complexidade, assumindo-se crescentemente como um instrumento político de primeira ordem utilizado pelo Governo para apresentar perante o Parlamento o seu programa político-financeiro anual. De entre os vários instrumentos de política económico-financeira, o Orçamento é hoje porventura o mais abrangente, sendo que a reserva da iniciativa governativa representa, desta

---

[1072] Sobre as origens do poder de iniciativa governamental, Onida, *Le Leggi di Spesa nella Costituzione,* 1969, pág. 186 e segs. e Portatius, *Das haushaltsrechtliche Bepackungsverbot,* 1975, pág. 62 e segs.

526   *A Lei por detrás do Orçamento*

forma, em larga medida, não somente um reconhecimento da aptidão técnica do Governo para elaborar o Orçamento, como, também, a aceitação de que a definição e a prossecução da política económico-financeira do Estado compete ao Governo, ainda que com a aprovação do Parlamento.

Julga-se mesmo que, não obstante a natureza técnica que a elaboração do Orçamento naturalmente implica e que leva a considerar este órgão como o responsável mais adequado para a realização de tal tarefa[1073], é, no entanto, a sua vertente de "indirizzo politico" e de concretização anual das prioridades governativas apresentadas no Parlamento no momento da discussão do programa de Governo que justificam e, mais do que isso, requerem, em primeira linha, a atribuição ao Governo da competência, do dever e da responsabilidade de apresentar uma proposta de lei de Orçamento[1074].

[1073] Os argumentos de natureza técnica e prática, que levariam a que o Governo e a Administração financeira fossem os responsáveis pela elaboração do Orçamento, encontram-se muito disseminados pela doutrina. Veja-se, a título de exemplo, Menéndez Moreno, *La configuración constitucional de las leyes de presupuestos generales del estado*, 1988, pag 93 e segs. O referido autor questiona-se, mesmo, em modo de conclusão, sobre se haveria outra possibilidade viável distinta da que atribui a feitura da proposta de lei orçamental ao Governo.

[1074] Realçando precisamente a função de direcção política do Governo, como elemento justificativo do monopólio de iniciativa orçamental, Miguel Canuto, *Qué es lo que pude regular la ley de presupuestos?*, 1994, pag 627. No mesmo sentido, considerando que o Orçamento (*haushaltsplan*) é *um programa de governo em forma de lei*, Gröpl, *Bonner Kommentar zum Grundgesetz*, 2002, pág. 44, no seguimento, aliás, de decisão do Tribunal Constitucional Alemão 79, 311 (329); Christian Tomuschat, *Il Controllo Finanziario e di Bilancio del Parlamento nella Repubblica Federale Tedesca*, 1979, pág. 847 e Paul Kirchof, *Die Steuerung des Verwaltungshandelns durch Haushaltsrecht und Haushaltskontrolle*, 1983, pág. 508. No Direito português, João Pereira Netto, *Lições de Finanças (conforme as prelecções do Exm.º Senhor Doutor Oliveira Salazar)* 1922, pág. 82, afirma que, *o Orçamento é um programa de administração. Porque o Orçamento é um programa de administração, entra nas atribuições normais do poder executivo. Daqui se conclui que lhe deve pertencer a sua preparação.* No mesmo sentido, mas na vigência da Constituição de 1933, Frederico Furtado Morgado, Romeu Nobre Gomes e Mário Roseira, *Lições de Finanças, (em harmonia com as prelecções do Prof. Doutor José Teixeira Ribeiro)*, 1936, pág. 30, afirmam que, *o Orçamento é um programa de governo.* No âmbito da Constituição de 1976, Marcelo Rebelo de Sousa, *10 Questões sobre a Constituição, o Orçamento e o Plano*, 1987, pág. 121, afirma que, *o Orçamento corresponde a um mini-programa financeiro parlamentar de Governo anual,* e Jaime Leitão do Valle, *A Participação do Governo no Exercício da Função Legislativa*, 2000, pág. 126, refere que, *a*

O Procedimento de Iniciativa e de Aprovação 527

A apresentação da proposta de lei do Orçamento não se encontra, no entanto, na livre disponibilidade do Governo, que não tem o "dominus" sobre o "se", nem sobre o "quando" dessa mesma apresentação. A elaboração da proposta orçamental é, assim, um poder--dever do Governo, que se recorta como um processo complexo de colaboração inter-orgânica cuja sequência evolutiva não deve, por isso mesmo, ser perturbada por uma omissão ou um retardamento da acção governativa[1075]. Na verdade, a tarefa governativa inicia o chamado ciclo orçamental, que terá uma das suas fases decisivas no momento em que o Governo apresenta ao Parlamento a "sua" proposta orçamental, solicitando os meios necessários para poder levar por diante a tarefa da condução política do país e da governação que lhe estão superiormente atribuídas[1076].

A iniciativa orçamental do Governo, apesar de reservada, não inviabiliza naturalmente a intervenção parlamentar no exercício do

---

proeminência conferida ao Governo na direcção política do Estado justifica que lhe caiba a definição primeira do conteúdo orçamental. Neste mesmo sentido, Rodríguez Bereijo, *La Ley de Presupuestos en la Constitución Española de 1978,* 1979, pág. 166, afirma que, *o Orçamento é a expressão numérica, cifrada, unitária e orgânica da política do Governo e, ao mesmo tempo, a expressão de orientação ou directriz política seguida ou programada por este na sua actuação de governo.* Diferentemente, realçando antes a natureza técnica do exclusivo governamental em matéria de iniciativa orçamental, Lobo Xavier, *O Orçamento como Lei,* 1990, pág. 115-116. Crê-se que é a natureza mista, política e técnica, que assume a lei do Orçamento, que leva a que estando o Governo demitido não possa ser apresentada uma proposta de Orçamento para o ano seguinte (valorização do elemento político), salvo se for estritamente necessário para a manutenção do regular funcionamento do Estado (valorização do elemento técnico). Sobre esta questão, recordando o caso do Orçamento provisório contido na Lei 2/83, de 18 de Fevereiro, apresentado por um Governo demitido, Freitas do Amaral, *Governos de Gestão,* 1985, pág. 34.

[1075] Sobre a questão de saber qual o vício a assacar ao Orçamento, no caso de a proposta não ter sido apresentada em tempo pelo Governo, Cazorla Prieto, *Nota acerca del incumplimiento del articulo 134.3 de la Constitución,* 1984, pág. 139 e segs. O autor considera que as consequências deveriam ser, apenas, de natureza política, não dando lugar à inconstitucionalidade do Orçamento que viesse a ser aprovado. Para este autor, o atraso do Governo na apresentação da proposta não poderia ter como efeito a diminuição do prazo de apreciação atribuído ao Parlamento. Diferentemente, Recoder de Casso, *Iniciativa Legislativa e Presupuestaria,* 1983, pág. 154.

[1076] Na terminologia orçamental vigente no Reino Unido ainda se mantém a referência às *ways and means resolutions,* onde o Governo solicita a autorização parlamentar para a cobrança das receitas que lhe confiram os modos e os meios de financiar as despesas que julga necessário realizar.

528 *A Lei por detrás do Orçamento*

poder de aprovação orçamental, pelo que o estabelecimento de uma dupla reserva, de iniciativa e de aprovação, atribuída a dois órgãos diversos acaba por ser um factor de alguma delicadeza, ao exigir a protecção de ambas as reservas, sem, com isso, retirar a liberdade de actuação de cada uma delas.

Historicamente, o poder de aprovação parlamentar do Orçamento foi, durante muito tempo, reduzido, por parte da doutrina, a um poder de mera aprovação ou autorização do Orçamento, que se apresentava como se de uma obra completa, da responsabilidade do Governo, se tratasse[1077]. Esta solução era explorada pelos defensores da natureza dualista da lei do Orçamento, já que servia integralmente os seus propósitos de desvalorização da actuação orçamental do Parlamento, ao impedir, ou, pelo menos, atenuar, a possibilidade de intervenção modificadora do Parlamento no momento da aprovação da lei do Orçamento, fosse face ao ordenamento jurídico preexistente, fosse face ao projecto governamental.

Uma solução como esta, que considere a intervenção parlamentar como mera ratificação de um acto completo e fechado do Governo não se coaduna, naturalmente, com os textos constitucionais de raiz parlamentar, não sendo, de resto, aceita em qualquer dos ordenamentos estudados. Na verdade, mesmo nos ordenamentos que estabelecem maiores limitações à lei do Orçamento enquanto acto legislativo, mantém-se a possibilidade, ainda que limitada, de intervenção modificativa do Parlamento, no momento de aprovação da proposta governativa de Orçamento[1078].

[1077] Sobre a polémica, muito viva em Itália, relativamente à qualificação da lei do Orçamento como lei de autorização ou como lei de aprovação, veja-se o resumo efectuado por Onida, *La Leggi di Spesa nella Costituzione,* 1969, pág. 475 e segs. A obra que despoletou a polémica doutrinal, e que se afirmou como obra de referência neste domínio, continua a ser o Estudo de Santi Romano, *Saggio di un teoria sulle leggi di approvazione,* 1898. Para Tagourdeau, *Réformer le droit de initiative en matière de loi de Finances,* 1982, pág. 90, se algumas restrições aos poderes parlamentares se poderão explicar perante a defesa de um parlamentarismo racionalizado, é preciso, ainda assim, desconfiar desse tipo de argumentação, já que, no limite, a defesa do Governo, como órgão que conduz e determina a política do país, levaria a apenas permitir aos deputados a apreciação, em bloco, do projecto orçamental, não se distinguindo essa actuação de uma renovação anual da confiança parlamentar no Governo.

[1078] Isto não significa que se assista a um aumento do interesse ou da dedicação do Parlamento relativamente à análise, estudo, discussão, modificação e aprovação da proposta de lei de Orçamento apresentado pelo Governo. A realidade mostra que o debate orçamental

O *Procedimento de Iniciativa e de Aprovação* 529

A existência de limites constitucionais ao poder de modificação parlamentar da proposta do Governo é, de resto, compreensível face à reserva de iniciativa a que se aludiu, já que o reconhecimento de uma liberdade integral ao Parlamento, que permitisse a este órgão, através da aprovação de propostas ilimitadas de alteração à proposta do Governo, fazer aprovar normas que se afastassem substancialmente das apresentadas pelo Governo, poderia levar, no extremo, a uma total desfiguração da proposta governativa que colocasse em causa a autonomia da reserva constitucional de iniciativa legislativa constitucionalmente atribuída a este órgão[1079].

Uma situação dessas levaria a que a reserva de iniciativa legislativa orçamental do Governo se degradasse numa mera obrigatoriedade de apresentação de uma proposta, sem autonomia constitucional, que

---

é utilizado para se promover um debate geral sobre a política governamental, sem prejuízo de, anualmente, serem apresentadas inúmeras propostas de alteração da proposta orçamental, condenadas, quase sempre, a sucumbir através do voto da maioria. Sobre a intervenção do Parlamento na aprovação do Orçamento, numa perspectiva menos normativa e mais estatística, Cristina Leston Bandeira, *O papel do Parlamento português com base num estudo de caso: o debate do Orçamento – 1983-95,* 1999, pág. 5 e segs. Segundo a referida autora (pág. 12), *regista-se uma tendência clara: a Assembleia da República dedicou cada vez menos tempo à apreciação da proposta de lei do Orçamento.* Da mesma forma (pág. 17), *embora o número de artigos da proposta de lei do Orçamento de Estado tenha aumentado entre 1983 e 1995, o número de alterações propostas diminuiu ligeiramente (...)* sendo que, *perante a perspectiva de eleições, os partidos apresentam mais propostas, muitas das quais correspondentes a compromissos assumidos nos programas eleitorais.*

[1079] Martínez Lago, *Constitución y Ley de Presupuestos: en torno a algunas de las singularidades de una "Ley Plena",* 1996, pág. 246, considera que uma emenda de totalidade que visasse substituir a proposta do Governo poria em causa a reserva de iniciativa deste órgão, sendo, por isso mesmo, inconstitucional. O autor voltaria ao tema em, *Ley de Presupuestos y Constitución,* 1998, pág. 51 e 156. Aí afirma (pág. 165), é evidente que se a iniciativa orçamental se encontra constitucionalmente reservada ao Governo, importa, ao mesmo tempo, reconhecer a *interdição da suplantação do Governo por via de propostas de lei ou de emendas à totalidade do Orçamento, que suponham um Orçamento distinto do apresentado pelo Governo.* Em sentido contrário caminhou, no entanto, o Regulamento do Congresso dos Deputados, já que, no art. 110.º número 3, considera que, *são emendas de totalidade as que versem sobre a oportunidade, os princípios, ou o espírito do projecto de lei e postulem a devolução daquele ao Governo ou as que proponham um texto completo alternativo ao do projecto.* Considerando que o poder parlamentar em matéria de aprovação do Orçamento pressupõe a emenda, mas não a sua alteração ou mudança absoluta, Recoder de Caso, *Iniciativa Legislativa Presupuestaria,* 1983, pág. 155 e *El control parlamentario del presupuesto,* 1998, pág. 331 e segs.

530   A Lei por detrás do Orçamento

servisse como base de trabalho para a intervenção (totalmente livre) do Parlamento que, deste modo, reduziria o Governo a um mero serviço parlamentar de apoio, encarregado da colaboração técnica, o que parece não ter manifestamente acolhimento constitucional em qualquer dos ordenamentos analisados, incluindo o português.

São aqui, na verdade, pertinentes as palavras de Armindo Monteiro quando referia que, *para o seu desassombrado exercício é preciso que nos resultados da gestão financeira não tenham as Câmaras responsabilidades próprias. Com que autoridade moral vão exigir ao Executivo contas severas da administração do património nacional, Câmaras que votaram despesas, cortaram receitas, intervieram activamente na direcção das coisas financeiras? A condenação do Executivo seria a condenação das próprias Câmaras*[1080].

Na verdade, a lei do Orçamento é, desde o seu momento de concepção e de aprovação, o exemplo paradigmático da ligação íntima, mas também da tensão permanente que resulta do relacionamento constitucional entre Parlamento e Governo. Estes órgãos encontram, neste domínio, terreno para irem disputando os seus poderes através de uma linha de fronteira nem sempre recta e visível que se vai sucessivamente reconstruindo, no limite do constitucionalmente possível e do politicamente viável.

Este entrelaçar de competências em torno da lei do Orçamento é por demais visível no domínio da iniciativa orçamental e posterior discussão da proposta orçamental, onde, por expressa determinação constitucional, ambos os órgãos terão de se confrontar com um sistema de dupla reserva em que o órgão competente para aprovar o Orçamento se encontra dependente do órgão competente para propor esse mesmo Orçamento[1081]. É, pois, esta permanente disputa pela

---

[1080] Armindo Monteiro, *Do Orçamento Português,* 1921, pág. 157.

[1081] Sobre esta matéria, mas relativamente ao processo de aprovação do Orçamento nas Autarquias Locais, veja-se o Parecer de Vital Moreira e de Fernanda Paula Oliveira, *Podem as Assembleias Municipais reprovar reiteradamente o Orçamento municipal?,* 2002, pág. 423 e segs. O Parecer prendia-se com o facto de a Assembleia Municipal de S. João da Madeira se ter recusado a aprovar, em 1999 e 2000, o projecto de Orçamento apresentado pela Câmara Municipal. Tendo em atenção o facto de a Assembleia Municipal ter a competência exclusiva para aprovar (ou não) o projecto de Orçamento, mas não ter competência para o modificar, e atendendo ao facto de a Câmara Municipal (que o pode modificar) não o poder aprovar, cria-se, potencialmente, uma situação de conflito político

O *Procedimento de Iniciativa e de Aprovação* 531

inexpugnabilidade de cada uma das reservas que vai estar presente, seja no regime de admissibilidade de alterações à proposta orçamental introduzidas pelo órgão representativo no seguimento da sua competência aprovatória, seja na admissibilidade de restrições aos poderes de emenda parlamentar que possam pôr em causa a coerência e o equilíbrio orçamental[1082].

O relacionamento inter-orgânico em redor da estabilização do conteúdo da lei do Orçamento não se reduz, para além do mais, ao momento de discussão e de aprovação da proposta orçamental, embora aí encontre um dos seus momentos de eleição, permitindo saber, em cada ordenamento jurídico, se, afinal, o *dinheiro dos contribuintes deve ser controlado pelos representantes eleitos daqueles que o pagam ou pelo Governo que o gasta*[1083].

A protecção da iniciativa legislativa orçamental encontra-se, na generalidade dos ordenamentos jurídicos europeus de matriz parlamentar, associada à vigência da vulgarmente chamada *lei-travão*[1084]. Com esta norma, usualmente incluída nos textos constitucionais e reforçada nos próprios regimentos parlamentares, impede-se a intro-

---

que foi apreciada pelo acórdão 3/2001 do Tribunal de Contas. Sobre o assunto veja-se, ainda, o Parecer junto aos autos, da autoria de Jorge Reis Novais, que conclui em sentido contrário ao de Vital Moreira. Ainda relativamente a esta temática, de modo geral, Joaquim dos Santos Carvalho, *O Processo Orçamental das Autarquias Locais,* 1996.

[1082] A possibilidade de desvirtuar a proposta do Governo é, naturalmente, mais elevada perante Governos minoritários onde, por vezes, se promove uma coligação negativa das várias oposições no sentido de aprovar emendas à proposta do Governo. Nesse sentido, Cristina Leston Bandeira, *O papel do Parlamento português com base num estudo de caso: o debate do Orçamento – 1983-95,* 1999, pág. 30, ao referir que na IV Legislatura (Governo minoritário do PPD/PSD, 1985-1987) foram aprovadas 56,2% das emendas orçamentais propostas pela oposição, contra a vontade do partido do Governo, tendo, no sentido inverso, sido rejeitadas 18% das propostas de emenda apresentadas pelo partido do Governo. Refira-se, ainda, que nestes dados não se contabilizam as modificações da proposta orçamental do Governo introduzidas por este órgão no seguimento de pressões da oposição.

[1083] Paul Einzig, *The Control of the Purse,* 1959, pág. 11.

[1084] Esta expressão tem origem nacional e encontra a sua razão de ser no facto de as limitações aos poderes do Parlamento, em sede orçamental, terem surgido, numa primeira fase, não nos textos constitucionais, mas em simples leis que visavam, precisamente, estabelecer um travão ao despesismo típico dos Parlamentos liberais. As referidas "leis travão" acabaram, posteriormente, por passar a ver os seus propósitos consagrados nos próprios textos constitucionais, mantendo-se, não obstante, a denominação de "lei travão" por mera tradição e herança histórica.

532   *A Lei por detrás do Orçamento*

dução na proposta de lei de Orçamento de alterações de origem parlamentar que impliquem um aumento de despesas ou uma diminuição das receitas, sendo que o modo como este aumento ou diminuição são considerados, o rigor com que são analisados ou o padrão de referência face ao qual hão-de ser valorados, não é uniforme nos vários ordenamentos jurídicos, como se poderá verificar em seguida.

Assim, enquanto que em França, em Espanha e na Alemanha existe uma aplicação rigorosa da *lei-travão* durante a discussão da proposta governativa de Orçamento, pelo contrário, em Itália, mercê da desvalorização dogmática da lei do Orçamento como acto legislativo apto a promover alterações relevantes ao nível da despesa e da receita do Estado, a intervenção parlamentar acabou por resvalar, como se viu, para uma pluralidade de legislação-satélite circundante da lei do Orçamento[1085].

Pela importância que revestem e pelo contributo que podem trazer para a compreensão do sistema constitucional português, analisar-se-ão, relativamente à aplicação da *lei-travão,* os ordenamentos jurídicos da Alemanha, de França e de Espanha, bem como do Reino Unido, onde, neste domínio, como em tantos outros, se encontram vincadas marcas de originalidade face ao Direito Comparado, a que não é alheia a diferente perspectiva com que aí se encara a função dos parlamentares, relativamente aos domínios financeiros e tributários.

1. O exemplo do Reino Unido

O sistema orçamental do Reino Unido tem, conforme se viu, como característica principal, a aceitação do princípio segundo o qual *a Coroa solicita as verbas, os Comuns aprovam as verbas e os Lordes consentem nessa aprovação*[1086]. Na verdade, a racionalização do parlamentarismo vigente no Reino Unido encontra, precisamente no domínio financeiro, o seu reduto mais emblemático, onde o predo-

---

[1085] Neste contexto refira-se que o teor do art. 81.º número 3 da Constituição Italiana acaba por funcionar como um sucedâneo de lei-travão, por não permitir ao Parlamento criar, com a aprovação da lei do Orçamento, novas ou maiores despesas, nem novas ou maiores receitas.

[1086] Erskine May, *Parliamentary Practice,* 1997, pág. 732.

O *Procedimento de Iniciativa e de Aprovação*

mínio do "Gabinete" se acentua, não só nas iniciativas legislativas, como na imposição de apertados limites ao poder de emenda dos membros da Câmara dos Comuns[1087].

Com efeito, a iniciativa legislativa relativamente às despesas recai exclusivamente sobre os membros do Governo, que, depois de verem as autorizações para a execução de determinadas despesas (*expenditure* ou *supply*) serem concedidas, solicitam igualmente a autorização para a cobrança das receitas necessárias (*ways and means*) para fazer face às despesas já aprovadas[1088]. A aprovação das despesas e das receitas é obrigatoriamente efectuada no Parlamento, através de um acto legislativo (*bill*)[1089], tendo, na sua origem, necessariamente, uma proposta apresentada pelo Governo (*resolution*)[1090] que define os limites da intervenção modificativa por parte dos parlamentares.

[1087] Rita Perez, *Il Bilancio e il suo Controllo in Gran Bretagna*, 1990, pág. 911 e segs. A autora refere-se ao facto de a totalidade da despesa ser considerada como fazendo parte do domínio materialmente governativo. Para Rita Perez, de acordo com o sistema constitucional do Reino Unido, o Governo estabelece o nível máximo de despesa anual, pelo que a Câmara dos Comuns ou *aceita, ou reduz ou rejeita* a proposta financeira apresentada pelo Governo.

[1088] As despesas são por vezes denominadas *charges upon the public revenue or upon public funds* e as receitas são também conhecidas como *charges upon the public*. Desta forma, a expressão *charge* acaba por poder referir-se a uma receita ou uma despesa do Estado, dependendo de quem é o responsável por essa mesma *charge*. Sobre o assunto, Bradley e Ewing, *Constitutional and Administrative Law*, 1999, pág. 219. As despesas são pagas através do *Consolidated Fund* ou do *National Loans Fund*, com a particular diferença de que algumas dessas despesas necessitam de uma aprovação anual (*charges payable out of money to be provided by Parliament*), enquanto outras apenas precisam de ser aprovadas inicialmente pelo Parlamento, mantendo-se a autorização até que esta venha a ser expressamente revogada (*charges payable directly out of the Consolidated Fund and the National Loans Fund*). Neste sentido, Erskine May, *Parliamentary Practice*, 1997, pág. 733.

[1089] O princípio da legalidade encontra, não obstante, uma importante excepção neste domínio, de modo a permitir a cobrança de receitas com efeitos imediatos, assim ultrapassando a natural morosidade da aprovação e da entrada em vigor das normas legislativas. Desta forma, o *Provisional Collection of Taxes Act* de 1968 (que alterou a lei originária, de 1913) permite a entrada em vigor de algumas disposições legais (normalmente impostos sobre álcool e o tabaco) mesmo antes de estarem, definitivamente, aprovadas no Parlamento. O próprio procedimento legislativo é, desde a *Standing Order* n.º 56, de 1982, muito abreviado para as *Consolidated Fund Bills* e para as *Appropriation Bills*, dispensando-se a apreciação em comissão e fazendo-se a segunda e a terceira leitura de modo sequencial, sem qualquer debate parlamentar, conforme relatam Griffith e Michael Ryle, *Parliament – Functions, Practice and Procedures*, 1989, pág. 249.

[1090] Sobre as origens históricas das *Resolutions*, Edward Fellowes, *Parliament and the Executive – Financial Control of the House of Commons*, 1962, pág. 228.

534   *A Lei por detrás do Orçamento*

De facto, a necessidade de uma *resolution*, de iniciativa governativa, impede a apresentação autónoma, por parte dos parlamentares, de qualquer projecto legislativo tendente a provocar um aumento de despesas ou de receitas, sendo que, também ao nível da apresentação de emendas parlamentares às propostas governativas, existem restrições tendentes a impedir a desvirtuação do exclusivo do Governo no domínio financeiro. As emendas parlamentares não poderão, desta forma, provocar um aumento nem das despesas nem das receitas propostas, estando, ainda, impedidas de alterar o objecto ou outras regras essenciais da proposta governativa[1091].

Neste contexto, pode mesmo afirmar-se que a entrega do exclusivo da iniciativa legislativa financeira ao Governo *foi um importante elemento para o estabelecimento da ascendência do Governo sobre o Parlamento*[1092]. Na verdade, a aplicação das *standing orders* números 46 e 47, inicialmente aprovadas em 1713, e que obrigam à iniciativa exclusiva do Governo relativamente à legislação financeira, acabam por ser muito vantajosas para este órgão[1093], já que, *esta regra dá ao Governo o controlo sobre quase todos os assuntos financeiros e restringe severamente a capacidade da oposição e dos backbenchers de proporem aumentos de despesa ou de receita*[1094].

A aplicação destas regras acaba por libertar o Governo do ónus político de se opor, através da sua maioria parlamentar, às propostas eleitoralmente sedutoras da oposição, que, a serem aprovadas, colocariam em causa o equilíbrio orçamental desejado pelo Governo[1095]. Este sistema, pleno de constrangimentos parlamentares, associado ao facto de haver apenas três dias dedicados à análise do Orçamento das

---

[1091] Assim, apenas se admitem propostas parlamentares de emenda que impliquem uma diminuição das despesas ou das receitas. Por esse motivo surgem, por vezes, propostas de emendas parlamentares em que se propõe, simbolicamente, uma diminuição de uma despesa, precisamente para chamar a atenção do Governo para a necessidade de se promover um aumento desta. Estas propostas de emenda são, no entanto, consideradas hostis face ao Governo, pelo que quase nunca chegam a ser efectivamente votadas.

[1092] Colin Turpin, *British Government and the Constitution*, 1999, pág. 460.

[1093] As *Standing Orders* são um conjunto de regras parlamentares semelhantes a um Regimento Parlamentar não codificado. O texto das mais relevantes *standing orders,* em matéria financeira, pode ser consultado em *Government Accounting, 2000 – A Guide on Accounting and Financial Procedures for the Use of Government Departments*, 2000.

[1094] Bradley e Ewing, *Constitutional and Administrative Law*, 1999, pág. 220.

[1095] Gordon Reid, *The Politics of Financial Control*, 1966, pág. 44.

O Procedimento de Iniciativa e de Aprovação

despesas, justifica bem que se afirme que *votar os estimates tornou-se uma mera formalidade*[1096].

No domínio das receitas, conforme se notou, o funcionamento da lei-travão assume-se como uma das originalidades do sistema jurídico britânico. Assim, enquanto que a regra vigente nos restantes ordenamentos jurídicos leva a que este mecanismo apenas incida sobre propostas parlamentares que impliquem menores receitas, no Reino Unido, diferentemente, a lei-travão aplica-se perante as propostas parlamentares que visem aumentar as receitas. Com efeito, o sistema do Reino Unido pretende continuar a traduzir, de modo mais fiel, o papel histórico dos Parlamentos enquanto defensores dos contribuintes, que, por isso mesmo, apenas aprovavam as contribuições solicitadas pela Coroa, que, com a sua proposta, definia o máximo de despesa necessária.

Esta ideia do Parlamento como defensor do contribuinte foi, ao contrário do que continua a ser prática no Reino Unido, há muito abandonada nos demais ordenamentos jurídicos. A justificação para a aprovação parlamentar de despesas e de (maiores) receitas é hoje fundamentada através da alegada primazia do poder legislativo, tendo-se deixado perder na voragem do tempo a tradição relativamente à intervenção parlamentar no domínio financeiro, substituindo-a pelo desenvolvimento da prodigalidade parlamentar[1097].

A legislação de despesa, diferentemente, assumindo uma natureza muitas vezes plurianual, é aprovada pelo Parlamento através de *money resolutions*[1098], da autoria do Governo, devendo aquele órgão, no

---

[1096] Colin Turpin, *British Government and the Constitution,* 1999, pág. 461. No mesmo sentido, recordando que o poder de autorizar as despesas e de conceder a autorização para as financiar era a base do poder dos Comuns, tendo esse controlo assumido, nos dias de hoje, vestes eminentemente formais, O'Hood Phillips e Paul Jackson, *Constitutional and Administrative Law*, 1987, pág. 221.

[1097] Para Paul Einzig, *The Control of the Purse*, 1959, pág. 210, o sistema Britânico chegou a um ponto em que técnica e constitucionalmente os Comuns são os *masters* e o Governo o *servant*, mas em que politicamente o Governo tem as mãos totalmente livres em matéria de despesa e quase inteiramente livres em matérias de tributação.

[1098] Erskine May, *Parliamentary Practice*, 1997, pág. 273, e *Government Accounting, 2000 – A Guide on Accounting and Financial Procedures for the Use of Government Departments*, 2000, Anexo 2.2 (*money resolutions*). As leis que originam novas ou acrescidas despesas não precisam de ter, na sua origem (nos termos da *Standing Order* n.º 50, de 1938), uma *money resolution*, podendo esta ser apresentada já durante o

536 *A Lei por detrás do Orçamento*

momento da sua aprovação, determinar se a autorização para a realização anual dessas mesmas despesas carecerá de ulterior aprovação orçamental, por parte do Parlamento, através da *Apropriation Act*[1099], ou se o seu pagamento passará a ser automaticamente efectuado pelo *Consolidated Fund*, sem necessidade de recurso a nova aprovação parlamentar[1100].

Em termos orçamentais, o Governo apresenta o seu plano relativamente ao universo das despesas (*Financial Statement and Budget Report*) por ocasião do discurso parlamentar do ministro das Finanças (*Chancellor of the Exchequer's Budget Statement*) em que este membro do Governo, no meio de um cerimonial próprio, faz a apresentação da política orçamental para o ano seguinte, traçando as grandes linhas estratégicas relativamente à evolução pretendida das receitas e das despesas[1101].

---

processo de aprovação parlamentar da referida lei. De qualquer modo, apenas o Governo tem a iniciativa legislativa relativamente à legislação que tenha como *objectivo principal* a criação de despesa. Tendo em conta esta restrição, tem-se discutido muito sobre a fronteira entre a legislação na qual a despesa surge como objectivo principal ou, meramente, como objectivo secundário. De qualquer modo, mesmo nos casos em que a despesa é vista como secundária face ao remanescente da proposta, as cláusulas relativas à criação de despesa são grafadas a itálico, de modo a melhor serem identificadas, devendo ter, na sua base, uma *money resolution* governativa que permita a sua aprovação e impeça os deputados de aumentarem os valores estabelecidos pelo Governo. Neste sentido, Erskine May, *Parliamentary Practice*, 1997, pág. 770-773, e Gordon Reid, *The Politics of Financial Control*, 1966, pág. 84 e segs.

[1099] Caso em que passará a ser uma *charge payable out of money to be provided by Parliament*.

[1100] Caso em que passará a ser uma *charge payable directly out of the Consolidated Fund and the national loans fund*. Refira-se que, a qualquer momento, o Parlamento pode recuperar a sua capacidade de intervenção anual sobre essa despesa. Os casos mais significativos de verbas que devem ser pagos pelo *Consolidated Fund* são referidos, como se viu, em Erskine May, *Parliamentary Practice*, 1997, pág. 737 e prendem-se com o pagamento dos juros da dívida pública, *the Queen's civil list*, os salários dos juízes dos tribunais superiores, o salário do *speaker* da Câmara dos Comuns, do *Comptroler and Auditor General*, bem como com as despesas inerentes ao cumprimento das obrigações Comunitárias.

[1101] Segundo Erskine May, *Parliamentary Practice*, 1997, pág. 741, até 1993 o relatório sobre a política financeira e orçamental (onde constam as alterações fiscais mais significativas) era apresentado com o discurso orçamental que tinha lugar na Primavera, sendo que o relatório sobre as grandes opções em matéria de despesa havia sido apresentado no Outono anterior, juntamente com a intervenção sobre a despesa (*Autumn Economic Statement*). Em 1993, como se viu, passou a aprovar-se, no final do Outono, o *unified*

O *Procedimento de Iniciativa e de Aprovação* 537

Em modo de conclusão, importa referir que, ao contrário do que porventura se poderia esperar do ordenamento jurídico do Reino Unido, não só os poderes de conformação parlamentar relativamente à legislação financeira são muito reduzidos, como, também, a componente associada à discussão, ao contraditório e à publicidade, envolvendo a aprovação parlamentar da legislação e da orçamentação das despesas é de tal modo diminuta que, para alguns autores, o modo como o controlo sobre os *Estimates* é realizado naquele país assemelha-se muito a uma *ditadura constitucional*[1102].

Na verdade, o Parlamento consagra três dias por ano para a discussão do *Estimates*[1103], sendo que as matérias que não tenham sido apreciadas no âmbito desses três dias são aprovadas de acordo com o processo de guilhotina[1104], sem originarem discussão nem votação na especialidade por parte do Parlamento[1105]. Assim sendo, e embora formalmente a aprovação parlamentar da generalidade dos *Estimates* continue a ser uma regra constitucional, a verdade é que apenas uma parcela ínfima destes é objecto de discussão parlamentar, que, por vezes, acaba por incidir mais sobre a apreciação global da política financeira do Governo, do que sobre as matérias especificamente em debate[1106].

Budget, que continha os planos do Governo em matéria de despesa, bem como em matéria de receita. A partir de 1997 (eleições legislativas de 1 de Maio que deram a vitória ao partido trabalhista), o *Budget Statement* foi apresentado em Julho, tendo os seguintes passado a ser apresentados na Primavera, precedidos do chamado *Pre-Budget Statement* ou *Green Budget,* apresentado no Outono anterior e onde se faz uma previsão do que possa vir a ser o *Budget Statement.* Paul Silk e Rhodri Walters, *How Parliament Works,* 1998, pág. 171. Esta medida foi, de resto, logo saudada no *Fourth Report of the Treasury Committee,* de 1997-1998, pág. xi.

[1102] Paul Einzig, *The Control of the Purse,* 1959, pág. 13.

[1103] *Standing Order* n.º 54 e 55. Estes três dias não têm de ser utilizados para discutir o Orçamento previsional inicial, podendo ser aproveitados para discutir um dos Orçamentos suplementares aprovados ao longo do ano económico.

[1104] Sobre o processo de aprovação parlamentar de acordo com a regra da guilhotina, Erskine May, *Parliamentary Practice,* 1997, pág. 410 e segs.

[1105] *Standing Order* n.º 55. Neste sentido, Erskine May, *Parliamentary Practice,* 1997, pág. 757; John McEldowney, *The Control of Public Expenditure,* 2000, pág. 199, e Griffith e Michael Ryle, *Parliament – Functions, Practice and Procedures,* 1989, pág. 250.

[1106] Colin Turpin, *British Government and the Constitution,* 1999, pág. 461.

538   *A Lei por detrás do Orçamento*

A selecção das matérias que vão ser alvo de debate na Câmara dos Comuns é efectuada pelo *Liason Committee*[1107], permitindo-se a apresentação de algumas emendas parlamentares (seleccionadas pelo *Speaker*) no sentido da diminuição das despesas propostas pelo Governo, *assim se mantendo um vestígio do velho direito do Parlamento de reduzir os estimates*[1108].

Relativamente ao padrão aplicável para apreciar a admissibilidade das emendas parlamentares, este é fixado pelos valores apresentados pelo Governo no momento da apresentação das *parliamentary resolutions* (*supply resolutions*), que precedem as *Consolidated Fund Bills* e a *Appropriation Bill*. Acontece que estas *resolutions* por vezes não são debatidas no Parlamento, ou são-no de modo muito limitado, pelo que esta solução acaba por ser, também, uma forma de se limitar, a montante, a liberdade de emenda parlamentar da legislação financeira relativamente às despesas, o que parece ser mesmo um dos objectivos principiais do complexo normativo do Reino Unido[1109].

Algo diversamente, face ao Orçamento das receitas, é admitido um poder conformador dos deputados com um alcance um pouco mais vasto do que aquele que lhes é permitido exercer relativamente

---

[1107] Com efeito, desde o Século XIX, até 1967, os *Estimates* eram analisados e votados no *Committee of Supply,* que dispunha de 29 dias para proceder à sua apreciação. Em 1967 este *Committee* foi abolido e os *Estimates* passaram a ser debatidos pelo plenário, tendo a regra dos 29 *supply days* sobrevivido até 1982, sendo os assuntos a debater durante esses dias escolhidos pela Oposição. A partir de 1982, autonomizaram-se os *opposition days* (20 dias) e passaram a destinar-se 3 dias à apreciação dos *estimates* sendo os assuntos escolhidos pelo *Liaison Committee*, que incorpora os presidentes das várias comissões parlamentares (normalmente *backbenchers*) e representantes dos pequenos partidos da oposição, sendo os temas seleccionados em função de critérios casuísticos, como referem Griffith e Michael Ryle, *Parliament – Functions, Practice and Procedures*, 1989, pág. 408 e segs. Os 29 dias que eram atribuídos à oposição para discutir os *Estimates* foram reduzidos a 20, sendo 17 da responsabilidade do líder da oposição e os outros 3 da responsabilidade do segundo partido da oposição, sendo utilizados para quaisquer assuntos que estes partidos pretendam ver discutidos no plenário. Griffith e Michael Ryle, *Parliament – Functions, Practice and Procedures*, 1989, pág. 250.

[1108] Griffith e Michael Ryle, *Parliament – Functions, Practice and Procedures*, 1989, pág. 250.

[1109] Griffith e Michael Ryle, *Parliament – Functions, Practice and Procedures*, 1989, pags. 233, 248 e 330. Para Ann Robinson, *The House of Commons and Public Expenditure*, 1981, pág. 174, é claro que *nenhum Governo no Reino Unido quer que a Câmara dos Comuns se transforme num mais efectivo cão de guarda sobre a despesa.*

ao Orçamento das despesas, a que não é alheio o histórico poder parlamentar relativo à fixação dos impostos[1110]. Na verdade, a seguir ao *budget speech* do Ministro das Finanças, abre-se um debate baseado na primeira *resolution,* apresentada imediatamente à Câmara, que permite a aprovação parlamentar de alterações à generalidade da legislação fiscal em vigor, sendo os primeiros debates, naturalmente, de âmbito muito geral, em torno da política financeira global do Governo, tal como apresentada no discurso do Ministro responsável pelas Finanças[1111].

Não obstante a maior intervenção parlamentar relativamente ao universo das receitas, o princípio da legalidade tributária conhece no Reino Unido uma excepção no que concerne a determinados impostos anunciados no *Budget Speech,* que são dotados de eficácia legal quase imediata, através da aprovação de uma moção parlamentar, logo após o final do discurso parlamentar[1112]. Com efeito, para que as receitas possam desde logo começar a ser cobradas, e tendo em consideração o caso judicial "Bowles contra o Banco de Inglaterra"[1113], foi especificamente aprovada uma lei[1114] que permite que determinadas

---

[1110] Neste sentido, Griffith e Michael Ryle, *Parliament – Functions, Practice and Procedures*, 1989, pág. 252, e Ann Robinson, *The House of Commons and Public Expenditure*, 1981, pág. 155.

[1111] Paul Silk e Rhodri Walters, *How Parliament Works,* 1998, pág. 159 e 172.

[1112] Estão em causa aumentos de impostos que têm de ser aplicados de imediato, para evitar a especulação, como sejam os aumentos sobre o petróleo, sobre o álcool e sobre o tabaco. Griffith e Michael Ryle, *Parliament – Functions, Practice and Procedures*, 1989, pág. 252.

[1113] Neste famoso caso judicial, estava em causa o facto de (em 1913) o Banco de Inglaterra ter descontado, para efeitos de aplicação do imposto sobre o rendimento, uma verba de uma conta bancária, sendo que a lei que criava esse imposto ainda não tinha sido, definitivamente, aprovada parlamentarmente, tendo apenas sido apresentada a *ways and means resolution* correspondente. Perante o recurso judicial, apresentado por Gibson Bowles, em 1912, o Tribunal (1913 - I Ch. 57) considerou que não existia base legal que permitisse proceder à cobrança do imposto naquela fase processual, declarando-a inválida. Esta decisão esteve na origem da *Provisional Collection of Taxes Act,* aprovada logo no mesmo ano e que viria a ser modificada em 1968.

[1114] Secção 5 da *Provisional Collection of Taxes Act* de 1968 que altera a *Provisional Collection of Taxes Act,* de 1913. De acordo com esta lei permite-se que algumas *budget resolutions* entrem imediatamente em vigor através da aprovação de uma moção introduzida logo a seguir ao *budget speech.* Erskine May, *Parliamentary Practice,* 1997, pág. 790, e John McEldowney, *The Control of Public Expenditure*, 2000, pág. 202.

540   *A Lei por detrás do Orçamento*

resolutions entrem imediatamente em vigor, com força de lei, devendo ser confirmadas, por aprovação parlamentar, num prazo de 10 dias[1115].

Pese embora a natureza dos primeiros debates que se seguem ao *Budget Speech* serem de âmbito muito geral, ainda assim, para alguns autores, *os debates, especialmente na comissão parlamentar, são, não raro, uns dos melhores argumentados e mais efectivos de todos os que são mantidos no Parlamento. Os deputados conhecem-se bem, conhecem os problemas bem, os assuntos são sérios e os protagonistas vão directamente ao que interessa*[1116].

O *Budget,* depois de aprovado no Parlamento, traduz-se no *Finance Act* (onde se concentram a generalidade das alterações tributárias anuais)[1117], tendo na sua base as denominadas *ways and means resolutions*[1118] que são objecto de discussão parlamentar durante cerca de uma semana, à medida que vão sendo apresentadas pelo Governo. A discussão das várias *resolutions,* que darão origem à *Finance Bill,* é, de resto, um dos momentos em que a oposição e os *backbenchers* podem ter um papel mais activo na apresentação de

---

[1115] Smith e Brazier, *Constitutional and Administrative Law,* 1998, pág. 284. Vitagliano, *Il Contenuto Giuridico della Legge di Bilancio,* 1910, pág. 60 a 63. O autor cita a obra de Erskine May que, em edição anterior à da aprovação da lei de 1913, considerava que *é claro que este costume não é estritamente legal: por tal modo a definitiva decisão do Parlamento é antecipada pelo poder executivo sob a sua própria responsabilidade.* É interessante verificar como, em 1910, Vitagliano (pág. 64), embora se espantasse com esta situação, vista à luz dos cânones do Direito continental, considerava-a perfeitamente normal no contexto do sistema inglês, afirmando que *os juízes do Reino Unido, apesar de independentes, não pensariam nunca na possibilidade de acolher uma reclamação de um cidadão que protestasse e se recusasse a pagar uma obrigação ainda não sancionada por uma lei.* A História tem destas coisas e, como se viu, esta profecia não se havia de cumprir, dando lugar ao célebre caso judicial "Bowles contra o Banco de Inglaterra" e ocasionado a modificação expressa da legislação aplicável.

[1116] Griffith e Michael Ryle, *Parliament – Functions, Practice and Procedures*, 1989, pág. 254.

[1117] Erskine May, *Parliamentary Practice,* 1997, pág. 785.

[1118] As *resolutions* definem o âmbito material da lei que lhes sucede, pelo que é ilegítima qualquer tentativa de fazer aprovar matérias que não constem da *resolution* em questão. Por isso mesmo a *resolution* que precede a *Finance Bill* contém uma norma que prevê a possibilidade de se alterar a legislação fiscal, em geral, de modo a permitir que na *Finance Bill* se venham a incluir alterações a qualquer norma em matéria fiscal. Sobre esta questão, Erskine May, *Parliamentary Practice,* 1997, pág. 787, e *Government Accounting, 2000 – A Guide on Accounting and Financial Procedures for the Use of Government Departments*, 2000, anexo 2.2.

O *Procedimento de Iniciativa e de Aprovação* 541

propostas de diminuição de receitas e na critica à politica fiscal do Governo[1119], sendo que as referidas emendas terão a sua admissibilidade enquadrada pelo objecto e âmbito de aplicação da *resolution*, não sendo aceites propostas de alteração que impliquem, de qualquer modo, um aumento do objecto dos impostos ou da receita a cobrar, face à proposta apresentada pelo Governo.

Não obstante a maior intervenção parlamentar no domínio das receitas, ainda assim a prática parlamentar e governativa demonstram que, como se afirmou no famoso "Sixth Report from the Treasury and Civil Service Committee on Budgetary Reform", *apesar das folhas de pedra em que a Finance Bill está escrita poderem, em teoria, ser emendadas durante o debate parlamentar, na prática a reputação governamental está em jogo pelo que emendas substanciais são raras*[1120].

Em conclusão, importa afirmar que, num país que se orgulha da sua tradição parlamentar, a participação efectiva da Câmara dos Comuns em matéria financeira assume um papel extremamente reduzido, sendo que o facto de, no último século, os parlamentares não terem rejeitado um único *Estimate*[1121] é um bom indício no sentido

---

[1119] Griffith e Michael Ryle, *Parliament – Functions, Practice and Procedures*, 1989, pags. 252 e 253 referem o modo como, durante a segunda leitura, em comissão, se permite uma mais aprofundada discussão sobre as mais importantes alterações fiscais propostas pelo Governo, sendo os membros do Governo chamados a explicar os fundamentos e as consequências das propostas apresentadas.

[1120] *Sixth Report from the Treasury and Civil Service Committee on Budgetary Reform*, 1981-82, pág. ix. Nesse mesmo relatório, afirma-se, ainda, citando uma intervenção pública de Geoffrey Howe, antes de ser, ele próprio, *Chancellor of the Exchequer*, que *o Orçamento é envolto em segredo até o Chancellor desvendar o seu masterplan. Este apresenta-o como um "fait accompli" fiscal, não receptivo, seja a melhorias, seja à oportunidade de análise para apresentação de comentários construtivos. (...) O Treasury representa o papel de uma espécie de Mont Sinai económico.* No mesmo sentido, Bradley e Ewing, *Constitutional and Administrative Law*, 1999, pág. 218, referem que *um Governo que não conseguisse fazer aprovar as suas propostas de despesa e de receita teria de resignar e de promover novas eleições gerais*, o que é bem demonstrativo de como a partilha negociada de poderes financeiros entre o Governo e o Parlamento é, no Reino Unido, uma miragem.

[1121] John McEldowney, *The Control of Public Expenditure*, 2000, pág.199. Para este autor (pág. 226), *o Parlamento mantém, teoricamente, "the control of the purse", mas o efectivo poder financeiro encontra-se concentrado nas mãos do Governo, que não tem sequer de o partilhar com a sua maioria parlamentar.*

542 A Lei por detrás do Orçamento

da inexistência de um verdadeiro controlo parlamentar das finanças públicas[1122], função que é substituída, em grande parte, pelo controlo técnico efectuado pelo *Treasury* e pelo *National Audit Office*[1123].

Na verdade, apenas a verificação de que o afastamento dos poderes financeiros do controlo parlamentar se afirma, cada vez mais, como uma tendência europeia poderia servir de consolo ao desabafo, resignado, de um membro da Câmara dos Comuns, quando afirmava que, *na ausência de qualquer poder formal de controlo sobre a despesa efectuada pelo Governo através das comissões parlamentares, a Câmara dos Comuns deve ser única entre as maduras ou as novas democracias*[1124].

Perante a situação acabada de descrever relativamente à repartição de competências entre o Parlamento e o Governo em matéria financeira, parecem certeiras e apropriadas as palavras de Paul Einzig, quando sustenta que o controlo parlamentar é, neste momento, *um ritual sem significado que é pior do que inútil porque confere uma impressão totalmente errada acerca da efectividade do controlo parlamentar*[1125].

[1122] Para John McEldowney, *The Control of Public Expenditure*, 2000, pág. 197, o poder de controlo financeiro da Câmara dos Comuns reduz-se, hoje em dia, ao *direito de criticar*.

[1123] A solução vigente tem vindo a ser objecto de duas leituras. Assim, John McEldowney, *The Control of Public Expenditure*, 2000, pág. 228, considera que, *no caso de não ser dada maior atenção aos debates parlamentares sobre as políticas e as decisões relativas à despesa pública, a relevância parlamentar, neste domínio, arrisca-se a enfrentar novos declínios. Se a fraqueza e a inércia do controlo parlamentar não for sustida, o nível e a qualidade da nossa democracia sairá enfraquecido, com as inevitáveis e sérias consequências.* Diferentemente, logo em 1872, Bagehot, *The English Constitution*, 1872, pág. 136, depois de elencar e analisar as várias funções parlamentares refere: *algumas pessoas talvez pensem que deveria enumerar uma sexta função da Câmara dos Comuns – a função financeira. Mas eu não considero que (...) a Câmara dos Comuns tenha qualquer especial função relativamente às Finanças diversa da sua função relativamente ao resto da legislação. (...) Na verdade, a principal peculiaridade da Câmara dos Comuns relativamente aos assuntos financeiros é, hoje em dia, a sua excepcional incapacidade.* No mesmo sentido, Gordon Reid, *The Politics of Financial Control*, 1966, pág. 151 considera que *é perfeitamente aceitável que a aprovação* (parlamentar) *do Orçamento anual da despesa* (*Estimates*) *e a aprovação dos Consolidated Fund Bills deva ser uma mera formalidade* (...).

[1124] *Procedure Committee, Minutes of Evidence, HC 848-I*, 1997/98, parág. 1, citado por Colin Turpin, *British Government and the Constitution*, 1999, pág. 461.

[1125] Paul Einzig, *The Control of the Purse*, 1959, pág. 20. Para uma visão do efectivo controlo do Governo sobre o Parlamento, Graham P. Thomas, *Prime Minister and Cabinet today,* 1998.

2. O exemplo da Alemanha

O sistema orçamental alemão, tal como se encontra gizado no texto da Lei Fundamental, é, como já se teve oportunidade de observar, altamente tributário da história constitucional alemã, mais até do que do sistema parlamentar em que se insere. Na verdade, uma leitura aprofundada sobre o modo como a lei do Orçamento é entendida no sistema de fontes e no sistema orgânico alemão não pode prescindir do conhecimento de dois eixos que enformam todo o sistema germânico e perpassam pelas normas constitucionais, quase como se de pré-juízos se tratassem.

O primeiro desses eixos enquadradores reporta-se à mal resolvida e "vexata quaestio" relativa à natureza jurídica do Orçamento do Estado (*haushaltsplan*) e da lei parlamentar que o aprova (*haushaltsgesetz*), sendo que é a essa luz que, ainda hoje, se tem de interpretar a determinação constitucional que impede a lei do Orçamento de conter normas jurídicas desligadas de um contexto material e temporal associado ao domínio das receitas e das despesas.

Da mesma forma, é ainda a esta luz que se deve entender a repetição, seja na *Gesetz über die Grundsätze des Haushaltsrechts des Bundes und Länder (Haushaltsgrundsättzegesetz)*, seja no *Bundeshaushaltsordnung*[1126], do aviso de que o Orçamento, embora aprovado por acto legislativo, não pode servir para fundamentar a existência de direitos ou de obrigações para os particulares, desta forma remetendo a sua relevância material para o domínio interno do Estado, assim reavivando a doutrina, vigente na monarquia limitada, que admitia uma segregação de espaços de Direito e de não-Direito tendo em conta o conteúdo administrativo dos actos formalmente legislativos.

O segundo eixo que atravessa o normativo constitucional relativo ao universo orçamental encontra-se indelevelmente associado à tentativa de evitar, a todo o custo, a repetição histórica de uma crise orçamental de cariz inter-orgânico, resolvendo, sempre a favor do Governo, as várias situações que poderiam provocar uma revisitação

---

[1126] Ambos os diplomas são datados de 19 de Agosto de 1969, sendo, aliás, curioso o facto de as normas relativas aos limites de conteúdo do Orçamento *(haushaltsplan)* constarem no n.º 2 do parágrafo 3 de cada um dos referidos diplomas.

544   A Lei por detrás do Orçamento

histórica daqueles seis anos que marcaram o Direito Público em geral e o Direito Orçamental em especial.

Com efeito, uma análise ao teor dos artigos 111.º, 112.º e 113.º da Lei Fundamental é bastante elucidativa do modo como o sistema constitucional alemão desequilibra pronunciadamente em favor do órgão executivo a distribuição dos poderes, precisamente num domínio que tem sido considerado como pertencendo, por excelência, ao Parlamento.

Sendo apresentada ao Parlamento, por iniciativa reservada do Governo[1127], a lei do Orçamento beneficia, nos termos do número 3 do art. 110.º da Constituição Alemã, de um procedimento legislativo especial, que se afasta do padrão previsto no art. 76.º, pelo facto de implicar a entrega da proposta de lei, por parte do Governo, para apreciação parlamentar, simultaneamente, ao *Bundestag* e ao *Bundesrat*. De facto, por uma questão de rapidez no procedimento[1128] mas, igualmente, tendo em consideração o seu conteúdo financeiro[1129], a lei do Orçamento assume-se, no contexto orçamental alemão, como uma mera *einfachesgesetz*[1130], o que acaba por, como se viu, ser,

---

[1127] Hillgruber, *Das Bonner Grundgesetz*, 2001, pág. 1984, e Heun, *Grundgesetz Kommentar*, 2000, pág. 875. No mesmo sentido, vejam-se as decisões do Tribunal Constitucional 45, 1 (29, 46) e 70, 324 (355 e 357), onde se refere que este direito do Governo (implicitamente reconhecido no art. 110.º número 3 da Constituição) é, ao mesmo tempo, uma obrigação constitucional. Sobre o assunto, Böckenförde, *Die Organisationsgewalt im Bereich der Regierung – Eine Untersuchung zum Staatsrecht der Bundesrepublik Deutschland*, 1964, (2.ª ed. 1998), pág. 303 e segs.

[1128] Gröpl, *Bonner Kommentar zum Grundgesetz*, 2002, pág. 160. Sobre o procedimento de aprovação legislativa, dividido entre o *Bundestag* e o *Bundesrat*, Zunker, *Consequences of the Federal System for Parliamentary Control of the Budget of the Federal Republic of Germany*, 1976, pág. 57 e segs.

[1129] Historicamente, as propostas financeiras não eram aprovadas pelas segundas Câmaras parlamentares não electivas, tal como ainda hoje acontece em Inglaterra.

[1130] O *Bundesrat* toma uma primeira posição face ao projecto do Governo (enviando-o ao *Bundestag*) e depois pronuncia-se novamente face às alterações introduzidas pelo *Bundestag* ou aditadas pelo próprio Governo durante o debate parlamentar ocorrido no *Bundestag,* verificando se a proposta orçamental não contende com os direitos dos *Länder*, cujos interesses representa. No sistema alemão não existe, no entanto, uma verdadeira e própria aprovação da lei do Orçamento por parte do *Bundesrat,* sendo que um dissenso entre este órgão e o *Bundestag* acaba por ser sempre resolvido a favor do *Bundestag,* no caso de não se lograr obter um acordo no comité de conciliação (*vermittlungsausschuss*) convocado para o efeito. A lei do Orçamento não é, assim, uma *zustimmungsgesetz,* mas apenas uma simples *einspruchsgesetz*. Nesse sentido, Gunter Kisker, *Handbuch des Staatsrechts*, 1990, pág. 240.

O *Bundesrat* tem, deste modo, uma competência global de apreciação da proposta de Orçamento e, também, de apreciação das emendas introduzidas pelo *Bundestag,* mas não pode introduzir, por sua iniciativa, quaisquer alterações, nem rejeitar, individualmente, qualquer norma, qualquer verba ou qualquer alteração introduzida pelo Governo ou pelo *Bundestag,* resumindo-se a sua competência à apreciação global da proposta de lei orçamental, podendo, inclusivamente, a rejeição total da proposta por parte do *Bundesrat* ser ultrapassada em favor do *Bundestag.*

também, uma justificação da existência de um *bepackungsverbot* impeditivo da inclusão, na proposta orçamental, de matérias que, pela sua natureza, devessem ser apreciadas detalhadamente pelo *Bundesrat.*

Diferentemente se passam as coisas no *Bundestag,* ainda que a sua capacidade de introduzir emendas ao projecto do Governo se encontre limitada ao Orçamento das despesas[1131]. Na verdade, relativamente ao Orçamento das receitas não é permitida a alteração parlamentar das verbas inscritas pelo Governo, já que estas não constituem objecto de autorização parlamentar, representando, apenas, um elemento informativo das previsões de cobrança do Governo, tendo em conta a legislação relativa às receitas[1132], pelo que o *Bundestag* apenas poderá introduzir alterações no Orçamento das receitas no caso de promover, igualmente, uma alteração da legislação que sustenta a previsão dessas mesmas receitas[1133].

[1131] As emendas apresentadas pelo *Bundestag* à proposta do Governo, embora possam ser quantitativamente significativas, são qualitativamente diminutas. Refira-se que o próprio debate parlamentar, sobretudo em plenário, é vulgarmente dedicado a uma discussão de política geral e não necessariamente focado em temas orçamentais ou financeiros. Nesse sentido, Karl Heinrich Friauf, *Parliamentary Control of the Budget in the Federal Republic of Germany,* 1976, pág. 79. Sobre o procedimento legislativo de aprovação da lei do Orçamento, Gröpl, *Bonner Kommentar zum Grundgesetz,* 2002, pág. 160 e segs. e Pier Francesco Lotito, *Il Processo di Bilancio nella R.F.T,* 1995, pág. 326 e segs. Para uma comparação entre a comissão de Orçamento do *Bundestag* com a sua congénere espanhola, demonstrando a debilidade desta última face à *haushaltsausschuss* alemã, Pulido Quecedo, *Las Comisiones de Presupuestos,* 1994, pág. 439 e segs.

[1132] Gröpl, *Bonner Kommentar zum Grundgesetz,* 2002, pág. 41 e Brockmeyer, *Kommentar zum Grundgesetz,* 1999, pág. 1674.

[1133] Essa alteração à legislação material (tributária, por exemplo) poderia, até, ser incluída na própria lei do Orçamento, beneficiando, nesse caso, da aprovação do *Bundesrat* e estando limitada a uma validade anual, não sendo, no entanto, esta a prática na Alemanha onde as receitas se baseiam em legislação especial diversa da legislação orçamental.

546 A Lei por detrás do Orçamento

Na proposta de Orçamento das despesas, o *Bundestag* pode modificar as verbas inscritas pelo Governo, desde que, com essas alterações, não coloque em causa o cumprimento das obrigações legais ou contratuais vigentes, já que, de acordo com a doutrina maioritária, o *Haushaltsplan* não pode, não obstante a sua aprovação por acto legislativo, inviabilizar o cumprimento das obrigações existentes e que requeiram a orçamentação das verbas adequadas, assim se demonstrando a validade da célebre expressão de Reinhard Mussgnug, quando considerava que o *Haushaltsplan* se encontra *unter das Recht*[1138]. Ainda assim, sempre que os parlamentares pretendam alterar o montante das verbas orçamentadas (ou apresentadas na proposta de Orçamento), implicando um aumento de despesas ou uma diminuição de receitas necessitam de obter o beneplácito do Governo, nos termos do previsto no art. 113.º da Lei Fundamental[1139], o que é bem elucidativo do modo como a intervenção parlamentar relativamente à conformação material da proposta orçamental é diminuta e politicamente controlada.

Com efeito, embora o texto do art. 113.º esteja aparentemente vocacionado para a sua aplicação à generalidade das leis de despesa

---

[1138] Mussgnug, *Der Haushaltsplan als Gesetz*, 1976, pág. 307 e segs. No mesmo sentido, Karl Heinrich Friauf, *Parliamentary Control of the Budget in the Federal Republic of Germany*, 1976, pág. 80. Contra, considerando que não existem diferenças de carácter, de força ou de nível entre a lei do Orçamento (*haushaltsgesetz*) e o Orçamento (*haushaltsplan*), Werner Heun, *Staatshaushalt und Staatsleitung – Das Haushaltsrecht im parlamentarischen Regierungssystem des Grundgesetzes*, 1989, pág. 160 e segs.

[1139] De acordo com o art. 113.º número 1 da Lei Fundamental, carecem de aprovação do Governo Federal as leis que aumentem as despesas do Orçamento propostas pelo Governo Federal ou que impliquem novas ou futuras despesas. O mesmo se aplica para as leis que impliquem ou possam implicar, no futuro, diminuição de receitas. Como se pode verificar, não é sequer admitido que se proponha um aumento de despesa, mesmo justificando o modo como esta deverá ser financiada, sem o consentimento do Governo. Wilhelm Henrichs, *Artikel 113 des Grundgesetzes – Stellung in der Verfassung, Zweck und Anwendbarkeit*, 1958; Helmut Karehnke, *Die Einschränkung des parlamentarischen Budgetrechts bei finanzwirksamen Gesetzen durch Artikel 113 des Grundgesetzes*, 1972, pág. 811 e segs.; Karl Heinrich Friauf, *Parliamentary Control of the Budget in the Federal Republic of Germany*, 1976, pág. 81; Friedrich Klein, *Senkung der Haushaltseinnahmen des Bundes durch Beschlüsse des Bundestages und des Bundesrates ohne Zustimmung der Bundesregierung – Zur Problematik des Art. 113 des Bonner Grundgesetzes*, 1950, pág. 762 e segs. Referindo-se, em termos críticos, a um *direito de veto do governo*, Volkmar Götz, *Die Staatsausgaben in der Verfassungsordnung*, 1969, pág. 92.

O Procedimento de Iniciativa e de Aprovação 547

(*Leistungsgesetze*) aprovadas durante o ano económico em curso, depois da aprovação da lei orçamental, o certo é que a doutrina tem entendido que o mesmo se deverá aplicar, igualmente, durante a discussão da proposta de lei de Orçamento e mesmo que as despesas apenas se venham a reflectir em exercícios futuros. Esta interpretação acaba por, naturalmente, limitar (ainda mais) os poderes de emenda apresentados pelos Deputados, sempre que visem alterar a proposta governativa em termos que agravem as despesas ou diminuam as receitas previsíveis[1136].

A previsão do art. 113.º, não sendo nova na sua essência, introduz, no entanto, uma alteração muito substancial face à norma congénere que existia na Constituição de Weimar, desta forma acentuando a componente governativa do sistema[1137]. Na verdade, enquanto que no número 4 do art. 85.º da Constituição de Weimar se previa que o *Reichstag* não podia, sem o consentimento do *Reichsrat,* aumentar as despesas previstas no projecto de Orçamento ou introduzir novas despesas, já no art. 113.º, bem ao invés, a aceitação da proposta de emenda parlamentar passa a depender do Governo, que, deste modo, apenas é obrigado a aceitar as alterações que entender, assim se passando de um modelo de auto-limitação intra-parlamentar, para uma situação de hetero-limitação[1138].

[1136] Gunter Kisker, *Handbuch des Staatsrechts*, 1990, pág. 256; Klaus Stern, *Das Staatsrecht der Bundesrepublik Deutschland, Bd. II*, 1980, pág. 1221; Mussgnug, *Der Haushaltsplan als Gesetz*, 1976, pág. 207 e Werner Patzig, *Haushaltsrecht des Bundes und der Länder*, 1981, pág. 273. Durante a discussão orçamental não se aceita, sequer, que o Parlamento proponha modificações compensadas, diminuindo certas despesas para aumentar outras. Na verdade, entende-se que, sendo o Governo o órgão responsável pela execução das despesas, este só deve executar as despesas com as quais tenha concordado, mesmo ao nível quantitativo. Neste sentido, Ekkehard Moeser, *Die Bindung an den Staatshaushalt – Zur Pflicht der Regierung, bewilligte Geldmittel zu verausgaben*, 1977, pág. 483.

[1137] De acordo com o art. 85.º número 4 da Constituição de Weimar, *o Reichstag não pode aumentar as despesas previstas no projecto de Orçamento nem inserir novas despesas sem o consentimento do Reichrat.* Mussgnug, *Der Haushaltsplan als Gesetz*, 1976, pág. 202 e segs. Para além do mais, de acordo com a Constituição de Weimar, a intervenção do *Reichrat,* não só era convocada apenas no caso de se proporem aumentos de despesa, como não se aplicava durante a discussão orçamental, mas apenas durante o ano económico em curso.

[1138] A solução prevista no art. 85.º da Constituição de Weimar constava do projecto de Lei Fundamental Alemã, tendo sido modificada, durante o debate ocorrido na comissão de finanças, por proposta do deputado e ex-ministro das finanças prussiano Höpker-Aschoff, que esteve na origem da actual formulação do art. 113.º. Este autor justificava esta

548   *A Lei por detrás do Orçamento*

Note-se, porém, que a importância teórica desta solução, que representa, tomada em absoluto, uma enorme restrição aos poderes parlamentares[1139], não pode ser desligada do contexto relacional existente entre o Governo e o Parlamento, ou, em termos menos institucionais, entre o Governo e a sua maioria parlamentar, tendo a prática política relativizado a relevância e a aplicabilidade da denominada *Lex Höpker-Aschoff*[1140].

Com efeito, importa começar por ter presente que a aprovação do Orçamento, na Alemanha, *não é o momento mais importante da*

---

norma (muito criticada durante os debates parlamentares) com o facto de se inspirar no modelo orçamental inglês (vigente através da *Standing Order* n.º 78, de 1713, que proíbe a iniciativa parlamentar relativamente a novas ou acrescidas despesas), incentivando o Parlamento a ser um defensor das poupanças e não um impulsionador dos gastos orçamentais. Para este autor, a proposta (também apresentada na altura) de que as iniciativas de despesas fossem compensadas com uma obrigação de cobertura (de acordo como modelo italiano) era facilmente iludível. Na verdade, relativamente à existência de compensações, apenas é permitido compensar aumentos de despesas com aumentos de receitas, desde que esse aumento não seja apenas reflectido no aumento da verba inscrita, que tem um valor meramente indicativo, mas em alterações materiais reflectidas na lei do Orçamento. Neste sentido, Mussgnug, *Der Haushaltsplan als Gesetz*, 1976, pág. 206 e segs. e Pier Francesco Lotito, *Il Processo di Bilancio nella R.F.T*, 1995, pág. 337. Relativamente ao facto de a previsão do art. 113.º se aplicar, mesmo perante propostas de aumento de despesas com cobertura relativamente a receitas, veja-se a decisão do Tribunal Constitucional n.º 27, de 6 de Março de 1952 e Wilhelm Henrichs, *Artikel 113 des Grundgesetzes – Stellung in der Verfassung, Zweck und Anwendbarkeit,* 1958.

[1139] Horst Dreier, *Der Kampf um das Budgetrecht als Kampf um die staatliche Steuerungsherrschaft – Zur Entwicklung des modernen Haushaltsrechts*, 1998, pág. 95.

[1140] Werner Patzig, *Haushaltsrecht des Bundes und der Länder,* 1981, pág. 272 e segs. Especificamente sobre o art. 113.º da Lei Fundamental Alemã, Wilhelm Henrichs, *Artikel 113 des Grundgesetzes – Stellung in der Verfassung, Zweck und Anwendbarkeit,* 1958; Helmut Karehnke, *Die Einschränkung des parlamentarischen Budgetrechts bei finanzwirksamen Gesetzen durch Artikel 113 des Grundgesetzes,* 1972 e Friedrich Klein, *Senkung der Haushaltseinnahmen des Bundes durch Beschlüsse des Bundestages und des Bundesrates ohne Zustimmung der Bundesregierung – Zur Problematik des Art. 113 des Bonner Grundgesetzes,* 1950. De modo geral, sobre o conteúdo e a origem deste artigo, Kyrill-A.Schwarz, em Mangoldt, Klein e Starck, *Das Bonner Grundgesetz Kommentar,* 2001, pág. 2043 e segs.; Werner Heun, *Grundgesetz Kommentar,* 2000, pág. 894 e segs.; Siekmann, em Michael Sachs, *Grundgesetz Kommentar,* 1999, pág. 2028 e segs.; Brockmeyer, em Schmidt, Bleibtreu e Klein, *Kommentar zum Grundgesetz,* 1999, pág. 1690 e segs.; Mahrenholz, *Kommentar zum Grundgesetz für die Bundesrepublik Deutschland,* 1989, pág. 1378 e segs.; Jarass e Pieroth, *Grundgesetz für die Bundesrepublik Deutschland,* 2002, pág. 1157 e segs. e Herbert Fisher-Menshausen, em Ingo von Münch, *Grundgesetz-Kommentar,* 1996, pág. 1171 e segs

O Procedimento de Iniciativa e de Aprovação 549

participação do Parlamento na determinação do indirizzo politico--governativo[1141], assumindo-se a lei do Orçamento, seja pelo seu conteúdo limitado, seja pelo modo como se excluiu a sua relação directa com o ordenamento jurídico, essencialmente, como lei autorizadora da execução das despesas por parte da Administração. Por outro lado, a existência de um sistema parlamentar dominado por maiorias parlamentares coesas e sem grandes insubordinações face ao Governo explica o facto de esta norma apenas ter sido utilizada em duas ocasiões (em 1953 e em 1961), sendo, ao mesmo tempo, muito forte para um governo fraco e muito fraca para um governo forte[1142].

Ao contrário do que se passa com a aplicação do art. 113.º da Lei Fundamental, em que se estabelece um poder de veto do Governo sobre as propostas parlamentares de aumento de despesas ou de diminuição de receitas, o sistema alemão conhece igualmente casos de intervenção parlamentar em domínios que, aparentemente, deveriam relevar da competência do Governo. Assim, uma das técnicas mais características do sistema alemão é a da aprovação, juntamente com a lei do Orçamento, de cláusulas-travão, que consistem em condicionar a autorização da realização das verbas (no Orçamento das despesas) a uma autorização posterior a ser concedida (pelo Parlamento ou pelo Ministro das Finanças) depois de se terem ultrapassado os motivos que originaram a aprovação dessa mesma *sperrklausel*[1143].

Neste contexto, é frequente a aposição de uma *qualifiziertes sperrvermerk*[1144], que consiste em reservar a posição final do Parla-

---

[1141] Pier Francesco Lotito, *Il Processo di Bilancio nella R.F.T*, 1995, pág. 330 e Hillgruber, *Das Bonner Grundgesetz*, 2001, pág. 1949.

[1142] Horst Dreier, *Der Kampf um das Budgetrecht als Kampf um die staatliche Steuerungsherrschaft – Zur Entwicklung des modernen Haushaltsrechts*, 1998, pág. 96, e Mahrenholz, *Kommentar zum Grundgesetz für die Bundesrepublik Deutschla*nd, 1989, pág. 1351.

[1143] Sobre os vários tipos de *sperren*, considerando que não existe um instituto unitário, mas vários tipos de cláusulas suspensivo-condicionadoras relativamente à autorização de despesas orçamentais, Christoph Gröpl, *Haushaltsrecht und Reform – Dogmatik und Möglichkeiten der Fortentwicklung der Haushaltswirtschaft durch Flexibilisierung, Dezentralisierung, Budgetierung, Ökonomisierung und Fremdfinanzierung*, 2001, pág. 124 e segs.

[1144] Sobre a *qualifiziertes spervermerk*, veja-se, também, Mussgnug, *Der Haushaltsplan als Gesetz*, 1976, pág. 27; Eberhard Fricke, *Regierung und Parlament beim Haushaltsvollzug*,

550 A Lei por detrás do Orçamento

mento sobre determinadas verbas orçamentais para um momento posterior à aprovação da proposta orçamental, desta forma condicionando a sua efectiva autorização ao cumprimento, por parte do Governo, de determinados deveres de informação sobre o destino das verbas em causa. Esta situação ocorre, normalmente, quando o Governo pretende a orçamentação de determinadas despesas sem, no entanto, estar ainda em condições de esclarecer o exacto destino dessas verbas, por não se encontrar ainda totalmente densificado o projecto material credor de verbas no montante solicitado. Nestes casos, o Parlamento, de modo a evitar a necessidade de aprovação de um Orçamento rectificativo ou de aprovar verbas sem conhecimento do seu destino, procede a uma inscrição orçamental condicionada à informação mais detalhada, que ocorrerá somente durante o decurso do ano económico[1145].

A prática da *qualifiziertes sperrvermerk* tem sido objecto de inúmeras críticas por parte da doutrina, sendo muito discutida a sua admissibilidade, não obstante a sua previsão legal no *Bundeshaushaltsordnung*[1146]. Com efeito, ao subordinar a aprovação de deter-

---

1980, pág. 317 e segs.; Werner Heun, *Saatshaushalt und Staatsleitung – Das Haushaltsrecht im parlamentarischen Regierungssystem des Grundgesetzes*, 1989, pág. 349; Gunnar Folke Schuppert, *Die Steuerung des Verwaltungshandelns durch Haushaltsrecht und Haushaltskontrolle*, 1984, pág. 233 e segs.; Klaus Kröger, *Zur Mitwirkung des Bundestages am Haushaltsvollzug*, 1973, pág. 439 e segs. e Horst Goltz, *Mitwirkung parlamentarischer Ausschüsse beim Haushaltsvollzug*, 1965, pág. 605 e segs.

[1145] Juntamente com a *qualifiziertes sperrvermerk* importa ainda referir a possibilidade de ser inscrita uma *einfachen sperrvermerk,* que leva a que a apreciação sobre a valia de determinadas despesas fique condicionada a uma autorização *in casu* a conceder pelo Ministro das Finanças. Referindo-se a estes tipos de cláusulas, apelidando-as de *Hauhaltssperrklaussel,* Pier Francesco Lotito, *Il Processo di Bilancio nella R.F.T,* 1995, pág. 319. Para Hillgruber, *Das Bonner Grundgesetz,* 2001, pág. 1976, a *einfachen sperrvermerk* seria inconstitucional por consistir numa delegação de competências da aprovação do Orçamento no próprio Governo, nomeadamente, no Ministro das Finanças. Contra, Herbert Mandelartz, *Das Zusammenwirken von Parlament und Regierung beim Haushaltsvollzug – Ein Beitrag zum parlamentarischen Regierungssystem der Bundesrepublik Deutschland,* 1980, pág. 294 e segs.

[1146] Parágrafos 22 e 36 do *Bundeshaushaltsordnung.* A favor da legitimidade da inscrição de *qualifiziertes sperrvermerk,* considerando que o Parlamento deve ter a plena noção do destino das verbas que aprova, Mahrenholz, *Kommentar zum Grundgesetz für die Bundesrepublik Deutschland,* 1989, pág. 1365 e 1366 e Ekkehard Moeser, *Die beteiligung des Bundestages an der staatlichen Haushaltsgewalt – Eine Untersuchung zur rechtlichen und tatsächlichen Stellung des Bundestages in haushaltswirtschaftlichen Entscheidungsprozessen,* 1978, pág. 107 e 162 e segs. Este autor realça o facto de o objectivo

O Procedimento de Iniciativa e de Aprovação

minadas verbas (que foram orçamentadas sob condição) a um momento coincidente com o da execução orçamental, cauciona-se, no entender dos críticos desta solução, um *co-governo das comissões parlamentares*[1147], incompatível com a separação de funções entre o Parlamento e o Governo na aprovação orçamental.

Outra das especificidades do Direito Orçamental alemão é o recurso à figura da *globale minderausgaben*. Esta técnica consiste em orçamentar um conjunto de verbas no Orçamento das despesas que ultrapasse o conjunto de receitas previstas, estabelecendo, depois, para efeitos de equilíbrio formal, uma despesa global negativa no valor da diferença apurada, não especificando, no entanto, onde essa diminuição de despesas irá incidir.

A legitimidade desta técnica orçamental tem sido muito discutida, afirmando-se como uma das criatividades do sistema orçamental alemão, juntamente com as *sperrklausel*. Com efeito, na medida em que o Parlamento aprova um conjunto de verbas destinadas à realização de despesas que sabe, de antemão, não vão poder ser (na totalidade) realizadas, parecem violar-se os princípios orçamentais da clareza, da

---

desta cláusula ser menos gravoso do que a não aprovação das verbas ou a aprovação de verbas insuficientes, por não se saber ao certo como iriam ser gastas. No mesmo sentido, considerando que esta é uma forma de o Parlamento compensar o (excessivo) poder do executivo, não só ao nível do monopólio da iniciativa orçamental, como no mais genérico domínio da execução orçamental das despesas, Werner Heun, *Saatshaushalt und Staatsleitung – Das Haushaltsrecht im parlamentarischen Regierungssystem des Grundgesetzes,* 1989, pág. 357. Contra, considerando que esta figura viola a proibição de condicionar a aprovação do Orçamento, (*bedingungsverbot*), Alexander von Portatius, *Das haushaltsrechtliche Bepackungsverbot*, 1975, pág. 80.

[1147] Thomas Puhl, *Die Minderheitsregierung nach dem Grundgesetz,* 1986, pág. 168. Para este autor, a questão da admissibilidade desta prerrogativa esconde duas questões. A primeira é a de saber se o Parlamento, depois de aprovar o Orçamento, pode voltar a intervir em matéria orçamental, condicionando as opções do Governo na execução das verbas aprovadas. A segunda passa por saber se o poderá fazer delegando essa competência na comissão de finanças e não no plenário. Igualmente sobre a intervenção da comissão parlamentar do Orçamento (*Bundestagsausschüsse*), como exemplo de uma situação de *co-governo parlamentar,* Wilhelm Kewenig, *Staatsrechtliche Probleme parlamentarischen Mitregierung am Beispiel der Arbeit der Bundestagsausschüsse,* 1971. Ainda sobre a importância da *Haushaltsausschuss* alemã, nomeadamente neste domínio, Sven Hölscheidt, *Der Haushaltsausschuss des Deutschen Bundestags,* 1988.

552   *A Lei por detrás do Orçamento*

transparência, da certeza e da veracidade que decorrem indirectamente do texto constitucional[1148].

De facto, através da aprovação de uma *globale minderausgaben*, o Governo logra uma autorização genérica sobre um conjunto indeterminado de despesas em valor superior ao das receitas, sabendo à partida que terá de proceder a determinadas escolhas durante a execução orçamental que, no entanto, escaparão ao controlo parlamentar[1149]. Apesar de algumas referências doutrinais à questão da *globale minderausgaben,* quase todas no sentido da violação de alguns princípios orçamentais, este parece ser um fenómeno aceite, de modo mais ou menos resignado, sendo apontado como se de mais uma das características do sistema constitucional-orçamental alemão se tratasse[1150].

[1148] Paul Marcus, *Implikationen eines verfassungskonformen Umgangs mit dem Instrument der « Globalen Minderausgabe » für die Haushaltspraxis*, 2000, pág. 675 e segs.; Gröpl, *Bonner Kommentar zum Grundgesetz*, 2002, pág. 112 ; Hillgruber, *Das Bonner Grundgesetz*, 2001, pág. 1969; Herbert Fischer-Menshausen, *Grundgesetz-Kommentar, 1996, pág. 1136; Werner Heun, Saatshaushalt und Staatsleitung – Das Haushaltsrecht im parlamentarischen Regierungssystem des Grundgesetzes*, 1989, pág. 437 e *Grundgesetz Kommentar*, 2000, pág. 869; Siekmann, *Grundgesetz Kommentar*, 1999, pág. 2012 e Kisker, *Handbuch des Staatsrechts*, 1990, pág. 266. Este autor parece mesmo ir mais longe, ao considerar que seria igualmente inconstitucional a criação de um fundo de reserva para despesas inesperadas e, como tal, não previamente especificadas. Para Helmut Karehnke, *Zur Zulässigkeit der Veranschlagung globaler Minderausgaben*, 1980, pág. 542 e segs., os deveres gerais de economia e de eficiência orçamental não podem ser conseguidos à custa do sacrifício da generalidade dos outros princípios orçamentais. Sobre esta questão, comparando-a com outras técnicas de poupança orçamental, veja-se, ainda, Gunnar Folke Schuppert, *Die Steuerung des Verwaltungshandelns durch Haushaltsrecht und Haushaltskontrolle*, 1984, pág. 248 e segs.

[1149] Werner Heun, *Grundgesetz Kommentar*, 2000, pág. 869, refere-se a uma obrigação de acuidade nas previsões (*pflicht zur schätzgenauigkeit*) que estaria aqui a ser violada. No mesmo sentido, Gröpl, *Bonner Kommentar zum Grundgesetz*, 2002, pág. 110.

[1150] Insurgindo-se contra a pouca relevância doutrinal dispensada a esta figura, acusando a doutrina de apenas repetir os mesmos argumentos contra este fenómeno, Kaus-Peter Dolde e Winfried Porsch, *Die Globale Minderausgabe zwischen Budgethoheit des Parlaments, Haushaltsgrundsätzen und flexiblem haushaltsvollzug*, 2002, pág. 232. Estes autores reconhecem uma enorme importância prática a esta técnica que (pág. 232) *fomenta a flexibilidade, a economia e a poupança na execução orçamental,* contribuindo para eliminar as verbas orçamentadas que, por motivos vários, não são executadas, acabando por gerar os resíduos orçamentais (*bodensatz*). Para estes autores, esta forma de orçamentação não é mais atentatória dos direitos do Parlamento do que a liberdade de execução orçamental, que

O *Procedimento de Iniciativa e de Aprovação* 553

Diferentemente, em Portugal, uma situação muito semelhante a esta foi declarada inconstitucional pelo Tribunal Constitucional no acórdão 267/88, tendo sido considerado que a inscrição de uma *dotação concorrencial* violava o princípio da especificação orçamental. Para o Tribunal Constitucional, *o que há de verdadeiramente novo na dotação negativa é o facto de as despesas previstas não poderem ser efectivamente realizadas pelo valor inscrito, visto que a respectiva soma excede o montante das receitas orçamentadas. (...) Na verdade, a especificação de despesa passa a ser, em certa medida, fictícia, já que uma parte das despesas – e quais, não se sabe – não podem ter efectivo cabimento orçamental,* pelo que *não se pode dizer que haja especificação de despesas no sentido verdadeiro e próprio.*

Regressando ao Direito Orçamental Alemão, importa recordar, em modo de conclusão, que, ao contrário do que sucede noutros sistemas constitucionais, a herança histórica alemã, enformada pelos dois eixos a que se aludiu, afastou a discussão política e as verdadeiras decisões sobre a política económico-financeira do momento orçamental, fazendo-as deslizar, ou para um momento anterior, ou para um momento posterior ao da aprovação da lei do Orçamento.

Para um momento anterior, quando o Governo elabora e apresenta ao Parlamento o plano quinquenal, que, embora não seja aprovado pelo Parlamento, nem beneficie de forma ou força de lei, é, no contexto político-constitucional alemão, um dos momentos mais importantes de debate e de afirmação das opções estratégicas com repercussões ao nível da despesa e da receita, influenciando, politicamente, a elaboração e aprovação dos Orçamentos anuais[1151].

---

leva a que o Governo apenas execute algumas das verbas orçamentadas. Em sentido próximo, considerando que o Governo é *senhor da execução orçamental*, Michael Noll, *Haushalt und Verfassung – Normen – Reformen – Trends (Eine Einführung das Haushalts – und Verfassungsrecht der Bundesrepublik Deutschland sowie der Europäischen Union,* 2001, pág. 22.

[1151] Este plano é analisado, sobretudo na parte relativa à previsão das receitas fiscais, não só pelo Governo, como pelo Departamento de avaliação das receitas fiscais (*Arbeitskreis Steuersätzungen*) que reúne peritos do *Bund,* dos *Länder,* do *Bundesbank,* do Instituto Nacional de Estatística e dos cinco principais Institutos de investigação no domínio económico, analisando-se os vários cenários e previsões alternativas, desta forma subordinando a previsão orçamental das receitas ao princípio da exactidão (*Schätzgenauigkeit*) que faz parte

554   *A Lei por detrás do Orçamento*

Para um momento posterior, já que muitas das decisões relevantes ao nível da política económico-financeira são tomadas quando o Governo é chamado a promover a execução das receitas e das despesas, aí gozando de uma liberdade ainda maior do que a que, tradicionalmente, está cometida aos órgãos executivos em sistemas de base parlamentar, onde não se vulgarizaram normas como a que se encontra no art. 112.º da Lei Fundamental e que permite ao Governo, como se verá, realizar despesas superiores às orçamentadas ou até diferentes das orçamentadas sem necessidade de intervenção aprovatória prévia do Parlamento[1152].

Verifica-se assim como, em conclusão, a aprovação orçamental se encontra, no contexto da Lei Fundamental, fragilizada enquanto instrumento de política financeira do Governo e enquanto acto misto de conformação legislativa e de controlo parlamentar, situação a que não será alheio o modo como se criou um conjunto de limites aos poderes parlamentares, não só relativamente ao conteúdo da lei do Orçamento, como à sua eficácia e força jurídica, bem como o modo

---

do princípio da veracidade orçamental (*Budgetwahrheit*). Neste sentido, Pier Francesco Lotito, *Il Processo di Bilancio nella R.F.T*, 1995, pág. 322 e Frédérique Rueda, *Procédure Budgétaire Allemande et Française*, 2000, pág. 186. Para além do plano quinquenal, é no momento de aprovação da legislação de receita, nomeadamente tributária, e no momento de aprovação da generalidade da legislação geradora de despesa, que se determinam, efectivamente, com o beneplácito parlamentar, as opções político-legais que, depois, são ratificadas, como inevitabilidades, no momento de aprovação da lei orçamental. Sobre a necessidade de articular as despesas, sobretudo as de cariz plurianual, com as perspectivas de evolução dos indicadores económico-financeiros, Karl Heinrich Friauf, *Parliamentary Control of the Budget in the Federal Republic of Germany*, 1976, pág. 75 e segs. O autor refere-se ao parágrafo 9 da Lei de estabilidade orçamental (*Gesetz zur Förderung der Stabilität und des Wachstums der Wirtschaft*), de 8 de Junho de 1967, onde se prevê a análise quinquenal da economia, indicando as propostas de despesas e de receitas para essa base plurianual. O Parlamento não está, juridicamente, vinculado ao plano quinquenal, que é obra do Governo, o que não invalida que este documento seja considerado, politicamente, porventura mais importante do que a lei do Orçamento. Sobre a importância do referido plano no contexto do sistema alemão, Livia Mercati, *Le Procedure di Bilancio tra Sistemi Elettorali e Forme di Governo: un'Analisi Comparata*, 1997, pág. 393.

[1152] Sobre o poder atribuído ao ministro das finanças para autorizar a realização de despesas não orçamentadas em casos em que tal seja considerado (pelo Governo) como indispensável, desta forma fazendo superiorizar a eficácia à legitimidade parlamentar da aprovação prévia das despesas, Manfred Därr, *Das Notbewilligungsrecht des Bundesministers der Finanzen nach Artikel 112 GG im Schnittpunkt zwischen Demokratie und Effektivität*, 1973.

O *Procedimento de Iniciativa e de Aprovação* 555

limitado como são aceites os poderes de emenda parlamentar da proposta de lei do Orçamento, tudo concorrendo para afastar este acto legislativo do epicentro do debate político alemão.

A asfixia parlamentar em matéria financeira agudiza-se se se verificar como, para além da importância do art. 113.º da Lei Fundamental na conformação da governamentalização da lei do Orçamento, o sistema constitucional Alemão autoriza uma superiorização do Governo face ao Parlamento, não só antes da aprovação do Orçamento, como (mesmo) depois deste estar aprovado parlamentarmente[1153].

Na verdade, de acordo com art. 111.º da Lei Fundamental, permite-se que o Governo prescinda da aprovação parlamentar do Orçamento em caso de crise de relacionamento entre ambos os órgãos, podendo aquele órgão aprovar, no caso de não se ter aprovado a lei do Orçamento a tempo desta iniciar a sua vigência antes do início do ano orçamental, e até à sua aprovação tardia, um conjunto muito relevante de despesas que lhe permita manter a governação do Estado e a manutenção das instituições legalmente criadas, sendo-lhe autorizado, inclusivamente, recorrer ao crédito para satisfazer o conjunto de despesas que se propõe desenvolver[1154/1155].

[1153] Salientando a importância do art. 111.º e do art. 112.º da Lei Fundamental no caso de governos minoritários, que, naturalmente, terão maiores dificuldades em fazer aprovar no Parlamento a proposta de Orçamento, Thomas Puhl, *Die Minderheitsregierung nach dem Grundgesetz,* 1986, pág. 203 e segs.

[1154] Nos termos do n.º 1 do art. 111.º da Lei Fundamental, *se até ao final do ano económico não tiver sido aprovado, por lei, o Orçamento para o ano seguinte, o Governo Federal está autorizado a realizar, até à sua entrada em vigor, todas as despesas que sejam necessárias (i) para manter as instituições legalmente existentes e para executar as medidas legalmente aprovadas, (ii) para cumprir as obrigações juridicamente fundadas da Federação e (iii) para continuar construções, aquisições e outras prestações ou para continuar a conceder auxílios para esses fins, desde que já tenham sido aprovados fundos pelo Orçamento de um ano anterior.* Nos termos do n.º 2 do mesmo artigo, *quando as receitas, baseadas em lei especial, provenientes de impostos, taxas ou de outras fontes, ou os fundos de reserva, não assegurem a cobertura das despesas do n.º 1, pode o Governo Federal, por recurso ao crédito público, mobilizar os meios necessários para a manutenção da gestão económica, até ao limite de um quarto da soma final do Orçamento vencido.*

[1155] Este poder, que é concedido ao Governo nos termos do art. 111.º, não deve, naturalmente, ser utilizado como substituto da obrigação de aprovar o Orçamento por lei parlamentar, devendo, apenas, ser utilizado, em termos transitórios, até à aprovação da lei do Orçamento, ou até que uma crise mais profunda entre o Governo e a sua maioria parlamentar seja solucionada em termos políticos. Nesse sentido, Brockmeyer, *Kommentar zum*

556 *A Lei por detrás do Orçamento*

Com esta permissão constitucional, destinada à prossecução, por parte do Governo, da gestão financeira do Estado, visa-se evitar a ameaça de paralisia da Administração, nos termos que ficaram famosos pelas descrições apocalípticas da generalidade da doutrina publicista do final do século XIX relativas à possibilidade teórica de o Parlamento se recusar a aprovar o Orçamento. No acervo dessas críticas destacava-se a *teoria da lacuna*, desenvolvida por Bismarck, ou o desabafo de Anschütz, quando, colocado perante a situação político-orçamental a que a Prússia havia chegado, considerou que o Estado de Direito terminava ali (*das staatsrecht hört hier auf*)[1156].

Tal como o art. 111.º, também o art. 112.º da Constituição Alemã[1157] resolve a favor do Governo a situação relativa à necessidade

---

Grundgesetz, 1999, pág. 1672. Para este autor, no caso de uma recusa parlamentar de aprovação do Orçamento, o que está em causa, em última análise, é uma recusa ao programa de Governo tal como este se encontra plasmado em termos numéricos e quantitativos. Neste caso, ou o Governo apresenta outro Orçamento que consiga colher o favor parlamentar, ou então, o mais lógico será que se demita, dando lugar a uma outra composição governativa que esteja em condições de ver o seu programa de Governo sufragado pelo Parlamento. Com efeito, seria antidemocrático que o Governo conseguisse governar, ao estilo *bismarckiano*, usando os mecanismos que lhe são colocados ao dispor pelo art. 111.º e 112.º, sobretudo no contexto alemão que impede a formalização de uma censura parlamentar ao Governo fora do contexto de uma moção de censura construtiva que leve à constituição de novo Governo, o que a maioria oposicionista pode não estar em condições de assegurar. Sobre os contornos e os limites da moção de censura construtiva no ordenamento jurídico espanhol, que funciona em termos análogos aos vigentes no Direito Alemão, Eduardo Vírgala Foruria, *La moción de censura en la Constitución de 1978*, 1988.

[1156] Georg Meyers e Gerhard Anschütz, *Lehrbuch des Deutschen Staatsrechts*, 1919, pág. 906. Mahrenholz, *Kommentar zum Grundgesetz für die Bundesrepublik Deutschland*, 1989, pág. 1350.

[1157] Sobre a função, o conteúdo e as fronteiras em torno da aplicação do art. 112.º da Lei Fundamental Alemã, Karl Heinrich Friauf, *Funktion, Inhalt und Grenzen des sog. Notbewilligungsrechts des Bundesministers der Finanzen nach Art. 112 GG*, 1977; Manfred Därr, *Das Notbewilligungsrecht des Bundesministers der Finanzen nach Artikel 112 GG im Schnittpunkt zwischen Demokratie und Effektivität*, 1973; Erich Röper, *Pflicht des Parlaments zur Nothaushaltsgesetzgebung*, 2001, pág. 758 e segs e Klaus Arndt, *Das Verhältnis von Budgetrecht des Parlaments und Zustimmungsrecht des Finanzministers nach Art. 112 GG*, 1975, pág. 601 e segs.. Numa perspectiva mais historicista, enquadrando o actual art. 111.º no chamado *Direito Orçamental de emergência*, Hermann Theiss, *Das Nothaushaltsrecht des Bundes,* 1975. Sobre o teor e as possibilidades destes artigos constitucionais, Mussgnug, *Der Haushaltsplan als Gesetz*, 1976, pág. 208 e segs. e 223 e segs., Para uma perspectiva global das potencialidades dos artigos 111.º e 112.º, Kyrill-A.Schwarz, em Mangoldt, Klein e Starck, *Das Bonner Grundgesetz Kommentar*, 2001, pág. 1997 e segs.;

O Procedimento de Iniciativa e de Aprovação

557

eventual de ultrapassar a autorização parlamentar das despesas, estabelecendo que, uma vez aprovado o Orçamento, o recurso a despesas excedentes (*überplanmässigen*), ou não orçamentadas (*aussermässigen*), pode ser efectuado pelo Governo, sem necessidade de obter uma nova autorização parlamentar prévia[1158].

Esta situação, que pode naturalmente levar a muitos abusos, transformando a orçamentação aprovada parlamentarmente numa mera autorização parcial das despesas, não inteiramente vinculativa para o Governo, só deve ocorrer, nos termos do art. 112.º, no caso de necessidades imprevistas ou impreteríveis, que inviabilizem a apresentação e a aprovação de uma proposta de Orçamento rectificativo no Parlamento, o que não deixa de ser um critério vago e politicamente discutível[1159].

Werner Heun, *Grundgesetz Kommentar,* 2000, pág. 880 e segs.; Siekmann, em Michael Sachs, *Grundgesetz Kommentar,* 1999, pág. 2019 e segs.; Brockmeyer, em Schmidt, Bleibtreu e Klein, *Kommentar zum Grundgesezt,* 1999, pág. 1679 e segs.; Mahrenholz, *Kommentar zum Grundgesetz für die Bundesrepublik Deutschland,* 1989, pág. 1367 e segs.; Jarass e Pieroth, *Grundgesetz für die Bundesrepublik Deutschland,* 2002, pág. 1153 e segs. e Herbert Fisher-Menshausen, em Ingo von Münch, *Grundgesetz-Kommentar,* 1996, pág. 1153 e segs.

[1158] De acordo com o art. 112.º da Lei Fundamental, *as despesas excedentes e extra-orçamentais carecem da aprovação do Ministro Federal das Finanças. Essa aprovação apenas pode ser dada no caso de uma necessidade imprevista e impreterível. A regulação poderá ser feita por lei federal.* Sobre a distinção entre estes dois tipos de despesas, Wolfgang Krüger-Spitta e Horst Bronk, *Einführung in das Haushaltsrecht und die Haushaltspolitik,* 1973, pág. 135 e segs. Para estes autores (pág. 137), as novas ou acrescidas despesas têm de ser suportadas pela poupança de outras despesas programadas, de modo a manter o equilíbrio orçamental de acordo com o art. 37.º número 3 do *Bundeshaushaltsordnung (BHO).* Sobre o controlo das despesas no sistema alemão, Gerd Ehlers, *I Controlli sulla Spesa Pubblica in Germania,* 1994, pág. 213 e segs.

[1159] O Tribunal Constitucional já declarou, na decisão 54, 1 (31), que o Governo deve, pelo menos, tentar verificar se não seria possível recorrer a uma proposta de Orçamento rectificativo, sendo, apenas em caso negativo, legítimo recorrer ao art. 112.º. Com efeito, para o Tribunal Constitucional, a interpretação do art. 112.º, pelos poderes que confere ao Ministro das Finanças, não deve ser dissociada da conexão com o princípio do *parlamentarismo democrático* que decorre do texto constitucional. Os ministros podem, ainda, fazer compensações entre novas ou maiores despesas e despesas não obrigatórias, que assim são precludidas ou diminuídas. Pier Francesco Lotito, *Il Processo di Bilancio nella R.F.T,* 1995, pág. 321. No mesmo sentido, veja-se a decisão 45, 52, onde o Tribunal Constitucional julgou inconstitucional uma decisão de aumento de despesas, autorizada pelo ministro das finanças ao abrigo do art. 112.º, precisamente por considerar que essas despesas, não sendo urgentes, deveriam ter sido autorizadas pelo Parlamento, no seguimento de uma proposta de Orçamento rectificativo.

558 *A Lei por detrás do Orçamento*

Conclui-se, assim, que o modo de aprovação parlamentar da lei do Orçamento e os limites materiais a que esta se encontra sujeita no sistema jurídico-constitucional alemão são reveladores de uma clara tendência favorável à actuação governativa, que relevam mais da natureza *"kanzleriana"* do sistema, do que da sua componente parlamentar[1160]. Neste contexto, como porventura noutros, é bem claro o modo como os cerca de 130 anos que separam a Lei Fundamental Alemã da crise orçamental Prussiana não foram ainda suficientes para afastar antigos temores relativos à eventual utilização parlamentar do Orçamento como um poder de obstáculo à acção governativa, nem para dotar esta lei de todas as potencialidades que a sua aprovação por acto legislativo parlamentar pode reclamar.

3. O exemplo da França

O ordenamento jurídico-constitucional Francês, tal como a generalidade dos restantes ordenamentos jurídicos, reserva para o Governo a iniciativa orçamental[1161], não se admitindo sequer, ao contrário do que sucedia na IVª república, a possibilidade de os parlamentares apresentarem projectos substitutivos que, no fundo, acabassem por subverter a reserva de iniciativa governamental[1162]. Com efeito, nos

---

[1160] Mussgnug, *Der Haushaltsplan als Gesetz*, 1976, pág. 236, considera que estas normas (art. 111.º, 112.º e 113.º) não prejudicam o Direito orçamental parlamentar, mas aproveita esse facto para, depois, analisar, demoradamente, a crise que a aprovação parlamentar do Orçamento atravessa, não se coadunando a complexidade do Orçamento, em seu entender, com o modo de trabalho e com as preocupações parlamentares.

[1161] A exclusividade da iniciativa orçamental do Governo deduz-se do teor do art. 47.º número 1 da Constituição de 1958.

[1162] Na verdade, na IV.ª República, a comissão parlamentar de finanças podia apresentar um texto, da sua autoria, que passaria a ser o objecto de discussão parlamentar, substituindo o do Governo. Permitia-se igualmente aos parlamentares a apresentação de contra-projectos, que tinham por objectivo substituir-se ao projecto do Governo ou ao da Comissão de Finanças. Neste contexto, Paul Leclere, *La Mesure et la Valeur de L'Intervention Législative en Matière Budgétaire*, 1905, pág. 64, iniciava a sua análise relativa aos poderes parlamentares na discussão da lei do Orçamento, escrevendo, elucidativamente, que, *quando o projecto de Orçamento, transformado pela comissão, passou a ser um texto novo, relativamente ao qual a responsabilidade não pode ser já assacada a ninguém; quando mais de vinte relatórios distribuídos aos deputados*

O *Procedimento de Iniciativa e de Aprovação* 559

termos regimentais, a iniciativa orçamental derivada tem de se exercer por referência aos artigos apresentados pelo Governo, assim se considerando as alterações parlamentares como emendas de especialidade e não como propostas de generalidade[1163].

É, no entanto, ao nível das limitações materiais que a iniciativa parlamentar se encontra mais acentuadamente restringida, já que, nos termos do art. 40.º da Constituição, *as propostas e emendas formuladas pelos membros do Parlamento não são admissíveis sempre que a sua adopção tivesse por consequência uma diminuição das receitas públicas ou a criação ou agravamento de uma despesa pública.* Esta norma surge no seguimento de uma tradição, ora constitucional, ora meramente regimental, pelo que, embora a sua actual eficácia se afaste bastante da obtida em experiências passadas, não se pode dizer que a sua consagração seja, em termos formais, inovadora no ordenamento jurídico Francês[1164].

Na verdade, logo na III.ª república surgem as primeiras limitações aos poderes orçamentais do Parlamento, assumindo estas uma natureza de auto-limitações previstas nos Regimentos das Câmaras, mas não logrando, talvez por isso mesmo, obter grande eficácia prá-

---

desencorajam qualquer estudo, então o exame da Câmara deve começar. Este sentimento crítico é, de resto, recorrente na doutrina financista francesa da transição do século. Assim, em termos que ficaram célebres, Léon Say, *Les Finances*, 1896, pág. 24, considerava que, *a comissão* (de finanças) *pensa ser um Governo e os relatores são os seus ministros,* ou Albert Jouve, *Le Vote du Budget en France et en Angleterre*, 1906, pág. 79, quando refere, em tom crítico, que a Comissão de Finanças não se limita a analisar o projecto orçamental apresentado pelo Governo. *Faz mais do que isso: elabora ela própria o seu próprio projecto de Orçamento e substitui-o ao projecto governamental; é o seu projecto e não o do Governo que será votado nas Câmaras. Os planos do Governo desapareceram completamente, absorvidos, eclipsados, pelos da Comissão.* Sobre a questão da iniciativa legislativa orçamental, veja-se, ainda, Paul Amselek, *Le Budget de L'Etat sous la Ve République*, 1966, pág. 195.

[1163] Art. 98.º número 4 do Regimento da Assembleia Nacional. O art. 42.º da Constituição de 1958 refere, igualmente, que os projectos de lei são discutidos sobre o texto apresentado pelo Governo, assim se evitando a discussão de textos alternativos preparados nas comissões parlamentares.

[1164] Para uma análise histórica do direito de emenda parlamentar no sistema constitucional francês, veja-se, por todos, Brice Pons, *Le Droit d'Amendement en Matière Budgétaire,* 1936, onde o autor analisa, demoradamente, as várias vicissitudes do direito de emenda parlamentar relativamente às normas orçamentais nas várias Constituições francesas e na prática político-parlamentar de cada uma.

560   *A Lei por detrás do Orçamento*

tica no objectivo a que se propunham[1165]. Essas limitações haveriam de assumir cariz constitucional com o surgimento da IV.ª república[1166], durante a qual se prevê, pela primeira vez, com diminutos resultados práticos, a inadmissibilidade de algumas propostas parlamentares, seja durante a discussão da proposta orçamental, seja por intermédio de iniciativas legislativas avulsas, que pusessem em causa, pelo seu conteúdo, o equilíbrio orçamental[1167].

Esta tendência constitucional e regimental de enquadrar restritivamente os poderes financeiros parlamentares haveria de se manter, em termos formais, com o Decreto Orgânico de 19 de Junho de 1956, onde se compilavam e se aperfeiçoavam as referidas normas, admitindo-se, porém, face às iniciativas legislativas avulsas, pela primeira vez, a regra da livre compensação entre receitas e despesas destinada a salvaguardar o equilíbrio orçamental[1168].

[1165] O texto constitucional de 1875 era omisso nessa matéria, deixando, assim, os poderes parlamentares em matéria orçamental totalmente livres. No Regulamento de 1920 surge a primeira limitação (art. 86.º), pouco eficaz na prática, segundo Paul Amselek, *Le Budget de L'Etat sous la Ve République*, 1966, pág. 199. Aí se previa que qualquer iniciativa parlamentar (durante a discussão do Orçamento ou durante o ano económico) que implicasse aumento de despesas ou diminuição de receitas deveria ser destacada (*disjonction*), de modo a poder ser aprovada ou rejeitada autonomamente.

[1166] Constituição de 27 de Outubro de 1946. Sobre a existência de uma crise orçamental contínua durante a IV.ª República, Laferrière e Waline, *Traité Elementaire de Science et de Législation Financières*, 1952, pág. 25 e segs.

[1167] Em termos constitucionais previa-se (art. 17.º da Constituição de 27 de Outubro de 1946) que a Assembleia Nacional não podia apresentar propostas tendentes a aumentar despesas durante a discussão orçamental. Esta norma mantinha, desta forma, aberta a possibilidade de os parlamentares apresentarem iniciativas avulsas, durante o ano, ainda que com incidência nas despesas. Por outro lado, não se previa qualquer limitação ao nível das receitas. Para atenuar esta normação, os próprios parlamentares fizeram aprovar, no art. 68.º do Regimento parlamentar uma norma mais restritiva, limitando os poderes de emenda orçamental dos deputados aos casos em que estes visassem aumentar receitas ou diminuir despesas. Paul Amselek, *Le Budget de l'Etat sous la Ve République*, 1966, pág. 200.

[1168] Jean Petot, *De la Discussion Budgétaire Classique à L'Essai de Nouvelles Procédures*, 1958, pág. 320. Entre outras alterações impostas por este Decreto, no sentido das limitações dos poderes parlamentares, conta-se a eliminação do voto parlamentar dos capítulos. Léon Bertrand, *Le Controle Parlementaire des Finances Publiques*, 1963, pág. 10, chega mesmo a afirmar que a Lei Orgânica de 1959, relativa às Finanças Públicas, não é mais do que uma *segunda edição revista e corrigida* do Decreto de 1956. Na verdade, com o referido Decreto orgânico passaram a votar-se, segundo Cocatre-Zilgien, *Budget et Constitution*, 1958, pág. 340, apenas as grandes *massas orçamentais correspondentes às*

O Procedimento de Iniciativa e de Aprovação 561

Aqui chegados, pode já concluir-se que, no momento de redigir o texto constitucional de 1958, se encontrava mais ou menos sedimentada uma tradição limitativa dos poderes parlamentares em matéria orçamental, que, no fundo, não destoava da vontade do legislador constitucional da V^a república de estabelecer e aplicar um sistema de forte limitação dos poderes parlamentares, aqui encontrando, assim, o caldo propício para manifestar, finalmente, toda a sua eficácia[1169].

Não é pois de estranhar, neste contexto, o teor do art. 40.º da Constituição de 1958, cujo âmbito de acção, dirigindo-se indiferen-

---

grandes funções assumidas pelo Estado. Para além disso, o art. 58.º impedia a Assembleia Nacional de, no momento da discussão orçamental, aumentar, por sua iniciativa, as despesas ou diminuir as receitas propostas pelo Governo. O art. 10.º impunha idênticas e globais restrições ao poder parlamentar relativamente a iniciativas legislativas avulsas que contendessem com o Orçamento em vigor. Neste caso, admitia-se, porém, que uma redução de receitas fosse compensada com um aumento de outras receitas ou com redução de despesas, aceitando-se, igualmente, que um aumento de despesas fosse compensado com uma diminuição de outras despesas ou aumento de receitas, de forma a manter-se o equilíbrio. Esta possibilidade de compensações surge no seguimento da chamada *regra das "maxima"* que, antes de ser consagrada com carácter permanente, no art. 10.º do Decreto orgânico de 19 de Junho de 1956, vinha aparecendo, desde 1949, sucessivamente, no texto dos próprios Orçamentos, e cujo objectivo era, precisamente, o de impedir que as emendas apresentadas lograssem ultrapassar os máximos impostos pelo Governo. Jean Charbonnel, *Rapport d'Information sur la Recevabilité des Amendements*, 1971, pág. 6 e Pierre Lalumière, *Les Finances Publiques*, 1986, pág. 262.

[1169] Ainda assim, embora a generalidade da doutrina realce a natureza fortemente restritiva dos poderes dos parlamentares, nomeadamente ao nível da intervenção na definição da legislação orçamental, para Paul Amselek, *Le Budget de l'Etat et le Parlement sous la Ve République*, 1998, pág. 1457, *se a iniciativa orçamental do Parlamento é limitada, não deixa de ser limitada ao essencial. As Assembleias conservaram intacto, em definitivo, o seu papel originário de protecção dos contribuintes e do controlo da "necessidade da contribuição pública" que lhes foi reconhecido pelo art. 14 da Declaração Universal dos Direitos do Homem e do Cidadão de 1789. Elas podem reduzir as despesas projectadas pelo Governo, perseguir os gastos de desperdícios ou as más utilizações dos dinheiros públicos; podem recusar ou diminuir os aumentos de impostos que o executivo solicite, ou, ainda, proceder a melhoramentos ao sistema fiscal existente, mantendo-lhes o nível da tributação. Estes poderes revestem-se, no momento presente, de uma extrema importância. Numa altura em que o Estado Providência incha e se encontra ameaçado por uma apoplexia e no quadro dos novos rumos traçados pela União Europeia a hora actual não é mais de derrapagens demagógicas e de iniciativas de aumento de despesas publicas e de agravação da pressão fiscal ou do endividamento público e do deficit orçamental, mas de uma gestão rigorosa dos recursos públicos, desde logo limitados à estrita fiscalização do seu bom uso.* Em termos semelhantes, Alain Dupas, *Parliamentary Control of the Budget in France: A View from Inside the National* Assembly, 1976, pág. 123.

562 *A Lei por detrás do Orçamento*

ciadamente ao momento de discussão da proposta orçamental ou às iniciativas legislativas avulsas, acabou por absorver, pelo menos em parte, o teor do art. 42.º da Lei Orgânica 59-2, de 2 de Janeiro, relativa às leis de finanças[1170].

Com efeito, o bloco de constitucionalidade francês, cumulando as restrições do art. 40.º da Constituição, que embora mais amplas no seu espectro aplicativo são mais liberais na sua incidência, quando comparadas com as restrições previstas no art. 42.º da lei orgânica[1171], acabou por gerar uma teia de restrições aos poderes parlamentares, em sede de discussão e de aprovação da lei do Orçamento, e mesmo depois, cuja compreensão e racionalidade não são inteiramente satisfatórias[1172].

[1170] Paul Amselek, *Le Budget de l'Etat sous la Ve République*, 1966, pág. 214. Contra, considerando que o art. 40.º da Constituição apenas se aplica depois da aprovação do projecto orçamental, Michel Paul, *Les Finances de L'Etat*, 1981, pág. 291.

[1171] Sobre o âmbito de aplicação do art. 40.º da Constituição, veja-se, por todos, Jacques Barrot, *Article 40 de la Constitution*, 1994. Importa, no entanto, referir que a questão da admissibilidade de emendas parlamentares com incidência em matéria de receitas e de despesas se tornou, no contexto da Constituição de 1958, quase num tema "fetiche" para a doutrina francesa, sendo, porventura, o assunto mais debatido na literatura orçamental e parlamentar das últimas décadas. Esta questão suscitou mesmo a elaboração de longos relatórios parlamentares que se tornaram marcos de referência, seja na prática parlamentar, seja na discussão doutrinária. Os relatórios informativos (encomendados pela Comissão parlamentar de finanças da Assembleia Nacional) mais relevantes são de Jean Charbonnel (documento n.º 2064, anexo ao processo verbal da sessão de 10 de Novembro de 1971), de Robert-André Vivien, (documento n.º 1860, anexo ao processo verbal da sessão de 25 de Junho de 1980), de Christian Goux, (documento n.º 753, anexo ao processo verbal da sessão de 2 de Abril de 1982) e de Jacques Barrot, (documento n.º 1273, anexo ao processo verbal da sessão de 25 de Maio de 1994).

[1172] A nova Lei Orgânica n.º 2001-692, de 1 de Agosto de 2001 relativa às leis de finanças, que substitui a Lei Orgânica 59-2 de 2 de Janeiro de 1959, introduz algumas alterações neste domínio, simplificando as soluções normativas. Assim, o actual art. 42.º é substituído pelo art. 47.º, onde se esclarece que as previsões normativas dos artigos 34.º e 40.º da Constituição se referem às verbas organizadas em torno das missões, devendo todas as emendas *ser motivadas e acompanhadas dos desenvolvimentos dos meios que os justifiquem,* sob pena de serem inadmissíveis. Neste contexto, os deputados podem aprovar emendas que modifiquem as verbas no interior de uma mesma missão, aumentando um programa em detrimento de outro, desde que as verbas globais destinadas a cada uma das missões se mantenham inalteradas. Esta solução, que não foi rejeitada pelo Conselho Constitucional, tem sido saudada por todos os quadrantes, por permitir uma maior margem de manobra para os parlamentares, apesar de o Governo manter o controlo da distribuição das verbas em torno das várias missões, de acordo com a sua lista de prioridades. Sobre esta

O Procedimento de Iniciativa e de Aprovação

Na verdade, a lei orgânica 59-2, de 2 de Janeiro de 1959, ao contrário do texto constitucional, mais do que estabelecer excepções à iniciativa derivada parlamentar considerou a iniciativa parlamentar orçamental como uma excepção e não como regra[1173], estabelecendo, nos termos do art. 42.º, que, *nenhum artigo adicional, nenhuma emenda a um projecto de lei de finanças pode ser apresentado salvo se tiver por objectivo suprimir ou reduzir efectivamente uma despesa, criar ou aumentar uma receita ou assegurar o controlo das despesas públicas*[1174].

Neste domínio, crê-se que a questão central relativamente à análise dos limites de intervenção do Parlamento na discussão das receitas e das despesas orçamentais prende-se com a fixação do padrão de referência que há-de balizar a fronteira das emendas admissíveis

---

mudança substancial, Henri Emmanuelli, *Une forteresse à faire tomber,* 2001, pág. 77 e segs., Jean-Pierre Camby, *Droit Budgétaire et Droit Parlementaire,* 2002, pág. 30 e Fabrice Robert, *La rénovation des pouvoirs du Parlement,* 2001, pág. 84 e segs. No âmbito da nova lei orgânica, veja-se, ainda, Laly Chevalier, *Le pouvoir d'amendement dês parlementaires en matière financière au regard de la loi organique du 1er août 2001 relative aux lois de finances,* 2003, pag. 115 e segs.

[1173] Paul Amselek, *Le Budget de l'Etat sous la Ve République*, 1966, pág. 207 e segs. Para o referido autor, esta diferença de perspectiva explica-se pela vontade da Lei Orgânica limitar, desde logo, não só as iniciativas que visem pôr em causa o equilíbrio orçamental, tal qual apresentado pelo Governo, como, igualmente, impedir a introdução de cavaleiros orçamentais no texto da lei orçamental, assim protegendo um conteúdo orçamental mais ou menos puro. Christian Goux, *Rapport d'Information sur la Recevabilité Financière des Amendements,* 1982, pág. 69.

[1174] O último inciso do referido artigo afigura-se bastante restritivo, harmonizando-se, de resto, mal com a norma prevista no art. 1.º alínea 2) da mesma lei, não tendo sido por isso usado para fundamentar inadmissibilidades. Em termos jurisprudenciais, cumpre referir a decisão do Conselho Constitucional de 18 de Dezembro de 1964, que reconheceu a possibilidade de o Parlamento fazer incluir na lei de finanças, *medidas de controlo sobre a gestão das finanças públicas e sobre as contas dos estabelecimentos e empresas de capitais públicos.* Com esta decisão, alargou-se o âmbito da referida norma, substituindo-se o conceito de despesa pública, pelo conceito (mais amplo) de Finanças Públicas. Christian Goux, *Rapport d'Information sur la Recevabilité Financière des Amendements,* 1982, pág. 77 e segs., refere-se, por exemplo, à admissibilidade de emendas parlamentares que visem solicitar relatórios ao Governo sobre os envolvimentos financeiros do Estado nas empresas, desde que estes tenham uma relação próxima, senão com as despesas públicas, pelo menos com as finanças públicas, tendo, no entanto, sido declarados inadmissíveis outros pedidos de informação inseridos na lei de finanças, incidindo sobre a situação da radiotelevisão ou sobre o futuro dos porta-aviões e dos respectivos aviões militares.

564 A Lei por detrás do Orçamento

(*recevables*) face às restantes (*irrecevables*), sendo a busca dessa referência enquadrada, ela própria, por uma prática enraizada tendente a propiciar o máximo de amplitude ao (limitado) poder de emenda orçamental dos deputados[1175].

Assim, no domínio das despesas, e apesar da vigência da anualidade autorizativa, o padrão relevante para efeitos de verificação da admissibilidade das emendas parlamentares há-de fixar-se, em regra, face às propostas apresentadas pelo Governo, pelo que, no caso de a proposta do Governo implicar um aumento de despesas para o ano seguinte, as propostas parlamentares devem enquadrar-se, sempre, até ao limite do proposto pelo Governo, independentemente do valor aprovado no ano anterior[1176].

Pelo contrário, uma proposta orçamental do Governo de diminuição de despesas face ao ano anterior permitirá ao Parlamento assumir uma perspectiva divergente, desde que enquadrado nos limites do Direito em vigor, podendo, assim, apresentar emendas que tenham como objectivo manter o nível de despesas previsto no Orçamento do ano transacto, ou promover uma diminuição de despesas menos drástica do que aquela proposta pelo Governo[1177].

[1175] Jacques Barrot, *Article 40 de la Constitution*, 1994, pág. 38, considera que, *a fim de avaliar as implicações financeiras de uma emenda, o juiz da admissibilidade* (presidente da Comissão de Finanças) *pode, igualmente, tomar como base de referência as disposições do Direito proposto, geralmente, constituído pelo texto em discussão, se estas forem mais favoráveis à iniciativa parlamentar do que o Direito positivo existente.*

[1176] Esta situação não inviabiliza, totalmente, a possibilidade de os parlamentares aumentarem as despesas para lá da vontade do Governo, tendo como limite o nível de despesas do ano anterior. Na verdade, devido à técnica de votação do Orçamento, em primeiro lugar são aprovadas os *services votés* relativos às despesas renováveis do ano anterior e, só depois, se aprovam, como *measures nouvelles,* as alterações positivas ou negativas a essas verbas para o ano seguinte. Assim sendo, se o Parlamento rejeitar uma *measure nouvelle,* relativamente à qual se propunha uma diminuição de despesas, conseguirá a manutenção dos valores do ano anterior. Paul Amselek, *Le Budget de l'Etat sous la Ve République*, 1966, pág. 210; Jean Charbonnel, *Rapport d'Information sur la Recevabilité des Amendements*, 1971, pág. 27 e Michel Paul, *Les Finances de l' Etat,* 1981, pág. 296.

[1177] Christian Goux, *Rapport d'Information sur la Recevabilité Financière des Amendements*, 1982, pág. 96; Ministère de l'Économie, des Finances et de l'Industrie, *Le Budget de l'Etat*, 1999, pág.73 e Jacques Barrot, *Article 40 de la Constitution*, 1994, pág. 45. Para este autor, *no caso em que a solução proposta diminuiria uma despesa, a base de referência mais favorável à iniciativa parlamentar seria constituída pela solução em vigor,* pelo que serão aceites emendas parlamentares que impeçam o Governo de reduzir (tão drasticamente)

O Procedimento de Iniciativa e de Aprovação 565

Diferentemente se passam as coisas em matéria de receitas, onde, tendo em conta o tradicional poder parlamentar de aprovação dos tributos e a natureza tendencialmente contínua da legislação fiscal, (apesar da sua autorização orçamental anual) é o Direito existente que se assume como padrão aferidor da capacidade modificativa dos parlamentares, no caso de o Governo propor um aumento de receitas. Assim, permite-se ao órgão representativo modificar os valores previstos no projecto governativo, diminuindo as verbas apresentadas por este órgão até ao limite do previsto na lei fiscal em vigor no momento da discussão do novo texto orçamental[1178].

Pelo contrário, no caso de o Governo propor uma diminuição das receitas em vigor, o poder de emenda parlamentar passa a ter os valores desse projecto governativo como limite, sendo-lhe permitido aceitar uma economia menos drástica do que a sugerida pelo executivo, embora ainda represente uma diminuição de receitas face ao Direito existente.

As determinações previstas no art. 40.º da Constituição e no art. 42.º da Lei orgânica aplicam-se igualmente às propostas parlamentares complexas que se refiram simultaneamente a receitas e a despesas ou a várias receitas ou despesas, implicando um sistema de compensações mútuas para evitar alterar o equilíbrio orçamental proposto

---

uma despesa existente. Contra, Jean Charbonnel, *Rapport d'Information sur la Recevabilité des Amendements*, 1971, pág. 25. Na verdade, o autor considera que a comparação com o ano anterior pode induzir em erro. Com efeito, dada a anualidade orçamental das despesas, a comparação há-de ser feita com um valor virtual igual a zero. Assim, se o Governo propõe uma despesa de 1000, esse é o limite máximo que enquadra as possibilidades de emenda parlamentar, mesmo que no ano anterior tenha sido aprovada uma despesa de 1500 no mesmo domínio. De facto, ao aprovar uma despesa de 1200 o Parlamento não estaria a diminuir uma despesa face ao ano anterior, mas a aumentar uma despesa de zero para 1200. Neste mesmo sentido, que parece ser o correcto, Pierre di Malta, *Finances Publiques,* 1999, pág. 133, considera que a lei de finanças anual não pode servir de base de referência, precisamente devido à sua natureza anual, devendo o padrão de referência situar-se nos valores da proposta governamental.

[1178] O poder parlamentar em matéria tributária encontra-se, assim, apenas impedido de diminuir, em termos absolutos, o nível de tributação, não sendo, no entanto, obrigado a aumentar a pressão fiscal. Michel Paul, *Les Finances de l' Etat,* 1981, pág. 293. Visto de um outro prisma, conclui-se que o Parlamento, ao aprovar uma nova norma fiscal geradora de receitas, toma, em termos quantitativos, uma decisão irreversível já que não lhe vai ser mais possível, por sua iniciativa, diminuir a receita que criou.

566   *A Lei por detrás do Orçamento*

pelo Governo. Nestes termos, não é permitido aos parlamentares apresentarem propostas de modificação ao projecto governamental de Orçamento que tenham por consequência absoluta a diminuição de receitas ou o aumento de despesas, analisadas separadamente, ficando assim inviabilizada a possibilidade de se compensarem o aumento de umas com a diminuição de outras[1179].

Da mesma forma, também uma proposta parlamentar que visasse promover uma diminuição de uma despesa, compensando essa economia com o aumento de uma outra despesa, se afigura ilegítima[1180], já que a proibição de aumento de qualquer despesa (no singular[1181])

[1179] Na verdade, as propostas compensadas (*propositions gagées*) não deixam de provocar diminuição de receitas (compensadas com diminuição de despesas) ou aumento de despesas (compensadas com aumento de receitas), o que não é admitido, desde logo, por não ser igualmente admitido, em termos gerais, a afectação de determinadas receitas a certas despesas. Sobre esta questão, veja-se a decisão do Conselho Constitucional, de 12 de Março de 1963, em que estava em causa uma lei de reforma dos registos, do imposto de selo e da fiscalidade imobiliária. O Parlamento pretendia, depois de ter feito aprovar uma norma que levava a uma diminuição de receitas das colectividades locais a favor do Estado, fazer aprovar uma emenda em que se assegurava que estas seriam compensadas, integralmente, por essa perda de receita. O Conselho Constitucional considerou que, não vigorando a regra da afectação de receitas, a emenda parlamentar seria geradora de um aumento de despesas do Estado, mesmo que este, também tivesse um aumento de receitas por outra via. Jean Charbonnel, *Rapport d'Information sur la Recevabilité des Amendements*, 1971, pág. 29 e Christian Goux, *Rapport d'Information sur la Recevabilité Financière des Amendements*, 1982, pág. 62. Relativamente à afectação de receitas, veja-se a decisão do Conselho Constitucional, de 29 de Dezembro de 1978 e Christian Goux, *Rapport d'Information sur la Recevabilité Financière des Amendements*, 1982, pág. 88, referindo-se a uma inadmissibilidade relativa à criação de uma taxa sobre a publicidade televisiva que seria afecta a um novo fundo, simultaneamente criado, de apoio ao desenvolvimento das rádios locais privadas.

[1180] Igualmente ilegítima seria uma tentativa parlamentar de separar uma proposta governamental entrelaçada. Assim, se o Governo pretende eliminar uma despesa que beneficiava determinadas pessoas, substituindo-a pela criação de outra despesa que beneficia, igualmente, as mesmas pessoas, não pode o Parlamento aceitar a criação da nova despesa e opor-se à eliminação da anterior, assim fazendo com que determinadas pessoas beneficiassem duplamente. Jacques Barrot, *Article 40 de la Constitution*, 1994, pág. 48, refere-se a um caso em que o Governo pretendia suprimir determinadas despesas com bolsas de estudo, substituindo-as por uma nova despesa de ajuda à escolaridade. Neste caso, foi declarada inadmissível uma proposta de emenda que mantinha as bolsas de estudo e a nova ajuda à escolaridade.

[1181] No anteprojecto do texto usava-se o plural, o que parece indicar a intencionalidade da mudança operada.

O *Procedimento de Iniciativa e de Aprovação*

demonstra uma preocupação individualizada face aos valores de cada despesa em concreto, tal como propostos pelo Governo[1182], mais do que uma mera preocupação relativa ao equilíbrio orçamental, assim limitando em muito a participação parlamentar na definição da política de despesas do país[1183].

No domínio das receitas, pelo contrário, apenas são consideradas inadmissíveis as emendas parlamentares que visem a diminuição do valor global destas[1184], uma vez que a utilização do plural, em vez do singular, no texto da Constituição, merece ser tido em consideração, levando a admitir, muito frequentemente, a apresentação de propostas que, embora diminuam uma determinada receita, implicam o aumento de outra, de modo a não gerarem no seu conjunto previsivelmente, uma diminuição das receitas orçamentadas no ano transacto[1185].

[1182] Jacques Barrot, *Article 40 de la Constitution*, 1994, pág. 62 e segs e 104 e segs. Relativamente às propostas contendo compensações, o Conselho Constitucional, na decisão de 28 de Dezembro de 1985, considerou que seria inadmissível *qualquer iniciativa que se traduza num agravamento de uma despesa, seja ele compensado com a diminuição de outra despesa, ou com o aumento de receitas públicas.*

[1183] Christian Goux, *Rapport d'Information sur la Recevabilité Financière des Amendements*, 1982, pág. 63, reporta-se a um caso de uma emenda declarada inadmissível, em que se propunha que, em vez de se nacionalizarem 5 empresas na totalidade, apenas se adquirisse a maioria do capital social de cada uma delas, devendo essa opção estender-se, não às cinco empresas em causa, mas a oito, compensando-se o alargamento do número de empresas envolvidas com a diminuição do grau de nacionalização relativo a cada uma delas. Outra questão discutida é a de saber, com exactidão, quando é que se está a proceder a um reajustamento (*réaménagement*) dentro de uma mesma despesa e quando é que se está já a transferir verbas entre despesas. O autor refere-se ainda a um caso que se prendia com os valores das acções das empresas nacionalizadas, para efeitos de indemnização. Enquanto presidente da Comissão de Finanças, o autor considerou que os valores das acções não deveriam ser analisados caso a caso, empresa a empresa, mas antes em três grandes grupos, relativos a (i) sociedades industriais, (ii) bancos e (iii) sociedades financeiras. Assim sendo, dentro de cada um destes grupos tinham os deputados liberdade para emendarem os valores propostos pelo Governo relativamente aos critérios de cálculo, desde que, no final, as despesas relativas a cada grupo não resultassem superiores às propostas pelo Governo.

[1184] Para Jacques Barrot, *Article 40 de la Constitution*, 1994, pág. 51 a 61, para se estar perante uma diminuição de receitas geradora de uma decisão de inadmissibilidade a perda das receitas deve ser certa e directa, podendo ser, no entanto, eventual ou futura.

[1185] Refira-se, no entanto, que esta situação nunca é totalmente segura, já que o valor das receitas cobradas depende de uma multiplicidade de factores. Assim, por exemplo, relativamente às receitas fiscais não é só a base de incidência e a taxa que fixam o valor das

568   *A Lei por detrás do Orçamento*

É precisamente no que concerne à possibilidade de apresentação de propostas de compensação entre receitas que se encontra uma divergência entre o teor do art. 40.º da Constituição (referindo-se às receitas no plural), que admite a compensação, e o âmbito de aplicação do art. 42.º da lei orgânica (referindo-se às receitas no singular), que impede a diminuição de qualquer receita e, consequentemente, qualquer compensação. Perante esta divergência, a prática parlamentar levou a que o regime mais gravoso do art. 42.º da lei orgânica apenas seja aplicado às normas que devam constar, obrigatoriamente, da lei de finanças, já que não se deveria aplicar um regime jurídico não uniforme a matérias (como seja a legislação fiscal) que, podendo estar inseridas na lei do Orçamento, também pudessem ser aprovadas por legislação avulsa, assim fazendo depender o regime aplicável, não da matéria em causa, mas do veículo normativo utilizado[1186].

---

receitas cobradas, estando em causa muitas outras variáveis que não são directamente dependentes das propostas apresentadas pelos parlamentares. Assim, dificilmente se pode afirmar que a diminuição de uma receita irá ser compensada com o aumento equivalente de outra, não sendo, de resto, muito exigente a apreciação feita pela Comissão de Finanças, admitindo-se a indicação de aumentos de um determinado imposto (normalmente sobre o tabaco) sujeitos à *due concorrence* para compensar a descida de outros. Jean Charbonnel, *Rapport d'Information sur la Recevabilité des Amendements*, 1971, pág. 30 e Jacques Barrot, *Article 40 de la Constitution*, 1994, pág. 63. Diferentemente, são consideradas violadoras da norma-travão, tendo em conta o formalismo da apreciação, propostas de emenda que diminuam a base de incidência ou a taxa de um determinado imposto, ainda que possivelmente essas modificações não tivessem efeitos significativos ao nível da receita efectivamente cobrada, podendo eventualmente implicar até um aumento desta. Sobre os diversos modos de calcular as receitas, Martinez, di Malta, *Droit Budgétaire,* 1999, pág. 300 e segs.; O Conselho Constitucional, na decisão do Conselho Constitucional de 2 de Junho de 1976, lavrada a propósito da apreciação de uma norma do Regulamento do Senado, determinou que para a compensação entre receitas ser admissível é preciso (i) que a compensação seja real, (ii) que beneficie as mesmas colectividades ou organismos e (iii) que seja imediata. Desenvolvendo estes três critérios, Philippe Dautry, *L'Exercice du Pouvoir d'Initiative en Lois de Finances,* 1996, pág. 63 e segs e Christian Goux, *Rapport d'Information sur la Recevabilité Financière des Amendements,* 1982, pág. 27 e segs.

[1186] Jean Charbonnel, *Rapport d'Information sur la Recevabilité des Amendements,* 1971, pág. 41. Este autor refere ainda que o regime previsto na Lei Orgânica para as leis de finanças (art. 2.º número 3) e que prescreve que, *apenas as leis de finanças rectificativas podem, durante o ano em curso, modificar as disposições da lei de finanças anual,* somente se deve aplicar às normas que, obrigatoriamente, devam constar da lei de finanças e não a outras que, facultativamente, aí possam figurar. Assim sendo, considera que as matérias fiscais, mesmo se inseridas na lei do Orçamento, não gozam do regime associado a esta lei,

O *Procedimento de Iniciativa e de Aprovação* 569

Não obstante a apontada governamentalização do sistema constitucional francês, o certo é que, ao nível da análise da admissibilidade das propostas parlamentares de emenda ao projecto governativo de lei de finanças, tem-se vindo a sedimentar uma prática parlamentar que leva a apenas considerar inadmissível uma proposta parlamentar que reflicta os seus efeitos financeiros na receita ou na despesa de modo directo e não de modo meramente indirecto ou remoto[1187/1188],

---

podendo ser alteradas por iniciativa parlamentar, não estando sujeitas ao regime da lei orgânica. Esta solução encontra-se, agora, expressamente prevista no art. 35.º da nova Lei Orgânica n.º 2001-692, de 1 de Agosto de 2001, relativa às Leis de Finanças, que esclarece que as matérias que fazem parte do conteúdo eventual da lei de Finanças podem ser alteradas pela legislação ordinária sem necessidade de se recorrer a uma lei de finanças rectificativa, nem, tão pouco, a um prévio *déclassement* jurisprudencial. Sobre o assunto, veja-se, ainda, Michel Paul, *Les Finances de l' Etat,* 1981, pag 292 e André Paysant, *Finances Publiques,* 1997, pág. 175. Este autor afirma que, *o art. 42 não se aplica a não ser às disposições que não possam, juridicamente, figurar noutra lei que não seja uma lei de finanças.* Em termos jurisprudenciais a questão não foi sempre solucionada da mesma forma. Assim, o Conselho Constitucional, em decisão de 27 de Dezembro de 1973, não corroborou a interpretação de que o art. 42.º da lei orgânica de 1959 só se aplicava às matérias obrigatoriamente orçamentais, tendo declarado inconstitucional uma emenda a uma norma do Código Geral dos Impostos, por violação do art. 42.º da lei orgânica. Esta jurisprudência viria, no entanto, a ser alterada pela decisão de 30 de Dezembro de 1980. Para o Conselho Constitucional, *a inadmissibilidade prevista no art. 42 da Ordonnance de 2 de Janeiro de 1959 (...) responde às mesmas preocupações que o art. 40 da Constituição e não faz mais do que aplicar as suas disposições às matérias das leis de finanças.* O Conselho viria, ainda, a clarificar a sua posição na decisão n.º 83-164, de 29 de Dezembro de 1983 ao referir que as regras do art. 42.º da lei orgânica *não são obrigatórias a não ser em relação às matérias reservadas à competência exclusiva das leis de finanças.* Paul Marie Gaudemet e Joël Molinier, *Finances Publiques,* 1996, pag 270 referem-se à jurisprudência parlamentar, que tem aplicado restritivamente o art. 42.º da Lei Orgânica, como sendo uma jurisprudência *inteligente e respeitadora das prerrogativas fiscais tradicionais do Parlamento.* No mesmo sentido, Xavier Roques, *Les irrecevabilités financières (en dehors de l'article 40 de la Constitution),* 1993, pág. 743 e Christian Goux, *Rapport d'Information sur la Recevabilité Financière des Amendements,* 1982, pág. 22 e 69 e segs.

[1178] A Comissão de Finanças da Assembleia Nacional demorou, no entanto, alguns anos até se adaptar aos seus novos poderes de apreciação dos efeitos financeiros das propostas parlamentares, tendo-se pautado por um critério extremamente severo na primeira fase, a ponto de um deputado ter perguntado, em 28 de Maio de 1959, se seria declarada inadmissível uma proposta de abolição da pena de morte por ser mais barato executar os presos do que mantê-los toda a vida na prisão.

[1188] Esta solução tem vindo a ser perfilhado pelo Conselho Constitucional, que considerou, na Decisão de 23 de Julho de 1975, *que se o art. 40.º implica, no que respeita ao Parlamento, uma limitação aos princípios previstos no art. 39.º número 1 e 44.º número 1*

570 *A Lei por detrás do Orçamento*

adensando-se desta forma as dificuldades interpretativas e aplicativas nos casos de propostas de emenda parlamentar em que os reflexos orçamentais proibidos são meramente eventuais[1189], desvirtuantes[1190] ou contraditórios ao longo do tempo[1191].

da Constituição, tal ocorre com o objectivo de evitar que disposições particulares com incidência financeira directa possam ser votadas sem que sejam levadas em conta as consequências que daí pudessem resultar para a situação do conjunto das receitas públicas. Christian Goux, *Rapport d'Information sur la Recevabilité Financière des amendements*, 1982, pág. 60 e Jacques Barrot, *Article 40 de la Constitution*, 1994, pág. 94.

[1189] O exemplo típico desta situação prende-se com a prestação de garantias pelo Estado, que apenas constituirão uma despesa pública no caso de incumprimento do titular da obrigação garantida. Estas situações não têm sido apreciadas de modo análogo no Senado e na Assembleia Nacional. Assim, Jean Charbonnel, *Rapport d'Information sur la Recevabilité des Amendements*, 1971, pág. 35, fornece o exemplo de uma emenda parlamentar, aceite pelo Senado, que visava a concessão de avales do Estado a determinados empréstimos concedidos a Associações para criação de escolas. Pelo contrário, uma proposta parlamentar que previa a possibilidade de os particulares receberem juros no caso de atrasos ilícitos por parte da Administração na devolução de imposto indevidamente cobrado, foi declarada inadmissível por, potencialmente, gerar um aumento de despesa. Christian Goux, *Rapport d'Information sur la Recevabilité Financière des Amendements*, 1982, pág. 54. Este autor considera, relativamente às garantias, que o grau de probabilidade e o nível do risco envolvido podem estar na origem de uma posição mais tolerante face à admissibilidade das emendas, nomeadamente sempre que o Estado detenha algum tipo de influência (tutela, por exemplo) sobre o organismo cuja dívida se garante. No mesmo sentido, Jacques Barrot, *Article 40 de la Constitution*, 1994, pág. 97 e segs. O autor refere, no entanto, que, *afirmar que uma despesa deve ser certa* (para ser inadmissível) *não significa automaticamente que a sua realização o é. Mesmo se esta última for incerta, há criação de despesa desde que é certa a possibilidade da sua realização.*

[1190] Uma das técnicas usadas pelo parlamentares para maximizarem o poder de emenda orçamental passa por apresentar emendas que incidam sobre projectos complexos de reforma fiscal, emendando apenas uma parte da proposta, arriscando-se, assim, a retirar coerência ao projecto e, sob o pretexto de não diminuírem as receitas face ao Direito existente, acabarem por o fazer. O exemplo típico ocorre quando o Governo propõe determinados aumentos de impostos em articulação com diminuições de outros. Nesse caso, se o Parlamento se opõe aos aumentos, acabam por restar somente as diminuições, assim se provocando, ao arrepio da vontade governamental, uma diminuição global de receitas. Christian Goux, *Rapport d'Information sur la Recevabilité Financière des Amendements*, 1982, pág. 24.

[1191] Estão nesta situação as situações em que um aumento de despesas a curto prazo é, expectavelmente, compensado, ou até invertido, através da geração de receitas futuras ou de maiores diminuições de despesas, o que não tem sido considerado admissível, pela incerteza que tal apreciação poderia gerar. Por isso mesmo as propostas parlamentares de empréstimos têm sido consideradas como novas despesas para efeitos da sua inadmissibilidade. Reafirmando, contudo, que não existe uma jurisprudência estabilizada sobre esta questão, Jean Charbonnel, *Rapport d'Information sur la Recevabilité des Amendements*, 1971,

O *Procedimento de Iniciativa e de Aprovação* 571

Atendendo às limitações decorrentes do bloco de constitucionalidade francês, bem como às dificuldades auto-impostas pela comissão de finanças da Assembleia Nacional, os deputados têm procurado obter os seus intentos de modificação das opções político-orçamentais do Governo evitando cair na alçada da inconstitucionalidade e da inadmissibilidade parlamentar. Desta forma, desenvolveu-se a técnica de proceder à apresentação de propostas parlamentares que não têm directa e obrigatoriamente por efeito a violação das restrições previstas no texto constitucional ou na lei orgânica, antes endossando ao Governo a obrigação de promover as alterações legislativas[1192].

Para alcançar esse objectivo é comum tentar fazer aprovar resoluções ou emendas legislativas, com injunções, meros convites, sugestões ou simples recomendações ao Governo, para que este órgão promova as alterações que o Parlamento directamente não pode aprovar[1193]. Não obstante a falta de vinculatividade jurídica de que

---

pág.34 e Christian Goux, *Rapport d'Information sur la Recevabilité Financière des Amendements*, 1982, pág. 55. Este autor invoca a decisão do Conselho Constitucional, de 16 de Janeiro de 1982, que não considerou inconstitucionais as declarações de inadmissibilidade relativas às indemnizações por nacionalização. Estava em causa uma emenda que propunha um pagamento imediato das indemnizações, em vez do seu pagamento faseado, invocando que este acréscimo de despesa resultaria a longo prazo numa poupança por se evitar o pagamento dos juros. Sobre o assunto, veja-se, ainda, Jacques Barrot, *Article 40 de la Constitution*, 1994, pág. 96 que, em casos análogos, justificou a inadmissibilidade de aumentos de despesa temporários com o *custo de tesouraria* que implicavam a curto prazo.

[1192] Segundo Jacques Barrot, *Article 40 de la Constitution*, 1994, pág. 101, estas medidas são vulgarmente apelidadas de *"obrigações" políticas de gastar*. Igualmente comum na prática parlamentar é a situação em que os parlamentares, conscientes da inadmissibilidade de uma proposta que diminua uma despesa para acrescentar outra, apenas propõem a primeira parte desta operação complexa, fazendo todavia apelo, na exposição de motivos, ao facto de se considerar oportuno que o Governo utilize a economia assim gerada na criação ou reforço de determinada despesa. Este tipo de propostas não têm sido declaradas inadmissíveis, ficando na livre discricionariedade do Governo dar-lhes a sequência que entender. Christian Goux, *Rapport d'Information sur la Recevabilité Financière des Amendements*, 1982, pág. 75.

[1193] Christian Goux, *Rapport d'Information sur la Recevabilité Financière des Amendements*, 1982, pág. 56. Para Jacques Barrot, *Article 40 de la Constitution*, 1994, pág. 101, *o anúncio de despesas num texto legislativo, mesmo de natureza jurídica limitada, implica, pelo menos, um compromisso, uma obrigação política para o Governo de proceder nesse sentido. A realização de tais despesas não sendo, sem dúvida, certa, torna-se, no entanto, mais provável do que seria se estas não tivessem sido mencionadas, o que justifica, plenamente, que lhe seja aplicado o art. 40.º.*

572 A Lei por detrás do Orçamento

estas tentativas de orientar a actuação governativa gozam, o certo é que o Conselho Constitucional considerou que o art. 40.º da Constituição deveria enquadrar a totalidade das intervenções parlamentares que visassem aumentar despesas ou diminuir receitas, sendo que, não estando este tipo de iniciativas aí previstas, estas não escapavam, pela sua heterodoxia, ao crivo da inconstitucionalidade[1194].

Assim, para o Conselho Constitucional, a aprovação de resoluções impondo ou convidando o Governo a tomar determinadas iniciativas legislativas seria *contrária às disposições da Constituição que, no seu art. 20.º, ao confiar ao Governo a determinação e a condução da política da Nação não prevê a colocação em causa da responsabilidade do Governo fora das condições e de acordo com os procedimentos fixados nos artigos 49 e 50*[1195/1196].

O sistema jurídico-constitucional francês, tal como se acabou de descrever, é mais restrito do que o modelo que vigora em Portugal,

---

[1194] Jacques Barrot, *Article 40 de la Constitution*, 1994, pág. 101.

[1195] Decisão do Conselho Constitucional de 17, 18 e 24 de Junho de 1959 e decisão de 24 e 25 de Junho de 1959. Jean Charbonnel, *Rapport d'Information sur la Recevabilité des Amendements*, 1971, pág. 35. Estavam em causa algumas normas do Regulamento da Assembleia Nacional (na primeira decisão) e do Senado (na segunda decisão) que permitiam aos parlamentares aprovar Resoluções sugerindo ao Governo o aumento de despesas ou a diminuição de receitas. No mesmo sentido, veja-se a decisão de 30 de Dezembro de 1970 e a decisão de 28 de Dezembro de 1976. Nesta última, estava em causa um artigo da Lei de finanças para 1977, no qual se previa que o Governo deveria, antes do final do ano, apresentar um projecto de lei para completar, nos termos de determinadas condições, as medidas aprovadas na Lei do Orçamento. O Conselho Constitucional considerou que *uma tal disposição não encontra base jurídica, nem no art. 34, nem em qualquer das outras disposições da Constituição, estando, para além do mais, em contradição com o direito de iniciativa geral conferido ao Primeiro-Ministro, pelo art. 39 da Constituição.*

[1196] Os parlamentares podem sugerir ao Governo o aumento de despesas ou a diminuição de receitas sempre que tal possa ser conseguido através do exercício do poder regulamentar. Refira-se, a este propósito, que no caso de o Parlamento pretender aprovar, através da lei do Orçamento, matérias que relevam do domínio regulamentar, pode o Governo, imediatamente ou após a aprovação da norma legal, suscitar a apreciação da natureza jurídica desta perante o Conselho Constitucional, nos termos do art. 37.º número 2 ou do art. 41.º da Constituição. (Conselho Constitucional, decisão de 11 de Agosto de 1960 e decisão de 9 de Setembro de 1961). O Governo, depois de obter do Conselho Constitucional a declaração de que a referida norma releva do domínio regulamentar (*déclassement*) pode, por acto regulamentar, revogá-la ou modificá-la (decisão do Conselho Constitucional de 29 de Janeiro de 1960, decisão de 22 de Dezembro de 1961, decisão de 7 de Julho de 1963 e decisão de 30 de Julho de 1963).

O Procedimento de Iniciativa e de Aprovação 573

não só ao nível da sua aplicação e âmbito material, como, igualmente, relativamente ao momento da sua aplicação. Com efeito, o sistema Francês impede qualquer intervenção parlamentar que vise aumentar despesas ou diminuir receitas, mesmo que essa incidência financeira não tenha reflexos no ano orçamental em curso, mas apenas venha a incidir em anos orçamentais futuros[1197].

Esta solução, parcialmente original em sede de direito comparado[1198], justifica-se, no entanto, no contexto do ordenamento jurídico Francês, já que, vigorando, ao contrário do que sucede em Portugal, a *lei-travão*, também durante a discussão da proposta de lei do Orçamento, uma proposta de lei parlamentar que gerasse determinadas despesas só veria serem-lhe consagradas verbas orçamentais para a sua execução no caso de o Governo promover essa inscrição, já que o Parlamento não o poderia fazer em sede de emenda à proposta orçamental do Governo sem evitar que a sua proposta fosse considerada inadmissível.

Por outro lado, seria também ilegítimo que o Governo, com a sua inércia, impedisse a execução de leis aprovadas parlamentarmente, pelo que estaria este órgão obrigado a promover a orçamentação das verbas necessárias solicitadas pela lei parlamentar[1199], desta forma permitindo que o Parlamento, fazendo diferir a entrada em vigor da legislação geradora de despesas para o ano seguinte, ultrapassasse os obstáculos constitucionais que impedem os parlamentares de aumentarem a despesa ou diminuírem a receita do Estado.

Por isso mesmo, o art. 40.º da Constituição tem um âmbito de aplicação alargado, não só a propostas parlamentares apresentadas

---

[1197] Paul Amselek, *Le Budget de l'Etat sous la Ve République*, 1966, pág. 214 e Michel Paul, *Les Finances de L´Etat,* 1981, pág. 290. Veja-se a decisão de 20 de Janeiro de 1961, do Conselho Constitucional, onde este órgão considerou que algumas emendas parlamentares à lei sobre os subsídios de doença, maternidade e invalidez dos trabalhadores agrícolas implicavam um aumento das despesas, por criarem novas categorias de beneficiários daquele particular regime de segurança social, sendo assim declaradas inconstitucionais por violação do art. 40.º. Jacques Barrot, *Article 40 de la Constitution*, 1994, pág. 96, considera que, *a criação de uma despesa futura deve, normalmente, incorrer na inadmissibilidade nos mesmos termos que uma despesa presente.*

[1198] Em termos não totalmente coincidentes, veja-se o art. 81.º número 4 da Constituição Italiana ao referir que, *qualquer outra lei* (com excepção da lei de aprovação do Orçamento) *que implique novas ou maiores despesas deve indicar os meios para lhes fazer frente.*

[1199] Decisão do Conselho Constitucional de 17, 18, 24 e 25 de Junho de 1959.

A Lei por detrás do Orçamento

no momento da discussão da lei de finanças, como a qualquer proposta parlamentar que tenha por efeito a necessidade de orçamentar verbas acrescidas, ou que implique um decréscimo orçamental ao nível das receitas, sendo que, ao contrário do que se passa no caso de emendas ao projecto de lei orçamental, nas iniciativas legislativas avulsas o padrão de referência aferidor da legitimidade das propostas parlamentares é calculado face aos valores em vigor na lei do Orçamento do ano económico em curso, que representa, assim, a situação do Direito existente[1200].

Escapando as propostas parlamentares avulsas, com reflexos na receita ou na despesa, ao âmbito de aplicação da lei orgânica relativa às Finanças Públicas, não são ilegítimas as propostas compensadas que, por esse motivo, mantenham inalterado o nível global de receita prevista na lei de finanças, embora seja difícil de equacionar a sua efectividade prática. Com efeito, no caso de propostas de emenda a leis de finanças rectificativas, estas têm o seu âmbito de aplicação delimitado pelo projecto do Governo, apenas podendo incidir sobre os artigos que este vise alterar[1201] e, no caso de iniciativas legislativas avulsas, será pouco provável que a mesma iniciativa legislativa contemple margem para a introdução de emendas parlamentares compensando uma diminuição de uma receita com o aumento de outra[1202/1203].

[1200] Michel Paul, *Les Finances de L'Etat,* 1981, pág. 290.

[1201] Art. 98.º número 4 do Regimento da Assembleia Nacional.

[1202] Michel Paul, *les Finances de L'Etat,* 1981, pág. 290. Esta possibilidade foi, no entanto, já expressamente admitida pelo Conselho Constitucional, na decisão de 23 de Julho de 1975, no seguimento da decisão do Conselho Constitucional de 12 de Marco de 1962. No caso de uma proposta de alteração de legislação fiscal da iniciativa parlamentar, também a sua aplicabilidade imediata está dependente da aprovação de alteração à lei do Orçamento em vigor, o que depende de iniciativa governativa que, assim, poderá adiar a orçamentação até à discussão orçamental do ano seguinte. Com efeito, para Louis Favoreau e Loïc Philip, *Les Grandes Décisions du Conseil Constitutionnel,* 1999, pág. 413, *uma lei criando ou modificando um imposto não pode produzir os seus efeitos antes do depósito da lei de finanças que consagrará as incidências dessa lei no equilíbrio do Orçamento.*

[1203] O Conselho Constitucional tem, de resto, através da sua jurisprudência, sancionado positivamente a interpretação governamental da aplicação do art. 40.º da Constituição. Assim, na decisão de 23 de Julho de 1975 estava em causa uma situação em que o Governo tinha feito aprovar um projecto de lei no qual se suprimia uma determinada taxa (*patente*), criando-se uma taxa profissional. O valor desta taxa era encontrado pela multiplicação de uma base que seria fixada por lei, por uma outra taxa que seria fixada pelo conselho municipal da comuna ou pelo conselho geral do departamento. A intervenção do

O *Procedimento de Iniciativa e de Aprovação*

Em conclusão, pode considerar-se que a Constituição deixa, apenas entreaberta uma estreitíssima porta que permite (ainda) ao Parlamento entrar na discussão de assuntos financeiros com inevitável reflexo orçamental[1204]. Na verdade, embora na letra da Constituição se mantenha inalterada a competência parlamentar de aprovação da lei de finanças, as restrições à discussão parlamentar, declarando à partida inadmissíveis propostas que poderiam vir ser reprovadas no final de um debate contraditório[1205] são de tal maneira elevadas e os limites aos poderes de emenda tão severos, que se pode dizer, sem risco de exagero, que os poderes parlamentares no domínio orçamental se afiguram em França, no contexto da constituição de 1958, em enorme medida meramente formais[1206].

Conselho Constitucional foi solicitada por ter sido recusado aos parlamentares a aprovação de uma emenda que visava diminuir o valor da base que entrava para o cálculo da referida taxa. Na opinião dos deputados estava em causa um imposto novo, pelo que não seriam de aplicar as restrições do art. 40.º, já que não se diminuíam quaisquer receitas existentes. Por outro lado, ao diminuir-se o valor da base não se promovia, definitivamente, qualquer diminuição de receitas, já que sempre podiam os órgãos competentes das comunas ou departamentos aprovar uma taxa mais elevada, assim compensando a diminuição do valor da base. Esta argumentação dos parlamentares foi rejeitada pelo Conselho Constitucional que considerou que a taxa profissional substituía a anterior taxa, pelo que a proposta parlamentar promovia uma diminuição de receitas orçamentais, sendo assim constitucional a sua inadmissibilidade.

[1204] De acordo com Philippe Dautry, *L'Exercice du pouvoir d'initiative en lois de finances,* 1996, pág. 65, durante a sessão parlamentar de 1994-95 apenas 10% das propostas de emendas à lei de finanças foram declaradas admissíveis.

[1205] Guy Carcassonne, *Rapport du groupe de travail sur l'efficacité de la dépense publique et le contrôle parlementaire,* 1999, pág. 47, refere, pertinentemente, que o problema da rigidez do art. 40.º da Constituição, ao impedir compensações de despesas e ao fundamentar outras inadmissibilidades, não está tanto na proibição do voto, como na eliminação do debate. Na verdade, a grande limitação decorre do facto de não se permitir, sequer a apresentação de soluções alternativas que demonstrem publicamente a existência de diversas opções financeiras que poderiam ser tomadas se outra fosse a vontade política e a maioria parlamentar. O autor refere-se ainda à prática do Senado que permite a discussão de propostas inadmissíveis, não as colocando, no entanto, à votação. Considerando, igualmente, que a discussão orçamental releva, cada vez mais, da possibilidade de se debaterem os temas financeiros, assim se apresentando à opinião pública as várias opções governativas nesse domínio, Pierre Lalumière, *Les Finances Publiques,* 1986, pág. 257.

[1206] Não admira, por isso, que a oposição vá desenvolvendo pequenas técnicas de resistência que passam pelas negociações com o Governo. Para além da técnica de rejeitar todo um título de modo a conseguir a manutenção das despesas no montante do ano anterior, evitando as poupanças propostas pelo Governo, existe, ainda, uma outra técnica

576 *A Lei por detrás do Orçamento*

Perante um cenário de clara supremacia governamental relativa ao universo orçamental, parece bem reduzida, apesar de ter sido saudada como uma conquista parlamentar de enorme relevo, a introdução do debate de orientação orçamental, que, depois de uma primeira experiência em 1990, se institucionalizou a partir de 1996. Na verdade, este debate foi pela primeira vez ensaiado em 1990, tendo sido anunciado como *uma grande estreia na história parlamentar*[1207], não tendo tido seguimento até Maio de 1996[1208]. O objectivo destes debates consiste em promover uma primeira discussão parlamentar sobre as prioridades orçamentais, que esteja na base da elaboração do Orçamento por parte do Governo, já que a intervenção parlamentar, no momento da apresentação do Orçamento, surge numa fase tardia, em que não são já permitidas mais do que umas alterações simbólicas e formais[1209/1210].

---

que consiste em, querendo aumentar uma despesa (vontade inadmissível), aprovar, precisamente, uma redução da mesma, seja em termos simbólicos, seja em termos efectivos, assim chamando a atenção do Governo e "obrigando-o" a negociar ou a ceder. O art. 42.º da lei orgânica de 1959 tenta evitar tal técnica, sem grande sucesso prático, referindo que as emendas devem ter por objectivo *suprimir ou reduzir efectivamente uma despesa*. Sobre os vários indícios utilizados pela Comissão de Finanças de modo a indagar se se está perante uma redução indicativa ou efectiva, Christian Goux, *Rapport d'Information sur la Recevabilité Financière des Amendements*, 1982, pág. 74 e segs.

[1207] Michel Charasse, então ministro do Orçamento, Assembleia Nacional, *L'assemblée nationale et les lois de finances*, 2000, pág. 24.

[1208] Ministère de l'Économie, des Finances et de l'Industrie, *Le Budget de l'Etat*, 1999, pág. 51.

[1209] Michel Bouvier, Marie-Christine Esclassan e Jean-Pierre Lassale, *Finances Publiques*, 2000, pág. 297. Estes autores não deixam de considerar que esta espécie de consulta ao Parlamento tem objectivos políticos, tentando associar o Parlamento ao projecto a apresentar, de molde a evitar futuras críticas da oposição no momento da discussão do projecto final.

[1210] Este debate encontra-se, actualmente, institucionalizado, constando do art. 48.º da nova Lei Orgânica n.º 2001-692, de 1 de Agosto de 2001, relativa às Finanças Públicas. Cyrille Chatail, *Finances Publiques*, 2000, pág. 61. Note-se que no debate de orientação orçamental de 20 de Maio de 2000, foi mesmo apresentado pelo Ministro das Finanças e do Orçamento um pacote de 12 medidas tendentes a melhorar a informação orçamental do Parlamento e a sinceridade das contas públicas, apelidada de *glasnost orçamental*. Numa visão menos entusiástica, Roger Chinaud, *Loi de finances: quelle marge de manoeuvre pour le Parlement*, 1993, pág. 99 e segs.. De acordo com a nova lei orgânica francesa, n.º 2001-692, de 1 de Agosto de 2001, relativa às Leis de Finanças, o Governo deverá, no decurso do último trimestre da sessão parlamentar, comunicar, no debate de orientação

O *Procedimento de Iniciativa e de Aprovação* 577

Qualquer modificação do sistema francês no sentido de conferir maiores poderes aos parlamentares tem, no entanto, sempre de ser entendida no contexto do sistema de governo vigente. Com efeito, a dupla legitimidade governamental, simultaneamente perante a maioria parlamentar e o Presidente da República, leva a que, nas vezes em que o pêndulo se dirige preferencialmente para uma maior aproximação entre Governo e Presidente, se tornem mais visíveis algumas fracturas entre o Governo e a sua própria maioria parlamentar, que se evidenciam, também, ao nível da discussão e aprovação do projecto de lei de finanças.

A Constituição de 1958, sob o pretexto de estar a racionalizar o parlamentarismo conferiu ao Governo uma parafernália de poderes[1211] que lhe permitem relacionar-se com o Parlamento em termos de ampla supremacia, sendo a aprovação da lei anual de finanças porventura o campo de utilização privilegiado do uso desses poderes, assim se evitando a apresentação, a aprovação e até o debate de propostas parlamentares potencialmente sedutoras para o eleitorado, mas consideradas desvirtuadoras da proposta governativa[1212].

Com efeito, o Governo tem usado, com bastante frequência, não somente o recurso ao *voto bloqueado*[1213], como a colocação da *questão*

---

orçamental, a lista das missões e dos programas que pretende apresentar na proposta orçamental do ano seguinte. O debate de orientação orçamental passa, também, a servir como um primeiro "ajuste de contas" parlamentar relativo à execução do ano anterior e antes da apresentação e aprovação da Conta Geral do Estado (*loi de réglement*). Por isso mesmo deve juntar-se ao relatório apresentado pelo Governo relativo às orientações para o ano seguinte, um relatório preliminar do Tribunal de Contas relativo aos resultados da execução orçamental do ano anterior. Sobre esta questão, Sophie Mahieux, *La Loi organique relative aux lois de finances du 1er août 2001*, 2001, pág. 39 e segs.

[1211] Refira-se que o próprio Ministère de l'Économie, des Finances et de l'Industrie, *Le Budget de l'Etat*, 1999, pág. 66 se refere ao *arsenal jurídico* de que o Governo dispõe para lograr fazer aprovar o Orçamento antes do final do ano.

[1212] Sobre os limitados poderes da Oposição parlamentar durante o debate da proposta de lei do Orçamento, Robert Etien, *La participation de l'opposition au débat budgétaire*, 1984, pág. 247 e segs.

[1213] Art. 44.º número 3 da Constituição. De acordo com esta norma, *se o Governo o requerer, a Assembleia reunida pronuncia-se por um só voto sobre a totalidade ou parte do texto em discussão, apenas se mantendo as emendas propostas ou aceites pelo Governo*. Inspirado na técnica inglesa da guilhotina, este método foi admitido pela decisão do Conselho Constitucional de 15 de Janeiro de 1960, onde se refere que a utilização desta prerrogativa não impede a discussão parlamentar do teor da lei de Finanças. Martinez, di Malta, *Droit Budgétaire*, 1999, pág. 421.

578 A Lei por detrás do Orçamento

de confiança[1214/1215] que impede a própria votação das propostas governativas, havendo assim uma virtual aprovação parlamentar no caso de o Parlamento não pretender, ou não conseguir, derrubar o Governo através da apresentação de uma moção de censura[1216]. Mediante o recurso ao *voto bloqueado* o Governo tem conseguido, bastas vezes, rejeitar, em bloco, todo um conjunto de emendas que já foram discutidas e até aprovadas parlamentarmente, no seguimento de por vezes prolongados e acesos debates[1217], o que naturalmente indigna a oposição parlamentar. Na verdade, independentemente das votações ou dos acordos já havidos, o voto bloqueado incide sobre a totalidade do texto, apenas com as emendas que o Governo declare aceitar[1218], sendo a discussão da proposta de lei orçamental o seu palco de acção privilegiado[1219], num modo de actuar que já foi qualificado pela doutrina como *indigno das relações que deveriam reinar entre o Governo e uma assembleia parlamentar*[1220].

[1214] Art. 49.º número 3 da Constituição. De acordo com esta norma, *o Primeiro-Ministro pode, depois de deliberação do Conselho de Ministros, colocar a responsabilidade do Governo perante a Assembleia Nacional em relação ao voto de um texto. Nesse caso, esse texto considera-se adoptado salvo se uma moção de censura, apresentada nas vinte e quatro horas seguintes, for votada.*

[1215] Assembleia Nacional, *L'assemblée nationale et les lois de finances*, 2000, pág. 95, denomina este tipo de instrumentos de *armas clássicas.*

[1216] O Governo pode ainda impor a convocação de uma comissão mista paritária para resolver diferendos entre as duas Câmaras, sendo que, em caso de impasse, prevalece o entendimento da Assembleia Nacional (onde o Governo goza de maioria), desta forma curto-circuitando o poder de oposição do Senado. Paul Amselek, *Le Budget de l'Etat sous la Ve République*, 1966, pág. 443 e Pierre Devolvé e Henry Lesguillons, *Le Contrôle Parlementaire sur la Politique Économique et Budgétaire*, 1964, pág. 176 e segs.

[1217] Guy Carcassonne, *Rapport du groupe de travail sur l'efficacité de la dépense publique et le contrôle parlementaire*, 1999, pág. 49. Segundo este autor, *discute-se durante dias, noites, semanas, sobre esta ou aquela emenda e em alguns minutos tudo é posto em causa: segunda deliberação, artigo 44/3, aqui está a lista das emendas que o Governo aceita, é pegar ou largar e naturalmente é pegar por causa da disciplina da maioria.*

[1218] Pierre Lalumière, *Les Finances Publiques,* 1986, pag 270.

[1219] Segundo Martinez, di Malta, *Droit Budgétaire,* 1999, pág. 422, entre os anos de 1958 e de 1999 todas as leis de finanças, com excepção das de 1961 e 1980, foram adoptadas mediante a utilização deste expediente.

[1220] Pierre di Malta, *Finances Publiques,* 1999, pág. 160. O autor considera que este tipo de *package deal* é mais próprio do mundo dos negócios do que das relações institucionais entre órgãos de soberania.

4. O exemplo da Espanha

O modo como a Constituição Espanhola de 1978 elencou os limites ao poder de intervenção dos deputados em matéria orçamental é bem ilustrativo da multiplicidade de compromissos a que o projecto constitucional esteve sujeito, vigorando actualmente um conjunto normativo equívoco que tem, por isso mesmo, suscitado diversas criticas e sido objecto de aplicações não uniformes por parte da jurisprudência, da doutrina e da prática parlamentar. Com efeito, não se discutindo a existência da iniciativa reservada do Governo em matéria de elaboração do projecto orçamental[1221], é antes ao nível da densificação do âmbito temporal e material do poder de emenda dos parlamentares que se potenciam os conflitos institucionais entre o Governo e o Parlamento[1222].

Na verdade, as normas constitucionais relativas aos limites das competências parlamentares em matéria orçamental sofreram um atribulado procedimento aprovatório, desde a versão inicial até à versão final presente no texto constitucional, o que lhes comprometeu irremediavelmente a lógica inicial, prestando-se a interpretações divergentes, que têm evitado qualquer consenso doutrinal. Assim, de acordo com o número 5 do art. 134.º da Constituição de Espanha, estabelece-se que, *aprovado o Orçamento, o Governo poderá apresentar projectos de lei que impliquem aumento da despesa pública ou diminuição das receitas correspondentes ao mesmo exercício orçamental*, acrescentando-se, no n.º 6 do mesmo artigo, que, *toda a proposta ou emenda que suponha aumento dos créditos ou diminui-*

[1221] Piedad García-Escudero Márquez, *La Iniciativa Legislativa del Gobierno*, 2000, pág. 117 e segs.

[1222] Jose Manuel Serrano Alberca, *La iniciativa legislativa en materia financiera: conflictos entre el Gobierno y el Parlamento*, 1983, pág. 113 e segs. Para um resumo sobre o procedimento legislativo da lei do Orçamento, González del Campo, *Las Leyes de Presupuestos en la Constitución Española de 1978: Configuración Constitucional y Limites Materiales*, 1995, pág. 392-393. Considerando que o domínio orçamental se desenvolve *na tensão entre "conflito" e "cooperação" dos poderes que intervêm na sua formação*, Martinez Lago, *Los límites a la iniciativa de las Cortes Generales en materia presupuestaria*, 1990, pág. 28.

ção das receitas orçamentais requererá a conformidade do Governo para a sua tramitação[1223/1224].

A principal fonte de divergências interpretativas resulta da incerteza quanto ao momento temporal em que as limitações ao poder de intervenção parlamentar devem ocorrer. Com efeito, se é claro que o

---

[1223] Estas normas têm como antecedente próximo a Lei Orgânica do Estado, de 10 de Janeiro de 1967 (vigente durante o Franquismo), que continha, no art. 54.º, norma semelhante à que foi incluída no Anteprojecto de Constituição de 1978 e que, com algumas alterações, acabou por se incluir, embora dividida, no art. 134.º números 5 e 6 da Constituição. O art. 108.º da Constituição de 1931 previa, por sua vez, diferentemente, que as Cortes não podiam apresentar emendas à proposta orçamental que implicassem aumentos de despesas, a não ser que fossem propostas por um décimo dos deputados e aprovadas pela maioria absoluta dos parlamentares. A obrigatoriedade de colher a aceitação governamental, no caso de propostas que aumentem despesas, já vinha prevista, porém, ainda antes da Lei Orgânica de 1967, no Regulamento do Congresso dos Deputados, de 24 de Maio de 1918, onde se aplicava (ao contrário do que se viria a passar com a Lei Orgânica de 1967), também durante a discussão da proposta orçamental. Já a necessidade de apresentar emendas construtivas decorria do Regulamento das Cortes de 1971. A inovação vigente no sistema actual decorre da cumulação entre emendas construtivas e necessidade de aceitação do Governo, que, não sendo exigida expressamente, nem pela Constituição, nem pelo Regulamento Parlamentar, é seguida na prática parlamentar, apesar da generalidade das críticas da doutrina.

[1224] No texto do projecto de Constituição utilizava-se o vocábulo *gasto,* tendo este sido substituído por *crédito* na Comissão de assuntos constitucionais do Congresso. Tal alteração, pretendendo porventura melhorar a qualidade técnica da expressão, foi objecto de críticas por Perez Jimenez, *Las limitaciones a la iniciativa legislativa financiera,* 1981, pág. 142 e segs., já que a expressão *créditos* refere-se aos créditos orçamentais que (apenas) poderão ser alterados por uma alteração da lei orçamental e não por qualquer lei que tenha reflexos sobre a despesa. Acontece que uma lei pode implicar um aumento de despesa mas, mesmo assim, não implicar a necessidade de se aumentarem os créditos orçamentais. Neste caso, parece que não seria necessário o consentimento do Governo para a aprovação da referida proposta de lei ou de emenda. Para este autor (pág. 144), perante uma proposta de lei que visasse aumentar as despesas do Estado, era o Governo que teria de demonstrar que não tinha disponibilidade orçamental para, no ano económico em curso, cumprir essa despesa, por as verbas em causa já se encontrarem totalmente afectas a outras obrigações legais ou contratuais não discricionárias. No mesmo sentido, Montejo Velilla, *Las iniciativas legislativas com repercusión presupuestaria. Algunas reflexiones sobre los apartados 5 y 6 del articulo 134 de la Constitución Española de 1978,* 1994, pág. 393. Para o autor, *corresponderia ao Governo o dever de alegar a desconformidade da proposta parlamentar, demonstrando, fundamentadamente, que a verba em causa era insuficiente para atender aos compromissos decorrentes da iniciativa parlamentar em causa.* O ónus da prova, relativamente ao facto de as novas despesas não poderem ser suportadas com os créditos orçamentados, passaria, assim, para o Governo, em vez de se presumir que qualquer aumento de despesas implica necessariamente um aumento correspondente da receita orçamentada.

número 5 do art. 134.º se aplica (apenas) depois de aprovado o Orçamento, já não resulta, totalmente, clara a questão de saber se a conformidade do Governo (por vezes apelidada de veto orçamental[1225]) prevista no n.º 6 do mesmo artigo (também) só deverá ser exigida depois da aprovação do Orçamento, no momento em que estejam em causa modificações do Orçamento ou iniciativas legislativas avulsas apresentadas durante o ano económico e que, pela sua implicação financeira, importem alterações ao mapa das receitas e das despesas tal qual aprovado orçamentalmente.

Na verdade, o texto do projecto de Constituição era bastante mais claro, já que num só normativo afastava a aplicação de qualquer regra-travão dos poderes de iniciativa parlamentar no momento de discussão da proposta orçamental, ao prever que, *aprovado o Orçamento, o Governo poderá apresentar projectos de lei que impliquem aumento de despesa ou diminuição de receitas correspondentes ao mesmo exercício orçamental. Toda a proposta ou emenda que suponha aumento de despesas ou diminuição das receitas orçamentais requererá a conformidade do Governo para a sua tramitação*[1226].

[1225] García Morillo e Pérez Tremps, *Legislativo vs. Ejecutivo Autonómicos: El problema del control del "veto presupuestario"*, 1998, pág. 9 e segs. Para estes autores (pág. 18), *o "veto orçamental" é, em suma, um mecanismo de defesa do Orçamento – aprovado, recorde-se, pelo Parlamento – frente a todo o possível desvio com respeito ao previsto* (...). Um sistema semelhante ao previsto na Constituição de Espanha existe, de resto, no art. 113.º da Lei Fundamental Alemã. Nos termos desse artigo, carecem da aprovação do Governo Federal as leis que aumentem as despesas do Orçamento propostas pelo Governo Federal ou que impliquem novas ou futuras despesas. O mesmo vale para as leis que impliquem ou possam implicar no futuro diminuições de receitas.

[1226] Este texto já era, por sua vez, uma adaptação (menos clara) do texto inicialmente proposto no Anteprojecto de Constituição. Aí, previa-se que, *aprovado o Orçamento, unicamente o Governo poderá apresentar projectos de lei que impliquem aumento de despesa pública ou diminuição de receitas e toda a proposta ou emenda que implique aumento de despesas ou diminuição de receitas requererá a conformidade do Governo para a sua tramitação*. Esta versão haveria de sofrer alterações ao longo do percurso de aprovação do texto constitucional. Assim, omitiu-se o advérbio *unicamente*, de modo a permitir propostas parlamentares que aumentassem despesas ou diminuíssem receitas, desde que beneficiassem do aval do Governo ou que se dirigissem a anos económicos futuros. Do mesmo modo passou a qualificar-se de *orçamentais* as receitas e despesas em causa, esclarecendo que o aumento das despesas ou a diminuição das receitas se deveria reportar ao ano a que o Orçamento se reportava e não a qualquer outro momento futuro. Com esta alteração visava impedir-se que o Governo se opusesse a propostas de lei ou de emenda que tivessem os reflexos financeiros diferidos para anos seguintes, em que ainda não havia Orçamento aprovado, não se pondo em causa, desse modo, naturalmente, o equilíbrio orçamental.

582   A Lei por detrás do Orçamento

Foi, de resto, justamente por entender que essa não deveria ser a solução vigente, que a comissão constitucional do Senado aprovou uma modificação que, não permitindo manter intacta a anterior interpretação, tão pouco permite sustentar inequivocamente a aplicação dos limites parlamentares (também) durante a discussão da proposta de Orçamento, como parece ter sido o objectivo da modificação[1227]. Na verdade, com a divisão da norma entre o número 5 e o número 6 do art. 134.º criaram-se acrescidas dificuldades interpretativas, levando a que o sentido da previsão normativa deixe de ser claro, inutilizando,

---

[1227] Perez Jimenez, *Las limitaciones a la iniciativa legislativa financiera*, 1981, pág. 122. O objectivo desta proposta, apresentada por Fuentes Quintana, prendia-se com a vontade de deixar claro que as limitações parlamentares que implicassem aumento de receitas ou diminuição de despesas deveriam aplicar-se, primordialmente, durante a discussão da proposta orçamental. Por isso mesmo se ordenavam os vários números do projecto de artigo constitucional de modo a que no n.º 1 se referisse a competência do Governo de apresentar a proposta de Orçamento e a competência das Câmaras de apresentarem emendas a essa proposta. No n.º 2 do referido artigo estabelecer-se-ia que as emendas (precisamente as referidas no número anterior) que tivessem como resultado um aumento das despesas ou diminuição das receitas deveriam beneficiar de aceitação governamental. Apenas no n.º 6 se incluiria a norma prevendo a apresentação de projectos de lei, por parte do Governo, posteriores à aprovação do Orçamento, nada se referindo em relação a eventuais limites sobre propostas parlamentares posteriores à aprovação do Orçamento. Na verdade, a sequência dos vários números do preceito relativo ao Direito orçamental parece ser fundamental para a compreensibilidade e alcance das restrições à iniciativa parlamentar. De facto, colocando, como sugeria Fuentes Quintana, as restrições parlamentares no n.º 2, logo a seguir à norma que se reportava à proposta de Orçamento, ficava claro que as restrições parlamentares se dirigiam ao momento de discussão da proposta orçamental. Acontece que a comissão constitucional do Senado, embora tenha aprovado a emenda proposta, não aprovou a inclusão das normas pela ordem sugerida. Assim sendo, ao colocar as restrições parlamentares em norma imediatamente seguinte à que se reporta aos poderes do Governo, depois de o Orçamento estar aprovado, veio, com essa inserção sistemática, causar as maiores dúvidas interpretativas sobre o efectivo alcance das restrições parlamentares em sede de iniciativa originária e derivada. Considerando *insustentável* a solução que afasta a aplicação da norma-travão do debate de aprovação da lei do Orçamento, Perez Jimenez, *Las limitaciones a la iniciativa legislativa financiera*, 1981, pág. 124. Para este autor (pág. 136,) *carece por completo de lógica que haja limitações a exercer o direito de emenda com repercussões financeiras relativamente a qualquer projecto de lei e que estas não se apliquem à lei do Orçamento. Se em alguma lei tem sentido preservar o equilíbrio financeiro do Estado e impedir as propostas demagógicas dos parlamentares esta é, sem dúvida, a lei do Orçamento anual.* Esta não é, porém, ainda assim, como se verá, a opinião da doutrina maioritária espanhola, já para não falar de não ser essa a regra no Direito Português, onde, como se verá, não funciona a lei-travão durante a discussão da proposta de lei de Orçamento.

O Procedimento de Iniciativa e de Aprovação

inclusivamente, o número 5, que, lido isoladamente, deixa de ter um valor autónomo, sendo por isso desnecessário dada a iniciativa legislativa genérica do Governo[1228].

Tal como o número 5 do art. 134.º, também o número 6, lido de forma desarticulada, acarreta inevitáveis dúvidas interpretativas sobre o seu âmbito de aplicação, já que, não fazendo referência expressa ao facto de tal norma se dever aplicar (apenas) no momento em que o Orçamento já se encontra aprovado, levanta-se a questão de saber se o número 6 ainda deve ser lido como uma sequela do número 5 ou se, afinal, não deverá antes ser objecto de aplicação indiferenciada, aplicando-se no momento de discussão da proposta orçamental, perante alterações à lei do Orçamento ou, ainda, no caso de aprovação de iniciativas legislativas avulsas com reflexos financeiros.

Confrontada com esta questão, a doutrina maioritária tem invocado que tal norma, pela sua integração sistemática, pelo elemento histórico, oriundo não só da evolução do preceito desde o anteprojecto mas, igualmente, pelas semelhanças com o previsto na Lei Orgânica de 1967 e, ainda, pelo facto de se reportar a *receitas orçamentais,* se deve aplicar apenas aos casos em que o Orçamento já tenha sido aprovado. Estariam assim ao abrigo desta norma somente as propostas de lei avulsas apresentadas pelos parlamentares que tivessem reflexos orçamentais provocando a diminuição de receitas ou o aumento de despesas, bem como as emendas a projectos apresentados pelo Governo que provocassem os mesmos efeitos[1229].

[1228] Martinez Lago, *Los límites a la iniciativa de las Cortes Generales en materia presupuestaria,* 1990, pág. 151. A iniciativa legislativa originária do Governo vem prevista no art. 87.º número 1 da Constituição, prevendo-se a iniciativa orçamental exclusiva do Governo no art. 134.º número 1.

[1229] Recoder de Casso, *El debate parlamentario de los Presupuestos Generales del Estado,* 1979, pág. 625 e *Los debates parlamentarios de los presupuestos generales del estado,* 1979, pag 118; Martinez Lago, *Los límites a la iniciativa de las Cortes Generales en materia presupuestaria,* 1990, pág. 155 e *Ley de Presupuestos y Constitución,* 1998, pág. 31; González García, *La Ley de Presupuestos en la Constitución Española de 1978,* 1979, pag 136; Montejo Velilla, *La aprobación de los Presupuestos Generales del Estado. Reflexiones sobre la conveniencia de reformar los reglamentos de las cámaras,* 1984, pág. 154; García García, *Examen, Enmienda y Aprobación de los Presupuestos Generales del Estado,* 1985, pág. 359; Escribano López, *Presupuesto de Estado y Constitución,* 1981, pág. 314, Este autor não deixa de reconhecer, no entanto, o facto de que, tendo em conta a emenda aprovada no Senado, que levou à divisão da norma inicial unitária nos actuais

584 A Lei por detrás do Orçamento

Não falta, porém, quem defenda que o cumprimento da verdadeira intenção do legislador constituinte passa por aplicar as referidas limitações indiferenciadamente, sendo, aliás, a sua aplicação ao momento de discussão e de aprovação da proposta orçamental justificada, por maioria de razão, face à sua aplicação posterior. Para os defensores desta tese, o facto de a inserção sistemática do número 6 do art. 134.º não ser a mais correcta não impediria uma leitura útil do preceito, desligado de uma conexão directa com o número anterior e, por isso mesmo, com um âmbito de aplicação temporal indiferenciado e alargado[1230].

Esta é, de resto, a prática parlamentar, baseada na aplicação das normas do Regulamento das duas Câmaras do Congresso[1231] e na

---

números 5 e 6 do art. 134.º, se poder interpretar o texto constitucional no sentido de permitir a aplicação dos limites à iniciativa parlamentar, também, ao momento da discussão do Orçamento; Palao Taboada, *Derecho financiero y tributario*, 1987, pág. 90 e segs.; A. Cayon Galiardo, *El principio de equilibrio presupuestario como límite al poder financiero de las Cortes Generales*, 1985, pag 125. Este autor chega mesmo a afirmar que esta norma é o reflexo da falta de ideias claras sobre temas técnicos, que acabaram por levar o legislador constitucional a aprovar uma norma que, no fundo, não agrada a ninguém; Cazorla Prieto, *Posibilidades de Evolución del Procedimiento Presupuestario Actual*, 1990, pág. 37; Hinojosa Torralvo, *La Ley de Presupuestos. Función, contenido y límites*, 1989, pág. 252; Toscano Ortega, *Balance de la Jurisprudencia Constitucional sobre el Contenido de la Ley de Presupuestos Generales del Estado: a proposito de la STC 61/1997 (Ley del Suelo)*, 1998, pág. 300,

[1230] Miguel Canuto, *Qué es lo que puede regular la Ley de Presupuestos?*, 1994, pág. 629; Albiñana García-Quintana, *La Constitución Española y el Presupuesto del Estado*, 1980, pág. 25; Perez Jimenez, *Las limitaciones a la iniciativa legislativa financiera*, 1981, pág. 136 e segs.. Este autor, escrevendo ainda antes da aprovação dos Regulamentos parlamentares definitivos (que apenas surgiram em 1982), avança com um elevado número de argumentos em favor da sua tese, considerando que o espírito do legislador, ainda que expresso de modo não totalmente claro, impõe a aplicação da norma-travão, também no momento de discussão da proposta orçamental. Para este autor, os números 5 e 6, pese embora a articulação que, na sua génese, possam ter tido, devem agora ser objecto de leituras totalmente separadas. No mesmo sentido, Rodríguez Bereijo, *La Ley de Presupuestos en la Constitución Española*, 1979, pág. 237 e posteriormente *Jurisprudencia Constitucional y Derecho Presupuestario. Cuestiones resueltas y temas pendientes*, 1995, pag 18. O referido autor salienta o facto de, tendo os valores globais relativos a despesas e receitas sido fixados no debate da generalidade, não poder o Parlamento, em sede de especialidade, propor aumentos de despesas ou diminuição de receitas sem o consentimento do Governo.

[1231] Em termos históricos foi nos Regulamentos parlamentares que surgiram as primeiras manifestações de limites aos poderes orçamentais dos parlamentares. A este propósito, veja-se o Regulamento do Congresso dos Deputados, de 24 de Maio de 1918 (artigos 120 e 121).

O *Procedimento de Iniciativa e de Aprovação* 585

posição prevalecente do Tribunal Constitucional[1232]. Na verdade, nos termos do art. 133.º do Regulamento da Câmara dos Deputados, prevê-se que *as emendas ao projecto de lei de Orçamento que suponham aumento de despesas em algum ponto, só podem ser admitidas se, para lá de cumprirem os requisitos gerais, propuserem uma baixa de igual quantia na mesma secção. As emendas ao projecto de lei de Orçamento que suponham uma diminuição de receitas requererão a conformidade do Governo para a sua tramitação*[1233/1234].

Aí se previa que as propostas parlamentares (mesmo durante a discussão parlamentar do Orçamento) que tivessem por objecto um aumento de despesas deveriam merecer parecer obrigatório, embora não vinculativo, do Governo. Posteriormente, o Regulamento do Congresso, de 29 de Novembro de 1934, exigia (sem que o texto constitucional de 1931 o impusesse) que as propostas de lei que implicassem aumento de despesas ou diminuição de receitas fossem subscritas por um décimo dos deputados. O mesmo se passava, desenvolvendo também o previsto no art. 108.º da Constituição de 1931 (que apenas se referia ao aumento das despesas), com as emendas ao projecto de Orçamento. Tais propostas de emenda, sempre que implicassem aumento de despesas ou diminuição de receitas, tinham de ser subscritas por um décimo dos deputados e aprovadas pela maioria absoluta. O art. 54.º da Lei Orgânica do Estado, de 10 de Janeiro de 1967, introduziu, pela primeira vez, a obrigatoriedade do parecer positivo do Governo para a tramitação de emendas parlamentares às propostas de lei do Governo posteriores à aprovação do Orçamento que implicassem aumento de receitas ou diminuição de despesas. A necessidade de se apresentarem emendas construtivas de cariz compensador (compensando aumento de certas despesas com diminuição de outras despesas), no caso de se apresentarem propostas de alteração à proposta de Orçamento, surgiu, igualmente à revelia da Lei Orgânica, apenas com os Regulamentos de 22 de Julho de 1967 e de 15 de Novembro de 1971, onde se estabelecia que as propostas que implicassem a diminuição de receitas deveriam beneficiar da aceitação governamental.

[1232] Acórdão do Tribunal Constitucional 65/1987, fundamento 5.º. O Tribunal não se pronuncia expressamente sobre esta questão, mas ao invocar as restrições ao poder de emenda dos deputados como argumento para impedir que determinadas matérias sejam incluídas no projecto de lei de Orçamento, acaba por tomar partido por esta doutrina. Toscano Ortega, *La función y el contenido de las Leyes de Presupuestos del Estado en la jurisprudencia del Tribunal Constitucional*, 1997, pág. 210. Na verdade, a jurisprudência constitucional, desde a sua primeira decisão sobre o domínio orçamental (sentença 27/1981), optou por aceitar a validade das disposições inseridas nos Regulamentos Parlamentares, abstendo-se de se pronunciar sobre a sua constitucionalidade. Bem ao invés, o Tribunal tem utilizado, até, essas normas para demonstrar como a aprovação do projecto de lei orçamental está envolto em limitações relativas ao exercício dos poderes parlamentares, assim justificando a necessidade de se limitar o conteúdo possível da referida lei.

[1233] Para uma análise desenvolvida destas normas, García García, *Examen, Enmienda y Aprobación de los Presupuestos Generales del Estado*, 1985, pág. 361 e segs. Refira-se que propostas semelhantes às que aqui se encontram previstas haviam sido defendidas pelos

586 A Lei por detrás do Orçamento

Verifica-se, deste modo, como o sistema Constitucional Espanhol se encontra completado pela vigência dos Regulamentos parlamentares que acabam por ser mais restritivos relativamente aos poderes dos parlamentares do que o que seria exigido pela mera aplicação da Constituição. De facto, o Regulamento do Congresso acaba por alargar (também) ao momento de discussão da proposta orçamental, as limitações aos poderes parlamentares, criando-se igualmente em relação às despesas um novo critério impondo a obrigatoriedade de apresentação de emendas construtivas, que, nem por isso, dispensam, aparentemente, a aprovação governamental[1235].

---

grupos parlamentares socialista e comunista durante a discussão do texto constitucional, tendo sido rejeitadas por se considerar que eram desnecessárias dada a obrigatoriedade de aceitação governamental das propostas parlamentares.

[1234] Esta norma articula-se mal com a moderna orçamentação por programas e objectivos. Neste sentido, Montejo Velilla, *La Aprobación de los Presupuestos Generales del Estado. Reflexiones sobre la conveniencia de reformar los reglamentos de las cámaras*, 1984, pág. 147 e segs. No mesmo sentido, Martinez Lago, *Los límites a la iniciativa de las Cortes Generales en materia presupuestaria*, 1990, pág. 174 e segs. O referido autor (pág. 189), embora critique a referida norma de desenvolvimento do previsto na Constituição, considerando o seu conteúdo como inadequado e discutível, por aumentar as limitações dos parlamentares ao arrepio do texto constitucional, não chega, no entanto, ao ponto de a considerar inconstitucional. Perez Jimenez, *Las limitaciones a la iniciativa legislativa financiera*, 1981, pág. 138, considerava, escrevendo ainda antes da aprovação dos Regulamentos definitivos da Câmara dos Deputados e do Senado, que os futuros Regulamentos poderiam estabelecer (como acabou por suceder) acrescidas limitações à iniciativa parlamentar em sede orçamental, deixando clara a aplicação das limitações, também, ao momento de aprovação da proposta orçamental. O autor aceitava, igualmente (pag 149), que se diminuíssem algumas receitas, desde que se aumentassem outras de valor idêntico, situação que não vem, expressamente, prevista, nem na Constituição, nem no Regulamento parlamentar. Na verdade, a solução que fez vencimento junto da doutrina leva a considerar que as normas regimentais, estabelecendo acrescidas limitações parlamentares face ao exigido constitucionalmente, representam autolimitações impostas pelas próprias Câmaras, não sendo por isso inconstitucionais. Neste sentido, J.J. Bayona de Perogordo e Mª T. Soler Roch, *Materiales de Derecho Financiero*, 1997, pág. 136 e García y García, *Examen, enmienda y aprobación de los presupuestos generales del estado*, 1985, pág. 360.

[1235] Sobre a necessidade de conformidade governamental, mesmo no caso de as emendas serem compensadas, Sainz de Bujanda, *El Poder Financiero de las Cortes Generales: Aspectos Constitucionales del Presupuesto del Estado*, 1987, pág. 297; Cazorla Prieto, *Comentario al artículo 134 de la Constitución, Las Cortes Generales ante los proyectos de Ley de Presupuestos Generales del Estado*, 1984, pág. 80 e segs. e, *Algunos problemas en el tratamiento parlamentario de los Proyectos de Presupuestos Generales del Estado*, 1986, pág. 131. Para este autor, essa necessidade decorre de *um uso interpretativo*

O *Procedimento de Iniciativa e de Aprovação* 587

Relativamente às propostas parlamentares, a prática tem sido a de considerar, como parâmetro de referência (no caso da discussão da proposta orçamental), não os valores em vigor na lei do Orçamento, mas os valores propostos pelo Governo na proposta de lei de Orçamento, o que tem motivado alargadas críticas por implicar uma redução da capacidade de controlo e de manobra dos parlamentares[1236].

---

consolidado – de grande força vinculante no Direito parlamentar – do art. 133 n.º 3 do Regulamento (do Congresso dos Deputados) (...) *o que redunda numa auto-limitação das Câmaras em matéria orçamental.* O autor critica, no entanto, esta solução, considerando, de resto, nesta última obra, ter havido uma mudança de posição da mesa do Congresso no sentido de apenas solicitar a aprovação do Governo no caso de emendas incidentes sobre uma lei de Orçamento já aprovada. Esta mudança de posição não deve ter feito "jurisprudência", já que a ela se não refere Martinez Lago, *Los límites a la iniciativa de las Cortes Generales en materia presupuestaria*, 1990, pág. 174 e segs. e, *Ley de Presupuestos y Constitución,* 1998, pág. 184. O autor recorda, de modo crítico, a prática parlamentar de solicitar a aprovação do Governo, mesmo perante propostas de emenda construtivas incidentes sobre o projecto de Orçamento em discussão. Considerando que apenas no caso de as emendas não serem compensadas é que se deve exigir a conformidade governamental, Perez Jimenez, *Las funciones financieras de las Cortes en el Derecho Parlamentar Español*, 1985, pág. 77. A prática parlamentar tem demonstrado que a utilização por parte do Governo deste poder tem sido usado sem total coerência, como refere Menéndez Moreno, *La Configuración Constitucional de las Leyes de Presupuestos Generales del Estado*, 1988, pág. 141, quando afirma que *a prática parlamentar tem vindo a inclinar-se por uma interpretação ampla, atribuindo às Câmaras um generoso direito de emenda ao Orçamento, nem sempre submetido ao consentimento governamental.*

[1236] Contra, considerando que o padrão razoável deveria ser o correspondente à lei do Orçamento em vigor, Cazorla Prieto, *Las Cortes Generales ante los proyectos de Ley de Presupuestos Generales del Estado,* 1984, pág. 85 e Martinez Lago, *Los límites a la iniciativa de las Cortes Generales en materia presupuestaria,* 1990, pág. 198. Reportando-se aos casos de propostas de lei ou de emenda posteriores à aprovação do Orçamento, Perez Jimenez, *Las limitaciones a la iniciativa legislativa financiera,* 1981, pág. 144 e segs. O referido autor considera que o parâmetro de referência há-de corresponder aos valores orçamentados. Assim, se o Governo propuser uma lei que aumente as receitas orçamentadas, podem os parlamentares aprovar uma emenda que diminua essas receitas até ao valor previsto no Orçamento. Inversamente, perante uma proposta de diminuição das despesas, podem os deputados aprovar uma emenda que aumente as referidas despesas até ao limite do valor proposto na lei do Orçamento. Cazorla Prieto, *Algunos problemas en el tratamiento parlamentario de los Proyectos de Presupuestos Generales del Estado,* 1986, pág. 134 adere à tese de Recoder de Casso, *Iniciativa legislativa e Presupuestaria,* 1983, pág. 159, quando considera que apenas se deveria considerar que existiria uma diminuição de receitas no caso de a proposta de emenda apontar para valores abaixo dos que se encontram previstos no Orçamento em vigor. Neste contexto, não seria considerado como estabelecendo uma diminuição de receitas uma emenda que, perante um projecto do Governo

Em modo de conclusão, verifica-se como o ordenamento jurídico-constitucional espanhol não representa um modelo de claridade normativa ou de unidade interpretativa relativamente aos limites da competência parlamentar sobre a matéria orçamental. Com efeito, são bem evidentes, ao invés, as disfunções de articulação entre as várias normas constitucionais e a sua difícil relação com o normativo incluído nos Regulamentos Parlamentares que sustentam uma prática de auto-limitação dos poderes dos deputados, não só em termos de aplicação temporal, arrastando os limites para o período da discussão da proposta do Governo, como em termos materiais, o que acaba por ser, afinal, um bom indício da falta de autonomia das maiorias parlamentares face aos Governos, sobretudo em domínios essenciais como são o da discussão e aprovação da lei do Orçamento.

B – A NÃO APLICAÇÃO DA "LEI-TRAVÃO" DURANTE O DEBATE ORÇAMENTAL EM PORTUGAL

Ao contrário do que se passa na generalidade dos restantes ordenamentos jurídicos de matriz parlamentar, e até do que era tradição na história constitucional portuguesa, não se prevê, no contexto da Constituição de 1976, expressamente, a possibilidade de impedir a apresentação e a aprovação por parte dos parlamentares de projectos de alteração à proposta orçamental do Governo que tenham por efeito o aumento (previsível) das despesas ou a diminuição (previsível) das receitas propostas, ou que impliquem qualquer outra alteração não desejada pelo órgão com a reserva constitucional de apresentação da proposta de lei de Orçamento[1237].

---

de aumento de receitas para o ano seguinte, aprovasse uma emenda que diminuísse o valor da proposta do Governo, mantendo-se, ainda assim, acima dos valores previstos no Orçamento do ano em curso. Cazorla Prieto recorda, no entanto, que a prática tem sido a de considerar a proposta do Governo de Orçamento para o ano seguinte como padrão de referência face à qual se deverão aferir as propostas de emenda parlamentar para efeitos de se solicitar o acordo do Governo.

[1237] Na revisão constitucional de 1989, o CDS apresentou um projecto em que se propunha que o n.º 6 do art. 108.º passasse a estabelecer que, *a proposta de Orçamento é discutida e votada na Assembleia da República, nos termos e nos prazos fixados em lei orgânica, não podendo os deputados ou grupos parlamentares nela introduzir emendas*

O Procedimento de Iniciativa e de Aprovação 589

que se traduzam em aumento das despesas ou redução das receitas previstas. Do mesmo modo, o CDS/PP apresentou, no seu projecto de revisão constitucional de 1997, uma proposta de nova redacção para o art. 109.º da Constituição, no qual se estabelecia que, *a proposta de Orçamento não pode apresentar um nível de despesas correntes que exceda em mais de 3% as receitas correntes previstas para o mesmo ano.* Relativamente ao funcionamento da lei-travão, previa-se que, *os Deputados e os grupos parlamentares não podem apresentar propostas de alteração à proposta de Orçamento que envolvam aumento de despesa sem que, simultaneamente, indiquem os correspondentes aumentos de receitas que mantenham o equilíbrio ou o défice orçamental dentro dos níveis pretendidos pelo Governo.* Estas propostas foram debatidas na Comissão Eventual de Revisão Constitucional (CERC), na reunião n.º 37, de 10 de Outubro de 1996 e na reunião n.º 102, de 5 de Junho de 1997, tendo merecido a primeira proposta apenas o voto do CDS/PP e a segunda proposta a aprovação do CDS/PP e do PS, os votos contra do PSD e a abstenção do PCP (*Diário da Assembleia da República - DAR n.º 101*, de 6 de Junho de 1997). Relativamente a estas propostas, (*DAR n.º 99*, de 23 de Julho de 1997) importa recordar a intervenção de Vital Moreira, presidente da CERC, que, não obstante não tenha aderido aos termos redaccionais da proposta do CDS/PP, considerou, na reunião de 10 de Outubro de 1996, *que, parece lamentável que a nossa Constituição (digo-o como constitucionalista) não preveja instrumentos de racionalização do sistema parlamentar que hoje são comuns à generalidade dos sistemas. E penso que, desgraçadamente, é um mal discutirmos propostas destas, "a quente", isto é, em vésperas da apresentação de um Orçamento por parte de um Governo sem maioria absoluta. Porventura, a discussão seria outra se estivéssemos a discutir esta questão em abstracto, ou seja, fora deste circunstancialismo particular e se não estivéssemos a ter em conta a conjuntura política em causa. Em todo o caso, fica feita a discussão.* No sentido de que e Lei de Enquadramento Orçamental deveria contemplar uma regra prevendo o mecanismo das emendas compensatórias, mesmo durante a discussão da proposta de Orçamento, veja-se o *Relatório sobre as Perspectivas da Reforma da Lei de Enquadramento do Orçamento do Estado,* incluído na publicação do Ministério das Finanças, *Reforma da Lei de Enquadramento Orçamental - Trabalhos Preparatórios e Anteprojecto,* 1998, pág. 167. Esta proposta haveria de ser eliminada, ainda na fase de preparação da proposta do Governo, não tendo chegado a ser apresentada ao Parlamento, como se pode ver no *Relatório do Grupo de Trabalho de Preparação da Redacção Definitiva do Projecto da Proposta de Lei de Enquadramento Orçamental,* publicado pelo Ministério das Finanças em, *Reforma da Administração Financeira,* 1999, pág. 22 e segs. Sobre esta questão, importa referir que, segundo se crê, uma regra desse tipo não poderia vir consagrada na Lei de Enquadramento Orçamental sem autorização constitucional expressa. Ainda sobre esta matéria, refira-se que já Barbosa de Melo, Cardoso da Costa e Vieira de Andrade, em *Estudo e Projecto de Revisão da Constituição da República Portuguesa de 1976,* 1981, pág. 208 haviam proposto uma nova redacção para a "lei-travão" com o seguinte teor: *Os Deputados não podem apresentar projectos de lei ou propostas de alteração que envolvam aumento das despesas ou diminuição de receita do Estado criada por lei anterior.* Os próprios autores referiam que, *a sugestão feita irá provocar uma grande controvérsia,* mas, consideravam que, *com base numa latíssima e muito discutível*

590 *A Lei por detrás do Orçamento*

Na verdade, numa primeira análise, o poder orçamental dos Deputados apenas parece encontrar um limite na norma prevista no número 2 do art. 167.º da Constituição, que somente se aplicará às propostas parlamentares de modificação da lei do Orçamento ou às propostas de legislação avulsa, da iniciativa parlamentar, que tenham incidência orçamental em razão das matérias sobre que incidam e das consequências daí advenientes, no caso de pretenderem aplicar-se no decorrer do ano económico em curso, não obstante serem aprovadas já depois da aprovação do Orçamento.

Julga-se, porém, que a solução vigente em Portugal, não obstante não se afigurar totalmente positiva[1238], pela liberdade que confere aos deputados para fazerem aprovar modificações à proposta de Orçamento apresentada pelo Governo, sem terem em consideração a visão de conjunto que a lei do Orçamento naturalmente deve reflectir, não é, ainda assim, tão ampla e desprovida de limites que desconheça qualquer tipo de restrições durante o debate orçamental[1239].

Antes de se avançar mais neste domínio, importa, porém, referir que nesta matéria qualquer solução que não afaste a aprovação do Orçamento da esfera parlamentar parece ter os seus escolhos. Assim, uma solução como a que tem feito vigência na generalidade dos orde-

---

interpretação do actual preceito, perdeu-se por completo o seu efeito-travão, manifestando os deputados e os grupos parlamentares uma total despreocupação pelas implicações financeiras das suas iniciativas (...). Sobre a importância de se prever, no texto constitucional, uma norma relativa aos limites do endividamento público, Paz Ferreira, *A Dívida Pública Portuguesa. Evolução, Problemas e Perspectivas*, 1988, pág. 82 e segs. e, do mesmo autor, de modo mais desenvolvido, *Da Dívida Pública e das Garantias dos Credores do Estado*, 1995, pág. 151. Sobre esta questão já se havia, de resto, pronunciado Lucas Pires, *Teoria da Constituição de 1976. A Transição Dualista*, 1988, pág. 378 e 379, ao referir que, *a maior parlamentarização da Constituição financeira ocorrida com a revisão constitucional de 1982 não susteve o crescimento do défice e o agravamento da despesa pública, sobretudo devido à partilha financeira entre grupos, e é de temer inclusivamente que possa mesmo excitá-la.* (...) *Só assim não seria, se viessem a ser fixados constitucionalmente limites ao próprio endividamento público – o que nestas circunstâncias é, provavelmente, uma regra mais operacional do que a tradicional regra do "equilíbrio financeiro".*

[1238] Criticando, em abstracto, uma solução como a que vigora em Portugal, Werner Heun, *Staatshaushalt und Staatsleitung – Das Haushaltsrecht im parlamentarischen Regierungssystem des Grundsgesetzes*, 1989, pág. 304.

[1239] Assim, importa desde logo referir que estarão ao abrigo de modificações por parte dos parlamentares as verbas necessárias ao cumprimento das obrigações a que o Estado não se possa furtar, tendo em atenção a sua fonte.

namentos jurídicos estudados leva a aceitar uma incoerência lógica traduzida no facto de uma lei parlamentar tornar reféns de uma mera proposta, aqueles que, no fundo, são os detentores da competência aprovatória e, consequentemente, os responsáveis pela referida lei.

Na verdade, torna-se muito difícil aceitar que se reconheça o papel insubstituível dos deputados e do Parlamento na aprovação da lei orçamental, mas, depois, se estabeleçam limites ao poder de modificação e de conformação material desses mesmos deputados, com isso sequestrando o Parlamento da sua função materialmente legislativa e tornando-o num mero órgão de ratificação de uma lei elaborada (quase definitivamente) pelo Governo.

Não se nega, no entanto, que uma solução como a que tem vigorado em Portugal, no contexto da Constituição de 1976, implica igualmente enormes dificuldades de aceitação. Com efeito, sobretudo num sistema como o nosso em que se pretende facilitar a formação de governos minoritários, através nomeadamente da dispensa da investidura parlamentar, parece ser paradoxal que, depois, se obrigue esse mesmo Governo a uma espécie de investidura parlamentar anual, sujeitando-o a ver a sua proposta de Orçamento, reflexo natural do programa que lhe foi permitido levar por diante, ser totalmente subvertida e dilacerada por propostas aprovadas por uma oposição subitamente coesa na reprovação das propostas do Governo e na sua substituição por propostas, quase sempre sedutoras para o eleitorado, mas sem uma lógica de conjunto no difícil equilíbrio entre receitas e despesas[1240].

[1240] Para uma análise da função de "ministro-travão", representada pelo Ministro das Finanças, relativamente aos actos do Governo que impliquem aumento de despesas ou diminuição de receitas, Paulo Otero, *A Intervenção do Ministro das Finanças sobre os Actos do Governo de Aumento de Despesas ou Diminuição de Receitas*, 2000, pág. 163 e segs. e Alexandre Sousa Pinheiro, *O Governo: Organização e Funcionamento, Reserva Legislativa e Procedimento Legislativo*, 1999, pág. 201 e segs. Para este autor, a atribuição, por acto legislativo, de um direito de veto ao Ministro das Finanças relativamente a propostas que impliquem um aumento de despesas ou uma diminuição de receitas *é inconstitucional porque entendemos que afecta o equilíbrio de competências governamental, desvirtuando a regra da colegialidade. A regra um voto por membro (sem direito de veto ou figura similar) representa um princípio constitucional insusceptível de afastamento em sede de auto-regulação governamental.* Refira-se que, nos termos do art. 200.º número 1 alínea f) da Constituição, *compete ao Conselho de Ministros (...) aprovar os actos do Governo que envolvam aumento ou diminuição das receitas ou despesas públicas.* Como se pode observar

592 *A Lei por detrás do Orçamento*

Perante este cenário, face ao qual apenas uma modificação estrutural como a que se propõe na parte final desta dissertação parece ser adequada, importa, neste momento, verificar se não é possível, no quadro constitucional vigente, encontrar uma solução que limite de alguma forma os poderes avulsos dos deputados no momento da discussão da proposta de lei de Orçamento apresentada pelo Governo, sem, no entanto, coartar totalmente os poderes de modificação do Parlamento enquanto órgão com competência para aprovar, e não só para ratificar, a proposta do Governo.

Na verdade, perante o facto de, aparentemente, os poderes de emenda parlamentar não terem qualquer limite, a doutrina nacional acaba por encontrar na possibilidade de o Governo apresentar uma moção de confiança associada à sua proposta de Orçamento, o único modo deste órgão evitar alterações que considere insuportáveis à proposta orçamental apresentada[1241]. Julga-se que esta solução acaba por ser uma não-solução, na medida em que (apenas) recorda o facto

---

a norma tem uma redacção pouco cuidada, desde logo por não ser claro qual o padrão de referência com o qual se deve comparar o acto a aprovar. Por outro lado, enquanto que a intervenção do Ministro das Finanças apenas é, em regra, requerida para os actos que impliquem aumento de despesas ou diminuição de receitas, já a intervenção do Conselho de Ministros é obrigatória em todos os actos que tenham reflexos ao nível da receita e da despesa, independentemente da variação ser no sentido do aumento ou da diminuição de qualquer delas. Sobre o papel especial que sempre foi reservado aos Ministros das Finanças em matéria financeira, seja na relação com o Parlamento, seja no interior do próprio Governo, Gaston Jèze, *Cours de Finances Publiques,* 1930, pág. 53 e segs. Este autor considerava que, *nos Estados modernos, nas democracias, o Ministro das Finanças deveria chamar-se Ministro do equilíbrio orçamental,* identificando como principais inimigos do Ministro das Finanças, os outros Ministros e o Parlamento, pela sua natural prodigalidade.

[1241] Marcelo Rebelo de Sousa, *10 Questões sobre a Constituição, o Orçamento e o Plano,* 1987, pág. 138. Sobre esta matéria veja-se, na doutrina italiana, Amatucci *L'ordinamento giuridico finanziario,* 1999, pág. 50 e segs. O autor recorda que, embora não decorra da Constituição Italiana a obrigação de o Governo se demitir no caso de o Parlamento introduzir alterações à proposta de lei de Orçamento, a discussão das matérias financeiras não deixa de ser um momento importante e tenso de negociação em torno da obtenção de maiorias parlamentares, sobretudo em sistemas e práticas políticas de maiorias voláteis. Por isso mesmo um dissenso parlamentar a propósito da "lei financeira" e da "lei *collegata*" para 1999 estiveram na base da demissão do Governo italiano. O autor considera, ainda, que uma alteração substancial da proposta de Orçamento apresentada pelo Governo pode equivaler a uma revogação da confiança política por parte do Parlamento que não é, no entanto, automática, devendo o Governo ponderar, politicamente, qual a melhor (ou única) opção a tomar.

O *Procedimento de Iniciativa e de Aprovação*   593

de que o Governo pode sempre demitir-se ou suscitar uma moção de confiança, acabando, assim, por não contribuir para a (específica) protecção da reserva governativa de iniciativa orçamental.

De facto, não parece razoável, mesmo perante a Constituição Portuguesa, considerar que o texto constitucional atribui a iniciativa orçamental em exclusivo ao Governo, deixando depois nas mãos do Parlamento a decisão de respeitar, em termos materiais, essa mesma iniciativa ou de, aproveitando-lhe a estrutura, lhe desconstruir o conteúdo de tal forma que da proposta governamental nada reste de relevante, assim retirando ao Governo a capacidade de impor, de alguma maneira, a "sua" proposta de Orçamento, desgraduando este órgão de soberania num mero ajudante técnico do Parlamento[1242].

[1242] A aceitação da total submissão da proposta do Governo aos desígnios do Parlamento tornaria novamente actuais as palavras de Léon Say, *Les Finances,* 1896, pág. 24, quando referia, entre a resignação e a ironia, que, *a comissão* (referia-se à comissão de finanças do Parlamento) *crê ser um governo e os seus membros os ministros. Não é demasiado afirmar que se há em França uma preparação do Orçamento, essa tarefa saiu das atribuições dos ministros e passou a ser a atribuição essencial as comissões do Orçamento do Parlamento.* O autor adiantava, ainda, que essa *doença* se devia ao facto de se confundir *controlo e acção.* De modo igualmente pertinente, veja-se, também, Paul Leclere, *La mesure et la valeur de l'intervention législative en matière budgétaire,* 1905, pág. 64, ao referir que, *quando o projecto de Orçamento, transformado pela comissão, passou a ser um texto novo, relativamente ao qual a responsabilidade não pode ser já assacada a ninguém; quando mais de vinte relatórios distribuídos aos deputados desencorajam qualquer estudo, então o exame da Câmara deve começar.* Sobre este assunto, Talice, *La Legge di Bilancio,* 1969, pág. 95, onde se considera que a livre utilização do direito de emenda poderá colocar em causa a reserva de iniciativa do Governo. Em tom ainda mais critico, Nacci, *Limiti e Forme della Partecipazione del Governo e del Parlamento nella Formazione ed Aprovazione del Bilancio,* 1967, pág. 472, refere que as emendas parlamentares à proposta de lei de Orçamento, por vezes, *comportam uma sensível alteração de todo o projecto de lei.* O autor defende mesmo que os parlamentares não possam alterar a proposta de Orçamento, com o que ocorreria uma *evidente invasão da esfera de competência do Governo ao qual foi atribuída constitucionalmente a formação do Orçamento.* Na verdade, o poder parlamentar circunscreve-se, em seu entender, a aprovar (ou não) o Orçamento apresentado pelo Governo e não o Orçamento apresentado pelo Parlamento ou apresentado, em parte pelo Governo e, noutra parte, pelo Parlamento. Para Nacci, a reserva de iniciativa relativa à proposta de Orçamento seria uma *iniciativa com efeitos reforçados,* precisamente por evitar a possibilidade de emendas parlamentares. Em sentido semelhante ao do texto, apesar de em contexto parcialmente diverso, Blanco de Morais, *Vínculos ao Poder Orçamental do Governador de Macau,* 2000, pág. 348, referindo-se à *depreciação ilegítima do finalismo político-constitucional do instituto da reserva de iniciativa e a subversão das linhas de acção governativa.*

594 *A Lei por detrás do Orçamento*

Com efeito, a utilização da moção de confiança ou de outros modos de resistência política geradores de um confronto com o Parlamento, não estão directamente, ligados à protecção constitucional de uma prerrogativa que a Constituição atribui, em exclusivo, ao Governo, pelo que a "blindagem" da proposta de Orçamento através da apresentação de uma moção de confiança ou a simples ameaça de demissão são soluções que poderiam ser equacionadas precisamente no caso de a Constituição não atribuir juridicamente uma reserva ao Governo que, nesse caso, jogaria a preservação da sua proposta no domínio político, utilizando, para isso, as armas políticas que a Constituição lhe fornece.

Diferentemente, sendo a apresentação da proposta orçamental um poder-dever do Governo, considera-se que do facto de a Constituição ter estabelecido uma iniciativa exclusiva da competência do Governo têm de resultar algum tipo de consequências jurídicas, devendo ser a proposta de Orçamento do Governo (e não outra) a ser objecto de discussão e eventual aprovação parlamentar. Assim sendo, e embora sempre se tenha de reconhecer o poder de modificação do Parlamento, não vigorando no nosso ordenamento jurídico o sistema da aprovação orçamental em bloco, o certo é que não serão constitucionalmente legítimas as propostas de alteração que provoquem uma distorção total da proposta que levassem a considerar que, com a sua aprovação, se estaria a promover uma substituição das opções governamentais estruturantes, por outras da autoria parlamentar[1243].

Assim sendo, julga-se que uma proposta de alteração do projecto orçamental de natureza total, que assumisse um cariz substitutivo, seria inconstitucional por violação da reserva de iniciativa do Governo, pelo que considerar que este órgão pode associar uma moção de

---

[1243] Não se nega que as possibilidades práticas de os Parlamentares introduzirem alterações relevantes à proposta de Orçamento apresentada pelo Governo são menores do que as possibilidades teóricas, tal como a liberdade prática do Governo elaborar uma proposta de Orçamento não é tão ampla como a mera interpretação das normas constitucionais pode fazer crer. Nesse sentido, apontando algumas dificuldades práticas que se colocam aos parlamentares que queiram modificar a proposta de Orçamento, como seja o facto de a discussão e votação ser maioritariamente feita em comissão, ou de um conjunto muito alargado de verbas serem de natureza "obrigatória", tendo em conta o seu destino, Jaime Leitão do Valle, *A Participação do Governo no Exercício da Função Legislativa,* 2000, pág. 130 e 131.

O Procedimento de Iniciativa e de Aprovação

confiança à proposta de Orçamento, ou que pode demitir-se perante uma substituição total da (sua) proposta de Orçamento é colocar as coisas de modo invertido[1244]. Com efeito, o Parlamento pode não aprovar a proposta de Orçamento do Governo e pode, até, fazer cessar a confiança ao Governo através da aprovação de uma moção de censura, mas o que o Parlamento não pode fazer é usar os meios errados para buscar os fins que, eventualmente, considere correctos[1245].

Se o Parlamento deseja outro Governo e não se revê naquela proposta orçamental pode censurar o Governo mas não boicotar o seu plano orçamental, já que se a Constituição reserva a iniciativa orçamental ao Governo, a resposta a uma subversão a essa reserva de iniciativa há-de passar pela sanção da inconstitucionalidade, sem necessidade de o Governo ter de recorrer a soluções que visam combater, resistir, ou ceder perante actuações constitucionais do Parlamento e não perante actuações inconstitucionais[1246].

[1244] O próprio Tribunal Constitucional, no acórdão 317/86, ainda que referindo-se a uma situação em que estava em causa um modificação parlamentar de uma proposta de Orçamento rectificativo, considerou que, *não é de aceitar que, face a uma simples proposta de alteração do Orçamento, a Assembleia da República possa proceder a modificações orçamentais que não se inscrevam no âmbito da proposta do Governo. Isto, desde logo, porque de outro modo ficaria descaracterizado o exclusivo governamental da iniciativa de alteração do Orçamento.*

[1245] Considerando que *o Governo foi eleito para governar e não para se comprometer com a oposição*, J. A. G. Griffith, *The Place of Parliament in the Legislative Process*, 1951, pág. 293. Para o referido autor, *o Governo existe devido à sua maioria, pelo que o seu dever é administrar os negócios do país. É melhor que 'o faça de acordo com a sua política e esteja preparado para aceitar as consequências do que pretenda perpetuamente encontrar um equilíbrio que seja aceitável por todos mas que acabará por não ser aceite por ninguém.* Neste contexto, discorda-se de Luís Pereira Coutinho, *Regime Orgânico dos Direitos Liberdades e Garantias e Determinação Normativa. Reserva de Parlamento e Reserva de Acto Legislativo*, 2001, pág. 548, quando, referindo-se às vantagens da reserva de Parlamento, afirma que, *a decisão mais justa será alcançada, com um maior grau de probabilidade, quando se reúnam condições objectivas que permitam a representação e a ponderação do maior número possível de tendências, interesses e valores em conflito.*

[1246] Neste sentido, Klaus Lang, *Die abhängigkeit der Ausgabewirtschaft der Bundesregierung*, 1972, pág. 321, considera que o modo constitucional para derrubar um Governo é (no contexto constitucional alemão) a aprovação de uma moção de censura construtiva e não a rejeição da proposta de Orçamento apresentada pelo Governo. O autor justifica, deste modo, a obrigação do Parlamento votar as verbas necessárias com a necessidade de manutenção do aparelho de Estado em funcionamento.

Neste caso, a questão já não passa por saber se o Governo tem ou não ao seu alcance outras soluções que possam evitar a necessidade de vir a ter de executar um Orçamento no qual não se reveja minimamente, importando, antes, saber se será lícito ao Parlamento colocar o Governo perante tal situação[1247].

Ora, julga-se que uma leitura integrada dos poderes do Governo e do Parlamento em matéria de aprovação orçamental levam a considerar que, embora não vigore, explicitamente, uma norma do teor do número 2 do art. 167.º no momento de discussão da proposta orçamental, nem por isso se permite uma total preponderância do Parlamento sobre o Governo neste domínio[1248]. Por isso mesmo, julgam-se inconstitucionais quaisquer propostas parlamentares de expressa substituição da proposta governativa mas, mais do que isso, reputam-se igualmente inconstitucionais propostas que, pelo seu conteúdo e pela intensidade das modificações que promovem, impliquem uma substituição dos elementos essenciais da proposta do Governo, assim representando uma intromissão na iniciativa reservada deste

---

[1247] O Tribunal Constitucional considerou, no acórdão 317/86, que, *conferir sempre tão amplos poderes à Assembleia da República seria criar a possibilidade de uma modificação do Orçamento ou, até, de um novo Orçamento. E isso, a Constituição não o pode querer. De facto, uma tal possibilidade equivaleria a permitir que a Assembleia da República, depois de munir o Governo com um instrumento de trabalho que é o Orçamento, com o qual aquele aceitou governar, lhe "trocasse" esse instrumento por um outro completamente diferente e tão diferente que, com ele, o Governo não pudesse ou quisesse governar.* Na verdade, embora o Tribunal se estivesse a reportar a um caso em que as modificações operadas pelo Parlamento incidiram sobre uma proposta de Orçamento rectificativo, também aqui sempre se poderia dizer que o Governo tinha a possibilidade de associar uma moção de confiança à proposta apresentada ou até demitir-se. Neste caso, o Tribunal considerou que a intervenção do Parlamento era inconstitucional por subverter a proposta e o exclusivo governativo em torno dessa proposta, ainda que não estivesse em causa uma aplicação estrita da "lei-travão", o que parece ser de saudar. Ora, esta argumentação do Tribunal pode bem aplicar-se, desde logo, ao Orçamento previsional se se considerar que o Parlamento, não rejeitando o programa de Governo, "muniu" o órgão executivo com a capacidade de governar, sendo que entre os modos que a Constituição elenca para fazer cessar a confiança parlamentar no Governo não se encontra a subversão da proposta de Orçamento.

[1248] Em Espanha, García-Escudero Márquez, *La iniciativa legislativa del gobierno*, 2000, pag 256 e Martinez Lago, *Los Limites a la iniciativa de las cortes generales en materia presupuestaria*, 1990, pág. 183 e segs. e *Ley de Presupuestos y Constitución*, 1998, pág. 166. Ambos os autores são a favor da inconstitucionalidade de emendas totais que não impliquem a devolução do projecto de Orçamento ao Governo.

O *Procedimento de Iniciativa e de Aprovação*

órgão e nos pressupostos estruturantes do seu programa financeiro não expressamente rejeitado pelo Parlamento[1249].

Não se ignora, certamente, que a delimitação destes elementos essenciais é tarefa que não se afigura simples, assumindo uma conflitualidade não só política, como jurisdicional, mas essa situação resulta do próprio texto constitucional e do sistema de aprovação orçamental aí criado que não se afigura convincente como se procurará demonstrar na conclusão desta dissertação, sendo que as dificuldades interpretativas não podem naturalmente servir de pretexto para deslocar as questões constitucionais para os domínios mais vagos das relações políticas.

Nesse sentido, colhe bem o paralelismo com o facto de, em França, o Conselho Constitucional ter tomado e mantido, desde há mais de dez anos, uma decisão de idêntica dificuldade ao nível da avaliação do conteúdo intrínseco da lei do Orçamento ao aceitar avaliar de um ponto de vista constitucional a sinceridade da proposta orçamental, demonstrando que não é pela dificuldade técnica inerente à tarefa que se devem recortar os limites de acção do órgão de justiça constitucional.

O princípio jurisprudencial da sinceridade orçamental tem permitido ao Conselho Constitucional pronunciar-se sobre o conteúdo financeiro da lei de finanças, verificando se esta apresenta os indicadores económicos, bem como as previsões de receita e de despesa,

---

[1249] Esta questão pode ser analisada a propósito da competência partilhada para a aprovação dos Estatutos das Regiões Autónomas, onde também se encontra uma divisão entre o órgão que detém a iniciativa e o órgão que detém a competência para aprovar e modificar os Estatutos. Neste contexto, Jorge Miranda, *Funções, Órgãos e Actos do Estado*, 1990, pág. 388 e 389 considera que o poder de modificação parlamentar não encontra limites *por causa da rigidez e da limitação aos poderes do Parlamento que envolveria a posição contrária*. Diferentemente, Gomes Canotilho e Vital Moreira, *Constituição da República Portuguesa Anotada*, 1993, pág. 847 e Blanco de Morais, *A autonomia legislativa regional*, 1993, pág. 214 e 215 consideram que o Parlamento apenas se pode pronunciar dentro dos limites das propostas apresentadas pela Assembleia Legislativa Regional. Para Rui Medeiros e Jorge Pereira da Silva, *Estatuto Político-Administrativo dos Açores Anotado*, 1997, pág. 22, *a Assembleia da República não pode desfigurar os projectos de revisão dos estatutos político-administrativos apresentados pelas assembleias legislativas regionais (...)* admitindo, porém, *propostas de substituição e de aditamento* face aos projectos regionais.

598   A Lei por detrás do Orçamento

de modo sincero[1250]. Entre nós parece igualmente desenhar-se uma tendência favorável a uma maior intervenção jurisprudencial ao nível

---

[1250] Este princípio orçamental acabou por deslizar para o texto da nova lei orgânica de enquadramento orçamental que substitui a *Ordonnance* 59/2, de 1959. Assim, de acordo com o art. 32.º da lei orgânica n.º 2001-692, de 1 de Agosto de 2001, *as leis de finanças apresentam de modo sincero o conjunto das receitas e das despesas do Estado. A sinceridade é apreciada tendo em conta as informações disponíveis e as previsões que possam razoavelmente ser tomadas em conta.* Este princípio teve a sua origem, em termos moderados, na jurisprudência do Conselho Constitucional, através da decisão de 21 de Junho de 1993, (estava em causa a sobrevalorização das receitas das privatizações, tendo o Conselho Constitucional considerado que, assim, se promovia *uma alteração da sinceridade dos valores apresentados*). O ponto de viragem na jurisprudência constitucional francesa surge, definitivamente, com a decisão de 29 de Dezembro de 1994, em que estavam em causa várias arguições de falta de sinceridade orçamental. Posteriormente, tem vindo o Conselho Constitucional a firmar jurisprudência sobre o assunto em várias decisões, como sejam a decisão de 28 de Dezembro de 1995, de 29 de Dezembro de 1995, de 30 de Dezembro de 1996, de 30 de Dezembro de 1997, de 29 de Dezembro de 1998, de 29 de Dezembro de 1999, de 27 de Dezembro de 2001 e de 27 de Dezembro de 2002. Na decisão de 29 de Dezembro de 1999, relativamente à lei de finanças para o ano 2000, o Conselho Constitucional, embora não tenha considerado que estava violada a regra da sinceridade orçamental, acrescentou um critério que o ajudará a determinar as fronteiras do constitucionalmente admissível. Assim, considerou que não resultava *dos elementos fornecidos ao Conselho Constitucional que as avaliações das receitas para 2000, tomadas em consideração pelo artigo do equilíbrio, estejam, relativamente à amplitude da subavaliação alegada relativamente às massas orçamentais, viciadas de um erro manifesto.* O Conselho voltaria, de resto, a utilizar o critério do "erro manifesto" na decisão de 27 de Dezembro de 2002, relativa à lei de finanças para 2003. Na doutrina, veja-se, especificamente, Jean Pierre Camby, *La Jurisprudence Constitutionnelle en Matière de Sincérité de la Présentation Budgétaire*, 1996, pág. 23. Este autor (pág. 26 e segs.) considera que a jurisprudência constitucional passou, desde 1993, a impor a regra da sinceridade orçamental na vertente da *informação,* da *avaliação* e da *obrigatoriedade*. Em primeiro lugar (no seguimento de jurisprudência anterior), por exigir o fornecimento de uma completa e verdadeira informação ao Parlamento, através de um conjunto verosímil de informação, em segundo lugar, por aceitar verificar, ainda que de uma forma minimal, se as previsões governamentais são adequadas aos indicadores de política económica e fiscal fornecidos, e, em terceiro lugar, por impor a obrigatoriedade de incluir na lei de finanças determinadas despesas pela natureza de que se revestem, impedindo, assim, a sua desorçamentação e, porventura, a sua privatização. Rémi Pellet, *Réformer la Constitution financière : pour de nouveaux principes budgétaires*, 2002, pág. 298 e segs.; François Luchaire, *Le contrôle du conseil constitutionnel sur les lois financières*, 1997, pag 304 e segs.; Louis Favoreau e Loïc Philip, *Les Grandes Décisions du Conseil Constitutionnel,* 1997, pág. 895 e segs. ; Christelle Destret, *L'émergence d'un nouveau concept: le principe de sincérité de la loi de finances,* 2000, pág. 105 e segs.; Hervé Arbousset, *La violation de la sincérité budgétaire: un grief plein d'avenir ?,* 2001, pág. 183 e segs.; Georges de Reilhan, *Le principe de sincérité budgétaire:*

da análise do conteúdo da lei do Orçamento, podendo colher-se as primeiras raízes no acórdão n.º 206/87, onde o Tribunal Constitucional considerou fictícia uma receita aprovada no Orçamento regional da Madeira, declarando-a inconstitucional, mesmo numa óptica de equilíbrio formal do Orçamento[1251]. Em sentido semelhante, o Tribunal

---

l'effectivité des saisines du Conseil Constitutionnel à l'épreuve des rapports de la Cour de Comptes sur l'exécution des lois de finances, 2002, pág. 187 e segs., onde o autor estabelece uma interessante comparação entre a invocação da violação do princípio da sinceridade orçamental junto do Tribunal Constitucional e a análise, efectuada pelo Tribunal de Contas, relativa aos resultados da execução orçamental, de modo a verificar se, efectivamente, havia motivos para se suscitar preventivamente a falta de sinceridade na apresentação das previsões orçamentais. Sobre a introdução do conceito de sinceridade na nova lei orgânica, Alain Lambert, *Doter la France de sa Nouvelle Constitution Financière,* 2000, pág. 119 e segs. e Benoit Chevauchez, *Transparence budgétaire : où en est-on ?,* 2002, pág. 67 e segs. Segundo Paul Amselek, *Le Budget de l'Etat et le Parlement sous la Ve République,* 1998, pág. 1471, através da utilização deste princípio passa a ser permitido verificar se *os recursos ou os encargos do Estado não são objecto de sobreavaliações ou de subavaliações, de dissimulações, de artifícios financeiros, de manipulações duvidosas.* Sobre esta questão, Martinez e di Malta, *Droit Budgétaire,* 1999, pág.285 e segs., referem-se mesmo a *mentiras orçamentais,* assim criticando duramente as propostas orçamentais governativas que contêm, frequentemente, *escolhas voluntárias de desinformação.* Os autores recordam, inclusivamente (pág. 292), o caso do Orçamento para 1994 que o Senado se recusou a apreciar denunciando, em termos de questão prévia, o irrealismo das previsões apresentadas pelo Governo. Para os autores, estas *mentiras orçamentais* têm na sua base um interesse *político, económico, jurídico e ideológico.* Para Michel Lascombe e Xavier Vandendriessche, *Le contrôle parlementaire et la proposition de la loi organique du 12 juillet 2000,* 2001, pág. 118, as decisões jurisprudenciais sobre o princípio da sinceridade ainda se encontram num estádio pouco desenvolvido, reduzindo-se o Conselho Constitucional a *um controlo mínimo relativamente a erros manifestos de apreciação.* Para estes autores, a sinceridade orçamental aumentará automaticamente pela eliminação (através da nova lei orgânica relativa às leis de finanças) dos *crédits evaluatifs* e *provisonnels* que permitiam que as despesas inscritas com essas verbas fossem ultrapassadas pelo Governo, sendo posteriormente ratificadas pelo Parlamento. Os autores, questionando-se sobre a influência que tem, necessariamente, na sinceridade orçamental a aceitação de determinados pressupostos económicos relativos ao crescimento económico, sugerem mesmo (pág. 119) que esses indicadores económicos possam ser confiados a uma entidade independente, tal como em parte já sucede na Alemanha. Ainda sobre a autonomia de conceitos como os da claridade orçamental (*budgetklarheit),* da precisão orçamental (*budgetgenauigkeit)* e da verdade orçamental (*budgetwahrheit)* na doutrina da alemã, Frédérique Rueda, *Procédure Budgétaire allemande et Française,* 2000, pág. 190 e Gröpl, *Bonner Kommentar zum Grundgesetz,* 2002, pág. 109 e segs.

[1251] Estava em causa uma previsão de receita que tinha como única justificação a possibilidade de se solicitar uma contribuição por parte do Orçamento de Estado em termos

Constitucional voltou a pronunciar-se sobre o conteúdo orçamental, ainda que de modo tímido, no acórdão 532/2000 a que se seguiu o acórdão n.º 529/2001[1252].

No acórdão 532/2000 estava em causa a questão de saber se o facto de o legislador nacional ter fixado (no seguimento do previsto na Lei das Finanças Regionais) um limite ao aumento do endividamento líquido das regiões autónomas violava a proporcionalidade exigida tendo em atenção a autonomia financeira e orçamental das Regiões Autónomas. Colocado perante esta questão o Tribunal não se eximiu à tarefa de analisar a razoabilidade do critério fixado na Lei de Finanças das Regiões Autónomas[1253].

O Tribunal procurou, assim, densificar o conceito de restrição razoável da autonomia financeira das Regiões Autónomas buscando a *definição positiva prévia do conteúdo mínimo inexpugnável da autonomia financeira das Regiões* (...). Ora, segundo o Tribunal, neste domínio, onde se entrechocam o conceito de equilíbrio financeiro nacional e o conceito de autonomia regional, *a ideia de justa medida* (...) *é, aqui, a ideia rectora da interpretação.*

---

não previstos na lei em vigor. Na verdade, é o próprio Orçamento (num dos seus relatórios) que refere que, *a cobertura desta parte do défice* (não coberta por um empréstimo a contrair) *terá de ser encontrada em termos de solidariedade nacional e de acordo com as soluções que vierem a ser definidas para o futuro, tendo em conta a indispensável alteração dos actuais critérios de transferências do OE para a RAM.* O Tribunal Constitucional considerou, assim, que essa previsão de receita era uma *simples formulação contabilístico-orçamental, desprovida de real conteúdo* e, nessa medida, declarou a inconstitucionalidade material do mesmo por não se registar um equilíbrio formal entre o conjunto das receitas e das despesas previstas. Contra esta decisão manifestou-se Teixeira Ribeiro que, em *Anotação ao acórdão n.º 206/87 do Tribunal Constitucional,* 1987, pág. 264, refere que a receita prevista com base na solidariedade nacional (transferência do Orçamento nacional mediante modificação dos critérios legais de transferências orçamentais para as Regiões Autónomas) podia ser mais ou menos falível mas, segundo considera, *a lei não define o grau de erro tolerável para as previsões orçamentais,* cabendo, neste caso, à Assembleia Legislativa Regional, que aprova o Orçamento, aceitar, ou não, a receita apresentada, averiguando da sua credibilidade.

[1252] Neste aresto voltou a recordar-se a doutrina expendida no acórdão 532/2000, sem novos elementos adicionais.

[1253] Nos termos do art. 26.º da Lei das Finanças das Regiões Autónomas (Lei n.º 13/98, de 24 de Fevereiro) previa-se (art. 26.º número 3) que, *na fixação de tais limites atender-se-á a que, em resultado de endividamento adicional ou de aumento do crédito à Região, o serviço de dívida total, incluindo as amortizações anuais e os juros, não exceda, em caso algum, 25% das receitas correntes do ano anterior, com excepção das transferências e comparticipações do Estado para cada Região.*

O *Procedimento de Iniciativa e de Aprovação* 601

Neste contexto, o Tribunal, não deixando de considerar legítimo o estabelecimento de limites ao endividamento das Regiões Autónomas, não deixou igualmente de verificar que essa fixação pode (em concreto) contender insuportavelmente com a autonomia orçamental das Regiões Autónomas na definição do equilíbrio dos (seus) Orçamentos, relevando assim a questão do foro constitucional e não somente da liberdade de opção política do legislador nacional beneficiário de uma permissão genérica de fixação dos referidos limites[1254].

Não obstante o Tribunal ter acabado por considerar que a restrição imposta à autonomia orçamental das Regiões não era *"nuclearmente redutora"* da mesma autonomia e que os critérios legais eram conformes *ao padrão de um comportamento económico racional* (...) não sendo o limite máximo estabelecido *desproporcionado ou desrazoável*, o certo é que o facto de ter entrado nesta análise material demonstra bem como as questões estritamente financeiras não estão, por natureza, arredadas da apreciação constitucional.

Isso mesmo ficou bem demonstrado no acórdão em apreço, quando se conclui pela submissão do legislador orçamental a critérios de razoabilidade, de proporcionalidade e de adequação, reconhecendo e aceitando que *vai implícita, na arguição de semelhante vício, a convicção de que o conhecimento dele (ou seja o controlo da observância, no caso, do princípio da proporcionalidade) não excede o poder de cognição do Tribunal Constitucional*[1255].

Voltando à questão da protecção da reserva da iniciativa orçamental do Governo, julga-se que, também aí, se poderá equacionar a intervenção do órgão de justiça constitucional nos casos em que as emendas modificativas do Parlamento ultrapassem os limites da razoabilidade, assim evitando que o Governo se veja obrigado a utilizar o instituto da moção de confiança, que levaria a que a lei do Orçamento se transformasse, ao arrepio constitucional, num momento

---

[1254] O Tribunal acaba assim por perguntar, dando as respostas com as próprias perguntas: *admitirá a Constituição, por exemplo, uma fixação por lei da República de um limite zero de dívida pública regional? Admitirá a Constituição que se elimine – e o mesmo é dizer, se reduza drasticamente – a autonomia creditícia das Regiões?*

[1255] Para o Tribunal, *o legislador do Orçamento de Estado não goza de uma "absoluta" liberdade na fixação anual do limite máximo de aumento do endividamento das Regiões: tal limite não poderia ser fixado em zero, nem sequer abaixo de um certo mínimo, tido por razoável.*

602   *A Lei por detrás do Orçamento*

anual de apreciação positiva da existência de uma maioria parlamentar de suporte ao Governo[1256].

A terminar, importa salientar que a discussão em torno dos limites impostos aos parlamentares no momento da discussão orçamental não parece ser um assunto encerrado no contexto da Constituição Portuguesa e muito menos na discussão que tem vindo a ser travada nos vários ordenamentos jurídico constitucionais estudados. Na verdade, embora a maioria dos ordenamentos analisados preveja actualmente a aplicação da "lei-travão" durante o debate parlamentar, começa a desenhar-se a ideia de que a utilização do Orçamento por parte dos Governos como um dos principais instrumentos de política económico-financeira impõe que se acentuem as limitações ao poder de modificação parlamentar.

Em Portugal, depois da discussão parlamentar em torno dessa problemática, ocorrida durante a revisão constitucional de 1997, mas que não chegou a transpirar para a doutrina, a questão parece ter adormecido, não sendo retomada por qualquer dos partidos políticos que a aprovaram em 1997, ainda que sem a maioria qualificada exigida para a aprovação de uma alteração constitucional[1257].

[1254] Refira-se, desde logo, que nem sequer se encontra prevista qualquer regra que imponha que as propostas de emenda parlamentar sejam compensadas de modo a manter inalterado o equilíbrio orçamental apresentado pelo Governo. Sobre essa questão, considerando que *parece recomendável introduzir o princípio da emenda compensatória,* veja-se o Relatório sobre as Perspectivas da Reforma da Lei de Enquadramento do Orçamento do Estado, incluído na publicação do Ministério das Finanças, *Reforma da Lei do Enquadramento Orçamental – Trabalhos Preparatórios e Anteprojecto,* 1998, pág. 23.

[1255] Recorde-se que a inclusão de uma norma, prevendo limites ao poder de emenda parlamentar relativamente à proposta de Orçamento, foi proposta pelo CDS/PP durante a revisão constitucional de 1997, tendo sido aprovada pelo PS. Apesar disso, nos projectos de revisão constitucional subsequentes, apresentados por estes partidos políticos, não consta qualquer referência a esta questão. Sobre os "bastidores" da revisão constitucional de 1997 e sobre as difíceis negociações políticas que estiveram na sua origem e que justificam, em parte, as soluções aprovadas, Marcelo Rebelo de Sousa, *Uma Constituição Moderna para Portugal,* comentada por Luís Marques Guedes, 1997, e António de Araújo, *A Revisão Constitucional de 1997 – Um ensaio de história político-constitucional,* 1999.

C – A PROTECÇÃO DO CONTEÚDO ORÇAMENTAL DURANTE O ANO ECONÓMICO EM CURSO

1. A aplicação da "lei-travão" na discussão e aprovação de leis do Orçamento rectificativas

A Constituição, ao prever a iniciativa reservada do Governo relativamente à apresentação da proposta orçamental, reserva igualmente a este órgão, a iniciativa de propor alterações a essa mesma lei. Na verdade, a aprovação da lei do Orçamento mediante um procedimento reforçado, tendo em conta a reserva de iniciativa governativa, implica que, no momento da sua alteração, sejam cumpridas (para as matérias orçamentais) as mesmas regras procedimentais, pelo que apenas o Governo pode apresentar uma proposta de alteração da lei do Orçamento "stricto sensu", não podendo, de resto, ser forçado a fazê-lo, já que, ao contrário do que se passa com a apresentação da proposta inicial de lei de Orçamento, o Governo tem, relativamente às suas modificações, o completo domínio do "se" e do "quando"[1258].

Já ao nível da capacidade de emenda à proposta de alteração do Orçamento (no domínio estritamente orçamental, repita-se) podem, bem ao invés, encontrar-se importantes diferenças quanto à amplitude dos poderes de conformação parlamentares, uma vez que estando a lei do Orçamento em vigor, as alterações parlamentares (após iniciativa governamental) encontram-se limitadas e enquadradas, não só pelo âmbito material da proposta do Governo, como, também, pela aplicação da "lei-travão", que aí encontra, de resto, o seu domínio preferencial.

Assim, em primeiro lugar, nos casos em que o Governo decida tomar a iniciativa de propor algumas alterações à lei do Orçamento em vigor, a protecção da sua reserva de iniciativa impõe que seja este órgão a definir, com a amplitude da sua proposta, os limites

---

[1258] Não sendo o Governo obrigado juridicamente a propor modificações à lei do Orçamento em vigor, tal significa que qualquer modificação legal com reflexos financeiros promovida pelo Parlamento (mesmo sem violar a lei-travão) apenas terá efectividade no ano económico em curso no caso de o Governo aceitar propor uma modificação da lei do Orçamento.

604   *A Lei por detrás do Orçamento*

materiais de uma eventual intervenção derivada por parte do Parlamento[1259]. Em segundo lugar, e para além de limitados pelo âmbito da proposta do Governo, encontram-se ainda os parlamentares sujeitos à aplicação do número 2 do art. 167.º da Constituição, não podendo, com as alterações que aprovem, promover uma diminuição das despesas ou um aumento das receitas orçamentadas, desta forma se protegendo o conteúdo material e o equilíbrio inerentes ao Orçamento em vigor[1260].

Perante este cenário, importa dizer que o modo como a Constituição faz aplicar diferenciadamente o funcionamento da lei-travão, no caso de se estar a discutir uma proposta de Orçamento previsional ou de Orçamento rectificativo, sem atender ao tipo de modificação efectuada pelos parlamentares, não é merecedora de apreço, pela rigidez com que encara o fenómeno modificativo.

Na verdade, para a Constituição é mais grave uma modificação parlamentar incidente sobre um Orçamento rectificativo que aumente, ligeiramente, uma determinada despesa ou diminua uma dada receita (ainda que se proponha uma compensação, de modo a salvaguardar o equilíbrio global e mesmo que não se agrave o endividamento), do que uma modificação durante a discussão do Orçamento inicial que modifique por completo as opções governativas, mesmo que agrave

---

[1259] Neste sentido, veja-se o teor do acórdão do Tribunal Constitucional 317/86.

[1260] Nos termos do art. 167.º número 2, *os deputados, os grupos parlamentares e os grupos de cidadãos eleitores não podem apresentar projectos de lei ou propostas de alteração que envolvam, no ano económico em curso, aumento das despesas ou diminuição das receitas do estado previstas no Orçamento*. Esta norma foi substancialmente alterada pela revisão constitucional de 1982. Na verdade, até essa data podia ler-se: *os deputados não podem apresentar projectos de lei ou propostas de alteração que envolvam aumento das despesas ou diminuição das receitas do Estado previstas na lei do Orçamento*. As alterações sofridas na revisão constitucional de 1989 e de 1997 não são relevantes para o conteúdo do artigo, na perspectiva em questão. A alteração resultante da revisão de 1982, para além de substituir a expressão "lei do Orçamento", conotada (indevidamente) com o sistema de aprovação dualista vigente até 1982, pela expressão mais global de "Orçamento", veio clarificar que o âmbito de aplicação da referida norma se resumia às propostas que visassem incidir sobre o ano económico em curso e que, por isso mesmo, interferissem com o Orçamento em vigor. Desta forma, não serão inconstitucionais as propostas parlamentares que visem apenas aplicar-se em Orçamentos subsequentes, devendo ser, nesse caso, apreciadas pelo Governo no momento de elaboração dos Orçamentos futuros, no caso de ainda se manterem em vigor nessa altura.

O *Procedimento de Iniciativa e de Aprovação* 605

o recurso ao crédito e ainda que não traga associada qualquer compensação[1261].

Esta divergência de soluções é bem demonstrativa do formalismo inerente ao modo como o funcionamento da lei-travão se encontra previsto na Constituição, descurando a defesa das opções políticas do Governo que se encontram plasmadas na proposta de Orçamento, assim levando a que se possa afirmar que o Parlamento apenas o é, verdadeiramente, uma vez por ano, durante a discussão orçamental[1262].

O número 2 do art. 167.º da Constituição estabelece um limite material relativamente ao conteúdo das propostas de iniciativa legislativa derivada, da autoria de parlamentares ou de grupos de cidadãos eleitores, a que se associa um limite temporal relativamente à aplicação da referida norma. Assim, nos termos constitucionais, determina-se, desde logo, que as propostas parlamentares[1263] não poderão envolver aumento de despesas ou diminuição de receitas do Estado *previstas no Orçamento*, tendo-se fixado, desta forma, a lei do Orçamento vigente no momento da apresentação da proposta parlamentar como o padrão face ao qual se deverá aferir se as propostas parlamentares envolvem, ou não, um aumento de despesas ou uma diminuição de receitas.

Julga-se, porém, que este padrão não pode funcionar sozinho, como de resto tem sido demonstrado pela prática parlamentar francesa, onde a questão mais se tem colocado. Assim, no caso de o Governo propor uma diminuição das receitas orçamentadas, o Parlamento deve poder aprovar a diminuição proposta, mas, também, uma diminuição não tão acentuada como a que o Governo pretenderia,

---

[1261] Na verdade, a rigidez do art. 167.º número 2 da Constituição, ao fazer referência às despesas e receitas previstas na lei do Orçamento, não permite que os deputados aprovem um aumento de despesas, mesmo que se tenha já verificado que algumas das despesas previstas não se vão realizar, ou que existe uma cobrança de receitas acima dos valores orçamentados.

[1262] Refira-se, ainda, que, também durante a discussão do Orçamento rectificativo se poderia afirmar (como faz Marcelo Rebelo de Sousa, *10 questões sobre a Constituição, o Orçamento e o Plano,* 1986, pág. 138, a propósito da proposta de Orçamento previsional) que, no caso de o Governo considerar as modificações introduzidas pelo Parlamento como sendo insuportáveis, sempre se poderia demitir ou associar uma moção de confiança às suas propostas.

[1263] Referir-se-ão, por uma questão de simplicidade, apenas as propostas parlamentares.

ainda que neste caso esteja a baixar as receitas face ao montante estabelecido no Orçamento em vigor.

Do mesmo modo, relativamente ao Orçamento das despesas, se o Governo propuser um aumento das despesas orçamentadas, deve ser permitindo ao Parlamento aprovar (alternativamente) um aumento de despesas que fique aquém do proposto pelo Governo nesse domínio, ainda que aumente, em termos absolutos, o montante inscrito no Orçamento em vigor[1264].

A terminar, refira-se que, não obstante o classicismo do critério dual pautado pela proibição de maiores despesas e de menores receitas continuar em vigor na generalidade dos ordenamentos jurídico-constitucionais analisados, o certo é que este se manifesta cada vez mais antiquado e redutor, por se afastar, cada vez mais, da realidade financeira, onde uma mera preocupação de equilíbrio formal do Orçamento se afigura míope face às potencialidades que a variação das receitas e das despesas pressupõem. Com efeito, a solução vigente, embora tenha o mérito aparente da sua facilidade de aplicação, deixa bem patente as suas fragilidades pelo simplismo com que remete para uma aplicação cega perante a efectiva valia das propostas apresentadas.

Com efeito, no contexto actual, como, porventura em qualquer contexto, uma diminuição "de" receitas (potenciais) pode não significar, a final, uma diminuição "das" receitas (efectivamente cobradas), tal como um aumento "de" despesas pode não significar um verdadeiro aumento "das" despesas efectivadas, ou, pelo menos, pode significar um aumento, não despiciendo, de "outras" receitas[1265].

[1264] Contra, em termos muito restritivos, Teixeira Ribeiro, *Os poderes orçamentais da Assembleia da República*, 1987, pág. 188, considera que, *quer os deputados propusessem menor ou maior aumento das despesas e menor ou maior redução das receitas* (do que o proposto pelo Governo) *sempre estariam a propor aumento das despesas e diminuição das receitas previstas no Orçamento*. No mesmo sentido, Alexandra Leitão, *Os poderes do executivo em matéria orçamental*, 1997, pág. 78, considera que, *cabendo ao Governo executar o Orçamento, cumpre-lhe conhecer quais as verbas necessárias à prossecução da política económico-financeira por si definida, não competindo à Assembleia da República substituir-se ao Governo no desempenho dessa função*.

[1265] A referência a "despesas" e a "receitas", no plural, e não a "despesa" ou a "receita" entendidas como valores globais, parece levar a crer que se encontram impossibilitadas as proposta em que se compensem maiores despesas, num sector, com diminuição de despesas, noutro sector, ou em que se compense um aumento de despesas com um aumento

O *Procedimento de Iniciativa e de Aprovação*

Na verdade, para além da não admissão de propostas compensadas, seja entre diversas receitas ou diversas despesas, seja entre umas e outras, a norma prevista no art. 167.º da Constituição é insensível ao facto de, por vezes, uma diminuição de determinadas receitas poder ter um efeito positivo na cobrança das mesmas, podendo, eventualmente, provocar um aumento das receitas efectivamente cobradas. Do mesmo modo, a lei-travão prevista no texto constitucional português manifesta a sua indiferença perante o facto de se proporem despesas altamente reprodutivas ou apenas se pretender aumentar a

---

de receitas, ou, ainda, que se proponha uma diminuição de receitas associada a uma diminuição de despesas, ou a um aumento de outras receitas. Desta forma, ficam inviabilizadas soluções em que houvesse compensações de receitas com despesas, ou só de receitas com receitas e de despesas com despesas, proibindo-se todo e qualquer aumento nominal de despesas, tal qual previsto no texto da lei do Orçamento, sem se admitir sequer um aumento de despesas que seja compensado por uma diminuição de outras despesas. Da mesma forma, não é permitido propor um aumento de despesas que tenha como contrapartida uma cobrança de receitas acima do que se encontra orçamentado, nem criar uma despesa que substitua outra, que, por algum motivo, não possa ser realizada. O modo como a lei-travão está equacionado leva a que a norma também não seja sensível a situações em que uma despesa seja geradora de receitas compensadoras. Relativamente às receitas, a questão da proibição de diminuição de receitas também levanta algumas perplexidades por não se poder diminuir uma receita no caso de haver excesso de cobrança de outras, nem diminuir uma receita como consequência da diminuição de algumas despesas. Da mesma forma, fica impossibilitada a diminuição de uma receita, compensando-se tal facto com a criação de outra, não sendo a Constituição sensível ao facto de, por vezes, uma diminuição de uma taxa de um imposto, ou a eliminação de um benefício fiscal, não ter como consequência uma diminuição efectiva de uma receita, tal como um aumento de despesas no domínio do combate à evasão fiscal pode ter como consequência um aumento das receitas cobradas. Referindo-se ao facto de uma extinção de benefícios fiscais (despesa fiscal) nem sempre implicar uma diminuição de receitas, veja-se, com interesse, Guilherme Waldemar d'Oliveira Martins, *A despesa Fiscal e o Orçamento do Estado no Ordenamento Jurídico Português*, 2004, pág. 241 a 243. Esta questão não é, também, estranha na doutrina estrangeira. Sobre o assunto, veja-se, por exemplo, Salvador Montejo Velilla, *Las Iniciativas Legislativas com Repercusión Presupuestaria. Algunas Reflexiones sobre los Apartados 5 y 6 del Articulo 134 de la Constitución Española de 1978,* 1994, pág. 395, onde o autor refere que, *como é conhecido, uma redução de tributos nem sempre traz consigo uma menor cobrança. Em segundo lugar (...) alguns dos tributos directos não se cobram no ano em que se criam, mas no ano seguinte, pelo que as reformas tributárias não afectariam o Orçamento em vigor mas apenas o próximo.* O autor não deixa, no entanto, de aludir ao facto de as retenções na fonte gerarem receitas (provisórias) que são cobradas no próprio ano em que se cria o imposto (ou em que se modifica a taxa do mesmo), pelo que sempre haveria, nesta perspectiva, uma diminuição de receitas (ainda que provisórias) no próprio ano.

608 A Lei por detrás do Orçamento

despesa corrente, sendo incapaz de compreender a diferença entre um mero aumento de despesas ou diminuição de receitas e uma diminuição de uma receita tendo em consideração o excesso de cobrança de outra, ou o aumento de uma despesa atendendo ao facto de uma outra se ter mostrado inviável, ou menos onerosa do que o julgado inicialmente.

Por outro lado, não parece que a intangibilidade do Orçamento em vigor seja apenas afectada, em termos perniciosos, através de propostas parlamentares que incidam sobre o aumento de despesas ou a diminuição de receitas, sendo que o número 2 do art. 167.º da Constituição não se mostra capaz de impedir a aprovação de modificações ao Orçamento que, mesmo enquadrando-se no âmbito material aberto pelo Governo, desvirtuem as suas propostas, alterando o sentido material do Orçamento vigente, incluindo modificações que, diminuindo despesas, dificultem a execução orçamental em termos não desejados pelo Governo[1266].

Isto não significa que se perfilhe uma solução como a prevista na Lei Fundamental Alemã, que imponha ao Governo a obrigação de justificar, no Parlamento, o motivo da recusa em aceitar a inscrição das modificações propostas pelo Parlamento que, aparentemente, impliquem maior despesa ou menor receita[1267]. Na verdade, julga-se que uma solução como essa levaria a que o Governo tivesse que ficar com o ónus político de ter de se opor a todas as medidas eleitoralmente sedutoras propostas pela oposição (sobretudo em casos de Governos minoritários) em nome de uma justificação, menos rentável eleitoralmente, ligada ao equilíbrio das Finanças Públicas.

Por outro lado, uma solução como a alemã parece ser dogmaticamente contraditória, por ser levar um órgão externo ao Parlamento a condicionar o sentido das votações parlamentares, bem como o conteúdo das propostas dos deputados num domínio da sua competência exclusiva. Julga-se, assim, que a boa solução deve passar,

---

[1266] Considerando que qualquer tipo de proposta de modificação orçamental implica uma violação da *estabilidade orçamental*, Lobo Xavier, *O Orçamento como Lei*, 1990, pág. 122.

[1267] De acordo com o art. 113.º número 1 da Lei Fundamental, *carecem de aprovação do Governo Federal as leis que aumentem as despesas do Orçamento propostas pelo Governo Federal ou que impliquem novas ou futuras despesas. O mesmo se aplica para as leis que impliquem ou possam implicar, no futuro, diminuição de receitas.*

O Procedimento de Iniciativa e de Aprovação 609

como se verá, pela integral responsabilização do Governo pelas suas opções financeiras, que deverão ser globalmente explicadas no Parlamento durante a apresentação do Orçamento.

2. A aplicação da "lei-travão" na discussão e aprovação de iniciativas legislativas parlamentares durante o ano económico em curso

A figura da "lei-travão" assume, na Constituição Portuguesa, um duplo âmbito de aplicação, já que incide, não só sobre as propostas parlamentares de alteração da lei do Orçamento, como, igualmente, sobre iniciativas legislativas avulsas, da autoria parlamentar, que impliquem no ano económico em curso, atendendo ao seu conteúdo, maiores despesas ou menores receitas para o Estado do que as que se encontram previstas no Orçamento em vigor, com isso dificultando a sua execução e a manutenção do equilíbrio estabelecido.

O objectivo da norma prevista no número 2 do art. 167.º da Constituição é, desde logo, a protecção do conteúdo orçamental, mas, ainda assim, não de uma forma tão rigorosa como, numa primeira fase, defendiam Gomes Canotilho e Vital Moreira, quando consideravam que, *o Orçamento não pode ser alterado por iniciativa da AR. Donde se compreende que também o não possa ser indirectamente, por efeito de outras leis (...) os deputados estão impedidos de apresentar e fazer aprovar projectos de lei (...) não apenas quando envolvam aumento de despesas ou diminuição de receitas mas também quando impliquem qualquer outra modificação no Orçamento*[1268]. Os referidos autores vieram a suavizar, aliás, tal posição, passando a defender que, *os deputados (...) não estão impedidos de apresentar e fazer aprovar projectos de lei (...) que envolvam diminuição de despesas ou aumento de receitas. No entanto, pode suceder que certas leis dependam de previsão orçamental para serem implementadas (por exemplo, cobrança de novos impostos)*[1269].

[1268] Gomes Canotilho e Vital Moreira, *Constituição da República Portuguesa Anotada*, 1985, pág. 212.

[1269] Gomes Canotilho e Vital Moreira, *Constituição da República Portuguesa Anotada*, 1993, pág. 688.

610 *A Lei por detrás do Orçamento*

Na verdade, a preocupação evidenciada pela norma prevista no número 2 do art. 167.º da Constituição acaba por se resumir à protecção do equilíbrio orçamental alcançado, não permitindo que este seja modificado sempre que, com essa mudança, se agravem as condições desse mesmo equilíbrio. Por isso mesmo parecem excessivos, neste contexto, os limites impostos aos parlamentares, já que, para uma simples protecção do equilíbrio material alcançado deveriam ser admitidas compensações entre diversas despesas, entre diversas receitas ou entre umas e outras, desde que estas não prejudicassem o equilíbrio vigente[1270].

Por outro lado, se a preocupação constitucional extravasa a mera manutenção do equilíbrio atingido, protegendo igualmente o conteúdo orçamental em absoluto, então não deveriam ser admitidas modificações, mesmo que estas diminuíssem despesas ou aumentassem receitas, tal como, inicialmente, propunham Gomes Canotilho e Vital Moreira. Refira-se ainda que, apesar de a lei-travão não se aplicar directamente ao Governo, sempre que este órgão queira, durante o ano económico em curso, aumentar determinadas despesas terá de contar com a aceitação do Parlamento em modificar a lei do Orçamento em vigor.

Isto significa que, enquanto que as propostas legislativas de origem parlamentar que implicam aumento de despesas ou diminuição de receitas estão, desde logo, impedidas pela Constituição, as iniciativas legislativas governamentais que provoquem os mesmos efeitos, não estando limitadas pela Constituição, terão de obter o aval parlamentar, no caso de implicarem modificações à lei do Orçamento[1271].

Ainda relativamente à aplicação da lei-travão, refira-se que a proibição vigente se prende com a diminuição de receitas ou o aumento de despesas do Estado previstas no Orçamento, pelo que não se aplicará este normativo sempre que a intervenção normativa dos parlamentares se resuma a impedir que o Governo promova uma

---

[1270] Sobre a não admissão de propostas compensadas, Teixeira Ribeiro, *Os poderes orçamentais da Assembleia da República,* 1987, pág. 16 e 17. O autor considerava que seria difícil verificar antecipadamente se as compensações invocadas seriam, na prática, suficientes para manterem intocável o equilíbrio orçamental.

[1271] Sobre o âmbito de aplicação da lei-travão, veja-se o interessante debate ocorrido durante a revisão constitucional de 1982, em *Diário da Assembleia da República,* de 16 de Julho de 1982, pág. 5045 a 5048.

O *Procedimento de Iniciativa e de Aprovação* 611

diminuição de despesas, já que, nessa situação, apenas se estaria a procurar manter a situação prevista no Orçamento, não agravando a situação existente. Já relativamente a uma tentativa do Governo de aumentar receitas, que fosse contrariada pelos deputados, importaria distinguir os casos em que o Governo estaria a dar uso a autorizações legislativas fiscais com reflexos financeiros já orçamentados, das restantes situações, uma vez que apenas nesta segunda hipótese seria viável a intervenção impeditiva do Parlamento[1272].

Face à aplicação temporal da norma em apreço, surgem também dificuldades interpretativas. Na verdade, aplicando-se a lei-travão (apenas) durante o ano económico em curso, significa que, para evitar a aplicação desta norma, o Parlamento pode, e tem-no feito em variadas ocasiões, remeter a entrada em vigor dos efeitos financeiros de uma dada lei para o Orçamento do ano seguinte, sem necessidade de qualquer preocupação com o equilíbrio do Orçamento futuro, que, desta forma, ficará potencialmente agravado com uma nova despesa ou uma menor receita.

Diferentemente, em Itália, de acordo com o art. 81.º da Constituição, depois de se afirmar que, *com a lei de aprovação do Orçamento não se podem estabelecer novos tributos nem novas despesas*[1273], acrescenta-se que, *qualquer outra lei que implique novas ou maiores despesas deve indicar os meios para fazer-lhes frente*[1274]. Esta deter-

---

[1272] Refira-se que a intervenção parlamentar violadora do art. 167.º número 2 da Constituição pode decorrer de uma intervenção normativa positiva, de uma revogação ou modificação de um acto normativo do Governo, de uma recusa de ratificação ou de uma ratificação com emendas.

[1273] Não obstante este limite constitucional, não vigora, durante a discussão da proposta orçamental, qualquer limite ao poder de emenda da proposta do Governo por parte dos parlamentares, desde que estas se contenham dentro das despesas e receitas preexistentes. Sobre essa questão, veja-se o Regulamento da Câmara dos Deputados, art. 121.º. Criticando o modo eminentemente formal como as emendas parlamentares com compensação entre receitas e despesas (também previstas) são concebidas e aceites, implicando sempre a necessidade de correcções posteriores por parte do Governo, desta forma assumindo pouca utilidade e aumentando a complexidade do sistema, Dickmann, *Procedimento Legislativo e Coordinamento delle Fonti*, 1997, pág. 289, para quem a apreciação sobre as emendas deveria transitar do presidente da Câmara dos Deputados, para o Governo, aproximando-se, desta forma, do sistema constitucional alemão previsto no art. 113.º da Lei Fundamental.

[1274] A referência a "qualquer outra lei" tem sido entendida como um modo de excepcionar a lei de aprovação do Orçamento dessa obrigação, já que esta lei, na medida em

minação constitucional tem sido interpretada pela doutrina maioritária e pela jurisprudência como aplicando-se não só no ano em curso, como nos anos seguintes ao ano económico em que é criada a despesa, desta forma tentando não sobrecarregar o legislador orçamental futuro, que, caso contrário, se veria condicionado por um conjunto elevado de despesas já aprovadas e que não poderia ignorar, tendo em consideração a natureza meramente formal da lei orçamental, tal como esta é concebida em Itália[1275/1276].

---

que não pode conter novas despesas, também não necessitará de encontrar formas de as suportar. Para um resumo dos trabalhos preparatórios que estiveram na base da actual redacção do art. 81.º, Fagiolo, *La Costituzione della Repubblica Italiana*, 1992, pág. 1034 e segs. Relativamente ao número 4 do art. 81.º, fica claro das discussões havidas e das várias propostas apresentadas, que apenas se pretendia uma indicação dos meios financeiros destinados a fazer frente à nova ou acrescida despesa, sem necessidade de uma especificação absoluta. Refira-se, aliás, que a norma do art. 81.º número 4 tem a sua origem no art. 43.º da Lei da Contabilidade Geral do Estado, de 18 de Novembro de 1923, que estabelecia que, *nas propostas de novas ou maiores despesas ocorridas depois da aprovação do Orçamento devem ser indicados os meios para fazer frente às referidas despesas.* Nesse sentido, Angela Musumeci, *La Legge Finanziaria,* 2000, pág. 27, que acaba por referir que, na prática, a obrigação de propostas de despesas compensadas de modo efectivo acabou por não ter a eficácia esperada no combate ao despesismo, na medida em que, com o número 4 do art. 81.º da Constituição, não se estabeleceu um sinalagma rigoroso que obrigasse a que *cada nova lei de despesa instituísse sempre uma equivalente entrada tributária ou uma redução de uma despesa, deixando espaço para a possibilidade de recurso à dívida pública para cobrir novas despesas.*

[1275] Sobre a obrigação de indicar as fontes de financiamento, mesmo para os anos seguintes, de modo a que seja a mesma maioria parlamentar que cria a nova despesa a ser responsável por encontrar um modo de financiamento adequado para a totalidade da referida despesa, Amatucci, *Funzioni e Disciplina del Bilancio dello Stato*, 1972, pág. 203. Relativamente ao destinatário do dever de indicar as fontes de financiamento, Amatucci, *L'Ordinamento Giuridico Finanziario*, 1999, pág. 59. O autor considera que a regra prevista no número 4 do art. 81.º da Constituição não se deverá aplicar à lei financeira, nem às outras leis *collegati* que sejam aprovadas em articulação directa com a lei do Orçamento. Segundo o referido autor, no caso de se impor uma obrigação de cobertura, também, para essas leis, isso significava que o equilíbrio material do Orçamento nunca podia ser modificado, já que as novas despesas teriam de ser cobertas com receitas efectivas, o que não pareceria ser razoável, por retirar uma das competências parlamentares que resulta na determinação do desequilíbrio material aceitável. O art. 81.º número 4 aplicar-se-ia, desta forma, apenas depois da aprovação da lei do Orçamento e das leis que lhe andam associadas. Contra esta posição manifestou-se, porém, o Tribunal de Contas, através da sentença de 17 de Outubro de 1992.

[1276] Veja-se, de resto, ainda no ordenamento jurídico-constitucional italiano, a figura dos *fundi speciali,* que são um conjunto de dotações destinadas a ser utilizadas para determinados fins genéricos, não especificados no momento da aprovação da lei do Orçamento.

O *Procedimento de Iniciativa e de Aprovação*   613

A referida norma tem um objectivo facilmente identificável, apesar do modo como se encontra redigida não ser totalmente claro relativamente às possibilidades de financiamento admitidas[1277], o que tem levado a dúvidas doutrinais[1278] e a hesitações jurisprudenciais[1279] que não se têm, de resto, mantido uniformes ao longo do tempo.

Entre os vários *fundi speciali* (denominados vulgarmente de *fundi globali* em razão do facto de serem verbas globais sem destino especificado) previstos no art. 11-bis da Lei n.º 468, de 5 de Agosto de 1978, tal como alterada pelas leis n.º 362/1988, n.º 94/1997 e n.º 208/1999, bem como pelo Regulamento n.º 492/1999, destaque-se aquele que é destinado precisamente a suportar despesas advenientes de propostas de lei que possam vir a ser aprovadas durante o ano económico. Criticando essa técnica orçamental, Rita Perez *La Riforma del Bilancio dello Stato e la Legge n.º 468 del 1978*, 1979, pág. 248, considerando que mais valia aprovar uma "lei-travão", assim impedindo que essas propostas se aplicassem no ano em curso. Sobre os vários fundos orçamentais destinados a serem utilizados pelo Governo durante a execução orçamental, da Empoli, de Ioanna e Vegas, *Il Bilancio dello Stato*, 2000, pág. 59 e segs., pág. 75 e pág. 230 e segs., que apelidam os referidos fundos de *"pulmões" administrativos de modificação do Orçamento.*

[1281] Os modos de executar a obrigação prevista no art. 81.º número 4 da Constituição encontram-se estabelecidos no art. 11-ter da Lei n.º 468, de 5 de Agosto de 1978, tal como alterada pelas leis n.º 362/1988, n.º 94/1997 e n.º 208/1999, bem como pelo Regulamento n.º 492/1999. Assim, nos termos desta norma são admitidos como modos de *cobertura financeira das leis que impliquem novas ou maiores despesas ou menores receitas,* a utilização de *fondi speciali,* a *redução de anteriores autorizações legislativas de despesa,* ou *modificações legislativas que impliquem novas ou maiores receitas.* De acordo com a referida norma, fica, em qualquer caso, excluída *a cobertura de novas ou maiores despesas correntes com receitas de capital.* Para um elenco dos modos mais comuns de ultrapassar as regras legais relativamente ao dever de indicação das fontes de financiamento de novas ou acrescidas despesas, Rita Perez, *Il nuovo articolo 81 della Costituzione*, 1993, pág. 115.

[1282] Onida, *le Leggi di Spesa nella Costituzione*, 1969, pág. 39 e segs. analisa, demoradamente, as duas teses interpretativas do âmbito de extensão da obrigação de cobertura das leis de despesa, fazendo referência às soluções apontadas pela doutrina (dividida) e pela jurisprudência. A chamada *tese restritiva* tem como pressuposto o facto de o art. 81.º número 4 pretender evitar uma reforma *in pejus* do equilíbrio orçamental estabelecido na lei do Orçamento, o que levaria a restringir a obrigação de cobertura ao ano económico em curso, pelo que, se a lei de despesa diferisse a sua entrada em vigor para o ano seguinte, estaria isenta de procurar um modo de financiamento. A denominada *tese extensiva,* que acabou por ser adoptada jurisprudencialmente, defende a necessidade de indicar, simultaneamente com a aprovação de novas despesas, os modos de financiamento para todo o período temporal da despesa. Sobre o modo como a interpretação doutrinal e a prática parlamentar tem vindo a evoluir ao longo do tempo, da Empoli, de Ioanna e Vegas, *Il Bilancio dello Stato,* 2000, pág. 217 e segs.

[1283] Apesar de algumas variações da jurisprudência ao longo do tempo, a decisão jurisprudencial mais emblemática neste domínio continua a ser a sentença da Corte Constitucional n.º 1, de 7 de Outubro de 1966. A referida sentença foi elaborada a propósito da Lei

614 A Lei por detrás do Orçamento

Na verdade, com o número 4 do art. 81.º da Constituição Italiana pretende-se promover uma conciliação entre a vontade de atribuir aos parlamentares a possibilidade de interferirem na definição das despesas do Estado e o reconhecimento da natureza "pródiga" da maioria dessas propostas, muitas vezes desligadas de quaisquer preocupações de política orçamental e de equilíbrio financeiro[1280]. Assim sendo, pretendeu-se que os autores de propostas que viessem a determinar aumentos de despesas fossem igualmente responsáveis por encontrar o modo de financiar essa política despesista, de modo a não perturbar, em termos inaceitáveis, o equilíbrio orçamental existente.

A necessidade de aplicar esta regra, inclusivamente para despesas que venham a ocorrer no âmbito de outros exercícios económicos, é, em Itália, tanto mais necessária quanto o facto de a lei do Orçamento não ter ao seu dispor, em termos constitucionais, margem de manobra para, no momento da sua elaboração, poder tomar decisões materiais em sede de despesas ou de receitas que lhe permitissem reavaliar as novas despesas aprovadas em exercícios anteriores[1281].

---

n.º 901, de 13 de Agosto de 1959 que aprovava um programa de reforma da rede viária cujos custos seriam suportados por verbas a inscrever em leis a aprovar, sucessivamente, nos dez anos seguintes ao da aprovação da lei que aprovava o programa de reforma. A Corte Constitucional considerou que a obrigação de encontrar meios para fazer frente às novas despesas se impunha, não só para o ano em curso, como para os anos seguintes, até ao final da despesa. A Corte Constitucional veio também afirmar que, embora a obrigação prevista no número 4 do art. 81.º seja extensiva às despesas plurianuais, ainda assim não se exige o mesmo rigor na determinação dos meios de financiamento para o ano em curso e para os anos subsequentes. Assim, enquanto que para o ano em curso a Corte Constitucional exige *uma pontualidade rigorosa* na determinação dos meios de financiamento, já para os anos seguintes a Corte Constitucional basta-se com uma *demonstração suficientemente segura, não arbitrária e irracional, numa equilibrada relação com a despesa que se pretende efectuar nesses exercícios futuros* (...). Sobre a amplitude e os limites do art. 81.º número 4, já a Corte Constitucional se havia, de resto, pronunciado, não em termos tão directos, nas sentenças n.º 66, de 16 de Dezembro de 1959, n.º 31 de 6 de Junho de 1961 e n.º 36 de 20 de Junho de 1961. Mais recentemente, vejam-se as decisões n.º 260 de 25 de Maio de 1990, n.º 384, de 17 de Outubro de 1991 e n.º 25 de 29 de Janeiro de 1993, onde a Corte Constitucional tem desenvolvido o critério da *razoabilidade da cobertura*. Para uma análise da jurisprudência constitucional, Colapietro, *La Giurisprudenza Costituzionale nella Crisi dello Stato Sociale*, 1996, pág. 75 e segs.

[1280] Buscema, *Il Bilancio,* 1971, pág. 164 e Musumeci, *La Legge Finanziaria*, 2000, pág. 30.

[1281] Esta situação atenuou-se, como se viu, a partir de 1978, com a introdução da lei financeira, que veio colmatar essa dificuldade. A lei financeira encontra-se, também, sujeita

O *Procedimento de Iniciativa e de Aprovação*				615

Em Portugal, ao contrário do que se passa em Itália, não parece que se possa afirmar que o legislador comum que difira para o ano económico seguinte a produção dos efeitos não permitidos pelo número 2 do art. 167.º da Constituição, logre, com isso, vincular irremediavelmente o legislador orçamental a inscrever na lei do Orçamento o aumento da despesa ou a diminuição da receita provocados pela alteração legislativa efectuada[1282/1283].

Na verdade, o facto de determinadas despesas ou receitas decorrerem de normas oriundas de legislação aprovada no ano económico anterior e terem tido a sua vigência protelada para o ano seguinte, de modo a evitar a aplicação da lei-travão, não lhes confere, por esse mesmo facto, qualquer reforço que não tenham obtido por qualquer outro motivo. Assim sendo, as referidas normas deverão ver os seus reflexos financeiros incluídos na lei do Orçamento, em termos gerais, podendo naturalmente ser entretanto revogadas ou modificadas (inclusivamente pela própria lei do Orçamento) ou, até, serem, nalguns casos, ignoradas e não orçamentadas.

O Tribunal Constitucional pronunciou-se sobre esta problemática no acórdão n.º 297/86, onde estava em causa a apreciação de uma lei parlamentar, da iniciativa dos deputados, que havia consagrado, a

---

à obrigação imposta pelo número 4 do art. 81.º da Constituição, sendo que, na medida em que também fixa o recurso máximo ao mercado financeiro e o montante dos *fondi speciali,* tem aí uma saída muito utilizada pelos parlamentares para financiar as despesas que crie. Considerando que a lei financeira, tendo em conta a sua *conexão lógica* com a lei do Orçamento, não se encontra sujeita à obrigação do número 4 do art. 81.º, veja-se, em termos minoritários na doutrina italiana, Amatucci, *L'Ordinamento Giuridico Finanziario,* 1999, pág. 59 e Brancasi, *Legge Finanziaria e Legge di Bilancio,* 1985, pág. 542.

[1282] Contra, Gomes Canotilho e Vital Moreira, *Constituição da República Portuguesa Anotada,* 1993, pág. 688. Os autores consideram que a consequência de propostas legislativas, geradores de maiores despesas ou de menores receitas, que apenas se apliquem no ano seguinte é que *os Orçamentos posteriores deverão tomar em conta essas leis;* No mesmo sentido, para Sousa Franco, *Sobre a Constituição Financeira de 1976-1982,* 1983, pág. 35, a lei-travão *não visa limitar a criação, para o futuro, de novas despesas, a executar como obrigações legais pelos Orçamentos posteriores à entrada em vigor da lei geradora de novo gasto.* Concordantemente, Oliveira Martins *Constituição Financeira,* 1984/85, pág. 324.

[1283] Uma questão que importa ter presente é a da delimitação correcta do momento em que a diminuição das receitas opera. Na verdade, a proibição prevista na norma constitucional apenas inviabiliza que a diminuição das receitas afecte as que se encontrem previstas no Orçamento do ano económico em curso.

616   *A Lei por detrás do Orçamento*

meio de um ano económico, de modo indirecto, maiores despesas legais do que as previstas no Orçamento em vigor[1284]. No caso em apreço previa-se que os trabalhadores com salários em atraso veriam suspensos os respectivos processos de execução fiscal, bem como os processos de execução de sentenças de despejo por falta de pagamento, devendo as rendas em atraso ser, entretanto, suportadas pelo Fundo de Desemprego, no que consubstanciava, nas palavras do Primeiro-ministro, *uma nova obrigação legal, isto é uma obrigação inexistente à data da aprovação da lei do Orçamento*[1285].

O Tribunal Constitucional acolheu parcialmente a doutrina expendida por Gomes Canotilho e Vital Moreira[1286], para quem, perante uma lei aprovada em violação da "lei-travão", *a solução mais razoável* passaria por considerá-la ineficaz até ao final do referido ano económico, devendo a lei do Orçamento seguinte acolher as verbas necessárias para fazer face à referida obrigação legal que assim "ressuscitaria", já que *nada haveria de irregular se ela* (a lei) *expressamente contivesse essa cláusula* (temporal). Elaborando uma variação sobre o tema, o Tribunal Constitucional decidiu, ao invés, socorrer-se da *inconstitucionalidade parcial (ratione temporis)*[1287], declarando, em conformidade, a inconstitucionalidade das referidas normas (apenas) durante o ano económico em curso.

Perante a situação em apreço, julga-se que, quer a solução doutrinal, quer a jurisprudencial merecem reservas. Na verdade, relativa-

---

[1284] O Tribunal voltou a pronunciar-se sobre esta questão no acórdão 317/86, onde estava em causa uma norma do Orçamento rectificativo que isentava do pagamento de taxas moderadoras os utilizadores das urgências do Serviço Nacional de Saúde. O Tribunal recordou a doutrina do acórdão 297/86 e considerou a norma inconstitucional, mas apenas para aquele ano económico.

[1285] Para além destes motivos, ainda se questionava o facto de a referida lei ter aumentado o prazo legal para os trabalhadores invocarem a rescisão ou suspensão dos referidos contratos de trabalho, assim se alargando a possibilidade de beneficiarem dos respectivos subsídios de desemprego. O Tribunal Constitucional haveria de dar razão ao Primeiro-Ministro em todos os pontos questionados, sem nunca levantar a questão de saber até que ponto o dispositivo travão impediria a aprovação de normas legais que tivessem apenas reflexos indirectos sobre o aumento das despesas.

[1286] Gomes Canotilho e Vital Moreira, *Constituição da República Portuguesa Anotada*, 1993, pág. 688.

[1287] Para o Tribunal Constitucional, *a violação do n.º 2 do artigo 170.º da CRP não pode conduzir à inaplicabilidade para todo o sempre, da norma que infringe esse preceito.*

O *Procedimento de Iniciativa e de Aprovação*   617

mente à solução doutrinal, não parece que as referidas normas, porque violadoras do texto constitucional, possam furtar-se a uma declaração de inconstitucionalidade, já que não é indiferente que uma determinada lei contenha uma cláusula temporal que a coloque ao abrigo da violação constitucional ou que prescinda da referida cláusula, confiando que esta há-de vir a ser suprida pelo intérprete, pelo aplicador, ou pelo órgão de justiça constitucional. Não se duvida que a diferença passa, apenas, pelo facto de num caso faltar uma cláusula de aplicação temporal diferida e no outro não, mas essa diferença é, precisamente, a que fundamenta a linha divisória entre a constitucionalidade e a inconstitucionalidade e não somente entre a eficácia e a ineficácia.

Com efeito, o texto constitucional refere que os deputados, os grupos parlamentares, as assembleias legislativas regionais e os grupos de cidadãos eleitores *não podem* apresentar propostas em contravenção com a lei-travão, pelo que qualquer violação a essa disposição deve ser considerada inconstitucional. Neste sentido, julga-se que as leis que prevejam a sua aplicação no ano económico em curso são inconstitucionais, não se dirigindo a norma constitucional ao intérprete (que deveria interpretar as leis com base nesse critério), mas ao legislador, que as deve fazer aprovar com base nesse critério.

É que, não considerando a lei inconstitucional, mas (apenas) ineficaz no ano económico em curso, depreende-se que, no caso de a referida lei ter revogado uma lei anterior, não haveria lugar a repristinação da legislação revogada, pelo que não se podendo aplicar a legislação revogada e não se podendo aplicar, igualmente, a legislação aprovada, ficar-se-ia num vazio jurídico que poderia ser, para além de estranho, criador de sérias dificuldades interpretativas e aplicativas[1288].

Também a solução jurisprudencial, apesar de declarar a inconstitucionalidade da norma violadora do número 2 do art. 167.º (solução que se defende), fê-lo em termos que suscitam as maiores reservas pela forma como tenta limitar os efeitos da declaração de inconstitu-

---

[1288] Na verdade, não se vê como se pudesse defender que a revogação da legislação anterior também se mantivesse suspensa, já que a lei-travão incide sobre normas e a norma revogatória de legislação anterior não se afigura violadora da respectiva lei-travão. Repare-se, assim, como, durante o ano económico em curso, poderia ocorrer uma revogação, não (imediatamente) substitutiva, de normas legais sustentadoras de despesas.

cionalidade de modo que parece extravasar a própria função jurisdicional. Com efeito, o Tribunal considerou que *não interessa discutir agora quais sejam, em geral, os efeitos da inconstitucionalidade. Uma coisa é certa: a violação do n.º 2 do art. 170 da CRP não pode conduzir à inaplicabilidade, para todo o sempre, da norma que infringe esse preceito. Isto porque ele só impede que os deputados apresentem projectos de lei que envolvam aumento de despesas no ano económico em curso. Por outras palavras: apresentação de projectos de lei envolvendo aumento de despesas nos anos seguintes não é proibida*[1289].

Ora, importa recordar que o juízo do Tribunal Constitucional é um juízo sobre normas e sobre a sua compatibilização com a Constituição no momento da sua apreciação, sendo que, no momento da apreciação jurisdicional (tal como no momento da sua discussão parlamentar), a lei em causa violava a Constituição por pretender aplicar-se no ano económico em curso, pelo que era essa vontade legislativa que o Tribunal deveria apreciar e não substituir.

Com efeito, o que o Tribunal fez foi declarar inconstitucional a norma de entrada em vigor e substituí-la por outra que dissesse que "a referida lei entra em vigor juntamente com a lei do Orçamento do próximo ano". Ora, uma opção como esta releva do poder legislativo e não do poder jurisdicional, pelo que o Tribunal acaba por usurpar funções que se lhe não encontram cometidas. Na verdade, não pode o Tribunal Constitucional saber qual seria a opção legislativa (ainda que esta deva ser uma *vontade objectivada*[1290]) quando confrontada

---

[1289] O Tribunal Constitucional haveria de voltar a aplicar esta teoria, sem, contudo, a voltar a discutir, no acórdão 317/86, tendo Teixeira Ribeiro, *Anotação ao acórdão n.º 317/ 86 do Tribunal Constitucional*, 1987, pág. 340, considerado, com razão, que, *parece-nos algo chocante que venha a ser considerada parcialmente válida uma norma provinda de proposta que não devia, sequer, ter sido discutida.*

[1290] Rui Medeiros, *A Decisão de Inconstitucionalidade,* 1999, pág. 420, refere-se ao facto de a vontade hipotética do legislador, em casos de redução da lei inconstitucional dever ser *uma vontade objectivada* e não a vontade hipotética subjectiva do legislador concreto que esteve na origem das normas em questão. A questão da redução da lei parcialmente inconstitucional foi, de resto, alvo de críticas, mesmo no interior do Tribunal Constitucional. Com efeito, em voto de vencido anexo ao acórdão n.º 12/84, Jorge Campinos criticou a legitimidade do Tribunal para *desmembrar um preceito que não partilha, "inventar" alíneas (...) Caso contrário, desconhecendo tais axiomas, a mais alta instância da fiscalização da constitucionalidade transformar-se-á, rapidamente, num ilegítimo "legislador" (...).*

O *Procedimento de Iniciativa e de Aprovação*   619

com a inconstitucionalidade da entrada imediata em vigor, sendo equacionável que o legislador preferisse reformular a norma, fazendo-a aprovar pelo Governo, ou determinar, alternativamente, uma qualquer outra data de entrada em vigor.

Também relativamente à opção constitucional se levantam acentuadas dúvidas sobre o problema da repristinação, já que, sendo declarada inconstitucional (ainda que só por alguns meses), dever-se-ia entender que, durante esse tempo, se promoveria a repristinação das leis eventualmente revogadas, sendo que estas normas seriam, depois, aparentemente, novamente consideradas revogadas, já não por decisão legislativa, mas por determinação do Tribunal Constitucional, na medida em que este órgão concedia como que uma segunda vida à referida lei (temporalmente) inconstitucional[1291].

Na verdade, julga-se que a Constituição não confere poderes ao Tribunal Constitucional para se aventurar por estes domínios criativos que escapam à previsão do número 4 do art. 282.º, que, autorizando que os efeitos da inconstitucionalidade comecem mais tarde não autoriza que terminem mais cedo. É que, o facto de se permitir que uma determinada norma, declarada inconstitucional para o futuro, veja a sua inconstitucionalidade passada ser "perdoada" não implica que se admita, igualmente, uma inconstitucionalidade com um termo certo[1292].

Finalmente, importa ainda analisar uma última situação em que a lei-travão pode encontrar campo de aplicação e que passa pela sua articulação com o funcionamento do mecanismo de apreciação parlamentar dos actos legislativos do Governo[1293]. Na verdade, não é claro

---

[1291] Fica ainda por esclarecer a dúvida de saber se a referida lei poderia ser revogada durante o seu período de inconstitucionalidade, evitando-se assim o seu renascimento.

[1292] Refira-se, aliás, que o Tribunal Constitucional não justificou os efeitos temporais da inconstitucionalidade com qualquer invocação do art. 282.º número 4. Diferentemente, aceitando que o Tribunal Constitucional reduza a lei inconstitucional, precisamente para acomodar situações como as que aqui se criticam, Rui Medeiros, *A Decisão de Inconstitucionalidade,* 1999, pág. 438. Para este autor, *uma rejeição indiscriminada das decisões de invalidade parcial qualitativa não pode ser aceite.* Rui Medeiros não apresenta, ainda assim, solução para os problemas derivados da posição que defende.

[1293] No debate da Assembleia Constituinte, Mota Pinto, Diário da Assembleia Constituinte, 1975, pág. 3870, referiu-se brevemente a esta problemática quando deu por adquirido que se o Governo legislasse no sentido de aumentar as despesas ou diminuir as receitas, os parlamentares poderiam opor-se a tal pretensão em sede de ratificação. Como se verá, essas não são as hipóteses mais problemáticas, já que os casos mais controversos se prendem, antes, com as situações em que o Governo pretenda diminuir uma despesa ou aumentar uma receita.

620 *A Lei por detrás do Orçamento*

se a aprovação pelo Governo de um aumento de receitas ou de uma diminuição de despesas inibirá o Parlamento, sob pena de violar a lei-travão, de fazer cessar a vigência de tais actos legislativos ou de lhes introduzir algum tipo de emendas[1294].

Assim, no caso de um Decreto-lei que visa diminuir uma despesa (porque extingue um serviço, por exemplo) afigura-se que a actuação dos deputados que impedem essa extinção e, como tal, que impedem uma diminuição daquela despesa é legítima e não consubstancia um aumento de despesas. De facto, se essa despesa que o Governo pretende agora não realizar se encontra orçamentada isso significa que tem uma contrapartida do lado das receitas, pelo que ao recusar a extinção dessa despesa os deputados apenas optam por manter o regime orçamental aprovado inicialmente, não pondo em causa o equilíbrio ou estabilidade orçamental, sem prejuízo de, politicamente, inviabilizarem uma actuação do Governo que, nalguns casos, poderá, ainda assim, ser superada ao nível da (não) execução orçamental.

Já no caso de o Governo pretender aumentar uma receita, importará equacionar duas sub-hipóteses. Assim, se se estiver perante um diploma legislativo que venha dar execução a uma autorização legislativa cuja receita provável se encontre já orçamentada, julga-se que a intenção parlamentar de recusar a ratificação não é válida, na medida em que vai, efectivamente, diminuir uma receita prevista no Orçamento, impedindo a sua realização no seguimento da autorização legislativa. No caso de o aumento de receita proposto pelo Governo não se enquadrar na sub-hipótese anterior e, como tal, a receita provável não se encontrar orçamentada, então a intervenção parlamentar é legítima, pois um não aumento de receita não equivale a uma diminuição desta[1295].

[1294] Reportando-se à relação entre a recusa de ratificação parlamentar e a lei-travão, Alexandra Leitão, *Os Poderes do Executivo em Matéria Orçamental,* 1997, pág. 72.

[1295] Se a recusa de ratificação pode significar uma violação da regra da lei-travão, também a ratificação com emendas pode ser inconstitucional sempre que os parlamentares se aproveitem desse mecanismo para promoverem alterações que vão para lá do proposto pelo Governo. Assim sendo, não poderá a emenda levar um aumento de despesa de montante superior ao aprovado pelo Governo, nem uma diminuição de receitas de montante também superior ao constante no Decreto-lei. Sobre a relação entre lei-travão e apreciação parlamentar dos actos do Governo, Jaime Leitão do Valle, *A participação do Governo no exercício da função legislativa*, 2000, pág. 303. O autor considera que, *quanto aos decretos-leis que*

O Procedimento de Iniciativa e de Aprovação

Em conclusão, pode reafirmar-se que o modo como a Constituição prevê, no seguimento, aliás, da generalidade dos ordenamentos jurídico-constitucionais analisados, a limitação dos poderes de iniciativa legislativa dos parlamentares que tenham reflexos financeiros, parece ser bastante simplista na sua construção, relevando, apenas, de uma redutora preocupação de equilíbrio orçamental que, de resto, é imperativamente imposto, em termos formais, pela Constituição[1296].

Na verdade, esse tipo de propostas parecem, de resto, nem sequer ser as mais gravosas, já que a orçamentação de novas despesas dependeria sempre da iniciativa governativa de propor uma modificação do Orçamento em vigor de modo a acomodar as novas despesas aprovadas legalmente, podendo ainda, segundo a opinião maioritária, o Governo, em muitas situações, não executar ou executar apenas parcialmente as novas despesas.

Nestes termos, pode mesmo considerar-se que a existência da lei-travão acaba apenas por funcionar, no domínio das despesas, como uma espécie de inversão do ónus da prova face ao Governo que, caso contrário, teria de justificar a não execução da nova despesa com a falta de cabimentação orçamental, sendo que, neste caso, a

---

implicam diminuição de despesas ou aumento de receitas, a solução será diversa, não se devendo admitir a possibilidade da sua apreciação parlamentar para efeitos de cessação de vigência. (...) E deve ser assim porque (...) a cessação de vigência acabaria por colidir funcionalmente com o mecanismo instituído pelo artigo 167.º n.º 2, ao ter como efeito o aumento de despesas ou a diminuição de receitas. Como se viu, ao contrário do que o autor defende, a cessação de vigência de uma diminuição de despesa aprovada pelo Governo não redunda num aumento de despesa constitucionalmente inadmissível, já que, nesse caso, o padrão relevante é o montante de despesas previsto na lei do Orçamento, que se mantém inalterado. No caso do aumento de receitas, apenas deverá funcionar a lei-travão quando a cessação de vigência impeça a realização de uma receita já orçamentada, o que, no fundo, não representa, de resto, um verdadeiro aumento de receitas face ao montante inscrito no Orçamento, mas apenas a sua efectivação. Sobre o assunto, mas apenas referindo, sem especificar, que a apreciação parlamentar dos actos do Governo não pode colidir com a lei-travão, Paulo Otero, *A "Desconstrução" da Democracia Constitucional,* 1997, pág. 618.

[1296] A preocupação de equilíbrio seria, neste caso, subsumível à preocupação em não modificar os termos em que o equilíbrio havia sido alcançado no momento da aprovação inicial do Orçamento, impedindo, desta forma, um agravamento do desequilíbrio material. Ainda relativamente ao simplismo do texto constitucional, refira-se que este não distingue, sequer, os casos em que o aumento se refere a despesas não efectivas ou a despesas efectivas. Sobre esta questão, Paz Ferreira, *Da Dívida Pública e das Garantias dos Credores do Estado,* 1995, pág. 168.

622 *A Lei por detrás do Orçamento*

incapacidade do Governo de promover a realização da nova despesa é presumida automaticamente[1297].

Na verdade, tão ou mais importante do que o estrito âmbito de aplicação da lei-travão, na sua vertente quantitativa, pareceria ser a adopção de uma lei-travão qualitativa, que funcionasse durante a discussão da proposta de Orçamento e durante o ano económico, e que impedisse a aprovação, por parte dos deputados, de propostas que modificassem o Orçamento em termos materiais, afastando-o da proposta orçamental e do programa do Governo, ainda que essas propostas parlamentares levassem eventualmente a uma diminuição de despesas ou a um aumento de receitas.

É, pois, um âmbito de aplicação inverso ao que vigora actualmente o que parece fazer falta no sistema constitucional português, de modo a proteger o Orçamento de investidas avulsas do Parlamento que o Governo não consiga suster e que lhe desvirtuem o Orçamento a aprovar ou já aprovado. Na verdade, o Orçamento, mais do que um mero plano contabilístico, em que um aumento de receitas ou uma diminuição de despesas é sempre benvindo, tem de continuar a ser um programa político e o resultado de uma política governativa integrada, a qual, por vezes, se desvirtua tanto por um aumento, como por uma diminuição de despesas, sem esquecer que, não raro, as modificações ao nível da despesa ou da receita não têm, em termos estritamente contabilísticos, os efeitos que à primeira vista se poderiam esperar.

[1297] Contra, Lobo Xavier, *O Orçamento como Lei*, 1990, pág. 121, considera que, *mesmo que o Parlamento aprove leis que produzam um aumento da despesa ou uma diminuição da receita a eficácia de tais actos normativos estará sempre dependente da anuência do Governo*, o que não parece ser inteiramente verdade. Com efeito, se não existisse lei-travão, uma diminuição de receitas seria automaticamente aplicável, mesmo sem modificação orçamental, e um aumento de despesas poderia ser exigível dependendo da obrigatoriedade dessa despesa e da existência de verbas suficientes na rubrica orçamental relativamente à qual as despesas tinham sido aumentadas. O autor considera, ainda (pág. 93), que no caso de inexistência de lei-travão o Governo ficaria submetido a uma obrigação política de promover uma iniciativa de modificação do Orçamento para poder acolher a inscrição orçamental das novas despesas aprovadas parlamentarmente. Contra, Jaime Leitão do Valle, *A Participação do Governo no Exercício da Função Legislativa*, 2000, pág. 136. Para o referido autor, *perante uma lei que aumentasse despesas ou reduzisse receitas, o Governo teria, em obediência ao princípio da legalidade, de lhe tentar conferir exequibilidade através da margem de manobra orçamental que, no momento, existisse.* No Direito Espanhol este tema é analisado por Perez Jimenez, *Las Limitaciones a la Iniciativa Legislativa Financiera en la Constitución Española*, 1981, pág. 111.

CONCLUSÃO
O Orçamento a quem o trabalha

> *Ainda que o conjunto das suas propostas possa ter um ar de "desideratum", parece preferível fazê-lo assim, com o intuito de apresentar um diagnóstico claro e completo da situação, em vez de ocultar alguma crítica pela simples suspeita da sua inoperância política a curto prazo. O estudioso deve dar ao político uma visão transparente da realidade, ainda que admita de antemão que todas ou parte das suas conclusões terão que aguardar indefinidamente por factores que somente o político pode e deve apreciar. A possível discrepância entre o governante e o estudioso não deve ser objecto de preocupação, pelo contrário, pode ser um factor de progresso na medida em que cada um desenvolva responsavelmente o seu papel[1298].*

No final da presente dissertação parece ser pertinente invocar o alerta lançado por Christoph Gröpl, quando afirma que *o Direito Orçamental está enredado numa crise*[1299]. Na verdade, a encruzilhada normativa e orgânica em que a lei do Orçamento se encontra carece de uma reforma urgente e global, que pense a lei do Orçamento fora de um contexto de mera evolução dentro da tradição, mas a verdade é que, apesar de alguns alertas[1300], esta problemática parece estar

---

[1298] Fernando Santaolalla, *El Parlamento en la encrucijada,* 1989, pág. 10 e 11.

[1299] Gröpl, *Bonner Kommentar zum Grundgesetz,* 2002, pág. 164.

[1300] Veja-se, nomeadamente, Cavaco Silva, *Para mais tarde recordar,* Diário de Notícias, 23 de Janeiro de 2003, pág. 9, onde o autor *propõe retirar ao poder político a competência para fixar o valor anual do saldo do Orçamento e entregá-la a uma Comissão de Especialistas, de reputação indiscutível, gozando de total independência, à qual competiria, também, acompanhar a evolução da grandeza do saldo e garantir a sua veracidade.* Esta ideia acaba por recuperar, de alguma forma, o pensamento de Armindo Monteiro, *Do*

624 *A Lei por detrás do Orçamento*

arredada das preocupações da generalidade da doutrina, bem como do próprio legislador constitucional[1301].

Na verdade, são a propósito da Constituição Orçamental, bem apropriadas as palavras de Rogério Soares, quando imaginava, com enorme realismo, que, *se fosse possível a um jurista particularmente interessado pelas coisas do Direito Público entrar no sono da princesa da fábula, não precisaria de deixar correr os cem anos para descobrir atónito que à sua volta tudo mudou. Bastava-lhe ter esperado pelo desencanto os últimos vinte anos e verificaria que o seu castelo de construções e os seus servidores estavam irremediavelmente submersos no silvado duma nova realidade, perante o qual se encontravam indefesos. E o dramático, quase trágico, é que não há forças benfazejas que rasguem novas clareiras e tracem novas sendas*

Orçamento Português, 1921, pág. 24, quando propunha *dar aos especialistas a força precisa para que as razões serenamente ponderadas vençam a maneira de ver apaixonada e irreflectida das assembleias.* No mesmo sentido, propondo um conjunto de medidas que, de alguma forma, a serem levadas à prática implicariam um novo paradigma orçamental, veja-se o Relatório apresentado pela Comissão incumbida de elaborar o Programa de Reforma da Despesa Pública (ECORDEP), de 20 de Junho de 2001, onde, no meio das 50 medidas apresentadas, se encontram algumas com forte impacto na organização do Orçamento do Estado. Assim, na medida n. 34, propunha-se: *elaborar o Orçamento para quatro anos, vinculativo no ano corrente e indicativo para os três anos seguintes.* Do mesmo modo, previa-se na medida n. 36: *alterar a metodologia de elaboração do OE, numa primeira fase apresentando para debate na AR os grandes agregados macroeconómicos e do Orçamento e numa segunda submetendo à AR a proposta do OE.* Refira-se que esta solução, de inspiração francesa, acabou por ter uma consagração parcial na última alteração da lei de enquadramento orçamental, operada pela lei n. 48/2004, de 24 de Agosto, em que se consagrou (novamente sob inspiração francesa) a figura do debate parlamentar sobre a orientação da política orçamental. Este debate, a ter lugar durante o mês de Maio, fará deslocar a apresentação da proposta de lei das grandes opções em matéria de planeamento para essa mesma data, descolando-se, deste modo, a apresentação desta proposta de lei do momento (15 de Outubro) da apresentação da proposta de lei do Orçamento. Não sendo ainda possível avaliar o impacto desta solução, crê-se que a mesma possa vir a ser positiva, precisamente por reservar para o Parlamento a discussão das grandes linhas de orientação macroeconómicas, valorizando as grandes opções relativas ao planeamento em prol da discussão das verbas inscritas na proposta de lei do Orçamento. Tudo dependerá da valia do conteúdo da lei das grandes opções em matéria de planeamento e da sua real efectividade face à proposta de lei de Orçamento.

[1301] Uma análise dos vários projectos que estiveram na origem das revisões constitucionais de 2004 e de 2005 permite verificar que em nenhum deles se propõe qualquer modificação relativamente à Constituição Orçamental.

O Orçamento a quem o trabalha 625

para um regresso ao velho mundo, como numa readmissão ao paraíso, e, apesar de tudo, de muitos lados se nota o esforço para mergulhar na realidade com um arsenal obsoleto e, pior ainda, com um pathos dissonante com os tempos. Como um cavaleiro de elmo emplumado que galhardamente lançasse um repto a um carro de assalto[1302].

Com efeito, no Direito Orçamental também muita coisa mudou, mas a verdade é que se a princesa da fábula fosse deputada da nação ainda hoje se sentiria totalmente em casa quando acordasse do sono, o que não pode deixar de ser preocupante.

Terminada esta dissertação, sobra a certeza de que a temática relacionada com a aprovação parlamentar do Orçamento tem sido, ao longo da História, uma das mais discutidas e analisadas, estando presente na generalidade das Constituições, das obras doutrinais de Direito Público e dos acervos jurisprudenciais dos órgãos de justiça constitucional dos diversos países. Ainda assim, pode também dizer-se que, de certo modo, depois de Laband e do seu inestimável contributo para a compreensão da natureza jurídica do Orçamento na dupla perspectiva normativa e orgânica, nada de substancial se acrescentou.

Com efeito, qualquer discussão em torno da lei do Orçamento parece estar, à partida, enfeitiçada pelo dogma da aprovação parlamentar, que, congregando na sua efectivação prática a unanimidade das críticas, se encontra imune, na sua concepção teórica, a uma discussão efectiva, assumindo uma dimensão intocável, não obstante haver um consenso, tal como na princesa da fábula de Rogério Soares, de que *à volta tudo mudou,* e um unanimismo relativo ao facto de que a intervenção parlamentar, em matéria orçamental, se assemelha, cada vez mais, a *um cavaleiro de elmo emplumado que galhardamente lançasse um repto a um carro de assalto*[1303].

[1302] Rogério Ehrhardt Soares, *Direito Público e Sociedade Técnica,* 1969, pág. 5.

[1303] Considerando que a sobrevivência da noção tradicional do controlo parlamentar parece estar envolvida num misterioso ar de inevitabilidade, como se estivesse em causa na sua discussão algo de mais profundo e inatingível do que a eficiência governamental, David Coombes, *The Role of Parliament in Budgetary Decisions: Some General Conclusions,* 1976, pág. 365. O autor acrescenta mesmo (pág. 382), referindo-se aos procedimentos parlamentares, que *estes se revelam, cada vez mais, anacrónicos e anómalos, levando a que os próprios parlamentares se sintam cada vez mais frustrados pela sua inabilidade, contrastante com os seus aparentemente extensos poderes formais, para exercer qualquer*

626   *A Lei por detrás do Orçamento*

A verdade é que, no domínio orgânico, a existência de uma reserva de iniciativa exclusiva do Governo articula-se deficientemente com a reserva de aprovação parlamentar, imune, para além do mais, a qualquer tipo de lei-travão durante a discussão da proposta do Governo[1304]. Com efeito, uma situação como esta acaba, mais cedo ou mais tarde, por gerar desequilíbrios orgânicos, sobretudo no caso de coexistir com governos minoritários incapazes de fazer valer a sua proposta orçamental e o seu programa de Governo perante investidas pontuais de coligações negativas, imunes a qualquer responsabilidade política imediata[1305].

Neste contexto, pode mesmo falar-se numa certa perversidade do sistema constitucional português, que, favorecendo a criação de governos minoritários, os abandona depois à sorte de uma oposição dividida e fragmentada ou ao azar de um boicote sistemático do programa governativo, levando o Governo a executar um Orçamento em que não se reveja ou ao abandono (politicamente custoso) do poder para o qual foi eleito com base num programa (eleitoral e de governo) que depois lhe é impossível levar à prática.

Diferentemente, o Parlamento, embora veja a manutenção do poder de aprovação e de modificação orçamental assegurados constitucionalmente, encontra-se na prática cada vez mais limitado nos seus poderes de conformação material, seja pela diminuição das exigências de especificação orçamental, seja pelo alargamento dos poderes governativos ao nível da modificação do conteúdo orçamental, seja, ainda, pela não execução governativa das despesas ou pelo não

---

tipo de influência real nas decisões financeiras mais relevantes. Neste contexto, ficou célebre o desabafo do então presidente da Assembleia Nacional Francesa e antigo ministro das finanças, Edgar Faure, quando considerou que o debate parlamentar do Orçamento se reduzia a uma *liturgia, uma litania e uma letargia.* Pierre Joxe, *Revaloriser le débat budgétaire et moderniser les institutions financières,* 2001, pág. 32 e *Á propos d'une réforme historique,* 2001, pág. 29 e segs. O autor afirma que Edgar Faure recordava, dessa forma, a diferença entre a actividade parlamentar durante a IV.ª República, ao nível da intervenção no conteúdo da proposta orçamental, com a passividade decorrente das imposições ditadas pelos instrumentos normativos oriundos da V.ª República.

[1304] A não aplicação da lei-travão durante o debate orçamental é, de resto, uma solução minoritária no Direito Comparado.

[1305] Para um bom resumo da gradual desparlamentarização da decisão orçamental, Alexandra Leitão, *Os poderes do executivo em matéria orçamental,* 1997, pág. 15 e segs.

O Orçamento a quem o trabalha   627

cumprimento das previsões de receitas, tudo contribuindo para o aumento dos poderes governativos em sede orçamental[1306].

Na verdade, por mais que se queira valorizar o poder parlamentar de aprovação do Orçamento, o certo é que a efectividade desse poder é, na prática, bem menor do que à partida se poderia pensar, sendo, em grande parte, fictícia a ideia de que com aprovação parlamentar do Orçamento se consegue uma heterolimitação do Governo relativamente às opções financeiras do país[1307].

Com efeito, não trazendo agora novamente à colação a questão inerente ao facto de o projecto aprovado no Parlamento ser em enorme medida idêntico ao apresentado pelo Governo, nem a falta de autonomia política da maioria governamental face ao Governo, importa centrar as atenções numa problemática que tem vindo a ser objecto de interessantes debates, sobretudo por parte da doutrina Alemã, e que se prende com o grau de vinculatividade que as verbas orçamentadas representam para o Governo, no momento de se proceder à execução orçamental[1308].

[1306] Aludindo precisamente à contradição entre a aprovação formal do Orçamento por acto legislativo parlamentar, face ao seu conteúdo esmagadoramente heterodefinido, Joachim Hirsch, *Parlament und Verwaltung – Haushaltsplanung und Haushaltskontrolle in der Bundesrepublik Deutschland*, 1968, pág. 70. O autor considera que o conteúdo da lei do Orçamento representa, para o Parlamento, *uma espécie de segredo de Estado*. Em sentido próximo, verificando o facto de o Direito Orçamental estar em trânsito do poder legislativo para o poder executivo, Frank Lichterfeld, *Der Wandel der Haushaltsfunktionen von Bundeslegislative und Bundesexekutive – Ein Beitrag zum Verhältnis von Parlament und Regierung im Haushaltsbereich unter besonderer Berücksichtung der Stellung und Funktion des Haushaltsausschusses des Deutschen Bundestages,* 1969.

[1307] Referindo-se ao *mito do domínio orçamental do Parlamento*, que, na prática, desmente a boa vontade do Tribunal Constitucional Alemão em considerar, na decisão 70, 324 (356), que, *o Orçamento é um importante instrumento de controlo parlamentar do Governo*, Christoph Gröpl, *Haushaltsrecht und Reform – Dogmatik und Möglichkeiten der Fortentwicklung der Haushaltswirtschaft durch Flexibilisierung, Dezentralisierung, Budgetierung, Ökonomisierung und Fremdfinanzierung,* 2001, pág. 280 e segs., onde realça as efectivas limitações que o Parlamento experimenta em todo o ciclo orçamental. O autor acaba mesmo por afirmar (pág. 588), que o Direito Orçamental actual *é, ainda, um fantasma de uma época passada, nomeadamente do Konstitutionalismus.*

[1308] Na doutrina alemã, a opinião maioritária defende a natureza meramente autorizativa das verbas inscritas no Orçamento. Esta opinião estriba-se na herança, ainda muito presente, da natureza meramente formal da lei do Orçamento, tendo um elemento considerado preponderante no parágrafo 3, seja da *haushaltsgrundsatzgesetz – HGrG,* seja do *Bundeshaushaltsordnung – BHO.* Com efeito, nos termos destes diplomas enquadradores da

628 A Lei por detrás do Orçamento

A questão que tem vindo a dividir os autores é de fácil apresentação, resumindo-se ao facto de saber se a inscrição de verbas orçamentais por parte do Parlamento obriga o Governo a utilizar as referidas verbas ou se apenas confere uma autorização que pode (ou não) ser aproveitada pelo Governo.

Com é bom de ver, a aceitar-se, no seguimento das doutrinas dualistas alemãs dos finais do séc. XIX, que o Governo apenas fica autorizado a realizar as despesas orçamentadas, não havendo uma obrigação da sua execução, não obstante a sua votação pelo Parlamento, reduz-se a bem pouco a relevância da aprovação parlamentar das despesas[1309].

Na verdade, a considerar-se que a execução orçamental é um domínio da exclusiva competência do Governo, este executará as verbas, realizando as despesas, de acordo com o seu critério, estando apenas vinculado ao cumprimento das despesas a que se não possa furtar. Ora, nesse caso, as despesas obrigatórias passarão a ser, não

---

legislação orçamental, o *Orçamento autoriza a Administração a realizar as despesas* (...). Como representante da doutrina maioritária, Karl Hettlage, *Zur Rechtsnatur des Haushaltsplanes,* 1974, pág. 391 e segs., defende, no seguimento da legislação enquadradora, que o Orçamento (apenas) autoriza o Governo e a Administração a realizarem as despesas que considerem necessárias, estando, desta forma, o Governo apenas vinculado pelas obrigações legais e contratuais e não pela inscrição orçamental das verbas. No mesmo sentido, Thomas Puhl, *Die minderheitsregierung nach dem GG,* 1986, pág. 120; Werner Heun, *Staatshaushalt und Staatsleitung – Das Haushaltsrecht im parlamentarischen Regierungssystem des Grundgesetzes,* 1989, pág. 410 e segs.; Gunter Kisker, *Handbuch des Staatsrechts,* 1990, pág. 258 e Klaus Grupp, *Besonderes Verwaltungsrecht,* 2000, pág. 176.

[1309] A defesa da natureza meramente autorizativa das verbas orçamentais, reconhecendo-lhes uma eficácia meramente inter-orgânica, representa a opinião maioritária da doutrina europeia. Assim, veja-se, por exemplo, Onida, *Le Leggi di Spesa nella Costituzione*, 1969, pág. 556, ou Pierre Lalumière, *Les Finances Publiques*, 1986, pág. 282. Para este autor, *em matéria de despesas públicas a autorização* (orçamental) *não comporta uma obrigação, salvo certas despesas obrigatórias. Tendo sido as verbas autorizadas pelo Parlamento, o ministro responsável não é obrigado a utilizá-las.* Em França, não obstante a nova lei orgânica relativa às Finanças Públicas (artigos 12.º, 13.º e 14.º) ter tentado diminuir a capacidade do Governo de desfazer livremente durante a execução o que havia sido feito durante a aprovação, o Conselho Constitucional, na decisão de 27 de Dezembro de 2002 (lei de finanças para 2003), afirmou que, *o voto pelo Parlamento, na lei de finanças, dos plafonds relativos às grandes categorias de despesas e de créditos colocados à disposição dos ministros não implica, para estes, a obrigação de gastar a totalidade dos créditos abertos.*

O Orçamento a quem o trabalha 629

aquelas que foram inscritas no Orçamento pelo Parlamento, mas (somente) as que, por algum motivo, alheio à sua inscrição orçamental, não possam deixar de se realizar, sendo que essas mesmas despesas já se haviam imposto, pela sua obrigatoriedade, também ao Parlamento no momento da sua orçamentação.

Verifica-se, deste modo, que com a aceitação da doutrina que considera que o Parlamento apenas autoriza o Governo a executar as despesas, são precisamente as despesas não obrigatórias, que foram decididas livremente pelo Parlamento, as que o Governo pode deixar de executar, desta forma se completando um verdadeiro ciclo destrutivo da autonomia e da relevância dos poderes orçamentais do Parlamento[1310].

Refira-se que, para além do mais, aceitar que o Governo não execute as verbas orçamentadas por parte do Parlamento significa também conferir ao órgão executivo – no exercício de funções administrativas – uma segunda oportunidade, desta vez absoluta, de se opor à realização dessas mesmas verbas que foram aprovadas no exercício da função legislativa exclusiva do Parlamento. Com efeito, durante a discussão da proposta de Orçamento, o Governo já teve oportunidade de se manifestar contra a orçamentação dessas verbas. Assim, com a aceitação da natureza meramente autorizativa das verbas orçamentais reconhece-se ao Governo a possibilidade de, em sede de execução orçamental, e sem o contraditório da discussão parlamentar, conseguir inviabilizar as opções parlamentares maioritárias, o que só pode ser objecto de estranheza e de crítica[1311].

[1310] François Deruel e Jacques Buisson, *Finances Publiques, Budget et Pouvoir Financier,* 2001, pág. 98, referem que a não obrigação de utilização das verbas orçamentadas, não deve ser motivo para o Governo *inverter as opções fundamentais adoptadas pelo Parlamento nem de se esquivar sem razão imperiosa às despesas inscritas no Orçamento.* No mesmo sentido, considerando que a opção pelo reconhecimento de uma natureza meramente autorizativa das verbas orçamentais tem levado a inúmeros abusos desvirtuadores da lei do Orçamento, tal como parlamentarmente aprovada, Alain Lambert, *Doter la France de sa nouvelle Constitution Financière,* 2000, pág. 79.

[1311] Diferentemente, mas vendo a questão (aparentemente) de um prisma invertido, Alexandra Leitão, *Os poderes do Executivo em matéria orçamental,* 1997, pág. 82 afirma que, *as verbas das despesas públicas não envolvem uma obrigação de gastar o que implicaria uma intromissão da Assembleia da República na função administrativa de executar o Orçamento, constitucionalmente cometida ao Governo.* Com efeito, a questão pertinente parece ser a de saber até que ponto é que um órgão executivo, no exercício do

630   *A Lei por detrás do Orçamento*

Aqui chegados, importa verificar como a solução alternativa, que defende a vinculação do órgão executor às determinações do órgão legislativo, enferma, igualmente, de assináveis escolhos. Com efeito, a defesa de que o Orçamento das despesas assume uma natureza imperativa para o Governo, obrigando este órgão a executar integralmente as verbas orçamentadas, carece, igualmente, de razoabilidade[1312]. Na verdade, a execução das verbas orçamentadas de-

poder administrativo de execução orçamental, pode não cumprir as normas estabelecidas pelo Parlamento no exercício do poder legislativo, no caso de não se poder colher da própria lei do Orçamento qualquer indício que leve a aceitar que as normas orçamentais são meramente autorizativas. Mais próximo da verdade parece andar Lobo Xavier, *O Orçamento como Lei*, 1990, pág. 160 e segs, quando afirma que, *sobretudo em sistemas como o nosso, em que a Assembleia da República é integralmente co-responsável na definição das escolhas orçamentais, pode falar-se numa verdadeira obrigação política de realização de certas despesas: a não realização de uma acção prometida ou de um investimento planeado suscitará sempre uma questão de responsabilidade política do Governo*. Fica no entanto por saber se a não execução adequada das normas orçamentais apenas acarreta uma responsabilidade política do Governo ou se configura uma verdadeira ilegalidade.

[1312] Esta solução é defendida, na doutrina alemã, sobretudo, por Reinhard Hoffmann, *Haushaltsvollzug und Parlament*, 1972. Para este autor, que rompe com a doutrina maioritária (representada, por exemplo por Erwin Adolf Piduch, *Bundeshaushaltsrecht, Bd II*, 1988, comentário ao parágrafo 3 do *BHO*, pág. 3, que considera que sempre que o legislador queira vincular o executor orçamental tem de o fazer através da aprovação de uma lei não orçamental (*ausserbudgetären gesetz*)), o Governo não se encontra meramente autorizado (*ermächtigt*) a realizar as despesas orçamentadas, antes sendo obrigado (*verpflichet*) a executar integralmente o Orçamento. Para Reinhard Hoffmann, o facto de o parágrafo 3, seja da lei, seja do regulamento de enquadramento orçamental (*HGrG* e *BHO*) referirem que o Orçamento autoriza o Governo a realizar as despesas, não significa que (apenas) o autorize, tudo dependendo da vontade (vinculante) do próprio legislador. O que o princípio da separação de poderes não parece aceitar é que seja o Governo-executor a decidir se as verbas são meras autorizações ou verdadeiras obrigações. Para Reinhard Hoffmann, a natureza meramente autorizativa ou imperativa das despesas há-de retirar-se da vontade do legislador e não da livre opção do Governo, pelo que se este órgão não quiser, ou não puder executar alguma das verbas orçamentadas, deverá propor um Orçamento rectificativo para que o Parlamento modifique o texto orçamental aprovado. Este autor acaba, desta forma, por defender uma perspectiva extremamente parlamentar da aprovação orçamental, sustentando a sua opinião no facto de o sistema de governo alemão ter evoluído muito desde os tempos do dualismo legislativo, nomeadamente ao nível da responsabilidade política do Governo, pelo que não se justificaria continuar a sustentar uma autonomia executiva do Governo face às determinações do Parlamento perante o qual o Governo é responsável. O autor invoca ainda o art. 20.º número 3 da Constituição, segundo o qual o Governo se encontra subordinado à Lei e ao Direito, o que demonstra a inexistência de uma autonomia funcional do Governo ao nível da execução do Orçamento que pudesse escapar

O Orçamento a quem o trabalha

pende de inúmeros factores que se vão revelando durante o decurso da própria execução orçamental, devendo a possibilidade, a necessidade e a conveniência da execução das verbas, tal qual orçamentadas, ser analisada e apreciada ao longo do ano económico, tarefa que só pode ser efectivamente realizada pelo Governo, sem recurso a

---

às imposições legislativas do Parlamento expressas pela lei do Orçamento. Na óptica deste autor (pág. 37), não faria sentido que o Parlamento aprovasse o Orçamento através de um processo legislativo se, afinal, esse processo apenas significasse uma *aprovação da política do Governo* (*zustimmung sur regierungspolitik*). Ainda segundo Reinhard Hoffmann, (pág. 33), hoje em dia não existe qualquer espaço do executivo imune à intervenção parlamentar, (*parlamentsfreien "innenraum" der exekutive*), o que legitimaria a intervenção parlamentar mesmo sobre o domínio da execução orçamental. Em sentido próximo, veja-se, ainda assim de modo mais moderado, Roland Frömel, *Der Haushaltsplan in Kräftefeld von Parlament und Regierung,* 1974, pág. 65 e segs. Este autor considera que, com a aceitação da natureza imperativa das autorizações orçamentais, se contrabalançava o poder do Governo no processo orçamental. Relativamente à intromissão do Parlamento em domínios aparentemente executivos, como seriam os da execução orçamental, o autor lembra o fenómeno da *qualifiziertes sperrvermerk,* bem como a famosa decisão do Tribunal Constitucional alemão 9, 268 (280) que refere que não é qualquer intromissão do Parlamento nos domínios executivos que deve ser considerada inconstitucional. Em sentido semelhante, Ekkehard Moeser, *Die Bindung an den Staatshaushalt – Zur Pflicht der Regierung, bewilligte Geldmittel zu verausgaben,* 1977, pág. 482 e segs. e *Die Beteiligung des Bundestages an der staatlichen Haushaltsgewalt – Eine Untersuchung zur rechtlichen und tatsächlichen Stellung des Bundestages in haushaltswirtschaftlichen Entscheidungsprozessen,* 1978, pág. 122 e segs. Para este autor, o grau de vinculação do Governo face à orçamentação das verbas efectuada pelo Parlamento há-de ser encontrado no texto constitucional, sendo que o facto de a Constituição permitir ao Governo vetar quaisquer novas despesas propostas pelo Parlamento, utilizando a figura do art. 113.º, é um bom indício no sentido de considerar que, no caso de não ter exercido esse poder no tempo certo, não possa o Governo mais tarde fazer uso de uma espécie de veto tácito que lhe permita não executar as verbas orçamentadas. Uma solução desse calibre violaria os princípios da transparência, da publicidade e dos direitos da Oposição, o que redundaria numa falta de lealdade processual. Este autor coincide com Reinhard Hoffmann ao considerar que a realização dos princípios da eficácia e da economia podem impor que o Governo não gaste todas as verbas orçamentadas, pelo que deveria, nesses casos, apresentar ao Parlamento um Orçamento rectificativo para que este órgão caucionasse ou modificasse as propostas de execução parcial do Orçamento propostas pelo Governo. Considerando que a aprovação orçamental apenas autoriza o Governo a executar as verbas aí inscritas, deste modo se enquadrando na linha da doutrina maioritária, Christoph Gröpl, *Haushaltsrecht und Reform – Dogmatik und Möglichkeiten der Fortentwicklung der Haushaltswirtschaft durch Flexibilisierung, Dezentralisierung, Budgetierung, Ökonomisierung und Fremdfinanzierung,* 2001, pág. 78 e segs.

632 *A Lei por detrás do Orçamento*

constantes apresentações de Orçamentos rectificativos perante o Parlamento[1313].

Reconhece-se que a imposição de uma execução orçamental cega levaria a que se perdesse a flexibilidade e a maleabilidade necessárias à boa execução orçamental, o que colocaria desde logo em causa o cumprimento dos princípios da economia, da eficácia e da eficiência que obrigam a apenas se dispenderem as verbas necessárias, o que poderá levar à não execução integral das verbas orçamentadas.

Julga-se, pois, que qualquer das soluções tradicionalmente equacionadas apresenta inconvenientes, sendo alvo de pertinentes críticas, pelo que, também por este motivo, parece ter toda a vantagem a aceitação de que o Governo seja o órgão competente para aprovar e executar o Orçamento, devendo ser sublinhadas as competências de acompanhamento e de fiscalização por parte do Parlamento, a que se cumularia uma mais acentuada responsabilização (*accountability*) do Governo por eventuais afastamentos significativos entre a previsão e a execução do Orçamento[1314].

A verdade é que, ou se aceita a parlamentarização do Orçamento, e, nesse contexto, reconhece-se uma natureza imperativa das determinações orçamentais, assim se subordinando o Governo, no exercício das suas funções administrativas, às normas orçamentais aprovadas por acto legislativo, ou então torna-se altamente ilusório pensar que a aprovação parlamentar do Orçamento cumpre uma função de determinação das principais opções financeiras do Estado, heterolimitadoras

---

[1313] A vinculação do Governo às verbas orçamentadas gerou um episódio histórico de assinalável importância, sobretudo em sistemas em que as mudanças de Governo durante o ano económico ou o aparecimento de governos minoritários são frequentes. Na vigência da Constituição de Weimar foi autorizada a construção e orçamentado o encargo relativo à construção de um conjunto de *Panzerschiffs A*. Ora, tendo mudado o Governo durante o ano económico, o novo Governo sentiu-se obrigado a proceder à construção dos referidos *Panzer,* ainda que tivesse votado contra a inscrição dessas verbas no Orçamento, por ser contra a construção de novos tanques de guerra. Sobre este assunto, com mais detalhe, Ekkehard Moeser, *Die Bindung na den Staatshaushalt – Zur Pflicht der Regierung, bewilligte Geldmittel zu verausgaben,* 1977, pág. 479.

[1314] Sobre os poderes de controlo parlamentar das Finanças Públicas, salientando precisamente a vertente de *accountability* do Governo, veja-se, entre nós, António Ribeiro Gameiro, *O Controlo Parlamentar das Finanças Públicas em Portugal (1976-2002),* 2004, pág. 91 e segs. e 171 e segs.

do Governo, pelo que será melhor atribuir a este órgão a responsabilidade pela feitura, aprovação e execução do Orçamento.

Importa salientar, no entanto, que a aceitação de uma natureza imperativa das normas orçamentais tem como consequência prática, para além da perniciosa rigidificação da execução orçamental, a atribuição ao Governo de um estatuto de mero órgão auxiliar do Parlamento, desprovido de autonomia política enquanto órgão responsável pela governação do país, o que não se afigura compatível com o seu actual estatuto constitucional.

De qualquer modo parece sempre ser mais criticável a solução actual, que leva a considerar meramente autorizativas as verbas orçamentais, iludindo com a aprovação orçamental por parte do Parlamento a efectiva preponderância do Governo, seja na apresentação da proposta orçamental, seja nas modificações das verbas orçamentadas durante a execução[1315], seja, enfim, na não execução total e global das verbas orçamentadas, promovendo uma superioridade efectiva do poder administrativo de execução orçamental face ao poder legislativo de aprovação orçamental.

Na equívoca situação vigente, em que por um lado se promove a importância e a indispensabilidade da aprovação parlamentar do Orçamento, e, por outro, se permite e promove a intervenção decisiva do Governo na determinação efectiva do conteúdo orçamental, são bem elucidativas as palavras de Robert Hertzog quando refere que, *a prática política, apoiada sobre a doutrina do poder parlamentar, fez do exame do projecto de lei de finanças um episódio central da vida politica, tendo em conta que é esse o momento em que o Governo*

[1315] Refira-se, aliás, que nesse domínio a actual lei de enquadramento orçamental parece ir bem além do permitido no texto constitucional. Para além do mais, levantam-se muitas dúvidas constitucionais sobre se a repartição de matérias, entre Parlamento e Governo e entre Lei e Decreto-lei, previstas na referida lei de enquadramento orçamental têm acolhimento constitucional. Na verdade, ou as matérias são do domínio da execução orçamental, pelo que o Governo as aprovará por decreto regulamentar, ou são do domínio da lei e nesse caso careceriam de uma intervenção do Parlamento. A tentação de permitir modificações à lei do Orçamento, por parte do Governo, durante a execução orçamental, à revelia do texto constitucional, já havia sido notada e criticada por Teixeira Ribeiro, *Reparos à Lei do Enquadramento do Orçamento*, 1991, pág. 295 e segs. O autor referia-se à Lei n.º 6/91, de 20 de Fevereiro, reportando-se à *inconstitucionalidade das alterações orçamentais permitidas* (ao Governo) *pelos n.ºs 4, 5 e 7 do artigo 20.º*.

634 *A Lei por detrás do Orçamento*

presta contas do conjunto das suas políticas, onde se decidem as orientações da economia nacional e onde se podem exprimir os interesses dos grupos sociais. Os média contribuíram para valorizar esse documento e o procedimento que o envolve e os juristas puderam fazer mel da rica jurisprudência saída de um recurso sistemático ao Conselho Constitucional das leis de finanças.

Ora, tudo isto assenta sobre um mal entendido que consiste em pretender que o Parlamento decide a lei de finanças, o que é, apenas, formalmente verdadeiro: sem aprovação não há lei. Mas é preciso finalmente admitir uma evidência desde há muito tempo repetida que resulta do facto de o poder de decisão estar, nesta matéria, fora do Parlamento e que as missões mais autênticas do Parlamento são outras, não menos importantes, mas outras. Prendendo-se às ilusões, o Parlamento acaba por negligenciar o essencial e, assim, perder, em definitivo, nos dois tabuleiros[1316].

A lei do Orçamento vive, assim, espartilhada entre dois órgãos, sendo que todo o regime jurídico associado a esta lei se encontra elaborado de modo a protegê-la das intervenções do Parlamento, o que não deixa de ser paradoxal, tendo em conta que é, precisamente o Parlamento que tem a competência para a sua aprovação[1317].

Ainda no domínio orgânico, não pode deixar de se estranhar o modo como se relaciona o poder conformador da Administração e do Governo, nomeadamente no que concerne à contratação e à assunção de compromissos que impliquem despesas acrescidas. Na verdade, o facto de o Orçamento se encontrar espartilhado entre dois órgãos autónomos leva a que, pelo facto de o Governo não ser res-

---

[1316] Robert Hertzog, *Les pouvoirs financiers du Parlement*, 2002, pág. 303 e 304. Sobre a pertença do Orçamento, em termos reais, ao Parlamento ou ao Governo, Ristuccia, *Il Bilancio fra Governo e Parlamento*, 1978, pág. 12 e segs. O autor recupera uma pergunta lançada pelo título de um texto de Allen Schick, *Di chi è il bilancio?*, acabando por concluir que o Orçamento não é, em exclusivo, de ninguém.

[1317] Sobre esta anomalia pronuncia-se, ainda que em termos breves, Portero Molina, *El Control Parlamentario del Presupuesto: Un Ejemplo de Control del Legislativo por el Ejecutivo*, 1978, pág. 342 e segs. No seu estilo directo, Robert Hertzog, *Une grande réforme: la réforme de droit budgétaire par le Parlement*, 2001, pág. 7, refere, de modo muito pertinente, que: *em duzentos anos o Parlamento não pôde decidir ele mesmo o regime das leis de finanças, apesar de a sua aprovação* (parlamentar) *ser, no entanto, apresentada, classicamente, como se fosse o coração do poder dos representantes da nação.*

O Orçamento a quem o trabalha 635

ponsável pela efectiva inclusão na lei do Orçamento das despesas com as quais se compromete perante tereceiros, possam surgir, e surjam, graves divergências entre a assunção e a efectivação dos compromissos financeiros, num sistema dificilmente compreensível pelos destinatários dessas mesmas (promessas) de despesas.

Encerrado o diagnóstico relativo à divisão orgânica relativa à lei do Orçamento, verifica-se que a situação no domínio normativo não é, no entanto, menos conflituosa. Na verdade, o facto de a lei do Orçamento ser uma lei reforçada não impede que esteja sujeita a um elevado número de vinculações legais e contratuais, ainda que, por vezes, esse tipo de vinculações relevem mais do plano político do que do estrito plano jurídico.

Neste contexto, as múltiplas relações geradas entre a lei do Orçamento e outras leis de valor reforçado leva ao estabelecimento de uma teia entre leis que sendo paramétricas são igualmente parametrizadas, sendo que a conjunção de reforços procedimentais com reforços meramente paramétricos gera inevitavelmente ambiguidades. Com efeito, perante este cenário, a lógica tradicional do relacionamento inter-normativo acaba por deslizar para um relacionamento inter-orgânico levando a pôr em causa, na prática, a subordinação da lei parametrizada face à lei paramétrica.

O certo é que as sucessivas revisões constitucionais não souberam acautelar o facto de a lei do Orçamento ser hoje um acto legislativo reforçado pelo procedimento e pela sua intangibilidade material decorrente do funcionamento da lei-travão, o que não se coaduna com a sua subordinação jurídica perante um conjunto de actos normativos que não beneficiam de um claro reforço legislativo face à lei do Orçamento.

A situação gerada é, assim, obviamente geradora de dificuldades interpretativas relativamente ao modo de incluir a lei do Orçamento na pirâmide normativa, sendo de destacar, no universo de relações normativas envolvidas, o facto de (aparentemente) se estabelecer uma vinculação da lei do Orçamento às obrigações contratuais, numa aparente subversão do princípio da legalidade contratual.

Se a situação constitucional portuguesa denota bastantes fragilidades de um ponto de vista normativo e orgânico, também uma análise dos ordenamentos jurídico-constitucionais estrangeiros não é entusiasmante. Aí se encontra, em geral, uma maior reminiscência

636   *A Lei por detrás do Orçamento*

dos cânones oriundos do dualismo legislativo, defensor de uma menoridade normativa da lei do Orçamento, que levam a que a coerência dos sistemas normativos desses países experimente grandes dificuldades, resvalando para uma progressiva limitação dos poderes de conformação parlamentar relativamente à lei do Orçamento sem, no entanto, se ousar colocar em causa a questão da aprovação parlamentar da referida lei.

Mantém-se, assim, até hoje, como uma verdade absoluta, a afirmação de Gomes Canotilho, quando afirmava que, *a caracterização da fixação do plano orçamental como um acto da direcção política que exige reserva do Parlamento torna mais transparentes as razões que levam a doutrina a considerar que no caso da lei do Orçamento existe uma reserva absoluta de lei do Parlamento, ou seja uma reserva necessária de lei formal, excludente quer da possibilidade de delegação quer da simples reserva da lei material*[1318/1319].

Um quarto de século depois, julga-se, porém, que importa rever estes pressupostos, parecendo ser oportuno e justificado propor uma modificação da Constituição Orçamental em termos clarificadores, seja ao nível normativo, seja ao nível orgânico, no seguimento, aliás, das novas tendências doutrinais que começam a afirmar-se nos ordenamentos jurídicos mais activos no repensar desta matéria.

Com efeito, se, como afirma Jean Pierre Lassale, *num Estado é a atribuição das competências financeiras que designa o verdadeiro titular do poder*[1320/1321], então parece ser premente a proposta de que

---

[1318] Gomes Canotilho, *A Lei do Orçamento na Teoria da Lei*, 1979, pág. 576.

[1319] Sobre a reserva de Parlamento e o seu significado, Afonso Vaz, *Lei e Reserva de Lei*, 1996 e Luís Pereira Coutinho, *Regime Orgânico do Direitos, Liberdades e Garantias e Determinação Normativa. Reserva de Parlamento e Reserva de Acto Legislativo*, 2001, pág. 533 e segs. O autor cita Gunter Kisker, *Neue Aspekte im Streit um den Vorbehalt des Gesetzes*, 1977, pág. 1314 e 1315, que desvaloriza esta reserva de lei parlamentar num momento em que a legitimação democrática invadiu todo o aparelho estadual, considerando que esta seria *a última relíquia de uma época passada*. Contra, Jesch, *Ley y Administración*, 1979, pág. 219 e segs., refere que, *do mesmo modo que não obtém a sua legitimação democrática a não ser através do Parlamento, o Executivo não recebe, senão do legislador, a habilitação para actuar por forma juridicamente vinculante relativamente aos cidadãos.*

[1320] Jean-Pierre Lassale, *Le Parlement et l'Autorisation des Dépenses Publiques*, 1963, pág. 580.

[1321] Considerando que o controlo do Orçamento representa, afinal, o controlo do sistema de Governo, pelo que acabará por ser entregue, de uma maneira ou de outra, ao

O Orçamento a quem o trabalha 637

a lei do Orçamento seja aprovada por acto legislativo do Governo, no exercício, aliás, da sua competência exclusiva[1322]. Esta opção não inviabilizaria, antes clarificaria, o controlo parlamentar sobre o Orçamento inserindo-o no contexto do genérico controlo sobre a actividade do Governo, que, para respeitar a separação de poderes, tem de se equilibrar entre a fiscalização e a responsabilização do órgão executivo[1323].

O Decreto-Lei do Orçamento, que se assumiria como um *staatsleitender Akt*[1324], deveria desta forma ser sujeito a discussão parla-

---

órgão que detenha a função principal nesse mesmo sistema político, Karl Heinrich Friauf, *Der Staatshaushaltsplan im Spannungsfeld zwischen Parlament und Regierung – Verfassungsgeschichtliche Untersuchungen über den Haushaltsplan im deutschen Frühkonstitutionalismus mit einer kritischen übersicht über die Entwicklung der budgetrechtlichen Dogmatik in Deutschland,* 1968, pág. 269.

[1322] Sobre esta questão, veja-se, por exemplo, Sainz de Bujanda, *Hacienda y Derecho, Introducción al Derecho Financiero de nuestro tiempo I,* 1962, pág. 322. *O autor refere que a questão de atribuir a um ou outro órgão do Estado a competência para aprová-lo* (ao Orçamento), *está a transformar-se, com o tempo, numa questão de supremacia política.* Para este autor, *erigir a aprovação do Orçamento pela Assembleia representativa "carece de qualquer valor científico" por tratar-se de um elemento puramente histórico e acidental.* O autor adianta mesmo que, *o Orçamento nasceu com o Estado demoliberal, sendo que a doutrina confunde, por vezes, o que o Orçamento representou naquele regime, com o que a instituição tem de substancial e, talvez, de perdurável.* Em sentido concordante, E. López Escobar Fernández, *Las orígenes del Derecho Presupuestario Español,* 1971, pág. X e XI. Contra, Martinez Lago, *Los limites a la iniciativa de las Cortes Generales en Materia Presupuestaria,* 1990, pág. 26 e segs. e Escribano López, *Presupuesto del Estado y Constitución,* 1981, pág. 54.

[1323] Albert Jouve, *Le Vote du Budget en France et en Angleterre,* 1906, pág. 104, refere-se, no capítulo dedicado à iniciativa governamental da lei do Orçamento, precisamente à questão da responsabilidade governamental pelo Orçamento, seja perante o Parlamento, seja perante os eleitores. Assim, para Albert Jouve (pág. 104-105), *a responsabilidade ministerial é o princípio dirigente do Governo parlamentar, é o pivot. Ora, será o Gabinete que virá a ser responsável pela execução do Orçamento. Este não poderá ser responsável pela gestão dos dinheiros públicos se o seu plano orçamental puder ser subvertido a todo o instante pelas propostas de emendas da iniciativa parlamentar.* No mesmo sentido, Paul Amselek, *Le Budget de l'Etat sous la Ve République,* 1966, pág. 182 e Horst Goltz, *Mitwirkung parlamentarischer Ausschüsse beim Haushaltsvollzug,* 1965, pág. 607 e segs.

[1324] Sobre esta designação, Werner Heun, *Saatshaushalt und Staatsleitung – Das Haushaltsrecht im parlamentarischen Regierungssystem des Grundgesetzes,* 1989, pág. 20 e segs. Esta denominação tem a sua origem em Johannes Heckel, *Eirichtung und rechtliche Bedeutung des Reichshaushaltsgesetzes,* 1932 pág. 374 e segs., ainda no contexto da Constituição de Weimar, tendo sido acolhida pela jurisprudência constitucional alemã, no âmbito da Lei Fundamental, através da decisão 45, 1 (32). Com esta designação, encontra-se um ponto de equilíbrio entre um acto legislativo e um acto executivo, entre um acto da competência

638 *A Lei por detrás do Orçamento*

mentar, onde o Governo apresentaria, na generalidade e na especialidade, o (seu) projecto de Orçamento, sujeitando-se ao contraditório com a oposição parlamentar, desta forma permitindo oferecer ao país o conhecimento sobre a existência de projectos alternativos, que poderiam ser executados se o Governo fosse outro. A apresentação do Orçamento no Parlamento serviria, igualmente, para a publicitação do conteúdo orçamental, podendo levar à apresentação de moções de censura, ou até de confiança, desta forma se cumprindo a fiscalização política da actividade do Governo[1325].

Ao nível da fiscalização jurídica, julga-se que, para além do natural cumprimento da Constituição Orçamental, o Decreto-lei do Orçamento deveria estar sujeito ao cumprimento da lei de enquadramento orçamental, que, mantendo-se na reserva absoluta da Assembleia da República, ganhava, deste modo, um efectivo pendor condicionador pelo facto de não poder ser modificada pelo Decreto-Lei do Orçamento, nem sequer pelo órgão (Governo) responsável pela aprovação do referido Decreto-Lei.

Para além disso, julga-se que a lei de enquadramento orçamental poderia, eventualmente, ser aprovada por maioria reforçada, de modo a garantir-se, não só um controlo orgânico, como, ainda, um reforço procedimental, que funcionasse como garante do efectivo carácter paramétrico da lei de enquadramento orçamental, assegurando a necessária estabilidade às regras enquadradoras do Decreto-lei orçamental[1326].

---

do Governo e da competência do Parlamento. Refira-se que a concepção que se defende, prevendo a aprovação do Orçamento por forma legal, mas no exercício da competência exclusiva do Governo, representa, seja em termos formais, seja em termos orgânicos, um manifesto *up grade* face à concepção tradicional, herdada do dualismo alemão, que via no Orçamento um mero acto de Administração (*verwaltungsakt*).

[1325] Sobre a evolução sofrida pelos Parlamentos (e também pelos Governos) ao longo dos últimos tempos, reafirmando a autonomia política e a legistimidade crescente dos Executivos e salientando a existência de novas funções para os Parlamentos, para além da simples aprovação de actos legislativos, veja-se, com enorme interesse, Rogério Soares, *Sentido e Limites da Função Legislativa no Estado Contemporâneo*, 1986, pág. 431 e segs. O autor reconhece a importância dos Parlamentos (sobretudo na promoção da Publicidade do Direito) salientando, no entanto, que *o procedimento legislativo não se esgota hoje na actividade tradicional do Parlamento.*

[1326] Na verdade, pode bem dizer-se que a legislação de enquadramento orçamental tem vindo a sofrer uma vertigem modificativa desadequada face aos objectivos que se pretendem alcançar com a aprovação de legislações de enquadramento. Com efeito, tendo sido aprovada pela Lei n. 91/2001, de 20 de Agosto, a lei de enquadramento orçamental tem

O *Orçamento a quem o trabalha* 639

Se a solução que aqui se propõe pode parecer muito radical, crê-se mesmo que Portugal, no contexto da Constituição de 1976, que consagra, como em nenhum outro ordenamento constitucional de matriz parlamentar, poderes legislativos normais e autónomos ao Governo, estabelecendo inclusivamente uma competência legislativa exclusiva deste órgão, é o país cujo ordenamento jurídico-constitucional está em melhores condições para tomar a dianteira neste domínio, sem esquecer que, como afirmava Sainz de Bujanda, *é evidente que ao atribuir a um ou outro órgão do Estado a competência para aprová-lo* (ao Orçamento) *se está a resolver, ao mesmo tempo, uma questão de supremacia política*[1327].

Associada a esta transferência de competências do poder orçamental para a esfera do Governo, defende-se a aprovação parlamentar, em articulação com a apresentação do programa de Governo de uma proposta de lei de Orçamento plurianual, para toda a legislatura, que seria sucessivamente anualizada através dos vários Orçamentos governativos[1328/1329].

---

vindo a conhecer uma modificação por ano, tendo sido alterada, sucessivamente, pela Lei Orgânica n.º 2/2002, de 28 de Agosto, pela Lei n.º 23/2003, de 2 de Julho e pela Lei n.º 48/2004, de 24 de Agosto.

[1327] Sainz de Bujanda, *Hacienda y Derecho, Introducción al Derecho Financiero de nuestro tiempo I,* 1962, pág. 321.

[1328] A associação do Orçamento directamente à mudança de Governo está muito enraizada em França, em que sempre que as eleições legislativas levam a uma mudança de Governo de orientação política diversa, este apresenta, quase como sinal dessa mesma mudança, um Orçamento rectificativo (*collectifs de printemps,* tendo em conta o calendário eleitoral habitual), em que o novo Governo rearranja o Orçamento em vigor, redefinindo as novas prioridades. Isto mesmo aconteceu em França em 1981, 1986, 1993 e 1995, não tendo sucedido, apenas, em 1988 e em 1997. Em Portugal, esta associação entre a mudança de Governo e mudança de Orçamento ainda não está enraizada, sendo que, no entanto, o Governo oriundo da coligação PSD/CDS apresentou, no seguimento da vitória eleitoral em 2002, uma proposta de modificação ao Orçamento em vigor, como sinal da mudança política que então se operava. Sobre a relevância jurídica e política do Programa de Governo, veja-se, entre nós, Jorge Miranda, *O Programa do Governo,* 1977, pág. 301 e segs.; Vasco Duarte de Almeida, *Programa de Governo e Empreendimento Político,* 1995 e Paulo Otero, *Legalidade e Administração Pública,* 2003, pag. 790 e segs.

[1329] Loïc Philip, *Finances Publiques,* 1995, pág. 122. No sistema francês, no contexto da aprovação da nova lei orgânica relativa às Finanças Públicas, Bernard Cieutat, *Budgets de programmes et rénovation de la comptabilité de l'Etat,* 2001, pág. 98, que se questiona sobre *se não seria oportuno inscrever o projecto de lei de finanças, ele próprio, numa perspectiva trienal deslizante.*

640　　　　*A Lei por detrás do Orçamento*

Com este novo esqueleto orçamental (em que a plurianualidade orçamental segue, de resto, o caminho que levou à plurianualidade fiscal) ganhava-se racionalidade nos procedimentos, clarificava-se o âmbito de acção de cada um dos intervenientes orgânicos e promovia-se um adequado relacionamento entre as competências de cada órgão e a responsabilização efectiva pelo seu exercício[1330].

Desta forma, lograva-se obter, num primeiro momento, uma intervenção parlamentar em matéria orçamental, não substitutiva nem substituível, através da aprovação de duas leis parlamentares enquadradoras do Decreto-lei do Orçamento (uma lei condicionadora dos elementos formais e, por isso, aprovada por maioria qualificada e outra lei condicionadora dos elementos materiais e, por isso mesmo, aprovada por maioria simples, mas válida, em princípio, para uma legislatura e apenas modificável por iniciativa do Governo).

Num segundo momento, operava a aprovação anual do Decreto-Lei do Orçamento, pelo qual o Governo seria inteiramente responsável perante o Parlamento e o país, não se furtando, de resto, à sua explicação e apresentação perante as várias oposições, com isso se conciliando a eficácia e a direcção política do Governo, com a publicidade e o contraditório do Parlamento. Num momento em que não se pode mais discutir a legitimidade democrática dos Executivos como se fazia outrora, julga-se que esta solução acaba, até pela clareza na assunção de responsabilidades e na distribuição de tarefas, por ser mais democrática e mais conforme com o princípio da separação de poderes do que o modelo vigente actualmente.

Na verdade, uma vez encerrada a questão das diferentes legitimidades de cada um dos órgãos constitucionais de um Estado de Direito Democrático, o que sobra, como afirma Ignacio de Otto[1331], como fundamento da reserva de lei é a pretensão de que *a regulação de certas matérias se faça mediante o procedimento legislativo, o*

[1330] Referindo-se ao facto de a aprovação orçamental dever encontrar um ponto de equilíbrio entre *uma vinculação adequada e uma flexibilidade obrigatória,* Werner Patzig, *Haushaltsrecht des Bundes und der Länder,* 1981, pág. 280.

[1331] Ignacio de Otto, *Derecho Constitucional – Sistema de Fuentes*, 1995, pág. 151 e segs. Considerando que o princípio da separação dos poderes deve passar a ser visto como um princípio organizatório, Ekkehard Moeser, *Die Beteiligung des Bundestages an der staatlichen Haushaltsgewalt – Eine Untersuchung zur rechtlichen und tatsächlichen Stellung des Bundestages in haushaltswirtschaftlichen Entscheidungsprozessen,* 1978, pág. 28.

que também pode ser assegurado pelo Governo, sendo descabido que a manutenção da aprovação parlamentar do Orçamento se perpetue apenas para *satisfazer um dogma da democracia constitucional que exige que o Parlamento tenha a plenitude das competências nessa matéria*[1332/1333].

Com efeito, na própria doutrina alemã mais moderna se reconhece que o conceito de lei já descolou da sua associação a elementos materiais associados ao conteúdo geral ou abstracto, para ter como pressuposto principal a sua natureza jurídico-democrática[1334]. Ora, neste ponto de vista, não haverá diferenças assinaláveis, tendo em conta o funcionamento do sistema de Governo e o uso que é dado pelos eleitores ao sistema eleitoral, entre um acto aprovado pelo Parlamento ou pelo Governo, o que apenas serve para justificar a pertinência das *mudanças de paradigma entre o Legislativo e o Executivo,* em que parte da doutrina começa a reparar[1335].

[1332] Robert Hertzog, *L'avenir du pouvoir financier du parlement: Miroir des ombres ou garant de l'équilibre du « gouvernement général »,* 1996, pag 123. Na verdade, relativamente aos poderes parlamentares em matéria orçamental, persiste, ainda hoje, o mal entendido a que aludia Pierre Bilger, quando, reportando-se ao facto de entre o projecto governamental de Orçamento e a lei definitivamente aprovada existirem, por norma, muito poucas diferenças, considerava que era preciso dissipar o *mal entendido fundamental que separa os técnicos do Orçamento de um lado, e os homens políticos, jornalistas e professores do outro: a limitação dos poderes do Parlamento em matéria orçamental não surge como verdadeira limitação a não ser face a um modelo ideal no qual o legislador desordenava de modo sensível as receitas e as despesas que lhe eram propostas.* Assembleia Nacional, *L'assemblée nationale et les lois de finances,* 2000, pág. 117.

[1333] Adequa-se, neste contexto, importar a conclusão de Freitas do Amaral e de Maria da Glória Garcia a propósito do Parecer emitido relativamente ao denominado caso da co-incineração, a que já se aludiu neste dissertação. Para os referidos autores, Ministério do Ambiente e do Ordenamento do Território, *O Caso Co-Incineração (Pareceres Jurídicos),* 2001, pág. 64, *o princípio da separação de poderes, que tem acompanhado a evolução histórica e sociológica e sabido adaptar-se aos novos e renovados condicionalismos da realidade, impõe que as novas tarefas estaduais devam ser atribuídas ao órgão mais bem posicionado do ponto de vista institucional e dos recursos de que dispõe.*

[1334] Christoph Gröpl, *Haushaltsrecht und Reform - Dogmatik und Möglichkeiten der Fortentwicklung der Haushaltswirtschaft durch Flexibilisierung, Dezentralisierung, Budgetierung, Ökonomisierung und Fremdfinanzierung,* 2001, pág. 77.

[1335] A expressão *paradigmenwechsel zwischen Legislative und Executive* é de Christoph Gröpl, *Haushaltsrecht und Reform - Dogmatik und Möglichkeiten der Fortentwicklung der Haushaltswirtschaft durch Flexibilisierung, Dezentralisierung, Budgetierung, Ökonomisierung und Fremdfinanzierung,* 2001, pág. 146. O autor alude,

642   *A Lei por detrás do Orçamento*

Na medida em que se propõe a aprovação de uma lei orçamental plurianual, com uma vigência projectada para a legislatura, não se pode deixar de notar o sabor a uma certa repetição da História, através da recuperação da figura da planificação económico-financeira, que, não tendo sobrevivido, no contexto da Constituição de 1976, à voragem pós-revolucionária, poderá encontrar, 30 anos depois, um lugar efectivo, através da sua conversão numa adequada programação económico-financeira do Estado.

Com efeito, a programação económica a médio prazo, desde que maleável e sempre que acompanhada da necessária estabilidade política e governativa que a permita executar adequadamente, pode ser muito útil na gestão de políticas de estabilidade e de desenvolvimento que tenham em linha de conta a plurianualidade das despesas, assim podendo, mais eficazmente, adequarem-se à variação dos ciclos económicos[1336].

Essa recuperação do planeamento económico-financeiro é, de resto, uma tendência actual nos países europeus, onde se salienta a importância, seja dos *Expenditure Plans* trienais, vigentes no Reino

---

precisamente, a uma maior separação de tarefas, em vez do tradicional domínio e preponderância do Parlamento, salientando a importância que a aprovação plurianual da legislação fiscal representou na diminuição da importância do Parlamento como órgão indispensável para a manutenção da vida do Estado através da aprovação anual da legislação fiscal.

[1336] A articulação entre o Programa de Governo e o Orçamento plurianual para a legislatura levaria à criação de uma nova aspiração política identificada pela máxima: "uma maioria, um governo, um Orçamento". Fazendo referência ao princípio de *uma Assembleia, um Governo, um Plano (Plano de Legislatura),* Cristina Queiroz, *O Plano na Ordem Jurídica,* 1989, pág. 281. Propondo a existência de uma programação financeira plurianual em termos indicativos, mas mantendo a aprovação parlamentar do Orçamento, veja-se o *Relatório sobre as Perspectivas da Reforma da Lei de Enquadramento do Orçamento do Estado,* incluído na publicação do Ministério das Finanças, *Reforma da Lei de Enquadramento Orçamental – Trabalhos Preparatórios e Anteprojecto,* 1998, pág. 18. Neste Relatório (pág. 24) reconhece-se que, *entre nós, a assunção de encargos plurianuais pelo Estado não está sujeita a disciplina orçamental, salvo quanto à necessária existência de cabimento orçamental no ano em que o encargo é contraído.* Os autores do referido Relatório propunham, assim (pág. 72), a criação de *uma lei de programação financeira plurianual,* onde estariam incluídos os compromissos do Estado perante a União Europeia, mas fazem-no de modo muito aproximado à solução vigente em Itália, que não tem, como se viu, produzido bons resultados.

O Orçamento a quem o trabalha 643

Unido, relativamente às despesas dos diversos departamentos[1337], seja do plano quinquenal alemão (*finanzplan*)[1338], seja, enfim, do *Documento de Programação Económica e Financeira* (DpEF) italiano[1339],

---

[1337] Giuseppe Rao, *Il Bilancio dello Stato nel Regno Unito*, 1995, pág. 176 e segs. Para este autor (pág. 234), *a elaboração de previsões para os três anos seguintes (respeitadas nas suas linhas gerais) oferece ao Parlamento a possibilidade de discutir e criticar com grande antecipação as escolhas gerais do Governo.*

[1338] O plano plurianual alemão (*finanzplan*) foi introduzido pelo parágrafo 9 e 10 da *Gesetz zur Förderung der Stabilität und des Wachtums der Wirstschaft (StWG)*, de 8 de Junho de 1967, encontrando-se igualmente regulado no parágrafo 50 da *Gesetz über die Grundsätze des Hauhaltsrechts des Bundes und der Länder (Haushaltsgrundsätzgesetz – HGrG)*, de 19 de Agosto de 1969. Sobre esta matéria, Dieter Birk, *Steuerung der Verwaltung durch Haushaltsrecht und Haushaltskontrolle*, 1983, pág. 865 e segs., Gunter Kisker, *Handbuch des Staatsrechts*, 1990, pág. 269 e segs., e Werner Heun, *Staatshaushalt und Staatsleitung – Das Haushaltsrecht im parlamentarischen Regierungssystem des Grundsgesetzes*, 1989, pág. 232 e segs.. O facto de o *Finanzplan* não ser aprovado por acto legislativo retira-lhe, naturalmente, vinculatividade, sendo que o seu objectivo prioritário acaba por ser o fornecimento de informação credível sobre a evolução financeira dos próximos anos, a qual servirá para orientar as opções orçamentais presentes. O autor propõe, ainda (pág. 258), um maior aproveitamento do *finanzplan* no relacionamento entre o Parlamento e o Governo, sugerindo o desenvolvimento de um poder de planeamento (*Plangewalt*) que envolvesse o órgão legislativo e o executivo na definição de uma política orçamental de longa duração. Neste sentido, Astrid Wender, *Planung als "vierte Gewalt". Die Rolle des Parlaments im Prozess politischer Planung*, 1976. Da Alemanha vem, também, a primeira hipótese constitucional de permissão de Orçamentos plurianuais, ainda que com execução anual, já que se permite, através do art. 110.º número 2 da Lei Fundamental, a aprovação de Orçamentos plurianuais, tal como se encontra desenvolvido no parágrafo 9 da *HGrG* e no parágrafo 12 do *BHO*. Ainda sobre a questão da planificação plurianual, menos recentemente, Eberhard Fricke, *Zur Mitwirkung der Parlamente bei der Regierungsplanung*, 1973, pág. 406 e segs.; Hansmeyer e Rürup, *Staatswirtschaftliche Planungsinstrumente*, 1975, pág. 32 e segs.; Eberhard Wille, *Mittel- und langfristige Finanzplanung*, 1977, pág. 427 e segs. e Albrecht Zunker, *Finanzplanung und Bundeshaushalt – Zur Koordinierung und Kontrolle durch den Bundesfinanzminister*, 1972, pág. 21 e segs.

[1339] Este documento foi introduzido no ordenamento jurídico italiano através da Lei n.º 362/1988, que alterou o art. 3.º da Lei n.º 468, de 5 de Agosto de 1978 e que já foi, posteriormente, alterada pela Lei n.º 94/1997, Lei n.º 208/1999, bem como pelo Regulamento n.º 492/1999. Neste documento encontram-se os principais objectivos orçamentais, bem como os indicadores e objectivos de política macroeconómica. Sobre a relevância deste documento de programação plurianual, que, apesar de não ser aprovado por acto legislativo, assume uma grande relevância política no ordenamento jurídico italiano, condicionando (politicamente) algumas decisões legislativas posteriores, Dickmann, *Procedimento Legislativo e Coordinamento delle Fonti*, 1997, pág. 265 e segs. Este documento, com um âmbito de acção entre 3 a 5 anos, apresentado até 30 de Junho, assume-se, desta forma, como um dos mais relevantes actos de *indirizzo politico* do Governo (fixando o tecto da

644   *A Lei por detrás do Orçamento*

ou das diversas tentativas francesas e espanholas de reabilitar o Plano económico e a plurianualidade orçamental[1340].

despesa pública, por exemplo), dando lugar a uma resolução de cada uma das Câmaras parlamentares a cujo conteúdo estas se autovinculam. Tal como nos casos de apresentação de uma moção de confiança, também o Dpef é indivisível, não estando sujeito a emendas parlamentares. Dada a sua relevância política, Marco Olivetti, *Le Sessioni di Bilancio*, 1999, pág. 580 e segs. chega mesmo a considerar (pág. 586) que, *o Dpef é uma espécie de lex specialis da sessão do Orçamento do ano em curso, fixando regras e conteúdos* (...). Refira-se, no entanto, que não obstante a sua relevância como acto de *indirizzo político*, a sua capacidade de vincular juridicamente actos legislativos foi negada pelo Corte Constitucional, através da decisão n.º 25 de 1993. Sobre este assunto, Enzo Colarullo, *La Legislazione di Spesa Fuori della Sessione di Bilancio*, 1991, pág. 26 e segs.; Da Empoli, De Ioanna, Vegas, *Il Bilancio dello Stato*, 2000, pág. 87 e 88 e Francesco Petricone, *La Riforma del Bilancio dello Stato tra modifiche recenti e nuove applicazioni*, 2000, pág. 31, 92 e segs. e 176.

[1340] Henri Jacquot, *Les nouveaux rapports du Plan et du Budget*, 1987, pág. 125 e segs. Sobre a questão da plurianualidade orçamental, veja-se o importante relatório do presidente da Comissão de Finanças do Senado, Alain Lambert, *Doter la France de as Nouvelle Constitution Financiére*, 2000, pág. 30 e segs., referindo-se, sugestivamente, à *miopia orçamental* inerente à anualidade da autorização orçamental. O autor, depois de considerar que *a construção europeia impõe a elaboração de um quadro plurianual para a política orçamental*, refere que *a plurianualidade não responde somente a uma obrigação europeia, mas a uma exigência natural para levar em linha de conta situações que têm por natureza uma dimensão plurianual.* Considerando que *a plurianualidade é sempre benéfica para esclarecer as decisões*, Blanchard-Dignac, *La révision de l'ordonnance de 1959: le point de vue de la direction du budget*, 2001, pág. 72. Sobre as vantagens da programação plurianual, Jean-Pierre Lassalle, *De l'Etat-administratif à l'Etat-stratège*, 2001, pág. 87 e Nicole Brick, *Libre propos sur la réforme de l'ordonnance du 2 janvier 1959*, 2001, pág. 106. Referindo-se à necessidade de retomar a ideia de plurianualidade como instrumento de racionalização do procedimento orçamental e considerando, mesmo, que haveria interesse em *introduzir projecções plurianuais detalhadas para esclarecer as escolhas orçamentais anuais*, Isabelle Bouillot, *Comment améliorer les règles du jeu budgétaire? Le point de vue du directeur du Budget*, 1994, pág. 161. Sobre a plurianualidade introduzida pela Lei Orgânica n.º 2001-692, de 1 de Agosto de 2001 relativa às leis de finanças, veja-se ainda o teor do novo art. 50.º. Este artigo constitui uma inovação importante, que tem sido saudada pela doutrina pelo facto de impor ao Governo a apresentação de um relatório *sobre a situação e as perspectivas económicas, sociais e financeiras da nação, que deve detalhar as hipóteses económicas sobre que repousa o projecto de lei de finanças*, devendo explicitar, igualmente, *as perspectivas de evolução para os quatro anos seguintes das receitas, das despesas e do saldo do conjunto das administrações públicas.* Sobre esta questão, Sophie Mahieux, *La Loi organique relative aux lois de finances du 1er août 2001*, 2001, pág. 40.

No ordenamento jurídico espanhol, vejam-se os artigos 28.º e seguintes da nova *Ley General Presupuestaria*, (Lei 47/2003, de 26 de Novembro). De acordo com a nova lei,

Por detrás da proposta de aprovação da lei do Orçamento por acto legislativo do Governo encontra-se a convicção de que a aprovação parlamentar do Orçamento é, hoje em dia, um enorme tigre de papel, sendo claro que a (teórica) competência detalhada do Parlamento sobre o Orçamento, servindo para criar uma ilusão de controlo parlamentar do Governo e do Orçamento, acaba por, na realidade, se afirmar mais como um factor que acentua a desresponsabilização do executivo, do que um factor de credibilização do Parlamento[1341].

Na verdade, como se verificou, a tendência da totalidade dos ordenamentos jurídicos analisados orienta-se no sentido da busca de soluções que retirem ou minorem a intervenção material do Parlamento na definição do conteúdo material do Orçamento, estando, hoje em dia, apenas por franquear a fronteira da aprovação (nominal) parlamentar do projecto (jurídica ou politicamente blindado) de Orçamento[1342/1343].

---

prevê-se a existência de *escenarios presupuestarios plurianuales,* nos quais se venham a basear os Orçamentos anuais. Os Orçamentos plurianuais não são aprovados pelas Câmaras, servindo apenas de orientação para o Governo, nos termos do art. 28.º e 29.º da nova *Ley General Presupuestaria,* aprovada pela Lei 47/2003, de 26 de Novembro e que entrará totalmente em vigor no dia 1 de Janeiro de 2005. Nestes Orçamentos plurianuais, projectados para três anos, estabelece-se *a previsível evolução das receitas e das verbas a destinar para as políticas de despesa em função dos objectivos estratégicos e dos compromissos de despesa já assumidos.* O Orçamento plurianual será elaborado pelo Ministério das Finanças que (art. 28.º número 3) o apresentará no Conselho de Ministros, antes da aprovação do projecto de Orçamento anual. Sobre a plurianualidade orçamental veja-se, também, Miguel Cabrera Pérez-Camacho, *Los Principios Presupuestarios,* 1996, pág. 325 e segs.

[1341] A questão da desresponsabilização parlamentar do Governo é, de resto, uma das questões mais preocupantes na actualidade, numa altura em que o crescimento do Estado-Regulador, efectuado maioritariamente através de autoridades administrativas independentes leva a que, com o entusiasmo parlamentar e a cumplicidade governativa, se desloquem para órgãos não responsáveis politicamente, nem legitimados democraticamente, importantes funções e competências governativas. Com efeito, crê-se que os objectivos da auto-regulação, associados a critérios de maior eficácia e de independência, não podem justificar um esvaziamento das competências do Governo e uma diminuição do controlo parlamentar sobre o exercício dessas mesmas competências, sob pena de se avançar para uma governação de sábios. Referindo-se a um *enclave não democrático da administração,* Blanco de Morais, *As Autoridades Administrativas Independentes na Ordem Jurídica Portuguesa,* 2001, pág. 159. Sobre esta questão, veja-se, ainda, Paulo Otero, *Legalidade e Administração Pública,* 2003, pág. 322.

[1342] No Direito Alemão, as críticas relativamente ao âmbito da intervenção parlamentar na aprovação do Orçamento têm surgido, na doutrina especializada, há já algum tempo, ainda que de modo ocasional. Veja-se, por exemplo, Reinhard Mussgnug, *Der Haushaltsplan als Gesetz*, 1976, pág. 301 e Christoph Gröpl, *Bonner Kommentar zum Grundgesetz*, 2002, pág. 175. Para este último autor, a aprovação detalhada do Orçamento, por parte do Parlamento, leva a que este órgão perca a visão global do documento (*gesamtüberblick*). No mesmo sentido, Dreier, *Der Kampf um das Budgetrecht als Kampf um die staatliche Steuerungsherrschaft – Zur Entwicklung des modernen Haushaltsrechts*, 1998, pág. 102 e segs. Este autor equaciona mesmo a opção pela aprovação do Orçamento apenas de dois em dois anos, aumentando, cumulativamente, o grau de conformação material reservado ao Governo.

[1343] Importa aqui fazer uma referência especial à evolução sofrida pelo sistema orçamental alemão em torno de uma nova concepção quanto ao modelo de gestão orçamental (*budgetierung*). Na verdade, o ordenamento jurídico alemão, depois de ter estado na vanguarda das discussões sobre a natureza jurídica do Orçamento parece querer tomar novamente a dianteira na discussão sobre a reforma do Direito orçamental. Com efeito, depois de mais de um século de paralisia perante o dogma da natureza meramente formal da lei do Orçamento, surge agora com grande impacto na doutrina especializada a discussão em torno do surgimento de novas técnicas orçamentais. O desígnio do novo modelo de gestão orçamental (*neuen haushalts-Steuerungsmodell*) prende-se com o estabelecimento de regras que confiram maior flexibilidade (*Flexibilisierung*) à gestão orçamental (seja do Estado, seja de entidades menores), permitindo uma gestão contratualizada por objectivos (*Ziel- und Kontraktmanagements*), mais maleável para o executor orçamental, que, recebendo um Orçamento global (*Globalhaushalte*), poderá mais facilmente transferir verbas de um domínio para outro, ou de um ano para outro (*überbarkeit von Haushaltsresten in das kommende haushaltsjahr*) nos termos do parágrafo 19 do *Bundeshaushaltsordnung – BHO*, na nova versão conferida pela *Haushaltsrechts-Fortentwicklungsgesetz*, de 22 de Dezembro de 1997. Com esta norma pretende-se obviar à tão conhecida *febre de Dezembro* (*Dezemberfieber*) que "ataca" a generalidade dos departamentos da Administração que conheçam alguma "folga" orçamental no final do ano. Esta nova doutrina orçamental tem como pressuposto-base a falência do modelo actual, em que o papel do Parlamento, sendo teoricamente cada vez mais detalhado, se reduz, no entanto, como afirma Hans H. Seidler, *Globalhaushalt und ihre rechtlichen Schranken. Oder: Das späte Leiden am preussischen Budgetkonflikt*, 1996, 78, materialmente, a uma mera função notarial. São, neste contexto, ainda assim prudentes as palavras de Christoph Gröpl, *Das Haushaltsrecht-Fortentwicklungsgesetz*, 1998, pág. 1259, quando considera que a aprovação da *haushaltsrechts-fortentwicklungsgesetz*, de 22 de Dezembro de 1997, *não é uma revolução*, alertando para o facto de que a *reforma não é só legislativa, mas também de concepção*, pelo que a aprovação desta nova legislação não representa mais do que o ponto de partida de uma nova forma de entender a orçamentação de verbas públicas. Com estas propostas, que têm vindo a ser muito discutidas pela doutrina alemã, pretende-se obter ganhos de eficiência na execução orçamental, aumentando o controlo da execução orçamental *a posteriori*. Sobre o estado do debate e a explicação do funcionamento, das vantagens e dos riscos deste novo conceito de gestão orçamental, Maximilian Wallerath, *Kontraktmanagement und Zielvereinbarungen als Instrumente der Verwaltungsmodernisierung*, 1997, pág. 57 e segs.; Ferdinand Kirchhof,

O Orçamento a quem o trabalha 647

Ora, parece medianamente claro que com a aprovação governamental do Orçamento se lograva responsabilizar de modo mais directo o Governo, levando este órgão a adequar os compromissos assumidos ao nível da concertação social, ao nível comunitário e ao nível internacional, aos seus reflexos orçamentais, sendo por ambas as tarefas – negociação compromissória e orçamentação das verbas – responsável, desta forma se evitando uma pressão política sobre o Parlamento que é chamado todos os anos a resignar-se à política do facto consumado relativamente aos resultados negociais alcançados ou a suportar politicamente o ónus de se opor a esses mesmos resultados[1344].

Com efeito, crê-se que a aprovação parlamentar do Orçamento não aproveita, desde logo, ao Parlamento, dividido entre a maioria parlamentar e as oposições. Assim, no caso de um Governo maioritá-

---

Das Haushaltsrecht als Steuerungsressource – Neue Steuerungstechniken im Staatshaushalt zum Abbau seines strukturellen Defizits, 1997, pág. 749 e segs; Janbernd Oebbecke, *Verwaltungssteuerung im Spannungsfeld von Rat und Verwaltung – Kommunalverfassungsrechtliche Grenzen der Einführung neuer Steuerungsmodelle,* 1998, pág. 853 e segs.; Fritz Behrens, *Kostencontrolling und Haushaltsflexibilisierung als Instrumente einer moderner Justiz und Verwaltung,* 1998, pág. 386 e segs.; Pünder, *Zur Verbindlichkeit der Kontrakte zwischen Politik und Verwaltung im Rahmen des Neuen Steuerungsmodells,*1998, pág. 63 e segs; Hanno Kube, *Neue Steuerung im Haushaltsrecht – Ein Kompetenzengefüge ausser Balance?,* 2000, pág. 810 e segs.; Christoph Grimm, *Budgetierung und parlamentarische Kontrolle,* 2000, pág. 89 e segs.; Hermann Hill, *Zur Sicherung des parlamentarischen Budgetrechts im Neuen Steuerungsmodell,* 2001, pág. 793 e segs.; Hermann Pünder, *Verfassungsrechtliche Vorgaben für die Normierung neuer Steuerungsmodelle,* 2001, pág. 70 e segs.; Dieter Engels, *Neues Haushalts – und Rechnungswesen: Konsequenzen für den Bundesrechnungshof,* 2001, pág. 101 e segs.; Michael Noll, *Haushalt und Verfassung – Normen – Reformen – Trends (Eine Einführung das Haushalts- und Verfassungsrecht der Bundesrepublik Deutschland sowie der Eurpäischen Union,* 2001, pág. 139 e segs. e Christoph Gröpl, *Bonner Kommentar zum Grundgesetz,* 2002, pág. 183 e segs. Este último autor não deixa, no entanto, de alertar para os eventuais entraves constitucionais que a aplicação integral do modelo proposto e desenvolvido pela doutrina implicará. Christoph Gröpl é, de resto, o autor que mais tem reflectido sobre esta temática, sendo fundamental a obra *Haushaltsrecht und Reform - Dogmatik und Möglichkeiten der Fortentwicklung der Haushaltswirtschaft durch Flexibilisierung, Dezentralisierung, Budgetierung, Ökonomisierung und Fremdfinanzierung,* 2001.

[1344] Referindo que o modelo de "democracia neocorporativa" tende a conferir uma centralidade negocial ao órgão executivo do Estado, mesmo sobre matérias integrantes da esfera decisória do Parlamento, Paulo Otero, Legalidade e Administração Pública, 2003, pág. 142 e 518.

648 A Lei por detrás do Orçamento

rio, a aprovação parlamentar do Orçamento permite uma certa desresponsabilização formal do órgão executivo, sendo que, materialmente, o Orçamento será sempre do Governo[1345]. Neste contexto, o voto contrário da oposição será observado como uma tentativa (falhada) de bloqueio, sem que uma atitude construtiva desta lhe aproveite, já que a maioria parlamentar filtrará, convenientemente, as propostas indesejáveis.

Diferentemente, num caso de um governo minoritário, também a aprovação parlamentar do Orçamento não é vantajosa, já que o momento da aprovação do Orçamento não deve ser utilizado, nem como "ersatz" de uma moção de censura, nem como modo de fazer aprovar um Orçamento com o qual o Governo não queira ou não possa governar, sem que a oposição seja responsabilizada pela aprovação de um Orçamento que não encontre um Governo que o queira, verdadeiramente executar[1346].

Neste contexto, julga-se que o Parlamento, ou legisla e então não rejeita o Orçamento, ou quer censurar o Governo e então não é através do Orçamento que o deve fazer, mas através da apresentação de uma moção de censura. Uma articulação correcta das várias figuras constitucionais leva a que a Oposição (também) deva ser chamada a fazer escolhas. Assim, se censura o Governo, não modifica as propostas do Governo (caso da rejeição do programa de Governo, moção de censura, rejeição de moção de confiança) e se modifica as propostas (caso da lei do Orçamento ou das demais leis) então não censura o Governo[1347].

[1345] Como refere Robert Hertzog, *Les pouvoirs financiers du Parlement*, 2002, pág. 304, a decisão supõe a responsabilidade. Ora, *ninguém considera que o Parlamento é responsável pela boa ou má política orçamental ou pelos erros constantes dos documentos adoptados e votados por esse órgão. O Orçamento permanece, apesar da passagem perante as assembleias, uma obra do Governo* (...).

[1346] Armindo Monteiro, *Do Orçamento Português*, 1921, pág. 152, referia, a propósito das modificações à proposta de Orçamento efectuadas pelas comissões parlamentares, que, *quem tem as responsabilidades da execução vê modificadas todas as suas intenções, por outro lado quem as impõe sabe de antemão que as dificuldades da prática não cairão sobre os seus ombros.*

[1347] Rejeita-se, assim, a ideia de que a lei do Orçamento seja uma espécie de *verificação anual obrigatória da homogeneidade política* entre o Parlamento e o Governo, como refere Amatucci, *Funzioni e Disciplina del Bilancio dello Stato*, 1972, pág. 172.

Julga-se mesmo que quanto menor for a interferência do Parlamento na definição do conteúdo do Orçamento, maior margem de manobra terá na discussão dos regimes jurídicos que estão na base das despesas e das receitas do Estado e que se encontram reflectidas no Orçamento. Com efeito, abdicando do poder (formal) de modificar os números e as verbas, poderá o Parlamento acentuar a sua característica de órgão legislador e não de órgão gestor das Finanças Públicas[1348]. Na verdade, como afirma Robert Hertzog, não estando o Parlamento bem municiado, nem sendo, consequentemente, muito *performant* relativamente às matérias orçamentais, o melhor seria que este órgão se dedicasse a reforçar as competências onde possa ser competitivo, mais do que *a querer manter os poderes que os ventos da História lhe fazem escapar ou que a sua natureza própria não lhe permite executar eficazmente*[1349].

Para que a aprovação do Orçamento não continue a ser mais um *acto de resignação do que um voto de confiança*[1350], julga-se vantajoso acertar o enquadramento constitucional com a prática política e com as exigências do sistema de Governo. Só assim se possibilitará que o Orçamento ganhe um lugar mais tranquilo no sistema de fontes de Direito, eliminando-se a esquizofrenia entre o órgão superior da Administração Pública e responsável pela condução da política geral do país e o órgão com competência para aprovar o Orçamento, que, desde há muito, se assume como um dos principais instrumentos da execução do programa de Governo[1351].

[1348] Neste sentido, Robert Hertzog, *Les pouvoirs financiers du Parlement*, 2002, pág. 306, onde o autor se manifesta contrário à redução do conceito da lei de finanças ao conceito de lei ordinária, precisamente por desse modo se poder confundir a capacidade legislativa do Parlamento com a capacidade de gestão dos recursos financeiros e da sua adequação às diversas despesas da lei de finanças. O autor recorda mesmo a definição de Hauriou, que qualificava a lei do Orçamento como *un acte de gestion*.

[1349] Robert Hertzog, *Les pouvoirs financiers du Parlement*, 2002, pág. 298.

[1350] Pierre Lalumière, *Parliamentary Control of the Budget in France*, 1976, pág. 147.

[1351] Veja-se, neste sentido, por exemplo, Onida, *Le Leggi di Spesa nella Costituzione*, 1969, pág. 145 e 210. Para este autor, só o Governo, que é portador de um *indirizzo unitário expresso no seu programa, tem uma visão de conjunto sobre as exigências de cada sector, dos meios necessários e disponíveis, dos efeitos directos e indirectos de cada intervenção sobre o sistema de entradas e de despesas públicas (...) apenas o Governo está em posição de imprimir carácter de unidade à política financeira, de coordenar as decisões financeiras no quadro de uma visão global, de operar as necessárias escolhas sobre as prioridades, de harmonizar cada iniciativa nova com todas as outras já propostas ou que devam vir a ser propostas.*

650   *A Lei por detrás do Orçamento*

Pensa-se mesmo que, se em termos orgânicos haveria uma reposição da ordem formal com a ordem material das coisas, também em termos normativos haveria melhorias a assinalar com a mudança que se propõe. Na verdade, com esta alteração de paradigma, desanuviava-se a parte normativa do Orçamento, separando-se efectivamente, a legalidade tributária da legalidade orçamental, eliminando-se a tentação dos cavaleiros orçamentais e clarificando-se ainda o relacionamento do Orçamento com os actos legislativos parlamentares paramétricos. A aprovação do Orçamento pelo Governo levará, afinal, a clarificar a responsabilidade política deste órgão, já que, sob o ponto de vista das responsabilidades, *importa que o Governo apareça diante do país, e não por detrás do Parlamento, como o artífice de um equilíbrio que lhe pertence realizar, sem desculpas de outra maneira válidas*[1352].

Acrescente-se, por fim, que esta solução não representa um retrocesso às doutrinas dualistas que visavam entregar a aprovação do Orçamento ao poder executivo do Governo, atendendo ao facto deste relevar do mundo do não-Direito e do domínio interno da Administração. Com efeito, numa altura em que os Governos assumem (sobretudo entre nós) competências legislativas, a aprovação do Orçamento por parte do Governo representa (apenas) a junção da competência do órgão responsável pela elaboração do projecto, com a legitimidade do órgão que vai ser responsável pela sua execução[1353].

De qualquer modo, recordando quase 150 anos depois o contributo essencial de Laband ao propugnar a junção entre o órgão detentor do *indirizzo político* e o órgão competente para a aprovação do Orçamento, apetece recordar, com ironia, o desabafo da famosa personagem de Mark Twain, quando afirmava que as notícias da sua morte eram, afinal, manifestamente exageradas[1354]. Na verdade, com

---

[1352] Fernando Emygdio da Silva, *A Reforma do Orçamento em Portugal: Política e Técnica*, 1938, pág. 38.

[1353] Marcelo Rebelo de Sousa, prefácio a *Uma Constituição Moderna para Portugal*, comentada por Luís Marques Guedes, 1997, pág. 34, referia, de modo pertinente, que, *como se afirmou, precisamente, a propósito da necessidade da oposição parlamentar permitir ao Governo exercer a sua função, em democracia o voto popular não serve só para escolher quem deve ser Governo, serve também para condenar o Governo a governar.*

[1354] Luísa Neto, *O Estado de Direito Democrático e as Leis de Valor Reforçado*, 2003, pág. 513, afirma que, *as teorias de Laband, se bem que tenham fornecido parâmetros*

O *Orçamento a quem o trabalha* 651

a solução que aqui se preconiza, dava-se, enfim, um contributo para solucionar a questão pertinentemente colocada por Neumark, há quase um século quando afirmava que o problema fundamental do moderno Direito Orçamental consiste em chegar a essa combinação óptima entre confiança e desconfiança que permita deixar fazer e controlar[1355].

É que, como afirmava premonitoriamente, Sainz de Bujanda, a utilização do Orçamento como (último) instrumento de política económico-financeira faz com que o modo como este é visto dogmaticamente tenha de mudar. *O princípio da competência – que reservava no direito constitucional clássico a ordenação das despesas e das receitas à assembleia legislativa – e os princípios da unidade e da universalidade, inerentes à concepção clássica, são opostos ao robustecimento das faculdades da administração pública em matéria financeira e à maior amplitude temporal do ciclo orçamental exigidos pelas novas correntes doutrinais. (...) Mas nesta matéria, como noutras, não é possível adoptar uma postura de simples espectadores. O jurista tem que reagir, consciente da sua responsabilidade social, sempre que se abra uma brecha no mundo do Direito. (...) Disciplinar juridicamente essa actividade* (orçamental), *qualquer que seja a sua extensão e modalidades, não tem que consistir em reservar aos Parlamentos a discussão prolixa do Orçamento, nem impor, de forma inexorável, a sua duração anual (...)*[1356].

Aqui chegados, importa afirmar sem ambiguidades que esta dissertação pretende contribuir para reenquadrar a lei do Orçamento no contexto do Direito Constitucional Português, seja no modo de interpretar o funcionamento do sistema de fontes de Direito, seja no modo como se propõe um novo equilíbrio no âmbito da separação dos poderes. Na sua redacção procurou evitar-se a *inibição do jurista*, a *preguiça* ou a *indiferença*[1357], tendo sido privilegiada uma abordagem típica de Direito Constitucional, centrada no ordenamento jurídico

---

de enquadramento dogmático essencial para o desenvolvimento do debate em torno da questão e do conceito de lei estão, no mundo hodierno, manifestamente ultrapassadas.

[1355] Fritz Neumark, *Der Reichshaushaltplan, Ein Beitrage zur Lehre vom öffentlichen Haushalt*, 1929, pág. 17.

[1356] Sainz de Bujanda, *Hacienda y Derecho, Introducción al Derecho Financiero de nuestro tiempo I*, 1962, pág. 447.

[1357] Sainz de Bujanda, *Hacienda y Derecho, Introducción al Derecho Financiero de nuestro tiempo I*, 1962, pág. 447, citado na Introdução desta dissertação.

652 *A Lei por detrás do Orçamento*

português, sem desconhecer, porém, as lições da História nem os ensinamentos dos Direitos estrangeiros. Vista do mundo onde me encontro, esta foi a imagem que consegui captar e estas são as respostas que encontrei às perguntas que quis fazer.

Uma outra visão seria seguramente equacionável. Ela exigiria, contudo, outra investigação e, provavelmente, outro investigador. Neste momento, parecem ser, no entanto, bem oportunas as palavras do então Presidente da República, quando, perante a Assembleia da República, na cerimónia comemorativa do 25 de Abril de 2003, referiu, com a solenidade que o tempo e o lugar exigiam, que, *há mais vida para além do Orçamento*[1358]. Esse é, também, o motivo porque esta dissertação termina aqui.

[1358] Nas palavras do então Presidente da República Jorge Sampaio, *o problema orçamental da economia portuguesa, merecendo embora exigente e necessária atenção, não é o único. Há mais vida para além do Orçamento. A economia é mais do que finanças públicas. O aumento do investimento, da produtividade e da competitividade da economia portuguesa é fundamental para o nosso futuro e requer o esforço continuado e empenhado de todos: governantes, empresários e trabalhadores. Uma economia competitiva não é a que se baseia em baixos salários, mas sim a que dispõe de um sistema produtivo moderno, inovador e tecnologicamente avançado, capaz de produzir bens e serviços de qualidade e bem valorizados nos mercados internacionais.*

RESUMO

A presente dissertação pretende repensar a colocação sistemática da Lei do Orçamento no contexto da separação de poderes e no universo das fontes de Direito. Com efeito, a Lei do Orçamento, pelo modo como anualmente enquadra normativamente o conjunto de receitas e de despesas do Estado, assume um papel ímpar no relacionamento entre o Parlamento e o Governo, sendo (por isso mesmo) potencialmente o alvo congregador de conflitos orgânicos e de disputas competenciais, como a História já por diversas vezes se encarregou de demonstrar.

Do mesmo modo, numa perspectiva normativa, a Lei do Orçamento, sendo um acto legislativo parlamentar que potencialmente se relaciona com a generalidade dos restantes actos legislativos e com as decisões administrativas do Governo, assume uma centralidade no universo dos actos legislativos, não se eximindo, também por isso, a conflitos de relacionamento inter-legislativo, relevando da sua natureza de lei de valor reforçado sujeita, ainda assim, a um conjunto de vinculações legais e contratuais constitucionalmente impostas.

A presente dissertação, sendo uma obra de Direito Público, é, assim, essencialmente uma obra de Direito Constitucional, que encontra na Lei do Orçamento, também no âmbito do sistema de governo português, um exemplo privilegiado do modo como a manutenção de velhos dogmas em torno do relacionamento entre o Parlamento e o Governo, bem como em torno do relacionamento entre actos normativos reforçados e ordinários, é hoje gerador de deficiências de funcionamento do equilíbrio orgânico-normativo e credor de uma acumulação de incertezas interpretativas que aumentam o grau de conflitualidade do próprio sistema constitucional.

Reconhece-se que a colocação sistemática (orgânica e normativa) da lei do Orçamento é fruto de um emaranhado de heranças históricas que esquecendo as diferenças de paradigma existentes entre os diversos sistemas constitucionais em causa levaram a que, por detrás da aparente uniformidade decorrente da aprovação parlamentar da lei do Orçamento, se encontrem, nos vários ordenamentos jurídicos europeus de base parlamentar, diferenças acentuadas de tratamento normativo e orgânico da lei do Orçamento, responsáveis, aliás, pelo intenso trabalho doutrinal e jurisprudencial que tem vindo a ser desenvolvido sobre o assunto.

Neste contexto, também o sistema constitucional português tem vindo a reconhecer à lei do Orçamento um regime jurídico equívoco herdado de uma cumulação pouco inteligível de elementos oriundos do constitucionalismo liberal e do antiparlamentarismo da Constituição de 1933, agravados pelo modo como as diversas revisões constitucionais têm contribuído para acentuar um sistema pouco claro e potencialmente conflituoso.

Neste contexto, e depois de uma investigação histórica que tem, inevitavelmente, o seu ponto de partida na crise orçamental prussiana dos finais do sec. XIX e na explicação doutrinal de Laband em torno do duplo conceito de lei, propõem-se novas soluções relativas ao modo como a lei do Orçamento se deve relacionar com o Governo e com o Parlamento nos momentos da iniciativa, aprovação, modificação e execução, procurando, a cada momento, um equilíbrio que salvaguarde as reservas de cada órgão num sistema que não reconhece um domínio do Parlamento sobre o Governo.

Da mesma forma, apresentam-se soluções alternativas relativamente ao modo de relacionar a lei do Orçamento, enquanto lei de valor reforçado, com a generalidade dos actos legislativos e contratuais que, aparentemente, impõem vinculações à lei do Orçamento, limitando-lhe a autonomia normativa. Neste contexto, dedica-se uma atenção especial ao problema genérico da relação das leis reforçadas com os cavaleiros de legislação ordinária que assume, no contexto orçamental, um especial interesse atendendo, quer à disputada admissibilidade, quer ao controverso regime jurídico dos cavaleiros orçamentais aprovados juntamente com a lei do Orçamento.

Resumo

No final da dissertação propõe-se, em conformidade, um novo modelo de aprovação orçamental que leve a que este acto legislativo assuma uma posição mais tranquila no âmbito do funcionamento do sistema de Governo, promovendo uma maior autonomia, mas também uma maior responsabilização, do Governo na aprovação da lei do Orçamento, assim se rompendo com tradições enraizadas no Direito Constitucional mas que, segundo se foi demonstrando ao longo da dissertação, não mais se mostram convincentes no contexto actual.

ABSTRACT

The present dissertation intends to re-think the systematic placement of the Budget Law within the context of the separation of powers and in the universe of the sources of Law. In effect, the Budget Law, due to the way in which it annually reflects as a norm the State's set of income and expenses, takes on a unique role in the relation between Parliament and Government, being (precisely because of this) the potential *fulcrum* for understanding in organic conflicts and disputes in competence, as History has proved several times.

In the same fashion, in a normative perspective, the Budget Law, as a parliamentary act of legislation potentially related to the majority of the remaining acts of legislation, and Government's administrative decisions, assumes a centrality in the universe of acts of legislation, and is not free, also due to this, of inter-legislative conflicts, nevertheless enduring, despite its nature of reinforced-value law, the subjection to a set of legal and contractual requirements, as a constitutional imposition.

The present dissertation, as a work of Public Law is, therefore essentially a work of Constitutional Law, that finds in the Budget Law, also in the ambit of the Portuguese government system, a privileged example of the way in which the upholding of old *dogmas* with regard to the relation between Parliament and Government, as well as those regarding the relation between reinforced-value and regular legislation acts, is nowadays the generator of functioning deficiencies in the organic-legislative balance, and the bearer of an accumulation of interpretative uncertainties that increase the constitutional system's very degree of conflictivness.

It is admitted that the systematic placement (organic and normative) of the Budget Law is the result of a jumble of historic heritages that, forgetting the existing differences in paradigm between the various constitutional systems involved, led to the situation where, behind the apparent uniformity that results from parliamentary approval of the Budgetary Law, one may find, in the various European parliamentary-based legal systems, profound differences in the normative and organic treatment of the Budget Law, which have been the reason for the intense academic and jurisprudential work that is being carried out in this field.

In this context, the Portuguese constitutional system has also come to recognize in the Budget Law an equivocal legal regime, inherited from a hardly intelligible compilation of elements from the liberal constitutionalism and from the anti-parliamentary 1933 Constitution, worsened by the way in which the various constitutional revisions have contributed to emphasize an unclear and potentially conflicting system.

In this context, after a historical investigation, that inevitably has its start-off in the Prussian budgetary crisis at the end of the 19th Century and Laband's academic explanation involving the double concept of law, new solutions regarding the way in which the Budget Law should relate with Government and Parliament in matters of initiative, approval, alteration and execution, seeking on each matter, a balance that will protect the reserves of each organ in a system that does not recognise the domain of Parliament over the Government.

In the same fashion, alternative solutions are presented, concerning the way of relating the Budget Law, whilst a reinforced-value law, with the general legislative and contractual acts, which apparently impose upon the Budget Law, limiting its normative autonomy. In this context, special attention is given to the generic problem of the relation between reinforced-value laws and the *riders* of regular legislation, which assume, in the budgetary perspective, a special interest considering their disputed admissibility, as well as the controversial legal regime of the budgetary *riders* approved together with the Budget.

At the end of the dissertation, in conformity, a new model for budgetary approval is proposed, so that it may lead to this legislative act assuming a more tranquil position in the ambit of the Government's system functioning, aiming for an increase in autonomy, but also a greater accountability, by the Government with regard to the approval of the Budget Law, thus breaking away with the deep-set Constitutional Law traditions, that have, as was demonstrated throughout the dissertation, proved to be no longer convincing in the present context.

RÉSUMÉ

La présente dissertation se propose de repenser le fait de placer systématiquement la loi du budget d'État dans le contexte de la séparation des pouvoirs et de l'univers des sources de droit. En effet, la loi du budget, par le mode dont chaque année elle encadre normativement l'ensemble des recettes et dépenses de l'État, assume un rôle unique dans le rapport entre le Parlement et le Gouvernement, et devient (par cette même raison) la cible potentielle d'agrégation de conflits organiques et de disputes concurrentielles, comme l'Histoire s'est déjà souvent chargée de démontrer.

De même, d'un point de vue normatif, la loi du budget, en tant qu'acte législatif parlementaire qui s'associe potentiellement à la généralité des autres actes législatifs et aux décisions administratives du Gouvernement, assume une position centrale dans l'univers des actes législatifs, ne s'exemptant pas, également par cette raison, des conflits à rapport interlégislatif, relevant sa nature de loi de valeur renforcée et étant, d'autre part, contrainte à un ensemble d'obligations légales et contractuelles qui lui sont constitutionellement imposées.

La présente dissertation, en tant qu'œuvre de droit public est, de la sorte, essentiellement une oeuvre de droit constitutionnel, qui retrouve dans la loi du budget, également dans le cadre du système de gouvernement portugais, un exemple privilégié du moyen par lequel la conservation de vieux dogmes autour de la relation entre Parlement et Gouvernement, tout comme autour de la relation entre actes normatifs renforcés et ordinaires, est aujourd'hui créatrice de déficiences de fonctionnement de l'équilibre organique et normatif, et créancier d'une accumulation d'incertitudes interprétatives qui augmentent le degré de conflictualité du propre système constitutionnel.

L'on reconnaît que le placement systématique (organique et normatif) de la loi du budget est le fruit d'un emmêlement d'héritages historiques qui oublient les différences de paradigme existantes entre les divers systèmes constitutionnels en question et ont mené à ce que, au-delà de l'apparente uniformité résultante de l'approbation parlementaire de la loi du budget, l'on trouve, dans les différents régimes juridiques européens de base parlementaire, des différences accentuées de traitement normatif et organique de la loi du budget, responsables, d'ailleurs, du dur travail doctrinaire et jurisprudentiel développé depuis longtemps sur cette affaire.

Dans ce cadre, le système constitutionnel portugais reconnaît également à la loi du budget un régime juridique équivoque, héritage d'une accumulation peu intelligible d'éléments provenant du constitutionalisme libéral et de l'antiparlementarisme de la Constitution de 1933, aggravés par la forme dont les diverses révisions constitutionnelles ont contribué à accentuer un système peu clair et potentiellement conflictuel.

Dans ce contexte, et après une investigation historique qui a inévitablement son point de départ dans la crise budgétaire prussienne de la fin du XIXème siècle et dans l'explication doctrinaire de Laband autour du double concept de loi, l'on présente de nouvelles solutions relatives à la forme dont la loi du budget doit être associée au Gouvernement et au Parlement dans les moments d'initiative, d'approbation, de modification et d'exécution, cherchant, à chaque moment, un équilibre qui puisse sauvegarder les réserves de chaque organe dans un système qui ne reconnaît pas la domination du Parlement sur le Gouvernement.

De la même manière, l'on présente des solutions alternatives relativement à la façon d'associer la loi du budget, en tant que loi de valeur renforcée, à la généralité des actes législatifs et contractuels qui, en apparence, imposent des obligations à la loi du budget, tout en lui limitant son autonomie normative. Dans ce contexte, l'on dédie une attention spéciale au problème générique de la relation des lois renforcées avec les chevaliers de la législation ordinaire qui assume, dans le cadre budgétaire, un intérêt particulier, compte tenu de l'admissibilité disputée d'une part, et du régime juridique controverse des chevaliers budgétaires approuvés en simultané avec la loi du budget, d'autre part.

A la fin de la dissertation l'on propose, en conformité, un nouveau modèle d'approbation budgétaire qui conduise à ce que cet acte législatif assume une position plus tranquille dans le cadre du fonctionnement du système de gouvernement, promouvant une plus grande autonomie, mais également une plus grande responsabilisation, du Gouvernement dans l'approbation de la loi du budget, rompant de la sorte avec des traditions enracinées dans le droit constitutionnel mais qui, d'après ce que l'on a démontré tout au long de la dissertation, ne se montrent plus convaincantes dans le cadre actuel.

BIBLIOGRAFIA

AAVV
- *Il Primo Commento Organico al Progetto di Riforma della Costituzione*, 1997

ACHTERBERG, Norbert
- *Parlamentsrecht*, 1984
- *Kriterien des Gesetzesbegriffs unter dem Grundgesetz*, em Die Öffentliche Verwaltung (DÖV), 26. Jahrgang, heft 9, 2002

ACQUA, Cesare Dell'
- *Sulla crisi del Parlamento*, em Labriola, Silvano, Cinquantenario della Repubblica Italiana, I, Quaderni della Rassegna Parlamentare, 1997

AJA, Eliseo
- *Introducción al concepto actual de Constitución*, em Lassale, Ferdinand, ¿Qué es una Constitución?, 2001

ALIAGA AGULLÓ, Eva
- *Ley de Presupuestos y reforma tributaria: análisis de una larga experiencia (1979–1994)*, em Civitas – Revista Española de Derecho Financiero, n.º 81, 1994

ALMEIDA, Luís Nunes de
- *O Tribunal Constitucional e o conteúdo, a vinculatividade e os efeitos das suas decisões*, em AAVV, Portugal – O sistema Político e Constitucional, 1989

ALMEIDA, Vasco Duarte de
- *Programa de Governo e Empreendimento Publico*, 1995

ALVARENGA, Teresa Kol de
- *Do Conteúdo da Lei do Orçamento*, 1989

AMARAL, Diogo Freitas do
- *A Revisão Constitucional de 1982 – Texto e Projectos*, 1982
- *Governos de Gestão*, em Estudos de Direito Público, n.º 11, 1985
- *Direito Administrativo*, vol. IV, 1988
- *Curso de Direito Administrativo*, vol. II, 2001
- *Apreciação da Dissertação de Doutoramento do Mestre Luís Cabral de Moncada – Lei e Regulamento*, em Estudos de Direito Público e Matérias Afins, vol II, 2004

AMARAL, Diogo Freitas do; GARCIA, Maria da Glória
- Ministério do Ambiente e do Ordenamento do Território, *O Caso Co– Incineração, (Pareceres Jurídicos)*, 2001

AMARAL, Maria Lúcia
- *A Forma da República – Uma introdução ao estudo do direito constitucional*, 2005
- *Responsabilidade do Estado e Dever de Indemnizar do Legislador*, 1998
- *A Revisão Constitucional de 1997 – Sistema de Actos Legislativos*, Opinião, em Legislação, Cadernos de Ciência de Legislação, n.º 19/20, 1997

AMATUCCI, Andrea
– *Funzioni e Disciplina del Bilancio dello Stato*, 1972
– *Il ruolo politico della legge finanziaria*, em AAVV, Studi in onore di Luigi Galateria, 1987
– *L'Ordinamento Giuridico Finanziario*, 1999

AMICO, Marilisa d'
– *Un nuovo modello di sentenza costituzionale?*, em Giurisprudenza Costituzionale, anno XXXVIII, fasc. 3, 1993

AMSELEK, Paul
– *Le Budget de l'Etat sous la Ve République*, 1966
– *Sur le particularisme de la légalité budgétaire*, em La Revue Administrative, n.º 138, 1970
– *Le Budget de l'Etat et le Parlement sous la Ve République* em Revue du Droit Public et de la Science Politique en France et a l'Étranger, n.ºs 5/6, 1998

ANDRADE, José Carlos Vieira de
– *Os Direitos Fundamentais na Constituição Portuguesa de 1976*, 2001
– ANDRADE, José Carlos Vieira de; COSTA, José Manuel Cardoso da; MELO, António Barbosa de
– *Estudo e Projecto de revisão da Constituição da República Portuguesa de 1976*, 1981

ANSCHÜTZ, Gerhard
– *Kritische Studien zur Lehre vom Rechtssatz und Formellen Gesetz*, 1891, 2.ª ed., 1913
– *Die gegenwärtigen theorien über den Begriff der gesetzgebende Gewalt und den Anfang des Königlichen Verordnungsrechts nach preussischen staatsrecht*, 2.ª ed., 1901
– *Die Verfassung des Deutschen Reiches*, 1933

ANSCHÜTZ, Gerhard; MEYERS, Georg
– *Lehrbuch des deutschen Staatsrechts*, 7.ª ed., 1919

ANTUNES, José Joaquim Brito
– *Autorizações Orçamentais: Jurisprudência Constitucional e o novo Direito Orçamental*, 1991

ANZON, Adele
– *Un'additiva di principio con termine per il legislatore*, em Giurisprudenza Costituzionale, anno XXXVIII, fasc. 3, 1993

ARAGÓN REYES, Manuel; RUBIO LLORENTE, Francisco
– *La Jurisdicción constitucional*, em AAVV, La Constitución Española de 1978 – Estudio Sistemático, 1981

ARAÚJO, António de
– *Orçamento e Poder: o Debate Incrementalista*, Revista Jurídica, n.º 13/14, 1990
– *A Revisão Constitucional de 1997 – Um ensaio de história político– constitucional*, 1999

ARBOUSSET, Hervé
– *La violation de la sincérité budgétaire: un grief plein d'avenir?*, em Revue Française de Finances Publiques (RFFP), n.º 74, 2001

ARICÒ, Rosario
– *Natura Giuridica della Legge del Bilancio dello Stato*, em Revista Italiana di Ragioneria, anno XLVI, n.º 1– 2, 1953

Bibliografia 667

ARMSTRONG, William
- *Budgetary Reform in the U.K., Report of a Committee chaired by Lord Armstrong of Sanderstead*, em Oxford University Press for the Institute of Fiscal Studies, 1980

ARNDT, Adolf
- *Kommentar zur Verfassung*, 1895

ARNDT, Claus
- *Das Verhältnis von Budgetrecht des Parlaments und Zustimmungsrecht des Finanzministers nach Art. 112 GG*, em Deutsches Verwaltungsblatt (DVBl), 90. Jahrgang, heft 16, 1975

ARNDT, Hans-Wolfgang
- *Staatshaushalt und Verfassungsrecht*, em Juristische Schulung (JS), 30. Jahrgang, heft 5, 1990

ARTHUIS, Jean
- *Réflexions à propos de la mise en œuvre de la loi organique relative aux lois de finances*, em Revue Française de Finances Publiques (RFFP), n.º 82, 2003

ARTONI, Roberto
- *Il Bilancio dello Stato*, em AAVV, Guida alla Lettura dei Documenti di Finanza Pubblica, 1989

ASSEMBLÉE NATIONALE
- *L'Assemblée Nationale et les lois de finances*, 2000

AUBERGER, Philippe
- *Promouvoir une véritable réforme de l'ordonnance du 2 janvier 1959*, em Revue Française de Finances Publiques (RFFP), n.º 73, Janvier 2001

AUER, Andreas
- *O princípio da legalidade como norma, como ficção e como ideologia*, em Hespanha, António, *Justiça e Litigiosidade: História e Prospectiva*, 1993

AURIA, Gaetano d'
- *La "Funzione Legislativa" dell'Amministrazione*, em Rivista Trimestrale di Diritto Pubblico, fasc. 3, Setembro, 1995

AVRIL, Pierre; GICQUEL, Jean
- *Droit Parlementaire*, 1996

AYALA, Bernardo Diniz de,
- *O (Défice de) Controlo Judicial da Margem de Livre Decisão Administrativa (considerações sobre a reserva de administração, as componentes, os limites e os vícios típicos da margem de livre decisão administrativa)*, 1995

BADAOUI, Jean
- *Le fait du prince dans les contrats administratifs*, 1954

BADURA, Peter
- *Staatsrecht – Systematische Erläuterung des Grundgesetzes für Bundesrepublik Deutschland*, 1996

BAGEHOT, Walter
- *The English Constitution*, 1872

BALDWIN, Robert
- *Rules and Government*, 1996

BALLARIN, Javier
   – *Circulo de Impaciencias: la sentencia 72/1984, de 14 de Junio, en el Recurso Previo de Inconstitucionalidad contra el Texto Definitivo del Proyecto de Ley organica de Incompatibilidades de Diputados y Senadores*, em Revista Española de Derecho Constitucional (REDC), n.º 14, año 5, 1985

BANDEIRA, Cristina Leston
   – *O papel do Parlamento português com base num estudo de caso: o debate do orçamento – 1983– 95,* Legislação – Cadernos de Ciência de Legislação, 26, 1999

BANNA, Mahmoud Atef Ali El
   – *Le Particularisme du Pouvoir d'Autorisation Budgétaire,* 1968

BAÑO LEON, Jose
   – *Los limites costitucionales de la potestad reglamentaria (remision normativa y reglamento Independiente en la Constitución de 1978),* 1991

BARCELÓ I SERRAMALERA, Mercè
   – *Criterios Hermeneuticos de la Jurisprudencia del Tribunal Federal Alemán para la Interpretación de las Normas de Reparto Competencial entre el "Bund" y los "Länder",* em Revista Española de Derecho Constitucional (REDC), n.º 26, ano 9, 1989

BARRETO, António
   – *A Assembleia da República: Uma Instituição Subalternizada,* em Revista Risco, n.º 13, 1990

BARROT, Jacques
   – Assemblée Nationale, *Article 40 de la Constitution* (Rapport d'information n.º 1273, 25 Mai 1994), 1994
   – *Relatório Informativo encomendado pela Comissão Parlamentar de Finanças, documento n.º 1273 anexo ao processo verbal da sessão de 25 de Maio de 1994,* 1994

BARTHÉLEMY, Joseph
   – *Les Théories Royalistes dans la Doctrine Allemande Contemporaine – Sur les Rapports du Roi et des Chambres dans les Monarchies Particuières de L'Empire,* 1905

BAYONA DE PEROGORDO, J.J.; SOLER ROCH, Mª. T.
   – *Materiales de Derecho Financiero,* 1997

BÉCHILLON, Denys de
   – *Hiérarchie des Normes et Hiérarchie des Fonctions Normatives de l'État,* 1996

BEHRENS, Fritz
   – *Kostencontrolling und Haushaltsflexibilisierung als Instrumente einer modernen Justiz und Verwaltung,* em Zeitschrift für Rechtspolitik (ZRP), 31. Jahrgang, heft 10, 1998

BELTRAME, Pierre
   – *Le consentiment de l'impôt. Devenir d'un grand principe,* em Revue Française de Finances Publiques (RFFP), n.º 51, 1995

BERGERÈS, Maurice– Christian
   – *Les Cavaliers Budgétaires,* em Revue de Droit Public et de la Science Politique en France et à l'étranger, n.º 5, 1978

BERTRAND, Léon
   – *Le Controle Parlementaire des Finances Publiques,* 1963

Bibliografia

BESSON, Emmanuel
- *Le Controle des Budgets en France et à l'Étranger,* 1901
BIGAUT, Christian
- *Finances Publiques – Droit Budgétaire, Le Budget de l'État,* 1995
BILANCIA, Paola
- *Osservazioni sulla Disciplina costituzionale del bilancio a cinquant'anni dalla sua scrittura,* em Labriola, Silvano, Cinquantenario della Repubblica Italiana, I, Quaderni della Rassegna Parlamentare, 1997
BIRCH, Anthony H.
- *The British System of Government,* 1998
BIRK, Dieter
- *Das Haushaltsrecht in der bundesstaatlichen Finanzverfassung (Art. 109– 115 GG),* em Juristische Arbeitsblätter (JA), heft 11, 1983
- *Steuerung der Verwaltung durch Haushaltsrecht und Haushaltskontrolle,* em Deutsches Verwaltungsblatt (DVBl), 36. Jahrgang, heft 17, 1983
BLANCHARD– DIGNAC, Christophe
- *La révision de l'ordonnance de 1959: le point de vue de la direction du budget,* em Revue Française de Finances Publiques (RFFP), n.º 73, Janvier 2001
BLECKMANN, Albert
- *Der Gesetzesbegriff des Grundgesetzes – Zur Funktion des Haushaltsplans im Subventionsrecht,* em Deutsche Verwaltungsblatt (DVBl), heft 6, 2004
BÖCKENFÖRDE, Ernst– Wolfgang
- *Die Organisationsgewalt im Bereich der Regierung – Eine Untersuchung zum Staatsrecht der Bundesrepublik Deutschland,* 1964, 2.ª ed. 1998
- *Der Verfassungstyp der deutschen konstitutionellen Monarchie im 19. Jahrhundert,* em AAVV, Moderne deutsche Verfassungsgeschichte (1815– 1914), 1981
- *Gesetz und gesetzgebende Gewalt – Von den Anfängen der deutschen Staatsrechtslehre bis zur Höhe des staatsrechtlichen Positivismus,* 1981
- *Organisationsgewalt und Gesetzesvorbehalt,* em Neue Juristische Wochenschrift (NJW), 52. Jahrgang, heft 17, 1999
BOGNETTI, Giovanni
- *La Divisione Dei Poteri – Saggio di Diritto Comparativo,* 1994
- *La Costituzione Economica Italiana,* 1995
BOLDT, Hans
- *Verfassungskonflikt und Verfassungshistorie,* em Der Staat – Zeitschrift für Staatslehre Öffentliches Recht und Verfassungsgeschichte, Beiheft 1 – Probleme des Konstitutionalismus im 19. Jahrhundert, 1975
BONCINELLI, Ettore
- *Sul Bilancio dello Stato (Studio di Contabilità Pubblica),* 1907
BONJOUR, Henry
- *Le Budget du Reich – Vote, Exécution, ContRole,* 1931
BORNHAK, Conrad
- *Preussisches Staatsrecht,* vol. III, 1890
- *Allgemeine Staatslehre,* 1896

BOTTIN, Michel
– *Introduction Historique au Droit Budgétaire et a la Comptabilité Publique de la Période Classique*, em Isaia, Henri ; Spindler, Jacques, Histoire du Droit des Finances Publiques – Les Grands Textes Commentés du Droit Budgétaire et la Comptabilité Publique, vol. I, 1986

BOUILLOT, Isabelle
– *Comment améliorer les règles du jeu budgétaire? Le point de vue du directeur du Budget*, em Revue Française de Finances Publiques (RFFP), n.º 46, 1994

BOULOIS, Jean
– *L'Influence des Articles 34 e 37 sur l'Équilibre Politique entre les Pouvoirs*, 1981

BOUVIER, Michel
– *La loi organique du 1er août 2001 relative aux lois de finances,* em L'Actualité Juridique Droit Administratif (AJDA), n.º 10, 2001

BOUVIER, Michel; ESCLASSAN, Marie– Christine; LASSALE, Jean– Pierre
– *Finances Publiques*, 2000

BOUVIER, Emile; JÈZE, Gaston
– *La véritable notion de la loi et la loi annuelle de finances – Role du pouvoir législatif en matière de budget,* em Revue Critique de Législation et de Jurisprudence, XLVIe année, nouvelle série – tome XXVI, 1897

BRADLEY; EWING
– *Constitutional and Administrative Law,* 1999

BRANCASI, Antonio
– *Legge Finanziaria e Legge di Bilancio,* 1985
– *Sulla proposta di modifica dell'articolo 81 della Costituzione*, em AAVV, L'amministrazione e la Costituzione – Proposte per la Costituente, 1993

BRAZIER, Rodney; SMITH, Stanley
– *Constitutional and Administrative Law,* 1998

BREUER, Rüdiger
– *Selbstbindung des Gesetzgebers durch Programm– und Plangesetze?,* em Deutsches Verwaltungsblatt (DVBl), 85. Jahrgang, heft 3, 1970

BRICK, Nicole
– *Libre propos sur la réforme de l'ordonnance du 2 janvier 1959,* em Revue Française de Finances Publiques (RFFP), n.º 73, Janvier 2001

BRIDGES, Lord
– *The Treasury,* 1964

BRITTAIN, Herbert
– *The British Budgetary System,* 1959

BROCKMEYER, Hans Bernhard
– Schmidt– Bleibtreu, Bruno; Klein, Franz, *Kommentar zum Grundgesezt,* 1999

BRONK, Horst; KRÜGER– SPITTA, Wolfgang
– *Einführung in das Haushaltsrecht und die Haushaltspolitik,* 1973

BRUNIALTI, A.
– *Il Diritto costituzionale e la politica nella scienza e nelle istituzioni,* 1896

BUISSON, Jacques ; DERUEL, François
– *Finances Publiques, Budget et Pouvoir Financier,* 2001

Bibliografia

BULLINGER, Martin
– *Vertrag und Verwaltungsakt,* 1962

BUMKE, Christian; RICHTER– GUNNAR, Ingo; SCHUPPERT, Gunnar Folke,
– *Casebook Verfassungsrecht,* 2001

BUSCEMA, Salvatore
– *Comentário à sentença n.º 66, de 19 de Dezembro de 1959,* em Giurisprudenza Costituzionale, II, 1959
– *Sui Sistemi di Redazione del Bilancio dello Stato,* em Rassegna Parlamentare, 1967
– *Il Bilancio, vol. I – Bilancio dello Stato, Rapporti con gli altri Bilanci,* 1971

CAAMAÑO DOMÍNGUEZ, Francisco
– *Sobre la Ley de Presupuestos y sus limites constitucionales. Un comentario a la S.T.C. 76/1992, de 14 de Mayo,* em Revista de Derecho Financiero y de Hacienda Pública, vol. XLIII, n.º 224, 1993

CABANES, Xavier
– *L'Etat, le Parlement et le consentement annuel à l'impôt,* em Revue Française de Finances Publiques (RFFP), n.º 77, Março 2002

CABRERA PÉREZ– CAMACHO, Miguel
– *Los Principios Presupuestarios,* em Revista de Derecho Financiero y de Hacienda Publica, vol. XLVI, n.º 240, 1996

CAETANO, Marcello
– *A Constituição de 1933 – Estudo de Direito Político,* 1957
– *Manual de Ciência Política e Direito Constitucional,* 5.ª ed. 1967 e 6.ª ed. 1972
– *Direito Constitucional, vol. I – Direito comparado, Teoria Geral do Estado e da Constituição, as Constituições do Brasil,* 1977
– *Estudos de História da Administração Pública,* 1994
– *Manual de Direito Administrativo,* 8.ª ed. 1968, 9.ª ed., tomo I, 1984 e tomo II 1983, 10.ª ed. 2001

CAIANIELLO, Girolamo
– *Bilancio, Legge Finaziaria, "Copertura" e Mitologie Costituzionali (per una sola legge di bilancio, a costituzone invariata),* em Il Foro Amministrativo – Rivista Mensile di Dottrina e Giurisprudenza, vol. LXXVI, fasc. 9– 10, 2000
– *Potenzialità della Legge di Bilancio,* 1989

CALANDRA, Piero
– *Il Governo della Repubblica,* 1986

CALLE SAINZ, Ricardo
– *Reforma Presupuestaria en Inglaterra: Informe Armstrong,* em Presupuesto y Gasto Publico, n.º 10, 1981

CAMBY, Jean– Pierre
– *Anotação à decisão do Conselho Constitucional, de 29 de Dezembro de 1994,* em L'Actualité Juridique Droit Administratif (AJDA), n.º 4, 1995
– *La Jurisprudence Constitutionnelle en Matière de Sincerité de la Présentation Budgetaire,* em AAVV, L'Exercice du Pouvoir Financier du Parlement – Théorie, Pratique et Évolution, 1996
– *Quarante ans de lois organiques,* em Revue du Droit Public et de la Science en France et a l'Étranger, n.º 5/6, 1998
– *Droit Budgétaire et Droit Parlementaire,* em Revue Française de Finances Publiques (RFFP), n.º 79, 2002

672 A Lei por detrás do Orçamento

CAMMEO, Federico
– *Della manifestazione della volontá dello Stato nel campo del Diritto Amministrativo,* em Primo Trattato Completo di Diritto Amministrativo Italiano, vol. III, 1901
CAMPION, Lord
– *An Introduction to the Procedure of the House of Commons,* 1958
CANANEA, Giacinto della
– *Indirizzo e Controllo della Finanza Pubblica,* 1996
CANAS, Vitalino
– *Introdução às decisões de provimento do Tribunal Constitucional,* 1994
CANAS, Vitalino; NADAIS, António; VITORINO, António
– *Constituição da República Portuguesa – Texto e Comentários à Lei n.º 1/82,* 1983
CANNAC, Yves
– *La loi organique relative aux lois de finances: une chance et un défi,* em Revue Française de Finances Publiques (RFFP), n.º 82, 2003
CANOTILHO, José Joaquim Gomes
– *A Lei do Orçamento na Teoria da Lei,* em Boletim da Faculdade de Direito, número especial – Estudos em homenagem ao Prof. Doutor J.J. Teixeira Ribeiro, II, 1979
– *Direito Constitucional,* 4.ª ed. 1986 e 6.ª ed. 1993
– *Anotação ao acórdão n.º 1/97,* em Revista de Legislação e de Jurisprudência, ano 130.º. n.ᵒˢ 3875 e 3876, 1997
– *Anotação ao acórdão n.º 24/98,* em Revista de Legislação e de Jurisprudência, ano 131.º, n.ᵒˢ 3887 e 3888, 1998
– *Direito Constitucional e Teoria da Constituição,* 3.ª ed. 1998 e 7.ª ed. 2003
CANOTILHO, José Joaquim Gomes; MOREIRA, Vital
– *Constituição da República Portuguesa Anotada,* 1.ª ed. 1978; 2.ª ed., 1.º vol. 1984, 2.º vol. 1985; 3.ª ed. 1993
CAR, Jean– Christophe
– *Les Lois Organiques de l'Article 46 de la Constitution du 4 Octobre 1958,* 1999
CARAVALE, Giulia
– *Il Modelo di Governo Parlamentare Inglese e la Dottrina Italiana degli Ultimi Decenni dell'Ottocento,* em Rivista Trimestrale di Diritto Pubblico, n.º 4, 1998
CARAVITA, Beniamino ; LUCIANI, Massimo
– *La ridefinizione del sistema delle fonti: noti e materiali,* em Politica del Diritto, anno XVII, n.º 2, 1986
CARBONE, Giuseppe
– *Sul nuovo articolo 81 della Costituzione,* em AAVV, L'Amministrazione e la Costituzione – Proposte per la Costituente, 1993
CARCASSONNE, Guy
– *Rapport du groupe de travail sur l´eficacité de la dépense publique et le contRole parlementaire,* 1999
CARCELLE, P. ; MAS, G.
– *Les Pouvoirs du Parlement en Matière Financière,* em La Revue Administrative, n.º 67, 1959
– *Les "cavaliers budgetaires ont– ils disparu definitivement?,* em La Revue Administrative, n.º 121, 1968

CARDOSO, Isabel Morais
– *Autorizações Legislativas na Lei do Orçamento*, em AAVV, Provedoria de Justiça, XX Aniversário do Provedor de Justiça – Estudos, 1995
CARETTI, Paolo
– *La Riforma della Costituzione nel Progetto della Bicamerale*, 1998
CARITEY, Jean
– *La Crise des Procédures Parlementaires en Matière Budgétaire*, em Revue du Droit Public et de la Science en France et a l'Étranger, n.º 2, 1974
CARLASSARE, Lorenza
– *Conversazioni sulla Costituzione*, 1996
CARRILLO DE ALBORNOZ, Antonio Jimenez– Blanco
– *La función legislativa y la "Reserva de Administración": Notas sobre un nuevo concepto* em AAVV, Las Cortes Generales, vol. II, 1987
CARTELIER, Lysiane; CHARLES, Hubert
– *A la Rencontre du Droit et de L'Économie: La Fondation du Droit Budgétaire*, em Isaia, Henri ; Spindler, Jacques, Histoire du Droit des Finances Publiques – Les Grands Textes Commentés du Droit Budgétaire et la Comptabilité Publique, vol. I, 1986
CARVALHO, Joaquim dos Santos
– *O Processo Orçamental das Autarquias Locais*, 1996
CARVALHO, Marianno de
– *Os Planos Financeiros*, 1893
CASSESE, Sabino
– *Special Problems of Budgetary Decision– Making in Italy*, em AAVV, The Power of the Purse – The Role of European Parliaments in Budgetary Decisions, 1976
CAUDAL, Sylvie
– *Comentário ao artigo 14*, em AAVV, La Déclaration des Droits de l'Homme et du Citoyen de 1789 – Histoire, analyse et commentaires, 1993
CAYON GALIARDO, Antonio
– *El principio de equilibrio presupuestario como limite al poder financiero de las Cortes Generales*, em AAVV, Funciones Financieras de las Cortes Generales, 1985
CAZORLA PRIETO, Luis María
– *Las Cortes Generales ante los Proyectos de Ley de Presupuestos Generales del Estado*, em Revista de Las Cortes Generales, n.º 3, 1984
– *Nota acerca del incumplimiento del articulo 134.3 de la Constitución*, em Hacienda Pública Española, n.º 90, 1984
– *Comentario al artículo 134 de la Constitución*, em Comentarios a la Constitución" dir. por F. Garrido Falla, 2.ª ed., 1985
– *Algunos problemas en el tratamiento parlamentario de los Proyectos de Presupuestos Generales del Estado*, em Revista de la Facultad de Derecho de la Universidad Complutense, n.º 72, 1986
– *Posibilidades de Evolución del Procedimiento Presupuestario Actual*, em Documentación Parlamentaria – Seminario sobre Derecho Parlamentario, 1– 3 Marzo 1990, tomo II, 1990
– *Características de las llamadas leyes de acompañamiento presupuestario desde el punto de vista del ejercicio de la función legislativa de las Cortes Generales*, em Corts

674 *A Lei por detrás do Orçamento*

– Anuario de Derecho Parlamentario, n.º 4 (extraordinario) – El Futuro del Parlamento, 1997
– *Las Llamadas Leyes de Acompañamiento Presupuestario, Sus Problemas de Constitucionalidad,* 1998

CHANCELLOR OF THE EXCHEQUER
– *Budgetary Reform,* Cm 1867, 1992

CHAPUS, René
– *Droit Administratif Général, tome I,* 2001

CHARASSE, Michel
– *L'Assemblée Nationale et les Lois de Finances,* 2000

CHARBONNEL, Jean
– Assemblée Nationale, *Rapport d'Information fait en application de l'article 145 de Règlement, au nom de la Comission de Finances, de L'Économie Générale et du Plan sur la recevabilié financière des amendements,* n.º 2064, 1971– 1972

CHARLES, Hubert ; CARTELIER, Lysiane
– *A la Rencontre du Droit et de L'Économie: La Fondation du Droit Budgétaire,* em Isaia, Henri ; Spindler, Jacques, Histoire du Droit des Finances Publiques – Les Grands Textes Commentés du Droit Budgétaire et la Comptabilité Publique, vol. I, 1986

CHATAIL, Cyrille
– *Finances Publiques,* 2000

CHEVAUCHEZ, Benoit
– *Transparence budgétaire : où en est– on ?,* em Revue Française de Finances Publiques (RFFP), n.º 80, Décembre, 2002

CHIMIENTI, Pietro
– *Manuale di Diritto Costituzionale,* vol. II, 1920

CHINAUD, Roger
– *Loi de finances: quelle marge de manoeuvre pour le Parlement,* em Pouvoirs, n.º 64, 1993

CHONEZ, René
– *Des Attributions du Pouvoir Législatif en Matière Budgétaire,* 1901

CICCONETTI, Stefano Maria
– *Le Fonti del Diritto, vol I – L'ordinamento giuridico, La Costituzione, Le leggi costituzionali, Le leggi ordinarie,* 1997

CIEUTAT, Bernard
– *Budgets de programmes et rénovation de la comptabilité de l'Etat,* em Revue Française de Finances Publiques (RFFP), n.º 73, Janvier 2001

COCATRE– ZILGIEN, André
– *Budget et Constitution,* em Revue Politique et Parlementaire, 60e année, n.º 680, 1958

COLAPIETRO, Carlo
– *Le pronuncie "erogatorie" della Corte Costituzionale ed il vincolo costituzionale della coperture finanziaria: le "aditive di prestazione" sono per loro natura esenti dai vincoli e limiti dell'art.º 81,* em Giurisprudenza Costituzionale, I, 1989
– *La Giurisprudenza Costituzionale nella Crisi dello Stato Sociale,* 1996

COLARULLO, Enzo
– *L'Indirizzo della Spesa fra Governo e Parlamento,* 1986
– *La Legislazione di Spesa fuori della Sessione di Bilancio,* 1991

Bibliografia 675

COLLANI, Hans– Joachim von
– *Die Finanzgebarung des preussischen Staates zur Zeit des Verfassungskonfliktes 1862– 1866*, 1939
COMELLA, A.; LETIZIA, L.
– *La Decisione di Bilancio in Italia: Formazione, Contenuti e Procedure*, em AAVV, Analisi di Leggi– Campione – Problemi di Tecnica Legislativa, 1995
COMPTROLLER AND AUDITOR GENERAL
– *Resource Accounting and Budgeting in Government: The White Paper Proposals*, 1996
COOMBES, David
– *The Role of Parliament in Budgetary Decisions: Some General Conclusions*, em AAVV, The Power of the Purse – The Role of European Parliaments in Budgetary Decisions, 1976
CORNFORD, James
– Institute for Public Policy Research (IPPR), *The Constitution of the United Kingdom*, 1991
CORREIA, José Manuel Sérvulo
– *Legalidade e Autonomia Contratual nos Contratos Administrativos*, 1987
– *O direito à informação e os direitos de participação dos particulares no procedimento e, em especial, na formação da decisão administrativa*, 1994
CORTE COSTITUZIONALE
– *Le Sentenze della Corte Costituzionale e l'art. 81, U.C., della Costituzione – Atti del Seminario Svoltosi in Roma, Pallazzo della Consulta, nei giorni 8 e 9 Novembre 1991*, 1993
COSTA, José Manuel Cardoso da
– *Curso de Direito Fiscal*, 1972
– *Sobre as Autorizações Legislativas da Lei do Orçamento*, em Boletim da Faculdade de Direito, número especial – Estudos em homenagem ao Prof. Doutor J.J. Teixeira Ribeiro, III, 1983
COSTA, José Manuel Cardoso da; ANDRADE, José Carlos Vieira de; MELO, António Barbosa de
– *Estudo e Projecto de revisão da Constituição da República Portuguesa de 1976*, 1981
COSTANZO, Pasquale; SICARDI, Stefano; ROMBOLI, Roberto; FERRARI, Giuseppe Franco; FLORIDIA, Giuseppe G.
– *La Comissione Bicamerale per le Riforme Costituzionali, I Progetti, I Lavori, I Testi Approvati*, 1998
COTTERET, Jean– Marie; TROTABAS, Louis
– *Finances Publiques*, 1970
COUTINHO, J. Pereira
– *A Lei Regional e o Sistema das Fontes*, 1988
COUTINHO, Luís Pedro Pereira
– *Regulamentos Independentes do Governo*, em AAVV, Perspectivas Constitucionais – Nos 20 anos da Constituição de 1976, vol. III, 1997
– *As duas subtracções. Esboço de uma reconstrução da separação entre as Funções de Legislar e de Administrar*, em Revista da Faculdade de Direito da Universidade de Lisboa, vol. XLI, n.º 1, 2000
– *Regime Orgânico do Direitos, Liberdades e Garantias e Determinação Normativa. Reserva de Parlamento e Reserva de Acto Legislativo*, em Revista Jurídica, n.º 24, 2001

CREMADES, Gil
— *Ley de Presupuestos y Seguridad Jurídica (Sobre la sentencia 76/1992 del Tribunal Constitucional)*, em Revista de Las Cortes Generales, n.º 27, 1992

CRISAFULLI, Vezio
— *Gerarchia e Competenza nell Sistema delle Fonti*, em Studi in Memoria di Guido Zanobini, vol. III, 1965
— *Lezioni di Diritto Costituzionale, II – L'ordinamento Costituzionale Italiano (Le fonti normative)*, 1993

CRUZ, Manuel Braga da
— *Sobre o Parlamento Português: partidarização parlamentar e parlamentarização partidária*, em Análise Social, vol. XXIV, 1988

DÄRR, Manfred
— *Das Notbewilligungsrecht des Bundesministers der Finanzen nach Artikel 112 GG im Schnittpunkt zwischen Demokratie und Effektivität*, 1973

DAUTRY, Philippe
— *L'Exercice du Pouvoir d'Initiative en Lois de Finances*, em AAVV, L'Exercice du Pouvoir Financier du Parlement – Théorie, Pratique et Évolution, 1996

DEBRÉ, Jean–Louis
— *Une réforme capitale à mettre en œuvre*, em Revue Française de Finances Publiques (RFFP), n.º 82, 2003

DEGENHART, Christoph
— *Der Verwaltungsvorbehalt*, em Neue Juristische Wochenschrift (NJW), 37. Jahrgang, heft 39, 1984
— *Massstabsbildung und Selbstbindung des Gesetzgebers als Postulat der Finanzverfassung des Grundgesetzes*, em Zeitschrift für Gesetzgebung (ZG), 15. Jahrgang, 2000

DELGADO– OCANDO, J.M.
— *Contribución al Análisis Teorico de las Leyes Orgánicas y de su Interpretación*, em Revista de la Facultad de Ciencias Juridicas y Politicas, n.º 70, Caracas, 1988

DERUEL, François ; BUISSON, Jacques
— *Finances Publiques, Budget et pouvoir financier*, 2001

DESTRET, Christelle
— *L'émergence d'un nouveau concept: le principe de sincérité de la loi de finances*, em Dussart, Vincent; Esplugas, Pierre, L'ordonnance du 2 janvier 1959: 40 ans après, 2000

DETTERBECK, Steffen
— *Vorrang und Vorbehalt des Gesetzes*, em Juristische Ausbildung (JURA), 24. Jahrgang, heft 4, 2002

DEVAUX, Gilbert
— *Les institutions et la procedure budgetaire. L' accusée est– elle coupable?*, Le Monde, 28 de Fevereiro de 1980

DEVOLVÉ, Pierre; LESGUILLONS, Henry
— *Le ContRole Parlementaire sur la Politique Économique et Budgétaire*, 1964

DEVOLVÉ, Pierre; MODERNE, Franck ; LAUBADÈRE, André de
— *Traité des Contrats Administratifs, tome I, 1983 e tome II, 1984*

Bibliografia

DICEY, Albert Venn
- *Introduction to the Study of the Law of the Constituction*, 1982

DICKMANN, Renzo
- *Procedimento Legislativo e Coordinamento delle Fonti*, 1997

DILNOT, Andrew; ROBSON, Mark
- *The UK Moves from March to December Budgets*, em Fiscal Studies, 1993

DOLDE, Klaus– Peter; PORSCH, Winfried
- *Die Globale Minderausgabe zwischen Budgethoheit des Parlaments, Haushaltsgrundsätzen und flexiblem haushaltsvollzug*, em Die Öffentliche Verwaltung (DÖV), 55. Jahrgang, heft 6, 2002

DOMINGOS, Emídio da Veiga
- *Portugal Político, Análise das Instituições*, 1987

DONATI, Donato
- *Il Carattere de la Legge in Senso Materiale*, 1909, em Scritti di Diritto Pubblico, II, 1966
- *Le leggi di Autorizzazione e di Approvazione*, 1914, em Scritti di Diritto Pubblico, II, 1966

DONATI, Francesco
- *Sentenze della Corte Costituzionale e vincolo della copertura finanziaria ex art.° 81 della Costituzione* em Giurisprudenza Costituzionale, II, 1989

DORRELL, Stephen
- *Budgetary Reform*, em Fiscal Studies, 1993

DREIER, Horst
- *Der Kampf um das Budgetrecht als Kampf um die staatliche Steuerungsherrschaft – Zur Entwicklung des modernen Haushaltsrechts*, em AAVV, Effizienz als Herausforderung an das Verwaltungsrecht, 1998

DUARTE, David; PINHEIRO, Alexandre Sousa; ROMÃO, Miguel Lopes; DUARTE, Tiago
- *Legística – Perspectivas sobre a Concepção e Redacção de Actos Normativos*, 2002

DUARTE, Manoel
- *Questões de Finanças*, 1893

DUARTE, Tiago; DUARTE, David; PINHEIRO, Alexandre Sousa; ROMÃO, Miguel Lopes
- *Legística – Perspectivas sobre a Concepção e Redacção de Actos Normativos*, 2002

DUCROS, Jean– Claude
- *The Influence of RCB on Parliament's Role in Budgetary Affairs*, em AAVV, The Power of the Purse – The Role of European Parliaments in Budgetary Decisions, 1976
- *La Structure Bipartite de la Loi de Finances de l'Année*, 1992

DUGUIT, Léon
- *L'Etat – le Droit Objectif et la Loi Positive*, 1901
- *Manuel de Droit Constitutionnel*, 1907

DUMAST, René Guerrier de
- *Historique et Théorie du Budget de L'État en Droit Français*, 1886

DUPAS, Alain
- *Parliamentary Control of the Budget in France: a View from Inside the National Assembly*, em AAVV, The Power of the Purse – The Role of European Parliaments in Budgetary Decisions, 1976

Dürig, Günter; Herzog, Roman ; Maunz, Theodor
– *Grundgesetz Kommentar*, 1980

Duverger, Maurice
– *Les Institutions de la cinquième République*, em Revue Française de Science Politique, vol. IX, n.º 1, 1959
– *Finances Publiques*, 1975

Ehlers, Gerd
– *I Controlli sulla Spesa Pubblica in Germania*, em AAVV, Banca D'Italia, Nuovo sistema di controlli sulla spesa pubblica, 1994

Einzig, Paul
– *The Control of the Purse, Progress and Decline of Parliament's Financial Control*, 1959

Elia, Leopoldo
– *Le sentenze additive e la più recente giurisprudenza della Corte Costituzionale (ottobre'81– Iuglio '85)*, em Scriti su la Giustizia Costituzionale in onore di Vezio Crisafulli, 1985

Elles, Bettina C.
– *Die Grundrechtsbindung des Haushaltsgesetzgebers – Haushaltsbegleitgesetzgebung und Haushaltsgesetze*, 1996

Embid Irujo, António
– *La Relación entre los poderes del Estado en la Reciente Dogmática Alemana*, em Revista de Administración Pública (RAP), n.º 115, 1988

Emmanuelli, Henri
– *Une fortesse à faire tomber*, em Revue Française de Finances Publiques (RFFP), n.º 73, Janvier 2001

Empoli, Domenico da; Vegas, Giuseppe; Ioanna, Paolo De
– *Il Bilancio dello Stato – La finanza pubblica tra Governo e Parlamento*, 2000

Enfert, Carole
– *Conseil Constitutionnel et Lois de Finances, un Bilan* em Droit Administratif, n.º 2, Février, 2000

Engels, Dieter
– *Neues Haushalts– und Rechnungswesen: Konsequenzen für den Bundesrechnungshof*, em Zeitschrift für Gesetzgebung (ZG), 16. Jahrgang, heft 2, 2001

Erichsen, Hans Uwe
– *Zum Verhältnis von Gesetzgebung und Verwaltung nach dem Grundgesetz*, em VerwaltungsArchiv, 1979

Errara, Paul
– *Das Staatsrecht des Königreichs Belgien*, 1909

Esclassan, Marie– Christine; Lassale, Jean– Pierre; Bouvier, Michel
– *Finances Publiques*, 2000

Escobar Férnandez, E. López
– *Las Orígenes del Derecho Presupuestario Español*, 1971

Escribano López, Francisco
– *Presupuesto del Estado y Constitución*, 1981
– *Reforma tributaria e aprobación de presupuestos. Análisis de una experiencia (1978– 1981)* em AAVV, Funciones Financieras de las Cortes Generales, 1985

Bibliografia 679

ESCRIBANO, Francisco
– *La Disciplina Constitucional de la Prorroga de Presupuestos*, em Revista Española de Derecho Constitucional (REDC), n.º 50, ano 17, 1997
ESPLUGAS, Pierre
– *La place de l'ordonnace de 1959 dans la hiérarchie des normes*, em Dussart, Vincent; Esplugas, Pierre, L'ordonnance du 2 janvier 1959 : 40 ans après, 2000
ESPREGUEIRA, M. A. d'
– *As Despezas Públicas e a Administração Financeira do Estado*, 1896
ESSER, Joseph
– *Einführung in die Grundbegriffe des Rechtes und des Staates*, 1949
ESTEVES, Maria da Assunção
– Ministério do Ambiente e do Ordenamento do Território, *O Caso Co– Incineração, (Pareceres Jurídicos)*, 2001
– *Os Limites do Poder do Parlamento e o Procedimento Decisório da Co– Incineração*, em Esteves, Maria da Assunção, Estudos de Direito Constitucional, 2001
ESTORNINHO, Maria João
– *Requiem pelo Contrato Administrativo*, 2003
ETIEN, Robert
– *La participation de l'opposition au débat budgétaire*, em Études de Finances Publiques: Mélanges en l'honneur de Paul Marie Gaudemet, 1984
EWING; BRADLEY
– *Constitutional and Administrative Law*, 1999
FAGIOLO, Giovanni
– *La Constituzione della Repubblica Italiana – L'Iter Parlamentare Articolo per Articolo*, vol. II, 1992
FALCÓN Y TELLA, Ramón
– *La Habilitación a las Leyes de Presupuestos para Modificar Tributos*, Civitas – Revista Española de Derecho Financiero, Civitas n.º 33, 1982
– *Limites Materiales y Temporales de la Parte Dispositiva de la Ley de Presupuestos*, em AAVV, Las Cortes Generales, vol. II, 1987
– *La ejecución de las Directivas de armonización fiscal a través de la ley anual de presupuestos: fundamento y límites de esta técnica*, em Impuestos – Revista de Doctrina, Legislación y Jurisprudencia, n.º 3, ano 4, 1988
– *Leys de Presupuestos y Leyes de "Acompañamiento": un posible fraude a la Constitución*, em Quincena Fiscal n.º 22 1994
FAVOREU, Louis
– *Le Domaine de la Loi et du Règlement*, 1981
FAVOREU, Louis; PHILIP, Loïc
– *Les Grandes Décisions du Conseil Constitutionnel*, 1999
FAZIO, Giuseppe; FAZIO, Matilde
– *Il nuovo Bilancio Statale nel Sistema Finanziario Italiano*, 2001
FELLOWES, Edward
– *Parliament and the Executive – Financial Control of the House of Commons*, em Journal of the Parliaments of the Commonwealth, Vol. XLIII, n.º 3, Julho, 1962
FERNANDES, Mário João de Brito; PINHEIRO, Alexandre Sousa
– *Comentário à IV Revisão Constitucional*, 1999

680 *A Lei por detrás do Orçamento*

Fernández Rodríguez, Tomás– Ramón
– *Las Leyes Orgánicas: Concepto, Ambito y Rango Normativo,* em Fernández Rodríguez, Tomás– Ramón, Las Leyes Orgánicas y El bloque de la constitucionalidad, En torno al artículo 28 de la Ley orgánica del Tribunal Constitucional, 1981
Fernández Rodríguez, Tomás– Ramón; Enterría, Eduardo Garcia de
– *Curso de Derecho Administrativo, I,* 11.ª ed. 2002
Ferrari, Giuseppe Franco; Romboli, Roberto; Sicardi, Stefano; Costanzo, Pasquale; Floridia, Giuseppe G.
– *La Comissione Bicamerale per le Riforme Costituzionali, I Progetti, I Lavori, I Testi Approvati,* 1998
Ferreira, Eduardo Paz
– *A Dívida Pública Portuguesa. Evolução, Problemas e Perspectivas,* em Revista da Banca, n.º 8, 1988
– *Da Dívida Pública e das Garantias dos Credores do Estado,* 1995
– *Em torno das Constituições Financeira e Fiscal e dos novos desafios na área das Finanças Públicas,* em AAVV, Evolução Constitucional e Perspectivas Futuras, Nos 25 Anos da Constituição da República Portuguesa de 1976, 2001
Ferreira, José Eugénio Dias
– *Tratado de Finanças Públicas, II* e *III volume,* 1950
Ferreiro Lapatza, José Juan
– *Derecho presupuestario y técnica legislativa,* em Civitas – Revista Española de Derecho Financiero, n.º 87, 1995
– *Estatuto del Constribuyente o estatuto de la Administración Tributaria,* Quincena Fiscal, n.º 10, 1997
Figueira, Consuelo; Henriques, Afonso; Jardim, Teixeira
– *Ciência das Finanças e Direito Fiscal (segundo as prelecções do sr. Prof. Doutor Fernando Emygdio da Silva),* 1935
Fischer– Menshausen, Herbert
– Münch, Ingo von, *Grundgesetz– Kommentar,* Bd. 3, 1983
Flambard, Georges
– *Le Refus du Budget,* 1905
Floridia, Giuseppe G.; Ferrari, Giuseppe Franco; Romboli, Roberto; Sicardi, Stefano; Costanzo, Pasquale
– *La Comissione Bicamerale per le Riforme Costituzionali, I Progetti, I Lavori, I Testi Approvati,* 1998
Fontes, José
– *Do Controlo Parlamentar da Administração Pública – Teoria Geral e Instrumentos de Fiscalização,* 1999
Forestier, Gaston
– *Les Douzièmes Provisoires,* 1908
Forni, Raymond
– *Démocratie et technique budgétaire,* em Revue Française de Finances Publiques (RFFP), n.º 73, Janvier 2001
Forsthoff, Ernst
– *Lehrbuch des Verwaltungsrecht,* vol I, 7.ª ed., 1958

Bibliografia

FORTE, Clemente
- *Il Principio di Governo della Finanza Pubblica,* em Le Regole del Giuoco nella Costituzione – Disposición e Attuazioni fra Crisi e Tramonto, 1987
- prefácio a Gneist, Rudolf, *Legge e Bilancio,* e, Jellinek, Georg, *Legge e Bilancio,* 1997

FORURIA, Vírgala
- *La sentencia del Tribunal Constitucional 61/1997, y el ejercicio de la delegación legislativa* em La Ley, n.° 4400, de 22 de Outubro de 1997.

FRANCO, António de Sousa
- *Finanças, sumários desenvolvidos e aditamentos,* 1971
- *Legislação Financeira,* 1972
- *A Revisão da Constituição Económica,* em Revista da Ordem dos Advogados, ano 42, 1982
- *Sobre a Constituição Financeira de 1976– 1982,* 1983
- *Dez anos de evolução do Direito Financeiro português,* em Revista da Ordem dos Advogados, ano 45, 1985
- *Finanças Públicas e Direito Financeiro, vol. I,* 1997

FREITAS, Tiago Fidalgo de
- *O desenvolvimento das leis de bases pela Assembleia da República* em Revista da Faculdade de Direito da Universidade de Lisboa (RFDUL), vol. XLII, n.° 2, 2001

FRIAUF, Karl Heinrich
- *Der Staatshaushaltsplan im Spannungsfeld zwischen Parlament und Regierung, I – Verfassungsgeschichtliche Untersuchungen über den Haushaltsplan im deutschen Frühkonstitutionalismus mit einer kritischen übersicht über die Entwicklung der budgetrechtlichen Dogmatik in Deutschland,* 1968
- *Die Finanzverfassung in der Rechtsprechung des Bundesverfassungsgerichts,* em AAVV, Bundesverfassungsgericht und Grundgesetzs – Festgabe aus Anlass des 25 jährigen Bestehens des Bundesverfassungsgerichts, 1976
- *Parliamentary Control of the Budget in the Federal Republic of Germany,* em AAVV, The Power of the Purse – The Role of European Parliaments in Budgetary Decisions, 1976
- *Funktion, Inhalt und Grenzen des sog. Notbewilligungsrechts des Bundesministers der Finanzen nach Art. 112 GG,* em AAVV, Gedächtnisschrift für Friedrich Klein, 1977

FRICKE, Eberhard
- *Zur Mitwirkung der Parlament bei der Regierungsplanung,* em Die Öffentliche Verwaltung (DÖV), 26. Jahrgang, heft 11/12, 1973
- *Über die Pflicht zur Haushaltsgesetzgebung – Welche Folgen ergeben sich für eine ganzjährige Haushaltswirtschaft ohne Haushaltsplan?,* em Deutsches Verwaltungsblatt (DVBl), 90. Jahrgang, heft 16, 1975
- *Regierung und Parlament beim Haushaltsvollzug,* em Die Öffentliche Verwaltung (DÖV), 33. Jahrgang, heft 9, 1980

FRICKER
- *Steuerbewilligung und Finanz Gesetz,* em Tübinger Zeitschrift für die gesammte Staatswissenschaft, vol. L, 1894

FRIESENHAHN, Ernst
- *Parlement und Regierung im modernen Staat,* em Veröffentlichungen der Vereinigung der Deutschen Staatsrechtslehrer – VVDStRL, heft 16, 1958

682 *A Lei por detrás do Orçamento*

FRÖHLING, D.
– *Labands Staatsbegriff. Die anorganische Staatsperson als Konstruktionsmittel der deutschen konstitutionellen Staatslehre,* 1967

FRÖMEL, Roland
– *Der Haushaltsplan in Kräftefeld von Parlament und Regierung,* 1974

GABOARDI, Atilio
– *Il Bilancio e la Contabilità dello Stato – Teoria Giuridica e Teoria Finanziaria,* 1976

GALLARDO CASTILLO, María de Jesús
– *El ámbito extrapresupuestario de la Ley de Presupuestos ¿Comienza su reducción?,* em Civitas – Revista Española de Derecho Administrativo, n.º 80, 1993

GALLEGO ANABITARTE, Alfredo
– *Ley e Reglamento en el Derecho Público Occidental,* 1971

GÁLVEZ MONTES, Javier
– *El ambito material y formal de las leyes organicas,* em La Constitución Española y las Fuentes del Derecho, vol. II, 1979

GAMEIRO, António Ribeiro
– *O Controlo Parlamentar das Finanças Públicas em Portugal (1976 – 2002),* 2004

GAMMIE, Malcolm
– *Budgetary Reform: The Impact of a December Budget on the Finance Bill and the Development of Tax Legislation,* em Fiscal Studies, 1993

GARCIA DE ENTERRÍA, Eduardo; FERNÁNDEZ RODRÍGUEZ, Tomás– Ramón
– *Curso de Derecho Administrativo, I,* 11.ª ed. 2002

GARCÍA FERNÁNDEZ, Javier
– *El Gobierno en Acción – Elementos para una configuración jurídica de la acción gubernamental,* 1995

GARCÍA FRÍAS, Angeles
– *Limites Materiales y Temporales a la Ley de Presupuestos en el Derecho Alemán,* 1994

GARCÍA GARCÍA, José Luis
– *Examen, Enmienda y Aprobación de los Presupuestos Generales del Estado,* em AAVV, Funciones Financieras de las Cortes Generales, 1985

GARCIA MACHO, Ricardo
– *Reserva de Ley y Potestad Reglamentaria,* 1988

GARCÍA MORILLO, Joaquín
– *El Control Parlamentario del Gobierno en el Ordenamiento Español,* 1985
– *Mitos y Realidades del Parlamentarismo,* em Revista del Centro de Estudios Constitucionales, n.º 9, 1991

GARCÍA MORILLO, Joaquín; MONTERO GIBERT, J.R.
– *El Control Parlamentario,* 1984

GARCÍA MORILLO, Joaquín; PÉREZ TREMPS, Pablo
– *Legislativo vs. Ejecutivo Autonómicos: El problema del control del "veto presupuestario",* em Parlamento y Constitución, n.º 2, 1998

GARCIA, Maria da Glória; AMARAL, Diogo Freitas do
– Ministério do Ambiente e do Ordenamento do Território, *O Caso Co– Incineração, (Pareceres Jurídicos),* 2001

Bibliografia

GARCIA– ESCUDERO MÁRQUEZ, Piedad
- *La Iniciativa Legislativa del Gobierno*, 2000
GARCÍA– QUINTANA, César Albiñana
- *Las sentencias judiciales engendran créditos presupuestarios?* Em Presupuesto y Gasto Público, n.º 2, 1979
- *La Constitución Española y el Presupuesto del Estado*, em Revista Internacional de Ciencias Administrativas, n.º 1, 1980
- *Principios Constitucionales del Sistema Presupuestario*, em AAVV, Estudios sobre la Constitución Española, Homenaje al Professor Eduardo García de Enterría, tomo V, 1991
GAREIS, Karl
- *Allgemeines Staatsrecht*, 1887
GARRIDO FALLA, Fernando
- *comentário ao art.º 81*, em AAVV, Comentarios a la Constitución, 2.ª ed., 1985
GARRORENA MORALES, Ángel
- *Acerca de las Leyes Orgánicas y de su Espúria Naturaleza Juridica*, em Revista de Estudios Políticos, n.º 13, 1980
GAUDEMET, Paul Marie ; MOLINIER, Joël
- *Finances Publiques – Budget/Trésor, tome I*, 1996
GAUDEMET, Yves ; VENEZIA, Jean– Claude ; LAUBADÈRE, André
- *Traité de Droit Administratif, tome I*, 1990
GERBER, Karl Friedrich
- *Grundzüge eines Systems des deutschen Staatsrecht*, 1880
GICQUEL, Jean; AVRIL, Pierre
- *Droit Parlementaire*, 1996
GIFFORD, D. J.; SALTER, John
- *How to understand an Act of Parliament*, 1996
GNEIST, Rudolf
- *Budget und Gesetz nach dem konstitutionellen Staatsrecht Englands mit rücksicht auf die deutsche Reichsverfassung*, 1867
- *Das Englische Verwaltungsrecht mit des Heeres, der Gerichte und der Kirche*, I vol., 1857 e II vol. 1867
- *Gesetz und Budget*, 1879 (traduzido, parcialmente, para italiano, *Legge e Bilancio*, 1997)
- *Englische Verfassungsgeschichte*, 1882
- *Die Militärvorlage von 1892 und der preussische Verfassungskonflikt von 1862 bis 1866*, 1893
GODECHOT, Jacques
- *Les Constitutions de la France depuis 1789*, 1979
GOLTZ, Horst
- *Mitwirkung parlamentarischer Ausschüsse beim Haushaltsvollzug*, em Die Öffentliche Verwaltung (DÖV), 18. Jahrgang, heft 17– 18, 1965
GOMES, Romeu Nobre; ROSEIRA, Mário; MORGADO, Frederico Furtado
- *Lições de Finanças, (em harmonia com as prelecções do Prof. Doutor José Teixeira Ribeiro)*, 1936

GÓMEZ– FERRER MORANT, Rafael
– *Relaciones entre Leyes: competencia, jerarquía y función constitucional*, em Revista de Administración Pública (RAP), n.º 113, 1987

GONÇALVES, Pedro
– *A Concessão de Serviços Públicos (uma aplicação da técnica concessória)*, 1999
– *O Contrato Administrativo (Uma Instituição do Direito Administrativo do nosso tempo)*, 2003

GONZÁLEZ DEL CAMPO, Luis
– *Las Leyes de Presupuestos en la Constitución Española de 1978: Configuración Constitucional y Limites Materiales*, em Revista de Derecho Financiero y de Hacienda Pública, vol. XLV, n.º 236, 1995
– *Nuevos problemas en torno al ejercicio de la potestad presupuestaria por el parlamento*, em Parlamento y Control del Gobierno – V Jornadas de la Asociación Española de Letrados de Parlamentos, 1998

GONZÁLEZ GARCIA, Eusebio
– *Introducción al Derecho Presupuestario – Concepto, evolución histórica y naturaleza jurídica*, 1973
– *La Ley de Presupuestos en la Constitución Española de 1978*, Presupuesto y Gasto Público, n.º 3, 1979
– *Comentario a la sentencia del Tribunal Constitucional sobre la ley de presupuestos del Estado para 1981*, Hacienda Pública Española, n.º 72, 1981
– *Relaciones entre Norma Tributaria y Norma Presupuestaria*, em AAVV, Las Cortes Generales, vol. II, 1987

GONZÁLEZ– ARES, José Agustín
– *Leyes constitucionales españolas (1808– 1978)*, 1999

GÖTZ, Volkmar
– *Recht der Wirtschaftssubventionen*, 1966
– *Die Staatsausgaben in der Verfassungsordnung*, em Juristenzeitung (JZ), 24. Jahrgang, n.º 3, 1969

GOUVÊA, Menezes; TAVARES, Gonzaga
– *Contabilidade Pública – Diplomas Coordenados e Anotados*, 5.ª ed., 1968

GOUVEIA, Jorge Bacelar
– *A Revisão Constitucional de 1997 – Sistema de Actos Legislativos, Opinião*, em Legislação, Cadernos de Ciência de Legislação, 1997

GOUX, Christian
– Assemblée Nationale, *Rapport d'Information déposé en application de l'article 145 du Règlement par la Comission des Finances, de l'Economie Générale et du Plan sur la recevabilité financière des amendements*, n.º 753, 1982

GRAF, A.
– *L'Anglomania e l'influxo inglese in Italia nel secolo XVIII*, 1911

GRAZIANI, Augusto
– *Istituzioni di Scienza delle Finanze*, 1929 (1.ª ed. 1897)
– *Il Bilancio e le Spese Pubbliche*, em Primo Trattato Completo di Diritto Amministrativo Italiano, vol. IX, 1902

GRIFFITH, J. A. G.
– *The Place of Parliament in the Legislative Process*, em The Modern Law Review, vol. 14, 1951

GRIFFITH, J. A. G.; WHEELER– BOOTH, M. A. J.; RYLE, Michael
– *Parliament – Functions, Practice and Procedures*, 1989
GRIMM, Christoph
– *Budgetierung und parlamentarische Kontrolle*, em Magiera, Siegfried; Kremp, Werner; Lüder, Klaus, Haushaltsplanung/Budgeting in Deutschland und in den USA, 2000
GRÖPL, Christoph
– *Das Haushaltsrecht– Fortentwicklungsgesetz*, em Neue Zeitschrift für Verwaltungsrecht (NVwZ), 17. Jahrgang, heft 12, 1998
– *Haushaltsrecht und Reform – Dogmatik und Möglichkeiten der Fortentwicklung der Haushaltswirtschaft durch Flexibilisierung, Dezentralisierung, Budgetierung, Ökonomisierung und Fremdfinanzierung*, 2001
– AAVV, *Bonner Kommentar zum Grundgesetz*, 2002
GROSSER, Hans– Dieter
– *Die Spannungslage zwischen Verfassungsrecht und Verfassungswirklichkeit bei Vergabe von staatlichen Wirtschaftssubventionen durch die öffentliche Hand*, 1983
GROSSO, Enrico
– *Sentenze Costituzionali di Spesa "Che non Costino"*, 1991
– *La sent. n. 88 del 1992: un'alternativa alle "additive di prestazione"?*, em Giurisprudenza Costituzionale, anno XXXVII, fasc. 3, 1992
GRUPP, Klaus
– *Theaterschliessung und Haushalts (verfassungs)– recht*, em Neue Zeitschrift für Verwaltungsrecht (NVwZ), 13. Jahrgang, heft 3, 1994
– *Haushalts– und Abgabenrecht*, em Achterberg, Norbert; Püttner, Günter; Würtenberger, Thomas, Besonderes Verwaltungsrecht, Ein Lehr– und Handbuch, Band II, 2000
GUAITA, Aurelio
– *Derecho Administrativo Especial*, tomo I, 1965
GUEDES, Luís Marques
– *Uma Constituição Moderna para Portugal*, 1997
GUELFI, Filomusi
– *La legge di bilancio e gli effetti di una soppressione di spesa in rapporto al crediti dei privati*, em Foro Italiano, I, 1890
GUIÈZE, Jean– Luc
– *Le Partage des Compétences entre la Loi et le Règlement en Matière Financière*, 1974
HÄBERLE, Peter
– *Gesetzvorbehalt und Parlamentsvorbehalt*, em Die Öffentliche Verwaltung (DÖV), heft 12, 1984
HÄDE, Ulrich
– *Einführung in das Haushaltsverfassungsrecht (Art. 109– 115 GG)*, em Juristische Arbeitsblätter (JA), heft 3, 1994
HAENEL, Albert
– *Das Gesetz im formellen und materiellen Sinne*, em Haenel, Albert, Studien zum Deutschen Staatsrechte, Band II, Heft 2, 1888
HAHN, Hugo J.
– *Über die Gewaltenteilung in der Wertwelt des Grundgesetzes*, em Rausch, Heinz, Zur Heutigen Problematik der Gewaltentrennung, 1969

HANSON, A.H.; WALLES, Malcolm
– *Governing Britain, A Guidebook to Political Institutions,* 1990
HAURIOU, Maurice
– *Précis de Droit Administratif et de Droit Public,* 1903 e 1927
– *Précis de Droit Constitutionnel,* 1929
HECKEL, Johannes
– *Einrichtung und rechtliche Bedeutung des Reichshaushaltsgesetzes,* em Anschütz e Thoma, Handbuch des Deutschen Staatsrechts, (HDStR), Bd. II, 1932
HEINIG, Kurt
– *Das Budget – Die Budgetkontrolle,* 1949
HELLER, Hermann
– *Der Begriff des Gesetzes in der Reichsverfassung,* em Veröffentlichungen der Vereinigung der Deutschen Staatsrechtslehrer – VVDStRL, heft 4, 1928
HENLE, Wilhelm
– *Artikel 113 des Grundgesetzes – Stellung in der Verfassung, Zweck und Anwendbarkeit,* 1958
– *Haushaltsordnung nach der Haushaltsreform,* em Die Öffentliche Verwaltung (DÖV), 23. Jahrgang, heft 9– 10, 1970
HENRIQUES, Afonso; FIGUEIRA, Consuelo; JARDIM, Teixeira
– *Ciência das Finanças e Direito Fiscal (segundo as prelecções do sr. Prof. Doutor Fernando Emygdio da Silva),* 1935
HENRIQUES, José Amaral
– *Visão do Orçamento,* 2000
HERBST, Gerhard
– *Die parlamentarische Ausgabenkontrolle über die internationalen Finanzverpflichtungen der Bundesrepublik,* 1964
HERRERA MOLINA, Pedro Manuel; PRADA GARCÍA, Aurelio
– *Los preceptos de la L.G.T. modificados por leyes de presupuestos: ¿una bomba de relojeria juridica? (Comentario a la cuestión de inconstitucionalidad sobre los artículos 111.3 y 128.5 de la L.G.T.),* em Revista de Derecho Financiero y de Hacienda Pública, vol. XLIII, n.º 227, 1993
HERTZOG, Robert
– *L'avenir du pouvoir financier du parlement: miroir des ombres ou garant de l'equilibre du « gouvernement géneral »,* em AAVV, L'Exercice du Pouvoir Financier du Parlement – Théorie, Pratique et Évolution, sous la direction de Loïc Philip, 1996
– *Une grande première: la réforme du droit budgétaire de l'État par le Parlement,* em Revue Française de Finances Publiques (RFFP), n.º 73, Janvier 2001
– *Les pouvoirs financiers du Parlement* em Revue du Droit Public et de la Science Politique en France et a l'Étranger, numéro spécial, La Vie République?, 1– 2, 2002
HERZOG, Roman
– *Gesetzgeber und Verwaltung,* em Veröffentlichungen der Vereinigung der Deutschen Staatsrechtslehrer – VVDStRL, heft 24, 1966
HERZOG, Roman ; MAUNZ, Theodor ; DÜRIG, Günter
– *Grundgesetz Kommentar,* 1980
HESSE, Konrad
– *Grundzüge des Verfassungsrechts der Bundesrepublik Deutschland,* 1999

Bibliografia

HETTLAGE, Karl
- *Zur Rechtsnatur des Haushaltsplanes*, em AAVV, Im Dienst an Recht und Staat, Festschrift für Werner Weber zum 70. Geburtstag, 1974
HEUN, Werner
- Dreier, Horst, *Grundgesetz Kommentar*, 2000
- *Saatshaushalt und Staatsleitung – Das Haushaltsrecht im parlamentarischen Regierungssystem des Grundgesetzes*, 1989
HICKS
- *Public Finance*, 1968
HIGGS, Henry
- *The Financial System of the United Kingdom*, 1914
HILL, Hermann
- *Zur Sicherung des parlamentarischen Budgetrechts im Neuen Steuerungsmodell*, em Die Öffentliche Verwaltung (DÖV), 54. Jahrgang, heft 19, 2001
HILLGRUBER, Christian, em Mangoldt, Hermann von; Klein, Friedrich; Starck, Christian
- *Das Bonner Grundgesetz Kommentar*, 2001
HINOJOSA TORRALVO, Juan José
- *La Ley de Presupuestos. Función, Contenido y Límites*, em Civitas – Revista Española de Derecho Financiero, n.º 62, 1989
HIRSCH, Joachim
- *Parlament und Verwaltung – Haushaltsplanung und Haushaltskontrolle in der Bundesrepublik Deutschland*, 1968
HOCHEDEZ, Daniel
- *La genèse de la loi organique du 1er août 2001 relative aux lois de finances: un processus parlementaire exemplaire*, em Revue Française de Finances Publiques (RFFP), n.º 76, 2001
HOFFMANN, Reinhard
- *Haushaltsvollzug und Parlament*, 1972
HÖLSCHEIDT, Sven
- *Der Haushaltsausschuss des Deutschen Bundestags*, 1988
HONORATI, Maria Luísa
- *Lezioni di Diritto Parlamentare*, 1999
HOPPE, Bernd
- *Der preussische Verfassungskonflikt von 1862– 1866*, em Juristische Arbeitsblätter (JA), 25. Jahrgang, heft 5, 1993
HORGUÉ BAENA, Concepción
- *La Modificación del Contrato Administrativo de Obra – El Ius Variandi*, 1997
HOUSE OF COMMONS
- *Second Report from the Select Committee of Public Accounts*, 1932
- *Sixth Report from the Treasury and Civil Service Committee – Budgetary Reform*, session 1981– 82, 1982
- *Fourth Report of the Treasury Committee – The 1998 Budget*, session 1997– 1998, 1998
HUBER, Ernst Rudolf
- *Deutsche Verfassungsgeschichte seit 1789, II e III*, 1960 e 1963
- *Die Bismarcksche Reichsverfassung im Zuzammenhang der deutschen Verfassungsgeschichte*, em AAVV, Moderne deutsche Verfassungsgeschichte (1815– 1914), 1981

IMBODEN, Max
- *Gewaltentrennung als Grundproblem unserer Zeit* em Rausch, Heinz, Zur Heutigen Problematik der Gewaltentrennung, 1969
INGROSSO, Gustavo
- *Sulla Distinzione fra Legge in Senso Materiale e Legge in Senso Formale*, em Studi in onore di Federico Cammeo, vol. I, 1933
- *Istituzioni di Diritto Finanziario*, *vol. I – Bilancio – Contratti – Património dello Stato*, 1935
INSTITÜT "FINANZEN UND STEUERN"
- *Die Gesetzenwürfe zur Haushaltsreform – Eine kritische Stellungnahme*, 1969
INSTITUTE FOR PUBLIC POLICY RESEARCH (IPPR)
- *A Written Constitution for the United Kingdom*, 1995
IOANNA, Paolo de
- *Parlamento e Spesa Pubblica – Profili istituzionali del bilancio pubblico in Italia*, 1993
IOANNA, Paolo de; VEGAS, Giuseppe; EMPOLI, Domenico da
- *Il Bilancio dello Stato – La finanza pubblica tra Governo e Parlamento*, 2000
IPSEN, Hans– Peter
- *Öffentliche Subventionierung Privater*, em Deutsches Verwaltungsblatt (DVBl), 1956
JACKSON, Paul; PHILLIPS, O'Hood
- *Constitutional and Administrative Law*, 1987
JACQUOT, Henri
- *Les nouveaux rapports du Plan et du Budget*, em AAVV, Études de Finances Publiques, Mélanges en l'honneur de Monsieur le Professor Paul Marie Gaudemet, 1987
JARASS, Hans D.
- *Grundgesetz für die Bundesrepublik Deutschland*, 2002
JARASS, Hans D.; PIEROTH, Bodo
- *Grundgesetz für die Bundesrepublik Deutschland*, 2002
JARDIM, António Pereira
- *Princípios de Finanças*, 1893
JARDIM, Teixeira; HENRIQUES, Afonso; FIGUEIRA, Consuelo
- *Ciência das Finanças e Direito Fiscal (segundo as prelecções do sr. Prof. Doutor Fernando Emygdio da Silva)*, 1935
JELLINEK, Georg
- *Gesetz und Verordnung*, 1887 (traduzido, parcialmente, para italiano, *Legge e Decreto*, 1997)
JENNINGS, Ivor
- *Parliament*, 1957
JESCH, Dietrich
- *Gesetz und Verwaltung*, 1961 (tradução para castelhano, *Ley e Administración*, 1978)
JÈZE, Gaston
- *Le Budget au point de vue juridique. Essai d'une théorie générale*, em Revue de Science et de Législation Financières, tome V, 5e année, n.º 3, 1907
- *Traité de Science des Finances – Le Budget, théorie générale – les pouvoirs du gouvernement et des chambres législatives en matiére de dépenses et de recettes publiques*, 1910
- *Cours de Finances Publiques*, 1930

JÈZE, Gaston ; BOUVIER, Emile
- *La véritable notion de la loi et la loi annuelle de finances – Role du pouvoir législatif en matière de budget*, em Revue Critique de Législation et de Jurisprudence, XLVIe année, nouvelle série – tome XXVI, 1897
JIMÉNEZ DÍAZ, Andrés
- *La Ley de Presupuestos: Seguridad Jurídica y principios de relación entre normas*, em Civitas – Revista Española de Derecho Financiero, n.º 82, 1994
JOIN– LAMBERT, Christian; RABATÉ, Laurent; LEVY– ROSENWALD, Marianne
- *Le Budget, quelles precédures pour la confiance?*, em em Revue Française de Finances Publiques (RFFP), n.º 60, Novembre, 1997
JORGE, Fernando Pessoa
- *Poderão os Impostos ser Criados por Decreto– Lei?*, 1968
JOUVE, Albert
- *Le Vote du Budget en France et en Angleterre*, 1906
JOXE, Pierre
- *Revaloriser le débat budgétaire et moderniser les institutions financières*, em Revue Française de Finances Publiques (RFFP), n.º 73, Janvier 2001
- *Á propos d'une réforme historique*, em Revue Française de Finances Publiques (RFFP), n.º 76, 2001
JÚDICE, José Miguel
- *O Pensamento Político de Sá Carneiro e outros Estudos*, 1982
KAREHNKE, Helmut
- *Die Einschränkung des parlamentarischen Budgetrechts bei finanzwirksamen Gesetzen durch Artikel 113 des Grundgesetzes*, em Deutsches Verwaltungsblatt (DVBl), 25. Jahrgang, heft 20, 1972
- *Zur Zulässigkeit der Veranschlagung globaler Minderausgaben*, em Deutsches Verwaltungsblatt (DVBl), 33. Jahrgang, heft 13, 1980
KEWENIG, Wilhelm
- *Staatsrechtliche Probleme parlamentarischen Mitregierung am Beispiel der Arbeit der Bundestagsausschüsse*, 1971
KIRCHHOF, Ferdinand
- *Das Haushaltsrecht als Steuerungsressource – Neue Steuerungstechniken im Staatshaushalt zum Abbau seines strukturellen Defizits*, em Die Öffentliche Verwaltung (DÖV), 50. Jahrgang, heft 18, 1997
KIRCHOF, Paul
- *Die Steuerung des Verwaltungshandelns durch Haushaltsrecht und Haushaltskontrolle*, em Neue Zeitschrift für Verwaltungsrecht (NVwZ), 2. Jahrgang, heft 9, 1983
KISKER, Gunter
- *Neue Aspekte im Streit um den Vorbehalt des Gesetzes*, Neue Juristische Wochenschrift (NJW), n.º 30, 1977
- *Staatshaushalt*, em Isensee, Josef; Kirchhof, Paul, Handbuch des Staatsrechts der Bundesrepublik Deutschland, Band IV, 1990
KLEIN, Franz; SCHMIDT– BLEIBTREU, Bruno
- *Kommentar zum Grundgesetz*, 1990

KLEIN, Friedrich
– *Senkung der Haushaltseinnahmen des Bundes durch Beschlüsse des Bundestages und des Bundesrates ohne Zustimmung der Bundesregierung? – Zur Problematik des Art. 113 des Bonner Grundgesetzes,* em Steuer und Wirtschaft, XXVII Jahrgang, n.º 11/12, 1950

KLEIN, Hans H.
– *Der Vorbehalt des Gesetzes und seine Grenzen – Nachwort,* em Die öffentliche Verwaltung zwischen Gesetzgebung und richterlicher Kontrolle – Göttinger Symposion, 1985

KLENKE, Reiner
– *Zur Vorlagefähigkeit von Haushaltsgesetzen nach Art. 100 I GG – BverfGE 38, 121,* em Juristische Schulung (JuS), 16. Jahrgang, heft 6, 1976

KRÖGER, Klaus
– *Zur Mitwirkung des Bundestages am Haushaltsvollzug,* em Die Öffentliche Verwaltung (DÖV), 25. Jahrgang, heft 13, 1973

KRÜGER– SPITTA, Wolfgang; BRONK, Horst
– *Einführung in das Haushaltsrecht und die Haushaltspolitik,* 1973

KUBE, Hanno
– *Neue Steuerung im Haushaltsrecht – Ein Kompetenzengefüge ausser Balance?,* em Die Öffentliche Verwaltung (DÖV), 53. Jahrgang, heft 19, 2000

KUHL, Thomas
– *Kernbereich der Executive,* 1993

KUNIG, Philip
– *Einzelfallentscheidungen durch Gesetz,* em Juristische Ausbildung (JURA), 15. Jahrgang, heft 6, 1993

LABAND, Paul
– *Das Budgetrecht nach den bestimmungen der Preussischen Verfassungs– Urkunde unter Berücksichtigung der Verfassung des Norddeutschen Bundes,* em Zeitschrift für Gesetzgebung und Rechtspflege in Preussen, 4, 1871, 2.ª ed. 1971 (traduzido para castelhano, *El Derecho Presupuestario,* 1979)
– *Das Staatsrecht des Deutschen Reiches,* 5.ª ed. 1911– 1914 (traduzido para francês, *Le Droit Public de l'Empire Allemande, tome II,* 1901, e *tome VI,* 1904)

LABRIOLA, Silvano
– *Lezioni di Diritto Costituzionale – L'Ordinamento Repubblicano,* 1997

LAFERRIÈRE, Julien; WALINE, Marcel
– *Traité Elementaire de Science et de Législation Financières,* 1952

LALUMIÈRE, Pierre
– *Parliamentary Control of the Budget in France,* em AAVV, The Power of the Purse – The Role of European Parliaments in Budgetary Decisions, 1976
– *Les Finances Publiques,* 1986

LAMBERT, Alain
– *Doter la France de sa Nouvelle Constitution Financière, Un préalable à la réforme de l'État,* Les Raports du Sénat, n.º 37, 2000– 2001
– *La réforme de l'État: une impérieuse nécessité,* em Revue Française de Finances Publiques (RFFP), n.º 76, 2001
– *La mise en œuvre de la LOLF : un chantier de conduite de changements,* em Revue Française de Finances Publiques (RFFP), n.º 82, 2003

Bibliografia

LANGE, Klaus
- *Die Abhängigkeit der Ausgabenwirtschaft der Bundesregierung von der Parlamentarischen Budgetbewilligung,* em Der Staat – Zeitschrift für Staatslehre Öffentliches Recht und Verfassungsgeschichte, 11. Band, heft 1, 1972

LASCOMBE, Michel ; VANDENDRIESSCHE, Xavier
- *Le contRole parlementaire et la proposition de la loi organique du 12 juillet 2000,* em Revue Française de Finances Publiques (RFFP), n.º 73, Janvier 2001

LASSALE, Ferdinand
- *¿Qué es una Constitución?,* 2001

LASSALE, Jean– Pierre
- *Le Parlement et l'Autorisation des Dépenses Publiques,* em Revue de Science Financière, n.º 4, 1963
- *La Loi Organique et l'Équilibre Constitutionnel des Pouvoirs,* em Revue Française de Finances Publiques (RFFP), n.º 26, n.º 1989
- *De l'État– administratif à l'État– stratège,* em Revue Française de Finances Publiques (RFFP), n.º 73, 2001

LASSALE, Jean– Pierre ; BOUVIER, Michel ; ESCLASSAN, Marie– Christine
- *Finances Publiques,* 2000

LAUBADÈRE, André de ; MODERNE, Franck ; DEVOLVÉ, Pierre
- *Traité des Contrats Administratifs, tome I,* 1983 e *tome II,* 1984

LAUBADÈRE, André de ; VENEZIA, Jean– Claude ; GAUDEMET, Yves
- *Traité de Droit Administratif, tome I,* 1990

LAUZE, Jacques
- *Le Problème des Services Votés,* em AAVV, L'Exercice du Pouvoir Financier du Parlement – Théorie, Pratique et Évolution, 1996
- *La loi organique devant le Conseil Constitutionnel: une conformité sous réserves,* em Revue Française de Finances Publiques (RFFP), n.º 76, 2001

LAVOURAS, Matilde
- *Natureza Jurídica do Orçamento – Breves Reflexões,* em Boletim de Ciências Económicas, vol. XLV, 2002

LAVROFF, Dmitri Georges
- *Le Droit Constitutionnel de la Ve République,* 1997

LECA, Charles
- *Les Retards dans le Vote du Budget en France – Leurs Inconvénients, Leurs Remèdes,* 1913

LECLERE, Paul
- *La Mesure et la Valeur de L'Intervention Législative en Matière Budgétaire,* 1905

LEITÃO, Alexandra
- *Os Poderes do Executivo em Matéria Orçamental,* 1997
- *O Enriquecimento sem Causa da Administração Pública,* 1998

LEROY-BEAULIEU, P.
- *Traité de la Science des Finances,* vol. II, 1909

LESGUILLONS, Henry; DEVOLVÉ, Pierre
- *Le Contrôle Parlementaire sur la Politique Économique et Budgétaire,* 1964

LETIZIA, L. ; COMELLA, A.
- *La Decisione di Bilancio in Italia: Formazione, Contenuti e Procedure,* em AAVV, Analisi di Leggi– Campione – Problemi di Tecnica Legislativa, 1995

692 A Lei por detrás do Orçamento

LEVY-ROSENWALD, Marianne; JOIN-LAMBERT, Christian; RABATÉ, Laurent
– *Le Budget, quelles procédures pour la confiance?*, em Revue Française de Finances Publiques (RFFP), n.º 60, Novembre, 1997

LICHTERFELD, Frank
– *Der Wandel der Haushaltsfunktionen von Bundeslegislative und Bundesexekutive – Ein Beitrag zum Verhältnis von Parlament und Regierung im Haushaltsbereich unter besonderer Berücksichtung der Stellung und Funktion des Haushaltsausschusses des Deutschen Bundestages,* 1969

LIKIERMAN, Andrew
– *Public Expenditure – The Public Spending Process,* 1988

LINDE PANIAGUA, Enrique
– *Leyes orgánicas parciales en la doctrina del Tribunal Constitucional (un ejemplo prático en el Anteproyecto de Ley de Contrabando,)* em Revista de Aministración Pública (RAP), n.º 94, enero– abril, 1981
– *Leyes Orgánicas,* 1990

LÓPEZ ESCOBAR FERNÁNDEZ, Esteban
– *Los Orígenes del Derecho Presupuestario Español,* 1971

LÓPEZ MARTÍNEZ, Juan; GÓMEZ MATAS, Purificación
– *La necessaria reforma de la Ley General Presupuestaria,* em Civitas – Revista Española de Derecho Financiero, n.º 62, 1989

LOTITO, Pier Francesco
– *Il Processo di Bilancio nella R.F.T,* em AAVV, Crisi fiscale e indirizzo politico, 1995
– *Legge finanziaria, bilancio e provvedimenti "collegati". Riflessioni sugli atti normativi e di indirizzo in materia di finanza pubblica,* em Siervo, Ugo, Osservatorio Sulle Fonti 1996, 1996
– *Forma di Governo e Processo di Bilancio – Analisi dell'Ordinamento Francese e Riflessioni sull'Ordinamento Italiano,* 1997

LOZANO, Ana Maria Juan
– *Inviolabilidad del domicilio y límites materiales de la Ley de Presupuestos. Un pronunciamiento capital del Tribunal Constitucional,* em Civitas – Revista Española de Derecho Financiero, n.º 76, 1992

LUCHAIRE, François
– *Les Lois Organiques devant le Conseil Constitutionnel,* em Revue du Droit Public et de la Science Politique en France et a l'Étranger, n.º 2, 1992
– *Le contrôle du conseil constitutionnel sur les lois financières,* Revue du Droit Public et de la Science Politique en France et a l'Étranger, 2, 1997

LUCIANI, Massimo; CARAVITA, Beniamino
– *La Ridefinizione del Sistema delle Fonti: Noti e Materiali,* em Politica del Diritto, anno XVII, n.º 2, 1986

MABILEAU, Albert
– *La Compétence Financère du Parlement de la Ve République,* em Revue de Science Financière, n.º 1, 1961

MACHETE, Pedro
– *Elementos para o estudo das relações entre os actos legislativos do Estado e das Regiões Autónomas no quadro da Constituição vigente,* em Estudos de Direito Regional, 1997

Bibliografia

693

MACHETE, Rui Chancerelle de
– *Contencioso Administrativo*, em Dicionário Jurídico da Administração Pública, 1990

MAGALHÃES, Pedro Coutinho
– *A actividade legislativa da Assembleia da República e o seu papel no sistema político*, em Legislação, Cadernos de Ciência da Legislação, n.º 12, 1995

MAHIEUX, Sophie
– *La Loi organique relative aux lois de finances du 1er août 2001*, em Revue Française de Finances Publiques (RFFP), n.º 76, 2001

MAHRENHOLZ, Ernst Gottfried
– em AAVV, *Kommentar zum Grundgesetz für die Bundesrepublik Deutschland*, Band 2, Art. 38– 146, 1989

MAJORANA, Angelo
– *Teoria Costituzionale delle entrate e delle spese dello Stato*, 1886

MAJORANA, Salvatore
– *Il Bilancio dello Stato*, 1930

MALBERG, Raymond Carré de
– *Contribution à la Théorie Générale de l'État, tome I*, 1920 e *tome II*, 1922
– *La Loi, expression de la volonté générale. Étude sur le concept de la loi dans la Constitution de 1875*, 1931.

MALCHUS, Karl von August
– *Politik der inneren Staatsverwaltung oder Darstellung des Organismus der Behörden für dieselbe*, 1823
– *Handbuch der Finanzwissenschaft und Finanzverwaltung*, II, 1830

MALTA, Pierre di
– *Finances Publiques, tome 1– Le Budget*, 1999

MALTA, Pierre di; MARTINEZ, Jean– Claude
– *Droit Budgétaire, Budget de l'État, Budgets Locaux, Budget de la Sécurité Sociale, Budget Européen*, 1999

MANDELARTZ, Herbert
– *Das Zusammenwirken von Parlament und Regierung beim Haushaltsvollzug – Ein Beitrag zum parlamentarischen Regierungssystem der Bundesrepublik Deutschland*, 1980

MARCUELLO BENEDICTO, Juan Ignacio
– *La práctica parlamentaria en el Reinado de Isabel II*, 1986

MARCUS, Paul
– *Implikationen eines verfassungskonformen Umgangs mit dem Instrument der «Globalen Minderausgabe» für die Haushaltspraxis*, em Die Öffentliche Verwaltung (DÖV), 53. Jahrgang, heft 16, 2000

MARÍN ALONSO, Immaculada
– *La congélación salarial de los funcionarios públicos mediante determinación unilateral del correspondiente ministro para las Administraciones Públicas – A propósito de la SAN de 7 de noviembre 2000*, Revista Aranzadi Social, Vol. V, 2000

MARTINES, Temistocle
– *Diritto Costituzionale*, 1997

MARTÍNEZ LAFUENTE, Antonio
– *Ley de Presupuestos e Inconstitucionalidad*, em Civitas – Revista Española de Derecho Financiero, n.º 25, 1980

MARTÍNEZ LAGO, Miguel Ángel
– *Los limites a la iniciativa de las Cortes Generales en materia presupuestaria*, 1990
– *Constitución y Ley de Presupuestos: en torno a algunas de las singularidades de una "Ley Plena"*, em Revista de la Facultad de Derecho de la Universidad Complutense – Estudios de Derecho Financiero y Tributario, Homenaje al Professor Fernando Vicente– Arche Domingo, n.º 20, 1996
– *Ley de Presupuestos y Constitución, Sobre las singularidades de la reserva de ley en materia presupuestaria*, 1998
– *Leyes de presupuestos y leyes "de acompañamiento" (Aspectos constitucionales de los Presupuestos Generales del Estado y abuso de las formas jurídicas por el Gobierno)*, em Revista Española de Derecho Financiero, n.º 104, 1999
MARTINEZ, Jean– Claude; MALTA, Pierre di
– *Droit Budgétaire, Budget de l'État, Budgets Locaux, Budget de la Sécurité Sociale, Budget Européen*, 1999
MARTINEZ, Pedro Soares; FRANCO, António de Sousa
– *Finanças – Teoria das Receitas e Orçamento*, 1970
MARTIN– RETORTILLO BAQUER, Lorenzo; RODRÍGUEZ BEREIJO, Álvaro
– *La eficacia temporal y el caracter normativo de la Ley de Presupuestos Generales del Estado*, 1989
MARTINS, Guilherme d'Oliveira
– *Constituição Financeira*, 2.º vol., 1984/85
– *O Orçamento para 1987 em Juízo*, em Estado e Direito – Revista Semestral Luso– Espanhola de Direito Público, n.º 2, 1988
– *Uma nova Lei de Enquadramento Orçamental no Tribunal Constitucional. O Acórdão n.º 205/87*, em Estado e Direito – Revista Semestral Luso– Espanhola de Direito Público, vol. I, n.º 1, 1987– 88
MARTINS, Guilherme Waldemar d'Oliveira
– *A Despesa Fiscal e o Orçamento do Estado no Ordenamento Jurídico Português*, 2004
MARTITZ, Ferdinand Von
– *Betrachtungen über die Verfassung des Nordeutschen Bundes*, 1868
– *Über den Konstitutionellen Begriff des Gesetzes nach deutschen Staatsrecht*, 1880
MAS, G. ; CARCELLE, P.
– *Les Pouvoirs du Parlement en matière financière*, em La Revue Administrative, n.º 67, 1959
– *Les «cavaliers» budgétaires ont– ils disparu définitivement?*, em La Revue Administrative, n.º 121, 1968
MASCIANDARO, Donato
– *La non emendabilità delle leggi di spesa e di bilancio: analisi teorica e profili istituzionali*, em AAVV, la Finanza pubblica italiana dopo la svolta del 1992, a cura di A. Monorchio, 1996
MASÈ– DARI, Eugenio
– *Sul Bilancio dello Stato – Lineamenti dell'Ordinamento Formale della Pubblica Finanza*, 1899
MASSIAS, Jean– Pierre ; TURPIN, Dominique
– *Droit Constitutionnel*, 1999

Bibliografia

MATA, Eugénia; VALÉRIO, Nuno
– *Normas de Direito Financeiro nas Constituições Portuguesas,* em Revista de História Económica e Social, 3, 1979
MATAS, Purificación Gómez; MARTÍNEZ, Juan López
– *La necessaria reforma de la Ley General Presupuestaria,* em Civitas – Revista Española de Derecho Financiero, n.º 62, 1989
MATOS, André Salgado de
– *A Fiscalização Administrativa da Constitucionalidade, Contributo para o estudo das relações entre Constituição, Lei e Administração Pública no Estado Social de Direito,* 2000
MATOS, André Salgado de; SOUSA, Marcelo Rebelo de;
– *Direito Administrativo Geral – Tomo I – Introdução e Princípios Fundamentais,* 2004
MATTON
– *Précis de Droit Budgetaire Belge,* 1908
MAUNZ, Theodor
– *Haushaltsplan und Verfassungsgericht,* em Bayerische Verwaltungsblätter (BayVBl), heft 6, 1966
MAUNZ, Theodor ; DÜRIG, Günter; HERZOG, Roman
– *Grundgesetz Kommentar,* 1980
MAURER, Hartmut
– *Der Verwaltungsvorbehalt,* em Veröffentlichungen der Vereinigung der Deutschen Staatsrechtslehrer – VVDStRL, heft 43, 1985
– *Droit Administratif Allemand,* 1992
– *Staatsrecht – Grundlagen, Verfassungsorgane, Staatsfunktionen,* 1999
MAY, Erskine
– *Parliamentary Practice, Treatise on The Law, Privileges, Proceedings and Usage of Parliament,* 22.ª ed., 1997
MAYER, Otto
– *Deutsches Verwaltungsrecht Bd. I,* 1961, *Bd. II,* 1969, (traduzido para Castelhano, *Derecho Administrativo Alemán,* tomo I e II, 1982)
McELDOWNEY, John F.
– *Public Law,* 1998
– *The Control of Public Expenditure,* em JOWELL, Jeffrey; OLIVER, Dawn, The Changing Constitution, 2000
MEDEIROS, Rui
– *Valores Jurídicos Negativos da Lei Inconstitucional,* em O Direito, ano 121º, III, 1989
– *A Decisão de Inconstitucionalidade, Os autores, o conteúdo e os efeitos da decisão de Inconstitucionalidade da lei,* 1999
MEDEIROS, Rui; SILVA, Jorge Pereira da
– *Estatuto Político– Administrativo da Região Autónoma dos Açores Anotado,* 1997
MELO, António Barbosa de; COSTA, José Manuel Cardoso da; ANDRADE, José Carlos Vieira de
– *Estudo e Projecto de revisão da Constituição da República Portuguesa de 1976,* 1981
MENDONZA OLIVÁN
– *Tipologia de las Leyes en la Constitucion,* em La Constitución Española y las Fuentes del Derecho, vol I, 1979

MENÉNDEZ MORENO, Alejandro
– *La Configuración Constitucional de las Leyes de Presupuestos Generales del Estado*, 1988
MERCATI, Lívia
– *Le Procedure di Bilancio tra Sistemi Elettorali e Forme di Governo: un'Analisi Comparata*, em Rivista Italiana di Diritto Pubblico Comunitário, anno VII, n.º 1, 1997
MESSAGE, Hervé
– *L'article d'equilibre des lois de finances*, em Revue Française de Finances Publiques (RFFP), n.º 51, 1995
MEYER, Hans; RÜRUP, Bert
– *Staatswirtschaftliche Planungsinstrumente*, 1975
MEYER, Georg
– *Der Begriff des Gesetzes und die rechtliche Natur des Staatshaushaltsetats*, em *Grünhuts Zeitsschrift für das Privat und Öffentliche Recht den Gegenwart*, VIII, 1881
– *Zeitschrift für das Privat und offentliche Recht*, vol. VIII, 1881
MEYER, Georg; ANSCHÜTZ, Gerhard
– *Lehrbuch des deutschen Staatsrechts*, 7.ª ed., 1919
MICHEL, Maurice
– *De l'Habitude Contractée en France de Légiférer par Voie Budgétaire*, 1907
MIERS, David R.; PAGE, Alan C.
– *Legislation*, 1990
MIGAUD, Didier
– Assemblée Nationale, *Rapport du Groupe de Travail sur l'Efficacité de la Dépense Publique et le ContRole Parlementaire, tome I* e *tome II*, 1999
– *Un double objectif: modernisation de l'État, approfondissement de la démocratie*, em Revue Française de Finances Publiques (RFFP), n.º 76, 2001
– *Moderniser la gestion publique et renforcer le pouvoir budgétaire du Parlement*, em Revue Française de Finances Publiques (RFFP), n.º 73, Janeiro 2001
– *Mise en œuvre de la LOLF : les évolutions dans les relations entre l'exécutif et le législatif*, em Revue Française de Finances Publiques (RFFP), n.º 82, 2003
MIGUEL CANUTO, Enrique de
– *Qué es lo que puede regular la Ley de Presupuestos?*, em Civitas – Revista Española de Derecho Financiero, n.º 83, 1994
MILLAR, David
– *Parliamentary Control of Taxation in Britain*, em AAVV, The Power of the Purse – The Role of European Parliaments in Budgetary Decisions, 1976
MINISTÈRE DE L'ÉCONOMIE, DES FINANCES ET DE L'INDUSTRIE
– *Le Budget de l'État, De la préparation à l'exécution*, 1999
MINISTÉRIO DAS FINANÇAS
– *Relatório sobre as Perspectivas da Reforma da Lei de Enquadramento do Orçamento do Estado*, em Reforma da Lei de Enquadramento Orçamental – Trabalhos Preparatórios e Anteprojecto, 1998
– *Relatório do Grupo de Trabalho de Preparação da Redacção Definitiva do Projecto da Proposta de Lei de Enquadramento Orçamental*, em *Reforma da Administração Financeira*, 1999

MIRANDA, Jorge
– *Decreto,* 1974
– *Um Projecto de Constituição,* 1975
– *O Programa do Governo,* em AAVV, Estudos sobre a Constituição, 1º vol., 1977
– *Fontes e Trabalhos Preparatórios da Constituição,* vol. I, 1978
– *Autorizações Legislativas,* em Revista de Direito Público, ano I, n.º 2, 1986
– *Anotação ao Acórdão do Tribunal Constitucional n.º 183/88,* em O Direito, ano 121.º, II, 1989
– *Funções, Órgãos e Actos do Estado,* 1990
– *Manual de Direito Constitucional, tomo I,* 2003, *tomo III,* 1998, *tomo V,* 1997, 2000 e 2004, *tomo VI,* 2001
– *O Tribunal Constitucional em 1997,* em O Direito, ano 129.º, 1997
– *O Tribunal Constitucional em 1998,* em O Direito, ano 130.º, 1998
– Ministério do Ambiente e do Ordenamento do Território, *O Caso Co– Incineração, (Pareceres Jurídicos),* 2001
MIRE, Pierre le
– *La loi et le règlement : articles 34, 37 e 38 de la Constitution de 1958,* em Documents d'Études, n.º 1.08, 1994
MODERNE, Franck ; LAUBADÈRE, André de; DEVOLVÉ, Pierre
– *Traité des Contrats Administratifs, tome I,* 1983 e *tome II,* 1984
MODUGNO, Franco
– *Appunti dalle lezioni sulle Fonti del Diritto,* 1999
MOESER, Ekkehard
– *Die Bindung an den Staatshaushalt – Zur Pflicht der Regierung, bewilligte Geldmittel zu verausgaben,* em Deutsches Verwaltungsblatt (DVBl), 30. Jahrgang, heft 11, 1977
– *Die Beteiligung des Bundestages an der staatlichen Haushaltsgewalt – Eine Untersuchung zur rechtlichen und tätsachlichen Stellung des Bundestages in haushaltswirtschaftlichen Entescheidungsprozessen,* 1978
MOHL, Robert von
– *Staatsrechts des konigreiches Württemberg,* I, 1829
MOLINIER, Jöel
– *La procédure budgétaire en Grande– Bretagne,* 1969
– *Aspects juridiques et signification politique de la procédure budgétaire britannique,* Revue du Droit Public et de la Science Politique en France et a l'Étranger, 1970
– *Parliament's Financial Powers: A Comparison between France and Britain,* em AAVV, The Power of the Purse – The Role of European Parliaments in Budgetary Decisions, 1976
– *L'ordonnance du 2 janvier 1959 portant loi organique relative aux lois de finances,* em Isaia, Henri ; Spindler, Jacques, Histoire du Droit des Finances Publiques – Les Grands Textes Commentés du Droit Budgétaire et la Comptabilité Publique, vol. I, 1986
MOLINIER, Jöel; GAUDEMET, Paul Marie
– *Finances Publiques – Budget/Trésor, tome I,* 1996
MONCADA, Luís Cabral de
– *Perspectivas do Novo Direito Orçamental Português,* 1984
– *A Reserva de Lei no actual Direito Público Alemão,* em Separata da Revista Estado e Direito, 1992

698   *A Lei por detrás do Orçamento*

MONTEIRO, Armindo
– *Do Orçamento Português*, tomo I e II, 1921
MONTEJO VELILLA, Salvador
– *La aprobación de los Presupuestos Generales del Estado. Reflexiones sobre la conveniencia de reformar los reglamentos de las câmaras*, em Hacienda Pública Española, n.º 90, 1984
– *Las iniciativas legislativas com repercusión presupuestaria. Algunas reflexiones sobre los apartados 5 y 6 del artículo 134 de la Constitución Española de 1978*, em V Jornadas de Derecho Parlamentario – El Procedimiento Legislativo, 1994
MONTERO GIBERT, J.R.; GARCIA MORÍLLO, Joaquín
– *El Control Parlamentario*, 1984
MORAIS, Carlos Blanco de
– *A Autonomia Legislativa Regional – Fundamentos das relações de prevalência entre actos legislativos estaduais e regionais*, 1993
– *A Revisão Constitucional de 1997 – Sistema de Actos Legislativos, Opinião*, Legislação, Cadernos de Ciência de Legislação, 1997
– *As Metamorfoses do Semipresidencialismo Português*, Revista Jurídica, AAFDL, n.º 22, Março, 1998
– *As Leis Reforçadas – As leis reforçadas pelo procedimento no âmbito dos critérios estruturantes das relações entre actos legislativos*, 1998
– *Vínculos ao Poder Orçamental do Governador de Macau*, em Estudos em Homenagem ao Professor Doutor Pedro Soares Martínez, vol. II, 2000
– *Algumas reflexões sobre o valor jurídico de normas parasitárias presentes em leis reforçadas pelo procedimento*, em AAVV, Nos Evolução Constitucional e Perspectivas Futuras, Nos 25 anos da Constituição da República Portuguesa de 1976, 2001
– *As Autoridades Administrativas Independentes na Ordem Jurídica Portuguesa*, em Revista da Ordem dos Advogados, ano 61.º, 2001
MOREIRA, Vital; CANOTILHO, José Joaquim Gomes
– *Constituição da República Portuguesa Anotada,* 1ª ed. 1978, 2.ª ed. 1.º vol. 1984, 2.ª ed. 2.º vol. 1985 e 3.ª ed. 1993
MOREIRA, Vital; OLIVEIRA, Fernanda Paula
– *Podem as Assmbleias Municipais reprovar reiteradamente o orçamento municipal?,* em Scientia Iuridica, n.º 294, tomo LI, 2002
MORENO, Carlos
– *Gestão e Controlo dos Dinheiros Públicos*, 1998
MORGADO, Frederico Furtado
– *Legislação Orçamental e Contabilidade Pública*, 1936
MORGADO, Frederico Furtado; GOMES, Romeu Nobre; ROSEIRA, Mário
– *Lições de Finanças, (em harmonia com as prelecções do Prof. Doutor José Teixeira Ribeiro)*, 1936
MORTARA, Ludovico
– *Commentario del Codice e delle Leggi di Procedura Civile*, vol. I, 4.ª ed. 1923
MORTARA, Vittorio
– *The Italian Parliament's Role in Expenditure Decisions*, em AAVV, The Power of the Purse – The Role of European Parliaments in Budgetary Decisions, 1976

MORTATI, Costantino
- *La Costituzione di Weimar*, 1946
- *Istituzioni di Diritto Pubblico I*, 1991

MUSACCHIA, Giuseppe
- *Gerarchia e Teoria delle Norme sulla Produzione Giuridica nel Sistema Costituzionale delle Fonti*, em Rivista Trimestrale di Diritto Pubblico, anno XX, 1970

MUSSGNUG, Reinhard
- *Der Haushaltsplan als Gesetz*, 1976
- *Die rechtlichen und pragmatischen Beziehungen zwischen Regierung, Parlament und Verwaltung*, em AAVV, Deutsche Verwaltungsgeschichte, Band 3, 1984

MUSUMECI, Angela
- *La Legge Finanziaria*, 2000

MUTIUS, Albert von
- *Die Steuerung des Verwaltungshandelns durch Haushaltsrecht und Haushaltskontrolle*, em Veröffentlichungen der Vereinigung der Deutschen Staatsrechtslehrer – VVDStRL, heft 42, 1984

MUZELLEC, Raymond
- *Finances Publiques*, 2000

MYRBACH– RHEINFELD, Franz von
- *Précis de Droit Financier*, 1910

NABAIS, José Casalta
- *O dever fundamental de pagar impostos – Contributo para a compreensão constitucional do Estado fiscal contemporâneo*, 1998

NACCI, Paolo Giocoli
- *Limiti e Forme della Partecipazione del Governo e del Parlamento nella Formazione ed Aprovazione del Bilancio*, em Studi in Memoria di Carlo Esposito, vol. I, 1967

NADAIS, António; VITORINO, António; CANAS, Vitalino
- *Constituição da República Portuguesa – Texto e Comentários à Lei n.º 1/82*, 1983

NETO, Luísa
- *O Estado de Direito Democrático e as Leis de Valor Reforçado*, 2003, em Estudos de Homenagem ao Professor Doutor Jorge Ribeiro de Faria, 2003

NETTO, João Pereira
- *Lições de Finanças (conforme as prelecções do Exm.º Senhor Doutor Oliveira Salazar)*, 1922

NEUMARK, Fritz
- *Der Reichshaushaltplan – Ein Beitrag zur Lehre vom öffentlichen Haushalt*, 1929

NIGRO, Mario
- *Studi sulla Funzione Organizzatrice della Pubblica Amministrazione*, 1966

NOLL, Michael
- *Haushalt und Verfassung – Normen – Reformen – Trends (Eine Einführung das Haushalts– und Verfassungsrecht der Bundesrepublik Deutschland sowie der Europäischen Union)*, 2001

NOVAIS, Jorge Reis
- *Separação de Poderes e Limites da Competência Legislativa da Assembleia da República*, 1997

ODDONE, Guillermo A.
– *Administración y División de Poderes, El caso de los decretos de necessidad y urgencia,* 1995

OEBBECKE, Janbernd
– *Verwaltungssteuerung im Spannungsfeld von Rat und Verwaltung – Kommunalverfassungsrechtliche Grenzen der Einführung neuer Steuerungsmodelle,* em Die Öffentliche Verwaltung (DÖV), 51. Jahrgang, heft 20, 1998

OLALDE MARTÍN, T.
– *Ley de Presupuestos versus Ley de Acompañamiento,* em Revista "Impuestos", n.º 24, 1995

OLIVA, Éric
– *L' article 41 de la Constitution du 4 Octobre 1958, Initiative Législative et Constitution,* 1997

OLIVEIRA, Fernanda Paula; MOREIRA, Vital
– *Podem as Assembleias Municipais reprovar reiteradamente o orçamento municipal?,* em Scientia Iuridica, n. 294, tomo LI, 2002

OLIVEIRA, Mário Esteves de
– *Direito Administrativo,* vol. I, 1984

OLIVETTI, Marco
– *Le Sessioni di Bilancio,* em Labriola, Silvano, Il Parlamento Repubblicano (1948–1998), 1999

ONIDA, Valerio
– *Le Leggi di Spesa nella Costituzione,* 1969
– *The Historical and Constitutional Foundations of the Budgetary System in Italy,* em AAVV, The Power of the Purse – The Role of European Parliaments in Budgetary Decisions, 1976
– *Il Quadro Normativo in Tema di Bilancio Pubblici,* em AAVV, Guida alla Lettura dei Documenti di Finanza Pubblica, 1989

OPELLO, Walter C.
– *O Parlamento Português: análise organizacional da actividade legislativa,* em Análise Social vol. XXIV, 1998

OPPERMANN, Thomas
– *Nach welchen rechtlichen Grundsatzen sind das offentliche Schulwesen und die Stellung der na ihm Beteiligten zu ordnen?,* em Gutachten zum 51 Deutschen Juristentag, 1976

ORAZIO, Giustino d'
– *Le sentenze costituzionali additive tra esaltazione e contestazione,* em Rivista Trimestrale di Diritto Pubblico, anno XLII, n.º 1, 1992

ORLANDO, Vittorino Emmanuele
– *Principii di Diritto Costituzionale,* 1912
– *Studi giuridici sul governo parlamentare,* em Archivo Giuridico, XXVI

OSSENBÜHL, Fritz
– *Bundesverfassungsgericht und Gesetzgebung,* em AAVV, Festschrift 50 Jahre Bundesverfassungsgericht, Erster Band – Verfassungsgerichtsbarkeit/ Verfassungsprozess, 2001

Bibliografia 701

OTERO, Paulo

– *Autorizações Legislativas e Orçamento do Estado – Acórdão do Supremo Tribunal Administrativo, de 20 de Fevereiro de 1991 – Anotação*, em O Direito, ano 124.º, I– II, 1992

– *Conceito e Fundamento da Hierarquia Administrativa*, 1992

– *Desparlamentarização, Conteúdo do Orçamento e Problemas de Controlo Constitucional – Algumas questões em comentário ao livro "O Orçamento como Lei", de António Lobo Xavier*, em Revista Fisco, ano 4, n.º 41, 1992

– *O Poder de Substituição em Direito Administrativo – enquadramento dogmático–constitucional*, vol. I e II, 1995

– *A "Desconstrução" da Democracia Constitucional*, em Perspectivas Constitucionais

– Nos 20 Anos da Constituição de 1976, vol. II, 1997

– *A Revisão Constitucional de 1997 – Sistema de Actos Legislativos, Opinião*, Legislação, Cadernos de Ciência de Legislação, 1997

– *O Desenvolvimento de Leis de Bases pelo Governo (O sentido do artigo 201.º, n.º1, alínea c), da Constituição)*, 1997

– *Vinculação e Liberdade de Conformação Jurídica do Sector Empresarial do Estado*, 1998

– *A Intervenção do Ministro das Finanças sobre os Actos do Governo de Aumento de Despesas ou Diminuição de Receitas*, em Estudos de Homenagem ao Professor Doutor Pedro Soares Martínez, vol. II, 2000

– Ministério do Ambiente e do Ordenamento do Território, *O Caso Co– Incineração, (Pareceres Jurídicos)*, 2001

– *Legalidade e Administração Pública*, 2003

OTTO, Ignacio de

– *Derecho Constitucional – Sistema de Fuentes*, 1995

PAGE, Alan C. ; MIERS David R.

– *Legislation*, 1990

PALADIN, Livio

– *La Legge come norma e como provvedimento*, Giurisprudenza Costituzionale, 1969

– *Ció che rimane del concetto di legge meramente formale*, em AAVV, Studi in Onore di Manlio Udina, tomo II, 1975

– *Diritto Costituzionale*, 1995

– *Le Fonti del Diritto Italiano*, 1996

PALANZA, Alessandro

– *A informação técnica nos procedimentos parlamentares: A experiência dos Serviços do Orçamento da Câmara dos Deputados e do Senado*, em Legislação – Cadernos de Ciência de Legislação, n.º 22, 1998

PAOLETTI, Andrea

– *Leggi– Cornice e Regione – Crisi di un Modello*, 2001

PAPIER, Hans– Jürgen

– *Der Vorbehalt des Gesetzes und seine Grenzen*, em Die öffentliche Verwaltung zwischen Gesetzgebung und richterlicher Kontrolle – Göttinger Symposion, 1985

– *Zur Verfassungsmässigkeit der Fraktionsfinanzierung nach dem Bayerischen Fraktionsgesetz*, em Bayerische Verwaltungsblätter (BayVBl), 44.Jahrgang, heft 17, 1998

PARADA VÁSQUEZ, José Ramón
- *Expropiaciones legislativas y garantias jurídicas (el caso RUMASA)*, Revista de Administración Publica (RAP), 100– 102, 1983
- *Derecho Administrativo* I, 2002

PARLY, Florence
- *La loi organique du 1er août 2001: un levier essentiel de la réforme de l'État*, em Revue Française de Finances Publiques (RFFP), n.º 76, 2001

PATZIG, Werner
- *Haushaltsrecht des Bundes und der Länder – Kommentar zu den Rechts– und Verwaltungsvorschriften*, Band I, 1981; Band II, 1982

PAUL, Michel
- *Les Finances de L´État – Budget, Comptabilité*, 1981

PAYSANT, André
- *Finances Publiques*, 1997

PECHSTEIN, Matthias
- *Die Begründung von rechtsverbindlichen Ausgabeverpflichtungen der Executive durch den gesetzlich festgestellten Haushaltsplan als verfassungsrechtliches Problem*, em Verwaltungs Archiv – Zeitschrift für Verwaltungslehre, Verwaltungsrecht und Verwaltungspolitik, 86. Band, 1995

PELLET, Rémi
- *Réformer la Constitution financière: pour de nouveaux principes budgétaires*, Revue du Droit Public et de la Science Politique en France et a l'Étranger, n.ºs 1– 2, 2002

PEÑA VELASCO, Gaspar de la
- *La délimitación del contenido constitucional de la parte dispositiva de las leyes de presupuestos en materia tributaria*, em Civitas – Revista Española de Derecho Financiero, n.º 99, 1998

PEREIRA, António Maria
- *Lições de Finanças, (segundo as prelecções do Exm.º Sr. Dr. Prof. Fernando Emídio da Silva)*, 1946

PÉREZ FRANCESCH, Juan Luis
- *El Gobierno*, 1996

PEREZ JIMENEZ, Pablo J.
- *Las Limitaciones a la Iniciativa Legislativa Financiera en la Constitución Española*, Revista de Derecho Publico, n.º 9, 1981
- *Las Funciones Financieras de las Cortes en el Derecho Parlamentar Español*, em AAVV, Funciones Financieras de las Cortes Generales, 1985

PEREZ ROYO, Javier
- *Las Fuentes del Derecho*, 1988

PÉREZ TREMPS, Pablo; GARCÍA MORILLO, Joaquín
- *Legislativo vs. Ejecutivo Autonómicos: El problema del control del "veto presupuestario"*, em Parlamento y Constitución, n.º 2, 1998

PEREZ, Rita
- *La Riforma del Bilancio dello Stato e la Legge n.º 468 del 1978*, em Rivista Trimestrale de Diritto Pubblico, anno XXIX, 1979
- *Il Bilancio e il suo Controllo in Gran Bretagna*, Rivista Trimestrale di Diritto Pubblico, II, 1990

Bibliografia 703

– *Il nuovo articolo 81 della Costituzione*, em AAVV, L'amministrazione e la Costituzione – Proposte per la Costituente, 1993
PERLINGIERI, Pietro; FEMIA, Pasquale
– *Commento alla Costituzione Italiana*, 1997
PERNICE, Alfred
– *Formelle Gesetze im römischen Rechte*, em AAVV, Festgabe für Rudolf von Gneist zum Doctor– Jubiläum am XX. November MDCCCLXXXVIII, 1888
PETOT, Jean
– *De La Discussion Budgétaire Classique a L'Essai de Nouvelles Procédures*, em Revue de Science Financière, n.º 3, 1958
PETRICONE, Francesco
– *La Riforma del Bilancio dello Stato tra modifiche recenti e nuove applicazioni*, 2000
PFIZER, Paul Achatius
– *Das recht der steuerverwilligung nach den grundsätzen des württenbergischen verfassung mit rücksicht auf entgegenstehende bestimmungen des deutschen bundes*, 1836
PHILIP, Loïc
– *Une décision un peu hâtive*, em Le Monde, 3 de Janeiro de 1980
– *Les Normes Juridiques dans l'Élaboration de la Loi de Finances et le Role du Conseil Constitutionnel*, em AAVV, Le Budget de l'État, 1988
– *Les Fondements Constitutionnels des Finances Publiques*, 1995
– *Finances Publiques*, 1995
– *Rapport du groupe de travail sur l'efficacité de la dépense publique et le contrôle parlementaire*, 1999
– *L'ordonnance organique du 2 janvier 1959 relative aux lois de finances*, em Documents d'Études, n.º 5.01, 2000
– *L'ordonnance organique du 2 janvier 1959 relative aux lois de finances (modifiée par la loi organique du 1er août 2001) – Commentaire*, em Documents d'études – finances publiques, n.º 5.01, 2001
PHILIP, Loïc; FAVOREU, Louis
– *Les Grandes Décisions du Conseil Constitutionnel*, 1999
PHILLIPS, O'Hood; JACKSON, Paul
– *Constitutional and Administrative Law*, 1987
PIÇARRA, Nuno
– *A Separação de Poderes na Constituição de 76 – Alguns Aspectos*, em AAVV, Nos Dez Anos da Constituição, 1986
– *A Separação dos Poderes como Doutrina e Princípio Constitucional – Um Contributo para o Estudo das suas Origens e Evolução*, 1989
– *A Reserva de Administração*, em O Direito, II e III– IV, 1990
PIDUCH, Erwin Adolf
– *Bundeshaushaltsrecht*, Band II, 1988
PINELLI, Cesare
– *Titano, l'eguaglianza e un nuovo tipo di "additiva di principio"*, em Giurisprudenza Costituzionale, anno XXXVIII, fasc. 3, 1993
PINHEIRO, Alexandre Sousa
– *Direito Constitucional – Elementos de Estudo para Aulas Práticas*, vol. II, AAFDL, 2003

704   *A Lei por detrás do Orçamento*

– *O Governo: Organização e Funcionamento, Reserva Legislativa e Procedimento Legislativo,* Revista Jurídica, AAFDL n.º 23, 1999
– *O sistema de actos legislativos e o sistema de governo – a experiência portuguesa,* 2000
PINHEIRO, Alexandre Sousa; FERNANDES, Mário João de Brito
– *Comentário à IV revisão constitucional,* 1999
PINHEIRO, Alexandre Sousa; ROMÃO, Miguel Lopes; DUARTE, Tiago; DUARTE David
– *Legística – Perspectivas sobre a Concepção e Redacção de Actos Normativos,* 2002
PIRES, Francisco Lucas
– *Uma Constituição para Portugal,* 1975
– *Teoria da Constituição de 1976. A Transição Dualista,* 1988
PIZZORUSSO, Alessandro
– *La Costituzione Ferita,* 1999
– *Tutela dei diritti costituzionali e copertura finanziaria delle leggi,* Rivista Diritto Processuale, fasc. 1, Março, 1990
PONS, Brice
– *Le Droit d'Amendement en Matière Budgetaire,* 1936
PORSCH, Winfried; DOLDE, Klaus– Peter
– *Die Globale Minderausgabe zwischen Budgethoheit des Parlaments, Haushaltsgrundsätzen und flexiblem haushaltsvollzug,* em Die Öffentliche Verwaltung (DÖV), 55. Jahrgang, heft 6, 2002
PORTATIUS, Alexander von
– *Das haushaltsrechtliche Bepackungsverbot – Ein Beitrag zur Interpretation des Art. 110 Abs. 4 GG,* 1975
PORTERO MOLINA, José Antonio
– *El Control Parlamentario del Presupuesto: Un Ejemplo de Control del Legislativo por el Ejecutivo,* em Ramírez, M., El Control Parlamentario del Gobierno en las Democracias Pluralistas, 1978
PRADA GARCÍA, Aurelio; HERRERA MOLINA, Pedro Manuel
– *Los preceptos de la L.G.T. modificados por leyes de presupuestos: ¿una bomba de relojeria juridica? (Comentario a la cuestión de inconstitucionalidad sobre los artículos 111.3 y 128.5 de la L.G.T.),* em Revista de Derecho Financiero y de Hacienda Pública, vol. XLIII, n.º 227, 1993
PRAZAK
– *Beiträge zum Budgetrecht und zur Lehre von den formellen Gesetzen,* em Archiv für öffentliches Recht, vol. II, 1887
PUHL, Thomas
– *Die Minderheitsregierung nach dem Grundgesetz,* 1986
– *Budgetflucht und Haushaltsverfassung,* 1997
PULIDO QUECEDO, Manuel
– *Las Comisiones de Presupuestos,* em AAVV, Las Comisiones Parlamentarias, 1994
PÜNDER, Hermann
– *Verfassungsrechtliche Vorgaben für die Normierung neuer Steuerungsmodelle,* em Die Öffentliche Verwaltung (DÖV), 54. Jahrgang, heft 2, 2001
– *Zur Verbindlichkeit der Kontrakte zwischen Politik und Verwaltung im Rahmen des Neuen Steuerungsmodells,* em Die Öffentliche Verwaltung (DÖV), 51. Jahrgang, 1998

PÜTTNER, Günter
— *Unterschiedlicher Rang der Gesetze?*, em Die Öffentliche Verwaltung (DÖV), 23. Jahrgang, heft 9– 10, 1970
QUADRI, Giovanni
— *La Forza di Legge*, 1979
QUEIRÓ, Afonso Rodrigues
— *Lições de Direito Administrativo*, vol. I, 1976
QUEIROZ, Cristina
— *O Plano na Ordem Jurídica*, 1989
QUÉROL, Francis
— *Le concept de loi de finances dans l'ordonnance 59– 2 du 2 janvier 1959 portant loi organique relative aux lois de finances*, em Dussart, Vincent; Esplugas, Pierre, L'ordonnance du 2 janvier 1959: 40 ans après, 2000
RABATÉ, Laurent; LEVY– ROSENWALD, Marianne; JOIN– LAMBERT, Christian
— *Le Budget, quelles precédures pour la confiance?*, em Revue Française de Finances Publiques (RFFP), n.º 60, Novembre, 1997
RAMALLO MASSANET, Juan
— *Modificación de la ley general tributaria por la ley anual de presupuestos generales del estado (STC 76/1992, de 14 de mayo)*, Revista de la Administracion Local y Autonomica, n.º 263, 1994
RAMÍREZ, Manuel
— *El Parlamento a Debate*, 1997
RANGEL, Paulo de Castro
— *O Legislador e o Tribunal Constitucional: o risco da redução metedológica do problema político*, em Direito e Justiça, vol. XI, tomo 2, 1997
RAO, Giuseppe
— *Il Bilancio dello Stato nel Regno Unito*, em AAVV, Crisi fiscale e indirizzo politico, 1995
RAUSCH– GAST, Regine
— *Selbstbindung des Gesetzgebers*, 1983
RECODER DE CASSO, Emilio
— *Los Presupuestos del Estado en el Anteproyecto de Constitución Española*, em AAVV, Estudios sobre el Proyecto de Constitución, 1978
— *El debate parlamentario de los Presupuestos Generales del* Estado, em Civitas – Revista Española de Derecho Financiero, n.º 24, 1979
— *Los debates parlamentarios de los presupuestos generales del estado*, Revista de Derecho Político, n.º 4, 1979
— *Iniciativa Legislativa Presupuestaria*, em Presupuesto y Gasto Público, n.º 16, 1983
— *El control parlamentario del presupuesto*, em Parlamento y Control Del Gobierno – V Jornadas de la Asociación Española de Letrados de Parlamentos, 1998
REID, Gordon
— *The Politics of Financial Control – The Role of The House of Commons*, 1966
REILHAN, Georges de
— *Le principe de sincérité budgétaire: l'effectivité des saisines du Conseil Constitutionnel à l'épreuve des rapports de la Cour de Comptes sur l'exécution des lois de finances*, em Revue Française de Finances Publiques (RFFP), n.º 78, Junho 2002

Ribeiro, José Joaquim Teixeira
– *Os Poderes Orçamentais da Assembleia Nacional*, em Boletim de Ciências Económicas, vol. XIV, 1971
– *As alterações à Constituição no domínio das Finanças Publicas*, em Boletim de Ciências Económicas, vol. XXVI, 1983
– *Anotação ao acórdão 144/85*, em Revista de Legislação e de Jurisprudência, ano 118.°, n.° 3737, 1986
– *Anotação ao acórdão n.° 206/87 do Tribunal Constitucional*, em Revista de Legislação e de Jurisprudência, ano 119.°, n.° 3761, 1987
– *Os Poderes Orçamentais da Assembleia da República*, em Boletim de Ciências Económicas, vol. XXX, 1987
– *Anotação ao acórdão n° 317/86, de 19 de Novembro de 1986*, em Revista de Legislação e de Jurisprudência, ano 119.°, n.° 3752, 1987
– *As últimas alterações à Constituição no domínio das Finanças Públicas*, em Boletim de Ciências Económicas, vol. XXXIII, 1990
– *Anotação ao acórdão de 21 de Fevereiro de 1990*, em Revista de Legislação e de Jurisprudência, ano 123.°, n.° 3798, 1991
– *Anotação ao acórdão de 7 de Março de 1990*, em Revista de Legislação e de Jurisprudência, ano 123.°, n.° 3800, 1991
– *Reparos à Lei do Enquadramento do Orçamento*, em Boletim de Ciências Económicas, vol. XXXIV, 1991
– *Anotação ao acórdão de 28 de Março de 1990*, em Revista de Legislação e de Jurisprudência, ano 125.°, n.° 3814, 1992
– *Anotação ao acórdão n.° 358/92 do Tribunal Constitucional*, em Revista de Legislação e de Jurisprudência, ano 125.°, n.° 3824, 1993
Richer, Laurent
– *Droit des Contrats Administratifs*, 1995
Richter– Gunnar, Ingo; Schuppert, Gunnar Folke; Bumke, Christian
– *Casebook Verfassungsrecht*, 2001
Ristuccia, Sergio
– *Il Bilancio fra Governo e Parlamento*, em La Riforma del Bilancio dello Stato, 1978
– *Il Parlamento nel Processo di Bilancio dopo la Legge n. 468 del 1978*, em Rivista Trimestrale di Diritto Pubblico, anno XXIX, 1979
Robert, Fabrice
– *La rénovation des pouvoirs du Parlement*, em Revue Française de Finances Publiques (RFFP), n.° 76, 2001
Robinson, Ann
– *The House of Commons and Public Expenditure*, em Walkland, S.A.; Ryle, Michael, The Commons Today, 1981
Rodrigues, Braz; Teixeira, Aragão
– *Ciência das Finanças e Direito Fiscal (em harmonia com as prelecções do sr. Prof. Doutor Fernando Emygdio da Silva)*, 1933
Rodríguez Bereijo, Álvaro
– *El Presupuesto del Estado – Introducción al Derecho Presupuestario*, 1970
– *Laband y El Derecho Presupuestario del Imperio Alemán*, estudo preliminar a Laband, Paul, El Presupuesto del Estado, 1970

Bibliografia 707

– *La Ley de Presupuestos en la Constitución Española de 1978,* em AAVV, Hacienda y Derecho, 1979
– *Jurisprudencia constitucional e derecho presupuestario. Cuestiones Resueltas y Temas Pendientes,* em Revista Española de Derecho Constitucional, n.º 44, 1995
RODRÍGUEZ BEREIJO, Álvaro; MARTIN– RETORTILLO BAQUER, Lorenzo
– *La eficacia temporal y el carácter normativo de la Ley de Presupuestos Generales del Estado,* 1989
ROMANO, Santi
– *Saggio di un teoria sulle leggi di approvazione,* 1898, em Scritti Minori, vol. I – Diritto Costituzionale, 1990
– *Corso di Diritto Costituzionale,* 1940
– *Principii di Diritto Costituzionale Generale,* 1947
ROMÃO, Miguel Lopes; DUARTE, Tiago; DUARTE, David; PINHEIRO, Alexandre Sousa
– *Legística – Perspectivas sobre a Concepção e Redacção de Actos Normativos,* 2002
ROMBOLI, Roberto; FERRARI, Giuseppe Franco; SICARDI, Stefano; COSTANZO, Pasquale; FLORIDIA, Giuseppe G.
– *La Comissione Bicamerale per le Riforme Costituzionali, I Progetti, I Lavori, I Testi Approvati,* 1998
RÖPER, Erich
– *Pflicht des Parlaments zur Nothaushaltsgesetzgebung,* em Zeitschrift für Parlamentsfragen, Jahrgang 32, heft 4, 2001
ROQUES, Xavier
– *Les irrecevabilités financières (en dehors de l'article 40 de la Constitution),* Revue Française de Droit Constitutionnel, n.º 16, 1993
ROSEIRA, Mário; MORGADO, Frederico Furtado; GOMES, Romeu Nobre
– *Lições de Finanças, (em harmonia com as prelecções do Prof. Doutor José Teixeira Ribeiro),* 1936
ROTTECK, Karl von
– *Lehrbuch des Staatswissenshaft und Vernunftrechts,* IV, 1835
RUBIO LLORENTE, Francisco
– *Rango de Ley, Fuerza de Ley, Valor de Ley (Sobre el problema del concepto de Ley en la Constitución),* em Revista de Administración Pública, n.ºs 100– 102, 1983
– *El Procedimiento Legislativo en España. El Lugar de la Ley entre las Fuentes del Derecho,* em Revista Española de Derecho Constitucional, n.º 16, ano 6, 1986
RUBIO LLORENTE, Francisco; ARAGÓN REYES, Manuel
– *La Jurisdicción Constitucional,* em AAVV, La Constitución Española de 1978, Estudio Sistematico, 1981
RUEDA, Frédérique
– *Procédure Budgétaire allemande et Française,* em Dussart, Vincent; Esplugas, Pierre, L'Ordonnance du 2 janvier 1959 : 40 ans après, 2000
RUFFIA, Paolo Biscaretti di
– *Diritto Costituzionale – Istituzioni di Diritto Pubblico,* 1989
RUGGERI, Antonio
– *Gerarchia, Competenza e Qualità nel Sistema Costituzionale delle Fonti Normative,* 1977
– *Fonti e Norme nell'Ordinamento e nell'a Esperienza Costituzionale, I – L'ordinazione in sistema,* 1993

708   *A Lei por detrás do Orçamento*

– *Giurisprudenza Costituzionale e Valori*, em Diritto Pubblico, anno IV, n.º 1, 1998
– *Metodi e Dottrine dei Costituzionalisti ed Orientamenti della Giurisprudenza Costituzionale in Tema di onti e della loro Composizione in Sistema*, em Diritto e Società, n.º 1, 2000

Rupp, Hans Heinrich
– *Verfassungsgerichtliche Überprüfung des Haushaltsgesetzes im Wege der "abstrakten Normenkontrolle"?*, em Neue Juristische Wochenschrift (NJW), 19. Jahrgang, heft 24, 1966

Rürup, Bert; Meyer, Hans
– *Staatswirtschaftliche Planungsinstrumente*, 1975

Ryle, Michael; Griffith, J. A. G.; Wheeler– Booth, M. A. J.
– *Parliament – Functions, Practice and Procedures*, 1989

Sá, Luís
– *O Lugar da Assembleia da República no Sistema Político,* 1994

Sainz de Bujanda, Fernando
– *Hacienda y Derecho, Introducción al Derecho Financiero de nuestro tiempo I*, 1962
– *El Poder Financiero de las Cortes Generales: Aspectos Constitucionales del Presupuesto del Estado*, em AAVV, Las Cortes Generales, vol. I, 1987

Sainz Moreno, Fernando
– *Tecnica Legislativa: Vision Unitária de una Matéria Plural*, 1994

Salter, John; Gifford, Donald J.
– *How to understand an Act of Parliament*, 1996

Sánchez Blázquez, Víctor Manuel
– *La Ley de Presupuestos y las Leyes de Acompañamiento*, em Revista de Derecho Financiero y de Hacienda Publica, vol. XLVI, n.º 242, 1996

Sandulli, Aldo
– *Legge. Forza di legge. Valore di Legge*, 1957, em Scritti Giuridici, I – Diritto Costituzionale, 1990

Santamaría Pastor, Juan Alfonso
– *Fundamentos de Derecho Administrativo I*, 1988
– *El Sistema de Fuentes del Derecho en los Primeros Cincuenta Años de Vida de la "Revista de Administración Pública" (1950– 1999)*, em Revista de Administración Pública (RAP), n.º 150, 1999

Santaolalla, Fernando
– *El Parlamento en la encrucijada*, 1989

Sasse, Christoph
– *Haushaltsvollzug ohne Haushalt? – Der Etatkonflikt des Jahres 1972*, em Juristenzeitung (JZ), 28. Jahrgang, n.º 7, 1973

Say, Léon
– *Les Finances*, 1896

Schick, Walter
– *Haushaltsplan und Haushaltsgesetz vor Gericht*, em Juristenzeitung (JZ), 22. Jahrgang, n.º 9, 1967

Schmidt, Alfred
– *Financial Legislation in the Bundestag: The Case of Compulsory Pensions Insurance*, em AAVV, The Power of the Purse – The Role of European Parliaments in Budgetary Decisions, 1976

Bibliografia

SCHMITT, Carl
- *Staatsgefüge und Zusammenbruch des zweiten Reiches – Der Sieg des Bürgers über den Soldaten,* 1934

SCHMIDT, Walter
- *Der "Verwaltungsvorgehalt" – ein neuer Rechtsbegriff?,* em Neue Zeitschrift für Verwaltungsrecht (NVwZ), 3. Jahrgang, heft 9, 1984

SCHMIDT– ASSMAN, Eberhardt
- *Verwaltungsverantwortung und Verwaltungsgerichtsbarkeit,* em Veröffentlichungen der Vereinigung der Deutschen Staatsrechtslehrer – VVDStRL, heft 34, 1976

SCHMIDT– BLEIBTREU, Bruno; KLEIN, Franz
- *Kommentar zum Grundgesetz,* 1990

SCHNAPP, Friedrich E.
- *Der Verwaltungsvorbehalt,* em Veröffentlichungen der Vereinigung der Deutschen Staatsrechtslehrer – VVDStRL, heft 43, 1985

SCHOLZ, Rupert
- *Verwaltungsverantwortung und Verwaltungsgerichtsbarkeit,* em Veröffentlichungen der Vereinigung der Deutschen Staatsrechtslehrer – VVDStRL, heft 34, 1976

SCHUPPERT, Gunnar Folke
- *Die Steuerung des Verwaltungshandelns durch Haushaltsrecht und haushaltskontrolle,* em Veröffentlichungen der Vereinigung der Deutschen Staatsrechtslehrer – VVDStRL, heft 42, 1984

SCHUPPERT, Gunnar Folke; BUMKE, Christian; RICHTER– GUNNAR, Ingo
- *Casebook Verfassungsrecht,* 2001

SCHWARZ, Kyrill– A.
- Mangoldt, Hermann von; Klein, Friedrich; Starck, Christian, *Das Bonner Grundgesetz Kommentar,* 2001
- *Zustimmungsvorbehalte der Exekutive für finanzwirksame Entscheidungen der Verfassungsgerichte?,* em Niedersächsische Verwaltungsblätter (NdsVBl), 7. Jahrgang, heft 8, 2000

SCOCA, Salvatore
- *Leggi di Bilancio e Leggi Finanziarie nell'articolo 81 della Costituzione,* em Studi in Memoria di Guido Zanobini, vol. III, 1965

SÉGUIN, Pierre
- *La LOLF et la modernisation de la gestion publique,* em Revue Française de Finances Publiques (RFFP), n.° 82, 2003

SEIDLER, Gustav
- *Budget und Budgetrecht im Staatshaushalte der constitutionellen Monarchie mit besonderer Rücksichtnahme auf das österreichische und deutsche Verfassungsrecht,* 1885

SEIDLER, Hans H.
- *Globalhaushalte und ihre rechtlichen Schranken. Oder: Das späte Leiden am preussischen Budgetkonflikt,* em Kritische Justiz, 29. Jahrgang, heft 1, 1996

SELIGMANN, Ernst
- *Der Begriff des Gesetzes im materiellen und formellen Sinne,* 1886

SENAT FRANÇAIS
- *L'Examen du Budget de l'État par le Parlement,* 1994

710   *A Lei por detrás do Orçamento*

SERRANO ALBERCA, José Manuel
– *La iniciativa legislativa en materia financiera: conflictos entre el Gobierno y el Parlamento*, em Presupuesto y Gasto Publico, n.º 15, 1983
SEYDEL, Max von
– *Bayerisches Staatsrecht,* I, 2.ª ed., 1896
– *Kommentar zur Reichverfassung,* 1897
SICARDI, Stefano; ROMBOLI, Roberto; FERRARI, Giuseppe Franco; COSTANZO, Pasquale; FLORIDIA, Giuseppe G.
– *La Comissione Bicamerale per le Riforme Costituzionali, I Progetti, I Lavori, I Testi Approvati,* 1998
SIEKMANN, Helmut, em Michael Sachs
– *Grundgesetz Kommentar,* 1999
SIEKMANN, Ruthardt
– *Staatliches Haushaltsrecht – Grundriss für die Ausbildung und Fortbildung,* 1983
SILK, Paul; WALTERS, Rhodri
– *How Parliament Works,* 1998
SILVA, Aníbal Cavaco
– *Para mais tarde recordar,* Diário de Notícias, 23 de Janeiro de 2003
SILVA, Fernando Emygdio da
– *A crise financeira e a revisão das despesas públicas,* 1924
– *As Finanças Portuguesas de depois– da– guerra, (crise e resolução),* 1934
– *A Reforma do Orçamento em Portugal: Política e Técnica,* 1938
– *Conceptions classique et moderne des finances publiques : le cas portugais,* em Revue de Science et de Législation Financières, tome XLII, XLIe année, n.º 2, 1950
SILVA, Jorge Pereira da; MEDEIROS, Rui
– *Estatuto Político– Administrativo da Região Autónoma dos Açores Anotado,* 1997
SILVA, José Luís Moreira da
– *Da Lei Orgânica na Constituição da República Portuguesa,* 1991
SILVESTER, Christopher
– *The Pimlico Companion to Parliament, A Literary Anthology,* 1997
SIMÕES, José Martinho
– *Finanças,* 1920
SIMON, K.
– *Beiträge zur Entstehung und Geschischte des Verfassungskonflikt in Preussen,* 1908
SIRVENT, José F. Chofre
– *Significado y Función de las Leyes Orgánicas,* 1994
SMEND, Rudolf
– *Die Preussische Verfassungsurkunde im Vergleich mit der Belgischen,* 1904
– *Staat und Kirche nach dem Bonner Grundgesetz* (1951), em Staatsrechtliche Abhandlungen und andere Aufsätze, 1968
SMITH, Stanley; BRAZIER, Rodney
– *Constitutional and Administrative Law,* 1998
SOARES, Rogério Ehrhardt
– *Direito Público e Sociedade Técnica,* 1969
– *Sentido e Limites da Função Legislativa no Estado Contemporâneo,* em AAVV, A Feitura das Leis, Vol. II, 1986

Soler Roch, Mª.T.; Bayona de Perogordo, J.J.
– *Materiales de Derecho Financiero*, 1997
Sorace, Domenico
– *Note in tema di sentenze della Corte Costituzionale che importano nuove o maggiori spese e art. 81*, em Foro Italiano, I, 1984
Sousa, Jorge Silva e
– *Natureza Jurídica da Autorização Parlamentar dos Empréstimos*, em O Direito, ano 122.º, n.º II, 1990
Sousa, Marcelo Rebelo de
– *10 questões sobre a Constituição, o Orçamento e o Plano*, em AAVV, Nos dez anos da Constituição, 1986
– *O Valor Jurídico do Acto Inconstitucional, I*, 1988
– *Prefácio* a Guedes, Luís Marques, Uma Constituição Moderna para Portugal, 1997
Sousa, Marcelo Rebelo de; Matos, André Salgado de
– *Direito Administrativo Geral – Tomo I – Introdução e Princípios Fundamentais*, 2004
Souza, Marnoco e
– *Direito Politico – Poderes do Estado – Sua Organização segundo a Sciencia Politica e o Direito Constitucional Português*, 1910
– *Constituição Politica da Republica Portuguêsa – Commentario*, 1913
– *Tratado de Sciência das Finanças*, vol. I, 1916
Stahl, Julius
– *Das monarchische Prinzip*, 1845
Starck, Christian
– *El concepto de Ley en la Constitucion Alemana*, 1979
Stern, Klaus
– *Rechtsfragen der öffentlichen Subventionierung Privater*, em Juristenzeitung (JZ), 15. Jahrgang, n.º 17, 1960
– *Das Staatsrecht der Bundesrepublik Deutschland, Bd. I*, 1984 e *Bd. II*, 1980
Stettner, Rupert
– *Der Verwaltungsvorbehalt*, em Die Öffentliche Verwaltung (DÖV), 37. Jahrgang, heft 15, 1984
Stockmar, Christian von
– *Studien zum preussischen staatsrecht*, em Aegidis Zeitschrift für Deutsches Staatsrecht und Deutsche Verfassungsgeshichte, I, 1867
Stourm, René
– *Le Budget*, 1909
Suet, Patrick
– *Aprés le réforme de la LOLF. Un nouveau partage des responsabilités?*, em Revue Française de Finances Publiques (RFFP), n.º 82, 2003
Taboada, Carlos Palao
– *Derecho Financiero y Tributario, I, Introducción, Derecho Presupuestario, Ingresos Publicos no Tributarios*, 1987
Tagourdeau, J. P.
– *La Crise du Chapitre Budgétaire*, em Revue de Science Financière, n.º 2, 1975

712 *A Lei por detrás do Orçamento*

– *Réformer le Droit d'initiative en matière de loi de finances*, em La Revue du Trésor, 63éme année, 1982
– *Réformer le droit d'initiative en matière de loi de Finances*, 1982

TALICE, Carlo
– *La Legge di Bilancio*, 1969

TALLINEAU, Lucille
– *La loi organique du 1er août 2001 relative aux lois de finances*, em Revue Française de Droit Administratif, n.º 6, 2001
– *Quarante ans de propositions de réforme de l'ordonnance du 2 janvier 1959*, em Revue Française de Finances Publiques (RFFP), n.º 73, Janvier 2001

TAVARES, Gonzaga; GOUVÊA, Menezes
– *Contabilidade Pública – Diplomas Coordenados e Anotados*, 5.ª ed., 1968

TAVARES, José
– *O Tribunal de Contas. Do Visto, em especial – conceito, natureza e enquadramento na actividade da administração*, 1998

TEIXEIRA, António Braz
– *Finanças Públicas e Direito Financeiro*, 1992
– *Conceito e Natureza Jurídica do Orçamento*, em Ministério das Finanças, XXX aniversário (1963– 1993), Centro de Estudos Fiscais – Estudos, 1993

TEIXEIRA, Aragão; RODRIGUES, Braz
– *Ciência das Finanças e Direito Fiscal (em harmonia com as prelecções do sr. Prof. Doutor Fernando Emygdio da Silva)*, 1933

TELLES, Miguel Galvão
– *Direito Constitucional*, 1970– 71

THEISS, Hermann
– *Das Nothaushaltsrecht des Bundes*, 1975

THOMA, Richard
– *Die funktionnen der staatsgewalt: formellen sinne*, 1886
– *Grundbegriffe und grundsätze*, em Anschütz, Gerhard; Thoma, Richard, Handbuch des Deutschen Staatsrechts (HDStR), Bd. II, 1932

THOMAS, Dominique
– *As Relações entre o Direito dos Concursos Públicos e o Direito Orçamental e Contabilístico*, em Revista do Tribunal de Contas, n.º 29, 1998

THOMAS, Graham P.
– *Prime Minister and Cabinet today*, 1998

TIEMANN, Burkhard
– *Die Grundsatzgesetzgebung im System der verfassungsrechtlichen Gesetzgebungskompetenzen*, em Die Öffentliche Verwaltung (DÖV), 27. Jahrgang, heft 7, 1974

TOMUSCHAT, Christian
– *Il Controllo Finanziario e di Bilancio del Parlamento nella Repubblica Federale Tedesca*, em Rivista Trimestrale di Diritto Pubblico, n.º 4, 1979

TORRES MURO, Ignacio
– *Las Peculiaridades de la Ley de Presupuestos en la Reciente Jurisprudencia Constitucional*, em Revista Española de Derecho Constitucional, n.º 49, ano 17, 1997

TORRIGIANI, Roberto
– *La Legge Finanziaria nel Sistema di Bilancio: Evoluzione e Prospettive*, em Studi in onore di Luigi Galateria, 1987

TOSCANO ORTEGA, Juan Antonio
– *La Función y el Contenido de las Leyes de Presupuestos del Estado en la Jurisprudencia del Tribunal Constitucional*, em Revista Vasca de Administración Pública, n.º 47, 1997
– *Balance de la Jurisprudencia Constitucional sobre el contenido de la Ley de Presupuestos Generales del Estado: a propósito de la STC 61/1997 (Ley del Suelo)*, em Revista Española de Derecho Constitucional (REDC), n.º 54, ano 18, 1998

TOSI, Silvano; MANNINO, Armando
– *Diritto Parlamentare*, 1999

TRAVERSA, Silvio
– *Crisi della legge e razionalizzazione e semplificazione della produzione normativa*, em Labriola, Silvano, Cinquantenario della Repubblica Italiana, I, Quaderni della Rassegna Parlamentare, 1997

Treasury
– *Government Accounting, 2000 – A Guide on Accounting and Financial Procedures for the Use of Government Departments*, 2000

TREMEAU, Jérôme
– *La Réserve de Loi, Compétence Législative et Constitution*, 1997

TROTABAS, Louis
– *Précis de Science et Législation Financières*, 1950

TROTABAS, Louis ; COTTERET, Jean– Marie
– *Finances Publiques*, 1970

TURPIN, Colin
– *British Government and the Constitution, Text, Cases and Materials*, 1999

TURPIN, Dominique ; MASSIAS, Jean– Pierre
– *Droit Constitutionnel*, 1999

VALÉRIO, Nuno
– *As Finanças Públicas entre as duas Guerras Mundiais*, 1994
– *As Finanças Públicas no Parlamento Português*, 2001

VALÉRIO, Nuno; MATA, Eugénia
– *Normas de Direito Financeiro nas Constituições Portuguesas*, em Revista de História Económica e Social, n.º 3, 1979

VALÉRIO, Nuno; NUNES, Ana Bela; BASTIEN, Carlos; MATA, Maria Eugénia
– *Os Orçamentos no Parlamento Português*, 2005

VALLE, Jaime Leitão do
– *A Particiapação do Governo no Exercicio da Função Legislativa*, 2000

VALLS, Julien
– *Procédure budgetaire française et espagnole*, em Dussart, Vincent; Esplugas, Pierre, L'ordonnance du 2 janvier 1959: 40 ans après, 2000

VANDENDRIESSCHE, Xavier ; LASCOMBE, Michel
– *Le contrôle parlementaire et la proposition de la loi organique du 12 juillet 2000*, 2001

VAZ, Manuel Afonso
– *Lei e Reserva de Lei, A causa da Lei na Constituição Portuguesa de 1976*, 1996

714 A Lei por detrás do Orçamento

– *A Revisão Constitucional de 1997 – Sistema de Actos Legislativos, Opinião*, em Legislação, Cadernos de Ciência de Legislação, 1997

VEGAS, Giuseppe; IOANNA, Paolo de; EMPOLI, Domenico da
– *Il Bilancio dello Stato – La Finanza Pubblica tra Governo e Parlamento*, 2000

VELOSO, José António
– *Natureza Jurídica da Lei de Meios*, em Scientia Ivridica – Revista de Direito Comparado Português e Brasileiro, tomo XVII, 1968

VENEZIA, Jean– Claude; LAUBADÈRE, André; GAUDEMET, Yves
– *Traité de Droit Administratif, tome I*, 1990

VIDAL, Guy
– *Une meilleure maîtrise des dépenses publiques et un renouvellement du débat budgétaire*, em Revue Française de Finances Publiques (RFFP), n.º 76, 2001

VILLACORTA MANCEBO, Luis,
– *Reserva de Ley y Constitución*, 1994
– *Centralidad Parlamentaria, Delegación Legislativa y Posibilidades de Control*, 1999

VILLAR PALASÍ, José Luis
– *Derecho Administrativo, I, Introducción y Teoria de las Normas*, 1968

VIRGA, Pietro
– *Diritto Costituzionale*, 1979

VÍRGALA FORURIA, Eduardo
– *La Moción en la Constitucion de 1978 (y en la historia del parlamentarismo español)*, 1988

VITAGLIANO, Gaetano
– *Il Contenuto Giuridico della Legge del Bilancio*, 1910

VITAL, Fezas
– *Do acto jurídico*, 1914
– *A Noção de Lei no Direito Constitucional Português*, em Revista de Legislação e de Jurisprudência, ano 55.º, n.º 2212, 1923

VITORINO, António
– *As Autorizações Legislativas na Constituição Portuguesa*, 1985
– *Os poderes legislativos das Regiões Autónomas na segunda Revisão Constitucional*, em Legislação – Cadernos de Ciência de Legislação, n.º 3, 1992

VITORINO, António; CANAS, Vitalino; NADAIS, António
– *Constituição da República Portuguesa – Texto e Comentários à Lei n.º 1/82*, 1983

VIVER PI– SUNYER, Carles
– *La función presupuestaria en la jurisprudencia constitucional*, 1997

VIVIEN, Robert– André
– *Relatório Informativo encomendado pela Comissão Parlamentar de Finanças, documento n.º 1860 anexo ao processo verbal da sessão de 25 de Junho de 1980*

VOGEL, Klaus
– *Gesetzgeber und Verwaltung*, em Veröffentlichungen der Vereinigung der Deutschen Staatsrechtslehrer – VVDStRL, heft 24, 1966

VOGEL, Klaus; WIEBEL, Markus,
– AAVV, *Bonner Kommentar zum Grundgesetz*, 2003

WACKE, Gerhard
- *Das Bundesgesetz über unmittelbaren Zwang,* em Juristenzeitung (JZ), 17. Jarhgang, n.º 5/6, 1962
WAHL, Rainer
- *Der preussische Verfassungskonflikt und das konstitutionelle System des Kaiserreichs,* 1981
WALINE, Marcel ; LAFERRIÈRE, Julien
- *Traité Elementaire de Science et de Législation Financières,* 1952
WALKLAND, Stuart
- *Parliamentary Control of Public Expenditure in Britain,* em AAVV, The Power of the Purse – The Role of European Parliaments in Budgetary Decisions, 1976
WALLERATH, Maximilian
- *Kontraktmanagement und Zielvereinbarungen als Instrumente der Verwaltungsmodernisierung,* em Die Öffentliche Verwaltung (DÖV), 50. Jahrgang, heft 2, 1997
WALLES, Malcolm; HANSON, A.H.
- *Governing Britain, A Guidebook to Political Institutions,* 1990
WALTERS, Rhodri; SILK, Paul
- *How Parliament Works,* 1998
WENDER, Astrid
- *Planung als "vierte Gewalt". Die Rolle des Parlaments im Prozess politischer Planung,* 1976
WESTLAKE, Melvyn
- *The Need for Budgetary Reform,* em Fiscal Studies, The Journal of the Institute for Fiscal Studies, 1979
WHEELER– BOOTH, M. A. J.; RYLE, Michael; GRIFFITH, J. A. G.
- *Parliament – Functions, Practice and Procedures,* 1989
WIEBEL, Markus; VOGEL, Klaus
- AAVV, *Bonner Kommentar zum Grundgesetz,* 2003
WIESNER, Herbert
- *Haushaltswesen,* 1978
WILDAVSKY, Aaron
- *Budgeting. A Comparative Theory of Budgetary Processes,* 1975
WILLE, Eberhard
- *Mittel– und langfristige Finanzplanung,* em Handbuch der Finanzwissenschaft, Bd I, 1977
XAVIER, António Lobo
- *"Enquadramento orçamental" em Portugal: alguns problemas,* em Revista de Direito e Economia, ano IX, n.ºs 1– 2, 1983
- *O Orçamento como Lei – Contributo para a compreensão de algumas especificidades do Direito Orçamental Português,* separata do Boletim de Ciências Económicas, vol. XXXIII, 1990
ZAGREBELSKY, Gustavo
- *Manuale di Diritto Costituzionale, I – Il sistema delle fonti del diritto,* 1990
ZANGANI, Marcovalerio
- *I Recenti Sviluppi delle Procedure Parlamentari di Bilancio: La Terza Fase dell'Evoluzione in Atto,* em Traversa, Silvio; Casu, Antonio, Il Parlamento nella transizione, Quaderni della Rassegna Parlamentare, 1998

ZANGHI, Ângelo
– *Manuale di Contabilità Generale dello Stato*, 1914
ZANOBINI, Guido
– *Corso di Diritto Amministrativo, vol. IV – I Mezzi dell'Azioni Amministrativa*, 1955
ZELLER
– *Stengel's Wörterbuch des Verwaltungsrechts*, vol. II, 1890
ZINGALI, Gaetano
– *Rigidità del Bilancio e Spese Pluriennali: Fattori di Limitazione della Potestà del Parlamento Futuro*, em AAVV, Scritti in Memoria di Antonio Giuffrè, IV, 1967
ZORN, Philipp
– *Zu den Streitfragen über Gesetz und Verordnung nach deutschen Reichsstaatsrecht*, em Hirth's Annalen, 1885
– *Das Staatsrecht des Deutschen Reichs, Bd. II*, 1895
ZUNKER, Albrecht
– *Finanzplanung und Bundeshaushalt – Zur Koordinierung und Kontrolle durch den Bundesfinanzminister*, 1972
– *Consequences of the Federal System for Parliamentary Control of the Budget of the Federal Republic of Germany*, em AAVV, The Power of the Purse – The Role of European Parliaments in Budgetary Decisions, 1976

ÍNDICE

Nota Prévia 7

Introdução – O que fazer da Lei do Orçamento? 17

I.ª Parte – A Investigação Histórica 23
  A –O Constitucionalismo Europeu 25
    1. A Monarquia Dualista e o papel de Paul Laband 25
      a) A teoria de Laband no seu tempo e na sua circunstância 26
        (i) Os pressupostos da crise orçamental prussiana – As duas traves-mestras da monarquia dualista 31
          § O Principio Monárquico 31
          § A inexistência de responsabilidade parlamentar do Governo ... 37
        (ii) A história da crise orçamental prussiana 40
        (iii) A explicação de Laband para a crise orçamental prussiana 47
          § A crítica de Laband à aprovação do Orçamento através de lei 49
          § A crítica de Laband à aprovação do Orçamento através do Parlamento 52
        (iv) As fragilidades do dualismo legislativo como explicação jurídico-constitucional 56
    2. A importação do dualismo legislativo para os sistemas de base parlamentar 60
      a) A sua importação para França 63
      b) A sua importação para Itália 76
  B – O Constitucionalismo Português 89
    1. O Constitucionalismo Liberal 89
      a) O Direito Orçamental nas Constituições Liberais 92
      b) O Direito Orçamental na Legislação financeira liberal 102
      c) O Direito Orçamental na Doutrina liberal 116
    2. O Constitucionalismo do Estado Novo 123

II.ª Parte – A Lei do Orçamento na Constituição de 1976 139
  A –O Sistema de Aprovação Dualista 139
    1. Os Projectos de Constituição apresentados pelos Partidos Políticos 140
      a) O projecto do Partido Socialista 141
      b) O projecto do Partido Popular Democrático 141
      c) O projecto do Centro Democrático e Social 143

A Lei por detrás do Orçamento

d) O projecto do Partido Comunista Português 144
e) O balanço dos projectos dos partidos políticos 145
2. Os debates na Assembleia Constituinte 146
   a) Em torno do monismo ou do dualismo orçamental 146
   b) Em torno da "lei-travão" 150
   c) O balanço dos debates e o texto final da Constituição 153
3. A Lei do Orçamento e as vinculações constitucionais 157
   a) A Lei do Orçamento e a Lei das Grandes Opções do Plano 158
   b) A Lei do Orçamento e a Lei de Enquadramento Orçamental 159
   c) A Lei do Orçamento e as obrigações legais ou contratuais 163
   d) O balanço das vinculações constitucionais da Lei do Orçamento 164
4. O Orçamento Geral do Estado e as vinculações constitucionais 165
   a) O Orçamento Geral do Estado e a Lei 166
   b) O Orçamento Geral do Estado e o Plano 167
   c) O Orçamento Geral do Estado e os Contratos 169
   d) O balanço das vinculações constitucionais do Orçamento Geral do Estado 172
5. A legificação orçamental promovida pela primeira lei de enquadramento orçamental 175

B – O Sistema de Aprovação Monista 190
1. Os projectos dos partidos políticos e os debates parlamentares 190
2. As novas vinculações constitucionais da Lei do Orçamento 197
   a) A Lei do Orçamento e a Lei das grandes opções em matéria de planeamento 199
   b) A Lei do Orçamento e a Lei de Enquadramento Orçamental 210
   c) A Lei do Orçamento e as obrigações legais 229
   d) A Lei do Orçamento e as obrigações contratuais 257
   e) A Lei do Orçamento e as obrigações constitucionais 283
3. A "esquizofrenia" constitucional da Lei do Orçamento no sistema de fontes de Direito 287

III.ª Parte – O Conteúdo da Lei do Orçamento 295

A – A natureza jurídica da Lei do Orçamento e a liberdade do conteúdo orçamental 295
1. O exemplo da Itália 299
2. O exemplo da Alemanha 322
3. O exemplo da França 345
4. O exemplo da Espanha 367
5. O exemplo do Reino Unido 405

B – O conteúdo possível da Lei do Orçamento na Constituição de 1976 420
1. As autorizações legislativas inseridas na Lei do Orçamento 423
2. Os "cavaleiros orçamentais" inseridos na Lei do Orçamento 441

IV.ª Parte – O Procedimento de Iniciativa e de Aprovação da Lei do Orçamento 525
  A –Os limites ao poder de emenda parlamentar no debate orçamental e durante
    a vigência da Lei do Orçamento 525
    1. O exemplo do Reino Unido 532
    2. O exemplo da Alemanha 543
    3. O exemplo da França 558
    4. O exemplo da Espanha 579
  B – A não aplicação da "lei-travão" durante o debate orçamental em Portugal 588
  C – A protecção do conteúdo orçamental durante o ano económico em curso 603
    1. A aplicação da "lei-travão" na discussão e aprovação de leis do
       Orçamento rectificativas 603
    2. A aplicação da "lei-travão" na discussão e aprovação de iniciativas
       legislativas parlamentares durante o ano económico em curso 609

Conclusão – O Orçamento a quem o trabalha 623

Resumo 653

Abstract 657

Résumé 661

Bibliografia 665

Índice 717